자치통감

3

열국지와 초한지, 삼국지의 시대

資治通鑑

자치통감

3

사마광 저
신동준 역주

인간사랑

제4부 왕망시대

제5부 후한시대

– 자치통감 전체 차례 –

제4부 왕망시대

제5부 후한시대

제6부 삼국시대 1

제7부 삼국시대 2

** 권29-한기漢紀 21: 왕소군을 시집보내다

한원제 영광 3년(BC 41)

1) 봄 2월, 풍봉세馮奉世가 경사京師로 돌아왔다. 황상이 그를 다시 좌장군으로 삼고 관내후 작위를 내렸다.

2) 3월, 황제의 아들 유강劉康을 제양왕濟陽王으로 삼았다.

3) 여름 4월 평창고후平昌考侯 왕접王接이 훙거薨去했다.

가을 7월 9일[1], 평은후平恩侯 허가許嘉를 대사마·거기장군으로 삼았다.

4) 겨울 11월 8일, 지진이 나고 비가 내렸다.

5) 염철관鹽鐵官을 다시 두고, 박사제자원博士弟子員을 1,000명 두었다. 당시 조정의 경비지출인 용도用度가 크게 부족한데도 백성들 가운데 부역賦役의 면제를 뜻하는 복제復除를 받은 자가 많았다. 염철관을 다시 둔 것은 통상적인 재정 수입으로는 안팎의 요역繇役 수요에 부응할 길이 없었기 때문이다.

---

1 원문은 '7월七月, 임술壬戌'이다. 당시 7월 1일은 갑신일인 까닭에 7월에는 임술일이 존재할 수 없다. '임술'이 7월 9일인 임진壬辰의 오식일 공산이 크다. 번역문에는 일단 '7월 9일'로 표현했다.

** 起上章執徐, 盡著雍困敦, 凡九年.

* 孝元皇帝永光三年

春, 二月, 馮奉世還京師, 更為左將軍, 賜爵關內侯.

三月, 立皇子康為濟陽王.

夏, 四月, 癸未, 平昌考侯王接薨. 秋, 七月, 壬戌, 以平恩侯許嘉為大司馬·車騎將軍.

冬, 十一月, 己丑, 地震, 雨水.

復鹽鐵官. 置博士弟子員千人. 以用度不足, 民多復除, 無以給中外繇役故也.

한원제 영광 4년(BC 40)

1) 봄 2월, 천하에 사면령을 내렸다.

2) 3월, 황상이 옹雍섬서성 봉상현 땅으로 행행해 오치五畤에서 제사를 올렸다.

3) 여름 6월 26일, 한선제의 능묘인 효선원孝宣園의 동궐東闕에 화재가 났다.

4) 6월 30일, 일식이 있었다. 황상이 전에 일식의 변고가 주감周堪과 장맹張猛에게 있다고 헐뜯은 자를 책문責問했다. 모두 계수稽首하며 사죄했다. 곧 조서를 내려 주감과 장맹의 미점美點을 칭송하고, 징소하여 옹雍 땅의 행재소行在所로 오게 했다. 주감은 광록대부光祿大夫로 삼았다. 녹질은 중2천석이었고, 영상서사領尚書事의 직책을 맡았다. 장맹은 태중대부太中大夫·급사중給事中으로 삼았다. 중서령中書令 석현石顯은 상서尚書를 관장했다. 상서 5명이 모두 석현의 무리였다. 주감은 황상을 알현할 기회가 드문 까닭에 석현을 통해 정무를 보고했다. 국사가 석현을 통해 결정된 배경이다. 마침 주감은 실어증인 질음疾瘖에 걸려 말을 못하다가

이내 숨을 거뒀다. 뒤이어 석현이 장맹을 무참誣譖해 공용 수레인 공거公車 안에서 자살하게 만들었다.

5) 당초 공우貢禹는 이같이 상주한 바 있다.

"효혜제孝惠帝와 효경제孝景帝의 사당은 모두 혈친血親이 다했습니다. 천자는 7묘七廟를 모셔야 하니 나머지 조상의 사당은 의당 철훼撤毁해야 합니다.[2] 군국에 있는 사당도 고례古禮에 맞지 않습니다.[3] 이 또한 의당 바르게 확정해야 합니다."

천자가 그 논의를 옳게 여겼다.

가을 7월 10일, 한고제의 모친인 소령후昭靈后와 한고제의 형인 무애왕武哀王, 한고제의 누이인 소애후昭哀后, 한무제의 부인인 위사후衛思后, 한무제의 아들로 한원제의 고조부인 여태자戾太子, 여태자의 부인인 여후戾后 등의 묘원墓園을 철폐하고 모두 봉사奉祠하지 않도록 했다. 능묘를 지키는 이졸吏卒의 숫자도 줄였다.

겨울 10월 19일, 군국에 있는 조종祖宗의 사당을 철폐했다.

6) 여러 능묘를 삼보三輔에 분속分屬시켰다. 위성渭城섬서성 함양시 북원北原에 있는 수릉정壽陵亭 일대에 한원제의 능묘를 미리 조성하게 했다. 이어 조서를 내려 이곳에 현읍縣邑을 설치한 뒤 군국의 백성을 옮기는 일을 하지 못하게 했다.

---

2 제왕의 고조부와 증조부 및 조부와 부친인 4친四亲을 비롯해 고조의 부친과 조부인 2조二祧, 창업주인 태조의 사당을 통틀어 7묘七廟라고 한다. 한원제의 입장에서 볼 때 한혜제와 한경제는 4친의 범위를 넘고 있다.

3 한혜제는 한고제 유방의 사당을 '태조묘', 한경제는 한문제의 사당을 '태종묘', 한선제는 한무제의 사당을 '세종묘'라고 했다. 이들이 지나갔던 군국에서는 모두 사당을 설치해 제사를 올렸다. 이들의 사당이 전국적으로 167개에 달했다. 모두 옛 법도에 어긋난 것이다.

* 孝元皇帝永光四年

春, 二月, 赦天下.

三月, 上行幸雍, 祠五時.

夏, 六月, 甲戌, 孝宣園東闕災.

戊寅晦, 日有食之. 上於是召諸前言日變在周堪·張猛者責問, 皆稽首謝. 因下詔稱堪之美, 徵詣行在所, 拜為光祿大夫, 秩中二千石, 領尚書事. 猛復為太中大夫·給事中. 中書令石顯管尚書, 尚書五人皆其黨也. 堪希見得, 常因顯白事, 事決顯口. 會堪疾瘖, 不能言而卒. 顯誣譖猛, 令自殺於公車.

初, 貢禹奏言曰, "孝惠·孝景廟皆親盡宜毀, 及郡國廟不應古禮, 宜正定." 天子是其議. 秋, 七月, 戊子, 罷昭靈后·武哀王·昭哀后·衛思后·戾太子·戾后園, 皆不奉祠, 裁置吏卒守焉. 冬, 十月, 乙丑, 罷祖宗廟在郡國者.

諸陵分屬三輔. 以渭城壽陵亭部原上為初陵. 詔勿置縣邑及徙郡國民.

한원제 영광 5년(BC 39)

1) 봄 정월, 황상이 감천궁으로 행행行幸해 태치泰畤에서 천신에게 제사를 올리는 교제郊祭를 올렸다.

3월, 하동河東산서성 하현으로 가서 토지신인 후토后土에게 제사를 올렸다.

2) 가을, 영천潁川하남성 우현에 물이 넘쳐 백성들이 죽었다.

3) 겨울, 황상이 장양궁長楊宮섬서성 주지현의 사웅관射熊館으로 행차해 대규모 사냥인 대렵大獵을 행했다.

4) 12월 26일, 한고제 유방의 부친인 태상황太上皇과 한혜제의 능침묘

원陵寢廟園을 철폐했다. 승상 위현성 등의 건의를 받아들인 결과다.

5) 황상이 유가儒家의 학술인 유술儒術과 문사文辭를 좋아했다. 유술과 법가의 학술인 법술法術을 섞어 사용한 선황 한선제 때의 정사를 고친 이유다. 정책과 방략을 건의하는 자들은 대부분 한원제를 진현進見한 뒤 황상의 뜻을 얻었다고 생각했다. 또한 부소의傅昭儀와 그의 소생인 제양왕濟陽王 유강劉康이 한원제의 총애를 입었다. 그 총애가 황후와 황태자를 뛰어넘었다.

태자소부太子少傅 광형匡衡이 상소했다.

"신이 듣건대 치란治亂과 안위安危의 기틀은 용심用心을 살피는 데 있습니다. 대개 천명을 받은 제왕은 창업創業을 하여 후손에게 대업이 무궁히 전해지는 데 애를 씁니다. 보위를 이어받는 계체繼體의 군주는 마음을 다해 선왕의 덕을 이어받아 그 공로를 밝게 드러내고자 합니다. 옛날 주성왕周成王은 보위에 오른 뒤 선왕인 주문왕과 주무왕의 공덕을 기리면서 심성을 닦았습니다. 빛나고 아름다운 휴열성미休烈盛美의 공업을 모두 두 선왕에게 돌리면서 감히 자신의 업적으로 삼지 못했습니다. 하늘이 기꺼이 제사음식을 받아들이는 흠향歆享을 하고, 귀신鬼神이 보우保祐한 이유입니다. 폐하는 성덕聖德이 하늘을 덮었고, 해내의 백성을 자식처럼 아끼는 자애子愛를 하고 있습니다. 그러나 음양이 아직 조화를 이루지 못하고, 간사한 일도 아직 금지되지 않고 있습니다. 대개 논의하는 자들이 선제先帝의 성대한 공덕을 제대로 비양丕揚하지 못한 탓일 것입니다. 이들은 옛 제도를 그대로 사용하기 어렵다고 다퉈 비평하면서 모두 변경해야 한다고 말하지만, 변경한 후 집행을 못하거나 재차 변경하는 등의 착오를 범하고 있습니다. 군신들이 시비를 쟁론하며 서로 공격하고, 이민吏民이 어떤 제도를 좇아야 할지 헤매는 이유입니다. 신은 내심 국가가 이미 만들어 놓은 유효한 제도를 방치한 채 맹목적으로 다투며 아무 근거도 없이 제도를 마구 개정하는 것을 한스럽게 생각합니다! 원컨대 폐하는 옛날 천하를 통일하는 창업 당시의 일인 통업지사統業之事를 자세히 살피고, 기존 제도를 준수하며 선제의 공업을 선양하는 일에 신경을 쓰는 유신留神을 행하고, 조야朝野에 있는 아랫사람인 군하群下의 마음을 안정시키도록 하십시오.『시경』「대아大雅, 문왕文王」에 이르기를, '그대들은 조상 생각을 하지 않는 것인가? 그분 같은 덕을 닦아야 하네'라고 했습니다. 대략 지덕至德의 근본을 언급한 것입니다. 이를『시전詩傳』에서 풀이하기를, '호오好惡를 살피면서 정성情性을 이해하면 왕도王道는 완성된다'고 했습니다. 본성을 다스리는 길인 치성지도治性之道는 반드시 자신에게 유여有餘한 장점을 살피면서 부족不足한 단점을 보강하는 게 요체입니다. 대략 밝게 통달한 총명소통聰明疏通의 인물은 남의 단점을 세심히 살피는 태찰太察을 경계하고, 견문이 좁은 과문소견寡聞少見의 인물은 스스로 막히고 가려지는 옹폐壅蔽를 경계하고, 용맹하고 굳센 용맹강강勇猛剛強의 인물은 마구 폭발하는 태폭太暴을 경계하고, 어질고 따뜻한 인애온량仁愛溫良의 인물은 우유부단한 무단無斷을 경계하고, 깊고 조용하며 안정되고 편안한 잠정안서湛靜安舒의 인물은 느슨히 하여 실기하는 후시後時를 경계하고, 마음이 넓고 호탕한 광심호대廣心浩大의 인물은 사안을 소홀히 하여 망각하는 유망遺忘을 경계해야 합니다. 반드시 자신이 의당 경계해야 할 것을 살피고 의義로써 이를 가지런히 한 연후에 중화中和로 순응해야 합니다. 그러면 재주를 피우며 남을 속이는 교위巧僞의 무리는 감히 서로 무리를 짓는 비주比周로 조정에 진출하는 것을 바라지 않을 것입니다. 오직 폐하가 경계해야 할 일들로, 모두 성덕聖德을 숭상하는 분으로 존경을 받기 위한 것입니다! 신은 또 듣건대, 집안의 도리가 잘 닦여지면 천하를 다스리는 이치를 얻게 된다고 했습니다.『시경』이 각 나라의 민요인「국풍國風」에서 시작하고,『예기』가 관례冠禮와 혼례婚禮에 뿌리를 둔 이유입니다. 「국풍」에서 시작하는 것은 정성情性에 근원을 두고 인륜人倫을 밝히고, 관례와 혼례에 뿌리를 둔 것은 본원을 단정하게 하여 불측의 사태를 미연에 막으려 한 것입니다. 성왕聖王이 반드시 황후와 희첩인 비후妃后의 관계 설정에 신중을 기하고, 적자嫡子와 장자長子의 지위를 구별해 예의로써 가사를 처리한 배경이 여기에 있습니다. 비천은 존귀를 넘지 못하는 비불유존卑不逾尊과 새로운 사람은 옛 사람을 앞서지 못하는 신불선고新不先故를 말하는 것은 그래야만 인정人情을 통합해 음양의 이치에 부합할 수 있기 때문입니다. 적자를 높이고 서자를 낮추는 까닭에 적자는 계단 위에서 관례를 치르고, 예식을 치를 때 단술인 예주醴酒를 사용합니다. 적자 이외의 자식인 중자衆子가 반열을 같이할 수 없는 것은 올바른 체통인 정체正體를 귀하게 여기고 혐의嫌疑를 밝히기 위한 것입니다. 이는 단순히 겉으로만 예문禮文을 가하려고 한 게 아니라 중심中心에 존비의 개념을 수립하려는 취지에서 나온 것입니다. 예의를 차리는 취지는 바로 내심의 진정眞情을 밖으로 드러내는 데 있습니다. 성인의 동정動靜과 가장 가까운 자와 함께 노니는 유연游燕에도 모든 사물이 그렇듯이 존비의 질서가 있습니다. 해내海內가 자수自修하고 백성이 본받으며 배우는 종화從化를 하는 이유입니다. 만일 의당 친해야 할 사람을 멀리하고, 존중해야 할 사람을 낮추면 영교佞巧한 간신배들이 때맞춰 움직이며 나라를 어지럽게 만듭니다. 성인이 그 실마리를 신중하게 방지하고, 미연에 금지하고, 사은私恩으로 공의公義를 해치지 않은 이유입니다. 『주역』「가인괘家人卦」의 단사彖辭에서 '집안을 바로 잡으면 천하가 안정된다'고 말한 이유입니다!"

6) 당초 한무제는 재위 때 범람하는 황하의 둑을 막고 선방궁宣房宮을 지은 바 있다. 이후 황하가 다시 관도館陶산동성 관도현에서 둑이 터지는 바람에 북쪽으로 흐르게 됐다. 도중에 물길이 나뉘어 둔지하屯氏河가 된 후

동북쪽으로 흐르다가 발해渤海로 들어갔다. 너비와 깊이인 광심廣深이 황하의 본류인 대하大河와 비등했다. 도도한 수세水勢 탓에 둑을 쌓지 못한 이유다. 이 해에 황하가 청하군淸河郡 영현靈縣산동성 하진현의 서쪽에 있는 명독구鳴犢口에서 터지는 바람에 둔지하가 끊어지고 말았다.

* 孝元皇帝永光五年

春, 正月, 上行幸甘泉, 郊泰畤. 三月, 幸河東, 祠后土.

秋, 潁川水流殺人民.

冬, 上幸長楊射熊館, 大獵.

十二月, 乙酉, 毁太上皇·孝惠皇帝寢廟園, 用韋玄成等之議也.

上好儒術·文辭, 頗改宣帝之政. 言事者多進見, 人人自以為得上意. 又傅昭儀及子濟陽王康愛幸, 逾於皇后·太子. 太子少傅匡衡上疏曰, "臣聞治亂安危之機, 在乎審所用心. 蓋受命之王, 務在創業垂統, 傳之無窮. 繼體之君, 心存於承宣先王之德而褒大其功. 昔者成王之嗣位, 思述文·武之道以養其心, 休烈盛美皆歸之二后, 而不敢專其名, 是以上天歆享, 鬼神祐焉. 陛下聖德天覆, 子愛海內, 然陰陽未和, 奸邪未禁者, 殆論議者未丕揚先帝之盛功, 爭言制度不可用也, 務變更之, 所更或不可行而復復之, 是以群下更相是非, 吏民無所信. 臣竊恨國家釋樂成之業, 而虛為此紛紛也! 願陛下詳覽統業之事, 留神於遵制揚功, 以定群下之心. 『大雅』曰, '無念爾祖, 聿脩厥德' 蓋至德之本也. 『傳』曰, '審好惡, 理情性, 而王道畢矣' 治性之道, 必審己之所有餘而強其所不足, 蓋聰明疏通者戒於太察, 寡聞少見者戒於壅蔽, 勇猛剛強者戒於太暴, 仁愛溫良者戒於無斷, 湛靜安舒者戒於後時, 廣心浩大者戒於遺忘. 必審己之所當戒而齊之以義, 然後中和之化應, 而巧偽之徒不敢比周而望進. 唯陛下戒之, 所以崇聖德也! 臣又聞室家之道修, 則天下之理得, 故『詩』始『國風』, 『禮』本冠·婚. 始乎『國風』, 原情性以明人倫也. 本乎冠·婚, 正基兆以防未然也. 故聖王必愼妃後之際, 別適長之位, 禮之於內也. 卑不踰尊, 新不先故, 所以統人情而理陰氣也. 其尊適而卑庶也, 適子冠乎阼, 禮之用醴, 眾子不得與列, 所以貴正體而明嫌疑也. 非虛加其禮文而已, 乃中心與之殊異, 故禮探其情而見之外也. 聖人動靜游燕所親, 物得其序, 則海內自修, 百姓從化. 如當親者疏, 當尊者卑, 則佞巧之奸因時而動, 以亂國家. 故聖人愼防其端, 禁於未然, 不以私恩害公義. 『傳』曰, '正家而天下定矣'"

初, 武帝既塞宣房, 後河復北決於館陶, 分為屯氏河, 東北入海, 廣深與大河等, 故因其自然, 不堤塞也. 是歲, 河決於淸河靈鳴犢口, 而屯氏河絕.

한원제 건소建昭 원년(BC 38)

1) 본 정월 29일, 운석隕石이 양梁하남성 상구시 땅에 떨어졌다.

2) 3월, 황상이 옹雍 땅으로 행행해 오치五畤에서 제사를 올렸다.

3) 겨울, 하간왕河間王 유원劉元이 무고한 사람을 적살賊殺한 죄에 연루돼 봉국이 폐지되고, 그 자신도 방릉房陵호북성 방현으로 유배됐다.

4) 한문제의 부인인 효문태후孝文太后 박씨薄氏의 능침사원陵寢祠園을 철폐했다.

5) 황상이 호랑이 우리인 호권虎圈으로 행차해 야수의 박투搏鬪를 관람할 때 후궁들이 모두 주위에 시좌侍坐했다. 이때 곰 한 마리가 문득 우리를 탈출한 뒤 난간을 기어 올라와 전殿 위로 오르려고 했다. 좌우의 시종과 귀인貴人 및 부첩여傅婕妤 등이 모두 놀라 달아났다. 다만 풍첩여馮婕妤만이 앞으로 나아가 곰을 마주하고 섰다. 이 틈에 좌우에서 곰을 격

살格殺했다.

황상이 풍첩여에게 물었다.

"인정人情 상 놀라고 무서워하는 경구驚懼를 하기 마련인데 어찌하여 앞으로 나와 곰과 마주한 것인가?"

풍첩여가 대답했다.

"맹수는 사람을 하나 잡으면 그칩니다. 첩은 곰이 어좌御坐에 이를까 걱정해 몸으로 맞선 것입니다."

황제가 차탄嗟歎하고 배나 더 경중敬重했다. 부첩여는 부끄러워했고 이후 풍첩여와 틈이 생겼다. 풍첩여는 풍봉세의 딸이다.

* 孝元皇帝建昭元年

春, 正月, 戊辰, 隕石於梁.

三月, 上行幸雍, 祠五畤.

冬, 河間王元坐賊殺不辜廢, 遷房陵.

罷孝文太后寢祠園.

上幸虎圈鬪獸, 後宮皆坐. 熊逸出圈, 攀檻欲上殿, 左右·貴人·傅婕妤等皆驚走. 馮婕妤直前, 當熊而立. 左右格殺熊. 上問曰, "人情驚懼, 何故前當熊?" 婕妤對曰, "猛獸得人止, 妾恐熊至御坐, 故以身當之." 帝嗟歎, 倍敬重焉. 傅婕妤慚, 由是與馮婕妤有隙. 馮婕妤, 左將軍奉世之女也.

한원제 건소 2년(BC 37)

1) 봄 정월, 황상이 감천궁으로 행행行幸해 태치泰畤에서 천신에게 제사를 올리는 교제郊祭를 올렸다.

3월, 하동河東에 행행해 토지신인 후토后土에게 제사를 올렸다.

2) 여름 4월, 천하에 사면령을 내렸다.

3) 6월, 황자皇子 유흥劉興을 신도왕信都王으로 삼았다.

4) 동군東郡하남성 복양현의 경방京房이 양梁하남성 상구시 출신 초연수焦延壽로부터 『주역』을 배웠다. 초연수가 늘 말했다.

"나의 도를 배워 망신亡身의 화를 당할 사람은 경방이다."

초연수의 『주역』 해설은 재변災變 예측에 장기가 있었다. 점괘를 모두 60개 괘로 나눈 뒤 다시 날짜를 짚어 일을 행하고, 풍우한온風雨寒溫으로 기상의 변화를 예측했다. 각각 효험이 있었다. 경방은 이를 더욱 정심精深하게 운용했다. 효렴孝廉으로 출사해 낭郎이 됐다. 여러 차례 상소해 재이災異를 예언한 것이 모두 증험證驗이 있었다. 천자가 기뻐하며 자주 불러 만나보고 물었다. 경방이 대답했다.

"옛날 제왕은 공로를 갖고 현인을 천거했습니다. 만사가 성취되고 상서로운 조짐이 호응해 드러난 이유입니다. 말세에는 공로 대신 훼예毁譽로 사람을 채용했습니다. 공업功業이 폐해지고 재이災異가 나타난 이유입니다. 의당 백관으로 하여금 각자 자신들의 공적功績을 조사해 비교하면 재이가 멈출 것입니다."

황상이 조서를 내려 경방으로 하여금 그 일을 주관하게 했다. 경방이 「고공과리법考功課吏法」을 상주했다. 황상이 공경과 조정대신들로 하여금 경방과 더불어 온실溫室에서 이 문제를 회의會議하게 했다. 모두 경방의 건의가 번쇄煩碎한데다 상하가 서로 감시하도록 만드는 까닭에 허락할 수 없다고 말했다. 황상의 뜻은 그쪽으로 기울어져 있었다. 이때 각 주를 다스리는 지방장관인 부자사部刺史[4]들이 경사로 올라와 주사奏事했다.

---

4 부자사部刺史는 한무제 원봉 5년인 기원전 106년에 만든 녹질 600석의 관직으로, 군국郡國을 순회하며 원옥冤獄 여부를 살피고 관원을 출척黜陟하는 등 6가지 조목에 관

황상이 이들 부자사들을 소견召見하면서 경방으로 하여금 「고공과리법」을 자세히 설명하게 했다. 부자사들 역시 시행할 수 없다고 생각했다. 오직 어사대부 정홍鄭弘과 광록대부 주감周堪은 처음에는 시행이 불가하다고 말했다가 나중에 찬성했다.

이때 중서령中書令 석현石顯이 전권顓權[5]을 했다. 그의 친구인 오록충종五鹿充宗이 상서령尚書令으로 있었다. 두 사람이 국사를 총괄하는 용사用事를 한 이유다. 경방이 일찍이 군주가 연회宴會를 베풀고 신하를 소견召見하는 연견宴見에 참석해 황제에게 물었다.

"주유왕周幽王과 주여왕周厲王과 같은 군주는 어찌하여 나라를 위태롭게 한 것입니까? 그들이 임용한 자들은 어떤 사람들입니까?"

황상이 대답했다.

"군주가 밝지 못한 까닭에 임용된 자들 또한 교녕巧佞했소."

경방이 물었다.

"그들의 교녕을 알고도 채용한 것입니까? 아니면 현명하다고 생각한 것입니까?"

황상이 대답했다.

"당연히 현명하다고 생각했을 것이오."

경방이 물었다.

한 정무를 감찰하는 자사刺史를 가리킨다. 삼보三輔와 삼하三河 및 홍농弘农 등 7개 군을 제외하고 전국을 기주冀州와 연주兗州, 청주青州、서주徐州, 양주扬州, 형주荆州, 예주豫州, 익주益州, 양주凉州, 유주幽州, 병주并州, 교지交趾, 삭방朔方 등 13개 주로 나눠 이들 13명의 부자사를 파견했다. 1주州에 1명의 자사를 파견한 까닭에 '부자사' 명칭을 얻게 됐다. 부部는 주州와 일치한 까닭에 '부자사'는 주자사州刺史로도 불렸다.

5 전권顓權은 견제를 받지 않고 멋대로 권력을 휘두르는 것을 말한다. 『한서』「왕상전王商传」 등에 '전권' 표현이 나온다. 전顓은 전專과 통한다. 전권專權 내지 천권擅權과 같은 말이다.

"그렇다면 지금 어떻게 그들이 현명하지 못한 것을 알 수 있는 것입니까?"

황상이 대답했다.

"당시 시국이 혼란하고 군주가 위기에 처한 것으로 알 수 있소."

경방이 물었다.

"그렇다면 현자를 임용하는 임현任賢은 반드시 다스려지고, 불초자를 임용하는 임불초任不肖는 반드시 어지러워지는 것은 필연의 도리가 됩니다. 주유왕과 주여왕은 어찌하여 자신의 잘못을 각오覺寤하고 이내 구현求賢에 나서지 않은 것입니까? 또 무슨 까닭에 '임불초'로 인해 그런 지경에 이른 것입니까?"

황상이 대답했다.

"난세를 만난 군주는 각자 그 신하를 현명하다고 생각할 것이오. 이들로 하여금 모두 자신의 잘못을 깨닫게 할 수만 있다면 천하에 어찌 나라를 위기와 패망에 빠뜨리는 위망지군危亡之君이 나타날 수 있겠소!"

경방이 물었다.

"춘추시대 당시 처음으로 패업을 이룬 제환공齊桓公과 진시황의 천하통일 유업을 이은 진2세秦二世 역시 일찍이 주유왕과 주여왕에 관한 얘기를 듣고는 비웃음인 비소非笑를 보낸 적이 있습니다. 그러나 제환공과 진2세 모두 간신인 수조豎刁와 조고趙高를 신임했습니다. 당시 정사가 날로 어지러워지고, 도적이 산과 들에 가득 차게 된 이유입니다. 어찌하여 주유왕과 주여왕의 전례를 토대로 이를 점쳐서 깨닫는 각오覺寤를 하지 못한 것입니까?"

황상이 대답했다.

"오직 도를 지닌 자만이 지난 일을 가지고 앞으로 올 일을 알 수 있을 뿐이오."

경방이 관을 벗고 머리를 조아리는 면관돈수免冠頓首를 하며 물었다.

"『춘추』는 242년 동안의 재이災異를 기록해 만세萬世의 군주에게 보여주었습니다. 지금 폐하가 즉위한 후 일월이 실명失明하고, 성신星辰이 역행逆行하고 있습니다. 또 산이 무너지는 산붕山崩과 샘물이 치솟는 천용泉湧, 지진地震과 석운石隕, 여름의 서리인 하상夏霜과 겨울의 천둥인 동뢰冬雷 및 봄의 낙엽인 춘조春凋와 가을의 녹음인 추영秋榮, 떨어진 서리가 벌레를 죽이지 못하는 운상불살隕霜不殺, 홍수와 가뭄인 수한水旱, 메뚜기 재해인 황해蝗害가 계속되고 있습니다. 백성들은 기근과 역질로 고생하고, 도적이 금지되지 않고, 형벌을 받은 자가 거리에 가득 찬 형인만시刑人滿市의 모습이 빚어지고 있습니다. 『춘추』에서 기록한 재이가 모두 갖춰져 있는 셈입니다. 폐하가 보기에 지금 잘 다스려지는 것입니까? 아니면 혼란스런 것입니까?"

황상이 대답했다.

"지금 난세의 극에 달했을 뿐인데 오히려 무엇을 묻고자 하는 것이오!"

경방이 물었다.

"지금 폐하는 국사를 떠맡겨 쓰고 있습니까?"

황상이 대답했다.

"그렇소. 다행히 이전보다는 낫지만 책임은 지지 않고 있소."

경방이 말했다.

"무릇 이전 시대의 군주 역시 그러했습니다. 신은 후대 사람들이 오늘의 정황을 돌아보면서 지금 사람들이 이전 시대를 바라보는 것과 같을까 두렵습니다!"

황상이 한참 생각하다가 물었다.

"지금 나라를 어지럽히는 자가 누구요?"

경방이 대답했다.

"폐하는 영명하니 의당 스스로 알 것입니다."

황상이 말했다.

"모르겠소. 만일 알았다면 어찌 그를 임용할 리 있겠소!"

경방이 말했다.

"황상이 가장 신임하고, 휘장인 유악帷幄 속에서 일을 도모하고, 천하의 선비들을 진퇴進退하게 만드는 자가 바로 그 사람입니다."

경방은 석현을 지적해 말한 것이다. 황상도 이를 알고 있었다. 곧 경방에게 말했다.

"나도 알고 있소."

경방이 황상의 말을 믿고 밖으로 나갔다. 그러나 이후 황상은 석현을 결코 물리치지 못했다.

신 사마광은 평한다.

"군주의 덕이 밝지 못하면 신하가 비록 갈충竭忠하려 해도 어찌 절로 받아들여지게 만들 수 있겠는가! 경방이 한원제를 깨닫게 만들고자 한 것을 보면 나름 명백하고 지극한 충간忠諫이라고 할 수 있다. 그러나 한원제는 끝내 깨닫지 못했으니 슬픈 일이다! 『시경』에 이르기를, '얼굴을 맞대고 말할 뿐만 아니라 그들의 귀를 잡아끌어야 하고, 손으로 이끌어 줄 뿐만 아니라 일의 옳고 그름 알려줘야 하네'라고 했다.[6] 또 탄식하기를, '그대들을 간절히 타일러도 내 말을 건성으로 듣네'라고 했다. 이는 한원제를 말한 것이다."

5) 황상이 경방으로 하여금 제자들 가운데 「고공과리법考功課吏法」을

---

6 『시경』「대아, 억抑」에서 인용한 것이다. 『자치통감』 원문은 '비면명지匪面命之, 언제기이言提其耳. 비수휴지匪手攜之, 언시지사言示之事'로 되어 있으나 「대아, 억」은 '비수휴지, 언시지사' 구절이 앞에 나온다.

잘 아는 자를 천거하게 했다. 시용試用하려 한 것이다. 경방이 상주했다.

"중랑中郎 임량任良과 요평姚平이 가합니다. 원컨대 이들을 자사刺史로 삼아「고공과리법」을 시험해 보도록 하십시오. 신은 전중殿中에 남아 이들의 주장奏章을 잘 소통시켜 다른 사람에 의해 도중에 막히는 옹색壅塞을 방지하도록 하겠습니다."

석현과 오록충종 모두 경방을 질시한 나머지 멀리 외직으로 보내고자 했다. 이내 경방을 군수로 내보내 시험해 볼 것을 건의했다. 황제가 경방을 위군魏郡 태수로 삼았다. 경방이「고공과리법」에 입각해 위군을 다스렸다. 그는 태수로 가기 전에 스스로 청했다.

"이 해가 끝날 즈음 자사刺史처럼 공무용 수레인 전거傳車를 타고 입경해 직접 상주할 수 있게 해주십시오."

천자가 허락했다. 경방은 여러 차례 상주한 일로 인해 대신들에게 배척을 받고, 석현 등과 틈이 생길 것을 잘 알고 있었다. 황제 곁을 멀리 떠나고 싶지 않아 이내 국사에 관한 건의인 봉사封事를 올렸다.

"신이 경사를 나온 이후 용사用事를 하는 집정 대신들에 의해 가려진 나머지 몸은 죽게 되고 공은 이루지 못할까 두렵습니다. 원컨대 연말에 전거傳車를 타고 상경해 직접 황상에게 주사奏事하려 하니 애달프게 여겨 허락해 주시기 바랍니다. 2월 18일에 어둡게 드리운 기운인 몽기蒙氣가 집정 대신들에게 보이는「진괘晉卦」의 현상을 침범함으로써 곧 태양을 가리게 됩니다. 이는 상대부上大夫가 태양인 천자를 가리는 것으로 곧 천자의 의혹을 사는 것을 의미합니다. 2월 16일과 17일 사이에 반드시 신을 격절隔絶시켜 신이 전거를 타고 황상에게 상주하는 것을 막고자 하는 자가 있을 것입니다."

경방이 아직 출발하지 않았을 때 황상이 양평후陽平侯 왕봉王鳳을 시켜 연말에 경방이 전거를 타고 와 상주하는 것을 막는 일이 없을 것이라는 내용의 조서를 전하게 했다. 경방이 내심 더욱 두려워했다.

가을, 경방이 신풍新豐섬서성 임동현에 이르렀다. 사람을 시켜 은밀히 봉사를 올렸다.

"신이 전에 6월에 「둔괘遁卦」의 현상이 나타나지 않을 것이라고 말했습니다. 다만 점을 치는 비법에 이르기를, '도인道人이 한번 떠나가면 날씨가 추워지고 큰물이 흘러넘쳐 재앙이 된다'고 했습니다. 7월이 되자 과연 큰물이 흘러넘쳤습니다. 신의 제자 요평姚平이 신에게 이르기를, '경방은 도를 안다고 말할 수는 있지만 아직 도를 믿는다고 말할 수는 없습니다. 경방이 말한 재이 가운데 일찍이 적중하지 않은 게 없습니다. 큰물이 이미 흘러넘쳤으니 도인은 의당 쫓겨나 죽게 될 것입니다. 아직 무엇을 더 말하려는 것입니까'라고 했습니다. 신이 대답하기를, '폐하는 지극히 어질고 신을 특별히 후대하니 비록 말을 하면 죽을지라도 오히려 그리 하겠다'고 했습니다. 요평이 또 말하기를, '경방의 행보는 소충小忠일뿐 대충大忠이라고 말할 수는 없습니다. 옛날 진나라 조고가 용사用事를 할 당시 정선正先이라는 자가 있었습니다. 조고를 비방하는 비척非刺을 했다가 죽임을 당했습니다. 조고의 권세가 날로 성해지면서 진나라가 크게 어지러워졌습니다. 정선이 진나라의 쇠망을 재촉한 셈입니다'라고 했습니다. 지금 신은 경사에서 나와 군의 태수로 있습니다. 스스로 나라를 위해 온 힘을 다하고자 하나 아마 효과가 나타나기도 전에 죽을까 두렵습니다. 오직 폐하가 큰물이 흘러넘치는 재이의 응험이 나타나지 않도록 방지함으로써 신이 정선처럼 죽어 요평의 웃음거리가 되는 일이 없도록 해주시길 바랄 뿐입니다."

경방이 섬陝하남성 섬현에 이른 뒤 다시 봉사를 올렸다.

"신이 전에 임량任良을 보내 관원의 능력을 평가하는 고공考功을 시험하게 하면서 신은 중앙에 있기를 바란다고 했습니다. 의논하던 자들은 신이 이같이 하면 자신에게 불리한데다 신과 조정 사이의 연결을 끊을 수 없다는 것을 알기에 '제자를 보내 고공을 시험하게 하는 것은 스승을 직접 보내느니만 못하다'고 말한 것입니다. 신을 내보내 자사刺史로 삼으면 황상 앞에서 주사奏事를 하기에 또 말하기를, '자사를 시키면 태수들과 한마음이 되지 못할까 걱정이니 태수를 시키느니만 못하다'고 한 것입니다. 이는 그들이 신을 황상으로부터 떼어놓고자 그리한 것입니다. 폐하가 그들의 말을 어기지 않고 마침 들어주었습니다. 이는 바로 어둡게 드리운 기운인 몽기蒙氣가 흩어지지 않음으로써 태양이 빛을 잃는 원인이 됩니다. 신이 장안에서 멀리 떠나 점점 멀어질수록 태양이 빛을 잃는 수준 또한 더욱 심해집니다. 원컨대 폐하는 억지로 신을 장안으로 불러들여 천의天意를 거스를 필요가 없습니다. 사설邪說이 아무리 폐하를 속여 깨닫지 못하게 만들지라도 천기天氣는 반드시 변하게 마련입니다. 사람은 속일 수 있으나 하늘은 속일 수 없는 이유입니다. 원컨대 폐하는 이를 통찰하시기 바랍니다."

경방이 장안을 떠난 지 1달여쯤 되자 결국 불러들여 하옥시켰다. 당초 한원제의 후궁인 장첩여의 소생인 회양헌왕淮陽憲王 유흠劉欽의 장인인 장박張博이 기울어지고 교묘한 재주로 행실이 좋지 않은 경교무행傾巧無行의 모습을 보였다. 그는 회양헌왕에게 금전을 요구하는 경우가 많았다. 회양헌왕을 위한다는 구실로 입조入朝하려 한 이유다. 그는 경방 밑에서 『주역』을 공부하면서 자신의 딸을 경방에게 보내 처로 삼게 했다. 경방은 매번 조회에서 조현朝見하고 물러난 뒤 곧바로 장박을 위해 황상과 나눈 얘기를 전해주었다. 장박은 경방이 전해준 조정의 밀어密語를 기억해 두었다가 경방으로 하여금 회양헌왕을 위해 입조를 청하는 주장奏章의 초안을 만들게 했다. 이어 이를 모두 갖고 가 회양헌왕의 신임을 얻고자 했다.

석현이 이를 알고 고발했다.

"경방이 장박과 통모通謀해 정치를 비방非謗하고, 천자에게 악행을 돌리며 제후왕諸侯王을 속이는 괘오詿誤를 행하고 있습니다."

이들 모두 하옥돼 기시棄市됐고, 처자는 변경으로 유배됐다. 어사대부 정홍鄭弘은 경방과 가까이 지낸 죄로 면직 후 서인이 됐다.

6) 어사중승御史中丞 진함陳咸은 자주 석현을 헐뜯었다. 한참 후에 괴리槐里섬서성 흥평현 현령 주운朱雲과 가까이 지내면서 성중省中에서 들은 얘기를 누설했다. 석현이 은밀히 이를 엿보아 알아냈다. 이내 주운과 함께 진함을 하옥시킨 뒤 곤형髡刑과 성단城旦의 노역에 처했다.

석현의 위권威權이 날로 성해졌다. 공경公卿 이하 관원들은 석현을 두려워했고, 두 발을 하나로 겹쳐 극히 조심하는 중족일적重足一跡의 모습을 보였다. 석현은 중서복야中書僕射 뇌량牢梁과 소부少府 오록충종五鹿充宗과 결당해 당우黨友가 됐다. 이들에게 붙어서 의지하는 부의附倚한 자들 모두 총애를 입어 높은 자리를 얻었다. 백성들이 노래를 지어 풍자했다.

뇌씨여, 석씨여	牢邪, 石邪	뇌야, 석야
오록의 빈객이여	五鹿客邪	오록객야
인印은 왜 그토록 많고	印何纍纍	인하루루
수綬는 어찌 그리 긴가	綬若若邪	수약약야

석현은 안으로 마구 권력을 휘두르는 천권擅權을 하며 권력의 칼자루인 전병專柄을 틀어쥐고 있다는 사실을 스스로 잘 알고 있었다. 천자가 일단 좌우의 사람들이 이목耳目으로 듣고 본 얘기를 받아들여 자신을 떼어놓을까 걱정했다. 이내 먼저 자신의 성의를 표명해 황상의 신임을 얻어

낸 뒤 이를 증거로 삼고자 했다. 곧 황명을 받들고 각 관부로 나가 공무를 처리한 뒤 황상에게 이같이 청했다.

"일을 하다가 너무 늦어 궁문이 닫혀져 있으면 청컨대 궁리宮吏에게 조서를 내려 문을 열게 해주십시오."

황상이 허락했다. 석현이 고의로 밤늦게 회궁回宮하면서 황명을 내세워 궁문을 열었다. 과연 어떤 사람이 상서했다.

"석현이 멋대로 황명을 내세워 조서를 고치는 교조矯詔를 하여 궁문을 열었습니다."

천자가 이를 듣고는 웃으며 석현에게 서신을 보여주었다. 석현이 울며 말했다.

"폐하가 지나치게 소신小臣을 총애하며 국사를 맡기는 까닭에 군하群下인 조정백관 가운데 질투嫉妒하지 않는 자가 없습니다. 신을 함해陷害하고자 하는 이런 자들이 비단 하나에 그치지 않을 것입니다. 오직 명주明主인 황상만이 신의 충심을 알 것입니다. 우신愚臣은 미천微賤하여 실로 한 몸으로 만중萬眾을 통쾌하게 만들 수 없는 까닭에 천하의 원망을 듣고 있습니다. 신은 원컨대 추기樞機의 자리를 반납하고 후궁에서 소제掃除하는 역할을 맡으면 죽어도 여한이 없을 것입니다. 오직 폐하가 애련哀憐하게 생각해 소신小臣으로 하여금 온전히 살아남게 해주기를 바랄뿐입니다!"

천자가 동의하며 그를 가련하게 생각했다. 자주 석현을 위로하며 격려하고, 후한 상사賞賜를 더한 게 그렇다. 상사 내지 재물로 마음을 전한 것이 1억 전錢에 달했다.

당초 석현은 중인眾人의 마음이 흉흉하다는 소식을 들었을 때 자신이 전장군 소망지蕭望之를 죽였다는 말이 있어 천하의 학사學士들이 자신을 비방할까 두려웠다. 간대부 공우貢禹가 경전에 밝고 절개가 높아 사람들로부터 존경을 받는 것을 알고는 사람을 시켜 공우에게 자신이 사모한다는 뜻을 전하면서 깊이 사귀고자 했다. 이내 공우를 천거해 구경九卿을 지내게 하고, 공우에 대한 예우도 더욱 주밀해졌다. 논의하는 자들은 일각에서 석현을 칭송하는 목소리가 나오면서 석현이 소망지를 질투해 참소한 것은 아니라고 생각했다. 석현은 모략과 변사變詐에 능했다. 자신은 의심의 굴레에서 벗어나면서 군주로부터 신임을 얻는 수법이 모두 이와 같았다.

순열이『한기漢紀』에서 이같이 평했다.

"무릇 영신佞臣이 군주를 현혹하는 것이 매우 심하다. 공자는『논어』「위령공」에서 안연이 치국에 대해 묻자 대답하기를, '간사한 자인 영인佞人을 멀리하라!'고 했다. 비단 그런 자를 쓰지 않을 뿐만 아니라 멀리하여 관계를 끊으라고 주문한 것이다. 근원의 격색隔塞을 경계한 것이 지극했다. 공자는 또『논어』「안연」에서 말하기를, '정치는 바로잡는 것이다'라고 했다. 무릇 정도政道의 근본은 스스로를 바르게 하는 정기正己에 지나지 않는다. 공평하고 곧은 평직平直과 진실眞實만이 바른 길의 핵심에 해당한다. 개인의 덕성은 반드시 자세히 살펴 과오가 없어야 하고, 그런 연후에 관직을 내릴 수 있다. 능력과 관련해 반드시 진실을 검증한 뒤 비로소 국가대사를 맡겨 처리하게 할 수 있고, 공로 역시 반드시 진실을 검증한 뒤 비로소 포상을 할 수 있고, 죄과 역시 반드시 진실을 검증한 뒤 비로소 형을 가할 수 있고, 행실 역시 반드시 진실을 검증한 뒤 비로소 귀하게 만들 수 있고, 언사 역시 반드시 진실을 검증한 뒤 비로소 믿을 수 있고, 물건 역시 반드시 진실을 검증한 뒤 비로소 사용할 수 있고, 사건 역시 반드시 진실을 검증한 뒤 비로소 처리할 수 있는 것이다. 많은 올바름인 중정衆正이 조정에 쌓인 뒤에야 비로소 만사萬事가 아래에서 착실히 이뤄지게 된다. 선왕의 치도治道는 바로 이와 같았을 뿐이다!"

7) 8월 3일, 광록훈光祿勳 광형匡衡을 어사대부로 삼았다.

8) 윤8월 8일, 한소제 유불릉의 부인인 태황태후 상관씨上官氏가 궁에서 47년 동안 살다가 붕어했다.

9) 겨울 11월, 제齊와 초楚 땅에 지진이 났다. 큰 우설雨雪로 인해 나무가 꺾이고 가옥이 무너졌다.

* 孝元皇帝建昭二年

春, 正月, 上行幸甘泉, 郊泰畤. 三月, 行幸河東, 祠后土.

夏, 四月, 赦天下.

六月, 立皇子興為信都王.

東郡京房學『易』於梁人焦延壽. 延壽常曰, “得我道以亡身者, 京生也.” 其說長於災變, 分六十卦, 更直日用事, 以風雨寒溫為侯, 各有占驗. 房用之尤精, 以孝廉為郎, 上疏屢言災異, 有驗. 天子說之, 數召見問. 房對曰, “古帝王以功擧賢, 則萬化成, 瑞應著. 末世以毀譽取人, 故功業廢而致災異. 宜令百官各試其功, 災異可息.” 詔使房作其事, 房奏考功課吏法. 上令公卿朝臣與房會議溫室, 皆以房言煩碎, 令上下相司, 不可許. 上意鄉之. 時部刺史奏事京師, 上召見諸刺史, 令房曉以課事. 刺史復以為不可行. 唯御史大夫鄭弘·光祿大夫周堪初言不可. 後善之.

是時, 中書令石顯顓權, 顯友人五鹿充宗為尚書令, 二人用事. 房嘗宴見, 問上曰, “幽·厲之君何以危? 所任者何人也?” 上曰, “君不明而所任者巧佞.” 房曰, “知其巧佞而用之邪, 將以為賢也?” 上曰, “賢之.” 房曰, “然則今何以知其不賢也?” 上曰, “以其時亂而君危知之.” 房曰, “若是, 任賢必治, 任不肖必亂, 必然之道也. 幽·厲何不覺寤而更求賢, 曷為卒任不肖以至於是?” 上曰, “臨亂之君, 各賢其臣. 令皆覺寤, 天下安得危亡之君!" 房曰, "齊桓公·秦二世亦嘗聞此君而非笑之. 然則任豎刁·趙高, 政治日亂, 盜賊滿山, 何不以幽·厲卜之而覺寤乎?" 上曰, "唯有道者能以往知來耳." 房因免冠頓首曰, "『春秋』紀二百四十二年災異, 以示萬世之君. 今陛下即位已來, 日月失明, 星辰逆行, 山崩, 泉湧, 地震, 石隕, 夏霜, 冬雷, 春凋, 秋榮, 隕霜不殺, 水, 旱, 螟蟲, 民人饑·疫, 盜賊不禁, 刑人滿市, 『春秋』所記災異盡備. 陛下視今為治邪, 亂邪?" 上曰, "亦極亂耳, 尚何道!" 房曰, "今所任用者誰與?" 上曰, "然, 幸其愈於彼, 又以為不在此人也." 房曰, "夫前世之君, 亦皆然矣. 臣恐後之視今, 猶今之視前也!" 上良久, 乃曰, "今為亂者誰哉?" 房曰, "明主宜自知之." 上曰, "不知也. 如知, 何故用之!" 房曰, "上最所信任, 與圖事帷幄之中, 進退天下之士者是矣." 房指謂石顯, 上亦知之, 謂房曰, "已諭." 房罷出, 後上亦不能退顯也.

臣光曰, "人君之德不明, 則臣下雖欲竭忠, 何自而入乎! 觀京房之所以曉孝元, 可謂明白切至矣, 而終不能寤, 悲夫! 『詩』曰, '匪面命之, 言提其耳. 匪手攜之, 言示之事' 又曰, '誨爾諄諄, 聽我藐藐' 孝元之謂矣!"

上令房上弟子曉知考功·課吏事者, 欲試用之. 房上, "中郎任良·姚平, 願以為刺史, 試考功法. 臣得通籍殿中, 為奏事, 以防壅塞." 石顯·五鹿充宗皆疾房, 欲遠之, 建言, 宜試以房為郡守. 帝於是以房為魏郡太守, 得以考功法治郡.

房自請曰, "歲竟, 乘傳奏事." 天子許焉. 房自知數以論議為大臣所非, 與石顯等有隙, 不欲遠離左右, 乃上封事曰, "臣出之後, 恐為用事所蔽, 身死而功不成, 故願歲盡乘傳奏事, 蒙哀見許. 乃辛巳, 蒙氣復乘卦, 太陽侵色, 此上大夫覆陽而上意疑也. 己卯·庚辰之間,必有欲隔絕臣, 令不得乘傳奏事者."

房未發, 上令陽平侯王鳳承製詔房止無乘傳奏事. 房意愈恐.

秋, 房去至新豐, 因郵上封事曰, "臣前以六月中言『遁卦』不效, 法曰, '道人始去, 寒湧水為災' 至其七月, 湧水出. 臣弟子姚平謂臣曰, '房可謂知道, 未可謂信道也. 房言災異, 未嘗不中. 湧水已出, 道人當逐死, 尚復何言' 臣曰, '陛下至仁, 於臣尤厚, 雖言而死, 臣猶言也' 平又曰, '房可謂小忠, 未可謂大忠也. 昔秦時趙高用事, 有正先者, 非刺高而死, 高威自此成, 故秦之亂, 正先趣之' 今臣得出守郡, 自詭效功, 恐未效而死, 惟陛下毋使臣塞湧水之異, 當正先之死, 為姚平所笑." 房至陝, 復上封事曰, "臣前白願出任良試考功, 臣得居內. 議者知如此於身不利, 臣不可蔽, 故云'使弟子不若試師' 臣為刺史, 又當奏事, 故復云'為刺史, 恐太守不與同心, 不若以為太守' 此其所以隔絕臣也. 陛下不違其言而遂聽之, 此乃蒙氣所以不解·太陽無色者也. 臣去稍遠, 太陽侵色益甚, 唯陛下毋難還臣而易逆天意. 邪說雖安於人, 天氣必變, 故人可欺, 天不可欺也, 願陛下察焉."

房去月餘, 竟徵下獄. 初, 淮陽憲王舅張博, 傾巧無行, 多從王求金錢, 欲為王求入朝. 博從京房學, 以女妻房. 房每朝見, 退輒為博道其語. 博因記房所說密語, 令房為王作求朝奏草, 皆持柬與王, 以為信驗. 石顯知之, 告, "房與張博通謀, 非謗政治, 歸惡天子, 詿誤諸侯王." 皆下獄, 棄市, 妻子徙邊. 鄭弘坐與房善, 免為庶人.

御史中丞陳咸數毀石顯, 久之, 坐與槐里令朱雲善, 漏洩省中語, 石顯微伺知之, 與雲皆下獄, 髡為城旦.

石顯威權日盛, 公卿以下畏顯, 重足一跡. 顯與中書僕射牢梁·少府五鹿充宗結為黨友, 諸附倚者皆得寵位, 民歌之曰, "牢邪! 石邪! 五鹿客邪! 印何纍纍, 綬若若邪!"

顯內自知擅權專柄在掌握, 恐天子一旦納用左右耳目以間己, 乃時歸誠, 取一信以為驗. 顯嘗使至諸官, 有所徵發, 顯先自白曰, "恐後漏盡宮門閉, 請使詔吏開門." 上許之. 顯故投夜還, 稱詔開門入. 後果有上書曰, "顯顓命, 矯詔開宮門", 天子聞之, 笑以其書示顯. 顯因泣曰, "陛下過私小臣, 屬任以事, 群下無不嫉妒, 欲陷害臣者, 事類如此非一, 唯獨明主知之. 愚臣微賤, 誠不能以一軀稱快萬眾, 任天下之怨. 臣願歸樞機職, 受後宮掃除之役, 死無所恨. 唯陛下哀憐財幸, 以此全活小臣." 天子以為然而憐之, 數勞勉顯, 加厚賞賜, 賞賜及賂遺訾一萬萬. 初, 顯聞眾人匈匈, 言己殺前將軍蕭望之, 恐天下學士訕己, 以諫大夫貢禹明經箸節, 乃使人致意, 深自結納, 因薦禹天子, 歷位九卿, 禮事之甚備. 議者於是或稱顯, 以為不妒譖望之矣. 顯之設變詐以自解免, 取信人主者, 皆此類也.

荀悅曰, "夫佞臣之惑君主也甚矣, 故孔子曰, '遠佞人' 非但不用而已, 乃遠而絕之, 隔塞其源, 戒之極也. 孔子曰, '政者, 正也' 夫要道之本, 正己而已矣. 平直真實者, 正之主也. 故德必核其真, 然後授其位. 能必核其真, 然後授其事. 功必核其真, 然後授其賞. 罪必核其真, 然後授其刑. 行必核其真, 然後貴之. 言必核其真, 然後信之. 物必核其真, 然後用之. 事必核其真, 然後修之. 故眾正積於上, 萬事實於下, 先王之道, 如斯而已矣!"

八月, 癸亥, 以光祿勳匡衡為御史大夫.

閏月, 丁酉, 太皇太后上官氏崩.

冬, 十一月, 齊·楚地震, 大雨雪, 樹折, 屋壞.

한원제 건소 3년(BC 36)

1) 여름 6월 19일, 부양공후扶陽共侯 위현성韋玄成이 홍거薨去했다.

2) 가을 7월, 광형이 승상이 됐다.

7월 14일, 위위衛尉 이연수李延壽가 어사대부가 됐다.

3) 겨울, 서역도호西域都護·기도위騎都尉인 북지北地감숙성 영현 출신 감연수甘延壽와 부교위副校尉인 산양山陽산동성 금향현 출신 진탕陳湯으로 하여금 함께 흉노의 질지郅支 선우를 강거康居에서 참수해 주살하게 했다.

당초 질지 선우는 스스로 대국을 자처하며 위명威名이 존중되자 승세勝勢에 올라타는 교만한 모습을 보였다. 강거왕康居王이 예의를 지키지 않자 자신에게 시집을 온 강거왕의 딸과 귀인貴人 및 수백 명의 백성을 죽이고, 혹은 사지를 자르는 지해支解를 하여 모두 도뢰수都賴水 속에 내던졌다. 또 백성을 동원해 선우성單于城을 쌓으면서 하루에 500명씩 일을 시켜 2년 만에 작업을 끝냈다. 나아가 사자를 파견해 합소闔蘇와 대원大宛 등 여러 나라에 해마다 공물을 바칠 것을 요구했다. 이들 나라 모두 두려운 나머지 감히 공물 헌납을 거부하지 못했다. 한나라 조정이 3번에 걸쳐 사자를 질지 선우에게 보내 사자로 갔던 곡길谷吉 등의 생사 여부를 알아보게 했다. 질지 선우가 한나라 사자를 곤욕스럽게 만들면서 조서를 받들려고 하지 않았다. 그러고는 서역도호를 통해 이같이 상서했다.

"지금 곤액困厄의 처지에 있습니다. 원컨대 강력한 한나라에 귀부할 계책으로 자식을 보내 입시入侍하도록 하겠습니다."

그의 교만驕嫚이 이와 같았다.

진탕은 사람이 침착하고 용감했다. 심사원려深思遠慮를 하며 여러 책략을 냈다. 그는 기이한 공을 세울 요량으로 감연수甘延壽와 모의했다.

"이적夷狄은 큰 종족을 두려워하며 복종합니다. 그것이 그들의 천성입니다. 서역은 본래 흉노에게 속해 있었습니다. 지금 질지 선우의 위명威名이 멀리까지 들리고 있습니다. 부단히 오손烏孫과 대원大宛을 침공하며 강거에게 떼어줄 생각을 하고 있습니다. 내심 오손과 대원을 병탄하려는 것입니다. 만일 그가 오손과 대원을 손에 넣게 되면 몇 년 사이에 성곽을 가진 나라들 모두 위태로워질 것입니다. 그들은 빠르고 용맹한 표한剽悍의 무리입니다. 싸워 정벌하는 전벌戰伐을 좋아하고, 오랫동안 승리를 거뒀습니다. 날짜가 길어지면 반드시 서역에 큰 우환이 될 것입니다. 비록 만이蠻夷는 한나라로부터 멀리 떨어진 절원絕遠의 장소에 있으나, 단단한 성곽의 금성金城과 쇠뇌인 강노強弩의 수비가 없습니다. 만일 둔전하고 있는 이사吏士를 동원한 뒤 오손의 병사를 몰아 따르게 하는 식으로 곧바로 저들의 성 아래로 쳐들어가면 저들은 달아나고자 해도 달아날 곳이 없고, 지키려 해도 스스로 보호하기에 부족할 것입니다. 그러면 천년 만에 얻는 천재지공千載之功을 가히 하루아침에 이룰 수 있습니다!"

감연수도 동의하며 이를 주청하려 했다. 진탕이 말했다.

"황제인 국가國家가 공경과 함께 상의하려는 사안입니다. 중대한 대책大策은 범인이 알 수 있거나 상의할 수 있는 게 아닙니다. 이는 틀림없이 조정의 동의를 얻지 못할 것입니다."

감연수가 유여猶與하며 좇지 않았다. 마침 그는 지병을 앓고 있었다. 진탕이 홀로 조서의 내용을 고치는 교제矯制를 하여 성곽을 지닌 서역의 여러 나라 병사를 비롯해 차사車師의 무기교위戊已校尉가 이끄는 둔전의 이사吏士들을 동원했다. 감연수가 이 소식을 듣고 깜짝 놀라 일어나는 경기驚起를 하며 이를 중지시키려 했다. 진탕이 대로해 칼을 어루만지며 감연수를 질책했다.

"대중大衆이 이미 집회集會를 했는데 어린아이(수자豎子)가 이를 막으려는 것인가!"

감연수가 마침내 그를 좇았다. 부대를 정비해 진격하는 부륵행진部勒行陳을 할 때 한나라 병사와 호병胡兵이 모두 4만여 명이었다. 감연수와 진탕이 상소를 올려 멋대로 조서 내용을 고친 것을 스스로 탄핵하면서 진군하게 된 배경 등을 진술했다. 그날로 군사를 이끌면서 신설된 양위교위陽威校尉와 합기교위合騎校尉 및 백호교위白虎校尉를 비롯해 부교위副校尉와 무교위戊校尉 및 기교위己校尉 등 6교六校가 지휘하는 부대로 나눠 진격했다. 그 가운데 3교는 남쪽 길을 따라 총령蔥領을 넘은 뒤 대원을 거쳤고, 또 다른 3교는 도호 감연수가 직접 지휘해서 온숙국溫宿國신강성 온숙현을 출발했다. 북쪽 길을 따라 적곡赤谷신강성 이녕시으로 들어간 뒤 오손을 지나고 강거의 경계를 건너 전지闐池키르키즈 이사크 호 서쪽에 도착했다. 강거의 부왕副王인 포전抱闐이 수천 명의 기병을 이끌고 적곡성赤谷城 동쪽을 노략한 뒤 오손의 왕인 대곤미大昆彌 휘하의 군사 1,000여 명을 죽이고, 많은 축산畜產을 끌고 갔다. 이어 군대의 후미를 돌려 한나라 군사의 뒤를 따라잡으며 뒤에서 공격을 가해, 치중을 대거 탈취해 갔다. 진탕이 군사를 돌려 영격을 가했다. 460명을 참살하고, 포로로 잡혀가던 오손의 백성 470명을 구해 대곤미에게 돌려준 뒤 되찾은 말과 소, 양을 군사에게 제공해 먹게 했다. 또 강거의 부왕인 포전의 귀인貴人 이노독伊奴毒을 포획했다.

강거국의 동쪽 경계로 들어간 뒤 영을 내려 군사들의 노략을 금지시켰다. 몰래 강거국의 귀인 도목屠墨을 불러 한나라 군사의 무력을 보게 하고는 위신威信으로 회유했다. 더불어 술을 마시고 맹약을 한 뒤 돌려보냈다. 대군이 계속 진군하다가 선우성單于城에서 60리 못 미친 곳에 멈춘 뒤 영채를 차렸다. 다시 강거의 귀인 구색具色의 아들 개모開牟를 붙잡아 향도로 삼았다. 구색의 아들은 도묵 모친의 동생으로, 이들 모두 질지 선우에게 원한을 품고 있었다. 그들은 질지 선우의 내부 사정을 잘 알고 있었다. 이튿날 이들의 안내를 받아 진격하다가 선우성에서 30리 못 미친 곳에 멈춘 뒤 영채를 차렸다.

질지 선우가 사자를 보내 물었다.

"한나라 군사가 무슨 일로 이곳에 온 것인가?"

한나라 군사가 대답했다.

"선우가 상서해 말하기를, '지금 곤액困厄의 처지에 있습니다. 원컨대 강력한 한나라에 귀부할 계책으로 자식을 보내 입시入侍하도록 하겠습니다'라고 했소. 천자는 선우가 대국을 포기하고 뜻을 굽힌 채 강거국에 살고 있는 것을 애달프고 민망한 애민哀閔의 입장에서 바라보고 있소. 도호都護로 있는 감연수 장군으로 하여금 와서 선우의 처자를 영접하게 한 이유요. 그러나 선우 좌우의 사람들이 경동驚動을 할까 우려해 아직 감히 성 아래까지 나아가지 않은 것이오."

양쪽 사자가 자주 왕래하며 서로 대답하고 보고하는 답보答報를 했다. 감연수와 진탕이 질지 선우의 사자를 질책했다.

"우리는 선우를 위해 멀리서 왔소. 오늘까지도 선우는 명왕名王이나 대인大人을 사자로 보내 장군을 진현進見하며 일을 수습하려 하지 않고 있소. 어찌하여 선우는 이토록 국가의 대계大計를 소홀히 하는 것이오? 손님과 주인 사이의 예의인 객주지례客主之禮를 잃은 것이오! 병사들이 멀리 출정을 오는 바람에 인축人畜이 모두 매우 지쳐 있소. 식량 또한 다해 가는 까닭에 돌아가는 것조차 불가능할까 우려되는 상황이오. 원컨대 선우는 대신들과 더불어 좋은 계책을 잘 상의해 주길 바라오."

이튿날 한나라 군사가 질지성郅支城이 있는 도뢰수都賴水까지 갔다. 성에서 3리가량 떨어진 곳에 머물며 영채를 세우고 진을 펼쳤다. 선우성 위를 바라보니 오색의 번치幡幟 즉 깃발이 세워져 있고, 수백 명의 병사가 갑옷을 입은 채 성 위로 올라가 있었다. 또 100여 기騎가 성을 나와 성 아래로 내달리며 왕래했다. 보병 100여 명도 성문을 끼고 물고기 비늘처럼 겹치게 정렬한 어린진魚鱗陳을 편 채 군사훈련을 하고 있었다. 성 위의 수병守兵들이 한나라 군사를 향해 말했다.

"덤벼라!"

그러고는 100여 명의 기병이 영채를 향해 내달려왔다. 영채 모두 그들을 겨냥해 쇠뇌를 바짝 당기자 감히 진격하지 못하고 이내 퇴각했다. 한나라 군사가 성문의 기병과 보병을 향해 쇠뇌를 쏘자 이들 모두 황급히 성 안으로 들어갔다. 감연수와 진탕이 군사들에게 명령을 내렸다.

"북소리를 들으면 모두 성 아래로 달려와 사방으로 성을 에워싸고, 각자 지킬 곳에서 참호를 파고, 문을 막고, 커다란 방패인 노순鹵楯을 앞세우고, 창과 쇠뇌인 극노戟弩를 뒤에 둔 다음에 성루를 올려다보면서 사격하도록 하라."

성루에 있는 사람들이 아래로 달아났다. 토성土城 밖에는 두 겹으로 된 견고한 목책이 둘러쳐져 있었다. 흉노의 병사들이 목책 안에서 밖을 향해 활을 쏘자 자못 많은 한나라 병사가 살상殺傷을 당했다. 한나라 병사들이 이내 불을 붙여 목책을 태우고, 밤중에 수백 명의 기병이 밖으로 뛰쳐나오려고 하자 밖에서 이들을 맞이해 사격하는 영사迎射를 하여 사살했다.

당초 질지 선우는 한나라 군사가 왔다는 소식을 듣고 달아날 생각을 했다. 그러나 내심 강거국이 자신에게 원한을 품고 있어 한나라를 위해 내응內應할까 우려했다. 나아가 오손 등 서역의 여러 나라가 군사를 동원했다는 소식을 듣고는 더 이상 갈 곳이 없다고 생각했다. 질지 선우가 선우성을 나갔다가 다시 돌아온 뒤 이같이 말했다.

"굳게 지키는 견수堅守를 하느니만 못하다. 한나라 병사들은 먼 길을 왔으니 오래도록 공격하지는 못할 것이다."

그러고는 이내 갑옷을 입고 성루 위로 올라갔다. 왕비인 연지閼氏와 부인夫人 수십 명도 성 밖에 있는 자들을 향해 화살을 쏘았다. 성 밖의 한나라 병사가 쏜 화살이 선우의 코에 꽂혔다. 선우의 부인들도 대거 화살을 맞고 죽었다. 선우가 마침내 성루에서 내려왔다. 한밤이 되자 나무 울타리가 불에 타 뚫리게 되자 성 안에 있던 사람들이 퇴각해 토성으로 들어간 뒤 성벽 위로 올라가 마구 소리를 질렀다. 이때 강거국의 1만여 기병이 10여 곳에서 진격해 사방으로 성을 둘러싸며 한나라 군사와 함께 포위한 뒤 성 안의 흉노 수병守兵과 호응했다.

밤에 한나라 병사를 누차 습격했으나 전세가 불리해 번번이 퇴각했다. 날이 밝자 한나라 병사들이 진공하며 사방에 불을 놓았다. 이사吏士들이 기쁜 표정으로 함성을 질렀다. 징과 북소리가 땅을 뒤흔들었다. 강거국 기병들이 퇴각하는 가운데 한나라 병사들이 사방에서 큰 방패를 든 채 토성 안으로 진격해 들어갔다. 질지 선우가 더 이상 버티지 못하고 남녀 수백 명을 이끌고 궁 안으로 달아났다. 한나라 병사가 사방에 불을 놓아 궁을 태웠다. 이사吏士가 다퉈 진입하자 질지 선우는 중상을 입고 죽었다. 교위가 이끄는 부部 휘하의 곡曲을 지휘하는 군후軍候로 있으면서 임시로 도호 휘하의 승丞 역할을 하던 두훈杜勳이 질지 선우의 목을 끊었다. 질지 선우에게 목숨을 잃은 한나라 사자 2명과 곡길谷吉 등이 가지고 왔던 백서帛書를 궁 안에서 찾아냈다. 궁에서 노획한 물건은 그것을 찾은 자에게 내주었다. 무릇 선우의 연지와 태자, 명왕名王 이하 1,518급을 참수했다. 포로로 잡은 자는 145명, 항복한 흉노는 1,000여 명에 달했다. 성곽을 가진 서역 여러 나라 가운데 군사를 동원한 15명의 왕에게 이것들을 나눠 주었다.

* 孝元皇帝建昭三年

夏, 六月, 甲辰, 扶陽共侯韋玄成薨.

秋, 七月, 匡衡為丞相. 戊辰, 衛尉李延壽為御史大夫.

冬, 使西域都護·騎都尉北地甘延壽·副校尉山陽陳湯共誅斬匈奴郅支單于於康居.

始, 郅支單于自以大國, 威名尊重, 又乘勝驕, 不為康居王禮, 怒殺康居王女及貴人·人民數百, 或支解投都賴水中. 發民作城, 日作五百人, 二歲乃已. 又遣使責闔蘇·大宛諸國歲遺, 不敢不予. 漢遣使三輩至康居, 求谷吉等死, 郅支困辱使者, 不肯奉詔. 而因都護上書, 言"居困厄, 願歸計強漢, 遣子入侍." 其驕嫚如此.

湯為人沉勇, 有大慮, 多策略, 喜奇功, 與延壽謀曰, "夷狄畏服大種, 其天性也. 西域本屬匈奴, 今郅支單于威名遠聞, 侵陵烏孫·大宛, 常為康居畫計, 欲降服之. 如得此二國, 數年之間, 城郭諸國危矣. 且其人剽悍, 好戰伐, 數取勝, 久畜之, 必為西域患. 雖所在絕遠, 蠻夷無金城·強弩之守. 如發屯田吏士, 驅從烏孫眾兵, 直指其城下, 彼亡則無所之, 守則不足自保, 千載之功可一朝而成也!" 延壽亦以為然, 欲奏請之. 湯曰, "國家與公卿議, 大策非凡所見, 事必不從." 延壽猶與不聽. 會其久病, 湯獨矯制發城郭諸國兵·車師戊己校尉屯田吏士. 延壽聞之, 驚起, 欲止焉. 湯怒, 按劍叱延壽曰, "大眾已集會, 豎子欲沮眾邪!" 延壽遂從之. 部勒行陳, 漢兵·胡兵合四萬餘人. 延壽·湯上疏自劾奏矯制, 陳言兵狀, 即日引軍分行, 別為六校. 其三校從南道逾蔥領, 逕大宛. 其三校都護自將, 發溫宿國, 從北道入赤谷, 過烏孫, 涉康居界, 至闐池西. 而康居副王抱闐將數千騎寇赤谷城東, 殺略大昆彌千餘人, 驅畜產甚多, 從後與漢軍相及, 頗寇盜後重. 湯縱胡兵擊之, 殺四百六十人, 得其所略民四百七十人, 還付大昆彌, 其馬·牛·羊以給軍食. 又捕得抱闐貴人伊奴毒. 入康居東界, 令軍不得為寇. 間呼其貴人屠墨見之, 諭以威信, 與飲·盟, 遣去. 徑引行, 未至單于城可六十里, 止營. 復捕得康居貴人貝色子男開牟以為導. 具色子, 即屠墨母之弟, 皆怨單于, 由是具知郅支情. 明日,引行, 未至城三十里, 止營.

單于遣使曰, "漢兵何以來?" 應曰, "單于上書言, '居困厄, 願歸計強漢, 身入朝見' 天子哀閔單于棄大國, 屈意康居, 故使都護將軍來迎單于妻子. 恐左右驚動, 故未敢至城下." 使數往來相答報, 延壽·湯因讓之曰, "我為單于遠來, 而至今無名王·大人見將軍受事者, 何單于忽大計, 失客主之禮也! 兵來道遠, 人畜罷極, 食度且盡, 恐無以自還, 願單于與大臣審計策." 明日, 前至郅支城都賴水上, 離城三里, 止營傅陳. 望見單于城上立五采幡幟, 數百人被甲乘城. 又出百餘騎往來馳城下, 步兵百餘人夾門魚鱗陳, 講習用兵. 城上人更招漢軍曰, "鬪來!" 百餘騎馳赴營, 營皆張弩持滿指之, 騎引卻. 頗遣吏士射城門騎·步兵, 騎·步兵皆入. 延壽·湯令軍曰, "聞鼓音, 皆薄城下, 四面圍城, 各有所守, 穿塹, 塞門戶, 鹵楯為前, 戟弩為後, 仰射城樓上人." 樓上人下走. 土城外有重木城, 從木城中射, 頗殺傷外人. 外人發薪燒木城, 夜, 數百騎欲出, 外迎射, 殺之.

初, 單于聞漢兵至, 欲去, 疑康居怨己, 為漢內應, 又聞烏孫諸國兵皆發, 自以無所之. 郅支已出, 復還, 曰, "不如堅守. 漢兵遠來, 不能久攻." 單于乃被甲在樓上, 諸閼氏·夫人數十皆以弓射外人. 外人射中單于鼻, 諸夫人頗死. 單于乃下. 夜過半, 木城穿, 中人卻入土城, 乘城呼. 時康居兵萬餘騎, 分為十餘處, 四面環城, 亦與相應和. 夜, 數奔營, 不利, 輒卻. 平明, 四面火起, 吏士喜, 大呼乘之, 鉦鼓聲動地. 康居兵引卻. 漢兵四面推鹵楯, 并入土城中. 單于男女百餘人走入大內. 漢兵縱火, 吏士爭入, 單于被創死. 軍候假丞杜勳斬單于首. 得漢使節二及谷吉等所繼帛書. 諸鹵獲以畀得者. 凡斬閼氏·太子·名王以下千五百一十八級. 生虜百四十五人, 降虜千餘人, 賦予城郭諸國所發十五王.

한원제 건소 4년(BC 35)

1) 봄 정월, 질지의 머리가 경사京師에 이르렀다. 감연수와 진탕이 상소했다.

"신이 듣건대 천하의 대의大義는 의당 섞여 하나가 되어야 합니다. 옛날에 요순이 있었고, 지금은 강력한 한나라가 있습니다. 흉노의 호한야呼韓邪 선우는 이미 북번北藩을 칭했는데 오직 질지郅支 선우만 반역叛逆을 저질러 아직도 복죄伏罪하지 않고 있습니다. 질지 선우는 대하大夏대원 서남쪽의 서쪽으로 달아난 뒤 강력한 한나라도 자신을 신하로 만들 수 없다고 여기고 있습니다. 그는 백성들에게 참독慘毒한 짓을 행해 그 악행이 하늘까지 닿고 있습니다. 신 감연수와 신 진탕은 의병義兵을 이끌고 가 천자의 토벌인 천주天誅를 행했습니다. 폐하의 신령神靈에 의지하면서 음양의 감응과 정명精明한 천기天氣 덕분에 적의 진지를 함락시키고 승리를 거뒀습니다. 마침내 질지 선우와 명왕名王 이하를 참수하게 됐으니 의당 장안성 남쪽 성문 외국 사절들이 사는 거리인 고가槀街 안에 있는 만이蠻夷의 객관客館 사이에 내걸어 1만 리 밖의 만이에게 보여줘야 할 것입니다. 그래야만 강력한 한나라를 침범하는 자는 비록 멀리 떨어져 있을지라도 반드시 천주를 받게 된다는 사실을 밝힐 수 있습니다."

승상 광형匡衡 등이 말했다.

"바야흐로 봄이니 백골과 썩은 살인 격자骼胔를 엄매掩埋해야 할 시기입니다. 의당 걸어 놓아서는 안 됩니다."

황제가 조서를 내려 10일 동안 내걸어 놓았다가 매장하게 했다. 이어 천지와 종묘에 제사를 지내고 천하에 사면령을 내렸다. 군신群臣들이 연회를 마련해 황제의 장수를 비는 상수上壽를 했다.

2) 6월 5일, 중산애왕中山哀王 유경劉竟이 홍거했다. 그는 황제의 어린 동생으로, 이후 한성제漢成帝로 즉위하는 태자 유오劉驁와 더불어 유학

遊學하며 성장했다. 그가 죽을 때 태자가 앞에 가서 조문했다. 황제는 태자를 망견望見하며 어린 동생인 중산애왕에 대한 생각으로 슬픔을 억제하지 못했다. 그러나 태자는 아무 일도 없는 양 조금도 슬퍼하는 모습을 보이지 않았다. 황상이 크게 한스러워했다.

"어찌 사람이 자인慈仁하지 않고도 가히 종묘를 받들고 백성의 부모가 될 수 있겠는가!"

이때 부마도위駙馬都尉·시중侍中으로 있던 사단史丹이 태자의 집을 호위하고 있었다. 황상이 사단을 책망하자 사단이 면관免冠하여 사죄謝罪했다.

"신은 실로 중산왕의 죽음을 애통해하는 폐하의 모습을 보니 심신이 모두 크게 손상됐다고 느꼈습니다. 방금 전에 태자가 황상을 진현進見할 때 신이 은밀히 태자에게 체읍涕泣하여 황상을 감상感傷하게 만드는 일이 없도록 하라고 계촉戒屬했습니다. 죄는 신에게 있으니 의당 죽어야만 합니다."

황상은 사단의 말에 일리가 있다고 이내 마음을 풀었다.

3) 남전藍田섬서성 남전현에 지진이 났다. 산이 무너지고, 위수渭水의 지류인 파수灞水가 막혔다. 한경제의 능묘인 안릉安陵 주변 경수涇水의 기슭이 무너져 물길이 막히자 경수가 역류했다.

* 孝元皇帝建昭四年

春, 正月, 郅支首至京師. 延壽·湯上疏曰, "臣聞天下之大義當混為一, 昔有唐·虞, 今有強漢. 匈奴呼韓邪單于已稱北藩, 唯郅支單于叛逆, 未伏其辜, 大夏之西, 以為強漢不能臣也. 郅支單于慘毒行於民, 大惡通於天. 臣延壽, 臣湯, 將義兵, 行天誅, 賴陛下神靈, 陰陽幷應, 天氣精明, 陷陳克敵, 斬郅支首及名王以下, 宜縣頭槀街蠻夷邸間, 以示萬里, 明犯強漢者, 雖遠必誅!" 丞相匡衡等以為曰, "方春, 掩骼·埋胔之時, 宜勿縣." 詔縣十日, 乃埋之. 仍告祠郊廟, 赦天下. 群臣上壽, 置酒.

六月, 甲申, 中山哀王竟薨. 哀王者, 帝之少弟, 與太子遊學相長大. 及薨, 太子前弔. 上望見太子, 感念哀王, 悲不能自止. 太子既至前, 不哀, 上大恨曰, "安有人不慈仁, 而可以奉宗廟, 為民父母者乎!" 是時駙馬都尉·侍中史丹護太子家, 上以責謂丹, 丹免冠謝曰, "臣誠見陛下哀痛中山王, 至以感損. 向者太子當進見, 臣竊戒屬, 毋涕泣, 感傷陛下. 罪乃在臣, 當死!" 上以為然, 意乃解.

藍田地震, 山崩, 壅霸水. 安陵岸崩, 壅涇水, 涇水逆流.

한원제 건소 5년(BC 34)

1) 봄 3월, 천하에 사면령을 내렸다.

2) 여름 6월 17일, 무제의 아들인 여태자戾太子의 묘원인 여원戾園을 수복修復했다.

3) 6월 29일, 일식이 있었다.

4) 가을 7월 28일, 한고제 유방의 부친인 태상황太上皇의 능침묘원陵寢廟園과 한혜제 때 장안성 안에 있다가 위수 북쪽 강안으로 이장된 유방의 묘원인 원묘原廟를 비롯해 유방의 모친인 소령후昭靈后, 유방의 형인 무애왕武哀王, 유방의 누이인 소애후昭哀后, 한무제의 부인인 위사후衛思后의 묘원을 수복했다. 이때 황상이 병으로 눕는 침질寢疾을 했다. 오랫동안 치유되지 않았다. 조종祖宗이 견책하며 노하는 견노譴怒를 했다고 판단해 능묘를 모두 수복한 것이다. 다만 군국郡國에 있는 원묘는 수복하지 않았다.

4) 이 해에 제양왕濟陽王 유강劉康을 산양왕山陽王으로 개봉했다.

5) 흉노의 호한야 선우는 질지 선우가 이미 주살됐다는 소식을 듣고는 일면 기뻐하면서도 일면 두려워했다. 내조來朝 허락을 청한 이유다.

* 孝元皇帝建昭五年

春, 三月, 赦天下. 夏, 六月, 庚申, 復戾園.

壬申晦, 日有食之.

秋, 七月, 庚子, 復太上皇寢廟園·原廟·昭靈后·武哀王·昭哀后·衛思后園. 時上寢疾, 久不平. 以為祖宗譴怒, 故盡復之. 唯郡國廟遂廢云.

是歲, 徙濟陽王康為山陽王.

匈奴呼韓邪單于聞郅支既誅, 且喜且懼. 上書, 願入朝見.

한원제 경녕竟寧 원년(BC 33)

1) 봄 정월, 흉노의 호한야 선우가 내조來朝해 스스로 한나라 황실의 사위가 돼 친해지기를 바란다고 말했다. 황제가 후궁 가운데 자字가 소군昭君인 양가良家 출신 왕장王嬙을 선우에게 내려 주었다. 호한야 선우가 환희歡喜하며 상서했다.

"원컨대 변경을 방비하는 한나라 군사를 대신해 상곡上谷하북성 회래현의 서쪽에서 돈황敦煌감숙성 돈황현에 이르는 요새를 보호하고, 이를 후대에 무궁히 전하고자 합니다. 청컨대 변경에서 요새를 지키는 이졸吏卒을 철수해 천자의 인민들을 쉬게 해주십시오."

천자가 유사有司에 내려 논의하게 했다. 논의하는 자들 모두 그리하는 게 편리할 것으로 생각했다. 그러나 낭중郎中 후응侯應은 변경의 일을 잘 아는 까닭에 불가하다고 판단했다. 황상이 상황을 묻자 이같이 대답했다.

"주周나라와 진秦나라 이래 흉노는 폭걸暴桀한 모습을 보이며 변경을 구침寇侵했습니다. 한나라가 일어선 이후 오히려 그 해가 더 심해졌습니다. 신이 듣건대 북변北邊의 요새는 동쪽으로 요동遼東, 서쪽으로 음산陰山에 이릅니다. 동서로 1,000여 리에 달해 초목이 무성하고, 금수禽獸가 많습니다. 본래 흉노의 제2대 묵돌冒頓 선우가 그 험조險阻에 기대 궁시弓矢를 만든 뒤 이를 들고 침략해 그곳을 원유苑囿로 만들었습니다. 한무제 때 군사를 동원해 정벌을 하고, 그 땅을 척탈斥奪했습니다. 저들을 사막의 북쪽으로 물리친 뒤 방어용 요새인 새요塞徼를 세우고, 지휘관이 있는 보루인 정수亭隧를 만들고, 수항성受降城인 외성外城을 쌓고, 주둔하며 지키는 둔수屯戍의 방식으로 지켰습니다. 연후에 변경이 다소 안정을 찾을 수 있었습니다. 사막의 북쪽은 땅이 평평하고, 초목이 적고, 대부분 사구沙丘로 되어 있습니다. 흉노가 침략할 경우 군사를 숨기는 폐은蔽隱를 행할 곳이 적은 이유입니다. 요새 남쪽부터는 깊은 산골짜기로 이뤄져 있어 왕래하기가 매우 어렵습니다. 변경의 장로들이 말하기를, '흉노가 음산陰山을 잃은 뒤 이곳을 지나며 미상불未嘗不 울지 않은 자가 없다'고 했습니다. 만일 요새를 지키는 이졸吏卒을 철수하면 이는 이적에게 커다란 이익을 내보이는 것입니다. 첫 번째 불가한 이유입니다.

지금은 성덕聖德이 널리 천하를 덮고 있습니다. 하늘이 흉노를 비호하는 것과 닮았습니다. 흉노는 온전히 살길을 찾은 은혜를 입은 까닭에 머리를 조아리고 찾아와 신속臣屬했습니다. 무릇 이적들의 성정은 자신들이 곤경에 처하면 낮추며 따르는 비순卑順, 강해지면 교만하여 거스르는 교역驕逆의 모습을 보입니다. 천성이 그러합니다. 전에 한나라는 이미 새외塞外의 외성外城을 철폐하고, 정수亭隧를 줄인 까닭에 겨우 살피고 망을 보는 후망候望과 봉화烽火로 연락하는 수준에 지나지 않습니다. 옛 사람은 편안할 때 위기 상황이 닥칠 것을 잊지 않는 안불망위安不忘危의 모습을 보였습니다. 변새邊塞에 대한 방비를 2번 다시 철폐할 수는 없는 일입니다. 두 번째 불가한 이유입니다. 중국은 예의를 가르치고, 형벌로 주살하고 있습니다. 그럼에도 우민愚民은 오히려 금령을 범하고 있습니다. 하물며 선우가 어찌 능히 틀림없이 그들로 하여금 약속을 어기지 않게 할 수 있겠습니까? 세 번째 불가한 이유입니다. 중국은 오히려 관문關門과 진량津梁을 수축修築해 봉국封國의 제후들을 통제하고 있습니다. 신속臣屬한 봉국의 제후들이 분에 넘는 생각을 하지 못하도록 미리 차단한 것입니다. 요새塞徼와 둔수屯戍의 설치도 단지 흉노의 침공만 대비하려는 취지에서 나온 게 아니라, 모든 속국의 항민降民들을 염두에 두고 설치한 것입니다. 그들 역시 본래는 흉노의 백성입니다. 그들이 고구故舊를 떠올리며 도망逃亡하는 것을 막으려는 취지에서 나온 것입니다. 네 번째 불가한 이유입니다. 가까이 있는 서강西羌의 보새保塞에서는 한인漢人과 교류하며 장사를 하는 교통交通을 하고 있습니다. 한나라 이민吏民 가운데 이익을 탐해 저들의 축산畜産과 처자妻子를 침탈하는 자가 있습니다. 그 원한怨恨으로 인해 저들이 봉기하여 배반背畔하고 있는 것입니다. 지금 모든 요새를 철폐하면 업신여기는 마음이 생겨 분쟁이 점차 늘어날 것입니다. 다섯 번째 불가한 이유입니다.

전에 종군한 사람 가운데 흉노의 손에 떨어져 돌아오지 못한 자가 매우 많습니다. 그 자손들이 모두 빈곤貧困한 상황입니다. 기회가 생기면 일거에 변새 밖으로 달아나 친척親戚에게 몸을 맡길 것입니다. 여섯 번째 불가한 이유입니다. 또 변경에 사는 노비奴婢는 근심과 고생인 수고愁苦로 인해 달아나고자 하는 경우가 많습니다. 이들 모두 말하기를, '흉노 쪽 삶이 즐겁다는 얘기가 들린다. 변경의 감시가 엄한 상황에서 달아날 기회를 얻지 못하면 어찌할 것인가?'라고 합니다. 그러면서 수시로 변새를 빠져나가는 사람이 나옵니다. 일곱 번째 불가한 이유입니다. 도적들이 매우 흉악하고 간사한 걸힐桀黠의 모습을 보이면서 무리를 지어 범법을 저지르고 있습니다. 그들은 궁지에 몰려 위급한 군급窘急의 상황에 처하면 북쪽으로 달아날 것입니다. 그 경우 통제가 불가능하게 됩니다. 여덟 번째 불가한 이유입니다. 한무제 때 요새를 만든 이래 100여 년이 지났습니다. 요새는 모두 흙으로 만든 담장인 토원土垣이 아닙니다. 대개 산의 바위나 돌, 나무, 계곡, 수문水門 등을 이용한 것들입니다. 이를 조금씩 평평하게 하면서 대부분 사졸과 형도刑徒를 동원해 쌓은 것입니다. 그 공비功費가 매우 오래돼 계산조차 할 수 없습니다. 신은 논의하는 자들이 그 종시終始를 심려深慮하지 않은 채 단지 요역繇役과 수자리를 서는 수수戍守를 줄일 생각으로 그런 주장을 한 게 아닐까 우려됩니다. 10년이 지나 100년 이내에 문득 다른 변고가 생기면 장새障塞가 파괴破壞되고 정수亭隧가 절멸滅絕될 것입니다. 그 경우 의당 다시 병사를 징발해 요새 등을 정비하는 선치繕治를 해야 합니다. 누대에 걸쳐 공력을 들여 만든 요새인 누세지공累世之功은 일거에 복구할 수 있는 게 아닙니다. 아홉 번째 불가한 이유입니다. 만일 수자리를 서는 병사를 철수시키고, 척후斥候하며 살피는 후망候望을 생략하면 선우는 스스로 요새를 보호하며 한나라를 수어守禦했다고 생각할 것입니다. 반드시 한나라에 크게 덕을 베풀었다고 여겨 요구하는 게 끝이 없을 것입니다. 조금이라도 저들을 만족시키지 못하면 그 후과는 예측조차 할 수 없습니다. 이적에게 중원을 엿보는 틈을 열어주어 중국의 견고한 수위守衛를 해치는 게 됩니다. 열 번째 불가한 이유입니다. 이는 태평세월인 지안至安을 영구히 유지하고, 위세로 백만百蠻을 제압하는 장책長策이 될 수 없습니다!"

후응의 상주문을 대한 후 천자가 조서를 내렸다.

"변새邊塞를 철폐하는 일을 의논하지 말라."

그러고는 거기장군 허가許嘉로 하여금 말로 호한야 선우에 이같이 유시諭示하게 했다.

"선우는 상서하여 북쪽 요새의 이사吏士가 둔수屯戍하는 것을 철폐하고 선우의 자손들이 세세世世토록 보새保塞하겠다고 했소. 선우가 예의를 흠모하며 중원의 백성들을 위해 낸 계책이 매우 두텁소. 이는 장구지책長久之策에 해당하는 것으로 짐은 이를 매우 가상하게 생각하오. 중국의 사방에는 모두 관문關門과 나루터인 진량津梁 및 정장亭障과 변새邊塞인 관량장새關梁障塞가 있소. 이는 단지 새외塞外를 대비하는 데 그치는 게 아니라 중국의 간사奸邪하고 방종放縱한 자들이 출새出塞하여 노략을 하고 해를 끼치는 것을 방지하기 위한 것이오. 법도를 밝혀 백성의 마음을 전일專一하게 함으로써 감히 악행을 저지르지 못하게 하려는 취지요. 선우의 선의에 대해 존경하며 이해하는 경유敬諭의 뜻을 표하고, 짐은 조금도 의심하지 않소. 선우가 요새를 철폐하지 않는 것을 이상히 여길 듯해 허가를 사자로 보내 알리는 것이오."

호한야 선우가 사의를 표했다.

"어리석은 탓에 대계大計를 몰랐습니다. 천자가 다행히 대신大臣을 보내 일러주니 그 대우가 매우 두텁습니다!"

당초 흉노의 좌이질자左伊秩訾 왕은 호한야 선우를 위해 계책을 세워 한나라에 귀부함으로써 마침내 흉노를 안정시킬 수 있었다. 이후 어떤 사람이 좌이질자 왕을 두고 자신의 공을 자랑하며 늘 불만을 품은 앙앙鞅鞅의 모습을 보인다고 참소했다. 호한야 선우가 의심하자 좌이질자는 주살을 당할까 우려한 나머지 무리 1,000여 명을 이끌고 한나라에 투항했다. 한나라가 그에게 관내후의 작위와 식읍 300호를 내리고, 왕의 인수印綬를 차게 했다. 이후 호한야 선우가 한나라에 내조한 뒤 좌이질자와 상견하면서 사과했다.

"왕이 나를 위해 계책을 세운 것이 심히 두터웠소. 흉노가 오늘에 이르러 안녕安寧하게 된 것은 왕의 노력 덕분이오. 그 덕을 어찌 잊을 수 있겠소! 나는 왕을 실망시킨 나머지 내 곁을 떠나면서 다시는 더 이상 머물 생각을 하지 못하게 만들었으니 모두 나의 잘못이오. 지금 천자에게 청해 왕을 선우의 왕정王庭으로 돌아오게 만들 생각이오."

좌이질자 왕이 말했다.

"선우는 천명에 의지해 스스로 한나라에 귀부함으로써 안녕을 얻었습니다. 이는 선우의 신령神靈과 천자의 도움 덕분으로, 어찌 제가 힘을 쓴 게 있겠습니까? 이미 한나라에 항복을 했고, 또 다시 선우의 왕정으로 돌아가면 두 마음인 양심兩心을 지닌 게 됩니다. 원컨대 선우를 위해 한나라에 파견된 사자의 역할을 하고자 합니다. 감히 청명聽命할 수 없습니다!"

호한야 선우가 간절히 청했지만 승낙을 얻지 못하고, 마침내 홀로 귀국했다.

그는 자신에게 시집 온 왕소군王昭君을 부인으로 삼고 영호연지寧胡閼氏로 부르게 했다. 왕소군으로부터 아들 이도지아사伊屠智牙師를 얻은 뒤 우일축왕右日逐王에 봉했다.

2) 황태자 유오劉驁가 관례冠禮를 치렀다

3) 2월, 어사대부 이연수李延壽가 죽었다.

4) 당초 석현石顯은 풍봉세馮奉世 부자父子가 공경으로 명성이 높고, 그의 딸도 소의昭儀가 되어 궐내에 있는 것을 보고 내심 그에게 붙을 요량으로 이같이 천거했다.

"소의의 오라비인 알자謁者 풍준馮逡은 수양을 쌓아 품행이 단정합니다. 의당 황제의 거처 휘장인 악유幄帷에서 시중을 들게 하십시오."

천자가 그를 불러보고는 시중으로 삼고자 했다. 풍준이 단독으로 진언할 기회를 청해 석현의 일을 고했다. 황상은 석현의 농권弄權 사례를 언급한 풍준의 얘기를 듣고 화를 내며 시중으로 삼으려는 생각을 버리고 낭관

郎官으로 돌려보냈다. 어사대부 자리가 비자 많은 대신들이 풍준의 형인 대홍려大鴻臚 풍야왕馮野王을 천거했다. 황상은 상서를 시켜 중2천석 가운데 품행과 능력인 행능行能이 뛰어난 자를 선발하게 했다. 풍야왕이 행능에서 첫째였다. 황상이 석현에게 묻자 석현이 대답했다.

"구경九卿 가운데 풍야왕을 뛰어넘을 자는 없습니다. 그러나 그는 가깝게는 풍소의의 오라비입니다. 신은 후대에 반드시 폐하가 중현衆賢을 물리친 채 후궁의 친속을 사사로이 삼공에 임명했다고 비난할까 우려됩니다."

황상이 말했다.

"옳은 말이오. 나는 그 점을 보지 못했소!"

그러고는 군신群臣들에게 이같이 말했다.

"나는 당초 풍야왕을 삼공으로 삼고자 했소. 그러나 후대인이 나를 두고 반드시 사적으로 후궁의 친속을 임명했다고 말하면서 풍야왕을 예로 들 것이오."

3월 병인일, 조서를 내렸다.

"강직하며 굳은 강강견고剛強堅固의 모습에 확연히 욕심이 없는 인물은 대통령 풍야왕이오. 민첩하게 판단해 대응하는 응대사령應對辭令에 뛰어난 심변선사心辨善辭의 인물은 소부少府의 오록충종五鹿充宗이오. 청렴하며 검소한 염결절검廉潔節儉의 행보를 보이는 사람은 태자소부太子少傅 장담張譚이니 어사대부로 삼고자 하오."

하남河南 태수인 구강九江안휘성 수현 출신 소신신召信臣이 소부少府가 됐다. 소신신은 남양南陽하남성 남양현 태수로 있다가 하남으로 옮겨갔다. 치적과 행적에서 늘 첫째였다. 백성을 자식처럼 보았고, 백성들을 위해 흥리興利하는 것을 좋아했고, 몸소 농사를 짓는 경가耕稼를 권했고, 관개용 도랑인 구독溝瀆을 개통시켰다. 호구가 배로 늘어난 이유다. 이민吏民 모두 그를 친애親愛하며 '소보召父'라고 불렀다.

6) 3월 계묘癸卯, 한혜제의 능침묘원陵寢廟園과 한문제의 모후인 효문태후孝文太后 박태후薄太后와 한소제의 모후인 효소태후孝昭太后 구익부인鉤弋夫人 조씨趙氏의 능원寢園을 복구시켰다.

7) 당초 중서령 석현은 일찍이 누이를 감연수甘延壽에게 처로 삼게 했으나 감연수가 받지 않았다. 감연수가 질지 선우를 격파하고 돌아오자 승상 광형匡衡과 어사대부 이연수李延壽는 멋대로 조서를 고친 교제矯制를 혐오한 나머지 감연수 등과 어울리지 않았다. 진탕은 평소 이익을 탐해 노획鹵獲한 재물을 중원으로 많이 갖고 왔다. 대부분 불법이었다. 사례교위司隸校尉는 이들이 철군하는 도중에 있는 군현에 문서를 보내 이사吏士를 가둔 뒤 이 문제를 처리하게 했다. 진탕이 상소했다.

"신이 이사吏士들과 함께 질지 선우를 공격해 다행히 사로잡아 죽이는 금멸禽滅을 할 수 있었습니다. 1만 리 밖에서 승리한 뒤 군사를 정돈해 개선하는 진려振旅를 하게 됐으니 의당 사자를 보내 도로에서 맞이하며 위로하는 영로迎勞를 해야 했습니다. 지금 오히려 사례교위는 거꾸로 이사들을 잡아들여 조사를 하고 있으니, 이는 질지 선우를 위해 원수를 갚는 격입니다!"

황상이 곧바로 이사들을 석방시킨 뒤 각 현縣과 만이蠻夷가 거주하는 현인 도道로 하여금 주식酒食을 갖춰 자신의 현과 도를 통과하는 군사를 대접하게 했다. 이들이 장안에 이르자 논공論功을 했다. 중서령 석현과 승상 광형이 이같이 말했다.

"감연수와 진탕은 멋대로 군사를 일으키고 교제矯制를 했습니다. 주살되지 않는 것만도 다행인데 그 위에 다시 작위와 봉토를 덧붙여 주면 이후 사명使命을 받드는 봉사자奉使者는 모두 다퉈 위기를 틈타 행운을 바라는 승위요행乘危徼幸을 꾀할 것입니다. 만이蠻夷들로 인해 군사를 일으키고 포상을 받는 일이 빚어지면 나라에 재난災難을 초래하게 됩니다."

황제가 내심 감연수와 진탕의 공을 가상하게 여겼으나 광형과 석현의 건의에 위배되는 일을 하고 싶지 않았다. 오랫동안 결정하지 못한 이유다. 유향劉向으로 개명한 이전의 종정宗正 유경생劉更生이 상소했다.

"질지 선우가 사자使者와 이사吏士를 가둬 죽인 숫자가 근 100명에 달하고 있습니다. 이 사건이 외국에 널리 전파되는 바람에 한나라의 위신이 크게 상훼傷毁됐고, 군신들 모두 민망해 했습니다. 폐하는 혁연赫然이 저들을 주살코자 했고, 그 뜻을 일찍이 잊은 적이 아직 없었습니다. 서역도호西域都護 감연수와 부교위副校尉 진탕은 성지聖指를 잇고 신령神靈에 의지해 모든 만족蠻族의 군주를 합친 뒤 성곽이 있는 나라의 군사를 지휘해 100번의 죽을 고비를 넘기며 두절된 지역으로 들어갔습니다. 마침내 강거康居를 짓밟고, 2중의 나무성과 그 안의 토성 등 모두 세 겹으로 둘러싸인 질지성을 도륙하고, 강거의 원수元帥인 흡후歙侯의 깃발을 뽑고, 질지 선우의 머리를 베어 장안에서 1만 리 떨어진 곳에 내걸었습니다. 덕분에 곤륜산崑崙山 서쪽에 위엄을 날리고, 사자로 갔다가 죽임을 당한 곡길谷吉의 수치를 씻고, 뚜렷하고 분명한 공로인 소명지공昭明之功을 세울 수 있었습니다. 모든 이적인 만이萬夷가 두려워 엎드리는 섭복慴伏을 하며 공포로 몸을 떨지 않는 자가 없게 된 배경입니다. 호한야 선우는 질지가 주살된 것을 보고 일면 기뻐하며 일면 두려워했습니다. 풍문을 듣고 의義를 사모한 나머지 머리를 숙이며 손님으로 와서 북번北藩을 지키고, 대대로 칭신稱臣하기를 바란 이유입니다. 이는 1,000년 만에 세우는 공적인 천재지공千載之功과 만세에 걸친 태평인 만세지안萬世之安을 건립한 것으로 군신들이 세운 공훈 가운데 이보다 큰 것은 없습니다.

옛날 주周나라 때 대부 방숙方叔과 윤길보尹吉甫[7]가 주선왕周宣王을 위해 흉노의 전신인 험윤獫狁을 주살하자 백만百蠻이 복종했습니다. 『시경』「소아, 채기采芑」에 이르기를, '덜컹 덜컹 끝없이 천둥과 벼락인 뇌정雷霆이 울리듯 진동하니, 밝고 진실한 방숙이 험윤을 정벌하자 만형蠻荊이 두려워하네!'라고 했습니다. 또 『주역』「이괘離卦」의 상구上九 효사爻辭에 이르기를, '친정親征하여 괴수의 목을 베는 절수折首의 대공을 세우고 복종을 거부하는 자들을 포로로 잡게 된다'고 했습니다. 악행의 우두머리인 수악首惡을 주살하는 것을 찬미하고, 따르지 않던 자들이 모두 찾아와 순종하게 된 것을 언급한 것입니다. 지금 감연수와 진탕이 저들을 주살하여 위엄을 떨친 것은 설령 『주역』「이괘」에서 말한 절수折首와 『시경』「채기」에서 말한 뇌정雷霆일지라도 이에 미칠 수 없습니다. 대공大功을 논할 때는 작은 허물인 소과小過를 기록하지 않는 불록不錄을 행하고, 대미大美를 드러낼 때는 작은 티인 세하細瑕를 흠잡지 않는 부자不疵를 행하는 법입니다. 병서인 『사마법司馬法』에 이르기를, '군중軍中에서 포상할 때는 1달을 넘기지 않는다.'[8]고 했습니다. 백성들로 하여금 선을 행하면 유리하다는 것을 알게 하려는 취지입니다. 대개 무공武功은 반드시 신속히 세우도록 고취해야 인재를 키울 수 있습니다. 윤길보가 개선하자 주나라 조정은 그에게 후사厚賜했습니다. 『시경』「소아, 유월六月」에 이르기를, '주선왕이 길보를 위해 성대한 잔치를 베풀어 길보가 큰 복을 받았으니, 그가 북쪽 호성鎬城에서 개선할 때 왜 그리 멀고 오래 걸리는 것인가!'라고 했

---

7 윤길보尹吉甫는 금문金文에 혜갑兮甲 또는 혜백길보兮伯吉父로 나온다. 통상 성씨를 혜兮, 이름을 갑甲, 자字를 길보吉父로 본다. 이에 대해 관명官名인 윤尹을 성씨, 자를 백길보伯吉父로 보는 견해도 있다. 『시경』에 나오는 시를 대거 수집한 덕분에 시조詩祖로 평가받고 있다.

8 원문은 군상불유월軍賞不逾月이다. 현존 『사마법』「천자지의天子之義」에는 때를 놓치지 않고 상을 내리는 것은 백성들로 하여금 선을 행하면 유리하다는 것을 알게 하려는 것이라는 취지의 '상불유시賞不踰時, 욕민속득위선지리야欲民速得爲善之利也' 구절이 나온다.

습니다. 1,000리 밖에 있는 호성도 멀리 떨어져 있는 것으로 생각했는데 하물며 감연수와 진탕의 경우는 1만 리 밖이었으니 수고한 것이 매우 지극한 경우입니다. 두 사람은 아직 길보처럼 커다란 복을 상으로 받지 못한 것은 물론 오히려 목숨을 던져 이룬 공로인 연명지공捐命之功을 접고 형리刑吏인 도필지리刀筆之吏 앞에서 오랫동안 좌절하고 있습니다. 이는 공로를 세우라고 권장하고, 융사戎士들의 사기를 고취하는 방도가 아닙니다.

옛날 제환공齊桓公은 앞서 주나라 왕실을 존중하는 존주尊周의 공을 세웠으나 이후 무고한 항국項國하남성 항성현을 멸한 죄가 있었습니다. 군자들은 앞서 세운 공으로 나중의 허물을 덮는 이공복과以功覆過의 관점에서 그의 잘못을 가려주었습니다. 앞서 효무황제 때 이사장군貳師將軍 이광리李廣利는 5만 명의 군사를 잃고, 억만億萬의 비용을 소모하고, 4년간 수고를 하고도 겨우 준마駿馬 30필을 얻었을 뿐입니다. 비록 대원의 왕 모과毋寡를 참수했다고는 하나 억만의 전비를 회복하기에 부족했습니다. 게다가 그는 사적으로 지은 죄도 매우 많았습니다. 그럼에도 효무황제는 1만 리를 가서 흉노를 정벌한 공을 높이 사 그의 허물을 불록不錄하고, 마침내 2명을 제후에 봉하고, 3명을 구경九卿에 임명하고, 100여 명을 2천석의 관직에 앉혔습니다. 지금 강거는 대원보다 강하고, 질지 선우의 칭호도 대원의 왕보다 무겁습니다. 한나라 사자를 죽인 죄로 말하면 대원의 왕이 한혈마汗血馬를 바치지 않은 죄보다 훨씬 심합니다. 감연수와 진탕은 한나라 병사들을 번거롭게 만들지 않고, 한 말(두斗)의 곡식도 허비하지 않았습니다. 이사장군 이광리와 비교하면 그 공덕이 100배에 달합니다. 또한 앞서 상혜常惠는 황제의 명도 받지 않는 채 임의로 오손을 공격했고, 정길鄭吉은 멋대로 흉노의 일축왕日逐王을 받아들였는데도 오히려 봉지를 보유한 제후가 됐습니다. 위엄 있는 무력과 근로를 행하는 위무근로威武勤勞 차원에서는 방숙 및 윤길보보다 크고, 공로를 늘어놓아 허물을 덮는 열공복과列功覆過 차원에서는 제환공 및 이사장군 이광리보다 뛰어나고, 근래의 사공事功 차원에서 보면 안원후安遠侯 정길과 장라후長羅侯 상혜보다 높다고 말한 이유입니다. 그런데도 이들이 세운 대공이 아직 드러나지 않고, 소악小惡만 자주 유포되고 있습니다. 신은 내심 이를 통탄하고 있습니다! 의당 지금 미해결된 의안疑案을 풀고, 관원이 될 수 있는 자격인 그들의 명적名籍을 회복시키고, 작은 허물을 없애 다스리지 말고, 공로에 부합하는 작위를 내리는 존총尊寵을 행해 유공有功을 권고해야 할 것입니다."

천자가 조서를 내려 감연수와 장탕의 죄를 사면하면서 죄과를 다스리지 못하게 하고, 공경들로 하여금 책봉 문제를 논의하게 했다. 논의하는 자들은 의당 군법에 정해진 대로 선우를 참하라는 한나라 조정의 군령을 좇아 포상하는 게 옳다고 여겼다. 그러나 승상 광형과 상서령 석현은 이같이 건의했다.

"질지 선우는 망명 차 달아난 까닭에 원래 나라를 잃은 자입니다. 멀리 떨어진 곳에서 '선우' 명칭을 훔쳐 사용한 것이니 진정한 선우가 아닙니다."

황제가 안원후 정길의 고사故事를 참조해 천호千戶에 봉했다. 승상 광형과 상서령 석현이 다시 강력히 이의를 제기했다.

여름 4월 30일, 감연수를 의성후義成侯, 진탕을 관내후關內侯에 봉하고 식읍을 각각 300호씩 내리면서 황금 100근을 덧붙여 하사했다. 이어 감연수를 장수교위長水校尉, 진탕을 사성교위射聲校尉에 임명했다.

이때 두흠杜欽이 상서해 전에 풍봉세가 사차莎車를 격파한 공적을 고했다. 황상이 선제先帝 때의 일이라고 판단해 다시 기록하지 않았다. 두흠은 전에 어사대부를 지낸 두연년杜延年의 아들이다.

순열荀悅이 『한기』에서 평했다.

"실로 그의 공적과 의義가 족히 제후에 봉할만한 것이면 이전의 일을 추록追錄하는 것이 가하다. 『춘추』의 대의大義는 노문공魯文公이 천대泉臺를 훼손한 것을 책망했고, 노소공魯昭公이 중군中軍을 폐지한 것을 칭송했다.[9] 이는 각각 다른 원인에서 비롯됐기 때문이다. 무릇 교제矯制는 선왕先王이 매우 신중히 처리한 사안으로 부득이할 때에 한해 허용되는 것이다. 만일 고친 것이 크고 공이 적으면 벌을 가하는 게 가하고, 고친 것이 작고 공이 크면 상을 내리는 게 가하다. 공과功過가 서로 비슷한 상적相敵의 상황이면 감연수와 진탕의 수준에서 그치는 게 가하다. 공과는 이처럼 경중輕重을 비교해 적절히 처리하는 게 타당할 것이다."

8) 당초 태자 유오劉驁는 어렸을 때 경서經書를 좋아하고, 도량이 넓어 삼가며 신중한 관박근신寬博謹慎의 인물이었다. 이후 술을 즐기는 행주幸酒의 모습을 보이며 연락燕樂을 즐겼다. 한원제가 태자를 능력 있는 인물로 여기지 않은 이유다. 산양왕山陽王 유강劉康은 재예材藝가 있었고, 생모 부소의傅昭儀 또한 애행愛幸을 받았다. 황상이 늘 산양왕을 후사로 삼고자 하는 생각을 품은 이유다. 황상은 만년에 병이 많아 정사를 가까이하지 않고 음악을 즐겼다. 혹여 작은 북인 비고鼙鼓를 대전 아래 설치한 뒤 몸소 주랑柱廊 위로 올라가 난간에 기댄 채 구리 구슬을 내던지는 식으로 북을 치기도 했다. 그 소리에 장엄한 북소리의 마디가 있었다. 이는

9 원문은 '훼천대즉오지毁泉臺則惡之, 사중군즉선지舍中軍則善之'이다. 천대泉臺 일화는 『춘추공양전』「노문공 16년」조, 중군中軍 일화는 「노소공 5년」조에서 인용한 것이다. '천대' 대목은 "천대를 허문 일을 어째서 기록했는가? 책망한 것이다. 어째서 책망한 것인가? 앞서 노장공은 천대를 세워서 책망을 받았고, 이번에 노문공은 천대를 헐어서 책망을 받았다. 선조가 이미 세워놓은 것을 자기 손으로 허물었으니, 차라리 그대로 두는 것만 못한 결과가 됐기 때문이다."라고 되어 있다. '중군' 대목은 "중군을 폐지했다는 것은 무슨 의미인가? 삼군을 폐하고 상하 2군의 옛 법도를 회복한 것이다."라고 되어 있다.

후궁을 비롯해 좌우 가운데 음악을 익혀 아는 자도 할 수 없었다. 그러나 산양왕은 이를 할 수 있었다. 황상이 자주 그 재주를 칭송한 이유다.

부마도위 사단史丹이 진언했다.

"무릇 재주는 총명과 호학好學, 온고지신溫故知新을 뜻합니다. 황태자가 바로 그렇습니다. 사죽絲竹 등의 관현악기 및 고비鼓鼙 등의 타악기 연주로 사람을 평가하면 황문黃門에서 북을 치고 나팔을 부는 진혜陳惠와 이미李微는 승상인 광형匡衡보다 뛰어날 것입니다. 가히 상국相國을 시킬 만합니다!"

황상이 묵연嘿然히 웃었다.

이내 병으로 눕게 되자 부소의傅昭儀와 산양왕山陽王 유강이 늘 좌우에서 시봉侍奉했다. 황후와 태자는 진현進見할 기회가 점차 적어졌다. 황상은 병세가 점차 심해지면서 마음이 늘 황홀해져 불안정한 홀홀불평忽忽不平의 모습을 보였다. 자주 상서에게 한경제 때 태자 유영劉榮을 폐하고 교동왕膠東王 유철劉徹을 세워 한무제로 옹립한 고사故事에 관해 물었다.

당시 태자의 큰 외숙인 양평후陽平侯 왕봉王鳳이 위위衛尉·시중侍中으로 있었다. 황후 및 태자와 더불어 크게 걱정하면서도 벗어날 방도를 알지 못했다. 부마도위·시중으로 있던 사단이 황제의 친신親臣으로서 시중을 들며 병간호를 하는 시질視疾을 하고 있었다. 황상이 홀로 침상에 누워 있는 틈을 타 곧바로 침실로 들어갔다. 이어 머리를 조아리며 황후만이 올라갈 수 있는 황제의 침상 앞의 청색 돗자리인 청포青蒲 위에 엎드려 체읍涕泣했다.

"황태자는 적장자의 신분으로 태자에 봉해져 이미 10여 년이 지났습니다. 그 명호名號는 이미 천하의 백성들이 모두 숙지한 상황입니다. 천하에 귀심歸心하지 않은 신자臣子가 없는 이유입니다. 지금 산양왕을 보면 평소 황상의 총애를 입고 있습니다. 황상에게 나라를 위한 다른 뜻이 생기는 바람에 태자의 자리가 동요하면서 태자를 새로 책봉하려고 한다는 도로道路의 유언流言이 나도는 이유입니다. 만일 그리하면 공경公卿 이하의 대신들은 반드시 죽음을 무릅쓰고 간쟁諫爭에 나서며 조서를 받들지 않을 것입니다. 원컨대 신에게 먼저 죽음을 내려 군신들에게 보여주기 바랍니다!"

천자는 평소 인자한 까닭에 사단이 눈물을 흘리는 것을 차마 볼 수 없었다. 사단의 말이 지극히 간절한 모습을 보이자 크게 감오感寤한 나머지 위연喟然히 크게 탄식했다.

"나는 날로 병이 깊어지는 곤렬困劣의 상황에 처해 있소. 태자를 비롯해 유강劉康과 유흥劉興 등 두 왕이 아직 유소幼少한 까닭에 내 마음이 이들에 대해 연연戀戀할 수밖에 없소. 내가 어찌 태자의 폐립을 생각지 않을 수 있겠소! 그러나 그런 의논을 한 적은 없소. 또 황후 역시 근신謹愼의 모습을 보이고 있는데다 선제 또한 태자를 매우 아꼈소. 내가 어찌 선제의 뜻을 거스를 수 있겠소! 부마도위는 그런 얘기를 어디서 들은 것이오?"

사단이 곧 물러나며 돈수頓首했다.

"우신愚臣이 항간에 떠도는 얘기를 잘못 들었습니다. 의당 사죄死罪에 해당합니다!"

황상이 이를 받아들이며 이같이 말했다.

"나의 병이 점차 더해가니 다시 건강을 회복할 길이 없을 듯하오. 태자를 잘 보도輔道하여 나의 뜻을 어기는 일이 없도록 해주시오."

사단이 목이 메어 말을 못하는 허희噓唏의 모습으로 일어섰다. 태자가 이로써 마침내 후사로 확정됐다. 우장군右將軍·광록대부光祿大夫 왕상王商과 중서령 석현 역시 태자를 옹우擁佑하며 많은 힘을 썼다.

여름 5월 24일, 한원제가 미앙궁에서 붕어했다.

반표班彪가 『한서』에서 찬贊했다.

"나의 외조부 금창金敞의 형제는 한원제 때 시중으로 있었다. 나에게 말하기를, '한원제는 재예材藝가 많고, 주선왕 때의 태사太史인 사주史籒가 만든 대전大篆에 능했다. 또 음악에 조예가 깊어 금슬琴瑟을 타고, 통소洞簫를 불고, 스스로 작곡을 하고, 노래도 잘 부르고, 특히 박자인 절도節度를 미세한 단위까지 잘 맞추는 분촌절도分刌節度의 모습을 보였다. 매우 들을 만했던 이유다. 어렸을 때 유학을 좋아했고, 즉위 후 유생을 징소해 임용하는 징용徵用을 하면서 정사를 맡겼다. 공우貢禹와 설광덕薛廣德, 위현성韋玄成, 광형匡衡 등이 번갈아 재상의 자리를 맡았다. 그러나 황상은 문의文義에 견제牽制된 나머지 우유부단優遊不斷했다. 한선제 때의 대업이 쇠퇴한 이유다. 그러나 관대한 자세로 아랫사람을 극진히 대했고, 언행이 공검恭儉에서 나왔다. 호령號令이 온아溫雅해 옛날 제왕의 풍도와 지조인 풍렬風烈이 있었다."

9) 승상 광형이 상주했다.

"전에 황상의 옥체가 고르지 못한 불평不平의 모습을 보이는 바람에 폐지키로 했던 여러 사묘祠廟를 복구했으나, 끝내 조상의 신령이 내리는 복福을 받지 못했습니다. 생각건대 위사후衛思後와 여태자戾太子, 여후원戾后園은 지금 태자와 친속관계가 아직 소원한 것은 아닙니다. 효혜제孝惠帝와 효경제孝景帝의 사당은 친속관계가 다한 까닭에 의당 철훼撤毁해야 합니다. 태상황太上皇과 효문제孝文帝, 효소태후孝昭太后, 소령후昭靈后, 소애후昭哀后, 무애왕武哀王의 사당은 청컨대 모두 철폐하고 받들지 마십시오."

상주한 내용이 받아들여졌다.

10) 6월 22일, 태자 유오劉驁가 황제의 자리로 나아갔다. 한고제의 사

당인 고묘高廟를 참배했다. 황태후를 태황태후太皇太后, 황후를 황태후皇太后로 높였다. 외숙인 원구元舅이자 시중侍中·위위衛尉·양평후陽平侯로 있는 왕봉王鳳을 대사마大司馬·대장군大將軍·영상서사領尚書事로 삼았다.

11) 가을 7월 19일, 한원제를 장안 북쪽의 위릉渭陵에 장사지냈다.

12) 천하에 대사령大赦令을 내렸다.

13) 승상 광형이 상소했다.

"폐하는 지극한 효성으로 인해 애상哀傷하며 선제를 사모思慕하는 것이 마음에서 끊어지지 않고 있습니다. 오락하며 사냥하는 유우익사游虞弋射의 향연도 없고, 실로 상사喪事를 삼가며 먼 조상을 추모하는 신종추원愼終追遠[10]의 모습이 무궁합니다. 가만히 생각하건대 폐하는 비록 성성聖性을 지니고 있으나 오히려 더욱 성심聖心을 돈독히 하기를 바랍니다! 『시경』「주송周頌, 민여소자閔予小子」는 거상居喪 중에 홀로 외로이 괴로워한다는 취지로 '경경재구煢煢在疚'를 언급했습니다.[11] 주성왕이 주무왕에 대한 상례를 마치고도 사모思慕하는 마음으로 인해 아직 평정을 찾지 못했다는 취지입니다. 대략 주문왕과 주무왕의 업적이 큰 교화인 대화大化의 근본인 점을 깊이 인식한 결과입니다. 신은 또 신의 스승으로부터 '부부의 인연인 비필妃匹을 만나는 것이 백성을 살리는 시초이고, 만복의 근원이다. 혼인을 치르는 예의가 올바른 연후에 사물이 이뤄져 마침내 천명

10 신종추원愼終追遠은 『논어』「학이」에 나오는 구절이다. 「학이」에 따르면 증자는 상사喪事를 삼가며 먼 조상을 추모하면 백성의 덕이 후한 곳으로 돌아갈 것이라는 취지로 '신종추원愼終追遠, 민덕귀후의民德歸厚矣'를 언급했다.

11 현존 『시경』의 원문은 현현재구嬛嬛在疚로 나온다. '현현'은 의지할 곳이 없이 외롭다는 뜻이다. '현현嬛嬛'이 『제시齊詩』에는 경경煢煢, 『한시韓詩』에는 경경惸惸으로 나온다. 모두 '현현'과 마찬가지로 외롭고 근심한다는 뜻이다.

이 온전해진다'고 들었습니다. 공자 역시 『시경』을 편제하면서 군자君子와 숙녀淑女의 부부 인연을 언급한 「관저關雎」에서 시작했습니다. 이는 강기綱紀의 첫머리이고, 제왕의 교화인 왕교王教의 실마리에 해당합니다. 상고시대인 상세上世 이래 삼대三代의 흥폐興廢에 이르기까지 여기서 비롯되지 않은 게 없습니다. 원컨대 폐하는 득실성쇠得失盛衰의 효력에 대해 상세히 살펴 큰 기틀인 대기大基를 확정하고, 유덕한 자를 채용하고, 성색聲色을 경계하고, 엄숙과 공경인 엄경嚴敬을 가까이하고, 재주만 피우는 기능技能을 멀리하십시오. 신이 듣건대 『시경詩經』과 『서경書經』, 『역경易經』, 『예경禮經』, 『악경樂經』, 『춘추春秋』 등 육경六經은 성인이 천지의 마음을 통일하고, 선악이 돌아갈 곳을 드러내고, 길흉의 구분을 밝히고, 사람의 도리인 인도人道의 바른 길을 통하게 하여 사람들로 하여금 착한 본성에서 어긋나지 않게 하려는 취지에서 나온 것입니다. 『논어論語』와 『효경孝經』은 성인의 언행에 관한 요점을 모아 놓은 것입니다. 의당 그 의미를 깊이 연구해야 합니다. 신은 또 듣건대 성왕聖王의 작위作爲는 움직이고 애쓰는 모든 유형의 동정주선動靜周旋을 막론하고, 하늘을 받들고 부모를 잇는 봉천승친奉天承親, 조회에 나아가 신하들을 대하는 임조향신臨朝享臣, 사물에 절도와 문채가 있는 물유절문物有節文의 모습을 보입니다. 성왕의 작위가 인륜의 미덕을 빛나게 하는 이유입니다. 대략 신중하며 조심하는 흠익지률欽翼祗栗의 자세는 하늘을 섬기는 사천事天의 얼굴이고, 따뜻하고 공경하며 겸손한 온공경손溫恭敬遜의 자세는 부모를 잇는 승친承親의 예의에 해당합니다. 몸을 바르게 엄격히 하는 정궁엄각正躬嚴恪은 문무백관을 다스리는 위의威儀이고, 아름다고 평화로운 언행인 가혜화설嘉惠和說은 아랫사람을 다독이는 화안和顔입니다. 행동거지인 거조동작擧錯動作은 모든 사안에서 백성이 흉내 내는 의법儀法이 돼야 합니다. 그래야 의형儀形이 인의仁義, 동작動作이 법칙法則이 될 수 있습니다. 지금은 정월 초이니 대전大殿인 노침路寢으로 행차해 조하朝賀에 임하고, 연회를 베푸는 치주置酒를 하여 만방萬方에 베푸십시오. 『예기禮記』에서는 군자는 신중히 시작한다는 취지의 '군자신시君子愼始'를 언급했습니다.[12] 원컨대 폐하는 정신을 차리는 유신留神의 자세로 동정動靜에 절도가 있도록 하고, 군신들로 하여금 성덕盛德의 아름다운 광채를 보게 하고, 나라의 견고한 기틀인 기정基楨을 세우도록 하십시오. 그러면 천하는 매우 다행일 것입니다!"

황상이 그 말을 공경히 받아들이는 경납敬納을 했다.

* 孝元皇帝竟寧元年

春, 正月, 匈奴呼韓邪單于來朝, 自言願婿漢氏以自親. 帝以後宮良家子王嬙字昭君賜單于. 單于歡喜, 上書"願保塞上谷以西至敦煌, 傳之無窮. 請罷邊備塞吏卒, 以休天子人民." 天子下有司議, 議者皆以為便. 郎中侯應習邊事, 以為不可許. 上問狀, 應曰, "周·秦以來, 匈奴暴桀, 寇侵邊境. 漢興, 尤被其害. 臣聞北邊塞至遼東, 外有陰山, 東西千餘里, 草木茂盛, 多禽獸, 本冒頓單于依阻其中, 治作弓矢, 來出為寇, 是其苑囿也. 至孝武世, 出師征伐, 斥奪此地, 攘之於幕北, 建塞徼, 起亭隧, 築外城, 設屯戍以守之, 然後邊境得用少安. 幕北地平, 少草木, 多大沙, 匈奴來寇, 少所蔽隱. 從塞以南, 逕深山谷, 往來差難. 邊長老言, '匈奴失陰山之後, 過之未嘗不哭也' 如罷備塞戍卒, 示夷狄之大利, 不可一也. 今聖德廣被, 天覆匈奴,

12 『대대례기大戴禮记』「예찰禮察」에서 인용한 것이다. 「예찰」에 군자는 신중히 시작하니 아주 작은 호리毫釐의 차이가 나중에는 1,000리만큼의 오류를 만들어낸다는 뜻의 '군자신시君子愼始, 약차호리差若毫釐, 무지천리繆之千里' 구절이 나온다.

匈奴得蒙全活之恩，稽首來臣．夫夷狄之情，困則卑順，強則驕逆，天性然也．前已罷外城，省亭隧令，裁足以候望，通烽火而已．古者安不忘危，不可復罷，二也．中國有禮義之教，刑罰之誅，愚民猶尚犯禁．又況單于，能必其眾不犯約哉！三也．自中國尚建關梁以制諸侯，所以絕臣下之覬欲也．設塞徼，置屯戍，非獨為匈奴而已，亦為諸屬國降民本故匈奴之人，恐其思舊逃亡，四也．近西羌保塞，與漢人交通，吏民貪利，侵盜其畜產·妻子，以此怨恨，起而背畔．今罷乘塞，則生嫚易分爭之漸，五也．往者從軍多沒不還者，子孫貧困，一旦亡出，從其親戚，六也．又邊人奴婢愁苦，欲亡者多，曰，'聞匈奴中樂，無奈候望急何' 然時有亡出塞者，七也．盜賊桀黠，群輩犯法，如其窘急，亡走北出，則不可制，八也．起塞以來百有餘年，非皆以土垣也，或因山巖·石·木·溪谷·水門，稍稍平之，卒徒築治，功費久遠，不可勝計．臣恐議者不深慮其終始，欲以壹切省繇戍，十年之外，百歲之內，卒有它變，障塞破壞，亭隧滅絕，當更發屯繕治，累世之功不可卒復，九也．如罷戍卒，省候望，單于自以保塞守禦，必深德漢，請求無已．小失其意，則不可測．開夷狄之隙，虧中國之固，十也．非所以永持至安，威制百蠻之長策也!" 對奏，天子有詔曰，"勿議罷邊塞事." 使車騎將軍嘉口諭單于曰，"單于上書願罷北塞吏士屯戍，子孫世世保塞．單于鄉慕禮義，所以為民計者甚厚．此長久之策也，朕甚嘉之．中國四方皆有關梁障塞，非獨以備塞外也，亦以防中國奸邪放縱，出為寇害，故明法度以專眾心也．敬諭單于之意，朕無疑焉．為單于怪其不罷，故使嘉曉單于." 單于謝曰，"愚不知大計，天子幸使大臣告語，甚厚!"

初，左伊秩訾為呼韓邪畫計歸漢，竟以安定．其後或讒伊秩訾自伐其功，常鞅鞅，呼韓邪疑之．伊秩訾懼誅，將其眾千餘人降漢，漢以為關內侯, 食邑三百戶, 令佩其王印綬. 及呼韓邪來朝, 與伊秩訾相見, 謝曰, "王為我計甚厚, 令匈奴至今安寧, 王之力也, 德豈可忘! 我失王意, 使王去, 不復顧留, 皆我過也. 今欲白天子, 請王歸庭." 伊秩訾曰, "單于賴天命, 自歸於漢, 得以安寧, 單于神靈, 天子之祐也, 我安得力! 既已降漢, 又復歸匈奴, 是兩心也. 願為單于侍使於漢, 不敢聽命!" 單于固請, 不能得而歸.

單于號王昭君為寧胡閼氏. 生一男伊屠智牙師, 為右日逐王.

皇太子冠.

二月, 御史大夫李延壽卒.

初, 石顯見馮奉世父子為公卿著名, 女又為昭儀在內, 顯心欲附之, 薦言曰, "昭儀兄謁者逡修敕, 宜侍幄帷." 天子召見, 欲以為侍中. 逡請間言事. 上聞逡言顯顓權, 大怒, 罷逡歸郎官. 及御史大夫缺, 在位多舉逡兄大鴻臚野王. 上使尚書選第中二千石, 而野王行能第一. 上以問顯, 顯曰, "九卿無出野王者. 然野王, 親昭儀兄, 臣恐後世必以陛下度越眾賢, 私後宮親以為三公." 上曰, "善, 吾不見是!" 因謂群臣曰, "吾用野王為三公, 後世必謂我私後宮親屬, 以野王為比." 三月, 丙寅, 詔曰, "剛強堅固, 確然亡欲, 大鴻臚野王是也. 心辨善辭, 可使四方, 少府五鹿充宗是也. 廉潔節儉, 太子少傅張譚是也. 其以少傅為御史大夫."

河南太守九江召信臣為少府. 信臣先為南陽太守, 後遷河南, 治行常第一. 視民如子, 好為民興利, 躬勸耕稼, 開通溝瀆, 戶口增倍. 吏民親愛, 號曰"召父."

癸未, 復孝惠皇帝寢廟園·孝文太后·孝昭太后寢園.

初, 中書令石顯嘗欲以姊妻甘延壽, 延壽不取. 及破郅支還, 丞相·御史亦惡其矯制, 皆不與延壽等. 陳湯素貪, 所鹵獲財物入塞, 多不法. 司隸校尉移書道上, 繫吏士, 按驗之. 湯上疏言曰, "臣與吏士共誅郅支單于, 幸得禽滅, 萬里振旅, 宜有使者迎勞道路. 今司隸反逆收繫按驗, 是為郅支報讎也!" 上立出吏士, 令縣·道具酒食以過軍. 既至, 論功, 石顯·匡衡以為曰, "延壽·湯擅興師矯制, 幸得不誅, 如復加爵土, 則後奉使者爭欲乘危儌幸, 生事於蠻夷, 為國招難." 帝內嘉延壽·湯功而重違衡·顯之議, 久之不決.

故宗正劉向上疏曰, "郅支單于囚殺使者·吏士以百數, 事暴揚外國, 傷威毀重, 群臣皆閔焉. 陛下赫然欲誅之, 意未嘗有忘. 西域都護延壽, 副校尉湯, 承聖指, 倚神靈, 總百蠻之君, 攬城郭之兵, 出百死, 入絕域, 遂蹈康居, 屠三重城, 搴歙侯之旗, 斬郅支之首, 縣旌萬里之外, 揚威昆山之西, 掃谷吉之恥, 立昭明之功, 萬夷慴伏, 莫不懼震. 呼韓邪單于見郅支已誅, 且喜且懼, 鄉風馳義, 稽首來賓, 願守北藩, 累世稱臣. 立千載之功, 建萬世之安, 群臣之勳莫大焉. 昔周大夫方叔·吉甫為宣王誅獫狁而百蠻從, 其詩曰, '嘽嘽焞焞, 如霆如雷. 顯允方叔, 征伐獫狁, 蠻荊來威' 『易』曰, '有嘉折首, 獲匪其醜' 言美誅首惡之人, 而諸不順者皆來從也. 今延壽·湯所誅震, 雖『易』之折首, 『詩』之雷霆, 不能及也. 論大功者不錄小過, 舉大美者不疵細瑕. 『司馬法』曰, '軍賞不逾月' 欲民速得為善之利也. 蓋急武功, 重用人也. 吉甫之歸, 周厚賜之, 其詩曰, '吉甫宴喜, 既多受祉. 來歸自鎬, 我行永久' 千里之鎬猶以為遠, 況萬里之外, 其勤至矣. 延壽·湯既未獲受祉之報, 反屈捐命之功, 久挫於刀筆之前, 非所以勸有功, 厲戎士也. 昔齊桓前有尊周之功, 後有滅項之罪, 君子以功覆過而為之諱. 貳師將軍李廣利, 捐五萬之師, 靡億萬之費, 經四年之勞, 而僅獲駿馬三十匹, 雖斬宛王毋寡之首, 猶不足以復費, 其私罪惡甚多. 孝武以為萬里征伐, 不錄其過, 遂封拜兩侯·三卿·二千石百有餘人.

今康居之國, 強於大宛, 郅支之號, 重於宛王, 殺使者罪, 甚於留馬, 而延壽·湯不煩漢士, 不費斗糧, 比於貳師, 功德百之. 且常惠隨欲擊之烏孫, 鄭吉迎自來之日逐, 猶皆裂土受爵. 故言威武勤勞, 則大於方叔·吉甫. 列功覆過, 則優於齊桓·貳師. 近事之功, 則高於安遠·長羅. 而大功未著, 小惡數布, 臣竊痛之! 宜以時解縣, 通籍, 除過勿治, 尊寵爵位, 以勸有功."

於是天子下詔赦延壽·湯罪勿治, 令公卿議封焉. 議者以為宜如軍法捕斬單于令. 匡衡·石顯以為"郅支本亡逃失國, 竊號絕域, 非真單于." 帝取安遠侯鄭吉故事, 封千戶. 衡·顯復爭. 夏, 四月, 戊辰, 封延壽為義成侯, 賜湯爵關內侯, 食邑各三百戶, 加賜黃金百斤. 拜延壽為長水校尉, 湯為射聲校尉. 於是杜欽上疏追訟馮奉世前破莎車功. 上以先帝時事, 不復錄. 欽, 故御史大夫延年子也.

荀悅論曰, "成其功義足封, 追錄前事可也.『春秋』之義, 毀泉臺則惡之, 舍中軍則善之, 各由其宜也. 夫矯制之事, 先王之所慎也, 不得已而行之. 若矯大而功小者, 罪之可也. 矯小而功大者, 賞之可也. 功過相敵, 如斯而已可也. 權其輕重而為之制宜焉."

初, 太子少好經書, 寬博謹慎. 其後幸酒, 樂燕樂, 上不以為能. 而山陽王康有材藝, 母傅昭儀又愛幸, 上以故常有意欲以山陽王為嗣. 上晚年多疾, 不親政事, 留好音樂. 或置鼙鼓殿下, 天子自臨軒檻上, 隤銅丸以擿鼓, 聲中嚴鼓之節. 後宮及左右習知音者莫能為, 而山陽王亦能之, 上數稱其材. 史丹進曰, "凡所謂材者, 敏而好學, 溫故知新, 皇太子是也. 若乃器人於絲竹鼓鼙之間, 則是陳惠·李微高于匡衡, 可相國也!" 於是上嘿然而笑.

及上寢疾, 傅昭儀·山陽王康常在左右, 而皇后·太子希得進見. 上疾稍侵, 意忽忽不平, 數問尚書以景帝時立膠東王故事. 是時太子長舅陽平侯王鳳為衛尉·侍中, 與皇后·太子皆憂, 不知所出. 史丹以親密臣得侍視疾, 候上間獨寢時, 丹直入臥內, 頓首伏青蒲上, 涕泣而言曰, "皇太子以適長立, 積十餘年, 名號繫於百姓, 天下莫不歸心臣子. 見山陽王雅素愛幸, 今者道路流言, 為國生意, 以為太子有動搖之議. 審若此, 公卿以下必以死爭, 不奉詔. 臣願先賜死以示群臣!" 天子素仁, 不忍見丹涕泣, 言又切至, 意大感寤, 喟然太息曰, "吾日困劣, 而太子·兩王幼少, 意中戀戀, 亦何不念乎! 然無有此議. 且皇后謹慎, 先帝又愛太子, 吾豈可違指! 駙馬都尉安所受此語?" 丹即卻, 頓首曰, "愚臣妄聞, 罪當死!" 上因納, 謂丹曰, "吾病浸加, 恐不能自還, 善輔道太子, 毋違我意." 丹噓唏而起, 太子由是遂定為嗣. 而右將軍·光祿大夫王商, 中書令石顯亦擁佑太子, 頗有力焉. 夏, 五月, 壬辰, 帝崩於未央宮.

班彪贊曰, "臣外祖兄弟為元帝侍中, 語臣曰, '元帝多材藝, 善史書, 鼓琴瑟, 吹洞簫, 自度曲, 被歌聲, 分刌節度, 窮極幼眇. 少而好儒, 及即位, 徵用儒生, 委之以政, 貢·薛·韋·匡迭為宰相. 而上牽制文義, 優遊不斷, 孝宣之業衰焉. 然寬弘盡下, 出於恭儉, 號令溫雅, 有古之風烈'"

匡衡奏言曰, "前以上體不平, 故復諸所罷祠, 卒不蒙福. 案衛思後·戾太子·戾后園, 親未盡. 孝惠·孝景廟, 親盡, 宜毀. 及太上皇·孝文·孝昭太后·昭靈后·昭哀后·武哀王祠, 請悉罷勿奉." 奏可.

六月, 己未, 太子即皇帝位, 謁高廟. 尊皇太后曰太皇太后, 皇后曰皇太后. 以元舅侍中·衛尉·陽平侯王鳳為大司馬·大將軍·領尚書事.

秋, 七月, 丙戌, 葬孝元皇帝於渭陵.

大赦天下.

丞相衡上疏曰, "陛下秉至孝, 哀傷思慕, 不絕於心, 未有游虞弋射之宴, 誠隆於慎終追遠, 無窮已也. 竊願陛下雖聖性得之, 猶復加聖心焉!『詩』云, '煢煢在疚' 言成王喪畢思慕, 意氣未能平也. 蓋所以就文·武之業, 崇大化之本也. 臣又聞之師曰, '妃匹之際, 生民之始, 萬福之原. 婚姻之禮正, 然後品物遂而天命全' 孔子論『詩』, 以『關雎』為始, 此綱紀之首, 王教之端也. 自上世已來, 三代興廢, 未有不由此者也. 願陛下詳覽得失盛衰之效, 以定大基, 采有德, 戒聲色, 近嚴敬, 遠技能. 臣聞六經者, 聖人所以統天地之心, 著善惡之歸, 明吉凶之分, 通人道之正, 使不悖於其本性者也. 及『論語』·『孝經』, 聖人言行之要, 宜究其意. 臣又聞聖王之自為, 動靜周旋, 奉天承親, 臨朝享臣, 物有節文, 以章人倫. 蓋欽翼祗栗, 事天之容也. 溫恭敬遜, 承親之禮也. 正躬嚴恪, 臨眾之儀也. 嘉惠和說, 饗下之顏也. 舉錯動作, 物遵其儀, 故形為仁義, 動為法則. 今正月初, 幸路寢, 臨朝賀, 置酒以饗萬方.『傳』曰, '君子慎始' 願陛下留神動靜之節, 使群下得望盛德休光, 以立基楨, 天下幸甚!" 上敬納其言.

** 권30-한기漢紀 22: 왕씨 외척이 발호하다

한성제漢成帝 **건시**建始 **원년**(BC 32)

1) 봄 정월 초하루, 한선제의 부친인 유진劉進의 사당인 도고묘悼考廟에 화재가 났다.

2) 석현이 장신궁長信宮의 중태복中太僕으로 자리를 옮겼다. 직질職秩은 중2천석이었다. 석현은 자신을 굳게 지지한 한원제의 죽음으로 이미 의지할 곳을 잃고, 권력으로부터도 멀어졌다. 승상과 어사대부가 조목조목 그의 구악舊惡을 상주한 배경이다. 이로 인해 그의 무리인 뇌량牢梁과 진순陳順 모두 면관免官됐고, 석현과 그의 처자는 고향인 제남濟南으로 옮겨져 귀향하게 됐다. 석현은 근심과 걱정으로 밥을 먹지 못하는 우만불식憂懣不食의 모습을 보이다가 길에서 죽는 도사道死를 당하고 말았다.

석현과 왕래하며 벼슬을 얻은 자들은 모두 쫓겨나 파면되는 폐파廢罷를 당했다. 소부少府의 오록충종五鹿充宗은 현도玄菟 태수, 어사중승御史中丞 이가伊嘉는 안문雁門산서성 우옥현 도위로 좌천됐다. 사례교위司隷校尉인 탁군涿郡하북성 탁현 출신 왕존王尊이 상주하여 탄핵하는 핵주劾奏를 했다.

"승상 광형匡衡과 어사대부 장담張譚은 석현 등이 권세를 멋대로 휘두르는 전권천세顓權擅勢로 위복威福을 크게 만들어 천하에 환해患害를 끼쳤다는 사실을 알고 있었습니다. 그럼에도 때맞춰 형벌을 시행하도록 상주하지 않고, 아부하며 몸을 굽혀 복종하는 아유곡종阿諛曲從을 함으로써 아랫사람과 붙어 윗사람을 속이고, 사악한 마음으로 나라를 미혹시키고, 대신의 보정輔政을 무의미하게 만들었습니다. 모두 부도不道한 짓입니다! 다행히 이는 작년 7월 대사령이 나오기 이전의 일이니 더 이상 추궁할 필요는 없습니다. 사면된 뒤 광형과 장담은 석현을 거론해 상주하면서 스스로 불충한 죄를 지은 것을 말하지 않고, 오히려 먼저 선제가 나라를 뒤엎을 자들인 경복지도傾覆之徒를 임용했다고 지적하면서 '백관들이 그를 두려워한 정도가 주상을 두려워한 것보다 심했다'는 식으로 말했습니다. 군주를 낮추고 신하를 높이는 비군존신卑君尊臣의 모습을 보인 것입니다. 이는 신하로서 의당 그리 해서는 안 되는 것으로 대신의 체통을 잃은 것입니다!"

광형이 부끄럽고 두려운 나머지 면관免冠하여 사죄하면서 승상과 안락후의 인수를 바쳤다. 천자는 새롭게 즉위한 상황에서 대신들에 대한 중상重傷을 원치 않은 까닭에 이내 왕존을 고령현高陵縣섬서성 고릉현 현령으로 좌천시켰다. 그러나 조정 백관 중에는 왕존이 옳다고 생각하는 사람이 많았다. 광형은 내심 편치 못한 흑흑嘿嘿의 자세로 불안해했다. 매번 홍수나 가뭄인 수한水旱이 있을 때마다 연이어 걸해골乞骸骨을 하면서 자리를 양보하려 했다. 황상은 번번이 조서를 내려 위로하며 허락하지 않았다.

3) 옛날 하간왕河間王 유원劉元의 동생이자 상군上郡섬서성 수덕현의 무기창고 담당인 고령庫令으로 있던 유량劉良을 하간왕으로 삼았다.

4) 패성孛星이 영실營室의 자리에 나타났다.

5) 천하에 사면령을 내렸다.

6) 1월 19일[13], 황제의 외숙이자 제리諸吏·광록대부·관내후關內侯로 있는 왕숭王崇을 안성후安成侯에 봉했다. 또 외숙인 왕담王譚과 왕상王

商, 왕립王立, 왕근王根, 왕봉시王逢時에게 관내후의 작위를 내렸다.

여름 4월, 누런 안개인 황무黃霧가 사방을 가득 메웠다. 공경대부公卿大夫에게 조서를 내려 널리 물으면서 거리낌 없이 진언하게 했다. 간대부諫大夫 양흥楊興과 박사博士 사승駟勝 등이 모두 대책對策을 통해 이같이 건의했다.

"음기陰氣가 성해 양기陽氣를 침범했습니다. 한고제는 약속하기를, '공신功臣이 아니면 제후에 봉하지 마라'고 했습니다. 지금 왕태후王太后의 여러 동생들이 모두 공도 없이 제후가 됐습니다. 외척外戚을 이처럼 대거 제후에 봉한 것은 미증유未曾有의 일입니다. 누런 안개는 하늘이 재이災異로 경계한 것입니다."

대장군 왕봉王鳳이 두려운 나머지 상서해 사직을 청했다. 황상이 칭송하는 내용의 조서인 우조優詔를 내려 허락지 않았다.

7) 어사중승御史中丞인 동해東海산동성 담성현 출신 설선薛宣이 상소했다.

"폐하는 지덕인후下至德仁厚하기는 하나 아름다운 기운인 가기嘉氣가 오히려 뭉쳐 있는 까닭에 음양의 기운이 불화不和하고, 대다수 관원들이 가정苛政을 행하고 있습니다. 각 군국郡國의 원옥冤獄 여부를 살피고 관원을 출척黜陟하는 등 부자사部刺史가 수행해야 할 6개 조목의 감찰 직무를 제대로 행하지 않으면서 임의로 탄핵을 하며 사적으로 감찰을 하고, 자주 군현郡縣의 일에 관여하고, 심지어 사사로이 집 대문을 활짝 열어놓은 채 뇌물을 받는 게 그렇습니다. 이들은 참녕讒佞한 말을 들으면서 이민

---

13 원문은 '임자壬子'이다. 당시 정월에는 '임자일'이 없다. 피사과정에서 임오壬午가 임자壬子로 오사誤寫됐을 공산이 크다. '임오'의 오사로 간주할 경우 1월 19일에 해당한다. '임오'로 간주해 번역했다.

吏民의 과실을 찾아내 사소하고 미세한 일까지 견책하고, 백성에게 과도한 요구를 하며 그들의 부담 능력을 헤아리지 않습니다. 군수와 현령이 압박에 눌려 가혹한 수단을 동원하고, 상하가 서로를 해치면서, 그 재화災禍를 백성에게 전가하고 있습니다. 향당鄕黨에서 행해지는 가례嘉禮와 빈례賓禮의 즐거움이 누락되고, 구족九族의 친족 사이에 서로를 가까이 하는 은혜인 친친지은親親之恩이 잊혀지고, 음식飮食을 같이 하며 위급할 때 서로를 돕는 미풍이 점차 사라지는 미쇠彌衰의 모습이 나타나고, 왕래하는 노고를 치하하는 송왕노래送往勞來의 예절이 행해지지 않고 있는 이유입니다. 무릇 인도人道가 통하지 않아 음양이 서로 막히는 비격否隔 현상이 빚어지고, 화기和氣가 일어나지 않는 것 모두 반드시 여기서 비롯됩니다. 『시경』「소아, 벌목伐木」에서 사람들이 덕을 잃는 것은 조악한 음식대접 탓이라는 취지의 '민지실덕民之失德, 건후이거乾餱以愆'를 언급했습니다. 속어인 비어鄙語에서도 정사가 각박하면 친족 간의 인정을 해치고, 번거로운 고통을 안기면 은혜를 해친다는 취지의 '가정불친苛政不親, 번고상은煩苦傷恩'을 지적했습니다. 바야흐로 자사刺史가 각 군국의 정무를 보고하는 주사奏事를 행할 때 의당 밝게 타이르며 경계하는 신칙申敕을 통해 지금 조정에서 해야 할 중요한 업무인 요무要務를 훤히 알도록 해야 할 것입니다."

황상이 가납嘉納했다.

8) 8월, 음기가 강해 2개의 달이 잇달아 떴다. 새벽에 동쪽에서 보였다.

9) 겨울 12월, 장안에 남교南郊와 북교北郊를 만들면서, 감천甘泉섬서성 순화현의 제천祭天과 분음汾陰섬서성 영하현의 제지祭地 제사를 철폐했다. 이어 감천 태치泰畤에 있는 제단인 자단紫壇 위의 장식과 옥녀玉女의 음악인 여악女樂, 제사용 희생을 실은 수레가 다니는 난로鸞路, 제사용 적색 말인 성구騂駒, 상서로운 무늬가 있는 용마龍馬, 돌로 쌓은 석단石壇 등도

철폐했다.

** 起屠維赤奮若, 盡著雍閹茂, 凡十年.

* 孝成皇帝建始元年

春, 正月, 乙丑, 悼考廟災.

石顯遷長信中太僕, 秩中二千石. 顯既失倚, 離權, 於是丞相·御史條奏顯舊惡. 及其黨牢梁·陳順皆免官, 顯與妻子徙歸故郡, 憂懣不食, 道死. 諸所交結以顯為官者, 皆廢罷. 少府五鹿充宗左遷玄菟太守, 御史中丞伊嘉為雁門都尉. 司隸校尉涿郡王尊劾奏曰, "丞相衡·御史大夫譚, 知顯等顓權擅勢, 大作威福, 為海內患害, 不以時白奏行罰, 而阿諛曲從, 附下罔上, 懷邪迷國, 無大臣輔政之義, 皆不道! 在赦令前. 赦後, 衡·譚舉奏顯, 不自陳不忠之罪, 而反揚著先帝任用傾覆之徒, 妄言'百官畏之, 甚於主上' 卑君尊臣, 非所宜稱, 失大臣體!" 於是衡漸懼, 免冠謝罪, 上丞相·侯印綬. 天子以新即位, 重傷大臣, 乃左遷尊為高陵令. 然群下多是尊者. 衡嘿嘿不自安, 每有水旱, 連乞骸骨讓位. 上輒以詔書慰撫, 不許.

立故河間王元弟上郡庫令良為河間王. 有星孛於營室.

赦天下.

壬子, 封舅諸吏·光祿大夫·關內侯王崇為安成侯. 賜舅譚·商·立·根·逢時爵關內侯. 夏, 四月, 黃霧四塞, 詔博問公卿大夫, 無有所諱. 諫大夫楊興·博士駟勝等對, 皆以為"陰盛侵陽之氣也. 高祖之約, 非功臣不侯. 今太后諸弟皆以無功為侯, 外戚未曾有也, 故天為見異." 於是大將軍鳳懼, 上書乞骸骨, 辭職. 上優詔不許.

御史中丞東海薛宣上疏曰, "陛下至德仁厚, 而嘉氣尚凝, 陰陽不和, 殆吏多苛政. 部刺史或不循守條職, 舉錯各以其意, 多與郡縣事,至開私門, 聽讒佞, 以求吏民過, 譴呵及細微, 責義不量力. 群縣相迫促, 亦內相刻, 流至眾庶. 是故鄉黨闕於嘉賓之歡, 九族忘其親親之恩, 飮食周急之厚彌衰, 送往勞來之禮不行. 夫人道不通則陰陽否隔, 和氣不興, 未必不由此也.『詩』云, '民之失德, 乾餱以愆' 鄙語曰, '苛政不親, 煩苦傷恩' 方剌史奏事時, 宜明申敕, 使昭然知本朝之要務." 上嘉納之.

八月, 有兩月相承, 晨見東方.

冬, 十二月, 作長安南·北郊, 罷甘泉·汾陰祠, 及紫壇僞飾·女樂·鸞路·騂駒·龍馬·石壇之屬.

한성제 건시 2년(BC 31)

1) 봄 정월, 옹雍섬서성 봉상현 땅에 있는 오치五畤와 진보사陳寶祠[14]를 철폐했다. 모두 광형匡衡의 건의를 좇은 것이다.

1월 23일, 황상이 처음으로 장안의 남교에서 하늘에 제사를 올리는 교사郊祀를 행했다. 교사를 받든 현縣과 도성인 중도中都의 관청에서 머리를 깎지 않는 경범죄인 내죄耐罪로 복역하는 자들을 사면하고, 천하에 부세賦稅를 감하는 조치를 내려 1산算에 40전錢을 내도록 했다.

2) 윤閏 정월, 위성渭城섬서성 함양시의 연릉정延陵亭 일대를 아직 명칭을

---

14 『사기』「봉선서封禪書」에 진보사陳寶祠를 세워 제사를 지내게 된 배경이 실려 있다. 이에 따르면 진문공秦文公이 꿈속에서 누런 뱀 한 마리를 본 뒤 부치鄜畤를 세우고 백제白帝에게 제사를 올렸다. 부치가 세워지기 이전에는 옹雍 땅 부근의 오양吳陽에 무치武畤, 옹 땅 동쪽에 호치好畤가 있었다. 모두 황폐해 제사지내는 사람이 없었다. 부치를 세운 지 9년이 지나 진문공이 옥석 하나를 얻게 됐다. 진창산陳倉山 북쪽 산비탈에 성을 축조한 뒤 옥석을 제사지냈다. 옥석의 신령은 해가 지나도 오지 않다가, 어떤 때는 1년에 몇 번씩 오기도 했다. 내려올 때는 늘 밤중이었다. 유성처럼 광채를 발했고, 동남쪽에서 사성祠城으로 들어왔다. 그 형상이 마치 수탉 같았다. 은은한 울음소리를 내면 들꿩들도 밤에 따라 울었다. 이를 진보陳寶라고 불렀다.

정하지 않은 수릉壽陵인 이른바 초릉初陵으로 삼았다.

3) 3월 14일, 황상이 처음으로 북교北郊에서 후토后土에게 제사를 올렸다.

4) 3월 19일, 허씨許氏를 황후로 세웠다. 황후는 거기장군 허가許嘉의 딸이다. 한원제는 모친인 공애후恭哀后의 재위가 일천日淺한 상황에서 곽광霍光의 부인으로부터 해를 입은 것을 애상哀傷했다. 특별히 허가의 딸을 태자비로 간택한 이유다.

5) 황상은 태자 시절부터 호색했다는 소문이 있었다. 즉위 후 황태후가 조서를 내려 양가의 딸을 골라 후궁으로 맞이하게 했다. 대장군 휘하의 무기창고 담당관인 무공령武庫令 두흠杜欽이 대장군 왕봉王鳳에게 말했다.

"예禮에 따르면 군왕은 9명의 후비后妃를 취해야 합니다. 후손을 널리 만들어 조상을 중시하는 광사중조廣嗣重祖 때문입니다. 원비元妃가 죽었을 때 제질娣侄[15]로 계실繼室을 하도록 하고, 제질이 없을 경우 재차 계실을 하지 않는 것은 군왕의 수명을 늘리고 다툼을 막으려는 취지입니다. 후비가 정숙한 행실을 보이면 선왕의 뒤를 잇는 윤사胤嗣는 현성賢聖한 군주가 되고, 비빈의 편제에 위의威儀의 절도가 있으면 군주는 장수하는 복을 누립니다. 만일 이런 규정을 폐기하면 여색 즉 여덕女德을 꺼리지 않게 되고, 여덕을 꺼리지 않으면 수명이 고년高年을 강구할 수 없습니다. 남자는 50세가 되어도 호색하는 기운이 쇠하지 않고, 여인은 40세만 되어도 용모가 전과 달라집니다. 점차 쇠퇴하는 용모로 아직 호색하는 기운이 쇠하지 않은 군주를 모시는 상황에서 예로써 절제하지 않으면 군주의 호

---

15 제질娣侄의 제娣는 한 남자에게 함께 시집을 간 자매의 여동생, 질侄은 한 남자에게 시집을 간 형제의 딸을 지칭한다.

색하는 의지를 막을 도리가 없고, 처자를 대하는 군주의 태도 역시 반드시 변하기 마련입니다. 군주의 태도가 바뀌면 정후正后는 스스로 의심을 하게 되고, 적자 이외의 자식인 지서支庶는 적자를 대신하려는 마음을 갖게 됩니다. 춘추시대 중엽 진헌공晉獻公이 계실인 여희驪姬의 참소를 받아들이면서 태자인 신생申生이 아무 죄도 없이 자진하게 된 이유입니다. 지금 성주聖主는 아직 춘추에서 젊고 여유 있는 부어춘추富於春秋의 상황인데도 아직 적사適嗣가 없고, 바야흐로 학문에 정진해야 하는 상황에서 아직 후비를 가까이하는 것에 대한 논의가 없습니다. 대장군은 지금 보정輔政에 임하고 있으니 그 책임이 막중합니다. 의당 황상이 막 즉위한 초기의 융성함을 좇아 9명의 여인을 두도록 한 제도인 9녀지제九女之制를 바로 세워야 할 것입니다. 의를 행하는 집안인 행의지가行義之家 내에서 숙녀淑女의 자질을 지닌 여인을 구하고, 성색聲色과 가무 등의 기능技能을 갖춘 여인을 반드시 찾을 필요는 없습니다. 그것이 만세萬世의 대법大法입니다. 무릇 젊어서는 미색을 경계해야 합니다. 주유왕周幽王이 신후申后를 폐하고 태자 의구宜臼를 폐함으로써 이후 견융犬戎에게 피살을 당한 것을 풍자한 『시경』「소아小雅, 소변小弁」[16]의 시는 사람들을 한심寒心하게 만듭니다. 오직 대장군은 늘 이를 경계하십시오!"

왕봉이 이를 태후 왕정군王政君에게 고했다. 왕정군은 '9녀지제'에 관한 전례를 찾지 못했다. 왕봉은 스스로 법도를 세울 주견이 없어 단순히 기존의 관례를 좇을 뿐이었다. 그는 평소 두흠을 중시해 막부幕府에 두고, 국가대사에 관한 계책인 국가정모國家政謀를 늘 두흠과 함께 했다.

16 자치통감 원문은 「소변小卞」으로 나오나 현존 『시경』에는 「소변小弁」으로 되어 있어 이를 좇았다. 남송 때 주희는 주유왕에게 쫓겨난 태자 의구宜臼의 작품으로 간주했으나 참언으로 인해 쫓겨난 대부 또는 홀로 재난을 당한 자식의 한탄으로 보는 게 중론이다.

자주 명망 있는 인사를 칭찬해 오게 하여 빠지고 잘못된 것을 바로잡고 고치는 비정궐실裨正闕失을 했다. 당세當世의 선정善政은 대부분 두흠의 건의에서 나온 것이다.

6) 여름, 큰 가뭄인 대한大旱이 있었다.

7) 흉노의 호한야 선우가 한나라로 귀부한 좌이질자左伊秩訾 형의 두 딸을 총애했다. 큰 딸인 전거연지顓渠閼氏는 2명의 아들을 낳았다. 장남은 저막거且莫車, 차남은 낭지아사囊知牙斯였다. 작은 딸은 대연지大閼氏가 되어 4명의 아들을 낳았다. 장남은 조도막고雕陶莫皋, 차남은 저미서且麋胥였다. 두 사람 모두 저막거보다 나이가 많았다. 3남과 4남인 함咸과 낙樂은 낭지아사보다 나이가 적었다. 호한야 선우에게는 그밖에도 10여 명에 달하는 다른 연지 소생의 아들이 있었다. 전거연지가 현귀顯貴했던 까닭에 그 소생인 저막거도 선우의 총애를 입었다. 호한야 선우는 병으로 자리에 눕게 되자 저막거를 후사로 세우고자 했다. 전거연지가 말했다.

"흉노는 10여 년 동안 내란으로 인해 나라의 명맥이 머리카락처럼 위태했습니다. 다행히 한나라의 힘에 의지해 안정을 찾을 수 있었습니다. 지금 평정된 지 오래되지 않은 탓에 인민들은 징계를 받아 두려워하는 창예創艾의 모습을 보이고 있습니다. 저막거는 나이가 어리고, 백성들은 아직 심복하지 않고 있는 탓에 다시 나라를 위태롭게 만들까 두렵습니다. 나와 대연지는 한 집안인 까닭에 그녀의 아들은 곧 나의 아들입니다. 조도막고를 세우느니만 못합니다."

대연지가 반대했다.

"저막거는 비록 어리지만 대신들이 함께 국사國事를 다루고 있습니다. 지금 귀한 적자를 버리고 천한 서자를 택하는 사귀입천舍貴立賤을 하면 후세에 반드시 어지러워질 것입니다."

호한야 선우는 마침내 전거연지의 계책을 좇아 조도막고를 후사로 세우면서 이후 나라를 동생인 저막거에게 넘기도록 약속했다. 호한야 선우 사후 조도막고가 제15대 복주루약제復株累若鞮 선우[17]가 됐다. 복주루약제 선우는 친동생인 저미서를 좌현왕左賢王으로 삼으면서, 적제嫡弟인 저막거와 낭지아사를 각각 좌곡려왕左谷蠡王과 우현왕右賢王에 임명했다. 그는 이어 흉노의 풍습에 따라 호한야 선우에게 시집 온 왕소군王昭君을 처로 삼은 뒤 2명의 딸을 낳았다. 큰 딸 운雲은 수복거차須卜居次, 작은 딸은 당우거차當于居次[18]가 됐다.

＊ 孝成皇帝建始二年

春, 正月, 罷雍五時及陳寶祠, 皆從匡衡之請也. 辛巳, 上始郊祀長安南郊. 赦奉郊縣及中都官耐罪徒. 減天下賦錢, 算四十.

閏月, 以渭城延陵亭部為初陵.

三月, 辛丑, 上始祠后土於北郊.

丙午, 立皇后許氏. 後, 車騎將軍嘉之女也. 元帝傷母恭哀后居位日淺而遭霍氏之辜, 故選嘉女以配太子.

上自為太子時, 以好色聞. 及即位, 皇太后詔采良家女以備後宮. 大將軍武庫令杜欽說王鳳曰, "禮, 一娶九女, 所以廣嗣重祖也. 娣侄雖缺不復補, 所以養壽塞爭也. 故后妃有貞淑之行, 則胤嗣有賢聖之君. 制度有威儀之節, 則人君有壽考之福. 廢而不由, 則女德不厭. 女德不厭, 則壽命不究於高年. 男子五十, 好色未衰. 婦人四十,

17 복주루약제復株累若鞮의 약제若鞮는 흉노 말로 효孝에 해당한다. 한나라에 귀부한 뒤 중원 황제를 흉내 내 죽은 선우의 호칭에 '효'자를 덧붙인 것이다.

18 수복거차須卜居次와 당우거차當于居次의 '수복'과 '당우'는 흉노의 귀족을 가리킨다. '거차'는 공주의 의미이다.

容貌改前. 以改前之容侍於未衰之年, 而不以禮為制, 則其原不可救而後徠異態. 後徠異態, 則正后自疑, 而支庶有間適之心. 是以晉獻被納讒之謗, 申生蒙無罪之辜. 今聖主富於春秋, 未有適嗣, 方鄉術入學, 未親后妃之議. 將軍輔政, 宜因始初之隆, 建九女之制, 詳擇有行義之家, 求淑女之質, 毋必有聲色技能, 為萬世大法. 夫少戒之在色,『小卞』之作, 可為寒心. 唯將軍常以為憂!" 鳳白之太后, 太后以為故事無有. 鳳不能自立法度, 循故事而已. 鳳素重欽, 故置之莫府, 國家政謀常與欽慮之, 數稱達名士, 裨正闕失. 當世善政多出於欽者.

夏, 大旱.

匈奴呼韓邪單于嬖左伊秩訾兄女二人. 長女顓渠閼氏生二子, 長曰且莫車, 次曰囊知牙斯. 少女為大閼氏, 生四子, 長曰雕陶莫皋, 次曰且麋胥, 皆長於且莫車, 少子咸·樂二人, 皆小於囊知牙斯. 又它閼氏子十餘人. 顓渠閼氏貴, 且莫車愛, 呼韓邪病且死, 欲立且莫車. 顓渠閼氏曰, "匈奴亂十餘年, 不絕如髮, 賴蒙漢力, 故得復安. 今平定未久, 人民創艾戰鬬. 且莫車年少, 百姓未附, 恐復危國. 我與大閼氏一家共子, 不如立雕陶莫皋." 大閼氏曰, "且莫車雖少, 大臣共持國事. 今舍貴立賤, 後世必亂." 單于卒從顓渠閼氏計, 立雕陶莫皋, 約令傳國與弟. 呼韓邪死, 雕陶莫皋立, 為復株累若鞮單于. 復株累若鞮單于以且麋胥為左賢王, 且莫車為左谷蠡王, 囊知牙斯為右賢王. 復株累單于復妻王昭君, 生二女, 長女雲為須卜居次, 小女為當于居次.

한성제 건시 3년(BC 30)

1) 봄 3월, 천하의 형도刑徒에게 사면령을 내렸다.

2) 가을, 관중關中에 대우大雨가 40여 일 동안 내렸다. 경사의 백성들이 서로 놀라 대수大水가 밀려올 것이라고 말했다. 백성들이 분주奔走하다가 서로 유린蹂躪했다. 노약자가 서로 부르짖는 호호號呼를 하는 바람에 장안성 안이 대란大亂에 빠졌다. 천자가 친히 전전前殿에 나아가 공경들을 소집해 대책을 논의했다. 대장군 왕봉이 말했다.

"태후와 황상 및 후궁 등은 배를 탈 수 있습니다. 이후 이민들로 하여금 장안성 성벽 위로 올라가 물을 피하게 하십시오."

군신들 모두 왕봉의 건의를 좇았다. 태후 왕정군의 동생인 왕상王商과 동명이인인 좌장군左將軍 왕상이 홀로 말했다.

"예로부터 무도한 나라일지라도 홍수가 도성의 성곽城郭을 수몰시킨 적은 없습니다. 지금 정치政治가 화평和平하고, 세상에는 전쟁인 병혁兵革도 없고, 상하가 서로 평안합니다. 무슨 이유로 하루아침에 홍수가 들이닥친다는 것입니까? 이는 틀림없이 와전된 말인 와언訛言일 것입니다! 의당 백성들로 하여금 성벽 위로 올라가게 하여 거듭 놀라게 만들어서는 안 될 것입니다."

황상이 이내 중지시켰다. 잠시 후 장안성이 조금씩 안정됐다. 황상이 좌우를 시켜 배경을 조사하자 과연 와언으로 드러났다. 왕상이 성을 안정되게 지키는 고수固守의 계책을 낸 것을 미장美壯하게 생각하며 여러 차례 칭송한 배경이다. 대장군 왕봉이 크게 부끄러워하며 실언한 것을 스스로 한스러워하는 자한自恨을 했다.

3) 황상이 나라의 정사인 조정朝政을 전적으로 왕봉에게 위임委任하려 했다.

8월, 허황후의 부친인 거기장군 허가許嘉를 면직시킨 뒤 특진特進과 제후의 자격으로 조회에 나오도록 했다.

4) 어사대부 장담張譚이 관원을 선발하는 선거選擧를 부실하게 한 죄

목에 연루되어 면직됐다.

겨울 10월, 광록대부 윤충尹忠이 어사대부가 됐다.

5) 12월 1일, 일식이 있었다. 그날 밤 지진이 미앙궁 전중殿中에 있었다. 조서를 내려 현량賢良과 방정方正을 비롯해 극단적인 직언도 할 수 있는 선비인 극간지사極諫之士를 천거하게 했다. 두흠杜欽과 태상승太常丞 곡영谷永이 상서해 대답했다. 모두 언급하기를, '후궁에 대한 지나친 총애가 황상을 독차지하려는 질투를 불러일으켜 장차 후사後嗣에게 해가 될 것이다'라고 했다.

6) 월수越巂사천성 서창현에 있는 산이 무너졌다.

7) 12월 30일, 승상을 지낸 광형匡衡이 자신의 봉읍封邑 가운데 400경頃의 제한을 침범하는 땅이 존재하고 그의 관할 아래에 있는 주관主管 관원이 10금金 이상의 물건을 도취盜取한 죄에 연루되어 면직된 뒤 서인庶人이 됐다.

* 孝成皇帝建始三年

春, 三月, 赦天下徒.

秋, 關內大雨四十餘日. 京師民相驚, 言大水至. 百姓奔走相蹂躪, 老弱號呼, 長安中大亂. 天子親御前殿, 召公卿議. 大將軍鳳以為曰, "太后與上及後宮可御船, 令吏民上長安城以避水." 君臣皆從鳳議. 左將軍王商獨曰, "自古無道之國, 水猶不冒城郭. 今政治和平, 世無兵革, 上下相安, 何因當有大水一日暴至? 此必訛言也! 不宜令上城, 重驚百姓." 上乃止. 有頃, 長安中稍定. 問之, 果訛言. 上於是美壯商之固守, 數稱其議. 而鳳大慚, 自恨失言.

上欲專委任王鳳, 八月, 策免車騎將軍許嘉, 以特進侯就朝位.

張譚坐選舉不實, 免. 冬, 十月, 光祿大夫尹忠為御史大夫.

十二月, 戊申朔, 日有食之. 其夜, 地震未央宮殿中. 詔舉賢良方正能直言極諫之士. 杜欽及太常丞谷永上對, 皆以為後宮女寵太盛, 嫉妒專上, 將害繼嗣之咎.

越巂山崩.

丁丑, 匡衡坐多取封邑四百頃, 監臨盜所主守直十金以上, 免為庶人.

한성제 건시 4년(BC 29)

1) 봄 정월 26일, 운석隕石이 박亳하남성 상구현 땅에 4개, 비루肥累하남성 고성현 서남쪽에 2개 떨어졌다.

2) 중서환관中書宦官을 철폐하고 처음으로 상서원尙書員[19] 5명을 두었다.

3) 3월 8일, 좌장군인 낙창후樂昌侯 왕상王商을 승상으로 삼았다.

4) 여름, 황상이 전에 천거된 직언지사直言之士를 모두 불러 미앙궁의 백호전白虎殿에서 대책對策을 물었다. 이때 황상이 왕봉에게 위정委政한 까닭에 논의하는 자들 대부분이 그에게 허물을 돌렸다. 대상승 곡영谷永은 왕봉이 바야흐로 권병權柄을 잡고 있는 것을 보고는 내심 스스로 위탁할 생각으로 이같이 건의했다.

"바야흐로 지금 사이四夷가 빈복賓服하여 모두 신첩臣妾이 되어 있습

19 상서원尙書員은 황제의 비서로 후대에 나타나는 6부상서六部尙書의 원형에 해당한다. 한나라 때는 모두 5명이었다. 『후한서』「광무제본기」의 주해注解는 "『한관의汉官仪』에 따르면 당초 상서는 4명으로 한무제 때 설치됐다. 한성제 때 5명으로 늘어났다. 상시상서常侍尙書는 승상과 어사대부의 업무, 2천석상서二千石尙書는 자사刺史와 2천석 녹질 관원의 업무, 호조상서戶曹尙書는 서민이 상서하는 업무, 주객상서主客尙書는 외국에 관한 업무, 한성제 때 새로이 설치된 삼공상서三公上書는 단옥斷獄에 관한 업무를 관장했다."고 기록해 놓았다.

니다. 북쪽으로 훈육薰粥과 흉노의 제2대 묵돌冒頓 선우, 남쪽으로 반란을 일으킨 조타趙佗와 여가呂嘉로 인한 환난患難이 없습니다. 3곳의 변방인 삼수三垂가 안연晏然해 전쟁의 경보警報도 없습니다. 제후들 가운데 큰 곳은 여러 현縣을 식읍으로 삼고 있으나 한나라 관원이 권병權柄을 쥐고 통제하는 까닭에 어떤 일을 저지를 수 없습니다. 반란을 일으킨 바 있는 오吳·초楚·연燕·양梁나라와 같은 세력도 없습니다. 게다가 문무백관은 바둑판 위에서 서로 견제하는 반호盤互의 모습을 보이고 있고, 친소親疏가 서로 섞여 있습니다. 골육대신骨肉大臣 가운데 왕비와 태자를 내친 주유왕을 견제했던 신백申伯과 같은 충성스런 사람이 있기는 하나 공경하며 근신하는 통통속속洞洞屬屬과 매우 조심하며 꺼리는 소심외기小心畏忌의 모습을 보이고 있습니다. 한무제 때 여태자의 반란에 가담해 후대인이 망통莽通으로 이름을 바꾼 중합후重合侯 마통馬通을 비롯해 한소제 때 안양후安陽侯 상관걸上官桀 및 한선제 때 박륙후博陸侯 곽우霍禹 등의 난이 일어나지 않는 이유입니다. 이들 3인은 터럭만큼의 허물인 모발지고毛髮之辜도 없었습니다. 가만히 생각건대 폐하가 명백한 착오를 뒷전에 두고, 천지가 내린 뚜렷한 경고를 홀략忽略하고, 우매하고 맹목적인 건의를 받아들이고, 무고한 사람에게 책임을 돌리고, 불가한 사람에게 정사를 맡겨 천심天心을 잃을까 심히 우려됩니다. 이는 모두 결코 해서는 안 될 일입니다. 폐하는 실로 우신愚臣의 건의를 심찰深察하고, 어떤 일을 탐닉耽溺하려는 생각인 담닉지의湛溺之意를 배제하고, 한쪽에 치우치는 애정인 편박지애偏駁之愛를 벗어버리고, 제왕의 꿋꿋한 위엄인 건강지위乾剛之威를 분기奮起하고, 하늘이 만물을 덮는 시혜인 천복지혜天覆之施를 고르게 하고, 여러 후궁인 열첩列妾들로 하여금 각자 갱진更進하도록 북돋우면서 아들을 낳을 수 있는 부인을 더욱 많이 받아들이도록 하십시오. 이는 호추好醜를 가리지 않고, 일찍이 시집을 가 자식을 기른 상자嘗字[20]를 피하지 않고, 연치年齒를 따지지 않는 것을 뜻합니다. 통상적인 법도에 비춰 말하면 폐하가 신체가 건강한 미천한 신분의 비빈으로부터 후사를 얻으면 이는 오히려 복이 됩니다. 폐하는 능히 보위를 잇는 후사인 계사繼嗣를 얻을 수 있고, 그 생모는 귀천의 구분에서 벗어날 수 있게 됩니다. 후궁에 있는 글을 아는 궁녀인 여사女史 가운데 폐하의 뜻에 합당한 인물을 널리 미천한 신분 가운데서 구한 뒤 하늘의 도움을 받아 후사를 얻도록 하십시오. 그래야 황태후의 걱정을 위로하며 풀어주고, 상제의 견책과 노여움을 풀어주며 사례할 수 있습니다. 뒤를 이을 계사繼嗣가 번창하고, 재이災異가 종식되는 길이 여기에 있습니다!"

두흠 역시 유사한 뜻을 피력했다. 황상이 곡영의 상서를 후궁들에게 보여준 뒤 그를 발탁해 광록대부로 삼았다.

5) 여름 4월, 여름인데도 우설雨雪이 있었다.

6) 가을, 봄이 아닌데도 복숭아나무와 자두나무인 도리桃李에 열매가 열렸다.

7) 대우大雨가 10여일 남짓 내려 황하의 둑이 동군東郡하남성 복양현 금제金堤하남성 활현 부근에서 터졌다. 이에 앞서 먼저 청하淸河하남성 청하현 도위 풍준馮逡이 이같이 상주했다.

"청하군淸河郡은 황하의 하류에 이어져 있어 토양이 가볍고 부드러워 쉽게 부서집니다. 요즘 큰 피해가 드물고 없었던 것은 둔지하屯氏河가 2개의 물길로 분류分流했기 때문입니다. 지금 둔지하가 영현靈縣의 명독구鳴犢口에서 둑이 무너져 물이 유출되고, 점차 진흙이 쌓여 물길이 통하지

20 상자嘗字는 일찍이 시집을 가서 자식을 낳아 길렀다는 뜻이다. 여기의 자字는 출가出嫁, 회잉懷孕, 생육生育 등의 뜻을 모두 지니고 있다. 당시 왕봉은 첩인 장미인張美人의 결혼한 여동생을 한성제의 후궁으로 들여보낸 바 있다. 왕봉이 이 일로 인해 비난을 받자 곡영은 왕봉을 위해 '상자' 운운한 것이다.

않고 있습니다. 물길이 통하는 1개 하천이 나머지 여러 막힌 하천의 유량流量을 모두 받아들이고 있는 실정입니다. 지금 비록 제방을 높이 쌓을지라도 과도하게 흘러드는 물을 순순히 빼낼 수가 없습니다. 만일 장맛비인 임우霖雨가 10일 동안 내리면서 그칠 기미를 보이지 않게 되면 반드시 물이 제방 위로 흘러넘칠 것입니다. 하나라 우왕 때 만들었다는 9개의 물길인 9하九河의 고적故跡은 찾을 길이 없습니다. 둔지하는 물길이 막힌 지 얼마 안 돼 쉽게 준설할 수 있을 것입니다. 또 황하의 입구는 지세가 비교적 높아 황하 물길의 수력水力을 나눠 줄이는 데 효과가 있을 것입니다. 재차 준설하여 황하의 수량을 분담分擔하는 식으로 갑작스런 홍수인 폭수暴水를 잘 빠져 흐르게 함으로써 비상非常에 대비하십시오. 미리 수리하여 다스려 놓지 않은 탓에 북쪽 둑이 터지면 4–5개 군郡이 해를 입습니다. 남쪽에서 둑이 터지면 10여 개 군을 병들게 합니다. 그런 연후에 걱정하면 이미 늦게 됩니다."

풍준의 상주문을 승상 왕상王商과 어사대부 윤충尹忠에게 내려 보내 심의하게 하면서, 박사博士 허상許商을 파견해 현장을 시찰하게 했다. 허상이 보고했다.

"지금 국가 경비인 용도用度가 부족하니 잠시 재차 준설에 나서지 않아도 가할 것입니다."

3년 뒤 황하가 과연 관도館陶와 동군東郡의 금제金堤에서 터져 연주兗州와 예주豫州가 범람氾濫했다. 범람한 물이 평원平原과 천승千乘, 제남濟南 등으로 들어가 대략 4개 군郡 32개 현縣이 침수됐다. 침수 지역 면적은 15만여 경頃이고, 깊은 곳은 3장丈에 달했다. 관정官亭과 민가인 실려室廬 가운데 무너져 못쓰게 된 곳만도 4만여 곳에 이르렀다.

겨울 11월, 어사대부 윤충尹忠이 대책으로 제시한 방략이 소활疏闊했다. 황상은 그가 직책을 다하지 않은 것을 두고 통절痛切하게 질책했다.

윤충이 이내 자진했다. 대사농 비조非調를 파견해 황하의 둑이 터져 침수된 군에 전곡錢穀을 고르게 조달하게 했다. 또 알자謁者 2인을 파견해 하남河南 동쪽의 배 500척을 징발한 뒤 백성을 수해가 없는 구릉丘陵 일대로 옮겨 살게 했다. 이주한 수재민이 97,000여 명에 달했다.

8) 11월 20일, 소부少府 장충張忠을 어사대부로 삼았다.

9) 남산南山의 군도群盜인 붕종傰宗 등 수백 명이 이민吏民에게 해를 끼쳤다. 조서를 내려 병사 1,000명을 동원해 축포逐捕하게 했으나 1년여가 지나도록 이들을 잡지 못했다. 혹자가 대장군 왕봉에게 말했다.

"도적은 수백 명에 지나지 않으나 곡하轂下[21]에 살고 있습니다. 지금 토벌이 제대로 이뤄지지 않아 사이四夷에게 나라의 위세를 보이기 어렵습니다. 다만 현명한 경조윤京兆尹을 선발해 사안을 다루게 하면 이내 가능할 것입니다."

황봉이 전 고릉高陵섬서성 고릉현 현령 왕존王尊을 천거하자 징소해 간대부諫大夫로 삼은 뒤 도성 일대 치안을 대리해 담당하는 수경보도위守京輔都尉와 임시로 경조윤 업무를 수행하는 행경조윤行京兆尹 직책까지 맡게 했다. 1달 이내인 순월旬月 사이, 도적을 말끔히 소탕하자 정식으로 경조윤에 임명했다.

10) 황상이 즉위한 초기에 승상으로 있던 광형匡衡이 다시 상주했다.

"사성교위射聲校尉 진탕陳湯이 2천석의 관원으로 있다가 서역에 사자로 나가게 됐습니다. 만이蠻夷 내에서 멋대로 전명顓命하여 스스로 정신正身하여 아랫사람에게 모범이 되는 모습을 보이지 않고, 강거康居로부터 거둬들인 재물을 도적질한 뒤 관속에게 말하기를, '멀리 떨어진 곳인 절역

---

21 곡하轂下는 천자의 수레인 연곡輦轂 아래를 뜻하는 말로, 궁궐 내지 도성인 경사京師 가까이에 거주하는 것을 의미한다.

絕域에서 일어난 일은 조정의 심사를 받지 않는다'고 했습니다. 비록 사면 이전의 일이기는 하나 의당 관직에 그대로 두어서는 안 됩니다."

진탕이 이내 연루돼 면직됐다. 뒤에 진탕이 상언上言했다.

"강거왕康居王이 황상 시중 명목으로 보낸 인질인 시자侍子는 왕자가 아닙니다."

안험按驗을 해보니 실제로 강거왕의 왕자였다. 진탕이 하옥되어 사형 선고를 받은 이유다.

태중대부太中大夫 곡영이 상소해 진탕을 변호했다.

"신이 듣건대 춘추시대 중엽 자가 자옥子玉인 초나라 대부 성득신成得臣이 있었습니다. 초나라와 패권을 다투던 진晉나라 군주 진문공晉文公은 성득신이 살아 있는 동안 측석이좌仄席而坐[22]의 모습을 보였습니다. 전국시대 말기 조趙나라에 장군 염파廉頗와 마복군馬服君 조사趙奢가 존재한 덕분에 강한 진秦나라도 감히 조나라 쪽으로 이어지는 좁은 길인 정형구井陘口로 침공할 생각을 하지 못했습니다. 근래 한漢나라에도 안문雁門산서성 우옥현 태수 질도郅都와 운중雲中 태수 위상魏尚이 있었기에 흉노가 감히 중원을 침공하기 위해 남쪽 사막으로 향하지 못했습니다. 이로써 말하면 전쟁에서 승리한 장수는 나라의 조아爪牙인 까닭에 중히 여기지 않을 수 없습니다. 대개 군자인 제왕은 크고 작은 북소리인 고비지성鼓鼙之聲을 듣게 되면 병사를 이끌만한 신하인 장수지신將帥之臣을 생각하게 됩니다. 신이 가만히 보건대 관내후關內侯 진탕陳湯은 전에 질지郅支 선우의 목을 참수해 그 위엄이 백만百蠻 내에 크게 떨치고, 무공이 서역에 드

22 측석이좌仄席而坐의 '측석'은 2가지 뜻이 있다. 첫째, 바로 앉지 못하고 옆으로 앉아 현량賢良이 오기를 기다리는 모습을 가리킨다. 제왕이 현사賢士를 예우하는 모습을 상징한다. 둘째, 좌불안석坐不安席의 뜻으로 제왕이 근정謹政하는 모습을 가리킨다. 여기서는 두 번째 의미로 사용됐다.

날렸습니다. 한나라 건국 초기 이래 영역 밖의 방외方外를 정벌한 장수로 일찍이 그런 장수가 없었습니다. 지금 진탕은 언사言事의 시비非是 문제에 연루되어 죄수의 신분으로 오랫동안 옥에 갇혀 있는데도 오래도록 해결되지 않고 있습니다. 법을 다루는 관원인 집헌지리執憲之吏는 그를 사형인 대벽大辟으로 몰아가려 하고 있습니다. 옛날 전국시대 말기 백기白起는 진秦나라 장수가 되어 남쪽으로 초나라의 도성인 영도郢都를 함몰시키고, 북쪽으로 조괄趙括이 이끄는 조나라 병사 수십만 명을 포획해 산 채로 땅에 묻는 대승을 거뒀습니다. 그럼에도 그는 겸불 같은 허물인 섬개지과纖介之過로 인해 두우정杜郵亭에서 자진해야 했습니다. 진나라 백성 모두 그를 가련하게 생각해 눈물을 흘리지 않는 자가 없었습니다. 지금 진탕은 친히 부월斧鉞을 잡고 마치 돗자리를 마는 것처럼 빠른 기세로 강거국을 정복하는 석권席捲을 하며 1만 리 밖에서 많은 피를 땅에 흘리는 첩혈喋血을 했습니다. 그 공로를 조상의 사당인 조묘祖廟에 바치고, 상제에게도 고했습니다. 전투에 임한 무장병사인 개주지사介冑之士 가운데 그 의행義行을 사모하지 않는 자가 없었습니다. 그는 단지 일을 논하다가 죄를 범한 것일 뿐, 엄중한 죄악인 혁혁지악赫赫之惡을 범한 것은 아닙니다. 『주서周書』[23]에 이르기를, '남의 공로를 기억하며 과실을 잊는 사람은 의당 군주가 될 만하다'고 했습니다. 무릇 견마犬馬조차 주인을 위해 수고를 하면 죽었을 때 오히려 휘장으로 덮어 매장하는 식의 보답을 하는 유개지보帷蓋之報[24]를 행하는데 하물며 나라의 공신인 경우이겠습니까?

---

23 『주서周書』는 선진先秦시대 문헌으로 『일주서逸周書』로도 불린다. 도중에 사라졌다가 무덤에서 발굴된 까닭에 수당 때는 『급총주서汲冢周書』로 불렸다. 좌구명의 저서인 『춘추좌전』과 『국어國語』에 『주서』 인용 구절이 대거 나온다. 『묵자』와 『전국책』에도 『주서』가 인용되어 있다. 『주서』의 내용은 대략 현존 『서경』과 유사하다.

24 유개지보帷蓋之報는 『예기禮記』「단궁檀弓 하」에 찢어진 위장을 버리지 않는 것은

폐하가 비고지성鼙鼓之聲을 소홀히 생각하고, 『주서』의 뜻을 살피지 않아 끝내 '유개지보'의 취지를 잊을까 두렵습니다. 진탕을 일반 신하인 용신庸臣으로 대우해 끝내 형리의 논의를 좇는 것은 백성들로 하여금 개연介然히 백기의 죽음을 슬퍼한 진秦나라 백성들처럼 한을 품게 하는 것입니다. 이는 죽음과 고난을 무릅쓰며 적과 싸운 사난지신死難之臣을 고취하는 길이 아닙니다!"

곡영의 상서가 올라가자 천자가 이내 진탕을 감옥에서 내보낸 뒤 작위를 빼앗아 일반 병사인 사오士伍로 삼았다. 마침 서역도호西域都護 단회종段會宗이 오손烏孫의 병사에게 포위되자 급히 역기驛騎로 상서해 서역의 성곽이 있는 곳과 돈황 병사의 동원을 통해 자구自救하려 했다. 승상인 왕상王商과 대장군 왕봉王鳳을 비롯해 백관들이 며칠 동안 논의했으나 결론을 내지 못했다. 왕봉이 말했다.

"진탕은 계책인 주책籌策이 많고, 외국사外國事를 깊이 익혔으니 가히 자문을 구할 만합니다."

황상이 부르자 진탕이 미앙궁의 선실宣室에 모습을 드러냈다. 진탕은 질지 선우를 공격할 때 찬바람을 맞는 바람에 병이 들어 두 어깨를 굴신屈申하지 못했다. 그가 입견入見할 때 황상이 조서를 내려 절을 하지 못하게 했다. 이어 단회종의 상주문을 보여주자 진탕이 대답했다.

"신은 이것이 반드시 우려할 만한 게 아니라고 봅니다."

황상이 물었다.

"어찌해서 그렇다는 것이오?"

죽은 말을 매장하기 위한 것이고, 찢어진 덮개를 버리지 않는 것은 죽은 개를 매장하기 위한 것이라는 취지의 '폐유불기敝帷不棄, 위매마야为埋马也. 폐개불기敝蓋不棄, 위매구야为埋狗也' 구절에서 인용한 것이다. 이후 유개帷蓋가 은혜를 받거나 구하는 의미로 사용되었다.

진탕이 대답했다.

"무릇 호병胡兵 5명이 한병漢兵 1명을 감당합니다. 왜 그렇겠습니까? 저들의 병인兵刃 즉 칼날은 무딘 박둔樸鈍, 궁노弓弩는 예리하지 못한 불리不利의 모습을 보이기 때문입니다. 지금 듣건대 저들이 자못 한나라의 기교를 얻었다고는 하나 여전히 호병 3명이 한병 1명을 감당하는 수준에 머물고 있습니다. 또 『병법』에 이르기를, '공격하는 객병客兵은 방어하는 주인主人의 2배, 방어하는 주인은 공격하는 객병의 절반 병력으로 서로 대적할 수 있다'고 했습니다.[25] 지금 단종회를 포위하고 있는 호병의 숫자는 승리를 거두기에 부족하니 폐하는 걱정할 필요가 없습니다! 또 부대는 경무장한 행군인 경행輕行을 하면 50리, 중무장한 행군인 중행重行을 하면 30리를 갑니다. 지금 단종회가 성곽이 있는 곳과 돈황의 병사를 동원해 포위를 풀고자 하나 시간이 많이 흘러야 현장에 이르게 됩니다. 이는 보복을 위한 군사인 이른바 보수지병報讎之兵에 해당하는 것으로, 단종회가 바라는 것처럼 급히 구원하는 구급지병救急之兵의 용도가 아닙니다."

황상이 말했다.

"그렇다면 어찌해야 하오? 반드시 포위를 풀 수 있겠소? 언제쯤 포위를 풀 수 있을지 헤아려 보시오."

진탕은 오손의 군사가 기왓장을 모아 놓은 와합瓦合의 오합지졸인 까

---

25 원문은 '객배주인반客倍主人半, 연가적야然可敵也'이다. 『손빈병법孫臏兵法』「객주인분客主人分」의 구절을 인용한 것이다. 이 구절을 통해 남북조시대의 혼란 속에 문득 사라졌다가 지난 1972년 산동성 임기현臨沂縣 은작산銀雀山의 전한시대의 묘에서 죽간본竹簡本 『손자병법』과 함께 출토되어 1,800년 만에 처음으로 모습을 드러낸 『손빈병법』이 이때만 해도 널리 읽힌 사실을 뒷받침하고 있다. 야전의 여러 상황에 따른 구체적인 전술을 논하고 있는 점에서 『손빈병법』은 결코 『손자병법』의 아류가 아니라는 사실을 능히 짐작할 수 있다.

닭에 오래도록 공격할 수 없다는 것을 알고 있었다. 과거의 경험에 비춰 공세가 불과 며칠에 지나지 않을 것으로 판단해 이같이 대답했다.

"이미 포위가 풀렸을 것입니다!"

손가락을 꼽아 계산해 본 뒤 말했다.

"5일을 넘기지 않고, 의당 좋은 소식인 길어吉語가 들려올 것입니다."

4일 뒤 과연 군서軍書가 도착해 포위가 풀린 사실을 전했다. 대장군 왕봉이 진탕을 대장군 휘하에 있는 2명의 종사중랑從事中郎 가운데 1명으로 임명해 용병에 관한 막부의 일은 모두 그의 결정에 따르도록 할 것을 주청했다.

* 孝成皇帝建始四年

春, 正月, 癸卯, 隕石於亳四, 隕於肥累二.

罷中書宦官. 初置尚書員五人. 三月, 甲申, 以左將軍樂昌侯王商為丞相.

夏, 上悉召前所舉直言之士, 詣白虎殿對策. 是時上委政王鳳, 議者多歸咎焉. 谷永知鳳方見柄用, 陰欲自托, 乃曰, "方今四夷賓服, 皆為臣妾, 北無薰粥·冒頓之患, 南無趙佗·呂嘉之難, 三垂晏然, 靡有兵革之警. 諸侯大者乃食數縣, 漢吏制其權柄, 不得有為, 無吳·楚·燕·梁之勢. 百官盤互, 親疏相錯, 骨肉大臣有申伯之忠, 洞洞屬屬, 小心畏忌, 無重合·安陽·博陸之亂. 三者無毛髮之辜, 竊恐陛下舍昭昭之白過, 忽天地之明戒, 聽晻昧之瞽說, 歸咎乎無辜, 倚異乎政事, 重失天心, 不可之大者也. 陛下誠深察愚臣之言, 抗湛溺之意, 解偏駁之愛, 奮乾剛之威, 平天覆之施, 使列妾得人人更進, 益納宜子婦人, 毋擇好醜, 毋避嘗字, 毋論年齒. 推法言之, 陛下得繼嗣於微賤之間, 乃反為福. 得繼嗣而已, 母非有賤也. 後宮女史·使令有直意者, 廣求於微賤之間, 以遇天所開右, 慰釋皇太后之憂慍, 解謝上帝之譴怒, 則繼嗣蕃滋, 災異訖息!” 杜欽亦仿此意. 上皆以其書示後宮, 擢永為光祿大夫.

夏, 四月, 雨雪.

秋, 桃·李實.

大雨水十餘日, 河決東郡金堤. 先是清河都尉馮逡奏言曰, “郡承河下流, 土壤輕脆易傷, 頃所以闊無大害者, 以屯氏河通兩川分流也. 今屯氏河塞, 靈鳴犢口又益不利, 獨一川兼受數河之任, 雖高增堤防, 終不能洩. 如有霖雨, 旬月不霽, 必盈溢. 九河故跡, 今既滅難明, 屯氏河新絕未久, 其處易浚. 又其口所居高, 於以分殺水力, 道里便宜, 可復浚以助大河, 洩暴水, 備非常. 不豫修治, 北決病四·五郡, 南決病十餘郡, 然後憂之, 晚矣!” 事下丞相·御史, 白遣博士許商行視, 以為“方用度不足, 可且勿浚.” 後三歲, 河果決於館陶及東郡金堤, 汜濫兗·豫, 入平原·千乘·濟南, 凡灌四郡·三十二縣, 水居地十五萬餘頃, 深者三丈. 壞敗官亭·室廬且四萬所.

冬, 十一月, 御史大夫尹忠以對方略疏闊, 上切責其不憂職, 自殺. 遣大司農非調調均錢穀河決所灌之郡, 謁者二人發河南以東船五百艘, 徙民避水居丘陵九萬七千餘口.

壬戌, 以少府張忠為御史大夫.

南山群盜傰宗等數百人為吏民害. 詔發兵千人逐捕, 歲餘不能禽. 或說大將軍鳳, 以“賊數百人在轂下, 討不能得, 難以示四夷. 獨選賢京兆尹乃可.” 於是鳳薦故高陵令王尊, 徵為諫大夫, 守京輔都尉, 行京兆尹事. 旬月間, 盜賊清. 後拜為京兆尹.

上即位之初, 丞相匡衡復奏曰, “射聲校尉陳湯以吏二千石奉使, 顓命蠻夷中, 不正身以先下, 而盜所收康居財物, 戒官屬曰, ‘絕域事不覆校' 雖在赦前, 不宜處位." 湯坐免. 後湯上言曰, "康居王侍子, 非王子." 按驗, 實王子也. 湯下獄當死.

太中大夫谷永上疏訟湯曰, "臣聞楚有子玉得臣, 文公為之仄席而坐. 趙有廉頗·馬服, 強秦不敢窺兵井陘. 近漢有郅都·魏尚, 匈奴不敢南鄉沙幕. 由是言之, 戰克之將, 國之爪牙, 不可不重也. 蓋君子聞鼓鼙之聲, 則思將帥之臣. 竊見關內侯陳湯, 前斬郅支, 威震百蠻, 武暢西海, 漢元以來, 征伐方外之將, 未嘗有也. 今湯坐言事非是, 幽囚久繫, 歷時不決, 執憲之吏欲致之大辟. 昔白起為秦將, 南拔郢都, 北坑趙括, 以纖介之過, 賜死杜郵. 秦民憐之, 莫不隕涕. 今湯親秉鉞席捲, 喋血萬里之外, 薦功祖廟, 告類上帝, 介胄之士靡不慕義. 以言事為罪, 無赫赫之惡. 『周書』曰, '記人之功, 忘人之過, 宜為君者也' 夫犬馬有勞於人, 尚加帷蓋之報, 況國之功臣者哉! 竊恐陛下忽於鼙鼓之聲, 不察『周書』之意, 而忘帷蓋之施, 庸臣遇湯, 卒從吏議, 使百姓介然有秦民之恨, 非所以厲死難之臣也!"

書奏, 天子出湯, 奪爵為士伍. 會西域都護段會宗為烏孫兵所圍, 驛騎上書, 願發城郭·敦煌兵以自救. 丞相商·大將軍鳳及百寮議數日不決. 鳳言曰, "陳湯多籌策, 習外國事, 可問." 上召湯見宣室. 湯擊郅支時中寒, 病兩臂不屈申. 湯入見, 有詔毋拜, 示以會宗奏. 湯對曰, "臣以為此必無可憂也." 上曰, "何以言之?" 湯曰, "夫胡兵五而當漢兵一, 何者? 兵刃樸鈍, 弓弩不利. 今聞頗得漢巧, 然猶三而當一. 又『兵法』曰, '客倍而主人半, 然後敵' 今圍會宗者人眾不足以勝會宗. 唯陛下勿憂! 且兵輕行五十里, 重行三十里, 今會宗欲發城郭·敦煌, 歷時乃至, 所謂報讎之兵, 非救急之用也." 上曰, "奈何? 其解可必乎? 度何時解?" 湯知烏孫瓦合, 不能久攻, 故事不過數日, 因對曰, "已解矣!" 屈指計其日, 曰, "不出五日, 當有吉語聞." 居四日, 軍書到, 言已解. 大將軍鳳奏以為從事中郎, 莫府事壹決於湯.

한성제 하평河平 원년(BC 28)

1) 봄, 두음杜欽이 건위犍為사청성 의빈시 출신 왕연세王延世를 대장군 왕봉에게 천거해 황하의 터진 둑을 막게 했다. 왕봉이 왕세연을 황하 제방을 책임지는 하제사자河堤使者로 삼았다. 왕연세가 길이 4장丈의 죽롱竹籠을 만들었다. 둘레는 9위圍였고, 소석小石으로 꽉 채워 넣었다. 두 척의 배로 사이에 끼운 채 실어다가 내려 놓았다. 36일에 황하의 제방이 완성됐다.

3월, 조서를 내려 왕연세를 광록대부로 삼았다. 녹질은 중2천석이고, 관내후의 작위와 황금 100근을 내렸다.

2) 여름 4월 30일, 일식이 있었다. 황상이 공경과 조정의 문무백관인 백료百僚에게 조서를 내려 과실을 진술하게 하면서 거리끼는 바가 없게 했다. 천하에 대사령을 내렸다. 광록대부 유향劉向이 대답했다.

"4월에서 5월로 넘어가는 때입니다. 월月은 일식이 있었던 효혜제 7년 29일 때와 같고, 일日은 일식이 있었던 효소제 원년 7월 30일 때와 같습니다. 두 선제는 일찍 붕어해 후사를 두지 못했으니 점괘에 비춰볼 때 이번 일식이 후사에 해가 되는 것을 드러낸 게 아닐까 두렵습니다."

당시 오직 허황후許皇后만 황제의 총애를 입는 전총專寵의 대상으로 있었다. 후궁들은 진현進見할 기회가 드물었다. 중외中外의 사람들 모두 황상이 후사를 잇지 못할까 걱정했다. 이는 두흠杜欽과 곡영谷永 및 유향 등이 대책에서 하나같이 언급한 것이기도 했다.

황상이 황후의 방인 초방椒房과 비빈의 거처인 액정掖廷의 씀씀이를 줄이게 했다. 또 복어服御와 여가輿駕 가운데 여러 관서에서 징발하거나 만든 것을 외가 또는 신첩臣妾에게 하사하는 것 역시 모두 한원제의 경녕

竟寧 연간 이전의 사례를 좇게 했다. 허황후가 상소해 자진自陳했다.

"시세時世에 따라 제도가 다르고, 장단점은 서로 보충하게 되어 있습니다. 한나라 제도를 벗어나지만 않으면 아주 작은 것까지 반드시 서로 같아야 하는 것은 아닙니다. 원제의 경녕竟寧 이전 제도가 선제의 황룡黃龍 이전의 제도와 어찌 서로 같을 수 있겠습니까? 황후궁을 관장하는 관원인 가리家吏들이 제대로 알지 못하는 상황에서 지금 이런 조서를 한 번 받게 되니 첩으로서는 손을 움직이려고 해도 불가하게 됐습니다. 첩이 어떤 병풍을 어느 곳에 펴고자 할 때조차 가리들이 '고사故事에 없다'는 이유로 말을 듣지 않을 수 있게 됩니다. 반드시 조서를 구실로 첩을 묶는 결과를 낳을 것입니다. 실로 이는 시행될 수 없는 것이니 오직 폐하가 성찰省察하기 바랍니다! 고사故事에 따르면 부모 제사에는 소만 희생으로 쓰는 특우特牛의 제사를 지내야 하나, 첩의 백조부인 평은대후平恩戴侯 허광한許廣漢과 조부인 악성경후樂成敬侯 허연수許延壽 모두 성은을 입어 소와 양과 돼지를 희생으로 쓰는 태뢰太牢의 제사를 받고 있습니다. 지금 의당 일률적으로 고사를 좇게 됐으니 오직 폐하가 이를 애긍哀矜히 여겨야 할 것입니다! 지금 궁정관원인 이보吏甫들이 조서를 받아 첩에게 읽어주면서 그 내용을 알려줌으로써 다시는 이전처럼 첩이 궁정의 물품을 임의로 사용하는 게 불가능해집니다. 이번 조치가 첩을 약제約制하는 맹아萌芽가 되어, 마침내 이로 인해 사람의 도리까지 잃게 되지나 않을까 두렵습니다. 오직 폐하의 심찰深察을 바랄 뿐입니다!"

황상은 후궁에 재이災異와 허물이 모두 있다는 취지로 말한 곡영과 유향의 주장奏章을 허황후에게 보내면서 이같이 하조下詔했다.

"관원이 법에 구속되는 것이 어찌 능히 허물이 되겠소! 대개 굽어진 것을 고치려면 반드시 바르게 하는 과정을 거치는 것은 고금古今이 같소. 또 재물을 절약하기 위해 특우特牛로 제사를 지내도록 한 것이니, 이는 황후에게는 덕미德美를 부조扶助하고, 더욱 큰 영예인 화총華寵을 받도록 하는 것이오. 허물의 뿌리를 제거하지 않으면 재이와 변고가 서로 잇달아 닥치게 되오. 조종祖宗도 희생의 피를 취해 올리는 제사인 혈식血食을 받지 못하게 되오. 그 경우 어찌 평은대후라고 예외가 될 수 있겠소! 『전傳』에 이르기를, '스스로를 단속함으로써 실수를 범하는 자는 매우 드물다'고 말하지 않았소![26] 황후는 실로 사치를 좇으려는 것이오? 그렇다면 짐 또한 의당 사치를 일삼은 효무황제를 본받아야만 할 것이오. 이 경우 감천궁甘泉宮과 건장궁建章宮도 다시 세울 수 있을 것이오. 절검의 행보를 한 효문황제는 짐의 스승이오. 황태후 왕정군王政君의 사례는 황후가 의당 좇아야할 성법成法이오. 게다가 태후는 전에 효원황제로부터 총애를 입지 못해 뜻을 펴지 못했지만, 지금 황후는 짐의 두터운 총애인 친후親厚를 받고 있소. 그런데도 어찌하여 멋대로 태후의 성법을 뛰어넘으려는 것이오! 황후는 이를 마음에 새기고 덕을 행하는 각심병덕刻心秉德의 자세로 겸손하고 절약하는 겸약謙約을 우선하도록 하시오. 열첩列妾에게 모범을 보여 본받도록 만들어야 할 것이오!"

3) 급사중인 평릉平陵섬서성 흥평현 서북쪽 출신 평당平當이 상언했다.

"태상황太上皇은 한나라의 시조입니다. 능침묘원陵寢廟園을 철폐하는 것은 옳지 않습니다."

황상이 뒤를 이을 후사가 없었던 까닭에 평당의 건의를 받아들였다.

가을 9월, 태상황 유집가劉執嘉의 묘원을 복구했다.

4) 조서를 내렸다.

---

26 여기의 『전傳』은 『논어』를 언급한 것으로, 『논어』「이인里人」의 '이약실지자以約失之者, 선의鮮矣' 구절을 인용한 것이다. '약約'은 검약儉約을 포함해 스스로 단속하는 모든 수약守約을 의미한다. 『맹자』「공손추 상」에 '증자지수약曾子之守約' 구절이 나오는 점에 비춰 증자 문인의 전송傳誦일 가능성이 높다.

"지금 사형에 처하는 대벽大辟의 형은 1,000여 조목이나 되고, 율령律令 또한 번다煩多해 100여만 자나 된다. 명문규정이 없을 경우 따로 청하여 처벌하는 기청奇請과 다른 법률 조문을 끌어다가 처벌하는 타비它比가 날로 더욱 늘어나고 있다. 스스로 훤히 법을 익힌 자도 그 유래를 잘 모르는 터에 백성에게 이를 효유曉喻하려 할 경우 이 역시 어렵지 않겠는가! 이런 율령으로 선량한 백성인 원원지민元元之民을 그물질하는 망라網羅를 하고, 무고한 자를 요절夭絕하려 하니 이 어찌 애통한 일이 아니겠는가! 사형의 죄목을 줄이고, 시의에 부합치 않는 법을 견제蠲除하거나 약생約省하는 방안을 상의해 누구나 법조문을 쉽고 명백히 알 수 있도록 만들라. 상의한 뒤 조문을 만들어 상주하도록 하라!"

당시 유사有司는 오히려 황상의 뜻을 깊이 깨닫지 못한 탓에 한낱 법률의 미세한 말절末節을 대상으로 몇 가지 사례를 대충 열거하는 모거毛擧를 하여 조서의 시행을 막으려 했을 뿐이다.

5) 흉노의 선우가 우고림왕右皋林王 이사막연伊邪莫演 등을 시켜 한나라에 공물을 바치는 봉헌奉獻을 하고, 새해 정월에 조하朝賀하도록 했다.

＊ 孝成皇帝河平元年

春, 杜欽薦犍為王延世於王鳳, 使塞決河. 鳳以延世為河堤使者. 延世以竹落長四丈, 大九圍, 盛以小石, 兩船夾載而下之. 三十六日, 河堤成. 三月, 詔以延世為光祿大夫, 秩中二千石, 賜爵關內侯·黃金百斤.

夏, 四月, 己亥晦, 日有食之. 詔公卿百僚陳過失, 無有所諱. 大赦天下. 光祿大夫劉向對曰, "四月交於五月, 月同孝惠, 日同孝昭, 其占恐害繼嗣." 是時許皇后專寵, 後宮希得進見, 中外皆憂上無繼嗣, 故杜欽·谷永及向所對皆及之.

上於是減省椒房·掖廷用度, 服御·輿駕所發諸官署及所造作, 遺賜外家·群臣妾, 皆如竟寧以前故事. 皇后上疏自陳, 以為曰, "時世異制, 長短相補, 不出漢制而已, 纖微之間未必可同. 若竟寧前與黃龍前, 豈相放哉! 家吏不曉, 今壹受詔如此, 且使妾搖手不得. 設妾欲作某屛風張於某所, 曰, '故事無有' 或不能得, 則必繩妾以詔書矣. 此誠不可行, 唯陛下省察! 故事, 以特牛祠大父母, 戴侯·敬侯皆得蒙恩以太牢祠, 今當率如故事, 唯陛下哀之! 今吏甫受詔讀記, 直豫言使後知之, 非可復若私府有所取也. 其萌牙所以約制妾者, 恐失人理. 唯陛下深察焉!" 上於是采谷永·劉向所言災異咎驗皆在後宮之意以報之, 且曰, "吏拘於法, 亦安足過! 蓋矯枉者過直, 古今同之. 且財幣之省, 特牛之祠, 其於皇后, 所以扶助德美, 為華寵也. 咎根不除, 災變相襲, 祖宗且不血食, 何戴侯也!『傳』不云乎, '以約失之者鮮', 審皇后欲從其奢與? 朕亦當法孝武皇帝也. 如此, 則甘泉·建章可復興矣. 孝文皇帝, 朕之師也. 皇太后, 皇后成法也. 假使太后在彼時不如職, 今見親厚, 又惡可以逾乎! 皇后其刻心秉德, 謙約為右, 垂則列妾, 使有法焉!"

給事中平陵平當上言曰, "太上皇, 漢之始祖, 廢其寢廟園, 非是." 上亦以無繼嗣, 遂納當言. 秋, 九月, 復太上皇寢廟園.

詔曰, "今大辟之刑千有餘條, 律令煩多, 百有餘萬言. 奇請, 它比, 日以益滋. 自明習者不知所由, 欲以曉喻眾庶, 不亦難乎! 於以羅元元之民, 夭絕亡辜, 豈不哀哉! 其議減死刑及可蠲除約省者, 令較然易知, 條奏!" 時有司不能廣宣上意, 徒鉤摭微細, 毛擧數事, 以塞詔而已.

匈奴單于遣右皋林王伊邪莫演等奉獻, 朝正月.

한성제 하평 2년(BC 27)

1) 봄, 이사막연伊邪莫演이 조현을 마치고 돌아가면서 스스로 귀항歸航 의사를 밝혔다.

"항복코자 할 경우 나를 받아주지 않으면 나는 자살할 것이다. 결국 감히 흉노 땅으로 환귀還歸하는 일은 없을 것이다."

사자使者가 이를 듣고 고하자 황제가 공경公卿에게 내려 보내 의논하게 했다. 논의하는 자들 가운데 혹자가 말했다.

"의당 고사故事를 좇아 그의 투항을 받아들여야 합니다."

강록대부 곡경과 의랑議郎 두흠이 말했다.

"한나라가 일어난 이래 흉노가 자주 변경을 침범했습니다. 금金과 작위를 마련해 투항자에게 상으로 내린 이유입니다. 지금 선우가 몸을 굽혀 신하를 칭하는 굴체칭신屈體稱臣으로 북번北藩을 자처하며 사자를 보내 조하朝賀한 것은 이심二心이 없음을 보인 것입니다. 그들에 대한 한나라의 대우는 의당 지난번과 달라야 하는 이유입니다. 지금 이미 선우가 보낸 조공朝貢의 성의를 받아들이고 다시 그들을 배반하고 달아난 신하인 포도지신逋逃之臣을 받아들이면 이는 일개 사내인 일부一夫를 얻으려다가 일국一國의 마음을 잃고, 죄를 지은 신하를 옹호하다가 의를 흠모하는 군주와 관계를 끊는 게 됩니다. 선우가 갓 즉위하면서 중국에 기댈 생각이 있으면서도 이로울지 여부를 몰라 사적으로 이사막연伊邪莫演을 시켜 거짓 투항인 사항詐降으로 길흉吉凶을 점치려 한 것일 수도 있습니다. 이 경우 그의 요청을 받아들이면 덕선德善을 해치고, 선우와 소원해져 변경의 한나라 관원을 믿지 못하게 됩니다. 혹여 반간계反間計로 틈을 만들려는 것일 수도 있습니다. 이 경우 그의 요청을 받아들이면 곧 그들의 책략에 넘어가게 됩니다. 과오로 귀결되어 정직하지 못한 것에 대한 책임을 추궁당하는 귀곡책직歸曲責直의 상황에 처하는 게 그렇습니다. 이번 일은 실로 변경 안위安危의 근원이자, 정벌 또는 평화를 뜻하는 사려師旅의 동정動靜을 결정하는 관건에 해당합니다. 불가불 자세히 살펴야 하는 이유입니다. 그의 요청을 받아들이지 않느니만 못합니다. 그래야만 저들에게 일월日月 같은 신의를 밝혀 거짓 투항하려는 음모인 사훤詐諼을 억누르고, 가까이 다가오는 부친附親의 마음을 품게 하여 변경을 편하게 만들 수 있습니다!"

천자가 두흠의 상주문을 보고 그대로 좇았다. 중랑장 왕순王舜을 파견해 항복하려는 정황을 묻게 했다 이사막연이 대답했다.

"나는 광망狂妄의 병증이 있소. 망언妄言을 했을 뿐이오."

결국 그를 호송해 귀국하게 했다. 흉노 선우는 그의 관위官位를 그대로 유지시켰으나 한나라 사자를 만나보려 하지 않았다.

2) 여름 4월, 초국楚國에 우박雨雹이 내렸다. 큰 것의 크기가 솥만 했다.

3) 산양왕山陽王 유강劉康을 정도왕定陶王으로 개봉改封했다.

4) 6월, 황상이 여러 왕씨 외숙을 제후에 봉했다. 왕담王譚을 평아후平阿侯, 왕상王商을 성도후成都侯, 왕립王立을 홍양후紅陽侯, 왕근王根을 곡양후曲陽侯, 왕봉시王逢時를 고평후高平侯로 삼았다. 이들 5인을 같은 날에 책봉했다 세상에서 이들을 두고 '5후五侯'로 칭한 이유다. 앞서 태후 왕정군의 모친인 이씨李氏는 다시 시집을 가 하내河內 출신 구빈苟賓의 처가 되어 구참苟參을 낳았다. 태후 왕정군은 한무제 때 황태후의 동모이부同母異父 형제인 전분田蚡이 제후에 봉해진 전례를 좇아 구참을 봉하고자 했다. 황상이 반대했다.

"전분을 제후에 봉한 것은 바르지 않았습니다."

그러고는 구참을 시중侍中·수형도위水衡都尉로 삼았다.

5) 어사대부 장충張忠이 상주해 경조윤 왕존王尊을 포학거만暴虐倨慢

한 인물로 비판했다. 왕존이 이에 연루되어 면관免官됐다. 그러나 이민吏民들 대부분이 그의 면관을 애석해했다. 호湖하남성 영보현 북쪽 땅의 삼로三老인 공승홍公乘興 등이 상서해 변호했다.

"왕존이 경조를 다스리면서 심하게 어지러운 극란劇亂을 제압해 바르게 돌려놓는 발정撥整을 했습니다. 포학한 자를 주살하고 사악을 금하는 주포금사誅暴禁邪의 효과가 매우 탁월해 전례가 없던 것으로 그 어떤 태수太守와 태수를 보좌하는 군위郡尉 등의 명장名將도 미치지 못할 것입니다. 후에 비록 대리를 거쳐 정식으로 경조윤 자리에 올랐으나 그 어떤 특별한 포상도 받지 못했습니다. 지금 어사대부는 왕존이 음양의 이치를 상해傷害하여 나라의 우환이 되어 조서를 받들어 행할 뜻이 없는 까닭에 『서경』「우서虞書, 요전堯典」에서 '조용히 있을 때는 말은 잘하나 행동이 다르고 겉모습만 공손할 뿐이다'[27]라고 지적한 것과 같은 모습을 보이고 있습니다. 원래 그 까닭은 어사승御史丞 양보楊輔로부터 나온 것입니다. 그는 평소 왕존과 사원私怨[28]이 있어 겉으로 공사公事를 가장해 계획적으로 이런 의론을 만들어내 상주문을 올리는 식으로 점점 더 크게 무고를 하게 된 것입니다. 신들 모두 애통 즉 통상痛傷을 하는 이유입니다. 왕존은 수신修身으로 자신을 깨끗이 하고, 절도를 벼려 공사公事를 우선으로 하고, 직언과 풍자인 자기刺譏를 할 때는 장상將相을 가리지 않고, 악당을

27 원문은 '정언용위靖言庸違, 상공도천像龔滔天'이다. 『서경』「우서虞書, 요전堯典」에는 '상공도천像龔滔天'이 '상공도천象恭滔天'으로 나온다. 같은 뜻이다.

28 『한서』「조윤한장양왕전趙尹韓張兩王傳」에 대한 안사고의 주석에 따르면 원래 어사승御史丞 양보楊輔는 왕존의 서좌書左로 있던 인물로 평소 도필刀筆로 남을 해치는 음험한 모습을 보였다. 그는 늘 취한 모습으로 왕존의 큰 머슴인 이가利家의 집 앞을 지나갔다. 한번은 두 사람이 충돌하는 과정에서 이가가 화가 나 양보의 뺨을 때렸다. 이 와중에 왕존의 조카 왕굉王閎이 패도를 꺼내 양보를 죽이려고 했다. 양보가 왕존에게 사사로운 원한을 품게 된 배경이다.

주살할 때는 호강豪強을 피하지 않는 모습으로 통제되지 않는 도적을 주살하면서 나라의 우환을 해소시켰습니다. 그 공로가 현저하며 직책을 잘 수행하고, 위신威信이 폐해지지 않고 있으니 실로 나라에는 적의 습격을 막고 군주를 보호하는 관원인 조아지리爪牙之吏이자 적의 전차를 되돌리게 만들 정도로 승리를 거두는 절충지신折衝之臣에 해당합니다. 지금 하루아침에 무고하게 사원을 품은 구인仇人의 손에 통제되고, 방해하며 속이는 글인 저기지문詆欺之文에 손상을 받고 있습니다. 위로는 공을 세운 덕에 속죄贖罪받는 은덕을 입지 못하고, 아래로는 공평한 논의를 거치는 이른바 극목지청棘木之聽[29]의 혜택도 없게 됐습니다. 다만 원수怨讎의 치우친 상주문에 가려 전설상의 악신인 공공共工처럼 대악大惡을 저질렀다는 누명을 뒤집어 써 원통함을 호소하고 죄목을 소송하는 진원소죄陳冤訴罪도 할 수 없습니다. 왕존은 경사京師가 폐란廢亂되어 군도群盜가 함께 일어날 때 현인으로 뽑혀 징용徵用된 뒤 집안을 일으키고 마침내 경조윤 등을 거치며 경卿의 자리에 올랐습니다. 도적들의 혼란은 이미 제거됐으나 호활豪猾한 자들이 법을 빙자한 간교한 계략인 영교佞巧로 인해 폐출廢黜의 위기를 맞았습니다. 왕존처럼 현능한 사람이 3년의 기간 내에 문득 간녕한 자로 몰리니 어찌 이토록 이해하기 힘든 일이 있겠습니까? 공자는 말하기를, '대상이 살기를 바라거나 죽기를 바라는 것은 미혹된 것이다'라고 했습니다.[30] 또 말하기를, '서서히 스며드는 참소가 행해지지

29 극목지청棘木之聽은 공경들이 모여 죄를 공정하게 논의하는 제도를 가리킨다. 『예기』「왕제王制」에 따르면 옥안獄案이 성립되면 먼저 공정하게 사안을 경청한 뒤 대사구大司寇에게 보고하고, 대사구는 이를 가시가 있는 나무인 극목棘木 아래서 들었다. 『공자가어孔子家语』「형정刑政」은 왕이 삼공三公 및 경사卿士에게 명해 극목의 아래에서 경청하게 했다고 기록해 놓았다. 여기서 공정하게 죄형을 논의하는 것을 '극목지하棘木之下' 내지 '극목지청棘木之聽'으로 표현했다.

30 원문은 '애지욕기생愛之欲其生, 오지욕기사惡之欲其死, 시혹야是惑也'이다. 『논

않으면 가히 고명高明하다고 이를 만하다'고 했습니다.[31] 원컨대 공경公卿과 대부大夫, 박사博士, 의랑議郎 등에게 내려보내 왕존의 평소 행적인 소행素行을 조사하게 하십시오! 무릇 인신人臣이 되어 음양의 이치를 상해傷害했다면 사형으로 주살하는 사주死誅의 죄를 범한 것이고, 또 조용히 있을 때는 말은 잘하나 행동이 다르면 쫓아내 죽이는 방극放殛의 형에 처해야 합니다. 잘 살펴서 만일 왕존의 죄가 어사대부의 상주문과 같다면 이내 관궐觀闕 아래 엎드려 주살해야 하고, 설령 무인지역無人之域으로 방축되어 실로 면죄될 수 없는 것입니다. 나아가 왕존을 천거한 자 역시 의당 잘못 천거한 데 따른 벌을 받는 데 그치지 않을 것입니다. 만일 상주문과 같지 않다면 글을 수식해 무고한 사람을 참소한 것인 까닭에 어사대부 등도 의당 주살해야 할 것입니다. 그래야 참소하는 자의 입을 징계해 거짓이 횡행하는 노선인 사기지로詐欺之路가 끊길 것입니다. 오직 명주明主가 상세히 참작해 흑백을 가려주시기 바랍니다!"

상서가 올라가자 천자가 다시 왕존을 서주徐州 자사에 임명했다.

6) 야랑왕夜郎王 흥興과 구정왕鉤町王 우禹, 누와후漏臥侯 유俞가 다시 군사를 일으켜 서로 공격했다. 장가牂柯귀주성 평월현 태수가 군사를 동원해 흥 등을 주살해 달라고 청했다. 의논한 자들은 길이 멀어 칠 수 없다

어』「안연顔淵」에서 인용한 것이다. 「안연」의 해당 대목에 따르면 하루는 제자 자장子張이 덕을 높이고 의혹을 분별하는 것에 관해 묻자 공자가 대답하기를, "충신忠信을 주로 하며 의로 옮겨가는 것이 덕을 높이는 것이다. 사랑하면 그 대상이 살기를 바라고, 미워하면 그 대상이 죽기를 바라는 법이다. 그 대상이 살기를 바라거나 죽기를 바라는 것은 미혹된 일이다."라고 했다.

31 원문은 '침윤지참불행언浸潤之譖不行焉, 가위명의可謂明矣'이다. 같은 『논어』「안연」에서 인용한 것이다. 「안연」의 해당 대목에 따르면 하루는 제자 자장이 공자에게 현명함에 대해 묻자 공자가 대답하기를, "서서히 스며드는 참소와 절박하게 말하는 하소연이 행해지지 않으면 가히 고명高明하다고 이를 만하다. 서서히 스며드는 참소와 절박하게 말하는 하소연이 행해지지 않으면 가히 고원高遠하다고 이를 만하다."고 했다.

고 생각해 이내 태중대부太中大夫 촉군蜀郡사천성 성도시 출신 장광張匡을 지절持節의 자격으로 파견해 화해하려 했다. 흥 등이 명을 따르지 않고, 한나라 사자의 모습을 조각한 나무를 길에 세운 뒤 활로 쏘았다. 두흠이 대장군 왕봉에게 건의했다.

"만이蠻夷의 왕후王侯는 한나라 사자를 경이輕易하게 보고 한나라의 국위國威를 꺼리지 않고 있습니다. 이번 조정회의에 참석해 대책을 논의한 자들이 담이 작고 나약한 선연選耎의 자세로 다시 저들과 계속 화해和解를 전제로 논의를 할까 걱정입니다. 저들은 현지 태수가 만이의 동정을 살펴 변화가 있으면 이내 보고할 때까지 기다릴 심산입니다. 이같이 하면 다시 3달에 달하는 한 계절의 시간을 허비하게 될 것이고, 만이의 왕후들은 무리를 수렵收獵해 힘을 집결하고, 숫자가 많아지면 이내 세력 확대에 나설 것이고, 각자 상대 부락에 대한 오래된 분을 참지 못해 반드시 서로 진멸殄滅하는 모습을 보일 것입니다. 이어 자신들의 행위가 범죄가 되는 것을 알게 되면 미친 듯이 한나라 관원인 태수와 도위 등을 범하고, 멀리 따뜻하고 더운 지역의 독초毒草가 자라는 황무지에 몸을 숨길 것입니다. 이리 되면 설령 손무孫武와 오기吳起 같은 장군과 맹분孟賁 및 하육夏育 같은 용사가 불구덩이 및 깊은 심연인 수화水火로 뛰어드는 지략과 용기를 보일지라도 반드시 불에 타 죽거나 물에 빠져 죽는 초몰焦沒을 당하고 지용智勇을 쓸 길이 없을 것입니다. 둔전屯田하여 그곳을 지킬지라도 주둔비용은 가히 따질 수도 없을 정도로 많을 것입니다. 의당 저들이 대죄를 짓기에 앞서 한나라 조정의 토벌 계획을 의심하기 전에 은밀히 부근의 군수郡守와 도위都尉에게 명해 병사와 군마를 훈련시키게 하고, 대사농에게 명해 요해처要害處에 보내 곡식을 쌓게 하고, 임직任職할 태수를 선발해 미리 현지로 보내 가을의 서늘한 기운이 들 때를 기다렸다가 급습을 가해 3개 부락의 왕후王侯 가운데 불궤不軌를 꾀한 자를 주살하십시오.

그곳을 불모지지不毛之地, 그 백성을 무용지민無用之民으로 생각하면 성주聖王는 중국을 수고시키지 말고 의당 군郡을 철폐한 뒤 그 백성을 버리는 식으로 그곳 왕후들과 절연하고 다시는 교통하지 말아야 합니다. 만일 선제가 오랜 세월에 걸쳐 세운 누세지공累世之功을 생각해 타괴墮壞할 수 없다고 생각하면 의당 변란이 일어난 맹아萌牙의 시기에 조속히 단절斷絕해야 할 것입니다. 이미 형세가 만들어진 연후에 군사를 동원해 죄를 물으면 만성萬姓들만 해를 입게 됩니다."

대장군 왕봉이 금성군金城郡감숙성 난주시의 사마司馬인 임공臨邛사천성 공래현 출신 진립陳立을 천거해 장가牂柯 태수로 삼게 했다. 진립이 장가에 이르러 야랑왕 흥興에게 유시했으나 흥이 명을 좇지 않았다. 흥에 대한 주살을 청해 한나라 조정으로부터 아직 회답을 받지 못했을 때 수종하는 관원 수십 명과 함께 각 현을 순시하다가 야랑국의 저동정且同亭귀주성 동재현에 이르러 야랑왕 흥을 불렀다. 곧 흥이 무리 수천 명을 이끌고 저동정에 도착한 뒤 각 부락의 우두머리인 읍군邑君 수십 명과 함께 진립을 만났다. 진립이 곧바로 그의 죄를 나열하며 책망한 뒤 목을 잘랐다. 읍군들이 말했다.

"장군이 무례한 무상無狀의 인물을 주살했으니 이는 백성을 위해 해악을 제거한 것입니다. 원컨대 저희들은 부락으로 돌아가 사중士衆에게 이 사실을 알리도록 하겠습니다!"

진립이 흥의 머리를 보여주자 모든 부중部衆이 무기를 내려놓고 항복했다. 구정왕鉤町王 우禹와 누와후漏臥侯 유俞가 진공震恐한 나머지 곡식 1,000곡斛과 우양牛羊을 들여보내 한나라 이사吏士들을 위로했다. 진립이 다시 장가군으로 돌아왔다.

야랑왕 흥의 장인인 처부妻父 옹지翁指가 아들 사무邪務와 함께 남은 병사와 함께 이웃한 22개 읍을 박협迫脅해 반기를 들었다. 겨울이 되자 진립이 각 부락민에 대한 모병을 주청한 뒤 도위都尉 및 장사長史와 함께 병사들을 나눠 장차 옹지 등을 치려고 했다. 옹지가 험요지에 기대 보루를 쌓자 진립이 기병奇兵을 시켜 양도饟道를 끊은 뒤 반간反間을 풀어 그 무리들을 유인했다. 도위 만년萬年이 말했다.

"싸움이 길어져 곧바로 결판이 나지 않으면 군비를 제공할 길이 없습니다."

그러고는 홀로 군사를 이끌고 진격했다가 패하자 진립의 군영을 향해 달아났다. 화가 난 진립이 만년을 책망하고 희롱하는 질희叱戲를 한 뒤 돌아가 싸우도록 했다. 만년이 돌아가 다시 싸우자 진립이 군사를 이끌고 나가 그를 구원했다. 당시 큰 가뭄인 대한大旱이 들었다. 진립이 물길인 수도水道를 끊자 만이가 함께 옹지를 참수한 뒤 그의 머리를 들고 나와 항복했다. 서이西夷가 마침내 평정됐다.

* 孝成皇帝河平二年

春, 伊邪莫演罷歸, 自言欲降, "即不受我, 我自殺, 終不敢還歸." 使者以聞, 下公卿議. 議者或言曰, "宜如故事, 受其降." 光祿大夫谷永·議郎杜欽以為曰, "漢興, 匈奴數為邊害, 故設金爵之賞以待降者. 今單于屈體稱臣, 列為北藩, 遣使朝賀, 無有二心. 漢家接之, 宜異於往時. 今既享單于聘貢之質, 而更受其逋逃之臣, 是貪一夫之得而失一國之心, 擁有罪之臣而絕慕義之君也. 假令單于初立, 欲委身中國, 未知利害, 私使伊邪莫演詐降以卜吉凶, 受之, 虧德沮善, 令單于自疏, 不親邊吏. 或者設為反間, 欲因而生隙, 受之, 適合其策, 使得歸曲而責直. 此誠邊境安危之原, 師旅動靜之首, 不可不詳也. 不如勿受, 以昭日月之信, 抑詐諼之謀, 懷附親之心, 便!" 對奏, 天子從之. 遣中郎將王舜往問降狀, 伊邪莫演曰, "我病狂, 妄言耳." 遣去.

歸到, 官位如故, 不肯令見漢使. 夏, 四月, 楚國雨雹, 大如釜.

徙山陽王康為定陶王.

六月, 上悉封諸舅. 王譚為平阿侯, 商為成都侯, 立為紅陽侯, 根為曲陽侯, 逢時為高平侯. 五人同日封, 故世謂之“五侯.” 太后母李氏更嫁為河內苟賓妻, 生子參. 太后欲以田蚡為比而封之. 上曰, “封田氏, 非正也.” 以參為侍中·水衡都尉.

御史大夫張忠奏京兆尹王尊暴虐倨慢, 尊坐免官. 吏民多稱惜之. 湖三老公乘興等上書訟曰, “尊治京兆, 撥劇整亂, 誅暴禁邪, 皆前所稀有, 名將所不及. 雖拜為真, 未有殊絕褒賞加於尊身. 今御史大夫奏尊‘傷害陰陽, 為國家憂, 無承用詔書意, 靖言庸違, 像龔滔天’ 源其所以, 出御史丞楊輔, 素與尊有私怨, 外依公事建畫為此議, 傅致奏文, 浸潤加誣, 臣等竊痛傷. 尊修身潔己, 砥節首公, 刺譏不憚將相, 誅惡不避豪強, 誅不制之賊, 解國家之憂, 功著職修, 威信不廢, 誠國家爪牙之吏, 折衝之臣. 今一旦無辜制於仇人之手, 傷於詆欺之文, 上不得以功除罪, 下不得蒙棘木之聽, 獨掩怨讎之偏奏, 被共工之大惡, 無所陳冤訴罪. 尊以京師廢亂, 群盜并興, 選賢徵用, 起家為卿. 賊亂既除, 豪猾伏辜, 即以佞巧廢黜. 一尊之身, 三期之間, 乍賢乍佞, 豈不甚哉! 孔子曰, ‘愛之欲其生, 惡之欲其死, 是惑也’ ‘浸潤之譖不行焉, 可謂明矣’ 願下公卿·大夫·博士·議郎定尊素行! 夫人臣而‘傷害陰陽’, 死誅之罪也. ‘靖言庸違’, 放殛之刑也. 審如御史章, 尊乃當伏觀闕之誅, 放於無人之域, 不得苟免. 及任舉尊者, 當獲選舉之辜, 不可但已. 即不如章, 飾文深詆以訴無罪, 亦宜有誅, 以懲讒賊之口, 絕詐欺之路. 唯明主參詳, 使白黑分別!” 書奏, 天子復以尊為徐州刺史.

夜郎王興·鉤町王禹·漏臥侯俞更舉兵相攻. 牂柯太守請發兵誅興

等. 議者以為道遠不可擊, 乃遣太中大夫蜀郡張匡持節和解. 興等不從命, 刻木象漢吏, 立道旁, 射之.

杜欽說大將軍王鳳曰, "蠻夷王侯輕易漢使, 不憚國威, 恐議者選耎, 復守和解. 太守察動靜有變, 乃以聞. 如此, 則復曠一時, 王侯得收獵其眾, 申固其謀, 黨助眾多, 各不勝忿, 必相殄滅. 自知罪成, 狂犯守尉, 遠臧溫暑毒草之地. 雖有孫·吳將, 賁·育士, 若入水火, 往必焦沒, 智勇亡所施. 屯田守之, 費不可勝量. 宜因其罪惡未成, 未疑漢家加誅, 陰敕旁郡守尉練士馬, 大司農豫調穀積要害處, 選任職太守往. 以秋涼時入, 誅其王侯尤不軌者. 即以為不毛之地, 無用之民, 聖王不以勞中國, 宜罷郡, 放棄其民, 絕其王侯勿復通. 如以先帝所立累世之功不可墮壞, 亦宜因其萌牙, 早斷絕之. 及已成形然後戰師, 則萬姓被害." 大將軍鳳於是薦金城司馬臨邛陳立為牂柯太守. 立至牂柯, 諭告夜郎王興, 興不從命. 立請誅之, 未報. 乃從吏數十人出行縣, 至興國且同亭, 召興. 興將數千人往至亭, 從邑君數十人入見立. 立數責, 因斷頭. 邑君曰, "將軍誅無狀, 為民除害, 願出曉士眾!" 以興頭示之, 皆釋兵降. 鉤町王禹·漏臥侯俞震恐, 入粟千斛·牛羊勞吏士. 立還歸郡. 興妻父翁指, 與子邪務收餘兵, 迫脅旁二十二邑反. 至冬, 立奏募諸夷, 與都尉·長史分將攻翁指等. 翁指據厄為壘, 立使奇兵絕其饟道, 縱反間以誘其眾. 都尉萬年曰, "兵久不決, 費不可共." 引兵獨進. 敗走, 趨立營. 立怒, 叱戲下令格之. 都尉復還戰, 立救之. 時天大旱, 立攻絕其水道. 蠻夷共斬翁指, 持首出降, 西夷遂平.

한성제 하평 3년(BC 26)

1) 봄 정월, 한선제의 아들인 초왕楚王 유효劉囂가 내조했다.

2월 16일, 조서를 내려 유효의 소행素行이 순수하고 넉넉한 순무純茂의 모습을 보인 까닭에 특별히 칭송하는 현이顯異를 가하고, 그 아들 유훈劉勳을 광척후廣戚侯로 삼았다.

2) 2월 27일, 건위군犍為郡사천성 의빈시에 지진이 일어났다. 산이 무너져 장강의 물을 막자 물이 역류했다.

3) 가을 8월 29일, 일식이 있었다.

4) 황상은 궁중의 비밀도서인 중비서中秘書의 책이 거의 산망散亡된 것을 알고 진농陳農으로 하여금 천하에 현재 남겨진 책인 유서遺書를 찾게 했다. 광록대부 유향劉向에게 조서를 내려 경전經傳과 제자서諸子書 및 시부詩賦, 보병교위步兵校尉 임굉任宏으로 하여금 병서兵書, 태사령太史令 윤함으로 하여금 점복에 관한 수술數術, 시의侍醫 이주국李柱國으로 하여금 의약 및 양생 등의 방기方技에 관한 책을 교정하게 했다. 하나의 책이 끝날 때마다 유향이 곧바로 편목篇目을 정리하고, 그 지의指意를 총정리하고, 핵심 내용을 기록해 상주했다.

5) 유향은 왕씨王氏의 권위權位가 너무 강성하고, 황상이 바야흐로 『시경』과 『서경』 등의 고문에 관심을 갖자 이내 『서경』「주서周書, 홍범洪範」을 통해 상고上古 이후 춘추春秋·육국六國 시대를 거쳐 진한秦漢에 이르기까지 모든 부서符瑞 및 재이災異의 기록을 모은 뒤 진행된 상황을 추적推跡하고, 잇따른 화복禍福을 덧붙이고, 점복이 들어맞은 사례인 점험占驗을 들어낸 뒤 비슷한 것을 함께 늘어놓고, 각각의 조목을 만들었다. 모두 11편篇에 달했다. 명칭을 『홍범오행전론洪範五行傳論』으로 지어 상주했다. 천자가 내심 유향의 충정忠精을 알고는 왕봉 형제의 권위가 너무 강성한 것을 우려해 이를 읽도록 권했다. 그러나 종내 왕씨의 권위를 빼앗지는 못했다.

6) 황하가 다시 평원平原산동성 평원현에서 터져 물이 제남濟南산동성 역성현

과 천승千乘산동성 고원현으로 들어갔다. 침수된 피해가 건시建始 4년 범람 때의 절반에 달했다. 다시 황하 제방을 책임진 하제사자河堤使者 왕연세王延世와 승상사丞相史 양언楊焉으로 하여금 건축을 담당한 장작대장將作大匠 허사許商와 간대부諫大夫 승마연년乘馬延年 등과 함께 둑을 수리하게 했다. 6달 후에 마침내 둑이 완성됐다. 다시 왕연세에게 황금 100근을 상으로 내렸다. 이어 제방의 수리에 참여한 자들 가운데 평가平賈[32]를 받지 못한 자는 성명을 기록한 뒤 변방에 수자리를 서는 요역繇役을 6달 동안 면제시켜 주었다.

* 孝成皇帝河平三年

春, 正月, 楚王囂來朝. 二月, 乙亥, 詔以囂素行純茂, 特加顯異, 封其子勳為廣戚侯.

丙戌, 犍為地震, 山崩, 壅江水, 水逆流.

秋, 八月, 乙卯晦, 日有食之.

上以中秘書頗散亡, 使謁者陳農求遺書於天下. 詔光祿大夫劉向校經傳·諸子·詩賦, 步兵校尉任宏校兵書, 太史令尹咸校數術, 侍醫李柱國校方技. 每一書已, 向輒條其篇目, 撮其指意, 錄而奏之.

劉向以王氏權位太盛, 而上方向『詩』·『書』古文, 向乃因『尚書·洪範』, 集合上古以來, 歷春秋·六國至秦·漢符瑞·災異之記, 推跡行事, 連傳禍福, 著其占驗, 比類相從, 各有條目, 凡十一篇, 號曰『洪範五

32 평가平賈는 각지의 시장을 관할하는 관원이 정한 시장가격을 가리킨다. 한나라는 이를 통해 사인 간의 교역 내지 관부와 사인 간의 구매와 대차貸借 및 배상 가격 등을 규제했다. 이는 호강한 부상富商들이 물가를 조작하는 것을 막으려는 취지에서 나온 제도였다. 당시 제방 공사 등에 동원된 자들의 요역 '평가'는 대략 1달에 2,000전에 해당했다. 6달 간의 요역 평가는 대략 12,000전에 해당한다.

行傳論』, 奏之. 天子心知向忠精, 故為鳳兄弟起此論也. 然終不能奪王氏權.

河復決平原, 流入濟南·千乘, 所壞敗者半建始時. 復遣王延世與丞相史楊焉及將作大匠許商·諫大夫乘馬延年同作治, 六月乃成. 復賜延世黃金百斤. 治河卒非受平賈者, 為著外繇六月.

한성제 하평 4년(BC 25)

1) 봄 정월, 흉노 선우가 내조來朝했다.

2) 천하에 범죄자에 대한 사면령을 내렸다.

3) 3월 1일, 일식이 있었다.

4) 낭야琅邪산동성 제성현 태수 양융楊肜이 왕봉과 혼인을 맺었다. 낭야군에 재해가 있자 한선제의 모친 계통인 승상 왕상王商이 이에 관해 실정을 묻는 안문按問을 했다. 왕봉이 청탁했으나 왕상이 듣지 않고 마침내 양융의 면직을 주청했다. 결국 황상이 상주문을 뒤로 미뤄놓고 유사有司에 내려 보내지 않았다. 왕봉이 이 일로 인해 왕상에게 원한을 품고, 은밀히 그의 단점을 찾아나섰다. 이내 빈양頻陽섬서성 부평현 출신 경정耿定을 시켜 상소하게 했다.

"왕상은 그의 부친이 친하게 지내는 비녀婢女와 사통했고, 여동생이 음란한 짓을 하자 그의 노복이 사적으로 그녀의 간부姦夫를 죽였습니다. 의심컨대 왕상이 가르쳐서 시키는 교사教使를 한 듯합니다."

천자는 증명하기 어려운 허물로 간주해 대신을 다치게 하기에는 부족하다고 생각했다. 왕봉이 굳게 다투자 해당 사안을 백관규찰의 책임이 있는 사례교위司隸校尉에게 넘겨 처리했다. 태중대부太中大夫인 촉군蜀郡사천성 성도시 출신 장광張匡은 평소 영교佞巧한 모습을 보였다. 승진할 기회가 왔다고 본 장광이 곧바로 상서해 왕상을 극도록 비난했다. 유사가 왕상을 소환한 뒤 조서를 내려 설치하는 특별감옥인 조옥詔獄에서 이 사안을 다룰 것을 주청했다. 황상이 평소 왕상을 존중한 까닭에 장광의 비난이 음험하다는 사실을 알았다. 곧 하조下詔했다.

"치죄治罪하지 마라!"

그러나 왕봉은 고집스럽게 이 문제를 거론하고 나섰다.

여름 4월 20일, 황상이 조서를 내려 왕상의 인수를 거둬들였다. 왕상이 승상의 자리에서 면직된 뒤 3일 만에 발병해 피를 토하고 훙거薨去했다. 시호는 여후戾侯였다. 그가 승상으로 있을 때 임명된 자제와 친속親屬 가운데 황제의 어가를 관할하는 부마도위駙馬都尉와 황제를 수종하는 시중侍中, 황제의 침궁을 관할하는 중상시中常侍, 궁중 업무를 분야별로 나눠 처리하는 제조諸曹, 조정회의에 참석하는 대부大夫, 황제의 자문역할을 하는 낭리郎吏로 있던 자들 모두 조정에서 쫓겨나 외관外官으로 나갔다. 황제 곁에서 업무를 보는 급사給事와 숙위宿衛로 남게 된 자는 하나도 없었다. 유사가 국읍國邑의 폐지를 주청하자 조서를 내렸다.

"왕상의 장자인 왕안王安을 사작嗣爵해 낙창후樂昌侯로 삼는다."

5) 황상이 태자로 있을 때 연작蓮勺섬서성 위남현 동북쪽 출신 장우張禹로부터 『논어』를 배웠다. 즉위하자 관내후의 작위를 내린 뒤 제리諸吏·광록대부光祿大夫에 제수하며 녹질을 중2천석으로 하고, 급사중給事中과 영상서사領尙書事의 직책을 맡게 했다. 장우는 왕봉과 함께 영상서사의 직책을 맡게 되자 내심 편안치 못해 자주 병이 났다. 상서하여 사직을 청하는 걸해골乞骸骨로 왕봉을 피하고자 했다. 황상이 불허하며 위무하고 더욱 후대했다.

6월 5일, 장우를 승상으로 삼고 안창후安昌侯에 봉했다.

6) 6월 29일, 초유왕楚孝王 유효劉囂가 훙거薨去했다.

7) 당초 한무제가 서역과 왕래할 때 계빈국罽賓國카시미르 부근은 멀리 떨

어져 있어 한나라 군사가 갈 수 없었다. 홀로 복종하지 않고 자주 한나라 사자를 겁탈해 죽이는 표살剽殺을 한 이유다. 한참 지난 뒤 한나라 사자 문충文忠과 용굴왕容屈王의 아들인 음말부陰末赴가 함께 모의해 계빈국의 왕을 죽인 뒤 음말부를 계빈왕으로 옹립했다. 뒤에 군후軍候 조덕趙德이 계빈국에 사자로 갔으나 음말부와 뜻이 맞지 않았다. 음말부가 조덕을 가두고 부사副使 이하 70여 명을 죽인 뒤 한나라에 사자를 보내 상서하고 사죄했다. 당시 한원제는 그곳이 절역絶域인 까닭에 상서를 받아들이지 않은 채 계빈국 사자를 현도縣度카라코롬 입구로 방축한 뒤 단절하고 왕래하지 않았다.

한성제가 즉위하자 계빈국이 다시 사자를 보내 공헌貢獻하며 사죄했다. 한나라 조정이 사자를 파견해 회신하면서 이들을 호송하려 했다. 두흠杜欽이 왕봉에게 건의했다.

"전에 계빈왕 음말부는 본래 한나라가 옹립한 자로, 나중에 문득 반역畔逆했습니다. 무릇 덕행으로는 나라를 보유한 군주가 되어 백성을 자식으로 생각하는 유국자민有國子民보다 큰 게 없고, 죄행으로는 타국의 사자를 잡아 죽이는 집살사자執殺使者보다 더 큰 게 없습니다. 음말부가 은덕에 보답하지 않고, 주살되는 것을 두려워하지 않는 것은 스스로 계빈국이 중국에서 절원絶遠하여 군사가 쉽게 이르지 못할 것을 알기 때문입니다. 저들은 한나라에 구할 것이 있으면 비사卑辭를 구사하고, 바랄 것이 없으면 교만驕嫚하니 끝내 품어서 굴복시키는 회복懷服이 불가능합니다. 무릇 중국이 만이들과 왕래하면서 후대하고, 저들이 구하는 것을 끝까지 만족시키는 협쾌愜快를 허락하는 것은 양쪽이 국경을 접하고 있는 상황에서 불만을 품고 침범하는 것을 방지하기 위한 것입니다. 지금 현도의 험한 형세는 계빈국이 쉽게 넘을 수 있는 게 아니고, 저들이 중국을 흠모할지라도 서역을 안정시키기에 부족하고, 설령 저들이 귀부하지 않을지라도 이미 한나라에 귀부한 성곽을 지닌 서역 각국을 위험하게 할 수 없습니다. 전에 저들이 한나라 사절을 살해한 죄악이 서역에 밝게 드러나 있는 까닭에 우리가 단교하여 왕래를 하지 않은 것입니다. 지금 저들이 허물을 후회한다며 사자를 보냈으나 계빈왕의 친속親屬이나 귀인貴人 등의 고위 관원은 없고 모두 장사를 하는 천인賤人들 뿐입니다. 물건을 교환하며 사고파는 통화시매通貨市買를 하려는 자들로 봉헌은 구실에 지나지 않습니다. 한나라 사자들을 번거롭게 하여 현도까지 호송하면 실속을 잃고 거짓에 넘어가는 실실견기失實見欺를 당할까 우려됩니다. 무릇 사자를 보내 손님을 호송하는 것은 노략을 당하는 피해를 방호防護하려는 취지입니다. 피산皮山신강성 피산현에서 시작해 남쪽으로는 다시 한나라에 복속하지 않는 나라가 4-5개국이나 됩니다. 척후병斥候兵 100여 명을 5개조로 나눠 밤에 냄비와 징의 겸용으로 쓰던 기구인 조두刁斗를 치며 자수自守하게 했으나 오히려 수시로 침도侵盜를 당했습니다. 나귀에 양식을 실어 나르는 식으로 서역의 여러 나라가 식량을 공급해야 저들은 비로소 자급할 수 있습니다. 게다가 일부 서역의 나라는 가난하거나 소국이어서 식량을 공급하지 못하고, 일부는 매우 사납고 간사한 걸힐桀黠의 모습을 보이며 식량을 공급하지 않고 있습니다. 한나라 사자가 부절符節을 지니고 저들을 호송할 경우 산곡山谷 사이에서 굶주리다 못해 구걸해야 하고, 구걸해도 얻어먹을 게 없고, 10-20일 지나면 인축人畜 모두 광야曠野에 버려져 돌아올 수 없게 됩니다. 또한 대두통산大頭痛山과 소두통산小頭痛山과 같은 고산준령을 지나 적토赤土와 신열身熱을 나게 하는 고갯마루를 넘으면 사람들은 신열로 인해 안색이 창백해지며 두통과 구토로 고생하게 됩니다. 나귀와 말 등의 짐승 모두 이와 같습니다. 또한 도중에 삼지반三池盤과 석판도石阪道가 있어 좁은 곳은 폭이 겨우 1척 6-7촌寸, 긴 곳은 30리에 달합니다. 높고 가파른 산인 쟁영崢嶸에 이르면 깊이를 헤아릴 수 없는 계곡을 만나게 됩니다. 길을 갈 때는 말과 사람을 끈으로 묶은 모습으로 서로 이끌며 2,000여리를 가야 합니다. 그래야 겨우 현도縣度에 이르게 됩니다. 도중에 짐승이 실족하면 계곡 아래로 떨어져 뼈가 가루가 되고, 사람이 떨어지면 그 시신을 찾을 길이 없게 됩니다. 이처럼 험하고 막힌 험조險阻와 위험하고 해로운 위해危害가 이루 말할 수조차 없습니다. 옛날 성왕聖王인 우왕禹王이 천하를 9주九州로 나누고 도성을 중심으로 500리 단위의 원근친소遠近親疎의 5복五服 제도를 만든 뒤 안으로 번성하게 하면서 밖으로는 특별히 구하지 않았습니다. 지금 사자를 파견해 지존의 명을 받든 채 이사吏士의 무리를 수고스럽게 만들고, 위난危難의 길을 건너게 함으로써 믿을 만한 중국의 관원들을 피폐하게 하여 무용한 일을 행하는 것은 장구한 계책이 아닙니다. 한나라 사자들이 이미 부절을 받았으니 피산皮山에 이른 뒤 돌아오도록 하는 게 좋을 것입니다."

왕봉이 황상에게 두흠의 말을 전했다. 계빈국은 한나라가 하사하는 상사賞賜와 교역매매인 고시賈市를 이롭게 생각해 몇 년마다 사자를 중국에 파견했다고 한다.

* 孝成皇帝河平四年

春, 正月, 匈奴單于來朝.

赦天下徒.

三月, 癸丑朔, 日有食之.

琅邪太守楊肜與王鳳連昏, 其郡有災害, 丞相王商按問之. 鳳以為請, 商不聽, 竟奏免肜, 奏果寢不下. 鳳以是怨商, 陰求其短, 使頻陽耿定上書, 言"商與父傅婢通. 及女弟淫亂, 奴殺其私夫, 疑商教使." 天子以為暗昧之過, 不足以傷大臣. 鳳固爭, 下其事司隸. 太中大夫蜀郡張匡, 素佞巧, 復上書極言詆毀商. 有司奏請召商詣詔獄. 上素重商, 知匡言多險, 制曰, “勿治!” 鳳固爭之.

夏, 四月, 壬寅, 詔收商丞相印綬. 商免相三日, 發病, 歐血薨, 謚曰戾侯. 而商子弟親屬為駙馬都尉·侍中·中常侍·諸曹·大夫·郎吏者, 皆出補吏, 莫得留給事·宿衛者. 有司奏請除國邑. 有詔曰, “長子安嗣爵為樂昌侯.”

上之為太子也, 受『論語』於蓮勺張禹, 及即位, 賜爵關內侯, 拜為諸吏·光祿大夫, 秩中二千石, 給事中, 領尚書事. 禹與王鳳并領尚書, 內不自安, 數病, 上書乞骸骨, 欲退避鳳. 上不許, 撫待愈厚. 六月, 丙戌, 以禹為丞相, 封安昌侯.

庚戌, 楚孝王囂薨.

初, 武帝通西域, 罽賓自以絕遠, 漢兵不能至, 獨不服, 數剽殺漢使. 久之, 漢使者文忠與容屈王子陰末赴合謀攻殺其王. 立陰末赴為罽賓王. 後軍候趙德使罽賓, 與陰末赴相失. 陰末赴鎖琅當德, 殺副已下七十餘人, 遣使者上書謝. 孝元帝以其絕域, 不錄, 放其使者於縣度, 絕而不通. 及帝即位, 復遣使獻謝罪. 漢欲遣使者報送其使. 杜欽說王鳳曰, “前罽賓王陰末赴, 本漢所立, 後卒畔逆. 夫德莫大於有國子民, 罪莫大於執殺使者, 所以不報恩, 不懼誅者, 自知絕遠, 兵不至也. 有求則卑辭, 無欲則驕嫚, 終不可懷服. 凡中國所以為通厚蠻夷, 愜快其求者, 為壤比而為寇. 今縣度之厄, 非罽賓所能越也. 其鄉慕, 不足以安西域. 雖不附, 不能危城郭. 前親逆節, 惡暴西域, 故絕而不通. 今悔過來, 而無親屬·貴人, 奉獻者皆行賈賤人, 欲通貨市買, 以獻為名, 故煩使者送至縣度, 恐失實見欺. 凡遣使送客者, 欲為防護寇害也. 起皮山, 南更不屬漢之國四·五, 斥候士百餘人, 五分夜擊刁斗自守, 尚時為所侵盜. 驢畜負糧, 須諸國稟食, 得以自贍. 國或貧小不能食, 或桀黠不肯給, 擁強漢之節, 餒山谷之間, 乞丐無所得, 離一·二旬, 則人畜棄捐曠野而不反. 又歷大頭痛·小頭痛之山, 赤土·身熱之阪, 令人身熱無色, 頭痛嘔吐, 驢畜盡然. 又有三池盤·石阪道, 狹者尺六七寸, 長者徑三十里, 臨峥嶸不測之深, 行者騎步相持, 繩索相引, 二千餘里, 乃到縣度. 畜墜, 未半坑谷盡靡碎. 人墮, 勢不得相收視. 險阻危害, 不可勝言. 聖王分九州, 制五服, 務盛內, 不求外. 今遣使者承至尊之命, 送蠻夷之賈, 勞吏士之眾, 涉危難之路, 罷敝所恃以事無用, 非久長計也. 使者業已受節, 可至皮山而還." 於是鳳白從欽言. 罽賓實利賞賜賈市, 其使數年而壹至云.

한성제 양삭陽朔 원년(BC 24)

1) 봄 2월 30일, 일식이 있었다.

2) 3월, 천하의 형도刑徒에게 사면령을 내렸다.

3) 겨울, 경조윤인 태산泰山산동성 태안현 출신 왕장王章이 하옥되어 죽었다.

당시 대장군 왕봉이 용사用事를 했고, 황상은 겸양하는 모습으로 전권顓權하는 바가 없었다. 좌우에서 일찍이 광록대부 유향의 어린 아들 유흠劉歆이 통달通達하고 이재異材가 있다고 천거하자 황상이 소견召見했다. 유흠이 시부詩賦를 송독誦讀하자 매우 기뻐하며 중상시中常侍로 삼고자 했다. 곧 좌우에 명해 의관衣冠을 가져오게 한 뒤 임석 하에 제수하려 했다. 좌우에서 말했다.

"아직 대장군에게 고하지 않았습니다."

황상이 말했다.

"이는 작은 일이다. 어찌하여 반드시 번거롭게 대장군에게 관백關白 즉 품고稟告할 필요가 있겠는가!"

좌우에서 머리를 조아리며 이 문제를 다퉜다. 황상이 왕봉에게 전하자 왕봉이 불가하다고 말했다. 왕씨의 자제들은 모두 경卿·대부大夫·시중侍中·제조諸曹의 신분으로 권세 있는 관직을 점거해 조정을 꽉 채웠다. 두흠杜欽은 왕봉의 전정專政이 너무 무겁다고 생각해 이같이 경계했다.

"원컨대 장군은 주성왕을 보필한 주공周公의 겸손하고 두려워하는 자세인 겸구謙懼를 본받고, 진소양왕 초기에 권력을 휘두르다 쫓겨난 양후穰侯 위염魏冉의 위엄을 덜어내고, 진소양왕 말기에 활약하다가 자진한 무안군武安君 백기白起의 욕심을 버리고, 진소양왕 때처럼 응후應侯 범수范雎의 무리가 중간에 끼어들어 위염과 백기를 쫓아내는 식으로 힘을 행사하는 일이 없도록 하십시오."[33]

왕봉이 듣지 않았다.

당시 황상은 뒤를 이을 후사가 없었고, 몸은 늘 편치 않은 불평不平의 모습이었다. 황제의 이복동생인 정도공왕定陶共王 유강劉康이 내조했다. 태후와 황상이 선제인 한원제의 뜻을 이어 정도공왕을 매우 후대하고, 상사賞賜도 다른 왕에 비해 10배나 많았다. 한원제가 그를 태자로 세우려 했던 과거의 일을 극히 미세한 섬개纖介만큼도 개의치 않고, 경사에 머물

33 '진시황 때 활약한 무안군武安君 백기白起의 욕심을 버리고'의 원문은 '방무안지욕放武安之欲'이다. 대개 무제 때 위세를 떨친 무안후武安侯 전분田蚡의 욕심으로 번역하고 있다. 그러나 전국시대 말기에 활약한 양후穰侯 위염魏冉과 응후應侯 범수范雎 사이에 '무안武安'을 언급한 점에 비춰 한무제 때 활약한 무안후 전분보다는 전국시대 때 활약한 인물로 보는 게 합당하다. 전국시대 당시 무안군武安君의 군호를 가진 사람은 모두 4명이다. 첫째, 전국시대 말기 장의張儀와 함께 대표적인 종횡가로 활약한 소진蘇秦이다. 둘째, 전국시대 말기 초나라 장수 항연项燕이다. 셋째, 진소양왕 때 장수로 활약한 백기白起이다. 넷째, 조나라 장수 이목李牧이다. 문맥상 여기서는 백기를 지칭한 것으로 보는 게 합리적이다. 범수范雎의 이름이 문헌마다 다르다. 역대 문헌에 나오는 그의 이름은 크게 '범수范雎'와 '범저范雎'로 나눌 수 있다. 청대의 고증학자 전대흔錢大昕의 『통감주변정通鑑注辨正』과 왕선신王先愼의 『한비자집해韓非子集解』는 '범저'로 표기해 놓았다. 그러나 『사기』와 『자치통감』 및 『전국책』에는 '범수'로 나온다.

게 하며 봉국으로 돌아가지도 못하게 했다. 황상이 정도공왕에게 말했다.

"나는 아들이 없소. 인명人命은 기휘忌諱하는 게 없으니, 일조에 변고가 생기면 다시 상견相見하지 못할 것이오. 그대는 오랫동안 이곳에 머물려 나를 시봉하도록 하시오!"

이후 천자의 병이 조금 나아졌다. 정도공왕은 장안에 있는 각 제후국의 저택인 국저國邸에 머물려 조석으로 황상을 모셨다. 황상이 그를 아주 가까이하며 중시했다. 대장군 왕봉은 내심 정도공왕이 경사에 머물고 있는 것을 불편하게 생각했다. 마침 일식이 있자 이를 이용해 이같이 말했다.

"일식은 음기가 성한 것을 상징합니다. 정도왕은 비록 가깝기는 하나 예제를 좇아 의당 번국藩國에 있어야 합니다. 지금 경사에서 황상을 모시고 있으니 바른 것을 어기며 평상이 아닌 궤정비상詭正非常에 해당합니다. 하늘이 경계를 보이고 있으니 의당 경도왕을 봉국으로 보내야 합니다."

황상이 부득이 왕봉의 말을 좇아 허락했다. 정도공왕이 사거辭去할 때 황상과 더불어 상대相對하며 체읍涕泣을 한 채 이별했다.

당초 경조윤 왕장王章은 평소 강직剛直한 성품 탓에 꺼리지 않고 감언敢言을 했다. 비록 왕봉이 천거하기는 했으나 왕봉의 전권專權을 비판하고, 친부親附하지 않은 이유다. 그가 봉사封事를 상주했다.

"일식의 허물은 모두 왕봉의 전권을 하며 주상을 가리는 폐주蔽主를 한 탓입니다."

황상이 소견召見해 잇달아 물었다. 왕장이 대답했다.

"천도天道는 총명聰明해 착한 것을 돕고 악한 것에 재앙을 내리는 우선재악佑善災惡을 하고, 상서로운 이적異蹟으로 효험을 드러냅니다. 지금 폐하는 아직 뒤를 이을 계사繼嗣가 없어 정도왕을 가까이 이끌고 있습니다. 종묘를 잇고, 사직을 중시하고, 위로는 천심天心에 순응하고, 아래로는 백성을 안정시키기 위한 것입니다. 이는 선사善事를 바르게 논의하는 것으로 의당 상서祥瑞에 해당합니다. 어찌 재이災異를 부를 수 있겠습니까? 재이가 일어나는 것은 대신이 정사를 독차지한 탓입니다. 지금 듣건대 대장군 왕봉은 일식의 허물을 정도왕에게 돌리고, 그를 봉국으로 돌려보내야 한다고 건의했습니다. 이는 실로 천자로 하여금 위에서 고립되게 만들고 조정의 일을 멋대로 하여 사사로움을 편하게 만들려는 속셈입니다. 그는 결코 충신이 아닙니다. 게다가 일식은 음기가 양기를 침범한 것으로 신하가 군주의 권한을 독차지한 탓입니다. 지금 크고 작은 정사가 모두 왕봉으로부터 나옵니다. 천자는 일찍이 단 1번도 거수擧手조차 하지 않았는데 왕봉은 내성內省하며 스스로를 책망하기는커녕 선한 사람에게 허물을 돌리는 식으로 정도왕을 멀리 밀어내고 있습니다. 왕봉이 무고를 하면서 황상을 속이는 식으로 불충한 짓을 한 것은 비록 이번 일에 그치지 않고 있습니다. 전에 승상인 악창후樂昌侯 왕상王商은 본래 선제인 원제의 외척인 외속外屬에 해당합니다. 행실이 돈독하며 위엄이 중후하고, 지위로는 장상將相을 역임해 나라의 주석지신柱石之臣에 해당합니다. 그는 바른 것을 지키는 수정守正의 자세를 견지하는 까닭에 절개를 굽혀 왕봉의 왜곡委曲을 좇으려 하지 않았습니다. 끝내 규문閨門의 일로 인해 왕봉에 의해 차출罷出되어 걱정 끝에 죽는 우사憂死를 당하고 말았습니다. 중서衆庶 모두 불쌍히 여긴 이유입니다. 또 왕봉은 그의 소부小婦 즉 첩의 동생인 장미인張美人이 이미 다른 사람에게 출가한 것을 알고 있는 탓에 예를 좇아 의당 지존에게 보내서는 안 됐습니다. 그럼에도 의당 아들을 낳을 것이라고 말하며 후궁으로 받아들이게 했습니다. 실로 자신의 처제妻弟를 사사로이 예우한 것입니다. 듣건대 장미인은 아직도 회임懷妊 즉 임신任身의 상태가 되어 출산을 위해 관사에 들어간 적이 없다고 합니다.

또 강족羌族과 호족胡族의 경우는 순수한 혈통을 잇기 위해 여인이 처음 출산하는 자식은 곧 죽여 버리는 탕장蕩腸으로 세상을 바로잡는다고 합니다. 하물며 천자가 이미 출가한 여인을 가까이 한 경우이겠습니까? 이들 3개 사항은 모두 대사大事에 해당하는 것으로 폐하가 목도한 바와 같습니다. 이로써 보지 못한 그의 나머지 행위에 대해서도 족히 미뤄 알 수 있습니다. 왕봉으로 하여금 오랫동안 일을 맡게 할 수 없으니 의당 집으로 물러나 쉬게 하고, 충현忠賢을 선발해 그를 대신하게 해야 할 것입니다!"

왕봉이 황상에게 승상 왕상의 파면을 품고한 이래 정도공왕 유강을 봉국으로 보내야 한다고 건의한 것에 이르기까지 황상은 평안하지 못했다. 마침내 왕장의 건의를 듣고는 홀연히 감동하여 깨달은 바가 있었다. 곧 그의 건의를 받아들이면서 이같이 말했다.

"경조윤의 직언이 없었다면 나는 사직에 관한 계책을 듣지 못했을 것이오. 오직 현인만이 현인을 알 수 있으니 그대는 짐을 위해 스스로 보필의 책임을 질 만한 사람을 구해보도록 하시오."

왕장이 봉사封事를 상주해 한성제의 이복형제인 신도왕信都王 유흥劉興의 외숙인 낭야琅邪산동성 제성현 태수 풍야왕馮野王을 천거했다. 충성되고 믿음이 있으며 소박하고 곧은 충신질직忠信質直의 모습을 보이며 지모知謀가 뛰어나다는 게 이유였다. 신도왕의 외숙 자격으로 출사한 풍야왕이 현인이라는 칭송을 받으며 조정으로 들어가면 분명 성주聖主가 현인의 조정 진출을 좋아하는 셈이 된다.

원래 황상은 태자로 있을 때 풍야왕이 선제 이래의 명경名卿이라는 소문을 들은 바 있다. 성예聲譽가 왕봉과는 비교할 수 없을 정도로 높았다. 황상은 바야흐로 그에 의지하며 왕봉의 역할을 대신하도록 할 심산이었다. 왕장이 매번 불려가 황상을 알현할 때마다 황상은 곧바로 좌우를 물리쳤다. 당시 태후의 종제從弟의 아들인 시중侍中 왕음王音이 홀로 은밀히 뒤에 남아 왕장의 건의를 엿들은 뒤 왕봉에게 고했다. 왕봉이 이 얘기를 듣고는 크게 우구憂懼했다. 두흠杜欽이 왕봉에게 칭병하며 집에 들어간 뒤 걸해골乞骸骨을 상소하도록 조언했다. 그 언사가 매우 애절했다. 태후가 이 얘기를 듣고는 그를 위해 눈물을 흘리면서 밥을 먹지 않았다. 황상은 어린 나머지 여전히 왕봉에게 기대며 차마 내쫓지 못했다. 이내 왕봉에게 우대하는 조서를 보내 억지로 일으켜 세웠다. 왕봉이 다시 자리에 나아가 정사를 본 이유다.

당시 황상은 상서尙書를 시켜 왕장을 탄핵하는 상주문을 올리게 했다.

"왕장은 전에 풍야왕이 신도왕의 외숙으로 출사해 대홍려大鴻臚로 있다가 상군上郡 태수로 나간 것을 알고도 사적으로 법을 어겨 다시 그를 조정의 구경九卿에 천거함으로써 제후에게 아부阿附하려 했습니다. 또한 장미인張美人은 이미 지존인 황상의 후궁이 되었는데도 망령되게 강족과 호족의 탕장蕩腸 관행을 언급했으니 이는 의당 해서는 안 될 말입니다."

황상이 왕장을 옥리에게 내려 보냈다. 정위廷尉가 대역죄大逆罪로 물으면서 이같이 말했다.

"황상을 이적夷狄과 비교해 후사를 낳을 수 있는 단서를 잘라냈다. 이는 천자를 배반한 것이고, 사사로이 정도왕을 위한 것이다."

왕장이 끝내 옥중에서 죽은 이유다. 그의 처자는 합포合浦로 유배를 갔다. 이후 왕공들이 왕봉을 곁눈으로 보며 눈치를 살폈다.

풍야왕은 두렵고 불안한 나머지 마침내 병이 났다. 3달 후 병가病暇를 얻어 처자와 함께 임지인 두릉과 정반대 방향인 고향 두릉杜陵섬서성 서안시으로 돌아가 의약醫藥 치료를 받았다. 대장군 왕봉은 어사중승御史中丞에게 넌지시 일러 풍야왕을 탄핵하는 상주문을 올리게 했다.

"풍야왕은 병가를 얻어 양병養病하면서 편의를 꾀해 사사로이 호부虎

符를 지닌 채 군계郡界를 넘어 귀가했습니다. 조서를 대하는 봉조奉詔 행보가 불경不敬스럽습니다."

두흠이 왕봉에게 하관下官이 상관上官에게 사안을 고하는 주기奏記를 했다.

"2천석의 관원이 발병을 고해 병가를 얻어 귀가하는 것은 옛날에도 있었습니다. 부득이 원래의 군郡을 떠날 수 없다는 조항은 아직 법령에 드러난 게 없습니다.『전傳』은 포상이 의심스러우면 상을 내리는 쪽을 좇는다는 뜻의 상의종여賞疑從予를 언급한 바 있습니다.[34] 은택을 널리 베풀어 공을 세우기를 권한 것입니다. 처벌이 의심스러우면 벌을 내리지 않는 쪽을 좇는다는 뜻의 벌의종거罰疑從去도 같은 취지입니다. 형벌을 신중히 내려 옥안獄案이 원굴寃屈의 사건으로 비화되는 일이 없도록 하라는 것입니다. 지금 법령과 전례의 유무를 개의치 않고 대불경大不敬의 죄를 묻는 것은 '벌의종거'의 고훈古訓을 크게 위반하는 것입니다. 2천석의 녹질을 내리며 1,000리의 땅을 지키게 하고, 병마兵馬의 중책을 맡겼으니 의당 군郡을 떠나서는 안 됩니다. 그러나 새로운 형벌을 담은 법령을 제정할 경우 그 이후에 법령을 위반한 자를 단속할 수는 있어도, 풍야왕은 법령이 만들어지기 전에 죄를 범한 경우입니다. 형상刑賞은 나라의 대신大信인 까닭에 신중을 기하지 않으면 안 됩니다."

황봉이 듣지 않고 끝내 풍야왕을 면관免官시켰다.

당시 중서衆庶는 왕장이 억울하게 죽은 것을 알고 분분히 조정을 비판했다. 두흠이 그의 허물을 구해주기 위해 다시 왕봉에게 건의했다.

---

34 여기의『전傳』은 가의賈誼의『신서新書』「연어連語」를 가리킨다. 여기에는 포상이 의심스러우면 상을 내리는 쪽을 좇는다는 뜻의 상의즉종여賞疑則從予과 옥안獄案이 의심스러우면 벌을 내리지 않는 쪽을 좇는다는 뜻의 옥의즉종거獄疑疑則從去 구절이 나온다.『자치통감』 원문에는 '옥의즉종거'가 벌의종거罰疑從去로 나온다.

"경조윤 왕장이 연루된 죄목은 은밀히 진행된 사안에 관한 것으로 일반백성은 알기 어려운 것입니다. 그런데도 지금 경사의 사람들 가운데 이 사안을 모르는 사람이 없습니다. 하물며 원방遠方의 경우는 어떻겠습니까? 천하의 사람들이 왕장의 죄를 자세히 알지도 못한 채 그가 직언을 하다가 죄에 연루된 것으로 오해할까 두렵습니다. 이같이 되면 간쟁하는 근원을 막게 되어 관명寬明한 덕을 덜어내게 됩니다. 저의 어리석은 생각으로는 의당 이번 일을 계기로 직언直言과 극간極諫의 인재를 널리 천거하게 하고, 아울러 낭관郎官과 종관從官들로 하여금 이전보다 더욱 고취하며 거리낌 없이 자신의 의견을 모두 표명토록 하는 게 나을 듯합니다. 이를 널리 사방에 밝게 드러내 보여주면서 천하 사람들로 하여금 주상이 성명聖明한 까닭에 직언과 극간을 하는 일로 인해 죄를 짓는 일이 없다는 사실을 명확히 알리도록 하십시오. 이같이 하면 유언流言은 이내 소석消釋되고, 의혹疑惑을 풀지 못하는 사람도 분명히 이해하게 될 것입니다."

왕봉이 황상에게 이를 고한 뒤 시행했다.

4) 이 해에 진류陳留하남성 진류현 태수 설선薛宣을 좌풍익左馮翊으로 삼았다. 설선은 진류 태수로 있을 때 이르는 곳마다 커다란 칭송과 업적인 성적聲跡이 있었다. 당시 그의 아들 설혜薛惠는 팽성彭城강소성 서주시 현령으로 있었다. 설신은 일찍이 팽성현을 지나면서 내심 설혜는 재능이 없다고 생각해 관청업무인 이사吏事에 관해서는 묻지도 않았다. 혹자가 설선에게 물었다.

"어찌하여 자식인 설혜에게 관원의 직무인 이직吏職을 가르치려 들지 않는 것입니까?"

설선이 웃으며 말했다.

"관원이 나아가야 할 길인 이도吏道는 조정의 법령을 스승으로 삼기에 묻기만 하면 곧바로 알 수 있는 일이오. 선치善治 여부는 본인의 자재資材

에 달여 있는 법이니, 어찌 가르쳐서 될 일이겠소!"

중인衆人들이 이를 전하며 칭송하는 전칭傳稱을 하면서 모두 그렇게 생각했다.

＊ 孝成皇帝陽朔元年

春, 二月, 丁未晦, 日有食之.

三月, 赦天下徒.

冬, 京兆尹泰山王章下獄, 死.

時大將軍鳳用事, 上謙讓無所顓. 左右嘗薦光祿大夫劉向少子歆通達有異材, 上召見歆, 誦讀詩賦, 甚悅之, 欲以為中常侍. 召取衣冠, 臨當拜, 左右皆曰, "未曉大將軍." 上曰, "此小事, 何須關大將軍!" 左右叩頭爭之, 上於是語鳳, 鳳以為不可, 乃止. 王氏子弟皆卿·大夫·侍中·諸曹, 分據勢官, 滿朝廷. 杜欽見鳳專政泰重, 戒之曰, "願將軍由周公之謙懼, 損穰侯之威, 放武安之欲, 毋使范睢之徒得間其說." 鳳不聽.

時上無繼嗣, 體常不平. 定陶共王來朝, 太后與上承先帝意, 遇共王甚厚, 賞賜十倍於它王, 不以往事為纖介. 留之京師, 不遣歸國. 上謂共王曰, "我未有子, 人命不諱. 一朝有它, 且不復相見, 爾長留侍我矣!" 其後天子疾益有瘳, 共王因留國邸, 旦夕侍上. 上甚親重之. 大將軍鳳心不便共王在京師, 會日食, 鳳因言曰, "日食, 陰盛之象. 定陶王雖親, 於禮當奉藩在國. 今留侍京師, 詭正非常, 故天見戒, 宜遣王之國." 上不得已於鳳而許之. 共王辭去, 上與相對涕泣而決.

王章素剛直敢言, 雖為鳳所舉, 非鳳專權, 不親附鳳, 乃奏封事, 言曰, "日食之咎, 皆鳳專權蔽主之過." 上召見章, 延問以事. 章對曰,

“天道聰明, 佑善而災惡, 以瑞異為符效. 今陛下以未有繼嗣, 引近定陶王, 所以承宗廟, 重社稷, 上順天心, 下安百姓, 此正議善事, 當有祥瑞, 何故致災異! 災異之發, 為大臣顓政者也. 今聞大將軍猥歸日食之咎於定陶王, 建遣之國, 苟欲使天子孤立於上, 顓擅朝事以便其私, 非忠臣也. 且日食, 陰侵陽, 臣顓君之咎. 今政事大小皆自鳳出, 天子曾不壹舉手, 鳳不內省責, 反歸咎善人, 推遠定陶王. 且鳳誣罔不忠, 非一事也. 前丞相樂昌侯商, 本以先帝外屬, 內行篤, 有威重, 位歷將相, 國家柱石臣也, 其人守正, 不肯屈節隨鳳委曲. 卒用閨門之事為鳳所罷, 身以憂死, 眾庶愍之. 又鳳知其小婦弟張美人已嘗適人, 於禮不宜配御至尊, 托以為宜子, 內之後宮, 苟以私其妻弟. 聞張美人未嘗任身就館也. 且羌·胡尚殺首子以蕩腸正世, 況於天子, 而近已出之女也! 此三者皆大事, 陛下所自見, 足以知其餘及它所不見者. 鳳不可令久典事, 宜退使就第, 選忠賢以代之!” 自鳳之白罷商, 後遣定陶王也, 上不能平. 及聞章言, 天子感寤, 納之, 謂章曰, “微京兆尹直言, 吾不聞社稷計. 且唯賢知賢, 君試為朕求可以自輔者.” 於是章奏封事, 薦信都王舅琅邪太守馮野王, 忠信質直, 知謀有餘. 以王舅出, 以賢復入, 明聖主樂進賢也. 上自為太子時, 數聞野王先帝名卿, 聲譽出鳳遠甚, 方倚欲以代鳳. 章每召見, 上輒辟左右. 時太后從弟子侍中音獨側聽, 具知章言, 以語鳳. 鳳聞之, 甚憂懼. 杜欽令鳳稱病出就第, 上疏乞骸骨, 其辭指甚哀. 太后聞之, 為垂涕, 不御食. 上少而親倚鳳, 弗忍廢, 乃優詔報鳳, 強起之. 於是鳳起視事.

上使尚書劾奏章曰, “知野王前以王舅出補吏, 而私薦之, 欲令在朝, 阿附諸侯. 又知張美人體御至尊, 而妄稱引羌胡殺子蕩腸, 非所宜言.” 下章吏. 廷尉致其大逆罪, 以為“比上夷狄, 欲絕繼嗣之端, 背畔天子, 私為定陶王." 章竟死獄中, 妻子徙合浦. 自是公卿見鳳, 側目而視. 馮野王懼不自安, 遂病. 滿三月, 賜告, 與妻子歸杜陵就醫藥. 大將軍鳳風御史中丞劾奏"野王賜告養病而私自便, 持虎符出界歸家, 奉詔不敬." 杜欽奏記於鳳曰, "二千石病, 賜告得歸, 有故事. 不得去郡, 亡著令. 『傳』曰, '賞疑從予' 所以廣恩勸功也. '罰疑從去' 所以慎刑, 闕難知也. 今釋令與故事而假不敬之法, 甚違'闕疑從去' 之意. 即以二千石守千里之地, 任兵馬之重, 不宜去郡, 將以制刑為後法者, 則野王之罪在未制令前也. 刑賞大信, 不可不慎." 鳳不聽, 竟免野王官. 時衆庶多冤王章譏朝廷者, 欽欲救其過, 復說鳳曰, "京兆尹章, 所坐事密, 自京師不曉, 況於遠方! 恐天下不知章實有罪, 而以為坐言事. 如是, 塞爭引之原, 損寬明之德. 欽愚以為宜因章事舉直言極諫, 并見郎從官, 展盡其意, 加於往前, 以明示四方, 使天下咸知主上聖明, 不以言罪下也. 若此, 則流言消釋, 疑惑著明." 鳳白行其策焉.

是歲, 陳留太守薛宣為左馮翊. 宣為郡, 所至有聲跡. 宣子惠為彭城令, 宣嘗過其縣, 心知惠不能, 不問以吏事. 或問宣曰, "何不教戒惠以吏職?" 宣笑曰, "吏道以法令為師, 可問而知. 及能與不能, 自有資材, 何可學也!" 衆人傳稱, 以宣言為然.

한성제 양삭 2년(BC 23)

1) 봄 3월, 천하에 대사령을 내렸다.

2) 어사대부 장충張忠이 졸卒했다.

3) 여름 4월 27일, 시중侍中·태복太僕인 왕음王音이 어사대부가 됐다. 왕씨 집안이 더욱 번성해 군국郡國의 수상守相과 자사刺史가 모두 그의 집안에서 나온 결과다. 5후五侯[35]의 여러 동생들이 다퉈 사치를 하며, 뇌

물 용 진보珍寶가 사방에서 도착했다. 이들 모두 인사人事에 훤해 민첩하게 움직였고, 선비를 좋아해 현자를 기르는 호사양현好士養賢의 행보를 보였고, 재산을 기울여 다른 사람에게 주는 것을 서로 고상高尙하게 여겼다. 빈객이 왕씨 집안의 문에 가득 들어차는 만문滿門을 하면서 다퉈 왕씨의 성예聲譽를 높였다. 유향劉向이 진탕陳湯에게 말했다.

"지금 재이가 이처럼 엄중하니, 외가外家가 날로 번성하고 있는 게 그렇소. 그것이 점차 커져 반드시 유씨劉氏를 위태롭게 할 것이오. 나는 다행히 유씨의 먼 지파支派인 말속末屬인 까닭에 여러 세대에 걸쳐 한나라의 후은厚恩을 입었소. 몸은 종실宗室의 늙은 신하로, 선제와 원제 및 황상 등 3명의 주상을 모셨소. 황상은 내가 선제의 구신舊臣인 까닭에 매번 진현進見할 때마다 늘 우례優禮를 베풀었소. 내가 이를 말하지 않으면 누가 이를 얘기하겠소!"

그러고는 마침내 봉사封事를 올려 극간했다.

"신은 인군人君 가운데 안정을 바라지 않는 자는 없으나 늘 위험했고, 남아 있기를 바라지 않는 자가 없으나 늘 패망했다고 들었습니다. 신하를 제압하는 술책인 어신지술御臣之術을 잃은 탓입니다. 무릇 대신이 권병權柄을 조정하며 국정을 다룰 경우 해를 끼치지 않은 경우가 없었습니다. 『서경』「주서周書, 홍범洪範」에 이르기를, '신하가 복록과 위엄을 지으며 기름진 음식을 받아먹으면 그 해악이 왕실에 미치고, 그 흉함이 나라에 미치게 된다'고 했습니다. 공자도 『논어』「계씨」에서 '식록食祿을 내리는 권한

35 5후五侯는 태후인 왕정군王政君의 이복동생을 가리킨다. 왕정군의 동복동생으로는 일찍이 제후로 책봉된 왕봉王鳳과 왕숭王崇이 있었다. 그밖에도 이복동생으로는 왕만王曼과 왕담王譚, 왕상王商, 왕립王立, 왕근王根, 왕봉시王逢時 등 6명이 있었다. 왕만이 일찍 죽은 탓에 나머지 5명의 이복동생이 같은 날 제후로 봉해졌다. 세간에서 '5후'로 불리게 된 이유다.

이 노나라 공실에서 떠나 대부 계씨의 손으로 넘어갔다'[36]고 지적한 바 있습니다. 위망의 조짐을 언급한 것입니다. 지금 왕씨 일족 가운데 붉은 칠의 바퀴를 단 수레인 주륜朱輪과 화려한 채색의 비단을 두른 수레인 화곡華轂을 타는 2천석 이상의 고위관원이 23명이나 됩니다. 또 2천석을 상징하는 청색青色과 제후를 상징하는 자색紫色의 인수印綬를 패용한 자를 비롯해 황제 곁에서 담비꼬리와 매미 문양인 초선貂蟬의 관복冠服을 입은 채 시봉하는 시중과 중상시 등이 궐내에 가득합니다. 마치 물고기 비늘인 어린魚鱗이 좌우에 빽빽이 들어서 있는 것과 같습니다. 대장군 왕봉은 국사를 다루면서 권력을 좌우하는 병사용권秉事用權을 하고 있고, '5후'는 교사驕奢가 분수를 넘은데다 작위작복作威作福으로 사람을 멋대로 공격하거나 자르는 격단擊斷을 행하며 더러운 짓으로 나라를 다스리고 있습니다. 몸은 사사로운 일을 하면서도 공사公事를 기탁하고, 태후가 머무는 동궁東宮의 존엄에 의지하고, 황상과 왕봉이 생질과 외숙의 친척 관계인 생구지친甥舅之親을 내세워 막강한 위세를 누리는 게 그렇습니다. 상서尚書·구경九卿·주목州牧·군수郡守 모두 이들 가문에서 나오고 있습니다. 나라의 핵심기관인 추기樞機를 틀어쥔 채 붕당朋黨을 지어 서로 돌봐주는 비주比周를 행하고 있습니다. 이들이 칭예稱譽하는 자들은 등진登進하고, 이들을 거스르며 원한을 품은 자는 주상誅傷을 당합니다. 한가히 놀러 다니며 유세를 하는 자들은 그들의 공덕을 노래 부르고, 집정자

---

36 본문은 『논어』「계씨」에서 인용한 것이다. 「계씨」의 원문에는 식록을 내리는 권한이 노나라 공실에서 떠난 뒤 노선공·노성공·노양공·노소공·노정공 등 5세五世가 됐고, 정권이 대부 계손씨의 손으로 넘어간 뒤 계무자·계도자·계평자·계환자 등 4세四世나 됐고, 마침내 노나라가 망할 때가 되어 계손·숙손·중손 등 권신세력인 3환三桓이 쇠미해졌다는 뜻의 "녹지거공실祿之去公室, 오세의五世矣. 정체어대부政逮於大夫, 사세의四世矣. 고부삼환지자손미의故夫三桓之子孫微矣."로 되어 있다.

執政者는 그들을 위해서 말을 합니다. 종실을 배빈排擯하여 공족公族을 고약孤弱하게 만들고, 그 가운데 지능智能 있는 자는 더욱 비난으로 훼손해 나아가지 못하게 만들고, 종실로부터 더욱 멀리 끊어지게 하여 조정에서 자리를 맡지 못하게 만드니 이는 자신의 권세를 나눠 갖게 될까 두려워한 탓입니다. 자주 소제 때 모반을 한 연왕燕王과 개주蓋主의 얘기를 들먹여 황상의 마음에 의심이 가도록 만들고, 여후呂后와 곽광霍光의 얘기를 피하고 꺼려 말하지 않습니다. 속으로는 관숙管叔과 채숙蔡叔의 싹을 지닌 채 밖으로는 주공周公의 논리를 빌려 형제들을 중요한 자리에 앉히는 식으로 종족宗族이 서로 반석처럼 연결된 반호磐互의 모습을 보이고 있습니다.

상고上古 이래 진한秦漢에 이르기까지 외척을 참칭僭稱해 귀하게 된 것으로 왕씨와 같은 경우가 없었습니다. 사물이 성하면 반드시 비상한 변화가 먼저 드러나고 이내 그 사람의 몸에 은미한 상징이 나타나게 됩니다. 효소제孝昭帝 때 커다란 바위인 관석冠石이 태산泰山에서 일어났고, 상림上林에서 쓰러진 버드나무인 부류仆柳가 일어난 뒤 효선제孝宣帝가 즉위했습니다. 지금 왕씨의 선조 분묘가 제남濟南산동성 역성현에 있습니다. 지탱하고 있는 대들보인 재주梓柱에서 지엽枝葉이 새로 나오고, 지엽이 집 밖으로 나와 땅에 뿌리를 깊이 박았습니다. 관석冠石과 부류仆柳가 기립起立한 것에 비할 때 이보다 더 지나칠 정도로 분명한 것은 없습니다. 두 주인은 반드시 사세事勢에 비춰 같이 커질 수 없는 만큼 왕씨와 유씨 역시 병립幷立할 수 없습니다. 이는 마치 유씨가 태산 같은 안정을 이루고 있는 데 반해 황상은 위에서 달걀을 쌓아 놓은 듯한 위기인 누란지위累卵之危에 처해 있는 것과 같습니다. 폐하는 원래 유씨의 자손으로 태어나 종묘를 지키며 유지하는 입장입니다. 그런데도 나라의 운명인 국조國祚를 외척에게 옮겨 놓고 노비인 조례皁隸처럼 폄강貶降된 모습을 보이니 설령 폐하는 그리 되지 않는다 할지라도 종묘는 장차 어찌될 것입니까? 부인婦人은 의당 안으로 부가夫家를 위주로 친하게 지내야 하고, 밖으로 친정인 부모가父母家를 멀리 대해야 할 것입니다. 그럼에도 황태후는 이와 정반대로 하고 있으니 이는 결코 황태후의 복이 아닙니다. 효선제는 외숙인 평창후平昌侯 왕무고王無故에게 권력을 넘겨주지 않아서 안정할 수 있었습니다. 무릇 현명한 사람은 무형無形에서 복을 만들고, 일이 아직 빚어지지 않는 미연未然에 미리 우환을 제거하는 소환銷患을 합니다. 의당 공개적으로 밝은 조서를 반포해 덕음德音을 설파함으로써 종실을 지원하며 가까이하고, 친히 그들을 널리 받아들이면서 신뢰해야 할 것입니다. 이어 외척을 멀리 내치는 출원黜遠을 하여 정사에 개입하지 못하게 하고, 모두 파직시켜 집으로 돌아가게 하는 식으로 선제의 행보를 본받아야 합니다. 그래야 외척을 두텁게 안정시키고, 그 종족을 온전히 할 수 있습니다. 이것이 실로 태후인 동궁東宮의 뜻이고, 외가의 복입니다. 그러면 왕씨는 영존永存하며 작록을 보유하고, 유씨는 오랫동안 평안하여 사직을 잃지 않게 됩니다. 이는 외가와 친가의 성씨가 서로 권장하며 화목한 포목褒睦을 통해 자자손손 끝없는 복을 누리는 계책인 무강지계無疆之計에 해당합니다. 이를 시행하지 않으면 춘추시대 말기 강씨姜氏의 제齊나라를 찬탈한 전씨田氏와 같은 사람이 지금 다시 나타나고, 군주의 나라를 나눠가진 진晉나라의 권신인 육경六卿[37]과 같은 자가 한나라에도 반드시 등장할 것입니다. 후사를 위해 걱정되는 사항은 이처럼 매우 뚜렷하고 밝은 소소심명

37 육경六卿은 춘추시대 말기 권신의 행보를 보인 진晉나라의 6개 가문을 가리킨다. 지씨智氏와 범씨范氏, 중항씨中行氏, 한씨韓氏, 위씨魏氏, 조씨趙氏가 그들이다. 서로 무리를 지어 다툰 끝에 한씨와 위씨 및 조씨만 살아남아 진나라를 셋으로 분할해 별도의 제후국을 만들었다. 기원전 403년에 주나라 왕실이 이를 공식 인정했다. 이 시기가 춘추시대와 전국시대의 분기점이다.

昭昭甚明의 모습을 보이고 있습니다. 오직 폐하가 마음 깊이 새겨 두고 거듭 생각하는 심류성사深留聖思에 달려 있습니다!" 상서가 올라가자 천자가 유향을 소견召見했다. 유향이 탄식하며 비통해하는 심경을 이해하며 이같이 말했다.

"그대는 잠시 더 말하지 않도록 하시오. 내가 장차 해법을 강구해 보도록 하겠소."

그러나 끝내 유향의 건의를 채택하지 못했다.

4) 가을, 함곡관 이동의 관동關東 즉 효산 이동의 산동山東에 대수大水가 있었다.

5) 8월 10일, 정도공왕定陶共王 유강劉康이 홍거薨去했다.

6) 이 해에 신도왕信都王 유흥劉興을 중산왕中山王으로 개봉했다.

* 孝成皇帝陽朔二年

春, 三月, 大赦天下.

御史大夫張忠卒.

夏, 四月, 丁卯, 以侍中·太僕王音為御史大夫. 於是王氏愈盛, 郡國守相·刺史皆出其門下. 五侯群弟爭為奢侈, 賂遺珍寶, 四面而至, 皆通敏人事, 好士養賢, 傾財施予以相高尚. 賓客滿門, 競為之聲譽. 劉向謂陳湯曰, "今災異如此, 而外家日盛, 其漸必危劉氏. 吾幸得以同姓末屬, 累世蒙漢厚恩, 身為宗室遺老, 歷事三主. 上以我先帝舊臣, 每進見, 常加優禮. 吾而不言, 孰當言者!" 遂上封事極諫曰, "臣聞人君莫不欲安, 然而常危. 莫不欲存, 然而常亡. 失御臣之術也. 夫大臣操權柄, 持國政, 未有不為害者也. 故『書』曰, '臣之有作威作福, 害於而家, 凶於而國' 孔子曰, '祿去公室, 政逮大夫' 危亡之兆也. 今王氏一姓, 乘朱輪華轂者二十三人, 青·紫·貂·蟬充盈幄內, 魚鱗左右. 大將軍秉事用權, 五侯驕奢僭盛, 幷作威福, 擊斷自恣, 行污而寄治, 身私而托公, 依東宮之尊, 假甥舅之親, 以為威重. 尚書·九卿·州牧·郡守皆出其門, 管執樞機, 朋黨比周. 稱譽者登進, 忤恨者誅傷. 游談者助之說, 執政者為之言, 排擯宗室, 孤弱公族, 其有智能者, 尤非毁而不進, 遠絕宗室之任, 不令得給事朝省, 恐其與己分權. 數稱燕王·蓋主以疑上心, 避諱呂·霍而弗肯稱. 內有管·蔡之萌, 外假周公之論, 兄弟據重, 宗族磐互, 歷上古至秦·漢, 外戚僭貴未有如王氏者也. 物盛必有非常之變先見, 為其人微象. 孝昭帝時, 冠石立於泰山, 仆柳起於上林, 而孝宣帝即位. 今王氏先祖墳墓在濟南者, 其梓柱生枝葉, 扶疏上出屋, 根臿地中, 雖立石起柳, 無以過此之明也. 事勢不兩大, 王氏與劉氏亦且不幷立, 如下有泰山之安, 則上有累卵之危. 陛下為人子孫, 守持宗廟, 而令國祚移於外親, 降為皁隸, 縱不為身, 奈宗廟何! 婦人內夫家而外父母家, 此亦非皇太后之福也. 孝宣皇帝不與舅平昌侯權, 所以全安之也. 夫明者起福於無形, 銷患於未然, 宜發明詔, 吐德音, 援近宗室, 親而納信, 黜遠外戚, 毋授以政, 皆罷令就弟, 以則效先帝之所行, 厚安外戚, 全其宗族, 誠東宮之意, 外家之福也. 王氏永存, 保其爵祿, 劉氏長安, 不失社稷, 所以褒睦外內之姓, 子子孫孫無疆之計也. 如不行此策, 田氏復見於今, 六卿必起於漢, 為後嗣憂, 昭昭甚明. 唯陛下深留聖思!" 書奏, 天子召見向, 歎息悲傷其意, 謂曰, "君且休矣, 吾將思之." 然終不能用其言.

秋, 關東大水.

八月, 甲申, 定陶共王康薨.

是歲, 徙信都王興為中山王.

** 권31-한기漢紀 23: 왕망이 흑심을 품다

한성제 양삭 3년(BC 22)

1) 봄 3월 27일[38], 운석隕石이 동군東郡하남성 복양현의 8곳에 떨어졌다.

2) 여름 6월, 영천潁川하남성 우현의 주철鑄鐵 담당 관청인 철관鐵官에 갇혀 있던 형도刑徒인 신도성申屠聖 등 180명이 태수 휘하의 고위관원인 장리長吏를 죽이고, 창고에 있던 무기를 도적질한 뒤 스스로 장군을 칭하며 인근 9개 군을 횡행했다. 한나라 조정이 승상장사丞相長史와 어사중승御史中丞을 파견해 반란군을 축포逐捕하게 한 뒤 곧 군사를 일으켜 이들을 돕게 했다. 난을 일으킨 자들 모두 스스로 죄를 인정하고 죽음을 받아들이는 복고伏辜를 했다.

3) 가을, 왕봉이 병이 나자 천자가 자주 몸소 찾아가 문병했다. 친히 그의 손을 잡고 눈물을 흘리며 말했다.

"장군이 병이 났으니 만일 말을 못하는 불가언不可言의 상황이 되면 평아후平阿侯 왕담王譚이 장군의 뒤를 이어야 할 것이오!"

왕봉이 돈수頓首하며 눈물을 흘렸다.

"왕담 등은 비록 신의 지친至親입니다만 행동이 모두 사치하고 참람한

---

38 원문은 '삼월三月, 임술壬戌'이다. 당시 3월에는 임술일이 없다. 임진壬辰의 오사誤寫일 공산이 크며 그 경우 27일이 된다. 번역문은 이를 좇았다.

사참奢僭의 모습을 보이고 있습니다. 백성을 솔선하여 이끄는 솔도率導를 할 수 없고, 어사대부 왕음王音만큼 삼가며 신중한 근칙謹敕의 수준도 안 됩니다. 신은 감히 그가 대임을 맡을 수 없음을 죽음으로 보증합니다!"

왕봉은 죽기 전에 상소를 올려 황상에게 사의를 표한 뒤 다시 왕음을 천거해 자신을 대신하도록 하면서 왕담 등 5인은 반드시 쓸 수 없다고 말했다. 천자가 그럴 것으로 여겼다. 당초 왕담은 거만해 왕봉을 섬기려 하지 않았다. 그러나 왕음은 왕봉을 존경하며 스스로 낮춰 공손한 비공卑恭이 마치 아들과 같았다. 왕봉이 왕음을 천거한 이유다.

8월 24일, 왕봉이 죽었다.

9월 2일, 황상이 왕음을 대사마·거기장군으로 삼았다. 이어 왕담을 삼공 다음의 자리인 특진特進에 앉히면서 장안의 12개 성문을 총괄하는 영성문병領城門兵의 자리를 맡게 했다. 안정安定감숙성 고원현 태수 곡영谷永은 왕담이 대장군의 직위를 얻을 길이 없다고 판단해 대장군의 자리를 사양하는 것은 물론 영성문병의 자리도 받지 말라고 권했다. 왕담과 왕음이 서로 불만과 원망을 품는 불평不平을 하게 된 배경이다.

4) 겨울 11월 6일, 광록훈光祿勳 우영于永이 어사대부가 됐다. 우영은 우정국于定國의 아들이다.

** 起屠維大淵獻, 盡強圉協洽, 凡九年.

孝成皇帝陽朔三年

春, 三月, 壬戌, 隕石東郡八.

夏, 六月, 穎川鐵官徒申屠聖等百八十人殺長吏, 盜庫兵, 自稱將軍, 經歷九郡. 遣丞相長史·御史中丞逐捕, 以軍興從事, 皆伏辜.

秋, 王鳳疾, 天子數自臨問, 親執其手涕泣曰, "將軍病, 如有不可言, 平阿侯譚次將軍矣!" 鳳頓首泣曰, "譚等雖與臣至親, 行皆奢僭, 無以率導百姓, 不如御史大夫音謹敕, 臣敢以死保之!" 及鳳且死, 上疏謝上, 復固薦音自代, 言譚等五人必不可用. 天子然之. 初, 譚倨, 不肯事鳳, 而音敬鳳, 卑恭如子, 故鳳薦之. 八月, 丁巳, 鳳薨. 九月, 甲子, 以王音為大司馬·車騎將軍, 而王譚位特進, 領城門兵. 安定太守谷永以譚失職, 勸譚辭讓, 不受城門職. 由是譚·音相與不平.

冬, 十一月, 丁卯, 光祿勳于永為御史大夫. 永, 定國之子也.

한성제 양삭 4년(BC 21)

1) 봄 2월, 천하에 사면령을 내렸다.

2) 여름 4월, 진눈깨비인 우설雨雪이 내렸다.

3) 가을 9월 16일, 한선제의 아들인 동평사왕東平思王 유우劉宇가 홍거薨去했다.

4) 소부少府 왕준王駿이 경조윤이 됐다. 왕준은 왕길王吉의 아들이다. 앞서 조광한趙廣漢과 장창張敞, 왕존王尊, 왕장王章이 경조윤을 지낸 뒤에 왕준이 임명된 것이다. 이들 모두 유능하다는 명성을 얻었다. 덕분에 경사에 이런 칭송이 나돌았다.

"앞에는 조趙·장張, 뒤에는 3왕三王이 있다!"

5) 윤9월 7일, 어사대부 우영于永이 졸卒했다.

6)오손烏孫의 소왕小王인 소곤미小昆彌 오취도烏就屠가 죽은 뒤 아들 부리拊離가 대신 나섰으나 오취도의 동생인 일이日貳에 의해 살해됐다. 한나라 조정이 사자를 보내 부리의 아들인 안일安日을 소곤미로 세웠다. 일이가 강거康居까지 달아났다. 안일이 고막닉姑莫匿 등 3인의 귀인을 파견해 망명을 가장한 뒤 일이를 쫓게 했다. 이들이 일이를 척살했다. 서역의 여러 나라들이 상서해 이전의 도호都護 단회종段會宗을 다시 보내줄

것을 청했다. 황상이 이를 좇았다. 성곽이 있는 서역의 여러 나라들이 이 이야기를 듣고 모두 흡연翕然히 친부親附했다.

7) 곡영이 상주했다.

"성왕聖王은 명예를 실효實效에 덧붙이지 않습니다. 어사대부는 임무가 중하고 직책이 큰 임중직대任重職大의 자리입니다. 소부少府 설선薛宣은 정사政事에 통달한 자입니다. 오직 폐하가 유신留神하여 고찰考察하도록 하십시오!"

황상이 동의했다.

＊ 孝成皇帝陽朔四年

春, 二月, 赦天下.

夏, 四月, 雨雪.

秋, 九月, 壬申, 東平思王宇薨.

少府王駿為京兆尹. 駿, 吉之子也. 先是, 京兆有趙廣漢·張敞·王尊·王章·王駿, 皆有能名, 故京師稱曰, "前有趙·張, 後有三王!"

閏月, 壬戌, 于永卒.

烏孫小昆彌烏就屠死, 子拊離代立. 為弟日貳所殺. 漢遣使者立拊離子安日為小昆彌. 日貳亡阻康居. 安日使貴人姑莫匿等三人詐亡從日貳, 刺殺之. 於是西域諸國上書, 願復得前都護段會宗. 上從之. 城郭諸國聞之, 皆翕然親附.

谷永奏言曰, "聖王不以名譽加於實效. 御史大夫任重職大, 少府宣達於從政, 唯陛下留神考察!" 上然之.

한성제 홍가鴻嘉 원년(BC 20)

1) 봄 정월 9일, 설선을 어사대부로 삼았다.

2) 2월 28일, 황상이 아직 명칭을 정하지 않은 수릉壽陵인 초릉初陵에 행행行幸해 작업 중인 형도刑徒들을 사면했다. 이어 능묘 주변에 있는 신풍新豐섬서성 임동현의 희향戲鄕을 창릉현昌陵縣으로 바꾼 뒤 능묘 조성의 인력 등을 지원하며 초릉을 받들게 했다.

3) 황상이 처음으로 민간 복장을 한 채 민정을 시찰하는 미행微行을 했다. 특별 경위警衛인 기문랑期門郎 또는 사노私奴 10여 명을 이끌거나 소거小車를 타거나 모두 말을 타거나 하는 식으로 저자와 마을, 교야郊野 등을 출입했다. 멀리는 이웃 현에 있는 감천궁甘泉宮이나 장양궁長楊宮, 오작궁五柞宮에 이르러 투계鬪鷄와 주마走馬 등을 관람했다. 이때는 늘 부평후富平侯의 가인家人을 자칭했다. '부평후'는 장안세의 4세손世孫인 장방張放을 말한다. 장방의 부친 장림張臨은 한성제의 고모인 경무敬武공주를 부인으로 삼아 모시고 살면서 장방을 낳았다. 이후 장방은 시중侍中·중랑장中郎將이 되어 허황후의 여동생을 부인으로 맞아들였다. 당시 황제의 그에 대한 총행寵幸이 그 무엇과도 비교할 수 없는 무비無比의 모습을 보였다. 황제가 '부평후'의 가인家人을 가칭假稱하며 미행을 한 이유다.

4) 3월 17일, 승상 장우張禹가 노병老病을 이유로 사직하면서 장차 열후列侯의 자격으로 삭망朔望의 조회에 참여하는 특진特進이 됐다. 알현의 예우는 승상처럼 했고, 상사賞賜가 앞뒤로 수천만 전에 달했다.

5) 여름 4월 27일, 설선薛宣이 승상이 돼 고양후高陽侯에 봉해졌다. 경조윤 왕준王駿이 어사대부가 됐다.

6) 왕음王音은 이미 황제의 외당숙인 종구從舅의 신분으로 5후五侯의 권세를 뛰어넘는 위치에서 용사用事했다. 친족에 대해 특별히 신중한 자세로 소심小心히 대한 이유다. 황상은 왕음을 어사대부에서 거기장군으로 승진시켰으나 제후의 작위를 지닌 재상으로 봉하지 않았다.

6월 17일[39], 왕음을 안양후安陽侯에 봉했다.

7) 겨울, 황룡이 진정眞定하북성 정정현에 나타났다.

8) 이 해에 흉노의 복주루復株累 선우가 죽고, 동생인 난제저미서欒提且麋胥가 수해약제搜諧若鞮 선우로 즉위했다. 아들 좌축도한왕左祝都韓王 난제구류사후欒提留斯侯를 한나라 조정으로 보내 입시入侍하게 하고, 난제저막차欒提且莫車를 좌현왕左賢王으로 삼았다.

* 孝成皇帝鴻嘉元年

春, 正月, 癸巳, 以薛宣為御史大夫.

二月, 壬午, 上行幸初陵, 赦作徒. 以新豐戲鄕為昌陵縣, 奉初陵.

上始為微行, 從期門郎或私奴十餘人, 或乘小車, 或皆騎, 出入市里郊野, 遠至旁縣甘泉·長楊·五柞, 鬪鷄·走馬, 常自稱富平侯家人. 富平侯者, 張安世四世孫放也. 放父臨, 尚敬武公主, 生放, 放為侍中·中郎將, 娶許皇后女弟, 當時寵幸無比, 故假稱之.

三月, 庚戌, 張禹以老病罷, 以列侯朝朔·望, 位特進, 見禮如丞相, 賞賜前後數千萬.

夏, 四月, 庚辰, 薛宣為丞相, 封高陽侯. 京兆尹王駿為御史大夫.

王音既以從舅越親用事, 小心親職. 上以音自御史大夫入為將軍, 不獲宰相之封, 六月, 乙巳, 封音為安陽侯.

冬, 黃龍見眞定.

是歲, 匈奴復株累單于死, 弟且麋胥立, 為搜諧若鞮單于. 遣子左祝都韓王呴留斯侯入侍, 以且莫車為左賢王.

39 원문은 '6월六月, 을사乙巳'이다. 당시 6월에는 을사일이 없다. 17일에 해당하는 기사己巳의 오사일 공산이 크다. 이를 좇았다.

한성제 홍가 2년(BC 19)

1) 봄, 황상이 운양궁雲陽宮과 감천궁甘泉宮으로 행행했다.

2) 3월, 박사博士가 황제와 제후 등이 참여하는 활쏘기 대회인 대사례大射禮를 거행했다. 이때 홀연히 꿩이 뜰로 날아와 계단을 차례로 오른 뒤 당堂 위에서 소리 내어 우는 구雊를 했다. 그 뒤에 꿩들은 다시 태상太常과 종정宗正, 승상丞相, 어사대부御史大夫, 거기장군車騎將軍의 관부官府에 모였고, 또 다시 미앙궁의 승명전承明殿 옥상屋上에 모였다. 거기장군 왕음王音과 수시로 황제의 조령을 좇기 위해 징소를 받은 사인士人인 대조待詔 총寵 등이 상언했다.

"천지의 기운은 같은 종류와 서로 호응합니다. 군주를 견책하기 위해 드러내는 조짐은 비록 미미하기는 하나 매우 현저합니다. 꿩은 듣고 보는 청찰聽察에서 뇌성雷聲보다 앞서기에 먼저 울어대는 것입니다.『예기』「월령月令」에서 꿩을 등장시켜 절기를 알린 이유입니다.『서경』에 따르면 은나라 고종高宗 무정武丁은 꿩이 우는 이변인 구치지이雊雉之異를 실어 놓았습니다.[40] 전화위복轉禍為福의 징험徵驗을 밝힌 것입니다. 지금 박사가 대사례를 행하는 날 꿩이 뜰에 내린 뒤 계단을 거쳐 당 위로 올라가고, 만중萬衆이 모두 우러러보는 수수睢睢의 모습으로 연일 경괴驚怪하는 와중에 삼공三公의 관부官府를 거쳐 태상太常과 종정宗正 등 종묘를 관장하는 골육친속의 관부를 지난 연후에 미앙궁으로 들어갔습니다. 꿩들이 이곳에 머물며 사람들에게 예시한 게 모두 완비된데다 매우 절실한 심절深切의 모습을 보인 까닭에 비록 사람들이 서로 경계하며 말할지라도 어찌

40 구치지이雊雉之異는『서경』「고종융일高宗肜日」에 나오는 구절을 언급한 것이다.「고종융일高宗肜日」에는 "고종의 뒤를 이은 조경祖庚이 성탕成湯에게 올리는 제사 다음 날의 제사인 융제肜祭를 지낼 때 꿩이 울었다. 신하 조기祖己가 '옛날 도를 통한 군주는 이변이 있으면 그것을 바로잡았다'고 말했다."는 구절이 나온다.

이보다 더 명확할 리 있겠습니까?"

뒤에 황제가 중상시中常侍 조굉晁閎을 시켜 조서를 내리며 이같이 말했다.

"듣건대 꿩을 잡고 보니 깃털이 매우 많이 꺾여 있고, 사람에게 붙잡혀 그리된 것 같다고 한다. 어떤 자가 고의로 그리하지 않고서 이게 가능한 일이겠는가?"

왕음이 다시 대답했다.

"폐하는 어찌 나라를 망치는 망국지어亡國之語를 할 수 있으십니까? 누가 이처럼 간사하고 망령된 계책인 영첨지계佞諂之計를 주도적으로 꾸며내 성덕聖德을 이토록 무란誣亂하게 만들려고 한 것인지요! 좌우에 아유阿諛하는 자가 너무 많으니 신 왕음의 아유까지 재차 기다릴 필요가 없을 것입니다. 공경公卿 이하의 백관들 가운데 자리를 지키며 스스로 안전을 꾀하는 보위자수保位自守로 인해 정언正言을 하는 자가 아무도 없습니다. 만일 폐하를 각오覺寤하게 하여 대화大禍가 곧 몸에 닥칠 것을 두려워한 나머지 신하들을 심책深責하고, 성법聖法으로 옭아매려 들면 신은 의당 가장 먼저 주륙을 당할 것입니다. 신이 어찌 그런 처지를 스스로 벗어나려 들겠습니까? 지금 폐하는 즉위 15년째가 됐습니다. 그런데도 후사가 세워지지 않은 상황에서 매일 수레를 타고 나가는 바람에 실행失行이 널리 소문으로 유포돼 해내海內에 전해지고 있고, 경사京師가 특히 심합니다. 밖으로 미행微行의 해로움이 있고, 안으로 질병疾病의 우려가 있습니다. 황천皇天은 누차 재이를 드러내 폐하가 스스로 변경變更할 것을 바랐는데도 폐하는 종내 고치지 않았습니다. 하늘이 오히려 폐하를 감동感動시키지 못했는데 신자臣子가 무엇을 기대할 수 있겠습니까? 다만 극언極言을 하며 죽음을 기다리니 목숨이 조모朝暮에 달려 있을 뿐입니다. 만일 폐하가 스스로 변경하지 않으면 이내 나라가 망하게 될 터이니 신의 노모老母는 어디서 안신安身할 수 있고, 황태후는 어느 곳에 모실 수 있겠습니까? 나아가 고조高祖의 천하를 의당 누구에게 맡길 수 있겠습니까? 마땅히 현지賢智한 신하와 함께 모의하고, 극기복례克己復禮를 통해 천의天意를 구하도록 하십시오. 그래야 계사繼嗣로 세울 수 있고, 재변災變도 오히려 사그라질 것입니다."

3) 당초 한원제는 검약儉約한 탓에 위릉渭陵섬서성 함양시 서북쪽에 다시 백성을 이주시켜 읍을 만드는 일을 하지 못하게 했다. 한성제는 자신의 수릉인 초릉初陵을 만들면서 수년 뒤 패릉霸陵의 곡정曲亭 남쪽을 좋아해 다시 그곳에 공사를 했다. 장작대장將作大匠 해만년解萬年이 진탕陳湯으로 하여금 상주하게 했다. 초릉 조성을 위해 백성을 옮겨 읍을 만든 뒤 이를 자신의 공로로 삼아 중상重賞을 구하고자 한 것이다. 진탕 또한 이를 계기로 먼저 이주할 뜻을 밝혔다. 내심 아름다운 전택田宅을 포상으로 받고자 한 것이다. 황상이 그 말을 좇아 과연 그곳에 창릉읍昌陵邑섬서성 임동현 동쪽을 만들었다.

여름, 각 군국郡國의 호걸豪桀로서 500만 전 이상을 보유한 5천 가구를 창릉읍으로 이주시켰다.

4) 5월 6일, 운석隕石이 두우杜郵섬서성 함양시 서쪽의 3곳에 떨어졌다.

5) 6월, 중산헌왕中山憲王 유복劉福의 손자인 유운객劉雲客을 광덕왕廣德王으로 삼았다.

6) 이 해에 성양애왕城陽哀王 유운劉雲이 훙거薨去했다. 아들이 없어 나라가 폐지됐다.

* 孝成皇帝鴻嘉二年

春, 上行幸雲陽·甘泉.

三月, 博士行大射禮. 有飛雉集於庭, 歷階登堂而雊. 後雉又集太常·宗正·丞相·御史大夫·車騎將軍之府, 又集未央宮承明殿屋上. 車騎將軍音·待詔寵等上言曰, "天地之氣, 以類相應. 譴告人君, 甚微而著. 雉者聽察, 先聞雷聲, 故「月令」以紀氣. 『經』載高宗雊雉之異, 以明轉禍為福之驗. 今雉以博士行禮之日大眾聚會, 飛集於庭, 歷階登堂, 萬眾睢睢, 驚怪連日, 逕歷三公之府, 太常·宗正典宗廟骨肉之官, 然後入宮, 其宿留告曉人, 具備深切. 雖人道相戒, 何以過是!" 後帝使中常侍晁閎詔音曰, "聞捕得雉, 毛羽頗摧折, 類拘執者, 得無人為之?" 音復對曰, "陛下安得亡國之語! 不知誰主為佞諂之計, 誣亂聖德如此者! 左右阿諛甚眾, 不待臣音復諂而足. 公卿以下, 保位自守, 莫有正言. 如令陛下覺寤, 懼大禍且至身, 深責臣下, 繩以聖法, 臣音當先誅, 豈有以自解哉! 今即位十五年, 繼嗣不立, 日日駕車而出, 失行流聞. 海內傳之, 甚於京師. 外有微行之害, 內有疾病之憂, 皇天數見災異, 欲人變更, 終已不改. 天尚不能感動陛下, 臣子何望! 獨有極言待死, 命在朝暮而已. 如有不然, 老母安得處所, 尚何皇太后之有! 高祖天下當以誰屬乎! 宜謀於賢智, 克己復禮, 以求天意, 繼嗣可立, 災變尚可銷也."

初, 元帝儉約, 渭陵不復徙民起邑. 帝起初陵, 數年後, 樂霸陵曲亭南, 更營之. 將作大匠解萬年使陳湯為奏, 請為初陵徙民起邑, 欲自以為功, 求重賞. 湯因自請先徙, 冀得美田宅. 上從其言, 果起昌陵邑.

夏, 徙郡國豪桀貲五百萬以上五千戶於昌陵.

五月, 癸未, 隕石於杜郵三.

六月, 立中山憲王孫雲客為廣德王.

是歲, 城陽哀王雲薨. 無子, 國除.

한성제 홍가 3년(BC 18)

1) 여름 4월, 천하에 사면령을 내렸다.

2) 큰 가뭄인 대한大旱이 들었다.

3) 왕씨의 5후五侯가 다퉈 사치奢侈를 서로 숭상했다. 성도후成都侯 왕상王商은 일찍이 병이 나서 더위를 피할 요량으로 황상으로부터 장락궁과 붙어 있는 장안성 안의 명광궁明光宮을 빌렸다. 이후 또 장안성을 뚫고 풍수灃水를 자신의 저택에 파놓은 커다란 인공호수인 대피大陂까지 끌어들인 뒤 그곳에 배를 띄웠다. 새의 깃털로 만든 덮개인 우개羽蓋를 세우고 배의 사방을 둘러싼 장막인 주유周帷를 펼치고, 배를 젓는 즙도楫棹를 하면서 월越나라 노래를 했다. 황상이 왕상의 저택에 행차했다가 성을 뚫고 물을 끌어들인 것을 보고는 내심 원망하면서도 속으로 꾹 참고 겉으로 말하지는 않았다. 이후 미행微行을 나갔다가 곡양후曲陽侯 왕근王根의 저택을 지나다가 정원에 있는 토산土山과 정원의 호수 한가운데 만들어 놓은 점대漸臺가 마치 미앙궁의 백호전白虎殿과 닮은 것을 보았다. 황상이 화를 내며 거기장군 왕음王音을 책양責讓했다. 왕상과 왕근 형제가 스스로 묵을 뜨고 코를 자르는 자경自黥과 자의自劓를 하겠다고 떠벌이며 태후에게 사죄했다. 황상이 이 얘기를 듣고는 더욱 화를 냈다. 이내 상서尚書로 하여금 사례교위司隸校尉와 경조윤京兆尹을 문책하게 했다. 성도후 왕상 등이 지나친 사치로 참월하게도 불궤不軌에 해당하는 짓을 한 것을 알고도 간활奸猾을 숨기고, 모두 아부하며 방종한 짓을 하고, 법을 바르게 적용해 옭아매도록 상주하지 않은 점 등에 대한 지적이 그렇다. 사례교위와 경조윤이 궐문 아래에서 머리를 조아렸다. 황상이 또 거기장군 왕음에게 책서策書를 내렸다.

"외가外家는 어찌하여 화를 입고 패망하는 화패禍敗를 즐기는 것인가! 또 경형黥刑과 의형劓刑을 자처하는 식으로 서로 태후 앞에서 형벌을 거론하며 욕을 보이는 육욕戮辱을 행하여 자모慈母의 마음을 아프게 하고, 나라를 위란危亂에 빠뜨린 것인가! 외가의 종족이 강성한 탓에 나는 홀로 고립돼 연약하고 무능한 침닉浸弱에 빠진 지 오래됐다. 지금 내가 형벌을 집행해 저들을 징계하려 한다. 그대는 제후들을 소집해 관부의 청사인 부사府舍에서 조명詔命을 기다리게 하라!"

이날 상서에게 조서를 내려 한문제의 외숙인 박소薄昭를 주살한 고사를 상주하게 했다. 거기장군 왕음이 멍석 위에서 죄를 청하는 자고청죄藉稿請罪를 했다. 또 왕상과 왕립 및 왕근 모두 도끼 등의 부질斧質을 등에 지고 사죄했다. 이들은 한참 후에나 이를 그쳤다. 황상은 단지 그들을 두렵게 하려고 했을 뿐 실은 주살할 뜻이 전혀 없었다.

4) 가을 8월 15일, 한경제 사당의 북쪽 문에 화재가 났다.

5) 당초 허황후와 반첩여班婕妤는 모두 황상의 총애를 입었다. 황상은 일찍이 후정後庭에서 놀다가 첩여와 함께 연輦 타는 것을 좋아했다. 반첩여가 말했다.

"옛 도화圖畫를 보면 현성賢聖한 군주 모두 곁에 명신名臣이 있었고, 삼대三代 말기의 군주에게는 폐첩嬖妾이 있었습니다. 지금 같이 연을 타고자 하면 이와 비슷한 일이 없겠습니까?"

황상이 그 말을 훌륭하다고 생각해 이내 중지했다. 태후가 이 얘기를 듣고 기뻐했다.

"옛날 춘추시대의 초장왕楚莊王 때는 번희樊姬[41], 지금은 반첩여가 있

---

41 번희樊姬는 초장왕의 패업에 결정적인 내조를 한 인물로, 『한시외전韓詩外傳』과 『열녀전列女傳』에 그녀에 관한 일화가 나온다. 이에 따르면 초장왕이 번희의 간언에도 불구하고 사냥을 그치지 않았다. 번희가 이내 짐승의 고기를 먹지 않자 초장왕이 스스로 뉘우치고 정사에 전념했다. 하루는 초장왕이 저녁 늦게까지 영윤令尹 우구虞邱와 정사를 돌보다가 돌아왔다. 번희가 말하기를, "우구는 현자가 아닌 듯합니다."라고 하자 초장왕이

다!"

반첩여는 자신을 시중드는 시녀 이평李平을 천거한 덕분에 총애를 입고 첩여의 작위에 봉해지고 위씨衛氏 성을 하사받았다. 이후 황상이 미행微行을 하다가 양아陽阿 공주의 집을 지나다가 가무를 하는 조비연趙飛燕을 만나 이내 궁으로 불러들여 크게 총애했다. 그녀의 여동생도 곧 부름을 받아 입궁했다. 이들의 자태와 성품이 더욱 농염하고 순수해 좌우에서 이를 보고는 모두 책책嘖嘖의 모습으로 크게 감탄하며 칭찬하는 차상嗟賞을 했다.

한선제 때 후궁에서 근무하는 피향박사披香博士 요방성淖方成이 황제의 뒤에 있다가 침을 튀기며 말했다.

"이 사람은 재앙을 가져오는 물인 화수禍水이다. 한나라의 화덕火德을 끄는 멸화滅火가 반드시 있을 것이다!"

조비연 자매 모두 첩여가 됐다. 황상의 총애를 입어 다른 후궁들을 압도했다. 허황후와 반첩여 모두 실총失寵하게 된 이유다. 조비연이 허황후와 반첩여를 참소했다. 두 사람이 황제를 고혹蠱惑하게 만드는 술책인 협미도挾媚道를 구사하며 후궁들을 저주하고 욕하다가 황상까지 욕하는 지경에 이르렀다는 무함이었다.

겨울 11월 16일, 허황후가 폐출돼 상림원의 소대궁昭臺宮으로 옮겨가

그 이유를 물었다. 번희가 대답하기를, "신하된 자가 군주를 받들어 모시는 방법은 마치 부인이 그 남편을 모시듯 해야 합니다. 첩은 11년 동안 궁중의 일을 주재하면서 아름다운 여인을 대왕에게 천거하지 않은 적이 없었습니다. 오늘 우구는 10여 년 동안 영윤으로 있으면서 현인을 천거했다는 소리를 아직 단 한 번도 듣지 못했습니다. 무릇 한 사람의 지혜는 유한한 것이며 우리 초나라의 인재는 무궁하다고 할 수 있습니다. 우구는 자기 한사람의 지혜로써 우리 초나라의 무궁한 재사才士들의 지혜를 가로막고 있습니다. 어찌 그를 현자라고 할 수 있겠습니까?"라고 했다. 우구가 이내 당대의 현자인 손숙오孫叔敖를 천거했다. 여기서 나온 성어가 번희진간樊姬進諫이다.

게 됐다. 언니인 허알許謁 등은 모두 주살됐고, 친속親屬은 원래 살던 산양군山陽郡으로 귀향 조치됐다. 이어 반첩여를 고문考問하자 반첩여가 이같이 대답했다.

"첩은 사생死生에 운명이 있고, 부귀는 하늘에 있다는 뜻의 '사생유명死生有命, 부귀재천富貴在天' 이야기를 들은 바 있습니다. 스스로 닦으며 바르게 사는 수정修正을 해도 오히려 복을 받지 못하는데 하물며 사악한 짓을 행하며 무엇을 바랄 리 있겠습니까? 만일 귀신이 이를 알면 신하의 도리를 지키지 않는 참소讒訴인 불신지소不臣之訴를 받아들이지 않을 것이고, 모른다면 그런 참소가 무슨 도움이 되겠습니까? 제가 이런 일을 벌일 이유가 없습니다."

황상은 반첩여의 대답이 뛰어나다고 생각해 용서하고, 황금 100근을 하사했다. 조씨 자매가 교만하고 질시하는 교투驕妒의 모습을 보였다. 반첩여는 이런 상태로 지속되다가는 이내 위험에 처할까 두려운 나머지 이내 장신궁長信宮으로 가서 태후를 봉양하게 해달라고 청했다. 황상이 허락했다.

6) 익주益州 광한군廣漢郡사천성 재동현의 남자男子인 정궁鄭躬 등 60여 명이 관청인 관시官寺를 공격해 죄수들을 탈출시키고, 병기고의 무기를 훔친 뒤 스스로 산군山君을 칭했다.

* 孝成皇帝鴻嘉三年

夏, 四月, 赦天下.

大旱.

王氏五侯爭以奢侈相尚. 成都侯商嘗病, 欲避暑, 從上借明光宮. 後又穿長安城, 引內灃水, 注第中大陂以行船, 立羽蓋, 張周帷, 楫棹越歌. 上幸商第, 見穿城引水, 意恨, 內銜之, 未言. 後微行出, 過曲陽侯第, 又見園中土山·漸臺, 像白虎殿. 於是上怒, 以讓車騎將軍音. 商·根兄弟欲自黥·劓以謝太后. 上聞之, 大怒, 乃使尚書責問司隸校尉·京兆尹, 知成都侯商等奢僭不軌, 藏匿奸猾, 皆阿縱, 不舉奏正法. 二人頓首省戶下. 又賜車騎將軍音策書曰, "外家何甘樂禍敗! 而欲自黥·劓, 相戮辱於太后前, 傷慈母之心, 以危亂國家! 外家宗族強, 上一身浸弱日久, 今將一施之, 君其召諸侯, 令待府舍!" 是日, 詔尚書奏文帝時誅將軍薄昭故事. 車騎將軍音藉稿請罪, 商·立·根皆負斧質謝, 良久乃已. 上特欲恐之, 實無意誅也.

秋, 八月, 乙卯, 孝景廟北闕災.

初, 許皇后與班婕妤皆有寵於上. 上嘗游後庭, 欲與婕妤同輦載, 婕妤辭曰, "觀古圖畫, 賢聖之君皆有名臣在側, 三代末主乃有嬖妾. 今欲同輦, 得無近似之乎!" 上善其言而止. 太后聞之, 喜曰, "古有樊姬, 今有班婕妤!" 班婕妤進侍者李平得幸, 亦為婕妤, 賜姓曰衛. 其後, 上微行過陽阿主家, 悅歌舞者趙飛燕, 召入宮, 大幸. 有女弟, 復召入, 姿性尤醲粹, 左右見之, 皆嘖嘖嗟賞. 有宣帝時披香博士淖方成在帝後, 唾曰, "此禍水也, 滅火必矣!" 姊·弟俱為婕妤, 貴傾後宮. 許皇后·班婕妤皆失寵. 於是趙飛燕譖告許皇后·班婕妤挾媚道, 祝詛後宮, 詈及主上. 冬, 十一月, 甲寅, 許后廢處昭台宮, 后姊謁等皆誅死, 親屬歸故郡. 考問班婕妤, 婕妤對曰, "妾聞'死生有命, 富貴在天' 修正尚未蒙福, 為邪欲以何望! 使鬼神有知, 不受不臣之訴. 如其無知, 訴之何益! 故不為也." 上善其對, 赦之, 賜黃金百斤. 趙氏姊·弟驕妒, 婕妤恐久見危, 乃求共養太后於長信宮. 上許焉.

廣漢男子鄭躬等六十餘人攻官寺, 篡囚徒, 盜庫兵. 自稱山君.

한성제 홍가 4년(BC 17)

1) 가을, 발해勃海하북성 창현와 청하淸河하북성 청하현, 신도信都하북성 기현에서 황하가 범람해 31개 현읍縣邑으로 물이 흘러들어갔다. 관정官亭과 민사民舍 4만여 곳이 무너졌다. 평릉平陵섬서성 흥평현 서북쪽 출신 이심李尋 등이 상서하여 건의하는 주언奏言을 했다.

"논의하는 자들은 늘 구하九河[42]의 옛 흔적을 찾아 물길을 뚫고자 합니다. 지금은 잠시 둑이 터진 곳을 좇아가면서 막지 않은 채로 물이 흘러가는 형세를 살펴볼 필요가 있습니다. 황하의 물이 머물고자 하는 곳에서는 틀림없이 조금씩 스스로 물길을 만들고, 사토沙土를 옮겨 올 것입니다. 연후에 천심天心을 따라 도모하면 반드시 성공을 거두고, 재력財力의 소모도 줄어들 것입니다."

이에 마침내 중지하고 터진 둑을 막지 않았다. 조신朝臣들이 자주 백성의 애통해하는 사연을 언급하자 황상이 사자를 보내 백성들이 편히 생업에 종사할 수 있도록 널리 구제하는 진섬振贍을 행하게 했다.

2) 관청을 공격해 죄수들을 탈출시키고, 병기고의 무기를 턴 뒤 스스로 산군山君을 칭한 광한廣漢 출신 정궁鄭躬 무리가 날로 늘어났다. 4개 현을 침범하면서 무리의 숫자가 1만 명에 달하자 주군州郡이 통제할 길이 없었다.

겨울, 하동河東산서성 하현 도위 조호趙護를 광한 태수로 삼은 뒤 광한군과 촉군蜀郡사천성 성도시에서 3만 명을 징발해 반란의 무리를 공격하게 했다. 반란의 무리들이 서로 체포해 참수하면 죄를 사면해 주자 1달 이내인

42 구하九河는 하나라 우왕이 물길을 뚫었다고 하는 황하의 9개 지류를 말한다. 일명 도해하徒駭河인 탑하漯河를 비롯해 태사하太史河, 마협하馬頰河, 복부하覆釜河, 호소하胡苏河, 간하簡河, 혈하絜河, 구반하钩盤河, 격진하鬲津河를 가리킨다.

순월旬月 사이에 평정됐다. 조호를 집금오執金吾로 삼고 황금 100근을 하사했다.

3) 이 해에 평아안후平阿安侯 왕담王譚이 훙거薨去했다. 황상은 왕담을 폐출해 보정輔政을 못하도록 했다가 죽게 되자 이내 후회하며 다시 성도후成都侯 왕상王商을 특진特進으로 삼은 뒤 영성문병領城門兵의 직책을 맡게 했다. 또 막부幕府를 두게 한 덕분에 관원을 천거하는 권한이 장군과 같았다.

위군魏郡하남성 임장현 출신 두업杜鄴이 당시 낭관으로 있으면서 평소 거기장군 왕음王音과 잘 지냈다. 왕음이 전에 평아후 왕담과 틈이 벌어진 것을 보고는 바로 왕음에게 말했다.

"무릇 친척인데도 소원해져 특별히 보지 않게 되면 어찌 원망이 없을 리 있겠습니까? 옛날 춘추시대 중엽 진경공秦景公은 천승千乘의 나라를 갖고 있었으나 동모제同母弟인 진후자秦后子 감鍼을 용납지 못했습니다. 이를 두고 『춘추』는 진경공을 비방하여 기록해 놓았습니다.[43] 주나라 건국 당시 주공周 단旦과 소공召公 석奭은 이와 달리 충성하는 마음으로 서로 보필하는 충이상보忠以相輔, 의리로 서로 바로잡는 의이상광義以相匡을 했습니다. 또 자신과 똑같이 친하게 대하며 자신처럼 존중했고, 성덕聖德을 갖고 홀로 국총國寵을 받으려고 하지 않고, 자신만 오랫동안 전권專權하며 영예로운 직책을 맡으려 하지 않고, 섬주陝州를 기준으로 천하를

43 『춘추좌전』「노소공 원년」조를 언급한 것이다. 해당 조에 따르면 기원전 541년 진환공秦桓公의 아들이며 진경공秦景公의 동생인 진후자秦后子 감鍼은 부친인 진환공으로부터 극진한 총애를 받은 나머지 친형인 진경공이 죽위했을 때는 마치 두 명의 군주가 있는 듯했다. 그의 모친이 말하기를, '네가 떠나지 않으면 추방될까 두렵다.'고 했다. 이내 진후자 감이 진晉나라로 달아났다. 그의 수레가 1,000승이나 됐다. 이를 두고 『춘추』는 '진백秦伯의 아우 감이 진晉나라로 달아났다.'고 썼다.

동서로 나눠 다스리며 좌보우필左輔右弼의 자세로 어린 조카인 주성왕을 도왔습니다. 안으로 상호간에 원한을 품는 틈새가 없는 데다 밖으로 침략을 당해 모욕을 받는 침모侵侮의 수치가 없었고, 두 사람 모두 하늘의 도움인 천우天祐를 향유하며 공히 고명高名을 얻게 된 것은 대략 이 때문이었습니다. 가만히 살펴보건대 성도후 왕상은 특진의 자리에서 영성문병領城門兵의 직책을 맡은 데다 다시 조서를 받아 승상과 어사대부와 거기장군과 좌장군 및 우장군 등의 오부五府처럼 관부官府를 세우고 관원을 천거할 수 있게 됐습니다. 이는 왕상을 총애하려 함을 분명히 드러낸 조서에 해당합니다. 장군은 의당 성의聖意를 좇아 평소보다 더욱 왕상을 후대하고, 대소사를 논의할 때 반드시 그와 함께 상의하도록 하십시오. 지성至誠을 드러내면 그 누가 기뻐하지 않겠습니까?"

왕음이 그 말을 매우 훌륭하게 생각했다. 이후 성도후 왕상과 친밀하게 지낸 이유다. 두 사람 모두 두업을 중시했다.

* 孝成皇帝鴻嘉四年

秋, 勃海·清河·信都河水湓溢, 灌縣·邑三十一, 敗官亭·民舍四萬餘所. 平陵李尋等奏言曰, "議者常欲求索九河故跡而穿之. 今因其自決, 可且勿塞, 以觀水勢. 河欲居之, 當稍自成川, 跳出沙土. 然後順天心而圖之, 必有成功, 而用財力寡." 於是遂止不塞. 朝臣數言百姓可哀, 上遣使者處業振贍之.

廣漢鄭躬等黨與浸廣, 犯歷四縣, 眾且萬人. 州郡不能制. 冬, 以河東都尉趙護為廣漢太守, 發郡中及蜀郡合三萬人擊之, 或相捕斬除罪. 旬月平. 遷護為執金吾, 賜黃金百斤.

是歲, 平阿安侯王譚薨. 上悔廢譚使不輔政而薨也, 乃復成都侯商以特進領城門兵, 置幕府, 得舉吏如將軍. 魏郡杜鄴時為郎, 素善車騎將軍音, 見音前與平阿侯有隙, 即說音曰, "夫戚而不見殊, 孰能無怨! 昔秦伯有千乘之國而不能容其母弟, 『春秋』譏焉. 周·召則不然, 忠以相輔, 義以相匡, 同己之親, 等己之尊, 不以聖德獨兼國寵, 又不為長專受榮任, 分職於陜, 幷為弼疑, 故內無感恨之隙, 外無侵侮之羞, 俱享天祐, 兩荷高名者, 蓋以此也. 竊見成都侯以特進領城門兵, 復有詔得舉吏如五府, 此明詔所欲寵也. 將軍宜承順聖意, 加異往時, 每事凡議, 必與及之. 發於至誠, 則孰不說諭!" 音甚嘉其言, 由是與成都侯商親密. 二人皆重鄴.

한성제 영시永始 원년(BC 16)

1) 봄 정월 22일, 태관太官의 빙고氷庫인 능실凌室에 화재가 났다.

27일, 여후원戾后園의 남쪽 문에도 화재가 났다.

2) 황상은 조첩여趙婕妤를 황후로 삼고자 했으나 태후는 그녀의 미천한 출신 배경을 싫어해 크게 꺼려했다. 태후의 언니 아들인 순우장淳于長은 시중으로 있었던 까닭에 자주 태후가 있는 동궁東宮인 장락궁長樂宮을 오가며 태후를 설득했다. 마침내 1년여 만에 태후로부터 허락을 받았다.

여름 4월 15일, 황상이 먼저 조첩여의 부친 조림趙臨을 성양후成陽侯에 봉했다. 간대부諫大夫인 하간河間하북성 헌현 출신 유보劉輔가 상서했다.

"옛날 주무왕과 주공은 천지를 잇고 순응한 덕분에 어조지서魚鳥之瑞[44]를 보게 됐으나 오히려 군신들은 존경하며 두려워하는 지구祇懼의 자

44 어조지서魚鳥之瑞는 『금문상서今文尙書』「태서泰誓」에 나오는 일화를 가리킨다. 이에 따르면 주무왕이 은나라 주紂를 토벌하러 갈 때 타고 있는 배로 백어白魚가 뛰어오르고, 거주하는 곳에 불이 났으나 이내 화염이 까마귀인 오烏로 변했다고 한다.

세로 안색을 바꾸며 서로 경계했습니다. 하물며 후대인 계세季世의 현 상황에서 후사를 잇는 복을 받지도 못하고, 하늘에서 자주 위노威怒를 나타내는 이상한 경고를 내린 경우이겠습니까? 비록 아침저녁인 숙야夙夜로 자책하며 허물을 고쳐 행동을 바꾸고, 천명을 두려워하고, 선조의 업적인 조업祖業을 마음에 새기고, 덕을 갖춘 집안의 후손을 묘하게 가려 뽑는 묘선妙選을 하고, 요조지녀窈窕之女를 고려해 점을 쳐서 종묘를 잇게 하고, 신명에 순응하는 마음가짐으로 천하 사람이 바라는 것을 모두 만족시킬지라도 자손을 얻는 상서로움이 오히려 늦어질까 두렵습니다! 지금 폐하는 이내 멋대로 정욕을 드러내며 비천한 여인인 조첩여에게 기울어진 나머지 천하의 어머니로 삼으려 하고 있습니다. 이는 하늘을 두려워하지 않고, 천하의 신민에게 부끄러운 짓을 하는 것으로 미혹됨이 이보다 더 큰 것은 없습니다! 속어인 이어里語에 이르기를, '썩은 나무인 부목腐木은 기둥으로 쓸 수 없고, 출신이 비천한 비녀婢女는 주인으로 삼을 수 없다'고 했습니다. 하늘과 사람이 찬성하지 않으면 반드시 화가 따르고 복이 없게 됩니다. 이는 시장과 길거리인 시도市道에서조차 모두 아는 것인데도 조정 대신 가운데 이를 한 마디라도 말하려는 자가 없습니다. 신이 크게 상심傷心하여 감히 죽음을 무릅쓰고 간하지 않을 수 없었습니다!"

상서가 올라가자 황상이 시어사侍御史로 하여금 유보를 잡아서 포박하는 수박收縛을 한 뒤 여관女官 내지 부인들의 사건을 다루는 액정掖庭의 비밀감옥인 비옥秘獄에 가두게 했다. 군신들은 그 연고를 알지 못했다.

이에 좌장군 신경기辛慶忌와 우장군 염포廉褒, 광록훈 낭야琅邪산동성 제성현 출신 단사師丹, 태중대부 곡영谷永 등이 함께 상서했다.

"가만히 살펴보건대 유보는 전에 양분현襄賁縣산동성 임기현의 현령으로 있을 때 알현을 청한 덕분에 간대부諫大夫로 발탁됐습니다. 이는 그의 말에 반드시 고명하고 독자적인 탁궤卓詭의 견해가 있어 성심聖心에 꼭 맞아 떨어지는 바가 있음을 암시합니다. 특별히 발탁돼 여기에 이르게 된 게 그 증거입니다. 그런데도 순월旬月 사이에 그를 잡아다가 비옥秘獄에 가두었습니다. 신 등의 어리석은 생각으로는 유보가 요행히 공족公族의 신분에 기대 문득 현령으로 있다가 간신諫臣의 반열에 오른 까닭에 조정의 체제를 몰라 홀로 기휘忌諱를 저촉한 듯합니다. 이는 깊은 허물인 심과深過를 저지른 것으로 보기에는 부족합니다. 소죄小罪는 의당 감추고 참는 은인隱忍을 하면 될 뿐입니다. 만일 대악大惡을 저질렀다면 의당 드러내 놓고 정위廷尉인 이관理官에게 처리하도록 하여 여러 사람과 함께 이 문제를 다뤄야 할 것입니다. 지금 천심天心이 기뻐하지 않는 미예未豫의 상황이어서 재이가 누차 내리고, 수한水旱이 번갈아 찾아오고 있습니다. 바야흐로 의당 넓게 생각하고 널리 물어보며 너그럽게 베풀고 널리 간쟁을 구하는 융관광문隆寬廣問과 정직한 자를 포상하여 기탄없이 이야기하도록 하는 포직진하褒直盡下를 행해야 할 때입니다. 그럼에도 간쟁하는 신하를 참급慘急하게 주살하여 군신들을 진경震驚하게 해 충직忠直한 마음을 사라지게 만들고 있습니다. 유보가 직언으로 규간規諫하는 일에 연루된 게 아니면 그 죄과罪過가 명확하지 않아 천하 사람이 이를 알 길이 없습니다. 그는 황상과 동성同姓의 근신近臣으로 본래 직언을 잘하는 것으로 소문이 났고, 친속들 내에서 단정한 모습을 보이며 충량한 사람을 잘 육성했습니다. 실로 그는 의당 액정의 비옥에 가둬서는 안 될 사람입니다. 공경公卿 이하는 폐하가 급히 유보를 올려 쓰다가 문득 절상折傷시키는 것을 목도하게 되자 사람들이 모두 이를 보며 두려운 마음을 지니게 됐고, 정예精銳한 사람조차 점차 유약해져 감히 절개를 다해 정언正言을 하지 못하게 됐습니다. 이는 요임금인 유우有虞의 청정聽政이 아니고, 덕미德美의 기풍을 넓히는 방도가 아닙니다! 신 등은 가만히 이를 두고 크게 마음 아파하는 심상深傷을 하고 있습니다. 오직 폐하가 유의해 살피는 유신성찰留神省察을 바랄 뿐입니다!"

황상이 이내 유보를 궁정 물품공급을 담당하는 소부少府 산하의 공공共工에 있는 감옥으로 옮긴 뒤 사죄死罪에서 한 등급을 감해 3년 동안 땔 것을 만들어 종묘에 제공하는 귀신형鬼薪刑으로 판결했다.

3) 당초 태후의 형제는 8명으로, 오직 동생 왕만王曼만 조사早死한 까닭에 제후가 되지 못했다. 태후는 이를 가련하게 여겼다. 왕만의 과부인 거渠는 태후인 왕정군이 머무는 동궁東宮을 공양했다. 아들 왕망王莽은 부친 왕만의 요절로 유고幼孤한 까닭에 부귀가 같은 또래의 사촌 형제 등의 군형제群兄弟에 미치지 못했다. 그들 모두 장군將軍 또는 오후五侯의 아들이어서 어릴 때부터 매우 사치한 치미侈靡의 모습을 보였다. 여마輿馬와 성색聲色 속에서 즐거이 노니는 일유佚游를 하면서 서로를 높였다. 왕망은 절개를 꺾고 공검恭儉한 자세로 옷을 유생儒生처럼 입고 근면히 두루 공부하는 근신박학勤身博學을 행했다. 모친은 물론 친형인 왕영王永의 요절로 과부가 된 형수를 섬기면서 부친을 잃은 조카 왕광王光들을 양육했다. 모두 삼가며 정성을 다하는 칙비敕備의 모습을 보였다. 또 밖으로는 영준英俊과 사귀는 외교外交를 하고, 안으로는 여러 백숙伯叔을 공손히 섬겼다. 몸을 굽혀 섬기는 위곡委曲에 성의를 보이는 예의禮意가 있었다.

대장군 왕봉이 병으로 눕게 되자 왕망이 시질侍疾했다. 친히 약을 맛보는 상약嘗藥을 하면서 봉두난발로 얼굴을 닦지 않는 난수구면亂首垢面을 하고, 의대衣帶를 몇 달 동안 풀지 않았다. 왕봉이 죽으면서 태후 및 황제에게 왕망을 부탁한 덕분에 황제를 곁에서 시종하는 황문랑黃門郎에 제수됐다가 이내 북군北軍에 소속된 8명의 지휘관 중 1명인 사성교위射聲校尉로 자리를 옮겼다. 한참 후에 숙부인 성도후成都侯 왕상王商이 상서해 백성과 식읍인 호읍戶邑을 나눠주어 제후에 봉해줄 것을 청했다. 장락궁長樂宮의 소부少府 대숭戴崇과 시중侍中 금섭金涉, 중랑中郎 진탕陳湯 등은 모두 당세當世의 명사名士였다. 이들 모두 왕망을 위해 말을 하자 황상이 왕망을 현명하다고 여겼고, 태후 역시 자주 왕망을 칭찬했다.

5월 6일, 왕망을 신도후新都侯에 봉한 뒤 이내 기도위騎都尉·광록대부光祿大夫·시중侍中으로 승진시켰다. 궁에서 자며 경위警衛하는 숙위宿衛가 근칙謹敕하고, 작위가 높아지자 절조節操가 더욱 겸손했다. 수레와 말인 여마輿馬와 의구衣裘를 흩어 빈객賓客에게 나눠주어 집에는 남겨 두는 게 없었다. 명사들을 지원하며 도와주고, 장상將相 및 경대부卿大夫와 교제하며 자주 왕래했다. 관직에 있는 자는 더욱 그를 천거했고, 유세하는 자들은 그를 위해 담설談說했다. 헛된 칭송인 허예虛譽가 크게 일어나 그의 백숙부를 능가하게 됐다. 사람들은 그가 감히 문득 이상한 행동을 벌이는 격발지행激發之行을 할지라도 오히려 부끄럽게 생각하는 점뉵漸恧을 전혀 하지 않게 됐다. 일찍이 사적으로 시비侍婢를 사들인 적이 있었다. 곤제昆弟들이 이 얘기를 전해 듣게 되자 왕망이 자가 자원子元인 후장군 주박朱博을 언급하며 변명했다.

"후장군 주자원에게 아들이 없소. 내가 들으니 이 여인은 의당 아들을 잘 낳는다고 해 사들인 것이오."

그날로 시비를 주박朱博에게 바쳤다. 그가 속셈을 숨기고 명성을 구하는 게 이와 같았다!

4) 6월 7일, 조비연을 황후로 세우고 천하에 사면령을 내렸다.

황후가 세워지자 총애가 조금씩 쇠퇴하기 시작했다. 조비연의 여동생은 오히려 특별한 총애인 절행絕幸을 입고 소의昭儀가 돼 소양사昭陽舍에 살게 됐다. 중정中庭은 붉은 흑인 동주彤朱, 전상殿上은 검붉은 칠의 휴칠髹漆로 장식됐다. 문테는 모두 구리로 둘러싸여져 황금으로 도색됐다. 계단은 백옥白玉을 쪼아서 만들고, 담장에 두른 횡목은 모두 황금 고리인 황금강黃金釭으로 장식하고, 나머지 벽면은 남전藍田섬서성 남전현에서 산출되는 벽璧과 명주明珠 및 물총새의 깃털인 취우翠羽로 장식했다. 일찍이 후궁이 만들어진 이래 이처럼 과도하게 장식한 적은 없었다. 황후 조비연은 별관別館에 거처하면서 시랑侍郎을 비롯해 궁중에 머물며 많은 아들을 낳은 궁노宮奴들과 사통했다. 소의昭儀로 있는 조비연의 동생이 일찍이 황제에게 말했다.

"첩妾의 언니는 성품이 강해 많은 사람들의 무함에 빠질 것입니다. 그리되면 우리 조씨 집안은 이내 멸족되고 말 것입니다!"

그러고는 눈물을 흘리며 처연하고 측은한 처측悽惻의 모습으로 울었다. 황제가 이를 믿었다. 어떤 자가 황제에게 황후가 간통한 정황을 얘기하자 황제가 곧바로 죽여 버렸다. 이후로 황후가 공공연히 음행을 자행해도 감히 고하는 자가 없었다. 그러나 그녀는 끝내 자식을 두지 못했다.

광록대부 유향은 제왕의 교육은 안에서부터 시작해 밖에까지 미치는 유내급외由內及外, 가까운 곳에서 시작하는 자근자시自近者始에 입각해야 한다고 여겼다. 『시경』과 『서경』에 실려 있는 현비賢妃와 정부貞婦가 나라를 일으키고 집안을 빛낸 흥국현가興國顯家 및 서얼孽과 폐첩嬖妾이 나라를 어지럽게 하여 망친 난국망가亂國亡家의 사례를 살펴 시대 별로 엮은 『열녀전列女傳』을 편제했다. 모두 8편이었다. 또 전기傳記와 여러 일을 채집해 『신서新序』와 『설원說苑』을 저술했다. 모두 50편이었다. 이들 저서를 올리면서 자주 상소해 정치의 득실得失과 본받거나 경계하는 법계法戒의 사례를 진술했다. 또 서간을 수십 통이나 올려 황상이 관람觀覽하고, 부족한 점을 보유補遺하는 데 도움을 주고자 했다. 황상이 비록 이를 다 채용하지는 않았으나 내심 훌륭하다고 생각해 늘 차탄嗟歎했다.

5) 창릉昌陵을 조성하는 제도制度가 지나치게 사치한 까닭에 오랜 시

간이 지나도 완성하지 못했다. 유향이 상소했다.

"신이 듣건대 제왕은 반드시 삼통三統[45]에 정통해야 합니다. 천명天命이 내리는 것을 밝게 이해할 수 있는 자가 매우 많으니, 단지 1개 성씨에 그치는 게 아닙니다. 예로부터 오늘에 이르기까지 패망하지 않은 나라는 없었습니다. 효문황제孝文皇帝가 일찍이 석곽石槨이 견고한 것을 찬미하자 장석지張釋之가 말하기를, '만일 석곽 안에 사람의 욕심을 불러일으킬 만한 물건을 넣어 두면 설령 남산南山으로 외관을 만들고 쇠를 녹여 그 틈을 막을지라도 도굴할 틈이 생길 것입니다'라고 했습니다.[46] 무릇 죽은 사람은 계속 제사를 받는 까닭에 종극終極이 없으나, 국가는 폐흥廢興이 있습니다. 장석지의 간언이 무궁한 계책으로 평가받는 이유입니다. 당시 효문황제도 깨달은 바가 있어 드디어 박장薄葬을 했습니다. 관곽을 만드는 일은 황제黃帝 때부터 시작됐습니다. 이후 황제를 시작으로 요순堯舜과 하나라의 우禹, 은나라의 탕湯, 주나라의 문무文武 및 주공周公은 무덤인 구롱丘壟이 모두 작고 부장품 또한 극히 미미했습니다. 현신賢臣과 효자孝子 역시 명을 받들고 뜻에 순종하는 승명순의承命順意의 모습으로 박장을 했습니다. 이는 실로 군신과 부친인 군부君父를 편안하게 하고 지

---

45 삼통三統은 하은주 삼대三代의 정삭正朔을 가리킨다. 삼정三正으로 부르기도 했다. 『한서』「유향전」에 대한 안사고의 주注는 장안張晏의 설을 인용해 "첫째는 천통天統으로, 주나라가 음력 11월인 자월子月을 정삭으로 하여 천시天施의 단초로 삼은 것을 가리킨다. 둘째는 지통地統으로, 은나라가 음력 12월인 축월丑月을 정삭으로 하여 지화地化의 단초로 삼은 것을 가리킨다. 셋째는 인통人統으로, 주나라가 음력 1월인 인월寅月을 정삭으로 하여 인성人成의 단초로 삼은 것을 가리킨다."고 풀이했다.

46 원문은 '사기중유가욕使其中有可欲, 사고남산유유극雖錮南山猶有隙'이다. 『사기』「장석지풍당열전張釋之馮唐列傳」에 나오는 "만일 석곽 안에 사람의 탐욕을 일으킬 만한 물건을 넣어 두면 설령 남산南山으로 외관을 만들고 쇠를 녹여 틈을 막을지라도 또한 도굴할 틈이 생길 것입니다. 그러나 그런 물건을 넣어 두지 않으면 비록 석관을 쓰지 않을지라도 또 무슨 걱정을 할 필요가 있겠습니까?"라는 구절에서 인용한 것이다.

극한 충효忠孝에 해당합니다. 공자는 생전에 모친을 방防산동성 곡부현 땅에 장사 지냈습니다. 봉분은 겨우 4척尺이었습니다. 춘추시대 말기 오나라 왕 수몽壽夢의 아들인 연릉계자延陵季子 계찰季札은 아들을 장사지낼 때 봉분이 가라앉듯이 너무 낮은 엄감掩坎의 위치에 있어 봉분의 높이가 가려졌습니다. 중니仲尼 즉 공자를 두고 효자孝子, 연릉계자를 두고 자부慈父, 순우舜禹를 두고 충신忠臣, 주공周公을 두고 공손히 형을 좇는 제제弟弟로 일컫는 이유입니다. 그들은 자신의 군주와 부친, 골육의 자식 등을 모두 박장으로 장사지냈습니다. 이는 실로 검박할 뿐만 아니라 유체遺體에게도 편한 것입니다. 진시황은 여산驪山의 기슭(아阿)에 장사를 지내면서 아래로 3개의 샘물을 막고, 위로 봉분을 산 같이 높였고, 수은水銀으로 무덤 속의 강해江海를 만들고, 황금으로 오리와 기러기인 부안鳧雁을 만들었습니다. 무덤 안에 부장한 진보珍寶를 비롯해 기계機械의 교묘한 성능과 관곽의 화려함 및 궁관宮館의 성대함 등은 후대인들이 다시는 만들 수 없을 정도로 뛰어납니다. 그러나 천하 사람은 부역으로 인해 고통스러워하다가 마침내 반기를 들었고, 여산의 능묘 조성 작업이 아직 완성되지도 않았는데 반기를 든 진승陳勝의 휘하 장수 주장周章의 100만 대군이 부근에 이르렀습니다. 항적項籍은 함양에 입성한 뒤 궁실과 다양한 건축물인 영우營宇를 불태우고, 목동은 그 불을 들고 잃어버린 양인 망양亡羊을 찾았고, 실화失火로 인해 숨겨진 능묘 안의 관곽을 태워버렸습니다. 예로부터 오늘까지 성대하게 장사를 지낸 것으로 진시황만한 사람이 아직 없었으나 몇 년 사이에 밖으로는 항적에 의한 재화災禍, 안으로는 목동의 실화로 인한 재화가 있었습니다. 이 어찌 애통한 일이 아니겠습니까? 덕이 두터울수록 박장을 하고, 지혜가 깊을수록 장례를 미미하게 치르는 이유입니다. 덕을 쌓은 것도 없고 지혜가 적은 무덕과지無德寡知의 인물은 오히려 장례를 더욱 후하게 지내고, 분묘인 구롱丘壟을 더욱 높게 쌓고, 궁묘宮廟를 더욱 화려하게 만들었습니다. 도굴 즉 발굴發掘이 반드시 빨리 이뤄진 이유입니다. 이로써 보건대 매장할 때 현저하고 은밀한 명암明暗의 차이와 장사지내는 것의 길흉吉凶은 소연昭然히 들여다 볼 수 있습니다. 폐하는 즉위 후 친히 절검을 실천했고, 초릉初陵을 조성하면서 간략하고 작은 약소約小의 제도를 만들었습니다. 천하사람 가운데 현명하다고 칭송하지 않은 사람이 없었습니다. 이후 창릉昌陵을 새롭게 조성하면서 낮은 것을 증축해 높게 하는 증비위고增卑為高와 흙을 산처럼 쌓는 적토위산積土為山을 행하고, 백성들의 무덤을 파서 쌓아 놓은 것이 1만 기基나 되고, 창릉을 지키는 읍을 만들면서 기일을 급하게 다그치는 바람에 공력과 비용인 공비功費가 만백萬百 넘게 들었습니다. 사자死者는 지하에서 한스러워하고, 생자生者는 지상에서 수심에 잠길 수밖에 없으니, 신은 이를 매우 걱정하는 심민甚愍을 하고 있습니다! 사자에게 지각이 있다면 발굴한 자에게 큰 재해가 뒤따를 것이고, 없다면 하필 분묘를 이처럼 크게 수축할 필요가 있겠습니까? 이번 사안을 두고 현자에게 자문을 구하면 그들은 기뻐하지 않을 것이고, 중서衆庶에게 내보이면 그들은 고통스러워할 것입니다. 만일 실로 어리석은 사내인 우부愚夫와 음란하고 사치한 음치지인淫侈之人을 즐겁게 만들고자 하면 하필 이렇게 할 필요가 있겠습니까? 오직 폐하가 위로는 명성明聖한 제도를 살펴 원칙으로 삼고, 아래로는 패망한 진나라의 화난을 감계鑑戒로 삼아야 할 것입니다. 초릉의 규모는 의당 공경과 대신들의 의논을 좇도록 하여 서민들로 하여금 휴식을 갖도록 해야 할 것입니다!"

황상이 그 말에 감동했다.

당초 장작대장將作大匠 해만년解萬年은 스스로를 속여 3년 내에 창릉을 조성할 수 있다고 말했으나 기한이 되도록 준공하지 못했다. 군신들이 분분히 이를 논하면서 창릉 조성의 불편한 점을 언급했다. 황상이 유사有

司에 내려 보내 상의하게 하자 모두 이같이 건의했다.

"창릉은 지대가 낮은 까닭에 흙을 실어다가 높이고 있습니다. 제사 지내는 사람이 쉬는 방인 편방便房을 살펴보면 이미 흙을 이토록 많이 옮겨다 쌓았는데도 아직 평지 높이에 지나지 않습니다. 다른 곳에서 옮겨 온 객토客土는 유명幽冥의 혼령을 평안하게 보호할 수 없습니다. 토질이 성근데다 연해 단단하지 않기 때문입니다. 병사와 형도刑徒인 졸도卒徒를 비롯해 장인匠人 즉 공용工庸의 숫자가 거만巨萬을 헤아리는데도 기름먹인 불인 지화脂火를 태우며 야간작업까지 하고 있습니다. 동산東山에서 흙을 채취해 능묘 일대를 채우면서 비용이 치솟아 곡식과 같은 값이 됐고, 작업이 몇 년 동안 지속되는 바람에 천하 사람들 모두 고통을 받고 있습니다. 당초 조성했던 능은 천지의 원래 모습을 이용한 까닭에 진토真土를 기반으로 높은 곳에 위치해 있고, 근방에는 조고祖考의 능묘가 있고, 또 전에 이미 10년간에 걸친 공서功緖가 있습니다. 의당 원래의 초릉을 회복시키고, 백성들을 창릉으로 옮기지 않는 게 편할 것입니다!"

가을 7월, 황상이 조서를 내렸다.

"짐은 능묘를 조성하면서 덕을 굳게 지키지 못하고, 군신들과 광범하게 상의하지 못했다. 3년이면 완성할 수 있다는 장작대장 해만년의 말을 과청過聽한 나머지 5년이 되도록 살아 있을 때처럼 조성하는 능묘 안의 침전寢殿과 사마전문司馬殿門의 공사는 아직 시작조차 못했다. 국력이 헛되이 소모되는 허모虛耗의 상황에서 백성들은 크게 지쳐 있고, 객토는 소악疏惡해 종내 능묘를 완성할 길이 없다. 짐은 공정의 어려움을 생각하니 매우 불안한 달연怛然의 모습으로 상심傷心해 있다. 무릇 공자는 『논어』「위령공」에서 허물이 있고도 고치지 않는 것 자체가 바로 허물이라는 취지의 '과이불개過而不改, 시위과의是謂過矣'를 언급한 바 있다. 창릉을 철폐해 원래의 초릉에 능묘를 조성함으로써 백성의 이주를 금해 천하로 하여금 동요하는 마음을 갖지 않게 하라."

6) 당초 찬후酇侯 소하蕭何의 자손은 작위를 이어받아 제후가 됐으나 이후 무자無子와 유죄有罪로 인해 5번에 걸쳐 제사가 끊기는 절사絕祀가 빚어졌다. 고후高后와 한문제漢文帝, 한경제漢景帝, 한무제漢武帝, 한선제漢宣帝는 소하의 공을 생각해 번번이 그의 방계 내지 서손庶孫인 지서支庶들로 하여금 작위를 잇게 했다.

이 해에 소하의 7세손인 찬후 소획蕭獲이 가노家奴를 죽인 일에 연루됐다. 사형에서 감형돼 성을 쌓는 성단城旦의 형에 처해졌다. 이에 앞서 황상이 조서를 유사에 내려 한나라 건국 초기의 공신들 후손을 예방해 찾아내도록 했다. 오래도록 살펴서 기록할 만한 일이 없었다. 두업杜鄴[47]이 건의했다.

"당요唐堯와 우순虞舜 및 삼대三代의 시대 모두 제후를 봉건封建해 태평성대의 아름다움을 이뤘습니다. 덕분에 연燕나라와 제齊나라의 제사도 주周나라와 함께 전해지고, 보위 또한 아들이나 동생에게 이어지며 여러 해가 지나도록 그치지 않을 수 있었습니다. 이 어찌 적손嫡孫이 전혀 형벽刑辟을 받지 않은 채 오직 선조들이 힘을 다한 갈력竭力 덕분일 수만 있겠습니까? 지서支庶를 통해 작위를 이은 덕분입니다. 한나라의 건국공신을 추적해 보면 역시 모두 한고제가 제후들 앞에서 부절符節을 쪼개주어 작위를 세습시키는 할부세작割符世爵을 산하에 맹서하는 산하지서山河之誓[48]를 행한 바 있습니다. 그 사이 100여 년이 지나면서 봉작을 받은 사람

---

47 원문은 두업杜業으로 되어 있다. 위군魏郡 출신 낭관인 두업杜鄴의 오사誤寫로 보인다. 번역문은 두업杜鄴으로 바꿔 놓았다.

48 산하지서山河之誓는 한고제 유방이 건국 초기 제후들을 봉하면서 "황하가 변해 허리띠처럼 좁아지고, 태산이 변해 작은 돌멩이가 될지라도 책봉된 제후국은 영원히 존재하고, 그 후손인 묘예苗裔에게 전해질 것이다."라고 맹서한 것을 가리킨다.

은 다 없어지고, 썩은 해골인 후골朽骨은 묘지 속에 외로이 누워있고, 후손들은 길거리를 유랑하며 생전에는 애처로운 노비 생활인 민례愍隸로 살다가 죽어서는 이리저리 굴러다니는 시체인 전시轉屍가 되고 있습니다. 과거사를 토대로 현재를 살펴보면 심히 비상悲傷한 심정입니다. 성조聖朝가 연민의 마음으로 조서를 내려 그 후손을 찾도록 하자 사방이 모두 기뻐하는 흔흔忻忻의 모습으로 조정을 향해 귀의하는 마음을 품지 않는 자가 없었습니다. 그럼에도 몇 년이 지나도록 후손들을 성찰省察하지 못한 것은 논의하는 자들이 대의를 생각지 못하고, 한낱 허언虛言으로 일을 처리한 탓이 아닐까 우려됩니다. 그리하면 폐하의 두터운 덕정이 가려져 소실되는 후덕엄식厚德掩息과 인색한 나머지 조서의 취지를 제대로 살리지 못하는 인간포장吝簡布章[49]이 빚어지게 됩니다. 이는 포고를 통해 백성들을 교화하고 후손에게 덕행을 권장하는 방안이 아닙니다. 비록 공신의 후손을 모두 찾아내 뒤를 잇게 할 수는 없을지라도 의당 큰 공을 세운 공신의 후손을 찾아내 작위를 잇게 하십시오."

황상이 건의를 받아들였다.

7월 15일, 소하의 6세손인 남련南緣하북성 거록현 북쪽 현장縣長 소희蕭喜를 찾아내 찬후酇侯에 봉했다.

7) 성양애왕城陽哀王의 동생 유리劉俚를 성양왕으로 삼았다.

8) 8월 19일, 한선제의 정처正妻인 태황태후 왕씨王氏가 붕어했다.

9) 9월, 흑룡黑龍이 동래東萊산동성 내주시에 나타났다.

10) 9월 30일, 일식이 있었다.

---

49 인간포장吝簡布章 구절을 두고 호삼성은 인吝을 근靳, 간簡을 약略으로 간주해, 인색한 나머지 공신의 후손을 제후에 봉하지 못하는 근이불봉靳而不封과 소홀히 처리한 나머지 자세히 묻지 않는 약이불문略而不問으로 인해 천하에 조서의 취지를 제대로 포고하지 못하는 상황으로 풀이했다.

11) 이 해에 남양南陽하남성 남양시 태수 진함陳咸을 소부少府, 시중 순우장淳于長을 수형도위水衡都尉로 삼았다.

* 孝成皇帝永始元年

春, 正月, 癸丑, 太官凌室火. 戊午, 戾后園南闕火.

上欲立趙婕妤為皇后, 皇太后嫌其所出微甚, 難之. 太后姊子淳于長為侍中, 數往來通語東宮. 歲餘, 乃得太后指, 許之. 夏, 四月, 乙亥, 上先封婕妤父臨為成陽侯. 諫大夫河間劉輔上書, 言曰, "昔武王·周公, 承順天地以饗魚·鳥之瑞, 然猶君臣示祗懼, 動色相戒. 況於季世, 不蒙繼嗣之福, 屢受威怒之異者虖! 雖夙夜自責, 改過易行, 畏天命, 念祖業, 妙選有德之世, 考卜窈窕之女, 以承宗廟, 順神祇心, 塞天下望, 子孫之祥猶恐晚暮! 今乃觸情縱欲, 傾於卑賤之女, 欲以母天下, 不畏於天, 不愧於人, 惑莫大焉! 里語曰, '腐木不可以為柱. 人婢不可以為主' 天人之所不予, 必有禍而無福, 市道皆共知之, 朝廷莫肯壹言. 臣竊傷心, 不敢不盡死!" 書奏, 上使侍御史收縛輔, 繫掖庭秘獄, 群臣莫知其故. 於是左將軍辛慶忌·右將軍廉褒·光祿勳琅邪師丹·太中大夫谷永俱上書曰, "竊見劉輔前以縣令求見, 擢為諫大夫, 此其言必有卓詭切至當聖心者, 故得拔至於此. 旬月之間, 收下秘獄. 臣等愚以為輔幸得托公族之親, 在諫臣之列, 新從下土來, 未知朝廷體, 獨觸忌諱, 不足深過. 小罪宜隱忍而已, 如有大惡, 宜暴治理官, 與眾共之. 今天心未豫, 災異屢降, 水旱迭臻, 方當隆寬廣問, 褒直盡下之時也, 而行慘急之誅於諫爭之臣, 震驚群下, 失忠直心. 假令輔不坐直言, 所坐不著, 天下不可戶曉. 同姓近臣, 本以言顯, 其於治親養忠之義, 誠不宜幽囚於掖庭獄. 公卿以下, 見陛下進用輔亟而折傷之暴, 人有懼心, 精銳銷耎, 莫敢盡節正言,非所以昭有虞之聽, 廣德美之風! 臣等竊深傷之, 惟陛下留神省察!" 上乃徙繫輔共工獄, 減死罪一等, 論為鬼薪.

初, 太后兄弟八人, 獨弟曼早死, 不侯. 太后憐之. 曼寡婦渠供養東宮, 子莽幼孤, 不及等比, 其群兄弟皆將軍·五侯子, 乘時侈靡, 以輿馬聲色佚游相高. 莽因折節為恭儉, 勤身博學, 被服如儒生. 事母及寡嫂, 養孤兄子, 行甚敕備. 又外交英俊, 內事諸父, 曲有禮意. 大將軍鳳病, 莽侍疾, 親嘗藥, 亂首垢面, 不解衣帶連月. 鳳且死, 以托太后及帝, 拜為黃門郎, 遷射聲校尉. 久之, 叔父成都侯商上書, 願分戶邑以封莽. 長樂少府戴崇·侍中金涉·中郎陳湯等皆當世名士, 咸為莽言, 上由是賢莽, 太后又數以為言. 五月, 乙未, 封莽為新都侯, 遷騎都尉·光祿大夫·侍中. 宿衛謹敕, 爵位益尊, 節操愈謙, 散輿馬·衣裘振施賓客, 家無所餘. 收贍名士, 交結將·相·卿·大夫甚眾. 故在位更推薦之, 游者為之談說, 虛譽隆洽, 傾其諸父矣. 敢為激發之行, 處之不慚恧. 嘗私買侍婢, 昆弟或頗聞知, 莽因曰, "後將軍朱子元無子, 莽聞此兒種宜子, 為買之." 即日以婢奉朱博. 其匿情求名如此!

六月, 丙寅, 立皇后趙氏, 大赦天下. 皇后既立, 寵少衰. 而其女弟絕幸, 為昭儀, 居昭陽舍, 其中庭彤朱而殿上髹漆. 切皆銅沓, 黃金塗. 白玉階. 壁帶往往為黃金釭, 函藍田璧·明珠·翠羽飾之. 自後宮未嘗有焉. 趙后居別館, 多通侍郎·宮奴多子者. 昭儀嘗謂帝曰, "妾姊性剛, 有如為人構陷, 則趙氏無種矣!" 因泣下悽惻. 帝信之, 有白後奸狀者, 帝輒殺之. 由是後公為淫恣, 無敢言者, 然卒無子.

光祿大夫劉向以為王教由內及外, 自近者始, 於是採取『詩』·『書』所載賢妃·貞婦興國顯家及孽·嬖亂亡者, 序次為『列女傳』, 凡八篇, 及采傳記行事, 著『新序』·『說苑』, 凡五十篇, 奏之, 數上疏言得失, 陳法戒. 書數十上, 以助觀覽, 補遺闕. 上雖不能盡用, 然內嘉其言, 常嗟歎之.

昌陵制度奢泰, 久而不成. 劉向上疏曰, “臣聞王者必通三統, 明天命所授者博, 非獨一姓也. 自古及今, 未有不亡之國. 孝文皇帝嘗美石槨之固, 張釋之曰, ‘使其中有可欲, 雖錮南山猶有隙’ 夫死者無終極, 而國家有廢興, 故釋之之言為無窮計也. 孝文寤焉, 遂薄葬. 棺槨之作, 自黃帝始. 黃帝·堯·舜·禹·湯·文·武·周公, 丘壟皆小, 葬具甚微. 其賢臣孝子亦承命順意而薄葬之. 此誠奉安君父忠孝之至也. 孔子葬母於防, 墳四尺. 延陵季子葬其子, 封墳掩坎, 其高可隱. 故仲尼孝子而延陵慈父, 舜·禹忠臣, 周公弟弟, 其葬君·親·骨肉皆微薄矣. 非苟為儉, 誠便於體也. 秦始皇帝葬於驪山之阿, 下錮三泉, 上崇山墳, 水銀為江·海, 黃金為鳧·雁, 珍寶之臧, 機械之變, 棺槨之麗, 宮館之盛, 不可勝原. 天下苦其役而反之, 驪山之作未成, 而周章百萬之師至其下矣. 項籍燔其宮室·營宇, 牧兒持火照求亡羊, 失火燒其臧槨. 自古至今, 葬未有盛如始皇者也. 數年之間, 外被項籍之災, 內離牧豎之禍, 豈不哀哉! 是故德彌厚者葬彌薄, 知愈深者葬愈微. 無德寡知, 其葬愈厚. 丘隴彌高, 宮廟甚麗, 發掘必速. 由是觀之, 明暗之效, 葬之吉凶, 昭然可見矣. 陛下即位, 躬親節儉, 始營初陵, 其制約小, 天下莫不稱賢明. 及徙昌陵, 增卑為高, 積土為山, 發民墳墓, 積以萬數, 營起邑居, 期日迫卒, 功費大萬百餘, 死者恨於下, 生者愁於上, 臣甚愍焉! 以死者為有知, 發人之墓, 其害多矣. 若其無知, 又安用大! 謀之賢知則不說, 以示眾庶則苦之, 若苟以說愚夫淫侈之人, 又何為哉! 唯陛下上覽明聖之制以為則, 下觀亡秦之禍以為戒, 初陵之模, 宜從公卿大臣之議, 以息眾庶!” 上感其言.

初, 解萬年自詭昌陵三年可成, 卒不能就. 群臣多言其不便者. 下有司議, 皆曰, “昌陵因卑為高, 度便房猶在平地上. 客土之中, 不保幽冥之靈, 淺外不固. 卒徒工庸以巨萬數, 至然脂火夜作, 取土東山, 且與穀同賈, 作治數年, 天下遍被其勞. 故陵因天性, 據真土, 處勢高敞, 旁近祖考, 前又已有十年功緒, 宜還復故陵, 勿徙民, 便!” 秋, 七月, 詔曰, “朕執德不固, 謀不盡下, 過聽將作大匠萬年言‘昌陵三年可成’, 作治五年, 中陵·司馬殿門內尚未加功. 天下虛耗, 百姓罷勞, 客土疏惡, 終不可成, 朕惟其難, 怛然傷心. 夫‘過而不改, 是謂過矣’ 其罷昌陵, 及故陵勿徙吏民, 令天下毋有動搖之心.”

初, 酇侯蕭何之子孫嗣為侯者, 無子及有罪, 凡五絶祀. 高后·文帝·景帝·武帝·宣帝思何之功, 輒以其支庶紹封. 是歲, 何七世孫酇侯獲坐使奴殺人, 減死, 完為城旦. 先是, 上詔有司訪求漢初功臣之後, 久未省錄. 杜業說上曰, “唐·虞·三代皆封建諸侯, 以成太平之美, 是以燕·齊之祀與周幷傳, 子繼弟及, 歷載不墮. 豈無刑辟·繇祖之竭力, 故支庶賴焉. 跡漢功臣, 亦皆割符世爵, 受山河之誓. 百餘年間, 而襲封者盡, 朽骨孤於墓, 苗裔流於道, 生為愍隸, 死為轉屍. 以往況今, 甚可悲傷. 聖朝憐閔, 詔求其後, 四方忻忻, 靡不歸心. 出入數年而不省察, 恐議者不思大義, 徒設虛言, 則厚德掩息, 吝簡布章, 非所以示化勸後也. 雖難盡繼, 宜從尤功.” 上納其言. 癸卯, 封蕭何六世孫南䜌長喜為酇侯.

立城陽哀王弟俚為王.

八月, 丁丑, 太皇太后王氏崩.

九月, 黑龍見東萊.

丁巳晦, 日有食之.

是歲, 以南陽太守陳咸為少府, 侍中淳于長為水衡都尉.

한성제 영시 2년(BC 15)

1) 봄 정월 3일, 안양경후安陽敬侯 왕음王音이 훙거薨去했다. 왕씨 가운데 오직 왕음만이 수신修身하며 근신謹愼하는 수정修整의 모습을 보였다. 누차 황상에게 간언을 올려 바르게 하는 간정諫正을 행했다. 충직忠直하고 절조節操가 있었다.

2) 2월 28일 밤, 성운星隕이 비처럼 쏟아졌다. 광채가 나는 역역繹繹의 모습을 보이다가 땅에 떨어지기도 전에 소멸됐다.

3) 2월 30일, 일식이 있었다.

4) 3월 12일, 성도후成都侯 왕상王商이 대사마·위장군衛將軍이 되고, 홍양후紅陽侯 왕립王立이 특진特進의 자리에 올라 영성문병領城門兵의 직책을 맡았다.

5) 경조윤 척방진翟方進을 어사대부로 삼았다.

6) 곡영谷永은 양주涼州 자사로 있었던 까닭에 경사에서 업무를 보고하는 주사奏事가 끝난 뒤 의당 부部로 돌아가고자 했다. 이때 황상이 상서로 하여금 곡영을 만나 말하고자 하는 바를 묻게 했다. 곡영이 대답했다.

"신이 듣건대 천하에 왕도王道를 펴는 왕천하王天下를 행하면서 나라를 보유한 자에게는 가장 큰 우환이 위망을 경고하는 사정인 위망지사危亡之事가 위에 존재하고, 위망을 구하고자 하는 간언인 위망지언危亡之言이 위로 상달上達되지 못하는 데 있다고 했습니다. 만일 '위망지언'이 번번이 위로 상달됐으면 은나라와 주나라 말기에 역성혁명이 잇달아 일어나지 않았을 것이고, 하은주 삼대三代에 걸쳐 정삭正朔이 3번 변개變改되어 다시 사용되는 일도 없었을 것입니다. 하나라와 은나라가 장차 망하려고 할 당시 길을 가던 사람들도 모두 이를 알았으나, 위정자들은 안연晏然히 스스로 하늘에 해가 있는 것처럼 위태로운 일이 있을 수 없다고 생각했습니다. 악한 일을 행하는 날인 악일惡日이 날로 넓어지는데도 스스로 알지 못했고, 대명大命이 기울어지는데도 깨닫지 못한 이유입니다. 『주역』「계사전繫辭傳」에서 말하기를, '늘 위태롭지 않을까 염려하는 위자危者는 그 자리를 안전하게 하는 사람이고, 늘 망하지 않을까 염려하는 망자亡者는 그 몸을 보전하는 사람이다'라고 했습니다.[50] 폐하는 실로 넓고 밝은 마음으로 귀 기울여 듣는 관명지청寬明之聽을 행하며 크게 꺼리는 기휘忌諱로 인해 직언을 하는 자를 죽이는 일 등이 없습니다. 마소의 먹이인 꼴이나 거두는 데 적합한 신하인 추요지신芻蕘之臣조차 앞에서 하고픈 말을 모두 거리낌 없이 하도록 한 것은 군신들이 가장 바라는 것으로 사직의 장복長福이기도 합니다! 영시永始 원년인 작년 9월에 흑룡이 나타났고, 그 달 그믐에 일식이 있었습니다. 올해 2월 28일에 성운星隕이 쏟아졌고, 30일에도 일식이 있었습니다. 6개월 사이 커다란 이변인 대이大異가 4번이나 있었고, 9월과 2월에 2회에 걸쳐 같은 달에 이변이 빚어진 셈입니다. 삼대三代 말기와 춘추시대의 혼란 속에서도 일찍이 이런 일이 없었습니다. 신이 듣건대 삼대에 사직이 없어지고 종묘가 헐린 것은 모두 부인婦人과 많은 소인배인 군악群惡이 술에 크게 취하는 침면沉湎에 빠진 탓입니다. 진秦나라는 진시황이 천하를 통일한 뒤 2세에 이르기까지 16년 만에 패망하고 말았습니다. 이는 장수를 꾀하는 양생養生이 지나치게 사치하고, 죽음을 받드는 봉종奉終 즉 상장喪葬의 예제가 지나치게 후했기 때문

50 『주역』「계사전繫辭傳」에 나오는 다음 구절을 인용한 것이다. "공자가 말하기를, '위자危者는 그 자리를 안전하게 하는 사람이고, 망자亡者는 그 몸을 보전하는 사람이고, 늘 문란해지지 않을까 염려하는 난자亂者는 다스리는 대책이 마련된 사람이다. 군자가 안전할 때 위기를 잊지 않는 안불망위安不忘危와 생존할 때 패망을 잊지 않는 존불망망存不忘亡, 다스릴 때 난세를 잊지 않는 치불망란治不忘亂을 행하는 이유다. 덕분에 군자는 몸을 안전하게 하면서 나라를 보전할 수 있다."

입니다. 폐하는 양생과 봉종 2가지를 모두 갖고 있습니다. 신이 그 효과를 간략히 진술하려 합니다.

황상이 즉위한 직후인 건시建始와 하평河平 연간에 허씨許氏와 반씨班氏가 귀하게 됐습니다. 그 모습이 선제가 재위했던 전조前朝를 경동傾動시킬 만했습니다. 기운과 불꽃인 훈작熏灼이 사방에서 크게 빛나면서 여인에 대한 총애인 여총女寵이 지극한 나머지 더 이상 오를 수 없는 절정에 달한 게 그렇습니다. 지금 미천한 신분에서 몸을 일으킨 황후인 조비연趙飛燕과 이평李平에 대한 총애는 그 이전의 허황후와 반첩여에 대한 것보다 10배나 더합니다. 선제의 법도法度를 폐한 채 조황후 등의 말을 청용聽用하고, 관질官秩이 합당하지 못하고, 왕법王法에 의해 주살될 사람을 멋대로 풀어주고, 그 친속親屬을 교만하게 하여 저들이 위권威權을 빌려 종횡으로 정사를 어지럽게 만든 탓입니다. 저들을 적발해야 하는 관원인 척거지리刺舉之吏들은 감히 법을 받들어 시행하는 봉헌奉憲을 행하지 못하고 있습니다. 또 액정옥掖庭獄을 크게 하여 어지러운 함정인 난정亂阱을 만들어놓고 몽둥이로 치는 형장刑杖 즉 방추榜棰의 고통은 은나라 주紂가 행한 포락炮烙[51]보다 더 비통합니다. 인명을 절멸絶滅하는 형벌은 주로 조비연과 이평이 사적인 은덕에 보답하며 원한을 갚는 보덕복원報德復怨에 사용됩니다. 도리어 범죄를 명백히 범한 자는 오히려 면제가 되고, 죄를 법대로 다스린 정리正吏는 대부분 체포돼 심문을 당합니다. 감옥에 갇힌 사람들 대부분이 이런 무고한 자들로 죄의 자백을 강요당하는 혹형 하에 놓여 있습니다. 심지어 다른 사람을 위해 빚을 지게 한 뒤 그

---

51 포락炮烙은 은나라 주紂가 행한 혹형을 말한다. 『사기』「은본기」에 따르면 기름을 칠한 구리 막대를 숯불 위에 걸쳐 놓고 죄수로 하여금 그 위로 건너가게 했다. 직언을 하는 충신을 모두 이 형에 처했다고 한다.

이익을 나누며 사례를 받고, 살아서 감옥에 들어갔다가 죽어서 나오는 생입사출生入死出하는 자가 그 수를 헤아릴 수 없을 정도로 많습니다. 일식이 다시 개기일식으로 바뀌는 것은 바로 그 무고함을 밝히려는 경계입니다. 왕자王者는 반드시 먼저 스스로를 훼멸한 연후에 하늘이 그를 훼멸시킵니다. 지금 폐하는 만승萬乘의 지귀至貴한 자리를 버린 채 가인家人들이 하는 천한 일을 즐기고, 고미高美한 존호尊號를 싫어하면서 미복微服 차림으로 출행出行하면서 필부의 낮은 이름인 비자卑字를 좋아하고, 가볍고 의리를 모르는 표경무의僄輕無義의 소인배를 높이면서 모으는 숭취崇聚를 하여 사객私客으로 삼고, 자주 온고穩固한 심궁深宮에서 벗어나 밤낮을 가리지 않고 몸을 내던지는 정신挺身의 모습으로 소인배와 서로 어울리고 있습니다. 그 모습이 마치 까마귀들이 섞여 모이는 오집잡회烏集雜會와 닮았습니다. 이민吏民의 집에서 음취飮醉한 채 소인배들과 옷을 어지러이 바꿔 입으면서 같이 앉아 무람하게 친압親狎하는 유면설만流湎媟嫚과 마구 뒤섞여 아무런 구별도 없는 혼효무별溷淆無別의 자세로 욕정을 발산하며 즐거움에 빠지는 민면둔락黽勉遁樂의 모습을 보이는 게 그렇습니다. 폐하가 주야로 노상에 있는 까닭에 문호門戶와 숙위宿衛를 담당한 관원은 관과干戈를 든 채 공궁空宮을 지키고 있습니다. 공경公卿을 비롯한 백료百僚 모두 폐하의 소재를 모르고 지낸 세월이 벌써 여러 해나 됐습니다.

제왕은 백성을 기초로 삼고, 백성은 재물을 근본으로 삼습니다. 재물이 고갈되면 아래서 배반을 하고, 아래서 배반하면 위는 패망합니다. 명왕明王이 기초와 근본인 기본基本을 애양愛養하고, 감히 궁극窮極으로 몰아가지 않고, 백성을 부리는 사민使民을 마치 대제大祭를 지내듯이 경건히 대한 이유입니다. 지금 폐하는 오히려 백성의 재물을 가벼이 빼앗는 경탈민재輕奪民財와 민력을 아끼지 않는 불애민력不愛民力를 행하고, 사악한 신하인 사신邪臣의 계책을 좇아 높고 넓은 고창高敞의 모습을 한 초릉初陵을 버린 채 창릉昌陵을 개작改作하면서 백성들의 노역을 초영왕楚靈王이 조성한 간계乾溪안휘성 박현[52]의 장화궁章華宮보다 100배나 많게 하고, 비용은 진시황이 여산驪山에 능묘를 조성한 것과 비슷하게 써서 천하를 미폐靡敝하게 만들고, 마침내 5년이 돼도 능묘를 조성하지 못해 이내 원래의 옛 것으로 되돌아가고 말았습니다. 백성들의 수한愁恨이 하늘에 닿아 기근饑饉이 몰려오면서 마침내 백성들이 사방으로 흩어져 음식을 구걸해 먹는 용식冗食을 하다가 길에서 굶어죽는 위사餧死의 숫자가 100만을 단위로 헤아리게 됐습니다. 관청인 공가公家는 한 해 동안 유지할 비축인 일년지축一年之畜이 없고, 백성은 10일에서 1달을 버틸 저축인 순월지저旬月之儲가 없습니다. 상하가 모두 궤핍匱乏한 탓에 서로를 구할 길이 없습니다.『시경』「대아, 탕蕩」에서 경계로 삼을 만한 은나라 패망의 거울은 멀리 있지 않으니 은나라는 하나라 폭군 걸桀을 교훈으로 삼았어야 했다는 취지로 '은감불원殷鑒不遠, 재하후지세在夏后之世'를 언급한 바 있습니다. 원컨대 폐하는 하夏·상商·주周·진秦이 천하를 잃은 이유를 돌이켜 살펴보는 추관追觀을 통해 이를 경계의 거울로 삼아 자신의 행동을 상고하도록 하십시오. 신의 말이 타당치 않으면 의당 엎드려 헛된 말로 인해 죽음을 당하는 망언지주妄言之誅를 받도록 하겠습니다! 한나라가 일어선 지 한고제로부터 9세九世, 190여 년이 지나는 동안 부친의 보위를 이은 군주인 계체지주繼體之主[53]는 7명입니다. 이들 모두 하늘의 뜻을 잇고

52 간계乾溪의 장화궁章華宮은 춘추시대 중엽 초영왕楚靈王이 조성한 궁을 말한다.『춘추좌전』「노소공 13년」조에 따르면 기원전 529년 초성왕은 대부들의 반란으로 인해 황급히 궁 밖으로 달아났다가 자진하고 말았다. 간계乾溪의 간乾은 원래 하늘과 군주를 뜻할 때는 '건'으로 읽으나 가물 한旱의 뜻으로 쓰일 때는 '간'으로 읽는다.

53 계체지주繼體之主는 부친의 보위를 이은 군주를 가리킨다. 한성제는 한나라의 제

도리에 순응하는 승천순도承天順道를 하며 선조의 법도法度를 존중하여 중흥中興 또는 치안治安을 이뤘습니다. 폐하에 이르러 홀로 도를 어기고 멋대로 방종하는 위도종욕違道縱欲과 가벼이 움직여 망령된 행동을 하는 경신망행輕身妄行이 나타나고 있습니다. 의당 38세의 왕성한 성장지융盛壯之隆의 나이에 아들을 낳아 뒤를 잇는 복인 계사지복繼嗣之福을 받아야 하는데도 그렇지 못하고 오히려 국가 패망을 우려하는 위망지우危亡之憂만 있습니다. 군도君道를 잃은 게 쌓여 천의天意에 부합하지 못한 것 또한 매우 많습니다. 군왕의 후사後嗣가 되어 선조의 공업功業을 지키는 게 이와 같은데 이 어찌 책임질 일이 아니겠습니까? 바야흐로 오늘의 사직과 종묘의 화복안위禍福安危의 기틀은 폐하에게 달려 있습니다. 폐하는 실로 소연昭然히 멀리 보며 깨닫는 원오遠寤를 하여 전심專心으로 정도正道로 회귀하고, 옛 허물을 모두 고쳐야 합니다. 새로운 덕이 빛을 발하게 되면 혁혁赫赫했던 기왕의 대이大異는 거의 사라지게 되고, 사라지려던 천명天命의 거취去就 또한 거의 회복하게 되고, 사직과 종묘 역시 거의 보전할 수 있게 됩니다. 모든 것이 오직 폐하가 정신을 차려 거듭 주의하는 유신반복留神反覆을 하는지 여부에 달려 있습니다. 신의 건의를 자세히 살피는 숙성熟省을 하기 바랍니다!"

황제는 성품이 관대하고 문사文辭를 좋아한 까닭에 연락燕樂에 탐닉했다. 태후와 여러 외숙들이 숙야夙夜로 늘 걱정한 이유다. 황제의 지친至親은 자주 말하기가 어려웠던 탓에 곡영谷永 등을 밀어주면서 천재지변

12대 황제에 해당하나 세대로 따지면 한고제 유방의 9세손이고, 친부의 뒤를 이어 보위에 오른 '계체지주'로 따지면 7번째 황제에 해당한다. 제2대 한혜제漢惠帝 유영劉盈, 제3대 한소제漢少帝 유공劉恭, 제6대 한경제漢景帝 유계劉啓, 제7대 한무제漢武帝 유철劉徹, 제8대 한소제漢昭帝 유불릉劉弗陵, 제11대 한원제漢元帝 유석劉奭, 제12대 한성제漢成帝 유오劉驁가 '계체지주'이다.

을 이용해 간절히 간하는 절간切諫을 하도록 권했다. 황상이 받아들여 실천할 것을 기대한 것이다. 곡영은 황제 지친의 내응內應이 있을 것을 알고, 자신의 뜻을 펴 간언을 하면서 추호도 거리끼는 바가 없었다. 그러나 황제는 번번이 답례答禮만 할 뿐이었다. 마침내 이번 대책對策이 올라가자 황상이 대로했다. 위장군衛將軍 왕상王商이 곡영에게 은밀히 알려 속히 양주涼州로 달아나게 했다. 황상은 시어사侍御史를 시켜 곡영을 잡아오게 하면서, 곡영이 장안에서 60리가량 떨어진 초릉 부근의 교통구交道廏를 이미 벗어났으면 더 이상 추격하지 말도록 칙령을 내렸다. 시어사가 따라잡지 못하고 돌아왔다. 황상도 노기를 푼 뒤 스스로 후회했다.

7) 황상은 일찍이 장방張放을 비롯해 황후 조비연 일족 및 이첩여 일족의 모든 시중侍中과 함께 궁중에서 연회를 베풀고 술을 마셨다. 모두 술을 가득 채운 뒤 단번에 들이키는 인만거백引滿擧白을 한 뒤 담소하며 크게 웃는 대갹大噱을 했다. 이때 승여乘輿를 타는 황제 곁에 휘장을 쳐놓은 자리인 악좌幄坐에 그림을 그린 병풍을 펼쳐 놓았다. 은나라 주紂가 술에 취해 달기妲己에게 몸을 기댄 채 밤새도록 즐기는 그림이었다. 당시 시중·광록대부 반백班伯이 오래도록 병을 앓다가 새로이 일어나 참석했다. 황상이 돌아보고 그림을 가리키며 물었다.

"은나라 주紂의 무도無道가 이 지경에 이르렀는가?"

반백이 대답했다.

"『서경書』「주서, 태서」에 이르기를, '이내 부인 달기의 말을 채택했다'내용부인지언乃用婦人之言고 했습니다. 어떻게 조정에서 저토록 오만방자하게 달기의 몸에 기대어 즐길 수 있겠습니까? 모든 악행이 은나라 주에게 귀결되는 이른바 중악귀지衆惡歸之를 말하고 있으나 이처럼 심하지는 않았을 것입니다!"

황상이 말했다.

"실로 이와 같지 않다면 이 그림은 무엇을 경계하는 것인가?"

반백이 대답했다.

"술에 푹 빠지는 침면어주沉湎於酒를 경계한 것입니다. 은나라 주의 형인 미자微子는 간언을 하다가 받아들여지지 않자 이내 작별을 고하고 곁을 떠났습니다. 크게 외치고 소리쳤다는 뜻의 식호식호式號式呼를 언급한 『시경』「대아, 탕」에서 한탄하며 눈물을 흘렸다는 구절이 나오는 이유입니다. 『시경』과 『서경』이 음란을 경계한 것은 원래 모두 술이 원인이기 때문입니다!"

황상이 위연喟然히 탄식했다.

"내가 오랫동안 반생班生을 보지 못하다가 오늘에야 다시 훌륭한 말인 당언讜言을 듣게 됐소!"

장방 등이 기뻐하지 않았다. 조금씩 스스로 일어나 측소厠所로 가는 갱의更衣를 한 뒤 연회를 그치고 나갔다.

당시 동궁인 장신궁長信宮 뜰에 마침 심부름을 온 임표林表[54]가 이를 문견聞見했다. 이후 황상이 동궁으로 조현朝見을 가자 태후가 눈물을 흘리며 말했다.

"황제는 그간 안색이 수척해지고 검게 변했소. 반班 시중은 본래 대장군 왕봉이 천거한 사람이니 의당 아끼고 특별히 대해야 하오. 나아가 그와 비슷한 자를 찾아 황제의 성덕聖德을 보필토록 해야 할 것이오. 의당 부평후富平侯감숙성 영무현 장방 같은 사람은 봉국으로 내보내야 할 것이오!"

---

54 원문은 장신정림표長信庭林表이다. 『한서』에 대한 주注에서 맹강孟康은 '정림표'를 부인의 관명官名으로 풀이했고, 안사고는 '태후가 머무는 장신궁 뜰의 임표'로 해석하면서 임표林表를 관명으로 간주했다. 안사고의 풀이를 좇았다.

황상이 대답했다.

"알겠습니다."

황상의 여러 외숙들이 이 얘기를 듣고는 승상 설선薛宣과 어사대부 척방진翟方進에게 넌지시 일러 장방의 과실을 찾아내게 했다. 설선과 척방진이 진주進奏했다.

"장방은 오만하고 불순한 교건驕蹇의 모습을 보이며 방자縱恣합니다. 게다가 사치하고 음란한 사음奢淫을 절제할 줄 모릅니다. 사자가 명을 집행하기 위해 도적을 잡으려고 그의 집으로 오자 문을 닫아걸었고, 무고한 자에게 상해를 입혔고, 종자從者와 지속支屬은 권세에 편승해 포학暴虐을 행했습니다. 청컨대 장방을 면직해 봉국으로 보내도록 하십시오."

황상이 부득이 장방을 북지北地 도위都尉로 좌천시켰다. 이후 몇 년 동안 자주 재변이 일어났다. 장방이 오랫동안 돌아오지 못한 이유다. 당시 황제의 인새가 찍힌 서신인 새서璽書로 장방을 위문하는 일이 그치지 않았다. 경무敬武 공주가 병이 나자 조서를 내려 장방을 불러들인 뒤 집으로 가서 모친을 시질視疾하도록 했다. 몇 달 후 공주가 쾌유하자 다시 장방을 내보내 하동河東산서성 하현 도위로 삼았다. 황상은 비록 장방을 아꼈으나 위로는 태후로부터 압박을 받고, 아래로는 대신들로부터 인재를 채용하라는 주문이 있었던 까닭에 늘 체읍涕泣하며 그를 임지로 보냈다.

8) 한선제의 황후로 공성후邛成侯 왕봉선王奉先의 딸인 공성태후邛成太后 왕씨가 붕어하자 상사喪事가 창졸倉卒 간에 이뤄지게 됐다. 경황이 없는 나머지 관원들이 세금으로 거둔 부렴賦斂을 전용해 일을 처리하는 추판趨辦을 했다. 황상이 이 소식을 듣고는 승상 설선과 어사대부 척방진을 질책했다.

겨울 10월 8일[260], 조서를 내려 승상 설선을 면직해 서인으로 삼고, 어사대부 척방진을 집금오執金吾로 좌천시켰다. 20여 일 동안 승상의 자리가 비게 되자 군신들이 대부분 척방진을 천거했다. 황상 역시 일을 맡길 만한 그릇이라고 생각해 11월 2일 그를 승상으로 삼고 고릉후高陵侯에 봉했다. 제리諸吏·산시상시散騎常侍·광록훈光祿勳 공광孔光을 어사대부로 삼았다.

척방진은 경술經術로 승진한 인물이다. 그는 관원이 된 후 법률적용을 각심刻深하게 하고, 세력에 기대 위세를 부리는 임세입위任勢立威를 좋아했다. 꺼리고 미워하는 기오忌惡의 인물이 있으면 가혹한 법조문인 준문峻文을 적용해 심하게 비난하면서 중상中傷하는 일이 매우 많았다. 어떤 자가 척방진의 행보를 두고 사심私心을 갖고 사람을 속이는 협사저기挾私詆欺로 인해 공무집행이 공평하지 않다고 지적했다. 그러나 황상은 척방진이 제기한 사안은 모두 법조문에 부합한 까닭에 틀린 게 없다고 생각했다.

공광은 황제가 태자였을 때 태중대부太中大夫의 신분으로 『상서』를 가르친 포성군褒成君 공패孔霸의 작은 아들이다. 영상서領尙書로 있으면서 국정의 핵심기관인 추기樞機를 10여 년 동안 이끌었다. 법도를 잘 지켰고, 고사故事를 잘 익혀 황상이 물으면 경전이나 법률에 의거해 마음으로 납득할 수 있게 대답했다. 황상의 뜻과 지시에 억지로 영합하려 하지 않은 까닭에 황상이 청종聽從하지 않으면 감히 강하게 간쟁諫爭하려 하지 않았다. 오랫동안 자리를 지킨 이유다. 때로 상서하여 건의하려 할 때는 매번 초고草藁를 깎아 버렸다. 글에서 주장의 허물을 밝혀 충직하다는 명성을 구하는 것은 인신人臣에게 대죄大罪에 해당한다고 생각했기 때문이

55 원문은 '11월十一月, 기축己丑'이다. 그러나 11월에는 기축일이 없다. 20여 일 동안 승상의 자리를 비워 두었다가 11월 2일인 임자일壬子日에 척방진을 승상에 임명했다는 구절을 토대로 역산하면 기축일은 10월 8일이 된다. 11월은 10월十月의 오사誤寫일 공산이 크다. 번역문에서는 이를 좇았다.

다. 천거하려는 사람이 있으면 오직 당사자가 소문을 들어 알게 될까 우려했다. 휴가를 얻어 돌아가 쉬는 목일귀휴沐日歸休의 시기에는 형제와 처자와 함께 한담인 연어燕語를 나누면서도 끝내 조정이나 관청인 조성朝省의 정사에 관해서는 한마디도 언급하지 않았다. 하루는 혹자가 공광에게 물었다.

"장락궁 내 온실溫室에 심어져 있는 나무는 어떤 나무요?"

공광은 잠자코 응답을 하지 않다가 다른 얘기로 바꿔 대답했다. 그가 누설하지 않는 게 이와 같았다.

9) 황상이 옹雍섬서성 봉상현 땅으로 행행行幸해 오치五畤에서 제사를 올렸다.

10) 위장군 왕상王商이 진탕陳湯을 미워해 이같이 상주했다.

"진탕은 황상에게 창릉 곁에 조성하는 고을로 이민吏民을 옮겨야 한다고 망언妄言을 한 데 이어, 또 흑룡이 겨울에 나타난 것은 황상이 미행微行 차 자주 출궁한 응험應驗이라고 했습니다."

정위廷尉도 상주했다.

"진탕의 말은 의당 말해야 할 게 아닌 까닭에 대불경大不敬에 해당합니다."

조서를 내려 진탕은 공을 세운 까닭에 중형을 면제해 서인으로 삼은 뒤 변경으로 이주하도록 했다.

황상이 조비연을 황후로 세울 때 태후 왕정군王政君의 언니 아들인 순우장淳于長이 큰 힘이 돼 주었다. 그에게 은덕을 입었다고 생각한 나머지 이내 그가 전에 창릉의 공사 중지를 건의한 점을 소급해 드러내고자 했다. 곧 공경들에게 이 사안을 내려 보내 제후 책봉을 논의하게 했다. 광록훈 평당平當이 건의했다.

"순우장은 비록 선언善言을 하기는 했으나 봉작封爵의 조항에는 맞지 않습니다."

평당이 이내 거록鉅鹿하북성 평향현 태수로 좌천됐다. 황상이 마침내 조서를 내려 상시常侍 왕굉王閎과 시중·우위衛尉 순우장이 제일 먼저 좋은 계책인 지책至策을 냈다는 이유로 두 사람에게 관내후의 작위를 내렸다. 장작대장將作大匠 해만년解萬年은 망령되게 속이고 충성스럽지 못한 영사불충佞邪不忠과 백성에게 해독을 끼친 독류중서毒流衆庶의 죄목으로 진탕과 함께 돈황敦煌감숙성 돈황현으로 유배됐다.

당초 소부少府 진함陳咸과 위위衛尉 봉신逢信은 관부官簿에서 모두 척방진翟方進보다 앞서 갔다. 척방진은 늦게 진급해 경조윤이 된 후 진함과 두텁게 지냈다. 어사대부 자리가 비게 되자 3인 모두 명경名卿인 까닭에 함께 선발대상이 됐으나 척방진만 발탁됐다. 마침 승상 설선薛宣이 득죄해 척방진과 서로 연루되자 황상은 사안의 중대성을 감안 해 5명의 2천석으로 하여금 두 사람에 대해 함께 중복하여 심문하는 잡문雜問을 하도록 했다. 진함은 척방진을 힐책詰責하며 그 자리를 얻고자 했으나 척방진은 내심 이를 한스러워했다. 진탕은 평소 재능이 뛰어나 왕봉 및 왕음으로부터 칭찬을 받았다. 진함과 봉신 모두 진탕과 잘 지낸 까닭에 진탕이 누차 왕봉과 왕음 면전에서 두 사람을 칭찬했다. 두 사람이 구경九卿이 된 배경이다. 이후 왕상이 진탕을 출축黜逐하는 상황에 이르자 척방진이 이같이 상주했다.

"진함과 봉신이 진탕에게 부회附會해 천거되기를 구했으니, 실로 무치無恥한 자들입니다."

두 사람이 면관免官된 이유다.

11) 이 해에 낭야琅邪 태수 주박朱博을 좌풍익左馮翊으로 삼았다. 주박이 낭야군을 다스리면서 늘 속현屬縣들로 하여금 각각 해당 지역의 호걸豪桀을 대리大吏로 삼게 했다. 문무文武를 막론하고 재간이 있으면 곧

바로 그들을 임용했다. 이후 각 현縣에 대도大盜 등의 극적劇賊을 포함해 여타 비상사태가 빚어지면 주박은 곧바로 공문을 보내 그들의 책임을 묻는 궤택詭責을 했다. 그들이 진력盡力하여 효과를 보면 반드시 후상厚賞을 내리고, 궤사詭詐의 속셈으로 직책에 상응하는 칭직稱職을 하지 못하면 곧바로 주벌誅罰을 가했다. 호강豪強이 모두 떨며 복종하는 섭복慴服을 하고, 하고자 하는 일이 완료되지 못한 경우가 없었던 이유다.

* 孝成皇帝永始二年

春, 正月, 己丑, 安陽敬侯王音薨. 王氏唯音為修整, 數諫正, 有忠直節.

二月, 癸未夜, 星隕如雨, 繹繹, 未至地滅.

乙酉晦, 日有食之.

三月, 丁酉, 以成都侯王商為大司馬·衛將軍. 紅陽侯王立位特進, 領城門兵.

京兆尹翟方進為御史大夫.

谷永為涼州刺史, 奏事京師, 訖, 當之部, 上使尚書問永, 受所欲言. 永對曰, "臣聞王天下·有國家者, 患在上有危亡之事而危亡之言不得上聞. 如使危亡之言輒上聞, 則商·周不易姓而迭興, 三正不變改而更用. 夏·商之將亡也, 行道之人皆知之. 晏然自以若天有日, 莫能危, 是故惡日廣而不自知, 大命傾而不自寤. 『易』曰, '危者有其安者也, 亡者保其存者也' 陛下誠垂寬明之聽, 無忌諱之誅, 使芻蕘之臣得盡所聞於前, 群臣之上願, 社稷之長福也! 元年, 九月, 黑龍見. 其晦, 日有食之. 今年二月己未夜, 星隕. 乙酉, 日有食之. 六月之間, 大異四發, 二二而同月. 三代之末, 春秋之亂, 未嘗有也. 臣聞三代所以隕社稷·喪宗廟者, 皆由婦人與群惡沉湎於酒. 秦所以二世十六年而亡者, 養生泰奢, 奉終泰厚也. 二者, 陛下兼而有之, 臣請略陳其效. 建始·河平之際, 許·班之貴, 傾動前朝, 熏灼四方, 女寵至極, 不可上矣. 今之後起, 什倍於前. 廢先帝法度, 聽用其言, 官秩不當, 縱釋王誅, 驕其親屬, 假之威權, 從橫亂政, 刺擧之吏莫敢奉憲. 又以掖庭獄大為亂阱, 榜棰瘠於炮烙, 絕滅人命, 主為趙·李報德復怨. 反除白罪, 建治正吏, 多繫無辜, 掠立迫恐, 至為人起責, 分利受謝, 生入死出者, 不可勝數. 是以日食再既, 以昭其辜. 王者必先自絕, 然後天絕之. 今陛下棄萬乘之至貴, 樂家人之賤事, 厭高美之尊號, 好匹夫之卑字, 崇聚僄輕無義小人以為私客, 數離深宮之固, 挺身晨夜, 與群小相隨, 烏集雜會, 飲醉吏民之家, 亂服共坐, 流湎媟嫚, 溷肴無別, 黽勉遁樂, 晝夜在路, 典門戶·奉宿衛之臣執干戈而守空宮, 公卿百僚不知陛下所在, 積數年矣. 王者以民為基, 民以財為本, 財竭則下畔, 下畔則上亡. 是以明王愛養基本, 不敢窮極, 使民如承大祭. 今陛下輕奪民財, 不愛民力, 聽邪臣之計, 去高敞初陵, 改作昌陵, 役百乾溪, 費擬驪山, 靡敝天下, 五年不成而後反故. 百姓愁恨感天, 饑饉仍臻, 流散冗食, 餧死於道, 以百萬數. 公家無一年之畜, 百姓無旬月之儲, 上下俱匱, 無以相救. 『詩』云, '殷監不遠, 在夏后之世' 願陛下追觀夏·商·周·秦所以失之, 以鏡考己行, 有不合者, 臣當伏妄言之誅! 漢興九世, 百九十餘載, 繼體之主七, 皆承天順道, 遵先祖法度, 或以中興, 或以治安. 至於陛下, 獨違道縱欲, 輕身妄行, 當盛壯之隆, 無繼嗣之福, 有危亡之憂, 積失君道, 不合天意, 亦以多矣. 為人後嗣, 守人功業如此, 豈不負哉! 方今社稷·宗廟禍福安危之機在於陛下, 陛下誠肯昭然遠寤, 專心反道, 舊愆畢改, 新德既章, 則赫赫大異庶幾可銷, 天命去就庶幾可復, 社稷·宗廟庶幾可保! 唯陛下留神反覆, 熟省臣言!"

帝性寬，好文辭，而溺於燕樂，皆皇太后與諸舅夙夜所常憂．至親難數言，故推永等使因天變而切諫，勸上納用之．永自知有內應，展意無所依違，每言事輒見答禮．至上此對，上大怒．衛將軍商密擿永令發去．上使侍御史收永，敕過交道廄者勿追．御史不及永，還．上意亦解，自悔．

上嘗與張放及趙·李諸侍中共宴飮禁中，皆引滿擧白，談笑大噱．時乘輿幄坐張畫屛風，畫紂醉踞妲己，作長夜之樂．侍中·光祿大夫班伯久疾新起，上顧指畫而問伯曰，“紂為無道，至於是虖?” 對曰，“『書』云，‘乃用婦人之言’，何有踞肆於朝！所謂衆惡歸之，不如是之甚者也!” 上曰，“苟不若此，此圖何戒?” 對曰，“‘沉湎於酒’，微子所以告去也．‘式號式呼’，『大雅』所以流連也．『詩』·『書』淫亂之戒，其原皆在於酒!” 上乃喟然歎曰，“吾久不見班生，今日復聞讜言!” 放等不懌，稍自引起更衣，因罷出．時長信庭林表適使來，聞見之．後上朝東宮，太后泣曰，“帝間顏色瘦黑．班侍中本大將軍所擧，宜寵異之．益求其比，以輔聖德！宜遣富平侯且就國!” 上曰，“諾.” 上諸舅聞之，以風丞相·御史，求放過失．於是丞相宣·御史大夫方進奏“放驕蹇縱恣，奢淫不制，拒閉使者，賊傷無辜，從者支屬幷乘權勢，為暴虐，請免放就國.” 上不得已，左遷放為北地都尉．其後比年數有災變，故放久不得還．璽書勞問不絕．敬武公主有疾，詔徵放歸第視母疾．數月，主有瘳，後復出放為河東都尉．上雖愛放，然上迫太后，下用大臣，故常涕泣而遣之．

邛成太后之崩也，喪事倉卒，吏賦斂以趨辦，上聞之，以過丞相·御史．冬，十一月，己丑，冊免丞相宣為庶人，御史大夫方進左遷執金吾．二十餘日，丞相官缺，群臣多擧方進者．上亦器其能，十一月，壬子，擢方進為丞相，封高陵侯．以諸吏·散騎·光祿勳孔光為御史大夫．

方進以經術進, 其為吏, 用法刻深, 好任勢立威. 有所忌惡, 峻文深詆, 中傷甚多. 有言其挾私詆欺不專平者, 上以方進所舉應科, 不以為非也. 光, 褒成君霸之少子也, 領尚書, 典樞機十餘年, 守法度, 修故事, 上有所問, 據經法, 以心所安而對, 不希指苟合. 如或不從, 不敢強諫爭, 以是久而安. 時有所言, 輒削草藁, 以為章主之過以奸忠直, 人臣大罪也. 有所薦擧, 唯恐其人之聞知. 沐日歸休, 兄弟妻子燕語, 終不及朝省政事. 或問光曰, "溫室省中樹, 皆何木也?" 光嘿不應, 更答以它語, 其不洩如是.

上行幸雍, 祠五畤.

衛將軍王商惡陳湯, 奏"湯妄言昌陵且復發徙. 又言黑龍冬出, 微行數出之應." 廷尉奏"湯非所宣言, 大不敬." 詔以湯有功, 免為庶人, 徙邊.

上以趙后之立也, 淳于長有力焉, 故德之, 乃追顯其前白罷昌陵之功, 下公卿, 議封長. 光祿勳平當以為曰, "長雖有善言, 不應封爵之科." 當坐左遷鉅鹿太守. 上遂下詔, 以常侍閎, 侍中·衛尉長首建至策, 賜長·閎爵關內侯. 將作大匠萬年佞邪不忠, 毒流眾庶, 與陳湯俱徙敦煌.

初, 少府陳咸, 衛尉逢信, 官簿皆在翟方進之右. 方進晚進, 為京兆尹, 與咸厚善. 及御史大夫缺, 三人皆名卿, 俱在選中, 而方進得之. 會丞相薛宣得罪, 與方進相連, 上使五二千石雜問丞相·御史, 咸詰責方進, 冀得其處, 方進心恨. 陳湯素以材能得幸於王鳳及王音, 咸·信皆與湯善, 湯數稱之於鳳·音所, 以此得為九卿. 及王商黜逐湯, 方進因奏"咸·信附會湯以求薦擧, 苟得無恥." 皆免官.

是歲, 琅邪太守朱博為左馮翊. 博治郡, 常令屬縣各用其豪桀以為大吏, 文·武從宜. 縣有劇賊及它非常, 博輒移書以詭責之, 其盡力有效, 必加厚賞. 懷詐不稱, 誅罰輒行. 以是豪強慴服, 事無不集.

한성제 영시 3년(BC 14)

1) 봄 정월 30일, 일식이 있었다.

2) 당초 황제는 광형匡衡의 건의를 받아들여 감천궁甘泉宮에 있는 태치泰畤를 철폐했다. 그날 큰바람이 불어 감천궁의 죽궁竹宮을 훼손하고, 제단이 있던 10위圍[56] 이상 되는 수목 100여 그루를 꺾거나 뽑아버렸다. 황제가 이를 이상하게 여겨 유향劉向에게 묻자 유향이 대답했다.

"일반백성 집안조차 조상 제사인 종사種祠를 없애려 하지 않는데 하물며 나라의 신보神寶인 옛 사당의 경우이겠습니까? 게다가 감천甘泉과 분음汾陰산서성 영하현 및 옹雍섬서성 봉상현의 오치五畤가 처음 세워질 당시 신령한 감응이 있은 연후에 사당을 세운 것이니 결코 구차하게 세운 것도 아닙니다. 무제와 선제 시대에는 세 곳의 신을 받들면서 공경하는 자세로 예식을 치르고 준비해 신령한 빛인 신광神光이 더욱 현저했습니다. 조종祖宗에서 세운 신기神祇 즉 신령의 옛 사당 터는 실로 아직 쉽게 움직일 게 아닙니다. 원제 때 한나라의 제사가 옛 제도에 부합하지 않다는 공우貢禹의 건의를 처음 받아들였고, 그 이후 사람들은 이로 인해 많은 동요가 있었습니다. 최초의 『주역』 해설서인 「역대전易大傳」에 이르기를, '신령을 속이면 재앙이 3대에 미친다'고 했습니다.[57] 그 허물이 다만 공우 등에

---

56 위圍는 수량數量 단위로 크게 2가지 의미로 사용된다. 첫째, 두 손의 엄지에서 식지까지의 길이를 가리킨다. 허리둘레를 두고 '요대십위腰大十圍'로 표현한 게 대표적이다. 둘째, 양팔을 벌린 길이를 가리킨다. 나무둘레를 두고 '수대오위樹大五圍'로 표현한 게 대표적이다.

57 「역대전易大傳」은 『주역』을 최초로 해석한 저술로 여러 「전传」을 통칭하는 말이다. 통상 「십익十翼」으로 부른다. 「단전彖傳」 상하, 「상전象傳」 상하, 「문언文言」, 「계사繫辭」 상하, 「설괘说卦」, 「잡괘雜卦」, 「서괘序卦」 등이 그것이다. 통상 「역전易傳」으로 부른

게만 그치는 게 아닐지 걱정입니다!"

황상이 내심 이를 크게 후회했다. 이후에도 계속 계사繼嗣가 없었다.

겨울 10월 5일, 황상이 태후에게 보고한 뒤 유사有司에 조서를 내려 감천의 태치泰畤와 분음汾陰의 후토后土를 옛날처럼 복구하고, 옹雍 땅의 오치五畤와 진보사陳寶祠를 비롯해 장안長安과 군국郡國에 있는 사당으로 저명한 곳을 모두 복원하게 했다.

이때 황상은 뒤를 이을 후사가 없었던 탓에 귀신鬼神이나 방술方術 등을 크게 좋아했다. 상서하여 제사와 방술 등을 언급해 대조待詔의 자리를 얻은 자가 매우 많았다. 곡영谷永이 황상에게 건의했다.

"신이 듣건대 천지의 본성本性에 밝으면 신괴神怪에 현혹되지 않고, 만물의 본정本情을 알면 비슷한 것에 기망欺罔되지 않는다고 했습니다. 여러 인의仁義의 정도正道를 배반하고, 오경五經에 나오는 본받을 말인 법언法言을 준수하지 않고, 기괴한 귀신을 크게 칭송하고, 널리 제사 지내는 방법을 숭상하고, 복 없는 제사로 보답을 구하고, 세상에 선인仙人이 있다고 말하며 죽지 않는 부종지약不終之藥을 복식服食하고, 날개가 돋아 신선으로 변하는 요흥경거遙興輕擧와 단사丹砂를 제조해 황금으로 변하게 만드는 황화변화黃冶變化의 방술 모두 사람들을 요언妖言으로 미혹시키는 것입니다. 헛된 방책인 좌도左道를 낀 채 사위詐僞의 생각을 품고, 세상의 군주를 기망하는 것입니다. 그들의 말을 들으면 실물이 양양洋洋히

다. 사마천이 「역전」을 「역대전」으로 칭한 이후 한나라 때 나온 여러 주석가의 「역전」과 구별되는 개념으로 통용됐다. 신령을 속이면 재앙이 3대에 미친다는 구절의 원문은 '무신자앙급3세誣神者殃及三世'이다. 현존 『주역』에는 보이지 않는 구절이다. 심흠한沈欽韓은 『춘추좌씨전보주春秋左氏傳補注』에서 주석하기를, "『대대례기大戴禮記』「본명本命」에는 '무귀자죄급2세誣鬼者罪及二世'로 나온다. 노나라에서 만든 『논어』인 『노어魯語』에도 보인다."고 했다. 전한 말기에 이르러 '무귀자죄급2세'와 '무신자앙급3세'가 함께 통용됐을 공산이 크다.

귀에 가득차고 장차 만날 수 있는 것처럼 들리나, 막상 찾아 나서면 텅 빈 것이 탕탕蕩蕩하여 마치 바람으로 경치를 잡는 계풍포경繫風捕景과 같아 끝내 얻을 수 없습니다. 명왕明王이 이를 거절하며 불청不聽하고, 성인聖人이 이를 끊고 불어不語한 이유입니다. 옛날 진시황은 서복徐福으로 하여금 동남동녀童男童女를 징발해 바다로 들어가 신선을 찾고 불사약을 캐는 구신채약求神采藥을 하도록 했습니다. 서복은 이를 구실로 많은 재물만 챙기고 달아난 뒤 돌아오지 않았습니다. 천하 사람들이 원한怨恨을 품은 이유입니다. 한나라가 일어나면서 문제 때의 방술가인 신원평新垣平을 비롯해 무제 때의 방술가인 제나라 출신 소옹少翁과 공손경公孫卿 및 난대欒大 등이 모두 방술로 사기를 치다가 궁지에 몰려 자복한 뒤 죽는 주이복고誅夷伏辜를 당했습니다. 오직 폐하는 이런 방술을 멀리하고 끊는 거절距絶을 행해 다시는 간인奸人들이 조정을 엿보는 일이 없게 하십시오!"

황상이 이에 동의하며 칭송했다.

3) 11월, 위씨尉氏하남성 위씨현 출신 남자男子인 번병樊幷 등 13인이 모반해 진류陳留하남성 진류현 태수를 죽이고 이민吏民을 겁략劫略하며 장군을 자칭했다. 형도刑徒인 이담李譚과 칭충稱忠, 종조鍾祖, 자순訾順이 번병을 함께 죽이는 공살共殺을 한 뒤 조정에 보고한 덕분에 모두 제후에 봉해졌다.

4) 12월, 산양山陽산동성 금향현에서 소령蘇令을 비롯해 철기를 주조하는 관청의 공장工匠인 철관도鐵官徒 228명이 장리長吏를 공격해 죽이는 공살攻殺을 하고 관고의 무기인 고병庫兵을 훔친 뒤 장군을 자칭했다. 19개의 군국郡國을 휩쓸면서 동군東郡하남성 복양현 태수와 여남汝南하남성 여남현 도위都尉를 살해했다. 여남 태수 엄흔嚴訢이 소령 등을 체포해 참수했다. 엄흔을 승진시켜 대사농大司農으로 삼았다.

5) 전에 남창南昌강서성 남창시 현위縣尉로 있던 구강九江안휘성 수현 출신 매복梅福이 상서했다.

"옛날 고조高祖는 훌륭한 말을 들으면 마치 따라잡지 못할 듯이 받아들이고, 간언을 좇아 행하는 것을 마치 굴렁쇠를 굴리는 전환轉圜[58]처럼 했고, 청언聽言을 할 때 말하는 사람의 재간을 묻지 않고, 공로를 거론할 때 평소의 행적을 따지지 않았습니다. 고조가 항우와 천하를 놓고 다투던 초한지제楚漢之際 당시 진평陳平이 망명 중에 몸을 일으켜 모주謀主 역할을 수행하고, 한신韓信이 병사로 행진하다가 발탁돼 상장上將이 된 게 그렇습니다. 천하지사天下之士가 구름처럼 몰리는 운합雲合을 하여 한나라에 귀의하고, 다퉈 기이奇異한 계책을 진언하고, 지자知者는 갈력竭力으로 계책을 내고, 우자愚者 역시 1,000번 생각 끝에 1번 취할 만한 게 있는 천려일득千慮一得의 경우처럼 자신의 생각을 진언盡言하고, 용사勇士는 기절氣節을 극도로 발휘하고, 겁부怯夫 또한 죽음을 무릅쓰고 스스로를 고취하는 면려勉勵를 했습니다. 천하의 지혜를 합치고, 천하의 위엄을 아우른 것입니다. 덕분에 진秦나라를 기러기 깃털인 홍모鴻毛처럼 가벼이 여길 수 있었고, 초나라의 항우項羽를 길거리에 떨어진 물건을 습유拾遺하듯 여길 수 있었습니다. 이것이 바로 고조가 천하무적이 된 이유입니다. 효무황제도 충간忠諫을 좋아하고 지극한 말인 지언至言을 기뻐했습니다. 작위를 내릴 때 효렴孝廉이나 무재茂才인지 여부를 가리지 않고 오직 공로가 있는지 여부만 따졌고, 상사賞賜를 행할 때도 현저한 공로가 있는지 여부를 가리지 않고 오직 정리情理에 부합하는지 여부만 따졌습니다. 덕분에 천하의 벼슬을 하지 않은 포의지사布衣之士가 서로 격려하며 정

---

58 전환轉圜은 굴렁쇠처럼 둥근 물체를 굴리는 것을 말한다. 용이하고 빠르게 일을 처리하는 것을 상징한다.

성을 다하는 여지갈정厲志竭精의 자세로 대궐 뜰로 몰려들어 자신의 재능을 과시하며 벼슬을 구하는 자가 헤아릴 수 없을 정도로 많았습니다. 한나라 조정이 쉽게 현자를 얻어 번성할 수 있었던 이유입니다. 효무황제가 저들의 계책을 채택했으면 천하는 가히 백성들이 3년분의 비축을 하는 승평昇平의 시대를 이룰 수 있었을 것입니다. 그러나 잦은 원정 등으로 병사의 시신이 들에 쌓이고 백골이 드러나는 적시폭골積屍暴骨의 상황이 빚어졌고, 북방의 호족胡族과 남방의 월족越族이 크게 기뻐했고 그 틈을 타 회남왕淮南王 유안劉安이 반기를 들었습니다. 유안 무리의 계려計慮가 이뤄지지 않고 모의謀議가 도중에 누설된 것은 현능한 인재들이 모두 한나라 조정에 모여 있었고, 회남왕 신료들의 권한이 친왕을 능가하여 감히 회남왕을 좇아 함께 반기를 들 생각을 하지 못했기 때문입니다. 지금 바야흐로 평민들이 국가國家 즉 황제의 틈을 살피다가 마침내 틈을 보고 반기를 든 곳은 정궁鄭躬 등이 민변을 일으킨 촉군蜀郡입니다. 후에 산양山陽산동성 금향현의 망명한 형도刑徒인 소령蘇令의 무리는 명도名都와 대군大郡을 유린하는 도자蹈藉를 행하고, 당여黨與를 모아 부화뇌동하는 수화隨和의 인물을 구하며 조금도 망도亡逃 내지 은닉隱匿을 할 생각이 없었습니다. 이는 모두 대신들을 가벼이 헤아리고, 두렵거나 꺼리는 외기畏忌가 없었기 때문입니다. 황제의 권위가 가벼워져 필부가 황제와 다투며 겨루는 쟁충爭衡한 이유입니다. 선비는 나라의 중기重器입니다. 선비를 얻으면 무겁게 되고, 잃으면 가볍게 됩니다. 『시경』「대아, 문왕」에서 많은 인재가 있으니 문왕이 평안했다는 취지의 '제제다사濟濟多士, 문왕이녕文王以寧'을 언급했습니다. 종묘의 명당인 묘당廟堂 즉 조정의 논의는 재야에 머물러 있는 인사인 초모草茅가 언급할 바가 아닙니다. 신은 실로 몸이 들풀에 덮인 채 시체가 졸오卒伍와 함께 버려질까 두렵습니다. 누차 상서해 알현을 구한 이유입니다. 그러나 번번이 회답이 없었습니다. 신이 듣건대 춘추시대 첫 패자覇者인 제환공齊桓公 때 어떤 사람이 구구단인 구구九九를 갖고 알현을 청하자 제환공이 물리치지 않았습니다. 크게 되고자 했기 때문입니다. 지금 신이 말하는 것은 '구구' 차원이 아닙니다. 폐하가 신을 거절한 것이 3번이나 됩니다. 천하의 선비들이 이르지 않은 이유입니다. 옛날 전국시대 당시 진무왕秦武王이 힘자랑을 즐기자 임비任鄙는 관문에 이르러 자신의 힘을 팔았고, 춘추시대 당시 진목공秦繆公이 패권을 행사하자 유여由余가 덕을 찾아 귀의했습니다. 지금 천하의 선비들을 부르고자 하면 상서를 올려 알현을 청하는 백성이 있을 경우 즉각 상서尚書로 오게 하여 말하고자 하는 바를 묻고, 채택할 만한 말을 하면 비록 작은 규모의 녹질祿秩인 승두지록升斗之祿이나 한 꾸러미의 비단인 일속지백一束之帛이라도 하사해야 합니다. 이같이 하면 천하지사가 분만憤懣의 마음을 풀고 충언忠言을 토해낼 것입니다. 가모嘉謀가 날마다 황상의 귀에 들려오고, 천하의 치리治理가 가지런히 모이는 천하조관天下條貫과 나라의 안팎이 난연爛然히 빛을 발하는 모습을 목도하게 될 것입니다.

무릇 사해四海의 광대廣大와 사민士民의 중다衆多에 비춰볼 때 능히 말을 할 수 있는 사람이 아주 많을 것입니다. 그 준걸雋桀들은 정사의 이폐利弊를 지적하고 정정政情을 진술하며 곧바로 문장이 되는 언사를 합니다. 그러면 선성先聖의 가르침에 어긋남이 없고, 당대에 시행할지라도 시무時務에 부합하게 됩니다. 그러나 이같이 할 사람이 얼마 되지 않을까 걱정입니다. 천하의 인재를 구하는 수단인 작록爵祿과 속백束帛은 천하의 숫돌인 천하지석天下砥石에 해당합니다. 이는 고조가 세인世人을 숫돌에 갈고 천하의 영재를 훈련시키는 여세마둔厲世摩鈍을 행한 이유이기도 합니다. 공자는 『논어』「위령공」에서 인에 관해 묻는 자공의 질문에 대답하기를, '공인工人이 일을 잘하려면 반드시 먼저 그 연장을 예리하게 다듬어 놓아야 한다'고 했습니다. 진秦나라 시대에 이르러서는 오히려 이같이 하지 않았습니다. 조정을 비방하는 자를 옭아 넣을 그물을 넓게 펼친 뒤 백성들이 진나라를 버리고 한漢나라로 가는 것을 막고자 한 게 그렇습니다. 그러나 이는 오히려 전설적인 장인인 구야歐冶가 만든 명검 태아泰阿를 지니고도 칼끝을 잡고 칼자루를 적에게 넘겨주는 결과를 낳고 말았습니다. 실로 칼자루를 잃지 않을 수만 있다면 천하가 비록 불순不順할지라도 감히 칼끝에 부딪치는 촉봉觸鋒을 하지 못했을 것입니다. 이는 효무황제가 영토를 개척하고 공을 세우는 벽지건공闢地建功으로 세종世宗이라는 사당의 명칭인 묘호廟號를 얻게 된 이유이기도 합니다. 지금 폐하는 이미 천하의 언론을 받아들이기는커녕 주륙誅戮을 가했습니다. 무릇 솔개와 까치인 연작鳶鵲 등의 아조惡鳥를 만나면 난새와 봉황 등의 인조仁鳥는 멀리 높이 날아가 버립니다. 우자愚者는 주륙을 당하고, 지사智士는 깊이 숨어드는 심퇴深退를 합니다. 근래 많은 우민愚民이 상소했으나 대부분 불요불급한 사안을 제기한 공무집행 방해의 죄목에 저촉됐고, 정위廷尉로 보내져 죽은 자 또한 많습니다. 양삭陽朔 연간 이래 천하 사람들이 말하는 것을 꺼린 이유입니다. 조정에서는 더욱 심해져 군신들 모두 위에서 내리는 지시를 그대로 좇는 승순상지承順上指의 모습을 보이고 있습니다. 이의를 제기하며 바르게 잡는 집정執正을 감히 행하는 자가 없습니다. 이런 잘못된 관행을 어떻게 증명할 수 있겠습니까? 백성들이 올린 상서 가운데 폐하가 훌륭하다가 생각하는 것을 골라 정위에게 시험 삼아 내려 보내면 정위는 틀림없이 말하기를, '이는 의당 말해야 할 게 아닌 까닭에 대불경大不敬에 해당한다'고 할 것입니다. 이런 식으로 잘못된 관행을 점칠 수 있는 게 첫 번째 방안입니다. 전에 경조윤으로 있던 왕장王章은 자질이 충직忠直해 감히 황상 앞으로 끌어내 시비를 가리는 면인정쟁面引廷爭을 했습니다. 효원황제가 특별히 그를 발탁해 모습만 갖춘 구신具臣들을 올바르게 다듬고 왜곡된 조정을 교정하게 했습니다. 마침내 폐하의 조정에 이르러서는 죽음이 말하는 자의 처자妻子에게까지 이르게 됐습니다. 악인에게 악형을 가하는 악악惡惡은 당사자 1인에 그치는 법입니다. 왕장은 모반을 꾀한 잘못이 없는데도 그 재앙이 왕장 자신의 죽음을 넘어 처자에게까지 미쳤습니다. 이는 정직한 선비인 직사直士의 절개를 꺾은 것이고, 간신諫臣의 혀를 묶은 것입니다. 군신들 모두 그것이 잘못이라는 것을 알고 있음에도 감히 쟁론하지 못하고 있습니다. 천하가 말을 하는 것을 경계하게 됐으니 나라의 가장 큰 대환大患이라고 하겠습니다! 원컨대 폐하는 고조의 궤적을 좇고, 패망한 진나라의 길을 막고, 불급不急한 법제를 없애고, 거리낌 없이 건의할 수 있다는 내용의 조서를 내리십시오. 두루 보고 듣는 박람겸청博覽兼聽이 소천疏賤한 자에게까지 미치고, 깊이 몸을 숨기는 자도 다시는 은둔하지 못하게 하고, 멀리 있거나 소원해진 자가 막히지 않도록 해야 합니다. 『서경』에서 사방의 문을 활짝 열어 현자를 초빙하고 눈을 크게 떠 사방을 살핀다고 언급한 게 그렇습니다.[59] 공자는 『논어』「미자」에서 말하기를, '지나간 일은 좇을게 없으나 오는 것은 오히려 따를 만하다'[60]고 했습니다. 바야흐로 지금 군명君命이 침범당하고 군위君威마저 빼앗긴 상황입니다. 외척의 권세가 날로 융성해지고 있습니다. 폐하는 그 모습을 보지 못하고 있으나, 장차 그 형세가 만들고 있는 영향을 자세히 살피도록 하십시오. 건시建始 연간 이래 일식과 지진이 계속 일어나고 있습니다. 개괄적으로 말하면 춘추시대보다 3배나 많습

59 원문은 '벽사문闢四門, 명사목明四目'이다. 『서경』「우서虞書, 순전舜典」의 "순임금은 요임금의 3년상을 치른 후 첫 달 첫 날에 종묘에서 제사를 지내고 정식으로 보위에 올랐다. 사악四岳과 의논해 사방의 문을 열고, 사방을 보는 눈을 밝히고, 사방의 일이 잘 들리도록 조치했다."는 구절에서 인용한 것이다.

60 원문은 '왕자불가급往者不可及, 내자유가추來者猶可追'이다. 『논어』「미자」에서 인용한 것이다. 「미자」의 원문은 '왕자불가급往者不可及'이 지난 것은 간할 게 없다는 취지의 '왕자불가간往者不可諫'으로 되어 있다.

니다. 수재水災는 훨씬 많아 비교할 수조차 없습니다. 음기가 성하고 양기가 줄어드는 음성양미陰盛陽微 상황에서 금철金鐵이 유성이 되어 날아다니는 것은 무슨 징조입니까? 한나라는 건국 이래 사직이 3번 위태로웠습니다. 여씨呂氏와 곽씨霍氏, 상관씨上官氏의 위기가 그것으로, 모두 황제의 어머니 집안 때문에 빚어진 것입니다.

황상이 가까운 인척을 가까이 대하는 친친지도親親之道는 이들을 온전히 살리는 것을 우선으로 삼고 있습니다. 의당 이들에게 현량한 스승인 현사양부賢師良傅를 보내 충효지도忠孝之道를 가르치도록 하십시오. 지금 이들을 존총尊寵하며 높은 자리와 대권의 칼자루인 괴병魁柄을 내주는 것은 이들에게 교사驕奢과 배역背逆을 부추기는 것으로, 끝내 이멸夷滅로 이끌고 말 것입니다. 이는 '친친지도'의 대의를 잃는 것입니다. 곽광霍光처럼 현능賢能한 자도 자손들을 위해 세밀히 배려하지 못했습니다. 권신權臣은 세월이 바뀌면 위태로워지는 법입니다. 『서경』「주서周書, 낙고洛誥」는 불길의 시작이 미미하다고 간과하면 나중에 커다란 불길을 잡을 길이 없다고 경계했습니다.[61] 형세가 군주를 능가하고, 권세가 군주보다 융성한 연후에 이를 막고자 하면 이 역시 그치게 할 방법이 없습니다!"

황상이 받아들이지 않았다.

* 孝成皇帝永始三年

春, 正月, 己卯晦, 日有食之.

初, 帝用匡衡議, 罷甘泉泰畤, 其日, 大風壞甘泉竹宮, 折拔畤中樹

61 원문은 '무약화毋若火, 시용용始庸庸'이다. 『서경』「주서, 낙고」에서 당초 불이 미약하다고 해서 이를 방치해서는 안 되니 방치해서 활활 타오르게 되면 이내 끌 수 없는 상태가 된다는 취지로 언급한 '기왕무약화其往無若火, 시염염始燄燄. 궐유작厥攸灼, 서불기절敍弗其絶' 구절에서 인용한 것이다.

木十圍以上百餘. 帝異之, 以問劉向, 對曰, "家人尚不欲絕種祠, 況於國之神寶舊時! 且甘泉·汾陰及雍五畤始立, 皆有神示氐感應, 然後營之, 非苟而已也. 武·宣之世奉此三神, 禮敬敕備, 神光尤著. 祖宗所立神祇舊位, 誠未易動. 前始納貢禹之議, 後人相因, 多所動搖. 『易大傳』曰, '誣神者殃及三世' 恐其咎不獨止禹等!" 上意恨之, 又以久無繼嗣, 冬, 十月, 庚辰, 上白太后, 令詔有司復甘泉泰畤·汾陰后土如故, 及雍五畤·陳寶祠·長安及郡國祠著明者, 皆復之.

是時, 上以無繼嗣, 頗好鬼神·方術之屬, 上書言祭祀方術得待詔者甚眾, 祠祭費用頗多. 谷永說上曰, "臣聞明於天地之性, 不可惑以神怪. 知萬物之情, 不可罔以非類. 諸背仁義之正道, 不遵『五經』之法言, 而盛稱奇怪鬼神, 廣崇祭祀之方, 求報無福之祠, 及言世有仙人, 服食不終之藥, 遙興輕擧·黃治變化之術者, 皆奸人惑眾, 挾左道, 懷詐偽, 以欺罔世主. 聽其言, 洋洋滿耳, 若將可遇, 求之, 蕩蕩如係風捕景, 終不可得. 是以明王距而不聽, 聖人絕而不語. 昔秦始皇使徐福發男女入海求神采藥, 因逃不還, 天下怨恨. 漢興, 新垣平·齊人少翁·公孫卿·欒大等皆以術窮詐得, 誅夷伏辜. 唯陛下距絕此類, 毋令奸人有以窺朝者!" 上善其言.

十一月, 尉氏男子樊并等十三人謀反, 殺陳留太守, 劫略吏民, 自稱將軍. 徒李譚·稱忠·鍾祖·訾順共殺并, 以聞, 皆封為侯.

十二月, 山陽鐵官徒蘇令等二百二十八人攻殺長吏, 盜庫兵, 自稱將軍. 經郡國十九, 殺東郡太守及汝南都尉. 汝南太守嚴訢捕斬令等. 遷訢為大司農. 故南昌尉九江梅福上書曰, "昔高祖納善若不及, 從諫如轉圜, 聽言不求其能, 擧功不考其素, 陳平起於亡命而為謀主, 韓信拔於行陳而建上將. 故天下之士雲合歸漢, 爭進奇異, 知者竭其策, 愚者盡其慮, 勇士極其節, 怯夫勉其死. 合天下之知, 并天下之威, 是以擧秦如鴻毛, 取楚若拾遺, 此高祖所以無敵於天下也. 孝武皇帝好忠諫, 說至言, 出爵不待廉·茂, 慶賜不須顯功, 是以天下布衣各厲志竭精以赴闕廷, 自衒鬻者不可勝數, 漢家得賢, 於此為盛. 使孝武皇帝聽用其計, 昇平可致, 於是積屍暴骨, 快心胡·越, 故淮南王安緣間而起. 所以計慮不成而謀議洩者, 以眾賢聚於本朝, 故其大臣勢陵, 不敢和從也. 方今布衣乃窺國家之隙, 見間而起者, 蜀郡是也. 及山陽亡徒蘇令之群, 蹈藉名都·大郡, 求黨與, 索隨和, 而亡逃匿之意, 此皆輕量大臣, 無所畏忌, 國家之權輕, 故匹夫欲與上爭衡也. 士者, 國之重器. 得士則重, 失士則輕. 『詩』云, '濟濟多士, 文王以寧' 廟堂之議, 非草茅所言也. 臣誠恐身塗野草, 屍并卒伍, 故數上書求見, 輒報罷. 臣聞齊桓之時, 有以九九見者, 桓公不逆, 欲以致大也. 今臣所言, 非特九九也, 陛下距臣者三矣, 此天下士所以不至也. 昔秦武王好力, 任鄙叩關自鬻. 繆公行伯, 由余歸德. 今欲致天下之士, 民有上書求見者, 輒使詣尚書問其所言, 言可採取者, 秩以升斗之祿, 賜以一束之帛, 若此, 則天下之士, 發憤懣, 吐忠言, 嘉謀日聞於上, 天下條貫, 國家表裡, 爛然可睹矣. 夫以四海之廣, 士民之數, 能言之類至眾多也. 然其儁桀指世陳政, 言成文章, 質之先聖而不繆, 施之當世合時務, 若此者亦無幾人. 故爵祿束帛者, 天下之砥石, 高祖所以厲世摩鈍也. 孔子曰, '工欲善其事, 必先利其器' 至秦則不然, 張誹謗之罔以為漢驅除, 倒持泰阿, 授楚其柄. 故誠能勿失其柄, 天下雖有不順, 莫敢觸其鋒, 此孝武皇帝所以闢地建功, 為漢世宗也.

"今陛下既不納天下之言, 又加戮焉. 夫鳶鵲遭害, 則仁鳥增逝, 愚者蒙戮, 則智士深退. 間者愚民上疏, 多觸不急之法, 或下廷尉而死者眾. 自陽朔以來, 天下以言為諱, 朝廷尤甚, 群臣皆承順上指, 莫有執正. 何以明其然也? 取民所上書, 陛下之所善, 試下之廷尉, 廷尉必曰'非所宜言, 大不敬' 以此卜之, 一矣. 故京兆尹王章, 資質忠直, 敢面引廷爭, 孝元皇帝擢之, 以厲具臣而矯曲朝. 及至陛下, 戮及妻子. 且惡惡止其身, 王章非有反畔之辜而殃及室家, 折直士之節, 結諫臣之舌. 群臣皆知其非, 然不敢爭, 天下以言為戒, 最國家之大患也! 願陛下循高祖之軌, 杜亡秦之路, 除不急之法, 下無諱之詔, 博覽兼聽, 謀及疏賤, 令深者不隱, 遠者不塞, 所謂'辟四門, 明四目'也. 往者不可及, 來者猶可追. 方今君命犯而主威奪, 外戚之權, 日以益隆. 陛下不見其形, 願察其景! 建始以來, 日食·地震, 以率言之, 三倍春秋, 水災亡與比數, 陰盛陽微, 金鐵為飛, 此何景也? 漢興以來, 社稷三危. 呂, 霍, 上官. 皆母后之家也. 親親之道, 全之為右, 當與之賢師良傅, 教以忠孝之道. 今乃尊寵其位, 授以魁柄, 使之驕逆, 至於夷滅, 此失親親之大者也. 自霍光之賢, 不能為子孫慮, 故權臣易世則危. 『書』曰, '毋若火, 始庸庸.' 勢陵於君, 權隆於主, 然後防之, 亦無及已!" 上不納.

** 권32-한기漢紀 24: 천재지변이 잇따르다

한성제 영시 4년(BC 13)

1) 봄 정월, 황상이 감천궁甘泉宮으로 행행行幸해 태치泰畤에서 천신에게 제사를 올리는 교제郊祭를 올렸다. 천하에 대사령을 내렸다.

3월, 하동河東산서성 하현에 행행해 후토后土에게 제사를 올렸다.

2) 여름, 대한大旱이 들었다.

3) 4월 11일, 장락궁의 임화전臨華殿과 미앙궁未央宮의 동쪽 바깥 궁문인 동사마문東司馬門이 모두 불에 탔다.

6월 23일, 파릉霸陵 묘원墓園의 문궐門闕에 화재가 났다.

4) 가을 7월 30일, 일식이 있었다.

5) 겨울 11월 21일, 위장군衛將軍 왕상王商이 병이 나 면직됐다.

6) 양왕梁王 유립劉立이 교만하고 방자해 절도가 없는 교자무도驕恣無度의 모습을 보이며 하루 동안에 11번의 범법犯法을 했다. 양나라 재상 우禹가 상주했다.

"유립이 외가에 대해 원망을 품고 악언惡言을 했습니다."

유사有司가 사안을 조사해 검증하는 안험案驗을 했다. 곧 고모인 유원자劉園子와 통간한 사실을 찾아낸 뒤 이같이 상주했다.

"금수禽獸의 행동을 했으니 청컨대 주살하도록 하십시오."

태중대부太中大夫 곡영谷永이 상서했다.

"신이 듣건대 예禮는 천자를 밖에서 가리는 병풍인 외병外屏에 해당합니다. 밖에서 안을 들여다보는 것을 가리고자 한 것입니다. 제왕은 외부의 사람이 규문閨門의 안을 사적으로 은밀히 엿보거나, 내실內室인 중구中冓에서 나눈 얘기를 엿듣지 못하도록 한 것입니다. 『춘추공양전』에 이르기를, '친척을 위해 피휘避諱한다'고 했습니다.[62] 지금 양왕梁王은 나이가 어린데다 자못 광병狂病을 앓고 있습니다. 당초 그는 악언惡言을 했다는 이유로 안험按驗을 받았으나 그런 사실이 없다는 게 밝혀졌고, 이어 규문閨門에서 일어난 은밀한 일이 고발됐지만 이는 본래 지적받은 사항도 아닙니다. 또 양왕이 불복의 뜻을 밝혔지만 당초 비루하고 강압적인 방법으로 그를 탄핵한 것입니다. 이는 진실을 밝혀내기가 매우 어려운 사건입니다. 단지 한쪽으로 치우친 말인 편사偏辭에 의거한 죄목에 기초해 옥사를 평결하는 단옥斷獄은 치도治道에 무익합니다. 오히려 종실을 가벼이 오멸汚蔑하여 내부 난륜亂倫의 추악함을 천하에 널리 드러내는 게 됩니다. 공족公族을 위해 은휘隱諱하거나, 조정의 영화榮華를 늘리거나, 성덕聖德을 밝히는 교화가 되거나 하지 못합니다. 신의 어리석은 생각으로는 양왕은 어리고 고모는 나이가 많아 연령이 맞지 않고, 양나라는 족히 미녀를 후빙厚聘하거나 요려妖麗를 초치할 정도로 부유합니다. 게다가 양왕 부친의 동산同産인 고모 역시 조카와 통간하는 일을 치욕스럽게 생각했을 것입니다. 이 사안을 조사하는 자는 이내 악언의 배경 등에 관해 자세히 따져 묻는 험문驗問을 했을 터인데 어찌하여 이런 상황에서 문득 고모가 조카와 난륜亂倫을 저질렀다고 인정했을 리 있겠습니까? 이들 3

---

62 원문은 '위친자휘為親者諱'이다. 『춘추공양전』「노민공 원년」조에서 『춘추』는 존귀한 사람과 가까운 친척, 현능한 자를 위해 피하며 꺼리는 피휘避諱를 한다는 취지로 언급한 '춘추春秋, 위존자휘爲尊者諱, 위친자휘爲親者諱, 위현자휘爲賢者諱' 구절에서 인용한 것이다.

가지 사안에 비춰볼 때 이는 거의 비인정非人情에 가깝습니다. 의심컨대 박절迫切의 상황에서 일시적으로 경황이 없어 실언을 했고, 나아가 문리文吏 즉 형리刑吏들이 돌아가며 조사하는 섭심躡尋을 하는 과정에서 마침내 전이轉移할 길이 없게 된 듯합니다. 싹이 트는 맹아萌芽의 시기에 은혜를 베풀어 다스리지 않는 게 상책입니다. 이미 조사를 마치고 법을 좇아 처리해야 하는 상황에서 양왕이 사실 인정을 거절하고 있으니 의당 정위에게 조서를 내려 덕이 높고 이치에 밝은 관원을 선발해 다시 심고審考하고 청문淸問하게 하십시오. 조사 후 그렇지 않은 사실이 드러나면 당초의 심문 과정에서 빚어진 착오와 잘못 확정된 죄목을 인정한 뒤 해당 관서의 하리下吏에게 무죄로 심사한 문건을 건네도록 하십시오. 이어 소원한 황친皇親에게 널리 덕을 베풀어 종실에 대한 오란汚亂의 치욕을 씻어냄으로써 친척을 다스리는 이치인 치친지의治親之誼를 얻도록 하십시오."

천자가 이를 받아들여 사안을 묵혀둔 채 처리하지 않았다.

7) 이 해에 사례교위司隷校尉인 촉군蜀郡사천성 성도시 출신 하무何武를 경조윤으로 삼았다. 하무는 원래 하급 관원이었으나 법을 지키는 수법守法이 극히 공정했다. 선인을 앞세우고 악인을 물리치는 진선퇴악進善退惡이 그러했다. 재직 때 비록 혁혁赫赫한 명성은 없었으나 그가 관직을 물러난 후 사람들이 늘 그를 그리워했다.

** 起著雍涒灘, 盡昭陽赤奮若, 凡六年.

孝成皇帝永始四年

春, 正月, 上行幸甘泉, 郊泰畤. 大赦天下, 三月, 行幸河東, 祠后土.

夏, 大旱.

四月, 癸未, 長樂臨華殿·未央宮東司馬門皆災. 六月, 甲午, 霸陵園門闕災.

秋, 七月, 辛未晦, 日有食之.

冬, 十一月, 庚申, 衛將軍王商病免.

梁王立驕恣無度, 至一日十一犯法. 相禹奏"立對外家怨望, 有惡言." 有司案驗, 因發其與姑園子奸事, 奏"立禽獸行, 請誅." 太中大夫谷永上書曰, "臣聞禮, 天子外屛, 不欲見外也. 是故帝王之意, 不窺人閨門之私, 聽聞中冓之言. 『春秋』爲親者諱. 今梁王年少, 頗有狂病, 始以惡言按驗, 既無事實, 而發閨門之私, 非本章所指. 王辭又不服, 猥強劾立, 傅致難明之事, 獨以偏辭成罪斷獄, 無益於治道. 汚蔑宗室以內亂之惡, 披布宣揚於天下, 非所以爲公族隱諱, 增朝廷之榮華, 昭聖德之風化也. 臣愚以爲王少而父同產長, 年齒不倫. 梁國之富足以厚聘美女, 招致妖麗. 父同產亦有恥辱之心. 案事者乃驗問惡言, 何故猥自發舒! 以三者揆之, 殆非人情, 疑有所迫切, 過誤失言, 文吏躡尋, 不得轉移. 萌牙之時, 加恩勿治, 上也. 既已案驗舉憲, 宜及王辭不服, 詔廷尉選上德通理之吏更審考淸問, 著不然之效, 定失誤之法, 而反命於下吏, 以廣公族附疏之德, 爲宗室刷汚亂之恥, 甚得治親之誼." 天子由是寢而不治.

是歲, 司隸校尉蜀郡何武爲京兆尹. 武爲吏, 守法盡公, 進善退惡, 其所居無赫赫名, 去後常見思.

한성제 원연元延 **원년**(BC 12)

1) 봄 정월 초하루, 일식이 있었다.

2) 1월 14일, 왕상王商이 다시 대사마·위장군衛將軍이 됐다.

3) 3월, 황상이 옹雍 땅에 행행해 오치五畤에서 제사를 올렸다.

4) 여름 4월 1일, 구름이 없는데 천둥소리가 났다. 유성流星이 해 아래

서 내려와 동남쪽으로 갔다. 서방을 빛이 밝게 비추는 요요燿燿의 모습이 마치 비가 내리는 것 같았다. 새참을 먹는 때인 포시晡時 즉 신시申時부터 시작해 황혼 무렵에 그쳤다.

5) 천하에 대사령을 내렸다.

6) 가을 7월, 패성星孛이 28수宿의 하나인 동정東井에 있었다.

황상이 재이 및 변고인 재변災變에 관해 군신들로부터 널리 의견을 구했다. 북지北地 태수 곡영谷永이 대답했다.

"왕자王者는 도덕을 궁행躬行하고, 천지를 승순承順하고, 우雨·양暘·한寒·욱燠환煥·풍風의 5가지 징후인 5징五徵[63]이 때맞춰 질서 있게 운행하게 하고, 백성이 장수 즉 수고壽考를 하고, 상서로운 징조인 부서符瑞가 아울러 내려집니다. 도道를 잃어 망행妄行을 하고, 하늘을 거슬러 자원을 낭비하는 역천폭물逆天暴物을 하면 허물의 징조를 통해 군주의 잘못을 드러내는 구징저우咎徵著郵가 빚어지고, 요얼妖孽이 나란히 나타나고, 기근饑饉이 잇달아 오는 천진薦臻 현상이 나타나고, 끝내 개오改寤하지 못해 악행과 변고가 가득 차 다시는 견책의 징조를 고하는 견고譴告가 일어나지 않고 이어 유덕자有德者가 천명을 받아 천하의 새로운 주인이 되는 상황이 전개됩니다. 이것이 천지의 기본 이치인 상경常經으로, 역대 제왕인 백왕百王에게 똑같이 나타나는 것입니다.

여기에는 공덕功德의 후덕厚薄, 수명인 기질期質의 장수와 요절인 수단

---

63 5징五徵은 기자箕子가 주무왕에게 언급한 홍범구주洪範九疇 가운데 8번째로 언급한 '생각하며 사용하는 여러 징험' 즉 서징庶徵을 말한다. 우雨·양暘·한寒·욱燠·풍風의 5가지 징후가 그것이다. 『서경』「홍범」은 "서징庶徵은 여러 징조를 뜻하는 것으로 예컨대 비가 오고, 햇볕이 나고, 날씨가 덥고, 날씨가 춥고, 바람이 불고, 시절이 돌아가는 것 등과 일치한다. 이들 5가지 운행이 갖춰지고 각각 그 절후節候를 순서대로 좇으면 모든 풀이 우거져 무성해진다. 이들 가운데 한 가지만 지나치게 많아도 흉해지고, 한 가지만 지나치게 적어도 흉해진다."고 기록해 놓았다.

修短, 시대상황인 시세時世의 중기와 말기인 중계中季, 천도天道의 성쇠盛衰가 있습니다. 폐하는 한고제 유방의 8세 다음의 후손으로서 선대의 공업을 잇고 있습니다. 의당 홀수인 양수陽數의 끝을 뜻하는 9 즉 말세를 뜻하는 표계標季에 해당하고, 건국 이후 3과 7의 곱인 21 즉 210년마다 돌아오는 하나의 마디인 절기節紀를 건너고, 『주역』에서 말하는 「무망괘無妄卦」[64]의 운수를 만나고, 운수를 따지는 원회운元會運의 차원에서 볼 때 30운運의 1회會가 12번 겹친 뒤에 나타나는 1원元에 들어가는 양구陽九의 재액인 106의 재액災厄에 직면하고, 이런 3가지 유형의 재난은 일시에 일어나는 것으로 그 성질은 모두 같지 않습니다. 건시建始 원년元年 이래 20여 년 동안 커다란 재변이 무수히 교착交錯해 봉기鋒起한 셈입니다. 『춘추』에 나오는 재이에 관한 기록보다 많습니다.

이 경우 안으로는 심궁深宮의 후정後庭에 교만한 신하와 사나운 희첩姬妾이 술에 취해 광패한 모습으로 문득 일어나 나라를 무너뜨리고, 북궁北宮의 원유苑囿와 가항街巷과 신첩臣妾들 집의 유한幽閒한 곳에서 하징서夏徵舒와 최저崔杼의 난亂[65]이 있게 됩니다. 또 밖으로는 제하諸夏의 영토에서 번병樊幷과 소령蘇令의 반란을 비롯해 진시황 사후 반기를 든 진승陳勝 및 항량項梁과 같은 자들이 팔을 휘두르며 떨쳐 일어나 반기를 드는 재앙인 분비지화奮臂之禍가 있게 됩니다. 이는 안위安危가 갈리는 분

---

64 「무망괘無妄卦」를 두고 응소應邵는 풀이하기를, "하늘에는 반드시 먼저 구름이 낀 연후에 우레 소리가 나고, 우레 소리가 난 연후에 비가 오게 마련이다. 「무망괘」는 구름도 없이 우레가 터져 비가 오기를 바랄 수 없는 모습이다. 만물이 하늘에 대해 바랄 게 없으면 곧 가장 큰 재앙을 의미한다."고 했다.

65 하징서夏徵舒의 난亂은 춘추시대 중엽인 기원전 599년 진영공陳靈公이 가까운 신하들과 함께 과부인 하희夏姬와 통간하다가 그녀의 아들인 하징서에게 사살射殺된 사건을 말한다. 최저崔杼의 난亂은 기원전 548년 제장공齊莊公이 대부인 최저의 부인 강씨姜氏와 통간하다가 최저에게 암살된 사건을 가리킨다.

계分界이자, 종묘宗廟의 지우至憂에 해당합니다. 신 곡영은 쓸개를 쪼개고 심장을 싸늘하게 하는 파담한심破膽寒心의 입장에서 이를 예언한 지 몇 년이 됐습니다. 아래에서 먼저 싹이 난 연후에 위에서 변화가 나타나는 까닭에 신중하지 않을 수 없습니다! 재화災禍는 세미細微하게 시작되고, 간사奸邪는 안이하게 생각하는 데서 비롯됩니다. 원컨대 폐하는 군신지의君臣之義를 바로잡고, 다시는 소인배와 함께 연회에서 술을 마시며 무람없이 노니는 설독연음媟黷燕飮을 하지 말아야 합니다. 군신君臣과 부자父子 및 부처夫妻 간의 기본 의리인 삼강三綱의 원칙을 엄히 하여 후궁後宮의 질서를 정비하고, 교만과 질투를 즐기는 총희寵姬를 억제하며 멀리하고, 공손하고 온순한 행보를 하는 사람인 완순지행婉順之行을 높이며 가까이하십시오. 또 태후를 문안하거나 할 때는 의장을 갖춘 수레를 이용하는 조근법가朝覲法駕와 병사들을 늘어놓고 길을 깨끗이 닦는 진병청도陳兵清道가 이뤄진 뒤 출행하도록 하십시오. 다시는 가볍게 홀로 출행하여 신첩들의 집에서 음식飮食을 하지 말도록 하십시오. 이들 3가지 잘못을 제거하면 내란이 일어나는 길을 미리 막는 게 됩니다. 제하諸夏의 거병의 싹은 백성이 기근에 빠졌는데도 관리가 불쌍히 여기지 않고, 거병의 흥기는 백성이 곤경에 처해 있는데도 부렴賦斂이 중한 데서 빚어집니다. 이리하면 백성들의 원망怨望과 유리遊離를 낳게 됩니다. 그런데도 조정대신들은 이를 모르고 있습니다. 『홍범전洪範傳』에 이르기를, '기근이 들었는데도 그 고통을 덜어주지 못하면서 태평성대라고 말하면 이는 화禍를 초래하는 길이다'라고 했습니다. 근래 군국郡國이 수재水災로 인해 다치고, 화맥禾麥은 수확을 못했습니다. 의당 늘 있던 세금을 줄여줄 시기이나 유사有司는 부세를 더 거둘 것을 주청했습니다. 이는 유가 경전의 대의大義를 크게 해치고, 민심을 거스르는 주청으로, 원망을 사고 화禍를 향해 달려가는 시원추화市怨趨禍의 길입니다. 신은 원컨대 폐하가 부세를 더 거두자는 주청을 허락지 말고, 과도한 사치인 사태奢泰의 비용을 줄이고, 은택을 널리 베푸는 유은광시流恩廣施를 행하고, 곤핍한 자들을 진섬振贍하고, 경상耕桑을 권장해 일반백성의 마음인 원원지심元元之心을 위수慰綏하기를 바랍니다. 그러면 제하諸夏의 난이 거의 종식될 것입니다.”

도성을 경비하는 8명의 북군北軍 교위 가운데 수석교위인 중루교위中壘校尉 유향劉向이 상서했다.

“신이 듣건대 제순帝舜 즉 순임금은 신하로 있던 백우伯禹 즉 우임금에게 제요帝堯 즉 요임금의 아들인 단주丹朱처럼 오만하지 말라고 경계했습니다. 주공周公은 조카인 주성왕周成王에게 은나라 마지막 왕인 주紂처럼 하지 말라고 경계했습니다. 성제聖帝와 명왕明王은 늘 패란敗亂의 사례로 스스로를 경계하면서 나라의 폐흥廢興에 관한 거론을 꺼리지 않았습니다. 신이 감히 우견愚見을 끝까지 진술하려는 이유입니다 오직 폐하가 마음에 두고 살펴주시기 바랍니다. 삼가 『춘추』의 242년간 기록을 살펴보건대 일식이 36회가 있었습니다. 지금은 3년 동안 계속 일식이 빚어졌습니다. 건시建始 연간 이래 20년 동안 8번의 일식이 있었습니다. 비율로 보면 2년 반마다 1번씩 일어난 셈입니다. 고금古今에 거의 없던 일입니다. 이변異變은 크고 작은 소대小大와 드물고 잦은 희조希稠, 점占에는 느리고 빠른 서질舒疾과 완만하고 급한 완급緩急의 경우가 있습니다. 진한秦漢이 바뀌는 세상인 역세易世, 혜제惠帝와 소제昭帝가 후사가 없는 무후無後, 창읍왕昌邑王이 도중에 보위에서 쫓겨나는 부종不終, 선제가 천명을 받아 일어나는 소기紹起의 상황을 관람찰시觀覽察視해 보건대 한나라 역사 기록인 한기漢紀는 모두 현저한 이변이 있었다고 기록해 놓았습니다. 하늘의 거취去就가 어찌 밝고 분명한 소소연昭昭然의 모습이 아니겠습니까? 신은 다행이 황족의 먼 친족인 말속末屬이 되어 실로 폐하의 관명寬明한 덕을 보고는 내심 커다란 이변을 사라지게 하고, 은나라 고종高

宗과 주나라 성왕成王의 명성을 다시 일으켜 신민들로 하여금 황족인 유씨를 존숭하게 만들기를 바랐습니다. 간절한 마음인 간간懇懇의 자세로 여러 번에 걸쳐 죽음을 무릅쓰고 간언을 올린 이유입니다! 천문天文은 알기 어렵습니다. 신이 설령 그림을 그려 올릴지라도 여전히 반드시 입으로 설명해준 연후에 비로소 알 수 있습니다. 원컨대 폐하가 한가한 시간인 청연지한清燕之閒을 내주시면 그림을 가리키며 설명하도록 하겠습니다."

황상이 번번이 유향을 불러들인 이유다. 그러나 끝내 유향의 건의를 채택할 수 없었다.

7) 홍양후紅陽侯 왕립王立이 진함陳咸을 방정方正으로 천거했다. 치국 방안을 묻는 책문策問에 대한 대답을 간책簡策에 적는 대책對策을 올려 광록대부光祿大夫·급사중給事中에 제수됐다. 승상 적방진翟方進이 다시 상주했다.

"진함은 전에 구경九卿으로 있다가 탐사貪邪에 연루되어 면직됐습니다. 방정方正의 천거를 받아 내조內朝의 신하가 되는 것은 적당하지 않습니다."

아울러 이같이 탄핵했다.

"홍양후 왕립은 천거와 시험을 통해 관원을 선발하는 선거選擧 때 고의로 이실직고以實直告하지 않았다."

황상이 조서를 내려 진함을 면직시키고, 왕립을 탄핵하지 않았다.

8) 12월 2일, 왕상王商이 대장군이 됐다.

12월 18일, 왕상이 죽었다. 그의 동생인 홍양후 왕립이 그 뒤를 이어 보정대신輔政大臣의 자리에 올랐다. 앞서 왕립은 문객으로 하여금 남군南郡호북성 강릉현 태수 이상李尙을 통해 황폐한 초전草田을 구실로 백성들이 개간한 수백 경頃의 경지를 빼앗게 했다. 이어 상서하여 개간한 땅을 현관縣官 즉 관부官府에 넣어두고 보상으로 시세보다 1억 전錢 이상 비싸게 받았다. 승상부의 부책임자인 승상사직丞相司直 손보孫寶가 이를 발견했다. 황상이 왕립을 폐하고, 광록훈光祿勳인 그의 동생 곡양후曲陽侯 왕근王根을 임용한 이유다.

12월 27일, 왕근을 대사마大司馬 겸 표기장군驃騎將軍[66]에 임명했다.

9) 특진特進인 안창후安昌侯 장우張禹가 한소제의 능묘인 평릉平陵 부근에 있는 비우정肥牛亭 땅의 하사를 청했다. 곡양후 왕근이 이를 다투면서 이 땅은 평릉의 침묘寢廟로 의관衣冠을 출유出遊하는 길에 속하는 까닭에 의당 이를 거부하고 다른 땅을 장우에게 하사해야 한다고 생각했다. 그러나 황상이 이를 좇지 않고 끝내 장우에게 하사했다.

왕근이 이로 인해 장우에 대한 총애를 해치기 위해 자주 그의 일을 훼방하며 미워했다. 천자가 더욱 더 장우를 존경하며 후대하는 경후敬厚를 했다. 병이 날 때마다 곧바로 음식과 기거起居 상황을 물은 뒤 이내 거가車駕를 타고 스스로 찾아가 위문한 게 그렇다. 황상이 친히 장우의 침상 아래서 벼슬을 내리자 장우가 돈수頓首하며 사은謝恩했다. 장우의 어린 아들이 아직 관직을 얻지 못했다. 장우가 자주 그 어린 아들을 쳐다보자 황상이 곧바로 장우의 침상 아래서 황문랑黃門郎·급사중給事中에 임명했다. 장우는 비록 집에 머물렀지만 특진으로 천자의 스승 역할을 한 까닭에 나라에 대정大政이 있을 때마다 반드시 천자와 함께 의정議定했다.

당시 이민吏民들이 여러 차례 상서를 통해 재이災異의 응험應驗에 관

---

66 표기장군驃騎將軍은 한무제 때 처음으로 설치됐다. 곽거병霍去病에게 이 직책을 내렸다. 금인자수金印紫綬로 위상이 삼공과 같았다. 후한 이후에 '대大'의 명칭이 덧붙여지기도 했다. 삼국시대 전후로 군호軍號가 범람했으나 시종 대장군과 표기장군, 거기장군車騎將軍, 위장군衛將軍을 비롯해 정동征東과 정서征西 등의 사정장군四征將軍과 전후前後將軍 및 좌우장군左右將軍 등이 최고의 무관 직책으로 존재했다. 위무제 조조는 제1위 대장군大将军, 제2위 표기장군, 제3위 거기장군, 제4위 위장군으로 순위를 정한 뒤 그 밑으로 전후좌우 장군과 잡호雜號 장군을 두었다.

해 보고했다. 왕씨들이 전횡한 탓에 빚어진 일이라고 비난하자 황상도 크게 그렇다고 생각했으나 아직은 명확히 드러난 게 없었다. 이내 거가車駕가 장우의 저택에 이르자 좌우를 물리치고 친히 장우에게 천변天變의 이유를 묻고, 이어서 이민들이 상서를 통해 왕씨들을 비난한 것을 보여주었다. 장우는 스스로 연로한데다 자손도 약하고, 나아가 곡양후와 편치 못한 사이인 불평不平의 처지에 있어 원망을 들을까 두려워한 나머지 이같이 말했다.

"『춘추』에 따르면 일식과 지진이 있던 날은 혹 제후들이 서로 죽이거나 이적夷狄이 중국을 침공하곤 했습니다. 재변이 일어난 뜻은 심원深遠하고 보기가 어렵습니다. 성인聖人 공자도 천명을 드물게 말하고, 괴신怪神을 언급하지 않은 이유입니다. 공자의 수제자인 자공子貢은 인성人性과 천도天道에 관해 스승으로부터 들은 바가 없다고 했습니다. 하물며 천견淺見을 지닌 천박한 유생인 비유鄙儒가 말한 경우이겠습니까? 폐하는 의당 정사를 잘 닦아 선행으로 대응하고, 아랫사람들과 더불어 복희福喜를 같이 하는 게 경전의 취지에 부합합니다. 새로이 공부하기 시작한 저들 신학新學 소생小生들은 도를 어지럽히고 사람을 오도하는 난도오인亂道誤人의 행보를 보이고 있습니다. 의당 신용하지 말고, 경술經術을 갖고 사리를 판단하도록 하십시오."

황상이 장우를 문아文雅하다고 판단해 신애信愛한 까닭에 왕씨를 의심하지 않았다. 이후 곡양후 왕근王根과 여러 왕씨 자제들은 장우가 한 말을 전해 듣고는 크게 기뻐하며 마침내 장우와 친하게 지냈다.

옛날 괴리槐里섬서성 흥평현 현령인 주운朱雲이 상서해 알현을 청했다. 공경들 앞에서 그가 말했다.

"지금 조정 대신들은 위로는 군주를 광정匡正하지 못하고, 아래로는 백성에게 이익을 주지 못하면서 모두 헛되이 봉록만 소비하는 시위소찬尸

位素餐을 하고 있습니다. 공자가 『논어』「양화」에 이르기를, '비루하고 졸렬한 비부鄙夫는 함께 군주를 섬길 수 없으니, 그는 실로 가진 것을 잃을까 우려하는 까닭에 못하는 짓이 없다!'[67]고 했습니다. 신은 원컨대 소부少府 산하의 상방尚方에서 말의 목을 벨 정도로 날카롭게 만든 칼인 참마검斬馬劍을 내려주시면 영신佞臣 한 사람의 머리를 잘라 나머지 사람들을 경계시키도록 하겠습니다!"

황상이 물었다.

"누구를 말하는 것인가?"

주운이 대답했다.

"안창후 장우입니다!"

황상이 대로했다.

"소신小臣이 아래에 있으면서 윗사람을 비방하고, 감히 조정에서 과인의 사부를 모욕했으니 그 죄는 죽어도 사면할 수 없다!"

어사御史가 주운을 전각 아래로 끌고 내려갔다. 주운이 전각의 난간을 꽉 부여잡자 난간이 부러졌다. 주운이 큰 소리로 말했다.

"신은 내려가서 지하에서 옛날 하나라 폭군 걸桀에게 간하다가 죽은 관용방關龍逢과 은나라 폭군 주紂에게 간하다가 죽은 비간比干을 만나 노닐면 매우 만족입니다! 그러나 성조聖朝가 장차 어찌될지 모르겠습니다!"

어사가 마침내 주운을 데리고 나갔다. 좌장군左將軍 신경기辛慶忌가

67 이는 『논어』「양화陽貨」의 "비부鄙夫가 과연 가히 더불어 군주를 섬길 수 있는 자이겠는가? 그는 부귀를 얻기도 전에 미리 얻을 것을 걱정하고, 얻고 난 뒤에는 잃을 것을 지레 걱정한다. 실로 그는 잃을 것을 걱정하는 상황이 되면 못하는 짓이 없게 된다."는 구절에서 인용한 것이다. 「양화」의 원문은 "鄙夫可與事君也與哉. 其未得之也患得之, 既得之患失之. 苟患失之, 無所不至矣."이다.

관모를 벗고 인수를 풀어 놓은 채 전각 아래서 머리를 조아리며 말했다.

"저 소신小臣은 평소 세상에서 함부로 말하는 광직狂直으로 저명한 자입니다. 그의 말이 옳으면 주살할 수 없고, 틀리면 의당 용납해야 할 것입니다. 신은 감히 죽음으로 다투고자 합니다."

그러고는 고두叩頭하는 와중에 머리에서 피가 흘렀다. 황상의 노기가 풀어지면서 이 사건은 이내 마무리됐다. 후에 난간을 고치려고 하자 황상이 말했다.

"그 난간은 바꾸지 말고 그대로 수습해 원래대로 짜 맞춰 놓도록 하라. 직신直臣을 표창하는 정旌으로 삼을 것이다."

10) 흉노의 수해搜諧 선우가 장차 입조하려 했다. 아직 변새邊塞로 들어오는 입새入塞를 하지 않았을 때 병사하고 말았다. 동생 저막차且莫車가 뒤를 이어 차아약제車牙若鞮 선우가 된 뒤 동생 양지아사囊知牙斯를 좌현왕左賢王으로 삼았다.

11) 북지北地감숙성 영현 도위 장방張放이 부임한 지 몇 달만에 다시 징소돼 시중侍中으로 들어왔다. 태후가 황상에게 서신을 보냈다.

"전에 내가 시중 반백斑白을 특별히 대우할 것을 당부한 요청이 아직 실행하지 않는 상황에서 부평후富平侯 장방이 다시 돌아왔으니 내가 어찌 잠자코 있을 수 있겠소!"

황상이 사과했다.

"청컨대 지금 봉조奉詔하도록 하겠습니다!"

황상이 장방을 내보내 천수天水감숙성 통위현의 속국屬國 도위로 삼고, 소부少府의 허상許商과 광록훈光祿勳 사단師丹을 천거해 광록대부로 삼고, 반백班伯을 수형水衡 도위로 삼으면서 시중을 겸하게 했다. 모두 녹질은 중2천석이었다. 황상은 매번 태후가 있는 동궁東宮을 조현할 때면 이들로 하여금 늘 시종하게 하고, 국가대사인 대정大政에 관해서는 황상의

지의旨意를 모든 공경에게 전하게 했다. 이 와중에 황상 역시 조금씩 유연游宴에 싫증을 느낀 나머지 경서經書 수업을 회복하기 시작했다. 태후가 매우 기뻐했다.

12) 이 해에 좌장군 신경기辛慶忌가 졸卒했다. 그는 호랑이처럼 무서운 장수인 국가의 호신虎臣이었다. 승평承平의 시대를 만나 흉노와 서역이 친히 귀부親附하며 그의 위신威信을 공경했다.

* 孝成皇帝元延元年

春, 正月, 己亥朔, 日有食之.

壬戌, 王商復為大司馬·衛將軍.

三月, 上行幸雍, 祠五畤.

夏, 四月, 丁酉, 無雲而雷, 有流星從日下東南行, 四面燿燿如雨, 自晡及昏而止.

赦天下.

秋, 七月, 有星孛於東井.

上以災變, 博謀群臣. 北地太守谷永對曰, "王者躬行道德, 承順天地, 則五徵時序, 百姓壽考, 符瑞并降. 失道妄行, 逆天暴物, 則咎徵著郵, 妖孽并見, 饑饉薦臻. 終不改寤, 惡洽變備, 不復譴告, 更命有德. 此天地之常經, 百王之所同也. 加以功德有厚薄, 期質有修短, 時世有中季, 天道有盛衰. 陛下承八世之功業, 當陽數之標季, 涉三七之節紀, 遭『無妄』之卦運, 直百六之災厄, 三難異科, 雜焉同會. 建始元年以來, 二十載間, 群災大異, 交錯鋒起, 多於『春秋』所書. 內則為深宮後庭, 將有驕臣悍妾·醉酒狂悖卒起之敗, 北宮苑囿街巷之中·臣妾之家幽閒之處徵舒·崔杼之亂. 外則為諸夏下土, 將有樊并·蘇令·陳勝·項梁奮臂之禍. 安危之分界, 宗廟之至憂, 臣永所以破膽寒心，豫言之累年. 下有其萌，然後變見於上，可不致慎! 禍起細微，奸生所易. 願陛下正君臣之義，無復與群小媟黷燕飮. 勤三綱之嚴，修後宮之政，抑遠驕妒之寵，崇近婉順之行. 朝覲法駕而後出，陳兵清道而後行，無復輕身獨出，飮食臣妾之家. 三者既除，內亂之路塞矣. 諸夏舉兵，萌在民饑饉而吏不恤，興於百姓困而賦斂重，發於下怨離而上不知. 『傳』曰，'饑而不損，茲謂泰，厥咎亡' 比年郡國傷於水災，禾麥不收，宜損常稅之時，而有司奏請加賦，甚繆經義，逆於民心，市怨趨禍之道也. 臣願陛下勿許加賦之奏，益減奢泰之費，流恩廣施，振贍困乏，敕勸耕桑，以慰綏元元之心，諸夏之亂庶幾可息."

中壘校尉劉向上書曰，"臣聞帝舜戒伯禹'毋若丹朱敖'，周公戒成王'毋若殷王紂'，聖帝明王常以敗亂自戒，不諱廢興，故臣敢極陳其愚，唯陛下留神察焉! 謹案『春秋』二百四十二年，日食三十六，今連三年比食，自建始以來，二十歲間而八食，率二歲六月而一發，古今罕有. 異有小大希稠，占有舒疾緩急. 觀秦·漢之易世，覽惠·昭之無後，察昌邑之不終，視孝宣之紹起，皆有變異著於漢紀. 天之去就，豈不昭昭然哉! 臣幸得托末屬，誠見陛下寬明之德，冀銷大異而興高宗·成王之聲，以崇劉氏，故懇懇數奸死亡之誅! 天文難以相曉，臣雖圖上，猶須口說，然後可知. 願賜清燕之閒，指圖陳狀." 上輒入之，然終不能用也.

紅陽侯立舉陳咸方正，對策，拜為光祿大夫·給事中. 丞相方進復奏"咸前為九卿，坐為貪邪免，不當蒙方正舉，備內朝臣." 幷劾"紅陽侯立選舉故不以實." 有詔免咸，勿劾立.

十二月，乙未，王商為大將軍. 辛亥，商薨. 其弟紅陽侯立次當輔政，先是立使客因南郡太守李尚占墾草田數百頃，上書以入縣官，貴取其直一萬萬以上，丞相司直孫寶發之，上由是廢立，而用其弟光祿勳曲陽侯根. 庚申, 以根為大司馬·驃騎將軍.

特進·安昌侯張禹請平陵肥牛亭地. 曲陽侯根爭, 以為此地當平陵寢廟, 衣冠所出遊道, 宜更賜禹它地. 上不從, 卒以賜禹. 根由是害禹寵, 數毀惡之. 天子愈益敬厚禹, 每病, 輒以起居聞, 車駕自臨問之. 上親拜禹床下, 禹頓首謝恩. 禹小子未有官, 禹數視其小子, 上即禹床下拜為黃門郎·給事中. 禹雖家居, 以特進為天子師, 國家每有大政, 必與定議. 時吏民多上書言災異之應, 譏切王氏專政所致, 上意頗然之, 未有以明見, 乃車駕至禹弟, 辟左右, 親問禹以天變, 因用吏民所言王氏事示禹. 禹自見年老, 子孫弱, 又與曲陽侯不平, 恐為所怨, 則謂上曰, "『春秋』日食·地震, 或為諸侯相殺, 夷狄侵中國. 災變之意, 深遠難見, 故聖人罕言命, 不語怪神, 性與天道, 自子貢之屬不得聞, 何況淺見鄙儒之所言. 陛下宜修政事, 以善應之, 與下同其福喜, 此經義意也. 新學小生, 亂道誤人, 宜無信用, 以經術斷之." 上雅信愛禹, 由此不疑王氏. 後曲陽侯根及諸王子弟聞知禹言, 皆喜說, 遂親就禹. 故槐里令朱雲上書求見, 公卿在前, 雲曰, "今朝廷大臣, 上不能匡主, 下無以益民, 皆尸位素餐, 孔子所謂'鄙夫不可與事君, 苟患失之, 亡所不至'者也! 臣願賜尚方斬馬劍, 斷佞臣一人頭以厲其餘!" 上問曰, "誰也?" 對曰, "安昌侯張禹!" 上大怒曰, "小臣居下訕上, 廷辱師傅, 罪死不赦!" 御史將雲下, 雲攀殿檻, 檻折. 雲呼曰, "臣得下從龍逄·比干游於地下, 足矣! 未知聖朝何如耳!" 御史遂將雲去. 於是左將軍辛慶忌免冠, 解印綬, 叩頭殿下曰, "此臣素著狂直於世, 使其言是, 不可誅. 其言非, 因當容之. 臣敢以死爭!" 慶忌叩頭流血, 上意解, 然後得已. 及後當治檻, 上曰, "勿易, 因而輯之, 以旌直臣!"

匈奴搜諧單于將入朝. 未入塞, 病死. 弟且莫車立, 為車牙若鞮單于. 以囊知牙斯為左賢王.

北地都尉張放到官數月, 復徵入侍中. 太后與上書曰, "前所道尚未效, 富平侯反覆來, 其能默虖!" 上謝曰, "請今奉詔!" 上於是出放為天水屬國都尉. 引少府許商·光祿勳師丹為光祿大夫, 班伯為水衡都尉, 幷侍中, 皆秩中二千石, 每朝東宮, 常從. 及大政, 俱使諭指於公卿. 上亦稍厭游宴, 復修經書之業. 太后甚悅.

是歲, 左將軍辛慶忌卒. 慶忌為國虎臣, 遭世承平, 匈奴·西域親附, 敬其威信.

한성제 원연 2년(BC 11)

1) 봄 정월, 황상이 감천궁으로 행행行幸해 태치泰畤에서 천신에게 제사를 올리는 교제郊祭를 올렸다.

3월, 하동河東산서성 하현으로 가 후토后土에게 제사를 올렸다. 제사를 지낸 뒤 용문龍門산서성 하진현 서쪽으로 가서 놀다가 역관歷觀산서성 영제현 동남쪽에 오른 뒤 돌아오는 길에 서악西嶽 즉 화산華山섬서성 화음현에 올랐다가 돌아왔다.

2) 여름 4월, 광릉효왕廣陵孝王 유패劉覇의 아들 유수劉守를 왕으로 삼았다.

3) 당초 오손烏孫의 소왕小王인 소곤미小昆彌 안일安日이 투항한 백성에게 살해되자 여러 영후翎侯들이 커다란 혼란에 빠졌다. 조서를 내려 옛날 금성金城 태수인 단회종段會宗을 징소해 좌조左曹·중랑장中郎將·광록대부光祿大夫로 삼은 뒤 오손을 다독이는 안집安輯을 하게 했다. 안일安日 선우의 동생인 말진장末振將을 내세워 소곤미小昆彌로 삼고, 그 나라를 안정시킨 뒤 환군還軍했다. 당시 대곤미大昆彌인 자율미雌栗靡가 용감하고 건장한 용건勇健을 떨치고 있었다. 말진장은 병탄을 두려워한 나

머지 귀인貴人 오일령烏日領을 시켜 거짓으로 항복하는 사항詐降을 하여 자율미를 척살하게 했다. 한나라는 병사들로 하여금 그들을 토벌하게 했으나 아직 할 수 없어 중랑장 단회종을 보내 오손공주 유해우劉解憂의 손자이자 척살당한 자율미의 숙부인 이질미伊秩靡를 대곤미大昆彌로 삼았다.

한참 후에 대곤미·영후翎侯 난서難棲가 말진장을 살해하고 안일의 아들인 안리미安犁靡를 소곤미로 삼았다. 한나라 조정은 직접 말진장을 죽이지 못한 것을 한스럽게 생각해 다시 단회종을 파견했다. 무기교위戊己校尉 관할의 여러 나라 군사를 징발해 말진장의 태자인 반구番丘[68]를 주살한 이유다. 당초 단회종은 대군이 오손으로 들어갈 경우 반구가 놀라 달아나 잡을 수 없을까 걱정했다. 곧바로 동원한 군사를 점루墊婁에 머물게 하고, 정선選精한 궁노수弓弩手 30명을 이끌고 지름길로 곤미가 있는 곳으로 간 뒤 반구를 불러 말진장의 죄를 문책하고 곧바로 칼을 뽑아 반구를 격살擊殺했다. 관속官屬 이하가 모두 경공驚恐해 말을 달려 돌아갔다.

소곤미 안리미安犁靡가 수천 기騎를 정돈하여 챙기는 늑병勒兵을 하여 단회종을 포위했다. 단회종이 와서 반구를 주살한 배경을 설명했다.

"지금 너희가 나를 위수圍守해 살해하는 것은 한나라 속담에 비유하면 마치 소의 몸에 난 털 1개를 얻는 것과 같다. 전에 대원大宛의 왕과 질지郅支 선우가 한나라에 죄를 지어 그 머리가 장안성의 고가槀街 안에 있는 만이蠻夷의 객관客館 사이에 내걸린 사실을 너희 오손도 잘 알 것이다."

---

68 반구番丘의 반番을 두고 안사고顔師古는 반盤과 음이 같다고 했다. 반番은 통상 '번'으로 읽으나 지명 내지 인명으로 사용될 때는 '반'으로 읽는다.

소곤미 안리미를 비롯한 하속下屬들이 외복畏服했다. 안리미가 말했다.

"말진장이 한나라에 죄를 지은 까닭에 그의 아들 반구를 주살한 것은 가하오. 그러나 다만 어찌하여 나에게 미리 알려 조카인 반구가 저승길을 떠나기 전 마지막으로 음식을 먹을 수 있도록 배려하지 않은 것이오?"

단회종이 말했다.

"내가 미리 곤미에게 알리면 그는 곤미와 숙질叔侄 관계에 있는 까닭에 이내 달아나 숨고자 했을 것이오. 이는 대죄大罪가 되오. 곤미가 그를 위해 마지막 음식을 먹게 배려하고 처벌한 뒤 나에게 넘겨주면 이는 곧 골육 간의 은혜를 해치는 게 되오. 곤미에게 미리 알리지 않은 것은 이 때문이오."

소곤미 알리미를 비롯한 하속들이 호읍號泣하며 포위를 풀고 물러갔다.

단회종이 환군한 뒤 상주하자 천자가 그에게 관내후의 작위와 황금 100근을 하사했다. 단회종은 난서難棲가 말진장을 죽인 것을 평가해 견수도위堅守都尉에 천거했다. 이어 대록大祿과 대감大監은 자율미가 척살되는 것을 지켜보았다는 이유로 금인金印과 자수紫綬를 빼앗은 뒤 다시 동인銅印과 묵수墨綬를 내려주었다고 말했다. 말진장의 동생 비원치卑爰疐는 본래 공모하여 대곤미를 살해하고 무리 8만 명을 이끈 채 북쪽의 강거에 귀부歸附한 뒤 군사를 빌려 대곤미와 소곤미를 합병하려 했다. 한나라가 다시 단회종과 도호都護 손건孫建을 파견해 협력 대비하게 했다.

한선제 때 오손이 2명의 곤미 체제로 분립된 후 한나라는 그에 따른 우로憂勞로 인해 한 해도 평안한 적이 없었다. 이때 강거의 왕은 다시 아들을 보내 입시入侍하게 하면서 공물을 바쳐 이바지하는 공헌貢獻을 했다. 도호 관순郭舜이 상언上言했다.

"본래 흉노가 강성한 것은 오손 및 강거를 겸병한 덕분이 아니고, 그들이 신첩臣妾을 칭하는 것 역시 오손과 강거를 잃은 탓이 아닙니다. 한나라가 비록 저들 3국이 인질로 보내는 왕자를 받아들일지라도 저들은 안으로 서로 물자를 주고는 수유輸遺를 하고 있고, 서로 오가는 교통交通 역시 전과 같습니다. 나아가 서로 관찰하며 시기를 엿보다가 틈이 나면 군사를 동원해 침공하고 있습니다. 합쳐도 서로 가깝게 믿을 수 없고, 떨어져도 서로 신하로 부릴 수 없는 이유입니다. 현재 상황에 비춰 말하면 오손과 혼인관계를 맺는 것은 끝내 아직은 이익이 될 게 없고, 도리어 중국에 일만 생깁니다. 그러나 오손은 이미 전에 종실의 딸을 시집보내는 등 관계를 맺고 있고, 지금 흉노와 함께 칭신稱臣하며 귀순하고 있으니, 예의상 거절할 수 없습니다. 강거康居는 교만하고 속임수가 많은 교힐驕黠의 모습을 보이고 있고 끝내 우리 사자에게 절하려 하지 않고, 도호의 관원이 도착하자 오손의 여러 사절 아래에 앉게 하고, 왕과 귀인이 먼저 음식飮食을 그친 뒤 마침내 도호의 관원에게 음담飮啖하게 했습니다. 반성하는 바가 없다는 것을 이웃의 방국旁國에 과시하려 한 것입니다. 이로써 판단하건대 이들이 무슨 이유로 아들을 파견해 입시하게 했겠습니까? 그들은 장사를 하는 고시賈市를 위해 좋은 말인 호사好辭로 우리를 속이려는 것입니다. 흉노는 수많은 만이蠻夷인 백만百蠻을 대표하는 대국으로, 지금 한나라를 섬기기 위해 예의를 특별히 잘 갖추고 있습니다. 이때 강거가 한나라 사자에게 절을 하지 않았다는 소문을 들으면 선우는 이내 스스로를 너무 낮췄다고 후회할 것입니다. 의당 시봉하기 위해 찾아온 그들의 시자侍子를 돌려보내 저들과 관계를 끊고, 다시는 사자를 보내지 마십시오. 이로써 한가漢家는 무례한 나라와 통교를 하지 않는다는 뜻을 밝히도록 하십시오!"

그러나 한나라 조정은 강거가 다시 접근하며 한나라와 왕래하고 있는 사실을 명확히 인식하고 있었다. 변경의 먼 나라와 맺은 국교를 중시한 까닭에 끝내 기미羈縻를 끊지 않았다.

* 孝成皇帝元延二年

春, 正月, 上行幸甘泉, 郊泰畤. 三月, 行幸河東, 祠后土. 既祭, 行遊龍門, 登歷觀, 陟西嶽而歸.

夏, 四月, 立廣陵孝王子守為王.

初, 烏孫小昆彌安日為降民所殺, 諸翖侯大亂. 詔徵故金城太守段會宗為左曹·中郎將·光祿大夫, 使安輯烏孫. 立安日弟末振將為小昆彌, 定其國而還. 時大昆彌雌栗靡勇健, 末振將恐為所并, 使貴人烏日領詐降, 刺殺雌栗靡. 漢欲以兵討之而未能, 遣中郎將段會宗立公主孫伊秩靡為大昆彌. 久之, 大昆彌·翖侯難棲殺末振將, 安日子安犂靡代為小昆彌. 漢恨不自誅末振將, 復遣段會宗發戊己校尉諸國兵, 即誅末振將太子番丘. 會宗恐大兵入烏孫, 驚番丘, 亡逃不可得, 即留所發兵墊婁地, 選精兵三十弩, 逕至昆彌所在, 召番丘, 責以末振將之罪, 即手劍擊殺番丘, 官屬以下驚恐, 馳歸. 小昆彌安犂靡勒兵數千騎圍會宗, 會宗為言來誅之意曰, "今圍守殺我, 如取漢牛一毛耳. 宛王·郅支頭縣槀街, 烏孫所知也." 昆彌以下服, 曰, "末振將負漢, 誅其子可也, 獨不可告我, 令飲食之邪?" 會宗曰, "豫告昆彌, 逃匿之, 為大罪, 即飲食以付我, 傷骨肉恩. 故不先告." 昆彌以下號泣罷去. 會宗還, 奏事, 天子賜會宗爵關內侯·黃金百斤. 會宗以難棲殺末振將, 奏以為堅守都尉. 責大祿·大監以雌栗靡見殺狀, 奪金印·紫綬, 更與銅·墨云. 末振將弟卑爰疐本共謀殺大昆彌, 將眾八萬餘口北附康居, 謀欲借兵兼併兩昆彌. 漢復遣會宗與都護孫建并力以備之.

自烏孫分立兩昆彌, 漢用憂勞, 且無寧歲. 時康居復遣子侍漢, 貢獻, 都護郭舜上言. "本匈奴盛時, 非以兼有烏孫·康居故也. 及其稱臣妾, 非以失二國也. 漢雖皆受其質子, 然三國內相輸遺, 交通如故. 亦相候司, 見便則發. 合不能相親信, 離不能相臣役. 以今言之, 結配烏孫, 竟未有益, 反為中國生事. 然烏孫既結在前, 今與匈奴俱稱臣, 義不可距. 而康居驕黠, 訖不肯拜使者. 都護吏至其國, 坐之烏孫諸使下, 王及貴人先飲食已, 乃飲啖都護吏, 故為無所省以誇旁國. 以此度之, 何故遣子入侍? 其欲賈市, 為好辭之詐也. 匈奴, 百蠻大國, 今事漢甚備. 聞康居不拜, 且使單于有悔自卑之意. 宜歸其侍子, 絕勿復使, 以章漢家不通無禮之國!" 漢為其新通, 重致遠人, 終羈縻不絕.

한성제 원연 3년(BC 10)

1) 봄 정월 10일, 촉군蜀郡사천성 성도시의 민산岷山이 무너졌다. 장강을 3일 동안 막아 강물이 말랐다. 유향이 이를 크게 꺼리며 말했다.

"옛날 주나라 때 기산岐山섬서성 기산현이 무너져 황하의 지류인 경수涇水와 위수渭水 및 낙수洛水 등 삼천三川이 마르자 주유왕周幽王이 죽었다. 기산은 주나라가 일어난 곳이다. 한나라는 본래 촉한蜀漢에서 흥기했다. 지금 흥기한 땅에서 산이 무너지고 개울이 마르는 산붕천갈山崩川竭이 빚어지고, 패성의 꼬리가 섭제攝提와 대각大角에 달했고 당초 삼성參星에서 출발해 신성辰星에 이르렀다.[69] 거의 반드시 패망하고 말 것이다!"

---

69 『사기』「천관서天官書』에 따르면 28수宿 가운데 각수角宿 왼쪽의 별은 법관을 뜻하는 이李, 오른쪽의 별은 장將이다. 대각大角은 천왕의 조정이다. 그 양쪽에 각각 3개의 별이 정족鼎足처럼 굽어져 있다. 이를 섭제攝提라고 한다. 사계의 변화를 나타내는 까닭에 섭제격攝提格이라고 한다. 삼성參星은 별자리의 이름이고, 신성辰星은 수성水星을

2) 2월 12일, 순우장淳于長을 정릉후定陵侯에 봉했다.

3) 3월, 황상이 옹雍 땅으로 행행해 오치五畤에서 제사를 올렸다.

4) 황상은 장차 호인胡人들에게 금수禽獸가 많은 것을 자랑하려 했다. 가을, 우부풍右扶風에게 명해 백성을 징발해 남산南山으로 들어가게 했다. 서쪽으로 포곡褒谷섬서성 포성현 북쪽과 사곡斜谷섬서성 미현 서남쪽에서 시작해 동쪽 홍농弘農과 남쪽 한중漢中섬서성 남정현에 이른 뒤 날짐승용 그물인 나망羅罔과 들짐승용 그물인 저부罝罘를 펼치고, 크고 작은 곰인 웅비熊羆 등의 금수를 잡게 했다. 포획한 금수를 함거檻車로 실어다가 장양궁長楊宮의 사웅관射熊館으로 보낸 뒤 망을 쳐서 주위를 차단하고, 금수들을 그 안에 풀어 놓게 했다. 이어 호인들로 하여금 손으로 잡아 자신의 것으로 갖게 했다. 황상이 친히 자리에 참석해 관람하는 임관臨觀을 했다.

* 孝成皇帝元延三年

春, 正月, 丙寅, 蜀郡岷山崩, 壅江三日, 江水竭. 劉向大惡之, 曰, "昔周岐山崩, 三川竭, 而幽王亡. 岐山者, 周所興也. 漢家本起於蜀·漢, 今所起之地, 山崩川竭, 星孛又及攝提·大角, 從參至辰, 殆必亡矣!"

二月, 丙午, 封淳于長為定陵侯.

三月, 上行幸雍, 祠五畤.

上將大誇胡人以多禽獸. 秋, 命右扶風發民入南山, 西自褒·斜, 東至弘農, 南驅漢中, 張羅罔罝罘, 捕熊羆禽獸, 載以檻車, 輸長楊射熊館, 以罔為周阹, 縱禽獸其中, 令胡人手搏之, 自取其獲, 上親臨觀焉.

가리킨다.

한성제 원연 4년(BC 9)

1) 봄 정월, 황상이 감천궁으로 행행行幸해 태치泰畤에서 천신에게 제사를 올리는 교제郊祭를 올렸다.

2) 한성제의 동생과 조카인 중산왕中山王 유흥劉興과 정도왕定陶王 유흔劉欣이 모두 내조來朝했다. 중산왕 유흥은 중산국의 태부太傅 1명만 대동했고, 정도왕 유흔은 정도국의 태부와 상相 및 중위中尉를 대동했다. 황상이 괴이하게 생각해 정도왕 유흔에게 묻자 대답했다.

"법령에 따르면 제후왕은 조현할 때 그 나라의 2천석을 따르게 할 수 있다고 했습니다. 태부와 상 및 중위 모두 나라의 2천석입니다. 빠짐없이 저를 따르게 한 이유입니다."

황상이 『시경』을 암송하게 하자 거침없이 암송暗誦하는 통습通習 뿐만 아니라 그 뜻까지 풀이했다. 다른 날 중산왕 유흥에게 물었다.

"오직 태부만 따르게 한 규정은 어떤 법령에 있는 것이오?"

능히 대답하지 못했다. 다시 『상서』를 암송하게 하자 역시 못했다. 식사를 내리자 다른 사람이 모두 끝난 이후에도 계속 식사를 하며 포식한 뒤 그쳤다. 일어나 걸어 나가는 와중에 버선 끈인 말계襪繫가 풀어졌다. 황상은 이를 통해 중산왕 유흥의 무능을 알아챘다. 반면에 그는 정도왕 유흔을 현명하다고 생각해 그의 재주를 자주 칭찬했다.

이때 제후왕 가운데 오직 중산왕 유흥과 정도왕 유흔 등 2인만 황상의 지친至親에 해당했다. 정도왕의 조모로서 한원제의 비빈인 부소의傅昭儀는 아들이 정도왕에 책봉되자 정도국으로 가 부태후傅太后가 됐다. 이후 정도왕이 장안으로 오자 그를 따라 함께 내조했다. 자매 사이인 황후 조비연趙飛燕과 소의昭儀 조합덕趙合德 및 표기장군 왕근王根에게 사사로이 뇌물을 주었다. 이들 모두 황상에게 아들이 없는 것을 보고는 이내 자진해서 정도왕과 끈을 맺어 먼 미래의 계책까지 세우고자 했다. 입을 모아 정도왕을 칭송하며 황제에게 후사로 삼을 것을 권한 이유다. 황제 역시 정도왕의 재주를 높이 평가해 머리에 쓰는 관冠인 이른바 원복元服을 더해주며 봉국으로 보냈다. 당시 정도왕 유흔의 나이는 17세였다.

3) 3월, 황상이 하동河東으로 행행해 후토后土에게 제사를 올렸다.

4) 운석隕石이 관동關東[70]에 2개나 떨어졌다.

5) 표기장군 왕근王根이 곡영谷永을 천거했다. 황상이 조정으로 징소徵召해 대사농大司農으로 삼았다. 곡영은 전후로 40가지 사항에 관한 건의를 올렸다. 대략 내용이 이리저리 오가는 반복反覆의 모습을 보였고, 오로지 황상과 후궁을 공격하는 내용뿐이었다. 곡영이 왕씨와 결당結黨하자 황상도 이를 알고 그다지 친신親信하지 않았다. 대사농이 된 뒤 1년여 만에 병이 났다. 휴가를 청원하는 고告를 허락했으나 최대 허용기간인 3달이 지나자 황상은 통상적으로 허용하는 연기 조치인 사고賜告를 거부한 뒤 즉시 면직시켰다. 곡영이 몇 달 뒤 졸卒했다.

* 孝成皇帝元延四年

春, 正月, 上行幸甘泉, 郊泰畤.

中山王興, 定陶王欣皆來朝, 中山王獨從傅, 定陶王盡從傅·相·中尉. 上怪之, 以問定陶王, 對曰, "令. 諸侯王朝, 得從其國二千石. 傅·相·中尉, 皆國二千石, 故盡從之." 上令誦『詩』, 通習, 能說. 佗日, 問中山王曰, "獨從傅在何法令?" 不能對. 令誦『尚書』, 又廢. 及賜食於前, 後飽. 起下, 襪繫解. 帝由此以為不能, 而賢定陶王, 數稱其材. 是時諸侯王唯二人於帝為至親, 定陶王祖母傅太后隨王來朝, 私賂

70 관동關東은 효산 이동의 산동山東과 같은 말이다. 『한서』에는 지금의 산동성 복현인 도관都關으로 나온다.

遣趙皇后·昭儀及票騎將軍王根. 后·昭儀·根見上無子, 亦欲豫自結, 為長久計, 皆更稱定陶王, 勸帝以為嗣. 帝亦自美其材, 為加元服而遣之, 時年十七矣.

三月, 上行幸河東, 祠后土.

隕石於關東二.

王根薦谷永, 徵入, 為大司農. 永前後所上四十餘事, 略相反覆, 專攻上身與後宮而已. 黨於王氏, 上亦知之, 不甚親信也. 為大司農歲餘, 病. 滿三月, 上不賜告, 即時免. 數月, 卒.

한성제 수화綏和 원년(BC 8)

1) 봄 정월, 천하에 대사령大赦令을 내렸다.

2) 황상이 승상 적방진翟方進과 어사대부 공광孔光, 우장군 염포廉褒, 후장군 주박朱博을 금중禁中으로 불러 후사문제를 논의했다.

"중산왕과 정도왕 가운데 누구를 후사로 삼는 게 좋겠소?"

척방진과 왕근, 염포, 주박 모두 이같이 건의했다.

"정도왕은 황상 동생의 아들입니다. 『예기禮記』「단궁檀弓 상上」에 이르기를, '형제의 아들인 곤제지자昆弟之子는 아들과 같다. 뒤를 이어 후사가 된 자는 그 아들이 된다'고 했습니다. 정도왕이 의당 후사가 돼야 합니다."

어사대부 공광이 홀로 말했다.

"『예기』에 따르면 후사를 세우는 입사立嗣는 친족 가운데 혈연관계가 가장 가까운 자로 해야 합니다. 또 『서경』「상서商書, 반경盤庚」에 나오는 은나라의 왕위계승 사례를 보면 형이 죽으면 동생이 보위를 이어받는 형종제급兄終弟及이 나옵니다. 중산왕은 선제先帝의 아들이자, 황상의 친동생이니 의당 후사로 삼아야 합니다."

황상은 내심 중산왕은 재목이 아니고, 예禮에 비춰볼지라도 형제는 동시에 종묘에 들어갈 수 없다고 생각해 공광의 건의를 좇지 않았다.

2월 9일, 조서를 내려 정도왕 유흔을 황태자로 삼았다. 이어 중산왕의 외숙인 간대부諫大夫 풍참馮參을 의향후宜鄕侯에 봉하고, 중산국에 3만 호를 덧붙여 주어 그 마음을 위로했다. 집금오執金吾 임굉任宏을 임시로 제후들을 관리하는 대홍려의 직책을 맡는 수대홍려守大鴻臚에 임명하고, 지절持節의 자격으로 정도왕을 징빙徵聘하게 했다. 정도왕 유흔이 칭사稱謝했다.

"신은 재질材質로는 태자의 궁을 빌려 충당하기에 부족합니다. 원컨대 장안에 있는 제후국의 저택인 국저國邸에 머물게 해 주면 단석旦夕으로 기거起居를 찾아 받들어 문안을 올리며 성사聖嗣가 있기를 기다리다가 봉지로 돌아가 번국藩國을 지키도록 하겠습니다."

상서가 올라가자 천자가 이같이 회보하며 받아들이지 않았다.

"들어서 알고 있다."

2월 14일, 공광은 논의한 내용이 황상의 뜻에 불합不合해 정위廷尉로 좌천됐다. 하무何武를 어사대부로 삼았다.

3) 당초 황상이 조서를 내려 은나라의 후예를 찾게 했다. 원래의 성씨인 자씨子氏가 송宋, 공孔, 화華, 대戴, 환桓, 상向, 악樂 등 10여 개의 성씨로 분산된 까닭에 적통을 미루어 찾고자 했으나 찾을 수 없었다. 광형匡衡과 매복梅福 모두 공자孔子의 세계世系를 은나라 시조인 탕왕湯王의 후예로 삼는 게 마땅하다고 생각했다. 황상이 이를 좇아 공길孔吉을 책봉해 은소가후殷紹嘉侯로 삼았다.

3월, 공길이 주승휴후周承休侯와 함께 작위가 올라가는 진작進爵의 대상이 되어 공公이 됐다. 봉지는 각각 100리였다.

4) 황상이 옹雍 땅에 행행해 오치五畤에서 제사를 올렸다.

5) 당초 하무何武는 정위가 된 뒤 이같이 건의했다.

"말세의 풍속인 말속末俗의 폐단은 정사政事가 번다煩多하고 재상宰相의 재목이 옛 사람을 따라갈 수 없는 상황에서 승상 홀로 삼공三公의 일을 겸해 사안을 오랫동안 접어둔 채 처리하지 않는 데서 비롯된 것입니다. 의당 삼공의 자리를 다시 두어야 합니다."

황상이 이를 좇았다.

여름 4월, 곡양후曲陽侯 왕근王根에게 명예직에서 실질적인 군사령관 직책으로 바뀐 대사마大司馬의 인수印綬를 내려주고, 관속官屬을 두게 하면서 표기장군票騎將軍의 자리를 없앴다. 어사대부 하무를 삼공의 하나인 대사공大司空에 임명하고, 사향汜鄕에 봉했다. 대사마와 대사공의 봉록을 모두 늘려 승상과 같게 함으로써 삼공 체제를 갖췄다.

6) 가을 8월 9일, 중산효왕中山孝王 유흥劉興이 홍거薨去했다.

7) 흉노의 제17대 차아車牙 선우가 죽고, 동생 낭지아사囊知牙斯가 제18대 오주류약제烏珠留若鞮 선우가 됐다. 동생 낙樂을 좌현왕左賢王, 여輿를 우현왕右賢王으로 삼았다. 한나라 조정이 중랑장中郎將 하후번夏侯藩과 부교위副校尉 한용韓容을 흉노에 사자로 보냈다.

혹자가 대사마 왕근에게 말했다.

"흉노 땅의 일부가 매우 험준한 두형斗形의 모습으로 한나라 영토까지 연결돼 장액군張掖郡과 맞닿아 있습니다.[71] 그곳에서 기이한 목재와 화살대, 독수리 깃털 등이 생산됩니다. 만일 그 지역을 손에 넣으면 변새邊塞는 심히 풍요해지고, 나라는 영토를 넓히는 실리를 얻고, 장군은 뛰어난 공을 세워 무궁無窮히 그 명성을 후대에 전할 수 있습니다."

---

71 원문은 '흉노유두입한지匈奴有斗入漢地, 직장액군直張掖郡'이다. 『한서』「흉노전」에서 인용한 것이다. 안사고는 주석에서 두斗를 험준하다는 뜻의 절絶, 직直을 마주 접하고 있다는 뜻의 당當으로 풀이했다.

왕근이 황상을 위해 그 이로움을 말했다. 황상은 내심 직접 선우로부터 그 땅을 요구하는 방안을 생각했으나, 거절당할 경우 자칫 조명詔命의 존엄이 손상되고 조정의 위신이 훼손되는 상명손위傷命損威가 빚어질까 우려했다. 대사마 왕근은 황상의 취지를 중랑장 하후번夏侯藩에게 알리면서 흉노에 사자로 가서 선우에게 사적으로 그 땅을 요구하게 했다. 하후번이 흉노에 이르러 선우와 교담交談을 하다가 말했다.

"가만히 보건대 흉노 땅의 일부가 매우 험준한 두형斗形의 모습으로 한나라 영토까지 연결돼 장액군과 맞닿아 있소. 한나라에는 3명의 도위都尉가 변새에 거주하고, 사졸士卒 수백 명이 추위로 고생을 하며 망을 보는 수고를 오래도록 하고 있소. 선우는 의당 서신을 올려 이 땅을 바치면서 잘라내도록 하시오. 그러면 2명의 도위와 사졸 수백 명을 줄일 수 있도록 도와주어 천자의 후은厚恩에 보답하는 게 되오. 그 보상은 반드시 매우 클 것이오."

선우가 물었다.

"이는 천자가 그대의 입을 통해 조서詔書처럼 밝히는 조어詔語로 하는 말이오, 아니면 그대가 사자의 자격으로 요구하는 것이오?"

하후번이 대답했다.

"조서로 지시한 것이오. 그러나 나 하후번 역시 선우를 위해 선계善計를 세웠을 뿐이오."

선우가 청했다.

"그곳은 온우도왕溫偶駼王이 거처하는 곳이어서, 그 형상形狀과 생산되는 산물産物을 잘 모르오. 청컨대 사자를 파견해 물어보도록 해 주시오."

하후번과 한용韓容이 한나라로 돌아온 뒤 다시 흉노에 사자로 가 땅을 요구하자 선우가 대답했다.

"제14대 호한야 선우로부터 우리 부형父兄에 이르기까지 5대에 걸쳐 내려오는 동안 한나라는 이 땅을 요구한 적이 없소. 유독 제18대 선우인 내가 즉위한 뒤 문득 이 땅을 요구하는 이유가 무엇이오? 이미 온우도왕에게 물어보자 흉노의 서쪽에 있는 제후들이 장막인 궁려穹廬와 수레를 만들 때 모두 이 산의 재목을 올려다 보고 있는데다, 나아가 선부先父 이래 지켜온 땅인 까닭에 감히 잃을 수는 없소."

하후번이 돌아온 뒤 태원太原산서성 태원시 태수로 좌천됐다. 선우가 사자를 시켜 상서上書하며 하후번이 땅을 요구한 정황을 보고했다. 황상이 조서를 내려 선우에게 회보했다.

"하후번이 멋대로 조명詔命을 칭하며 선우에게 땅을 요구했으니 의당 법에 따라 사형에 처해야 할 것이오. 그러나 이미 2번에 걸쳐 대사령을 내린 까닭에 제남濟南산동성 역성현 태수로 자리를 옮겨 두 번 다시 흉노에 가지 못하도록 조치했소."

8) 겨울 10월 14일, 왕근이 병으로 면직됐다.

9) 황상은 태자가 이미 적통인 대종大宗을 받들게 되자 예제를 좇아 자신의 골육 친족인 사친私親을 가까이하려고 하지 않았다.

11월, 초효왕楚孝王의 손자인 유경劉景을 정도왕定陶王으로 삼은 뒤 정도공왕定陶共王 유강劉康의 제사를 받들게 했다. 유강의 아들로 태자가 된 유흔劉欣이 고마움을 표하기 위해 의논을 하자 소부少傅 염숭閻崇이 건의했다.

"다른 사람의 후사가 되면 사사로이 친생 부모를 생각할 수 없는 까닭에 사의謝意를 표할 수 없습니다."

태부太傅 조현趙玄이 말했다.

"의당 사의를 표해야 합니다."

태자 유흔이 이를 좇았다. 황상이 태자에게 조서를 내려 사의를 표하게 된 정황을 물었다. 이어 조현을 탄핵하는 상서尙書의 상주문을 기다려 소부少府로 좌천시키고, 광록훈 사단師丹을 태부로 삼았다.

당초 태자 유흔이 어렸을 때 생부인 정도공왕 유강의 모친인 부태후傅太后가 몸소 스스로 양육하며 돌봤다. 이후 유흔이 태자로 책봉될 즈음 황상이 태자의 조모인 정도국의 부태후와 태자의 생모인 정희丁姬에게 조서를 내려 경사京師에 있는 정도국의 국저國邸에 머물게 했다. 태자와 만나는 것을 허락하지 않은 것이다. 얼마 뒤 황태후 왕정군王政君이 부태후와 정희에게 10일에 1번 태자의 집에 갈 수 있도록 허용하려 했다. 황제가 반대했다.

"태자는 정통正統을 이은 까닭에 의당 황태후 폐하陛下를 공양해야 합니다. 다시는 사친私親을 되돌아봐서는 안 됩니다."

태후 왕정군이 말했다.

"태자가 어렸을 때 조모인 부태후가 품어서 기르는 포양抱養을 했소. 오늘 부태후가 태자의 집으로 가서 태자를 보고자 하는 것은 유모의 은정恩情에 따른 것일 뿐이오. 가는 것을 막기에는 부족하오."

부태후가 태자의 집으로 가는 것을 허락한 이유다. 그러나 정희는 태자를 양육하지 않은 까닭에 홀로 허락받지 못했다.

10) 위위衛尉·시중侍中 순우장淳于長이 황상에게 총애를 받아 크게 중용重用되는 신임을 얻었다. 그 권귀權貴가 공경들을 압도했다. 밖으로 제후와 주목州牧 및 태수太守 등과 교유하는 와중에 그들로부터 회뢰賄賂를 받거나 황상으로부터 상사賞賜를 받은 것이 거만巨萬에 달했다. 종일토록 성색聲色에 빠져 지낸 이유다.

허황후의 언니인 허미許孊는 용락사후龍雒思侯 한보韓寶의 부인으로, 과부가 되어 살고 있었다. 순우장이 사사로이 통정하다가 이내 소처小妻로 삼았다. 당시 조비연으로 인해 폐위돼 소대궁昭臺宮에 살던 허황후는 장정궁長定宮에 이주해 살고 있었다. 그녀는 언니 허미를 통해 순우장에게 뇌물을 주고 다시 첩여婕妤의 자리를 얻고자 했다. 순우장이 허황후로부터 받은 금전金錢과 승여乘輿 및 의복과 어물御物이 앞뒤로 1,000여만 전에 달했다. 그는 장차 황상이 허황후를 좌황후左皇后로 삼도록 청하겠다고 속였다. 허미가 매번 장정궁으로 들어갈 때마다 허미에게 서신을 건네 허황후를 희롱하며 모욕하는 희모戲侮를 했다. 음란하고 가벼운 만이嫚易의 언사가 많아 못하는 말이 없었다. 서신 등의 문서인 서기書記를 주고받는 교통交通과 뇌물을 건네는 행위도 매년 이뤄졌다.

당시 곡양후曲陽侯 왕근王根이 보정輔政을 하고 있었다. 오랫동안 병을 앓은 까닭에 자주 사직을 청하는 걸해골乞骸骨을 했다. 순우장은 태후 왕정군의 언니의 아들로서 황제의 외가인 외친外親의 신분을 적극 이용해 구경九卿의 자리에 앉아 있었다. 차례로 보아서는 의당 왕근을 대신해야 했다. 시중侍中·기도위騎都尉·광록대부光祿大夫 왕망王莽은 순우장이 오랫동안 총애 받는 것을 시기하다가 사적으로 그 소문을 듣게 됐다. 그는 곡양후 왕근이 병든 것을 시중들다가 기회를 보아 이같이 말했다.

"순우장은 장군이 오랫동안 병들어 있는 것을 보고 내심 좋아하고 있습니다. 그는 스스로 의당 장군을 대신해 보정輔政을 해야 한다고 생각하면서 사대부와 귀족자제인 의관衣冠에게 누구에게 어떤 관직을 맡기고 어떤 일을 시키겠다는 식의 서치署置를 얘기하고 있는 게 그렇습니다."

그러고는 그의 죄과罪過를 모두 말했다. 왕근이 대로했다.

"바로 그와 같다면 어찌하여 곧바로 말하지 않은 것인가?"

왕망이 대답했다.

"장군의 뜻을 알지 못해 감히 말을 하지 못했습니다!"

왕근이 말했다.

"속히 태후가 있는 동궁東宮으로 가서 이를 알리도록 하라!"

왕망이 알현을 청해 태후를 만난 자리에서 순우장이 교일驕佚한 행동을 보이면서 곡양후를 대신해 보정의 역할을 할 생각을 하고 있고, 사적으로 장정궁의 귀인貴人인 허황후의 언니 허미許孊와 사통하면서 의물衣物을 수취受取하고 있다는 사실을 모두 말했다. 태후 왕정군 역시 대로했다.

"어린 아이가 어찌하다가 이 지경에 이르게 됐는가! 어서 가서 이 사실을 황제에게 고하도록 하라!"

왕망이 황제에게 이를 고했다. 황상은 순우장이 태후 왕정군의 언니 아들인 이질姨侄인 점을 감안해 장관長官의 자리만 면직하고 치죄治罪하지 않은 채 봉국으로 돌아가게 했다.

당초 홍양후紅陽侯 왕립王立은 도중에 보정을 할 수 없게 되자 순우장이 자신을 훼참毁譖한 데 따른 것으로 의심해 늘 그에 대해 원독怨毒의 마음을 품었다. 황상도 이 사실을 알고 있었다. 이후 순우장이 봉국으로 돌아가게 되자 왕립의 적장자인 왕융王融은 순우장에게 타고 다녔던 거기車騎를 넘겨달라고 청했다. 순우장이 왕융을 통해 왕립에게 진보珍寶를 거듭 보냈다. 흡족해 한 왕립이 곧바로 국가대사에 관해 은밀히 건의하는 봉사封事를 통해 순우장의 경사 체류에 대한 허락을 청했다.

"폐하가 이미 조서를 통해 태후의 이질인 점을 감안해 면관免官 이외의 처벌은 하지 않겠다고 밝혔으니, 실로 그 밖의 다른 처벌을 다시 내려서는 안 될 것입니다."

이에 천자가 의심을 품고 유사에 사안을 넘겨 안험按驗하게 했다. 형리가 왕융을 체포하자 왕립은 왕융에게 자살하게 해 누설을 막는 멸구滅口를 했다. 황상은 배후에 대간大奸이 있는 것으로 더욱 의심했다. 마침내 순우장을 낙양의 조옥詔獄에 가두고 끝까지 다스리게 했다. 순우장이 장정궁에 있는 허황후를 희모戲侮하며 좌황후로 세우고자 모의한 사실 등을 모두 자백했다. 대역죄에 해당해 옥사했다. 처자들은 죄에 연루돼 합포合浦광동성 합포현로 유배됐고, 모친 왕약王若은 고향인 위군魏郡하북성 대명현으로 돌아갔다.

황상이 정위 공광孔光으로 하여금 지절持節의 자격으로 폐후廢后 허황후에게 사약을 내려 자살하게 했다. 승상 척방진이 다시 왕립을 탄핵하는 상주문을 올렸다.

"홍양후 왕립은 교활狡猾하고 부도不道하니 청컨대 하옥하도록 하십시오."

황상이 말했다.

"홍양후는 짐의 외숙이니 차마 법으로 다스릴 수 없고, 봉국인 홍양국紅陽國하남성 무양현으로 보낼 것이다."

승상 척방진이 다시 척방진의 당우黨友인 후장군後將軍 주박朱博과 거록鉅鹿하북성 평향현 태수 손굉을 탄핵하는 상주문을 올렸다. 모두 면관된 뒤 옛날 광록대부인 진함陳咸과 함께 장안으로 오기 전에 있던 옛 군郡으로 돌아갔다. 진함은 스스로 폐기되어 금고禁錮된 것을 알고 걱정 끝에 죽는 우사憂死를 했다.

척방진은 지능智能에 여유가 있었다. 법조문인 문법文法과 관청업무인 이사吏事에 두루 능통했고, 유학자의 문아文雅로 법집행을 꾸며 통달하고 밝은 통명通明의 재상으로 불렸다. 천자도 그의 그릇을 중하게 여겼다. 또한 그는 인주人主의 아주 은밀한 뜻인 미지微指도 잘 알아차린 덕분에 상주하는 일 모두 황제의 뜻에 맞지 않는 게 없었다. 바야흐로 순우장이 용사用事를 하게 되자 그는 홀로 순우장과 교제를 하고, 칭송하며 천거하는 칭천稱薦을 했다. 이후 순우장이 대역죄로 주살을 당하자 황상은 척방진이 조정대신이 되어 그를 위해 은휘隱諱한 게 있다고 생각했다. 척방진이 속으로 부끄러운 나머지 마침내 상소하여 사죄謝罪하며 걸해골乞骸骨

을 했다. 황상이 회답했다.

"정릉후定陵侯 순우장은 이미 죄를 자백하고 죽었소. 군君은 비록 그와 교통交通했다고는 하나 『대대례기大戴禮記』는 아침에 허물을 지었어도 저녁에 고치면 군자 모두 그와 결교結交하려 한다는 취지로 '조과석개朝過夕改, 군자여지君子與之'를 언급하지 않았소?[72] 군은 어찌하여 의심하는 것이오? 마음과 뜻을 하나로 하는 전심일의專心壹意의 자세로 의약醫藥을 쓰는 일에 태만하지 말고 스스로 잘 유지하도록 하시오."

척방진이 일어나서 공무를 보는 시사視事를 했다. 다시 순우장과 관계가 깊었던 경조윤京兆尹 손보孫寶와 우부풍右扶風 소육蕭育, 자사刺史로서 2천석 이상인 자들을 조목별로 상주해 모두 20여 명을 면직시켰다. 함곡관을 지키는 함곡函谷 도위인 건평후建平侯 두업杜業은 평소 척방진과 사이가 좋지 않았다. 척방진이 상주했다.

"두업은 홍양후 왕립의 서신을 받고 요청을 들어주었습니다. 불경죄에 해당합니다."

이내 면직되어 봉국인 건평국建平國하남성 영성현으로 돌아갔다.

황상은 왕망王莽이 순우장의 대간大奸을 최초로 적발한 것을 높이 사 그의 충직忠直을 칭송했다. 대사마 왕근王根이 자신을 대신할 인물로 왕망을 천거했다.

11월 26일, 왕망을 대사마로 임명했다. 당시 그의 나이 38세였다. 왕망은 이미 같은 항렬 가운데 가장 높게 발탁돼 왕봉과 왕음 및 왕상과 왕

---

72 『대대례기大戴禮記』「증자입사曾子立事」에 나오는 '조유과朝有過, 석개즉여지夕改則與之, 석유과夕有過, 조개즉여지朝改則與之' 구절에서 인용한 것이다. 본문에 나오는 조과석개朝過夕改 구절과 관련해 『한서』「식화지食貨志」는 한경제 때 조조晁錯는 「논귀속소论贵粟疏」를 통해 부렴賦斂을 제때 거두지 않으면 아침에 내린 명령이 저녁에 고쳐지는 식의 조령모개朝令暮改 현상이 빚어진다고 지적한 바 있다.

근 등 모두 4명의 백부와 숙부의 뒤를 이어 보정輔政을 맡게 된 것이다. 그는 내심 자신의 명성을 백부와 숙부보다 뛰어나게 만들 요량으로 마침내 극도로 절제하며 전혀 게으름을 피우지 않는 극기불권克己不倦의 모습을 보였다. 여러 현량賢良을 초빙해 조정 각 부서의 실무 관원인 연掾과 사史로 삼고, 황제가 하사한 상사賞賜와 봉읍에서 나오는 돈인 읍전邑錢을 모두 선비들에게 나눠주어 향유하게 하면서 더욱 검약儉約한 모습을 보인 게 그렇다. 모친이 병이 났을 때 공경公卿과 열후列侯가 부인들을 보내 문질問疾하게 했다. 이때 왕망의 부인이 이들 부인들을 맞이했다. 치맛자락이 땅에 끌리지 않은 것은 물론 겉옷인 무릎 가리개도 삼베로 만든 것을 사용했다. 이를 본 부인들 모두 비녀婢女인 동사僮使로 여겼다가 물어본 뒤 왕망의 부인이라는 사실을 알고는 크게 경악했다. 그가 자신의 명성을 꾸민 게 모두 이와 같았다.

11) 승상 적방진과 대사공大司空 하무何武가 상주했다.

"『춘추』의 대의에 따르면 귀한 사람을 채용해 천한 사람을 다스리는 용귀치천用貴治賤을 해야 하고, 비천한 자로 하여금 높은 사람 위에 군림하게 하는 이비임존以卑臨尊을 해서는 안 됩니다. 녹질이 600석의 하대부下大夫인 자사刺史로 하여금 2천석의 태수 위에 군림토록 하는 것은 관위官位의 경중輕重에 맞지 않습니다. 청컨대 자사의 제도를 없애고, 다시 주목州牧 제도를 두고 고제古制에 부응하도록 하십시오!"

12월, 자사 제도를 파罷하고, 주목 제도를 다시 두었다. 녹질은 2천석이었다.

12) 건위군犍為郡에서는 물가에서 옛날의 석경石磬 16매枚를 얻었다. 논의하는 자들은 좋은 조짐인 선상善祥으로 생각했다. 유향이 이에 대해 상서했다.

"의당 천자가 세운 학교인 벽옹辟雍과 지방학교인 상서庠序[278]를 세우고, 예악禮樂을 벌려놓고, 아송雅頌[74]을 융성하게 하고, 서로 양보하는 읍양揖讓의 모습을 왕성하게 만들어 천하를 예제로 교화하는 풍화風化를 해야 합니다. 이같이 하고도 다스려지지 않은 경우는 아직 없었습니다. 혹자는 말하기를, '예를 다 갖출 수는 없다'고 합니다. 예는 사람을 기르는 것을 근본으로 합니다. 내용상 착오와 흠결인 과차過差가 있을지라도 이를 통해 사람들을 양육합니다. 형벌에 착오가 있으면 사람을 사상死傷에 이르게 합니다. 지금의 형벌은 하나라 우왕 때 행해진 고요皐陶의 형률이 아닙니다. 시대 상황을 좇아 유사가 청하여 법을 정하는 까닭에 삭제할 것은 삭제하고, 더할 것은 더합니다. 모두 시무時務의 폐단을 구하기 위한 것입니다. 그럼에도 예악에 대해서는 그리할 수 없다고 하니 이는 감히 살인殺人은 행할 수 있으나 양인養人은 행할 수 없다는 하는 것과 같습니다. 예악과 관련해 제기祭器인 조두俎豆와 관현管弦 악기 등의 구비에 약간의 흠이 있다는 이유로 완전히 끊어버리고 시행하지 않고 있습니다. 이는 약

---

73 벽옹辟雍은 서주西周 때 천자가 세운 대학을 가리킨다. 한나라 때 반고班固는 『백호통白虎通』「벽옹辟雍」에서 "천자가 벽옹을 세운 이유는 무엇인가? 예악禮樂을 통해 덕화德化를 널리 선포하기 위한 것이다. 벽辟은 둥근 옥을 뜻하는 벽璧과 통한다. 둥근 하늘의 이치를 배우는 법천法天을 상징한다. 옹수雍水의 곁에 세워 '벽옹'의 명칭을 얻게 됐다. 교화敎化를 널리 유행시키려 한 것이다."라고 풀이했다. 원래 옹雍은 화합한다는 뜻으로 옹邕 또는 옹雝과 통한다. 벽옹辟雍을 벽옹辟雝으로 표현하는 이유다. 지방학교인 상서庠序를 두고 『맹자』「등문공滕文公 상上」은 하나라 때는 교校, 은나라 때는 서序, 주나라 때는 상庠으로 불렀다고 했다.

74 아송雅頌은 『시경』에 수록된 시가詩歌를 가리킨다. 『시경』에 수록된 305편의 시는 크게 「풍風」, 「아雅」, 「송頌」의 3가지 체제로 구성돼 있다. 「풍」은 글자 그대로 바람처럼 왔다가 스쳐가는 항간의 유행가를 말한다. 「아」는 궁궐을 포함한 공식 연회에서 사용된 노래들로, 크게 대아大雅와 소아小雅로 나뉜다. '소아'는 주로 연회용 음악으로 사용됐고, '대아'는 궁궐에서 대신들이 조회朝會하거나 군신이 함께 연회를 할 때 사용됐다. 「송」은 신에게 제사를 올리거나 조상의 은덕을 기리는 송덕頌德 의식 때 주로 연주됐다. 305편 가운데 「풍」은 160편, 「아」는 105편, 「송」은 40편이다.

간 갖추지 못한 소불비小不備를 버린 채 크게 갖추지 못한 대불비大不備로 나아가는 것으로, 그 어떤 미혹이 이보다 더 심할 수 있겠습니까? 무릇 교화를 형법과 비교하면 오히려 형법이 가벼운 것입니다. '소불비'에서 '대불비'로 나아가는 것은 소중所重한 것을 버리고 소경所輕한 것을 급히 처리하는 것과 같습니다. 교화는 나라를 다스릴 때 믿고 기대는 치국의 근본이고, 형법은 그 보조수단입니다. 지금 믿고 기대는 근본을 폐기하고, 보조하는 것을 독립獨立시키고 있습니다. 이같이 해서는 태평한 시대를 열 수 없습니다. 경사京師에서부터 패역불순悖逆不順의 자손이 있어 사형인 대벽大辟을 위시해 여러 형륙刑戮을 당하는 자들이 끊이지 않고 있습니다. 모두 인仁·의義·예禮·지智·신信인 오상五常의 도를 배우지 않았기 때문입니다. 무릇 한나라는 1,000년간에 걸쳐 쇠락해진 주나라를 잇고, 흉포한 진나라의 여폐餘敝를 계승했습니다. 백성들이 이미 점차 악속惡俗에 물들었고, 극도로 탐욕스러운 탐도貪饕와 사악하고 부정한 험피險詖가 만연해 의리義理를 익히지 못하고 있습니다. 크게 교화하는 대화大化를 보이지 못한 채 오로지 형벌에 의지해 백성들을 몰아갈 경우 끝내 고칠 길이 없을 것입니다!"

황제가 유향의 건의를 공경에게 내려 보내 논의하게 했다. 승상과 대사공이 벽옹의 건립을 주청奏請했다. 장안성 남쪽 교외에서 땅을 측량하고 표지를 세우는 영표營表를 했다. 그러나 시작도 하기 전에 이내 그만두었다. 이때 혹자가 말했다.

"공자孔子는 포의布衣로 있으면서 제자 3,000명을 양성했습니다. 지금 천자의 태학太學에는 박사제자博士弟子로는 적은 편입니다."

태학 즉 벽옹의 제자원弟子員을 3,000명으로 늘렸으나 1년여 뒤에 다시 원래대로 원제 때 증원된 1,000명으로 복귀했다.

유향은 스스로 황상의 신임을 얻었다고 보고 늘 유씨 종실을 드러내놓고 대변하면서 외척인 왕씨王氏와 고위직에 있는 대신들을 기롱譏弄하며 풍자諷刺하는 기자譏刺를 했다. 그 언사가 매우 통절痛切했고, 모두 지성至誠에서 우러나온 것이었다. 황상이 자주 유향을 등용해 구경九卿으로 삼으려 했으나 번번이 고위직에 있는 왕씨를 비롯해 승상 및 어사대부 등의 지지를 얻지 못했다. 유향은 끝내 더 이상 승진하지 못한 채 열대부列大夫의 위치에서 앞뒤로 30여 년 동안 관직에 있다가 졸卒했다. 이후 13년 동안 왕망이 한나라를 대신하게 되었다.

* 孝成皇帝綏和元年

春, 正月, 大赦天下.

上召丞相翟方進·御史大夫孔光·右將軍廉褒·後將軍朱博入禁中, 議"中山·定陶王誰宜為嗣者." 方進·根·褒·博皆以為曰, "定陶王, 帝弟之子, 『禮』曰, '昆弟之子, 猶子也. 為其後者, 為之子也' 定陶王宜為嗣." 光獨以為曰, "禮, 立嗣以親. 以『尚書·盤庚』殷之及王為比, 兄終弟及. 中山王, 先帝之子, 帝親弟, 宜為嗣." 上以"中山王不材. 又禮, 兄弟不得相入廟," 不從光議. 二月, 癸丑, 詔立定陶王欣為皇太子, 封中山王舅諫大夫馮參為宜鄉侯, 益中山國三萬戶, 以慰其意. 使執金吾任宏守大鴻臚, 持節徵定陶王. 定陶王謝曰, "臣材質不足以假充太子之宮. 臣願且得留國邸, 旦夕奉問起居, 俟有聖嗣, 歸國守藩." 書奏, 天子報"聞". 戊午, 孔光以議不合意, 左遷廷尉. 何武為御史大夫.

初, 詔求殷後, 分散為十餘姓, 推求其嫡, 不能得. 匡衡·梅福皆以為宜封孔子世為湯後, 上從之, 封孔吉為殷紹嘉侯. 三月, 與周承休侯皆進爵為公, 地各百里.

上行幸雍, 祠五畤.

初, 何武之為廷尉也, 建言曰, "末俗之敝, 政事煩多, 宰相之材不能及古, 而丞相獨兼三公之事, 所以久廢而不治也. 宜建三公官." 上從之. 夏, 四月, 賜曲陽侯根大司馬印綬, 置官屬, 罷票騎將軍官. 以御史大夫何武為大司空, 封汜鄕侯. 皆增奉如丞相, 以備三公焉.

秋, 八月, 庚戌, 中山孝王興薨.

匈奴車牙單于死. 弟囊知牙斯立, 為烏珠留若鞮單于. 烏珠留單于立, 以弟樂為左賢王, 輿為右賢王, 漢遣中郎將夏侯藩·副校尉韓容使匈奴.

或說王根曰, "匈奴有斗入漢地, 直張掖郡, 生奇材木箭竿, 鷲羽. 如得之, 於邊甚饒, 國家有廣地之實, 將軍顯功垂於無窮!" 根為上言其利, 上直欲從單于求之, 為有不得, 傷命損威. 根即但以上指曉藩, 令從藩所說而求之. 藩至匈奴, 以語次說單于曰, "竊見匈奴斗入漢地, 直張掖郡, 漢三都尉居塞上, 士卒數百人, 寒苦, 候望久勞, 單于宜上書獻此地, 直斷割之, 省兩都尉士卒數百人, 以復天子厚恩, 其報必大." 單于曰, "此天子詔語邪, 將從使者所求也?" 藩曰, "詔指也. 然藩亦為單于畫善計耳." 單于曰, "此溫偶駼王所居地也, 未曉其形狀·所生, 請遣使問之." 藩·容歸漢後, 復使匈奴, 至則求地. 單于曰, "父兄傳五世, 漢不求此地, 至知獨求, 何也? 已問溫偶駼王, 匈奴西邊諸侯作穹廬及車, 皆仰此山材木, 且先父地, 不敢失也." 藩還, 遷為太原太守. 單于遣使上書, 以藩求地狀聞. 詔報單于曰, "藩擅稱詔, 從單于求地, 法當死. 更大赦二, 令徙藩為濟南太守, 不令當匈奴."

冬, 十月, 甲寅, 王根病免.

上以太子既奉大宗後, 不得顧私親, 十一月, 立楚孝王孫景為定陶王, 以奉恭王後. 太子議欲謝. 少傅閻崇以為"為人後之禮, 不得顧私親, 不當謝.” 太傅趙玄以為“當謝”, 太子從之. 詔問所以謝狀, 尚書劾奏玄, 左遷少府. 以光祿勳師丹為太傅. 初, 太子之幼也, 王祖母傅太后躬自養視. 及為太子, 詔傅太后與太子母丁姬自居定陶國邸, 不得相見. 頃之, 王太后欲令傅太后·丁姬十日一至太子家, 帝曰, “太子承正統, 當共養陛下, 不得復顧私親.” 王太后曰, “太子小而傅太后抱養之. 今至太子家, 以乳母恩耳, 不足有所妨.” 於是令傅太后得至太子家. 丁姬以不養太子, 獨不得.

衛尉·侍中淳于長有寵於上, 大見信用, 貴傾公卿, 外交諸侯·牧·守, 賂遺·賞賜累巨萬, 淫於聲色. 許后姊孊為龍雒思侯夫人, 寡居. 長與孊私通, 因取為小妻. 許后時居長定宮, 因孊賂遺長, 欲求復為婕好. 長受許后金錢·乘輿·服御物前後千餘萬, 詐許為白上, 立以為左皇后. 孊每入長定宮, 輒與孊書, 戲侮許后, 嫚易無不言. 交通書記, 賂遺連年. 時曲陽侯根輔政, 久病, 數乞骸骨. 長以外親居九卿位, 次第當代根. 侍中·騎都尉·光祿大夫王莽心害長寵, 私聞其事. 莽侍曲陽侯病, 因言曰, “長見將軍久病意喜, 自以當代輔政, 至對及冠議語署置.” 具言其罪過. 根怒曰, “即如是, 何不白也?” 莽曰, “未知將軍意, 故未敢言!” 根曰, “趣白東宮!” 莽求見太后, 具言長驕佚, 欲代曲陽侯. 私與長定貴人姊通, 受取其衣物. 太后亦怒曰, “兒至如此! 往, 白之帝!” 莽白上. 上以太后故, 免長官, 勿治罪, 遣就國.

初, 紅陽侯立不得輔政, 疑為長毀譖, 常怨毒長. 上知之. 及長當就國, 立嗣子融從長請車騎, 長以珍寶因融重遺立. 立因上封事, 為長求留, 曰, “陛下既托文以皇太后故, 誠不可更有它計.” 於是天子疑焉, 下有司按驗. 吏捕融, 立令融自殺以滅口. 上愈疑其有大奸, 遂逮長繫洛陽詔獄, 窮治. 長具服戲侮長定宮, 謀立左皇后, 罪至大逆, 死獄中. 妻子當坐者徙合浦. 母若歸故郡. 上使廷尉孔光持節賜廢后藥, 自殺. 丞相方進復劾奏“紅陽侯立, 狡猾不道, 請下獄.” 上曰, “紅陽侯, 朕之舅, 不忍致法. 遣就國.” 於是方進復奏立黨友後將軍朱博·鉅鹿太守孫閎, 皆免官, 與故光祿大夫陳咸皆歸故郡. 咸自知廢錮, 以憂死.

方進智能有餘, 兼通文法吏事, 以儒雅緣飾法律, 號為通明相, 天子器重之. 又善求人主微指, 奏事無不當意. 方淳于長用事, 方進獨與長交, 稱薦之. 及長坐大逆誅, 上以方進大臣, 為之隱諱, 方進內慚, 上疏謝罪乞骸骨. 上報曰, “定陵侯長已伏其辜, 君雖交通,『傳』不云乎, ‘朝過夕改, 君子與之’, 君何疑焉! 其專心壹意, 毋怠醫藥, 以自持.” 方進起視事, 復條奏長所厚善京兆尹孫寶·右扶風蕭育, 刺史二千石以上, 免二十餘人. 函谷都尉·建平侯杜業, 素與方進不平, 方進奏“業受紅陽侯書聽請, 不敬,” 免, 就國.

上以王莽首發大奸, 稱其忠直. 王根因薦莽自代. 丙寅, 以莽為大司馬, 時年三十八. 莽既拔出同列, 繼四父而輔政, 欲令名譽過前人, 遂克己不倦. 聘諸賢良以為掾·史, 賞賜·邑錢悉以享士, 愈為儉約, 母病, 公卿列侯遣夫人問疾, 莽妻迎之, 衣不曳地, 布蔽膝, 見之者以為僮使, 問知其夫人, 皆驚. 其飾名如此.

丞相方進·大司空武奏言曰, “『春秋』之義, 用貴治賤, 不以卑臨尊. 刺史位下大夫而臨二千石, 輕重不相準. 臣請罷刺史, 更置州牧以應古制!” 十二月, 罷刺史, 更置州牧, 秩二千石.

犍為郡於水濱得古磬十六枚, 議者以為善祥. 劉向因是說上曰, “宜興辟雍, 設庠序, 陳禮樂, 隆雅頌之聲, 盛揖讓之容, 以風化天下. 如此而不治者, 未之有也. 或曰, ‘不能具禮.’ 禮以養人為本, 如有過差, 是過而養人也. 刑罰之過或至死傷, 今之刑非皋陶之法也, 而有司請定法, 削則削, 筆則筆, 救時務也. 至於禮樂, 則曰不敢, 是敢於殺人·不敢於養人也. 為其俎豆·管弦之間小不備, 因是絕而不為, 是去小不備而就大不備, 惑莫甚焉! 夫教化之比於刑法, 刑法輕, 是舍所重而急所輕也. 教化, 所恃以為治也. 刑法, 所以助治也. 今廢所恃而獨立其所助, 非所以致太平也. 自京師有悖逆不順之子孫, 至於陷大辟·受刑戮者不絕, 由不習五常之道也. 夫承千歲之衰周, 繼暴秦之餘敝, 民漸漬惡俗, 貪饕險詖, 不閑義理, 不示以大化而獨敺以刑罰, 終已不改!" 帝以向言下公卿議, 丞相·大司空奏請立辟雍, 按行長安城南營表. 未作而罷. 時又有言"孔子布衣, 養徒三千人, 今天子太學弟子少." 於是增弟子員三千人, 歲餘, 復如故.

劉向自見得信於上, 故常顯訟宗室, 譏刺王氏及在位大臣, 其言多痛切, 發於至誠. 上數欲用向為九卿, 輒不為王氏居位者及丞相·御史所持, 故終不遷, 居列大夫官前後三十餘年而卒. 後十三歲而王氏代漢.

** 권33-한기漢紀 25: 태후들이 암투하다

한성제 수화 2년(BC 7)

1) 봄 정월, 황상이 감천궁으로 행행行幸해 태치泰畤에서 천신에게 제사를 올리는 교제郊祭를 올렸다.

2) 2월 23일, 승상 척방진이 죽었다.

당시 화성火星인 형혹熒惑이 심수心宿를 지켰다. 승상부의 의조議曹인 평릉平陵 출신 이심李尋은 승상 척방진에게 하급관청이 상급관청에게 의견을 개진하는 문서인 주기奏記를 올렸다.

"재변災變이 절박하게 다가와 커다란 질책인 대책大責이 날로 늘어나고 있습니다. 어찌해야만 쫓겨나서 형륙을 받는 척축지륙斥逐之戮을 면해 스스로 보전할 수 있겠습니까? 승상부인 합부閤府의 관원 300여 명 가운데 오직 군후君侯만이 그 가운데서 선택되어 몸과 마음을 다해 절조節操를 지켜야만 비로소 흉조를 돌릴 수 있습니다."

척방진이 이를 크게 우려했으나 어찌해야 좋을지 알 수 없었다. 마침 낭관郎官 분려賁麗가 별자리인 천문天文에 정통했다. 그는 의당 대신들이 나서 몸으로 재앙을 막아야 한다고 말했다. 황상이 마침내 척방진을 소견召見했다. 궁에서 나와 다시 돌아온 뒤 아직 결정을 내리지 못한 상황에서 황상이 마침내 책서冊書를 보냈다. 정사가 잘 다스려지지 않는 정사불치政事不治, 재해가 동시에 빚어지는 재해병진災害并臻, 백성이 궁핍과 어려움에 처하는 백성궁곤百姓窮困을 책망하는 내용이었다. 천상의 이변으로 인한 화를 승상에게 전가할 요량으로 책서에서 이같이 말했다.

"군君을 자리에서 물러나게 하려고 해도 오히려 아직 그리 못하고 있소. 상서령尚書令을 시켜 군에게 제물祭物로 바치는 상등의 술 10석石과 살찐 소인 양우養牛 한 마리를 내리고자 하오. 군은 스스로 근신해 일을 처리하도록 하시오!"

척방진이 그날 자살했다. 황상이 이 사건을 비밀로 한 뒤 구경九卿들로 하여금 책서册书를 갖고 가 사자死者를 추가로 봉하는 책증冊贈과 인수印綬를 전하게 하고, 승여乘輿와 관재棺材 등의 비기秘器를 소부少府에서 제공하게 하고, 옥주屋柱와 난간 등을 모두 백포白布로 감싸게 했다. 천자가 누차 친림親臨해 조의를 표했고, 상사賞賜가 매우 많아 이전의 다른 재상들 조문과 비교할 수가 없었다.

신 사마광은 평한다.

"춘추시대 말기 제齊나라의 재상 안영晏嬰은 천명은 의심할 여지가 없으니 그 명에 착오가 없다는 뜻의 '천명부도天命不慆, 불이기명不貳其命'[75]을 언급한 바 있다. 화복禍福이 이르는 것을 어떻게 옮길 수 있겠는가! 춘추시대 말기 초소왕楚昭王과 송경공宋景公[76]은 재앙을 차마 신하에게 옮

75 원문은 '천명부도天命不慆, 불이기명不貳其命'이다. 이는 『춘추좌전』「노소공 26년」조에 나오는 '천도부도天道不諂, 불이기명不貳其命' 구절을 인용한 것이다. 천명天命은 천도天道와 같고, 부도不慆의 도慆는 의심한다는 뜻으로 도諂와 같은 의미이다. '천명부도'가 「노소공 26년」조에는 천도부도天道不諂, 「노애공 17년」조에는 천명부도天命不諂로 나온다. 모두 같은 뜻이다. 불이기명不貳其命은 천명에 착오는 없다는 의미이다. 여기의 이貳를 두고 청나라 때 학자 왕인지王引之는 2개를 뜻하는 이貳가 아니라, 틀린다는 뜻의 특忒과 통하는 특貣의 착오로 보았다. 해석에서 이를 좇았다.

76 『사기』「송미자세가」에 따르면 송경공 37년, 화성인 형혹이 지상의 송나라 지역을 가리키는 하늘의 심수心宿 분야分野를 침범했다. 송경공이 이를 걱정하자 사성司星 자위子韋가 재앙을 재상들에게 옮길 수 있다고 했다. 송경공이 반대하기를, "재상은 매우 중요

기지 못했다. 『춘추좌전』「노애공 6년」조에 따르면 초소왕은 재앙을 재상에게 옮길 수 있다는 말을 듣고 답하기를, '복심腹心의 병을 없애기 위해 그 병을 고굉股肱으로 옮겨 놓은들 무슨 도움이 되겠는가?'라고 했다. 재앙을 신하에게 옮길 수 있는데도 어진 군주는 오히려 차마 그리하지 못했다. 하물며 재앙을 옮길 수 없는 경우이겠는가! 척방진의 죄가 사죄死罪에 이르지 않았는데도 주살해 대변大變을 감당하게 했다면 이는 하늘을 속인 것이다. 또 척방진이 죽을죄를 지어 사형을 처해야 함에도 그의 주살을 은폐하고 장례를 후하게 치른 것이라면 이는 백성을 속인 것이다. 효성제孝成帝는 하늘과 백성을 속이고자 한 까닭에 끝내는 아무런 소득도 없었다. 가히 천명을 모르는 부지명不知命이라고 이를 만하다."

3) 3월, 황상이 하동河東에 행행해 후토后土에 제사를 지냈다.

4) 3월 18일, 황제가 미앙궁에서 재위 26년 만에 46세의 나이로 문득 붕어崩御했다.

황제는 평소 강강해 질병疾病이 없었다. 당시 초사왕楚思王 유연劉衍과 양왕梁王 유립劉立이 내조해 있었다. 이들은 다음날 아침 작별인사를 하고 봉국으로 떠날 생각이었다. 이때 황상은 휘장을 두른 백호전白虎殿에서 자면서 좌장군左將軍 공광孔光을 승상으로 삼을 생각으로 이미 제후의 인장을 새기고, 책서冊書에 칭송하는 글을 써 놓고 있었다. 황혼이 지나 밤이 되는 혼야昏夜의 시간만 하더라도 평소처럼 아무 일이 없었다.

한 자리요. 과인의 팔다리에 견줄 수 있소."라고 했다. 자위가 다시 백성에게 옮길 수 있다고 하자 송경공이 군주란 반드시 백성에게 의지해야만 한다며 반대했다. 다시 한 해의 수확으로 옮길 수 있다고 하자 송경공이 "한 해의 수확이 좋지 않아 기황饑荒이 들어 백성이 고통에 빠지면 과인은 누구를 믿고 군주 노릇을 한단 말이오?"라며 반대했다. 자위가 찬탄하기를, "하늘은 고명해 사람의 미세한 일까지 모두 살필 수 있습니다. 군주가 하신 말씀 세 마디로 볼 때 군주의 자격을 충분히 갖추고 있습니다. 형혹은 틀림없이 옮겨갈 것입니다." 다시 관측해보니 과연 3도三度를 옮겨간 것으로 나타났다.

새벽이 되어 바지와 버선인 고말褲襪를 입고 일어나려고 하다가 문득 옷을 떨어뜨리며 말을 하지 못했다. 낮에 작동하는 물시계인 주루晝漏가 10각刻을 알리는 시점에 황상이 붕어했다.

백성들 사이에서 떠도는 온갖 시끄러운 얘기인 환화讙嘩는 모든 죄를 황후 조비연의 여동생인 소의昭儀 조합덕趙合德에게 돌리고 있었다. 태후 왕정군이 대사마 왕망王莽에게 조서를 내려 어사대부와 승상 및 정위 등과 함께 이 사안을 다루게 했다. 이들이 황제의 기거起居와 발병發病의 정황을 묻는 와중에 조소의가 자살하고 말았다.

반표班彪가 『사기』를 보완하는 차원에서 쓰기 시작해 아들 반고班固가 저술하는 『한서』의 원본이 된 『사기후전史記後傳』에서 이같이 찬贊했다.

"신의 고모 반첩여班婕妤는 후궁으로 충원돼 첩여婕妤가 됐다. 부자父子와 곤제昆弟 모두 황제의 침실인 유악帷幄에서 시봉했다. 이들은 자주 신에게 말하기를, '성제는 용태와 의장인 용의容儀의 수식을 좋아한다. 수레에 올라 바로 서서 얼굴을 뒤로 돌리지 않고 말을 빨리하는 질언疾言을 하지 않고, 친히 가리키는 친지親指를 하지 않고, 임조臨朝를 하고도 말없이 조용한 연묵淵嘿을 하는 게 그렇다. 존엄한 모습이 마치 신神과 같아 가히 장엄한 천자인 목목천자穆穆天子의 모습이라고 할 수 있다. 고금의 책을 박람博覽하고, 직언인 직수直辭를 용수容受한 덕분에 공경들은 주의奏議를 통해 도의를 밝게 진술할 수 있었다. 승평承平의 세상을 만나 상하가 화목했던 이유다. 그러나 도중에 주색에 빠지고, 조씨 자매가 궁내를 어지럽히며 왕씨 외척이 조정을 멋대로 하는 천조擅朝를 행하도록 허용했다. 가히 사람들로 하여금 흐흑(어읍於邑)하며 낮게 탄식하는 울음소리를 자아낼 만하다!'[282]고 했다. 성제의 건시建始 연간 이래 왕씨 외척이 처음으로 국명國命을 장악한 상황에서 성제의 뒤를 이은 애제哀帝와 평제平帝는 짧게 보위에 있는 단조短祚로 끝났다. 왕망이 마침내 찬위簒位하게 된 배경이다. 왕씨의 위복威福이 등장하게 된 것은 대개 이처럼 점차 이뤄진 것이다!"

5) 한성제가 붕어하는 날 이미 승상으로 낙점된 공광孔光은 아직 시호가 정해지지 않은 상황의 대행황제大行皇帝인 한성제 영구靈柩 앞에서 승상丞相·박산후博山侯의 인수를 받았다.

6) 부평후富平侯 장방張放은 황제의 붕어 소식을 듣고는 사모思慕하여 곡읍哭泣을 하다가 죽었다.

이를 두고 순열荀悅이 『한기漢紀』에서 논論했다.

"장방은 황상을 사랑하지 않은 것은 아니지만 충성심이 있었던 것은 아니다. 사랑하면서도 충성심이 없는 것은 인의를 해치는 인지적仁之賊에 해당한다!"

7) 황태후 왕정군이 조서를 내려 장안의 남교南郊와 북교北郊에서 행하는 천지에 대한 제사를 옛날처럼 지내도록 했다.

8) 여름 4월 8일, 태자 유흔劉欣이 20세의 나이로 13대 황제인 애제哀帝로 즉위한 뒤 시조인 한고제 유방의 사당인 고묘高廟를 배알하고, 황태후를 태황태후太皇太后, 황후를 황태후皇太后로 높였다. 천하에 대사령을 내렸다.

애제는 처음 즉위했을 때 검약을 몸소 실천해 많은 비용을 생감省減했다. 정사政事 역시 황제 자신으로부터 나오게 했다. 조정이 서로 화합하는 흡연翕然의 자세로 지치至治가 오기를 기대했다.

9) 5월 20일, 한성제를 연릉延陵에 장사지냈다.

---

77 원문은 '언지가위어읍言之可為於邑'이다. 『사기』「자객열전」에 '어읍비애於邑悲哀' 등의 표현이 나온다. 우리말의 '흐흑'처럼 낮은 소리로 오열嗚咽하는 의성어에 해당한다.

10) 태황태후 왕정군이 애제 유흔의 조모인 정도국의 부태후傅太后와 생모인 정희丁姬에게 명해 10일에 1번씩 미앙궁으로 오게 했다. 이어 조서를 내려 승상과 대사공에게 물었다.

"정도공왕定陶共王 유강劉康의 생모이자 황제의 조모인 부태후는 의당 어느 곳에 거처해야만 하오?"

승상 공광은 평소 부태후가 강포剛暴하고, 권모權謀에 능하고, 강보襁褓에 싸여 있을 때부터 황제를 양육하며 교도教導해 성인에 이르게 하고, 성제의 황후인 조비연에게 뇌물을 주어 정도왕 유흔이 보위에 오르는 데 힘이 되는 역할을 했다는 얘기를 들은 바 있었다. 내심 부태후가 정사에 개입할 것을 우려한 나머지 어린 황제인 애제와 단석旦夕으로 가까이 지내는 것을 바라지 않아서 건의했다.

"정도태후定陶太后는 의당 따로 궁을 개축해서 살게 해야 합니다."

대사공大司空 하무何武가 말했다.

"북궁北宮에 거처할 만합니다."

애제가 하무의 말을 좇았다. 북궁에는 미앙궁으로 통하는 자방복도紫房復道가 있었다. 부태후는 과연 이 복도를 통해 조석으로 황제가 있는 곳으로 가서 자신에게 존호尊號를 내려주고 친속들을 귀총貴寵해 줄 것을 청했다. 황상으로 하여금 직도直道를 가지 못하게 한 이유다. 고창후高昌侯 동굉董宏이 이에 영합해 상서했다.

"진시황의 부친인 진장양왕秦莊襄王 자초子楚의 생모는 하씨夏氏입니다. 이후 진효문왕의 부인인 화양부인華陽夫人이 자초를 아들로 삼았고, 그가 진장양왕으로 즉위한 후에는 화양부인과 하씨 모두 태후로 불렸습니다. 의당 정도공왕定陶共王의 모친인 부태후 역시 제태후帝太后로 삼아야 합니다."

이 사안을 유사에게 내려보내 논의하게 했다. 대사마 왕망과 좌장군左

將軍 · 관내후關內侯 · 영상서사領尚書事 사단師丹이 합동으로 동굉을 탄핵하는 상주문을 올렸다.

"황태후는 지존至尊의 칭호입니다. 지금 천하일통天下一統의 시기에 그는 망한 진나라의 사례를 들어 비유했습니다. 이는 성조聖朝를 오도하는 와오詿誤의 행보로 의당 할 말이 아닙니다. 대부도大不道에 해당합니다!"

황상은 새로 즉위한 까닭에 겸양의 미덕을 발휘해 왕망과 사단의 건의를 납용納用했다. 동굉을 면직시켜 서인庶人으로 삼은 게 그렇다. 부태후가 대로한 나머지 반드시 황제의 생부인 정도공왕에게 존호를 내려줄 것을 황제에게 요구하려 했다. 황상이 이내 태황태후 왕정군에게 이를 보고한 뒤 조서를 내려 생부인 정도공왕定陶恭王을 공황恭皇으로 높였다.

11) 5월 19일, 부씨傅氏를 황후로 세웠다. 부씨는 부태후의 종제從弟인 부안傅晏의 딸이었다.

12) 황상이 조서를 내렸다.

"『춘추공양전』은 어미는 자식으로 인해 귀해진다는 취지로 '모이자귀母以子貴'[78]를 언급했다. 의당 정도태후定陶太后를 공황태후恭皇太后, 정희丁姬를 공황후恭皇后로 높여야 할 것이다. 또한 각각 좌우첨사左右詹事를 두고, 식읍은 태황태후인 장신궁長信宮 및 태후인 중궁中宮과 같게 하라."

그러고는 부태후의 부친을 추존해 숭조후崇祖侯, 정희의 부친을 높여 포덕후褒德侯에 봉했다. 이어 외숙인 정명丁明을 안양후陽安侯, 외숙의 아들인 정만丁滿을 평주후平周侯, 황후 부씨의 부친인 부안傅晏을 공향후孔鄉侯, 태후 조비연의 동생인 시중侍中 · 광록대부光祿大夫 조흠趙欽을

78 '모이자귀母以子貴'는 『춘추공양전』「노은공 원년」조에서 자식은 어미가 존귀한 신분이면 어미를 따라 존귀한 신분이 되고, 어미 또한 자식이 존귀해지면 자식을 따라서 존귀한 신분이 된다는 취지로 언급한 '자이모귀子以母貴, 모이자귀母以子貴' 구절에서 인용한 것이다.

신성후新城侯에 봉했다. 태황태후 왕정군은 대사마 왕망에게 조서를 내려 집으로 돌아가 황제의 외가를 피해 있도록 했다. 왕망이 상소를 올려 걸해골乞骸骨을 했다.

황제가 상서령을 보내 대사마 왕망에게 업무 복귀를 명했다. 이어 승상 공광孔光을 보내 대사공大司空 하무何武와 좌장군左將軍 사단師丹, 위위衛尉 부희傅喜를 파견해 태황태후에게 고하게 했다.

"황제는 태후가 조서를 내렸다는 소식을 듣고 매우 비통해했습니다! 대사마가 즉시 복귀하지 않으면 황제는 감히 청정聽政하지 못할 것입니다!"

태후가 이내 왕망에게 다시 대사마 자리로 돌아와 정무를 처리하는 시사視事를 할 것을 명했다.

13) 한성제의 치세 때는 음란한 음악인 정성鄭聲이 우심尤甚했다. 황문黃門으로 있는 명창名倡 병필丙強과 경무景武 등의 무리는 부유하게 되어 세상에 그 이름을 드러냈고, 귀척貴戚들은 심지어 황제와 더불어 여악女樂을 놓고 다투는 지경에 이르렀다. 한애제는 정도왕 시절 이래 이런 음풍淫風을 싫어했고, 성격 또한 음악을 좋아하지 않았다.

6월, 조서를 내렸다.

"공자도 『논어』에 이르기를, '정성鄭聲을 내치도록 하라. 정성은 음란하기 때문이다'라고 하지 않았는가?[79] 무제 때 설치된 악부관樂府官을 철폐하고, 교제郊祭 때 사용하는 음악과 옛 병법兵法에 사용된 무악武樂은 경

---

79 원문은 '방정성放鄭聲, 정성음鄭聲淫'으로 『논어』「위령공」에 나오는 '방정성放鄭聲, 원영인遠佞人. 정성음鄭聲淫, 영인태佞人殆' 구절에서 인용한 것이다. 제자 안연이 나라를 다스리는 위방爲邦에 관해 묻자 공자가 대답하기를, "정나라 음악인 정성鄭聲을 내치고, 구변이 뛰어난 영인佞人을 멀리해야 한다. 정성은 음탕하고, 영인은 위험하기 때문이다."라고 했다.

전에 기록되어 있다. 정성鄭聲과 위성衛聲이 아닌 음악은 조목별로 보고하는 조주條奏의 과정을 거쳐 다른 관서에서 관할하게 하라."

무릇 철폐되어 줄어든 인원이 전체의 절반이 넘었다. 그러나 백성들이 그런 음풍에 물들은 것이 이미 오래 됐고, 새로 아악雅樂을 만들어 변화시킬 겨를이 없었던 까닭에 호부豪富와 이민吏民은 여전히 음풍에 빠져 사는 담면자약湛沔自若의 모습을 보였다.

14) 왕망은 유향劉向의 아들인 중루교위中壘校尉 유흠劉歆이 재능과 덕행이 있다는 이유로 천거해 시중侍中으로 삼았다. 그는 조금씩 승진해 광록대부가 되고, 황상으로부터 귀히 여겨 총애하는 총행貴幸을 입자 이름을 유수劉秀로 바꿨다. 황상이 그에게 명해『오경五經』을 관장해 부친인 유향이 마치지 못한 각종 도서의 정리 작업을 마무리하게 했다. 유수가 군서群書를 두루 모은 뒤 그 정수를 모아 칠략七略으로 편제했다. 여러 도서의 제요提要를 모은『집략輯略』을 비롯해 유가경전에 관한『육예략六藝略』과 제자백가의 책을 모은『제자략諸子略』, 시문 등의 문장을 모은『시부략詩賦略』, 전래의 병서를 모은『병서략兵書略』, 천문역법과 점복 등에 관한『술수략術數略』, 의학과 신선 등에 관한『방기략方技略』등이 그것이다. 무릇『집략』을 제외한 이들 6략은 모두 38종種으로, 596가家의 저서 13,269권에 해당했다. 그는 제자백가를 서술하면서 모두 9류九流로 나눴다. 유가儒家, 도가道家, 음양가陰陽家, 법가法家, 명가名家, 묵가墨家, 종횡가從橫家, 잡가雜家, 농가農家가 그것이다. 그는 이같이 생각했다.

"9가九家는 모두 왕도王道가 이미 쇠미해지고, 힘을 앞세우는 제후들의 역정力政에서 일어났다. 당시 각국의 군주는 호오好惡를 서로 달리했다. 9가의 학술이 벌떼처럼 일어나는 봉출蜂出의 모습을 보이며 각자 자신의 견해를 피력한 이유다. 각자 한 쪽만 끌어들여 좋은 점만 숭상하면서 이를 바탕으로 열심히 유세하여 제후들의 애호를 받고자 했다. 그 언사는 비록 달랐지만 비유컨대 물과 불이 상멸相滅하면서도 상생相生하는 이치와 같았다. 인仁과 의義, 경敬과 화和의 개념이 상반相反하면서 상성相成하는 게 그렇다.『주역』에 이르기를, '천하인은 돌아가는 곳은 같되 가는 길은 다른 동귀수도同歸殊塗와 취지는 하나인데 이해하는 생각은 여러 가지인 일치일백려一致一百慮를 행한다'[80]고 했다. 지금 서로 다른 제자백가들이 모두 자기 학파의 장점을 적극 천거하고 있으나 깊이 연구하여 그 주지主旨를 찾아내면, 비록 모두 각 학파의 단점을 가리고는 있으나 요체인 즉 유가에서 말하는『육경六經』의 지파支派 내지 말류인 유예流裔에 불과하다. 그들로 하여금 명왕明王과 성주聖主를 만나게 했다면 잘라내고 보충하는 절중折中을 통해 모두 나라의 인재인 고굉지재股肱之材가 됐을 것이다. 공자는 말하기를, '예禮를 잃으면 이를 민간에서 구할 수 있을 것이다'[81]라고 했다. 바야흐로 지금은 성인의 가르침으로부터 멀리 떨어진 지 오래됐고, 도술道術 또한 결폐缺廢돼 다시 찾아볼 곳이 없어졌다. 그러니 저들 9가의 학술을 민간에서 찾는 게 낫지 않겠는가! 만일『육예六藝』의 학술을 닦으면서 9가의 말을 참조할 수 있어 단점을 버리고 장점을 취하는 사단취장舍短取長이 가능하다면 가히 모든 상황에 대처하는 계책인 만방지략萬方之略에 정통할 수 있을 것이다."

15) 하간혜왕河間惠王 유량劉良은 6대조인 하간헌왕河間獻王 유덕劉德의 덕행을 닮았다. 모태후母太后가 홍薨하자 복상服喪을 상례喪禮에 맞춰

80 원문은 '천하동귀이수도天下同歸而殊塗, 일치이백려一致而百慮'이다.『주역』「계사전」의 "천하인은 무엇을 생각하고 무엇을 염려하는가? 돌아가는 곳은 같되 가는 길은 다른 동귀수도同歸殊塗와 취지는 하나인데 이해하는 생각은 여러 가지인 일치일백려一致一百慮를 생각하며 염려한다."는 구절에서 인용한 것이다.

81 원문은 '예실이구저야禮失而求諸野'이다.『한서』「예문지」에서 인용한 구절이다. 여기서 야野는 기왕의 예제禮制가 조정에서 사라졌을지라도 민간 내에 그 모습이 잔존해 있음을 가리킨다. 저諸는 지어之於의 준말이다.

행했다. 조서를 내려 1만 호의 봉읍을 더해주고, 종실의 의표儀表로 삼았다.

16) 당초 동중서董仲舒는 한무제 때 이렇게 건의한 바 있다.

"진나라는 상앙商鞅의 변법變法을 이용해 정전제井田制를 폐지하고 백성들이 임의로 땅을 매매할 수 있게 했습니다. 부자는 전지가 천맥阡陌[82]을 이르는 데 반해 빈자貧者는 송곳을 꽂을 땅인 입추지지立錐之地도 없게 되고, 도성인 읍邑에는 군주의 존엄이 있는 데 반해 향리인 리里에 공후公侯의 부유함이 있게 된 이유입니다. 그러니 어찌 일반백성인 소민小民이 피곤하지 않을 수 있겠습니까? 옛날의 정전제는 비록 갑자기 실행하기는 어려울지라도 의당 조금은 옛날 것에 가깝게 하여 백성들이 개인 명의로 토지를 보유하는 명전名田을 제한함으로써 부족한 사람을 채워주며 병탄의 길을 막아야 합니다. 노비 제도를 없애고, 멋대로 사람을 죽이는 위력인 전살지위專殺之威를 제거하고. 부렴賦斂을 얇게 하고, 요역繇役을 줄여 민력民力을 넉넉하게 만들어야 합니다. 그런 연후에 가히 선치善治를 할 수 있습니다!"

이후 애제가 즉위하자 사단師丹이 다시 건의했다.

"지금 누세에 걸쳐 승평承平이 이어진 탓에 호부豪富와 아민吏民은 수량을 헤아릴 수 없을 정도인 수거만數巨萬의 자산을 보유하고 있습니다. 이로 인해 빈약貧弱한 자는 더욱 곤경에 처하게 됐으니 의당 대략이라도 토지 과점寡占을 제한해야 할 것입니다."

---

82 천맥阡陌은 동서와 남북 방향으로 난 작은 길로, 전답의 경계를 가리킨다. 원래 천阡은 남북, 맥陌은 동서 방향의 농로를 의미한다. 천千은 공간개념으로 남南은 생로生路, 북北은 사로死路를 상징한다. 백百은 시간개념으로 동東과 서西는 각각 일출과 일몰의 방향을 상징한다. '천맥'이 곧 시공時空 내지 우주宇宙를 상징하는 말이 된 배경이다. 천백仟佰으로 표시하기도 한다.

천자가 이 사안을 논의에 부쳤다. 승상 공광과 대사공 하무가 주청했다.

"제후왕과 열후列侯 및 공주公主의 명전名田에 각각 한도를 정하고, 관내후關內侯와 이민吏民의 명전은 모두 30경頃을 넘지 못하게 하고, 보유한 노비의 수는 30명을 넘지 못하도록 해야 합니다. 기한期限은 3년에 그치도록 하고, 이를 범하는 자는 재산을 몰수해 관고에 집어넣는 입궁入宮을 시켜야 할 것입니다."

일시에 전택田宅과 노비의 값이 떨어졌다. 귀척貴戚과 가까운 사람들 모두 이를 불편해하자 황제가 조서를 내렸다.

"잠시 기다렸다가 다음에 시행하도록 하라."

마침내 묵혀둔 채 시행하지 않았다. 또한 제삼복관齊三服官[83]에게 조서를 내렸다.

"황실 복장을 담당하는 관원인 제관諸官은, 아름다운 비단인 기라綺羅에 수를 놓은 기수綺繡를 완성하는 것도 어려울 뿐만 아니라 여공들도 해치고 있으니 작업을 모두 중지하고 수송해 오는 것을 없애도록 하라. 2천석 이상의 관원이 3년 임기를 채울 경우 친동생이나 아들 1명을 낭관으로 천거할 수 있도록 한 임자령任子令과 터무니없는 비난과 훼방을 막기 위한 비방저기법誹謗詆欺法을 모두 철폐하라. 액정掖廷에 있는 궁인宮人 가운데 30세 이하는 출궁시켜 시집을 보내도록 하라. 관노비官奴婢로서 50세 이상이 된 자는 면천免賤시켜 서인庶人으로 삼도록 하라. 300석

83 제삼복관齊三服官은 제나라 땅에 있었던 황제 관복冠服의 제조 주관 관원을 말한다. 제齊나라 땅에 있었다. 『한서』「원제기」의 '제삼복관'에 대한 주는 이비李斐의 주장을 인용해 풀이하기를, "제나라 땅에 삼복관이 있었다. 봄에 바치는 관책冠幘을 수복首服, 두터운 비단 옷을 동복冬服, 가벼운 비단으로 만든 옷을 하복夏服으로 삼았다."고 했다.

이하의 하급 봉록을 더해 주도록 하라."

17) 황상이 미앙궁에서 주연을 베푸는 치주置酒를 했다. 궁정 내에서 일을 보는 내자령內者令이 부태후를 위해 유악帳幄을 벌려 놓고, 태황태후인 왕정군 옆에 앉도록 했다. 대사마 왕망이 순시하다가 내자령을 책망했다.

"정도태후定陶太后는 번국의 첩이다. 어찌하여 지존인 태황태후 옆에 나란히 앉을 수 있는가!"

이내 철거한 뒤 다시 설치하게 했다. 부태후가 이 얘기를 듣고는 대로했다. 연회에 참석하지 않으려고 하면서 왕망에 대해 커다란 원에怨恚를 품은 이유다. 왕망이 다시 걸해골乞骸骨을 했다.

가을 7월 1일, 황상이 왕망에게 황금 500근과 4마리 말이 이끌며 앉아 가는 수레인 안거사마安車駟馬를 하사한 뒤 파직시켜 집으로 가게 했다. 공경대부 대부분이 이를 칭송했다. 황상 역시 이내 은총恩寵을 더해 주었고, 중황문中黃門 소속의 궁정 시종으로 하여금 왕망의 집안으로 가서 가사를 돌보게 했다. 궁정에서는 10일에 1번씩 음식을 하사했다. 또 조서를 내려 곡양후曲陽侯 왕근王根, 안양후安陽侯 왕순王舜, 신도후新都侯 왕망王莽, 승상丞相 공광孔光, 대사공大司空 하무何武 등에게 차등을 두어 봉읍을 더해 주었다. 왕망을 특진特進·급사중給事中으로 삼아 초하루와 보름인 삭망朔望에 조회에 참석하게 했다. 조현의 예는 삼공三公과 같았다. 나아가 홍양후紅陽侯 왕립王立을 경사京師로 돌아오게 했다.

부태후의 사촌동생인 우장군右將軍 부희傅喜는 학문을 좋아했고, 지행志行이 있었다. 왕망이 이미 파직되어 물러나는 파퇴罷退를 하자 많은 사람이 부희에게 희망을 걸었다. 당초 황상이 외척들에게 관작을 내릴 때 부희 홀로 겸양하는 자세로 병이 있다고 칭질稱疾을 하며 사양했다. 부태후가 처음 정사에 간여할 때 부희가 누차 간하자 부태후는 그에게 보정輔

政을 맡기려 하지 않았다.

7월 4일, 좌장군 사단師丹을 대사마로 삼아 고향정후高鄕亭侯에 봉했다. 부희에게 황금 100근을 내리고, 우장군의 인새를 올리며 광록대부의 신분으로 집에서 요양하게 했다. 광록훈인 회양淮陽 출신 팽선彭宣을 우장군으로 삼았다. 대사공 하무와 상서령 당림唐林이 상서했다.

"부희는 의를 행하며 잘 수양해 깨끗한 행의수결行義修潔과 충성하며 나라를 걱정하는 충성우국忠誠憂國의 모습을 보이고 있습니다. 내조內朝에서 군주를 보필한 내보지신內輔之臣에 해당합니다. 지금 병으로 자리에 눕는 침병寢病을 구실로 돌연 하루아침에 집으로 돌아가 요양하고 있으니 중서衆庶의 실망이 큽니다. 이들 모두 말하기를, '부희는 현능한 사람이다. 정도태후와 뜻이 맞지 않아 물러났다'고 합니다. 백료百寮 가운데 나라를 위해 이를 한탄하지 않는 사람이 없습니다. 충신은 사직을 보위하는 자입니다. 춘추시대 당시 노나라는 계우季友를 등용해 혼란을 다스리는 치란治亂을 했고, 초나라는 자옥子玉의 사활死活로 인해 나라의 경중輕重이 조성됐고, 전국시대 당시 위魏나라는 공자인 위무기魏無忌 덕분에 적을 무찌르고 승리를 거두는 절충折衝을 이뤘고, 초한전 당시 항우項羽는 책사인 범증范增의 보필 여부로 존망存亡이 갈렸습니다. 100만 명에 달하는 무리도 1명의 현능한 인물만 못하다는 취지의 '백만지중百萬之衆, 불여일현不如一賢'이라는 말이 있습니다. 전국시대 말기 진秦나라가 1,000금金을 써 조나라 장수 염파廉頗를 이간하고, 초한전 때 한나라 책사 진평陳平이 황금 1만 금을 써 범증 즉 범아부范亞父를 항우로부터 떼어냈습니다. 부희가 조정에 서는 것은 폐하의 광휘光輝가 됩니다. 부씨의 흥폐廢興가 관건입니다."

황상 역시 그를 중히 여긴 까닭에 얼마 후 다시 진출시켜 임용하는 진용進用을 했다.

18) 건평후建平侯 두업이 상서해 곡양후曲陽侯 왕근王根과 고양후高陽侯 설선薛宣, 안창후安昌侯 장우張禹를 헐뜯으면서 주박朱博을 천거했다. 황제는 어렸을 때 왕씨 일족의 교만이 지나치다는 이야기를 들어서 알고 있었다. 내심 좋게 생각하지 않았지만 즉위한 지 얼마 안 된 까닭에 그들을 우대했다. 1달여 뒤 사례교위司隸校尉 해광解光이 상주했다.

"곡양후 왕근은 선제 때 산릉山陵이 아직 완성되지도 않았는데 공연公然히 액정掖庭의 여악女樂과 황제의 비빈인 오관五官으로 있는 은엄殷嚴 및 왕비군王飛君 등을 초빙해 치주置酒하며 가무歌舞를 즐겼습니다. 왕근의 조카인 성도후成都侯 왕황王況 역시 옛날 액정에 있던 귀인貴人을 불러다가 처妻로 삼았습니다. 모두 인신人臣의 예가 없는 것으로 대불경大不敬 및 부도不道에 해당합니다!"

천자가 말했다.

"선제의 왕근 및 왕황 부자父子에 대한 대우가 지극히 두터웠음에도 지금 이내 배은망의背恩忘義에 이르게 됐다!"

왕근은 일찍이 한성제에게 정도왕의 아들인 한애제를 후사로 삼도록 건의하는 이른바 사직지책社稷之策을 세운 공을 감안해 봉국으로 돌아가게 했다. 왕황은 면직시켜 서인으로 삼고, 고향이 있는 위군魏郡으로 돌아가게 했다. 이어 왕근과 왕황의 부친인 왕상王商이 천거해 관원이 된 자는 모두 파직시켰다.

19) 9월 25일, 지진이 났다. 경사京師에서 북변北邊의 군국郡國까지 30여 곳에서 성곽이 무너지고, 대략 400여 명이 압살壓殺됐다. 황상이 이번 재이를 두고 대조待詔 이심李尋에게 묻자 이같이 대답했다.

"무릇 태양은 양기陽氣의 으뜸으로, 인군人君을 표상합니다. 군주가 도를 닦지 않으면 태양은 그 도度를 잃어 어두워지고 빛을 잃는 엄매망광晻昧亡光의 현상이 빚어집니다. 최근 태양이 더욱 정기精氣를 갖지 못해 광명한 빛이 침탈돼 실색失色했고, 나아가 사기邪氣가 들어와 무지개처럼 자주 나타나고 있습니다. 소신小臣은 내사內事를 잘 모르지만 가만히 태양의 변화를 토대로 폐하를 관찰하면 지조志操가 쇠약해진 게 처음보다 많습니다. 오직 폐하는 튼튼한 덕성인 건강지덕乾剛之德을 지닌 채 강한 의지로 법도를 지키는 강지수도強志守度의 모습을 보여야 합니다. 총애하는 여인의 청탁인 여알女謁과 사신邪臣의 언행을 좇지 말고, 보모 즉 보아保阿와 유모乳母의 감언甘言과 극히 겸허한 언사인 비사悲辭로 이뤄진 모든 청탁을 단호히 잘라서 듣지 말아야 합니다. 대의大誼의 실현을 위해 극히 애쓰는 면강勉強의 모습을 보이고, 작은 규모의 차마 못하는 불인不忍을 단호히 끊으십시오. 부득이할 경우에도 화재貨財는 상으로 내릴 수 있으나 사사로이 관직을 내릴 수는 없습니다. 이는 실로 황천皇天이 금하는 것이기도 합니다. 신이 듣건대 달은 음기陰氣의 으뜸으로, 비후妃后와 대신大臣 및 제후諸侯들을 상징합니다. 최근 달이 자주 변하고 있습니다. 이는 모후母后가 정사에 관여해 조정을 어지럽히고 있기 때문입니다. 음기와 양기가 모두 상해 양쪽이 서로 편치 않습니다. 신은 조정 밖의 외신外臣으로 조정의 일을 잘 모르는 까닭에 사적으로 천문天文을 통해 판단합니다. 사정이 이렇기에 곁에 있는 근신近臣을 의지할 수는 없는 일입니다. 오직 폐하는 친히 현사賢士를 구하고, 악한 것을 강하게 만들어주는 일이 없도록 하고, 사직을 높이며 본조本朝를 높이며 강하게 만들어야만 합니다! 신이 듣건대 오행五行은 수水를 기본으로 삼고, 물은 공평한 평平을 기준으로 삼습니다. 왕도王道가 공정公正하고 잘 닦여 밝은 수명修明의 모습을 보이며 백천百川이 순리대로 흐르고, 풍수에 부합하는 산맥인 낙맥落脈도 잘 통하게 됩니다. 치우친 무리인 편당偏黨이 기강을 잃으면 물이 넘치는 용일湧溢로 인해 실패하게 됩니다. 지금 황하의 지류인 여수汝水와 영수潁水에 물이 넘쳐흘러 빗물과 함께 백성에게 해를 입히고 있습니다. 이것이 바로 『시경』「소아, 시월지교十月之交」에서 강물마다 끓어오른다는 취지로 언급한 이른바 '백천비등百川沸騰'[84]입니다. 그 허물은 황실의 총애를 입고 있는 황보皇甫 경사卿士 무리에게 있습니다. 오직 폐하는 외친대신外親大臣을 조금 억제해야만 합니다!

신이 듣건대 땅의 도리인 지도地道는 사사로움이 없는 유정柔靜의 모습을 보이는 까닭에 음기의 정상적인 상태인 상의常義에 해당합니다. 최근 관동關東에서 누차 지진이 일어난 까닭에 의당 양기를 숭상하고 음기를 누르는 숭양억음崇陽抑陰에 애써 그 허물을 구해야만 합니다. 뜻을 굳건히 해 위엄을 세우고, 사사로운 노선을 폐절閉絶하고, 뛰어난 인재인 영준英雋을 천거해 올리고, 직책을 감당하지 못하는 자를 물리치고, 본조本朝를 강하게 하는 게 해결책입니다! 무릇 근본이 강하면 정신精神은 상대와 맞서 승리를 거두는 절충折衝을 이루게 되고, 약하면 재앙과 흉사를 초치하는 초앙치흉招殃致凶이 빚어져 사악한 음모인 사모邪謀에 능욕을 당하게 됩니다. 듣건대 한무제 때 회남왕淮南王 유안劉安이 모반을 꾀하다가 이내 곤경에 처한 것은 오직 급암汲黯이 있었기 때문으로, 공손홍公孫弘 등은 언급하기에 부족합니다. 공손홍은 한나라의 명상名相으로 지금까지 그와 비교할 자가 없었지만 오히려 가볍게 여겨졌을 뿐입니다. 하물며 지금처럼 공손홍과 같은 무리가 없는 경우이겠습니까? 조정에 인물이 없으면 난신적자亂臣賊子인 적란賊亂에게 경시輕視될 뿐입니다. 이는 매우 자연스런 도리이기도 합니다."

20) 기도위騎都尉 평당平當이 파견되어 황하의 둑인 하제河堤를 다스

---

84 『시경』「시월지교十月之交」에 '강물마다 끓어오르고, 산꼭대기 갑자기 무너져, 높은 언덕 골짜기 되고, 깊은 골짜기 언덕이 돼도, 슬픈 오늘의 백성들, 어이해 뉘우칠 줄 모르는가'라는 뜻의 '백천비등百川沸騰, 산총줄붕山冢崒崩, 고안위곡高岸爲谷, 심곡위릉深谷爲陵, 애금지인哀今之人, 호참막징胡憯莫懲' 구절이 나온다.

리게 됐다. 그가 상주했다.

"지금 9하九河 모두 흙이 쌓여 물길이 막히는 전멸寘滅이 되어 있습니다. 경전 등에 기록된 내용인 경의經義에 비춰 치수治水에는 하천을 터놓고 개천을 깊게 파는 결하심천決河深川의 방안은 있으나, 제방을 쌓아 물길을 막는 옹색壅塞에 관한 글은 없습니다. 지금 황하가 위군魏郡하남성 임장현 동쪽으로 넘쳐흘러 둑을 터뜨리고 있으나 9하의 흔적을 정확히 가려내는 게 어렵습니다. 이를 적당히 하여 사해지중四海之衆을 속일 수도 없는 일입니다. 의당 개천을 준설하고, 황하를 소통시킬 사람을 널리 구해야 할 것입니다."

황상이 이를 좇았다. 대조待詔 가양賈讓이 상주했다.

"하천을 다스리는 데는 상, 중, 하의 대책이 있습니다. 옛날에 나라를 세우고 백성을 살게 하는 입국거민立國居民과 땅을 나누고 정리하는 강리토지疆理土地를 할 때는 반드시 천택川澤이 나뉜 곳을 남겨 두고 수세水勢가 미치지 못하는 곳을 헤아렸습니다. 대천大川은 막는 일이 없었고, 거주지로 작은 물이 들어올 수 있게 하고, 지세가 낮은 곳은 산의 언덕을 이용해 둑을 쌓아 오택汚澤을 만들고, 추수秋水는 대거 오택에 담아 저장하고, 좌우로 수면을 넓게 함으로써 물의 흐름이 완만해 급박하지 않게 만들었습니다. 무릇 땅에 하천이 있는 것은 마치 사람에게 입이 있는 것과 같고, 흙을 이용해 하천을 막는 것은 마치 아이가 우는 것을 그치게 하려고 그 입을 손으로 막는 것과 같습니다. 그 경우 어찌 울음소리를 급히 그치게 만들지 못하겠습니까? 그러나 아이의 죽음은 가히 서서 기다릴 정도로 빠를 것입니다. 그래서 말하기를, '하천을 다스리는 위천爲川을 잘하는 자는 물꼬를 터서 잘 흐르게 하고, 백성을 다스리는 위민爲民을 잘하는 자는 말문을 터서 말을 잘하도록 한다'고 하는 것입니다. 대개 제방을 만드는 것은 가까이는 전국戰國 때부터 시작됐습니다. 수많은 하천인 백천百川을 옹방壅防한 것은 물을 이용해 스스로를 이롭게 하고자 한 것입니다. 제齊나라가 조趙나라 및 위魏나라와 함께 황하를 경계로 삼고, 조나라와 위나라가 험준한 산을 경계로 삼은 게 그렇습니다. 제나라는 지세가 낮아 황하에서 25리 떨어진 곳에 제방을 쌓았습니다. 하수河水가 동쪽으로 내려가다가 제나라 제방에 막히면 서쪽 조나라와 위나라가 범람하게 됩니다. 조나라와 위나라 역시 황하에서 25리 떨어진 곳에 제방을 쌓았습니다. 비록 그것은 올바른 방안은 아니었으나 하상河床이 넓어진 덕분에 하수는 오히려 여유 있게 넘실대는 유탕遊蕩의 여지가 있었습니다. 홍수가 부단히 오가는 사이 비옥하고 기름진 흙이 퇴적되어 백성들이 농사를 짓거나 오래도록 해가 없으면 점차 궁택宮宅을 지으며 마침내 취락聚落을 형성하게 됩니다. 이후 대수大水가 때로 급습해 모든 것이 표몰漂沒하면 다시 제방을 쌓아 자구自救하게 됩니다. 점차 성곽城郭을 옮겨 물이 고이는 수택水澤을 배제하며 정착을 하기 시작합니다. 홍수를 만나 피해를 당하는 백성들이 이런 식으로 대처해 나가는 것은 자연스런 일이기도 합니다. 지금 황하의 제방은 좁은 곳은 물가에서 수백 보步, 먼 곳은 몇 리里 가량 떨어져 있습니다. 옛날부터 있던 큰 제방 안에는 다시 몇 겹의 제방이 있어 백성들이 그 안에 살고 있습니다. 이는 모두 전대에 물을 배출하며 형성한 것입니다. 황하는 하내河內하남성 심양현의 여양黎陽하남성 준현에서 시작해 위군魏郡하남성 임장현의 소양昭陽에 이르기까지 동서 방향으로 돌로 쌓은 제방인 석제石堤를 만들어 놓았습니다. 급한 물결인 격수激水가 부딪쳐 돌아오게 돼 있는 까닭에 불과 100여 리 사이에 황하의 물결이 서쪽으로 2번, 동쪽으로 3번 굽이치는 재서삼동再西三東의 모습을 보이고 있습니다. 수세가 이처럼 급박하면 안식安息할 수 없어 재난이 빚어집니다. 지금 상책上策을 시행한다면 기주冀州의 백성들 가운데 수몰된 지역의 수충자水沖者들을 이주시키고, 여양黎陽의 서남쪽에 있는 차해정

遮害亭에서 제방을 터서 물이 자연스레 북쪽으로 흘러들어 바다로 들어가도록 해야 합니다. 하서河西는 서쪽으로 대산大山태항산맥, 동쪽으로 금제金堤와 가까운 까닭에 멀리까지 갈 수 없습니다. 범람할지라도 1달 가량인 기월期月이면 스스로 안정될 것입니다. 비난하는 자는 장차 말하기를, '만일 이같이 하면 성곽과 전려田廬 및 묘총塚墓을 수만 단위로 무너뜨려 백성들의 원한怨恨을 품을 것이다'라고 할 것입니다. 옛날 하나라 우왕도 치수治水를 하면서 산릉山陵이 길을 막으면 허물어 버렸습니다. 용문산龍門山하남성 낙양시을 개착開鑿하고, 이궐산伊闕山을 개벽開闢하고, 지주산底柱山하남성 섬현을 절단折斷하고, 갈석산碣石山하북성 창려현을 파개破開하며 천지의 원래 면모를 떨어뜨려 잘라버리는 타단墮斷을 한 게 그렇습니다. 하물며 성곽과 전려 및 묘총 등의 인공人功으로 만든 것들이야 어찌 족히 말할 게 있습니까? 지금 황하에 연해 있는 지역은 하남군河南郡하남성 낙양시, 하내군河內郡하남성 심양현, 동군東郡하남성 복양현, 진류군陳留郡하남성 진류현, 위군魏郡하남성 임장현, 평원군平原郡산동성 평원현, 천승군千乘郡산동성 고원현, 신도군新都郡하북성 기현, 청하군清河郡하북성 청하현, 발해군渤海郡하북성 창현 등 10개 군郡입니다. 매년 제방을 다스리는 데 드는 비용인 세비歲費는 만만萬萬 즉 1억 전錢을 헤아립니다. 둑이 크게 터지는 대결大決의 상황이 빚어지면 무수히 파괴될 것입니다. 만일 몇 년 동안 황하를 다스리는 비용을 출연해 이주시킨 백성들로 하여금 직업을 갖게 하고, 옛 성인의 법도를 준수해 산천의 위치를 확정하고, 신인神人으로 하여금 각각 있어야 할 곳에 머물면서 서로 간섭하지 않게 하면, 위대한 한나라가 사방을 통제하고 있는 상황에서 어찌 황하와 더불어 지척咫尺의 땅을 다툴 리가 있겠습니까? 이런 공로는 한 번 세워지면 황하가 안정되고 백성들이 편안해지는 까닭에 1,000년이 가도 전혀 근심이 없는 천재무환千載無患을 만들어낼 것입니다. 이를 상책上策으로 언급한 이유입니다. 만일 이내 기주 땅에서 조운漕運이 가능한 도랑인 조거漕渠를 많이 뚫어 백성들로 하여금 논밭에 관개灌漑를 할 수 있게 하고, 물이 노하는 것을 분산시켜 줄이는 분살分殺이 가능하다면 비록 성인이 구사한 방법은 아니지만 역시 기왕의 실패를 구제할 수 있는 방법이기는 합니다. 가히 기수淇水가 황하로 들어가는 입구인 기구淇口하남서 준현에서 시작해 동쪽으로 돌 제방인 석제石堤를 쌓고, 수문을 많이 벌려 놓을 만합니다. 혹여 논의하는 자들이 대천大川인 황하를 조거漕渠 등으로는 통제하기 어렵다고 의심할까 걱정이나, 형양滎陽하남성 형양현에 있는 조거로 족히 예측과 설명이 가능합니다. 기주에 있는 관개수로가 머리에서 꼬리까지 물이 가득 차게 되면 사람들은 의당 수문을 바라보게 되고, 관개수로마다 왕왕 모두 이곳에서 물을 끌어다가 분류分流하려 할 것입니다. 가뭄이 들면 동쪽으로 내려가는 수문을 열어 기주로 물을 대주면 됩니다. 홍수가 나면 서쪽에 있는 고문高門의 개방으로 하류河流를 분산시켜 백성들의 전지田地에 가둬두고 적절히 관리하면 황하의 제방이 무너질 일이 없으므로 사실상 둑이 완성되는 셈입니다. 이는 실로 나라를 부유하게 하고 백성을 편안하게 하는 부국안민富國安民과 이로움을 일으키고 해로움을 없애는 흥리제해興利除害의 길로, 능히 수재를 수백 년간 통제할 수 있는 방법이기도 합니다. 이를 중책中策으로 언급한 이유입니다. 만일 이내 옛날부터 있던 제방을 수선修繕해 원래의 모습으로 복원하려면 낮은 곳을 높이고, 엷은 곳을 배나 두텁게 하는 증비배박增卑倍薄을 해야 합니다. 이 경우 그에 따른 노고와 비용은 끝이 없고, 자주 둑의 붕괴로 인한 범람의 피해를 당할 것입니다. 이는 최하책最下策에 해당합니다."

21) 승상 공광孔光과 대사공 하무何武가 상주했다.

"친정親情이 다한 4대조 위의 신주를 태조묘로 옮기는 질훼迭毁[85]의 차례는 의당 적당한 때를 감안해 확정지어야 합니다. 청컨대 군신들과 섞여 논의하는 잡의雜議를 해주시기 바랍니다."

광록훈 팽선彭宣 등 53인이 모두 이같이 건의했다.

"효무황제는 비록 공렬功烈이 있으나 친진親盡의 대상이니 의당 훼철毁撤해야 합니다."

태복太僕 왕순王舜과 중루교위中壘校尉 유흠劉歆이 논의해 말했다.

"『예기』는 천자의 경우 7대조의 사당까지 설치할 수 있다는 취지로 천자7묘天子七廟[86]를 언급했습니다. 7이란 숫자는 정식의 법정 숫자인 까닭에 상수常數에 해당합니다. 종宗은 이 숫자에 들어가지 않고, 변수變에 해당합니다. 실로 공덕이 있으면 '종'으로 높이는 것으로 미리 '종'을 예상해 덧붙일 수는 없습니다. 신의 우견愚見으로는 효무황제의 공렬이 그처럼 크다고 판단해 효선황제가 세종世宗으로 높였다면 의당 훼철해서는 안 된다고 봅니다."

황상이 논의 내용을 본 뒤 이같이 황제의 명命인 제制를 내렸다.

"태복 왕순과 중루교위 유흠의 논의가 가하다."

22) 대사공 하무何武의 후모後母는 원래 촉군蜀郡에 있었다. 휘하 관원을 파견해 장안으로 모시고 오도록 했다. 마침 한성제가 붕어하자 휘하 관원은 혹여 길에서 도적을 만날까 두려운 나머지 하무의 후모를 그대로

---

85 질훼迭毁는 황제의 고조와 증조, 조, 부 등 4대의 사당인 이른바 친묘親廟를 벗어나는 것을 친진親盡이라고 부르면서, '친진'의 신주를 태조의 사당에 넣은 뒤 해당 사당을 훼철毁撤하는 것을 가리킨다. 『사기』「진시황본기」에는 질훼軼毁로 나온다.

86 천자7묘天子七廟는 천자는 7묘를 두고, 2, 4, 6세의 신위를 태조 신위의 좌측에 두어 소昭라고 칭하고, 3, 5, 7세의 신우를 우측에 두어 목穆으로 칭하며, 태조의 신위를 포함해 7개의 사당을 둔다고 언급한 『예기』「왕제王制」의 '천자7묘天子七庙, 3소3목三昭三穆, 여태조지묘이7與太祖之廟而七' 구절에서 인용한 것이다. 황제의 4대조를 포함해 고조의 부친과 조부인 이른바 2조二祧 위에 다시 시조의 사당을 합치면 모두 7묘가 된다. '7묘'는 통상 제왕의 종묘를 가리키는 말로 사용됐다.

촉군에 두었다. 황제의 좌우 가운데 혹자가 부모를 섬기는 하무의 사친事親이 돈독하지 못하다고 비난했다. 황제 역시 대신을 바꾸고자 했다.

겨울 10월, 책서策書를 내려 하무를 면직시킨 뒤 열후列侯의 자격으로 봉국으로 돌아가는 귀국歸國을 하도록 했다.

10월 9일, 사단師丹을 대사공으로 삼았다. 사단은 황상이 성제 때의 정사를 많이 광개匡改한 것을 보고 이내 이같이 상서했다.

"옛날에는 상주가 여막廬幕에서 거상居喪하는 양암諒暗을 행할 때 말을 하지 않았습니다. 주나라 때는 6경六卿의 우두머리인 총재冢宰에게 보고하고, 3년 동안 선부先父가 한 일을 고치지 않았습니다. 황상은 붕어 후 시호를 정하기 이전인 대행황제大行皇帝의 시구屍柩가 영당靈堂에 있을 때 신 등을 비롯한 황상의 친속에게 관작을 내려 혁연赫然히 하고 모두 귀총貴寵했습니다. 황상의 외숙인 정명丁明을 안양후陽安侯로 봉한 데 이어 황후의 존호를 정하지 못한 상황에서 그 부친인 장인 부안傅安을 공향후孔鄕侯로 봉한 게 그렇습니다. 또 시중侍中 왕읍王邑과 사성교위射聲校尉 왕한王邯[87] 등을 밖으로 내보내 치정治政하게 하면서 잇달아 조서를 내림으로써 정사의 변동이 모두 창졸 간에 이뤄지고, 점차 이뤄진 게 하나도 없습니다. 신은 멋대로 대의를 밝혀 진술할 수 없고, 다시 작위를 굳게 사양하는 뇌양牢讓을 할 수도 없습니다. 세파를 좇아 헛되이 봉후封侯를 받아들여 폐하의 허물을 더욱 증익增益시켰을 뿐입니다. 최근 군국郡國에서는 지진으로 물이 나오는 일이 잦아져 인민들을 유살流殺시키고, 일월日月이 밝지 못하고, 오성五星[88]이 궤도를 잃고 있습니다. 모두 거

87 왕한王邯의 한邯은 진시황 사후에 활약한 진秦나라 장수인 장감章邯의 감邯과 달리 '한'으로 읽는 게 옳다. 장감은 안사고顔師古가 『한서』「고제기」의 주에서 '하감반下甘反'으로 주석했으나, '왕한'의 경우는 그런 주석이 없기 때문이다.

88 오성五星은 금성인 서쪽의 태백성太白星, 목성인 동쪽의 세성歲星, 수성인 북쪽의

조擧錯가 중용을 잃고, 호령號令이 고정되지 못하고, 법도法度가 이치를 잃고, 음양陰陽이 혼탁溷濁한 데 따른 반응입니다.

신이 엎드려 생각건대, 자식이 없을 경우 나이가 비록 60–70세가 될지라도 여전히 널리 여러 처첩을 얻어 자식을 얻고자 하는 게 인지상정人之常情입니다. 효성황제孝成皇帝는 천명을 깊이 보고, 지덕至德을 훤히 아는 촉지燭知를 하고, 장년壯年으로서 극기克己를 하고, 폐하를 세워 후사로 삼았습니다. 선제先帝인 효성황제가 문득 천하를 버리는 기천하棄天下 즉 붕어를 하면서 폐하가 계체繼體한 덕분에 사해四海가 안녕하고, 백성도 두려워하지 않게 됐습니다. 모두 선제의 성덕聖德과 천인天人이 하나로 합친 공덕功德 덕분입니다. 신이 듣건대 『춘추좌전』에 이르기를, '천자의 위엄이 이마에서 지척咫尺이다'[89]라고 했습니다. 원컨대 폐하는 선제가 폐하를 후사로 세운 뜻을 심사深思하고, 스스로 절제해 열심히 노력하는 극기궁행克己躬行을 하고, 신민臣民인 군하群下가 순종하며 교화되는 과정을 지켜보십시오. 천하는 폐하의 집인 까닭에 제왕의 근친인 자부胏附 즉 폐부肺腑는 어찌 부귀하지 못할까 걱정할 리 있겠습니까? 의당 창졸倉卒 간에 선제 때의 규정을 마구 바꾸는 일을 하지 말아야 합니다. 그리하면 장

신성辰星, 화성인 남쪽의 형혹성熒惑星, 중앙의 토성土星을 가리킨다.

89 원문은 '천위불위안지척天威不違顏咫尺'으로 『춘추좌전』「노희공 9년」조에서 인용한 것이다. 이에 따르면 기원전 651년, 사상 첫 패업을 이룬 제환공이 규구葵丘에서 주왕실의 대신인 재공宰孔을 비롯해 여러 제후들과 회맹會盟했다. 이때 재공이 제환공을 패자覇者로 승인하기 위해 사당에 제사를 올린 고기인 조胙를 하사하면서 말하기를, "천자가 주문왕과 주무왕에게 제사를 드린 뒤 재공을 보내 백구伯舅에게 조를 하사한다."고 했다. 제환공이 급히 뜰 아래로 내려가 절하려고 하자 재공이 또 말하기를, "천자가 저에게 명하기를, '백구는 질로耋老인 까닭에 그 관작을 한 등급 올려 주니 계단을 내려가 무릎을 꿇고 절하는 하배下拜를 행하지 마라!'고 했다." 이때 제환공이 대답하기를, "천자의 위엄이 이마에서 지척咫尺인데 저 소백이 감히 어찌 천자의 명을 그대로 좇아 하배치 않을 수 있겠습니까?"라고 했다.

구長久하지 못할 것입니다."

사단의 상서가 수십 차례 올라갔다. 대부분 절실하고 곧은 절직切直의 언사였다.

부태후의 종제從弟의 아들 즉 당질堂侄인 부천傅遷이 황제의 좌우에 있으면서 날로 더욱 기울어지고 사악한 경사傾邪의 모습을 보였다. 황상이 이를 싫어해 면관免官한 뒤 고군故郡인 하내군河內郡하남성 온현으로 돌아가게 했다. 부태후가 노하자 황상이 부득이 다시 부천을 경사에 머물게 하려고 했다. 승상 공광과 대사공 사단이 상주했다.

"조서가 앞뒤로 상반된 탓에 천하가 의혹疑惑을 가져 믿을 바가 없게 됐습니다. 신 등은 청컨대 부천을 고향으로 돌려보내 간당奸黨을 깨끗이 제거하도록 하십시오."

그러나 끝내 조천을 돌려보내지 못하고 다시 시중으로 삼았다. 부태후의 핍박으로 인한 게 모두 이와 같았다.

23) 의랑議郞 경육耿育이 상서해 변경으로 귀양을 간 진탕陳湯의 억울한 사연을 호소하는 원송冤訟을 했다.

"감연수甘延壽와 진탕陳湯은 성스러운 한나라를 위해 깊고 멀리 가서 위세를 드날렸고, 여러 해 동안 쌓인 나라의 수치를 깨끗이 씻었고, 멀리 떨어진 절역絕域의 기속되지 않는 군주인 불기지군不羈之君을 토벌해 1만 리 밖에 있는 제압하기 어려운 호로胡虜를 잡았으니 그 공적을 어찌 다른 것과 비교할 수 있겠습니까? 선제가 이를 가상히 여기고, 이어 밝은 조서를 내려 그 공로를 드러내고, 연호를 고치고 대사건을 일력日曆에 기록하는 개년수력改年垂歷을 통해 그 업적을 후대에 무궁히 전하도록 했습니다. 이에 호응해 남군南郡에서 백호白虎를 바치고, 변경에서는 경비警備를 없애게 됐습니다. 마침 선제가 침질寢疾을 하게 됐으나 오히려 마음에 품은 것을 잊지 않고 누차 상서尚書로 하여금 승상을 책문責問하여 그가 세운 공로를 판정하도록 재촉했습니다. 홀로 승상 광형匡衡이 도중에 서 막는 바람에 결국 감연수와 진탕을 수백 호에 책봉했습니다. 이것이 바로 공신功臣과 전사戰士들이 실망한 이유입니다. 효성황제孝成皇帝는 대업을 세운 기초를 잇고, 정벌에 나선 위엄에 올라탄 나머지 병혁兵革을 움직이지 않고도 나라가 무사했습니다. 그러나 대신들은 기울어지고 사악한 경사傾邪로 인해 군주의 위엄인 주위主威를 독점할 요량으로 공을 세운 사람을 배척하며 질투하고, 진탕으로 하여금 한 덩어리의 흙처럼 괴연塊然히 감옥에 구속되는 죄수로 만들었습니다. 황제에게 억울함을 호소할 길도 없어 끝내 죄도 없이 늙은 몸으로 버려진 이유입니다. 돈황敦煌은 바로 서역으로 통하는 길목에 해당합니다. 멀리까지 위명威名을 떨친 절충折衝의 장수로 하여금 무함된 죄가 발꿈치를 돌리는 선종旋踵처럼 매우 신속히 그 몸에 미치게 함으로써 흉노의 질지郅支 선우의 잔당들에게 다시 웃음거리를 제공했으니 실로 비통한 일입니다! 오늘날에 이르러 밖의 만족蠻族에게 간 사자 가운데, 미상불未嘗不 질지 선우를 주살한 얘기를 언급하며 한나라의 강성함을 선양하지 않은 자가 없었습니다. 무릇 한 사람의 공로를 원용해 적을 두렵게 하는 법인데, 오히려 한 사람의 몸을 내버려 참소하는 자들을 통쾌하게 만들었으니 이 어찌 애통한 일이 아닙니까? 또한 편안할 때 위기 상황을 잊지 않는 안불망위安不忘危와 강성할 때 반드시 쇠약할 것을 우려하는 성필려쇠盛必慮衰를 행해야 합니다. 지금 한나라는 평소 한문제 때 누년累年에 걸쳐 절검하며 부요富饒하게 쌓은 저축을 다 없애고, 한무제가 군신들로 하여금 현재賢才를 천거하게 하여 발탁한 효준梟俊 즉 효장梟將과 적장을 사로잡는 금적지신禽敵之臣이 다 없어지고 오직 진탕 1인만 남아 있을 뿐입니다! 설령 진탕이 이미 세상을 떠나 폐하 때 살아 있지 않을지라도 오히려 국가는 그의 공을 추록追錄하고, 그의 묘에 봉토를 얹어 주어 후진後進에게 권장해야 할 것입니다. 진탕은 다행히도 성세聖世를 만났고, 공을 세운 것도 아직 오래된 것도 아닙니다. 그런데도 오히려 사신邪臣들의 말을 듣고 채찍으로 때려 멀리 쫓아내는 편축척원鞭逐斥遠을 행함으로써 도망쳐서 이리저리 옮겨 다니며 숨어사는 망도분찬亡逃分竄으로 인해 죽어도 처할 곳이 없게 됐습니다. 멀리 내다보는 선비인 원람지사遠覽之士는 미리 헤아려보는 계탁計度을 하지 않는 경우가 없습니다. 진탕이 세운 공은 누세累世가 지나도 따라갈 수 없는 것인 데 반해 그의 허물은 인지상정에 비춰 늘 있는 것인데도 그는 이같이 되고 말았습니다. 신 등이 아무리 나라를 위해 근골이 터지고 잘려지는 파절근골破絕筋骨과 시체가 들판에 널브러진 폭로형해暴露形骸의 충성을 바칠지라도 여전히 입술과 혀를 놀리는 순설脣舌의 제약을 받고 질투지신嫉妒之臣의 무함을 받아 옥에 갇히는 죄수가 될 뿐입니다. 이것이 바로 신이 나라를 위해 더욱 슬퍼하는 척척戚戚의 모습을 보이는 배경입니다."

상서가 올라가자 천자가 진탕을 돌아오게 했다. 이후 그는 장안에서 졸卒했다.

** 起閼逢攝提格, 盡旃蒙單閼, 凡二年.

孝成皇帝綏和二年

春, 正月, 上行幸甘泉, 郊泰畤.

二月, 壬子, 丞相方進薨. 時熒惑守心, 丞相府議曹平陵李尋奏記方進, 言曰, "災變迫切, 大責日加, 安得但保斥逐之戮? 闔府三百餘人, 唯君侯擇其中, 與盡節轉凶." 方進憂之, 不知所出. 會郎賁麗善為星, 言大臣宜當之. 上乃召見方進. 還歸, 未及引決, 上遂賜冊, 責讓以政事不治, 災害幷臻, 百姓窮困, 曰, "欲退君位, 尚未忍, 使尚書令賜君上尊酒十石, 養牛一, 君審處焉!" 方進即日自殺. 上秘之,遣九卿冊贈印綬, 賜乘輿秘器·少府供張, 柱檻皆衣素. 天子親臨弔者數至, 禮賜異於它相故事.

臣光曰, "晏嬰有言曰, '天命不慆, 不貳其命.' 禍福之至, 安可移乎! 昔楚昭王·宋景公不忍移災於卿佐, 曰, '移腹心之疾, 寘諸股肱, 何益也!' 藉其災可移, 仁君猶不肯為, 況不可乎! 使方進罪不至死而誅之, 以當大變, 是誣天也. 方進有罪當刑, 隱其誅而厚其葬, 是誣人也. 孝成欲誣天·人而卒無所益, 可謂不知命矣."

三月, 上行幸河東, 祠后土.

丙戌, 帝崩於未央宮.

帝素強無疾病. 是時, 楚思王衍·梁王立來朝, 明旦, 當辭去, 上宿供張白虎殿. 又欲拜左將軍孔光為丞相, 已刻侯印, 書贊. 昏夜, 平善, 鄉晨, 傅絝襪欲起, 因失衣, 不能言, 晝漏上十刻而崩, 民間讙嘩, 咸歸罪趙昭儀. 皇太后詔大司馬莽雜與御史·丞相·廷尉治, 問皇帝起居發病狀. 趙昭儀自殺.

班彪贊曰, "臣姑充後宮為婕妤, 父子·昆弟侍帷幄, 數為臣言曰, '成帝善修容儀, 升車正立, 不內顧, 不疾言, 不親指, 臨朝淵嘿, 尊嚴若神, 可謂穆穆有天子之容者矣. 博覽古今, 容受直辭, 公卿奏議可述. 遭世承平, 上下和睦. 然湛乎酒色, 趙氏亂內, 外家擅朝, 言之可為於邑!' 建始以來, 王氏始執國命, 哀·平短祚, 莽遂篡位, 蓋其威福所由來者漸矣!"

是日, 孔光於大行前拜受丞相·博山侯印綬.

富平侯張放聞帝崩, 思慕哭泣而死.

荀悅論曰, "放非不愛上, 忠不存焉. 故愛而不忠, 仁之賊也!"

皇太后詔南·北郊長安如故.

夏, 四月, 丙午, 太子即皇帝位, 謁高廟. 尊皇太后曰太皇太后, 皇后曰皇太后. 大赦天下.

哀帝初立, 躬行儉約, 省減諸用, 政事由己出, 朝廷翕然望至治焉.

己卯, 葬教成皇帝於延陵.

太皇太后令傅太后·丁姬十日一至未央宮.

有詔問丞相·大司空曰, "定陶共王太后宜當何居?" 丞相孔光素聞傅太后為人剛暴, 長於權謀, 自帝在襁褓, 而養長教道至於成人, 帝之立又有力. 光心恐傅太后與政事, 不欲與帝旦夕相近, 即議以為曰, "定陶太后宜改築宮." 大司空何武曰, "可居北宮." 上從武言. 北宮有紫房復道通未央宮, 傅太后果從復道朝夕至帝所, 求欲稱尊號, 貴寵其親屬, 使上不得由直道行. 高昌侯董宏希指, 上書言曰, "秦莊襄王母本夏氏, 而為華陽夫人所子, 及即位後, 俱稱太后. 宜立定陶共王后為帝太后." 事下有司, 大司馬王莽, 左將軍·關內侯·領尚書事師丹劾奏宏曰, "知皇太后至尊之號, 天下一統, 而稱引亡秦以為比喻, 詿誤聖朝, 非所宜言, 大不道!" 上新立, 謙讓, 納用莽·丹言, 免宏為庶人. 傅太后大怒, 要上, 欲必稱尊號. 上乃白太皇太后, 令下詔尊定陶恭王為恭皇.

五月, 丙戌, 立皇后傅氏, 傅太后從弟晏之子也.

詔曰, "『春秋』, '母以子貴.' 宜尊定陶太后曰恭皇太后, 丁姬曰恭皇后, 各置左右詹事, 食邑如長信宮·中宮." 追尊傅父為崇祖侯, 丁父為褒德侯. 封舅丁明為陽安侯, 舅子滿為平周侯, 皇后父晏為孔鄉侯, 皇太后弟侍中·光祿大夫趙欽為新城侯. 太皇太后詔大司馬莽就第, 避帝外家. 莽上疏乞骸骨. 帝遣尚書令詔起莽, 又遣丞相孔光·大司空何武·左將軍師丹·衛尉傅喜白太皇太后曰, "皇帝聞太后詔, 甚悲! 大司馬即不起, 皇帝即不敢聽政!" 太后乃復令莽視事.

成帝之世, 鄭聲尤甚, 黃門名倡丙強·景武之屬富顯於世, 貴戚至與人主爭女樂. 帝自為定陶王時疾之, 又性不好音, 六月, 詔曰, “孔子不云乎, ‘放鄭聲, 鄭聲淫’ 其罷樂府官. 郊祭樂及古兵法武樂在『經』, 非鄭·衛之樂者, 條奏別屬他官.” 凡所罷省過半. 然百姓漸漬日久, 又不制雅樂有以相變, 豪富吏民湛沔自若.

王莽薦中壘校尉劉歆有材行, 為侍中, 稍遷光祿大夫, 貴幸. 更名秀. 上復令秀典領『五經』, 卒父前業. 秀於是總群書而奏其七略, 有『輯略』·有『六藝略』·有『諸子略』·有『詩賦略』·有『兵書略』·有『術數略』·有『方技略』. 凡書六略, 三十八種, 五百九十六家·萬三千二百六十九卷. 其敍諸子, 分為九流. 曰儒, 曰道, 曰陰陽, 曰法, 曰名, 曰墨, 曰從橫, 曰雜, 曰農, 以為曰, “九家皆起於王道既微, 諸侯力政, 時君世主好惡殊方, 是以九家之術蜂出幷作, 各引一端, 崇其所善, 以此馳說, 取合諸侯, 其言雖殊, 譬猶水火相滅, 亦相生也. 仁之與義, 敬之與和, 相反而皆相成也. 『易』曰, ‘天下同歸而殊塗, 一致而百慮’ 今異家者推所長, 窮知究慮以明其指, 雖有蔽短, 合其要歸, 亦『六經』之支與流裔. 使其人遭明王聖主, 得其所折中, 皆股肱之材已. 仲尼有言, ‘禮失而求諸野’ 方今去聖久遠, 道術缺廢, 無所更索, 彼九家者, 不猶愈於野乎! 若能修『六藝』之術而觀此九家之言, 舍短取長, 則可以通萬方之略矣.”

河間惠王良能修獻王之行, 母太后薨, 服喪如禮. 詔益封萬戶, 以為宗室儀表.

初, 董仲舒說武帝, 以“秦用商鞅之法, 除井田, 民得賣買, 富者田連阡陌, 貧者亡立錐之地, 邑有人君之尊, 里有公侯之富, 小民安得不困! 古井田法雖難卒行, 宜少近古, 限民名田以贍不足, 塞幷兼之路. 去奴婢, 除專殺之威. 薄賦斂, 省繇役, 以寬民力, 然後可善治也!” 及上即位, 師丹復建言曰, “今累世承平, 豪富吏民訾數巨萬, 而貧弱愈困, 宜略為限." 天子下其議, 丞相光·大司空武奏請曰, "自諸侯王·列侯·公主名田各有限. 關內侯·吏·民名田皆毋過三十頃. 奴婢毋過三十人. 期盡三年. 犯者沒入官." 時田宅·奴婢賈為減賤, 貴戚近習皆不便也, 詔書曰, "且須後." 遂寢不行. 又詔齊三服官曰, "諸官織綺繡, 難成·害女紅之物, 皆止, 無作輸. 除任子令及誹謗詆欺法. 掖廷宮人年三十以下, 出嫁之. 官奴婢五十以上, 免為庶人, 益吏三百石以下俸."

上置酒未央宮, 內者令為傅太后張幄, 坐於太皇太后坐旁. 大司馬莽按行, 責內者令曰, "定陶太后, 藩妾, 何以得與至尊并!" 徹去, 更設坐. 傅太后聞之, 大怒, 不肯會, 重怨恚莽. 莽復乞骸骨. 秋, 七月, 丁卯, 上賜莽黃金五百斤, 安車駟馬, 罷就第. 公卿大夫多稱之者, 上乃加恩寵, 置中黃門, 為莽家給使, 十日一賜餐. 又下詔益封曲陽侯根, 安陽侯舜, 新都侯莽, 丞相光, 大司空武邑戶各有差. 以莽為特進·給事中·朝朔望, 見禮如三公. 又還紅陽侯立於京師.

傅太后從弟右將軍喜, 好學問, 有志行. 王莽既罷退, 眾庶歸望於喜. 初, 上之官爵外親也, 喜獨執謙稱疾. 傅太后始與政事, 數諫之. 由是傅太后不欲令喜輔政. 庚午, 以左將軍師丹為大司馬, 封高鄉亭侯. 賜喜黃金百斤, 上右將軍印綬, 以光祿大夫養病. 以光祿勳淮陽彭宣為右將軍. 大司空何武·尚書令唐林皆上書言曰, "喜行義修潔, 忠誠憂國, 內輔之臣也. 今以寢病一旦遣歸, 眾庶失望, 皆曰, '傅氏賢子, 以論議不合於定陶太后, 故退' 百寮莫不為國恨之. 忠臣, 社稷之衛. 魯以季友治亂, 楚以子玉輕重, 魏以無忌折衝, 項以范增存亡. 百萬之眾, 不如一賢, 故秦行千金以間廉頗, 漢散黃金以疏亞父. 喜立於朝, 陛下之光輝, 傅氏之廢興也." 上亦自重之, 故尋復進用焉.

建平侯杜業上書詆曲陽侯王根·高陽侯薛宣·安昌侯張禹而薦朱博. 帝少而聞知王氏驕盛, 心不能善, 以初立, 故且優之. 後月餘, 司隸校尉解光奏曰, "曲陽侯, 先帝山陵未成, 公聘取故掖庭女樂五官殷嚴·王飛君等置酒歌舞, 及根兄子成都侯況, 亦聘取故掖庭貴人以為妻, 皆無人臣禮, 大不敬, 不道!" 於是天子曰, "先帝遇根·況父子, 至厚也, 今乃背恩忘義!" 以根嘗建社稷之策, 遣就國, 免況為庶人, 歸故郡. 根及況父商所薦舉為官者皆罷.

九月, 庚申, 地震, 自京師到北邊郡國三十餘處, 壞城郭, 凡壓殺四百餘人. 上以災異問待詔李尋, 對曰, "夫日者, 衆陽之長, 人君之表也. 君不修道, 則日失其度, 晻昧亡光. 間者日尤不精, 光明侵奪失色, 邪氣珥, 蜺數作. 小臣不知內事, 竊以日視陛下, 志操衰於始初多矣. 唯陛下執乾剛之德, 強志守度, 毋聽女謁·邪臣之態. 諸保阿·乳母甘言悲辭之托, 斷而勿聽. 勉強大誼, 絕小不忍. 良有不得已, 可賜以貨財, 不可私以官位, 誠皇天之禁也.

"臣聞月者, 衆陰之長, 妃后·大臣·諸侯之象也. 間者月數為變, 此為母后與政亂朝, 陰陽俱傷, 兩不相便. 外臣不知朝事, 竊信天文, 即如此, 近臣已不足杖矣. 唯陛下親求賢士, 無強所惡, 以崇社稷, 尊強本朝!

"臣聞五行以水為本, 水為準平, 王道公正修明, 則百川理, 落脈通. 偏黨失綱, 則湧溢為敗. 今汝·穎漂湧, 與雨水并為民害, 此『詩』所謂'百川沸騰', 咎在皇甫卿士之屬. 唯陛下少抑外親大臣!

"臣聞地道柔靜, 陰之常義也. 間者關東地數震, 宜務崇陽抑陰以救其咎, 固志建威, 閉絕私路, 拔進英雋, 退不任職, 以強本朝! 夫本強則精神折衝. 本弱則招殃致凶, 為邪謀所陵. 聞往者淮南王作謀之時, 其所難者獨有汲黯, 以為公孫弘等不足言也. 弘, 漢之名相,於今亡比, 而尚見輕, 何況亡弘之屬乎! 故曰朝廷亡人, 則為賊亂所輕, 其道自然也."

騎都尉平當使領河堤, 奏曰, "九河今皆寘滅. 按經義, 治水有決河深川而無堤防壅塞之文. 河從魏郡以東北多溢決, 水跡難以分明, 四海之眾不可誣. 宜博求能浚川疏河者." 上從之.

待詔賈讓奏言曰, "治河有上·中·下策. 古者立國居民, 疆理土地, 必遺川澤之分, 度水勢所不及. 大川無防, 小水得入, 陂障卑下, 以為污澤, 使秋水多得其所休息, 左右游波寬緩而不迫. 夫土之有川, 猶人之有口也, 治土而防其川, 猶止兒啼而塞其口, 豈不遽止, 然其死可立而待也. 故曰, '善為川者決之使道, 善為民者宣之使言' 蓋堤防之作, 近起戰國, 雍防百川, 各以自利. 齊與趙·魏以河為竟, 趙·魏瀕山, 齊地卑下, 作堤去河二十五里, 河水東抵齊堤則西泛趙·魏. 趙·魏亦為堤, 去河二十五里, 雖非其正, 水尚有所遊蕩. 時至而去, 則填淤肥美, 民耕田之. 或久無害, 稍築宮宅, 遂成聚落. 大水時至, 漂沒, 則更起堤防以自救, 稍去其城郭, 排水澤而居之, 湛溺自其宜也. 今堤防, 狹者去水數百步, 遠者數里, 於故大堤之內復有數重, 民居其間, 此皆前世所排也. 河從河內黎陽至魏郡昭陽, 東西互有石堤, 激水使還, 百餘里間, 河再西三東, 迫厄如此, 不得安息. 今行上策, 徙冀州之民當水沖者, 決黎陽遮害亭, 放河使北入海. 河西薄大山, 東薄金堤, 勢不能遠, 氾濫期月自定. 難者將曰, '若如此, 敗壞城郭·田廬·塚墓以萬數, 百姓怨恨' 昔大禹治水, 山陵當路者毀之, 故鑿龍門, 辟伊闕, 析厎柱, 破碣石, 墮斷天地之性, 此乃人功所造, 何足言也! 今瀕河十郡, 治堤歲費且萬萬. 及其大決, 所殘無數. 如出數年治河之費以業所徙之民, 遵古聖之法, 定山川之位, 使神人各處其所而不相奸. 且以大漢方制萬里, 豈其與水爭咫尺之地哉! 此功一立,河定民安, 千載無患, 故謂之上策. 若乃多穿漕渠於冀州地, 使民得以溉田, 分殺水怒, 雖非聖人法, 然也救敗術也. 可從淇口以東為石堤, 多張水門. 恐議者疑河大川難禁制, 滎陽漕渠足以卜之. 冀州渠首盡, 當仰此水門, 諸渠皆往往股引取之. 旱則開東方下水門, 溉冀州. 水則開西方高門, 分河流, 民田適治, 河堤亦成. 此誠富國安民·興利除害, 支數百歲, 故謂之中策. 若乃繕完故堤, 增卑倍薄, 勞費無已, 數逢其害, 此最下策也."

孔光·何武奏曰, "迭毀之次當以時定, 請與群臣雜議." 於是光祿勳彭宣等五十三人皆以為曰, "孝武皇帝雖有功烈, 親盡宜毀." 太僕王舜·中壘校尉劉歆議曰, "『禮』, 天子七廟. 七者其正法數, 可常數者也. 宗不在此數中, 宗變也. 苟有功德則宗之, 不可預為設數. 臣愚以為孝武皇帝功烈如彼, 孝宣皇帝崇立之如此, 不宜毀." 上覽其議, 制曰, "太僕舜·中壘校尉歆議可."

何武後母在蜀郡, 遣吏歸迎. 會成帝崩, 吏恐道路有盜賊, 後母留止. 左右或譏武事親不篤, 帝亦欲改易大臣, 冬, 十月, 策免武, 以列侯歸國. 癸酉, 以師丹為大司空. 丹見上多所匡改成帝之政, 乃上書言曰, "古者諒暗不言, 聽於冢宰, 三年無改於父之道. 前大行屍柩在堂, 而官爵臣等以及親屬, 赫然皆貴寵, 封舅為陽安侯, 皇后尊號未定, 豫封父為孔鄉侯. 出侍中王邑·射聲校尉王邯等. 詔書比下, 變動政事, 卒暴無漸. 臣縱不能明陳大義, 復曾不能牢讓爵位, 相隨空受封侯, 增益陛下之過. 間者郡國多地動水出, 流殺人民, 日月不明, 五星失行, 此皆舉錯失中, 號令不定, 法度失理, 陰陽溷濁之應也.

"臣伏惟人情無子, 年雖六七十, 猶博取而廣求. 孝成皇帝深見天命, 燭知至德, 以壯年克己, 立陛下為嗣. 先帝暴棄天下, 而陛下繼體, 四海安寧, 百姓不懼, 此先帝聖德, 當合天人之功也. 臣聞'天威不違顏咫尺', 願陛下深思先帝所以建立陛下之意, 且克己躬行, 以觀群下之從化. 天下者, 陛下之家也, 肺附何患不富貴, 不宜倉卒若是, 其不久長矣!" 丹書數十上, 多切直之言.

傅太后從弟子遷在左右, 尤傾邪, 上惡之, 免官, 遣歸故郡. 傅太后怒. 上不得已, 復留遷. 丞相光與大司空丹奏言曰, "詔書前後相反, 天下疑惑, 無所取信. 臣請歸遷故郡, 以銷奸黨." 卒不得遣, 復為侍中, 其逼於傅太后, 皆此類也.

議郎耿育上書冤訟陳湯曰, "甘延壽·陳湯, 為聖漢揚鉤深致遠之威, 雪國家累年之恥, 討絕域不羈之君, 繫萬里難制之虜, 豈有比哉! 先帝嘉之, 仍下明詔, 宣著其功, 改年垂歷, 傳之無窮. 應是, 南郡獻白虎, 邊垂無警備. 會先帝寢疾, 然猶垂竟不忘, 數使尚書責問丞相, 趣立其功. 獨丞相匡衡排而不予, 封延壽·湯數百戶, 此功臣戰士所以失望也. 孝成皇帝承建業之基, 乘征伐之威, 兵革不動, 國家無事, 而大臣傾邪, 欲專主威, 排妒有功, 使湯塊然被冤拘囚, 不能自明, 卒以無罪老棄. 敦煌正當西域通道, 令威名折衝之臣, 旋踵及身, 復為郅支遺虜所笑, 誠可悲也! 至今奉使外蠻者, 未嘗不陳郅支之誅以揚漢國之盛. 夫援人之功以懼敵, 棄人之身以快讒, 豈不痛哉! 且安不忘危, 盛必慮衰, 今國家素無文帝累年節儉富饒之畜, 又無武帝薦延梟俊禽敵之臣, 獨有一陳湯耳! 假使異世不及陛下, 尚望國家追錄其功, 封表其墓, 以勸後進也. 湯幸得身當聖世, 功曾未久, 反聽邪臣鞭逐斥遠, 使亡逃分竄, 死無處所. 遠覽之士, 莫不計度, 以為湯功累世不可及, 而湯過人情所有, 湯尚如此, 雖復破絕筋骨, 暴露形骸, 猶復制於脣舌, 為嫉妒之臣所繫虜耳. 此臣所以為國家尤戚戚也." 書奏, 天子還湯, 卒於長安.

한애제漢哀帝 건평建平 원년(BC 6)

1) 봄 정월, 운석隕石이 북지北地감숙성 영현 일대에 16개나 떨어졌다.

2) 천하에 사면령을 내렸다.

3) 사례교위 해광解光이 상주했다.

"신이 듣건대 허미인許美人과 옛날 중궁에서 황후를 돕는 중궁사中宮史인 조궁曹宮 모두 효성황제의 총애를 입어 아들을 낳았으나 지금 은닉해서 보이지 않고 있습니다. 신이 관원을 파견해 조사하고 묻는 험문驗問을 통해 그 진상을 모두 알아냈습니다. 효성황제의 원연元延 원년에 조궁은 임신을 했고, 그해 10월에 액정에 있는 궁중 가축의 관리관인 우관령牛官令의 집에서 아들을 낳았습니다. 궁중의 시종관인 중황문中黃門 전객田客이 조서詔書의 기록을 갖다가 궁정 감옥의 실무책임자인 액정옥승掖庭獄丞 적무籍武에게 넘겨준 뒤 조궁을 붙잡아 궁중의 여인이 질병에 걸리거나 죄를 지었을 때 가두는 폭실옥暴室獄에 두게 했습니다. 이때 중황문 전객은 분부하기를, '아이의 성별이나 누구의 아이인지 여부를 묻지 말라'고 했습니다. 조궁은 말하기를, '내 아이의 태胎를 감싼 옷을 잘 보관토록 하시오. 그대는 이 아이가 어떤 아이인지 알 것이오'라고 했습니다. 3일 뒤 중황문 전객이 조서의 기록을 가져다가 액정옥승 적무에게 건네며 '아이가 죽었는가?'라고 물었습니다. 액정옥승 적무가 '아직 죽지 않았습니다'라고 대답했습니다. 중황문 전객이 말하기를, '황상과 조소의趙昭儀가 대로하고 있는데 어찌하여 죽이지 않는 것이오?'라고 말했습니다. 액정옥승 적무가 고두叩頭하며 울며 말하기를, '아이를 죽이지 않으면 의당 죽을 것을 스스로 알고 있습니다. 그러나 아이를 죽일지라도 역시 죽게 됩니다'라고 했습니다. 그러고는 전객으로 하여금 자신을 대신해 봉사封事를 올려 상주하기를, '폐하는 아직 계사繼嗣가 없습니다. 아들은 귀천이 없으니 오직 유의留意해 주십시오'라고 했습니다. 상서가 올라가자 중황문 전객은 다시 조서의 기록을 들고 아이를 가져다가 중황문 황순王舜에게 맡겼습니다. 왕순이 조서를 받은 뒤 아이를 궁전으로 들인 뒤 아이를 위해 유모를 고르도록 하며 '아이를 잘 기르면 상을 받게 될 것이오. 누설漏洩해서는 안 되오'라고 했습니다. 이어 왕순이 관비官婢 장기張棄를 택해 유모로 삼았습니다. 3일 뒤 중황문 전객이 다시 조서의 기록과 독약을 가져다가 조궁에게 마시게 했습니다. 조궁이 말하기를, '과연 조씨 자매에게 천하를 멋대로 하도록 만들려는 것인가! 내 아이는 사내아이이다. 이마 밑에 난 털인 장발壯髮이 있어 효원황제와 닮았다. 지금 내 아이는 어디에 있는가! 그들에게 죽임을 당한 것인가! 어찌해야 이를 장신궁長信宮의 태후에게 알릴 수 있단 말인가!'라며 마침내 독약을 마시고 죽었습니다. 아이의 유모가 된 관비 장기가 아이를 키운 지 11일이 지나자 궁녀를 총괄하는 궁장宮長 이남李南이 조서를 갖고 와 아이를 데려갔지만 갖다 둔 곳을 모르겠습니다. 허미인은 원연元延 2년에 아들을 임신하고, 그해 11월에 출산해 젖을 먹였습니다. 조소의가 황제에게 묻기를, '늘 나를 속이며 중궁中宮에서 왔다고 말하고 있으나, 중궁에서 왔다면 허미인의 아이는 과연 어디에서 생겨난 것입니까? 허씨를 결국 복립復立하려는 것입니까?'라고 했습니다. 조소의가 크게 원망하고, 화가 나 손으로 자신을 때리고 머리로 벽과 문틀을 박고, 침상에서 스스로 바닥으로 굴러 떨어진 뒤 체읍啼泣하며 밥도 먹으려 하지 않으면서 이내 말하기를, '지금 의당 저를 안치安置하여 처리해 주십시오. 저는 집으로 돌아가고 싶을 뿐입니다'라고 했습니다. 황제 역시 '오늘 특별히 알려주었는데 오히려 화를 내고 있으니 참으로 이해할 수 없구나!'라고 말하고는 밥을 먹지 않았습니다. 조소의가 묻기를, '폐하가 스스로 옳다고 하면서 먹지 않는 것은 어찌된 일입니까? 폐하는 일찍이 저를 배신하지 않겠다는 약속을 스스로 언급한 바 있습니다. 지금 허미인이 아들을 갖게 되어 끝내 약속을 저버리고 말았으니 이는 어찌 이해해야 하는 것입니까?'라고 했습니다. 황제가 대답하기를, '그대에게 약속을 한 바 있으니 허씨를 다시 중궁에 세우는 일은 없을 것이다. 천하인이 조씨 위에 서는 일이 없을 터이니 걱정하지 말라'고 했습니다. 이후 조서를 내려 중황문 근엄靳嚴으로 하여금 허미인이 있는 곳에서 아이를 데려다가 갈대풀로 엮은 상자인 위협葦篋에 넣은 뒤 귀금속을 보관하는 조비연의 식실飾室 내 발이 늘어진 곳의 남쪽에 두고 가게 했습니다. 얼마 후 황제와 조소의가 앉아 시중을 드는 어자御者 우객자于客子로 하여금 바구니를 묶은 끈을 풀게 했습니다. 이내 황제가 우객자를 비롯해 다른 어자들을 모두 밖으로 내보낸 뒤 스스로 문을 닫고 홀로 조소의와 함께 있었습니다. 잠시 후 문을 열고 우객자를 불러 바구니를 봉함하게 하면서, 동시에 중황문 오공吳恭을 시켜 조서의 기록을 갖고 가 액정옥승 적무에게 건네면서 이같이 말하게 했습니다. '적무에게 고하건대, 바구니 안에 죽은 아이가 있다. 은밀한 곳에 매장하고 다른 사람이 알지 못하게 하라!' 적무가 명을 좇아 옥루獄樓의 담장 아래를 판 뒤 그 안에 바구니를 묻었습니다. 그 외에도 낙태 음모에 빠져 약을 마셔 다치거나 위에서 떨어진 사례가 무수했습니다. 모두 4월 18일 사면령을 내리기 전의 일입니다. 신이 삼가 생각건대, 영광永光 3년에 충忠이라는 남자 등이 한고제 유방의 능묘인 장릉長陵에 배장陪葬된 유방의 첩인 부부인傅夫人의 무덤을 파헤친 일이 있습니다. 이후 대사령이 있었으나 효원황제가 조서를 내려 말하기를, '이는 짐이 사면해선 안 될 사항이다'라고 했습니다. 이들은 끝까지 추궁을 당해 모두 죄를 자백하고 사형을 당하는 복고伏辜를 했습니다. 천하 사람 모두 이를 당연한 일이라고 생각했습니다. 조소의趙昭儀는 성조聖朝를 기울여 어지럽게 만들고, 친히 후궁들이 가진 황제의 아기인 후사繼嗣들을 멸한 까닭에 친속親屬을 포함해 응당 천주天誅를 당해야 합니다. 친형제자매인 이른바 동산친족同產親屬 모두 지금 존귀한 자리에 있어 황제의 휘장인 유악帷幄을 아주 가까이하고 있는 까닭에 천하인이 한심寒心하게 생각하고 있습니다. 청컨대 이번 일을 끝까지 추궁해 밝히도록 하십시오!"

승상 이하 조정대신들 모두 정상적인 법제를 좇아 처리하는 방안을 논의했다. 황제가 이에 조비연의 친형제자매인 신성후新成侯 조흠趙欽과 조흠의 조카인 성양후成陽侯 조흔趙訢을 모두 면직시켜 서인으로 만들고, 가속들은 요서군遼西郡으로 유배 보냈다.

의랑議郎 경육이 상소했다.

"신이 듣건대, 황제의 뒤를 잇는 계사繼嗣에서 적통을 잃어 적자를 폐하고 서자를 세우는 폐적입서廢適立庶는 성인도 법으로 금한 바이고, 고금에 걸쳐 지극히 경계하는 사항입니다. 그러나 주나라의 조상인 고공단보古公亶父의 장남 태백太伯은 부친이 막내인 왕계王季를 적통으로 삼고자 하는 것을 알고는 멈칫거리며 뒤로 물러나 거듭 양보하는 준순고양逡循固讓을 한 뒤 달아나 몸을 남쪽 오吳와 월粵 땅에 의탁했습니다. 그러나 이는 권변權變에 따른 변통으로 상법常法으로 삼을 수는 없습니다. 태백은 보위를 왕계에게 자리를 양보하고, 왕계의 아들인 주문왕 희창姬昌을 높임으로써 끝내 주나라가 천하를 차지하게 만들었습니다. 덕분에 주나라의 자손은 왕업王業을 700-800년간 이어갈 수 있었습니다. 주나라의 후손들이 세운 공은 하나라와 은나라 및 주나라 등 삼왕三王의 세운 나라 가운데 으뜸이고, 도덕 또한 잘 갖췄습니다. 덕분에 왕계는 태왕太王으로 추존됐습니다. 세상에는 반드시 비상지변非常之變이 있게 마련이고, 연후에 그에 대비한 비상지모非常之謀가 따르게 됩니다. 효성황제는 스스로 조기에 때맞춰 후사를 두지 못할 것을 알았기에 늦게라도 황자皇子를 얻고자 했습니다. 그러나 자신의 사후인 만세지후萬歲之後에는 후사가 어린 까닭에 국정을 제대로 돌볼 수 없게 되고, 마침내 권병權柄은 모후인 여주女主의 손에 들어가고, 여주는 교만이 성해 기욕耆欲이 무한한 데 반해 소주少主는 유약幼弱해 내신들을 부릴 수 없게 되고, 이런 상황에서 곁에는 주공周公처럼 앞날의 계책을 갖고 보필하는 포부지보抱負之輔가 없다면 곧 사직이 위태롭게 되고, 천하가 기울어져 어지럽게 됩니다. 선제는 폐하가 현성賢聖하고 통명通明한 덕행과 인애仁愛하고 효순孝順한 은혜를 지니고 있는 것을 알았습니다. 홀로 아는 지혜인 독견지명獨見之明을 가슴에 품고 속으로 자신의 욕망을 억제하며, 점차 후궁들이 분만을 위해 설치한 측실을 폐하고, 자신의 소생인 힘없는 미사微嗣로 인한 화란禍亂의 뿌리를 끊은 이유입니다. 모두 보위를 폐하에게 전해 종묘를 안정시키기 위해 그리한 것입니다. 어리석은 신 등은 이미 나라의 안위에 관한 일을 깊이 있게 인용해 장구한 계책인 금궤지계金匱之計[90]를 만들어내지 못합니다. 또한 성덕을 널리 선양하며 선제의 유지를 서술할 줄도 모르면서 이내 궁궐 안에서 빚어진 일을 뒤집어 조사하는 반복교성反覆校省을 통해 사적인 연회인 사연私燕을 폭로함으로써 선제의 호색과 과오를 무고하여 더럽히는 무오誣汚를 행하고 있습니다. 선제의 총첩寵妾이 다른 후궁을 질투하며 죽이는 투모지주妒媢之誅를 행하여 현성賢聖의 멀리 내다보는 원견지명遠見之明을 잃은 것 등을 밝히는 것은 오히려 나라를 걱정하는 선제의 우국지의憂國之意를 위배하고 거스르는 것입니다! 무릇 큰 덕을 지닌 사람을 평할 때는 세속적인 편견에 구애받지 않는 대덕불구속大德不拘俗, 큰 공을 세울 때는 많은 사람의 뜻에 영합하지 않는 입대공불합중立大功不合衆의 이치가 있습니다. 이는 효성황제의 지극한 생

90 금궤지계金匱之計를 두고 안사고는 『한서』「외척전外戚傳 하」에 대한 주에서 풀이하기를, "금궤金匱는 장구한 계책을 가히 금궤 내지 석실石室에 수장할 만하다는 취지에서 나온 것이다."라고 했다. 통상 금궤金櫃로 표현한다. 가의贾谊의 『신서新书』는 금궤金鐀로 표현해 놓았다.

각으로 중신衆臣들보다 만만萬萬 즉 1억 배나 뛰어난 점입니다. 폐하의 성덕은 성무盛茂하여 황천皇天의 뜻에 부합符合하니, 어찌 당세當世의 용렬하여 변변치 못한 신하인 두소지신斗筲之臣들이 감히 미칠 수 있는 것이겠습니까? 게다가 군부君父의 미덕을 널리 알리며 추종하고, 이미 지나간 잘못을 고치고 없애는 것은 고금의 통의通義입니다. 일을 당했을 때 굳게 다퉈서는 안 되고, 미리 대비해 화를 막아야 합니다. 선제가 생존해 있을 때는 이의 없이 그대로 좇는 아종阿從을 하며 애교로 사랑을 받는 용미容媚를 추구하다가, 선제가 안가晏駕를 한 후에는 존호가 이미 확정되고 만사가 이미 끝났는데도 이내 만회할 수 없는 옛날 일인 불급지사不及之事를 집요하게 뒤지는 탐추探追를 하고 어두워서 잘 보이지 않는 잘못인 유매지과幽昧之過를 드러내 폭로하는 알양訐揚을 하고 있습니다. 이는 신이 심통深痛해 하는 것입니다! 원컨대 유사에게 사안을 내려 보내 의논하게 하고, 즉시 신이 말하는 바와 같으면 천하에 선포해 모든 사람이 이번에 선제의 성의聖意를 제기한 취지를 알도록 해야 합니다. 그리하지 않으면 헛된 비방과 논의가 선제의 능묘인 산릉山陵에 이르게 되고, 마침내 아래로 흘러 후대에 전해질 것입니다. 멀게는 사방의 이적인 백만百蠻에게 전해지고, 가깝게는 해내에 유포될 것입니다. 이는 결코 보위를 폐하에게 부탁한 선제의 뜻이 될 수 없습니다. 대개 효孝의 기본 취지는 부친의 유지를 잘 지키고, 선인이 이루지 못한 사업을 잘 마무리하는 데 있습니다. 오직 폐하의 성찰省察이 있기를 바랍니다!"

황제 역시 자신이 선제의 태자가 된 데에는 태후인 조비연의 도움이 컸다고 생각해 마침내 조씨 집안에 대한 추궁을 끝까지 행하지 않았다. 부태후傅太后도 태후 조비연의 은혜에 감격해하고 있었고, 조비연 역시 한애제에게 의지하는 귀심歸心을 하고 있었다. 태황태후太皇太后 왕정군을 비롯한 왕씨들이 모두 이들을 원망한 이유다.

4) 1월 4일, 광록대부 부희傅喜가 대사마에 제수되고, 고무후高武侯에 봉해졌다.

5) 가을 9월 15일, 운석隕石이 우虞하남성 우성현에 2개 떨어졌다.

6) 낭중령郎中令 영포泠褒와 황문랑黃門郎 단유段猶 등이 다시 상주했다.

"정도공황태후定陶共皇太后와 공황후共皇后 모두 다시 번국藩國인 정도국의 명칭을 끌어다가 태후 등의 대호大號 앞에 붙여서는 안 됩니다. 거마車馬와 의복衣服 모두 의당 '황皇'의 뜻에 부합해야 하고, 2천석 이하의 관원을 두어 각자 그 직책을 다하도록 하고, 의당 공황共皇을 위해 경사京師에 사당을 세워야 합니다."

황상이 다시 논의하게 하자 군하群下 대부분이 그 지시를 좇아 이같이 건의했다.

"모이자귀母以子貴인 까닭에 의당 존호尊號를 올려 효도를 두텁게 해야 합니다."

오직 승상 공광孔光과 대사마 부희傅喜, 대사공 사단師丹만은 불가하다고 생각했다. 사단이 말했다.

"성왕聖王은 예제를 만들면서 법을 천지天地에서 취했습니다. 존비尊卑는 천지의 위치를 바르게 하기 위한 것으로 어지럽게 만들 수 없는 것입니다. 지금 정도공황태후定陶共皇太后와 공황후共皇后에게 '정도공定陶共'이라는 명호를 붙이는 것은 어미는 자식을 따르고 아내는 남편을 따르는 '모종자母從子, 처종부妻從夫'의 의리를 좇은 것입니다. 나아가 관청을 세워 관원을 두면서 거복車服에서 그 예우를 태황태후와 나란히 하도록 하면 존위尊位는 둘이 있을 수 없다는 '존무이상尊無二上'의 의리를 밝힐 길이 없게 됩니다. 정도공황定陶共皇으로 추존된 정도왕 유강의 시호는 이미 앞서 확정된 것으로, 의리에 비춰 다시 고칠 수는 없습니다.

『예기』는 이르기를, '부친이 사士이고 아들이 천자가 되면 부친을 제사 지낼 때 아들은 비록 천자의 예법으로 제사를 지낼지라도 부친의 빈복殯服은 사士의 복장을 한다'[91]고 했습니다. 아들은 아비에게 작위를 줄 수 없다는 취지로, 이는 부모를 존경하는 길이기도 합니다. 다른 사람의 뒤를 이은 사람은 그 사람을 위해 아들이 되는 것입니다. 뒤를 잇게 된 사람을 위해 가장 무거운 상례인 참최斬衰 3년을 하는 이유입니다. 이 경우 자신을 낳아준 부모에 대한 상례는 1년으로 낮춥니다. 뒤를 잇게 된 가문의 조상인 본조本祖를 높이고 정통正統을 중시하려는 것입니다. 효성황제의 성은聖恩은 심원深遠합니다. 정도공왕 유강을 위해 후사를 세워 제사를 봉승奉承하게 하고, 공황共皇으로 하여금 장구히 번국의 태조太祖가 되어 만세토록 제사를 받도록 조치했으니 그 은의恩義가 이미 완비된 셈입니다. 폐하는 이미 선제를 계체繼體한 만큼 대종大宗의 중요한 위치를 지녔고, 종묘宗廟와 천지天地와 사직社稷의 제사를 이었습니다. 의리 상 다시 정도공황을 받들어 그 사당에 들어가 제사를 지낼 수 없습니다. 이제 경사京師에 사당을 세우고 신하들로 하여금 제사를 지내게 하면 결국 주인이 없는 제사를 지내는 게 됩니다. 또 시간이 지나 고조와 증조, 조, 부 등 4대의 사당인 친묘親廟를 벗어나는 친진親盡의 대상이 되면 사당은 의당 사라집니다. 공연히 일국一國의 태조가 되어 끊이지 않는 제사를 받는 자리를 떠나, 주인도 없고 의당 훼철될 수밖에 없는 바르지 못한 제례祭禮의 길로 나아가는 것은 공황을 존경하며 두텁게 하는 존후尊厚의 길이 아닙니다."

91 이 구절의 원문은 '부위사父為士, 자위천자子為天子, 제이천자祭以天子, 기시복이사복其尸服以士服'이다. 『예기』「복상소기服喪小記」의 '부위사父爲士, 자위천자제후子爲天子諸侯, 즉제이천자제후則祭以天子諸侯, 기시복이사복其尸服以士服' 구절에서 인용한 것이다.

사단은 이로 인해 황상의 뜻과 점차 맞지 않게 됐다.

마침 어떤 사람이 상서했다.

"옛날에는 귀갑龜甲과 조개껍질을 화폐로 사용했으나 지금은 전錢으로 바뀠습니다. 이로 인해 백성들이 가난해졌으니 의당 화폐를 바꿔야 합니다."

황상이 사단에게 묻자 사단이 바꿀 수 있다고 대답했다. 글을 유사에게 내려 의논하게 하자 모두 전錢을 사용한 게 오래된 까닭에 문득 변역變易하는 것은 어렵다고 대답했다. 사단은 노인인 까닭에 앞서 한 말을 잊고 공경들이 의논한 내용을 다시 추종했다. 이때 사단이 휘하 관원을 시켜 상주문을 쓰게 하자 해당 관원이 사사로이 초안을 써 놓았다. 정씨丁氏와 부씨傅氏子의 자제들이 이 소식을 듣고는 다른 사람을 시켜 상서했다.

"사단은 은밀히 상주하는 봉사封事를 올리면서 길을 가는 사람조차 그 글을 들고 다니게 만들었습니다."

황상이 장군을 비롯해 궁정에서 일하는 중조신中朝臣들에게 묻자 모두 대답했다.

"충신은 드러나지 않게 간諫합니다. 대신의 주사奏事는 의당 누설돼서는 안 됩니다. 마땅히 사안을 정위廷尉로 보내 다스려야 합니다."

사안이 정위에게 내려가자 정위가 사면 받지 못하는 죄목인 대불경大不敬으로 탄핵했다. 사안이 아직 결말이 나지 않았을 때 급사중給事中·박사博士 신함申咸과 계흠炔欽이 상서했다.

"사단은 경전과 덕행에서 비교할 바가 없는 자입니다. 근세近世의 대신들 가운데서도 능히 사단과 같은 자는 적습니다. 분만憤懣의 마음을 드러내 봉사封事를 올리면서 심사원려深思遠慮를 하지 못하고 주부主簿로 하여금 이를 쓰게 했습니다. 누설된 잘못이 사단에게 있는 것도 아닌데 이를 이유로 폄출貶黜하면 많은 사람들의 마음을 흡족하게 만들지 못하는 불염不厭의 상황이 빚어질까 우려됩니다."

황상이 신함과 계흠을 각각 2등급씩 강등시켜 녹질을 600석에서 400석으로 내렸다. 마침내 책서策書로 면직시키며 이같이 말했다.

"짐은 오직 그대의 자리가 높고 맡은 임무가 무겁다고 생각했소. 그런데도 속일 생각으로 나라를 미혹하게 하고, 행동거지가 조명詔命에 위배되고, 이랬다저랬다 하며 앞뒤로 다른 말을 하니 심히 그대를 위해 부끄럽게 생각하오! 그대는 일찍이 짐이 태자로 있을 때 태자태부 자리를 의탁한 적이 있어 아직은 차마 정위로 보내지 않았소. 대사공大司空과 고락후高樂侯의 인수를 올려 보내고, 파직한 뒤 돌아가도록 하시오!"

상서령 당림唐林이 상소했다.

"가만히 살펴보건대, 대사공을 면직시키는 책서策書는 대단히 심통深痛하고 비절悲切했습니다! 군자君子는 글을 쓰면서 현자를 위해 기휘忌諱하는 게 있습니다. 사단은 경전에서는 세상에서 유자儒者들의 종사宗師인 유종儒宗, 덕행에서는 나라의 어른인 황구黃耇로 통합니다. 친히 성궁聖躬을 가르쳤고, 삼공三公의 자리에 있었습니다. 연루된 것은 미미하고, 해내에서는 아직 그의 큰 허물을 보지 못했습니다. 이미 지나간 일에 관한 사안인데도 면작免爵은 대단히 무겁습니다. 경사京師의 식자識者들은 모두 의당 사단의 작읍爵邑을 복구시켜야 한다고 생각하니 조정에 나와 국정을 논의할 수 있는 봉조청奉朝請을 하도록 해주십시오. 오직 폐하가 많은 사람들의 마음을 재람裁覽하여 사부를 지낸 신하인 사부지신師傅之臣을 위로하고 보답하도록 하십시오!"

황상이 당림의 상소를 좇아 조서를 내리고 사단을 사면한 뒤 관내후의 작위를 내렸다.

황상은 두업杜業의 건의를 받아들여 후장군으로 있다가 탄핵된 주박

朱博을 소견한 뒤 다시 관직에 복귀시키는 기복起復을 하여 광록대부로 삼았다가 이내 경조윤으로 자리를 옮기게 했다.

겨울 10월 13일, 주박을 대사공으로 삼았다.

7) 한원제의 손자로 중산효왕 유흥劉興의 아들인 중산왕 유기자劉箕子는 어렸을 때 백내장인 생병眚病이 있었다. 조모祖母인 풍태후馮太后가 손수 양시養視하면서 자주 재액을 풀어달라고 기도했다. 황상이 중랑알자中郎謁者 장유張由를 시켜 의원을 데리고 가 치료하게 했다. 장유는 평소 정신착란의 광역병狂易病을 앓았다. 이내 발병해 화를 내며 떠난 뒤 서쪽 장안으로 돌아왔다. 상서尚書는 장유가 멋대로 떠난 상황을 문서로 꾸짖는 부책簿責을 했다. 중랑알자 장유가 두려운 나머지 중산태후中山太后 풍씨가 황상과 부태후에 대해 기도를 올리며 저주하는 축저祝詛를 했다고 무함誣陷했다.

원래 부태후와 풍태후는 나란히 첩여로 있으면서 한원제를 섬겼다. 한원제와 함께 호랑이 우리인 호권虎圈으로 관람 차 행차했다가 우리를 탈출한 곰이 전殿 위로 오르려고 할 때 풍첩여馮婕妤만이 앞으로 나아가 곰을 마주한 덕분에 곰을 격살格殺한 공으로 인해 총애 경쟁에서 패한 부태후는 앙심을 품고 있다가 이 일을 계기로 옛일을 원망하는 추원追怨을 했다. 어사御史 정현丁玄을 보내 세밀히 조사하는 안험案驗을 시행한 이유다. 그러나 수십 일이 지나도록 아무런 소득이 없었다. 다시 중알자령中謁者令 사립史立으로 하여금 이 문제를 처리하게 했다. 사립은 부태후의 지시를 받고는 봉후封侯를 기대하면서 풍태후의 여동생인 풍습馮習이 제부弟婦인 군지君之를 추궁했다. 이에 연루되어 죽은 사람이 수십 명에 달했다. 이내 풍태후를 무고하는 상주문을 올렸다.

"축저祝詛를 통해 황상을 모살謀殺하고, 중산왕을 옹립하려 했습니다."

풍태후를 책문責問했으나 승복의 대답인 복사服辭를 얻지 못했다. 중알자령 사립이 말했다.

"전에 공이 전殿 위로 오르려고 했을 때는 그 얼마나 용감했는데, 지금은 어찌하여 이토록 겁을 먹는 것입니까?"

풍태후가 좌우를 돌아보며 말했다.

"이는 궁중 안에서 벌어진 일인데 중알자령이 이를 어찌 알고 있는 것인가? 이는 나를 무함에 빠뜨리려는 것이다!"

그러고는 이내 음약飮藥해 자살했다. 의향후宜鄕侯 풍참馮參과 군지君之, 풍습馮習과 그의 남편 및 아들 모두 서로 연루되어 자살을 하거나 법에 의해 복주伏誅되는 복법伏法을 당했다. 무릇 죽은 자가 17명에 달했다. 가련히 여기지 않는 사람이 없었다.

사례司隸 소속 손보孫寶가 풍씨 사건을 다시 다루는 복치覆治를 주청하자 부태후가 대로했다.

"황제가 사례司隸를 두고 주로 나를 살피게 하려는 것이다! 풍씨가 모반한 사정이 명백한데 손보는 고의로 도발하는 적결擿抉을 통해 나의 악행을 드러내려는 것이다. 나는 의당 이것에 연루될 것이다!"

황상이 이내 이 지시를 좇아 순보를 감옥으로 내려 보냈다. 상서복야尙書僕射 당림이 이를 다투자 황상은 당림을 붕당을 만들어 무리를 감싸고 도는 붕당비주朋黨比周의 명목으로 돈황敦煌의 서쪽에 있는 보루를 담당하는 어택장후魚澤障候로 좌천시켰다. 대사마 부희傅喜와 광록대부 공승龔勝이 굳게 다투자 황상이 부태후에게 말을 해 손보를 내보내 복관復官시켰다. 중랑알자 장유는 풍태후의 모반을 미리 고했다는 구실로 관내후의 작위를 내리고, 중알자령 사립은 중태복中太僕으로 승진됐다.

* 孝哀皇帝建平元年

春, 正月, 隕石於北地十六.

赦天下.

司隸校尉解光奏言曰, “臣聞許美伋故中宮史曹宮皆御幸孝成皇帝, 產子. 子隱不見. 臣遣吏驗問, 皆得其狀. 元延元年, 宮有身. 其十月, 宮乳掖庭牛官令舍. 中黃門田客持詔記與掖庭獄丞籍武, 令收置暴室獄, ‘毋問兒男·女, 誰兒也’ 宮曰, ‘善臧我兒胞, 丞知是何等兒也’ 後三日, 客持詔記與武, 問, ‘兒死未’ 武對, ‘未死’ 客曰, ‘上與昭儀大怒, 奈何不殺’ 武叩頭啼曰, ‘不殺兒, 自知當死. 殺之, 亦死’ 即因客奏封事曰, ‘陛下未有繼嗣, 子無貴賤, 唯留意’ 奏入, 客復特詔記取兒, 付中黃門王舜. 舜受詔, 內兒殿中, 為擇乳母, 告‘善養兒, 且有賞, 毋令漏洩’ 舜擇官婢張棄為乳母. 後三日, 客復持詔記幷藥以飲宮. 宮曰, ‘果也欲姊弟擅天下! 我兒, 男也, 額上有壯髮, 類孝元皇帝. 今兒安在? 危殺之矣! 奈何令長信得聞之’ 遂飲藥死. 棄所養兒十一日, 宮長李南以詔書取兒去, 不知所置. 許美人元延二年懷子, 十一月乳. 昭儀謂成帝曰, ‘常紿我言從中宮來. 即從中宮來, 許美人兒何從生中! 許氏竟當復立邪’ 懟, 以手自擣, 以頭擊壁戶柱, 從床上自投地, 啼泣不肯食, 曰, ‘今當安置我, 我欲歸耳’ 帝曰, ‘今故告之, 反怒為, 殊不可曉也’ 帝亦不食. 昭儀曰, ‘陛下自知是, 不食何為! 陛下嘗自言曰, “約不負女!” 今美人有子, 竟負約, 謂何’ 帝曰, ‘約以趙氏, 故不立許氏, 使天下無出趙氏上者, 毋憂也’ 後詔使中黃門靳嚴從許美人取兒去, 盛以葦篋, 置飾室簾南去. 帝與昭儀坐, 使御者于客子解篋緘, 未已, 帝使客子及御者皆出, 自閉戶, 獨與昭儀在. 須臾開戶, 呼客子使緘封篋, 及詔記令中黃門吳恭持以與籍武曰, ‘告武, 篋中有死兒, 埋屛處, 勿令人知’ 武穿獄樓垣下為坎, 埋其中. 其它飲藥傷墮者無數事, 皆在四月丙辰赦令前. 臣謹案. 永光三年, 男子忠等發長陵傅夫人冢. 事更大赦, 孝元皇帝下詔曰, ‘此朕所不當得赦也' 窮治, 盡伏辜. 天下以為當. 趙昭儀傾亂聖朝, 親滅繼嗣, 親屬當伏天誅. 而同產親屬皆在尊貴之位, 迫近帷幄, 群下寒心, 請事窮竟!" 丞相以下議正法, 帝於是免新成侯趙欽·欽兄子成陽侯訢皆為庶人, 將家屬徙遼西郡.

議郎耿育上疏言曰, "臣聞繼嗣失統, 廢適立庶, 聖人法禁, 古今至戒. 然太伯見歷知適, 逡循固讓, 委身吳·粵, 權變所設, 不計常法, 致位王季, 以崇聖嗣, 卒有天下, 子孫承業七八百載, 功冠三王, 道德最備, 是以尊號追及太王. 故世必有非常之變, 然後乃有非常之謀. 孝成皇帝自知繼嗣不以時立, 念雖末有皇子, 萬歲之後未能持國, 權柄之重, 制於女主, 女主驕盛則耆欲無極, 少主幼弱則大臣不使, 世無周公抱負之輔, 恐危社稷, 傾亂天下. 知陛下有賢聖通明之德, 仁孝子愛之恩, 懷獨見之明, 內斷於身, 故廢後宮就館之漸, 絕微嗣禍亂之根, 乃欲致位陛下以安宗廟. 愚臣既不能深援安危, 定金匱之計, 又不知推演聖德, 述先帝之志, 乃反覆校省內, 暴露私燕, 誣污先帝傾惑之過, 成結寵妾妒媚之誅, 甚失賢聖遠見之明, 逆負先帝憂國之意! 夫論大德不拘俗, 立大功不合眾, 此乃孝成皇帝至思所以萬萬於眾臣, 陛下聖德盛茂所以符合於皇天也, 豈當世庸庸斗筲之臣所能及哉! 且褒廣將順君父之美, 匡救銷滅既往之過, 古今通義也. 事不當時固爭, 防禍於未然, 各隨指阿從以求容媚. 晏駕之後, 尊號已定, 萬事已訖, 乃探追不及之事, 訐揚幽昧之過, 此臣所深痛也! 願下有司議, 即如臣言, 宜宣佈天下, 使咸曉知先帝聖意所起. 不然, 空使謗議上及山陵, 下流後世, 遠聞百蠻, 近布海內, 甚非先帝托後之意也. 蓋孝子, 善述父之志, 善成人之事, 唯陛下省察!" 帝亦以為太子頗得趙太后力, 遂不竟其事. 傅太后恩趙太后, 趙太后亦歸心, 故太皇太后及王氏皆怨之.

丁酉, 光祿大夫傅喜為大司馬, 封高武侯.

秋, 九月, 甲辰, 隕石於虞二. 郎中令泠褒·黃門郎段猶等復奏言曰, “定陶共皇太后·共皇后, 皆不宜復引定陶藩國之名, 以冠大號. 車馬·衣服宜皆稱皇之意, 置吏二千石以下, 各供厥職. 又宜為共皇立廟京師.” 上復下其議, 群下多順指言曰, “母以子貴, 宜立尊號以厚孝道.” 唯丞相光·大司馬喜·大司空丹以為不可. 丹曰, “聖王制禮, 取法於天地. 尊卑者, 所以正天地之位, 不可亂也. 今定陶共皇太后·共皇后以‘定陶共’為號者, 母從子, 妻從夫之義也. 欲立官置吏, 車服與太皇太后幷, 非所以明‘尊無二上’之義也. 定陶共皇號謚已前定, 義不得復改. 禮, ‘父為士, 子為天子, 祭以天子, 其尸服以士服’, 子無爵父之義, 尊父母也. 為人後者為之子, 故為所後服斬衰三年, 而降其父母期, 明尊本祖而重正統也. 孝成皇帝聖恩深遠, 故為共王立後, 奉承祭祀, 令共皇長為一國太祖, 萬世不毁, 恩義已備. 陛下既繼體先帝, 持重大宗, 承宗廟·天地·社稷之祀, 義不可復奉定陶共皇祭入其廟. 今欲立廟於京師, 而使臣下祭之, 是無主也. 又, 親盡當毁. 空去一國太祖不墮之祀, 而就無主當毁不正之禮, 非所以尊厚共皇也.” 丹由是浸不合上意.

會有上書言曰, “古者以龜·貝為貨, 今以錢易之, 民以故貧, 宜可改幣.” 上以問丹, 丹對言可改. 章下有司議, 皆以為行錢以來久, 難卒變易. 丹老人, 忘其前語, 復從公卿議. 又丹使吏書奏, 吏私寫其草. 丁·傅子弟聞之, 使人上書曰, “丹上封事, 行道人遍持其書.” 上以問將軍·中朝臣, 皆對曰, “忠臣不顯諫. 大臣奏事, 不宜漏泄, 宜下廷尉治.” 事下廷尉, 劾丹大不敬, 事未決, 給事中·博士申咸·炔欽上書言曰, “丹經行無比, 自近世大臣能若丹者少. 發憤懣, 奏封事, 不及深思遠慮, 使主簿書, 漏泄之過不在丹, 以此貶黜, 恐不厭衆心.” 上貶咸·欽秩各二等. 遂策免丹曰, “朕惟君位尊任重, 懷諼迷國, 進退違命, 反覆異言, 甚為君恥之! 以君嘗托傅位, 未忍考於理, 其上大司空·高樂侯印綬, 罷歸!”

尚書令唐林上疏曰, “竊見免大司空丹策書, 泰深痛切! 君子作文, 為賢者諱. 丹, 經為世儒宗, 德為國黃耇, 親傅聖躬, 位在三公. 所坐者微, 海內未見其大過. 事既以往, 免爵太重. 京師識者咸以為宜復丹爵邑, 使奉朝請. 唯陛下裁覽眾心, 有以尉復師傅之臣!” 上從林言, 下詔, 賜丹爵關內侯.

上用杜業之言, 召見朱博, 起家復為光祿大夫. 遷京兆尹. 冬, 十月, 壬午, 以博為大司空.

中山王箕子, 幼有眚病, 祖母馮太后自養視, 數禱祠解. 上遣中郎謁者張由將醫治之. 由素有狂易病, 病發, 怒去, 西歸長安. 尚書簿責由擅去狀, 由恐, 因誣言中山太后祝詛上及傅太后. 傅太后與馮太后幷事元帝, 追怨之, 因是遣御史丁玄案驗. 數十日, 無所得. 更使中謁者令史立治之. 立受傅太后指, 冀得封侯, 治馮太后女弟習及弟婦君之, 死者數十人, 誣奏云, “祝詛, 謀殺上, 立中山王.” 責問馮太后, 無服辭. 立曰, “熊之上殿何其勇, 今何怯也!” 太后還謂左右曰, “此乃中語, 前世事, 吏何用知之? 欲陷我效也!” 乃飮藥自殺. 宜鄉侯參·君之·習夫及子當相坐者, 或自殺, 或伏法, 凡死者十七人. 眾莫不憐之.

司隸孫寶奏請覆治馮氏獄, 傅太后大怒曰, “帝置司隸, 主使察我! 馮氏反事明白, 故欲擿抉以揚我惡, 我當坐之!” 上乃順指, 下寶獄. 尚書僕射唐林爭之, 上以林朋黨比周, 左遷敦煌魚澤障候. 大司馬傅喜·光祿大夫龔勝固爭, 上為言太后, 出寶, 復官. 張由以先告, 賜爵關內侯. 史立遷中太僕.

** 권34-한기漢紀 26: 양웅이 상서해 간하다

한애제 건평 2년(BC 5)

1) 봄 정월, 패성孛星이 견우성牽牛星의 자리에 나타났다.

2) 한애제의 외가인 정씨丁氏와 조모의 집안인 부씨傅氏의 종족宗族이 교사驕奢한 모습을 보였다. 이들 모두 부희傅喜의 공검恭儉을 질투한 이유다. 또 부태후는 존호로 불리면서 한성제의 모친인 태황태후 왕정군과 똑같은 대우를 받고자 했다. 부희傅喜는 공광孔光 및 사단師丹과 함께 불가不可를 고집했다. 황상은 대신들의 정당한 의론인 정의正議를 위배하기도 어려웠고, 안으로는 부태후의 핍박을 받은 까닭에 어정쩡한 상황에서 1년여를 유예하며 아무런 결정도 내리지 못했다.

부태후가 대로하자 황상이 부득이 먼저 사단을 면직시키는 수법으로 부희를 느껴 움직이는 감동感動을 시키려고 했다. 부희가 끝내 순종하지 않았다. 주박朱博과 공향후孔鄕侯 부안傅晏이 서로 연결돼 함께 존호 문제를 매듭짓고자 했다. 군주가 퇴조退朝한 후 한가할 때 신하들을 접견하는 연견燕見을 자주 하면서, 봉사封事를 올려 부희와 공광의 단점을 헐뜯었다.

1월 20일[92], 황상이 마침내 부희를 책서策書로 면직시키는 책면策免을

92 본문은 '정축丁丑'이다. 당시 1월에는 정축일이 없다. 『한서』는 1월 20일인 정미丁

한 뒤 제후의 신분으로 집으로 돌아가는 취제就第를 하도록 했다.

한성제 때 대사공의 관직이 생기면서 어사대부 관직은 이미 철폐됐다. 논의하는 자들은 대부분 고금의 제도는 서로 다르고, 한나라의 경우는 천자의 호칭에서 아래로 좌사佐史에 이르기까지 모두 옛날 제도와 다르다고 생각했다. 그런 상황에서 오직 삼공三公의 제도만 고치면 직책과 직무인 직사職事를 분명히 구분하기도 어렵고, 국정의 혼란을 막는데도 아무런 도움이 되지 않는다고 여겼다. 대사공 주박이 상주했다.

"고사故事에 따르면 군국郡國의 태수나 재상 가운데서 가장 우수한 사람을 선발해 중2천석의 관원으로 삼고, 이들 중2천석 가운데 어사대부를 선발하고, 어사대부가 직무를 잘 수행하면 승상으로 삼는다고 했습니다. 위차位次에 순서를 둔 까닭에 성덕聖德과 나라의 재상인 국상國相을 존중할 수 있었습니다. 지금 중2천석 가운데 어사대부를 거치지 않은 채 승상이 되는 까닭에 권위가 가볍게 됐으니, 이는 국정을 중시하는 게 아닙니다. 신의 우견愚見으로는 대사공의 관직은 철폐하고, 어사대부의 자리를 다시 설치하는 게 옛 제도를 준봉遵奉하는 길이라고 봅니다. 신은 원컨대 다시 설치되는 어사대부의 직책에 진력盡力해 백료百僚의 모범인 표솔表率이 되고자 합니다!"

황상이 이를 좇았다.

여름 4월 2일, 대사공 주박의 직책을 바꿔 어사대부로 삼았다. 또 공황후인 태후 정씨丁氏의 오라비인 양안후陽安侯 정명丁明을 대사마·위장군衛將軍으로 삼고, 관속을 두게 했다. 대사마에게 붙인 관호冠號는 이전과 같게 했다.

未로 기록해 놓았다. '정축'은 '정미'의 오사誤寫일 공산이 크다. 번역문은 1월 20일로 바꿔 놓았다.

3) 부태후가 또 스스로 승상과 어사대부에게 조서를 내려 사촌동생인 부희傅喜를 내치게 했다.

"고무후高武侯 부희는 아랫사람에게 붙어 윗사람을 속이는 부하망상附下罔上과 옛 대사공인 사단과 함께 같은 마음으로 배반背畔하여 명령을 방기하고 종족을 훼손하는 방명비족放命圮族을 행했다. 봉조청奉朝請은 마땅하지 않으니 봉국으로 내보내도록 하라."

4) 승상 공광孔光은 선제의 재위 당시 후사 문제를 의논할 때부터 이견을 갖고 있어 부태후와 틈이 벌어졌고, 또 부태후의 지시를 거듭 어겼다. 이로 인해 부씨 성을 가진 자로서 관직에 있는 자와 주박이 표리表裡를 이뤄 내조內朝와 외조外朝에서 안팎으로 공광을 헐뜯고 무함하는 훼참毁譖을 했다.

4월 19일, 책서策書로 주광을 면직시켜 서인으로 삼았다. 어사대부 주박을 승상으로 삼고, 양향후陽鄕侯에 봉했다. 이어 소부少府 조현趙玄을 어사대부로 삼았다. 두 사람 모두 처음으로 승상 또는 어사대부에 제수되는 사람을 위해 황상이 전殿 위에 올라가 책서策書를 내리는 이른바 연등延登의 방식으로 책서를 받았다. 이때 종이 울리는 것 같은 큰 소리가 났다. 전殿에 있는 궁정의 금위관인 낭관郎官과 이속吏屬들이 모두 들었다. 황상이 황문시랑黃門侍郎[93]인 촉군蜀郡 사천성 성도시 출신 양웅揚雄과 이심李尋에게 그 연유를 물었다. 먼저 이심이 대답했다.

"이는 『홍범오행전洪範五行傳』에서 말한 괴이한 소리인 이른바 고요鼓妖라는 것입니다. 스승의 가르침에 따르면 인군人君의 이목이 닫혀 있어 많은 사람에게 미혹된 탓에 어떤 사람이 헛된 명성인 공명空名으로 조정

---

93 황문시랑黃門侍郎은 급사중給事中과 황문랑黃門郎을 합쳐 설치한 관직으로 급사황문시랑給事黃門侍郎이라고 불렀다. 궁중에 출입하며 상서尙書의 업무를 도왔다.

에 들어와 중요 직책을 맡게 되면 아무 형태가 없는 이런 괴이한 소리가 들립니다. 그 소리가 들리는 곳을 알 길이 없습니다. 『홍범오행전』에 이르기를, '고요는 세歲·월月·일日의 중간에 출현하고, 정경正卿이 재난을 입게 된다'고 했습니다. 지금 4월이고, 진시辰時와 사시巳時 가운데 이상한 일이 있었으니 이는 하루의 중간에 해당합니다. 정경正卿은 집정대신執政大臣을 말하는 것입니다. 의당 승상 주박과 어사대부 조현을 물러나게 하여 천변天變에 순응하십시오. 물러나게 하지 않을지라도 1년이 채 안 돼 그는 스스로 재앙을 입을 것입니다."

양웅도 이같이 대답했다.

"고요鼓妖는 듣는 일을 상실하게 되는 것을 상징합니다. 승상 주박은 사람이 강의強毅하고, 권모權謀가 많습니다. 장수로 삼는 것은 타당하나 재상으로 삼는 건 타당하지 않습니다. 흉악하고 급한 질병으로 하늘의 노여움이 나타날까 두렵습니다."

황상이 듣지 않았다.

주박이 이미 승상이 되자 황상이 마침내 이같이 하조下詔했다.

"정도공황定陶共皇의 칭호에는 마땅히 더 이상 '정도定陶'라는 말을 덧붙이지 말라. 공황태후共皇太后는 제태태후帝太太后로 호칭하며 영신궁永信宮으로 부르고, 공황후共皇后는 제태후帝太后로 호칭하며 중안궁中安宮으로 부르도록 하라. 공황共皇을 위해 경사에 침묘寢廟를 세우고, 선제宣帝의 부친 유진劉進에게 도황고悼皇考의 존호를 올린 제도에 비춰 시행하라."

이로써 한성제의 모친인 태황태후 왕정군, 한성제의 부인인 황태후 조비연, 제태태후帝太太后로 호칭이 바뀐 한애제의 조모인 부태후, 제태후帝太后로 명칭이 바뀐 한애제의 모친인 정태후 등 모두 4명의 태후에게 각각 소부少府와 태복太僕을 두었다. 녹질은 모두 중2천석이었다.

부태후는 '제태태후'의 존호를 받은 이후 더욱 교만해졌다. 태황태후 왕정군에게 말을 건네면서 할멈을 뜻하는 '구嫗'의 표현을 썼다. 이때 정씨와 부씨는 1–2년 사이에 갑자기 늘어나 더욱 번성한 모습을 보였다. 공경과 열후가 된 자가 매우 많았다. 그러나 한애제는 권세를 많이 빌려주지는 않은 까닭에 한성제 때의 외척인 왕씨가 극성했던 것만큼은 아니었다.

5) 승상 주박과 어사대부 조현이 상주했다.

"전에 고창후高昌侯 동굉董宏이 가장 먼저 존호를 올리는 논의를 했습니다. 관내후 사단師丹이 이를 탄핵하는 상주문을 올린 탓에 면직되어 서인이 됐습니다. 당시 천자는 상복喪服인 최조衰粗를 입고 있었던 까닭에 정사를 사단에게 맡겼습니다. 사단은 존호를 널리 기리는 포광褒廣을 할 생각을 하지 않고 망령된 칭호에 관한 설을 갖고 존호를 억누르고 폄하했습니다. 효도를 휴손虧損하게 했으니 그 불충이 실로 막대합니다! 이제 폐하가 인성仁聖한 덕분에 소연昭然히 존호를 정하게 됐습니다. 동굉은 충요忠孝를 행했으니 다시 고창후에 봉하고, 사단은 악역惡逆이 현저히 드러났으니 비록 사면령을 받았다고는 하나 작읍爵邑을 허용해서는 안 됩니다. 청컨대 그의 관내후 작위를 면작免爵시키고 서인으로 삼도록 하십시오."

황상이 상주문이 가하다고 했다. 다시 상주했다.

"신도후新都侯 왕망이 전에 대사마로 있었습니다. 높은 사람을 높이는 존존尊尊의 뜻을 널리 펴지 않고 존호를 억폄抑貶하여 효도를 훼손하려 했습니다. 의당 잡아서 드러내놓고 주살하는 현륙顯戮을 해야 합니다. 다행히 사면령을 받았다고는 하나 작토爵土를 보유하는 것은 마땅치 않습니다. 청컨대 면작을 시켜 서인으로 삼으십시오."

황상이 말했다.

"왕망은 태황태후와 친척인 까닭에 면작을 할 수 없다. 밖으로 내보내 봉국으로 가게 하라."

평아안후平阿安侯 왕담王譚의 아들인 평아후平阿侯 왕인王仁의 경우는 조소의趙昭儀의 친속親屬을 숨겨준 까닭에 모두 밖으로 내보내 봉국으로 가게 했다.

당시 천하에는 왕씨에게 억울해 하는 사람이 많았다. 간대부諫大夫 양선楊宣이 봉사封事를 올렸다.

"한원제의 사촌여동생인 효성황후孝成皇后 허씨許氏는 종묘의 중함을 깊이 생각하는 심유深惟를 통해 폐하의 지덕至德을 칭술稱述하며 폐하로 하여금 제왕의 정통인 천서天序를 잇게 했습니다. 성책聖策이 심원深遠했고, 은덕恩德이 지후至厚했습니다. 선제의 본의를 돌이켜 생각하면 어찌 폐하가 자신의 선제의 뒤를 이어 즉위한 뒤 동궁東宮의 태황태후를 받들어 모시게 하려는 취지가 아니겠습니까? 태황태후는 지금 춘추가 70세입니다. 누차 국상國喪으로 인해 우상憂傷을 겪자, 친속에게 칙령敕令을 내려 목을 움추린 채 정씨와 부씨를 피하게 했습니다. 길을 가는 사람들이 이로 인해 상심하며 눈물을 흘리는 운체隕涕를 하고 있으니, 하물며 폐하의 경우이겠습니까? 폐하가 높은 곳에 올라 먼 곳을 바라보는 등고원망登高遠望을 하면 선제의 능침인 연릉延陵이 보일 터인데 어찌 부끄러운 생각이 들지 않겠습니까?"

황제가 그 말에 깊이 감동해 성도후成都侯 왕상王商의 둘째 아들인 왕읍王邑을 다시 성도후에 봉했다.

6) 승상 주박이 다시 상주했다.

"한가漢家의 전례에 따르면 한무제 때 지방장관을 감찰하는 부자사部刺史를 설치한 뒤 600석의 낮은 녹질에도 불구하고 후한 상을 내렸습니다. 모두 공을 세워 즐거이 진취進取하기를 권한 것입니다. 선제 때 자사

제도를 폐지하고 주목州牧을 설치하면서 녹질을 진真2천석으로 하고, 지위는 구경九卿 다음으로 했습니다. 구경 가운데 결원이 생기면 이들 가운데 우수한 자인 고제高第로 자리를 채웠습니다. 그러나 중재中材의 인물이 발탁돼 구차하게 자신의 자리만을 지키는 자수自守를 하면서 주목의 공효功效가 이완돼 폐해지는 능이陵夷 현상이 빚어져 간사하게 불궤不軌를 꾀하는 간궤奸軌를 금하지 못하게 될까 두렵습니다. 신은 청컨대 주목을 철폐하고, 이전처럼 자사를 두도록 하십시오."

황상이 이를 좇았다.

7) 6월 5일, 황상의 생모인 제태후帝太后 정씨丁氏가 붕어했다. 조서를 내려 정도공황定陶共皇의 능원陵園으로 돌려보내 장사지내게 했다. 진류陳留하남성 진류현와 제음濟陰산동성 정도현 부근의 군국郡國에서 5만 명의 인부를 동원해 땅을 파고 봉분을 만들었다.

8) 당초 한성제 때 제齊나라 출신 감충가甘忠可가 『천관력天官歷』과 『포원태평경包元太平經』 12권을 위조 즉 사조詐造를 했다. 그 안에 한가漢家는 천지의 커다란 종말을 만나 의당 하늘로부터 다시 수명受命해야 한다는 내용이 있었다. 이를 발해渤海하북성 창현 출신 하하량夏賀良 등에게 가르쳤다. 중루교위中壘校尉 유향劉向이 상주해 감충가가 귀신을 빌려 황상을 속이고 많은 사람을 현혹하는 망상혹중罔上惑衆을 하고 있다고 비판하며 속히 하옥해 다스리도록 했다. 아직 판결이 이뤄지지 않았을 때 감충가가 병사했다. 제자인 하하량 등이 다시 이를 은밀히 서로 가르치며 전했다. 황상이 즉위하자 사례교위 해광解光과 기도위騎都尉 이심李尋이 하하량 등을 얘기하며 모두 대조황문待詔黃門으로 삼도록 했다. 황상이 자주 소견召見하자 이같이 진설陳說했다.

"제왕이 하늘을 대신해 백성을 다스리는 순서인 한나라의 역수曆數는 도중에 쇠미해지는 까닭에 의당 다시 천명을 받아야 합니다. 한성제는 천

명에 부응하지 못해 후사가 끊어진 것입니다. 지금처럼 폐하가 오랜 질병을 갖고 있으면 변이變異가 누차 발생하게 됩니다. 이는 하늘이 사람에게 견책하며 고하는 견고譴告에 해당합니다. 의당 급히 연호를 고쳐야만 해가 갈수록 더욱 오래 사는 연년익수延年益壽가 가능해지고, 황자皇子가 태어나고, 재이가 사라지게 됩니다. 천도를 일러주었는데 이를 실행하지 않으면 허물과 재앙인 구앙咎殃이 없는 곳이 없게 되고, 홍수가 나고, 재화災火가 일어나 민인民人을 모두 쓸어버리는 척탕滌蕩이 빚어질 것입니다."

황상이 오랫동안 병으로 누워 있는 침질寢疾로 인해 병이 호전될까 기대했다. 마침내 하하량 등의 건의를 좇아 천하에 대사령을 내리고, 건평建平 2년을 태초太初 원년元年으로 삼았다. 이어 칭호를 '진성유태평황제陳聖劉太平皇帝'로 하고, 시간을 재는 물시계의 눈금인 누각漏刻을 120개의 각도刻度로 고쳤다.

9) 가을 7월, 위성渭城섬서성 함양시의 서북쪽 언덕 위에 있는 영릉정永陵亭 일대를 미리 조성하는 능묘인 초릉初陵 즉 수릉壽陵으로 만들었다. 백성들을 미리 이주시켜 거주하는 것을 금했다.

10) 황상이 이미 연호를 고친 후 1달여가 지나도 침질寢疾은 여전했다. 하하량 등은 다시 정사를 멋대로 변경하는 망변妄變을 꾀했으나 대신들이 다퉈 허락할 수 없다고 생각했다. 하하량 등이 상주했다.

"대신들 모두 천명을 모르고 있습니다. 의당 승상과 어사를 물러나게 하고, 사례교위 해광解光과 기도위騎都尉 이심李尋으로 하여금 보정輔政하게 하십시오."

황상은 그의 말이 효험이 없다고 생각해 이해 8월에 조서를 내려 이같이 말했다.

"대조待詔 하하량 등은 건의하기를, '연호를 바꾸는 개원역호改元易號

를 하고, 물시계의 눈금인 누각漏刻을 증대하면 영원히 국가國家인 황제를 편안하게 할 수 있다'고 했다. 짐은 도를 믿는 것이 돈독하지 못해 그 말을 지나치게 믿는 과청過聽을 했다. 백성들이 복을 얻기를 기대한 것이다. 그러나 끝내 좋은 응험인 가응嘉應이 없다. 공자는 말하기를, '허물이 있고도 고치지 않는 것 자체가 바로 허물이다.'[94]라고 했다. 6월 9일의 조서는 사면한 내용을 빼고 연호를 고치고 칭호를 바꾼 것을 모두 폐기하도록 한다. 하하량 등이 도를 배반하고 백성들을 현혹한 반도혹중反道惑衆의 간태奸態는 의당 끝까지 추궁하는 궁경窮竟을 해야 한다."

그러고는 모두 하옥시켰다가 복주伏誅했다. 사례교위 이심과 기도위 해광은 사죄死罪에서 1등급이 감해진 감사일등減死一等 덕분에 죽음을 면하고 돈황군敦煌郡감숙성 돈황현으로 유배를 가게 됐다.

11) 황상의 침질寢疾로 인해 앞선 시대인 전세前世에 일찍이 만들어진 모든 신사神祠를 복구했다. 무릇 700여 곳에 달했다. 하나의 사당에 1년 동안 4번 제사를 지내자 1년 동안 모두 37,000번의 제사를 올리게 됐다고 한다.

12) 부태후는 부희傅喜를 원망하는 마음을 그치지 않았다. 공향후孔鄕侯 부안傅晏으로 하여금 승상 주박을 부추겨 부희를 제후의 자리에서 면작免爵시키는 내용의 상주문을 올리게 했다. 주박이 이 문제를 어사대부 조현趙玄과 상의하자 조현이 말했다.

"이 사안은 이미 결정된 것입니다. 없던 일로 하는 게 마땅치 않겠습니까?"

주박이 말했다.

---

94 원문은 '과이불개過而不改, 시위과의是謂過矣'이다. 『논어』「위령공」에 나오는 공자의 말을 인용한 것이다.

"나는 이미 공향후에게 허락했소. 필부匹夫도 서로 사귀면 죽음으로써 상대를 보복할 수 있는데 하물며 지존至尊인 부태후가 부탁한 경우이겠소! 나 주박에게는 오직 죽음만이 있을 뿐이오!"

조현이 곧바로 허락했다. 주박은 다만 부희만 배척하는 내용의 상주문을 단독으로 올리는 것을 꺼렸다. 이내 전에 대사공大司空을 지낸 니향후氾鄉侯 하무何武가 비슷한 일로 면직돼 봉국으로 돌아간 점에 주목해 함께 상주하는 병주幷奏를 행했다.

"부희와 하무는 관직에 있을 때 모두 정사에 무익했습니다. 비록 이미 물러나 면직돼 있으나 제후로 봉해져 작토爵土를 갖고 있습니다. 이는 마땅치 못한 일입니다. 청컨대 모두 면작하여 서인으로 삼도록 하십시오."

황상은 부태후가 평소 부희에게 원한을 품고 있는 것을 알고, 주박과 조현이 그 뜻을 잇는 승지承指를 한 것으로 의심했다. 즉시 조현을 불러 상서尚書로 오게 한 뒤 정황을 물어보았다. 조현이 자백하는 말인 사복辭服을 했다. 조서를 내렸다.

"좌장군 팽선彭宣과 궁정에 근무하는 관원인 중조中朝[95]와 함께 문초하도록 하라."

패선 등이 탄핵하는 내용의 상주문을 올렸다.

"주박과 조현, 부안傅晏 등은 모두 부도不道하고 불경不敬했습니다. 청컨대 그들을 부른 뒤 황제의 명으로 치죄하는 정위廷尉의 조옥詔獄으로 보내십시오."

황상은 조현의 사죄死罪를 3등급 감하게 하고, 부안의 봉지 내 호구를

95 중조中朝는 궁정에서 근무하는 관원을 가리킨다. 대사마와 좌우장군 및 전후장군 등의 무관을 비롯해 시중과 상시 및 산기散騎 등이 그들이다. 이와 대비되는 것이 문관으로 구성된 외조外朝이다. 주박과 조현이 문관 출신인 까닭에 중조에 근무하는 무관들로 하여금 심문하게 한 것이다.

4분의 1만큼 삭감시키고, 이어 알자謁者에게 임시로 지절持節의 자격을 부여해 승상 주박을 소환한 뒤 정위로 보내고자 했다. 주박이 자살했다. 봉국이 폐제廢除됐다.

13) 9월, 광록훈 평당平當을 어사대부로 삼았다.

겨울 10월 1일, 어사대부 평당을 승상으로 승진시켰다. 겨울에는 제후를 봉할 수 없었던 까닭에 임시로 봉지가 없는 19 등급의 작위인 관내후에 봉했다. 경조윤京兆尹인 평릉平陵 출신 왕가王嘉[96]를 어사대부로 삼았다.

14) 황상이 정씨丁氏와 부씨傅氏를 황제의 손톱과 이빨 역할을 하며 경호를 하는 무관인 이른바 조아관爪牙官에 두려고 했다. 이 해에 책서策書로 좌장군인 회양淮陽 출신 팽선彭宣을 면직시킨 뒤 관내후 자격으로 집에 가도록 했다. 대신 광록훈 정망丁望을 좌장군으로 삼았다.

15) 피살당한 오손의 소곤미小昆彌 말진장末振將의 동생 비원치卑爰疐가 흉노의 서쪽 변경을 침략해 도적질을 하는 침도侵盜를 했다. 선우가 병사를 파견해 수백 명을 죽이고, 1,000여 명을 약취略取하고, 소와 말 등을 몰고 갔다. 비원치는 두려운 나머지 아들 추록趨逯을 흉노에 인질로 보냈다. 선우가 이를 받아들인 뒤 한나라 조정에 정황을 보고했다. 한나라 조정이 사자를 파견해 선우를 책양責讓하며 인질로 온 비원치 아들의 환국 조치를 명했다. 선우가 조서를 받아들여 곧바로 돌려보냈다.

---

96 어사대부 왕가王嘉의 이름이 일부 판본에는 왕희王喜로 나온다. 『자치통감』「한애제 건평 3년조」 이하에서는 모두 '왕가'로 표현되어 있다. '왕가'는 가嘉와 희喜의 글자가 유사한 데 따른 오사誤寫이다. 왕가王嘉는 자가 공중公仲으로 경전에 밝았고, 한애제 때 어사대부와 승상을 지냈다. 동현董贤의 봉후封侯를 반대하다가 하옥된 후 20여 일 동안 절식绝食하다 피를 토하고 죽었다. 훗날 제갈량은 평하기를, "왕가는 명군明君을 만나야 능력을 발휘할 수 있다. 암주暗主를 섬길 수 없었던 이유이다."라고 했다.

** 起柔兆執徐, 盡著雍敦牂, 凡三年.

孝哀皇帝建平二年

春, 正月, 有星孛於牽牛.

丁·傅宗族驕奢, 皆嫉傅喜之恭儉. 又, 傅太后欲求稱尊號, 與成帝母齊尊. 喜與孔光·師丹共執以為不可. 上重違大臣正議, 又內迫傅太后, 依違者連歲. 傅太后大怒, 上不得已, 先免師丹以感動喜. 喜終不順. 朱博與孔鄉侯傅晏連結, 共謀成尊號事, 數燕見, 奏封事, 毀短喜及孔光. 丁丑, 上遂策免喜, 以侯就第.

御史大夫官既罷, 議者多以為古今異制, 漢自天子之號下至佐史, 皆不同於古, 而獨改三公, 職事難分明, 無益於治亂. 於是朱博奏言曰, "故事. 選郡國守相高第為中二千石, 選中二千石為御史大夫, 任職者為丞相. 位次有序, 所以尊聖德, 重國相也. 今中二千石未更御史大夫而為丞相, 權輕, 非所以重國政也. 臣愚以為大司空官可罷, 復置御史大夫, 遵奉舊制. 臣願盡力以御史大夫為百僚率!" 上從之. 夏, 四月, 戊午, 更拜博為御史大夫. 又以丁太后兄陽安侯明為大司馬·衛將軍, 置官屬. 大司馬冠號如故事.

傅太后又自詔丞相·御史大夫曰, "高武侯喜附下罔上, 與故大司空丹同心背畔, 放命圮族, 不宜奉朝請, 其遣就國."

丞相孔光, 自先帝時議繼嗣, 有持異之隙, 又重忤傅太后指. 由是傅氏在位者與朱博為表裡, 共毀譖光. 乙亥, 策免光為庶人. 以御史大夫朱博為丞相, 封陽鄉侯. 少府趙玄為御史大夫. 臨延登受策, 有大聲如鐘鳴, 殿中郎吏陛者皆聞焉. 上以問黃門侍郎蜀郡揚雄及李尋. 尋對曰, "此『洪範』所謂鼓妖者也. 師法, 以為人君不聰, 為眾所惑, 空名得進, 則有聲無形, 不知所從生. 其『傳』曰, '歲·月·日之中, 則正卿受之' 今以四月日加辰·巳有異, 是為中焉. 正卿, 謂執政大臣也.

宜退丞相·御史, 以應天變. 然雖不退, 不出期年, 其人自蒙其咎.” 揚雄亦以為曰, “鼓妖, 聽失之象也. 朱博為人強毅, 多權謀, 宜將不宜相, 恐有凶惡亟疾之怒.” 上不聽.

朱博既為丞相, 上遂用其議, 下詔曰, “定陶共皇之號, 不宜復稱定陶. 尊共皇太后曰帝太太后, 稱永信宮. 共皇后曰帝太后, 稱中安宮. 為共皇立寢廟於京師, 比宣帝父悼皇考制度.” 於是四太后各置少府·太僕, 秩皆中二千石. 傅太后既尊後. 尤驕, 與太皇太后語, 至謂之“嫗.” 時丁·傅以一二年間暴興尤盛, 為公卿列侯者甚眾. 然帝不甚假以權勢, 不如王氏在成帝世也.

丞相博·御史大夫玄奏言曰, “前高昌侯宏, 首建尊號之議, 而為關內侯師丹所劾奏, 免為庶人. 時天下衰粗, 委政於丹, 丹不深惟褒廣尊號之義, 而妄稱說, 抑貶尊號, 虧損孝道, 不忠莫大焉! 陛下仁聖, 昭然定尊號, 宏以忠孝復封高昌侯. 丹惡逆暴著, 雖蒙赦令, 不宜有爵邑, 請免為庶人.” 奏可. 又奏曰, “新都侯王莽前為大司馬, 不廣尊尊之義, 抑貶尊號, 虧損孝道, 當伏顯戮. 幸蒙赦令, 不宜有爵土, 請免為庶人.” 上曰, “以莽與太皇太后有屬, 勿免, 遣就國.” 及平阿侯仁臧匿趙昭儀親屬, 皆遣就國.

天下多冤王氏者. 諫大夫楊宣上封事言曰, “孝成皇帝深惟宗廟之重, 稱述陛下至德以承天序, 聖策深遠, 恩德至厚. 惟念先帝之意, 豈不欲以陛下自代, 奉承東宮哉! 太皇太后春秋七十, 數更憂傷, 敕令親屬引領以避丁·傅, 行道之人為之隕涕, 況於陛下! 時登高遠望, 獨不慚於延陵乎!” 帝深感其言, 復封成都侯商中子邑為成都侯.

朱博又奏言曰, “漢家故事, 置部刺史, 秩卑而賞厚, 咸勸功樂進. 前罷刺史, 更置州牧, 秩真二千石, 位次九卿. 九卿缺, 以高第補. 其中材則苟自守而已. 恐功效陵夷, 奸軌不禁. 臣請罷州牧, 置刺史如故." 上從之. 六月, 庚申, 帝太后丁氏崩, 詔歸葬定陶共皇之園, 發陳留·濟陰近郡國五萬人穿復土.

初, 成帝時, 齊人甘忠可詐造『天官歷』·『包元太平經』十二卷, 言漢家逢天地之大終, 當更受命於天, 以教渤海夏賀良等. 中壘校尉劉向奏忠可假鬼神, 罔上惑眾. 下獄, 治服. 未斷, 病死. 賀良等復私以相教. 上即位, 司隸校尉解光·騎都尉李尋白賀良等, 皆待詔黃門. 數召見, 陳說"漢曆中衰, 當更受命. 成帝不應天命, 故絕嗣. 今陛下久疾, 變異屢數, 天所以譴告人也. 宜急改元易號, 乃得延年益壽, 皇子生, 災異息矣. 得道不得行, 咎殃且無不有, 洪水將出, 災火且起, 滌蕩民人." 上久寢疾, 冀其有益, 遂從賀良等議, 詔大赦天下, 以建平二年為太初元年, 號曰"陳聖劉太平皇帝", 漏刻以百二十為度.

秋, 七月, 以渭城西北原上永陵亭部為初陵, 勿徙郡國民.

上既改號月餘, 寢疾自若. 夏賀良等復欲妄變政事, 大臣爭以為不可許. 賀良等奏言曰, "大臣皆不知天命, 宜退丞相·御史, 以解光·李尋輔政." 上以其言無驗, 八月, 詔曰, "待詔賀良等建言改元易號, 增益漏刻, 可以永安國家. 朕信道不篤, 過聽其言, 冀為百姓獲福, 卒無嘉應. 夫過而不改, 是謂過矣! 六月甲子詔書, 非赦令, 皆蠲除之. 賀良等反道惑眾, 奸態當窮竟." 皆下獄, 伏誅. 尋及解光減死一等, 徙敦煌郡.

上以寢疾, 盡復前世所嘗興諸神祠凡七百餘所, 一歲三萬七千祠云.

傅太后怨傅喜不已, 使孔鄉侯晏風丞相朱博令奏免喜侯. 博與御史大夫趙玄議之, 玄言曰, "事已前決, 得無不宜?" 博曰, "已許孔鄉侯矣. 匹夫相要, 尚相得死, 何況至尊! 博唯有死耳!" 玄即許可. 博惡獨斥奏喜, 以故大司空氾鄉侯何武前亦坐過免就國, 事與喜相似,即并奏曰, "喜·武前在位, 皆無益於治, 雖已退免, 爵土之封, 非所當也. 皆請免為庶人." 上知傅太后素嘗怨喜, 疑博·玄承指, 即召玄詣尚書問狀, 玄辭服. 有詔曰, "左將軍彭宣與中朝者雜問", 宣等奏劾 "博·玄·晏皆不道, 不敬, 請召詣廷尉詔獄." 上減玄死罪三等. 削晏戶四分之一. 假謁者節召丞相詣廷尉, 博自殺, 國除.

九月, 以光祿勳平當為御史大夫. 冬, 十月, 甲寅, 遷為丞相. 以冬月故, 且賜爵關內侯. 以京兆尹平陵王嘉為御史大夫.

上欲令丁·傅處爪牙官, 是歲, 策免左將軍淮陽彭宣, 以關內侯歸家, 而以光祿勳丁望代為左將軍.

烏孫卑爰疐侵盜匈奴西界, 單于遣兵擊之, 殺數百人, 略千餘人, 驅牛畜去. 卑爰疐恐, 遣子趨逯為質匈奴, 單于受, 以狀聞. 漢遣使者責讓單于, 告令還歸卑爰疐質子. 單于受詔遣歸.

한애제 건평 3년(BC 4)

1) 봄 정월, 광덕이왕廣德夷王 유운객劉雲客의 동생인 유광한劉廣漢을 광평왕廣平王으로 삼았다.

2) 계묘癸卯, 제태태후帝太太后인 부태후가 거주하는 계궁桂宮의 정전正殿에 화재가 났다.

3) 황상이 이전 년도 말 겨울이어서 정식으로 제후에 봉하지 못한 채 임시로 관내후에 봉했던 승상 평당平當을 사자를 보내 부른 뒤 정식으로 제후에 봉하고자 했다. 평당은 병이 위독해 이에 응하지 못했다. 가족들 가운데 어떤 자가 평당에게 말했다.

"억지로라도 일어나 제후의 인수印綬를 받아 자손을 위할 수는 없습니까?"

평당이 대답했다.

"내가 대위大位에 앉아 이미 평소에 관직만 채운 채 국록만 빼먹는 시위소찬尸位素餐의 책임을 지고 있는데, 일어나서 인수를 받고 돌아온 뒤 와사臥死하면 죽어서도 죄가 남을 것이다. 지금 일어나지 않는 것은 자손들을 위한 것이다!"

마침내 상서해 걸해골乞骸骨을 했으나 황상이 불허했다.

3월 28일, 평당이 훙거薨去했다.

4) 패성孛星이 하고성河鼓星 부근에 나타났다.

5) 여름 4월 17일, 어사대부 왕가王嘉가 승상, 하남河南하남성 낙양시 태수 왕숭王崇이 어사대부가 됐다. 왕숭은 경조윤 왕준王駿의 아들이다. 왕가는 시정時政이 가혹하고 급한 가급苛急의 모습을 보여 군국郡國의 수상守相이 자주 바뀐다고 생각해 이내 이같이 상소했다.

"신이 듣건대 성황聖王의 공로는 사람을 얻는 데 있다고 했습니다. 공자도 『논어』에서 말하기를, '인재 얻기가 어렵다고 하는데 사실 그렇지 않은가!'[97]라고 했습니다. 『예기禮記』「교특생郊特牲」에서 '뒤를 이어 제후가 되면 선부先父의 덕행을 본받아야 한다.'[98]고 한 이유입니다. 비록 모두 현명하다고 할 수는 없을지라도 천자는 양신良臣을 고르고 현경賢卿을 임명

---

97 원문은 '재난, 불기연여材難, 不其然與?'이다. 『논어』「태백」에 나오는 '재난才難, 불기연호不其然乎' 구절에서 인용한 것이다. 이에 따르면 순임금이 5명의 신하를 두어 천하를 잘 다스렸고, 주무왕은 잘 다스릴 줄 아는 10명의 신하를 두었다고 말한 데 대해 공자는 평하기를, "인재 얻기가 어렵다고 하는데 사실 그렇지 않은가? 당우唐虞의 시대에만 주무왕 때보다 융성했다. 주무왕 때에는 부인이 한 사람 끼어 있으니 사실 모두 9명일뿐이다. 주무왕은 천하를 3분하여 그 둘을 소유하고도 은나라에 복종하여 섬겼으니 그 덕은 가히 지덕이라고 이를 만하다."고 했다.

98 원문은 '고계세립세후故繼世立諸侯, 상현야像賢也.'이다. 『예기禮記』「교특생郊特牲」에서 선부先父를 이어 제후의 자리에 오르면 선부의 덕행을 본받아야 하고, 관작官爵의 수여는 덕행의 융쇄隆殺를 따라야 한다는 취지의 "계세이립제후繼世以立諸侯, 상현야象賢也. 이관작인以官爵人, 덕지쇄야,德之殺也." 구절을 인용한 것이다.

해 자신을 보필하도록 해야 합니다. 그 봉국에 거주하면서 누대에 걸쳐 존중을 받고, 연후에 많은 사민士民이 귀부하는 것입니다. 이같이 교화해야만 다스리는 공로인 치공治功이 서게 됩니다. 1,000리를 다스리는 지금의 군수郡守는 규모와 역할 면에서 사방 100리를 다스리던 옛날의 제후보다 훨씬 중합니다. 과거에 현재賢材를 선발할 때는 현재를 얻기 어려운 까닭에 우선 쓸만한 자를 발탁拔擢했습니다. 혹여 수도囚徒 가운데서도 발탁한 이유입니다. 전에 위상魏尙은 어떤 일에 연루됐으나 한문제가 풍당馮唐의 말에 감동을 받아 사자를 보내 지절持節의 자격으로 죄를 사면한 뒤 벼슬을 내려 운중雲中 태수로 삼았습니다. 흉노들이 크게 꺼린 이유입니다. 한무제는 형도刑徒들 가운데 한안국韓安國을 발탁해 양국梁國 하남성 상구시의 내사內史로 삼았습니다. 양효왕梁孝王과 황실 사이를 중재해 한경제의 신임을 얻고, 한무제 때 한나라 조정으로 들어가 중요한 역할을 수행한 덕분에 한나라 황실의 골육骨肉들이 서로 편안해졌습니다. 장창張敞은 경조윤이 된 뒤 죄를 지어 면직됐습니다. 교활한 관원인 힐리黠吏가 이를 알고 장창을 범접했으나 장창이 그를 잡아서 죽였습니다. 그 집안에서 스스로 신원伸寃하고, 사자가 다시 상세히 조사하는 복옥覆獄을 한 뒤 살인죄로 탄핵하면서 체포할 것을 건의했으나 황상이 허락하지 않았습니다. 얼마 후 사면령이 내리자 장창은 망명한 지 10여 일만에 한선제의 부름을 받고 기주冀州 자사가 되면서 끝내 황제의 쓰임을 받게 됐습니다. 선황들은 이들 위상과 한안국 및 장창 등 3인을 특별히 편애한 게 아닙니다. 오직 그들의 재주와 기량인 재기材器를 탐하면서 공가公家인 국가에 유익하다고 판단한 데 따른 것입니다. 한문제 때 관직에 있던 소리小吏로서 자손들이 장성하자 관명官名을 성씨로 쓴 자들이 있습니다. 창씨倉氏와 고씨庫氏가 바로 그들로, 모두 창고倉庫를 지키던 소리의 후손들입니다. 당시 2천석의 고위관직인 장리長吏 역시 자신의 관직을 편히 여기며 즐기는 안관낙직安官樂職의 모습을 보였습니다. 연후에 상하가 서로 살피면서 구차하게 살아갈 생각인 구차지의苟且之意를 없애게 됐습니다. 그러나 이후 조금씩 변해 공경公卿 이하 관원들이 서로 촉급促急한 모습을 전하면서 자주 정사를 개경改更하게 됐습니다. 사례교위와 부자사部刺史들이 이리저리 들춰내 세세한 것까지 가혹하게 처리하는 거핵가세擧劾苛細를 하면서 남의 은밀한 사생활까지 드러나 널리 알려지게 됐습니다. 심지어 일부 관원은 관직에 있은 지 몇 달 만에 물러나기도 했습니다. 구관舊官을 보내고 신관新官을 맞아들이는 행사인 송고영신送故迎新으로 인해 도로가 교착交錯된 배경입니다. 중재中材의 인물은 구차하게 일을 처리하면서 자리를 지키려 하고, 하재下材의 인물은 죄를 얻을까 두려운 생각을 품고 내심 이리저리 살피는 회위내고懷危內顧를 하고 있습니다. 누구를 막론하고 똑같이 사적인 이익을 꾀하는 자들이 너무 많습니다. 2천석의 관직은 더욱 가볍고 천하게 되어 이민吏民들이 업신여기며 쉽게 대하고 있습니다. 혹자는 그들의 작은 허물인 미과微過를 들고 있다가 이를 증가시켜 죄를 만들고, 자사와 사례교위에게 말하거나, 상서를 하여 고하고 있습니다. 중서衆庶는 관원들이 이처럼 쉽게 무너지는 것을 보고는 조금이라도 실의失意를 느끼면 곧바로 이반지심離畔之心을 지닙니다. 효성황제 때 산양山陽산동성 금향현에서 망명한 형도刑徒인 소령蘇令 등이 반기를 들어 사방을 종횡縱橫했을 때 이사吏士들 가운데 위난危難의 시기에 임해 절의에 엎드려 의를 위해 죽는 복절사의伏節死義를 행하는 자가 없었습니다. 이는 봉국의 수상守相이 지니는 위권威權을 평소 빼앗긴 탓입니다. 효성황제는 이를 후회해 조서를 내려 2천석이 고의로 방종하지 않으면 사자를 파견해 금金을 하사하고 그 뜻을 두텁게 위로했습니다. 실로 나라에 위급한 일이 생길 때 2천석의 관원으로부터 처리방법을 찾아내는 취판取辦을 얻고자 한 것입니다. 2천석의 관직은 위난의 시기에도 존중을 받아야 이내 아랫사람들을 부릴 수 있습니다. 효선황제는 치민治民을 잘하는 관원을 아꼈습니다. 탄핵의 주장奏章이 올라올지라도 이를 궁중에 보류해 두었다가 사면령을 내릴 때 일거에 풀어주는 방식을 택한 이유입니다. 고사故事에 따르면 상서尚書는 글을 아래로 내려 보내는 일이 드물었습니다. 백성들을 번요煩擾하게 만들고, 증험證驗을 찾기 위해 사람들을 가둬 다스리는 계치繫治로 인해 사람들이 옥중에서 죽거나 하기 때문입니다. 주장의 글인 장문章文 속에 반드시 감히 고한다는 뜻의 '감고지敢告之'라는 글자가 있어야 아래로 내려 보낸 이유입니다. 오직 폐하가 현자의 발탁에 신경을 쓰는 택현유신擇賢留神과 좋은 것을 기억하며 허물을 잊는 기선망과記善忘過를 행하고, 두루 신하들을 용인容忍하며 모든 것을 갖추지 못한 것을 책망하지 않도록 하십시오. 2천석二千石과 부자사部刺史 및 삼보三輔의 현령縣令들 가운데 재능도 있고 직책을 감당할 자가 있을 것입니다. 인정人情으로 인해 이런저런 허물과 능력이 달리는 과차過差가 없을 수 없으나 의당 작은 과실을 관용하는 활략闊略을 통해 자신의 모든 힘을 다하는 진력자盡力者로 하여금 면려勉勵하도록 권하십시오. 이것이 바야흐로 지금의 급무急務이고, 나라의 현실적인 이익입니다. 전에 소령蘇令이 반기를 들었을 때 대부들을 파견해 정황을 쫓아가며 묻는 축문逐問을 할 생각으로 조정의 대부들을 둘러보았으나 딱히 시킬만한 자가 없었습니다. 결국 주질盩厔섬서성 주지현 현령 윤봉尹逢을 징소해 간대부諫大夫로 삼은 뒤 파견했습니다. 지금 여러 대부들 가운데 재능을 지닌 자가 매우 적습니다. 의당 미리 일을 성취할 수 있는 사람을 양성하면 그 선비들은 어려운 일을 만나도 죽음을 아끼지 않고 임할 것입니다. 지금처럼 일이 닥쳤을 때 창졸倉卒 간에 사람을 구하고자 하면 이는 조정을 밝게 만드는 구현求賢의 길이 아닙니다."

왕가는 이어서 유자儒者인 공손광公孫光과 만창滿昌을 천거했다. 이어 능력 있는 관원인 소함蕭咸과 설수薛修 등까지 천거할 수 있었다. 모두 전에 2천석의 관원으로 있으면서 칭송을 받은 자들이다. 천자가 이들을 모두 받아들여 활용했다.

6) 6월, 노경왕魯頃王 유봉劉封의 아들인 부향후部鄕侯 유민劉閔을 왕으로 삼았다.

7) 황상의 침질寢疾이 호전되지 않았다.

겨울 11월 5일, 태황태후를 통해 조서를 내려 감천甘泉섬서성 순화현의 태치泰畤와 분음汾陰산서성 영하현의 후토사后土祠를 복구하면서 남교南郊와 북교北郊를 철폐하게 했다. 항상은 감천과 하동河東 즉 분음에 친히 갈 수 없었던 까닭에 유사를 보내 일을 진행하면서 사당祠堂에 예를 올리게 했다.

8) 무염無鹽산동성 동평현의 위산危山에서 흙이 저절로 일어나 풀을 덮은 까닭에 마치 급히 내달리기 위한 도로인 치도馳道가 만들어진 듯했다. 또 호산瓠山의 돌이 돌연 구르다가 우뚝 서는 전립轉立을 했다. 동평왕東平王 유운劉雲과 왕후 알謁이 친히 찾아가 돌 앞에서 제사를 지냈다. 이어 호산의 입석을 닮은 돌을 왕궁에 세운 뒤 황배초黃倍草를 묶어 놓고 함께 제사를 지냈다. 하내河內 출신 식부궁息夫躬과 장안長安 출신 손총孫寵이 모반 혐의로 고변告變하는 계책을 모의한 뒤 이같이 환호했다.

"이는 제후에 봉해지는 봉후封侯의 포상을 얻어낼 수 있는 좋은 계책이다!"

그러고는 이내 궁정을 지키는 중랑中郎 우사담右師譚과 함께 침전에서 시중을 드는 중상시中常侍 송홍宋弘을 통해 모반사건으로 고변告變했다. 당시 황상은 병으로 인해 정사에 임하는 것을 꺼린 나머지 대다수 사안을 유관 기관인 유사有司로 내려 보내 처리하게 했다. 해당관원이 동평왕의 왕후 알謁을 체포해 하옥한 뒤 조사하며 심리하는 험치驗治를 하자 이내 자복自服했다.

"산석山石에 제사를 지내 황상을 저축詛祝하고, 신령에게 동평왕 유운劉雲이 천자가 될 수 있도록 기도했습니다. 돌이 문득 일어선 것은 전에 효선황제가 즉위할 때도 있었던 일로, 이번에도 유사한 징표로 여겼습니다."

유사가 동평왕 유운에 대한 주살을 청했다. 황상이 조서를 내려 동평왕을 폐위한 뒤 방릉房陵호북성 방산현으로 귀양을 보내게 했다. 유운이 이내 자살했다. 왕후 알謁과 외숙인 오굉伍宏과 작고한 한성제의 외숙인 안성공후安成共侯 왕숭王崇의 부인夫人 방放은 모두 기시棄市됐다. 안성공후 왕숭과 동명이인인 어사대부 왕숭王崇도 이 사건에 연루돼 대사농大司農으로 좌천됐다. 이어 이 사건을 고변한 손총을 발탁해 남양南陽하남성 남양시 태수, 손총과 손을 잡고 고변에 참여한 중랑 우사담을 영천潁川하남성 우현 도위都尉로 삼았다. 또 중상시 송홍과 하내 출신 식부궁 모두 광록대부光祿大夫·좌조左曹·급사중給事中에 임명했다.

* 孝哀皇帝建平三年

春, 正月, 立廣德夷王弟廣漢為廣平王.

癸卯, 帝太太后所居桂宮正殿火.

上使使者召丞相平當, 欲封之. 當病篤, 不應召. 室家或謂當曰, "不可強起受侯印為子孫邪?" 當日曰, "吾居大位, 已負素餐責矣. 起受侯印, 還臥而死, 死有餘罪. 今不起者, 所以為子孫也!" 遂上書乞骸骨, 上不許. 三月, 己酉, 當薨.

有星孛於河鼓.

夏, 四月, 丁酉, 王嘉為丞相, 河南太守王崇為御史大夫. 崇, 京兆尹駿之子也. 嘉以時政苛急, 郡國守相數有變動, 乃上疏曰, "臣聞聖王之功在於得人. 孔子曰, '材難, 不其然與' 故繼世立諸侯, 像賢也. 雖不能盡賢, 天子為擇臣·立命卿以輔之. 居是國也, 累世尊重, 然後士民之眾附焉. 是以教化行而治功立. 今之郡守重於古諸侯, 往者致選賢材, 賢材難得, 拔擢可用者, 或起於囚徒. 昔魏尚坐事繫, 文帝感馮唐之言, 遣使持節赦其罪, 拜為雲中太守, 匈奴忌之. 武帝擢韓安國於徒中, 拜為梁內史, 骨肉以安. 張敞為京兆尹, 有罪當免, 黠吏知而犯敞, 敞收殺之, 其家自冤, 使者覆獄, 劾敞賊殺人, 上逮捕不下, 會免. 亡命十數日, 宣帝徵敞拜為冀州刺史, 卒獲其用. 前世非私此三人, 貪其材器有益於公家也. 孝文時, 吏居官者或長子孫, 以官為氏, 倉氏·庫氏則倉庫吏之後也. 其二千石長吏亦安官樂職, 然後上下相望, 莫有苟且之意. 其後稍稍變易, 公卿以下傳相促急, 又數改更政事, 司隸·部刺史舉劾苛細, 發揚陰私, 吏或居官數月而退, 送故迎新, 交錯道路. 中材苟容求全, 下材懷危內顧, 壹切營私者多. 二千石益輕賤, 吏民慢易之, 或持其微過, 增加成罪, 言於刺史·司隸, 或上書告之. 眾庶知其易危, 小失意則有離畔之心. 前山陽亡徒蘇令等縱橫, 吏士臨難, 莫肯伏節死義, 以守·相威權素奪也. 孝成皇帝悔之, 下詔書, 二千石不為故縱, 遣使者賜金, 尉厚其意, 誠以為國家有急, 取辦於二千石. 二千石尊重難危, 乃能使下. 孝宣皇帝愛其善治民之吏, 有章劾事留中, 會赦壹解. 故事. 尚書希下章, 為煩擾百姓, 證驗繫治, 或死獄中, 章文必有'敢告之'字乃下. 唯陛下留神於擇賢, 記善忘過, 容忍臣子, 勿責以備. 二千石·部刺史·三輔縣令有材任職者, 人情不能不有過差, 宜可闊略, 令盡力者有所勸. 此方今急務, 國家之利也. 前蘇令發, 欲遣大夫使逐問狀, 時見大夫無可使者, 召盩厔令尹逢, 拜為諫大夫遣之. 今諸大夫有材能者甚少, 宜豫畜養可成就者, 則士赴難不愛其死. 臨事倉卒乃求, 非所以明朝廷也.” 嘉因薦儒者公孫光·滿昌及能吏蕭咸·薛修等, 皆故二千石有名稱者, 天子納而用之.

六月, 立魯頃王子部鄕侯閔為王.

上以寢疾未定, 冬, 十一月, 壬子, 令太皇太后下詔復甘泉泰畤·汾陰后土祠, 罷南·北郊. 上亦不能親至甘泉·河東, 遣有司行事而禮祠焉.

無鹽危山土自起覆草, 如馳道狀. 又, 瓠山石轉立. 東平王雲及后謁自之石所祭, 治石像瓠山立石, 束倍草, 幷祠之. 河內息夫躬·長安孫寵相與謀共告之, 曰, “此取封侯之計也!” 乃與中郎右師譚共因中常侍宋弘上變事, 告焉. 是時上被疾, 多所惡, 事下有司, 逮王后謁下獄驗治. 服“祠祭詛祝上, 為雲求為天子, 以為石立, 宣帝起之表也.” 有司請誅王, 有詔, 廢徙房陵. 雲自殺, 謁幷舅伍宏及成帝舅安成共侯夫人放, 皆棄市. 事連御史大夫王崇, 左遷大司農. 擢寵為南陽太守, 譚潁川都尉, 弘·躬皆光祿大夫·左曹·給事中.

한애제 건평 4년(BC 3)

1) 봄 정월, 큰 가뭄인 대한大旱이 있었다.

2) 함곡관 동쪽인 관동關東의 백성들이 무고無故히 놀라 이리저리 뛰어다녔다. 짚단이나 섶나무인 고추稾椒를 한 매枚씩 들고 돌아가면서 서로 부탁했다.

“서왕모西王母[99]의 계책을 실행하라.”

---

99 서왕모西王母는 곤륜산에 사는 전설상의 여신으로, 도교에서는 모든 신선을 지배하는 신으로 해석하고 있다. 『한서』의 기록에 따르면 전한 말기에 서왕모의 신앙이 폭발적으로 유행했다. 서왕모를 그린 화상석이나 거울의 문양 등이 출현한 것도 이 무렵이다. 서왕모와 쌍을 이루는 동방의 남성신 동왕공東王公은 후한 때 등장한다. 서왕모가 기록에

길에서 서로 지나치고 마주치는 과정에서 사람이 많으면 1,000여 명에 달했다. 혹자는 머리를 풀어헤친 채 맨발로 달리는 피발도선被髮徒跣, 혹자는 밤중에 관문關門을 부러뜨리거나 담장을 넘어 들어가는 절관유장折關逾牆을 했다. 또는 수레나 말을 타고 사방으로 내달리다 역참驛站에 두거나 이용하며 길에서 서로 전했다. 이들이 26개 군국郡國을 경력經歷하면서 경사에 이르는 사이 아무도 이를 금지시키지 못했다. 백성들은 또 마을의 골목인 이항里巷이나 논밭에 난 길인 천맥阡陌에 모여 놀이도구인 박구博具를 설치한 뒤 가무歌舞를 즐기며 서왕모를 제사지냈다. 가을에 이르러서야 이내 그쳤다.

3) 황상은 부태후의 종부從父의 아들인 당제堂弟로서 시중·광록대부로 있는 부상傅商을 제후로 책봉하려 했다. 상서복야尙書僕射 평릉平陵 출신 정숭鄭崇이 간했다.

"효성황제가 친외숙 5명을 제후로 봉하자 하늘의 색이 적황赤黃이 되고, 낮에도 어두워지고, 해 가운데 검은 기운이 돌았습니다. 공향후孔鄕侯 부안傅晏은 황후의 부친이고, 고무후高武侯 부희傅喜는 삼공三公인 까닭에 제후에 봉한 것이지만 오히려 황실과 인연을 맺고 있습니다. 지금 무고無故히 부상을 책봉하려는 것은 제도를 괴란壞亂하게 만드는 것으로, 천인天人의 마음을 거스르는 것이기도 합니다. 부씨傅氏에게 결코 복이 되지 않습니다! 신은 청컨대 신명身命을 바쳐 나라의 형벌을 받도록 하겠

나타난 것은 전국시대 이후이다. 도교의 전설에 따르면 서왕모는 30세 정도의 절세 미녀로 나이를 먹지 않는다. 궁전은 사방이 1,000리에 달하고, 관리하는 과수원에는 3,000년에 1번 열매를 맺는 불로장생의 복숭아인 반도蟠桃가 있다. 반도가 익을 때면 신선들이 모여서 서왕모의 장수를 축하하는 반도회가 열린다. 궁전 왼쪽에 호수인 요지瑤池가 있고, 곤륜산 밑에는 약수弱水라는 강이 흐르고 있다. 약수는 용 이외에 다른 자가 건너려고 하면 이내 빠져 죽고 만다.

습니다!"

정숭은 이어서 조서의 초안을 들고 일어났다. 부태후가 대로했다.

"어찌해야 천자 노릇을 할 수 있는가! 오히려 1명의 신하에게 멋대로 휘둘리는 전제顓制를 당하는 도리가 있는가!"

2월 28일, 황상이 마침내 조서를 내려 부상을 여창후汝昌侯에 봉했다.

4) 부마도위駙馬都尉·시중侍中인 운양雲陽섬서성 순화현 출신 동현董賢은 황상에게 총애를 받았다. 수레를 타고 출궁할 때는 시종을 위해 황제 곁에 타는 참승參乘을 하고, 입궁 후에는 좌우에서 시중을 들었다. 상사賞賜로 받은 것이 거만巨萬에 달했고, 존귀함은 조정을 진동시킬 만했다. 늘 황상과 더불어 눕거나 기상하는 와기臥起를 했다. 일찍이 1번은 낮잠인 주침晝寢을 자다가 옆에 있는 황상의 옷소매를 깔고 잤다.[100] 황상이 깨어나고자 했으나 동현이 아직 깨어나지 않은 까닭에 이내 소매를 자르고 일어나는 단수이기斷袖而起를 행했다. 또 동현의 처에게 조서를 내려 전중殿中에서 궁문 출입을 증명하는 통인적通引籍을 갖게 해 동현의 숙소에 머물게 했다. 또 동현의 누이동생을 불러 소의昭儀로 삼았다. 지위가 황후 다음이었다. 소의를 포함해 동현과 그의 처는 단석旦夕으로 오르내리며 나란히 좌우에서 황제를 시봉侍奉했다.

동현의 부친 동공董恭을 소부少府로 삼고, 관내후의 작위를 내렸다. 토목 분야 총책임자인 장작대장將作大匠에게 조서를 내려 동현을 위해 북궐北闕 아래 큰 저택인 대제大第를 짓게 했다. 중전重殿과 동문洞門의 토목공사에는 궁극窮極의 기교技巧를 부리게 하고, 무고武庫에 있는 무기

---

100 『한서』「동현전董賢傳」에 따르면 단수이기斷袖而起 고사에서 남성 간의 동성애를 상징하는 단수斷袖 내지 단수지벽斷袖之癖 성어가 나왔다. 현대에서는 모든 유형의 동성애를 가리키는 용어로 사용된다.

가운데 궁중 전용인 금병禁兵과 상방上方의 진보珍寶를 하사했다. 그들이 선정한 물건 가운데 상등上等의 것은 모두 동현의 집에 있었고, 오히려 황제가 사용하는 승여乘輿와 의복이 차등次等의 것이었다. 왕공귀족의 관재棺材인 동원비기東園秘器와 구슬을 단 저고리인 주유珠襦, 옥으로 만든 상자인 옥갑玉匣 등을 미리 동현에게 하사하자 갖춰지지 않은 게 없었다. 또 한애제는 장작대장으로 하여금 동현을 위해 자신의 수릉壽陵인 의릉義陵 곁에 무덤인 총영塚塋을 조성하게 했다. 안에는 무덤 안의 휴식 공간인 편방便房을 꾸미고, 단단한 백목柏木으로 머리 부분이 안으로 향하게 하면서 밖으로 작은 길인 요도徼道를 내게 했다. 둘레의 담장이 몇 리에 이르고, 묘원 문궐門闕의 두 기둥에는 그물처럼 투각透刻한 병풍 모양의 부시罘罳를 매우 성대하게 꾸몄다.

정숭鄭崇은 동현에 대한 귀총貴寵이 과도過度하자 이내 황상에게 간했다. 그러나 이로 인해 거듭 득죄得罪해 누차 직무와 관련해 문책을 받았다. 목에 종기가 나 걸해골乞骸骨하고자 했으나 감히 하지 못했다. 상서령尚書令 조창趙昌은 망령되고 아첨을 잘했다. 평소 상서복야 정숭을 해치고자 했던 차에 황상과 소원하게 된 것을 알고는 이같이 상주했다.

"정숭이 종족宗族과 내통하고 있습니다. 간사한 일을 꾸미고 있는지 의심스러우니 청컨대 그를 다스리도록 하십시오."

황상이 정숭을 나무랐다.

"그대 집의 대문 앞이 시장바닥 같다고 하는데 왜 친구들과 사귀는 것을 제한하는 금절禁切을 하려는 것인가?"

정숭이 대답했다.

"신의 집의 대문 앞이 시장바닥 같은 것은 신의 마음이 물처럼 청백淸白하기 때문입니다. 원컨대 황상은 동현에 대해 고찰하여 심사하는 고핵考覈을 해주십시오!"

황상이 노해 정승을 하옥시켰다. 사례도위 손보孫寶가 상서했다.

"상서령 조창의 상주上奏에 근거해 상서복야 정승을 하옥해 반복해 심사하는 복치覆治를 하도록 했습니다. 태장을 치는 등의 고문인 방략榜掠으로 인해 거의 죽게 됐으나 끝내 한 마디도 얻지 못했습니다. 행인이 다니는 도로道路에서는 이를 억울한 옥살이인 원옥冤獄이라고 합니다. 의심컨대 조창과 정승은 극히 작은 섬개纖介의 틈이 있던 차에 점차 침윤浸潤돼 서로 무함하는 지경에 이른 듯합니다. 궁중인 금문禁門의 추기樞機를 맡은 근신近臣이 억울한 참소인 원참冤譖을 당하는 것은 나라를 휴손虧損함으로써 비방거리가 되는 게 적지 않을 것입니다. 신은 청컨대 상서령 조창을 다스려 많은 사람들의 마음인 중심衆心을 풀어주실 것을 바랍니다."

상서가 올라가자 황상이 하조下詔했다.

"사례도위 손보는 아랫사람에게 아부해 윗사람을 속이는 부하망상附下罔上을 저질렀다. 사면의 계절인 봄철에 비방하고 속이는 저기詆欺를 행해 마침내 그 간사한 마음을 드러냈으니, 대체로 국적國賊에 해당한다. 손보를 면직시켜 서인으로 삼도록 하라."

정승은 끝내 옥사했다.

5) 3월[101], 제리諸吏·산기散騎·광록훈光祿勳인 가연賈延이 어사대부가 됐다.

6) 황상이 동현을 제후에 봉하고자 했으나 아직 이렇다 할 구실이 없었다. 시중 부가傅嘉가 황상에게 식부궁息夫躬과 손총孫寵이 동평왕을 고

101 원문은 '2월二月, 정묘丁卯'이다. 일부 판본은 '3월三月'로 되어 있다. 앞에 '2월 정묘'는 바로 앞에 2월 28일을 가리키는 '2월 계묘癸卯'의 기사가 나온 점에 비춰 '3월 모일某日'의 착오인 듯하다. 일부 판본의 기록을 좇아 '3월'로 번역해 놓았다.

변한 원래의 문건에서 상주문을 올린 중상시 송홍의 이름을 빼고 동현을 통해 소식을 들은 것처럼 꾸민 뒤 먼저 고변한 자를 관내후에 봉하는 사례를 좇도록 권했다. 얼마 후 황상이 동현 등을 책봉하려 했으나 내심 승상 왕가王嘉를 꺼린 나머지 먼저 공향후孔鄕侯 부안傅晏으로 하여금 조서를 갖고 가 승상과 어사대부에게 보여주게 했다. 승상 왕가가 어사대부 가연賈延과 함께 봉사封事를 올렸다.

"가만히 보건대, 동현 등 3인을 처음으로 관내후에 봉하려고 하자 중서衆庶의 언론이 흉흉匈匈한 상황입니다. 모두 말하기를, '동현이 귀하게 된 덕에 나머지는 은덕을 입게 된 것이다'라고 합니다. 지금까지 이런 유언流言이 그치지 않고 있습니다. 폐하가 동현 등에게 인은仁恩을 끊임없이 베풀고 있는 까닭에, 먼저 의당 동현 등이 올린 본래의 상주문을 드러내 공경公卿과 대부大夫, 박사博士, 의랑議郞 등에게 묻고, 고금의 사례에 합치하는지 살피고, 그 의미를 분명히 바로잡고, 연후에 마침내 작토爵土를 내려야 할 것입니다. 그리하지 않으면 중심衆心을 크게 잃고, 해내海內에서 사람들이 목을 끌어당기며 격론을 벌이는 인령이의引領而議가 빚어질까 걱정입니다. 대신들로 하여금 이 사안을 공개적으로 평가하도록 하면 반드시 의당 봉해야 한다고 말하는 자가 있을 것입니다. 폐하가 이를 좇으면 천하 사람들이 비록 기뻐하지 않을지라도 그 허물을 분담하게 되어 폐하만 책임을 지는 일은 없게 됩니다. 선제 때 정릉후定陵侯 순우장淳于長을 처음으로 책봉하면서 대신들의 논의를 거친 적이 있습니다. 대사농大司農 곡영谷永이 순우장을 의당 봉해야 한다고 말하자 중인衆人들이 곡영에게 허물을 돌렸습니다. 덕분에 선제는 홀로 비난을 받는 일이 없게 됐습니다. 신 왕가와 신 가연은 재주가 둔해 직책을 제대로 수행하지 못하고 있어 죽더라도 책임이 남을 것입니다. 황상의 지시를 좇으며 거스르지 않아야만 잠시라도 용납될 수 있다는 것을 알면서도 감히 그리하지 못하는 것은 후은厚恩에 보답하려고 생각하기 때문입니다."

황상이 부득이 중지했다.

7) 여름 6월, 제태태후帝太太后인 부태후를 높여 황태태후皇太太后로 했다.

8) 가을 8월 19일, 황상이 조서를 내려 공경들을 나무랐다.

"옛날 춘추시대 당시 초나라에 자가 자옥子玉인 성득신成得臣이 있었다. 진문공晉文公은 초나라와 성복城濮에서 싸울 당시 아직 성득신이 살아 있다는 얘기를 듣고는 불안한 나머지 바로 앉지 못하고 옆으로 비딱하게 앉는 측석이좌側席而坐를 했다. 무제 때 급암汲黯은 미리 경계해 회남왕淮南王 유안劉安의 모반 음모를 저지할 수 있었다. 지금 동평왕東平王 유운劉雲 등이 천자를 시해하고 역란逆亂을 일으키는 모반을 꾀하는 지경에 이르렀다. 공경을 비롯한 고굉지신股肱之臣이 마음을 다하며 총명한 이목耳目으로 그 싹이 나타나기 전에 제거하지 못한 탓이다. 종묘의 신령에 의지하고, 시중·부마도위인 동현 등이 발각해 고변한 덕분에 모두 복주伏誅할 수 있었다. 『서경』에서도 '덕행을 행하면 그 선행을 널리 표창하라'[102]고 하지 않았는가? 이제 동현을 고안후高安侯, 남양南陽 태수 손총孫寵을 방양후方陽侯, 좌조左曹·광록대부光祿大夫 식부궁息夫躬을 의릉후宜陵侯에 봉한다. 영천 도위 우사담右師譚에게도 관내후의 작위를 내린다."

또 부태후의 친동생인 부정운傅鄭惲의 아들 부업傅業을 양신후陽信侯에 봉했다. 식부궁은 이미 황상 곁에서 시봉하는 친근親近의 인물인 까닭

102 『서경』「상서商書, 반경盤庚 상上」에서 친소를 가리지 않고 죄를 지으면 그 사죄死罪를 형벌로 다스리고, 덕행을 행하면 그 선행을 널리 표창한다는 취지의 '무유원이無有遠邇, 용죄벌궐사用罪伐厥死, 용덕창궐선用德彰厥善' 구절에서 인용한 것이다.

에 자주 진현進見하여 일을 보고했다. 의논하며 피하는 일이 없었고, 공경대신을 두루 헐뜯는 상소를 올렸다. 여러 사람이 그의 입을 두려워한 탓에 그를 보면 바로보지 못하고 눈을 옆으로 돌리는 측목仄目을 했다.

9) 황상이 중황문中黃門으로 하여금 무고武庫의 병기를 꺼내 앞뒤로 10여 차례나 동현과 황상의 유모인 왕아王阿의 집에 보내게 했다. 집금오執金吾 무장륭毋將隆이 상주했다.

"무고에 있는 병기는 천하공용天下公用입니다. 나라의 무기 장비인 무비武備와 무기 수리인 선치繕治 및 무기 제작인 조작造作 모두 대사농의 돈으로 계산합니다. 대사농의 돈으로는 천자의 생활비를 공급하지 않습니다. 생활비와 노고에 따른 비용은 소부少府에서 지출합니다. 대개 국가 경비용 저축인 본장本藏은 지엽적인 경비인 말용末用에 사용하지 않고, 민력民力은 불필요한 비용인 부비浮費에 지출하지 않는 법입니다. 공사公私를 구별해 정로正路를 보이도록 하십시오.

옛날 제후와 방백方伯이 천자의 명을 받아 정벌征伐을 전적으로 행할 때 비로소 천자는 부월斧鉞을 하사했습니다. 한나라의 변방 관원인 변리邊吏의 직임職任은 외적의 침입을 막는 것입니다. 그때 비로소 무고의 병기를 하사합니다. 이는 모두 군사임무가 있을 때 비로소 병기를 접수하도록 한 것입니다. 『춘추공양전』은 대부大夫의 집에서는 갑옷 등의 무기를 간직하지 않는다는 취지의 가부장갑家不藏甲[103]을 언급했습니다. 이는 신

---

103 『춘추공양전』「노정공 12년」조에 나오는 '가부장갑家不藏甲, 읍무백치지성邑無百雉之城' 구절에서 인용한 것이다. 이에 따르면 공자가 계손씨 정권에서 관직을 맡았을 때 공자가 말한 치국의 도를 계손씨가 그대로 이행해 3달이 지나도록 어긋남이 없었다. 공자가 "대부의 집에는 무기를 저장해둘 수 없고, 대부의 읍은 그 성벽이 백치가 넘을 수 없다."며 곧 군대를 이끌고 가 후읍郈邑과 비읍費邑의 성을 차례로 허물었다. 이는 훗날 공자가 제나라로 망명하는 배경으로 작용했다.

하의 위세를 누르고, 사적인 무력인 사력私力의 축적을 덜어내려는 취지입니다. 지금 동현 등은 비위를 잘 맞추어 아첨하는 편벽便僻의 인물로 황제가 친압親狎하는 농신弄臣입니다. 사사로이 은혜를 베푸는 미천한 첩인 미첩微妾에게 천하 공용의 물건을 사문私門에 제공하는 것은 나라의 위엄 있는 위기威器를 덜어서 그들 집에 갖추도록 하는 것입니다. 민력民力이 농신弄臣에게 나뉘는 것이고, 무병武兵이 미첩微妾에게 설치되는 셈입니다. 이는 마땅치 않은 비의非宜를 건립建立하고, 교참驕僭을 넓혀주는 것으로 사방에 보여줄 게 아닙니다. 공자는 『논어』「팔일」에서 탄식하기를, '천자가 제사를 끝내는 철상撤床을 할 때 연주하는 「옹장雍章」에서 제후가 도우니 천자의 위의威儀가 성대하다고 언급한 가사를 어찌 노나라의 실권자인 삼환三桓의 집안에서 취한단 말인가?'[104]라고 했습니다. 신이 청컨대 이를 무고武庫로 환수하시기 바랍니다."

황상이 불열不說했다. 얼마 후 부태후가 알자를 시켜 집금오의 관비官婢 8명을 싸게 사들였다. 집금오 무장륭毋將隆이 상주했다.

"값싸게 샀으니 청컨대 공평한 값으로 바꿔 주십시오."

황상이 승상과 어사대부에게 조서를 내렸다.

"무장륭은 구경九卿의 자리에 있소. 이미 조정의 과실을 광정匡正하는 일도 제대로 하지 못하면서 오히려 영신궁永信宮과 관비의 값을 놓고 다투는 주청을 했소. 이는 덕화와 풍속을 해치는 상화실속傷化失俗에 해당하오. 다만 전에 그는 나라를 편하게 하는 방안을 건의했기에 패군沛郡강

---

104 원문은 『논어』「팔일」의 '해취어삼가지당奚取於三家之堂'에서 인용한 말이다. 이에 따르면 노나라의 실권자인 3환三桓이 『시경』「주송周頌·신공臣工」의 곡인 「옹장雍章」을 노래하면서 제사를 끝내는 철상撤床을 했다. 공자가 비판하기를, "천자가 철상할 때 사용하는 「옹장」의 '제후가 도우니 천자의 위의威儀가 성대하다'는 가사를 어찌 삼환三桓의 집안에서 취한단 말인가?"라고 했다.

소성 패현 도위都尉로 좌천시키고자 하오."

당초 한성제 말기 무장룡은 간대부諫大夫로 있었다. 그는 일찍이 봉사封事를 올려 이같이 말한 바 있다.

"옛날에는 제후에서 선발해 조정의 공경公卿으로 삼으면서 그 공덕을 포상했습니다. 의당 정도왕 유흔劉欣을 징소徵召해 정도국의 국저國邸에 머물게 함으로써 만방을 진정시키십시오."

정도왕 출신인 황상 유흔이 그 말을 생각해 그를 용서한 것이다.

10) 간대부인 발해渤海하북성 창현 출신 포선鮑宣이 상서했다.

"가만히 보건대 효성황제 시절 외척들은 권력을 쥐자 사람들 모두 편애하는 자들만 골라 조정을 채우도록 했습니다. 현인賢人의 진출을 방해하는 등 천하를 탁란濁亂하게 만들고, 사치가 커서 절도가 없고, 백성을 궁곤窮困하게 만든 이유입니다. 이로 인해 일식이 10번이나 있었고, 혜성이 4차례나 나타났습니다. 이런 위망危亡의 징조는 폐하도 친히 본 바와 같습니다. 지금 어찌하여 이전보다 이런 조짐이 더 늘어난 것입니까? 지금 백성들의 패망은 7가지 원인에서 비롯된 것입니다. 음양의 불화不和로 인한 수한水旱의 재해가 첫째 패망입니다. 조정인 현관縣官이 무겁게 책임을 지우고 다시 조세를 부과하는 게 둘째 패망입니다. 탐관오리인 탐리貪吏가 공권을 구실로 내세워 수취受取를 그치지 않는 게 셋째 패망입니다. 호강豪強한 대성大姓이 야금야금 갉아먹는 잠식蠶食을 하며 만족할 줄 모르는 게 넷째 패망입니다. 가혹하게 구는 관원인 가리苛吏가 요역繇役을 구실로 농상農桑의 시기를 빼앗는 것이 다섯째 패망입니다. 부락部落에서 도적이 들었다고 북을 치며 경고하는 와중에 남녀가 대열을 지어 차단되는 차열遮列[105]을 당하는 게 여섯째 패망입니다. 도적盜賊이 겁략劫

105 차열遮列은 열을 지어 차단한다는 뜻으로, 차열遮迾 내지 차열遮迣과 같다. 『한

略을 하면 백성의 재물을 취하는 게 일곱째 패망입니다. 이들 7가지 고난은 오히려 참을 만한 면이 있습니다. 이보다 더한 7가지 사망 원인이 있습니다. 가혹한 관원이 백성을 때려죽이는 혹리구살酷吏毆殺이 첫째 사망입니다. 감옥에서 다스리는 것이 깊고 각박한 치옥심각治獄深刻이 둘째 사망입니다. 죄 없이 억울하게 함정에 빠지는 원함무고冤陷亡辜가 셋째 사망입니다. 도적이 사방에서 마구 나타나는 도적횡발盜賊橫發이 넷째 사망입니다. 원수가 서로 죽이는 원수상잔怨讎相殘이 다섯째 사망입니다. 해마다 흉년이 들어 기아로 죽는 세악기아歲惡飢餓가 여섯째 사망입니다. 시절과 절기마다 전염병이 도는 시기질역時氣疾疫이 일곱째 사망입니다. 백성에게 7가지 패망 원인이 있는데도 하나도 얻을 게 없는 까닭에, 나라가 편안한 국안國安을 바랄지라도 실로 어려울 수밖에 없습니다. 백성에게 7가지 사망 원인이 있는데도 하나도 살아날 길이 없는 까닭에, 형벌로 조치하는 형조刑措를 바랄지라도 실로 어려울 수밖에 없습니다. 이는 공경을 비롯해 군수와 봉국의 재상인 수상守相이 탐잔貪殘한 까닭에 만들어진 풍조가 아니겠습니까? 군신들은 다행히 높은 관직인 존관尊官에 앉아 중록重祿을 받아먹고 있지만 그 어디에 세민細民에게 측은한 마음을 보내며 폐하를 도와 교화를 펼치려는 자가 있습니까? 오직 사가私家를 운영하고, 빈객賓客의 요구를 만족시키고, 간리奸利를 취하는 데 뜻이 있을 뿐입니다. 그런데도 구차한 얼굴로 몸을 굽혀 따르는 구용곡종苟容曲從을 현명하다고 하고, 손을 모으고 묵언을 하면서 아무 일도 하지 않는 채 봉록만 받아먹는 공묵시록拱默尸祿을 지혜롭다고 하고, 신 포선 등과 마찬

서』「포선전鮑宣傳」에 대한 안사고의 주는 풀이하기를, "진작晋灼은 말하기를, '열迣은 열列의 고자古字이다'라고 했다. 북채로 북을 치며 도적이 들었음을 알리면 사람들 모두 대오를 지어 가는 것을 막는 차열遮列의 모습으로 추포追捕를 당했다."고 했다.

가지로 군주에게 간하는 것을 어리석다고 합니다. 폐하가 암혈巖穴에 사는 은자隱者인 신을 발탁한 것은 실로 신도 조금이라도 나라에 도움이 되길 바랐기 때문일 것입니다. 어찌 한낱 신으로 하여금 미식美食을 하는 대관大官으로 머물며 하는 일도 없이 고문高門의 대전大殿 위에 서 있기를 바랐겠습니까? 천하는 황천皇天인 하늘 아래의 천하입니다. 폐하는 위로는 황천의 아들이고, 아래로는 일반백성인 여민黎庶의 부모입니다. 하늘을 위해 일반백성인 원원元元을 목양牧養해야 하고, 의당 서민에게 동일한 인정仁政을 베푸는 일시동인一視同仁의 모습을 보여야 합니다. 그래야 『시경』의 「시구鳲鳩」[106]에 나오는 뻐꾸기의 자세에 부합하게 됩니다. 지금 빈민은 야채를 먹는 것도 싫어하지 않고, 입고 있는 의복 또한 천공穿空이 나 있습니다. 부자父子와 부부夫婦가 서로를 보호할 수 없어 실로 코끝이 시큰거리는 조산비弔酸鼻를 할 만합니다. 폐하가 구원해 주지 않으면 장차 어디로 가서 그 목숨을 부지할 수 있겠습니까? 어찌하여 다만 외척과 행신幸臣 동현만을 기르면서 많은 상사賞賜를 내려 대만大萬을 헤아리게 하고, 그 노종奴從과 빈객들로 하여금 주육酒肉을 장국과 콩잎처럼 쉽게 먹는 장주곽육漿酒藿肉을 하도록 만드는 것입니까? 이들 집안의 푸른 두건을 쓴 노복인 창두蒼頭와 가복家僕인 여아廬兒조차 모두 치부致富하게 된 것은 천의天意가 아닐 것입니다.

여창후汝昌侯 부상傅商은 공로도 세우지 않은 채 책봉됐습니다. 무릇 관작官爵은 폐하의 관작이 아니고, 천하의 관작입니다. 폐하가 그 관직에 맞지 않는 자를 뽑아 그 관직이 그 사람에게 맞지 않는데, 하늘이 기뻐하

106 『시경』「조풍曹風, 시구鳲鳩」는 한결같은 마음을 지닌 현자가 천하를 바로잡는 것을 칭송한 노래이다. 뻐꾸기 새끼는 이리저리 옮겨 다니지만 군주를 상징하는 어미는 하나같이 있던 자리를 지키면서 새끼를 균일하게 먹인다. 백성을 똑같이 기르는 것을 상징하는 시이다.

고 백성이 복종하길 바라면 어찌 그게 어렵지 않겠습니까? 방양후方陽侯 손총孫寵과 의릉후宜陵侯 식부궁息夫躬은 뛰어난 변론이 많은 사람을 움직일 만하고, 강포한 수단이 가히 독립獨立해 움직일 만합니다. 그는 간인奸人의 영웅으로서 세상을 현혹하는 혹세惑世가 가장 심하니 의당 지금 즉시 파면해 물리쳐야 합니다. 외척 가운데 어린 아이인 유동幼童으로서 아직 경술經術에 능통하지 않은 자는 모두 의당 쉬면서 사부師傅에게 가도록 해야 합니다. 급히 옛날의 대사마인 부희傅喜를 징소해 외척을 관장하게 하십시오. 옛날의 대사공인 하무何武와 사단師丹, 옛 승상인 공광孔光과 옛 좌장군인 팽선彭宣 등은 경술을 모두 박사로부터 전수받았고, 관위官位 또한 삼공을 지냈습니다. 공승龔勝이 사직司直이 되면 군국郡國 모두 인재를 천거하는 선거選擧에 신중을 기할 터이니, 크게 일을 위임할 만합니다. 폐하는 전에 조금 참지 못하고 하무 등을 물리쳤습니다. 해내가 크게 실망했던 이유입니다. 폐하는 오히려 공덕을 세우지 못한 자를 대거 포용하면서 어떻게 일찍이 하무 등을 인내하며 포용하지 못한 것입니까? 치천하治天下의 요체는 의당 천하지심天下之心을 자신의 마음으로 삼는 데 있습니다. 자신의 쾌의快意만 추구해서는 안 되는 이유입니다."

포선의 간언은 비록 심각하고 절실한 각절刻切의 모습이었으나, 황상은 포선이 명유名儒인 점을 감안해 너그러이 받아들이는 우용優容을 했다.

11) 흉노의 선우가 서신을 올려 5년 1회의 입조에 대한 허락을 청했다. 당시 한애제가 병석에 누워 있었던 까닭에 어떤 사람이 이같이 말했다.

"흉노는 황하 상류의 서북방에서 온 까닭에 그 기세가 사람을 압도합니다. 황룡黃龍과 경녕竟寧 연간에 선우가 매번 중국中國에 조현을 올 때마다 중국에서는 중대한 상사喪事인 대고大故가 빚어졌습니다."

황상이 이로 인해 입조 허락을 어렵다고 생각해 공경들에게 물었다.

이들 역시 부고府庫의 재물을 낭비하는 허비부탕虛費府帑에 해당하기에 허락하지 않는 게 낫다고 생각했다. 선우의 사자가 작별인사를 하고 아직 돌아가지 않았을 때 황문랑黃門郞 양웅揚雄이 상서해 간했다.

"신이 듣건대, 유가의 『육경六經』에서 중시하는 다스림은 난이 일어나기 전에 다스리는 것을 귀하게 여기는 귀어미란貴於未亂, 병가兵家의 승리는 싸우기 전에 승리하는 것을 귀하게 여기는 귀어미전貴於未戰에 있습니다. 양자의 취지 모두 정미精微하지만 대사大事의 근본을 언급하고 있어 자세히 살피지 않을 수 없습니다. 지금 선우가 상소하여 조현을 구하고 있는 상황에서 나라가 이를 허락하지 않고 사양하니, 신의 우견愚見으로는 한나라와 흉노는 이로부터 틈이 생길 것으로 봅니다. 흉노는 본래 오제五帝 때 이미 신복臣服시킬 수 없고, 삼왕三王 때는 통제할 수 없다고 생각했습니다. 틈이 생기게 해서는 안 된다는 것은 매우 분명합니다. 신은 감히 멀리까지 올라가 언급하지는 않겠지만, 청컨대 진秦나라 이후의 사례를 인용해 설명하려고 합니다. 진시황의 강대함과 몽념蒙恬의 위세로도 감히 황하 상류 일대인 서하西河를 넘보지 못하고, 마침내 장성을 쌓아 경계로 삼았습니다. 한나라 초기에 고조高祖의 위령威靈과 30만 대군으로도 평성平城산서성 대동시에서 저들에게 포위돼 곤욕을 치렀습니다. 당시 기이하고 속임에 능한 모사謀士인 기휼지사奇譎之士와 큰 계책을 세우는 석화지신石畫之臣[107]이 매우 많았던 덕분에 끝내 포위를 벗어날 수 있었으나, 굴욕적인 화약을 맺는 등 그 과정이 추해 세상에는 자세히 전해지지 않고 있습니다. 또 고황후高皇后 여씨呂氏가 섭정할 때는 흉노가

107 석화지신石畫之臣의 큰 그림인 대계大計를 뜻한다. 이를 두고 『한서』「양웅전揚雄傳」에 대한 안사고 주는 풀이하기를, "돌처럼 단단하다는 뜻으로, 석石을 석碩으로 표현키도 한다."고 했다.

매우 패만悖慢한 모습을 보인 까닭에 대신들이 임기응변의 권도權道를 좇은 문서인 권서權書를 저들에게 보낸 연후에 비로소 문제가 해결됐습니다. 효문제 때는 흉노들이 북변을 침략해 포악한 짓을 하며 척후 기병들이 옹雍섬서성 봉상현 땅의 감천甘泉섬서성 순화현까지 이르게 됐습니다. 경사京師인 장안이 크게 놀란 나머지 서려徐厲와 주아부周亞夫 및 유례劉禮 등 3명의 장군을 동원해 세류細柳와 극문棘門, 파상霸上에 주둔한 채 몇 달 동안 대비하자 저들이 비로소 물러갔습니다. 효무제가 즉위한 뒤 마읍馬邑산서성 삭현 호족 섭일聶壹의 계책을 활용해 흉노를 유인하려 했으나 한낱 전비만 낭비하고 군사들만 피곤하게 만드는 비재로사費財勞師만 했을 뿐 적의 병사를 1명도 보지 못하고 말았습니다. 그러니 하물며 선우의 얼굴을 볼 수 있었겠습니까?

이후 사직에 대한 계책을 깊이 생각해 1만 년까지 이어질 책략인 만재지책萬載之策을 모의했습니다. 이내 수십만 명에 달하는 대군을 일으킨 뒤 위청衛青 및 곽거병霍去病으로 하여금 병사를 지휘하게 한 것이 앞뒤로 10여 년에 달했습니다. 이에 서하西河에 배를 띄우고, 대 사막을 끊고, 전안窴顏몽골 항애산 남쪽에서 격파하고, 흉노의 왕정王庭을 습격하고, 그들의 땅 끝까지 궁극窮極을 하여 북쪽으로 추격해 몰아냈습니다. 이어 낭거서산狼居胥山대흥안령과 부근의 고연산姑衍山에서 봉선封禪을 행하고, 한해翰海바이칼호에 이르러 명왕名王과 귀인貴人을 수백 명이나 포로로 잡을 수 있었습니다. 이후 흉노들은 진포震怖하며 화친을 더욱 구하고자 했으나 칭신稱臣하려 들지는 않았습니다. 전대의 사람들이 어찌 무량無量의 비용이 드는 전비를 쏟아 부으며 무죄無罪의 백성을 고생시킴으로써 이리의 똥으로 봉화를 올리는 낭망狼望의 북쪽 땅을 손에 넣는 쾌심快心을 추구했겠습니까? 한 번 수고하지 않으면 영구히 편안할 수 없고, 잠시 비용을 지불하지 않으면 영구히 안녕할 수 없었기 때문입니다. 이에 100만의 대군이 굶주린 호랑이의 입인 아호지훼餓虎之喙에서 꺾이는 것을 참고, 부고의 재물을 옮겨 흉노 땅의 한가운데 있는 노산盧山의 골짜기를 채워 넣고도 후회하지 않을 수 있었습니다. 한선제의 본시本始 초기에 흉노가 순종하지 않는 걸심桀心을 품고 오손烏孫을 약탈하고 공주公主를 침해하자 마침내 5명의 장수가 15만 명의 대군을 동원해 그들을 쳤습니다. 당시 수확이 매우 적어 겨우 위무威武를 분양奮揚해 한나라 군사가 뇌풍雷風처럼 빠르다는 것만 보여줬을 뿐입니다! 다만 비록 헛걸음인 공행공반空行空反으로 끝나기는 했으나 여전히 2명의 적장을 주살하는 공을 올렸습니다. 북적北狄이 불복하면 중국은 결코 베개를 높이 하여 편히 잠드는 고침안침高枕安寢이 불가능합니다. 한선제의 원강元康과 신작神爵 연간에 커다란 덕화인 대화大化가 신명神明하고 홍은鴻恩이 널리 퍼지는 부흡溥洽의 모습을 보이면서 흉노에 내란이 일어났습니다. 5명의 선우가 쟁립爭立하면서 일축日逐과 호선야呼韓邪 선우가 나라를 들어 죽기를 각오하며 귀의하는 휴국귀사攜國歸死를 하고, 엎드려 칭신稱臣했습니다. 그럼에도 오히려 마소의 고삐처럼 저들을 억압하거나 달래는 기미羈縻의 정책으로 일관하면서 전적으로 손에 넣어 통제하는 전제顓制를 염두에 두지 못했습니다. 이후 조현을 하려는 자를 막지도 않고, 조현을 원치 않는 자를 강압하지도 않은 게 그렇습니다. 이는 무슨 이유입니까? 귀화한 외국인은 천성天性이 흉맹하고 화를 잘 내는 분지忿鷙, 형용形容이 기괴하며 건장한 괴건魁健, 의지하는 힘인 부력負力이 자신의 기력을 믿는 호기怙氣의 모습을 보입니다. 저들은 선행으로 교화하기는 어렵고, 악행을 쉽게 배울 뿐입니다. 강한 힘으로 밀어붙여도 굴복시키기 어렵고, 화평하게 접근해도 손에 넣기 어려운 것도 바로 이 때문입니다. 저들이 아직 복종하기 전에는 군사를 수고롭게 하여 멀리까지 원정을 나가야 합니다. 나라를 기울이고 재물을 탕진하는 경국탄화傾國殫貨와 엎어진 시체에서 피가 흐르는 복시유혈伏屍流血의 상황에서 단단한 성을 무너뜨리고 적을 격파해야 하는 식으로 어려운 과제와 만나야 합니다. 저들이 복종한 후에는 위로하고 달래는 위천무순慰薦撫循의 자세로 뇌문을 건네며 위의威儀를 지닌 채 부앙俯仰하는 식으로 준비를 해야 합니다. 전에 일찍이 한나라 군사는 대원大宛의 도성을 도륙하고, 오환烏桓의 보루를 격파하고, 고증姑繒의 영루를 습격하고, 탕저蕩姐의 전장을 짓밟고, 조선朝鮮의 깃대를 부러뜨리고, 양월兩越의 깃발을 뽑은 바 있습니다. 가까운 곳은 길어야 1달인 순월旬月 사이에 싸움을 마무리지었고, 먼 곳은 두 계절의 반년에 해당하는 2시二時의 노고를 넘지 않았습니다. 실로 그 사이에 흉노의 왕정王庭을 초토화해 밭으로 만들었고, 그들의 마을을 개편해 군현을 두고, 구름을 걷고 멍석을 마는 운철석권雲徹席捲의 모습으로 천지를 깨끗이 했는데도 이후 아무런 여재餘災가 없었습니다.

그러나 오직 북적北狄만이 그렇지 않았습니다. 저들은 실로 중국의 견적堅敵입니다. 동이, 서융, 남만 등 세 방향에 있는 이적과 저들 북적을 비교하면 현격한 차이가 있습니다. 전세前世에는 저들 북적의 위협을 더욱 중시했습니다. 아직은 입장을 바꿔 저들을 가벼이 볼 수는 없는 이유입니다. 지금 선우는 한나라에 귀부하려 하면서 충성스런 관성지심款誠之心을 품고, 자신의 왕정王庭을 떠나 이곳 경사로 와서 폐하를 알현하려 합니다. 이는 전대에서 남긴 유책遺策으로 신령神靈이 바라는 것이기도 합니다. 국가가 비록 비용을 지출하기는 하나 부득이한 측면이 있습니다. 그런데도 어찌하여 흉노가 황하의 상류에서 내려오면 기도를 하여 액운을 때우며 승리를 거두는 이른바 엽승厭勝[108]이 행해진다는 이유로 날짜 기

108 엽승厭勝의 엽厭은 비방秘方으로 액운을 때우는 것을 말한다. 여기의 엽厭은 원래 3가지 발음이 있다. 싫어하거나 배부르거나 게으르거나 하는 등의 의미로 쓰일 때는

약도 없이 거절해 관계를 소원하게 만들고, 나아가 전래의 은덕을 일거에 훼손해 틈을 벌이는 일을 하는 것입니까? 무릇 흉노가 의심하여 한나라와 틈이 벌어지게 되면 이내 한스러워 하는 마음을 품게 되고, 전에 한나라가 우호적으로 한 언사를 토대로 이번에 나온 거절의 언사를 비교하며 모든 원한을 한나라로 돌릴 것입니다. 이어 스스로 관계를 끊고 끝내 북면北面할 마음을 없애게 될 것입니다. 그리되면 어떤 위세도 통하지 않고, 유시諭示도 불가능하게 됩니다. 이 어찌 나라의 큰 우환인 대우大憂가 생기지 않겠습니까? 무릇 눈이 밝은 자는 무형無形에서 보고, 귀가 밝은 자는 무성無聲에서 듣습니다. 실로 아직 이뤄지지 않은 미연未然의 상황에서 미리 손을 쓰면 병혁兵革을 동원하지 않고도 우환이 생기지 않습니다. 그렇지 않을 경우 한 번 틈이 나면 비록 지혜로운 자가 안에서 수고롭게 마음을 쓰는 노심勞心을 하고, 뛰어난 변론술을 지닌 자가 나라 밖에서 수레바퀴의 교차처럼 바삐 돌아다니는 곡격轂擊을 할지라도 미연未然의 상황에서 미리 손을 쓴 것만 못할 것입니다. 하물며 전에 서역을 도모할 당시 차사車師의 제압 후 36국에 성곽도호城郭都護를 설치해 해마다 대만大萬의 비용을 감수한 것이 어찌 강거康居와 오손烏孫이 백룡퇴白龍堆 사막을 넘어 한나라 서변西邊을 침공하는 것을 막으려는 취지가 아니겠습니까? 이 또한 흉노를 제압하려 한 것입니다. 무릇 100년간에 걸친 노고의 산물을 단 하루 만에 잃는 것은 그간 흉노에게 10의 비용을 써가며 이룩한 좋은 관계를 날리고, 앞으로 사용할 1의 비용을 잃을까 애석해하는 것과 같습니다. 신은 내심 나라를 위해 불안하게 생각합니다. 오직 폐

'염', 검붉거나 막힌다는 뜻으로 사용될 때는 '암', 기도를 하며 빌거나 합치거나 진압하거나 하는 등의 의미로 쓰일 때는 '엽'으로 읽는다. 여기서는 기도를 올린다는 의미로 사용된다.

하는 미란未亂과 미전未戰의 시기에 좀 더 유의해서 변경에 닥칠 재화災禍의 싹을 미리 막도록 하십시오!"

상서가 올라가자 천자가 깨닫고 흉노의 사자를 소환召還한 뒤 다시 선우의 조현을 허용하는 내용의 서신으로 바꿔 보내도록 했다. 또 계책을 건의한 양웅에게 비단 50필과 황금 10근을 하사했다. 선우가 아직 출발하지 않았을 때 마침 병이 났다. 다시 사자를 보내 명년에 조회하려 했다. 황상이 허락했다.

12) 동현에 대한 황상의 귀총貴幸이 날로 성해졌다. 정씨丁氏와 부씨傅氏는 이를 질투했다. 공향후孔鄕侯 부안傅晏과 식부궁息夫躬이 보정대신輔政大臣의 자리에 오르는 방안을 모의했다. 마침 선우가 병으로 인해 조현을 못하자 식부궁이 이 틈을 타서 상주했다.

"선우는 의당 11월에 입새入塞해야 합니다. 뒤에 가서 병이 나았다고 핑계를 댔으나 다른 변란이 있는 게 아닌지 의심스럽습니다. 오손烏孫의 두 곤미昆彌는 약하고, 비원치卑爰疐는 강성합니다. 동쪽으로 선우와 연결하면서 아들을 보내 입시入侍하게 한 까닭에 혹여 그들이 합세해 오손을 병탄할까 우려됩니다. 오손이 병탄되면 흉노는 강성해지고, 서역이 위태롭게 됩니다. 투항한 흉노 호족胡族으로 하여금 거짓으로 비원치의 사자라고 속여 상서하게 한 뒤 천자의 위세를 이용해 선우에게 이 거짓 상주문으로 유시諭示하는 방안을 강구할 만합니다. 우선 입시를 한 시자侍子로 하여금 귀환하게 한 뒤 이어 거짓 상주문을 흉노의 해당 관원에게 전하게 하고, 그 과정에서 흉노의 사자로 하여금 그 내용을 알아듣게 하는 방안이 그것입니다. 이는 『손자병법』「모공謀攻」에서 최상의 전략은 계략을 통해 싸우기 전에 제압하는 것이고 차상의 전략은 외교를 통해 제압하는 것이라는 뜻의 '상병벌모上兵伐謀, 기차벌교其次伐交' 취지에 부합합니다."

상서가 올라가자 황상이 식부궁을 인견한 뒤 공경과 장군들을 불러 사안을 크게 논의토록 했다. 좌장군 공손록公孫祿이 건의했다.

"중국은 늘 위엄과 신의를 갖고 이적을 품으면서 복종시켜 왔습니다. 그러나 식부궁은 이와 거꾸로 이적을 속이기 위해 불신不信의 계책을 진언했으니 이를 허락해선 안 됩니다. 게다가 흉노는 선제의 은덕에 의지해 요새를 보위하면서 칭번稱藩하고 있습니다. 지금 선우는 질병으로 조하朝賀를 할 수 없게 되자 사자를 보내 스스로 정황을 진술하며 신자臣子의 예를 잃지 않고 있습니다. 신 공손록은 저의 몰신沒身 이전에는 흉노가 변경에서 우환거리가 되는 모습을 볼 일이 없을 것임을 스스로 보증하겠습니다!"

식부궁이 공손록의 말을 끌어들여 이같이 반박했다.

"신은 나라를 위해 계책을 세운 것입니다. 사태가 빚어지기 이전에 장차 그리 될 것을 꾀한 까닭에 아직 그런 일이 나타나기 전에 예측하여 도모한 것에 지나지 않습니다. 저는 만세의 안전을 위해 생각해낸 것이고, 공손록은 신하인 견마犬馬로 살아 있는 동안 자신의 눈으로 보는 것만을 보증한다고 했으니 내용이 서로 다를 수밖에 없습니다. 같은 날 논의할 대상이 아닙니다."

황상이 말했다.

"좋은 말이오!"

이내 군신들을 보낸 뒤 홀로 식부궁과 상의했다. 식부궁이 이같이 건의했다.

"재이災異가 여러 번 나타나 대략 반드시 비상지변非常之變이 있을까 우려되니 가히 대장군을 보내 변경의 병사를 살필 만합니다. 이어 무비武備를 정비하면서 군수郡守 1명의 목을 잘라 위엄을 세워 사방을 떨게 만들고, 염승厭勝으로 변이變異에 대응하도록 하십시오."

황상이 동조하며 승상 왕가王嘉에게 물었다. 왕가가 대답했다.

"신이 듣건대, 백성을 움직이는 동민動民은 행동으로 하는 것이지 말로 하는 게 아니고, 하늘에 부응하는 응천應天은 실제로 하는 것이지 글로 써서 하는 게 아닙니다. 하민下民처럼 미천하고 자잘한 미세微細의 인물일지라도 오히려 속일 수 없는데 하물며 상천上天처럼 신명神明한 대상인 경우야 어찌 더 속일 수 있겠습니까? 하늘에서 변이를 보인 것은 군주를 경계하기 위한 것입니다. 군주의 각오覺悟를 통해 바르게 돌려놓는 반정反正을 꾀하고, 진실과 선행을 추행推行하고, 민심을 즐겁게 하며 천의天意를 얻게 하려는 것입니다! 변사辯士가 사물의 일단一端만 보고 혹여 망령되게 뜻을 별자리의 변화에 맞춰 설명하면서, 흉노匈奴와 오손烏孫 및 서강西羌의 난難이 있을 것으로 조작해 간과干戈가 있을 것이라며 임시대처의 권변權變을 행하는 것은 천도天道에 응하는 게 아닙니다. 수상守相이 죄를 졌으면 수레로 질주해 대궐 앞에 이르러 두 팔을 결박하고 죽음에 이르도록 해야 합니다. 사람을 공구恐懼하게 하는 것은 이같이 하는 것입니다. 변설을 하는 자가 안전한 기틀을 흔들어 위태롭게 만드는 동안지위動安之危와 입으로만 떠들며 귀를 즐겁게 하는 변구쾌이辯口快耳는 기실其實 좇을 만한 게 아닙니다. 무릇 의정자議政者는 아부하는 첨유諂諛와 기울어져 위험한 경험傾險, 말로 혜택을 주는 변혜辯惠, 깊고 각박한 심각深刻에서 고통을 느낍니다. 옛날 진목공秦繆公은 나이 많은 백리해百里奚와 건숙蹇叔의 충언을 좇지 않고 진晉나라와 다퉜다가 크게 패한 뒤 자신의 잘못을 후회하며 스스로를 책망하는 회과자책悔過自責을 행하고, 잘못된 길로 이끈 괘오지신詿誤之臣을 원망했습니다. 이후 진목공은 황발지언黃髮之言[109]을 생각하며 지은 「진서秦誓」에 기초해 더욱 노

109 황발지언黃髮之言은 노부老夫의 뛰어난 간언을 가리킨다. 『서경』「진서秦誓」에 현

력한 덕분에 그 이름을 후대에 드리울 수 있게 됐습니다. 바라건대 폐하는 옛날부터 내려오는 감계鑑戒를 두루 살피는 관람고계觀覽古戒와 반복해 파악하는 반복참고反覆參考를 하면 먼저 들은 말을 위주로 하는 편견偏見이 없게 될 것입니다!"

황상이 듣지 않았다.

* 孝哀皇帝建平四年

春, 正月, 大旱.

關東民無故驚走, 持稾或棷一枚, 轉相付與, 曰行西王母籌, 道中相過逢, 多至千數, 或被髮徒跣, 或夜折關, 或逾牆入, 或乘車騎奔馳, 以置驛傳行, 經歷郡國二十六至京師, 不可禁止. 民又聚會里巷阡陌, 設張博具, 歌舞祠西王母, 至秋乃止.

上欲封傅太后從父弟侍中·光祿大夫商, 尚書僕射平陵鄭崇諫曰, "孝成皇帝封親舅五侯, 天為赤黃, 晝昏, 日中有黑氣. 孔鄉侯, 皇后父, 高武侯以三公封, 尚有因緣. 今無故欲復封商, 壞亂制度, 逆天人之心, 非傅氏之福也! 臣願以身命當國咎!" 崇因持詔書案起. 傅太后大怒曰, "何有為天子乃反為一臣所顓制邪!"

二月, 癸卯, 上遂下詔封商為汝昌侯.

명한 노부와 계책을 논의하고 물었다면 적에게 패하는 허물은 없었을 것이라는 취지의 '상유순자황발尙猷詢玆黃髮, 즉망소건則罔所愆' 구절이 나온다. 「진서」는 진목공이 건숙과 백리해 등 노대신들의 건의를 무시하고 동진을 시도했다가 장수들이 포로로 잡히는 등 참패를 당한 뒤 장차 차분히 대응해 나갈 것을 다짐하며 장병들 앞에서 행한 훈시를 수록한 것이다. 『시경』「노송魯頌, 비궁閟宮」에도 황발태배黃髮台背 구절이 나온다. '황발'은 희어졌다가 다시 누렇게 변하는 노인의 머리, '태배'는 노인의 등에 복어인 태어鮐魚 같은 무늬가 생기는 것을 가리킨다. 모두 장수를 의미한다. 현명한 노인의 지혜를 황발지현黃髮之賢이라고 한다.

駙馬都尉·侍中雲陽董賢得幸於上, 出則參乘, 入御左右, 賞賜累巨萬, 貴震朝廷. 常與上臥起. 嘗晝寢, 偏藉上袖, 上欲起, 賢未覺, 不欲動賢, 乃斷袖而起. 又詔賢妻得通引籍殿中, 止賢廬. 又召賢女弟以為昭儀, 位次皇后. 昭儀及賢與妻旦夕上下, 幷侍左右. 以賢父恭為少府, 賜爵關內侯. 詔將作大匠為賢起大第北闕下, 重殿, 洞門, 土木之功, 窮極技巧. 賜武庫禁兵, 上方珍寶. 其選物上弟盡在董氏, 而乘輿所服乃其副也. 及至東園秘器·珠襦·玉匣, 豫以賜賢, 無不備具. 又令將作為賢起塚塋義陵旁, 內為便房, 剛柏題湊, 外為徼道, 周垣數里, 門闕罘罳甚盛.

鄭崇以賢貴寵過度諫上, 由是重得罪, 數以職事見責. 發疾頸癰, 欲乞骸骨, 不敢. 尚書令趙昌佞諂, 素害崇. 知見疏, 因奏"崇與宗族通, 疑有奸, 請治." 上責崇曰, "君門如市人, 何以欲禁切主上?" 崇對曰, "臣門如市, 臣心如水. 願得考覆!" 上怒, 下崇獄. 司隸孫寶上書曰, "按尚書令昌奏僕射崇獄, 覆治, 榜掠將死, 卒無一辭, 道路稱冤. 疑昌與崇內有纖介, 浸潤相陷. 自禁門樞機近臣, 蒙受冤譖, 虧損國家, 為謗不小. 臣請治昌以解眾心." 書奏, 上下詔曰, "司隸寶附下罔上, 以春月作詆欺, 遂其奸心, 蓋國之賊也. 免寶為庶人." 崇竟死獄中.

二月, 丁卯, 諸吏·散騎·光祿勳賈延為御史大夫.

上欲侯董賢而未有緣, 侍中傅嘉勸上定息夫躬·孫寵告東平本章, 掇去宋弘, 更言因董賢以聞, 欲以其功侯之, 皆先賜爵關內侯. 頃之, 上欲封賢等而心憚王嘉, 乃先使孔鄉侯晏持詔書示丞相·御史. 於是嘉與御史大夫賈延上封事言曰, "竊見董賢等三人始賜爵, 眾庶匈匈, 咸曰賢貴, 其餘幷蒙恩, 至今流言未解. 陛下仁恩於賢等不已, 宜暴賢等本奏語言, 延問公卿·大夫·博士·議郎, 考合古今, 明正其義,然後乃加爵土. 不然, 恐大失眾心, 海內引領而議. 暴評其事, 必有言當封者, 在陛下所從. 天下雖不說, 咎有所分, 不獨在陛下. 前定陵侯淳于長初封, 其事亦議, 大司農谷永以長當封. 眾人歸咎于永, 先帝不獨蒙其譏. 臣嘉, 臣延, 材駑不稱, 死有餘責, 知順指不迕, 可得容身須臾. 所以不敢者, 思報厚恩也." 上不得已, 且為之止.

夏, 六月, 尊帝太太后為皇太太后.

秋, 八月, 辛卯, 上下詔切責公卿曰, "昔楚有子玉得臣, 晉文為之側席而坐. 近事, 汲黯折淮南之謀. 今東平王雲等至有圖弒天子逆亂之謀者, 是公卿股肱莫能悉心·務聰明以銷厭未萌故也. 賴宗廟之靈, 侍中·駙馬都尉賢等發覺以聞, 咸伏厥辜. 『書』不云乎, '用德章厥善' 其封賢為高安侯, 南陽太守寵為方陽侯, 左曹·光祿大夫躬為宜陵侯, 賜右師譚爵關內侯." 又封傅太后同母弟鄭惲子業為陽信侯. 息夫躬既親近, 數進見言事, 議論無所避, 上疏歷詆公卿大臣. 眾畏其口, 見之仄目.

上使中黃門發武庫兵, 前後十輩, 送董賢及上乳母王阿舍. 執金吾毋將隆奏言曰, "武庫兵器, 天下公用. 國家武備, 繕治造作, 皆度大司農錢. 大司農錢, 自乘輿不以給共養. 共養勞賜, 一出少府. 蓋不以本臧給末用, 不以民力共浮費, 別公私, 示正路也. 古者諸侯·方伯得顓征伐, 乃賜斧鉞, 漢家邊吏職任距寇, 亦賜武庫兵, 皆任事然後蒙之. 『春秋』之誼, 家不臧甲, 所以抑臣威, 損私力也. 今賢等便僻弄臣, 私恩微妾, 而以天下公用給其私門, 契國威器, 共其家備, 民力分於弄臣, 武兵設於微妾, 建立非宜, 以廣驕僭, 非所以示四方也. 孔子曰, '奚取於三家之堂' 臣請收還武庫." 上不說. 頃之, 傅太后使謁者賤買執金吾官婢八人, 隆奏言曰, "買賤, 請更平直." 上於是制詔丞相·御史曰, "隆位九卿, 既無以匡朝廷之不逮, 而反奏請與永信宮爭貴賤之賈，傷化失俗．以隆前有安國之言，左遷為沛郡都尉."
初，成帝末，隆為諫大夫，嘗奏封事言曰，"古者選諸侯入為公卿，以褒功德，宜徵定陶王使在國邸，以填萬方." 故上思其言而宥之．

諫大夫渤海鮑宣上書曰，"竊見孝成皇帝時，外親持權，人人牽引所私以充塞朝廷，妨賢人路，濁亂天下，奢泰亡度，窮困百姓，是以日食且十，彗星四起．危亡之徵，陛下所親見也．今奈何反覆劇於前乎!

"今民有七亡．陰陽不和，水旱為災，一亡也．縣官重責，更賦租稅，二亡也．貪吏幷公，受取不已，三亡也．豪強大姓，蠶食亡厭，四亡也．苛吏繇役，失農桑時，五亡也．部落鼓鳴，男女遮列，六亡也．盜賊劫略，取民財物，七亡也．七亡尚可，又有七死．酷吏毆殺，一死也．治獄深刻，二死也．冤陷亡辜，三死也．盜賊橫發，四死也．怨讎相殘，五死也．歲惡飢餓，六死也．時氣疾疫，七死也．民有七亡而無一得，欲望國安，誠難．民有七死而無一生，欲望刑措，誠難．此非公卿·守相貪殘成化之所致邪? 群臣幸得居尊官，食重祿，豈有肯加惻隱於細民，助陛下流教化者邪? 志但在營私家，稱賓客，為奸利而已．以苟容曲從為賢，以拱默尸祿為智，謂如臣宣等為愚．陛下擢臣巖穴，誠冀有益豪毛，豈徒欲使臣美食大官·重高門之地哉!

"天下，乃皇天之天下也．陛下上為皇天子，下為黎庶父母，為天牧養元元，視之當如一，合『尸鳩』之詩．今貧民菜食不厭，衣又穿空，父子·夫婦不能相保，誠可為酸鼻．陛下不救，將安所歸命乎! 奈何獨私養外親與幸臣董賢，多賞賜，以大萬數，使奴從·賓客，漿酒藿肉，蒼頭廬兒，皆用致富，非天意也．

"及汝昌侯傅商，亡功而封．夫官爵非陛下之官爵，乃天下之官爵也．陛下取非其官，官非其人，而望天說民服，豈不難哉! 方陽侯孫寵, 宜陵侯息夫躬, 辯足以移衆, 強可用獨立, 奸人之雄, 惑世尤劇者也, 宜以時罷退. 及外親幼童未通經術者, 皆宜令休, 就師傅. 急徵故大司馬傅喜, 使領外親. 故大司空何武·師丹, 故丞相孔光, 故左將軍彭宣, 經皆更博士, 位皆歷三公. 龔勝為司直, 郡國皆慎選舉. 可大委任也. 陛下前以小不忍退武等, 海內失望. 陛下尚能容亡功德者甚衆, 曾不能忍武等邪? 治天下者, 當用天下之心為心, 不得自專快意而已也." 宣語雖刻切, 上以宣名儒, 優容之.

匈奴單于上書願朝五年. 時帝被疾, 或言曰, "匈奴從上游來厭人. 自黃龍·竟寧時, 單于朝中國, 輒有大故." 上由是難之, 以問公卿, 亦以為虛費府帑, 可且勿許. 單于使辭去, 未發, 黃門郞揚雄上書諫曰, "臣聞『六經』之治, 貴於未亂. 兵家之勝, 貴於未戰. 二者皆微, 然而大事之本, 不可不察也. 今單于上書求朝, 國家不許而辭之, 臣愚以為漢與匈奴從此隙矣. 匈奴本五帝所不能臣, 三王所不能制, 其不可使隙明甚. 臣不敢遠稱, 請引秦以來明之. 以秦始皇之強, 蒙恬之威, 然不敢窺西河, 乃築長城以界之. 會漢初興, 以高祖之威靈, 三十萬衆困於平城, 時奇譎之士·石畫之臣甚衆, 卒其所以脫者, 世莫得而言也. 又高皇后時, 匈奴悖慢, 大臣權書遺之, 然後得解. 及孝文時, 匈奴侵暴北邊, 候騎至雍甘泉, 京師大駭, 發三將軍屯細柳·棘門·霸上以備之, 數月乃罷. 孝武即位, 設馬邑之權, 欲誘匈奴, 徒費財勞師, 一虜不可得見, 況單于之面乎! 其後深惟社稷之計, 規恢萬載之策, 乃大興師數十萬, 使衛青·霍去病操兵, 前後十餘年, 於是浮西河, 絕大幕, 破寘顏, 襲王庭, 窮極其地, 追奔逐北, 封狼居胥山, 禪於姑衍, 以臨翰海, 虜名王·貴人以百數. 自是之後, 匈奴震怖, 益求和親, 然而未肯稱臣也. 且夫前世豈樂傾無量之費, 役無罪之人, 快心狼望之北哉? 以為不壹勞者不久佚, 不暫費者不永寧, 是以忍百萬之師以摧餓虎之喙，運府庫之財填盧山之壑而不悔也．至本始之初，匈奴有桀心，欲掠烏孫，侵公主，乃發五將之師十五萬騎以擊之，時鮮有所獲，徒奮揚威武，明漢兵若雷風耳！雖空行空反，尚誅兩將軍，故北狄不服，中國未得高枕安寢也．逮至元康·神爵之間，大化神明，鴻恩溥洽，而匈奴內亂，五單于爭立，日逐·呼韓邪攜國歸死，扶伏稱臣，然尚羈縻之，計不顓制．自此之後，欲朝者不距，不欲者不強．何者？外國天性忿鷙，形容魁健，負力怙氣，難化以善，易肄以惡，其強難詘，其和難得．故未服之時，勞師遠攻，傾國殫貨，伏尸流血，破堅拔敵，如彼之難也．既服之後，慰薦撫循，交接賂遺，威儀俯仰，如此之備也．往時嘗屠大宛之城，蹈烏桓之壘，探姑繒之壁，藉蕩姐之場，艾朝鮮之旃，拔兩越之旗，近不過旬月之役，遠不離二時之勞，固已犁其庭，掃其閭，郡縣而置之，雲徹席捲，後無餘災．唯北狄為不然，真中國之堅敵也，三垂比之縣矣．前世重之茲甚，未易可輕也．

"今單于歸義，懷款誠之心，欲離其庭，陳見於前，此乃上世之遺策，神靈之所想望，國家雖費，不得已者也．奈何距以來厭之辭，疏以無日之期，消往昔之恩，開將來之隙？夫疑而隙之，使有恨心，負前言，緣往辭，歸怨於漢，因以自絕，終無北面之心，威之不可，諭之不能，焉得不為大憂乎！夫明者視於無形，聰者聽於無聲，誠先於未然，即兵革不用而憂患不生．不然，壹有隙之後，雖智者勞心於內，辯者轂擊於外，猶不若未然之時也．且往者圖西域，制車師，置城郭都護三十六國，費歲以大萬計者，豈為康居·烏孫能逾白龍堆而寇西邊哉？乃以制匈奴也．夫百年勞之，一日失之，費十而愛一，臣竊為國不安也．唯陛下少留意於未亂·未戰，以遏邊萌之禍！"

書奏，天子寤焉，召還匈奴使者，更報單于書而許之．賜雄帛五十四, 黃金十斤. 單于未發, 會病, 復遣使願朝明年. 上許之.

董賢貴幸日盛, 丁·傅害其寵, 孔鄉侯晏與息夫躬謀欲求居位輔政. 會單于以病未朝, 躬因是而上奏, 以為曰, "單于當以十一月入塞, 後以病為解, 疑有他變. 烏孫兩昆彌弱, 卑爰疐強盛, 東結單于, 遣子往侍, 恐其合勢以并烏孫. 烏孫并, 則匈奴盛而西域危矣. 可令降胡詐為卑爰疐使者來上書, 欲因天子威告單于歸臣侍子, 因下其章, 令匈奴客聞焉. 則是所謂'上兵伐謀, 其次伐交'者也." 書奏, 上引見躬, 召公卿·將軍大議. 左將軍公孫祿以為曰, "中國常以威信懷伏夷狄, 躬欲逆詐, 進不信之謀, 不可許. 且匈奴賴先帝之德, 保塞稱蕃. 今單于以疾病不任奉朝賀, 遣使自陳, 不失臣子之禮. 臣祿自保沒身不見匈奴為邊竟憂也!" 躬掎祿曰, "臣為國家計, 冀先謀將然, 豫圖未形, 為萬世慮. 而祿欲以其犬馬齒保目所見. 臣與祿異議, 未可同日語也!" 上曰, "善!" 乃罷群臣, 獨與躬議. 躬因建言曰, "災異屢見, 恐必有非常之變, 可遣大將軍行邊兵, 敕武備, 斬一郡守以立威, 震四夷, 因以厭應變異." 上然之, 以問丞相嘉, 對曰, "臣聞動民以行不以言, 應天以實不以文. 下民微細, 猶不可詐, 況於上天神明而可欺哉! 天之見異, 所以敕戒人君, 欲令覺悟反正, 推誠行善, 民心說而天意得矣! 辯士見一端, 或妄以意傅著星歷, 虛造匈奴·烏孫·西羌之難, 謀動干戈, 設為權變, 非應天之道也. 守相有罪, 車馳詣闕, 交臂就死, 恐懼如此, 而談說者欲動安之危, 辯口快耳, 其實未可從. 夫議政者, 苦其諂諛·傾險·辯惠·深刻也. 昔秦繆公不從百里奚·蹇叔之言, 以敗其師, 其悔過自責, 疾詿誤之臣, 思黃髮之言, 名垂於後世. 唯陛下觀覽古戒, 反覆參考, 無以先入之語為主!" 上不聽.

제4부 왕망시대

** 권35-한기漢紀 27: 왕망이 전면에 나서다

한애제 원수元壽 원년(BC 2)

1) 봄 정월 초하루, 조서를 내려 장군과 중2천석 가운데 병법에 밝은 사람을 각각 1명씩 천거토록 했다. 이후 공향후孔鄕侯 부안傅晏을 대사마·위장군衛將軍으로 삼으면서 동시에 양안후陽安侯 정명丁明을 대사마·표기장군票騎將軍으로 삼아 2명의 대사마가 나오게 됐다.

2) 이날 일식이 있었다. 황상이 공경과 대부들에게 조서를 내려 과실을 진술하고 현량賢良과 방정方正, 직언을 할 수 있는 자를 각각 1명씩 천거토록 했다. 천하에 사면령을 내렸다.

승상 왕가王嘉가 봉사를 올렸다.

"효원황제孝元皇帝는 대업을 봉승奉承해 온공溫恭하고 소욕少欲했습니다. 대사농의 보고인 도내都內의 전錢이 40억 전이었습니다. 일찍이 한원제가 상림원上林院에 행차할 때 후관後宮 즉 후궁 풍귀인馮貴人이 황제를 좇아 동물의 우리인 수권獸圈에 이르렀습니다. 이때 맹수가 놀라 튀어나오자 풍귀인이 앞으로 나서서 막았습니다. 한원제는 그의 의로움을 아름답게 생각하고 5만 전을 하사했습니다. 액정掖庭 궁인의 친척들이 황상을 접견할 때 상사賞賜를 내리면서 그들에게 중인衆人의 면전에서 사은謝恩하지 말 것을 당부했습니다. 이는 공평을 좋아하고 편당偏黨을 싫어하는 시평오편示平惡偏과 인심을 잃는 것을 중히 여기는 중실인심重失人心,

하사하는 것을 줄이는 상사절약賞賜節約을 내보이고자 한 것입니다. 이때 외척 가운데 재산이 천만千萬에 달하는 자가 적었습니다. 소부少府와 수리 관계 관청인 수형水衡에는 저축한 돈이 많았습니다. 비록 한원제의 초원初元과 영광永光 연간에 흉년과 기근饑饉을 비롯해 서강西羌의 변란으로 인해 밖으로는 군사인 사려師旅를 받들고, 안으로는 빈민을 진휼賑恤해야 했음에도 끝내 기울어지고 위태로워지는 걱정인 경위지우傾危之憂는 없었습니다. 이는 부고의 저장 내용이 충실했기 때문입니다. 효성황제 당시 간쟁하는 신하들 대부분 연출燕出 즉 미행微行의 해로움과 한 여인을 한없이 총애하는 여총전애女寵專愛, 주색의 탐닉, 덕행과 수명의 손상인 손덕상년損德傷年 등을 언급했습니다. 그 말이 매우 간절했습니다만 끝내 원노怨怒하지 않았습니다. 총애하던 신하는 순우장淳于長과 장방張放, 사육史育 등이었습니다. 사육은 자주 폄퇴貶退하여 집안의 자산인 가자家貲가 천만千萬을 채우지 못했고, 장방은 쫓겨나 봉국으로 갔고, 순우장은 옥에서 매 맞아 죽었습니다. 그럼에도 효성황제는 사애私愛로 공의公義를 해치지는 않았습니다. 비록 안에서의 비난은 많았으나 조정은 평안해 대업을 폐하에게 전해줄 수 있었던 이유입니다. 폐하는 봉국인 성도국에 있을 당시『시경』과『서경』을 좋아하고, 검절儉節을 숭상했습니다. 징소되어 장안으로 올 때 지나가는 사람들이 폐하의 덕미德美를 칭송稱誦했습니다. 이것이 바로 천하가 마음을 돌린 이유입니다. 처음으로 즉위해 유장帷帳을 바꾸면서 수를 놓은 비단인 금수錦繡를 없앤 까닭에 승여乘輿의 좌석 가장자리는 거친 비단인 제증綈繒뿐이었습니다. 공황共皇의 침묘寢廟는 누차 속히 조성해야 했는데도 백성들을 걱정하고, 용도가 부족한 점 등을 감안하고, 의義를 내세워 은정恩情을 내침으로써 번번이 중지하고 쉬게 하여 지금에야 비로소 조성을 시작하게 됐습니다. 그러나 부마도위駙馬都尉 동현董賢 역시 상림원 가운데 관시官寺 즉 관아를 만들고, 또 동현을 위해 큰 저택인 대제大第를 세우고, 문을 열면 바로 북궐北闕을 향하게 하고, 관청 소유의 운하인 왕거王渠를 끌어들여 정원과 연못인 원지園池에 물을 대고, 사자使者가 이를 보호하며 짓도록 했습니다. 이졸吏卒에게 내린 상사가 종묘를 짓는 것보다 심했습니다. 동현의 모친이 병이 나자 장안에 있는 관청의 주방인 장안주長安廚에서 기도용 음식을 제공했습니다. 길을 가는 행인이 모두 이 제사음식을 먹고 마셨습니다. 동현을 위해 기구器具를 만들 경우 기구가 완성되면 반드시 황제에게 고하는 주어奏御를 한 뒤 보냅니다. 혹여 만든 물건이 좋으면 공인工人에게 특별히 상을 내렸습니다. 종묘와 태황태후 왕정군의 장신궁과 부태후가 사는 영신궁 및 황태후 조비연이 사는 중안궁 등 삼궁三宮에 공헌貢獻하는 것도 이에 이르지는 못했습니다. 동현의 집에 빈례賓禮와 혼례婚禮가 있어 친척들이 서로 보게 되면 여러 관청이 소관 사무 관련 물품을 제공하고, 푸른 두건의 노복인 창두倉頭 등의 노비奴婢에게 내려 주는 것이 10만 전에 달했습니다. 동현과 그 집 사람들이 시장으로 가서 물건을 구매할 때면 폐하는 사람을 보내 배행陪行하며 교역을 감시하게 했습니다. 무수한 상인인 백고百賈가 진동震動하고, 사람들이 가득 찬 도로道路가 시끄럽게 떠드는 환화讙嘩를 한 이유입니다. 군신들이 황송하고 당혹스런 황혹惶惑의 모습을 보인 이유입니다. 황상은 조서를 내려 황제의 원림苑林을 철폐하고, 동현에게 2,000여 경頃을 하사했습니다. 선제 때 관원 보유의 토지에 상한을 두도록 한 균전均田의 제도는 여기서부터 타락하고 무너지고 말았습니다. 사치하며 지나치며 방종한 자세로 인해 음양이 바뀌고 어지러워지면서 재이災異가 빈발하고, 사방에서 와언訛言이 난무하면서 백성들은 짚단을 든 채 크게 놀라 달아나며 와언을 서로 전하고, 하늘마저 현혹된 나머지 건평 연간에 백성들이 미친 듯이 가무歌舞를 즐기며 서왕모를 제사지내는 광란을 중지시키지 못했습니다. 폐하는 평소 인지仁智의 자세로 일을 신중히 처리했는데도 오히려 지금처럼 큰 기풍譏諷을 받고 있습니다. 공자도 『논어』「계씨」에서 지적하기를, '나라가 위태로운데도 붙잡지 못하고, 군주가 넘어지는데도 부축하지 못한다면 장차 그런 사람을 어찌 보필하는 자로 삼을 수 있겠는가?"[110]라고 했습니다. 신 왕가王嘉는 요행히 승상의 자리를 차지하고 있기에 사적으로 내심 늘 비상悲傷의 심정인데도, 폐하로 하여금 신의 우충愚忠을 듣게 할 길이 없습니다. 이 몸이 죽어 나라에 이익이 될 수만 있다면 결코 감히 몸을 아끼지 않을 것입니다. 오직 폐하는 자신이 행한 편애偏愛를 신중히 처리하고, 중인衆人이 공히 의심하는 바를 정밀히 살피도록 하십시오! 한문제 때 총신寵臣 등통鄧通이 구리 광산을 하사받아 돈을 주조했다가 이후 재산이 몰수돼 아사하고, 한무제 때 한언韓嫣이 총애를 입었다가 주살을 당한 것은 모두 교만하고 귀해져 절도를 잃는 교귀실도驕貴失度와 편한 짓을 하면서도 만족하지 않는 일예무염逸豫無厭에서 비롯된 것입니다. 소인은 정욕情欲을 이기지 못해 끝내 커다란 죄인 죄고罪辜에 빠진 채 나라를 어지럽게 하며 자신을 망치는 난국망구亂國亡軀로 인해 결국 봉록을 지키지 못합니다. 『춘추좌전』에서 아끼는 것이 오히려 스스로 해치기에 적당하다는 취지로 '애지적족이해지愛之適足以害之'[111]구절을 언급한 이유입니다! 의

---

110 『논어』「계씨」의 '위이부지危而不持, 전이불부顚而不扶, 즉장언용피상의則將焉用彼相矣' 구절을 인용한 것이다. 『자치통감』의 원문은 「계씨」의 언焉이 안安으로 바뀌어 있지만 뜻은 같다.

111 원문은 애지적족이해지愛之適足以害之이다. 이는 『회남자』「인간훈人間訓」에 나오는 '성애이욕쾌지야誠愛而欲快之也, 이적족이살지而適足以殺之' 구절에서 인용한 것이다. 일화에 따르면 기원전 575년, 초나라와 진晉나라가 접전할 때 초공왕楚共王이 사마司馬 자반子反을 불러 전략을 상의하고자 했다. 마침 자반의 소신小臣인 곡양수穀陽豎가 술을 좋아하는 자반에게 술을 권한 까닭에 대취한 자반은 초공왕에게 갈 수 없었다. 이를 궁금히 여긴 초공왕이 자반의 막사를 찾아왔다가 이 사실을 알고는 크게 탄식하며 밤에 급히 철군했다. 결국 자반은 책임을 지고 자진했다. 이를 두고 『회남자』는 수양곡이 술을 바친 것은 실로 주군인 자반을 위

당 전세의 일을 심람深覽하고 동현에 대한 총애를 절제함으로써 동현의 명을 온전히 지키도록 하십시오."

황상이 이로 인해 점차 왕가를 좋아하지 않게 됐다.

전에 양주자사涼州刺史를 지낸 두업杜鄴이 방정方正을 이용해 대책對策을 제시했다.

"신이 듣건대, 양陽은 높고 음陰은 낮은 양존음비陽尊陰卑가 천도天道라고 했습니다. 남자는 비록 천할지라도 각각 그 집안의 양이 되고, 여인은 비록 귀할지라도 그 나라의 음이 됩니다.『의례儀禮』에서 삼종지의三從之義[112]를 밝힌 이유입니다. 비록 주나라 문왕의 모친 태임太妊이 큰 덕을 지니고 있었는데도 반드시 아들에게 매여 있었던 것도 이 때문입니다. 옛날 정장공鄭莊公이 모친인 강씨姜氏의 바람을 좇아 동생인 공숙公叔 단段을 받아들였다가 나라를 찬탈하는 재앙인 찬국지화簒國之禍의 위기를 맞고, 주양왕周襄王이 모친인 혜후惠后로 인해 핍박을 받다가 동생인 숙대叔帶가 북적北狄을 불러들이는 바람에 정鄭나라로 달아나는 위기를 맞았습니다. 한나라가 일어선 후에는 여태후呂太后가 권력을 사적으로 친속親屬에게 나눠주는 바람에 사직이 거의 위태롭게 된 적이 있습니다. 가만히 살펴보건대 폐하는 검양約儉하고 몸을 바로 해 천하와 더불어 새롭게 다시 시작하는 경시更始를 하고자 하나 좋고 상서로운 일이 아직 감응하지 않고, 오히려 일식과 지진이 있었습니다.『춘추』에 나오는 재이災異의

한 행동이었지만 오히려 주군을 죽이기에 족했다고 지적했다. 이 일화에서 욕리반해欲利反害 성어가 나왔다.

112 『의례儀禮』「상복喪服, 자하전子夏傳」에서 부인은 독자적인 상복喪服 기간을 정하지 않는다는 취지의 '부인유삼종지의婦人有三從之義, 무전용지도無專用之道' 구절에서 인용한 것이다. 삼종지의三從之義는 여인의 경우 미혼 때는 부친, 결혼 때는 지아비, 지아비 사후에는 아들의 뜻을 좇는 것을 말한다.

정황을 살펴보면 하늘은 재이를 통해 사람들을 경계하는 말을 했습니다. 일식日食은 양陽이 음陰에 침범당하는 것을 말합니다. 곤坤은 땅을 본받은 것으로 토土와 모母가 됩니다. 안정安靜을 덕德으로 삼지만 지진을 뜻하는 진震은 음도陰道를 본받지 않습니다. 현상을 토대로 점을 치면 매우 분명히 알 수 있는데, 신이 어찌 감히 그 일을 바로 말하지 않을 리 있겠습니까? 『효경孝經』「간쟁諫諍」에 따르면 일찍이 증자曾子가 부친의 명을 무조건 좇는 것이 효도인지 여부를 묻자 공자는 '그게 무슨 말인가?'라고 반문하며 그렇지 않다고 했습니다. 또 공자는 『논어』에서 민자건閔子騫을 두고 '예를 지키면서 억지로 부모의 뜻을 좇지 않았고, 행동한 것이 예에 맞지 않은 게 없다'[113]고 칭송했습니다. 다른 사람들이 이들과 이들의 부모 사이를 이간시킬 수 없었던 이유입니다. 지금 모든 외가의 곤제昆弟가 현불초賢不肖를 가리지 않은 채 나란히 유악帷幄 안에 있는 황제를 시봉하게 하며 여러 자리에 포진하고 있습니다. 혹여 군사軍事를 관장하며 보위하는 일을 하고, 혹은 군대를 이끌고 주둔하고 있습니다. 황상의 총의寵意를 한 집안에서 아울러 잡고 있는 귀한 세력을 쌓은 것이 세상에서 보기도 듣기도 힘든 희견희문希見希聞의 일입니다. 마침내 두 사람이 동시에 대사마大司馬와 장군將軍의 자리를 겸직하는 일까지 빚어졌습니다. 주나라 때 권문權門인 황보皇甫가 비록 강성했고, 춘추시대 노나라의 삼환三桓이 융성해 노나라 군사를 3분해 장악했다고는 하나 오늘날 정씨丁氏와 부씨傅氏보다 심하지는 않았습니다! 대사마와 장군 겸직의 벼슬을 제수하는 날, 밝은 날이 문득 어두워지는 암연晻然의 모습으로 일식이 나타

113 원문은 '수례불구종친守禮不苟從親, 소행무비리所行無非理'이다. 『논어』「선진」에서 공자가 민자건閔子騫에 대해 "효자로다, 민자건이여. 부모형제들이 그를 두고 효자라고 칭찬하는데 다른 사람들이 아무런 이의를 달지 못하는구나!" 칭송한 것을 요약했다.

났습니다. 이는 전후로 없는 일로, 벼슬을 내릴 때 이런 일이 빚어진 것은 폐하가 너무 겸손謙遜한 나머지 황제의 자리에 있음에도 전단專斷하지 못한 채 부태후의 지시를 받는 것을 밝힌 것입니다. 그런 일은 결코 한두 개가 아니니, 부태후가 말하는 것을 곧장 들어주고 바라는 것을 곧장 따라하는 게 그렇습니다. 외척 중에는 죄를 지어 벌을 받아야 하는 것은 물론 아무런 공능功能도 없는 자가 관작官爵을 받고 있습니다. 이런 흐름은 점차 쌓인 나머지 마침내 폐하의 과실이 여기에 이르게 됐습니다. 저는 이런 계시가 더욱 분명히 드러나 성조聖朝인 폐하를 각성시키기를 바랄 뿐입니다. 옛 시인이 풍자諷刺하고, 『춘추』에서 이런 현상을 지적하며 기롱譏弄한 것은 그 취지가 거의 다른 게 아닙니다. 후대 사람이 전대 사람의 잘못을 보는 유후시전由後視前을 하면 분노하며 우울해하는 분읍忿悒[114]의 자세로 비난하지만, 자신이 행한 것에 대해서는 스스로 거울에 비춰보지도 않은 채 옳다고 합니다. 사실 이런 계책은 잘못된 것입니다. 원컨대 폐하는 정성을 더욱 기울여 유업을 이어받을 때처럼 치국에 매진하고, 옛 일을 계고稽古해 일을 처리하고, 아랫사람들의 마음인 하심下心을 만족시켜 주도록 하십시오. 그러면 일반 서민인 여민黎庶과 살아 있는 모든 사람인 군생群生 가운데 기뻐하지 않을 자가 없을 것입니다. 상제上帝와 백신百神조차 위엄 서린 노여움인 위노威怒를 거둬들이고, 상서로운 복록인 정상복록禎祥福祿으로 보답할 것입니다. 어찌 보답하지 않을까 걱정할 필요가 있겠습니까?"

황상이 또 옛 승상인 공광孔光에게 사람을 징소할 때 만나는 관청인

114 분읍忿悒을 두고 안사고는 『한서』「두업전」에 대한 주에서 풀이하기를, "읍悒은 분노할 때 내는 소리인 '어읍於悒'을 말한다."고 했다. '어읍'은 우리말의 '흐흑'처럼 낮은 소리로 오열嗚咽하는 의성어에 해당한다.

공거公車로 오게 한 뒤 일식에 관한 일을 순문詢問하면서 광록대부에 제수했다. 녹질은 중2천석으로 하고, 급사중給事中의 업무를 수행하게 하면서 지위는 승상 다음으로 정했다.

당초 왕망王莽은 이미 봉국으로 돌아간 뒤 문을 걸어 잠그고 스스로를 지키는 두문자수杜門自守를 했다. 그의 둘째 아들인 중자中子 왕획王獲이 노비를 죽이는 일이 빚어졌다. 왕망이 심하게 질책하며 자진하게 했다. 봉국에서 3년 동안 있자 이민吏民들이 상서했다. 왕망을 위해 억울하게 됐다고 신원하는 원송冤訟을 행한 자가 100명을 헤아렸다. 이런 지경에 이르자 현량賢良 주호周護와 송숭宋崇 등이 대책對策을 통해 다시 왕망의 공덕을 깊이 있게 변호했다. 황상이 이에 왕망과 평아후平阿侯 왕인王仁을 다시 경사로 불러 태황태후 왕정군을 시봉하게 했다.

3) 동현이 일식의 변화를 이용해 부안傅晏과 식부궁息夫躬의 계책을 저지했다.

1월 11일, 황상이 부안의 인수를 거두고 파직시켜 집으로 돌아가게 했다.

4) 1월 17일, 황태태후皇太太后 부씨傅氏가 붕어했다. 한원제의 능묘인 위릉渭陵에 합장했다. 효원부황후孝元傅皇后로 칭했다.

5) 승상과 어사가 식부궁과 손총孫寵 등의 죄과罪過를 상주했다. 황상이 마침내 식부궁과 손총을 면직시켜 봉국으로 가도록 하고, 또 시중侍中과 제조諸曹, 황문랑黃門郎 등 수십 명을 파직시켰다.

포선鮑宣이 상서했다.

"폐하는 하늘을 부친, 땅을 모친으로 삼고, 여민黎民을 자식으로 삼아 기르고 있습니다. 즉위한 후 부친은 일식으로 인해 광명이 이즈러지는 일휴日虧, 모친은 지진으로 인해 크게 움직이는 진동震動 현상이 빚어졌습니다, 나아가 자식인 백성들은 와언訛言으로 인해 서로 경공驚恐하고 있습니다. 지금 일식이 삼시三始[115]인 정월 초하루에 나타난 까닭에 실로 외구畏懼를 할 만합니다. 소민小民은 정월 초하루인 정삭일正朔日에 기물만 파괴돼도 두려워하는데 하물며 해가 '일휴日虧'의 모습을 보이는 경우이겠습니까? 폐하는 깊이 안으로 자책하고, 정전正殿을 피하고, 직언直言을 하는 자를 천거하게 하여 과실을 찾고, 외척을 비롯해 곁에서 하늘 일 없이 봉록만 축내는 소찬지인素餐之人을 파직해 물리치고, 공광孔光을 불러 광록대부로 삼고, 손총과 식부궁의 과악過惡을 드러내 면관免官하여 봉국으로 보내도록 하십시오. 그러면 중서衆庶가 흡연歙然한 모습으로 열희說喜하지 않는 자가 없을 것입니다. 천인天人은 동심同心입니다. 인심人心이 기뻐하면 재이로 경계하려는 천의天意도 풀어질 것입니다. 마침내 2월 16일에 흰 무지개인 백홍白虹이 태양을 범하는 백홍간일白虹干日과 구름이 가득 끼어 흐린데도 비가 오지 않는 연음불우連陰不雨 현상이 빚어졌습니다. 이는 천하에 걱정거리가 아직 해결되지 않고, 백성들의 원망怨望을 아직 제대로 막지 못한 것을 뜻합니다. 시중侍中·부마도위駙馬都尉 동현董賢은 본래 갈대인 가부葭莩 정도의 친근함도 없는 자인데 다만 예쁜 모습인 영색令色과 아첨하는 말인 유언諛言을 배경으로 스스로 진출한 자입니다. 그에게 내린 상사賞賜가 절도가 없는 무도無度로 인해 부고의 재물이 모두 탕진해 3곳의 저택을 병합했는데도 오히려 작다고 생각해 다시 궁정의 감옥인 폭실暴室마저 헐어 그의 저택을 확장했습니다. 동현의 부자父子는 앉아서 천자의 사자를 부르고, 그의 저택을 짓는 장작대장將作大將과 밤에 순라를 도는 이졸吏卒들 모두 상을 받았습니다. 그가 조상의 묘지로 갈 때는 번번이 황실의 주방인 태관太官에서 필요한 제수祭

115 삼시三始는 정월 초하루를 가리킨다. 1년의 시작이자 한 달과 하루의 시작인 까닭에 '삼시'로 칭한 것이다.

需를 공급했습니다. 해내의 공헌貢獻은 의당 황제 1인을 공양하기 위한 것입니다. 지금 도리어 모두 동현의 집으로 들어가니 어찌 이것이 천의天意와 민의民意가 될 수 있겠습니까? 하늘은 오랫동안 배반할 수 없습니다. 이처럼 그를 후하게 대하면 오히려 그를 해치고 말 것입니다! 실로 동현을 애달프게 여기면 의당 천지에 사과謝過하고, 해내의 원한을 풀어주어야 합니다. 면직시켜 봉국으로 보내고, 승여乘輿와 기물器物을 거둬 조정인 현관縣官으로 보내야 합니다. 이같이 하면 저들 부자가 가히 그 성명性命을 다할 수 있을 것입니다. 그리하지 않으면 해내에서 쌓인 원한으로 인해 오랫동안 편히 지낼 수 없을 것입니다. 손총과 식부궁은 의당 봉후封侯해서는 안 되는 까닭에 모두 면작免爵해 천하에 보여줘야 할 것입니다. 나아가 하무何武와 사단師丹, 팽선彭宣, 부희傅喜 등을 징소해 백성들로 하여금 달라진 세상을 광연曠然히 보게 하십시오. 그리하는 것이 천심天心에 응하고, 대정大政을 건립하고, 태평성대의 단서를 여는 길입니다."

황상은 큰 이변인 대이大異가 있을 것으로 여겨 포선의 건의를 받아들였다. 이어 하무와 팽선을 징소하는 동시에 국정쇄신 방안을 건의한 포선을 사례도위司隸都尉로 삼았다.

6) 황상이 부태후의 유조遺詔를 좇아 태황태후 왕정군으로 하여금 승상과 어사대부에게 명을 내려 동현에게 식읍 2,000호를 더해 주고, 공향후孔鄕侯 부안傅晏과 여창후汝昌侯 부상傅商 및 양신후陽新侯 정업鄭業에게 그간 나눠주지 않았던 국읍國邑을 내려주게 했다. 승상 왕가王嘉가 조서를 봉해 돌려보낸 뒤 봉사封事를 올려 간했다.

"신이 듣건대, 작록과 토지는 하늘의 소유입니다. 『서경』에 이르기를, '하늘이 덕 있는 자에게 명하니, 오복五服으로 5가지 신분을 드러낸다'[116]

---

116 원문은 '천명유덕天命有德, 오복오장재五服五章哉'로, 『서경』「우서虞書, 고요모

고 했습니다. 왕자王者는 하늘을 대신해 사람에게 작위를 내리는 만큼 의당 신중을 기해야 합니다. 땅을 찢는 열지裂地를 통해 봉후하는 것은 마땅함을 얻지 못하면 많은 사람이 불복하고, 음양을 느껴 움직이게 하는 만큼 그 해질害疾이 매우 깊습니다. 지금 성체聖體가 오랫동안 불평不平하니 이는 신 왕가王嘉가 내심 두려워하는 바입니다. 고안후高安侯 동현은 영행지신佞幸之臣입니다. 폐하는 작위를 기울여 그를 존귀하게 만들고, 재화를 다해 그를 부유하게 하고[117], 지존의 존엄을 덜어 그를 총애하고 있습니다. 군주의 권위를 이미 다 내보내고, 부고의 물건을 이미 다 없앴는데도 오직 부족할까 걱정을 하고 있습니다. 재화는 모두 민력民力으로 만드는 것입니다. 효문황제孝文皇帝는 노대露臺를 세우기 위해 백금百金의 비용이 드는 것을 무겁게 생각해 극기克己의 자세로 임해 결국 만들지 않았습니다. 지금 동현은 공부公賦를 흩어 사적으로 은혜를 베풀고, 한 집안에서 천금千金을 받는 지경에 이르렀습니다. 왕고往古 이래 일찍이 귀신貴臣이 이처럼 엄청난 대우를 받은 적은 없습니다. 이 소문이 사방으로 흘러 다닌 탓에 사람들 모두 그를 원망하고 있습니다. 속담에 1,000명의 사람이 손가락질을 하면 병이 들지 않아도 죽는다는 뜻의 '천인소지千人所指, 무병이사無病而死'라는 말이 있습니다. 신이 늘 이로 인해 한심寒心하게 생각합니다. 지금 태황태후가 영신태후永信太后의 유조遺詔에 의거해 승상과 어사대부에게 조서를 내려 동현에게 호구를 더해주고, 3명의 제후에게 봉지를 내려주게 했습니다. 신 왕가는 내심 당혹스럽게 생각

皐陶謨」에서 인용한 것이다. 오복五服은 천자와 제후, 경대부, 사士, 민民의 5가지 신분을 나타내는 복장을 의미한다. 오장五章은 오복으로 5가지 신분을 밝히는 것을 말한다.

117 원문은 탄화재이부지單貨財以富之이다. 여기의 천單은 다할 탄殫의 가차로 사용된 까닭에 '단'이 아니라 '천'으로 읽어야 한다. 흉노의 추장을 선우單于의 선單을 '단'으로 읽지 않고 '선'으로 읽는 것과 같은 이치이다.

합니다. 산이 무너지고 땅이 요동을 치며 일식이 정월 초하루인 삼조三朝에 일어난 것은 모두 음기가 양기를 침범한 것을 경계한 것입니다. 전에 동현은 관내후로 있다가 고안후에 봉해지는 등 이미 2번이나 책봉됐습니다. 또 부안傅晏과 부상傅商 역시 봉지가 큰 곳으로 바뀌거나 숭조후에서 여창후로 2번 책봉되거나 했습니다. 정업鄭業은 사적인 인연에 의지해 탈법적인 것을 추구하는 연사횡구緣私橫求를 하여 은혜가 이미 과후過厚한 상황입니다. 그런데도 물건을 억지로 빼앗는 토색討索을 추구하는 구색求索의 행보를 멋대로 행하고 있으니 만족할 줄을 모르는 자입니다. 존귀한 영신태후의 본의를 존귀하게 받들어야 하는 존존지의尊尊之義의 취지를 심히 상하게 만드는 것입니다. 실로 이를 천하에 공개적으로 내보일 길이 없어 그 해악이 매우 침통沈痛한 상황입니다! 지금 신하들이 교만해져 서로 침해하며 황제를 속이는 침망侵罔으로 인해 음양이 절도를 잃은 채 서로 충돌해 폐하의 몸을 해치고 있습니다. 폐하가 침질寢疾로 인해 오랫동안 불평不平의 처지에 있고, 계사繼嗣가 아직 확정되지 않고 있는 게 그렇습니다. 의당 만사萬事를 바르게 하고, 천인天人의 마음을 좇아 복우福祐를 구해야 합니다. 어찌 몸을 가벼이 하여 멋대로 행동하고, 한 고제가 부지런히 고생해 만든 제도를 후대에 무궁히 전하고자 한 취지를 생각지 않을 수 있겠습니까? 신은 삼가 조서를 봉환封還하면서 감히 다른 사람의 눈에 노출되지 않게 했습니다. 이는 생명을 애석하게 여긴 탓도 아니고, 조서의 취지를 어기며 스스로를 탄핵하기 위한 것도 아닙니다. 오직 천하가 이 소문을 들을까 우려한 탓으로, 신이 감히 스스로를 탄핵하지 않은 것도 바로 이 때문입니다."

당초 정위廷尉 양상梁相이 동평왕東平王 유운劉雲의 옥안獄案을 처리한 시점은 겨울철에 접어드는 10월이 시작되기 20일 전인 9월 10일이었다. 양상은 내심 유운의 옥안이 원옥冤獄에 가깝다고 의심한 나머지 신문

한 말인 공사供辭를 수식해 장안에 상주하고, 다시 공경들에게 내려 보내 재차 심의하는 복치覆治의 대상으로 삼고자 했다. 상서령尙書令 국담鞫譚과 복야僕射 종백봉宗伯鳳은 허락할 만하다고 생각했다. 한애제는 양상 등이 모두 황상의 몸이 불평不平한 것을 구실로 안팎으로 조정의 상황을 고망顧望하는 두 마음의 양심兩心을 지닌 것으로 판단했다. 사형에 해당하는 유운의 죄가 1등급 떨어지도록 겨울철을 넘기려 한다고 파악한 것이다. 황상은 양상 등이 적을 토벌해 간악함을 질시하는 토적질악討賊疾惡을 통해 주군의 원수를 갚고자 하는 마음이 없다고 판단한 나머지 이내 양상 등을 면직시켜 서인으로 삼았다.

몇 달 뒤 황제가 천하에 대사령을 내렸다. 승상 왕가가 천거했다.

"양상 등은 모두 재능과 덕행인 재행材行을 겸비하고 있습니다. 성왕聖王이 장차 그의 공을 감안해 허물을 면제해 주길 바랍니다. 신은 내심 조정을 위해 양상과 국담 및 종백봉 등 3인의 재행을 애석하게 생각합니다."

상서가 올라갔으나 황상은 분개하며 불만을 품었다. 이후 20여 일이 지나 왕가가 동현의 호수戶數 증대에 관한 조서를 봉환封還하자 황상이 마침내 화를 냈다. 왕가를 불러 상서尙書로 나오게 한 뒤 책문責問했다.

"양상 등은 전에 불충한 죄에 연루돼 그 죄악이 현저했던 까닭에 사람들이 두루 알고 있소. 그대는 당시 스스로 탄핵하는 말을 하고도 지금은 또 그들을 두고 칭예稱譽하기를, '조정을 위해 그들을 애석히 생각한다'고 했소. 이는 어찌된 것이오?"

승상 왕가 등이 면관免冠하여 사죄했다. 이 사안을 조현朝見을 온 문무대신에게 내려보내 논의하게 했다. 광록대부 공광孔光 등이 탄핵했다.

"왕가는 나라를 어지럽게 하고 황상을 속이는 미국망상迷國罔上을 했으니 부도不道합니다. 청컨대 알자謁者로 하여금 왕가를 소환해 정위廷尉로 보낸 뒤 조옥詔獄으로 다스리게 하십시오."

의랑議郎 공龔 등이 건의했다.

"왕가의 사안에 대한 언급이 앞뒤로 다르니 의당 작토爵土를 빼앗고 서인으로 삼아야 할 것입니다."

영신궁永信宮의 소부少府 맹猛 등이 건의했다.

"왕가의 죄명은 비록 법대로 처리해야 하나 대신에게 머리를 묶고 형틀에 매다는 괄발관계括髮關械를 한 뒤 맨몸에 매질을 가하는 나궁취태裸躬就笞를 하는 것은 나라를 중히 생각하며 종묘를 포양褒揚하는 방안이 아닙니다."

황상이 듣지 않았다.

3월, 황상이 조서를 내렸다.

"알자에게 지절持節의 자격으로 승상을 소환한 뒤 정위로 보내 조옥詔獄으로 다스리게 하라."

사자가 이미 승상부에 도착했다. 승상부 소속 관원인 연사掾史가 체읍涕泣하며 함께 사약을 올렸으나 왕가가 마시려 하지 않았다. 주부主簿가 말했다.

"장상將相은 법을 집행하는 관원을 상대로 억울함을 호소하는 진원陳冤을 하지 않는 것이 전부터 줄곧 이어져 오는 상종相踵의 관례였소. 군후君侯도 의당 이를 좇아 자결自決하도록 하시오."

사자가 승상부 문 위에 궤좌危坐하자 주부主簿가 다시 왕가 앞으로 나아가 사약을 올렸다. 왕가가 사약을 끌어당겨 땅에 내던지며 승상부의 관속官屬들에게 말했다.

"승상은 다행히 삼공의 자리에 있게 됐소. 근무하다가 나라에 잘못을 저지르는 봉직부국奉職負國을 행하면 의당 저잣거리에 엎어져 형을 받게 해 만중萬衆에게 보여주어야 하오. 승상이 어찌 아녀자일 수 있겠소! 어찌하여 약사藥死를 강요하는 것인가!"

왕가가 마침내 조복朝服을 입고 밖으로 나간 뒤 사자를 만나 2번 절하고 조서를 받았다. 소리小吏들의 작은 수레를 탄 뒤 덮개를 뗀 채 관冠을 벗은 모습으로 정위에게 갔다. 정위는 왕가로부터 승상과 신보후新甫侯의 인수를 거둬들인 뒤 결박을 하여 수레에 태워 도선령都船令[118]이 다스리는 조옥詔獄으로 보냈다.

황상은 왕가가 산 채로 스스로 옥리에게 갔다는 소식을 듣고 대로했다. 곧 장군 이하의 무관으로 하여금 5명의 2천석 문관과 함께 섞여 심문하는 잡치雜治를 하도록 했다. 옥리가 왕가를 심문하자 왕가가 이같이 대답했다.

"사건을 처리하는 자는 진실을 찾아내고자 하오. 가만히 보건대 양상 등은 전에 동평왕 유운의 옥사를 처리하면서 유운이 의당 죽어서는 안 된다고 생각한 게 아니라 공경들로 하여금 자세히 심리토록 해 사안을 중요하고도 신중히 다루고자 한 것일 뿐이오. 실로 그에게는 조정 안팎을 고망顧望하면서 눈치를 보거나 유운에게 아부阿附하려고 시도한 흔적이 없소. 이후 다행히 대사大赦를 받기를 기대한 듯하오. 양상 등은 모두 선량한 관리요. 나는 내심 나라를 위해 현명한 자를 애석히 여기는 것일 뿐이지, 이들 3인을 사사로이 편들려고 한 게 아니오."

옥리가 말했다.

"실로 이와 같다면 그대는 어찌하여 무엇을 근거로 그대 자신에게 죄를 준 것이오? 당초 저들 3인이 파직됐을 때 그대는 당연한 것으로 여겨 스스로를 탄핵한 바 있소. 지금 저들을 위해 변명을 하는 것은 오히려 나

---

118 도선조옥都船詔獄은 명예직인 집금오執金吾 휘하의 실무 담당 관원이 다스리는 조옥詔獄을 가리킨다. 집금오 휘하에는 휘하 관원을 총괄하는 집금오執金吾丞 이외에도 궁중 누문壘門 담당의 중루령中壘令, 궁문 담당의 시호령寺互令, 무기 담당의 무고령武庫令, 치수 담당의 도선령都船令 등 4명의 지휘관을 두었다.

라에 잘못을 저지르는 부국負國의 죄가 되오. 공연히 그대를 입옥入獄시키려는 게 아니오."

옥리가 점차 왕가를 침범해 능욕했다. 왕가가 위연喟然히 앙천仰天하여 탄식했다.

"나는 요행히 재상으로 충비充備됐다. 그럼에도 현자를 천거하고, 불초한 자를 퇴거시키지 못했다. 그게 나라에 잘못을 저지른 것이다. 죽어도 그 책임이 남는다."

옥리가 현인과 불초한 자의 이름을 물었다. 왕가가 대답했다.

"현자로는 전에 승상을 지낸 공광孔光과 대사공을 지낸 하무何武 등이 있소. 이들은 오히려 제대로 진출하지 못했소. 불초한 자로는 고안후高安侯 동현 부자가 있소. 이들은 아첨과 간사한 행보로 나라를 어지럽게 하는 영사란조佞邪亂朝를 행하고 있는데도 물러나게 할 도리가 없소. 이들이 범한 죄는 사죄死罪에 해당하는 만큼 죽어도 여한은 없을 것이오!"

왕가가 20여 일 넘게 감옥에 갇혀 있는 동안 음식을 끊었다. 결국 피를 토하며 옥사했다.

얼마 후 황상이 그의 공사供詞를 보고는 왕가의 말을 생각해 보았다. 마침 어사대부 가연賈延이 면직됐다.

여름 5월 17일, 공광孔光을 어사대부로 삼았다.

가을 7월 9일, 공광을 승상으로 삼고 옛 봉후인 박산후博山侯를 회복시켜 주었다. 또 사향후汜鄕侯 하무를 어사대부로 삼았다. 황상은 마침내 공광이 전에 면직된 것은 그의 죄로 인한 게 아니라는 것을 알고, 근신近臣이 공광을 훼단毁短한 것을 두고 이같이 질책했다.

"부가傅嘉는 전에 시중이 되자 인현仁賢을 훼참毁譖하며, 준예俊艾로 하여금 오랫동안 지위를 잃게 했다. 부가를 면직시켜 서인으로 만든 뒤 고군故郡으로 돌아가게 하라."

7) 8월, 하무를 전장군前將軍으로 삼았다.

8월 24일, 광록대부 팽선彭宣을 어사대부로 삼았다.

8) 사례교위 포선鮑宣이 승상을 꺾고 모욕하는 최욕摧辱의 일에 연루됐다.[119] 문을 걸어 잠근 채 사자를 거절하고 신하로서의 예가 없었다. 사형을 감해 머리를 깎는 형벌인 곤겸髡鉗에 처했다.

9) 대사마 정명丁明은 평소 왕가를 중히 여겼다. 그가 죽자 가련하게 생각했다.

9월 9일, 황제가 책서冊書로 면직시킨 뒤 집으로 돌아가게 했다.

10) 겨울 윤11월 17일, 옛 정도국定陶國 태부太傅이자 광록대부로 있던 위상韋賞을 대사마·거기장군으로 삼았다.

윤11월 24일[120], 위상이 졸卒했다.

11) 12월 6일, 시중·부마도위駙馬都尉 동현을 대사마·위장군衛將軍으로 삼았다. 책서冊書에서 이같이 말했다.

"너미(爾)를 세워 공公으로 삼으며 한나라의 보필로 여긴다. 전에 너의 마음을 모두 알았다. 국사를 바로잡는 광정서사匡正庶事와 성실한 마음으로 중정中正의 도리를 지키는 윤집기중允執其中[121]을 하도록 하라!"

---

119 공광이 역대 황제의 능묘를 순찰할 때 승상부 관원이 호아제가 다니는 치도馳道를 이용하다가 포선에 의해 구속되고 우마를 몰수당했다. 한애제는 이를 재상에 대한 모독으로 보고 어사중승에게 넘겨 조사하게 했다. 시어사가 포선을 체포하려고 하자 포선이 문을 닫고 거절한 것을 말한다.

120 '윤11월 24일'과 앞에 나온 '겨울 윤11월 17일'의 원문은 각각 '기축己丑'과 '11월十一月 임오壬午'이다. 당시 11월에는 임오와 기축이 없다. 기己와 을乙, 오午와 자子가 오사誤寫된 것으로 간주할 경우 각각 '윤11월 24일'과 '윤11월 17일'이 된다. 번역문은 오사된 것으로 간주해 날짜를 기입했다.

121 윤집기중允執其中은 『서경』「우서, 대우모」에 나오는 윤집궐중允執厥中을 인용한 것이다. 윤允은 충실하다는 의미이고, 집執은 집행하며 지킨다는 뜻이다. 중中은 지나치거나 모자라지 않는 중용中庸을 가리킨다.

당시 동현의 나이는 22세였다. 비록 삼공이 되기는 했으나 늘 궐내에서 급사중給事中과 상서의 일을 관장하는 영상서領尙書의 역할을 수행했다. 백관들이 동현을 통해 국사를 보고하는 주사奏事를 했다. 부친인 위위衛尉 동공董恭은 구경九卿의 자리에 있는 것을 마뜩하게 생각지 않았다. 이내 광록대부로 자리를 옮겼다. 녹질은 중2천석이었다. 동생인 동관신董寬信은 형을 대신해 부마도위가 됐다. 동씨의 친속 모두 시중侍中, 제조諸曹, 황제의 요청을 받아 조회에 참가하는 봉조청奉朝請 등이 됐다. 황상의 총애가 정씨丁氏와 부씨傅氏를 뛰어넘었다.

당초 승상 공광이 어사대부로 있을 때 동현의 부친인 동공이 어사로 있으면서 공광을 섬겼다. 동현이 대사마가 되면서 공광과 어깨를 나란히 하는 삼공의 반열에 오르게 된 것이다. 황상은 고의로 동현으로 하여금 사적으로 공광을 방문하게 했다. 공광은 문아文雅하며 공근恭謹한 인물로, 황상이 동현을 존총尊寵하고자 하는 마음을 알고 있었다. 동현이 온다는 소식을 듣자 공광은 경계警戒하는 모습으로 의관衣冠을 갖춘 뒤 문밖으로 나가 기다렸다. 멀리서 동현의 수레가 오는 것을 보고는 이내 문안으로 들어가 물러난 뒤 동현이 중문中門에 이르자 대문 옆의 작은 문인 합문閤門으로 들어가 기다리고, 동현이 수레에서 내리자 문밖으로 나와 배알拜謁하고 송영送迎하면서 그 모습을 매우 공경하게 했다. 감히 동등한 지위의 빈객이 나누는 예절인 균적지례鈞敵之禮로 대하지 않았다. 황상이 이 얘기를 듣고는 크게 기뻐하며 공광의 두 조카에게 벼슬을 주어 간대부諫大夫와 상시常侍로 삼았다. 이로 인해 동현의 권력은 군주와 비슷해졌다.

당시 한성제의 외가인 왕씨王氏가 매우 쇠폐衰廢해져 오직 평아후平阿侯 왕담王譚의 아들인 왕거질王去疾만 시중, 그의 동생인 왕굉王閎만이 중상시中常侍로 있었다. 왕굉의 처부妻父 즉 장인인 중랑장中郎將 소함蕭

咸은 예전의 장군인 소망지蕭望之의 아들이다. 동현의 부친 동공이 평소 소함을 사모했다. 아들 동관신을 위해 소함의 딸을 며느리로 삼을 생각으로 왕굉으로 하여금 이를 말하게 했다. 소함이 황공惶恐하고 불감당不敢當의 상황에 처해 사적으로 사위인 왕굉에게 말했다.

"동공은 대사마이다. 책서에서 윤집기중允執其中을 언급했다. 이는 요임금이 순임금에게 선양할 때 한 말로 삼공을 책봉할 때 사용하는 말이 아니다. 장자長者들은 이를 보고 내심 두려워하지 않은 자가 없었다. 이 어찌 우리 같은 일반 집안의 여식이 감당할 수 있는 일이겠는가!"

왕굉은 원래 지략知略이 있는 자였다. 장인인 소함의 애기를 듣고는 내심 깨닫는 바가 있었다. 이내 동공에게 보고를 하면서 소함의 겸손하고 박덕薄德한 뜻인 겸박지의謙薄之意를 전달했다. 동공이 탄식했다.

"우리 집안이 어찌하여 천하에 잘못을 저질러 사람들이 이처럼 두려워하는 것인가!"

그러고는 속으로 기뻐하지 않았다. 이후 황상이 기린전麒麟殿에서 치주置酒를 한 뒤 동현 부자 및 그의 친속들과 연음宴飮했다. 시중과 중상시 등이 모두 옆에서 시립했다. 황상은 술기운이 돌자 종용從容히 동현을 바라본 뒤 웃으며 이같이 말했다.

"나는 요임금이 순임금에게 선양한 것을 본받고자 하는데 어찌 생각하오?"

왕굉이 즉각 진언했다.

"천하는 고황제高皇帝의 천하이지 폐하의 소유가 아닙니다. 폐하는 종묘를 이었으니 의당 자손만대에 무궁토록 천하통일의 대업인 통업統業을 전해야 하는 지중한 입장에 있습니다. 천자는 희언戲言을 해서는 안 됩니다!"

황상이 묵연히 있었으나 기뻐하지 않았다. 좌우가 모두 두려워했다. 이에 왕굉을 내보내 낭서郞署로 돌아가게 했다. 한참 후 태황태후 왕정군이 왕굉에게 사례하며 다시 불러 궁궐 안으로 돌아오게 했다. 왕굉이 마침내 상서해 간했다,

"신이 듣건대 왕자王者가 삼공三公을 세운 것은 해와 달과 별인 삼광三光을 본받은 것입니다. 삼광에 앉을 사람은 의당 현인賢人이어야 합니다. 『주역』「정괘鼎卦」에 언급하기를, '세발 달린 솥은 다리를 자르면 안에 있는 공속公餗인 음식이 쏟아진다'[122]고 했습니다. 삼공에 앉은 사람이 적당치 못한 것을 비유한 것입니다. 옛날 효문황제는 등통鄧通을 총애했지만 그는 중대부中大夫에 불과했고, 무황제는 한언韓嫣을 총애했지만 늘 상사를 내려주는 데 그쳤을 뿐입니다. 모두 대위大位에 있지는 않았습니다. 지금 대사마·위장군 동현은 한나라를 위해 아무런 공도 세운 적이 없고, 폐부肺腑인 친척으로 연결된 것도 아닙니다. 또 이름 있는 행적이나 높은 품행인 명적고행名跡高行으로 세상을 바로잡는 교세矯世를 한 적도 없습니다. 그럼에도 승탁升擢한 지 수년 만에 승상과 어사대부 및 대사마인 정족鼎足에 늘어서게 됐습니다. 금위병을 관장하고, 공도 없이 작위를 받고, 부자와 형제가 중간에서 발탁돼 비정상적으로 은총을 받는 횡몽橫蒙을 했고, 그를 위한 상사賞賜로 인해 내탕內帑의 재물이 텅 비는 공갈空竭이 되고, 만민萬民이 시끄럽게 다투는 훤화喧嘩로 인해 길에서 그를 비난하는 말이 나돌고 있습니다. 실로 천심天心에 부합치 않는 일입니다! 옛날 서주 말기 주유왕周幽王 때 포褒 땅의 이무기인 신원神蚖이 변해 사람이 되어 실제로 포사褒姒를 낳았습니다. 포사가 주유왕의 총애를 입으면서

---

122 『주역』「정괘鼎卦」 구사九四 효사에서 솥의 발이 부러져 왕공이 먹을 솥 안의 음식물이 쏟아져 내리니 죽을 흠뻑 뒤집어 쓴 모습이 되어 흉하다는 취지로 언급한 '정절족鼎折足, 복공속覆公餗, 기형악其形渥, 흉凶' 구절에서 인용한 것이다. 여기의 복공속覆公餗은 '역량을 헤아리지 못해 재난을 초래했으니 어떻게 그를 믿을 수 있겠는가'의 뜻이다.

주나라를 어지럽게 만들었습니다. 폐하도 이와 유사한 잘못으로 인해 비난을 받고, 동현도 소인인 까닭에 진퇴進退를 몰라 재앙을 입을까 두렵습니다. 이는 후대인이 본받는 수법垂法이 될 수 없습니다!"

황상이 비록 왕굉의 말을 좇지 않았다. 다만 나이가 어리고 뜻이 강한 점을 감안해 죄를 주지 않았다.

** 起屠維協洽, 盡玄黓閹茂, 凡四年.

孝哀皇帝元壽元年

春, 正月, 辛丑朔, 詔將軍·中二千石擧明習兵法者各一人, 因就拜孔鄕侯傅晏為大司馬·衛將軍, 陽安侯丁明為大司馬·票騎將軍.

是日, 日有食之. 上詔公卿大夫悉心陳過失. 又令擧賢良方正能直言者各一人. 大赦天下.

丞相嘉奏封事曰, "孝元皇帝奉承大業, 溫恭少欲, 都內錢四十萬萬. 嘗幸上林, 後宮馮貴人從臨獸圈, 猛獸驚出, 貴人前當之, 元帝嘉美其義, 賜錢五萬. 掖庭見親, 有加賞賜, 屬其人勿衆謝. 示平惡偏, 重失人心, 賞賜節約. 是時外戚貲千萬者少耳, 故少府·水衡見錢多也. 雖遭初元·永光凶年饑饉, 加以西羌之變, 外奉師旅, 內振貧民, 終無傾危之憂, 以府臧內充實也. 孝成皇帝時, 諫臣多言燕出之害, 及女寵專愛, 耽於酒色, 損德傷年, 其言甚切, 然終不怨怒也. 寵臣淳于長·張放·史育, 育數貶退, 家貲不滿千萬, 放斥逐就國, 長榜死於獄, 不以私愛害公義, 故雖多內譏, 朝廷安平, 傳業陛下. 陛下在國之時, 好『詩』·『書』, 上儉節, 徵來, 所過道上稱誦德美, 此天下所以回心也. 初即位, 易帷帳, 去錦繡, 乘輿席緣綈繒而已. 共皇寢廟比當作, 憂閔元元, 惟用度不足, 以義割恩, 輒且止息, 今始作治. 而駙馬都尉董賢亦起官寺上林中, 又為賢治大第, 開門鄕北闕,引王渠灌園池, 使者護作, 賞賜吏卒, 甚於治宗廟. 賢母病, 長安廚給祠具, 道中過者皆飮食. 為賢治器, 器成, 奏御乃行, 或物好, 特賜其工. 自貢獻宗廟·三宮, 猶不至此. 賢家有賓婚及見親, 諸官并共, 賜及倉頭·奴婢人十萬錢. 使者護視·發取市物, 百賈震動, 道路讙嘩, 群臣惶惑. 詔書罷苑, 而以賜賢二千餘頃, 均田之制從此墮壞. 奢僭放縱, 變亂陰陽, 災異衆多, 百姓訛言, 持籌相驚, 天惑其意, 不能自止. 陛下素仁智愼事, 今而有此大譏. 孔子曰, '危而不持, 顚而不扶, 則將安用彼相矣' 臣嘉幸得備位, 竊內悲傷不能通愚忠之信. 身死有益於國, 不敢自惜. 唯陛下愼己之所獨鄕, 察衆人之所共疑! 往者寵臣鄧通·韓嫣, 驕貴失度, 逸豫無厭, 小人不勝情欲, 卒陷罪辜, 亂國亡軀, 不終其祿, 所謂'愛之適足以害之'者也! 宜深覽前世, 以節賢寵, 全安其命." 上由是於嘉浸不說.

前涼州刺史杜鄴以方正對策曰, "臣聞陽尊陰卑, 天之道也. 是以男雖賤, 各為其家陽, 女雖貴, 猶為其國陰. 故禮明三從之義, 雖有文母之德, 必繫於子. 昔鄭伯隨姜氏之欲, 終有叔段篡國之禍. 周襄王內迫惠后之難, 而遭居鄭之危. 漢興, 呂太后權私親屬, 幾危社稷. 竊見陛下約儉正身, 欲與天下更始, 然嘉瑞未應, 而日食·地震. 案『春秋』災異, 以指象為言語. 日食, 明陽為陰所臨. 坤以法地, 為土, 為母, 以安靜為德. 震, 不陰之效也. 占像甚明, 臣敢不直言其事! 昔曾子問從令之義, 孔子曰, '是何言與' 善閔子騫守禮不苟從親, 所行無非理者, 故無可間也. 今諸外家昆弟, 無賢不肖, 并侍帷幄, 布在列位, 或典兵衛, 或將軍屯, 寵意并於一家, 積貴之勢, 世所希見·所希聞也. 至乃并置大司馬·將軍之官, 皇甫雖盛, 三桓雖隆, 魯為作三軍, 無以甚此! 當拜之日, 晻然日食. 不在前後, 臨事而發者, 明陛下謙遜無專, 承指非一, 所言輒聽, 所欲輒隨, 有罪惡者不坐辜罰, 無功能者畢受官爵, 流漸積畏, 過在於是, 欲令昭昭以覺聖朝. 昔詩人所刺, 『春秋』所譏, 指象如此, 殆不在它. 由後視前, 忿邑非之. 逮身所行, 不自鏡見, 則以為可, 計之過者. 願陛下加致精誠, 思承始初, 事稽諸古, 以厭下心, 則黎庶群生無不說喜, 上帝百神收還威怒, 禎祥福祿, 何嫌不報!”

上又徵孔光詣公車, 問以日食事, 拜為光祿大夫, 秩中二千石, 給事中, 位次丞相. 初, 王莽既就國, 杜門自守. 其中子獲殺奴, 莽切責獲, 令自殺. 在國三歲, 吏民上書冤訟莽者百數. 至是, 賢良周護·宋崇等對策, 復深訟莽功德. 上於是徵莽及平阿侯仁還京師, 侍太后.

董賢因日食之變以沮傅晏·息夫躬之策, 辛卯, 上收晏印綬, 罷就第.

丁巳, 皇太太后傅氏崩, 合葬渭陵, 稱孝元傅皇后.

丞相·御史奏息夫躬·孫寵等罪過, 上乃免躬·寵官, 遣就國. 又罷侍中·諸曹·黃門郎數十人.

鮑宣上書曰, “陛下父事天, 母事地, 子養黎民. 即位已來, 父虧明, 母震動, 子訛言相驚恐. 今日食於三始, 誠可畏懼. 小民正朔日尚恐毀敗器物, 何況於日虧乎! 陛下深內自責, 避正殿, 舉直言, 求過失, 罷退外親及旁仄素餐之人, 徵拜孔光為光祿大夫, 發覺孫寵·息夫躬過惡, 免官遣就國, 眾庶歙然, 莫不說喜. 天人同心, 人心說則天意解矣. 乃二月丙戌, 白虹干日, 連陰不雨, 此天下憂結未解, 民有怨望未塞者也. 侍中·駙馬都尉董賢, 本無葭莩之親, 但以令色·諛言自進, 賞賜無度, 竭盡府臧, 併合三第, 尚以為小, 復壞暴室. 賢父·子坐使天子使者, 將作治第, 行夜吏卒皆得賞賜, 上冢有會, 輒太官為供. 海內貢獻, 當養一君, 今反盡之賢家, 豈天意與民意邪! 天不可久負, 厚之如此, 反所以害之也! 誠欲哀賢, 宜為謝過天地, 解讎海內, 免遣就國, 收乘輿器物還之縣官, 如此, 可以父子終其性命. 不者, 海內之所仇, 未有得久安者也. 孫寵·息夫躬不宜居國, 可皆免, 以視天下. 復徵何武·師丹·彭宣·傅喜, 曠然使民易視, 以應天心, 建立大政, 興太平之端." 上感大異, 納宣言, 徵何武·彭宣. 拜鮑宣為司隸.

上托傅太后遺詔, 令太皇太后下丞相·御史, 益封董賢二千戶, 賜孔鄉侯·汝昌侯·陽新侯國. 王嘉封還詔書, 因奏封事諫曰, "臣聞爵祿·土地, 天之有也. 『書』云, '天命有德, 五服五章哉' 王者代天爵人, 尤宜慎之. 裂地而封, 不得其宜, 則眾庶不服, 感動陰陽, 其害疾自深. 今聖體久不平, 此臣嘉所內懼也. 高安侯賢, 佞幸之臣, 陛下傾爵位以貴之, 單貨財以富之, 損至尊以寵之, 主威已黜, 府臧已竭, 唯恐不足. 財皆民力所為, 孝文皇帝欲起露臺, 重百金之費, 克己不作. 今賢散公賦以施私惠, 一家至受千金, 往古以來, 貴臣未嘗有此, 流聞四方, 皆同怨之. 里諺曰, '千人所指, 無病而死' 臣常為之寒心. 今太皇太后以永信太后遺詔詔丞相·御史, 益賢戶, 賜三侯國, 臣嘉竊惑. 山崩·地動·日食於三朝, 皆陰侵陽之戒也. 前賢已再封, 晏·商再易邑, 業緣私橫求, 恩已過厚, 求索自恣, 不知厭足, 甚傷尊尊之義, 不可以示天下, 為害痛矣! 臣驕侵罔, 陰陽失節, 氣感相動, 害及身體. 陛下寢疾久不平, 繼嗣未立, 宜思正萬事, 順天人之心, 以求福祐, 奈何輕身肆意, 不念高祖之勤苦, 垂立制度, 欲傳之於無窮哉! 臣謹封上詔書, 不敢露見. 非愛死而不自法, 恐天下聞之, 故不敢自劾."

初, 廷尉梁相治東平王雲獄, 時冬月未盡二旬, 而相心疑雲冤獄, 有飾辭, 奏欲傳之長安, 更下公卿覆治. 尚書令鞫譚·僕射宗伯鳳以為可許. 天子以為相等皆見上體不平, 外內顧望, 操持兩心, 幸雲逾冬, 無討賊疾惡主讎之意, 免相等皆為庶人. 後數月, 大赦, 嘉薦"相等皆有材行, 聖王有計功除過, 臣竊為朝廷惜此三人." 書奏, 上不能平. 後二十餘日, 嘉封還益董賢戶事, 上乃發怒, 召嘉詣尚書, 責問以"相等前坐不忠, 罪惡著聞, 君時輒已自劾. 今又稱譽, 云'為朝廷惜之', 何也?" 嘉免冠謝罪. 事下將軍中朝者, 光祿大夫孔光等劾"嘉迷國罔上, 不道, 請謁者召嘉詣廷尉詔獄." 議郎龔等以為"嘉言事前後相違, 宜奪爵土, 免為庶人." 永信少府猛等以為"嘉罪名雖應法, 大臣括髮關械, 裸躬就笞, 非所以重國, 褒宗廟也." 上不聽, 三月, 詔"假謁者節, 召丞相詣廷尉詔獄."

使者既到, 府掾·史涕泣, 共和藥進嘉, 嘉不肯服. 主簿曰, "將相不對理陳冤, 相踵以為故事, 君侯宜引決." 使者危坐府門上, 主簿復前進藥. 嘉引藥杯以擊地, 謂官屬曰, "丞相幸得備位三公, 奉職負國, 當伏刑都市, 以示萬眾. 丞相豈兒女子邪! 何謂咀藥而死!" 嘉遂裝, 出見使者, 再拜受詔. 乘吏小車, 去蓋, 不冠, 隨使者詣廷尉. 廷尉收嘉丞相·新甫侯印綬, 縛嘉載致都船詔獄. 上聞嘉生自詣吏, 大怒, 使將軍以下與五二千石雜治. 吏詰問嘉, 嘉對曰, "案事者思得實. 竊見相等前治東平王獄, 不以雲為不當死, 欲關公卿, 示重慎, 誠不見其外內顧望, 阿附為雲驗, 復幸得蒙大赦. 相等皆良善吏, 臣竊為國惜賢, 不私此三人." 獄吏曰, "苟如此, 則君何以為罪? 猶當有以負國, 不空入獄矣." 吏稍侵辱嘉, 嘉喟然仰天歎曰, "幸得充備宰相, 不能進賢·退不肖, 以是負國, 死有餘責." 吏問賢·不肖主名. 嘉曰, "賢. 故丞相孔光·故大司空何武, 不能進. 惡. 高安侯董賢父子, 佞邪亂朝, 而不能退. 罪當死, 死無所恨!" 嘉繫獄二十餘日, 不食, 歐血而死.

已而上覽其對, 思嘉言, 會御史大夫賈延免, 夏, 五月, 乙卯, 以孔光為御史大夫. 秋, 七月, 丙午, 以光為丞相, 復故國博山侯. 又以汜鄉侯何武為御史大夫. 上乃知孔光前免非其罪, 以過近臣毀短光者,曰,“傅嘉前為侍中, 毁譖仁賢, 誣訴大臣, 令俊艾者久失其位, 其免嘉為庶人, 歸故郡.” 八月, 何武徙為前將軍. 辛卯, 光祿大夫彭宣為御史大夫.

司隸鮑宣坐摧辱宰相, 拒閉使者, 無人臣禮, 減死髡鉗.

大司馬丁明素重王嘉, 以其死而憐之. 九月, 乙卯, 冊免明, 使就第.

冬, 十一月, 壬午, 以故定陶太傅·光祿大夫韋賞為大司馬·車騎將軍. 己丑, 賞卒.

十二月, 庚子, 以侍中·駙馬都尉董賢為大司馬·衛將軍, 冊曰,“建爾於公, 以為漢輔! 往悉爾心, 匡正庶事, 允執其中!” 是時賢年二十二, 雖為三公, 常給事中, 領尚書, 百官因賢奏事. 以父衛尉恭不宜在卿位, 徙為光祿大夫·秩中二千石. 弟寬信代賢為駙馬都尉. 董氏親屬皆侍中·諸曹·奉朝請, 寵在丁·傅之右矣.

初, 丞相孔光為御史大夫, 賢父恭為御史, 事光. 及賢為大司馬, 與光幷為三公. 上故令賢私過光. 光雅恭謹, 知上欲尊寵賢. 及聞賢當來也, 光警戒衣冠出門待, 望見賢車乃卻入, 賢至中門, 光入閣, 既下車, 乃出, 拜謁·送迎甚謹, 不敢以賓客鈞敵之禮. 上聞之, 喜, 立拜光兩兄子為諫大夫·常侍. 賢由是權與人主侔矣.

是時, 成帝外家王氏衰廢, 唯平阿侯譚子去疾為侍中, 弟閎為中常侍. 閎妻父中郎將蕭咸, 前將軍望之子也, 賢父恭慕之, 欲為子寬信求咸女為婦, 使閎言之. 咸惶恐不敢當, 私謂閎曰,“董公為大司馬, 冊文言‘允執其中’, 此乃堯禪舜之文, 非三公故事, 長老見者莫不心懼. 此豈家人子所能堪邪!” 閎性有知略, 聞咸言, 心亦悟. 乃還報恭, 深達咸自謙薄之意. 恭歎曰,“我家何用負天下, 而為人所畏如是!” 意不說. 後上置酒麒麟殿, 賢父子·親屬宴飲, 侍中·中常侍皆在側,上有酒所, 從容視賢, 笑曰, "吾欲法堯禪舜, 何如?" 王閎進曰, "天下乃高皇帝天下, 非陛下之有也! 陛下承宗廟, 當傳子孫於亡窮, 統業至重, 天子亡戲言!" 上默然不說, 左右皆恐. 於是遣閎出歸郎署. 久之, 太皇太后為閎謝, 復召閎還. 閎遂上書諫曰, "臣聞王者立三公, 法三光, 居之者當得賢人. 『易』曰, '鼎折足, 覆公餗' 喻三公非其人也. 昔孝文皇帝幸鄧通, 不過中大夫. 武皇帝幸韓嫣, 常賜而已, 皆不在大位. 今大司馬·衛將軍董賢, 無功於漢朝, 又無肺腑之連, 復無名跡高行以矯世, 升擢數年, 列備鼎足, 典衛禁兵, 無功封爵, 父子·兄弟橫蒙拔擢, 賞賜空竭帑藏, 萬民喧嘩, 偶言道路, 誠不當天心也! 昔褒神蚖變化為人, 實生褒姒, 亂周國, 恐陛下有過失之譏, 賢有小人不知進退之禍, 非所以垂法後世也!" 上雖不從閎言, 多其年少志強, 亦不罪也.

한애제 원수 2년(BC 1)

1) 봄 정월, 흉노의 제18대 오주류약제烏珠留若鞮 선우와 오손의 대곤미大昆彌 이질미伊秩靡가 모두 내조했다. 한나라 조정은 영광으로 생각했다.

당시 서역에는 무릇 50개국이 있었다. 통역 담당자인 역장譯長을 위시해서 장將, 상相, 후侯, 왕王에 이르기까지 모두 한나라 조정이 내린 인수를 패용했다. 총 376명이었다. 강거康居소그디아나, 대월지大月氏사마르칸드, 안식安息이란, 계빈罽賓캐시미르, 오익烏弋이란 남부의 무리는 모두 멀리 끊어진 절원絕遠의 땅에 있는 까닭에 그 숫자 속에 들어 있지 않았다. 그들이 한나라로 와서 공헌貢獻을 하면 보빙報聘을 했으나 서역도호인 총령總領의 감독대상은 아니었다.

한선제 때의 황룡黃龍 연간 이래 선우가 입조할 때마다 상으로 내리는 수놓은 비단인 금수錦繡와 솜을 넣은 명주 이불인 증서繒絮가 번번이 이전보다 더해지는 식으로 그들을 위로하며 대접했다. 선우는 연회에서 알현할 때 군신들이 앞에 있자 동현이 연소한 것을 보고 이상히 여겨 통역에게 물었다. 황상이 통역으로 하여금 이같이 회보하게 했다.

"대사마는 연소하지만 매후 현명해 그 자리에 있는 것이오."

선우는 이내 일어나 한나라가 현신賢臣을 얻은 것을 축하했다. 이때 황상은 태세太歲가 서방을 가리키는 신申이 들어간 경신년庚申年에 해당하는 까닭에 비방秘方으로 액운을 때우는 엽승厭勝이 행해질 것으로 생각해 선우를 상림원上林苑의 포도궁蒲陶宮에 묵게 했다. 선우에게 특별히 예경禮敬을 표시한 것이라고 알렸으나 선우가 내막을 알고는 기뻐하지 않았다.

2) 여름 4월 30일, 일식이 있었다.

3) 5월 2일, 삼공의 관명官名과 직무 범위를 바르게 나눴다. 대사마·위장군衛將軍 동현을 대사마大司馬, 승상 공광을 대사도大司徒, 어사대부 팽선을 대사공大司空으로 삼으면서 장평후長平侯에 봉했다.

4) 6월 26일, 황제가 미앙궁未央宮에서 26세의 나이로 재위 6년 만에 붕어했다.

한애제는 한성제의 세록世祿 즉 정권이 외척인 왕씨王氏 집안으로 넘어간 것을 목도했다. 즉위 후 누차 주박과 왕가 등의 대신들을 주살하면서 군주의 권위를 강화해 장차 한무제 내지 한선제를 본받고자 했다. 그러나 참소하고 아첨하는 동현과 식부궁 등 참첨讒諂의 인물을 총신寵信했다. 이로 인해 충직忠直한 사단과 부희 등은 미움을 받았다. 한나라의 대업은 여기서부터 쇠퇴하기 시작했다.

태황태후 왕정군은 황제가 붕어했다는 소식을 듣고 그날로 미앙궁에 어가御駕로 간 뒤 황제의 인새印璽와 인수印綬인 새수璽綬를 거둬들였다.

이어 대사마 동현을 동상東箱에서 인견하며 상사喪事에 관한 계획 및 일정인 조도調度에 관해 물었다. 동현은 속으로 두려워 대답을 못한 채 관면免冠하여 사죄했다. 태황태후가 말했다.

"신도후新都侯 왕망王莽은 전에 대사마로 있을 때 선제先帝인 성제의 대행大行을 봉행한 적이 있소. 고사故事도 잘 습득해 알고 있으니 내가 왕망으로 하여금 그대를 보좌하게 하겠소."

동현이 머리를 조아리며 말했다.

"심히 다행입니다!"

태황태후가 사자를 시켜 달려가서 왕망을 부르게 했다. 이어 조서를 상서尙書에 내려 여러 군사를 발동하는 신표인 부절符節과 백관들의 주사奏事, 중황문中黃門과 기문병期門兵에 대한 지휘를 모두 왕망에 귀속시켰다. 왕망이 태황태후의 지시를 받아 상서로 하여금 동현을 탄핵하게 했다. 황제가 병이 들었는데도 곁에서 의약醫藥을 시중들지 않은 것 등이 이유였다. 동현의 입궁을 위한 사마문 출입을 금하자 동현이 어찌할 바를 몰라 궁궐로 나아가 관을 벗고 맨발로 나서는 면관도선免冠徒跣의 자세로 사죄했다.

6월 27일, 왕망이 알자謁者를 시켜 태황태후의 조서를 갖고 가 궁궐 아래서 동현에게 책서冊書를 내리게 했다.

"동현은 연소해 아직 사리事理를 제대로 모르는데 대사마가 된 까닭에 여러 사람의 마음인 중심衆心을 합하지 못했다. 대사마의 인수를 거두고, 파직시켜 집으로 돌려보내도록 하라!"

그날로 동현은 그의 처와 함께 자살했다. 그의 집이 황공惶恐해하며 그날 저녁 암장暗葬했다. 왕망이 그의 사사詐死를 의심했다. 유사有司가 그의 관을 꺼낸 뒤 감옥으로 갖고 가 진시診視할 것을 주청했다. 이어 그의 시체를 옥중에 매장했다. 태황태후가 조서를 내렸다.

"공경들은 대사마 자리를 맡을 만한 사람을 천거하라."

왕망은 옛날 대사마로 있을 때 자리를 양보해 정씨丁氏와 부씨傅氏를 피했다. 당시 많은 사람들은 왕망을 현명하다고 칭송했다. 또 왕망이 태황태후의 근친近親인 까닭에 대사도大司徒 공광을 비롯한 조정관원들이 조정 차원의 거조擧朝 입장에서 하나같이 왕망을 천거했다. 다만 전장군前將軍 하무何武와 좌장군左將軍 공손록公孫祿 2명은 서로 모의해 건의했다.

"전에 효혜황제와 효소황제 당시 외척인 여씨呂氏와 곽씨霍氏 및 상관씨上官氏가 권력을 잡고 사직을 거의 위태롭게 만든 적이 있습니다. 지금 효성황제와 효애황제 모두 잇달아 후사無嗣가 없습니다. 바야흐로 의당 근친 가운데 유주幼主를 세워야 할 것입니다. 외척대신外戚大臣으로 하여금 권력을 잡도록 하는 것은 합당치 않습니다. 외척과 이성異姓의 조정대신을 섞어 집정하게 하는 방안이 치국의 계책으로 편할 듯합니다."

이에 하무가 공손록公孫祿을 천거해 대사마로 삼을 수 있다고 했고, 공손록 역시 하무를 천거했다.

6월 28일, 태황태후가 스스로 왕망을 대사마·영상서사領尚書事로 삼았다.

태황태후는 왕망과 후사 건립 문제를 논의했다. 안양후安陽侯 왕순王舜은 왕망의 종제從弟로, 사람이 수양을 닦아 엄정했다. 태황태후가 신애信愛한 인물인 까닭에 왕망이 왕순을 거기장군車騎將軍으로 천거했다.

가을 7월, 왕순과 대홍려大鴻臚 좌함左咸을 사자로 보내 지절영持節迎자격으로 중산왕中山王 유기자劉箕子를 한애제의 후사로 삼게 했다.

왕망은 또 태황태후에게 건의해 유사에게 조서를 내렸다. 조서의 골자는 '황태후皇太后 조비연은 여동생인 조소의趙昭儀와 함께 황제의 총애를 독차지하며 후궁들의 시침侍寢을 막는 전총고침專寵錮寢으로 후사를 잔멸殘滅시켰으니 효성황후孝成皇后로 폄강貶降해 북궁北宮으로 옮겨 살게 하라. 또 정도공왕태후定陶共王太后 부씨傅氏와 공향후孔鄕侯 부안傅晏은 동심합모同心合謀하여 은혜와 뿌리를 잊는 배은망본背恩忘本과 멋대로 반역을 꾀하는 전자불궤專恣不軌를 자행했으니, 효애황후孝哀皇后 부씨傅氏는 계궁桂宮으로 물러나게 하고 부씨와 정씨는 모두 관작에서 파면해 고군故郡으로 돌아가게 하라. 또 부안傅晏은 처자를 거느리고 합포合浦광동성 해강현로 이사하게 하라'는 내용이었다. 유독 조서를 따로 내려 부희傅喜를 포양褒揚했다.

"고무후高武侯 부희는 자세와 성품인 자성姿性이 단아하고 근엄한 단각端慤의 모습을 보였고, 논의가 충직했다. 비록 옛 정도태후定陶太后와 친척 사이였지만 끝내 지시를 좇아 악행을 하지 않고, 의로운 개연介然의 모습으로 수절守節한 탓에 봉국으로 쫓겨났다. 『논어』「자한」에서 시절이 추워진 연후에 송백松柏이 뒤늦게 시드는 것을 알 수 있다는 취지로 '세한歲寒, 연후지송백지조야然後知松柏之後凋也'라고 언급하지 않았는가? 부희를 장안으로 돌아오게 한 뒤 특진特進의 지위로 봉조청奉朝請을 수행하게 하라."

부희는 비록 외견상 포상을 받고 장안으로 올라왔으나 고립된 탓에 내심 우구憂懼했다. 후에 다시 봉국으로 보내져 천수를 누리는 수종壽終을 했다.

왕망은 또 부태후와 정태후의 칭호를 각각 정도공왕모定陶共王母, 정희丁姬로 폄강했다. 이어 동현 부자는 교만하고 멋대로 행동하며 사치하게 참람한 교자사참驕恣奢僭을 행한 이유로 재물을 관고로 몰입沒入할 것을 청했다. 동현을 통해 관직을 얻은 자들 모두 면직됐고, 부친인 동공董恭과 동생인 동관신董寬信과 가속家屬 모두 합포合浦로 유배를 갔고, 모친은 별도로 고군故郡인 거록鉅鹿하북성 평향현으로 돌아갔다. 장안에서는 일반

백성인 소민小民들이 시끄럽게 떠드는 환화歡嘩를 했다. 혹자는 동씨의 집으로 가서 짐짓 곡읍哭泣을 했으나 거의 그 집의 물건을 획도獲盜하기 위한 것이었다. 관청인 현관縣官이 동씨의 재산을 내어다 파는 척매斥賣를 하자 총 43억 전錢에 달했다.

이때 동현이 평소 후하게 대해 주었던 관원인 패군沛郡강소성 패현 출신 주후朱詡가 스스로를 탄핵하는 자핵自劾을 통해 대사마의 관부를 떠난 뒤 관과 수의인 관의棺衣를 사서 동현의 시신을 장사지냈다. 왕망이 이 소식을 듣고는 다른 죄로 엮어 주후를 격살擊殺했다.

왕망은 대사도大司徒 공광孔光이 명유名儒로서 3명의 황주 밑에서 재상을 지내고, 태황태후가 공경하며 천하 사람이 그를 신뢰하고 있다는 사실을 잘 알았다. 공광을 성대히 존경하며 섬기는 존사尊事를 행하고, 공광의 사위인 견한甄邯[123]을 시중侍中·봉거도위奉車都尉로 삼은 이유다. 평소 좋아하지 않았던 여러 사람들에 대해 왕망은 모두 죄를 붙여 상주문의 초고를 만든 뒤 견한으로 하여금 공광에게 갖다 주며 태황태후의 지시임을 공광에게 넌지시 일러주게 했다.

공광은 평소 겁이 많고 신중했다. 감히 이를 상주하지 않을 수 없었다. 왕망이 태후에게 고해 곧바로 재가하게 했다. 이에 하무와 공손록은 서로 칭송하며 천거하는 칭거稱擧를 했다는 이유로 면관免官돼 봉국으로 돌아갔다. 고창후高昌侯 동무董武의 부친 동굉董宏은 간녕하고 사악한 영

---

123 견한甄邯을 두고 일각에서는 견甄을 성씨로 사용될 때는 '진'으로 읽는 게 옳다며 '진한'으로 읽고 있으나 '진'은 질그릇을 만드는 사람을 가리킬 때만 '진'으로 읽는다. 중국에서는 성씨로 사용될 때도 '견'으로 발음이 같다. 견甄이 성씨로 사용될 때 '진'으로 읽는 게 옳다는 주장은 근거가 없다. 한邯 역시 진시황 사후에 활약한 진秦나라 장수인 장감章邯의 감邯과 달리 '한'으로 읽는 게 옳다. 장감은 안사고顔師古가 『한서』「고제기」의 주에서 '감'의 음을 두고 '하감반下甘反'으로 주석했으나, '견한'의 경우는 그런 주석이 없기 때문이다.

사佞邪의 모습을 보였다는 상서가 올라와 작위가 박탈됐다. 또 상주문으로 남군南郡 태수 무장륭毋將隆은 전에 기주목冀州牧하북성 중부으로 있을 때 중산中山 풍태후馮太后의 옥사를 처리하면서 억울하게 무고한 사람을 무함하고, 관내후 장유張由는 골육을 무고誣告하고, 중태복中太僕 사립史立과 태산泰山 태수 정현丁玄은 사람을 무함해 사형인 대벽大辟에 들어가게 하고, 하내河內 태수 조창趙昌은 정숭鄭崇을 참소해 해를 끼치는 참해譖害를 가했으나 모두 요행히 사면령을 만났다고 지적했다. 의당 중원 지역에 머무는 게 타당하지 않은 까닭에 면직시켜 서인으로 만들고, 합포로 유배를 보내야 한다는 상주문 내용을 좇아 그대로 시행됐다.

풍태후와 관련한 중산中山의 옥사는 본래 중태복 사립史立과 태산 태수 정현丁玄이 스스로 만들어 이끌어간 것으로, 다만 무장륭과 함께 연명으로 상주했을 뿐이다. 당시 젊은 왕망은 무장륭을 흠모한 나머지 함께 사귀고자 했으나 무장령은 오히려 왕망의 이런 모습에 심히 부합하지 않는 태도를 보였다. 그러다가 이번 일로 인해 배척을 당한 것이다.

홍양후紅陽侯 왕립王立은 태황태후 왕정군의 친동생이다. 비록 자리에 있지는 않았으나, 왕망은 그가 삼촌뻘인 제부諸父로 있었던 까닭에 내심 존경하며 꺼리는 경탄敬憚을 했다. 왕립이 종용從容히 태황태후에게 말을 해서 왕망이 임의로 행동하지 못하게 만들까 우려한 탓이다. 다시 공광으로 하여금 왕립의 죄악을 이같이 상주하도록 한 이유다.

"전에 왕립은 정릉후定陵侯 순우장淳于長이 대역죄를 범한 것을 알면서도 순우장으로부터 누차 뇌물을 받고 그를 위해 변호를 하여 조정을 오도했습니다. 이후 관비官婢인 양기楊寄의 사사로운 아들을 황제의 아들이라고 속여, 많은 사람들이 '고황제의 부인인 여씨呂氏와 한혜제의 아들인 소제少帝 유공劉恭과 후소제後少帝 유홍劉弘이 다시 태어나는 국면을 맞았다'고 분분히 말하는 등 천하 사람을 의심하게 만들었습니다. 이로 인해 다가오는 후세인 내세來世에 모범을 보여주며 어린 군주를 옹립해 이루는 공로인 강보지공襁褓之功도 이루기 어려워졌습니다. 청컨대 왕립을 본국으로 보내도록 하십시오."

태황태후가 듣지 않았다. 왕망이 말했다.

"지금 한가漢家는 쇠락해 연이어 후사를 얻지 못하고 있습니다. 태황태후가 홀로 어린 군주를 대신해 정사를 통괄하는 통정統政을 하고 있으니 실로 사람들을 두렵게 만들 만합니다. 설령 진력盡力하여 공정한 모습을 보이며 천하 사람을 앞세울지라도 오히려 인심이 불복할까 우려됩니다. 지금 사은私恩으로 대신들의 의논을 거역하고 있습니다. 이리하면 많은 사람이 아래로 사악하게 기울게 되고, 혼란 역시 여기서부터 시작될 것입니다. 의당 그를 다시 봉국으로 보냈다가 안정되면 다시 그를 징소하도록 하십시오."

태황태후가 부득이 왕립을 봉국으로 보냈다. 왕망이 상하의 사람을 옆에 끼고 하는 일이 모두 이와 같았다.

당시 왕망에게 부순附順하는 자는 발탁拔擢되고, 오한忤恨을 갖는 자는 주멸誅滅됐다. 왕순王舜과 왕읍王邑은 왕망의 복심腹心이 됐고, 견풍甄豐과 견한甄邯은 공격하여 자르는 격단擊斷을 주로 했고, 평안平晏은 기밀에 관한 일을 관장했고, 유수劉秀로 이름을 바꾼 유흠劉歆은 문장文章을 주관했고, 손건孫建은 조아爪牙의 역할을 했다. 견풍의 아들 견심甄尋과 유수의 아들 유분劉棻, 탁군涿郡하북성 탁현 출신 최발崔發, 남양南陽하남성 남양시 출신 진숭陳崇 모두 재능을 인정받아 왕망의 총행을 입었다.

왕망은 모습을 엄숙히 하며 말을 방정히 했으나 하고자 하는 바가 있으면 주변 사람이 아주 미세한 언동으로도 눈치를 채도록 만들었다. 당여黨與가 그의 지의指意를 이어받아 상주문으로 명백히 드러냈다. 그러면 왕망은 머리를 조아리고 눈물을 흘리는 계수체읍稽首涕泣의 자세로 거듭 미루며 사양하는 모습을 보였다. 위로는 태황태후를 미혹하고, 아래로는 중서衆庶에게 신의를 보여주고자 한 것이다.

5) 8월, 왕망이 다시 태황태후에게 말해 태후에서 효성황후孝成皇后로 폄강貶降된 조비연과 한애후의 부인인 효애황후孝哀皇后 부씨傅氏를 폐위해 서인으로 만든 뒤 각각 한성제와 한애제의 묘원墓園으로 가 수묘守墓하게 했다. 이날 두 사람 모두 자살했다.

6) 대사공 팽선彭宣이 왕망의 전권專權을 보고 이내 상서해 사직을 청했다.

"삼공은 정족鼎足을 이뤄 군왕의 뜻을 이어받는 직책입니다. 『주역』「정괘鼎卦」의 효사에 따르면 한 발이 무너지면 솥 안의 밥이 뒤엎어져 뒤죽박죽이 되고 맙니다. 신은 자질과 품성인 자성資性이 천박淺薄한데다 이빨이 마모되고 눈이 흐릿한 연치노모年齒老眊의 노인인 까닭에 누차 질병에 걸리고 머리가 혼란昏亂해 잃거나 잊는 유망遺忘의 상황에 처해 있습니다. 원컨대 대사공大司空·장평후長平侯의 인수를 반납해 걸해골乞骸骨을 한 뒤 향리로 돌아가 쉬면서 골짜기의 구덩이를 채우길 기다리는 사치구학俟寘溝壑을 행하고자 합니다."

왕망이 태황태후에게 말해 팽선을 책서策書로 면직시켜 봉국으로 돌아가게 했다. 왕망은 팽선의 '걸해골'을 원망한 나머지 황금黃金과 안거安車 및 사마駟馬 등을 내리지 않았다. 팽선은 봉국에 몇 년 동안 살다가 훙거薨去했다.

반고班固가 『한서』에서 이를 찬贊했다.

"한원제 때 설광덕薛廣德은 재이에 대한 책임을 지고 사직서를 내 현거懸車[124]의 영예를 보유하게 됐고, 애제 때 평당平當은 병을 이유로 봉후封侯를 거부함으로써 예를 밝히며 수치를 알게 했고, 애제 때 팽선彭宣은 위험을 보고 벼슬을 멈추는 견험이지見險而止를 행했으니 실로 구차하게 벼슬을 잃을까 걱정하는 자들과는 확실히 달랐다!"

7) 8월 27일, 우장군 왕숭王崇을 대사공, 광록훈 동해東海 출신 마궁馬宮을 우장군, 좌조左曹·중랑장中郎將 견풍甄豐을 광록훈으로 삼았다.

8) 9월 1일, 중산왕中山王 유기자가 평제平帝로 즉위했다. 곧 천하에 대사령을 내렸다. 한평제의 나이는 9세여서 태황태후 왕정군이 임조臨朝하고, 대사마 왕망이 실권을 잡는 병정秉政을 했다. 백관이 국사를 총괄해 왕망에게 보고했다. 왕망의 권한이 날로 왕성해지자 공광孔光이 우구憂懼하며 빠져나갈 바를 몰라, 상서하여 걸해골乞骸骨을 했다. 왕망은 태황태후에게 황제가 유소幼少한 까닭에 의당 사부師傅를 두어야 한다고 건의했다. 이에 공광을 제태부帝太傅로 옮기고, 지위는 고대 황제의 스승인 사보四輔[125]로 했다. 겸하여 급사중給事中의 역할을 행하면서, 숙위宿衛와 공양供養을 총괄하고, 궁궐 안에서 문호門戶를 지키고, 어용御用 복장과 수레 및 식물食物을 지키도록 했다.

또 마궁을 대사도, 견풍을 우장군으로 삼았다.

9) 겨울 10월 12일, 효애황제를 사후 105일 만에 의릉義陵에 장사 지냈다.

---

124 현거懸車는 옛날 70세에 벼슬을 그만두는 치사致仕를 하면 더 이상 조정 출입용 수레를 사용할 일이 없어 벽에 걸어두는 데서 나온 말로, 통상 70세의 나이를 상징한다. 『한서』「위현전韋賢」에 대한 안사고의 주는 응소應劭의 말을 인용해 풀이하기를, "옛날에는 70세에 '현거'하여 치사했다."고 했다.

125 사보四輔는 전설적인 왕조인 하나라 때 천자 주변의 사방에서 자문 등으로 보필한 4명의 신하로 전의前疑, 후승後丞, 좌보左輔, 우필右弼 등을 가리킨다. 『서경』「주서周書, 낙고洛誥」와 『사기』「하본기」에 각각 '난위사보亂爲四輔'와 '경사보신敬四輔臣' 표현이 나온다.

＊ 孝哀皇帝元壽二年

春, 正月, 匈奴單于及烏孫大昆彌伊秩靡皆來朝, 漢以為榮. 是時西域凡五十國, 自譯長至將·相·侯·王皆佩漢印綬, 凡三百七十六人. 而康居·大月氏·安息·罽賓·烏弋之屬, 皆以絕遠, 不在數中, 其來貢獻, 則相與報, 不督錄總領也. 自黃龍以來, 單于每入朝, 其賞賜錦繡·繒絮, 輒加厚於前, 以慰接之. 單于宴見, 群臣在前, 單于怪董賢年少, 以問譯. 上令譯報曰, "大司馬年少, 以大賢居位." 單于乃起, 拜賀漢得賢臣. 是時上以大歲厭勝所在, 舍單于上林苑蒲陶宮, 告之以加敬於單于. 單于知之, 不悅.

夏, 四月, 壬辰晦, 日有食之.

五月, 甲子, 正三公官分職. 大司馬·衛將軍董賢為大司馬. 丞相孔光為大司徒. 御史大夫彭宣為大司空, 封長平侯.

六月, 戊午, 帝崩於未央宮.

帝睹孝成之世祿去王室, 及即位, 屢誅大臣, 欲強主威以則武·宣. 然而寵信讒諂, 憎疾忠直, 漢業由是遂衰.

太皇太后聞帝崩, 即日駕之未央宮, 收取璽綬. 太后召大司馬賢, 引見東箱, 問以喪事調度. 賢內憂, 不能對, 免冠謝. 太后曰, "新都侯莽, 前以大司馬奉送先帝大行, 曉習故事, 吾令莽佐君." 賢頓首曰, "幸甚!" 太后遣使者馳召莽. 詔尚書, 諸發兵符節·百官奏事·中黃門·期門兵皆屬莽. 莽以太后指, 使尚書劾賢帝病不親醫藥, 禁止賢不得入宮殿司馬中. 賢不知所為, 詣闕免冠徒跣謝. 己未, 莽使謁者以太后詔即闕下冊賢曰, "賢年少, 未更事理, 為大司馬, 不合眾心, 其收大司馬印綬, 罷歸第!" 即日, 賢與妻皆自殺. 家惶恐, 夜葬. 莽疑其詐死. 有司奏請發賢棺, 至獄診視, 因埋獄中. 太皇太后詔"公卿舉可大司馬者." 莽故大司馬, 辭位避丁·傅, 眾庶稱以為賢, 又太皇太后近親, 自大司徒孔光以下, 舉朝皆舉莽. 獨前將軍何武·左將軍公孫祿二人相與謀, 以為"往時惠·昭之世, 外戚呂·霍·上官持權, 幾危社稷. 今孝成·孝哀比世無嗣, 方當選立近親幼主, 不宜令外戚大臣持權. 親疏相錯, 為國計便." 於是武舉公孫祿可大司馬, 而祿亦舉武. 庚申, 太皇太后自用莽為大司馬·領尚書事.

太皇太后與莽議立嗣. 安陽侯王舜, 莽之從弟, 其人修飭, 太皇太后所信愛也, 莽白以舜為車騎將軍. 秋, 七月, 遣舜與大鴻臚左咸使持節迎中山王箕子以為嗣.

莽又白太皇太后, 詔有司以皇太后前與女弟昭儀專寵錮寢, 殘滅繼嗣, 貶為孝成皇后, 徙居北宮. 又以定陶共王太后與孔鄉侯晏同心合謀, 背恩忘本, 專恣不軌, 徙孝哀皇后退就桂宮, 傅氏·丁氏皆免官爵歸故郡, 傅晏將妻子徙合浦. 獨下詔褒揚傅喜曰, "高武侯喜, 姿性端慤, 論議忠直, 雖與故定陶太后有屬, 終不順指從邪, 介然守節, 以故斥逐就國. 『傳』不云乎, '歲寒然後知松柏之後凋也' 其還喜長安, 位特進, 奉朝請." 喜雖外見褒賞, 孤立憂懼. 後復遣就國, 以壽終. 莽又貶傅太后號為定陶共王母, 丁太后號曰丁姬. 莽又奏董賢父子驕恣奢僭, 請收沒入財物縣官, 諸以賢為官者皆免. 父恭·弟寬信與家屬徙合浦, 母別歸故郡鉅鹿. 長安中小民歡嘩, 鄉其第哭, 幾獲盜之. 縣官斥賣董氏財, 凡四十三萬萬. 賢所厚吏沛朱詡自劾去大司馬府, 買棺衣, 收賢屍葬之. 莽聞之, 以它罪擊殺詡. 莽以大司徒孔光名儒, 相三主, 太后所敬, 天下信之, 於是盛尊事光, 引光女婿甄邯為侍中·奉車都尉. 諸素所不說者, 莽皆傅致其罪, 為請奏草, 令邯持與光, 以太后指風光. 光素畏慎, 不敢不上之. 莽白太后, 輒可其奏. 於是劾奏何武·公孫祿互相稱舉, 皆免官, 武就國. 又奏董宏子高昌侯武父為佞邪, 奪爵. 又奏南郡太守毋將隆前為冀州牧, 治中山馮太后獄，冤陷無辜，關內侯張由誣告骨肉，中太僕史立·泰山太守丁玄陷人入大辟，河內太守趙昌譖害鄭崇，幸逢赦令，皆不宜處位在中土，免為庶人，徙合浦. 中山之獄，本立·玄自典考之，但與隆連名奏事. 莽少時慕與隆交，隆不甚附，故因事擠之. 紅陽侯立，太后親弟，雖不居位，莽以諸父內敬憚之，畏立從容言太后，令己不得肆意，復令光奏立罪惡曰，“前知定陵侯淳于長犯大逆罪，多受其賂，為言誤朝. 後白以官婢楊寄私子為皇子，眾言曰，‘呂氏少帝復出’ 紛紛為天下所疑，難以示來世，成襁褓之功. 請遣立就國.” 太后不聽. 莽曰，“今漢家衰，比世無嗣，太后獨代幼主統政，誠可畏懼. 力用公正先天下，尚恐不從. 今以私恩逆大臣議，如此，群下傾邪，亂從此起. 宜可且遣就國，安後復徵召之.” 太后不得已，遣立就國. 莽之所以脅持上下，皆此類也.

於是附順莽者拔擢，忤恨者誅滅，以王舜·王邑為腹心，甄豐·甄邯主擊斷，平晏領機事，劉秀典文章，孫建為爪牙. 豐子尋·秀子棻·涿郡崔發·南陽陳崇皆以材能幸於莽. 莽色厲而言方，欲有所為，微見風采，黨與承其指意而顯奏之. 莽稽首涕泣，固推讓，上以惑太后，下用示信於眾庶焉.

八月，莽復白太皇太后，廢孝成皇后·孝哀皇后為庶人，就其園. 是日，皆自殺.

大司空彭宣以王莽專權，乃上書言曰，“三公鼎足承君. 一足不任，則覆亂美實. 臣資性淺薄，年齒老眊，數伏疾病，昏亂遺忘，願上大司空·長平侯印綬，乞骸骨歸鄉里，俟寘溝壑.” 莽白太后策免宣，使就國. 莽恨宣求退，故不賜黃金·安車·駟馬. 宣居國數年，薨.

班固贊曰，“薛廣德保縣車之榮，平當逡巡有恥，彭宣見險而止，異乎苟患失之者矣! 戊午，右將軍王崇為大司空，光祿勳東海馬宮為右將軍, 左曹·中郎將甄豐為光祿勳."

九月, 辛酉, 中山王即皇帝位, 大赦天下.

平帝年九歲, 太皇太后臨朝, 大司馬莽秉政, 百官總己以聽於莽. 莽權日盛, 孔光憂懼, 不知所出, 上書乞骸骨. 莽白太后, 帝幼少, 宜置師傅, 徙光為帝太傅, 位四輔, 給事中, 領宿衛·供養, 行內署門戶, 省服御食物. 以馬宮為大司徒, 甄豐為右將軍. 冬, 十月, 壬寅, 葬孝哀皇帝於義陵.

한평제漢平帝 **원시**元始 **원년**(AD 1)

1) 봄 정월, 왕망이 익주益州운남성 의량현의 지방관에게 암시해 자칭 월상씨越裳氏를 일컫는 남쪽의 만이蠻夷 부락으로 하여금 중역重譯을 통해 백치白雉 한 마리와 흑치黑雉 두 마리를 바치게 했다. 왕망이 태황태후에게 고해 조서를 통해 백치를 종묘에 새로운 수확물의 제수祭需로 바치는 천신薦新을 행하게 했다.

군신들이 왕망의 공덕을 크게 칭송했다.

"주성왕周成王의 치세 때 백치가 이르는 상서祥瑞가 있었습니다. 주공周公 단但이 살아 있을 때 주나라를 맡기며 '주공'의 호칭을 내린 이유입니다. 왕망도 의당 한나라를 편안하게 했다는 취지에서 안한공安漢公의 작호를 내리고 이에 맞도록 호구를 늘려주어야 할 것입니다."

태황태후가 상서에게 명해 이 사안을 구체화하도록 했다. 왕망이 상서했다.

"신은 공광孔光과 왕순王舜, 견풍甄豐, 견한甄邯 등과 함께 정책을 결정했습니다. 지금은 원컨대 단지 공광 등의 공로에만 상을 내리고, 신 왕망은 내버려두는 침치寢置를 하여 그들 무리에 끼지 않도록 해 주십시오."

견한甄邯이 태황태후에게 고하자 왕망을 향해 이같이 하조했다.

"『서경』「주서, 홍범」은 치우치거나 무리를 이루거나 하지 않아 왕도王道가 한없이 넓다는 취지로 '무편무당無偏無黨, 왕도탕탕王道蕩蕩'을 언급했다. 그대는 종묘를 편안하게 한 공을 세웠음에도 황실의 골육인 까닭에 폐은蔽隱하며 드러내지 않고 있다. 그대는 사양하지 마라!"

왕망이 다시 상서해 4번에 걸쳐 거듭 사양하는 고양固讓을 했다. 칭질稱疾하며 일어나지 않자, 좌우에서 태황태후에게 고했다.

"의당 왕망의 뜻을 빼앗지 말고, 다만 공광 등에게만 논공행상을 하도록 하십시오. 그러면 왕망은 이내 자리에서 일어날 것입니다."

2월 28일, 태황태후가 조서를 내렸다.

"태부太傅인 박산후博山侯 공광을 태사太師, 거기장군車騎將軍인 안양후安陽侯 왕순王舜을 태보太保로 삼는다. 모두 1만 호씩 더 책봉한다. 좌장군·광록훈 견풍甄豐을 소부少傅로 삼아 광양후廣陽侯에 봉한다. 이들 모두 사방에서 자문을 하며 천자를 보필하는 신하인 사보四輔에 임명한다. 시중侍中·봉거도위奉車都尉 견한甄邯은 양승후承陽侯에 봉한다."

이들 4인이 이미 상을 받았는데도 왕망은 오히려 아직 병석에서 일어나지 않았다. 군신들이 다시 상언했다.

"왕망은 비록 극양克讓했으나 조정은 의당 표창表彰해야 합니다. 때에 맞춰 상을 더해 으뜸 되는 공훈인 원공元功을 밝힘으로써 문무백관과 일반백성인 원원元元을 실망시키지 말아야 합니다!"

태황태후가 이내 하조했다.

"대사마인 신도후新都侯 왕망을 태부太傅로 삼아 사보四輔의 일을 주관하게 하고, 호號는 안한공安漢公으로 하여 민호 28,000호를 더해주도록 하라."

왕망이 황공해하며 부득이 자리에서 일어나 태부太傅의 자리와 안한공安漢公의 작호爵號를 받아들인 뒤 민호를 더해준 익봉益封은 사양의 형태로 반환하며 이같이 말했다.

"원컨대 천하의 백성들이 자족한 연후에 가상加賞을 받도록 하겠습니다."

군신들이 다시 떠벌이자 태황태후가 조서를 내렸다.

"공이 스스로 백성들이 자족한 연후를 기약하니, 이를 허락하겠다. 그러나 공의 봉록과 상사賞賜는 모두 2배로 하여 2만 석을 내리도록 하겠다. 백성들이 자족하고 사람들이 만족할 시점이 되면 대사도와 대사공은 이를 보고하라."

왕망이 다시 사양하며 받지 않고 종실과 군신들에게 포상褒賞하도록 건의했다. 옛날 동평왕東平王 유운劉雲의 태자인 유개명劉開明을 다시 세워 왕으로 삼고, 또 옛날 한선제의 아들인 동평사왕東平思王 유우劉宇의 손자인 유성도劉成都를 중산왕中山王으로 삼아 한평제로 즉위한 유기자劉箕子의 부친인 중산효왕中山孝王 유흥劉興의 뒤를 잇게 했다. 한선제의 이손耳孫 즉 증손인 유신劉信 등 36인을 모두 열후로 삼았다. 태복太僕 왕운王惲 등 25명에게 모두 관내후의 작위를 하사했다. 또 여러 제후왕공諸侯王公과 열후列侯 및 관내후들로 하여금 아들이 없지만 손자가 있는 경우 봉국이 취소되지 않고 후사로 삼아 봉국을 그대로 유지하게 했다. 종실 가운데 대가 끊기지는 않았지만 죄를 지어 끊어진 경우는 원래의 속적屬籍을 회복시켜 주었고, 천하의 관원 가운데 비比2천석 이상으로 70세 이상이 되어 치사致仕한 고위 관원은 옛 봉급인 고록故祿의 3분의 1을 퇴휴금退休金 명목으로 죽을 때까지 하사하도록 했다. 아래로 서민을 비롯해 홀아비와 과부인 환과鰥寡에 이르기까지 은택을 베푸는 정사가 시행되지 않는 곳이 없었다.

왕망은 이미 이민吏民들에게 아첨하며 즐겁게 만드는 미열媚說을 행한 것을 배경으로 다시 권력을 독차지하는 전단專斷을 행하고자 했다. 태황태후 왕정군이 늙어 정사에 개입하는 것을 싫어하는 것을 알고는 공경들에게 이를 넌지시 암시하며 이같이 상주하게 했다.

"옛 관원 가운데 공적에 의거해 차례로 승진해 2천석에 이르게 된 고관을 비롯해 부자사部刺史가 천거한 무재茂材와 특이한 재주로 임용된 관원 대부분이 직책에 합당치 않습니다. 의당 새로 임용하기 전에 모두 안한공安漢公을 배견하며 친히 행하는 심사를 받도록 해야 합니다. 또 태황태후는 춘추가 높으니 작은 일까지 직접 살피는 친성親省을 행하는 것은 마땅치 않습니다."

그러고는 태황태후로 하여금 조서를 내리게 했다.

"지금 이후 오직 작위를 내리는 봉작封爵은 이내 보고하도록 하고, 나머지 국사는 안한공과 사보四輔가 평결平決하도록 하라. 주목州牧과 2천석을 비롯해 무재茂材 가운데 처음 제수받고 일을 상주하는 자는 곧 궁정으로 인입引入해 가장 가까운 관서官署에서 안한공을 마주한 뒤 지금까지 해온 정무를 살펴보고, 새로 얻게 된 직책에 관해 묻는 과정을 통해 자신에게 합당한지 여부를 알 수 있게 하라."

이에 왕망은 모든 사람들에게 차례로 질문하면서 주도면밀하게 은정을 베푸는 취지를 전하면서 후하게 답례를 보내는 증송贈送까지 했다. 자신이 지향하는 바와 부합하지 않으면 드러내 상주해 면직시켰다. 왕망의 권세가 마치 황제와 비등했다.

2) 희화관羲和官을 설치했다. 녹질은 2천석이었다.

3) 여름 5월 1일, 일식이 있었다. 천하에 대사령을 내렸다. 공경 이하 관원들에게 돈후敦厚하고 직언의 능력을 지닌 인재를 각각 1명씩 천거했다.

4) 왕망은 황제의 외가인 위씨衛氏가 권력을 빼앗을까 두려워 태황태후에게 이같이 말했다.

"전에 애제는 즉위 후 은의恩義를 등진 채 스스로 외가인 정씨丁氏 및 부씨傅氏를 부귀하게 만들어 나라를 구부러지고 어지러운 요란橈亂의 상태로 몰아가 사직을 위기에 빠뜨렸습니다. 지금 황제는 어린 나이에 다시 대종大宗을 받들어 성제成帝의 후사가 됐습니다. 적통을 잇는 일통一統의 뜻을 밝혀 이전의 일을 경계하며 후대의 모범이 돼야 할 것입니다."

6월, 견풍甄豐을 파견해 새수璽綬를 받들고 바로 한평제의 모친인 위희衛姬를 중산효황후中山孝王后로 높였다. 이어 황제의 외숙인 위보衛寶와 위보의 동생 위현衛玄에게 관내후의 작위를 내렸다. 황제의 여동생 3명에게는 '군君'의 호칭을 내렸다. 다만 이들 모두 중산국中山國하북성 정현에 머물며 경사에 이를 수 없게 했다.

부풍군扶風郡의 공조功曹 신도강申屠剛이 정책을 묻는 시험인 책문策問에 대해 직언直言으로 대책對策을 제시했다.

"신은 듣건대 주성왕周成王은 유소幼少해 숙부인 주공周公이 섭정攝政했습니다. 이때 아래에 있는 현신賢臣들의 말을 경청해 권력을 나누며 군주의 총애를 널리 펴는 균권포총均權布寵을 했고, 행동이 천지에 순응했고, 거조擧措에 실수가 없었습니다. 그러나 가까운 곳에서는 소공召公이 기뻐하지 않았고, 먼 곳에서는 관管·채蔡·상商·엄奄 등 4개국에 주공의 존재가 주성왕에게 불리하다는 식의 유언비어가 나돌았습니다. 지금 성주聖主가 비로소 강보繈褓에서 벗어나 즉위한 이래 지친至親과 분리分離되고, 외척들 또한 두격杜隔의 상태여서 은정恩情이 통하지 않고 있습니다. 게다가 한가漢家의 제도에는 비록 영현英賢에게 국사를 맡길지라도 오히려 인척을 이끌어주며, 친소親疏가 서로 섞여 간극間隙을 막도록 했습니다. 실로 종묘를 편안히 하고 사직을 중히 여긴 이유입니다. 의당 속히 사자를 보내 중산국 태후를 부른 뒤 별궁에 두어 때때로 조현朝見하게 하고, 조모인 풍씨馮氏와 모친인 위씨衛氏 두 일족을 불러들여 한산한 관직인 용직冗職을 내린 후 창을 잡고 직접 궁중의 숙위宿衛를 봉행하게 해야 합니다. 이같이 하여 환화患禍의 단서를 억제할 수 있다면 위로는 사직을 안정시키고, 아래로는 스승인 보부保傅를 온전히 하는 게 됩니다."

왕망이 태황태후로 하여금 조서를 내리게 했다.

"신도강의 말은 경전을 치우치게 해석한 망령된 주장인 벽경망설僻經妄說로 대의大義를 위배한 것이다."

곧바로 신도강을 파직시켜 고향으로 돌아가게 했다.

5) 6월 20일, 전국시대 노나라 최후의 제후인 노경공魯頃公의 8세손인 공자公子 희관姬寬을 노후魯侯로 책봉해 주공의 제사를 받들게 했다. 또 포성군褒成君 공패孔霸의 증손曾孫인 공균孔均을 포성후褒成侯에 봉해 공자의 제사를 받들게 했다.

6) 조서를 내렸다.

"천하의 여자 죄수 가운데 이미 판결된 자는 귀가시키고, 사람을 고용해 벌목을 하는 비용인 고산전雇山錢은 1달에 300전으로 하라. 정부貞婦를 향鄕마다 1인씩 다시 회복시키도록 하라. 대사농大司農의 부승部丞 13인은 1인당 1주州를 떠맡아 농상農桑을 적극 권하도록 하라."

7) 가을 9월, 천하의 형도刑徒에게 사면령을 내렸다.

* 孝平皇帝元始元年

春, 正月, 王莽風益州, 令塞外蠻夷自稱越裳氏重譯獻白雉一·黑雉二. 莽白太后下詔, 以白雉薦宗廟. 於是群臣盛陳莽功德, "致周成白雉之瑞, 周公及身在而托號於周, 莽宜賜號曰安漢公, 益戶疇爵邑." 太后詔尚書具其事. 莽上書言曰, "臣與孔光·王舜·甄豐·甄邯共定策. 今願獨條光等功賞, 寢置臣莽, 勿隨輩列." 甄邯白太后下詔曰, "'無偏無黨, 王道蕩蕩' 君有安宗廟之功, 不可以骨肉故蔽隱不揚, 君其勿辭!" 莽復上書固讓數四, 稱疾不起. 左右白太后曰, "宜勿奪莽意,但倏孔光等, 莽乃肯起." 二月, 丙辰, 太后下詔. "以太傅·博山侯光為太師, 車騎將軍·安陽侯舜為太保, 皆益封萬戶. 左將軍·光祿勳豐為少傅, 封廣陽侯. 皆授四輔之職. 侍中·奉車都尉邯封承陽侯." 四人既受賞, 莽尚未起. 群臣復上言曰, "莽雖克讓, 朝所宜章, 以時加賞, 明重元功, 無使百僚元元失望!" 太后乃下詔曰, "以大司馬·新都侯莽為太傅, 干四輔之事, 號曰安漢公, 益封二萬八千戶." 於是莽為惶恐, 不得已而起, 受太傅·安漢公號, 讓還益封事, 云, "願須百姓家給, 然後加賞." 群臣復爭, 太后詔曰, "公自期百姓家給, 是以聽之, 其令公奉賜皆倍故. 百姓家給人足, 大司徒·大司空以聞." 莽復讓不受, 而建言褒賞宗室群臣. 立故東平王雲太子開明為王. 又以故東平思王孫成都為中山王, 奉孝王後. 封宣帝耳孫信等三十六人皆為列侯. 太僕王惲等二十五人皆賜爵關內侯. 又令諸侯王公·列侯·關內侯無子而有孫若同產子者, 皆得以為嗣. 宗室屬未盡而以罪絕者, 復其屬. 天下令比二千石以上年老致仕者, 參分故祿, 以一與之, 終其身. 下及庶民鰥寡, 恩澤之政, 無所不施.

莽既媚說吏民, 又欲專斷, 知太后老, 厭政, 乃風公卿奏言曰, "往者吏以功次遷至二千石, 及州部所舉茂材異等吏, 率多不稱, 宜皆見安漢公. 又, 太后春秋高, 不宜親省小事." 令太后下詔曰, "自今以來, 唯封爵乃以聞, 他事安漢公·四輔平決. 州牧·二千石及茂材吏初除奏事者, 輒引入, 至近署對安漢公, 考故官, 問新職, 以知其稱否." 於是莽人人延問, 密緻恩意, 厚加贈送, 其不合指, 顯奏免之, 權與人主侔矣.

置羲和官, 秩二千石.

夏, 五月, 丁巳朔, 日有食之. 大赦天下. 公卿以下舉敦厚能直言者各一人.

王莽恐帝外家衛氏奪其權, 白太后曰, "前哀帝立, 背恩義, 自貴外家丁·傅, 橈亂國家, 幾危社稷. 今帝以幼年復奉大宗為成帝後, 宜明一統之義, 以戒前事, 為後代法." 六月, 遣甄豐奉璽綬, 即拜帝母衛姬為中山孝王后. 賜帝舅衛寶·寶弟玄爵關內侯. 賜帝女弟三人號曰君, 皆留中山, 不得至京師.

扶風功曹申屠剛以直言對策曰, "臣聞成王幼少, 周公攝政, 聽言下賢, 均權布寵, 動順天地, 舉措不失. 然近則召公不說, 遠則四國流言. 今聖主始免襁褓, 即位以來, 至親分離, 外戚杜隔, 恩不得通. 且漢家之制, 雖任英賢, 猶援姻戚, 親疏相錯, 杜塞間隙, 誠所以安宗廟, 重社稷也. 宜亟遣使者徵中山太后, 置之別宮, 令時朝見, 又召馮·衛二族, 裁與冗職, 使得執戟親奉宿衛, 以抑患禍之端. 上安社稷, 下全保傅." 莽令太后下詔曰, "剛所言僻經妄說, 違背大義." 罷歸田里.

丙午, 封魯頃公之八世孫公子寬為褒魯侯, 奉周公祀. 封褒成君孔霸曾孫均為褒成侯, 奉孔子祀.

詔曰, "天下女徒已論, 歸家, 出雇山錢, 月三百. 復貞婦, 鄉一人. 大司農部丞十三人, 人部一州, 勸農桑."

秋, 九月, 赦天下徒.

한평제 원시 2년(AD 2)

1) 봄, 황지국黃支國인도 남동부 칸치푸람에서 물소인 서우犀牛를 바쳤다. 황지국은 남해南海 한가운데 있는 나라로, 경사京師로부터 3만 리나 떨어져 있었다. 왕망이 위덕威德을 보일 생각으로 그곳 왕에게 예물을 후하게 보내고, 사자를 파견해 공물을 바치는 공헌貢獻을 하도록 했다.

2) 월수군越嶲郡사천성 서창현에서 황룡黃龍이 올라와 장강에서 노닐었

다. 태사太師 공광孔光과 대사도 마궁馬宮 등이 함께 칭송했다.

"왕망의 공덕은 주공에 비견되니 의당 종묘에 고해 제사를 지내야 합니다."

대사마 손보孫寶가 말했다.

"주공은 뛰어난 성스러운 상성上聖, 소공召公은 크게 현명한 대현大賢이오. 두 사람이 서로 좋아하지 않은 점은 경전에 드러나 있으나 이게 그들의 명성과 덕성을 해치는 것은 아니오. 지금처럼 풍우風雨가 아직 때를 맞추지 못하면 백성들이 빈곤해지오. 매번 작은 일이 있을 때마다 군신들이 이구동성으로 왕망을 칭송하니, 과연 상도常道에 어긋난 점이 없다고 생각하는 것이오?"

대신들 모두 실색失色했다. 견한甄邯이 즉시 태황태후의 명령인 승제承製를 하여 논의를 파했다. 이때 마침 손보가 휘하 관원을 보내 모친을 영접했다. 공교롭게 모친이 길에서 병을 얻어 동생의 집에 머물게 되자 다만 처자만 만나 함께 경사로 돌아오게 했다. 이를 두고 사직司直 진숭陳崇이 상주해 탄핵했다. 삼공에게 내려 보내 신문訊問하게 했다. 손보가 대답했다.

"나이가 70세가 되자 정신과 눈이 흐릿한 패모悖眊의 모습을 보이고 있소. 모친을 공양하는 은정이 쇠해지고, 처자를 배려하려는 마음만 있었으니 실상이 상주문 내용과 같소."

손보가 이 일에 연루돼 면직되고, 집에서 생을 마쳤다.

3) 백성들의 피휘避諱로 인한 불편을 해소하기 위해 황제의 이름을 기자箕子에서 잘 쓰지 않는 글자인 간衎으로 바꿨다.

4) 3월 21일, 대사공 왕숭王崇이 왕망을 피하기 위해 칭병稱病하며 사직을 청했다.

5) 여름 4월 6일, 좌장군 견풍甄豐이 대사공, 우장군 손건孫建이 좌장

군, 광록훈 견한甄邯이 우장군이 됐다.

6) 대효왕代孝王의 현손玄孫의 아들인 유여의劉如意를 세워 광종왕廣宗王, 강도역왕江都易王의 손자인 우태후盱台侯 유궁劉宮을 광천왕廣川王, 광천혜왕廣川惠王의 증손인 유윤劉倫을 광덕왕廣德王으로 삼아 끊어진 봉국의 뒤를 잇게 했다. 한나라가 일어난 이래 대공신의 후예로서 중간에 작위승계가 끊어진 주발周勃의 현손 주공周共과 같은 자들을 모두 열후 및 관내후 등에 봉했다. 총 117명이었다.

7) 일부 군국郡國에 대한大旱과 황충蝗蟲의 해가 있었고, 청주青州산동성 중부가 특히 심했다. 백성들이 유망流亡했다. 왕망이 태황태후에게 보고해 의당 무늬 없는 의복인 증련繒練을 입고, 반찬의 수를 줄이는 손선損膳을 행하는 모습을 자주 천하에 보이게 했다. 왕망이 잇달아 상서해 100만 전錢과 토지 30경頃[126]을 바쳐 대사농으로 하여금 빈민을 구제하는 데 사용하게 했다. 공경들 모두 이를 흠모하며 본받았다. 전택田宅을 헌납한 자가 총 230명이었다. 호구의 숫자에 따라 빈민에게 나눠주었다.

또 장안성 안에 5개의 마을을 조성한 뒤 주택 200채를 지어 빈민들로 하여금 거주하게 했다. 왕망이 군신들을 이끌고 가 태황태후에게 건의했다.

"다행히 태황태후 폐하 덕택德澤에 근래 풍우風雨가 때를 맞추고, 감로甘露가 내렸습니다. 또 불로초의 버섯인 신지神芝를 비롯해 하루에 잎이 하나씩 나다가 16일부터 잎이 하나씩 떨어진다는 전설상의 신목神木인 명협蓂莢과 성왕이 등장할 때 피어나는 붉은색의 서초瑞草인 주초朱草 및 줄기가 2개이고 싹이 1개인 가화嘉禾 등이 나타나는 등 상서로운

126 1경頃은 100무畝, 1무는 4각角, 1각은 60보步이다. 1무는 대략 600평방미터에 해당한다. 1경은 대략 18,000평坪가량이다. 30경이면 54만 평에 해당한다.

조짐이 동시에 이르고 있습니다. 원컨대 폐하는 제왕의 정상적인 복장인 상복常服을 입고, 태관太官의 법에 따른 음식을 회복해 신하들로 하여금 각각 즐거운 마음을 갖고 공양共養을 준비하게 하십시오!"

그러면서 또 태황태후로 하여금 조서를 내리도록 했으나 태황태후가 불허했다

수한水旱의 재해가 있을 때마다 왕망이 곧바로 소식素食을 했고, 좌우에서 이를 태황태후에게 보고했다. 태황태후가 마침내 사자를 보내 왕망에게 조서를 내렸다.

"공이 채식菜食을 한다니 백성들을 걱정하는 마음이 매우 깊소. 올 가을은 다행히 풍년이 들었다고 하니 공은 때맞춰 고기를 먹으면서 몸을 아껴 나라를 다스리는 애신위국愛身為國[127]을 하도록 하시오!"

8) 6월, 운석隕石이 거록鉅鹿하북성 평향현에 2개 떨어졌다.

9) 광록대부인 초국楚國강소성 서주시 출신 공승龔勝과 태중대부太中大夫 낭야琅邪산동성 제성현 출신 병한邴漢이 왕망의 전정專政을 꺼려 모두 걸해골乞骸骨을 했다. 왕망이 태황태후로 하여금 책서策書를 통해 이들에게 조서를 내리게 했다.

"짐朕은 관직에 관한 일로 두 대부를 번거롭게 할까 걱정이오. 두 대부는 몸을 닦으며 도를 지키는 수신수도修身守道를 하며 고년高年까지 천수를 누리도록 하시오."

두 사람에게 예물을 더해주고 고향으로 보냈다.

10) 전에 남창南昌 현위縣尉로 있던 구강九江 출신 매복梅福은 왕망이

127 애신위국愛身為國의 위爲는 '-을 위하다'의 뜻으로 해석할 수도 있으나 문맥상 다스릴 치治의 동사로 사용된 것으로 보는 게 합리적이다. 위국위민爲國爲民은 문장에 따라 '나라와 백성을 위하다'의 뜻도, '치국치민治國治民'의 뜻도 된다.

반드시 한조漢祚를 찬탈할 것을 알았다. 하루아침에 처자를 버리고 훌쩍 자취를 감춘 이유다. 사람들 모두 그가 간 곳을 몰랐다. 이후 사람들 가운데 회계會稽강소성 소주시에서 그를 본 사람이 있었다. 성명을 바꾸고 오吳 땅의 저잣거리에서 문졸門卒이 됐다고 한다.

11) 가을 9월 30일, 일식이 있었다. 천하의 형도刑徒에게 사면령을 내렸다.

12) 수도 장안을 보위하는 집금오執金吾 소속의 2명의 후候 가운데 한 사람인 진무陳茂를 파견해 강호江湖의 도적 성중成重 등 200여 명에게 유시諭示하여 설득하게 했다. 모두 스스로 소굴에서 나오자 집으로 돌려보내 원래 살던 곳에서 일하게 했다. 성중이 운양雲陽섬서성 순화현으로 옮겨가자 공전公田과 저택을 하사했다.

13) 왕망은 위덕威德이 정상에 달했다는 식으로 칭송해 태황태후를 즐겁게 만들고자 했다. 이는 옛 사람들이 전혀 하지 않은 것이었다. 이내 오주류약제烏珠留若鞮 선우에게 넌지시 암시해 왕소군王昭君의 장녀인 수복거차須卜居次 운雲을 장안으로 보내 태황태후를 입시하게 했다. 선우에게 내린 상사가 심후甚厚했던 이유다.

14) 차사후왕국車師後王國신강성 부원현에 옥문관玉門關으로 직통하는 새 길이 있었다. 이곳으로 왕래하면 서역과의 거리가 매우 가까워졌다. 무기교위戊己校尉 서보徐普가 이를 열고자 했다. 차사후왕車師後王 고구姑句는 사자에게 물품 등을 공급하는 일로 인해 심기가 불편不便했다. 서보는 새 길의 노선 경계를 분명히 한 뒤 상주할 생각으로 고구를 불러 이를 증명하게 하려고 했다. 고구가 이를 거절하자 곧바로 가두었다. 그의 처인 고자추股紫陬가 남편인 고구에게 말했다.

"전에 차사전왕車師前王이 도호사마都護司馬에게 피살됐습니다. 지금 오랫동안 구금되면 반드시 죽을 것이니 차라리 흉노에게 항복하느니만 못합니다!"

그러고는 즉시 함께 말을 몰아 포위를 뚫고 전에 한나라 장수 이광리李廣利가 둔전할 때 세운 고창벽高昌壁을 빠져나가 흉노 땅으로 들어갔다. 또 거호래去胡來의 왕 당두唐兜는 적수赤水의 강족羌族과 서로 자주 다퉜으나 이기지 못하자 도호에게 고급告急했다. 도호 단흠但欽은 때에 맞춰 구조救助하지 못했다. 당두가 곤급困急한 나머지 단흠을 원망했다. 즉시 동쪽으로 퇴각해 옥문관 안으로 들어가고자 했으나 옥문관에서 받아들이지 않았다. 곧바로 처자와 인민 1,000여 명을 이끌고 달아나 흉노에 항복했다. 선우가 이들을 받아들여 좌곡려左谷蠡의 땅에 둔 뒤 한나라에 사자를 보내 정황을 이같이 보고했다.

"신이 삼가 이미 받아들였습니다."

조서를 내려 중랑장 한륭韓隆 등을 흉노에 사자로 보내면서 오주류약제烏珠留若鞮 선우를 책양責讓하게 했다. 선우가 고두叩頭하며 사죄했다. 고구와 당두 등 2명의 포로를 잡아 한나라 사자에게 넘겨주었다. 다시 조서를 내려 중랑장 왕맹王萌으로 하여금 서역의 악도노惡都奴 경계에서 압송하는 일행을 기다리게 했다.

선우가 사자를 파견해 한나라 사자의 압송을 돕게 하면서 고구와 당두가 한나라를 배반한 죄를 용서해 주기를 청했다. 한나라 사자가 이를 보고했으나 왕망이 듣지 않았다. 오히려 조서를 내려 서역 제국諸國의 왕들을 만난 뒤 군사를 펼쳐 놓은 가운데 고구와 당두의 목을 베어 보여주도록 했다. 그러고는 이내 4개 조항을 만들었다. 중국인으로서 흉노로 달아난 자, 오손烏孫의 백성으로서 흉노에 투항한 자, 서역 제국의 백성으로서 한나라의 인수를 찬 채 흉노에 투항한 자, 오환烏桓의 백성으로서 흉노에 투항한 자들은 모두 받아들일 수 없다는 내용이었다.

중랑장 왕준王駿과 왕창王昌, 부교위副校尉 견부甄阜와 왕심王尋 등을 흉노에 사자로 파견해 4개 조항을 선우에게 선포하게 했다. 4개 조항의 문서를 새서璽書와 함께 잘 봉한 뒤 선우에게 건네며 차질 없이 봉행할 것을 명했다. 이어 옛날 한선제가 만들어 건네준 옛 약속約束 문서를 봉함한 뒤 회수해 갖고 오도록 했다.

이때 왕망이 상주해 주장하기를, '중국인의 이름을 2자로 하는 것은 잘못이다'[128]라고 했다. 이내 사자를 선우에게 보내 장차 이름을 1자로 하는 모화慕化의 상주문을 올리도록 부추겼다. 이 경우 한나라 조정이 반드시 후한 상을 내릴 것임을 약속했다. 선우가 동의하며 이같이 상서했다.

"신은 다행히 번신藩臣이 되어 사적으로 태평성대의 제도를 즐기고 있습니다. 신의 옛 이름은 낭지아사囊知牙斯입니다. 이번에 삼가 이름을 지知로 고치고자 합니다."

왕망이 대열大說했다. 곧 태황태후 왕정군에게 고한 뒤 사자를 보내 답유答諭하며 두터운 상사를 전하게 했다.

15) 왕망은 자신의 딸을 한평제의 황후로 삼아 권력을 공고히 할 생각으로 이같이 상주했다.

"황제가 즉위한 지 3년째입니다. 황후인 장추궁長秋宮이 아직 서지 않았고, 액정掖廷에는 잉첩媵妾이 아직 채워지지 않았습니다. 근래 나라의 어려움은 본래 후사가 없는데서 비롯됐습니다. 이는 배우자를 취하는 방법이 옳지 않았던 탓입니다. 청컨대 『오경五經』의 관련 기록을 참고해 황

---

128 원문은 '중국부득유이명中國不得有二名'이다. 『춘추공양전』「노정공 6년」조에 '이명二名, 비례야非禮也' 구절이 나온다. 이에 따르면 기원전 504년 여름에 노나라 대부 계손사季孫斯와 중손기仲孫忌가 군대를 이끌고 운鄆 땅을 포위했다. 이에 대해 『춘추공양전』은 문답하기를, "중손기는 통상 중손하기仲孫何忌로 불리고 있는데 어찌하여 중손기라고 기록했는가? 이는 그가 두 글자의 이름을 쓰고 있는 것을 책망한 것이다. 두 글자의 이름은 예에 맞지 않는다."고 했다. 왕망처럼 중국인의 이름을 2개의 글자로 표현하는 것은 잘못됐다는 생각을 갖게 된 배경이 매우 오래되었음을 알 수 있다.

후를 맞이하는 예를 정하도록 하십시오. 천자는 12명의 여인을 두도록 한 뜻[129]을 바르게 실행해 후사를 잇는 길을 넓혀야 합니다. 은나라와 주나라 왕의 후예를 비롯해 주공周公과 공자孔子의 후손 및 열후로서 장안에 있는 적녀嫡女를 널리 선발하도록 하십시오."

사안이 유사有司에 내려지자 많은 여인들의 이름이 올라왔다. 왕씨王氏 여인들이 선발된 여인들 가운데 많았다. 왕망은 자신의 딸과 겨룰까 두려워 즉시 상언했다.

"저는 무덕無德하고 자식은 재능이 낮은 재하材下입니다. 여러 여인들과 나란히 선발되는 것은 마땅치 않습니다."

태황태후는 왕망의 말이 지성至誠에서 나왔다고 생각해 이내 하조下詔했다.

"왕씨의 여인들은 짐의 외가이니 선발하지 마라."

그러자 서민庶民과 제생諸生, 낭리郎吏들 가운데 궐문을 지키며 상서하는 자들이 날마다 1,000여 명에 달했다. 공경대부公卿大夫의 경우는 궁정으로 들어가거나 궐문 아래에 엎드려 입을 모아 상언했다.

"안한공의 성훈盛勳이 이처럼 당당堂堂합니다. 지금 황후를 세우는 마당에 어찌하여 단지 안한공의 딸만 제외하는 것입니까? 그 경우 천하 사람들이 어찌 명을 좇을 수 있겠습니까? 원컨대 안한공의 딸을 황후인 천

---

129 원문은 '정12녀지의正十二女之義'이다. 『예기』「혼의昏儀」에 천자는 6궁六宮을 세우고, 3명의 부인夫人과 9명의 빈嬪 및 27명의 세부世婦와 81명의 어처禦妻를 둘 수 있다는 구절이 나온다. 한무제 때 동중서董仲舒는 『춘추번로春秋繁露』에서 천자가 거느리는 이상적인 처첩의 숫자로 '1명의 후后, 1명의 세부인世夫人과 중좌우부인中左右夫人, 4명의 희姬, 3명의 양인良人'을 제시했다. 1년의 12달을 흉내 내 모두 12명의 처첩을 제시한 것이다. 『춘추공양전』「노장공 19년」조에는 제후의 경우 결혼할 때 9명의 여인을 얻을 수 있다는 내용의 '제후1빙9녀諸侯壹聘九女' 구절이 나온다. 『열여전列女傳』「현명賢明」에는 천자는 12명, 제후는 9명, 경대부는 3명, 선비는 2명의 여인을 둔다는 표현이 나온다.

하모天下母로 삼도록 하십시오!"

왕망이 장사長史 이하의 관원을 내보내 각각 공경과 제생들에게 중지할 것을 설득하게 했으나 상서하는 사람들은 오히려 더 많아졌다. 태황태후가 부득이 공경들의 말을 받아들여 왕망의 딸을 선발하게 했다. 왕망이 스스로 변명했다.

"의당 여러 여인을 널리 선발하도록 하십시오."

공경들이 다퉈 말했다.

"여러 여인을 선발해 2명의 정통正統을 두는 것은 마땅치 않습니다."

왕망이 말했다.

"원컨대 저의 딸을 선발 대상으로 삼도록 하십시오."

* 孝平皇帝元始二年

春, 黃支國獻犀牛. 黃支在南海中, 去京師三萬里. 王莽欲耀威德, 故厚遺其王, 令遣使貢獻.

越巂郡上黃龍游江中. 太師光·大司徒宮等咸稱"莽功德比周公, 宜告祠宗廟." 大司農孫寶曰, "周公上聖, 召公大賢, 尚猶有不相說, 著於經典, 兩不相損. 今風雨未時, 百姓不足, 每有一事, 群臣同聲, 得無非其美者?" 時大臣皆失色. 甄邯即時承製罷議者. 會寶遣吏迎母, 母道病, 留弟家, 獨遣妻子. 司直陳崇劾奏寶, 事下三公即訊. 寶對曰, "年七十, 悖眊, 恩衰共養, 營妻子, 如章." 寶坐免, 終於家.

帝更名衎.

三月, 癸酉, 大司空王崇謝病免, 以避王莽. 夏, 四月, 丁酉, 左將軍甄豐為大司空, 右將軍孫建為左將軍, 光祿勳甄邯為右將軍. 立代孝王玄孫之子如意為廣宗王, 江都易王孫盱台侯宮為廣川王, 廣川惠王曾孫倫為廣德王. 紹封漢興以來大功臣之後周共等皆為列侯及關內侯, 凡百一十七人. 郡國大旱, 蝗, 青州尤甚, 民流亡. 王莽白太后, 宜衣繒練, 頗損膳, 以示天下. 莽因上書願出錢百萬, 獻田三十頃, 付大司農助給貧民. 於是公卿皆慕效焉, 凡獻田宅者二百三十人, 以口賦貧民. 又起五里於長安城中, 宅二百區, 以居貧民. 莽帥群臣奏太后, 言曰, "幸賴陛下德澤, 間者風雨時, 甘露降, 神芝生, 蓂莢·朱草·嘉禾, 休徵同時幷至. 願陛下遵帝王之常服, 復太官之法膳, 使臣子各得盡歡心, 備共養!" 莽又令太后下詔, 不許. 每有水旱, 莽輒素食, 左右以白太后, 太后遣使者詔莽曰, "聞公菜食, 憂民深矣. 今秋幸孰, 公以時食肉, 愛身為國!"

六月, 隕石於鉅鹿二.

光祿大夫楚國龔勝·太中大夫琅邪邴漢以王莽專政, 皆乞骸骨. 莽令太后策詔之曰, "朕愍以官職之事煩大夫, 大夫其修身守道, 以終高年." 皆加優禮而遣之.

梅福知王莽必簒漢祚, 一朝棄妻子去, 不知所之. 其後, 人有見福於會稽者, 變姓名為吳市門卒云.

秋, 九月, 戊申晦, 日有食之, 赦天下徒.

遣執金吾候陳茂諭說江湖賊成重等二百餘人皆自出, 送家在所收事. 重徙雲陽, 賜公田宅.

王莽欲悅太后以威德至盛, 異於前, 乃風單于令遣王昭君女須卜居次雲入侍太后, 所以賞賜之甚厚.

車師後王國有新道通玉門關, 往來差近, 戊己校尉徐普欲開之. 車師後王姑句以當道供給使者, 心不便也. 普欲分明其界, 然後奏之, 召姑句使證之. 不肯, 繫之. 其妻股紫陬謂姑句曰, "前車師前王為都護司馬所殺, 今久繫必死, 不如降匈奴!" 即馳突出高昌壁, 入匈奴. 又去胡來王唐兜與赤水羌數相寇, 不勝, 告急都護, 都護但欽不以時救助. 唐兜困急, 怨欽, 東守玉門關. 玉門關不內, 即將妻子·人民千餘人亡降匈奴. 單于受, 置左谷蠡地, 遣使上書言狀, 曰, "臣謹已受." 詔遣中郎將韓隆等使匈奴, 責讓單于. 單于叩頭謝罪, 執二虜還付使者. 詔使中郎將王萌待於西域惡都奴界上. 單于遣使送, 因請其罪. 使者以聞. 莽不聽, 詔會西域諸國王, 陳軍斬姑句·唐兜以示之. 乃造設四條, 中國人亡入匈奴者, 烏孫亡降匈奴者, 西域諸國佩中國印綬降匈奴者, 烏桓降匈奴者, 皆不得受. 遣中郎將王駿·王昌·副校尉甄阜·王尋使匈奴, 班四條與單于, 雜函封, 付單于, 令奉行. 因收故宣帝所為約束封函還. 時莽奏令中國不得有二名, 因使使者以風單于, 宜上書慕化, 為一名, 漢必加厚賞. 單于從之, 上書言曰, "幸得備藩臣, 竊樂太平聖制. 臣故名囊知牙斯, 今謹更名曰知." 莽大說, 白太后, 遣使者答諭, 厚賞賜焉.

莽欲以女配帝為皇后以固其權, 奏言曰, "皇帝即位三年, 長秋宮未建, 掖廷媵未充. 乃者國家之難, 本從無嗣, 配取不正, 請考論『五經』, 定取後禮, 正十二女之義, 以廣繼嗣, 博采二王后及周公·孔子世·列侯在長安者適子女." 事下有司, 上眾女名, 王氏女多在選中者, 莽恐其與己女爭, 即上言曰, "身無德, 子材下, 不宜與眾女并采." 太后以為至誠, 乃下詔曰, "王氏女, 朕之外家, 其勿采." 庶民·諸生·郎吏以上守闕上書者日千餘人, 公卿大夫或詣廷中, 或伏省戶下, 咸言曰, "安漢公盛勳堂堂若此, 今當立後, 獨奈何廢公女, 天下安所歸命! 願得公女為天下母!" 莽遣長史以下分部曉止公卿及諸生, 而上書者愈甚. 太后不得已, 聽公卿采莽女. 莽復自白曰, "宜博選眾女." 公卿爭曰, "不宜采諸女以貳正統." 莽乃白曰, "願見女."

** 권36-한기漢紀 28: 사술로 보위를 빼앗다

한평제 원시 3년(AD 3)

1) 봄, 태황태후가 장락궁 소부少府 하후번夏侯藩과 종정宗正 유굉劉宏, 상서령尚書令 평안平晏을 파견해 남채納采하며 왕망의 딸을 접견하게 했다. 이들이 돌아와 상주했다.

"안한공의 딸은 차츰 덕화德化에 물들어 있고, 요조窈窕의 용모를 갖추고 있습니다. 천서天序를 선승宣承해 종묘사직의 제사를 받들 만합니다."

태사太師 공광孔光과 대사도大司徒 마궁馬宮, 대사공大司空 견풍甄豐, 좌장군左將軍 손건孫建, 집금오執金吾 윤상尹賞, 행태상사行太常事·태중대부太中大夫 유수劉秀 및 태복령太卜令과 태사령太史令이 모두 녹비鹿皮 모자인 피변皮弁과 흰색 의복인 소적素積을 입고, 의례儀禮와 복서卜筮를 섞어 모두 말했다.

"징조는 금金과 수水가 만나 왕의 상相을 하고 있고, 괘卦는 부모를 만나 자기 자리를 얻으니 이른바 건강하고 강한 점인 강강지점康強之占이고, 길함을 만나는 부신符信인 봉길지부逢吉之符입니다."

또 태뢰太牢로 종묘에 책서策書로 고했다. 유사有司가 상주했다.

"고사故事에 따르면 황후를 맞이할 때는 황금 2만 근斤으로 합니다. 전錢으로는 2억 전에 해당합니다."

왕망이 2억 전을 깊이 사양하면서 6300만 전만 받았다. 그 가운데 4300만 전을 11명의 잉첩媵妾 집안과 구족九族 가운데 가난한 집 사람들에게 나눠주었다.

2) 여름, 안한공 왕망이 거복車服 제도를 상주했다. 이민吏民의 부모 봉양에 관한 양생養生과 상례와 장례에 관한 송종送終, 남녀의 결혼인 가취嫁娶, 노비奴婢, 전택田宅, 기계器械 등에 관한 신분에 따른 등급을 상주했다. 관직官稷[130]을 세운 데 이어 군국郡國과 현읍縣邑, 향취鄉聚 등에 모두 학관學官을 두었다.

3) 대사도 소속의 사직司直 진숭陳崇이 장창張敞의 손자인 장송張竦에게 상주문 초안을 만들게 했다. 안한공 왕망의 공덕을 크게 칭송하는 내용이었다.

"의당 안한공의 봉국을 주성왕이 주공周公에게 사방 700리 땅을 내린 것처럼 확장하고, 주공이 조정에서 일할 때 주공의 아들 백금伯禽에게 봉국인 노나라를 다스리게 한 것처럼 안한공의 아들로 하여금 봉국을 다스리게 하고, 하사한 물품도 주공과 같게 하고, 그의 여러 아들에 대한 봉작 역시 백금을 제외한 주공의 6명의 아들과 같게 하십시오."

태황태후는 이를 군공群公들에게 보여주었다. 군공들이 바야흐로 그 일을 논의할 때 마침 여관呂寬의 사건이 일어났다. 당초 왕망의 맏아들인 왕우王宇는 부친인 왕망이 한평제의 모친인 위씨衛氏를 어린 한평제와 격리시킨 것을 비난했다. 이후 화를 입을까 두려워 곧 사사로이 위보衛寶와 서신을 교환하고, 위후衛后로 하여금 상서해 왕망이 베푼 은혜에 감사하

130 관직官稷은 사직社稷 가운데 조정에서 곡물의 신인 후직后稷만을 제사지내는 사당을 말한다. 토지의 신인 하나라 우왕만을 제사지내는 사당은 관사官社라고 한다. 한나라는 초기에 사직을 세웠다가 도중에 '관사'만 세워 우왕만 배향하고 관직을 세우지 않았다. 이때에 이르러 '관사' 뒤에 '관직'을 설치해 사직을 모두 배향하게 되었다.

게 하고, 정씨丁氏와 부씨傅氏의 구악舊惡에 대한 진술 덕분에 경사京師로 징소되길 기대했다.

왕망이 태황태후에게 이를 고했다. 이내 유사에게 조서를 내려 중산효황후中山孝王后 위씨에게 포상의 명목으로 탕목읍湯沐邑 7,000호를 덧붙여 주도록 조치했다. 위후衛后가 일야日夜로 체읍啼泣하며 한평제의 얼굴을 보려고 했다. 위후에게 호읍戶邑을 더해주자 왕우가 위후를 부추겨 상서를 통해 상경 허락을 요청하도록 종용했다. 왕망이 불청不聽했다.

왕우는 스승 오장吳章 및 처남인 부형婦兄 여관呂寬과 함께 이를 논의했다. 오장은 내심 왕망에게는 권간勸諫이 통하지 않는 만큼 그가 귀신을 좋아하는 것을 적극 활용해 변괴變怪를 통해 크게 놀라며 두려워하게 만들 수 있다고 생각했다. 이내 재이변괴를 토대로 유추한 얘기를 하며 권력을 위씨에게 넘기도록 설득했다. 왕우는 즉시 여관으로 하여금 밤에 피를 갖고 가 왕망의 집에 뿌리게 했다. 문지기인 문리門吏들이 이를 발각發覺했다. 왕망이 장남 왕우를 붙잡아 감옥으로 보내자 왕우가 약을 먹고 죽는 약사藥死를 했다. 왕우의 아내인 여언呂焉은 아이를 임신하고 있었다. 감옥에 가둬 출산을 기다렸다가 아이를 낳자 이내 살해했다. 견한甄邯 등이 이를 태황태후에게 얘기하자 하조했다.

"안한공은 주성왕을 보필하던 주공과 유사한 자리에 있다. 주공이 친동생인 관숙管叔과 채숙蔡叔을 제거해 주나라 왕실을 안정시켰듯이 육친을 가까이하는 친친親親의 정리情理로 존귀한 자를 존중하는 존존尊尊의 의리를 해치지 않았다. 짐은 이를 심히 가상하게 생각한다!"

왕망이 위씨의 지속支屬을 모두 멸족시키고, 오직 위후衛后만 살려 두었다. 왕우의 스승 오장吳章은 요참要斬을 당한 뒤 시체가 동시東市의 문에서 이리저리 찢기는 책시磔屍를 당했다.

당초 오장은 당세의 명유名儒로 교수敎授가 매우 왕성해 문하에 제자만 1,000여 명이나 됐다. 왕망은 이를 악인당惡人黨으로 생각해 모두 금고禁錮에 처해 사환仕宦을 못하게 했다. 문인들 모두 다른 스승으로 이름을 바꿨다. 평릉平陵섬서성 흥평현 서북쪽 출신 운창雲敞은 당시 대사도大司徒의 소리小吏로 있었다. 오장의 제자임을 밝혀 스스로를 탄핵하는 자핵自劾을 한 뒤 스승의 시체를 안고 집으로 돌아가 관에 넣어 장사지냈다. 경사의 사람들이 모두 칭송했다.

왕망은 이에 여관呂寬의 옥사를 통해 마침내 무리를 이뤄 저항하는 당여黨與를 끝까지 다스리고, 평소 싫어하는 자까지 끌어들여 모두 주살했다. 한원제의 여동생인 경무장공주敬武長公主는 평소 정씨 및 부씨에 부합附合해 살았다. 왕망이 전정專政을 하자 다시 왕망을 비난했다. 홍양후紅陽侯 왕립王立은 왕망의 존속尊屬인 숙부이고, 평아후平阿侯 왕인王仁은 평소 강직剛直했다. 왕망은 모두 태황태후의 조서로 사자를 보내 압박하며 간수看守하는 박수迫守의 수법으로 자살하게 만들었다. 왕망이 태황태후에게 경무장공주가 폭병暴病으로 죽었다고 고하자 태황태후가 임상臨喪하려 했다. 왕망이 완강히 간해 중지시켰다.

견풍甄豐이 사자를 시켜 공무용 수레인 전거傳車를 타고 가 위씨의 당여를 조사해 처리하게 했다. 군국郡國의 호걸과 한나라의 충직한 신하들로서 왕망에게 붙지 않은 자들은 모두 무고해 죄법罪法으로 죽였다. 하무何武와 포선鮑宣, 왕상王商의 아들인 악창후樂昌侯 왕안王安, 신경기辛慶忌의 세 아들인 호강교위護羌校尉 신통辛通과 함곡도위函谷都尉 신준辛遵 및 수형도위水衡都尉 신무辛茂, 남군南郡호남성 강릉현 태수 신백辛伯 등이 모두 죄에 연루되어 죽었다. 죽은 자가 모두 수백 명에 달해 해내가 진동했다. 북해北海산동성 창락현 출신 봉맹逢萌이 친구에게 말했다.

"왕망이 숙부와 자식 등을 죽이는 일로 삼강三綱이 이미 끊어졌으니 떠나지 않으면 화가 장차 사람들에게 이를 것이다!"

즉시 해관解冠하여 동도東都인 낙양의 성문에 걸고, 돌아가서는 가속家屬을 이끌고 배를 띄워 바다로 들어가는 부해浮海를 하여 요동에서 타향살이인 객거客居를 했다.

왕망은 예에 밝은 소부少府의 종백봉宗伯鳳을 궁으로 불러들여 다른 사람의 후계가 되는 의리를 설명하게 했다. 그리고 공경과 장군, 시중侍中, 조신朝臣들로 하여금 나란히 듣게 했다. 이는 안으로는 천자를 단속하고, 밖으로는 백성들의 논의를 막으려는 취지였다. 이보다 먼저 투후秺侯 금일제金日磾의 아들 금상金賞과 도성후都成侯 금안상金安上의 아들 금상金常 모두 후사가 없어 봉국의 맥이 끊어졌다. 왕망이 금일제의 증손인 금당金當과 도성후 금안상의 손자인 경조윤京兆尹 금흠金欽으로 하여금 봉국의 맥을 잇게 했다. 금흠이 말했다.

"방계인 금당金當이 종통을 잇게 되면 의당 그의 친부와 친조부를 위해 사당을 세우도록 하고, 대부를 파견해 백조부伯祖父인 금상金賞의 제사를 주관하게 하십시오."

당시 견한甄邯이 곁에 있었다. 조정에서 금흠을 질책한 뒤 곧 탄핵의 상주문을 올렸다.

"금흠은 방계로서 종통을 잇는데도 친부와 친조부의 사당을 세우도록 청하는 등 조상을 업신여기고 불효한 모습을 보였으니 대불경大不敬에 해당합니다."

금흠을 곧바로 하옥시키자 이내 자살했다. 견한은 국체國體의 강기綱紀를 중시하는 인물로 사적으로 아부하는 바가 없었다. 충효忠孝가 남달리 뛰어난 까닭에 봉읍을 1,000호 더해주었다. 다시 금안상의 증손인 금탕金湯을 도성후都成侯로 봉했다. 금탕은 책봉을 받는 날 감히 귀가하지 않아 남의 후사가 된 자의 의리를 밝혔다.

4) 이 해에 상서령尙書令인 영천潁川 하남성 우현 출신 종원鍾元이 이전의

정위廷尉인 대리大理가 됐다. 영천 태수인 능양陵陽안휘성 석태현 출신 엄후嚴詡는 본래 효행으로 관원이 된 자였다. 소리小吏인 연사掾史를 스승 겸 친구인 사우師友로 삼았다. 허물이 있어도 매번 덮어주고 자책自責하며 끝내 큰 소리인 대언大言을 하지 않았다. 품성만 좋고 책임을 명확히 하지 않은 탓에 영천군이 이내 혼란에 빠졌다. 왕망이 사자를 보내 엄후를 불러들였다. 관속官屬 수백 명이 엄후를 위해 평안한 여행을 위해 길에서 지내는 제사인 조도祖道를 마련하자 엄후가 땅에 엎드려 통곡했다. 소리인 관아의 연掾과 사史들이 말했다.

"명부明府가 좋은 일로 징소되어 가는데 이리하는 것은 마땅치 않습니다."

엄후가 말했다.

"나는 영천의 선비들을 슬퍼하는 것이오. 어찌 내 문제로 걱정할 리 있겠소! 내가 유약柔弱한 까닭에 불려가는 것이니 반드시 강용剛猛한 사람이 나를 대신할 것이오. 그 사람이 도착하면 장차 엎어져 쓰러지는 강부자僵仆者가 나올 것이오. 그래서 미리 '강부자'에게 조문했을 뿐이오."

엄후가 이르자 벼슬을 주어 미속사자美俗使者로 삼고, 농서隴西감숙성 임도현 태수로 있던 평릉平陵섬서성 흥평현 서북쪽 출신 하병何幷을 영천 태수로 임명했다. 하병은 영천군에 이르자마자 곧바로 종원鍾元의 동생 종위鍾威와 양적陽翟하남성 우현 출신의 가벼운 협객인 경협輕俠 조계趙季와 이관李款 등을 모두 체포해 죽였다. 영천군이 무서워 떠는 진률震慄을 했다.

** 起昭陽大淵獻, 盡著雍執徐, 凡六年.

孝平皇帝元始三年

春, 太后遣長樂少府夏侯藩·宗正劉宏·尚書令平晏納采見女. 還, 奏言曰, "公女漸漬德化, 有窈窕之容, 宜承天序, 奉祭祀." 太師光·

大司徒宮·大司空豐·左將軍孫建·執金吾尹賞·行太常事·太中大夫劉秀及太卜·太史令服皮弁·素積, 以禮雜卜筮, 皆曰, "兆遇金水王相, 卦遇父母得位, 所謂康強之占, 逢吉之符也." 又以太牢策告宗廟. 有司奏曰, "故事. 聘皇后, 黃金二萬斤, 為錢二萬萬." 莽深辭讓, 受六千三百萬, 而以其四千三百萬分予十一媵家及九族貧者.

夏, 安漢公奏車服制度, 吏民養生·送終·嫁娶·奴婢·田宅·器械之品, 立官稷, 及郡國·縣邑·鄉聚皆置學官.

大司徒司直陳崇使張敞孫竦草奏, 盛稱安漢公功德, 以為曰, "宜恢公國令如周公, 建立公子令如伯禽, 所賜之品亦皆如之, 諸子之封皆如六子." 太后以示群公. 群公方議其事, 會呂寬事起. 初, 莽長子宇非莽隔絕衛氏, 恐久後受禍, 即私與衛寶通書, 教衛后上書謝恩, 因陳丁·傅舊惡, 冀得至京師. 莽白太皇太后, 詔有司褒賞中山孝王后, 益湯沐邑七千戶. 衛后日夜啼泣, 思見帝面, 而但益戶邑. 宇復教令上書求至京師, 莽不聽. 宇與師吳章及婦兄呂寬議其故, 章以為莽不可諫而好鬼神, 可為變怪以驚懼之, 章因推類說令歸政衛氏. 宇即使寬夜持血灑莽第門, 吏發覺之. 莽執宇送獄, 飲藥死. 宇妻焉懷子, 繫獄, 須產子已, 殺之. 甄邯等白太后, 下詔曰, "公居周公之位, 輔成王之主, 而行管·蔡之誅, 不以親親害尊尊, 朕甚嘉之!" 莽盡滅衛氏支屬, 唯衛后在. 吳章要斬, 磔屍東市門. 初, 章為當世名儒, 教授尤盛, 弟子千餘人. 莽以為惡人黨, 皆當禁錮不得仕宦, 門人盡更名他師. 平陵雲敞時為大司徒掾, 自劾吳章弟子, 收抱章屍歸, 棺斂葬之, 京師稱焉.

莽於是因呂寬之獄, 遂窮治黨與, 連引素所惡者悉誅之. 元帝女弟敬武長公主素附丁·傅, 及莽專政, 復非議莽. 紅陽侯王立, 莽之尊屬. 平阿侯王仁, 素剛直. 莽皆以太皇太后詔, 遣使者迫守, 令自殺.

莽白太后, 主暴病薨. 太后欲臨其喪, 莽固爭而止. 甄豐遣使者乘傳案治衛氏黨與, 郡國豪傑及漢忠直臣不附莽者, 皆誣以罪法而殺之. 何武·鮑宣及王商子樂昌侯安, 辛慶忌三子護羌校尉通·函谷都尉遵·水衡都尉茂, 南郡太守辛伯等皆坐死. 凡死者數百人, 海內震焉. 北海逢萌謂友人曰, “三綱絕矣, 不去, 禍將及人!” 即解冠掛東都城門, 歸, 將家屬浮海, 客於遼東.

莽召明禮少府宗伯鳳入說為人後之誼, 白令公卿·將軍·侍中·朝臣幷聽, 欲以內厲天子而外塞百姓之議. 先是, 秺侯金日磾子賞·都成侯金安上子常皆以無子國絕, 莽以日磾曾孫當及安上孫京兆尹欽紹其封. 欽謂“當宜為其父·祖立廟, 而使大夫主賞祭.” 甄邯時在旁, 廷叱欽, 因劾奏曰, “欽誣祖不孝, 大不敬.” 下獄, 自殺. 邯以綱紀國體, 亡所阿私, 忠孝尤著, 益封千戶. 更封安上曾孫湯為都成侯. 湯受封日, 不敢還歸家, 以明為人後之誼.

是歲, 尚書令穎川鍾元為大理. 穎川太守陵陽嚴詡本以孝行為官, 謂掾·史為師友, 有過輒閉閤自責, 終不大言. 郡中亂. 王莽遣使徵詡, 官屬數百人為設祖道, 詡據地哭. 掾·史曰, “明府吉徵, 不宜若此.” 詡曰, “吾哀穎川士, 身豈有憂哉! 我以柔弱徵, 必選剛猛代. 代到, 將有僵仆者, 故相弔耳.” 詡至, 拜為美俗使者. 徙隴西太守平陵何幷為穎川太守. 幷到郡, 捕鍾元弟威及陽翟輕俠趙季·李款, 皆殺之. 郡中震慄.

한평제 원시 4년(AD 4)

1) 봄 정월, 한평제가 장안의 교외에서 한고제 유방을 제사지내면서 하늘인 상천上天, 종묘에서는 한문제를 제사지내면서 상제上帝에 배향했다.

2) 은소가공殷紹嘉公을 송공宋公, 주승휴공周承休公을 정공鄭公으로 고쳐 불렀다.

3) 조서를 내렸다.

"부녀婦女는 본인이 범법犯法을 저지르지 않거나, 남자로서 80세 이상이거나 7세 이하인 경우는 집안이 부도不道의 죄에 연루되거나 조서에 의해 지명돼 체포되는 경우가 아니면 모두 가두지 말도록 하라. 그들 가운데 의당 증험證驗해야 할 경우는 바로 그들이 머무는 곳에서 조사를 진행하라. 이 조서는 법령에 해당하니 곧바로 명령을 시행하라!"

4) 2월 7일, 대사도 마궁馬宮과 대사공 견풍甄豐 등이 승여乘輿와 황제용 수레와 의장인 법가法駕를 갖고 안한공 왕망의 집에서 황후를 맞이했다. 황후의 인새와 인끈인 새불璽紱을 건네고, 미앙궁으로 들어갔다. 천하에 대사령을 내렸다.

5) 태복太僕 왕운王惲 등 8인을 파견해 사자로 삼으면서 각각 부사副使를 두게 했다. 가절假節의 자격으로 천하를 나눠 다니며 풍속을 관람覽觀하게 했다.

6) 여름, 태보太保 왕순王舜 등을 비롯해 이민吏民 가운데 상주한 자가 총 8,000여 명에 달했다. 모두 입을 모아 청했다.

"진숭陳崇의 말처럼 안한공에게 상을 더해주십시오."

상주문을 유사에 내려보내자 유사가 청했다.

"안한공에게 익봉益封하려 합니다. 신식新息하남성 식현과 소릉召陵하남성 언성현의 2개 현縣을 비롯해 황우취黃郵聚와 신야新野하남성 신야현의 전지가 그것입니다. 이윤伊尹과 주공周公이 존칭을 받은 점을 감안해 안한공에게 재형宰衡[131]의 칭호를 덧붙여 주십시오. 지위는 상공上公으로 하여 삼공三公이 일을 말할 때 감히 말한다는 취지의 '감언지敢言之'를 덧붙이게 하고, 공의 모친인 태부인太夫人을 공현군功顯君으로 호칭하게 하십시오.

또 안한공의 두 아들을 제후로 책봉해 왕안王安은 포신후褒新侯, 왕림王臨은 상도후賞都侯로 하십시오. 황후의 빙례聘禮에 3,700만 전을 더해 총 1억 전으로 대례大禮를 밝히십시오. 태황태후가 전전前殿에 임석해 친히 제수하십시오. 이때 안한공은 앞, 그의 두 아들은 뒤에서 절하게 하십시오. 이는 주성왕이 주공의 아들 백금을 노나라에 책봉할 때 주공이 앞에서 절하고 백금이 뒤에서 절한 전례를 좇는 것입니다."

왕망이 계수稽首하여 사양했다. 이어 봉사封事를 올려 상주했다.

"원컨대 다만 모친에 대한 칭호만 받겠습니다. 왕안과 왕림의 인장과 인끈인 인불印韍과 칭호, 지위, 호읍戶邑은 반환하겠습니다."

사안이 유사에게 내려가자 태사 공광孔光 등이 모두 말했다.

"포상이 공로에 비해 부족하고, 겸약謙約과 퇴양退讓은 그의 통상적인 절개이니 끝내 들어줘서는 안 됩니다. 충신의 기절氣節 역시 때로는 스스로 굽혀야 할 때가 있어야 하니 주상은 본래의 뜻을 펴도록 하십시오. 마땅히 대사도와 대사공이 지절持節의 자격으로 황제의 뜻을 받드는 승제承製를 통해 안한공에게 조서를 내려 속히 조정으로 들어와 국정을 돌보는 시사視事를 하도록 하고, 상서尙書에게 조서를 내려 안한공의 사양하는 주문奏文을 받지 못하게 하십시오."

상주한 내용이 재가를 받았다. 왕망이 이내 일어나 일을 보았다. 이때 그는 단지 소릉召陵과 황우黃郵, 신야新野의 전지를 줄이는 데 그쳤을 뿐이다. 그는 딸이 황후가 되면서 빙례로 받은 3,700만 전인 납징전納徵錢 가운데 1,000만 전을 황태후 좌우에서 시중을 드는 사람들에게 보냈다.

131 재형宰衡의 칭호는 진시황이 삼황오제三皇五帝의 존칭을 축약해 황제皇帝 칭호를 만든 것과 닮았다. 『한서』「평제기」에 따르면 원래 은나라 건국공신 이윤伊尹은 아형阿衡, 주나라 건국공신 주공周公은 태재太宰로 불렸다. 두 칭호를 합치면 재형宰衡이 된다.

왕망은 비록 전권專權을 했으나 태황태후를 허튼소리로 아부하며 섬기는 와중에 곁에서 시중드는 궁녀의 우두머리인 장어長御와 일반 궁녀에게 온갖 사유인 만단萬端을 구실로 1,000만 전의 뇌물을 보내며 자기 사람으로 만들었다. 태황태후의 자매들을 높여 모두 군君의 칭호를 내리고, 탕목읍湯沐邑으로 생활하게 했다. 좌우에게 밤낮으로 왕망을 칭송한 배경이다.

왕망은 태황태후가 부인婦人이어서 깊은 궁궐 속에 사는 것에 싫증을 내는 것을 알고는 장차 오락을 즐기게 하여 그녀가 쥐고 있는 권력을 취하고자 했다. 이내 태황태후로 하여금 거가를 타고 사방을 순수巡狩하면서 고아와 과부인 고과孤寡와 정부貞婦를 만나면 속현屬縣으로 하여금 곧바로 은혜를 베풀게 하고, 백성들에게 전백錢帛과 우주牛酒를 하사했다. 해마다 늘 이같이 했다. 태황태후 곁에서 시중을 들며 즐거움을 주는 농아弄兒가 병이 들어 바깥 숙소인 외사外舍에 있을 때 왕망이 친히 가서 살펴보았다. 이와 같이 그는 태후의 마음을 얻으려 했다.

태보太保 왕순王舜이 상주했다.

"천하 사람들 가운데 안한공이 제후인 천승千乘의 영토에 해당하는 사방 100리의 땅을 받지 않고, 1만 금金의 돈을 사양했다는 얘기를 듣고는 교화되지 않은 자가 없습니다. 촉군蜀郡사천성 성도시의 남자인 노건路建 등은 소송을 포기하고 부끄러워하며 집으로 돌아갔습니다. 비록 옛날에 주문왕의 덕치에 감화된 나머지 우虞산서성 평륙현와 예芮섬서성 대려현의 군주가 오랫동안 지속된 토지분쟁 사건을 부끄러워하며 마무리 지었다는 우예지송虞芮之訟[132]의 일화가 있으나 어찌 이보다 더할 수 있겠습니까? 의

---

132 『사기』「서주본기」에 우虞나라와 예芮나라 군주가 오랫동안 지속된 토지분쟁 사건을 부끄러워하며 마무리 지었다는 이른바 우예지송虞芮之訟의 일화가 나온다. 이에 따르

당 천하에 널리 알려야 할 것입니다."

상주문이 재가 됐다. 공광이 더욱 두려워한 나머지 강경한 모습으로 칭병稱疾하며 자리를 사양했다. 태황태후가 조서를 내렸다.

"태사太師는 조현을 하지 않은 채 단지 10일에 1번씩 입궁해 국사 논의에 참여하도록 했다. 이제 궤장几杖을 마련해 놓고 17가지 음식을 하사하니, 일이 끝나 귀가할 때 관속들은 이전처럼 직무를 수행하라."

7) 왕망이 상주해 조회와 제사 등을 지내는 명당明堂과 태학太學인 벽옹辟雍 및 하늘을 관찰하는 영대靈臺를 세우고, 학자들을 위해 1만여 채의 학사學舍 1만 간間을 짓게 했다. 제도制度 즉 규모가 심히 성대했다. 벽옹에 『악경樂經』 과정을 세워 박사의 인원을 늘리고, 각 경經마다 5명씩 두었다. 천하에서 6예藝 가운데 1가지에 정통하고 제자 11인 이상을 교수敎授한 자를 징소했다. 또 『일례逸禮』[133]를 비롯해 고서古書와 천문天文, 도참圖讖, 종률鐘律, 월령月令, 병법兵法, 사편史篇 등의 문자文字를 갖고 있고 그 뜻을 명확히 아는 자는 모두 사람을 징소할 때 만나는 관청인 공거公車로 오게 했다. 특이한 재능을 지닌 천하의 이능지사異能之士를 망라하자 앞뒤로 1,000여 명에 이르렀다. 모두 조정에 나와 자신의 관점을 설

면 은나라 말기 서백西伯 즉 주문왕은 몰래 선행을 베풀었다. 제후들 모두 그를 찾아와 공정한 판결을 부탁한 이유다. 우虞와 예芮 사람들이 어떤 일로 송사를 벌이다가 해결할 길이 없자 주나라로 왔다. 주나라 국경 안으로 들어가자 농부들은 서로 밭의 경계를 양보하고, 백성 모두 나이가 많은 사람에게 양보하는 모습을 보였다. 우와 예의 사람들은 미처 서백을 만나지도 전에 서로 부끄러워하며 말하기를, "우리가 다투는 것은 주나라 백성이 부끄러워하는 바이니 가서 뭐하겠는가? 오직 부끄러움만 더할 뿐이다!"라고 했다. 그러고는 그냥 되돌아간 뒤 서로 양보하는 선에서 타협하고 헤어졌다. 제후들이 이 소문을 듣고 칭송하기를, "서백은 아마도 천명을 받은 군주인 듯하다!"고 말했다.

133 『일례逸禮』는 『의례儀禮』 17편 이외의 고문古文 『예경禮經』을 가리킨다. 37편이 있었으나 현재는 실전됐다. 당시 고문경학가古文經學家는 한무제 때 고문 『상서』와 함께 공자의 집 벽 속에서 나왔다고 주장했고, 금문경학가今文經學家는 이를 부인했다.

명하게 하면서 이를 기록함으로써 경전의 괴류乖謬 즉 오류를 바로잡고, 서로 다른 이설異說을 하나로 통일시켜 나갔다.

또 황하를 다스릴 수 있는 사람을 부르자 100여 명이나 됐다. 그 가운데 대략大略 특이한 자는 장수교위長水校尉인 평릉平陵섬서성 흥평현 서북쪽 출신 관병關幷이었다. 그가 말했다.

"황하가 터지는 곳은 대개 늘 평원平原산동성 평원현과 동군東郡하남성 복양현의 좌우입니다. 그 지형이 낮은데다 흙이 성기고 나쁩니다. 듣건대 우왕이 황하를 다스릴 때 본래 그 땅을 비워놓고 물이 범람하면 내보내 넘치게 하고, 조금씩 스스로 마르게 했다고 합니다. 비록 시기는 다르나 여전히 이 방법에서 벗어날 길은 없습니다. 상고上古의 경우는 알기 어려우나 가까이 진한秦漢 이래의 사례를 살펴보면 황하는 조曹산동성 정도현와 위衛하남성 준현 땅 일대에서 터졌습니다. 그 남북 간의 거리는 180리에 지나지 않습니다. 이 일대를 공지로 만들어 관정官亭과 민실民室을 짓지 않는 수밖에 없습니다."

어사御史인 임회臨淮안휘성 우이현 출신 한목韓牧이 건의했다.

"대략 『우공禹貢』에 기록된 9하九河의 옛 물길에 근거해 수로를 파 소통시키는 수밖에 없습니다. 설령 9하를 모두 소통시키지 못할지라도 4-5개는 가능할 터이니 나름 유익할 것입니다."

대사공大司空의 소리小吏인 연속掾屬[134] 왕횡王橫이 말했다.

---

134 원문은 대사공연大司空掾이다. 여기의 '연'은 하급관원인 연속掾屬 가운데 정관正官인 연리掾吏를 가리킨다. 속리屬吏인 부관副官과 합쳐 연속掾屬으로 칭했다. 유사한 용어가 연사掾史이다. 한나라의 관서는 분야별로 조曹를 두고, 조曹에는 연掾과 사史를 두었다. 공조功曹처럼 연掾은 없고 사史만 둔 곳도 있었다. 이들 연사는 해당 관서의 장에 의해 임의로 임면됐다. 상부에 보고된 자는 관질이 300-400석, 보고되지 않은 자는 100석이었다. 각지의 군수와 자사 등도 연사를 임의로 임면할 수 있었다.

“황하는 동쪽으로 흘러 발해渤海로 들어갑니다. 한목이 뚫고자 하는 수로보다 지대가 높습니다. 옛날 하늘에서 잇달아 비가 내리고 동북풍이 불자 바닷물이 넘쳐 서남쪽으로 역류하면서 수백 리 일대가 물에 잠겼습니다. 9하 일대의 땅은 이미 오래전에 바닷물에 의해 점차 침수된 상황입니다. 우왕은 황하를 다스릴 때 본래 서산西山태항산을 따라 동북쪽으로 흐르도록 했습니다. 주왕실이 연도별로 사건을 기록해 놓은 『주보周譜』에는 ‘주정왕周定王 5년에 황하의 물길이 옮겨졌다’고 나와 있습니다. 오늘날의 황하가 흐르는 물길은 우왕이 뚫은 물길이 아닙니다. 또 전국시대 말기 진秦나라가 위魏나라를 공략하면서 도성인 대량大梁을 물바다로 만들 때 터뜨린 황하의 둑은 마침내 크게 무너지는 바람에 다시는 메울 수가 없습니다. 의당 오히려 평지에 사는 백성을 모두 옮긴 뒤 다시 물길을 뚫어 물이 서산西山의 기슭을 따라 지세가 높은 곳에서 동북쪽으로 흘러 입해入海하도록 하는 방안이 수재를 없애는 길입니다.”

사공부의 연속掾屬인 패국沛國안휘성 수계현 출신 환담桓譚이 논의를 주관하면서 견풍甄豐을 위해 이같이 말했다.

“무릇 이들 몇 가지 견해 가운데는 반드시 옳은 게 하나 있을 것입니다. 의당 상고詳考하여 검증하면 모두 예견이 가능합니다. 계책이 정해진 뒤 거사擧事하면 비용은 수억만 전에 지나지 않고, 또한 유랑으로 먹고 사는 부식浮食과 직업이 없는 무산업無產業의 백성에게 일자리도 마련해 줄 수 있습니다. 이들을 일하게 하여 의식衣食을 스스로 조달할 수 있게 만들면 이들에게 의식을 공급하던 현관縣官 즉 관부官府와 이들 백성 모두 편하게 됩니다. 이리하면 위로는 우왕의 공로를 계승하고, 아래로는 백성의 고충인 민질民疾을 해결할 수 있습니다.”

이때 왕망은 다만 허황된 말인 공어空語를 숭상한 까닭에 구체적으로 시행한 게 없었다.

8) 군신들이 상주했다.

"옛날 주공은 섭정攝政하면서 7년째가 돼서야 제도가 안정됐습니다. 지금 안한공은 보정輔政한 지 겨우 4년, 실제로 국정을 책임진 날만 따지면 겨우 20일 만에 대공大功을 이뤘습니다. 의당 재형宰衡의 자리에서 더 높여 제후왕諸侯侯王의 위에 두어야 할 것입니다."

조서를 내렸다.

"가하다."

이어 안한공 왕망에게 하사할 구석九錫[135]의 법규를 논하게 했다.

9) 왕망이 상주해 한선제의 사당인 효선묘孝宣廟를 중종中宗, 한원제의 사당인 효원묘孝元廟를 고종高宗으로 높이는 묘호廟號 하사를 청했다. 또 상주해 한선제의 부친인 효선황고묘孝宣皇考廟를 헐어 수리하지 않고, 한문제의 모친인 박태후薄太后의 능묘인 남릉南陵과 한소제 유불릉劉弗陵의 생모인 구익부인钩弋夫人 조씨趙氏의 능묘인 운릉雲陵을 철폐해 현縣으로 삼기를 청했다. 상주를 재가했다.

10) 왕망은 스스로 북쪽으로는 흉노를 교화하고, 동쪽으로는 해외海外에 이르고, 남쪽으로는 황지黃支를 회유했다고 생각했다. 오직 서쪽으로만 아직 구체적인 실적이 없다고 판단해, 이내 중랑장中郎將 평헌平憲 등으로 하여금 많은 금폐金幣를 갖고 가 새외塞外의 강족羌族을 설득하게 했다. 강족이 땅을 바치고 내속內屬을 청하길 바란 것이다. 평헌 등이 상주했다.

"강족의 두령 양원良願 등이 이끄는 부락은 호구가 대략 12,000명가량

---

135 구석九錫은 천자가 특별한 공로가 있는 사람에게 내리는 9가지 물품을 말한다. 거마車馬와 의복衣服, 악기樂器, 주호朱戶, 납폐納陛, 호본虎賁, 궁시弓矢, 부월鈇鉞, 거창秬鬯 등이 그것이다. 구석을 받는 신하는 여타 신하들과 구별돼 '사직지신社稷之臣'의 칭송을 받았다. 그러나 역사상 왕망처럼 찬역의 수단으로 이를 이용한 자가 많았다.

됩니다. 저들은 한나라의 내신內臣이 되기를 바랐습니다. 선수해鮮水海청해호와 인근의 윤곡允谷과 염지鹽池를 바치고, 평지의 아름다운 초지를 한나라 백성에게 내준 뒤 스스로는 험조險阻의 장소에 머물며 번폐藩蔽가 되고자 한 게 그렇습니다. 양원에게 귀항歸降할 의사를 묻자 대답하기를, '태황태후의 성명聖明과 안한공의 지인至仁 덕분에 천하가 태평하고, 오곡이 성숙成熟합니다. 게다가 벼의 길이가 1장丈이 넘고, 찧지 않은 1개의 볍씨에 3개의 쌀알이 들어 있고, 파종하지도 않았는데 절로 자라고, 누에를 치지도 않았는데 고치가 저절로 만들어지기도 합니다. 나아가 감로甘露가 하늘에서 내려오고, 달콤한 물인 예천醴泉이 땅에서 솟아오르고, 봉황이 날아오고, 신작神爵이 모이는 일까지 있었습니다. 안한공이 보정輔政을 한 이래 4년 동안 강족은 질고疾苦를 받은 적이 없습니다. 즐거이 한나라에 내속內屬하려는 이유입니다'라고 했습니다. 의당 때에 맞춰 저들이 사는 곳을 속국屬國으로 삼아 생업을 안정시키고, 보호조치를 취해야 할 것입니다."

사안을 왕망에게 내려보내자 왕망이 다시 상주했다.

"지금 이미 동해군東海郡산동성 담성현과 남해군南海郡광동성 광주시, 북해군北海郡산동성 창락현 등 3개 군이 있습니다. 청컨대 양원 등이 바치는 땅을 받아들여 서해군西海郡청해성 해안현으로 삼도록 하십시오. 그러면 천하를 12개의 주州로 나누어 고제古制에 부응할 수 있습니다."

상주를 재가했다.

겨울, 서해군을 설치했다. 법률에 50개의 범법 조항을 늘린 뒤 죄를 범한 자들을 모두 서해군으로 유배 보냈다. 유배를 간 자들이 수천 명 단위에 이르렀다. 백성들이 왕망을 원망하기 시작했다.

11) 양왕梁王 유립劉立이 한평제의 외가인 위씨衛氏와 교통交通한 죄에 연루돼 폐위된 뒤 남정南鄭섬서성 남정현으로 유배를 가게 됐다. 이내 자

살했다.

12) 경사京師를 나눠 남부인 전휘광前輝光과 북부인 후승렬後丞烈의 2개 군郡을 두었다. 다시 공경公卿과 대부大夫 및 제후 휘하의 선비와 구별되는 황제 직속의 선비인 원사元士 81명의 관명官名과 등급을 비롯해 12개 주州의 명칭과 분계分界 등을 바꿨다. 또 군국郡國의 관할 구역을 취소 내지 신설하거나 변경했다. 천하의 일이 번다해져 관원들도 이를 기억하지 못한 이유다.

* 孝平皇帝元始四年

春, 正月, 郊祀高祖以配天, 宗祀孝文以配上帝. 改殷紹嘉公曰宋公, 周承休公曰鄭公.

詔曰, "婦女非身犯法, 及男子年八十以上·七歲已下, 家非坐不道·詔所名捕, 它皆無得繫. 其當驗者即驗問. 定著令!"

二月, 丁未, 遣大司徒宮·大司空豐等奉乘輿法駕迎皇后於安漢公第, 授皇后璽紱, 入未央宮. 大赦天下.

遣太僕王惲等八人各置副, 假節, 分行天下, 覽觀風俗.

夏, 太保舜等及吏民上書者八千餘人, 咸請"如陳崇言, 加賞於安漢公." 章下有司, 有司請"益封公以新息·召陵二縣及黃郵聚·新野田. 采伊尹·周公稱號, 加公為宰衡, 位上公, 三公言事稱'敢言之' 賜公太夫人號曰功顯君. 封公子男二人安為褒新侯, 臨為賞都侯. 加後聘三千七百萬, 合為一萬萬, 以明大禮. 太后臨前殿親封拜, 安漢公拜前, 二子拜後, 如周公故事." 莽稽首辭讓, 出奏封事曰, "願獨受母號, 還安·臨印韍及號位戶邑." 事下, 太師光等皆曰, "賞未足以直功. 謙約退讓, 公之常節, 終不可聽. 忠臣之節亦宜自屈, 而伸主上之義. 宜遣大司徒·大司空持節承製詔公亟入視事, 詔尚書勿復受公之讓奏.” 奏可. 莽乃起視事, 止減召陵·黃郵·新野之田而已.

莽復以所益納徵錢千萬遺太后左右奉共養者. 莽雖專權, 然所以誑耀媚事太后, 下至旁側長御, 方故萬端, 賂遺以千萬數. 白尊太后姊·妹號皆為君, 食湯沐邑. 以故左右日夜共譽莽. 莽又知太后婦人, 厭居深宮中, 莽欲虞樂以市其權, 乃令太后四時車駕巡狩四郊, 存見孤·寡·貞婦, 所至屬縣, 輒施恩惠, 賜民錢帛·牛酒, 歲以為常. 太后旁弄兒病, 在外舍, 莽自親候之. 其欲得太后意如此.

太保舜奏言曰, “天下聞公不受千乘之土, 辭萬金之幣, 莫不鄉化. 蜀郡男子路建等輟訟, 慚怍而退, 雖文王卻虞·芮, 何以加! 宜報告天下.” 奏可. 於是孔光愈恐, 固稱疾辭位. 太后詔曰, “太師毋朝, 十日一入省中, 置几杖, 賜餐十七物, 然後歸, 官屬按職如故.”

莽奏起明堂·辟雍·靈臺, 為學者築舍萬區, 制度甚盛. 立『樂經』. 益博士員, 經各五人. 徵天下通一藝·教授十一人以上, 及有逸禮·古書·天文·圖讖·鐘律·月令·兵法·史篇文字, 通知其意者, 皆詣公車. 網羅天下異能之士, 至者前後千數, 皆令記說廷中, 將令正乖謬, 壹異說云.

又徵能治河者以百數, 其大略異者, 長水校尉平陵關并言曰, “河決率常於平原·東郡左右, 其地形下而土疏惡. 聞禹治河時, 本空此地, 以為水猥盛則放溢, 少稍自索, 雖時易處, 猶不能離此. 上古難識, 近察秦·漢以來, 河決曹·衛之域, 其南北不過百八十里. 可空此地, 勿以為官亭·民室而已.” 御史臨淮韓牧以為曰, “可略於『禹貢』九河處穿之, 縱不能為九, 但為四·五, 宜有益.” 大司空掾王橫言曰, “河入勃海地, 高於韓牧所欲穿處. 往者天嘗連雨, 東北風, 海水溢西南出, 浸數百里, 九河之地已為海所漸矣. 禹之行河水, 本隨西山下東北去. 『周譜』云, ‘定王五年, 河徙’ 則今所行非禹之所穿也. 又秦攻魏, 決河灌其都, 決處遂大, 不可復補. 宜卻徙完平處更開空, 使緣西山足, 乘高地而東北入海, 乃無水災." 司空掾沛國桓譚典其議, 為甄豐言曰, "凡此數者, 必有一是. 宜詳考驗, 皆可豫見. 計定然後舉事, 費不過數億萬, 亦可以事諸浮食無產業民. 空居與行役, 同當衣食, 衣食縣官而為之作, 乃兩便, 可以上繼禹功, 下除民疾." 時莽但崇空語, 無施行者.

群臣奏言曰, "昔周公攝政七年, 制度乃定. 今安漢公輔政四年, 營作二旬, 大功畢成, 宜升宰衡位在諸侯王上." 詔曰, "可." 仍令議九錫之法.

莽奏尊孝宣廟為中宗, 孝元廟為高宗. 又奏毀孝宣皇考廟勿修. 罷南陵·雲陵為縣. 奏可.

莽自以北化匈奴, 東致海外, 南懷黃支, 唯西方未有加, 乃遣中郎將平憲等多持金幣誘塞外羌, 使獻地願內屬. 憲等奏言曰, "羌豪良願等種可萬二千人, 願為內臣, 獻鮮水海·允谷·鹽池·平地美草, 皆予漢民. 自居險阻處為藩蔽. 問良願降意, 對曰, '太皇太后聖明, 安漢公至仁, 天下太平, 五穀成熟, 或禾長丈餘, 或一粟三米, 或不種自生, 或繭不蠶自成. 甘露從天下, 醴泉自地出. 鳳皇來儀, 神爵降集. 從四歲以來, 羌人無所疾苦, 故思樂內屬' 宜以時處業, 置屬國領護." 事下莽, 莽復奏曰, "今已有東海·南海·北海郡, 請受良願等所獻地為西海郡. 分天下為十二州, 應古制." 奏可. 冬, 置西海郡. 又增法五十條, 犯者徙之西海. 徙者以千萬數, 民始怨矣.

梁王立坐與衛氏交通, 廢, 徙南鄭. 自殺.

分京師置前輝光·後丞烈二郡. 更公卿·大夫·八十一元士官名·位次及十二州名·分界. 郡國所屬, 罷置改易, 天下多事, 吏不能紀矣.

한평제 원시 5년(AD 5)

1) 봄 정월, 명당에서 사당이 사라진 신주가 태조의 사당에 모여 함께 제사음식을 먹는 합제祫祭를 했다. 제후왕 28명과 열후 120명, 종실의 자식 900여 명이 제사를 돕기 위해 불려왔다. 예를 마친 뒤 참석자 가운데 책봉을 받은 사람은 읍호를 더해주고, 작위가 없는 사람은 작위를 내리고, 작위가 있는 사람은 금백金帛을 하사하고, 봉록이 있는 사람은 녹질을 올려주고, 관직을 받지 못한 사람은 관직에 임명하는 등의 일을 차등 있게 시행했다.

2) 안한공이 다시 상주해 장안의 남교南郊와 북교北郊의 제사를 회복시키고자 했다. 30여 년 동안 천지天地에 대한 제사 장소가 모두 5번이나 옮겨졌다.[136]

3) 조서를 내렸다.

"종실의 아들이 한나라가 들어선 이래 지금까지 10여만 명에 달한다. 군국郡國으로 하여금 각기 종사宗師를 두어 이들을 규찰하여 교훈教訓하도록 하라."

4) 여름 4월 1일, 박산간열후博山簡列侯 공광孔光이 훙거薨去했다. 보내거나 하사하는 증사贈賜와 장례를 치르며 보내는 장송葬送 물품이 심히 성대했다. 수레가 1만여 량輛에 달했다. 마궁馬宮을 태사太師로 삼았다.

---

136 모두 5번이나 옮겨졌다는 뜻의 원문은 오사五徙이다. 이를 구체적으로 살펴보면 첫 번째, 한성제 건시建始 원년에 감천궁의 태치泰畤와 분음의 후토后土 제사를 철폐하고 장안의 남교와 북교에서 천지에 대한 제사를 지냈다. 두 번째, 영시永始 3년에 감천궁의 천신단天神壇과 분음의 후토 제사를 회복하고, 장안 남교와 북교의 천지에 대한 제사를 폐지했다. 세 번째, 한성제가 죽자 황태후가 장안 남교와 북교에 대한 천지 제사를 부활시켰다. 네 번째, 한애제 건평建平 3년에 다시 감천궁의 천신단과 분음의 후토 제사를 회복하고, 장안 남교와 북교의 천지 제사를 폐지했다. 다섯 번째, 한애제 원시元始 5년에 다시 장안 남교와 북교의 천지 제사를 부활시켰다. 모두 5번이다.

5) 이민吏民 가운데 왕망이 신야新野의 전답을 받지 않은 일로 인해 상서를 한 자가 앞뒤로 487,572명에 달했다. 제후왕공과 열후 및 종실로서 소견召見을 한 자들 모두 고두叩頭하며 이같이 진언했다.

"의당 속히 안한공에게 가상加賞해야 합니다."

왕망이 상서했다.

"제신諸臣과 백성들이 올린 상주문 가운데 유사에 상의하도록 내린 것은 모두 보류하여 올리지 못하게 하고, 신 왕망으로 하여금 진력盡力하여 예의와 악장樂章에 관한 제도를 마련하게 하고, 일이 완성되면 바라건대 저의 해골骸骨 신청을 받아들여 귀가하게 해주십시오. 그래야만 현자들의 진로를 방해하지 않고 피할 수 있습니다."

견한甄邯 등이 태황태후에게 고하자 이같이 조서를 내렸다.

"안한공은 매번 볼 때마다 눈물을 흘리고 고개를 숙이며 상을 받지 않고자 했다. 상을 더해주면 감히 그 자리를 더 이상 맡을 수 없다고 했다. 바야흐로 제도를 만드는 일이 아직 완성되지 않았고, 일은 공을 기다려야 결정되는 상황이다. 공이 제도를 만들고 있다는 보고를 받고는 있으니 일이 완성돼 군공群公이 이를 보고하면 예전에 논의한 것들을 고려하도록 하겠다. 우선 구석九錫에 관한 예제부터 속히 상주토록 하라!"

5월, 책명策命으로 안한공 왕망에게 구석보다 더 큰 상을 내리자 왕망이 머리를 숙이고 2번 절하는 계수재배稽首再拜를 하며 상을 받았다. 가죽으로 만든 녹색 제사 복장인 녹불綠韍, 곤룡포와 면류관인 곤면袞冕, 위아래 의복인 의상衣裳, 칼집의 윗부분 장식인 창봉瑒琫, 칼집의 아랫부분 장식인 창필瑒珌, 신발 앞부분의 장식인 구리句履, 난새와 봉황 무늬 수레인 난로鸞路, 통상적인 수레를 끄는 4필의 말인 승마乘馬, 교룡을 그려 만든 붉은 깃발과 장식품인 용기구류龍旂九旒, 사슴가죽 모자인 피변皮弁, 베로 만든 백색 전투복인 소적素積, 전투용 수레인 융로戎路와 이에

딸린 4필의 말인 승마乘馬, 적색의 활과 화살인 동궁시彤弓矢, 흑색의 활과 화살인 노궁시盧弓矢를 받았다. 대문의 왼쪽에 적색의 큰 도끼인 주월朱鉞, 오른쪽에 금색의 큰 도끼인 금척金戚을 세우게 했다. 또 갑주甲冑 1구具, 단지에 담은 찰기장의 제사용 술인 거창秬鬯 2유卣, 자루를 벽옥으로 만든 제사용 술잔인 규찬圭瓚 2개, 위는 뾰족하고 아래는 네모난 청색의 옥돌인 구명청옥규九命青玉珪 2개, 붉은 대문인 주호朱戶, 경사진 섬돌인 납폐納陛를 받았다. 이어 종관宗官과 축관祝官, 복관卜官, 사관史官을 두도록 했다. 호위하는 군사인 호분虎賁은 300명이었다.

6) 태복太僕 왕운王惲 등 8명이 명을 받들어 풍속을 시찰하고 경사로 돌아온 뒤 천하의 풍속이 서로 같고, 군국에 나도는 가요歌謠와 공덕을 칭송하는 찬송讚頌이 무릇 3만 자에 달한다고 고했다.

윤5월 4일, 조서를 내려 천문을 담당하는 희화관羲和官 유수劉秀 등 4명에게 명당明堂과 벽옹辟雍을 건립하면서 토목의 공정을 주문왕의 영대靈臺 및 주공이 조성한 낙읍洛邑과 똑같이 하도록 명했다. 이후 명당 등을 건립한 희화관 유수 등 4명을 포함해 풍속을 시찰하면서 덕화를 널리 알린 태복 왕운 등 8명 등 총 12명의 공을 높이 사 열후에 봉했다.[137] 이때 광평국廣平國하북성 계택현 재상 반치班稚가 홀로 상서로운 조짐인 가서嘉瑞와 가요를 올리지 않았다. 또 낭야군琅邪郡산동성 제성현 태수 공손굉公孫閎은 공부公府에서 재해를 언급했다. 견풍이 휘하 관원을 두 군에 급파하며

137 희화관羲和官 유수劉秀 등 4명에게 내린 작위 명칭을 보면 유수에게 홍향후紅休侯, 평안平晏에게 방향후防鄉侯, 공영孔永에게 영향후寧鄉侯, 손천孫遷에게 정향후定鄉侯를 내렸다. 또 태복太僕 왕운王惲 등 8명에게 내린 작위 명칭을 보면 왕운에게 상향후常鄉侯, 염천閻遷에게 망향후望鄉侯, 진숭陳崇에게 남향후南鄉侯, 이흡李翕에게 읍향후邑鄉侯, 학당郝黨에게 정향후亭鄉侯, 사은謝殷에게 장향후章鄉侯, 녹보逯普에게 몽향후蒙鄉侯, 진봉陳鳳에게 노향후盧鄉侯를 내렸다.

이민들에게 넌지시 알려 탄핵 상주문을 올리게 했다.

"공손굉은 불상不祥한 재해를 날조했고, 반치는 상서로운 조짐인 가응嘉應의 반영을 거절했습니다. 모두 성정聖政을 크게 해쳤으니 부도不道에 해당합니다."

반치는 아들 반고班固 및 딸 반소班昭와 더불어 『한서漢書』를 저술한 반표班彪의 부친으로 반첩여班婕妤의 동생이기도 했다. 태황태후가 말했다.

"덕미德美를 선양하지 않은 것은 의당 재해를 날조한 것과 처벌이 달라야 한다. 반치는 현덕賢德한 후궁의 집안인 까닭에 내가 슬퍼하는 바이다."

공손굉만 하옥해 주살했다. 반치는 두려운 나머지 상서하여 받은 은혜를 진술하며 사죄謝罪했다. 광평국 재상의 인장을 반환하고, 한성제의 능묘인 연릉원延陵園의 문을 지키는 원랑園郎에 보임시켜 줄 것을 청했다. 태황태후가 허락했다.

7) 왕망이 상주하여 시장에는 2중 가격이 없는 시무이가市無二賈, 관청에는 옥사와 송사가 없는 관무옥송官無獄訟, 마을에는 도적이 없는 읍무도적邑無盜賊, 들에는 주린 백성이 없는 야무기민野無饑民, 길에는 떨어진 물건을 줍지 않는 도불습유道不拾遺, 남녀는 서로 다른 길로 걷는 남녀이로男女異路 등의 제도 도입을 청했다. 이를 범할 때는 요순 때처럼 형벌에 따라 서로 다른 복식을 하여 치욕을 당하게 만드는 이른바 상형象刑 제도를 시행하려 했다.

8) 왕망이 다시 상주했다.

"정도공왕定陶共王 유강劉康의 모친인 부태후傅太后와 부인 정희丁姬는 이전에 신첩臣妾의 도리를 준수하지 않아 무덤의 높이가 원제元帝 산릉山陵과 같고, 각각 황태태후皇太太后와 제태후帝太后의 새수璽綬를 품게 하여 장사를 지냈습니다. 청컨대 공왕의 모친 부태후와 부인인 정희의 무덤을 파 새수를 빼낸 뒤 공왕의 모친 부태후의 시신을 정도定陶산동성 정도현로 옮겨 공왕의 무덤 곁에 장사지내도록 하십시오."

태황태후 왕정군은 이미 지난 일인 까닭에 다시 발굴할 필요가 없다고 여겼다. 왕망이 이 문제로 굳이 따지는 고쟁固爭을 하자 태황태후가 조서를 내려 예전의 관棺 모습대로 개장改葬하게 했다. 왕망이 상주했다.

"정도공왕의 모친과 정희의 관은 모두 이름난 향재香梓로 만든 재궁梓宮이고, 수의는 주옥珠玉으로 되어 있습니다. 이는 번국藩國의 첩이 입는 게 아닙니다. 청컨대 관은 목관으로 대체하고, 주옥의 수의를 벗기고, 정희를 잉첩媵妾의 지위로 개장하십시오."

상주를 재가했다.

자리에 있는 공경 모두 왕망의 뜻에 영합해 전백錢帛을 바쳤다. 이들이 파견한 자제子弟와 유생 등의 제생諸生을 비롯해 사방의 이적인 사이四夷 등이 총 10여만 명에 달했다. 이들은 일할 도구를 갖고 장작將作을 도와 정도공왕의 모친인 부태후와 부인인 정희의 옛 무덤을 팠다. 20일 내에 무덤이 모두 평평해졌다.

왕망은 또 그 주위에 가시나무를 심어 세인들의 감계鑑戒로 삼게 했다. 또 한애제의 생부인 공황共皇의 사당을 허물어 무너뜨리는 휴괴隳壞를 한 뒤 당초 사당 건립을 제의한 영포泠褒와 단유段猶 등을 모두 합포合浦로 유배 보냈다. 사당 건립을 반대했다가 파직되고 봉작이 취소된 사단師丹을 징소해 공거公車로 오게 한 뒤 관내후의 작위를 내리고, 옛 식읍을 회복하게 했다. 몇 달 후 사단을 다시 의양후義陽侯에 봉했다. 1달여 뒤 사단이 훙거薨去했다.

당초 한애제 때 마궁馬宮은 광록훈光祿勳이었다. 승상 및 어사대부와 더불어 부태후의 시호 문제를 놓고 여러 신하들과 섞여 논의하는 잡의雜

議를 한 결과, 부태후의 시호가 효원부태후孝元傅皇后로 정해졌다. 왕망이 전에 이를 논의한 자들을 추가로 주살했다. 마궁은 왕망이 두터이 대한 인물인 까닭에 홀로 화가 미치지 않았다. 마궁이 속으로 참구慚懼한 나머지 상서했다.

"신은 전에 정도공왕 모친의 시호를 의논할 당시 윗사람의 뜻을 받아들여 부화附和하는 희지뇌동希指雷同과 경전을 왜곡하고 논설을 치우치게 하는 궤경벽설詭經僻說을 했습니다. 주상을 미혹하여 잘못 이끌었으니 신하로서 불충을 범한 것입니다. 다행히 마음을 씻고 스스로 새로워지는 쇄심자신灑心自新을 했으나 실로 다시 궐정闕廷을 바라볼 면목이 없고, 다시 관부官府에 머물 마음이 없고, 의당 다시는 작읍을 향유해서는 안 될 것입니다. 원컨대 태사·대사도·부덕후扶德侯의 인수를 반납하고 현자賢者가 진출해 나아가는 길을 피해 있고자 합니다."

가을 8월 20일, 왕망이 태황태후의 조서로 마궁에게 책서策書를 내렸다.

"사보四輔의 직무는 나라의 우강維綱이고, 삼공三公의 책임은 정족鼎足이 되어 군주의 뜻을 이어받는 것이다. 만일 선명히 고수固守하지 못하면 자리에 머물 수 없는 것이다. 그대의 말은 지성을 다했고, 그 글은 감히 자신의 잘못을 문식文飾하지 않았다. 짐은 그대의 재주를 매우 중시한다. 그대의 작읍은 빼앗지 않고 그대로 보류하려고 한다. 태사·대사마의 인수는 사자를 통해 반납한 뒤 제후의 신분으로 귀가하도록 하라."

9) 왕망은 황후에게 자손을 낳을 상서로움이 있다고 생각해 12지 가운데 북쪽의 자子와 남쪽의 오午를 동시에 상징하는 자오도子午道를 개통했다. 이는 두릉杜陵섬서성 장안현에서 남산南山진령秦嶺을 직절直絕해 한중漢中섬서성 남정현에 이르는 지름길이다.

10) 천릉후泉陵侯 유경劉慶이 상서했다.

"주성왕은 유소幼少해 유자孺子를 칭했습니다. 주공이 섭정으로 머무는 거섭居攝을 한 이유입니다. 지금 황제의 춘추가 젊으니 의당 안한공으로 하여금 주공처럼 천자의 일을 수행하게 하십시오."

군신들이 모두 이구동성으로 말했다.

"의당 유경의 말대로 해야 할 것입니다!"

11) 당시 한평제는 나이를 먹으면서 더욱 건장健壯했다. 모친인 위후衛后가 경사로 오지 못하고 일족이 죽거나 유배를 간 까닭에 이를 원망하며 기뻐하지 않았다.

겨울 12월, 왕망이 동지 후 세 번째 무일戊日인 납일臘日에 신하들이 군왕을 알현해 인사를 하는 풍속을 이용해 후추를 넣은 술인 초주椒酒를 헌상하면서 술에 독을 넣었다. 한평제가 중독돼 병이 생겼다. 왕망이 주공을 흉내 내 책서策書를 지은 뒤 태치泰畤로 가서 기도를 하며 자신의 몸이 황제의 병을 대신하기를 기원했다. 이어 사관이 이를 기록한 책을 쇠로 꿰어 맨 궤에 넣어 보관하는 장책금등藏策金縢[138]을 한 뒤 전전前殿게 갖다 놓은 뒤 제공諸公에게 감히 말하지 못하도록 칙령을 내렸다.

12월 16일[139], 한평제가 미앙궁에서 붕어했다. 천하에 대사령을 내렸다. 왕망은 천하의 모든 관원에게 600석 이상의 자리에 있을 경우 3년 상의

---

138 금등金縢은 쇠로 만든 띠를 말한다. 점을 칠 때 귀신에게 고한 말을 죽간인 책冊에 쓰고, 점이 끝나면 책을 금등으로 묶은 궤짝인 금등지궤金縢之匱에 넣어 보관했다. 『서경』「주서周書, 금등」에 따르면 당초 주무왕周武王이 병에 걸려 자리에 눕자 주공周公 단旦은 패망한 은나라 백성들이 동요해 반기를 들까 우려했다. 곧 선왕의 신령에게 청해 자신이 주무왕을 대신해 죽게 해달라고 빌었다. 사관이 이를 기록한 책을 쇠로 만든 띠로 묶은 궤짝인 '금등지궤'에 넣어 보관했다. 주무왕의 뒤를 이은 어린 주성왕周成王은 유언비어를 믿고 숙부인 주공 단을 의심했다가 이 기도문을 발견하고는 이내 오해를 풀었다. 왕망은 대권을 찬탈하기 위해 주공의 이 일화를 흉내 낸 것이다.

139 원문은 병오丙午이다. 당시 12월에 '병오'가 없다. 자子가 오午로 오사됐을 공산이 크다. 병자丙子는 16일에 해당한다. 번역문은 이를 좇았다.

상복을 입게 했다. 이어 상주해 한성제의 사당인 효성묘孝成廟의 묘호를 통종統宗, 한평제의 사당인 효평묘孝平廟를 원종元宗으로 높였다. 한평제를 염할 때 성인식인 관례冠禮를 올리기 위해 원복元服을 입힌 뒤 강릉康陵에 장사지냈다.

반고班固가 찬贊했다.

"효평황제의 시대는 정치가 왕망으로부터 나왔다. 선행을 포상하고 공을 드러내는 포선현공褒善顯功의 행보 모두 왕망 자신의 존귀함을 성대히 하는 데 이용됐다. 바야흐로 그가 사용한 문사文辭를 보면 외부의 모든 이적인 백만百蠻이 불복不服을 생각지 않는 자가 없는 상황에서 아름다운 징조인 휴징休徵으로 상서롭게 응하며 칭송하는 소리가 도처에서 일거에 일어나는 듯했다. 그러나 위에서 변이變異가 빚어지고, 아래서 민원民怨이 일어나면서 왕망 역시 더 이상 문식文飾을 가할 수 없었다."

12) 태황태후가 머무는 장락궁長樂宮의 소부少府인 평안平晏을 대사도大司徒로 삼았다.

13) 태황태후가 군신들과 함께 후사 문제를 논의했다. 이때 한원제의 세계世系가 끊어졌다. 한선제의 증손들 가운데 5명이 제후왕[140], 48명이 열후로 있었다. 왕망은 그들이 장성한 것을 꺼려 이같이 말했다.

"형제는 서로 후사가 될 수 없습니다."

이내 한선제의 현손玄孫을 모두 불러 선립選立하려 했다.

이달 12월에 북부 장안인 전휘광前輝光 사효謝囂가 상주하기를, '무공武功섬서성 무공현 현장 맹통孟通이 우물을 파다가 백석白石을 얻었습니다. 위가 둥글고 아래가 모진 상원하방上圓下方이고, 붉은 글자인 단서丹書가

140 5명이 제후왕은 회양왕淮陽王 유연劉縯, 중산왕中山王 유성도劉成都, 초왕楚王 유우劉紆, 신도왕信都王 유경劉景, 동평왕東平王 유개명劉開明을 말한다.

돌에 붙어 있었습니다. 글에는 안한공 왕망이 황제가 된다고 고하라는 뜻의 고안한공망위황제告安漢公莽為皇帝 8자가 써져 있습니다'라고 했다. 천명에 부합하는 징조인 부명符命이 등장한 것은 여기서부터 시작됐다.

왕망이 군공群公들로 하여금 이를 태황태후에게 보고하게 하자 태황태후가 말했다.

"이는 천하를 무망誣罔하는 것이다. 시행할 수 없다!"

태보太保 왕순王舜이 태황태후에게 말했다.

"일이 이미 이같이 됐으니 어쩔 수가 없습니다. 이를 막고자 해도 힘으로 중지시킬 수도 없습니다. 또 왕망이 감히 다른 것을 가지려는 게 아니라 단지 섭정攝政을 통해 권세를 강화시키며 천하를 위엄으로 눌러 굴복시키는 전복填服을 하려는 것일 뿐입니다."

태황태후가 속으로는 옳지 않다고 생각하면서도 힘으로 제압할 수 없었던 까닭에 이내 청허聽許했다. 왕순 등이 즉시 태황태후로 하여금 이같이 하조下詔하게 했다.

"효평황제孝平皇帝가 단명하여 붕어했고, 이미 유사들을 시켜 효선황제의 현손 23명을 장안으로 불러들여 마땅한 자를 가려 후사를 이으려고 한다. 현손의 나이는 강보襁褓에 있을 정도로 어리다. 지덕至德의 군자를 얻을 수 없다면 누가 이를 편히 알 수 있겠는가! 안한공 왕망은 이미 3대에 걸쳐 보정輔政을 했고, 비록 시대는 다르지만 주공周公과 동일한 공업인 이세동부異世同符를 이뤘다. 지금 전휘광 사효와 무공 현장 맹통이 단석丹石의 부명符命에 관해 상언했다. 짐이 그 뜻을 심사深思하니, 8자 가운데 '위황제為皇帝' 3자는 곧 황제의 일에 섭행攝行하라는 취지이다. 주공의 고사를 좇아 안한공 왕망에게 섭정의 신분으로 보위에 오르는 거섭천조居攝踐祚를 행하게 하라. 유사는 구체적인 예의禮儀를 상주하도록 하라."

군신들이 상주했다.

"태황태후의 성덕이 소연昭然하여 천의天意를 깊이 본 뒤 조서를 내려 안한공에게 거섭居攝을 하며 천하를 다스리게 했습니다. 신들은 안한공에게 청해 보위에 오르는 천조踐祚를 행하는 까닭에 천자의 예복과 면류관인 불면韍冕을 착용하고, 도끼를 그린 병풍인 부의斧依를 여닫이 문틀인 호유戶牖의 사이에 세우고, 남면하여 군신들의 조회를 받으며 정사를 돌보고, 거복車服으로 출입할 때 길을 통제하는 경필警蹕을 행하고, 민신民臣은 스스로 신첩臣妾이라고 칭하도록 하겠습니다. 모두 천자의 예제와 같습니다. 또한 교외에서 천지에 제사를 지내고, 명당明堂과 종묘에서 조종祖宗을 제사하고, 군신群神에 대해서도 제사를 올리고, 축제祝祭 때 가황제假皇帝를 칭하되 민신民臣은 섭황제攝皇帝로 부르고, 스스로를 칭할 때 '여予'라고 하고, 조정의 대사를 결정할 때는 늘 황제의 조서詔書를 내리면서 '제制'를 칭하도록 하겠습니다. 이는 황천皇天의 마음을 봉순奉順하는 자세로 한실을 보익輔翼하고 효평황제의 어린 후사를 보호함으로써 융성한 치평治平의 덕화를 이루기 위한 것입니다. 안한공이 태황태후와 제황후帝皇后를 알현할 때는 다시 신하의 예절을 행하도록 하겠습니다. 정교의 시행은 안한공의 저택을 궁가宮家로 삼아 시행하고, 나라에서 받는 채읍采邑인 국채國采는 제후들이 예의禮儀를 좇아 시행하도록 하겠습니다."

태후가 조서로 답했다.

"가하다."

* 孝平皇帝元始五年

春, 正月, 祫祭明堂. 諸侯王二十八人, 列侯百二十人, 宗室子九百餘人, 徵助祭. 禮畢, 皆益戶·賜爵及金帛·增秩·補吏各有差.

安漢公又奏復長安南·北郊. 三十餘年間, 天地之祠凡五徙焉.

詔曰, "宗室子自漢元至今十有餘萬人, 其令郡國各置宗師以糾之, 致教訓焉."

夏, 四月, 乙未, 博山簡列侯孔光薨, 贈賜·葬送甚盛, 車萬餘兩. 以馬宮為太師. 吏民以莽不受新野田而上書者前後四十八萬七千五百七十二人, 及諸侯王公·列侯·宗室見者皆叩頭言曰, "宜亟加賞於安漢公." 於是莽上書言曰, "諸臣民所上章下議者, 願皆寢勿上, 使臣莽得盡力畢制禮作樂. 事成, 願賜骸骨歸家, 避賢者路." 甄邯等白太后, 詔曰, "公每見, 輒流涕叩頭言, 願不受賞. 賞即加, 不敢當位. 方製作未定, 事須公而決, 故且聽公製作. 畢成, 群公以聞, 究於前議. 其九錫禮儀亟奏!"

五月, 策命安漢公莽以九錫, 莽稽首再拜, 受綠韍, 袞冕·衣裳·瑒琫·瑒珌, 句履, 鸞路·乘馬, 龍旂九旒, 皮弁·素積, 戎路·乘馬, 彤弓矢·盧弓矢, 左建朱鉞, 右建金戚, 甲·胄一具, 秬鬯二卣, 圭瓚二, 九命青玉珪二, 朱戶, 納陛, 署宗官·祝官·卜官·史官, 虎賁三百人.

王惲等八人使行風俗還, 言天下風俗齊同, 詐為郡國造歌謠頌功德, 凡三萬言. 閏月, 丁酉, 詔以羲和劉秀等四人使治明堂·辟雍, 令漢與文王靈臺·周公作洛同符. 太僕王惲等八人使行風俗, 宣明德化, 萬國齊同, 皆封為列侯. 時廣平相班稚獨不上嘉瑞及歌謠. 琅邪太守公孫閎言災害於公府. 甄豐遣屬馳至兩郡, 諷吏民, 而劾"閎空造不祥, 稚絕嘉應, 嫉害聖政, 皆不道." 稚, 班婕妤弟也. 太后曰, "不宣德美, 宜與言災者異罰. 且班稚後宮賢家, 我所哀也." 閎獨下獄, 誅. 稚懼, 上書陳恩謝罪, 願歸相印, 入補延陵園郎. 太后許焉.

莽又奏為市無二賈, 官無獄訟, 邑無盜賊, 野無饑民, 道不拾遺, 男女異路之制. 犯者象刑.

莽復奏言曰, "共王母·丁姬, 前不臣妾, 塚高與元帝山齊, 懷帝太后·皇太太后璽綬以葬. 請發共王母及丁姬塚, 取其璽綬. 徙共王母歸定陶, 葬共王塚次." 太后以為既已之事, 不須復發. 莽固爭之, 太后詔因故棺改葬之. 莽奏曰, "共王母及丁姬棺皆名梓宮, 珠玉之衣, 非藩妾服. 請更以木棺代, 去珠玉衣, 葬丁姬媵妾之次." 奏可. 公卿在位皆阿莽指, 入錢帛, 遣子弟及諸生·四夷凡十餘萬人, 操持作具, 助將作掘平共王母·丁姬故塚. 二旬間, 皆平. 莽又周棘其處, 以為世戒云. 又隳壞共皇廟, 諸造議者泠褒·段猶等皆徙合浦. 徵師丹詣公車, 賜爵關內侯, 食故邑. 數月, 更封丹為義陽侯. 月餘, 薨.

初, 哀帝時, 馬宮為光祿勳, 與丞相·御史雜議傅太后謚曰孝元傅皇后. 及莽追誅前議者, 宮為莽所厚, 獨不及. 宮內慚懼, 上書言曰, "臣前議定陶共王母謚, 希指雷同, 詭經僻說, 以惑誤主上, 為臣不忠. 幸蒙灑心自新, 誠無顏復望闕廷, 無心復居官府, 無宜復食國邑. 願上太師·大司徒·扶德侯印綬, 避賢者路." 秋, 八月, 壬午, 莽以太后詔賜宮策曰, "四輔之職, 為國維綱. 三公之任, 鼎足承君. 不有鮮明固守, 無以居位. 君言至誠, 不敢文過, 朕甚多之. 不奪君之爵邑, 其上太師·大司徒印綬使者, 以侯就第."

莽以皇后有子孫瑞, 通子午道, 從杜陵直絕南山, 逕漢中.

泉陵侯劉慶上書言曰, "周成王幼少, 稱孺子, 周公居攝. 今帝富於春秋, 宜令安漢公行天子事, 如周公." 群臣皆曰, "宜如慶言!"

時帝春秋益壯, 以衛后故, 怨不悅. 冬, 十二月, 莽因臘日上椒酒, 置毒酒中. 帝有疾, 莽作策, 請命於泰畤, 願以身代, 藏策金縢, 置於前殿, 敕諸公勿敢言. 丙午, 帝崩於未央宮. 大赦天下. 莽令天下吏六百石以上皆服喪三年. 奏尊孝成廟曰統宗. 孝平廟曰元宗. 斂孝平, 加元服, 葬康陵.

班固贊曰, "孝平之世, 政自莽出, 褒善顯功, 以自尊盛. 觀其文辭, 方外百蠻, 無思不服, 休徵嘉應, 頌聲幷作. 至乎變異見於上, 民怨於下, 莽亦不能文也."

以長樂少府平晏爲大司徒.

太后與群臣議立嗣. 時元帝世絕, 而宣帝曾孫有見王五人, 列侯四十八人. 莽惡其長大, 曰, "兄弟不得相爲後." 乃悉徵宣帝玄孫, 選立之.

是月, 前輝光謝囂奏武功長孟通浚井得白石, 上圓下方, 有丹書著石, 文曰, "告安漢公莽爲皇帝." 符命之起, 自此始矣.

莽使群公以白太后, 太后曰, "此誣罔天下, 不可施行!" 太保舜謂太后曰, "事已如此, 無可奈何. 沮之, 力不能止. 又莽非敢有它, 但欲稱攝以重其權, 填服天下耳" 太后心不以爲可, 然力不能制, 乃聽許. 舜等即共令太后下詔曰, "孝平皇帝短命而崩, 已使有司徵孝宣皇帝玄孫二十三人, 差度宜者, 以嗣孝平皇帝之後. 玄孫年在襁褓, 不得至德君子, 孰能安之! 安漢公莽, 輔政三世, 與周公異世同符. 今前輝光囂·武功長通上言丹石之符, 朕深思厥意, 云'爲皇帝'者, 乃攝行皇帝之事也. 其令安漢公居攝踐祚, 如周公故事, 具禮儀奏." 於是群臣奏言曰, "太后聖德昭然, 深見天意, 詔令安漢公居攝. 臣請安漢公踐祚, 服天子韍冕, 背斧依立於戶牖之間, 南面朝群臣, 聽政事. 車服出入警蹕, 民臣稱臣妾, 皆如天子之制. 郊祀天地, 宗祀明堂, 共祀宗廟, 享祭群神, 贊曰'假皇帝', 民臣謂之'攝皇帝', 自稱曰'予' 平決朝事, 常以皇帝之詔稱'制' 以奉順皇天之心, 輔翼漢室, 保安孝平皇帝之幼嗣, 遂寄托之義, 隆治平之化. 其朝見太皇太后·帝皇后皆復臣節. 自施政教於其宮家國采, 如諸侯禮儀故事." 太后詔曰, "可."

한평제 거섭居攝 원년(AD 6)

1) 봄 정월, 왕망王莽[141]이 장안의 남교南郊에서 상제上帝에게 제사를 올렸다. 또 봄맞이 행사인 영춘례迎春禮와 조정에서 행하는 활쏘기 대회인 대사례大射禮, 군주가 장수한 노인을 대접하는 양로연養老宴 등의 예를 행했다.

2) 3월 1일, 한선제의 현손인 유영劉嬰을 황태자로 삼고, 주성왕의 어릴 때 호칭처럼 유자孺子로 불렀다. 유영은 광척후廣戚侯 유현劉顯의 아들이다. 나이는 2세였다. 점괘가 최길最吉이라고 해서 황태자로 세운 것이다. 한평제의 황후이자 왕망의 딸인 15세의 왕씨를 높여 황태후皇太后로 칭했다.

3) 왕순王舜을 태부太傅·좌보左輔, 견풍甄豐을 태아太阿·우불右拂, 견한甄邯을 태보太保·후승後承으로 삼았다. 또 소사少師, 소부少傅, 소아少阿, 소보少保 등 사소四少를 설치했다. 녹질은 모두 2천석이었다.

4) 4월, 안중후安衆侯 유숭劉崇이 재상인 장소張紹와 모의했다.

"안한공 왕망은 반드시 유씨劉氏를 위태롭게 할 것입니다. 천하가 그를 비난하지만 감히 거사하는 사람이 없으니, 이는 종실의 수치입니다. 내가 종족을 이끌고 먼저 나서면 해내에서 반드시 화답할 것입니다."

장소 등을 따르는 사람 100여 명이 마침내 완宛하남성 남양시 땅으로 진공했다. 그러나 진입하지 못해 실패하고 말았다. 장소의 종제從弟 장송張竦이 유숭의 족숙族叔인 유가劉嘉와 함께 대궐로 나아가 스스로 귀부했다. 왕망이 그들을 용서하고 죄를 주지 않았다. 장송이 유가를 위해 상주

---

141 왕망王莽은 자가 거군巨君으로 왕만王曼의 아들이다. 왕만은 한원제 유석劉奭의 황후이자 한성제 유오劉驁의 생모인 효원황후孝元皇后 왕정군王政君의 동생으로 요절했다. 왕망의 조부는 왕금王禁, 증조부는 한무제 때 수의어사繡衣御史를 지낸 왕하王夏이다.

문을 지어 왕망의 덕미德美를 칭송하면서 유숭의 죄상罪狀을 진술했다.

"원컨대 종실을 위해 먼저 이끄는 창시倡始를 하여 부자형제父子兄弟가 대나무 광주리를 지고 가래를 메는 부롱하삽負籠荷鍤의 자세로 남양南陽으로 달려간 뒤 옛 제도처럼 유숭의 궁실을 파헤쳐 연못으로 만들고자 합니다. 유숭의 사당에 대해서는 의당 주문왕이 은나라 박亳하남성 상구현 땅에 있던 사당인 박사亳社를 헐어 제기祭器 등을 제후들에게 나눠준 것을 흉내 내 후대인의 감계로 삼고자 합니다!"

왕망이 크게 기뻐하며 유가를 솔례후率禮侯로 삼고, 유가의 7명의 아들에게 모두 관내후의 작위를 내렸다. 뒤에 또 자가 백송伯松인 장송을 숙덕후淑德侯에 봉했다. 장안 사람들이 노래로 풍자했다.

> 책봉을 받으려면 장백송 찾아가고
> 欲求封, 過張伯松. 욕구봉 과장백송
> 역전力戰은 교묘한 상주만 못하지
> 力戰鬪, 不如巧為奏. 역전투 불여교위주

이후 모반하는 자들은 거주지를 모두 더러운 웅덩이인 '오지汚池'로 만들었다. 군신들은 다시 말하기를, "유숭 등이 모반한 것은 왕망의 권위가 가벼웠던 탓이므로 의당 더욱 권위를 더 높여 해내를 진압해야 한다"고 했다.

5월 17일, 태황태후가 왕망에게 조서를 내려 조현 때 '가황제假皇帝'를 칭하게 했다.

5) 겨울 10월 1일, 일식이 있었다.

6) 12월, 군신들이 상주해 안한공 왕망의 사옥舍屋인 여사廬舍를 섭성攝省, 집무실이 있는 관부官府를 섭전攝殿, 저택을 섭궁攝宮으로 부를 것

을 청했다. 상주문이 재가 됐다.

7) 이 해에 서강西羌의 방념龐恬과 부번傅幡 등은 왕망이 자신들의 땅을 빼앗은 것을 원망했다. 이내 배반해 서해西海청해성 해안현 태수 정영程永을 치자 정영이 황급히 달아나는 분주奔走를 했다. 왕망이 정영을 주살하고 호강교위護羌校尉 두황竇況을 파견해 공격하게 했다.

* 孝平皇帝居攝元年

春, 正月, 王莽祀上帝於南郊, 又行迎春·大射·養老之禮.

三月, 己丑, 立宣帝玄孫嬰為皇太子, 號曰孺子. 嬰, 廣戚侯顯之子也. 年二歲. 托以卜相最吉, 立之. 尊皇后曰皇太后.

以王舜為太傅·左輔, 甄豐為太阿·右拂, 甄邯為太保·後承. 又置四少, 秩皆二千石.

四月, 安眾侯劉崇與相張紹謀曰, "安漢公莽必危劉氏, 天下非之, 莫敢先舉, 此乃宗室之恥也. 吾帥宗族為先, 海內必和." 紹等從者百餘人遂進攻宛. 不得入而敗. 紹從弟竦與崇族父嘉詣闕自歸. 莽赦弗罪. 竦因為嘉作奏, 稱莽德美, 罪狀劉崇曰, "願為宗室倡始, 父子兄弟負籠荷鍤, 馳之南陽, 豬崇宮室, 令如古制. 及崇社宜如亳社, 以賜諸侯, 用永監戒!" 於是莽大說, 封嘉為率禮侯, 嘉子七人皆賜爵關內侯. 後又封竦為淑德侯. 長安為之語曰, "欲求封, 過張伯松. 力戰鬪, 不如巧為奏." 自後謀反者皆污池云. 群臣復白劉崇等謀逆者, 以莽權輕也. 宜尊重以填海內. 五月, 甲辰, 太后詔莽朝見太后稱"假皇帝."

冬, 十月, 丙辰朔, 日有食之.

十二月, 群臣奏請以安漢公廬為攝省, 府為攝殿, 第為攝宮. 奏可.

是歲, 西羌龐恬·傅幡等怨莽奪其地, 反攻西海太守程永. 永奔走.

莽誅永，遣護羌校尉竇況擊之.

한평제 거섭 2년(AD 7)

1) 봄, 호강교위 두황竇況 등이 서강을 격파했다.

2) 5월, 다시 화폐를 주조했다. 황금으로 만든 착도錯刀는 1개 당 5,000전, 길이 2촌寸의 계도契刀는 1개 당 500전에 해당했다. 대전大錢[142]은 1개 당 50전으로, 오수전五銖錢과 나란히 사용됐다. 백성들 대부분은 은밀히 사적으로 주조하는 도주盜鑄를 했다. 열후 이하의 사람들은 사적으로 황금黃金을 보유하는 게 금지됐다. 사인私人은 어부御府에 황금을 보내고 그 가치에 해당하는 화폐를 수령했다. 그러나 끝내 그 값만큼 내주지 않았다.

3) 동군東郡 태수 척의翟義는 척방진翟方進의 아들이다. 누나의 아들인 상채上蔡하남성 상채현 출신 진풍陳豐과 이같이 모의했다. "신도후新都侯 왕망이 천자의 자리에서 섭정하면서 천하를 호령號令하고 있다. 종실의 어린아이인 유치幼稚를 선발해 주성왕처럼 유자孺子로 부르면서, 주공周公이 주성왕을 보정輔政한 것을 흉내 내 사태를 관망觀望하다가 반드시 한가漢家를 대신할 것이다. 그런 조짐이 점차 눈에 띌 것이다. 바야흐로 지금 종실은 쇠약하고, 밖으로는 강력한 제후가 다스리는 번국蕃國이 없다. 천하가 머리를 기울여 복종하고 있어 국난國難에 대항해 재난을 막는 항한亢扞이 불가능하다. 나는 다행히 재상의 아들이 되어 대군大郡의 태수로 있다. 부자父子가 한나라로부터 후은厚恩을 입은 경우다. 의리 상 의

142 대전大錢은 직경이 1촌寸 2푼分으로, 무게가 12수銖였다. 본래 화폐의 단위인 전錢은 샘처럼 만들어지고, 포布는 재화가 천하에 널리 유포된다는 취지에서 나왔다. 도刀는 날카로울 리利의 취지에서 나온 것으로 사람들에게 이익을 주는 물건의 의미를 내포하고 있다.

당 나라를 위해 토적討賊하여 사직을 안정시켜야 한다. 거병하여 서진西進한 뒤 부당하게 섭정하는 왕망을 주살하고, 종실의 자손을 보필하여 세우고자 한다. 설령 혹여 사명을 이루지 못한 탓에 나라를 위해 목숨을 바치고도 이름이 묻히는 사국매명死國埋名을 당할지라도 오히려 선제에게 부끄럽지 않을 수 있다. 지금 군사를 발동하려는데 너는 기꺼이 나를 따를 수 있겠는가?"

진풍은 18세의 나이로 용장勇壯한 까닭에 허락했다.

척의는 마침내 동군도위東郡都尉 유우劉宇를 비롯해 엄향후嚴鄕侯 유신劉信 및 유신의 동생인 무평후武平侯 유황劉璜과 결모結謀해 9월의 입추 때 지방관청에서 군사를 전체적으로 검열하는 도시일都試日을 기해 거병하기로 했다. 먼저 관현觀縣하남성 관성현 현령의 목을 베고 그들의 거기車騎와 사병을 제압한 뒤 군郡 내에서 용사를 모집하고 장수를 부서部署별로 배치하기로 했다. 유신의 아들 유광劉匡은 이때 동평왕東平王산동성 동평현으로 있었던 까닭에 이내 동평의 병사까지 합쳐 거병해 유신을 천자로 세우기로 의견을 모았다. 척의는 스스로 대사마·주천대장군柱天大將軍이 되어 격문을 각 군국郡國으로 돌리며 선언했다.

"왕망이 효평황제를 짐살鴆殺한 뒤 천자의 자리를 쥐고서 한실漢室을 끊으려고 한다. 지금 이미 천자가 옹립됐으니 함께 천벌天罰을 행하도록 하라!"

군국이 모두 진동震動했다. 산양山陽하남성 수무현에 이를 즈음 무리가 10여만 명에 달했다.

왕망이 이를 듣고는 크게 황구惶懼해 밥을 먹지 못했다. 태황태후가 좌우의 사람들에게 말했다.

"인심은 서로 그리 멀지 않다. 내가 비록 부인이기는 하나, 역시 왕망은 반드시 이것으로 인해 스스로 위험에 처하게 되리라는 것을 알았다."

왕망이 이내 그의 무리와 친한 자들에게 벼슬을 내렸다. 경거장군輕車將軍인 성무후成武侯 서건孫建을 분무장군奮武將軍, 과록훈光祿勳인 성도후成都侯 왕읍王邑을 호아장군虎牙將軍, 명의후明義侯 왕준王駿을 강노장군強弩將軍, 장안성의 12개 성문 가운데 동쪽의 첫 번째 성문인 춘왕성문春王城門 교위校尉 왕황王況을 진위장군震威將軍, 종백宗伯인 충효후忠孝侯 유굉劉宏을 분충장군奮衝將軍, 장락궁의 이전 소부少府인 중소부中少府의 건위후建威侯 왕창王昌을 중견장군中堅將軍, 중랑장中郎將인 진강후震羌侯 두황竇況을 분위장군奮威將軍으로 삼았고 모두 7명이었다. 이들은 함곡관 동쪽인 관동關東에서 반란이 일어난 점을 감안해 함곡관 서쪽의 관서關西 출신을 가려서 교위校尉와 군리軍吏로 삼은 뒤 긴급명령인 분명奔命을 내려 관동 출신 갑졸甲卒을 이끌고 가 척의翟義가 이끄는 반군을 치게 했다.

다시 태복太僕 무양武讓을 적노장군積弩將軍으로 삼아 함곡관函谷關 하남성 영보시 북쪽, 장작대장將作大匠인 몽향후蒙鄉侯 녹병逯并을 횡야장군橫壄將軍으로 삼아 무관武關섬서성 상현, 희화관羲和官인 홍휴후紅休侯 유수劉秀는 양무장군揚武將軍으로 삼아 완宛하남성 남양시 땅에 주둔하게 했다.

경기京畿 일대인 삼보三輔에서는 척의가 반기를 들었다는 소식을 듣고 무릉茂陵섬서성 흥평현 서쪽에서 견汧섬서성 농현 남쪽에 이르기까지 23개 현縣에서 도적이 일시에 일어났다. 괴리槐里섬서성 흥편현 출신 남자인 조명趙明과 곽홍霍鴻 등이 장군을 자칭하면서 관청인 관시官寺를 공격해 불사르고, 우보도위右輔都尉와 태현斄縣섬서성 무공현 서남쪽 현령을 죽인 뒤 서로 모의했다.

"제장諸將의 정병精兵은 모두 동쪽으로 가고, 경사京師인 장안이 비어 있다. 가히 장안을 공격할 만하다."

무리가 점차 많아져 10여만 명에 이르렀다. 화광火光이 미앙궁의 전전前殿에서 보였다. 왕망이 다시 위위衛尉 왕급王級을 호분장군虎賁將軍, 대홍려大鴻臚인 망향후望鄕侯 염천閻遷을 절충장군折衝將軍으로 삼아 서진하여 조명 등을 치게 했다. 또 상향후常鄕侯 왕운王惲을 거기장군車騎將軍으로 삼고 평락관平樂館, 기도위騎都尉 왕만王晏을 건위장군建威將軍으로 삼고 장안성 북쪽 성문교위城門校尉 조회趙恢를 성문장군城門將軍으로 삼아 모두 병사를 정비해 스스로 대비하게 했다.

그밖에 태보太保이자 사보四輔의 하나인 후승後承으로 있는 승양후承陽侯 견한甄邯을 대장군으로 삼아 한고제 유방의 사당인 고묘高廟에서 부월斧鉞을 하사받아 천하의 군사를 통령統領하게 했다. 왼쪽에 부절符節, 오른쪽에 부월斧鉞을 잡고 장안성 밖에 주둔했다. 왕순王舜과 견풍甄豐은 주야로 전중殿中을 순행하게 했다. 왕망은 매일 어린 황제인 유자孺子를 안고 교묘郊廟에서 기도한 뒤 군신들을 모아 놓고 말했다.

"옛날 주성왕이 어려 주공이 섭정할 때 친동생인 관숙管叔과 채숙蔡叔이 은나라 마지막 왕인 주紂의 아들인 녹보祿父를 옆에 끼고 반란을 일으켰소. 지금 또 적의翟義 역시 유신劉信을 옆에 끼고 작란作亂했소. 예로부터 대성大聖도 오히려 이를 두려워했는데 하물며 신臣 왕망과 같은 두소斗筲의 인물인 경우이겠소!"

군신들이 모두 말했다.

"이런 변고를 당하지 않았으면 성덕聖德이 빛나지 않았을 것입니다!"

겨울 10월 15일, 왕망은 주공이 반기를 든 자들을 토벌할 때 선포한 『서경』「주서, 대고大誥」의 글을 흉내 내 유사한 내용의 「대고」를 발표했다.

"아, 저들의 반란 소식을 들은 날 종실의 인재는 400명이나 있었고, 백성의 의표儀表로 일할 자는 9만 명이나 됐다. 나는 공경하는 자세로 이들을 임용하여 나라의 후사를 이으며 공을 세우는 일을 도모할 것이다!"

그러고는 대부 환담桓譚 등을 파견해 사방으로 천하백성들에게 의당 보위를 유자孺子에게 돌려줄 뜻을 들어서 깨닫도록 고하는 유고諭告를 하게 했다.

제장들이 동쪽으로 가서 진류陳留의 치菑하남성 고성현 땅에 이르러 적의의 무리와 회전會戰해 격파한 뒤 유황劉璜의 머리를 베었다. 왕망이 이 소식을 듣고 크게 기뻐했다. 다시 조서를 통해 거기도위車騎都尉 손현孫賢 등 55명을 모두 먼저 열후에 봉한 뒤 작위를 군중에서 내렸다. 이어 천하에 대사령을 내렸다.

이사吏士들 가운데 정예병이 마침내 어성圉城하남성 기현에서 적의의 무리를 포위 공격해 이해 12월에 대파했다. 적의翟義와 유신劉信이 군사를 버리고 달아나 고시固始하남성 회양현의 경계에 이르렀다. 이내 적의를 포획해 진陳 땅의 큰 저자에서 찢어 죽이는 책형磔刑에 가했다. 그러나 끝내 유신은 잡지 못했다.

* 孝平皇帝居攝二年

春, 竇況等擊破西羌.

五月, 更造貨. 錯刀, 一直五千. 契刀, 一直五百. 大錢, 一直五十. 與五銖錢幷行, 民多盜鑄者. 禁列侯以下不得挾黃金, 輸御府受直. 然卒不與直.

東郡太守翟義, 方進之子也, 與姊子上蔡陳豐謀曰, "新都侯攝天子位, 號令天下, 故擇宗室幼稚者以為孺子, 依托周公輔成王之義, 且以觀望, 必代漢家, 其漸可見. 方今宗室衰弱, 外無強蕃, 天下傾首服從, 莫能亢扞國難. 吾幸得備宰相子, 身守大郡, 父子受漢厚恩, 義當為國討賊, 以安社稷. 欲舉兵西, 誅不當攝者, 選宗室子孫輔而立之. 設令時命不成, 死國埋名, 猶可以不慚於先帝. 今欲發之, 汝肯從我乎?" 豐年十八, 勇壯, 許諾. 義遂與東郡都尉劉宇·嚴鄉侯劉信·信弟武平侯劉璜結謀, 以九月都試日斬觀令, 因勒其車騎·材官士, 募郡中勇敢, 部署將帥. 信子匡時為東平王, 乃幷東平兵, 立信為天子. 義自號大司馬·柱天大將軍. 移檄郡國, 言曰, "莽鴆殺孝平皇帝, 攝天子位, 欲絕漢室. 今天子已立, 共行天罰!" 郡國皆震. 比至山陽, 眾十餘萬.

莽聞之, 惶懼不能食. 太皇太后謂左右曰, "人心不相遠也. 我雖婦人, 亦知莽必以是自危." 莽乃拜其黨·親. 輕車將軍·成武侯孫建為奮武將軍, 光祿勳·成都侯王邑為虎牙將軍, 明義侯王駿為強弩將軍, 春王城門校尉王況為震威將軍, 宗伯·忠孝侯劉宏為奮衝將軍, 中少府·建威侯王昌為中堅將軍, 中郎將·震羌侯竇況為奮威將軍, 凡七人, 自擇除關西人為校尉·軍吏, 將關東甲卒, 發奔命以擊義焉. 復以太僕武讓為積弩將軍, 屯函谷關. 將作大匠蒙鄉侯逯幷為橫壄將軍, 屯武關. 羲和·紅休侯劉秀為揚武將軍, 屯宛.

三輔聞翟義起, 自茂陵以西至汧二十三縣, 盜賊幷發. 槐里男子趙明·霍鴻等自稱將軍, 攻燒官寺, 殺右輔都尉及斄令, 相與謀曰, "諸將精兵悉東, 京師空, 可攻長安." 眾稍多, 至十餘萬, 火見未央宮前殿. 莽復拜衛尉王級為虎賁將軍, 大鴻臚·望鄉侯閻遷為折衝將軍, 西擊明等. 以常鄉侯王惲為車騎將軍, 屯平樂館. 騎都尉王晏為建威將軍, 屯城北. 城門校尉趙恢為城門將軍. 皆勒兵自備. 以太保·後承·承陽侯甄邯為大將軍, 受鉞高廟, 領天下兵, 左杖節, 右把鉞, 屯城外. 王舜·甄豐晝夜循行殿中. 莽日抱孺子禱郊廟, 會群臣, 而稱曰, "昔成王幼, 周公攝政, 而管·蔡挾祿父以畔. 今翟義亦挾劉信而作亂. 自古大聖猶懼此, 況臣莽之斗筲!" 群臣皆曰, "不遭此變, 不章聖德!"

冬, 十月, 甲子, 莽依『周書』作『大誥』曰, “粵其聞日, 宗室之俊有四百人, 民獻儀九萬夫, 予敬以終於此謀繼嗣圖功!” 遣大夫桓譚等班行諭告天下, 以當反位孺子之意.

諸將東至陳留·菑, 與翟義會戰, 破之, 斬劉璜首. 莽大喜, 復下詔先封車騎都尉孫賢等五十五人皆為列侯, 即軍中拜授. 因大赦天下. 於是吏士精銳遂攻圍義於圉城, 十二月, 大破之, 義與劉信棄軍亡, 至固始界中, 捕得義, 屍磔陳都市. 卒不得信.

한평제 초시初始 원년(AD 8)

1) 봄, 지진이 났다. 천하에 대사령을 내렸다.

2) 왕읍王邑 등이 경사로 돌아간 뒤 서쪽으로 가서 왕급王級 등과 함께 조명趙明과 곽홍霍鴻을 공격했다.

2월, 조명 등이 섬멸돼 여러 현의 난이 식평息平됐다. 환군해 군사를 정비하는 환사진려還師振旅를 행한 뒤 왕망이 이내 백호전白虎殿에서 연회를 베풀고 장수들의 노고를 치하했다. 진숭陳崇에게 조서를 내려 군공軍功을 처리하면서 고하에 따라 차등 있게 대우하게 했다. 왕王과 후侯만 있던 봉작을 주나라 때처럼 공작公爵, 후작侯爵, 백작伯爵, 자작子爵, 남작男爵 등 5개 등급으로 만든 뒤 총 395명을 책봉하면서 말했다.

“모두 분노奮怒해 동쪽을 정벌하고 서쪽을 치는 동지서격東指西擊을 했다. 노략하는 강족羌族과 도적질하는 만이蠻夷, 모반을 한 오랑캐인 반로反虜, 나라를 배반한 역적逆賊이 발길을 돌리는 선종旋踵을 조금도 하지 않고 있다. 때맞춰 뿌리 뽑는 응시진멸應時殄滅을 하면 천하가 경복敬服할 것이다.”

이런 공로를 내세워 책봉한다고 했다.

이들 가운데 관내후를 하사해야 할 사람은 ‘부성附城’으로 명칭을 바끈 부용국附庸國에 봉했다. 그 수가 수백 명에 달했다.

왕망은 여남汝南하남성 여남현에 있는 척의翟義의 부친 척방진翟方進과 그의 선조들의 무덤을 파내어 관구棺柩를 소각하고, 삼족을 이멸夷滅했다. 주살한 영향이 종족을 이을 종사種嗣인 어린 아이에게까지 미쳤다. 끝내 모두 한 구덩이에 묻으면서 가시나무와 5가지의 독을 함께 집어넣었다. 척의와 조명趙明, 곽홍霍鴻 무리의 시체들을 가져다가 통로의 옆에 모아 놓은 뒤 복양濮陽하남성 복양현, 무염無鹽산동성 동평현, 어圉산동성 기현, 괴리槐里섬서성 흥평현, 주질盩厔섬서성 주질현 등 모두 5곳에 표목을 세워 놓고, 큰 해를 끼친 반란과 역적의 고래 같은 무리라는 취지에서 그 죄목을 써 넣었다.

"반로역적전예反虜逆賊鱣鯢."

척의 등이 이미 실패하자 왕망은 스스로 위엄 있는 덕이 날로 융성해 간다며 천인天人의 도움을 얻었다고 떠벌였다. 드디어 본인이 진정으로 즉위하는 일을 행각한 이유다.

3) 군신들이 다시 상주해 섭황제 왕망의 아들 왕안王安과 왕림王臨의 작위를 올려 공公으로 삼고, 왕망의 형 왕영王永의 아들인 왕광王光을 연공후衍功侯로 책봉할 것을 청했다. 이때 왕망은 퇴임하여 봉지인 신도국新都國으로 돌아와 있었다. 군신들이 다시 고해 왕망의 손자인 왕종王宗을 신도후新都侯로 삼았다.

4) 9월, 왕망의 모친인 공현군功顯君이 사망했다. 왕망은 스스로 섭정으로 있으면서 보위에 오른 까닭에 한나라 대종大宗의 후대를 잇고 있는 셈이었다. 공현군을 위해 상복인 시마복緦麻服과 깃옷인 최복縗服 및 고깔인 변弁으로 꾸며진 시최변緦縗弁에 베로 둥글게 만든 허리띠인 마환질麻環絰을 덧붙였다. 천자가 제후를 조문하는 복장과 같았다. 무릇 함께 고두叩頭하고 1번 위로하는 일조재회壹弔再會를 하고, 손자인 신도후新都

侯 왕종王宗으로 하여금 상주가 되어 3년의 복상을 하도록 했다.

5) 백관을 규찰하기 위해 신설된 사위司威 진숭陳崇이 상주해 왕망의 형의 아들인 연공후衍功侯 왕광王光이 사적으로 집금오執金吾 두황竇況에게 부탁해 사람을 죽이도록 하자 두황이 지목된 자를 잡아 가두고 형법을 적용했다고 고했다. 왕망이 대로한 나머지 조카인 왕광에게 엄하게 꾸짖는 절책切責을 가해 자진을 종용하자 왕광의 모친이 항의했다.

"그대는 자신의 장남과 차남인 장손長孫과 중손中孫이 자진하도록 만들었던 상황과 비교해 자신의 지금 모습을 살펴보도록 하시오!"

장손은 한평제 때 죽은 왕망의 장남 왕우王宇, 중손은 한애제 때 죽은 왕망의 차남 왕획王獲의 자字이다. 마침내 왕망의 조카와 형수가 자살한데 이어 집금오 두황마저 죽었다.

당초 왕망은 모친을 모시고 형수를 봉양하며 조카를 잘 돌보는 일로 명성을 얻었다. 나중에는 이런 패학悖虐을 토대로 다시 공의公義를 내비치려 했던 것이다. 왕광의 아들 왕가王嘉로 하여금 자진한 부친 왕광의 연공후 작위를 잇게 했다.

6) 이 해에 광요후廣饒侯 유경劉京이 제군齊郡산동성 치박시의 새 우물인 신정新井, 거기장군 휘하의 천인千人으로 잇는 호운扈雲이 파군巴郡사천성 중경시에서 나온 석우石牛, 태보太保의 속관인 장홍臧鴻이 부풍扶風의 옹雍섬서성 봉상현 땅에서 나온 석문石文에 관해 말했다. 왕망이 모두 영접해 받게 했다.

11월 21일, 왕망이 태황태후에게 상주했다.

"폐하는 지금 한나라가 들어선 이래 12세世 황제가 재위하며 도참圖讖에서 말하는 이른바 '37' 숫자의 210여 년이 흐르는 사이 '37' 숫자의 액운厄運을 만났습니다. 하늘의 위명威命을 이어받아 조서를 내림으로써 신 왕망에게 섭정의 자리에 앉아 있도록 했습니다. 광요후廣饒侯 유경劉

京이 상서해 지난 7월 중에 제국齊郡 임치현臨淄縣산동성 치박시 창흥정昌興亭의 정장亭長 신당辛當이 하룻밤 사이에 여러 차례 꿈을 꾼 얘기를 전했습니다. 꿈속에서 어떤 사람이 말하기를, '나는 천공天公의 사자이다. 천공이 나로 하여금 정장인 그대에게 섭황제를 의당 진황제眞皇帝로 삼아야 한다고 말하도록 했다. 나를 불신하면 이 정亭에 의당 신정新井이 있을 것이다'라고 했다는 것입니다. 정장 신당이 새벽에 일어나 정을 돌아보니 과연 신정이 있었고, 땅속으로 들어간 깊이가 100척尺이나 됐다고 합니다. 11월 9일 동짓날에는 파군에서 돌로 만들어진 소인 석우石牛가 문득 일어서고, 11월 15일에는 옹雍 땅의 석문石文이 모두 미앙궁의 전전前殿에 이르렀습니다. 신이 태보太保인 안양후安陽侯 왕순王舜 등과 보니, 하늘에서 바람이 불면서 먼지가 자욱해 어둡다가 바람이 멈추자 돌 앞에 동제銅製 부절인 동부銅符와 비단에 그린 그림인 백도帛圖가 있었습니다. 글에 이르기를, '하늘이 황제의 부신符信을 알리니 이 도우와 백도를 올리는 자는 제후에 봉하라'고 했습니다. 기도위騎都尉 최발崔發 등이 그것을 보고 설명했습니다. 공자는 『논어』「계씨」에서 군자는 천명天命과 대인大人 및 성인聖人의 말씀 등 3가지 두려워할 게 있다는 취지의 '외천명畏天命, 외대인畏大人, 외성인지언畏聖人之言'[143]을 언급했습니다. 신臣 왕망은 감히 이를 받들어 시행할 수가 없습니다! 청컨대 함께 천지의 귀신인 신지神祇와 종묘를 섬기면서 태황태후와 효평황후에게 상주할 때 '가황제'를 자칭하려고 합니다. 이어 천하에 호령을 발하고, 천하의 신민이 상주해 일을 고할 때도 '섭攝'이라는 글자를 사용하지 않게 할 생각입니다.

143 『논어』「계씨」의 "군자유삼외君子有三畏. 외천명畏天命, 외대인畏大人, 외성인지언畏聖人之言." 구절에서 인용한 것이다. 이에 따르면 공자는 말하기를, "군자에게는 3외三畏가 있다. 천명天命, 대인大人, 성인지언聖人之言이 그것이다. 소인은 천명을 알지 못해 이를 두려워하지 않고, 대인을 함부로 대하고, 성인지언을 업신여긴다."고 했다.

연호를 바꿔 현재의 거섭居攝 3년을 시초始初 원년으로 고치고, 물시계의 눈금인 누각漏刻을 120개의 각도刻度로 고쳐 천명에 부응하려 합니다. 신 왕망은 숙야夙夜로 유자孺子를 훌륭히 양육해 장차 주성왕과 덕을 견줄 수 있게 하고, 태황태후의 위덕威德을 만방에 널리 알려 유자가 성장하는 과정에서 풍부한 교육을 받도록 하겠습니다. 유자孺子가 성인식인 원복元服을 입을 때가 되면 밝은 군주인 유자의 권력을 되돌려줌으로써 주공의 고사와 같도록 하겠습니다."

태황태후가 재가했다. 일반백성인 중서衆庶가 왕망이 부명符命을 받드는 뜻을 알고, 대신들 역시 널리 논의를 거친 결과를 태황태후에게 따로 상주했다. 이로써 왕망이 정식으로 황제의 자리에 오르는 모습을 점차 드러내게 됐다.

7) 기문랑期門郎 장충張充 등 6인이 모의해 함께 왕망을 겁살劫殺하고 한선제의 증손인 초왕楚王 유우劉紆를 세우기로 했다. 도중에 발각돼 주사誅死됐다.

8) 재동梓潼사천성 재동현 출신 애장哀章이 장안에서 학문學問을 하고 있었다. 평소 좋은 행실이 없는 무행無行이었고, 대언大言을 좋아했다. 왕망이 섭정의 자리에 있는 것을 보고는 즉시 구리 궤짝인 동궤銅匱를 만든 뒤 2통의 봉서封書를 제작하고 한 통의 겉면에 제목을 달았다.

'천제天帝가 인새印璽를 사용하는 금궤도金匱圖'

다른 한 통에는 이같이 썼다.

'적제赤帝의 인새를 지닌 모某가 황제皇帝에게 전하는 금책서金策書'

여기의 '모某'는 고황제高皇帝 유방의 이름을 휘諱한 것이다. '금책서'는 유방이 진眞황제가 되니 태황태후는 천명을 받들어야 한다고 써 놓았다. 그림과 책에는 왕망의 대신 8명이 모두 들어 있었고, 다시 왕씨가 흥성한다는 취지의 빛나는 이름인 왕흥王興과 왕성王盛 위에 애장 자신의 이름까지 합쳐 모두 11명의 이름이 기록돼 있었다. 이들 모두 관직과 작위를 기록해 왕망을 보좌하도록 했다. 애장은 제군齊郡의 우물과 석우石牛에 관한 얘기를 듣고는 그날 어두워질 때까지 황의黃衣를 입은 채 궤짝을 들고 한조고의 사당인 고묘高廟로 간 뒤 사당을 지키는 복야僕射에게 넘겼다. 복야가 이를 보고했다.

11월 25일, 왕망이 한고제 유방의 사당에게 가서 절한 뒤 금궤金匱의 신명神命에 따라 보위를 선양받는 이른바 신선神禪을 행했다. 이어 왕관王冠을 쓰고 태황태후를 알현한 뒤 돌아와 미앙궁의 전전前殿에 앉아 이같이 하서下書했다.

"나는 부덕不德한 자이나 황초조고皇初祖考인 황제黃帝의 후예이고, 황시조고皇始祖考인 순임금 즉 우제虞帝의 묘예苗裔이고, 태황태후의 말속末屬이다. 황천상제皇天上帝가 융성하게 드러내 크게 돕는 대우大佑를 하고, 천명을 이뤄 순서를 잇는 성명통서成命統序를 하게 했다. 부계符契와 도문圖文 및 금궤책서金匱策書는 천지신명이 조서詔書로 고한 것으로, 나에게 천하의 모든 백성인 조민兆民을 속하게 했다. 적제赤帝인 한씨漢氏 고황제高皇帝의 영령도 천명을 받들어 금책金策의 글을 전했다. 내가 매우 삼가고 두려워하면서도 어찌 감히 흠수欽受하지 않을 수 있었겠는가! 오늘 무진일戊辰日을 맞아 직접 정하고자 한다. 왕관王冠을 쓰고 진정한 천자의 자리에 올라 새 나라의 이름을 나의 봉지인 신도국新都國에서 취해 '신新나라'로 정한다. 정삭正朔을 개정하고, 복색服色을 바꾸고, 희생犧牲을 고치고, 휘치徽幟를 바꾸고, 기제器制를 달리한다. 12월 1일인 계유癸酉를 시건국始建國 원년 정월 초하루로 정한다. 닭이 우는 계명雞鳴의 축시丑時를 하루의 시작 기준으로 삼는다. 복색服色은 신나라 왕조의 덕색德色에 맞춰 황색을 숭상하고, 희생은 응당 백색을 사용한다. 사절使節이 드는 깃발인 모번旄幡은 모두 순황純黃으로 하되 그 위에 '신사오위절

新使五威節'이라고 써 황천상제皇天上帝의 위명威命을 잇도록 하라."

왕망이 진정한 황제의 길로 나아가면서 먼저 여러 부서符瑞를 받들며 태황태후에게 고했다. 태황태후가 대경大驚했다. 이때 유자가 아직 서지 않아 옥새인 전국새傳國璽는 태황태후가 머무는 장락궁에 있었다. 왕망이 즉위하면서 전국새를 넘겨줄 것을 청하자 태황태후가 넘겨주려 하지 않았다. 왕망이 안양후安陽侯 왕순王舜을 시켜 태황태후를 설득하게 했다. 왕순은 평소 삼가고 경계하는 근칙謹敕의 모습을 보여 태황태후가 아애雅愛하며 신뢰했다. 왕순이 태황태후를 알현하러 오자 태황태후는 왕순이 왕망을 위해 옥새를 구하러 온 것을 알고는 크게 화를 내며 꾸짖는 노매怒罵를 했다.

"너희들 부자父子와 종족宗族은 한가漢家의 힘을 입어 누세에 걸쳐 부귀富貴했다. 이미 보답한 것도 없는 상황에서 어린 고아를 기탁 받았다. 편리便利한 때에 올라타 그 나라를 탈취하려 하니 다시는 은의恩義를 돌아보지 않는 셈이다. 구체狗豬조차 이런 자의 나머지 뼈다귀조차 먹지 않을 것이다. 천하에 어찌 너희 형제 같은 자들이 있는 것인가! 또 너는 스스로 금궤의 부명符命을 구실로 신나라의 황제가 된 뒤 정삭正朔과 복제服制를 바꿨으니 의당 스스로 옥새를 새로 만들어 이를 만세에 전할 일이다. 그런데도 어찌하여 이 망한 한나라의 상서롭지 못한 옥새를 어디에 사용할 생각으로 굳이 찾는 것인가! 나는 한나라 황실의 늙은 과부이다. 단모旦暮에 죽을 것이다. 이 옥새와 함께 장사지낼 생각이니 너희는 끝내 손에 넣지 못할 것이다!"

이어 태황태후가 체읍하며 말하자 곁에 있던 장어長御 이하가 모두 눈물을 흘렸다 왕순 역시 비통해 스스로를 억제하지 못했다. 한참 후 이내 태황태후를 올려다보며 말했다.

"신들은 이미 말씀 드릴 게 없습니다. 왕망은 반드시 전국새傳國璽를 얻고자 할 것입니다. 태황태후가 어찌 끝까지 그에게 주지 않을 수 있겠습니까?"

태황태후는 왕순의 말이 간절한 것을 듣고는 왕망이 왕순을 협박하려 들까 두려웠다. 이내 한나라의 전국새를 꺼낸 뒤 땅바닥에 내던지는 식으로 왕순에게 건네주며 말했다.

"나는 늙어서 이미 죽게 됐지만, 이제 너희 형제와 종족이 족멸族滅하리라는 것을 알겠다!"

왕순이 이미 전국새를 얻은 뒤 상주하자 왕망이 크게 기뻐했다. 마침내 태황태후를 위해 미앙궁 서남쪽 창지蒼池 안의 점대漸臺에 술자리를 마련한 뒤 여러 사람을 불러 주연을 즐기게 했다. 왕망은 또 한나라 황실에서 부르던 옛 호칭을 고치고, 새수를 바꾸고자 했으나 내심 태황태후의 허락을 받지 못할까 두려워했다. 이때 먼 친척인 왕간王諫이 왕망에게 아첨할 생각으로 이같이 상서했다.

"황천皇天이 한나라를 폐거廢去하고 새로운 신나라의 황실인 신실新室을 세우도록 명했습니다. 태황태후는 존호尊號로 호칭되는 게 마땅치 않습니다. 의당 한나라를 폐하고 천명을 받들도록 하십시오."

왕망이 상서를 태황태후에게 보여주자 태황태후가 말했다.

"이 말이 맞다!"

왕망은 태황태후의 신색神色이 좋지 않은 것을 보고는 곧바로 이같이 말했다.

"이 자는 패덕悖德한 신하입니다. 그 죄는 의당 주살誅殺에 해당합니다!"

이때 관군冠軍하남성 등현 출신 장영張永이 부명符命이 새겨진 옥벽玉璧 형상의 구리 조각인 동벽문銅璧文을 바쳤다. 위쪽에 태황태후 왕정군이 의당 신나라 황실의 문모태황태후文母太皇太后[144]가 돼야 한다는 내용의 신비한 글자가 새겨져 있었다. 왕망이 이내 조서를 내려 이를 좇게 했다. 곧 왕간을 짐살鴆殺하고, 장영에게 작위를 내려 공부자貢符子에 봉했다.

반표班彪가 찬贊했다.

"하, 은, 주 삼대三代 이래 왕공王公이 권력을 잃는 실세失世를 할 경우 여인에 대한 총애인 여총女寵에 기인하지 않은 경우가 매우 드물다. 왕망이 흥기할 당시 효원황후 왕정군王政君은 한나라의 4대에 걸친 천하모天下母로서 조정의 봉양을 받은 지 60여 년이나 됐다. 왕씨의 여러 소인[145]이 대를 이어 정권을 잡고 나라의 권력인 국병國柄을 장악해 오장五將과 십후十侯[146]가 된 뒤 마침내 새로운 왕조 신나라의 도성인 신도新都까지 만들었다. 제왕의 자리와 존호가 이미 신나라로 옮겨졌는데 태황태후는 연연해하며 손에 쥐는 권권卷卷의 모습으로 옥새 하나를 틀어쥔 채 왕망을 바꿀 생각조차 하지 않았다. 부인의 인자한 마음인 부인지인婦人之仁은 실로 사람을 슬프게 만든다!"

* 孝平皇帝初始元年

春, 地震. 大赦天下.

144 문모태황태후文母太皇太后의 '문모'는 주문왕의 부인인 태사太姒를 가리킨다. 『시경』「주송周頌, 옹雝」에 대한 정현의 주는 '문덕지모文德之母'로 풀이했다.

145 원문은 군소群小이다. 일부 판본에는 '군소'가 여러 동생과 조카를 뜻하는 군제群弟로 되어 있다.

146 오장五將은 대사마를 지낸 왕봉王鳳과 왕음王音, 왕상王商, 왕근王根, 왕망王莽 등 5명의 왕씨 외척을 가리킨다. 십후十侯는 양평경후陽平頃侯 왕금王禁, 왕금의 아들인 양평경후陽平敬侯 왕봉王鳳, 안성후安成侯 왕숭王崇, 평아후平阿侯 왕담王譚, 성도후成都侯 왕상王商, 홍양후紅陽侯 왕립王立, 곡양후曲陽侯 왕근王根, 고평후高平侯 왕봉시王逢時, 안양후安陽侯 왕음王音, 신도후新都侯 왕망王莽을 지칭한다.

王邑等還京師, 西與王級等合擊趙明·霍鴻. 二月, 明等殄滅, 諸縣息平. 還師振旅, 莽乃置酒白虎殿, 勞饗將帥. 詔陳崇治校軍功, 第其高下, 依周制爵五等, 以封功臣為侯·伯·子·男, 凡三百九十五人, 曰“皆以奮怒, 東指西擊, 羌寇·蠻盜, 反虜·逆賊, 不得旋踵, 應時殄滅, 天下咸服”之功封云. 其當賜爵關內侯者, 更名曰附城, 又數百人. 莽發翟義父方進及先祖冢在汝南者, 燒其棺柩. 夷滅三族, 誅及種嗣, 至皆同坑, 以棘五毒并葬之. 又取義及趙明·霍鴻黨眾之屍, 聚之通路之旁, 濮陽·無鹽·圉·槐里·盩厔凡五所, 建表木於其上, 書曰, “反虜逆賊鱣鯢.” 義等既敗, 莽於是自謂威德日盛, 大獲天人之助, 遂謀即真之事矣.

群臣復奏進攝皇帝子安·臨爵為公, 封兄子光為衍功侯. 是時莽還歸新都國, 群臣復白以封莽孫宗為新都侯.

九月, 莽母功顯君死. 莽自以居攝踐阼, 奉漢大宗之後, 為功顯君緦縗弁而加麻環絰, 如天子弔諸侯服. 凡壹弔再會. 而令新都侯宗為主, 服喪三年云.

司威陳崇奏莽兄子衍功侯光私報執金吾竇況, 令殺人. 況為收繫, 致其法. 莽大怒, 切責光. 光母曰, “汝自視孰與長孫·中孫!” 長孫·中孫者, 宇及獲之字也. 遂母子自殺, 及況皆死. 初, 莽以事母·養嫂·撫兄子為名, 及後悖虐, 復以示公義焉. 令光子嘉嗣爵為侯.

是歲, 廣饒侯劉京言齊郡新井, 車騎將軍千人扈雲言巴郡石牛, 太保屬臧鴻言扶風雍石. 莽皆迎受. 十一月, 甲子, 莽奏太后曰, “陛下遇漢十二世三七之厄, 承天威命, 詔臣莽居攝. 廣饒侯劉京上書言, ‘七月中, 齊郡臨淄縣昌興亭長辛當一暮數夢, 曰, <吾, 天公使也. 天公使我告亭長曰, 「攝皇帝當為真」. 即不信我, 此亭中當有新井.> 亭長晨起視亭中, 誠有新井, 入地且百尺’ 十一月, 壬子, 直建冬至,巴郡石牛, 戊午, 雍石文, 皆到於未央宮之前殿. 臣與太保安陽侯舜等視, 天風起, 塵冥, 風止, 得銅符帛圖於石前, 文曰, '天告帝符, 獻者封侯' 騎都尉崔發等視說. 孔子曰, '畏天命, 畏大人, 畏聖人之言' 臣莽敢不承用! 臣請共事神祇·宗廟, 奏言太皇太后·孝平皇后, 皆稱'假皇帝' 其號令天下, 天下奏言事, 毋言'攝' 以居攝三年為始初. 漏刻以百二十為度. 用應天命. 臣莽夙夜養育隆就孺子, 令與周之成王比德, 宣明太皇太后威德於萬方, 期於富而教之. 孺子加元服, 復子明辟, 如周公故事." 奏可. 眾庶知其奉符命指意, 群臣博議別奏, 以示即真之漸矣.

期門郎張充等六人謀共劫莽, 立楚王. 發覺, 誅死.

梓潼人哀章學問長安, 素無行, 好為大言, 見莽居攝, 即作銅匱, 為兩檢, 署其一曰"天帝行璽金匱圖", 其一署曰"赤帝璽某傳予黃帝金策書." 某者, 高皇帝名也. 書言王莽為真天子, 皇太后如天命. 圖書皆書莽大臣八人, 又取令名王興·王盛, 章因自竄姓名, 凡十一人, 皆署官爵, 為輔佐. 章聞齊井·石牛事下, 即日昏時, 衣黃衣, 持匱至高廟, 以付僕射. 僕射以聞. 戊辰, 莽至高廟拜受金匱神禪, 御王冠, 謁太后, 還坐未央宮前殿, 下書曰, "予以不德, 托於皇初祖考黃帝之後, 皇始祖考虞帝之苗裔, 而太皇太后之末屬. 皇天上帝隆顯大佑, 成命統序, 符契·圖文·金匱策書, 神明詔告, 屬予以天下兆民. 赤帝漢氏高皇帝之靈, 承天命, 傳國金策之書, 予甚祇畏, 敢不欽受! 以戊辰直定, 御王冠, 即真天子位, 定有天下之號曰新. 其改正朔, 易服色, 變犧牲, 殊徽幟, 異器制. 以十二月朔癸酉為始建國元年正月之朔. 以雞鳴為時. 服色配德上黃, 犧牲應正用白, 使節之旄幡皆純黃, 其署曰'新使五威節', 以承皇天上帝威命也."

莽將即真, 先奉諸符瑞以白太后, 太后大驚. 是時以孺子未立, 璽臧長樂宮. 及莽即位, 請璽, 太后不肯授莽. 莽使安陽侯舜諭指, 舜素謹敕, 太后雅愛信之. 舜既見太后, 太后知其為莽求璽, 怒罵之曰, "而屬父子宗族, 蒙漢家力, 富貴累世, 既無以報, 受人孤寄, 乘便利時奪取其國, 不復顧恩義. 人如此者, 狗豬不食其餘, 天下豈有而兄弟邪! 且若自以金匱符命為新皇帝, 變更正朔·服制, 亦當自更作璽, 傳之萬世, 何用此亡國不祥璽為, 而欲求之. 我漢家老寡婦, 旦暮且死, 欲與此璽俱葬, 終不可得!" 太后因涕泣而言, 旁側長御以下皆垂涕. 舜亦悲不能自止, 良久, 乃仰謂太后曰, "臣等已無可言者. 莽必欲得傳國璽, 太后寧能終不與邪?" 太后聞舜語切, 恐莽欲脅之, 乃出漢傳國璽投之地, 以授舜曰, "我老已死, 知而兄弟今族滅也!" 舜既得傳國璽, 奏之. 莽大說, 乃為太后置酒未央宮漸臺, 大縱眾樂. 莽又欲改太后漢家舊號, 易其璽綬, 恐不見聽. 而莽疏屬王諫欲諂莽, 上書言曰, "皇天廢去漢而命立新室, 太皇太后不宜稱尊號, 當隨漢廢, 以奉天命." 莽以其書白太后, 太后曰, "此言是也!" 莽因曰, "此悖德之臣也, 罪當誅!" 於是冠軍張永獻符命銅璧文, 言太皇太后當為新室文母太皇太后. 莽乃下詔從之. 於是鴆殺王諫而封張永為貢符子.

班彪贊曰, "三代以來, 王公失世, 稀不以女寵. 及王莽之興, 由孝元后歷漢四世為天下母, 饗國六十餘載, 群弟世權, 更持國柄. 五將·十侯, 卒成新都. 位號已移於天下, 而元后卷卷猶握一璽, 不欲以授莽, 婦人之仁, 悲矣!"

** 권37-한기漢紀 29: 헛된 개혁을 실시하다

왕망王莽 시건국始建國 원년(AD 9)

1) 봄 정월 초하루, 왕망이 공후公侯와 경사卿士 등을 이끌고 태황태후奉皇太后의 인신과 인끈인 새불璽韍을 받들어 태황태후에게 올린 뒤 부명을 좇아 한나라의 국호를 제거했다.

당초 왕망은 예전의 승상 왕흔王訢의 손자이자 의춘후宜春侯인 왕함王咸의 딸을 맞아들여 처로 삼은 바 있다. 이때에 이르러 신나라의 황후로 세웠다. 그는 4명의 아들을 낳았다. 장남 왕우王宇와 차남 왕획王獲은 이전에 주사誅死했다. 3남 왕안王安은 매우 거칠고 소홀한 황홀荒忽의 모습을 보였다. 왕망이 4남인 왕림王臨을 황태자로 삼고, 왕안은 국군國君에 해당하는 신가벽新嘉辟으로 삼은 이유다. 왕우의 아들 6명을 책봉해 모두 공公으로 삼고[147], 천하에 대사령을 내렸다.

왕망은 이내 유자孺子 유영劉嬰에게 책명策命을 내려 안정공定安公에 봉했다. 1만 호의 식읍을 내리면서 봉지의 규모는 사방 100리로 했다. 안정국定安國산동성 평원현 일대에 한고제 유방을 포함한 한나라 조종祖宗의 사

147 신나라의 공公으로 봉해진 왕우의 아들은 공륭공功隆公 왕천王千, 공명공功明公 왕수王壽, 공성공功成公 왕길王吉, 공숭공功崇公 왕종王宗, 공소공功昭公 왕세王世, 공저공功著公 왕리王利 등 모두 6명이다.

당을 세운 뒤 주나라 후손들이 그런 것처럼 한나라 전래의 정삭正朔과 복색服色 제도를 독자적으로 시행하게 했다. 이어 한평제의 황후이자 왕망 자신의 딸인 효평황후孝平皇后를 정안태후定安太后로 삼았다.

책서策書를 읽는 독책讀策이 끝나자 왕망은 직접 안정공 유영의 손을 잡고는 목이 메어 슬피 흐느껴 우는 유체허희流涕歔欷의 모습으로 말했다.

"옛날 주공이 섭위攝位를 하다가 끝내 주무왕이 아들인 명군 주성왕에게 정권을 돌려주었소. 그러나 지금 나는 황천의 위명威命에 의한 압박으로 인해 뜻하는 바대로 할 수가 없소!"

슬퍼하며 탄식하는 애탄哀歎이 매우 길었다. 궁중에서 시중을 드는 사부인 중부中傅가 유영을 이끌고 대전에서 내려와 북면하고 칭신했다. 배석한 백관들 가운데 마음이 동요되는 감동感動을 받지 않은 자가 없었다. 또한 금궤金匱에 의거해 보필하는 신하들을 제후에 봉하거나 관직에 임명하는 봉배封拜를 했다.

태부太傅·좌보左輔 왕순王舜을 태사太師로 삼고 안신공安新公, 대사도大司徒 평안平晏을 태부太傅로 삼고 취신공就新公, 소아少阿·희화羲和 유수劉秀를 국사國師로 삼고 가신공嘉新公, 광한廣漢의 재동梓潼사천성 재동현 출신의 애장哀章을 국장國將으로 삼고 미신공美新公에 봉했다. 이들이 사보四輔이다. 지위는 삼공三公의 위에 있는 상공上公이었다.

태보太保·후승後承인 견한甄邯을 대사도大司馬로 삼고 승신공承新公, 비진후丕進侯 왕심王尋을 대사도大司徒로 삼고 장신공章新公, 보병장군步兵將軍 왕읍王邑을 대사공大司空으로 삼고 융신공隆新公에 봉했다. 이들이 삼공三公이다.

태아太阿·우불右拂·대사공大司空인 견풍甄豐을 경시장군更始將軍으로 삼고 광신공廣新公, 경조京兆 출신 왕흥王興을 위장군衛將軍으로 삼고 봉신공奉新公, 경거장군輕車將軍 손건孫建을 입국장군立國將軍으로 삼고 성신공成新公, 경조京兆 출신 왕성王盛을 전장군前將軍으로 삼고 숭신공崇新公에 봉했다. 이들이 4장四將이다. 모두 11명의 공公이었다.

왕흥王興은 원래 성문교위 밑에서 문서 담당 아전으로 있던 성문영사城門令史였고, 왕성王盛은 매병賣餅 즉 떡장수였다. 왕망은 부명에 의거해 이런 이름을 가진 자들을 10여 명 찾아냈다. 그들 가운데 점괘에 나온 형상과 유사한 자를 문득 포의布衣에서 발탁해 등용登用함으로써 신기神奇를 드러냈다.

이날 경대부卿大夫와 시중侍中, 상서관尚書官 등 수백 명을 봉하거나 임명했다. 여러 유씨劉氏들 가운데 군수郡守로 있던 자는 간대부諫大夫로 삼았다. 명광궁明光宮을 정안관定安館으로 개명한 뒤 정안태후定安太后를 여기에 머물게 했다. 대홍려부大鴻臚府를 안정공 유영의 저택으로 삼았다. 모두 문위사자門衛使者를 두어 감시하고 관장하게 했다. 아유모阿乳母에게 유영과 더불어 얘기를 하지 못하게 하고, 늘 사방이 벽으로 둘러싸인 곳에 있게 했다. 장성할지라도 육축六畜의 이름조차 알지 못하게 만든 것이다. 나중에 자신의 손녀인 왕우의 딸을 유영에게 시집보내 처로 삼게 했다.

왕망은 여러 관청에 책명策命을 내려 각기 그 직무를『상서』의「요전堯典」및「탕고湯誥」등 경서의 전적인 이른바 전고典誥에 나오는 내용과 같게 했다. 부사령관으로 대사마사윤大司馬司允, 부재상으로 대사도사직大司徒司直, 부감찰로 대사공사약大司空司若을 둔 게 그렇다. 지위는 모두 삼공의 보좌역인 소경少卿과 소부少傅 및 소보少保 등 삼고三孤와 같았다. 또 대사농大司農을 희화羲和로 바꿨다가 다시 납언納言으로 고쳤다. 대리大理는 작사作士, 태상太常은 질종秩宗, 대홍려大鴻臚는 전악典樂, 소부少府는 공공共工, 수형도위水衡都尉는 여우予虞로 바꿨다. 삼공의 사경

司卿은 삼공의 관서에 나눠 배치하는 분석分屬을 했다. 27명의 대부大夫와 81명의 원사元士를 두어 중도관中都官의 여러 직책을 나눠 맡게 하고, 광록훈光祿勳 등의 명칭을 육감六監 등으로 바꾼 뒤 모두 상경上卿으로 임명했다. 군郡 태수는 대윤大尹, 도위都尉는 대위大尉, 현령縣令과 현장縣長은 재宰, 장락궁長樂宮은 상락실常樂室, 장안長安은 상안常安 등으로 바꿨다. 나머지 백관百官과 궁실宮室, 군현郡縣의 이름도 모두 바꿔 일일이 기록할 수 없을 정도였다.

왕씨 친족 가운데 1년의 재최齊縗 상복을 입는 자는 후작侯爵, 9달의 대공大功 상복을 입는 자는 백작伯爵, 5달의 소공小功 상복을 입는 자는 자작子爵, 3달의 시마緦麻 상복을 입는 자는 남작男爵, 이들과 관련된 여인의 친속은 모두 남작 밑에 새롭게 만들어진 작위인 임작任爵에 봉했다. 남자는 목睦, 여자는 융隆 자를 넣어 작호爵號를 만들게 했다.

왕망이 또 말했다.

"한조漢朝의 제후들 가운데 칭왕稱王하는 자가 있다. 심지어 사이四夷까지 이를 본받고 있다. 이는 고전古典의 가르침에 위배되고, 천하일통天下一統의 원칙에 어긋나는 것이다. 장차 '칭왕'하는 제후들은 모두 공公을 칭하는 칭공稱公을 하고, 사이四夷 가운데 왕을 참칭僭稱하는 자들은 모두 다시 제후로 바꿔 칭하도록 하라."

이에 왕을 칭한 한나라의 제후왕諸侯王 32명은 모두 공작公爵, 왕의 아들로서 제후가 된 왕자후王子侯 181명은 모두 자작子爵으로 강등됐다. 그 후손들은 일거에 작위를 박탈당했다.

2) 왕망은 또 황제黃帝와 소호少昊, 전욱顓頊, 제곡帝嚳, 요堯, 순舜, 하夏, 상商, 주周를 비롯해 고요皐陶, 이윤伊尹의 후손을 모두 공작 내지 후작에 봉하고 각자 그들의 제사를 받들게 했다.

3) 왕망은 한나라 태평성대의 왕업과 부고府庫, 문무백관의 부富, 주변

백만百蠻의 빈복賓服 등을 이어받았다. 신나라 건립 당시 천하가 안정됐던 이유다. 그는 일조一朝에 이런 태평성대를 소유하게 됐으나 내심 만족하지 못했고 한나라 제도가 협소狹小하다고 판단해 이를 다시 소활疏闊하게 바꾸고자 했다. 그는 이내 황제黃帝와 순임금의 후예를 자처했다. 순임금의 후손이며 전국시대 말기 제왕齊王 전건田建의 손자인 제북왕濟北王 전안田安이 나라를 잃자 제나라 지역 사람들이 전안을 '왕가王家'로 불렀고, 이를 성씨로 삼는 왕망의 조상이 등장하게 됐다는 게 그의 주장이었다.

왕망이 황제黃帝를 초조初祖, 순임금인 우제虞帝를 시조始祖, 춘추시대 진陳나라의 조상인 진호공陳胡公 규만嬀滿을 진호왕陳胡王으로 추존한 이유다. 그는 이어 전국시대에 들어오면서 제나라로 망명한 진陳나라 공자 진완陳完의 후손이 강씨姜氏의 제나라를 빼앗으며 성씨를 전씨田氏로 바꾼 점에 주목해 춘추시대 중엽 제齊나라로 망명한 진陳나라 공자 전경중田敬仲 즉 진완을 제경왕齊敬王, 제북왕濟北王 전안田安을 제북민왕濟北愍王으로 추존했다. 또 조상의 사당인 조묘祖廟를 5곳, 친족의 사당인 친묘親廟를 4곳 세웠다. 천하의 요씨姚氏와 규씨嬀氏, 진씨陳氏, 전씨田氏, 왕씨王氏 등 5개 성씨를 모두 종실로 삼은 뒤 대대로 부세와 요역을 부과하지 못하게 했다. 이어 진숭陳崇을 통목후統睦侯, 전풍田豐을 세목후世睦侯에 봉한 뒤 각각 진호왕陳胡王과 제경왕齊敬王의 후대를 잇게 했다.

천하의 주목州牧과 군수郡守들 모두 전에 적의翟義와 조명趙明 등이 작란作亂할 때 주군州郡을 장악해 자리를 굳건히 지키며 충효의 마음을 품었다. 왕망이 주목들을 남작, 군수들을 부성附城 즉 부용附庸으로 책봉했다. 또 한고제 유방의 사당인 고묘高廟를 문조묘文祖廟로 바꿨다. 경사에 있는 한씨漢氏의 원침園寢과 사당은 철폐하지 않은 채 제사 역시 이전과 같게 했다. 유씨劉氏 황족에 대한 부세와 요역의 면제 혜택을 풀지 않고 종신토록 누리게 했다. 각 주州의 주목들은 이들을 자주 위문하며 다독이는 존문存問을 행함으로써 이들이 모욕을 받고 원망을 하는 침원侵冤을 행하는 일이 없도록 했다.

4) 왕망은 유劉라는 글자가 '묘卯·금金·도刀'의 조합으로 이뤄진 점에 주목해 조서를 내렸다. 사악한 기운을 물리치기 위해 장식품에 새기는 정월강묘正月剛卯와 금도지리金刀之利[148] 관행의 통용을 금지했다. 이내 착도錯刀와 계도契刀 및 오수전五銖錢을 철폐하고 소전小錢을 다시 만들었다. 지금은 6푼分, 무게는 1수銖였다. 겉에는 1전의 가치가 있다는 취지의 '소전치일小錢直一' 4자가 쓰여 있었다. 50전의 가치가 있다는 취지의 또 다른 동전인 '대전오십大錢五十'과 더불어 2개의 동전이 나란히 통용됐다. 민간에서 몰래 동전을 주조하는 도주盜鑄를 막기 위해 동銅과 석탄의 보유를 금했다.

5) 여름 4월, 한나라 교동왕膠東王 유수劉授의 아들인 서향후徐鄉侯산동성 황현 유쾌劉快가 수천 명을 결당結黨해 그의 봉지에서 기병起兵했다. 유쾌의 큰 형 유은劉殷은 옛날 한나라의 교동왕으로, 이때 부숭공扶崇公이 되어 있었다. 유쾌가 거병해 즉묵即墨산동성 평도현을 치자 유은은 동생의 반역으로 인해 성문을 닫은 뒤 스스로 감옥에 갇히는 식으로 처벌을 기다렸다. 이민吏民들이 유쾌에게 항거하자 유쾌가 패주敗走하다가 장강

148 정월강묘正月剛卯는 사악한 기운을 물리치기 위해 패용한 금은 또는 복숭아나무 제품의 장식품을 말한다. 한나라 당시 '정월강묘'를 쓴 길이 3촌, 넓이 1촌의 장식품을 정월 묘일卯日에 몸에 차고 액땜을 하는 관행이 있었다. 금도지리金刀之利의 '금도'는 쇠로 만든 날카로운 칼을 가리킨다. 파자破字를 하면 유劉에는 '정월강묘'와 '금도지리'를 연상하게 만드는 묘卯와 도刀가 들어가 있다. 한나라를 대신해 신나라를 세운 왕망이 '정월강묘'의 풍속과 '금도'의 통용을 제한한 이유다.

長廣산동성 내양현에 이르러 죽었다. 왕망이 유은을 사면하고, 오히려 그의 나라에 호구를 덧붙여 총 1만 호, 영지도 이웃 땅을 덧붙여 사방 100리에 달하게 해주었다.

6) 왕망이 말했다.

"옛날에는 정전제井田制로 인해 한 사내인 1부一夫가 약 2만 평가량인 100무畝의 밭을 경작하고, 수확물 가운데 10분의 1을 세금으로 냈다. 나라는 넉넉하고, 백성들도 부유해 칭송하는 소리를 만들어낸 이유다. 진秦나라가 성제聖制를 무너뜨려 정전제를 폐지한 이후 토지의 겸병兼倂이 시작되면서 탐욕스런 천박한 마음인 탐비貪鄙가 생겼다. 강자는 보유한 전지가 1,000무畝를 헤아리고, 약자는 일찍이 송곳을 꽂을 정도로 작은 곳인 입추지거立錐之居조차 없었다. 또한 노비 시장을 설치해 우마牛馬와 더불어 같은 울타리에 넣고, 지방 관원에게 통제하게 하고, 목숨을 멋대로 재단하는 전단顓斷을 하여 '천지의 생물 가운데 사람이 가장 귀하다'는 이치에 어긋나게 움직였다. 한나라 조정은 전조田租를 감경해 수확물 가운데 30분의 1을 세금으로 내게 했다. 늘 수자리를 서는 대신 세금을 납부하는 경부更賦가 있어 늙거나 병든 파륭罷癃의 사람조차 모두 세금을 내야만 했다. 호민豪民이 약한 백성을 침릉侵陵하며 가난한 자의 소작 농사 수확물을 가혹하게 수탈했다. 명목상의 세금은 30분의 1이었으나 사실은 10분의 5에 해당했다.

부자들은 견마犬馬조차 콩과 벼인 숙속菽粟이 남아돌아 교만하고 사악한 교사驕邪의 모습을 보이고, 빈자들은 술지게미인 조강糟糠조차 마다하지 않으며 궁하고 간교한 궁간窮奸의 모습을 보이고, 부자와 빈자 모두 죄에 빠져 형벌로 조치할 수 없는 지경에 이르렀다. 지금 다시 천하의 전지田地는 왕전王田, 노비는 사속私屬으로 명칭을 바꾼다. 모두 매매할 수 없다. 해당 가호에 남자가 8명이 되지 않는데도 전지가 900무畝인 1정

井이 넘는 자는 나머지 전지를 구족九族이나 이웃마을인 인리鄰里 또는 같은 마을인 향당鄕黨의 친우에게 나눠 주도록 하라. 전에는 전지가 없었으나 이번에 전지를 받게 된 자 역시 이 제도를 좇아 처리하도록 하라. 감히 정전제의 성제聖制를 비방하거나, 불법으로 백성을 현혹시키는 자는 사방의 변경으로 쫓아내 도깨비인 이매魑魅를 막게 하는 등 황시고조皇始祖考인 우제虞帝 즉 순임금이 행한 고사故事[149]를 따르게 하라!"

7) 가을, 좌우左右와 전후前後 및 중中 등 5개 방향의 방위를 책임지는 장수인 이른바 오위장五威將인 왕기王奇 등 12명을 파견해 천하 각 곳에 왕망의 등장을 예고한 여러 징조인 42편篇의 부명符命 등을 나눠주게 했다. 덕이 있고 상서로운 조짐인 덕상德祥이 5건, 부명符命이 25건, 복이 감응한 조짐인 복응福應 12건 등이 그것이다. 오위장 왕기 등 12명은 부명을 받든 채 인수印綬를 갖고 가 왕후王侯를 위시해 명칭을 바꾼 모든 관원에 이르기까지 42편의 부명 등을 보게 했다. 밖으로 흉노와 서역西域을 비롯해 그 밖의 여러 만이蠻夷에게는 신나라의 인수를 건네면서 이전에 내린 한나라의 인수를 거둬들였다. 천하에 대사령을 내렸다.

오위장들은 하늘의 별자리를 그린 천문도를 그린 수레인 건문거乾文車를 탄 채 6마리의 암말인 곤육마坤六馬로 하여금 수레를 끌게 했다. 등에는 화려한 꼬리를 지닌 붉은 꿩인 별조鷩鳥의 깃털을 꼽는 등 복식服飾이 심히 웅장했다. 5개 방위로 구성된 오위장의 각 장將은 휘하에 5명의 수帥

---

149 순임금이 사흉四凶을 변경으로 추방해 도깨비를 막게 했다는 고사는 『춘추좌전』 「노문공 18년」조에 나온다. 이에 따르면 순임금이 요임금의 신하가 된 후 사방의 성문을 열어 인재를 맞아들이고 사흉四凶을 사방의 변경 황무지인 4예四裔로 추방해 숲속의 요괴인 이매螭魅의 해를 막게 했다. 이는 공공共工을 유주幽州, 환두驩兜를 숭산崇山, 삼묘三苗를 삼위三危로 유배 보내고, 우왕의 부친인 곤鯤을 우산羽山에서 참수한 것을 말한다.

를 두었다. 장將은 부절을 지닌 지절持節, 수帥는 깃발인 당幢을 지닌 지당持幢의 모습으로 만이들을 대했다. 이들은 동쪽으로 현도玄菟와 낙랑樂浪, 고구려高句驪, 부여夫餘까지 진출했다. 남쪽으로는 변경을 넘어 익주益州운남성 진녕현를 거쳐 구정왕句町王이 있는 곳까지 나아가 왕의 호칭을 후侯로 낮췄다. 서쪽으로는 서역西域에 이른 뒤 모든 왕의 칭호를 후侯로 바꿨다. 북쪽으로 진출한 자는 흉노의 왕정王庭에 이르러 선우의 인수를 하사한 뒤 인장과 관련한 글자를 고치게 했다. 제왕의 인장을 뜻하는 새璽 대신 제후의 인장을 뜻하는 장章을 사용하게 한 게 그렇다.

8) 겨울, 번개가 치고 오동나무에 꽃이 피었다.

9) 동목후統睦侯 진숭陳崇을 사명司命으로 삼아 상공上公 이하를 감찰하게 했다. 또 설부후說符侯 최발崔發 등을 장안 일대인 중역中城과 장안 주변 4개 관문인 사관四關의 장군으로 임명했다. 장안의 12개 성문을 비롯해 요류繞霤섬서성 상현와 양두羊頭산서성 장자현, 효면殽黽하남성 섬현, 견수汧水와 농산隴山 일대의 험요지險要地를 지키도록 한 게 그렇다. 모두 호칭할 때 오위五威 글자를 앞에 붙이게 했다.

10) 또 간대부諫大夫 50인을 파견한 뒤 각 군국郡國에서 전폐錢幣의 주조를 주관하게 했다.

11) 이 해에 진정真定하북성 정정현과 상산常山하북성 원씨현에 큰 우박雨雹이 내렸다.

** 起屠維大荒落, 盡閼逢閹茂, 凡六年.

王莽中始建國元年

春, 正月, 朔, 莽帥公侯卿士奉皇太后璽韍上太皇太后, 順符命, 去漢號焉.

初, 莽娶故丞相王訢孫宜春侯咸女為妻, 立以為皇后. 生四男, 宇·

獲前誅死, 安頗荒忽, 乃以臨為皇太子, 安為新嘉辟. 封宇子六人皆為公. 大赦天下.

莽乃策命孺子為定安公, 封以萬戶, 地方百里. 立漢祖宗之廟於其國, 與周後并行其正朔·服色. 以孝平皇后為定安太后. 讀策畢, 莽親執孺子手, 流涕歔欷曰, "昔周公攝位, 終得復子明辟. 今予獨迫皇天威命, 不得如意!" 哀歎良久. 中傅將孺子下殿, 北面而稱臣. 百僚陪位, 莫不感動. 又按金匱封拜輔臣. 以太傅·左輔王舜為太師, 封安新公. 大司徒平晏為太傅, 就新公. 少阿·羲和劉秀為國師, 嘉新公. 廣漢梓潼哀章為國將, 美新公. 是為四輔, 位上公. 太保·後承甄邯為大司馬, 承新公. 丕進侯王尋為大司徒, 章新公. 步兵將軍王邑為大司空, 隆新公. 是為三公. 太阿·右拂·大司空甄豐為更始將軍, 廣新公. 京兆王興為衛將軍, 奉新公. 輕車將軍孫建為立國將軍, 成新公. 京兆王盛為前將軍, 崇新公. 是為四將. 凡十一公. 王興者, 故城門令史. 王盛者, 賣餅. 莽按符命求得此姓名十餘人, 兩人容貌應卜相, 逕從布衣登用, 以示神焉. 是日, 封拜卿大夫·侍中·尚書官凡數百人, 諸劉為郡守者皆徙為諫大夫. 改明光宮為定安館, 定安太后居之. 以大鴻臚府為定安公第. 皆置門衛使者監領. 敕阿乳母不得與嬰語, 常在四壁中, 至於長大, 不能名六畜. 後莽以女孫宇子妻之.

莽策命群司各以其職, 如典誥之文. 置大司馬司允·大司徒司直·大司空司若, 位皆孤卿. 更名大司農曰羲和, 後更為納言, 大理曰作士, 太常曰秩宗, 大鴻臚曰典樂, 少府曰共工, 水衡都尉曰予虞, 與三公司卿分屬三公. 置二十七大夫, 八十一元士, 分主中都官諸職. 又更光祿勳等名為六監, 皆上卿. 改郡太守曰大尹, 都尉曰大尉, 縣令·長曰宰. 長樂宮曰常樂室, 長安曰常安. 其餘百官·宮室·郡縣盡易其名, 不可勝紀. 封王氏齊縗之屬為侯, 大功為伯, 小功為子, 緦麻為男.

其女皆為任. 男以"睦", 女以"隆" 為號焉. 又曰, "漢氏諸侯或稱王, 至於四夷亦如之, 違於古典, 繆於一統. 其定諸侯王之號皆稱公, 及四夷僭號稱王者皆更為侯." 於是漢諸侯王二十二人皆降為公, 王子侯者百八十一人皆降為子, 其後皆奪爵焉.

莽又封黃帝·少昊·顓頊·帝嚳·堯·舜·夏·商·周及皋陶·伊尹之後皆為公·侯, 使各奉其祭祀.

莽因漢承平之業, 府庫百官之富, 百蠻賓服, 天下晏然, 莽一朝有之, 其心意未滿, 狹小漢家制度, 欲更為疏闊. 乃自謂黃帝·虞舜之後, 至齊王建孫濟北王安失國, 齊人謂之王家, 因以為氏. 故以黃帝為初祖, 虞帝為始祖. 追尊陳胡公曰陳胡王, 田敬仲曰齊敬王, 濟北王安曰濟北愍王. 立祖廟五·親廟四. 天下姚·嬀·陳·田·王五姓皆為宗室, 世世復, 無有所與. 封陳崇·田豐為侯, 以奉胡王·敬王后.

天下牧·守皆以前有翟義·趙明等作亂, 領州郡, 懷忠孝, 封牧為男, 守為附城. 以漢高廟為文祖廟. 漢氏園寢廟在京師者, 勿罷, 祠薦如故. 諸劉勿解其復, 各終厥身. 州牧數存問, 勿令有侵冤.

莽以劉之為字'卯·金·刀'也, 詔正月剛卯·金刀之利皆不得行, 乃罷錯刀·契刀及五銖錢, 更作小錢, 徑六分, 重一銖, 文曰'小錢直一', 與前'大錢五十'者為二品, 幷行. 欲防民盜鑄, 乃禁不得挾銅·炭.

夏, 四月, 徐鄉侯劉快結黨數千人, 起兵於其國. 快兄殷, 故漢膠東王, 時為扶崇公. 快舉兵攻即墨, 殷閉城門, 自繫獄. 吏民拒快. 快敗走, 至長廣死. 莽赦殷, 益其國滿萬戶, 地方百里. 莽曰, "古者一夫田百畝, 什一而稅, 則國給民富而頌聲作. 秦壞聖制, 廢井田, 是以兼併起, 貪鄙生, 強者規田以千數, 弱者曾無立錐之居. 又置奴婢之市, 與牛馬同蘭, 制於民臣, 顓斷其命, 繆於'天地之性人為貴'之義. 漢氏減輕田租, 三十而稅一, 常有更賦, 罷癃咸出. 而豪民侵陵,分田劫假. 厥名三十稅一, 實什稅五也. 故富者犬馬餘菽粟, 驕而為邪. 貧者不厭糟糠, 窮而為奸. 俱陷於辜, 刑用不錯. 今更名天下田曰'王田', 奴婢曰'私屬', 皆不得賣買. 其男口不盈八而田過一井者, 分餘田予九族·鄰里·鄉黨. 故無田·今當受田者, 如制度. 敢有非井田聖制·無法惑眾者, 投諸四裔, 以御魑魅, 如皇始祖考虞帝故事!"

秋, 遣五威將王奇等十二人班符命四十二篇於天下. 德祥五事, 符命二十五, 福應十二. 五威將奉符命, 賚印綬, 王侯以下及吏官名更者, 外及匈奴·西域·徼外蠻夷, 皆即授新室印綬, 因收故漢印綬. 大赦天下. 五威將乘乾文車, 駕坤六馬, 背負鷩鳥之毛, 服飾甚偉. 每一將各置五帥, 將持節, 帥持幢. 其東出者至玄菟·樂浪·高句驪·夫餘. 南出都隃徼外, 歷益州, 改句町王為侯. 西出者至西域, 盡改其王為侯. 北出者至匈奴庭, 授單于印, 改漢印文, 去璽曰章.

冬, 雷, 桐華.

以統睦侯陳崇為司命, 主司察上公以下. 又以說符侯崔發等為中城·四關將軍, 主十二城門及繞霤·羊頭·餚黽·汧隴之固, 皆以五威冠其號.

又遣諫大夫五十人分鑄錢於郡國.

是歲, 真定·常山大雨雹.

왕망 시건국 2년(AD 10)

1) 봄 2월, 천하에 사면령을 내렸다.

2) 오위장五威將과 부장副將인 오위수五威帥 등 72명이 경사로 돌아온 뒤 주사奏事했다. 한나라 제후왕들의 왕호를 제거해 공公으로 만들고, 모두 새수璽綬를 바치게 해 백성으로 삼고, 명령을 어긴 자는 없었다는 내용이었다. 다만 옛날 광양왕廣陽王 유가劉嘉가 부명을 헌납하고, 노왕魯

王 유민劉閔이 신서神書를 바쳤고, 중산왕中山王 유성도劉成都가 서신을 바치며 왕망의 덕을 언급한 까닭에 모두 열후에 봉해졌다고 덧붙였다.

반고가 논했다.

"옛날 주나라의 봉국封國은 800국이었고, 동성同姓의 나라가 50여 국이나 됐다. 가까운 사람을 더욱 가깝게 대하고 현자를 현명하게 여기는 친친현현親親賢賢과 여러 성쇠盛衰와 관련해 그 뿌리를 깊게 하고 줄기를 굳게 하는 심근고본深根固本을 실천해 다른 사람이 이를 뿌리 뽑을 수 없었다. 흥성했을 때는 주공周公과 소공召公이 서로 도우며 다스린 덕분에 형벌을 사용할 필요가 없을 정도였다. 쇠락했을 때는 오패五伯가 약한 나라를 부축이면서 함께 이적의 침공으로부터 지켰다. 천하가 여전히 주나라 왕을 공주共主로 칭하고, 제후의 역량이 비록 강대할지라도 감히 주나라 왕실을 기울여 멸망시키지 않은 이유다. 그러나 800여 년이 지나는 동안 주나라 왕실은 명운이 극에 달하고 덕행이 다해 평민으로 강등되면서 하늘이 내린 운수인 천년天年도 마침내 끝나게 됐다. 진秦나라가 하, 은, 주 삼대三代를 헐뜯고 비웃는 산소訕笑를 하면서 몰래 황제皇帝를 자호自號했다. 그러나 자제子弟를 필부匹夫로 만들면서 안으로는 근본을 뒷받침해줄 골육骨肉이 없었고, 밖으로는 변경에서 날개처럼 황실을 보호해주는 번익藩翼의 봉지封地가 척토尺土도 없었다. 진승陳勝과 오광吳廣이 커다란 몽둥이인 백정白梃[150]을 들고 떨쳐 일어나자 유방劉邦과 항우項羽가 그 뒤를 좇아 거병해 진나라를 멸했다. '주나라는 700년을 지탱할 것으로 여겼다가 800년 넘게 이어지는 바람에 당초의 수명을 초과했고, 만세까

150 백정白梃을 두고 『한서』「제후왕표」에 대한 주석에서 안사고는 응소應劭의 말을 인용해 큰 몽둥이를 뜻하는 대장大杖으로 풀이했다. 『여씨춘추』「간선簡選」에는 백정白挺으로 나온다.

지 이어질 것으로 기대해 시황始皇을 칭한 진나라는 겨우 2세 때 패망해 통상적인 수명도 채우지 못했다'고 사람들이 말하는 이유다. 나라의 형세인 국세國勢가 조성되는 결과가 이와 같다. 한나라는 건국 초기 멸망 위기에 처한 진나라가 고립되어 패망한 것을 경계로 삼아, 종실의 자제들을 대거 왕으로 봉했다. 개국 때 종실이 다스리는 9개 봉국이 등장한 배경이다. 안문雁門산서성 우옥현에서 동쪽으로 요양遼陽요녕성 요양현에 이르는 곳까지는 연燕과 대代를 두었다. 상산常山하북성 원씨현에서 남쪽으로 태항산太行山을 왼쪽으로 끼고 돈 뒤 황하와 제수濟水를 건너 바다로 들어가는 곳까지는 제齊와 조趙를 두었다. 곡수穀水와 사수泗水에서 남쪽으로 가다가 문득 구산龜山과 몽산蒙山이 나오는 곳까지는 양梁과 초楚를 두었다. 동쪽으로 장강과 태호太湖를 둘러싸면서 회계會稽에 근접하는 곳까지는 형荊을 두었다가 나중에 오吳로 이름을 바꿨다. 북쪽으로 회수淮水와 경계를 이루면서 여산廬山과 형산衡山에 이르는 곳까지는 회남淮南을 두었다. 이어 한수漢水의 북쪽에서 물길을 따라 내려가다가 구의산九嶷山에 이르는 곳까지는 장사長沙를 두었다. 이들 제후왕의 나라는 변경에 인접해 중원의 동쪽과 남쪽 및 북쪽의 삼수三垂를 둘러싸면서 밖으로 호胡와 월越에 접했다. 천자가 직접 다스리는 곳으로는 하동과 하남 및 하내 등의 삼하三河를 비롯해 동군東郡하남성 복양현, 영천潁川하남성 우현, 남양南陽하남성 남양시 등이 있었다. 강릉江陵호북성 강릉현에서 서쪽으로 파巴사천성 중경시와 촉蜀사천성 성도시에 이르고, 북쪽으로 운중雲中내몽골 탁극탁현에서 농서隴西감숙성 임도현에 이르는 곳도 직접 다스렸다. 경사京師 및 내사內史와 더불어 무릇 15개 군郡이 직접 다스리던 곳이었다. 공주公主와 열후의 읍邑도 대부분 그 안에 있었다. 번국藩國 가운데 큰 것은 주군州郡의 경계를 넘나드는 과주겸군跨州兼郡의 모습을 보였다. 수십 개의 성과 연접했고, 궁실宮室과 백관百官의 제도 등이 완전히 경사京師와 같았다. 가히 굽은 것을 고치려다가 올바른 수준인 정도正度를 지나친 이른바 교왕과정矯枉過正이라고 일컬을 만하다. 비록 그렇기는 하나 한고제는 창업創業할 당시 건국 사무로 인해 매우 분주해 쉴 틈이 없었다. 효혜황제가 나라를 향유한 날이 얼마 안 돼 한고제의 부인인 고후高后가 여주女主가 되어 섭정을 했다. 해내海內가 안정된 덕분에 난폭하고 간교한 광교狂狡의 우려가 없었다. 마침내 고후가 일족인 여러 여씨를 제후왕으로 임명한 데 따른 어려움인 여씨지난呂氏之難을 겪고, 태종太宗인 한문제가 중흥의 대업을 이뤘다. 이 역시 제후들의 역량에 기댄 덕분이었다. 그러나 제후는 원래 황족의 말류末流이다. 함부로 흘러넘치면 작게는 음란하고 거칠어 법을 뛰어넘는 음황월법淫荒越法, 크게는 괴리되어 고립된 채 멋대로 역행하는 규고횡역睽孤橫逆을 저질러 자신의 몸을 해치고 나라를 상하게 하는 해신상국害身喪國을 행한다. 한문제가 제齊와 조趙를 나누고, 한경제가 오吳와 초楚를 삭감하고, 한무제가 제후의 봉지를 줄여나가는 추은령推恩令을 내려 번국藩國이 저절로 갈라지게 한 이유다. 이후 제나라는 7분分, 조나라는 6분, 양나라는 5분, 회남국淮南國은 3분됐다. 황자皇子가 처음으로 친왕親王에 봉해질 당시 대국일지라도 불과 10여 개의 성에 지나지 않았다. 장사長沙와 연燕, 대代는 비록 옛날의 명성이 있기는 했으나 사실 남북의 변방에 지나지 않았다. 한경제 때 '7국지난七國之難'이 빚어지면서 제후들을 억누르고, 제후국의 승상을 상相으로 개명하고 어사대부와 정위 등의 관직을 없애 대부와 알자 등의 관원들을 줄이거나 쫓아내는 감출減黜을 시작했다. 한무제 때 형산衡山과 회남淮南에서 모반하자 좌관률左官律과 부익법附益法[151]을 만들었다. 제후들은 오직 조세에 의지해 의

151 좌관률左官律은 중앙 조정의 반열에서 오른쪽을 높이며 왼쪽을 낮춰 중앙 조정에서 벼슬을 하지 못하도록 규제한 법률을 말한다. 당시 벼슬이 낮아지는 것을 두고 좌천左

식衣食을 조달할 수 있었고, 정사에 간여하는 게 금지됐다. 한애제와 한평제 때에 이르러 모두 계체繼體를 한 후예苗裔이기는 하나 즉위 이후 친속親屬 간의 거리가 소원疏遠해지고, 사방이 막힌 유장帷牆 속에서 태어나 사민士民의 존중을 받지 못하고, 세력이 부잣집인 부실富室과 아무런 차이가 없게 됐다. 본조本朝인 한나라 왕조의 명운이 단명한 바람에 한성제와 한애제 및 한평제 모두 일찍 죽어 국통國統이 3번이나 단절됐다. 왕망이 한나라의 안팎이 미미해져 다 없어지는 탄미殫微의 상황에서 황제와 제후인 본말이 모두 약해진 틈을 이용하게 됐다. 기탄忌憚하는 바가 없자 간심奸心이 생긴 후 모후母后인 태황태후 왕정군의 권력에 기대며 이윤伊尹과 주공周公의 칭호를 빌렸다. 위복威福을 묘당廟堂 위에서 멋대로 만들어내면서 섬돌 아래로 내려가지도 않은 채 천하를 운용한 배경이다. 사람을 속이는 사모詐謀가 완정되자 마침내 남면하는 지존인 황제의 자리를 검거한 뒤 오위장五威將으로 하여금 천하 각 곳으로 급히 말 타고 전하는 치전馳傳을 통해 조작된 부명符命을 반행班行하게 했다. 한나라의 모든 제후왕들이 고개를 땅에 대며 절하는 궐각계수厥角稽首[152]를 하며 새불

遷, 중앙조정 대신 제후국에서 벼슬하는 사람을 좌관左官으로 부른 이유다. 좌관은 중앙조정에서 벼슬할 수 없었다. 부익법附益法은 봉국의 군주와 교제하거나 아부하는 것을 다스리는 법률을 지칭한다.

152 궐각계수厥角稽首는 『맹자』「진심盡心 하」에 나오는 '약붕궐각계수若崩厥角稽首' 구절에서 인용한 것이다. 이에 따르면 주무왕은 은나라를 칠 때 병거兵車가 300량兩이었고, 호분虎賁이 3,000명이었다. 주무왕이 은나라 백성에게 이르기를, '두려워하지 말라. 너희들을 편안히 하려는 것이지 적으로 삼으려는 것이 아니다'라고 했다. 그러자 은나라 백성들이 마치 짐승이 뿔을 땅에 대듯이 머리를 바닥까지 조아리는 가장 공손한 예절을 표하는 '궐각계수'를 했다고 한다. 원래 '약붕궐각若崩厥角'은 『서경』「태서泰誓 중中」에 나오는 구절이다. 당나라 때 공영달孔颖达은 소疏에서 풀이하기를, "백성들이 두려워하는 모습이 마치 짐승이나 가축이 뿔이 떨어져 나간 것처럼 하는 것을 비유한 것이다."라고 했다.

璽韍을 받들고 오직 뒤처지지 않을까 두려워했다. 혹자는 왕망의 미덕을 칭송하면서 아첨하는 용미容媚만 구하기도 했다. 이 얼마나 슬픈 일인가!"

3) 국사공國師公 유수劉秀가 말했다.

"『주례周禮』에 따르면 주나라에는 세수稅收와 시장에서 남아도는 물건을 구매하는 천부泉府의 관원은 팔리지 않는 것을 거뒀다가 얻고자 하는 자에게 주었습니다. 바로 『주역』「계사繫辭 하」에서 재물을 처리하고 말을 바르게 하는 이재정사理財正辭와 백성이 그른 일을 못하게 하는 금민위비禁民為非는 의에 해당한다고 역설한 것과 취지를 같이합니다."

왕망이 이내 하조下詔했다.

"『주례』에는 관부에서 백성에게 재물을 빌려주거나 상환을 연기해주는 제도인 사대賒貸, 『악어樂語』에는 시장의 물건 값을 관리하는 관서인 오균五均의 기록이 나온다. 전하는 기록인 전기傳記에 따르면 각자 관斡 즉 관할管轄 영역과 관리자가 있었다고 한다. 오늘 '서대'와 '오균'을 개장開張하고 여러 관리자를 두는 것은 많은 서민인 중서衆庶를 구제하고, 부호의 겸병幷兼을 억제하기 위한 것이다."

그러고는 마침내 장안長安과 낙양洛陽, 한단邯鄲, 임치臨菑, 완宛, 성도成都에 오균사시五均司市와 전부관錢府官을 세웠다. 사시司市는 늘 사시四時의 중월仲月에 물건의 상중하 가격을 정한 뒤 각각 그 시장을 고르게 하도록 했다. 백성은 오곡五穀과 포백布帛, 사백絲綿 등의 물건을 팔고, 팔리지 않는 것은 균관均官이 실제 판매가격을 검토해 본래의 값으로 사들였다. 물건 값이 올라 평균에서 1전이 넘으면 곧 평균값으로 백성들에게 팔고, 값이 떨어져 평균보다 낮으면 백성들끼리 서로 매매하도록 백성들의 말을 들어주었다.

또한 백성들 가운데 부족하고 끊겨서 사대賒貸하려는 자가 있으면 전부錢府에서 이를 대여해 주고, 매달 100전錢 당 3전의 이식利息을 거뒀다. 또 『주관周官』에 의거해 백성들에게 세금을 부과했다. 무릇 전지에 경작하지 않으면 이른바 '불식不殖'이 되어 사내 3인의 3부三夫 몫의 세금을 내고, 성곽城郭에서 과목果木이나 채소 등을 심는 수예樹藝를 하지 않으면 '불모不毛'가 되어 3부 몫의 포布를 내고, 백성들 가운데 부유浮游를 하며 일을 하지 않는 자는 사내 1명인 1부一夫 몫의 포布 1필匹을 내야 했다. 포布를 내지 못하는 자는 '용작冗作'이 되어 관청인 현관縣官이 시키는 일을 하고 의식衣食을 지급받도록 했다. 산림과 수택水澤에서 금, 은, 동, 주석, 새, 짐승, 물고기, 자라 등을 잡는 사람과 목축을 하는 사람을 비롯해 부인들 가운데 양잠인 상잠桑蠶, 길쌈인 직임織紝, 방직인 방紡, 바느질인 보봉補縫을 하는 사람, 공장工匠·의醫·무巫·복卜·축祝을 비롯해 여타의 잡술을 지닌 방기方技, 장사하는 상판商販·고인賈人 등 모든 사람은 각자 영리 소득의 총액을 신고하고, 지방관청은 원본을 제외한 이익 가운데 10분의 1을 공貢의 의미로 거뒀다. 감히 스스로 신고를 거절하거나, 부실한 신고를 할 때는 모두 몰수하고 1년간 현관縣官에서 일하도록 했다. 이때 희화羲和로 있는 노광魯匡이 다시 상주해 술을 전매할 것을 청하자 왕망이 이를 좇았다. 또 백성들이 쇠뇌와 갑옷을 보유하는 것을 금지하고, 범한 자는 서해군西海郡청해성 해안현으로 유배를 보냈다.

4) 당초 왕망은 한평제 원시 2년 당시 중국인으로서 흉노로 달아난 자와 오손烏孫의 백성으로서 흉노에 투항한 자, 서역 제국의 백성으로서 한나라의 인수를 찬 채 흉노에 투항한 자, 오환烏桓의 백성으로서 흉노에 투항자 자들은 모두 받아들일 수 없다는 내용의 4개 조항을 흉노에게 제시한 바 있다. 이후 한무제 때 설치된 호오환교위인 이른바 호오환사자護烏桓使者가 오환의 백성들에게 통고해 다시는 흉노에게 가죽 또 베로 바치는 세금인 피포세皮布稅를 바치지 못하게 했다. 흉노가 사자를 보내 세금

을 독촉하며 오환의 추장이나 호족인 추호酋豪를 잡아서 포박한 뒤 거꾸로 매달았다. 추호의 형제들이 대로해 함께 흉노의 사자를 죽였다. 선우가 이 얘기를 듣고는 좌현왕左賢王으로 하여금 군사를 이끌고 가 오환을 치게 했다. 오환의 백성을 대거 죽이고 부녀와 약소弱小를 1,000명이나 데리고 가 좌지左地에 둔 뒤 오환에게 이같이 고했다.

"말과 가축의 피포皮布를 갖고 와 대속代贖토록 하라!"

오환의 백성들이 재물과 가축을 갖고 와 대속했다. 그러나 흉노는 재물 등을 받기만 하고 포로들을 억류한 채 돌려보내지 않았다.

신나라의 오위장五威將과 왕준王駿 등 6명이 흉노에 와서 금백金帛 등의 두터운 예물을 전하면서 신나라의 왕망이 천명을 받아 한나라를 대신하게 된 배경 등을 유효諭曉했다. 이어 인장 등을 바꿔 주었다. 이전의 한나라 인장에는 '흉노선우새匈奴單于璽'로 새겨져 있었다. 왕망은 '새璽'를 제후의 인장을 뜻하는 '장章'으로 바꿔 '신흉노선우장新匈奴單于章'으로 새겨 넣었다.

오위장 왕준 등이 흉노에 와 선우의 인불印紱을 내리면서 조명을 통해 한나라 때 받은 인불을 돌려주도록 명했다. 선우가 재배再拜하며 조명을 받았다. 통역이 앞으로 가서 한나라 때 받은 인수를 받아가려고 하자 선우가 팔을 들어 건네주려고 했다. 좌고석후左姑夕侯 소蘇가 곁에 있다가 오주류약제烏珠留若鞮 선우에게 말했다.

"아직 새로운 인문印文을 보지 못했으니 의당 주어서는 안 됩니다."

선우가 멈칫하며 주지 않으려고 했다. 사자를 청하여 커다란 천막인 궁려穹廬에 앉도록 하고, 선우가 앞으로 나가 오위장을 위해 축수祝壽하려고 했다. 오위장이 말했다.

"옛 인불을 의당 때맞춰 건네도록 하시오."

선우가 말했다.

"알았소."

다시 팔을 들어 건네주려고 하자 자고석후 소蘇가 다시 말했다

"아직 새로운 인문을 보지 못했으니 의당 주어서는 안 됩니다."

선우가 말했다.

"인문이 어떤 연유로 변경된 것이오!"

마침내 옛 인불印紱을 풀어 오위장에게 봉상奉上하고 새로운 인불을 수령한 뒤 새 인문을 보지 않았다. 음식飮食이 밤까지 이어지다가 이내 끝났다. 우수右帥 진요陳饒가 여러 장수들에게 말했다.

"방금 전에 좌고석후가 인문을 의심해 몇 번인가 선우에게 옛 인불을 내주지 않도록 조언했소. 만일 새로운 인문을 보고 그 내용이 변개變改된 것을 보면 반드시 옛 인불을 요구할 것이오. 이는 말로 저들의 반발을 막을 수 있는 게 아니오. 이미 얻었다가 잃는다면 명령을 욕되게 하는 게 막대할 것이오! 예전의 인수를 도끼로 깨뜨리는 추파椎破를 하여 화근을 없애느니만 못하오."

장수들이 유여猶與하며 호응하지 않았다. 우수 진요는 연燕나라 출신 무사로 과한果悍했다. 즉시 도끼를 꺼내 깨뜨려 버렸다. 다음날 선우는 과연 우골도후右骨都侯 당當을 보내 장수들에게 말했다.

"한나라의 선우 인장에는 '새璽'로 되어 있고 '장章'을 말하지 않았고, '한漢'이라는 글자도 없었소. 제왕諸王 이하에서만 '한' 글자가 있었고, '장'이라고 칭했소. 지금 '새'를 없애고 '신新'을 덧붙였으니 다른 신하와 아무런 구별이 없소. 원컨대 옛 인장을 갖고자 하오."

오위장이 깨진 옛 인장을 보여주며 말했다.

"신新나라는 천명을 좇아 새 인장을 제조했소. 옛 인장이 장수들의 손에 회수된 뒤 곧바로 파괴한 이유요. 선우는 의당 천명을 잇고 신나라의 제도를 받들도록 하시오!"

우골도후 당이 돌아가 보고하자 선우는 이미 어찌할 수 없게 된 것을 알았다. 더구나 이미 많은 재물을 얻은 까닭에 즉시 동생 우현왕右賢王 여輿를 보내 마소馬牛를 이끌며 장수를 좇아 안으로 들어가 사의를 표하게 했다. 이어 상서를 올려 옛 인불을 요청하게 했다.

한나라 장수들이 돌아오는 도중 좌리오왕左犁汙王 난제함欒提咸의 거주지에 이르렀다. 오환烏桓의 백성들이 그곳에 많이 있는 것을 보고는 이상하게 여겨 함에게 묻자 함이 자세히 설명했다. 오위장이 말했다.

"예전에 흉노에게 4개 조항의 약속이 담긴 봉함封函을 전한 바 있소. 거기에는 오환의 투항한 백성을 받아들일 수 없다는 조항도 있소. 속히 돌려보내도록 하시오!"

함이 말했다.

"청컨대 은밀히 선우와 함께 상문相聞해 지시를 받은 뒤 돌려보내도록 하겠소."

선우가 함을 시켜 이같이 회보回報하며 물었다.

"의당 새내塞內에서 돌려보내야 합니까? 아니면 새외塞外에서 돌려보내야 합니까?"

장수들은 감히 멋대로 결정하지 못하고 이를 조정에 보고했다. 이내 신나라 조정이 조서로 회보했다.

"새외에서 돌려보내도록 하라."

왕망은 모든 오위장을 자작子爵으로 책봉하면서 부장副將인 수帥를 남작男爵으로 삼았다. 오직 진요陳饒만 인새를 깬 파새破璽의 공을 높이 사 자작인 위덕자威德子에 봉했다.

선우는 당초 한성제 때 중랑장 하후번夏侯藩이 땅을 요구했을 때 이를 거절한 적이 있었다. 이후 오환에 대해 세금을 낼 것을 요구했으나 성공하지 못하자 그곳 백성을 약탈해 왔다. 여기서 중원과 틈이 생겼다. 이 와중에 인문印文이 개역改易되면서 원한怨恨을 품게 됐다. 이내 우대저거右大且渠 포호노자蒲呼盧訾 등 10여 명을 파견해 기병 1만 기騎를 이끌고 포로가 된 오환 백성의 호송을 구실로 삼아 삭방朔方의 요새 아래 군사를 주둔시켰다. 신나라의 삭방 태수가 이를 보고하자 왕망은 광신공廣新公 견풍甄豐을 좌우로 나뉜 섬주陝州하남성 섬현 일대의 오른쪽을 다스리는 우백右伯으로 삼아 서역 진출을 준비하게 했다.

이때 차사후왕車師後王신강성 기태현 수치리須置離가 소식을 듣고 한나라 군사를 뒷바라지하기 위한 엄청난 경비를 꺼린 나머지 흉노로 망명하려 했다. 서역도호西域都護 단흠但欽이 수치리를 불러 목을 베었다. 수치리의 형인 재상격인 보국후輔國侯 호란지狐蘭支가 수치리의 무리 2,000여 명을 이끌고 흉노로 달아났다. 선우가 이를 받아들인 뒤 병사를 보내 호란지와 함께 차사車師로 쳐들어가 공격하게 했다. 차사후국의 도성인 후성後城의 우두머리를 살해하고, 서역도호의 사마司馬에게 부상을 입힌 뒤 호란지의 군사와 함께 다시 흉노로 들어갔다.

이때 무기교위戊己校尉 조호刁護가 병이 났다. 교위 휘하의 사史인 진량陳良과 종대終帶, 사마승司馬丞인 한현韓玄, 우곡후右曲候인 임상任商 등이 상의했다.

"서역의 여러 나라들이 대거 배반한 상황에서 흉노까지 대침大侵하려니 죽을 수밖에 없다. 교위를 죽인 뒤 사람들을 이끌고 흉노에게 투항하는 방안이 있다."

마침내 무기교위 조호를 비롯해 그의 아들과 형제들을 죽인 뒤 무기교위의 이사吏士와 남녀 2,000여 명을 이끌고 흉노에 투항했다. 선우가 진량과 종대에게 시위대인 호본虎賁을 흉내 낸 오본도위烏賁都尉의 벼슬을 내렸다.

5) 겨울 11월, 입국장군立國將軍 손건孫建이 상주했다.

"9월 신사辛巳, 진량陳良과 종대終帶가 스스로 폐한대장군廢漢大將軍을 칭한 뒤 흉노로 망명했습니다. 또 이달 12일에는 누군지 모르는 한 남자가 신臣 손건의 수레를 가로막고 말하기를, '한씨漢氏 유자여劉子輿로, 한성제 하처下妻이 자식이다. 유씨는 의당 회복돼야 하니 재촉하여 궁궐을 비우도록 하라'고 했습니다. 그 남자를 붙잡아 가둔 뒤 심문해 보니 이전의 장안인 상안常安 출신으로 성씨는 무武이고 자字는 중仲입니다. 모두 하늘을 거스르고 부명符命을 위반했으니 대역무도大逆無道에 해당합니다. 한나라의 종묘宗廟는 의당 상안常安의 성 안에 두어서는 안 됩니다. 여러 유씨 관원들은 의당 한나라와 더불어 폐치돼야 합니다. 폐하가 지인至仁하여 오래도록 결정을 하지 않고 있습니다. 전에 옛날 안중후安衆侯 유숭劉崇 등이 다시 무리를 모아 모반을 일으켰습니다. 이는 지금 광교狂狡한 무리들로 하여금 다시 패망한 한나라에 의탁해 모반함으로써 자신은 물론 일족을 모두 죽이는 이멸夷滅의 대죄大罪에 이르도록 부추기는 것입니다. 성은聖恩이 조기에 그 싹을 끊지 않은 탓입니다. 신이 청컨대 경사에 있는 한나라 유씨의 사묘祠廟를 모두 폐하고, 조정에 있는 유씨 관원을 모두 파면한 뒤 집에서 사후 조치를 기다리게 하십시오."

왕망이 말했다.

"가하오. 가신공嘉新公·국사國師 유수劉秀는 부명符命에 응해 사보四輔로 삼았소. 명덕후明德侯 유공劉龔과 솔례후率禮侯 유가劉嘉 등 총 32명은 모두 천명을 알거나 천부天符을 바치거나, 선량한 건의인 창언昌言을 올리거나, 모반을 꾀한 반로反虜를 붙잡아 고했기에 그 공이 매우 크오. 여러 유씨 가운데 이들 32명과 같은 종족이거나 조부가 같은 동종공조同宗共祖의 경우는 파직하지 말고 왕씨王氏 성을 내리도록 하라."

다만 국사공國師公 유수는 딸을 왕망의 아들 왕림王臨에게 보낸 까닭에 '왕씨' 성을 내리지 않았다.

6) 한평제의 정처로 왕망의 딸인 정안공태후定安公太后는 유씨의 나라가 철폐된 후 늘 병을 핑계로 조회에 나오지 않았다. 이때 그녀의 나이는 20세도 안 되는 19세였다. 왕망은 공경하면서도 꺼리고 상하고 가련한 경탄상애敬憚傷哀의 심경으로 재가를 시키기 위해 이내 호칭을 황황실주黃皇室主[153]로 바꿨다. 내심 한나라와 관련된 인연을 끊기 위해 입국장군立國將軍 손건孫建의 세자로 하여금 성대하게 장식하고 의사를 대동한 채 문병을 하도록 했다. 정안공태후가 대로한 나머지 채찍인 태편笞鞭으로 곁에 있던 시어侍御를 때린 뒤 이내 발병해 다시는 일어나려고 하지 않았다. 왕망이 마침내 더 강요하지 않았다.

7) 12월, 벼락이 떨어졌다.

8) 왕망은 부고府庫가 가득 찬 것으로 믿고 신나라의 부국강병 위세를 흉노에게 과시하려 했다. 이내 흉노선우의 명칭을 항복한 흉노선우의 의미를 지닌 '항노복우降奴服于'로 바꾸고자 한 게 그렇다.

이내 입국장군 손건 등에게 조서를 내려 12명의 장수를 이끌고 길을 나눠 함께 출병하는 병출幷出을 하도록 했다. 오위장군五威將軍 묘흔苗訢과 호분장군虎賁將軍 왕황王況이 오원五原내몽골 포두시 서북쪽, 압난장군厭難將軍 진흠陳欽과 진추장군震狄將軍 왕순王巡이 운중雲中내몽골 탁극탁현, 진무장군振武將軍 왕가王嘉와 평적장군平狄將軍 왕맹王萌은 대군代郡하북성 울현, 상위장군相威將軍 이림李棽과 진원장군鎭遠將軍 이옹李翁은 서하西河내몽골 준가르 아이막, 주맥장군誅貉將軍 양준楊俊과 토예장군討濊將軍 엄우嚴尤는 어양漁陽북경시 밀운현, 분무장군奮武將軍 왕준王駿과 정호장군定胡

---

153 황황실주黃皇室主 용어는 왕망 자신이 토덕土德에서 신新나라가 출범했다고 본 결과다. 중앙을 상징하는 색깔인 황黃이 토덕을 상징하는 게 그렇다. 황실주皇室主는 공주公主를 대신한 말이다. '공주'는 원래 제후인 공작의 딸을 가리킨다고 판단한 까닭에 '황실주'로 바꾼 것이다.

將軍 왕안王晏은 장액張掖감숙성 장액현에서 출병하려 했다. 편장偏將과 비장裨將 이하 180명의 장령은 복역 중인 천하의 수도囚徒와 정남丁男 및 갑졸甲卒 등으로 구성된 30만 명 규모의 병사를 이끌게 했다. 이들은 의복과 갑옷 등의 의구衣裘와 무기 및 군량 등의 수송을 위해 배를 띄워 장강과 회수에서 북쪽의 변새까지 이르게 했다. 사자들이 말을 달려 전달하며, 감독하고 재촉하는 독취督趣를 하는 과정에서 군법에 의거해 일을 처리했다. 먼저 도착한 자는 변경의 군에 주둔하면서 전군이 오기를 기다렸다가 동시에 출격했다. 흉노를 끝까지 쫓아가는 궁추窮追를 해 정령丁令바이칼호 부근까지 이르게 됐다. 흉노의 땅과 인민을 15개 구역으로 나눈 뒤 호한야呼韓邪 선우의 자손 15인을 모두 선우로 삼았다.

9) 왕망은 전폐錢幣가 유통되지 않는 상황에 이르자 다시 글을 내리는 하서下書를 했다.

"보화寶貨가 모두 무거울 경우 작게 쓰는 데는 공급되지 않고, 반대로 모두 가벼울 경우 보내거나 싣는 데 번거로울 정도로 수고롭게 된다. 경중대소輕重大小에 품급의 차이가 있으면 사용하기 편하고 백성들도 즐거워할 것이다."

이에 다시 금金·은銀·구龜·패貝·전錢·포布 등 화폐로 사용되는 전폐의 품급을 정한 뒤 명칭을 '보화寶貨'라고 했다. 전화錢貨는 6개 품급, 금화金貨는 1개 품급, 은화銀貨는 2개 품급, 구화龜貨는 4개 품급, 패화貝貨는 5개 품급, 포화布貨는 10개 품급으로 나누었다.[154] 무릇 보화寶貨는 5

154 전화錢貨는 모두 6개의 품급이 있었다. 소전小錢은 지름이 6푼, 무게가 6수銖로 가치가 1전錢이다. 요전幺錢은 지름이 7푼, 무게가 3수, 가치가 10전이다. 유전幼錢은 지름이 8푼, 무게가 5수, 가치가 20전이다. 중전中錢은 지름이 9푼, 무게가 7수, 가치가 30전이었다. 장전壯錢은 지름이 1촌, 무게가 9수, 가치가 40전이다. 대전大錢은 가치가 50전이다. 금화金貨는 오직 1개의 품급만 있었고, 가치가 1만 전이다. 은화銀貨는 모두 2개의 품

개 종류의 물건으로 된 화폐인 5물五物, 6개 명칭의 6명六名, 28개 품급으로 나뉜 28품二十八品으로 구성됐다. 전포錢布를 주조하거나 제작할 때 동銅을 이용했고, 주조할 때는 납과 주석인 연석連錫을 섞었다. 그러나 백성들이 크게 혼란스러워한 까닭에 이들 화폐는 거의 사용되지 않았다.

왕망은 백성들의 근심을 알고는 전화의 경우 이내 1전짜리 소전小錢과 50전짜리 대전大錢만 나란히 통용하게 했다. 구화龜貨와 패화貝貨, 포화布貨에 속한 화폐는 통용을 보류했다. 몰래 주전鑄錢하는 도주盜鑄를 금할 수 없어 법을 무겁게 했다. 한 집에서 도주할 경우 이웃한 5호를 연루해 가산을 몰수하고, 가족을 노비로 삼았다. 이민吏民은 출입할 때 화폐 즉 전錢을 소지할 경우 반드시 부전符傳[155]을 지녀야만 했다. 그렇지 않을 경우 식사가 가능한 전사傳舍인 주전廚傳에서 머물 수도 없고, 관문關門이나 나루터인 도진渡津에서 심한 억류를 당했다. 공경公卿 역시 궁전의

급이 있었다. 오늘날 사천성 의빈시 서남쪽의 은광에서 나온 은으로 주조한 주제은朱提銀은 무게가 8량兩, 가치가 1,580전이다. 타은他銀은 무게가 8량, 가치가 1,000전이다. 구화龜貨는 모두 4개의 품급이 있었다. 원구元龜는 거북 등의 넓이가 1척尺 2촌寸에 이르고, 가치가 2,610전이다. 공구公龜는 넓이가 9촌 이상, 가치가 500전이다. 후구侯龜는 넓이가 7촌 이상, 가치가 300전이다. 자구子龜는 넓이가 5촌 이상, 가치가 100전이다. 패화貝貨는 모두 5개의 품급이 있었다. 대패大貝는 4촌8푼 이상의 패각貝殼 2개로 된 1붕朋의 가치가 216전이다. 장패壯貝는 3촌6푼 이상의 패각 2개로 된 1붕의 가치가 50전이다. 요패幺貝는 2촌4푼 이상의 패각 2개로 된 1붕의 가치가 30전이다. 소패小貝는 1촌2푼 이상의 패각으로 된 1붕의 가치가 10전이다. 1촌2푼 이하의 패각은 붕朋을 단위로 하지 않고 낱개로 교환하고 가치는 3전이다. 포화布貨는 모두 10개의 품급이 있었다. 크기에 따라 대포大布, 차포次布, 제포弟布, 장포壯布, 중포中布, 차포差布, 후포厚布, 유포幼布, 요포幺布, 소포小布로 나뉘었다. 소포는 길이가 1척5푼, 무게가 15수, 가치가 100전이다. 소포에서 각 단계마다 길이가 1푼, 무게는 1수, 기치는 100전씩 늘어난다. 대포는 길이가 2척4푼, 무게가 1량, 가치가 1,000전이다.

155 부전符傳은 부절符節과 전사傳舍에 묵을 수 있는 증명서를 뜻한다. 신나라는 이전의 규정을 고쳐 전錢을 지닐 경우에 반드시 부전과 부합해야만 관문 등을 통과할 수 있도록 조치했다.

문을 출입할 때 모두 부전을 소지해야만 했다. 이런 방식을 동원해서라도 백성들에게 화폐유통을 중시하는 취지를 알리고자 한 것이다. 당시 백성들은 한나라의 오수전五銖錢을 편하다고 생각했다. 왕망이 대전과 소전의 2개 동전을 함께 사용하자 분간하기가 쉽지 않았다. 게다가 자주 변개變改해 불신이 쌓이게 됐다. 모두 사적으로 오수전을 이용해 매매했기 때문이었다. 이 와중에 대전이 이내 폐기될 것이라는 와언訛言이 돌자 사람들이 이를 지니지 않으려고 했다. 왕망이 이를 크게 우려해 다시 하서下書했다.

"오수전을 사용하면서 대전이 폐기될 것이라고 말하는 자는 모두 정전제井田制를 비방한 것에 비유할 만하다. 모두 사방의 먼 변경으로 내쫓도록 하라!"

전택田宅과 노비奴婢를 매매하거나 주전을 하다가 걸려든 자는 제후와 경대부卿大夫로부터 서민에 이르기까지 다양했고, 그 숫자 또한 이루 헤아릴 수 없을 정도로 많았다. 농상農商에 종사하는 백성이 실업失業을 하고, 식화食貨 즉 경제활동이 모두 폐해졌다. 민인民人이 저자와 길거리인 시도市道에서 눈물을 흩뿌리는 체읍涕泣을 하게 됐다.

10) 왕망이 찬탈을 모의할 때 이민吏民들이 다퉈 부명符命을 만들어 바친 덕분에 모두 제후에 봉해질 수 있었다. 그리하지 못한 자들이 서로 놀리며 말했다.

"홀로 천제天帝가 제수한 글이 없는 것인가?"

사명司命 진숭陳崇이 왕망에게 말했다.

"이는 간신들이 작복作福하는 길을 열어 천명을 어지럽히는 것입니다. 의당 그 근원을 끊어야 합니다."

왕망 역시 이를 싫어해 마침내 3명의 대부를 두게 된 구경九卿 가운데 하나로써 이전의 소부少府였던 상서尚書의 대부 조병趙并으로 하여금 이를 조사해 다스리는 험치驗治를 하게 했다. 오위장五威將이 천하에 나눠 준 부명이 아닐 경우 모두 하옥시켰다.

당초 견풍甄豐과 유수劉秀, 왕순王舜 등은 왕망의 복심腹心이 되어 보위를 찬탈하는 창도倡導 역할을 수행하며 왕망의 공덕을 널리 포양褒揚했다. 안한공安漢公과 재형宰衡의 호칭을 비롯해 왕망의 모친과 두 아들, 형의 아들을 책봉하는 일에 이르기까지 모두 견풍 등과 공모한 것이다.

견풍과 왕순 및 유수 역시 왕망의 은혜를 입어 모두 부귀해졌다. 그러나 다시 왕망으로 하여금 섭정의 자리에 오르도록 하려는 것은 아니었다. 왕망이 거섭居攝에 오르게 된 싹은 천릉후泉陵侯 유경劉慶과 전휘광前輝光 유효謝囂 및 장안령長安令 전종술田終術 등으로부터 나온 것이었다. 왕망은 우익羽翼이 갖춰지자 섭황제攝皇帝를 칭하고자 했다. 견풍 등이 그 뜻을 승순承順했다. 왕망이 다시 왕순과 유수 및 견풍 등의 자식을 제후에 봉해 이에 보답했다.

견풍 등은 작위가 높아지자 만족해했으나 내심 한나라 종실과 천하 호걸들의 반발을 두려워했다. 부명을 올리거나 조작하는 사람들을 멀리한 이유다. 왕망이 마침내 조작된 부명을 근거삼아 진정한 황제로 즉위하자 왕순과 유수는 내심 두려워할 뿐이었다. 견풍은 평소 강강剛強한 모습을 보였다. 왕망은 그가 자신의 황제 즉위를 좋아하지 않는다는 것을 알아채고는 위조된 부명의 글에 의탁해 견풍을 경시장군更始將軍으로 삼아 떡 장수인 왕성王盛과 같은 반열에 있도록 했다. 견풍 부자는 이를 묵묵히 좇았다. 이때 견풍의 아들 견심甄尋이 시중侍中·경조대윤京兆大尹·무덕후茂德侯로 있었다. 그가 즉시 부명을 조작했다. 신나라 왕실은 의당 장안 인근의 섬주陝州를 둘로 나눠 견풍을 우백右伯, 태부太傅 평안平晏을 좌백左伯으로 삼은 뒤 주나라 건국 당시 섬주를 경계로 주공周公과 소공召公이 동서를 나눠 다스린 고사와 같도록 해야 한다는 내용이었다.

왕망이 곧바로 이를 좇아 견풍을 우백으로 삼았다. 견풍은 의당 상관에게 직무를 보고하는 술직述職을 한 뒤 서역으로 출병하려 했다. 아직 출병하지 않았을 때 아들 견심이 다시 부명을 지어 고했다. 옛 한평제의 황후로 있던 왕망의 딸 '황황실주黃皇室主'를 견심의 처로 삼아야 한다는 내용이었다. 왕망은 거짓 부명을 활용하는 속임수로 보위를 차지한 까닭에 내심 대신들이 자신을 원방怨謗하고 있다고 의심한 나머지 위엄으로 아랫사람들을 두렵게 만들고자 했다. 곧 대로한 표정으로 말했다.

"황황실주는 천하모天下母이다. 이는 대체 무슨 말인가?"

곧 견심을 수포收捕하게 했다. 견심이 달아나자 견풍이 자살했다. 견심은 방사方士를 따라 화산華山으로 들어갔다가 1년여 뒤 체포됐다. 심문조서인 공사供辭에 따르면 국사공國師公 유수劉秀의 아들인 시중侍中·융위후隆威侯 유분劉棻, 유분의 동생인 우조右曹·장수교위長水校尉·대로후伐虜侯 유영劉泳, 대사공大司空 왕읍王邑의 동생인 좌관장군左關將軍·장위후掌威侯 왕기王奇, 유수의 문인門人이자 시중侍中·기도위騎都尉 정륭丁隆 등이 연루됐다. 공경의 무리와 친척, 열후 이하 여러 사람을 이 사건에 견인牽引하자 죽은 자가 수백 명에 달했다. 이내 유분은 유주幽州북경시, 견심甄尋은 삼위三危감숙성 돈황현로 유배됐다. 정융丁隆은 우산羽山산동성 봉래현에서 처형됐다. 모두 역참의 수레를 이용해 그 시체를 운반하게 했다고 한다.

11) 이 해에 왕망은 신선을 숭배하는 일을 시작했다. 방사方士인 소락蘇樂의 말을 좇아 팔풍대八風臺를 세우면서 황금 1만 량을 비용으로 썼다. 또 궁궐 안에 5가지 색깔이 나는 오량화五粱禾를 심었다. 이는 먼저 보옥寶玉으로 만든 즙[156]에 종자를 담갔다가 파종했다. 이를 금전으로 계

156 오량화五粱禾를 두고 호삼성은 학鶴의 뼈, 큰 거북의 등껍데기인 대모玳瑁, 무소

산하면 곡식 1곡斛이 황금 1근으로 만들어진 셈이었다.

＊ 王莽中始建國二年

春, 二月, 赦天下.

五威將帥七十二人還奏事, 漢諸侯王為公者悉上璽綬為民, 無違命者. 獨故廣陽王嘉以獻符命, 魯王閔以獻神書, 中山王成都以獻書言莽德, 皆封列侯.

班固論曰, "昔周封國八百, 同姓五十有餘, 所以親親賢賢, 關諸盛衰, 深根固本, 為不可拔者也. 故盛則周·召相其治, 致刑錯. 衰則五伯扶其弱, 與共守. 天下謂之共主, 強大弗之敢傾. 歷載八百餘年, 數極德盡, 降為庶人, 用天年終. 秦訕笑三代, 竊自號為皇帝, 而子弟為匹夫, 內無骨肉本根之輔, 外無尺土藩翼之衛. 陳·吳奮其白梃, 劉·項隨而斃之. 故曰, 周過其歷, 秦不及期, 國勢然也. 漢興之初, 懲戒亡秦孤立之敗, 於是尊王子弟, 大啟九國. 自雁門以東盡遼陽, 為燕·代. 常山以南, 太行左轉, 渡河·濟, 漸於海, 為齊·趙. 穀·泗以往, 奄有龜·蒙, 為梁·楚. 東帶江·湖, 薄會稽, 為荊·吳. 北界淮瀕, 略廬·衡, 為淮南. 波漢之陽, 亙九嶷, 為長沙. 諸侯比境, 周匝三垂, 外接胡·越. 天子自有三河·東郡·潁川·南陽, 自江陵以西至巴·蜀, 北自雲中至隴西, 與京師·內史, 凡十五郡. 公主·列侯頗邑其中. 而藩國大者跨州兼郡, 連城數十, 宮室·百官同制京師, 可謂矯枉過其正矣. 雖然, 高祖創業, 日不暇給, 孝惠享國又淺, 高后女主攝位, 而海內晏如, 亡狂狡之憂, 卒折諸呂之難, 成太宗之業者, 亦賴之於諸侯也. 然諸侯原本以大末, 流濫以致溢, 小者淫荒越法, 大者睽孤橫逆以

뿔인 서犀, 옥玉 등 20여 종의 물건으로 삶아 즙을 냈다고 한다.

害身喪國, 故文帝分齊·趙, 景帝削吳·楚, 武帝下推恩之令而藩國自析. 自此以來, 齊分為七, 趙分為六, 梁分為五, 淮南分為三. 皇子始立者, 大國不過十餘城. 長沙·燕·代雖有舊名, 皆亡南北邊矣. 景遭七國之難, 抑損諸侯, 減黜其官. 武有衡山·淮南之謀, 作左官之律, 設附益之法. 諸侯惟得衣食稅租, 不與政事. 至於哀·平之際, 皆繼體苗裔, 親屬疏遠, 生於帷牆之中, 不為士民所尊, 勢與富室亡異. 而本朝短世, 國統三絕. 是故王莽知漢中外殫微, 本末俱弱, 無所忌憚, 生其奸心, 因母后之權, 假伊·周之稱, 顓作威福廟堂之上, 不降階序而運天下. 詐謀既成, 遂據南面之尊, 分遣五威之吏, 馳傳天下, 班行符命. 漢諸侯王厥角稽首, 奉上璽韍, 惟恐在後. 或乃稱美頌德以求容媚, 豈不哀哉!"

國師公劉秀言曰, "周有泉府之官, 收不售, 與欲得, 即『易』所謂'理財正辭, 禁民為非'者也." 莽乃下詔曰, "『周禮』有賒貸, 『樂語』有五均, 傳記各有筦焉. 今開賒貸·張五均·設諸筦者, 所以齊眾庶, 抑并兼也." 遂於長安及洛陽·邯鄲·臨菑·宛·成都立五均司市·錢府官. 司市常以四時仲月定物上中下之賈, 各為其市平. 民賣五穀·布帛·絲綿之物不售者, 均官考檢厥實, 用其本賈取之. 物貴過平一錢, 則以平賈賣與民. 賤減平者, 聽民自相與市. 又民有乏絕欲賒貸者, 錢府予之. 每月百錢收息三錢. 又以『周官』稅民, 凡田不耕為不殖, 出三夫之稅. 城郭中宅不樹藝者為不毛, 出三夫之布. 民浮游無事, 出夫布一匹. 其不能出布者冗作, 縣官衣食之. 諸取金·銀·連·錫·鳥·獸·魚·鱉於山林·水澤及畜牧者, 嬪婦桑蠶·織紝·紡績·補縫, 工匠·醫·巫·卜·祝及它方技, 商販·賈人, 皆各自佔所為, 於其在所之縣官, 除其本, 計其利十一分之, 而以其一為貢. 敢不自佔, 自佔不以實者, 盡沒入所採取而作縣官一歲. 羲和魯匡復奏請榷酒酤, 莽從之. 又禁民不得挾弩·鎧, 犯者徙西海.

初, 莽既班四條於匈奴, 後護烏桓使者告烏桓民, 毋得復與匈奴皮布稅. 匈奴遣使者責稅, 收烏桓酋豪, 縛, 倒懸之. 酋豪兄弟怒, 共殺匈奴使. 單于聞之, 發左賢王兵入烏桓, 攻擊之, 頗殺人民, 驅婦女弱小且千人去, 置左地, 告烏桓曰, "持馬畜皮布來贖之!" 烏桓持財畜往贖, 匈奴受, 留不遣. 及五威將帥王駿等六人至匈奴, 重遺單于金帛, 諭曉以受命代漢狀, 因易單于故印. 故印文曰"匈奴單于璽", 莽更曰"新匈奴單于章." 將率既至, 授單于印紱, 詔令上故印紱. 單于再拜受詔. 譯前, 欲解取故印紱, 單于舉掖授之. 左姑夕侯蘇從旁謂單于曰, "未見新印文, 宜且勿與." 單于止, 不肯與. 請使者坐穹廬, 單于欲前為壽. 五威將曰, "故印紱當以時上." 單于曰, "諾." 復舉掖授譯, 蘇復曰, "未見印文, 且勿與." 單于曰, "印文何由變更!" 遂解故印紱奉上將帥, 受著新紱, 不解視印. 飲食至夜, 乃罷. 右帥陳饒謂諸將帥曰, "向者姑夕侯疑印文, 幾令單于不與人. 如令視印, 見其變改, 必求故印, 此非辭說所能距也. 既得而復失之, 辱命莫大焉! 不如椎破故印以絕禍根." 將帥猶與, 莫有應者. 饒, 燕士, 果悍, 即引斧椎壞之. 明日, 單于果遣右骨都侯當白將帥曰, "漢單于印言'璽'不言'章', 又無'漢'字. 諸王已下乃有'漢', 言'章' 今即去'璽'加'新', 與臣下無別. 願得故印." 將帥示以故印, 謂曰, "新室順天製作, 故印隨將帥所自為破壞. 單于宜承天命, 奉新室之制!" 當還白, 單于知已無可奈何, 又多得賂遺, 即遣弟右賢王輿奉馬牛隨將帥入謝, 因上書求故印. 將帥還到左犁汙王咸所居地, 見烏桓民多, 以問咸. 咸具言狀. 將帥曰, "前封四條, 不得受烏桓降者. 亟還之!" 咸曰, "請密與單于相聞, 得語, 歸之." 單于使咸報曰, "當從塞內還之邪, 從塞外還之邪?" 將帥不敢顓決, 以聞. 詔報曰, "從塞外還之." 莽悉封五威將為子, 帥為男. 獨陳饒以破壐之功, 封威德子.

單于始用夏侯藩求地, 有拒漢語, 後以求稅烏桓不得, 因寇略其人民, 釁由是生, 重以印文改易, 故怨恨. 乃遣右大且渠蒲呼盧訾等十餘人將兵眾萬騎, 以護送烏桓為名, 勒兵朔方塞下, 朔方太守以聞. 莽以廣新公甄豐為右伯, 當出西域. 車師後王須置離聞之, 憚於供給煩費, 謀亡入匈奴. 都護但欽召置離, 斬之. 置離兄輔國侯狐蘭支將置離眾二千餘人, 亡降匈奴. 單于受之, 遣兵與狐蘭支共入寇, 擊車師, 殺後城長, 傷都護司馬, 及狐蘭兵復還入匈奴. 時戊己校尉刁護病, 史陳良·終帶·司馬丞韓玄·右曲候任商相與謀曰, "西域諸國頗背叛, 匈奴欲大侵, 要死, 可殺校尉, 帥人眾降匈奴." 遂殺護及其子男·昆弟, 盡脅略戊己校尉吏士男女二千餘人入匈奴. 單于號良·帶曰烏賁都尉.

冬, 十一月, 立國將軍孫建奏曰, "九月辛巳, 陳良·終帶自稱廢漢大將軍, 亡入匈奴. 又今月癸酉, 不知何一男子遮臣建車前, 自稱'漢氏劉子輿, 成帝下妻子也. 劉氏當復, 趣空宮' 收繫男子, 即常安姓武字仲. 皆逆天違命, 大逆無道. 漢氏宗廟不當在常安城中, 及諸劉當與漢俱廢. 陛下至仁, 久未定, 前故安眾侯劉崇等更聚眾謀反, 今狂狡之虜復依托亡漢, 至犯夷滅連未止者, 此聖恩不蚤絕其萌芽故也. 臣請漢氏諸廟在京師者皆罷. 諸劉為吏者皆罷, 待除於家." 莽曰, "可. 嘉新公·國師以符命為予四輔, 明德侯劉龔·率禮侯劉嘉等凡三十二人, 皆知天命, 或獻天符, 或貢昌言, 或捕告反虜, 厥功茂焉. 諸劉與三十二人同宗共祖者, 勿罷, 賜姓曰王." 唯國師以女配莽子, 故不賜姓.

定安公太后自劉氏之廢, 常稱疾不朝會. 時年未二十, 莽敬憚傷哀, 欲嫁之, 乃更號曰黃皇室主, 欲絕之於漢. 令孫建世子盛飾, 將醫往問疾. 後大怒, 笞鞭其傍侍御, 因發病, 不肯起. 莽遂不復強也.

十二月, 雷.

莽恃府庫之富, 欲立威匈奴, 乃更名匈奴單于曰“降奴服于”, 下詔遣立國將軍孫建等率十二將分道并出. 五威將軍苗訢·虎賁將軍王況出五原. 厭難將軍陳欽·震狄將軍王巡出雲中. 振武將軍王嘉·平狄將軍王萌出代郡. 相威將軍李棽·鎮遠將軍李翁出西河. 誅貉將軍楊俊·討濊將軍嚴尤出漁陽. 奮武將軍王駿·定胡將軍王晏出張掖. 及偏裨以下百八十人, 募天下囚徒·丁男·甲卒三十萬人, 轉輸衣裘·兵器·糧食, 自負海江·淮至北邊, 使者馳傳督趣, 以軍興法從事. 先至者屯邊郡, 須畢具乃同時出. 窮追匈奴, 內之丁令. 分其國土人民以為十五, 立呼韓邪子孫十五人皆為單于.

莽以錢幣訖不行, 復下書曰, “寶貨皆重則小用不給, 皆輕則僦載煩費. 輕重大小各有差品, 則用便而民樂.” 於是更作金·銀·龜·貝·錢·布之品, 名曰寶貨. 錢貨六品, 金貨一品, 銀貨二品, 龜貨四品, 貝貨五品, 布貨十品, 凡寶貨五物·六名·二十八品. 鑄作錢布, 皆用銅, 殽以連·錫. 百姓潰亂, 其貨不行. 莽知民愁, 乃但行小錢直一與大錢五十, 二品并行. 龜·貝·布屬且寢. 盜鑄錢者不可禁, 乃重其法, 一家鑄錢, 五家坐之, 沒入為奴婢. 吏民出入持錢, 以副符傳, 不持者廚傳勿舍, 關津苛留. 公卿皆持以入宮殿門, 欲以重而行之. 是時百姓便安漢五銖錢, 以莽錢大小兩行, 難知, 又數變改, 不信, 皆私以五銖錢市買. 訛言大錢當罷, 莫肯挾. 莽患之, 復下書曰, “諸挾五銖錢·言大錢當罷者, 比非井田制, 投四裔!” 及坐賣買田宅·奴婢·鑄錢, 自諸侯·卿大夫至於庶民, 抵罪者不可勝數. 於是農商失業, 食貨俱廢, 民人至涕泣於市道.

莽之謀簒也, 吏民爭為符命, 皆得封侯. 其不為者相戲曰, “獨無天帝除書乎?" 司命陳崇白莽曰, "此開奸臣作福之路而亂天命, 宜絕其原." 莽亦厭之, 遂使尚書大夫趙幷驗治, 非五威將率所班, 皆下獄. 初, 甄豐·劉秀·王舜為莽腹心, 倡導在位, 褒揚功德. 安漢·宰衡之號及封莽母·兩子·兄子, 皆豐等所共謀, 而豐·舜·秀亦受其賜, 幷富貴矣, 非復欲令莽居攝也. 居攝之萌, 出於泉陵侯劉慶·前輝光謝囂·長安令田終術. 莽羽翼已成, 意欲稱攝, 豐等承順其意. 莽輒復封舜·秀·豐等子孫以報之. 豐等爵位已盛, 心意既滿, 又實畏漢宗室·天下豪桀. 而疏遠欲進者幷作符命, 莽遂據以即真, 舜·秀內懼而已. 豐素剛強, 莽覺其不說, 故托符命文, 徙豐為更始將軍, 與賣餅兒王盛同列. 豐父子默默. 時子尋為侍中·京兆大尹·茂德侯, 即作符命. 新室當分陝, 立二伯, 以豐為右伯, 太傅平晏為左伯, 如周·召故事. 莽即從之, 拜豐為右伯. 當述職西出, 未行, 尋復作符命, 言故漢氏平帝后黃皇室主為尋之妻. 莽以詐立, 心疑大臣怨謗, 欲震威以懼下, 因是發怒曰, "黃皇室主天下母, 此何謂也?" 收捕尋. 尋亡, 豐自殺. 尋隨方士入華山, 歲餘, 捕得, 辭連國師公秀子侍中·隆威侯棻, 棻弟右曹·長水校尉·伐虜侯泳, 大司空邑弟左關將軍·掌威侯奇, 及秀門人侍中·騎都尉丁隆等, 牽引公卿黨·親·列侯以下, 死者數百人. 乃流棻於幽州, 放尋於三危, 殛隆於羽山, 皆驛車載其屍傳致云.

是歲, 莽始興神仙事, 以方士蘇樂言, 起八風臺, 臺成萬金. 又種五粱禾於殿中, 先以寶玉漬種, 計粟斛成一金.

왕망 시건국 3년(AD 11)

1) 전화장군田禾將軍 조병趙幷을 파견해 징발한 수졸戍卒로 오원五原내몽골 포두시 서북쪽과 북가北假오르도스에서 둔전을 실시하며 군량 조달을 돕게 했다.

2) 왕망은 중랑장 인포藺苞와 부교위副校尉 대급戴級으로 하여금 기병 1만 기騎를 대동하고 많은 진보珍寶를 운중雲中내몽골 탁극탁현의 새하塞下로 갖고 가게 했다. 흉노 호한야呼韓邪 선우의 여러 자손을 불러 유인차원에서 차례로 15명의 선우로 임명할 속셈이었다. 인포와 대급이 통역으로 하여금 출새出塞하여 호한야 선우의 막내아들인 좌리오왕左犁汙王 난제함欒提咸과 난제함의 두 아들인 난제등欒提登 및 난제조欒提助 등 3인을 유인해 모셔오게 했다. 이들이 이르자 강압적으로 난제함을 효선우孝單于, 난제조를 순선우順單于로 삼고 모두 후하게 상사賞賜한 뒤 난제조와 난제등을 장안으로 전송傳送했다.

왕망이 인포와 대급의 공을 높이 사 인포를 선위공宣威公에 봉하고 호아장군虎牙將軍, 대급을 양위공揚威公에 봉하고 호분장군虎賁將軍에 제수했다. 흉노의 제18대 오주류약제烏珠留若鞮 선우가 이 소식을 듣고 대로했다.

"앞서 작고한 호한야 선우가 한선제의 은혜를 받았으니 그 은혜를 저버릴 수 없다. 그러나 오늘의 천자는 한선제의 자손이 아닌데, 무슨 수로 보위에 오르게 된 것인가!"

그러고는 좌골도후左骨都侯·우이질자왕右伊秩訾王 난제호로자欒提呼盧訾와 좌현왕左賢王 난제락欒提樂으로 하여금 군사를 이끌고 운중雲中의 익수새益壽塞로 들어가 이민吏民을 대거 도륙하게 했다. 이후에도 오주류약제 선우는 좌우대도위左右大都尉와 한나라와 접경한 지역의 여러 왕후王侯에게 명해 입새入塞한 뒤 약탈하며 훔치는 구도寇盜를 하도록 했다. 많으면 1만여 명, 중간이면 수천 명, 적으면 수백 명 단위였다. 이들은 안문雁門산서성 우옥현과 삭방朔方내몽골 오이라트 아이막의 태수와 도위를 죽이고, 이민吏民의 축산畜産을 약탈했다. 그 숫자를 이루 헤아릴 수 없었다. 변경 일대가 황량한 허모虛耗의 땅으로 변했다.

당시 제장諸將들이 변경에 있었으나 많은 무리가 아직 모이지 않아 감히 흉노를 출격出擊할 수 없었다. 토예장군討濊將軍 엄우嚴尤가 간했다.

"신은 듣건대, 흉노가 해롭다는 것은 그 내력이 오래됐지만 상고 때 저들을 반드시 징벌해야 한다고 말한 자가 있다는 말은 아직 들어보지 못했습니다. 후세後世의 3가三家인 주周·진秦·한漢이 이들을 징벌했습니다. 그러나 이들 모두 아직 상책上策을 얻지 못했습니다. 주나라는 중책中策, 하나라는 하책下策, 진나라는 무책無策이었습니다. 주선왕周宣王 때 흉노의 전신인 험윤獫狁이 내침內侵해 경양涇陽감숙성 평량현에 이르렀습니다. 조정에서 장수들에게 정벌을 명해 변경 끝까지 갔다가 돌아온 적이 있습니다. 이들은 융적戎狄의 침입을 모기와 이슬(蝨)인 문맹蚊虻 정도로 여겨 영내에서 쫓아내는 데 그쳤습니다. 천하는 이를 두고 현명하다고 칭송했습니다. 이게 중책입니다. 한무제는 장수를 뽑고 병사를 훈련시키는 선장연병選將練兵을 통해 군량을 가볍게 한 뒤 깊이 쳐들어가 먼 곳까지 지키는 심입원수深入遠戍의 계책을 구사했습니다. 비록 승리를 거두고 적을 제압하는 공이 있었으나 호인胡人들은 번번이 보복했습니다. 전쟁이 이어지면서 전화戰禍가 30여 년 계속되자 중국은 크게 피폐해지는 파모罷耗, 흉노 역시 징계를 받아 두려워하는 창예創艾의 모습을 보이게 됐습니다. 천하는 용무勇武로 칭송했으나 이는 하책일 뿐입니다. 진시황은 차마 소치小恥도 참지 못하고 민력民力의 소모를 가벼이 여겼습니다. 장성을 견고히 쌓아 1만 리에 이르도록 하면서 운수轉輸의 행로를 바닷가에서 시작한 게 그렇습니다. 강경疆境이 이미 정해졌는데도 중국은 내부적으로 고갈돼 마침내 사직을 잃고 말았습니다. 이는 무책에 해당합니다. 지금 천하는 음양가에서 말하는 양액陽厄 5개와 음액陰厄 4개가 합쳐진 재화災禍인 이른바 양구지액陽九之厄[157]을 만난 까닭에 매해 기근이 발생하고 있습니다. 서북西北 변경이 더욱 심합니다. 30만 명의 무리를 징발하고,

300일분의 양식을 갖추기 위해서는 동쪽으로 바닷가와 대산岱山 즉 태산泰山에서 끌어오고, 남쪽으로 장강과 회수를 모은 연후에 비로소 갖출 수 있습니다. 그 도리道里 즉 노정을 따져볼 때 1년이 되어도 아직 병사가 모이지 않고, 병사들 가운데 먼저 도착한 자들은 들판의 이슬에 노출되는 폭로暴露의 상태에서 모여 있고, 병사는 늙고 무기는 녹슬어 형세 상 쓸 수가 없습니다. 이것이 첫 번째 어려움입니다. 변경이 공허空虛해 군량을 받들 수 없어 안에 있는 군국郡國에서 조달할지라도 제때 이어서 공급할 수가 없습니다. 이것이 두 번째 어려움입니다. 한 사람이 300일 동안 먹는 것을 계산하면 말린 군량인 비糒가 18곡斛에 달합니다. 우력牛力이 아니면 운반할 수 없고, 소 또한 스스로 먹을 것을 감당해야 하는 만큼 총 20곡에 달해 그 무게를 견디기 어렵게 됩니다. 호지胡地는 모래와 염분인 사로沙鹵 뿐이고 물과 풀이 크게 부족합니다. 이전의 일로 이를 헤아리면 군사가 출격해 아직 100일을 채우지 않은 시점에 소는 반드시 물고物故로 인해 없어지고, 나머지 양식은 아직 많지만 사람이 짊어지고 갈 수 없게 됩니다. 이것이 세 번째 어려움입니다. 호지의 추동秋冬은 심히 춥고, 춘하春夏는 심히 바람이 강합니다. 크고 작은 솥인 부복釜鍑과 땔감인 신탄薪炭을 많이 지고 가야 하는데 무게를 이길 수 없고, 건량乾糧을 먹을 때 필요한 물이 부족해 병사들은 사시四時를 견디는 동안 질역疾疫의 우환에 쌓이게 됩니다. 전대에 호지를 정벌할 때 불과 100일을 넘지 않은 것은 오랫동안 싸우고 싶지 않았기 때문이 아니라 형세와 무력인 세력勢力이 받쳐주지 않았기 때문입니다. 이것이 네 번째 어려움입니다. 각 부

157 양구지액陽九之厄은 4,500년 만에 9번 만나는 커다란 재액을 가리킨다. 『한서』「율력지」에 따르면 4,500년이 1원元이고, 1원 중에 9번의 액운이 있다. 양의 액운인 한재旱災가 5번, 음의 액운은 수재水災가 4번이다.

대가 치중輜重을 스스로 갖고 가도록 하면 경무장한 정예병이 적어 빨리 갈 수 없고, 호로胡虜가 천천히 숨어 달아나는 둔도遁逃를 할지라도 형세상 쫓아갈 수가 없습니다. 다행히 호로를 추격할지라도 치중이 방해물이 됩니다. 만일 험조險阻한 곳을 만나면 가늘고 길게 나아가는 함미상수銜尾相隨의 행군을 할 수밖에 없어 호로가 앞뒤를 차단할 경우 위태불측危殆不測에 빠지게 됩니다. 이것이 다섯 번째 어려움입니다. 민력을 크게 이용하고도 공을 크게 세울 수 없으니 신은 엎드려 이를 걱정합니다. 지금 이미 군사를 발동했으니 의당 먼저 도착한 병사들을 풀어 공격하고, 이어 신 엄우嚴尤 등으로 하여금 깊이 들어가 번개처럼 공격하는 심입정격深入霆擊을 하도록 하십시오. 그러면 호로가 징계를 받아 두려워하는 창예創艾의 처지에 빠지게 될 것입니다"

왕망이 엄우의 말을 듣지 않고 이전처럼 병력과 군량을 운송했다. 천하가 시끄럽게 움직이는 소동騷動을 했다. 이미 왕망으로부터 '효孝 선우'의 칭호를 받은 난제함은 경비가 소홀해진 틈을 타 말을 달려 출새出塞해 왕정王庭으로 돌아간 뒤 그간 위협을 당한 정황을 오주류약제 선우에게 말했다. 오주류약제 선우가 다시 그를 어율치지후於粟置支侯로 삼았다. 이는 흉노에서 지위가 낮은 천관賤官에 해당한다. 훗날 '순順 선우'의 칭호를 받은 난제조欒提助가 병사하자 왕망은 난제등欒提登으로 하여금 난제조를 대신해 '순 선우'의 호칭을 이어받게 했다.

이사吏士들 가운데 변경에 주둔하게 된 자들이 방종放縱하고, 내지의 군郡에서도 징발로 걱정을 하게 되자 백성들이 성곽을 버리고 유망流亡을 하다 도적이 됐다. 병주并州와 평주平州[158]가 특히 심한 우심尤甚의 상

158 병주并州는 『한서』「지리지」에 따르면 지금의 하북성 보정保定과 산서성 태원太原 및 대동大同 일대로 9주九州 가운데 하나였다. 평주平州의 명칭은 후한 말기 공손도公孫

황이었다. 왕망이 4보四輔와 삼공三公인 7공七公과 질종6경六卿[159]에게 명해 모두 장군의 칭호를 겸하도록 했다. 저무장군著武將軍 녹병逯幷 등을 파견해 저명한 도성인 명도名都를 진수鎭守하게 하고, 중랑장中郎將·수의집법繡衣執法 각 55명으로 하여금 변경의 대군大郡을 나눠 진수하게 했다. 또 크게 간사하고 교활하거나 멋대로 병사를 부리는 자들을 감독하게 했다. 그러나 모두 기회를 보아 밖에서 작간作奸을 하며 주군州郡을 꺾고 어지럽히는 요란橈亂을 하고, 뇌물을 마치 장사를 하듯이 공공연히 주고받으며 백성들의 재물을 낚시질하듯 빼앗는 침어侵漁를 했다. 왕망이 글을 내려 이들을 절책切責했다.

"지금부터 감히 다시 이를 범하는 자는 곧바로 체포해 가두는 포계捕繫를 한 뒤 그 이름을 보고하라!"

그러나 오히려 이들의 방종放縱은 여전했다. 북변北邊은 한선제 이래 몇 세대에 걸쳐 밤과 낮에 봉화와 연기로 적의 침공을 알리는 연화지경煙火之警이 없어 인민들이 크게 번성하고, 우마牛馬가 들판에 가득했다. 왕망이 흉노를 요란橈亂하게 만들어 원한을 맺게 되면서 변경에 사는 많은 변민邊民들이 사망하거나 포로로 잡혀가게 됐다. 몇 년 사이 북변이 허공이 되고, 들판에 해골이 나뒹구는 폭골暴骨의 모습이 나타난 이유다.

3) 왕망의 당제堂弟인 태사太師 왕순王舜이 왕망의 찬위簒位 이후 가

度가 지금의 요동 일대를 점거한 뒤 평주목平州牧을 자처한 데서 비롯됐다. 조조曹操의 위魏나라는 기존의 유주幽州를 쪼개 요동辽东과 창려昌黎, 현도玄菟, 대방带方, 낙랑乐浪 등 5개 군郡을 묶어 평주平州를 만들었다. 치소治所는 지금의 요녕성 요양시인 양평襄平이었다. 『자치통감』이 왕망의 치세 때 평주가 있었던 것처럼 언급한 것은 명백한 착오이다.

159 6경六卿은 이전의 대사농大司農인 희화羲和 즉 납언納言을 비롯해 이전의 대리大理인 작사作士, 태상太常인 질종秩宗, 대홍려大鴻臚인 전악典樂, 소부少府인 공공共工, 수형도위水衡都尉인 여우予虞를 가리킨다.

승이 두근대는 병에 걸렸다가 점차 심해져 숨을 거뒀다.

4) 왕망이 태자를 위해 스승과 친구를 각각 4명씩 두었다. 녹질은 대부大夫와 같았다. 옛 대사도大司徒 마궁馬宮 등을 사의師疑, 부승傅丞, 아보阿輔, 보불保拂의 4사四師로 삼았다. 옛 상서령尚書令 당림唐林 등을 서부胥附, 분주奔走, 선후先後, 어모禦侮의 4우四友로 삼았다. 또 사우師友와 시중侍中 및 간의諫議를 비롯해 육경六經[160]에 대한 좨주祭酒를 각 1명씩 두자 모두 9명의 좨주가 등장했다. 이들 모두 상경上卿의 녹질을 받았다.

사자를 파견해 황제의 새서璽書와 인수印綬, 안거安車, 사마駟馬 등을 받들어 갖고 가 왕망의 전횡에 반발해 사직한 공승龔勝을 영접해 오며 사우좨주師友祭酒로 삼았다. 사자는 또 각 군郡의 태수와 현縣의 장리長吏, 삼로三老, 관속官屬, 의로운 행동을 한 행의行義, 학문을 연마하는 학생인 제생諸生 등 1,000명 이상과 함께 공승의 마을로 들어가 조서를 전달했다.

사자는 공승으로 하여금 일어나서 영접하게 하려고 오랫동안 문밖에 있었다. 공승은 병이 위독하다고 말한 뒤 침대를 침실의 서쪽이자 남쪽 창문의 아래에 놓고, 동쪽으로 머리를 둔 채 옛날 공자가 와병할 때 찾아온 사람을 맞이할 때처럼 조복朝服에 큰 띠를 두르고 있었다. 사자가 새서를 주고, 인수를 받들고, 안거와 사마를 납입한 뒤 공승에게 진언進言

160 육경六經은 『시경詩經』과 『서경書經』, 『역경易經』, 『악경樂經』, 『예기禮記』, 『춘추春秋』를 말한다. 현존하지 않는 『악경』에 대해 양백준楊伯峻 등은 애초부터 존재하지 않았다는 부존재설不存在說, 나예봉羅藝峰처럼 『예기』「악기樂記」의 이름이 『악경』으로 변하거나 명대의 주재육朱載堉처럼 『주관周官』「종백宗伯, 대사악大司乐」의 내용이 『악경』으로 알려지게 됐다는 개명설改名说, 전군田君처럼 진시황 때 '분서갱유'의 대상이 되어 훼멸됐다는 이훼설已毁說 등이 대립한다.

했다.

"성조聖朝는 아직 군君을 잊지 않고 있습니다. 제도가 아직 정해지지 않아 그대가 위정為政에 나서기를 기다리고 있습니다. 의당 시행하고 싶은 바를 듣고 해내를 편안하게 만들고자 합니다."

공승이 대답했다.

"본래 어리석은데다가 나이가 많고 병이 들면서 목숨이 조석朝夕에 달려 있소. 사군使君을 따라 길에 오르는 상도上道를 할지라도 반드시 도로道路에서 죽게 될 것이오. 만분萬分의 1도 유익한 게 없소!"

사자가 유세하기 위해 인수를 공승의 몸에 걸어주고자 했으나 공승은 번번이 밀어내며 받지 않았다. 사자가 돌아와 상언上言했다.

"바야흐로 성하盛夏의 서열暑熱이 대단해 공승은 병이 들고 기운이 거의 없습니다. 가을이 되기를 기다려 서늘해지면 이내 출발할 수 있을 것입니다."

조서를 내려 허락했다. 사자는 5일에 1번씩 태수와 함께 가서 안부를 묻고, 공승의 두 아들과 문인門人 고휘高暉 등에게 이같이 말했다.

"조정은 허심虛心의 자세로 제후책봉의 의식인 모토지봉茅土之封을 거행하기 위해 군君을 기다리고 있습니다. 비록 병이 들기는 했으나 의당 역에 만들어진 전사傳舍까지 가서 응할 뜻이 있다는 성의만 보여주면 반드시 자손들에게도 대업大業을 남기는 게 됩니다."

고휘 등이 사자의 말을 전하자 공승은 들어줄 수 없다고 하고는 고휘 등에게 이같이 말했다.

"나는 한나라의 후은厚恩을 입었지만 아직 아무 것도 보답하지 못했다. 지금은 늙어 단모旦暮 사이에 숨을 거두고 입지入地할 것이다. 의리상 어찌 한 몸으로 2개의 왕조를 섬기는 일신사이성一身事二姓을 하여 옛 군주를 만날 수 있겠는가!"

공승이 이내 관棺과 염斂 등 상사喪事에 관한 일을 지시했다.

"수의는 몸에 두르고, 관은 옷을 두드도록 하라. 풍속에 따라 나의 무덤을 움직이거나, 측백나무를 심거나, 사당을 만들거나 하지 마라!"

말을 마친 뒤 마침내 입을 열어 음식을 먹는 개구음식開口飮食을 다시는 하지 않았다. 14일이 지나자 죽었다. 나이는 79세였다.

이때 깨끗한 명성을 지닌 선비인 청명지사清名之士로는 또 낭야琅邪산동성 제성현 출신 기준紀逡, 제齊산동성 임치현 출신 설방薛方, 태원太原산서성 태원시 출신 순월郇越과 순상郇相, 패沛안휘성 숙현 출신 당림唐林과 당존唐尊이 있었다. 모두 경전에 밝고 독실한 행실인 명경칙행明經飭行으로 세상에 이름을 드러냈다. 기준을 비롯해 당림과 당존의 양당兩唐은 모두 왕망 밑에서 벼슬해 후작에 봉해졌다. 계속 귀해져 공경公卿의 자리에 이르렀다. 당림은 자주 상소해 바르게 간했다. 충직하고 절개가 있었다. 당존은 낡은 옷을 입은 채 구멍 뚫린 신발을 신는 의폐리공衣敝履空의 모습을 보여 '허위虛僞'라는 이름을 얻게 됐다. 순상은 왕망의 태자사우太子四友로 있다가 병사했다. 왕망의 태자가 사자를 보내 의금衣衾으로 수의를 하도록 했으나 순상의 아들이 관을 감싸안은 채 거절했다.

"사부死父가 유언하기를, '사우師友가 보낸 물건은 받지 마라'고 했습니다. 지금 황태자는 스스로 저의 부친의 친구를 칭하면서 물건을 보낸 까닭에 받을 수 없습니다."

경사京師의 사람들이 이를 칭송했다. 왕망이 안거安車로 설방薛方을 영접하려 했다. 설방이 사자를 통해 감사해하며 사양하는 사사辭謝를 했다.

"요순堯舜이 위에 있고, 이들의 양위를 거절한 소부巢父와 허유許由가 아래에 있소. 지금 명주明主 바야흐로 당요唐堯와 우순虞舜의 덕을 융성하게 하고 있으니 소신小臣은 기산箕山으로 들어간 소부와 허유의 절개를 지키고자 합니다."

사자가 이를 보고하자 왕망은 그 말을 기뻐하며 억지로 초치招致하지 않았다.

당초 유미隃糜섬서성 견양현 출신 곽흠郭欽이 남군南郡호북성 강릉현 태수가 되고, 두릉杜陵섬서성 장안현 출신 장후蔣詡가 연주兗州산동성 서쪽 일대 자사刺史가 됐다. 역시 염직한 것으로 이름이 났다. 왕망이 거섭居攝을 하자 곽흠과 장후는 모두 병을 핑계대고 면관免官한 뒤 향리로 돌아가 자리에 드러누운 채 문밖출입을 하지 않는 와불출호臥不出戶를 하다가 마침내 집에서 죽었다. 한애제와 한평제 때 활약한 패국沛國안휘성 수계현 출신 진함陳咸은 한성제 때 파직돼 죽은 동향 출신 진함과는 별개의 인물로, 율령律令으로 상서尙書가 된 뒤 왕망의 정사를 보좌했다. 왕망이 한나라 제도를 대거 개정하자 진함은 내심 옳지 않다고 생각했다. 하무何武와 포선鮑宣이 사망하자 진함이 탄식했다.

"『주역』「계사 하」에서 '군자는 그 기미를 보고 행동하니 결심하기 위해 하루 종일 허비하지는 않는다'[161]고 했다. 나도 곧 서세逝世할 것이다."

그러고는 곧 걸해골乞骸骨을 하여 사직했다. 왕망은 찬위簒位하자 진함을 불러 장군부掌寇大夫로 삼았다. 진함이 병으로 사양하고 응하지 않

161 원문은 '견기이작見幾而作, 불사종일不俟終日'이다. 『주역』「계사 하」에 나오는 공자의 말을 인용한 것이다. 여기에 "『주역』「정괘鼎卦」의 구사효사九四爻辭를 두고 공자가 말하기를, '기미幾微를 아는 것은 신묘한 일이다. 군자가 윗사람과 사귀며 아첨하지 않고 아랫사람과 사귀며 오염되지 않는 것은 지기知幾 때문이다. 기미는 움직임의 미묘한 징조로, 길흉이 드러나기에 앞서 나타난다. 군자는 그 기미를 보고 행동하니 결심하기 위해 하루 종일 허비하지는 않는다. 『주역』「예괘豫卦」의 육이효사六二爻辭에 이르기를, '개우석介于石, 부종일不終日, 정길貞吉'이라고 했다. 지조가 돌과 같이 단단한데 결심하기 위해 어찌 하루를 허비하겠는가? 군자는 기미와 이미 드러난 미창微彰, 사물의 유강柔剛 등을 알고 있으니 모든 사람의 선망대상인 만부지망萬夫之望이 될 만하다'고 말했다."는 구절이 나온다.

으려 했다. 당시 그의 세 아들인 진삼陳參과 진흠陳欽, 진풍陳豐 모두 관직에 있었다. 진함이 이들에게 명해 모두 해관解官한 뒤 향리로 돌아오도록 했다. 이어 문을 닫고 출입하지 않았다. 오히려 조상에 대한 제사인 조납祖臘을 할 때는 한나라 때의 규정과 날짜를 사용했다. 사람들이 그 까닭을 묻자 이같이 대답했다.

"나의 선인先人들이 어찌 왕씨王氏가 만든 납일臘日을 알겠는가!"

그의 집안에 있는 율령律令과 서문書文을 모두 거두어 벽속에 감춰 두었다. 제齊산동성 수광현 출신 율융栗融, 북해北海산동성 창락현 출신 금경禽慶과 소장蘇章, 산양山陽산동성 금향현 출신 조경曹竟 등은 모두 유생으로 관직을 버린 채 왕망 밑에서 벼슬을 하지 않았다.

이를 두고 반고班固가 찬贊했다.

"춘추시대 열국의 경대부卿大夫로부터 한나라의 장상將相과 명신名臣에 이르기까지 봉록과 총애를 탐하는 회록탐총懷祿耽寵을 하여 세상의 평판을 잃은 자가 매우 많다. 청절지사淸節之士가 세인들로부터 존귀한 대우를 받는 이유다. 그러나 이들 대부분 자신을 다스리는 자치自治를 할 수 있었을 뿐, 남을 다스리는 치인治人은 할 수 없었다. 왕길王吉과 우공禹貢의 재주는 공승龔勝이나 포선鮑宣보다 뛰어난 바가 있었으나, 죽음으로 절의를 지키면서 정도로 나아간 것은 오히려 공승이 실천한 것이다. 정도를 따르고 형식적인 신의에 얽매이지 않는 군자의 정이불량貞而不諒[162] 행보는 설방이 이에 가깝다. 곽흠郭欽과 장후蔣詡는 곧바로 달아나 더렵혀지지 않았다. 왕망을 좇은 기준紀逡을 비롯해 당림唐林과 당존唐尊 등 양

162 정이불량貞而不諒 구절은 『논어』「위령공」에서 인용한 것이다. 이에 따르면 공자는 말하기를, "군자는 정도를 따르고, 형식적인 신의에는 얽매이지 않는다."고 했다. 이에 대해 남송대의 주희는 '정貞'을 바르고 견고한 것, '양諒'을 시비를 가리지 않은 채 형식적인 신의에 매달리는 것으로 풀이했다.

당兩唐과 절교한 게 그렇다.

5) 이 해에 황하에 인접한 군郡에 황충蝗蟲의 피해가 발생했다.

6)황하가 위군魏郡하남성 임장현에서 터졌다. 청하淸河하북성 청하현 동쪽의 몇 개 군에 범람했다. 이에 앞서 왕망은 황하가 터져 자신의 증조부인 왕하王賀 이후의 조상이 있는 원성元城하북성 대명현의 무덤이 침수될까 두려워했다. 다행히 범람한 황하의 물이 동쪽으로 흐르자 원성은 홍수를 걱정하지 않아도 됐다. 마침내 터진 제방을 막지 않았다.

* 王莽中始建國三年

遣田禾將軍趙并發戍卒屯田五原·北假, 以助軍糧.

莽遣中郎將藺苞·副校尉戴級將兵萬騎, 多繼珍寶至雲中塞下, 招誘呼韓邪單于諸子, 欲以次拜為十五單于. 苞·級使譯出塞, 誘呼左犁汙王咸·咸子登·助三人. 至則脅拜咸為孝單于, 助為順單于, 皆厚加賞賜. 傳送助·登長安. 莽封苞為宣威公, 拜為虎牙將軍. 封級為揚威公, 拜為虎賁將軍. 單于聞之, 怒曰, "先單于受漢宣帝恩, 不可負也. 今天子非宣帝子孫, 何以得立!" 遣左骨都侯·右伊秩訾王呼盧訾及左賢王樂將兵入雲中益壽塞, 大殺吏民. 是後, 單于歷告左右部都尉·諸邊王入塞寇盜, 大輩萬餘, 中輩數千, 少者數百, 殺雁門·朔方太守·都尉, 略吏民畜產, 不可勝數, 緣邊虛耗.

是時諸將在邊, 以大眾未集, 未敢出擊匈奴. 討濊將軍嚴尤諫曰, "臣聞匈奴為害, 所從來久矣, 未聞上世有必徵之者也. 後世三家周·秦·漢徵之, 然皆未有得上策者也. 周得中策, 漢得下策, 秦無策焉. 當周宣王時, 獫狁內侵, 至於涇陽. 命將徵之, 盡境而還. 其視戎狄之侵, 譬猶蚊虻, 驅之而已, 故天下稱明, 是為中策. 漢武帝選將練兵, 約繼輕糧, 深入遠戍, 雖有克獲之功, 胡輒報之. 兵連禍結三十餘年, 中國罷耗, 匈奴亦創艾, 而天下稱武, 是為下策. 秦始皇不忍小恥而輕民力, 築長城之固, 延袤萬里, 轉輸之行, 起於負海. 疆境既完, 中國內竭, 以喪社稷, 是為無策. 今天下遭陽九之厄, 比年饑饉, 西北邊尤甚. 發三十萬衆, 具三百日糧, 東援海·代, 南取江·淮, 然後乃備. 計其道里, 一年尚未集合, 兵先至者聚居暴露, 師老械弊, 勢不可用, 此一難也. 邊既空虛, 不能奉軍糧, 內調郡國, 不相及屬, 此二難也. 計一人三百日食, 用糒十八斛, 非牛力不能勝. 牛又當自繼食, 加二十斛, 重矣. 胡地沙鹵, 多乏水草, 以往事揆之, 軍出未滿百日, 牛必物故且盡, 餘糧尚多, 人不能負, 此三難也. 胡地秋冬甚寒, 春夏甚風, 多繼釜鍑·薪炭, 重不可勝, 食糒飲水, 以歷四時, 師有疾疫之憂, 是故前世伐胡不過百日, 非不欲久, 勢力不能, 此四難也. 輜重自隨, 則輕銳者少, 不得疾行, 虜徐遁逃, 勢不能及. 幸而逢虜, 又累輜重. 如遇險阻, 銜尾相隨, 虜要遮前後, 危殆不測, 此五難也. 大用民力, 功不可必立, 臣伏憂之. 今既發兵, 宜縱先至者, 令臣尤等深入霆擊, 且以創艾胡虜." 莽不聽尤言, 轉兵穀如故, 天下騷動.

咸既受莽孝單于之號, 馳出塞歸庭, 具以見脅狀白單于. 單于更以為於粟置支侯, 匈奴賤官也. 後助病死, 莽以登代助為順單于.

吏士屯邊者所在放縱, 而內郡愁於徵發, 民棄城郭, 始流亡為盜賊, 并州·平州尤甚. 莽令七公·六卿號皆兼稱將軍, 遣著武將軍逯并等鎮名都, 中郎將·繡衣執法各五十五人, 分鎮緣邊大郡, 督大奸猾擅弄兵者. 皆乘便為奸於外, 橈亂州郡, 貨賂為市, 侵漁百姓. 莽下書切責之曰, "自今以來, 敢犯此者, 輒捕繫, 以名聞!" 然猶放縱自若. 北邊自宣帝以來, 數世不見煙火之警, 人民熾盛, 牛馬布野. 及莽橈亂匈奴, 與之構難, 邊民死亡係獲, 數年之間, 北邊虛空, 野有暴骨矣.

太師王舜自莽簒位後, 病悸浸劇, 死.

莽為太子置師·友各四人, 秩以大夫. 以故大司徒馬宮等為師疑·傅丞·阿輔·保拂, 是為四師. 故尚書令唐林等為胥附·奔走·先後·禦侮, 是為四友. 又置師友·侍中·諫議·『六經』祭酒各一人, 凡九祭酒, 秩皆上卿. 遣使者奉璽書·印綬·安車·駟馬迎龔勝, 即拜為師友祭酒. 使者與郡太守·縣長吏·三老·官屬·行義·諸生千人以上入勝里致詔. 使者欲令勝起迎, 久立門外. 勝稱病篤, 為床室中戶西·南牖下, 東首加朝服拖紳. 使者付璽書, 奉印綬, 內安車·駟馬, 進謂勝曰, "聖朝未嘗忘君, 製作未定, 待君為政. 思聞所欲施行, 以安海內." 勝對曰, "素愚, 加以年老被病, 命在朝夕, 隨使君上道, 必死道路, 無益萬分!" 使者要說, 至以印綬就加勝身. 勝輒推不受. 使者上言曰, "方盛夏暑熱, 勝病少氣, 可須秋涼乃發." 有詔許之. 使者五日壹與太守俱問起居, 為勝兩子及門人高暉等言曰, "朝廷虛心待君以茅土之封, 雖疾病, 宜動移至傳舍, 示有行意. 必為子孫遺大業." 暉等白使者語, 勝自知不見聽, 即謂暉等曰, "吾受漢家厚恩, 無以報. 今年老矣, 旦暮入地, 誼豈以一身事二姓, 下見故主哉!" 勝因敕以棺斂喪事曰, "衣周於身, 棺周於衣. 勿隨俗動吾塚·種柏·作祠堂!" 語畢, 遂不復開口飲食, 積十四日死. 死時, 七十九矣.

是時清名之士, 又有琅邪紀逡, 齊薛方, 太原郇越·郇相, 沛唐林·唐尊, 皆以明經飭行顯名於世. 紀逡·兩唐皆仕莽, 封侯, 貴重, 歷公卿位. 唐林數上疏諫正, 有忠直節. 唐尊衣敝·履空, 被虛偽名. 郇相為莽太子四友, 病死, 莽太子遣使裞以衣衾, 其子攀棺不聽, 曰, "死父遺言, '師友之送, 勿有所受' 今於皇太子得托友官, 故不受也." 京師稱之. 莽以安車迎薛方, 方因使者辭謝曰, "堯·舜在上, 下有巢·由. 今明主方隆唐·虞之德, 小臣欲守箕山之節." 使者以聞. 莽說其言, 不強致.

初, 隃麋郭欽為南郡太守, 杜陵蔣詡為兗州刺史, 亦以廉直為名. 莽居攝, 欽·詡皆以病免官, 歸鄉里, 臥不出戶, 卒於家. 哀·平之際, 沛國陳咸以律令為尚書. 莽輔政, 多改漢制, 咸心非之. 及何武·鮑宣死, 咸歎曰, "『易』稱'見幾而作, 不俟終日' 吾可以逝矣." 即乞骸骨去職. 及莽簒位, 召咸為掌寇大夫. 咸謝病不肯應. 時三子參·欽·豐皆在位, 咸悉令解官歸鄉里, 閉門不出入, 猶用漢家祖臘. 人問其故, 咸曰, "我先人豈知王氏臘乎!" 悉收斂其家律令·書文, 壁藏之. 又, 齊栗融·北海禽慶·蘇章·山陽曹竟, 皆儒生, 去官, 不仕於莽.

班固贊曰, "春秋列國卿大夫及至漢興將相名臣, 懷祿耽寵以失其世者多矣, 是故清節之士, 於是為貴. 然大率多能自治而不能治人. 王·貢之材, 優於龔·鮑. 守死善道, 勝實蹈焉. 貞而不諒, 薛方近之. 郭欽·蔣詡, 好遁不污, 絕紀·唐矣."

是歲, 瀕河郡蝗生.

河決魏郡, 泛清河以東數郡. 先是, 莽恐河決為元城塚墓害. 及決東去, 元城不憂水, 故遂不堤塞.

왕망 시건국 4년(AD 12)

1) 봄 2월, 천하에 사면령을 내렸다.

2) 압난장군厭難將軍 진흠陳欽과 진적장군震狄將軍 왕순王巡이 상언했다.

"호로胡虜를 산 채로 잡아 심문하자 저들 가운데 변경을 침범하는 자들 모두 '효孝 선우' 난제함欒提咸의 아들인 난제각欒提角의 소행이라고 했습니다."

왕망이 여러 이인夷人들을 모아 놓고 난제함의 아들인 난제등欒提登

을 장안의 저자에서 참수했다.

3) 대사마 견한甄邯이 죽었다.

4) 왕망이 명당明堂에 이르러 하서下書했다.

"낙양을 동도東都, 이전의 장안인 상안常安을 서도西都로 한다. 지방과 경기인 방기邦畿를 연합해 하나로 한 뒤 각각 남자의 식읍인 채采와 여자의 식읍인 임任을 둔다. 주州는 『서경』「하서夏書, 우공禹貢」을 따라 9주九州로 한다. 작위는 주나라 제도를 좇아 공公·후侯·백伯·자子·남男의 5등급으로 한다. 제후의 인원은 1,800명으로 하고, 부용附庸인 부성附城도 같은 숫자로 하여 공을 세우기를 기다린다. 제공諸公은 사방 100리의 1동一同의 영지와 1만 호戶의 백성을 보유한다. 그 나머지는 차등을 둔다. 지금 이미 봉지를 받은 자는 공후公侯 이하가 총 796명, 부성附城은 1,551명이다. 판도와 장부인 도부圖簿가 정해지지 않아 식읍인 국읍國邑을 아직 내릴 길이 없다. 잠시 대사농 소속의 도내都內에서 접수를 받아 봉록을 내리도록 하고, 매월 수천 전錢으로 한다."

제후들이 모두 곤핍困乏해졌다. 심지어 고용살이인 용작傭作을 하는 자도 있었다.

5) 왕망은 조급하고 소란스러운 조요躁擾의 성격이어서 평정을 유지하지 못해 매번 1건의 일을 만들어냈다. 모두 고대의 제도를 흠모한 나머지 시의時宜를 헤아리지 않은 까닭에 제도를 시종 확정할 길이 없었다. 소리小吏인 이연吏緣들이 간사하게 농간한 까닭에 천하에는 처연한 신음소리인 '오오嗸嗸'가 가득하고, 형벌에 빠지는 자가 무수했다. 왕망이 백성들의 수원愁怨을 알고는 이내 하조下詔했다.

"왕전王田을 보유한 사람은 모두 자유롭게 매매할 수 있다. 이는 법의 구속을 받지 않는다. 또한 서민을 사적으로 매매하는 죄를 범한 경우 역시 잠시 일률적으로 추궁하는 일이 없도록 하라."

그러나 다른 정령政令들이 패란悖亂하고, 형벌이 심각深刻하고, 부렴賦斂이 번잡하고 과중했다. 백성들이 괴로워하는 것은 이전과 마찬가지였다.

6) 당초 오위장五威將들이 서남이西南夷로 출정해 구정왕句町王운남성 광남현을 후侯로 바꿨다 구정왕 한邯이 원노怨怒하며 귀부하지 않았다. 왕망은 장가牂柯귀주성 황평현의 대윤大尹 주흠周歆에게 넌지시 일러 구정왕 한을 죽이게 했다. 구정왕 한의 동생 승承이 기병起兵해 장가 대윤 주흠을 살해했다. 왕망이 주군州郡으로 하여금 이를 치게 했으나 굴복시키지 못했다.

왕망은 또 고구려高句驪 병사를 발동해 흉노를 치고자 했다. 고구려가 행군하려고 하지 않자 요서군遼西郡요녕성 금주시이 출병을 강박強迫했다. 고구려 병사가 출새出塞한 뒤 범법하여 침구侵寇했다. 요서遼西 대윤大尹 전담田譚이 이들을 추격하다가 살해됐다. 주군州郡의 관부官府가 그 허물을 고구려 부족의 우두머리인 고구려후高句驪侯 추騶에게 돌렸다. 엄우嚴尤가 상주했다.

"고구려의 맥인貉人이 범법을 한 것은 추騶로부터 시작된 게 아닙니다. 설령 추가 딴 마음을 품고 있다고 할지라도 의당 주군州郡으로 하여금 저들을 안무按撫해야 합니다. 지금 문득 저들에게 대죄大罪를 씌우면 마침내 저들의 반란을 재촉하고 부여夫餘 부족까지 여기에 부화附和할까 우려됩니다. 흉노를 아직 이기지 못한 상황에서 부여와 예맥濊貉까지 반기를 들면 이는 커다란 우환이 될 것입니다."

왕망이 안무에 나서지 않자 예맥이 마침내 반기를 들었다. 왕망이 엄우에게 조서를 내려 반격하게 했다. 엄우가 고구려후 추騶를 유인해 목을 벤 뒤 수급을 장안으로 보냈다. 왕망이 대열大說하며 하서下書하여, 고구려의 명칭을 '하구려下句驪'로 바꾸게 했다. 이로 인해 고구려 즉 맥인貉人

의 변새 침공이 더욱 심해졌다. 이때 중원의 동쪽과 북쪽 및 서남쪽 이민족의 작란作亂이 이어졌다. 왕망은 내심 교만한 나머지 사이四夷는 병탄해 멸망시키는 탄멸呑滅의 대상으로 삼기에 부족하다고 생각했다. 오직 옛날 일만 생각해 다시 하서했다.

"올해 2월에 동쪽으로 순수巡狩할 것이다. 예의禮儀를 비롯해 인력과 수레 등의 배치인 조도調度를 잘 갖추도록 하라."

이때 문모태황태후文母太皇太后 왕정군의 몸이 불안不安했다. 계획을 중지하고 훗날을 기다리기로 했다.

7) 당초 왕망은 안한공安漢公으로 있을 때 태황태후 왕정군에게 아첨하기 위해 질지郅支 선우의 목을 벤 공로를 들먹이며 한원제의 묘호를 고종高宗으로 높일 것을 주청했다. 이때 태황태후가 붕어하는 안가晏駕를 하면 의당 예를 다해 배향配享해야 한다고 주장했다. 왕망은 신나라를 세울 당시 태황태후의 명칭을 신실문모新室文母로 바꿔 한나라의 인연을 끊고자 했다. 태황태후 왕정군이 사후에 남편 한원제와 한 몸이 되어 제향祭享을 받는 것을 봉쇄하려 했다. 한원제의 사당을 타괴墮壞하고, '신실문모'인 왕정군을 위해 새롭게 사당을 세운 이유다.

이때 오직 한원제 사당의 전각을 남겨 두어 '신실문모'의 제사음식을 위한 식당食堂으로 쓰게 했다. 식당이 완성되자 장수궁長壽宮으로 불렀다. 태황태후 왕정군이 아직 생존한 까닭에 아직 '사당'으로는 부르지 않았다. 왕망이 장수궁에 연회를 마련한 뒤 태황태후를 초청했다. 태황태후가 도착해 한원제의 사당이 헐린 것을 보고는 크게 놀라 울며 말했다.

"이는 한가漢家의 종묘로서 모두 신령의 보우를 받는 곳인데, 너에게 무슨 죄를 지었기에 이를 허문 것인가? 또 귀신이 무지無知하다면 왜 굳이 사당을 지으려 했겠는가? 만일 유지有知하다면 나는 곧 한원제의 비첩妃妾이었으니 어찌 황제의 사당을 개축한 곳에 음식을 차려놓고 황제를 욕보일 수 있겠는가!"

그러고는 사적으로 좌우에게 말했다.

"이 사람은 신령에게 죄를 지은 게 많소. 어찌 오랫동안 신령의 보우를 받을 수 있겠는가!"

음주飮酒가 즐겁지 않아 이내 끝났다. 왕망은 보위를 찬탈한 후 태황태후가 원한怨恨을 품고 있는 것을 알고는 아첨하기 위해 하지 않은 게 없었으나 오히려 더욱 더 즐거워하지 않았다. 그는 다시 한나라 궁정에서 사용한 시종들의 검은 담비털인 흑초黑貂 옷을 황초黃貂 옷으로 바꿔 사용하게 했다. 또, 1월 1일을 기준으로 한 한나라 정삭正朔을 12월 1일의 정삭으로 바꾸고, 천지신령에게 제사를 지내는 복납일伏臘日을 12월에서 9월로 변경시켰다. 태황태후가 휘하의 관속에게 계속 '흑초'를 착용하게 했고, 한나라의 원단과 납일에는 좌우와 상대相對하며 음식飮食을 먹었다.

＊ 王莽中始建國四年

春, 二月, 赦天下.

厭難將軍陳欽·震狄將軍王巡上言曰, "捕得虜生口驗問, 言虜犯邊者皆孝單于咸子角所為." 莽乃會諸夷, 斬咸子登於長安市.

大司馬甄邯死.

莽至明堂, 下書曰, "以洛陽為東都, 常安為西都. 邦畿連體, 各有采·任. 州從『禹貢』為九. 爵從周氏為五. 諸侯之員千有八百, 附城之數亦如之, 以俟有功. 諸公一同, 有眾萬戶. 其餘以是為差. 今已受封者, 公侯以下凡七百九十六人, 附城千五百一十一人. 以圖簿未定, 未授國邑, 且令受奉都內, 月錢數千." 諸侯皆困乏, 至有傭作者.

莽性躁擾, 不能無為, 每有所興造, 動欲慕古, 不度時宜, 制度又不定. 吏緣爲奸, 天下謷謷, 陷刑者衆. 莽知民愁怨, 乃下詔曰, "諸食王田, 皆得賣之, 勿拘以法. 犯私買賣庶人者, 且一切勿治." 然它政悖亂, 刑罰深刻, 賦斂重數, 猶如故焉.

初, 五威將帥出西南夷, 改句町王爲侯, 王邯怨怒不附. 莽諷牂柯大尹周歆詐殺邯. 邯弟承起兵殺歆, 州郡擊之, 不能服. 莽又發高句驪兵擊匈奴. 高句驪不欲行, 郡強迫之, 皆亡出塞, 因犯法爲寇. 遼西大尹田譚追擊之, 爲所殺. 州郡歸咎於高句驪侯騶, 嚴尤奏言曰, "貉人犯法, 不從騶起. 正有它心, 宜令州郡且尉安之. 今猥被以大罪, 恐其遂畔, 夫餘之屬必有和者. 匈奴未克, 夫餘·濊貉復起, 此大憂也." 莽不尉安, 濊貉遂反. 詔尤擊之. 尤誘高句驪侯騶至而斬焉, 傳首長安. 莽大說, 下書更名高句驪爲下句驪. 於是貉人愈犯邊, 東·北與西南夷皆亂. 莽志方盛, 以爲四夷不足吞滅, 專念稽古之事, 復下書曰, "以此年二月東巡狩, 具禮儀調度." 旣而以文母太后體不安, 且止待後.

初, 莽爲安漢公時, 欲諂太皇太后, 以斬郅支功奏尊元帝廟爲高宗, 太后晏駕後, 當以禮配食云. 及莽改號太后爲新室文母, 絶之於漢, 不令得體元帝, 墮壞孝元廟, 更爲文母太后起廟. 獨置孝元廟故殿以爲文母篡食堂, 旣成, 名曰長壽宮, 以太后在, 故未謂之廟. 莽置酒長壽宮, 請太后. 旣至, 見孝元廟廢徹塗地, 太后驚泣曰, "此漢家宗廟, 皆有神靈, 與何治而壞之? 且使鬼神無知, 又何用廟爲? 如令有知, 我乃人之妃妾, 豈宜辱帝之堂以陳饋食哉!" 私謂左右曰, "此人慢神多矣, 能久得祐乎!" 飮酒不樂而罷. 自莽簒位後, 知太后怨恨, 求所以媚太后者無不爲, 然愈不說, 莽更漢家黑貂著黃貂. 又改漢正朔·伏臘日. 太后令其官屬黑貂. 至漢家正·臘日, 獨與其左右相對飮食.

왕망 시건국 5년(AD 13)

1) 봄 2월, 문모태황태후文母太皇太后 왕정군이 붕어했다. 나이는 84세였다. 위릉渭陵에 장사 지냈다. 한원제와 합장하면서 중간에 도랑을 내어 서로 분리시켰다. 신나라는 대대로 그 사당에 바치는 제사 품목 등을 규정해 놓았다. 한원제는 함께 배향됐지만 신주가 태황태후의 제상 아래에 안치됐다. 왕망은 태황태후를 위해 3년간 복상服喪했다.

2) 오손烏孫의 대소大小 곤미昆彌가 신나라에 사자를 보내 공물을 바쳤다. 왕망은 오손의 국인國人들 가운데 대부분이 소곤미小昆彌에게 친부親附한 까닭에 흉노가 여러 변경을 통해 병침幷侵하는 것으로 판단했다. 내심 오손의 환심을 얻을 요량으로 사자를 파견해 소곤미의 사자를 불러들인 뒤 대곤미가 보낸 사자의 윗자리에 앉혔다. 사우좨주師友祭酒 만창滿昌이 사자를 탄핵하기 위해 상주했다.

"이적夷狄은 중국에 예의禮誼가 있다고 보고 몸을 굽혀 복종하는 것입니다. 대곤미는 오손의 군주입니다. 지금 사자의 순위를 보면 신하가 보낸 사자가 군주가 보낸 사자 위에 있습니다. 이는 이적을 귀부시켜 따르게 하는 방안이 아닙니다. 사자의 접대가 대불경大不敬에 해당합니다!"

왕망이 대로해 만창을 면관免官시켰다.

3) 서역의 여러 나라는 왕망이 은신恩信을 계속 저버리자 반기를 들었다. 언기焉耆신강성 언기현가 먼저 일어나 서역도호 단흠但欽을 죽였다 서역이 드디어 와해瓦解된 이유다.

4) 11월, 혜성이 나타나 20여 일 있다가 보이지 않았다.

5) 이 해에 도주盜鑄에 필요한 동銅과 탄炭을 보유한 자가 너무 많았다. 해당 법을 없앴다.

6) 흉노의 제18대 오주류약제烏珠留若鞮 선우가 죽었다. 이때 국사를 처리하는 용사用事를 행한 대신은 우골도후右骨都侯 수복당須卜當이었다.

그는 왕소군王昭君이 낳은 딸인 이묵거차伊墨居次 난제운欒提雲의 남편이다. 난제운은 늘 중국과 화친하고자 했다. 또 평소 이율치지후伊栗置支侯 난제함欒提咸과 사이가 좋았고, 난제함이 앞뒤로 왕망으로부터 벼슬을 받은 점 등에 주목해 난제함을 제19대 오루약제烏累若鞮 선우로 세웠다. 오루약제 선우는 즉위 후 동생인 난제여欒提輿를 좌곡려왕左谷蠡王으로 삼았다.

당초 오주류烏珠留 선우의 아들 난제소도호欒提蘇屠胡는 본래 좌현왕左賢王으로 있었다. 오주류 선우는 아들에 앞서 좌현왕에 임명된 자들이 자주 죽게 되자 명칭이 상서롭지 못해 그런 것으로 생각해 호우護于로 바꾼 뒤 나라를 전하고자 했다. 제19대 오루약제 선우가 된 난제함은 죽은 오주류 선우가 생전에 자신의 칭호를 낮춘 것을 원망한 나머지 마침내 '호우 소도호'를 좌도기왕左屠耆王으로 낮춰 임명했다.

* 王莽中始建國五年

春, 二月, 文母皇太后崩, 年八十四. 葬渭陵, 與元帝合, 而溝絕之. 新室世世獻祭其廟. 元帝配食, 坐於床下. 莽為太后服喪三年.

烏孫大·小昆彌遣使貢獻. 莽以烏孫國人多親附小昆彌, 見匈奴諸邊并侵, 意欲得烏孫心, 乃遣使者引小昆彌使, 坐大昆彌使上. 師友祭酒滿昌劾奏使者曰, "夷狄以中國有禮誼, 故詘而服從. 大昆彌, 君也, 今序臣使於君使之上, 非所以有夷狄也. 奉使大不敬!" 莽怒, 免昌官.

西域諸國以莽積失恩信, 焉耆先叛, 殺都護但欽. 西域遂瓦解.

十一月, 彗星出, 二十餘日, 不見.

是歲, 以犯挾銅炭者多, 除其法.

匈奴烏珠留單于死, 用事大臣右骨都侯須卜當, 即王昭君女伊墨居次雲之婿也. 雲常欲與中國和親, 又素與於粟置支侯咸厚善, 見咸前後為莽所拜, 故遂立咸為烏累若鞮單于. 烏累單于咸立, 以弟輿為左谷蠡王. 烏珠留單于子蘇屠胡本為左賢王, 後更謂之護于, 欲傳以國. 咸怨烏珠留單于貶己號, 乃貶護於為左屠耆王.

왕망 천봉天鳳 원년(AD 14)

1) 봄 정월, 천하에 사면령을 내렸다.

2) 왕망이 하조했다.

"장차 이 해의 사계절 중간 달인 2월과 5월, 8월, 11월에 순수巡狩의 예를 두루 행할 것이다. 태관太官은 건량乾糧과 건육乾肉을 준비하고, 궁정 내에서 일을 보는 내자령內者令은 장막에서 앉을 것과 누울 것을 준비하며 지나는 곳에서 제공하는 물품을 받지 말도록 하라. 북쪽 순수의 예禮가 끝나길 기다려 바로 전국의 중심에 있는 낙양洛陽을 도성으로 삼아 머물 것이다."

군공群公이 상주했다.

"황제가 지효至孝합니다. 새로 문모文母의 상喪을 맞아 안색이 아직 회복되지 않았고, 음식飮食도 그 양을 덜어내 매우 적습니다. 지금 1년 동안 사방을 순수하면 도로道路가 1만 리에 달하는데다 춘추도 이미 높아 건량과 건육으로는 감당하기 어렵습니다. 순수를 하지 않고, 3년 상의 대복大服이 완전히 끝나기를 기다리는 수규須闋[163]를 통해 성체聖體를 편안하게 해야 합니다."

---

163 『한서』「왕망전」에 나오는 수결대복須闋大服의 '수규'를 두고 안사고는 풀이하기를, "규闋는 진盡이다. 음은 구결반口決反이다."라고 했다. 원래 수須는 기다린다는 뜻이고, 결闋은 문을 닫는다는 의미이다.

왕망이 이를 좇아 향후 6년 뒤인 천봉天鳳 7년에 순수하기로 기약했다. 이듬해에 바로 그 땅으로 가는 도중 태부太傅 평안平晏과 대사공大司空 왕읍王邑을 새로운 도성으로 삼을 낙양으로 보내 거주할 곳과 능묘의 사방 경계인 조역兆域의 터를 닦게 했다. 장차 종묘와 사직, 교조郊兆 등을 세우고자 한 것이다.

3) 3월 임신壬申 그믐, 일식이 있었다. 천하에 대사령을 내렸다. 재이災異가 있자 책서策書를 대사마大司馬 병록逯幷에게 내려 면직해 집으로 돌아간 뒤 후작의 신분으로 조회에만 참석하게 했다. 태부 평안平晏은 상서성의 업무를 겸직하지 못하게 했다. 이묘利苗의 남작男爵인 왕흔王訢을 대사마로 삼았다.

왕망이 진정한 황제로 즉위한 뒤 대신들의 반발 가능성에 더욱 신중히 대비하면서 아랫사람의 권한을 억탈抑奪했다. 조신朝臣들 가운데 대신의 과실을 고하는 자가 있으면 곧바로 발탁했다. 공인孔仁과 조박趙博, 비흥費興 등이 과감히 대신들을 공격해 신임을 얻은 뒤 명망이 높은 관직을 골라서 취했다. 당시 국장國將 애장哀章이 크게 청렴하지 못했다. 왕망이 실질적으로는 애장을 감독하는 임무를 부여 받은 국장의 조수인 화숙和叔의 자리를 마련한 뒤 이같이 칙령勅令했다.

"비단 국장國將의 집안 즉 규문閨門만을 보호하려는 게 아니다. 의당 서주西州사천성 재동현에 있는 친족까지 보호해야 할 것이다."

이로 인해 제공諸公 모두 왕망에 의해 가볍고 천박한 신분으로 전락했다. 애장의 경우가 특히 심했다.

4) 여름 4월, 서리가 내려 초목을 죽였다. 바다 근처인 해빈海瀕이 우심尤甚했다.

6월, 노란 안개인 황로黃霧가 사방을 꽉 메웠다.

가을 7월, 대풍大風이 나무를 뽑았다. 미앙궁인 북궐北闕의 북문 직성문直城門의 지붕 기와가 날렸다. 우박이 우양牛羊을 죽였다.

5) 왕망이 『주관周官』과 『예기禮記』「왕제王制」의 기록을 토대로 졸정卒正, 연솔連率, 대윤大尹의 관직을 두었다. 직책은 태수太守와 같았다. 또 주목州牧과 부감部監 25인을 두었다. 장안성 부근을 6개의 향鄕으로 나누고, 각각 수帥 1명씩 두었다. 삼보三輔는 6명의 대부가 다스리는 6개의 위군尉郡[164]으로 개편했다. 하동河東과 하내河內, 홍농弘農, 형양滎陽, 영천穎川, 남양南陽 등은 6개의 대군隊郡[165]으로 바꿨다. 하남대윤河南大尹은 보충신경保忠信卿으로 개명했다. 하남군河南郡하남성 남양시의 속현屬縣을 30개의 현으로 확충했다. 6개 교주郊州의 장을 1명씩 두고, 각각 5개의 현을 주관하도록 했다.

다른 관직명도 모두 고쳤다. 대군大郡은 5개로 나누기도 했다. 모두 125개의 군이 만들어졌다. 9주九州 내에 총 2,203개의 현이 등장했다. 또 제후의 지경地境과 관련해 『서경』「하서夏書, 우공禹貢」에 나오는 전복甸服과 후복侯服, 수복綏服 내지 빈복賓服, 요복要服, 황복荒服 등의 6복六服 개념을 도입해 유성惟城, 유녕惟寧, 유한惟翰, 유병惟屛, 유원惟垣, 유번惟藩의 명칭을 만들어 그 방위를 표시하게 했다. 이로 인해 모두 1만 개의 봉국封國이 만들어졌다. 이후 해마다 명칭을 변경해 1개 군郡이 무려 5번이나 역명易名을 하다가 헷갈린 나머지 당초의 이름으로 돌아가기도 했다. 이민吏民들이 개명한 이름을 기억할 수 없어 매번 하조下詔 때마다 이

---

164 6개 위군尉郡의 장의 명칭은 경위대부京尉大夫, 사위대부師尉大夫, 익위대부翼尉大夫, 광위대부光尉大夫, 부위대부扶尉大夫, 열위대부烈尉大夫이다.

165 6개 대군隊郡의 명칭은 하동조대河東兆隊, 하내후대河內後隊, 홍농우대弘農右隊, 형양기대滎陽祈隊, 영천좌대穎川左隊, 남양전대南陽前隊이다. 원문은 형양기대滎陽祈隊의 '형양'이 남양南陽으로 되어 있다. 안사고의 주에 따르면 '형양'의 착오이다. 번역문은 '형양'으로바꿔 놓았다.

전의 이름을 덧붙이곤 했다.

6) 흉노의 우골도후右骨都侯 수복당須卜當과 이묵거차伊墨居次 난제운欒提雲이 제19대 난제함欒提咸 선우에게 중국과 화친할 것을 권했다. 선우가 이를 받아들여 사자를 서하군西河郡내몽골 준가르 아이막 호맹현虎猛縣섬서성 유림현 북쪽 제로새制虜塞 아래로 보내 요새 관원에게 이같이 말하게 했다.

"선우가 화친후和親侯를 만나고자 하오."

화친후和親侯는 왕소군王昭君의 오라비 아들인 왕흡王歙을 말한다. 중부도위中部都尉가 이를 조정에 보고하자 왕망이 곧 왕흡과 왕흡의 동생인 기도위騎都尉·전덕후展德侯 왕삽王颯을 흉노에 사자로 보냈다. 선우가 처음 선 것을 축하하고, 황금과 의피衣被 및 증백繒帛 등을 하사하고, 거짓으로 시자侍子로 와 있는 선우의 아들 난제등欒提登이 살아 있다고 말하고, 이어 흉노로 달아난 진량陳良과 종대終帶 등을 돈을 주고 사겠다는 뜻을 전했다. 선우가 진량 등 27명을 모두 잡은 뒤 형틀을 채워 함거에 가두는 계함械檻을 하여 사자에게 건네주었다. 또 주유고석왕廚唯姑夕王 난제부欒提富 등 40명을 파견해 왕흡과 왕삽을 호송하게 했다. 왕망이 불태워 죽일 만한 형벌인 이른바 분여지형焚如之刑[166]에 처한 뒤 진량 등을 모두 소살燒殺했다.

7) 변경 근처에 크게 기근이 드는 대기大饑로 인해 사람들이 서로 잡아먹는 인상식人相食의 참상이 빚어졌다. 간대부諫大夫 여보如普가 변경

166 분여지형焚如之刑은 『주역』「이괘離卦」에 나오는 구절을 인용한 새로운 형벌의 명칭이다. 「이괘」의 구사효사九四爻辭에 "아침노을이 돌연히 솟아올라 맹렬히 타오르는 분여焚如, 순식간에 사그라지는 사여死如, 완전히 버려지는 기여棄如의 모습을 한 듯하다."는 구절이 나온다. 모두 부모에게 불효를 한 사람을 지칭하는 말이다. '분여지형'은 화형, '사여지형'은 사형, '기여지형'은 추방형을 가리킨다.

의 군대를 시찰하고 돌아온 뒤 말했다.

"군사들이 오랫동안 주둔해 한고寒苦에 시달리는데 변경의 군현인 변군邊郡은 특별히 이들에게 공급할 게 없습니다. 지금 선우가 새로 화친하려 하니 의당 이에 근거해 파병罷兵해야 할 것입니다."

교위校尉 한위韓威가 진언했다.

"신나라의 위엄으로 호로胡虜를 병탄하는 것은 입 안의 벼룩이나 이를 씹어 먹는 구중조슬口中蚤虱과 다를 바 없습니다. 신은 원컨대 용감지사勇敢之士 5,000명을 이끌고 1두斗의 군량도 휴대하지 않은 채 진격하면서 주리면 호로의 살을 먹고, 목마르면 호로의 피를 마시면서 가히 횡행橫行하려 합니다!"

왕망이 그의 말이 장하다고 생각해 장군으로 삼았다. 그러나 택한 것은 간대부 여보의 진언이었다. 변경에서 제장들을 불러들이고, 압난장군厭難將軍 진흠陳欽 등 18명을 면직시키고, 또 4관四關을 경비하는 진도위鎭都尉의 여러 주둔 부대를 철군시켰다.

선우는 왕망이 뇌물을 주는 것을 탐했다. 겉으로는 왕소군 등을 보내 화친을 꾀하는 한나라의 고사故事를 잊지 않고, 속으로는 노략을 하는 구략寇掠을 이롭게 생각한 이유다. 이어 사자가 돌아와 아들 난제등欒提登이 전에 죽은 것을 알고는 원한怨恨을 품었다. 좌지左地로부터 중원으로 노략해 들어오는 일을 그치지 않은 이유다. 사자가 선우에게 그 까닭을 묻자 곧 이같이 대답했다.

"오환과 흉노는 무상無狀하오. 교활한 백성인 힐민黠民이 함께 침구侵寇해 요새 안으로 들어가는 것은 비유하면 중국 안에 도적이 있는 것에 지나지 않을 뿐이오! 나 난제함欒提咸은 처음으로 즉위해 나라를 갖고 있기는 하나 위신威信이 아직 천단淺短하오. 그럼에도 침구의 금지에 진력하며 감히 이심二心을 품고 있지 않소!"

왕망이 다시 군사를 보내 주둔시켰다.

8) 익주益州운남성 진녕현의 만이蠻夷가 근심하고 시끄러운 수요愁擾의 모습을 보이다가 모두 배반해 다시 익주대윤益州大尹 정륭程隆을 살해했다. 왕망이 평만장군平蠻將軍 풍무馮茂를 파견해 파巴사천성 중경시와 촉蜀사천성 성도시 및 건위犍為사천성 의빈시의 이사吏士를 징발하고, 백성들로부터 부렴賦斂을 넉넉히 거둔 뒤 이들을 공격했다.

9) 왕망이 다시 금金, 은銀, 구龜, 패貝의 화폐를 사용하도록 명을 내렸다. 이때 대거 그 가치를 늘이거나 줄이는 증감增減을 시행했다. 또 대전大錢과 소전小錢을 폐기하는 대신 화포貨布와 화천貨泉[167]의 2개 화폐를 병용하게 했다. 그러나 문득 대전의 사용을 금지할 경우 사용이 오래된 까닭에 백성들의 소지를 금할 길이 없음을 우려했다. 이내 일시적으로 사용을 허용하면서 6년이 지나면 다시는 대전을 소지하지 못하도록 조치했다. 매번 화폐를 바꿀 때마다 백성들은 파업破業 즉 파산破産을 했고, 왕왕 이로 인해 형벌에 빠지게 됐다.

* 王莽中天鳳元年

春, 正月, 赦天下.

莽下詔曰, "將以是歲四仲月遍行巡狩之禮, 太官賫糒·乾肉, 內者行張坐臥. 所過毋得有所給. 俟畢北巡狩之禮, 即於土中居洛陽之都." 群公奏言曰, "皇帝至孝, 新遭文母之喪, 顏色未復, 飲食損少. 今一歲四巡, 道路萬里, 春秋尊, 非糒·乾肉之所能堪. 且無巡狩, 須

167 화포貨布는 열쇠고리 모습의 화폐로, 길이가 3촌5푼, 너비가 1촌, 무게가 25수銖, 가치가 25전錢이었다. 오른쪽에 화貨, 왼쪽에 포布가 써져 있었다. 화천貨泉는 가운데가 네모나게 뚫린 동전 모습의 화폐로, 직경이 1촌, 무게가 5수, 가치가 1전이었다. 오른쪽에 화貨, 왼쪽에 천泉이 써져 있었다.

闋大服, 以安聖體." 莽從之, 要期以天鳳七年巡狩. 厥明年, 即土之中, 遣太傅平晏·大司空王邑之洛陽營相宅兆, 圖起宗廟·社稷·郊兆云.

三月, 壬申晦, 日有食之. 大赦天下. 以災異策大司馬逯并就侯氏朝位, 太傅平晏勿領尚書事. 以利苗男訢為大司馬. 莽即真, 尤備大臣, 抑奪下權, 朝臣有言其過失者, 輒拔擢. 孔仁·趙博·費興等以敢擊大臣, 故見信任, 擇名官而居之. 國將哀章頗不清, 莽為選置和叔, 敕曰, "非但保國將閨門, 當保親屬在西州者." 諸公皆輕賤, 而章尤甚.

夏, 四月, 隕霜殺草木, 海瀕尤甚. 六月, 黃霧四塞. 秋, 七月, 大風拔樹, 飛北闕直城門屋瓦. 雨雹, 殺牛羊.

莽以『周官』·『王制』之文, 置卒正·連率·大尹, 職如太守. 又置州牧·部監二十五人. 分長安城旁六鄉, 置帥各一人. 分三輔為六尉郡. 河東·河內·弘農·河南·潁川·南陽為六隊郡. 更名河南大尹曰保忠信卿. 益河南屬縣滿三十, 置六郊州長各一人, 人主五縣. 及它官名悉改. 大郡至分為五, 合百二十有五郡. 九州之內, 縣二千二百有三. 又仿古六服為惟城·惟寧·惟翰·惟屏·惟垣·惟藩, 各以其方為稱, 總為萬國焉. 其後, 歲復變更, 一郡至五易名, 而還復其故. 吏民不能紀, 每下詔書, 輒繫其故名云.

匈奴右骨都侯須卜當·伊墨居次雲勸單于和親, 遣人之西河虎猛制虜塞下, 告塞吏云, "欲見和親侯." 和親侯者, 王昭君兄子歙也. 中部都尉以聞, 莽遣歙·歙弟騎都尉·展德侯颯使匈奴, 賀單于初立, 賜黃金·衣被·繒帛. 紿言侍子登在, 因購求陳良·終帶等. 單于盡收陳良等二十七人, 皆械檻付使者, 遣廚唯姑夕王富等四十人送歙·颯. 莽作焚如之刑, 燒殺陳良等.

緣邊大饑, 人相食. 諫大夫如普行邊兵還, 言曰, "軍士久屯寒苦, 邊郡無以相贍. 今單于新和, 宜因是罷兵." 校尉韓威進曰, "以新室之威而呑胡虜, 無異口中蚤虱. 臣願得勇敢之士五千人, 不繼斗糧, 饑食虜肉, 渴飮其血, 可以橫行!" 莽壯其言, 以威為將軍. 然采普言, 徵還諸將在邊者, 免陳欽等十八人, 又罷四關鎮都尉諸屯兵. 單于貪莽賂遺, 故外不失漢故事, 然內利寇掠. 又使還, 知子登前死, 怨恨, 寇虜從左地入不絕. 使者問單于, 輒曰, "烏桓與匈奴無狀黠民共為寇入塞, 譬如中國有盜賊耳! 咸初立持國, 威信尚淺, 盡力禁止, 不敢有二心!" 莽復發軍屯.

益州蠻夷愁擾, 盡反, 復殺益州大尹程隆. 莽遣平蠻將軍馮茂發巴·蜀·犍為吏士, 賦斂取足於民, 以擊之.

莽復申下金·銀·龜·貝之貨, 頗增減其賈直, 而罷大·小錢, 改作貨布·貨泉二品幷行. 又以大錢行久, 罷之恐民挾不止, 乃令民且獨行大錢. 盡六年, 毋得復挾大錢矣. 每壹易錢, 民用破業而大陷刑.

** 권38-한기漢紀 30: 적미적이 횡행하다

왕망 천봉 2년(AD 15)

1) 봄 2월, 천하에 대사령을 내렸다.

2) 민간에서는 황룡이 황산궁黃山宮섬서성 흥평현 안에 떨어져 죽었다는 와언訛言이 있었다. 백성들 가운데 달려가서 본 사람이 1만 명을 헤아렸다. 황색의 토덕土德을 내세운 신나라의 왕망이 이를 싫어해 체포해 가두고 와언이 시작된 배경을 탐문하도록 했으나 찾아낼 수 없었다.

3) 흉노의 제19대 난제함欒提咸 선우가 이미 중국과 화친하고 나자 자신의 아들인 난제등欒提登의 시신을 요구했다. 왕망이 사자를 파견해 보내려고 했으나 난제함이 원한을 품고 사자를 해칠까 두려웠다. 마침내 시자侍子로 왔던 난제등을 죽여야 한다고 건의한 이전의 장군인 진흠陳欽을 체포해 다른 죄로 죽였다. 왕망이 제남濟南산동성 역성현 출신 왕함王咸을 변사辯士로 선발해 대사大使로 삼았다.

여름 5월, 왕망이 다시 화친후和親侯 왕흡王歙과 왕함王咸 등을 파견해 우주유석고왕右廚唯姑夕王을 호송하게 하고, 전에 참수했던 시자 난제등과 여러 귀인貴人 시종들의 영구를 받들어 돌려보냈다. 난제함 선우는 왕소군王昭君이 낳은 딸인 이묵거차伊墨居次 난제운欒提雲이 우골도후右骨都侯 수복당須卜當 사이에서 얻은 아들로 군사 감독의 대저거大且渠를 맡고 있는 수복사須卜奢 등을 변경으로 보내 이들을 영접하게 했다.

왕함은 선우의 왕정에 이르러 왕망의 위덕威德을 얘기하고, 왕망이 선우에게 보낸 많은 금은보화인 금진金珍을 늘어놓으며 호칭을 바꿀 것을 유세誘說했다. 흉노匈奴를 공경한 흉노를 뜻하는 '공노恭奴', 선우를 착한 선우를 뜻하는 '선우善于'로 부르면서 인수印綬를 하사한 게 그렇다. 또 우골도후 수복당을 후안공後安公, 그의 아들 수복사를 후안후後安侯로 삼았다. 선우가 왕망의 금폐金幣에 욕심을 낸 나머지 몸을 굽혀 이를 들어주었다. 그러나 변경에 대한 침도寇盜는 여전했다.

4) 왕망은 내심 제도가 정해지면 천하가 스스로 평안해질 것으로 생각했다. 지리地理를 깊이 감안해 예제와 음악을 제작하는 제례작악制禮作樂을 하고, 육경六經에 합당한 이론을 강구한 이유다. 공경들은 아침에 들어왔다가 저녁에 나가는 단입모출旦入暮出을 하면서 해마다 이를 논의했으나 결론을 내지 못했다. 이로 인해 백성들의 옥송獄訟이나 원결冤結 등 백성들의 급무急務를 살펴볼 겨를이 없었다.

현재縣宰 즉 현령은 결원이 되어도 몇 년 동안 임시로 맡는 수직守職과 본직 이외의 다른 직책을 맡는 겸직兼職을 해야만 했다. 관원들의 탐욕스럽고 잔학한 탐잔貪殘이 모든 면에서 날로 심해졌다. 중랑장·수의집법繡衣執法 가운데 군국郡國에 있는 자들은 나란히 권세에 올라타 서로를 천거하기 위해 바삐 상주했다. 또 11명의 공公과 휘하 소리小吏인 사士들이 각지에 분포分佈하여 농상農桑을 권장하고, 시령時令을 반포하고, 여러 문서를 살펴봤다. 관모官帽와 수레의 덮개가 서로 맞닿을 정도로 붐빈 관개상망冠蓋相望과 오가는 관원들이 길에서 서로 엇갈릴 정도로 많은 교착도로交錯道路의 모습이 빚어진 이유다. 이민吏民들을 불러 모아 체포하며 증좌證左를 찾고, 군현郡縣이 부렴賦斂으로 서로 뇌물을 건네자 흑백이 마구 뒤섞이게 됐다. 대궐 앞을 지키며 고소하는 자가 많아진 배경이다.

왕망은 전에 권력을 멋대로 휘두르는 전권顓權을 통해 한나라 정권을 탈취한 까닭에 모든 업무를 스스로 총람總攬했다. 해당 관청인 유사有司는 이미 작성된 사안을 집행하며 면책하는 일에 급급했다. 모든 보물명기寶物名器, 궁궐창고인 탕장帑藏, 전곡錢穀 모두 환자宦者 소관이었다. 이민吏民이 봉사封事를 올리면 환관宦官이나 좌우左右에서 모두 펼쳐보는 개발開發을 한 까닭에 봉서를 먼저 살펴보고 황제에게 상주하던 상서尚書는 그 내용을 알 수 없었다. 왕망이 신하들을 두려워하며 대비하는 것이 이와 같았다.

또 그는 제도의 변개變改를 극히 좋아했다. 정령政令이 번다煩多하고, 봉행奉行하는 자들이 매번 질문하며 일을 처리했다. 앞의 일이 처리도 되지 않은 상황에서 뒤의 일이 밀려드는 전후상승前後相乘과 심란心亂하고 눈이 어지러워 어찌할 바를 모르는 궤모부설憒眊不渫의 상황이 빚어진 이유다.

왕망은 늘 등화燈火를 가까이하며 날이 밝을 때까지 일을 처리했지만 오히려 이를 이겨낼 길이 없었다. 상서尚書가 이를 기화로 사안을 뒤로 미루는 침사寢事 등의 농간을 부렸다. 상서上書한 자들은 해를 넘겨도 회보를 받지 못해 사안을 해결할 길이 없었고, 군현郡縣에 구계拘繫된 자들은 사면을 받은 뒤에야 겨우 풀려 나올 수 있었고, 변경 등을 지키는 위졸衛卒들은 3년이 지나야 교대가 이뤄졌다. 곡적穀糴이 늘 비싼 까닭에 변병邊兵 20여만 명은 의식衣食을 공급하는 현관縣官을 바라봐야만 했다. 특히 오원五原내몽골 포두시 서북쪽과 대군代郡하북성 울현의 피해가 더욱 심해, 도적이 된 백성들이 수천 명의 무리를 이끌고 이웃 군郡으로 전입轉入했다. 왕망이 포도장군捕盜將軍 공인孔仁에게 명해 병사를 이끌고 가 군현郡縣과 합세해 도적의 무리를 치게 했다. 1년여가 지난 뒤에야 이내 평정됐다.

5) 한단邯鄲 이북에서 계속된 대우大雨로 인해 지하에서 물이 솟아올

랐다. 깊은 곳은 수심이 몇 장丈이나 됐다. 급류에 휩쓸려 익사하는 유살流殺이 수천 명에 달했다.

** 起旃蒙大淵獻, 盡玄黓敦牂, 凡八年.

王莽下天鳳二年

春, 二月, 大赦天下.

民訛言黃龍墮死黃山宮中, 百姓奔走往觀者有萬數. 莽惡之, 捕繫, 問語所從起, 不能得.

單于咸旣和親, 求其子登屍. 莽欲遣使送致, 恐咸怨恨, 害使者, 乃收前言當誅侍子者故將軍陳欽, 以他罪殺之. 莽選辯士濟南王咸為大使. 夏, 五月, 莽復遣和親侯歙與咸等送右廚唯姑夕王, 因奉歸前所斬侍子登及諸貴人從者喪. 單于遣雲·當子男大且渠奢等至塞迎之. 咸到單于庭, 陳莽威德, 莽亦多遺單于金珍, 因諭說改其號, 號匈奴曰"恭奴", 單于曰"善于", 賜印綬, 封骨都侯當為後安公, 當子男奢為後安侯. 單于貪莽金幣, 故曲聽之, 然寇盜如故.

莽意以為制定則天下自平, 故銳思於地理, 制禮, 作樂, 講合『六經』之說. 公卿旦入暮出, 論議連年不決, 不暇省獄訟冤結, 民之急務. 縣宰缺者數年守兼, 一切貪殘日甚. 中郎將·繡衣執法在郡國者, 幷乘權勢, 傳相舉奏. 又十一公士分佈勸農桑, 班時令, 按諸章, 冠蓋相望, 交錯道路, 召會吏民, 逮捕證左, 郡縣賦斂, 遞相賕賂, 白黑紛然, 守闕告訴者多. 莽自見前顓權以得漢政, 故務自攬眾事, 有司受成苟免. 諸寶物名·帑藏·錢穀官皆宦者領之. 吏民上封事, 宦官·左右開發, 尚書不得知. 其畏備臣下如此. 又好變改制度, 政令煩多, 當奉行者, 輒質問乃以從事, 前後相乘, 憒眊不渫. 莽常御燈火至明, 猶不能勝. 尚書因是為奸, 寢事, 上書待報者連年不得去, 拘繫郡縣者逢赦而後出, 衛卒不交代者至三歲. 穀糴常貴, 邊兵二十餘萬人, 仰衣食縣官. 五原·代郡尤被其毒, 起為盜賊, 數千人為輩, 轉入旁郡. 莽遣捕盜將軍孔仁將兵與郡縣合擊, 歲餘乃定.

邯鄲以北大雨, 水出, 深者數丈, 流殺數千人.

왕망 천봉 3년(AD 16)

1) 봄 2월 18일[168], 지진이 있었고, 큰 우설雨雪이 있었다. 함곡관 동쪽인 관동關東이 우심尤甚했다. 깊은 곳은 1장丈이나 됐다. 죽백竹柏이 혹여 말라죽었다. 대사공 왕읍王邑이 상서해 지진에 책임을 지고 걸해골乞骸骨을 했다. 왕망이 불허하며 말했다.

"무릇 땅은 움직이고, 움직이면 지진이 따르고, 지진이 따르면 피해가 있게 마련이오. 땅이 움직이는 것 자체가 해로운 게 아니오. 『춘추』에 지진을 기록하고, 『주역』「계사繫辭」에서 '땅은 움직이게 마련이고, 고요하거나 움직일 때 땅이 열리거나 닫히는 벽흡闢翕의 현상이 나타나고, 덕분에 만물이 생장한다'고 언급한 것은 이 때문이오."[169]

그가 스스로 이치를 속이며 수식하는 무식誣飾의 행보가 모두 이와 같았다.

2) 이에 앞서 왕망의 신나라 봉록俸祿 제도가 확정되지 않은 까닭에 위로는 공후公侯에서 아래로는 소리小吏에 이르기까지 모두 봉록을 받지

168 원문은 '2월二月, 을유乙酉'이다. 2월에 '을유'는 없다. '을유'가 18일을 뜻하는 '기유'의 오사일 공산이 크다. 번역문은 '기유'로 간주했다.

169 원문은 '곤동坤動, 동정벽흡動靜辟翕, 만물생언萬物生焉'이다. 이는 『주역』「계사상」에서 무릇 곤坤은 고요히 있을 때는 굳게 닫혀 있고 움직일 때에는 활짝 열리는 벽闢의 모습을 보이기에 만물이 널리 생육한다는 취지의 '부곤夫坤, 기정야흡其靜也翕, 기동야벽其動也闢, 시이광생언是以廣生焉' 구절을 차용한 것이다.

못했다.

여름 5월, 왕망이 하서下書했다.

"내가 음양가에서 말하는 양액陽戹 5개와 음액陰戹 4개가 합쳐진 재화災禍인 양구지액陽九之戹을 비롯해 106년 만의 액운인 백육지회百六之會[170]를 만난 탓에 국용國用이 부족하고, 백성들 역시 시끄럽게 동요하는 소동騷動을 하고 있소. 공경公卿 이하의 관원들이 1달의 봉록으로 겨우 10종稯[171]으로 짠 포布 2필匹 혹은 백帛 1필을 받소. 내가 매번 이를 생각하면 일찍이 걱정하지 않은 적이 없소. 이제 기왕의 이런 액운의 고비는 이미 넘겼소. 부탕府帑 즉 부고府庫가 비록 아직 다 채워지지는 않았으나 대략 점차 넉넉해질 것이오. 오는 6월 1일부터 시작해 모든 관원들에게 봉록을 정해진 규정대로 지급하도록 하겠소."

관원의 등급은 사보四輔와 공경公卿 및 대부大夫와 사士로부터 시작해 아래로는 여輿와 요僚에 이르기까지 모두 15등급[172]이었다. 요僚의 봉록은 1년에 66곡斛으로, 위로 올라갈수록 차등 있게 조금씩 늘려주었다. 가장 높은 사보四輔에 이르면 1년에 1만 곡斛에 달한다고 했다. 왕망이

---

170 백육지회百六之會는 106년에 만나는 액운을 가리킨다. 『한서』「율력지」에 따르면 4,500년의 1원元에서 9번의 액운을 만나고, 106년에 만나는 액운은 양陽의 액운에 해당한다. '백육지회'라고 부른 이유다.

171 여기의 종稯은 날실을 세는 포백의 단위이다. 포백을 짤 때 2척2촌의 폭에 80가닥의 실을 늘어뜨려 짠 것을 1종稯이라고 한다.

172 『춘추좌전』「노소공 7년」조에 "하늘에는 10일日, 인간에게는 10등等이 있다. 왕王은 공公, 공은 대부大夫, 대부는 사士, 사는 조皁, 조는 여輿, 여는 예隸, 예는 요僚, 요는 복僕, 복은 대臺를 다스린다."는 구절이 나온다. 건륭제 때의 유정섭兪正燮은 『계사유고癸巳類稿』「복신대의僕臣臺儀」에서 풀이하기를, "사士는 위사衛士의 우두머리, 조皁는 작위가 없는 선비, 여輿는 무리, 예隸는 노역형의 죄인, 요僚는 죄를 지어 노비가 된 자에게 일을 맡기는 자, 복僕은 죄를 지어 노비가 된 자, 대臺는 죄인으로 노비가 된 뒤 달아났다가 다시 잡혀 노비가 된 자를 말한다."고 했다.

말했다.

"옛날 풍년이 들면 그 예禮를 가득 채우고, 재해가 있으면 그 예를 덜어낸 바가 있소. 백성들과 함께 동우동희同憂同喜하려 한 것이오. 비용을 계산할 때 매년 군국에서 올려 보낸 장부로 통계通計를 냈소. 천하가 다행히 재해가 없으면 태관太官의 제사음식인 선수膳羞는 규정된 물품을 완비하고, 재해가 있으면 경중에 따라 차등을 두어 음식을 줄이는 손선損膳을 했소. 11공公을 비롯해 6사六司와 6경六卿 이하는 각자 주군州郡과 국읍國邑으로 가서 자신의 재해에 관해 스스로 떠안고, 경중에 따라 차등을 두어 자신의 봉록을 줄이도록 하시오. 낭郎과 종관從官, 경사인 중도中都의 관리는 봉록을 경사의 관부인 도내都內에서 봉록을 받는 자들이오. 태관太官이 선수膳羞를 갖추거나 덜어내는 것을 기준으로 삼도록 하시오. 상하가 같은 마음으로 농업을 권진勸進해 일반백성인 원원元元을 안정시켜 주길 바라오."

왕망의 신나라가 만든 제도의 번쇄煩碎한 모습이 이와 같았다. 세금을 부과하고 계산하는 방법을 정리할 수가 없었던 까닭에 관원들은 끝내 봉록을 받을 수 없었다. 각자 자신의 관직을 이용해 간사한 방법으로 뇌물을 받아 스스로 공급共給하게 된 이유다.

3) 5월 9일, 장평관長平館의 서안西岸의 붕괴로 흙이 경수涇水를 막아 물이 흐르지 못하고, 이전의 물길이 훼손돼 북쪽으로 흘렀다. 군신群臣들이 왕망에게 장수를 비는 상수上壽를 하면서 말하기를, '「하도河圖」에서 흙으로 물을 막는다고 했는데 이는 흉노가 망할 상서로운 조짐이다'라고 했다. 왕망이 이내 병주목并州牧 송홍宋弘과 유격도위游擊都尉 임맹任萌 등을 파견해 병사들을 이끌고 가 흉노를 치게 했다. 이들은 변경에 이르러 싸우지 않은 채 주둔했다.

4) 가을 7월 1일, 장안성 동남쪽의 첫 번째 문인 패성문霸城門에 화재

가 났다.

5) 6월 29일, 일식이 있었다. 천하에 대사령을 내렸다.

6) 평만장군平蠻將軍 풍무馮茂가 구정句町운남성 광남현을 쳤다. 사졸 가운데 역질疫疾에 걸려 죽은 자가 10에 6-7이었다. 백성들의 재물 가운데 절반을 군사비용을 대기 위해 부렴賦斂 명목으로 거둔 뒤 익주益州운남성 진녕현에서 허모虛耗했으나 결국 이기지 못했다. 왕망이 풍무를 징환徵還한 뒤 하옥시켜 죽여 버렸다.

겨울, 다시 영시장군寧始將軍 염단廉丹과 이전의 익주인 용부庸部의 주목州牧 사웅史熊을 파견해 천수天水감숙성 통위현와 농서隴西감숙성 임도현의 기사騎士를 비롯해 광한廣漢사천성 수녕현, 파巴사천성 중경시, 촉蜀사천성 성도시, 건우犍為사천성 의빈시에서 징집한 이민吏民 10만 명과 군량 등을 운반하는 자 등 총 20만 명을 징발해 이들을 공격하게 했다.

개전 당시 수천 명을 참수했으나 이후 군량이 전후로 제때 이르지 않자 사졸이 굶주리며 역질에 걸렸다. 왕망이 염단과 사웅을 소한했다. 염단과 사웅이 군량 등의 조달을 원활히 해주면 반드시 승리해 환군하겠다고 장담하자 왕망이 부렴을 더욱 크게 했다. 취도就都사천성 광도현 대윤大尹 풍영馮英이 군량 등의 공급을 거절하며 이같이 상언했다.

"서남이가 반기를 든 이후 10여 년이 지났습니다. 군현郡縣들이 수비하며 공격하는 거격距擊을 그치지 않고 풍무를 계속 기용하며 모든 수단을 동원하는 등 평정을 위해 진력했습니다. 북도僰道사천성 의빈시 이남은 산이 험하고 골짜기가 깊고, 수풀이 뒤엉켜 있는데다 물도 나쁜데 풍무가 무리하게 백성들을 몰아 먼 곳에 거주시켰습니다. 1억 전을 헤아리는 비용을 썼음에도 이사吏士들 가운데 독기毒氣에 걸려 죽은 자가 10의 7이나 됐습니다. 지금 염단과 사웅은 자신의 책임을 추궁당할까 두려운 나머지 여러 군의 병사와 양식을 조발調發하려 합니다. 다시 백성들의 재물

가운데 10의 4를 빼앗으면 이전의 익주益州인 양주梁州는 이내 텅 비고, 공로 또한 끝내 이룰 길이 없을 것입니다. 의당 변경에 주둔하면서 둔전을 실시하게 하고, 중상重賞에 대한 규정을 명확히 해야 할 것입니다."

왕망이 크게 노해 풍영을 면관免官했다. 뒤에 크게 깨닫고 이같이 말했다.

"풍영에 대해 이같이 심하게 질책해서는 안 되는 일이었다."

그러고는 다시 풍영을 태수에 해당하는 장사長沙의 연솔連率로 삼았다. 월수越巂사천성 서창현의 만이蠻夷 임귀任貴 역시 태수인 매근枚根을 살해한 뒤 공곡왕邛谷王으로 자립했다.

7) 적의翟義의 무리인 왕손경王孫慶이 체포됐다. 왕망이 태의太醫 및 궁실의 주방인 상방尙方, 기교 있는 도살자인 교도巧屠로 하여금 그의 몸을 가르고 껍질을 벗기는 고박刳剝을 하도록 했다. 오장五臧을 측량하고, 작은 대나무 침을 이용해 혈맥을 따라가며 그 종시終始를 알아보는 인체 해부를 실시하게 했다. 장차 치병治病에 활용하기 위해서였다.

8) 이 해에 왕망이 대사大使인 오위장五威將 왕준王駿과 서역도호西域都護 이숭李崇, 무기교위戊己校尉 곽흠郭欽을 파견해 서역으로 가게 했다. 서역의 여러 나라가 모두 교외에서 영접하는 교영郊迎을 하고, 병곡兵穀을 보내 주었다. 왕준은 습격할 요량으로 언기焉耆신강성 언기현에 대해 거짓 항복한 뒤 군사를 모아 스스로 대비했다. 왕준 등은 사차莎車와 구자龜茲의 병사 7,000여 명을 이끌면서 몇 개의 부대로 나누고, 곽흠과 좌수佐帥 하봉何封에게 명해 별도로 군사를 이끈 채 뒤에 머물도록 했다. 왕준 등이 언기로 들어갈 때 언기에서 복병伏兵을 이용해 왕준의 길을 문득 차단하고 나섰다. 고묵姑墨과 봉리封犁 및 위수국危須國의 군사들이 삽시간에 배반해 언기의 군사와 함께 왕준 등을 습격해 모두 죽였다.

곽흠과 하봉이 잠시 후 언기에 도착했을 때 언기의 군사들은 아직 환군하기 전이었다. 곽흠이 이들을 습격해 노약자를 죽이고, 차사車師신강성 토로번현로부터 변새邊塞 안으로 들어오는 입새入塞를 했다.

왕망이 곽흠을 전외장군塡外將軍에 제수하고, 자작인 초호자剿胡子에 봉했다. 하봉은 남작인 집호남集胡男에 봉해졌다. 이숭李崇은 나머지 병사를 거둬 돌아온 뒤 구자龜玆를 지켰다. 이후 왕망이 패망하고, 이숭이 죽자 서역은 마침내 중국과 격절隔絶되고 말았다.

* 王莽下天鳳三年

春, 二月, 乙酉, 地震, 大雨雪. 關東尤甚, 深者一丈, 竹柏或枯. 大司空王邑上書, 以地震乞骸骨. 莽不許, 曰, "夫地有動有震, 震者有害, 動者不害. 『春秋』記地震, 『易』「繫」坤動. 動靜辟翕, 萬物生焉." 其好自誣飾, 皆此類也.

先是, 莽以製作未定, 上自公侯, 下至小吏, 皆不得俸祿. 夏, 五月, 莽下書曰, "予遭陽九之厄, 百六之會, 國用不足, 民人騷動, 自公卿以下, 一月之祿十緵布二匹, 或帛一匹. 予每念之, 未嘗不戚焉. 今厄會已度, 府帑雖未能充, 略頗稍給. 其以六月朔庚寅始, 賦吏祿皆如制度." 四輔·公卿·大夫·士下至輿·僚, 凡十五等. 僚祿一歲六十六斛, 稍以差增. 上至四輔而為萬斛云. 莽又曰, "古者歲豐穰則充其禮, 有災害則有所損, 與百姓同憂喜也. 其用上計時通計, 天下幸無災害者, 太官膳羞備其品矣. 即有災害, 以什率多少而損膳焉. 自十一公·六司·六卿以下, 各分州郡·國邑保其災害, 亦以十率多少而損其祿. 郎·從官·中都官吏食祿都內之委者, 以太官膳羞備損而為節. 冀上下同心, 勸進農業, 安元元焉." 莽之制度煩碎如此, 課計不可理, 吏終不得祿, 各因官職為奸, 受取賕賂以自共給焉.

戊辰, 長平館西岸崩, 壅涇水不流, 毀而北行. 群臣上壽, 以為『河圖』所謂"以土填水", 匈奴滅亡之祥也. 莽乃遣并州牧宋弘·游擊都尉任萌等將兵擊匈奴, 至邊上屯.

秋, 七月, 辛酉, 霸城門災.

戊子晦, 日有食之. 大赦天下.

平蠻將軍馮茂擊句町, 士卒疾疫死者什六七, 賦斂民財什取五, 益州虛耗而不克. 徵還, 下獄死. 冬, 更遣寧始將軍廉丹與庸部牧史熊, 大發天水·隴西騎士, 廣漢·巴·蜀·犍為吏民十萬人·轉輸者合二十萬人擊之. 始至, 頗斬首數千. 其後軍糧前後不相及, 士卒饑疫. 莽徵丹·熊, 丹·熊願益調度, 必克乃還, 復大賦斂. 就都大尹馮英不肯給, 上言曰, "自西南夷反叛以來, 積且十年, 郡縣距擊不已. 續用馮茂, 苟施一切之政, 僰道以南, 山險高深, 茂多驅衆遠居, 費以億計, 吏士罹毒氣死者什七. 今丹·熊懼於自詭, 期會調發諸郡兵穀, 復訾民取其什四, 空破梁州, 功終不遂. 宜罷兵屯田, 明設購賞." 莽怒, 免英官. 後頗覺寤, 曰, "英亦未可厚非." 復以英為長沙連率. 越巂蠻夷任貴亦殺太守枚根, 自立為邛谷王.

翟義黨王孫慶捕得, 莽使太醫·尚方與巧屠共刳剝之, 量度五臧, 以竹筳導其脈, 知所終始, 云可以治病.

是歲, 遣大使五威將王駿·西域都護李崇·戊己校尉郭欽出西域. 諸國皆郊迎, 送兵穀. 駿欲襲擊之, 焉耆詐降而聚兵自備, 駿等將莎車·龜茲兵七千餘人分為數部, 命郭欽及佐帥何封別將居後. 駿等入焉耆, 焉耆伏兵要遮駿, 及姑墨·封犁·危須國兵為反間, 還共襲駿等, 皆殺之. 欽·封後至焉耆, 焉耆兵未還, 欽襲擊, 殺其老弱, 從車師還入塞. 莽拜欽為填外將軍, 封剿胡子. 何封為集胡男. 李崇收餘士, 還保龜茲. 及莽敗, 崇沒, 西域遂絕.

왕망 천봉 4년(AD 17)

1) 여름 6월, 천자가 제후를 봉할 때 해당 방향의 흙을 띠 풀로 싸서 주는 의식을 거행하기 위해 왕망이 다시 제후왕에게 명당에서 모토茅土를 나눠주었다. 친히 무늬 있는 돌인 문석文石을 깔고, 띠 풀인 청모菁茅와 사색四色의 흙을 벌려 놓고, 태산泰山인 대종岱宗과 황실의 사당인 태사泰社와 토지 신인 후토后土 및 선조先祖와 선조의 모친인 선비先妣에게 고한 뒤 그리했다. 왕망은 공언空言을 좋아했고, 옛 법도인 고법古法을 사모했고, 사람들을 대거 봉작封爵했고, 성정이 실로 인색吝嗇했다. 형식상 비록 사람들에게 봉지를 내렸으나 동서남북의 지리地理에 의거한 까닭에 아직 봉지가 명확히 획정된 것은 아니었다. 잠정적인 조치로 모토茅土를 건네준 것은 그런 상징적인 행보를 통해 봉작에 환호하는 자들을 안위安慰하려 한 것이다.

2) 가을 8월, 왕망이 친히 남교南郊로 가서 제사를 지내고, 위두威斗[173]를 주조했다. 오색의 돌과 구리로 이를 만들었다. 마치 북두北斗와 같았고, 길이는 2척尺 5촌寸이었다. 왕망은 무리의 병사들을 상대로 비방秘方으로 액운을 때우는 엽승厭勝을 행하려고 했다. 이미 완성되자 사명司命으로 하여금 이를 지게 했다. 왕망이 나갈 때면 앞, 들어올 때면 옆에 서게 했다.

3) 왕망이 희화명사羲和命士를 설치한 뒤 낙양과 장안 등 6대 도시에 물가조절 기관인 5균五均 및 술과 소금의 전매專賣를 비롯해 주철과 임산업과 어업의 독점 업무인 6관六筦을 감독하게 했다. 군郡에 몇 명씩 두었

173 위두威斗는 『사기』「천관서」에 나오는 북두北斗를 형상화한 인두 모양의 상징물이다. 「천관서」는 북두를 두고 묘사하기를, "북두는 천제가 타는 수레로 하늘의 정중앙을 운행하며 사방을 통제한다. 밤낮을 나누고, 사계를 정하고, 5행을 조절하고, 절기를 바꾸고, 일월성신과 역수曆數 등의 제기諸紀를 정하는 것은 모두 북두에 달려 있다."고 했다.

다. 모두 부유한 상인을 채용해 업무를 보게 했다. 이들은 전거傳車를 타고 이익을 구하며 천하를 오갔다. 기회를 틈타 군현郡縣의 탐관오리와 간사하게 거래하는 통간通姦을 했다. 허위장부인 공부空簿를 늘어놓고, 창고의 물건을 부실하게 채웠다. 민생이 더욱 궁고窮苦해진 이유다.

이 해에 왕망이 다시 조서를 내려 6관의 업무와 관련해 매 1관一筦마다 과조科條를 설치해 농간을 방금防禁하려 했다. 이를 범하는 자는 심지어 사형에 처해지기도 했다. 그러나 간리奸吏와 활민猾民이 함께 법금法禁을 침해하자 중서衆庶의 삶은 더욱 불안해졌다. 또한 상공上公 이하 노비를 보유한 모든 사람이 일률적으로 1인 당 3,600전을 납부하게 하자 천하가 더욱 근심했다. 납언納言 풍상馮常이 6관에 관해 간하자 왕망이 대로해 면관시켰다.

법령이 번가煩苛한 탓에 백성들은 손만 움직여도 금령에 저촉되는 요수촉금搖手觸禁의 처지에 빠졌다. 게다가 경상耕桑이 이뤄지지 않고, 요역繇役이 번극煩劇하고, 말라버리는 가뭄인 고한枯旱과 황충蝗蟲의 해가 번갈아 찾아오고, 옥송獄訟이 해결되지 않았다. 관원들은 가폭苛暴을 내세워 위엄을 부리고, 왕망의 금령에 기대 소민小民을 침각侵刻했다. 부자는 스스로 보호할 길이 없고, 빈자는 스스로 생존할 길이 없었다. 이에 빈부를 막론하고 백성들이 나란히 들고일어나 도적이 된 뒤 산택山澤에 의지해 관원의 침탈을 막았다. 관원들이 이를 잡을 길이 없어 가리는데 가리고 덮는 복폐覆蔽에 급급했다. 점점 스며드는 침음浸淫이 날로 확대된 배경이다.

임회臨淮안휘성 우이현 출신 과전의瓜田儀 등이 회계會稽강소성 소주시의 장주원長州苑강소성 오현 서남쪽에 의지해 관원의 진입을 막고, 낭야琅邪산동성 제성현의 여모呂母는 무리 수천 명을 모아 해곡海曲산동성 일조현의 현재縣宰를 살해한 뒤 바다로 들어가 도적이 됐다. 그 무리가 점점 많아져 1만 명을 헤아리게 됐다.

형주荊州 일대에 기근饑饉이 들자 민중民衆이 야택野澤으로 들어가 부자鳧茈 즉 수생식물인 마름을 캐어먹으면서, 다시 서로 침탈侵奪했다. 신시新市호북성 경산현 출신 왕광王匡과 왕봉王鳳은 쟁송을 공평히 다스린 덕분에 마침내 민중에 의해 추대되어 두목인 거수渠帥가 됐다. 무리가 수백 명에 달했다. 여러 망명자亡命者들 가운데 남양南陽하남성 남양시 출신 마무馬武, 영천穎川하남성 우현 출신 왕상王常과 성단成丹 등이 모두 왕광 등을 찾아가 추종했다. 이들은 함께 성시城市에서 비교적 멀리 떨어진 크고 작은 마을인 향취鄕聚를 공격한 뒤 녹림산綠林山호북성 부양현 안으로 숨어들었다. 몇 달 동안 그 수가 7천-8천 명에 달했다. 또 남군南郡 출신 장패張霸와 강하江夏 출신 양목羊牧 등이 왕광과 함께 일어났다. 무리가 1만 명에 달했다.

왕망이 민란의 조기 진압을 위해 사자를 곧바로 보내 도적들을 사면하게 했다. 사자가 돌아와 말했다.

"도적들이 해산했다가는 번번이 다시 합치곤 합니다. 그 연고를 묻자 모두 말하기를, '법금法禁의 번거롭고 가혹한 번가煩苛를 걱정하기 때문입니다. 손을 들어 힘써 할 수도 없고, 힘들여 일해도 공세貢稅를 납부하기도 부족합니다. 문을 닫고 스스로를 지켜도 이웃인 인오鄰伍가 주전鑄錢하고 구리를 보유한 죄에 연루되고, 간리奸吏들은 협잡해 백성들을 근심스럽게 만듭니다'라고 했습니다. 백성들은 궁지에 몰린 나머지 함께 일어나 도적이 된 것입니다."

왕망이 대로해 그를 면직시켰다. 어떤 자가 왕망의 뜻을 좇아 이같이 말했다.

"백성이 교만하고 교활한 교힐驕黠의 모습을 보이면 의당 주살해야 합니다."

이같이 덧붙이기도 했다.

"이는 단지 일시적인 현상에 불과한 것으로 얼마 뒤면 자연히 소멸될 것입니다."

왕망이 기뻐하며 곧바로 그의 관직을 올려 주었다.

＊王莽下天鳳四年

夏, 六月, 莽更授諸侯茅土於明堂, 親設文石之平, 陳菁茅四色之土, 告於岱宗·泰社·后土·先祖·先妣以班授之. 莽好空言, 慕古法, 多封爵人, 性實吝嗇, 托以地理未定, 故且先賦茅土, 用慰喜封者.

秋, 八月, 莽親之南郊, 鑄作威斗, 以五石銅為之, 若北斗, 長二尺五寸, 欲以厭勝衆兵. 既成, 令司命負之, 莽出在前, 入在御旁.

莽置羲和命士, 以督五均·六筦. 郡有數人, 皆用富賈為之, 乘傳求利, 交錯天下. 因與郡縣通姦, 多張空簿, 府藏不實, 百姓愈病. 是歲, 莽復下詔申明六筦, 每一筦為設科條防禁, 犯者罪至死. 奸吏猾民并侵, 衆庶各不安生, 又一切調上公以下諸有奴婢者, 率一口出錢三千六百, 天下愈愁. 納言馮常以六筦諫, 莽大怒, 免常官. 法令煩苛, 民搖手觸禁, 不得耕桑, 繇役煩劇, 而枯旱·蝗蟲相因, 獄訟不決. 吏用苛暴立威, 旁緣莽禁, 侵刻小民, 富者不自保, 貧者無以自存, 於是并起為盜賊, 依阻山澤, 吏不能禽而覆蔽之, 浸淫日廣. 臨淮瓜田儀等依阻會稽長州. 琅邪呂母聚黨數千人, 殺海曲宰, 入海中為盜, 其衆浸多, 至萬數. 荊州饑饉, 民衆入野澤, 掘鳧茈而食之, 更相侵奪. 新市人王匡·王鳳為平理諍訟, 遂推為渠帥, 衆數百人. 於是諸亡命者南陽馬武·潁川王常·成丹等, 皆往從之. 共攻離鄉聚, 臧於綠林山中, 數月間至七八千人. 又有南郡張霸·江夏羊牧等與王匡俱起, 衆皆萬人. 莽遣使者即赦盜賊, 還言曰, "盜賊解輒復合, 問其故, 皆曰,

'愁法禁煩苛, 不得擧手, 力作所得, 不足以給貢稅. 閉門自守, 又坐鄰伍鑄錢挾銅, 奸吏因以愁民' 民窮, 悉起為盜賊." 莽大怒, 免之. 其或順指言"民驕黠當誅"及言"時運適然, 且滅不久", 莽說, 輒遷官.

왕망 천봉 5년(AD 18)

1) 봄 정월 초하루, 북군北軍의 남문南門에서 화재가 났다.

2) 부사령관인 대사마사윤大司馬司允 비흥費興을 형주목荊州牧으로 삼았다. 알현할 때 형주부荊州部의 방략方略을 묻자 이같이 대답했다.

"형주荊州와 양주揚州의 백성은 대개 산택山澤에 의지해 물고기를 잡고 나무를 하는 채초采樵를 업으로 삼고 있습니다. 근래 나라에서 6관六筦을 펼치면서 산택에도 세금을 부과해 민리民利를 방탈妨奪하고, 몇 년 동안 계속 가뭄이 들어 백성들이 기궁饑窮의 처지에 놓여 있습니다. 저들이 도적이 된 이유입니다. 저 비흥이 형주부에 도착하면 도적들에게 전리田里로 돌아갈 것을 분명히 밝히고, 쟁기와 소를 비롯해 종자와 식량을 대여해 주고 조부租賦를 너그럽게 할 것입니다. 그러면 가히 백성의 걱정과 원한을 풀어주고, 안심하며 생업에 종사하도록 만들 수 있을 것입니다."

왕망이 노해 비흥을 면관免官시켰다.

3) 천하의 관원들이 봉록을 받지 못하자 서로 간리奸利를 취했다. 군윤郡尹과 현재縣宰의 집에 천금千金이 쌓인 이유다. 왕망이 이내 호로胡虜가 중원을 어지럽힌 시건국始建國 2년 이래 여러 군리軍吏와 연변緣邊의 이대부吏大夫 이상의 관원 가운데 간리로 재산을 늘려 치부한 자를 조사해 그 집 재산의 5분의 4를 징수한 뒤 변경의 급한 곳을 돕도록 했다. 또 공부公府의 인사로 하여금 전거傳車로 천하를 돌아다니며 과하게 욕심을 내는 탐도貪饕를 자세히 조사하는 고복考覆을 하도록 했다. 관리가

그 장수를 고발하고, 노비가 그 주인을 고발하는 길을 열어 간사한 짓을 금하고자 한 것이다. 그러나 간사한 짓은 더욱 심해졌다.

4) 왕망의 손자인 공숭공功崇公 왕종王宗은 스스로 천자의 의관을 입은 용모容貌를 그리고, 불경스런 내용을 담은 3개의 인장[174]을 새긴 일이 발각돼 자살했다. 왕종의 누이인 왕방王妨은 위장군衛將軍 왕흥王興의 부인으로, 시어미를 저주하고 노비를 죽여 절구絕口하려 한 일에 연루돼 왕흥과 함께 자살했다.

5) 이 해에 양웅揚雄이 졸卒했다. 당초 한성제 때 양웅은 낭관郎官이 되어 급사황문給事黃門을 지내면서 왕망과 유수劉秀 등과 같은 반열에 있었다. 한애제 초기에도 동현董賢과 같은 관직에 있었다. 왕망과 동현이 삼공三公이 돼 권력이 인주人主를 기울어뜨릴 정도의 모습을 보이자 이들이 천거한 자들 가운데 발탁되지 않은 자가 없었다. 그러나 양웅은 한성제와 한애제 및 한평제의 3세三世 동안 원래의 자리를 전혀 옮기지 않았다. 왕망이 찬위簒位한 뒤에는 양웅은 나이가 많은 원로인 기로耆老의 자격을 인정받아 대부大夫로 승진했다. 권세와 이익인 세리勢利에 담박했고, 옛 것을 좋아하며 도道를 즐기는 고호락도好古樂道의 삶을 살며 문장으로 후세에 명성을 남기려 했다. 이내 『주역』을 흉내 낸 『대현太玄』을 지어 천天·지地·인人의 도를 종합한 이유다. 또 제자백가의 학설이 각자 지혜롭게 말하기는 했으나 유가의 도道와 다른 길로 내달리는 천치舛馳를 함으로써 대략 성인을 낮춰 비방한 사실을 찾아냈다. 이상하게 빙빙 도는 논리인 괴우怪迂와 궤변에 대한 사이비 풀이인 석변궤사析辯詭辭로 세상을 어지럽혔다고 본 것이다. 비록 소변小辯일지라도 끝내 대도大道를 파괴

174 3개의 인장에는 각각 '유지관維祉冠, 존이하存已夏, 처남산處南山, 장박빙臧薄冰'과 '숙성보계肅聖寶繼' 및 '덕봉창도德封昌圖' 등의 글자가 새겨져 있었다.

하고 백성을 미혹시켜 소문에 빠지게 함으로써 사람들 스스로 자신의 잘못을 알지 못하도록 만들었다는 게 그의 판단이었다. 사람들이 간혹 그에게 이런 문제를 질문할 때마다 그는 늘 예법禮法의 차원에서 응대했다. 공자의『논어』를 흉내 낸『법언法言』을 펴낸 이유다.

그는 안으로 성찰하는 내성內省을 강조하면서 밖으로 선양宣揚하지 말 것을 주장했다. 당시 사람들 모두 이를 소홀히 했으나 오직 유수劉秀와 범준范逡만이 양웅을 존경했다. 환담桓譚은 다른 사람과 비교할 수 없는 절륜絕倫의 인물로 생각했고, 거록鉅鹿하북성 평향현 출신 후파侯芭는 스승으로 섬겼다. 대사공 왕읍王邑과 납언納言 엄우嚴尤는 자가 자운子雲인 양웅의 부음 소식을 듣고 환담에게 물었다.

"그대는 늘 양웅의 저서를 칭송했는데 어떻게 능히 후세에 전할 수 있겠소?"

환담이 대답했다.

"반드시 전해질 것이오. 다만 그대와 나만 이를 보지 못하는 것이 애석할 뿐이오. 무릇 사람은 가까운 것을 천하게 여기고 먼 것을 귀하게 여기는 천근귀원賤近貴遠의 모습을 보이오. 양자운揚子雲의 낮은 녹위祿位와 평범한 용모는 사람들에게 별다른 감동을 줄 수 없었소. 많은 사람이 그의 저서를 가벼이 여긴 이유요. 옛날 노담老聃은 '허무虛無'의 이치로『도경』과『덕경』 2편을 남겼소. 인의仁義를 엷게 보고 예학禮學을 비난했지만 후에 그를 좋아하는 자들은 오히려 유가의『오경五經』보다 더 뛰어나다고 말했소. 한문제와 한경제 등의 황제와 사마천 같은 사가가 바로 그런 말을 했소. 지금 양자揚子의 저서는 문장의 뜻이 매우 심오하고, 논의한 것이 성인聖人의 말에 전혀 위배되지 않소. 반드시 제자백가보다 높이 평가될 것으로 판단하오!"

6) 낭야琅邪산동성 제성현 출신 번숭樊崇이 거성莒城산동성 거현에서 거병했

다. 최초의 무리가 100여 명으로, 이리저리 돌아다니다가 태산으로 들어갔다. 이내 군도群盜들이 번숭의 용맹에 혹해 그에게 붙자, 1년 사이 무리가 1만여 명으로 늘었다. 번숭과 같은 낭야군 출신 방안逄安을 비롯해 동해東海산동성 담성현 출신 서선徐宣과 사록謝祿, 양음楊音 등이 각자 군사를 일으키자 총 수만 명에 달했다. 이들은 이내 번숭의 무리와 만나 회군回軍한 뒤 함께 거성莒城을 쳤으나 함락시키지 못했다. 청주青州와 서주徐州강소성 북부 사이를 오가며 약탈을 자행한 이유다.

또 동해 출신 조자도刁子都[175] 역시 군사를 일으켜 서주徐州와 연주兗州산동성 서부를 노략했다. 왕망이 사자를 파견해 군국郡國의 병사를 징발해 공격하도록 했으나 이기지 못했다.

7) 제19대 오루약제烏累若鞮 선우가 죽고, 동생인 좌현왕左賢王 난제여欒提輿가 제20대 호도이시도고약제呼都而尸道皐若鞮 선우가 됐다. 난제여는 즉위 후 신나라의 상사賞賜를 탐낸 나머지 대저거大且渠 수복사須卜奢와 이묵거차伊墨居次 난제운欒提雲의 여동생의 아들인 혜독왕醯櫝王을 파견해 함께 장안으로 가 봉헌奉獻하게 했다. 왕망은 화친후和親侯 왕흡王歙으로 하여금 수복사 등과 함께 제로새制虜塞내몽골 이진코르 아이막 아래로 가서 수복사의 모친인 난제운과 부친인 수복당을 만나게 했다. 이어 무력시위로 난제운과 수복당을 위협해 장안에 이르도록 했다. 난제운과

---

175 조자도刁子都가 판본에 따라 도자도刀子都 내지 역자도力子都로 나오고, 『자치통감』 역시 '역자도'와 '도자도'를 혼용해 표현하고 있다. 그러나 사마광이 『자치통감』을 저술할 때 부주편副主編이 되어 한나라 역사 부분을 담당했던 유반劉攽은 『동한간오東漢刊誤』에서 '조자도'로 쓰는 게 옳다고 했다. 원래 '조자도'는 왕망의 집권 때 출현한 대표적인 농민반란의 수령이다. 7만-8만 명의 무리를 거느렸다. 유현劉玄의 정권이 들어선 뒤 서주목徐州牧에 임명됐으나 이내 후한에 의해 피살됐다. 휘하들이 지금의 산동성 연주 동북쪽인 단향檀鄉에서 '단향군'을 만들어 하북 일대의 반란군에 가담했으나 건무建武 2년에 오한吳漢에 의해 진압됐다.

수복당 사이에서 태어난 작은 아들이 요새에서 탈출해 흉노로 돌아갔다. 수복당이 장안에 이르자 왕망이 '수복須卜 선우'로 삼은 뒤 대군을 동원해 그를 옹립하려 했으나 대군을 일시에 동원할 길이 없었다. 흉노가 더욱 화가 난 나머지 북변北邊을 병침幷侵해 노략했다.

* 王莽下天鳳五年

春, 正月, 朔, 北軍南門災.

以大司馬司允費興為荊州牧. 見, 問到部方略, 興對曰, "荊·揚之民, 率依阻山澤, 以漁采為業. 間者國張六筦, 稅山澤, 妨奪民之利, 連年久旱, 百姓饑窮, 故為盜賊. 興到部, 欲令明曉告盜賊歸田里, 假貸犂牛·種食, 闊其租賦, 冀可以解釋安集." 莽怒, 免興官.

天下吏以不得俸祿, 幷為奸利, 郡尹·縣宰家累千金. 莽乃考始建國二年胡虜猾夏以來諸軍吏及緣邊吏大夫以上為奸利增產致富者, 收其家所有財產五分之四以助邊急. 公府士馳傳天下, 考覆貪饕, 開吏告其將·奴婢告其主, 冀以禁奸, 而奸愈甚.

莽孫功崇公宗坐自畫容貌, 被服天子衣冠, 刻三印, 發覺, 自殺. 宗姊妨為衛將軍王興夫人, 坐祝詛姑, 殺婢以絕口, 與興皆自殺.

是歲, 揚雄卒. 初, 成帝之世, 雄為郎, 給事黃門, 與莽及劉秀幷列. 哀帝之初, 又與董賢同官. 莽·賢為三公, 權傾人主, 所薦莫不拔擢, 而雄三世不徙官. 及莽簒位, 雄以耆老久次, 轉為大夫. 恬於勢利, 好古樂道, 欲以文章成名於後世, 乃作『大玄』以綜天·地·人之道. 又見諸子各以其智舛馳, 大抵詆訾聖人, 即為怪迂·析辯詭辭以撓世事, 雖小辯, 終破大道而惑眾, 使溺於所聞而不自知其非也, 故人時有問雄者, 常用法應之, 號曰『法言』. 用心於內, 不求於外, 於時人皆忽之. 唯劉秀及范逡敬焉, 而桓譚以為絕倫, 鉅鹿侯芭師事焉. 大司空王邑·納言嚴尤聞雄死, 謂桓譚曰, "子常稱揚雄書, 豈能傳於後世乎?" 譚曰, "必傳, 顧君與譚不及見也. 凡人賤近而貴遠, 親見揚子雲祿位容貌不能動人, 故輕其書. 昔老聃著虛無之言兩篇, 薄仁義, 非禮學, 然後好之者尚以為過於『五經』, 自漢文·景之君及司馬遷皆有是言. 今揚子之書文義至深, 而論不詭於聖人, 則必度越諸子矣!"

琅邪樊崇起兵於莒, 眾百餘人, 轉入太山. 群盜以崇勇猛, 皆附之, 一歲間至萬餘人. 崇同郡人逄安·東海人徐宣·謝祿·楊音各起兵, 合數萬人, 復引從崇. 共還攻莒, 不能下, 轉掠青·徐間. 又有東海刁子都, 亦起兵鈔擊徐·兗. 莽遣使者發郡國兵擊之, 不能克.

烏累單于死, 弟左賢王輿立, 為呼都而尸道皋若鞮單于. 輿既立, 貪利賞賜, 遣大且渠奢與伊墨居次雲女弟之子醯櫝王, 俱奉獻至長安. 莽遣和親侯歙與奢等俱至制虜塞下, 與雲及須卜當會. 因以兵迫脅雲·當, 將至長安. 雲·當小男從塞下得脫, 歸匈奴. 當至長安, 莽拜為須卜單于, 欲出大兵以輔立之, 兵調度亦不合. 而匈奴愈怒, 并入北邊為寇.

왕망 천봉 6년(AD 19)

1) 봄, 왕망은 도적이 많은 것을 보고 이내 태사太史로 하여금 36,000년에 달하는 역기歷紀를 추산하게 하고, 6년에 1번씩 연호를 바꾸는 개원改元을 하여 천하에 널리 반포하게 했다. 곧 하서下書하여 전에 한무제가 그랬던 것처럼 이같이 떠벌였다.

"나는 이내 헌원황제軒轅黃帝처럼 신선이 되어 승천升天할 것이다."

이런 식으로 백성들을 속여 도적들을 소해銷解시키려 한 것이다. 이 얘기를 사람들이 모두 아연啞然한 표정으로 실소失笑했다.

2) 처음으로 명당과 종묘에 왕망이 지은『신악新樂』으로 바쳤다.

3) 영시장군寧始將軍으로 있다가 경시장군更始將軍으로 승진한 염단廉丹이 익주益州운남성 진녕현를 쳤으나 이기지 못했다. 익주의 이족夷族 부락인 동잠棟蠶과 약두若豆 등이 기병起兵해 군수郡守를 살해하고, 월수越巂사천성 서창현의 이족인 대모大牟 부락 역시 반란을 일으킨 뒤 이인吏人을 살략殺略했다.

왕망이 염단을 소환하고 다시 대사마 호군護軍 곽흥郭興과 이전의 익주인 용부庸部의 주목州牧 이엽李曄을 파견해 만이蠻夷의 약두若豆 등을 치고, 태부太傅 희숙羲叔인 사손희士孫喜를 시켜 장강과 동정호 일대인 강호江湖의 도적을 청결淸潔하게 했다. 흉노의 변경에 대한 노략이 심해지자 왕망이 천하의 정남丁男과 사죄수死罪囚 및 모든 관민의 사노비인 이민노吏民奴 등을 대대적으로 모집한 뒤 '저돌豬突'과 '희용豨勇' 등의 이름을 붙여 정예군으로 간주했다.

천하의 이민에게 모두 세금을 매겨 재산의 30분의 1을 받은 뒤 겸백縑帛은 모두 장안으로 보냈다. 공경 이하 군현郡縣의 봉록 400석 이하의 관원인 황수黃綬에 이르기까지 모두 군마軍馬를 보양保養하게 했다. 보양하는 군마는 녹질祿秩의 다소에 따라 각자 차등을 두었다. 관원들은 그 부담을 모두 백성에게 돌렸다.

또 흉노를 칠 수 있는 기술을 지닌 인재를 널리 구하면서 장차 순서를 따르지 않고 공로에 따라 승진시킬 것을 약속했다. 상서하여 방략을 진술한 자의 숫자가 1만을 헤아렸다. 혹자는 말하기를, '배를 사용하지 않고 물을 건너고, 말을 잇고 기병을 붙여 100만 명의 군사를 도하시킬 수 있다'고 했다. 또 혹자는 말하기를, '1두斗의 양식을 휴대하지 않고 약물藥物만 먹어도 삼군三軍이 굶지 않을 수 있다'고 했다. 다른 혹자는 말하기를, '능히 날 수 있고, 하루에 1,000리를 행군해 흉노를 정탐할 수 있다'고

했다.

왕망이 매번 이를 시험했다. 하늘을 날기 위해 큰 새의 깃털인 우핵羽翮을 가져다가 2개의 날개인 양익兩翼을 만든 뒤 머리와 몸에 모두 털을 붙인 채 고리와 끈인 환뉴環紐로 조종했다. 수백 보를 비행하다가 떨어졌다. 왕망은 이런 방략을 쓸 수 없음을 알고도 실로 인재를 아낀다는 명성을 얻기 위해 모두 이군理軍의 벼슬에 임명하고 거마車馬를 내린 뒤 출병을 기다리게 했다.

당초 왕망이 수복당須卜當을 유인해 영접하려 할 때 대사마 엄우嚴尤가 이같이 간한 바 있다.

"수복당은 흉노의 서쪽 일대인 우부右部에 있고, 군사는 변경을 침범하지 않고, 선우의 동정動靜을 번번이 중국에 고하고 있습니다. 이 방면方面에서 대조大助가 될 것입니다. 이제 수복당을 맞이해 장안의 외국인 밀집 지역인 고가槀街에 머물게 하면 1명의 호인胡人에 불과할 뿐입니다. 흉노에 있으면서 도움을 주느니만 못합니다."

왕망이 듣지 않았다. 수복당을 손에 넣은 뒤 엄우嚴尤와 염단廉丹을 파견해 흉노를 공격하기 위한 사전조치로 모두 성을 하사해 징씨徵氏로 삼았다. 이어 두 사람을 이위장군二徵將軍으로 칭하면서 영을 내려 선우인 난제여欒提輿를 주살하고, 수복당을 세워 난제여를 대신하게 했다. 수레를 장안성의 서쪽으로 내보내 아직 마구간에 빗겨 세운 채 출발하지 않았을 때였다. 엄우는 평소 지략智略이 있었다. 지금 상황에서 왕망이 사이四夷부터 공벌攻伐하는 것은 옳지 않다고 누차 간하며 좇지 않았다. 이내 수복당이 출발할 즈음 조정에서 이를 논의하면서 굳게 건의했다.

"흉노는 가히 나중에 도모할 수도 있습니다. 우선 산동山東의 도적부터 걱정해야 합니다."

왕망이 대로한 나머지 책서策書로 그를 면직시켰다.

4) 대사공의 의조사議曹史인 대군代郡하북성 울현 출신 범승范升이 왕읍王邑에게 서신을 올려 의견을 개진하는 주기奏記를 통해 이같이 말했다.

"저 범승은 '자식은 부모를 이간離間하지 않는 게 효孝이고, 신하는 군주를 비난하지 않는 게 충忠이다'라고 들었습니다. 지금 중인衆人 모두 조정은 신통하고, 공公은 밝다고 칭송합니다. 대개 사물의 이치에 밝은 명자明者는 보지 않는 게 없고, 사물의 이치에 통달한 성자聖者는 듣지 않는 게 없습니다. 지금 천하사天下事는 일월日月보다 더욱 밝은 소소昭昭, 천둥소리인 뇌정雷霆보다 더욱 떨리는 진진震震의 모습을 보이고 있습니다. 그런데도 조정은 보이지 않고 공 또한 들리지 않는다고 말하니, 일반백성인 원원元元은 과연 어느 곳에서 하늘에 호소할 수 있겠습니까? 공이 옳다고 여겨 말하지 않는 것은 허물이 적으나, 잘못된 것을 알면서도 명령에 복종하게 하는 것은 허물이 큽니다. 두 가지 경우 모두 공은 책임을 면할 길이 없어, 천하에서는 모든 원망이 공에게 돌아가게 됩니다. 조정은 서역처럼 멀리 있는 자들이 복종하지 않는 것을 지극히 유념하고 있으나, 저 범승은 가까이 있는 자들이 즐거워하지 않을까 더욱 걱정입니다. 지금 출병하는 것은 시기가 맞지 않고, 사안에 비춰 대처하는 도리에도 어긋납니다. 뒤집혀진 수레의 바퀴자국인 복거지철覆車之轍을 좇아 마구 내달리는 치무馳騖를 하고, 실패한 사안과 닮은 길인 패사지후敗事之後를 그대로 좇는 종순踵循을 하는 셈입니다. 후에 출발한 것일수록 더욱 괴상한 후출익괴後出益怪, 늦게 나타난 것일수록 더욱 두려운 만발유구晩發愈懼의 사례에 해당할 뿐입니다. 바야흐로 봄은 한 해의 시작인 세수歲首인데 이때 군사를 동원해 멀리 원정을 하면 빈자들이 끓여먹는 명아주인 여곽藜藿조차 충분하지 않고, 전지田地가 황폐해 경작할 수도 없고, 곡가穀價 또한 급등하는 등약騰躍을 하고, 1곡斛이 수천 전錢에 달하게 됩니다. 이민吏民 모두 끓는 물과 불구덩이인 탕화湯火 속에 빠지게 돼 이내 나라의 백성이 아닌 상황이 빚어집니다. 이리 되면 장차 호인胡人과 맥인貊人이 궁궐을 지키고, 청주青州와 서주徐州의 도적들이 황제의 거처인 유장帷帳에 머물게 될 것입니다. 저 범승의 이 한 마디가 가히 천하의 위급사항인 도현倒縣을 해결하고, 백성의 급무急務인 고통 해결에 도움이 될 것입니다. 이는 글로 전하기가 어려우니 원컨대 인견引見의 은혜를 입게 되면 소회所懷를 지극히 진술하도록 하겠습니다."

왕읍이 듣지 않았다.

5) 익평翼平산동성 수광현의 연솔連率 즉 태수인 전황田況이 상주문을 통해 군현에서 보고한 백성의 재산이 실제와 다르다고 고했다. 왕망이 다시 재산의 30분의 1을 거두는 제도를 회복시켰다. 이어 전황이 충언우국忠言憂國을 한 공을 높이 사 백작伯爵으로 삼고, 200만 전錢을 하사했다. 중서衆庶가 모두 그를 욕했다. 청주와 서주의 백성들은 대부분 향리鄕里를 버리고 유망流亡했다. 노약자들은 도로道路 위에서 죽고, 건장한 장자壯者는 도적들 무리로 들어갔다.

6) 숙야夙夜산동성 불야현 연솔連率인 한박韓博이 상언上言했다.

"어떤 기사奇士가 있었습니다. 키는 1장丈, 허리둘레는 10위圍인데 신의 관부官府로 와 호로胡虜를 분격奮擊하려 하면서 스스로 거무패巨毋霸라 칭했습니다. 봉래蓬萊산동성 봉래현 동남쪽 오성五城의 서북에 있는 소여해昭如海의 바닷가에서 출생했다고 합니다. 작은 수레인 소거軺車에 실을 수 없고, 3마三馬도 그를 끌 수 없었습니다. 그날로 4필의 말이 끄는 대거大車를 대령하고, 호랑이 깃발인 호기虎旗를 세우고, 거무패를 태워 궁궐로 가게 했습니다. 거무패는 누울 때 북을 베고, 쇠로 만든 수저로 먹었습니다. 이는 황천皇天이 신나라를 돕기 위한 것입니다. 원컨대 폐하는 큰 갑옷인 대갑大甲과 높은 수레인 고거高車 및 전설적인 용사인 맹분猛賁과 하육夏育의 의복을 만든 뒤 대장 1명으로 하여금 호본虎賁 100명을 이끌고 가 길에서 영접하게 하십시오. 만일 경사京師의 문호門戶가 작아 그를 받아들이지 못하면 높고 크게 넓히십시오. 이를 백만百蠻에게 현시顯示해 천하를 진안鎭安하게 하십시오."

한박은 내심 왕망의 자가 거군巨君인 점에 주목해 거군은 결코 패왕霸王이 될 수 없다는 취지로 '거무패'라는 이름을 지어 왕망을 풍자하려 했다. 왕망이 거무패의 명칭을 꺼린 나머지 그를 신풍新豊섬서성 임동현에 머물게 하면서 그의 성을 모씨母氏로 바꿨다. 하늘이 문모태황태후文母太皇太后를 통해 보낸 '패왕이 될 부신符信'이라고 여긴 것이다. 그러고는 한박을 불러 하옥시켰다. 이어 의당 말해서는 안 될 천기天機를 누설했다는 혐의로 기시棄市했다.

7) 함곡관 이동인 관동關東 일대의 기한饑旱이 해마다 계속됐다. 지난해에 기병한 조자도刁子都 등의 무리가 점차 많아져 6만–7만 명에 이르렀다.

* 王莽下天鳳六年

春, 莽見盜賊多, 乃令太史推三萬六千歲曆紀, 六歲一改元, 布天下. 下書自言"己當如黃帝仙升天", 欲以誑耀百姓, 銷解盜賊. 眾皆笑之.

初獻『新樂』於明堂·太廟.

更始將軍廉丹擊益州, 不能克. 益州夷棟蠶·若豆等起兵殺郡守, 越巂夷人大牟亦叛, 殺略吏人. 莽召丹還, 更遣大司馬護軍郭興·庸部牧李曄擊蠻夷若豆等·太傅羲叔士孫喜清潔江湖之盜賊. 而匈奴寇邊甚, 莽乃大募天下丁男及死罪囚·吏民奴, 名曰豬突·豨勇, 以為銳卒. 一切稅天下吏民, 訾三十取一, 縑帛皆輸長安. 令公卿以下至郡縣黃綬皆保養軍馬, 多少各以秩為差, 吏盡復以與民. 又博募有奇技術可以攻匈奴者, 將待以不次之位, 言便宜者以萬數. 或言能度水不用舟楫, 連馬接騎, 濟百萬師. 或言不持斗糧, 服食藥物, 三軍不饑. 或言能飛, 一日千里, 可窺匈奴. 莽輒試之, 取大鳥翮為兩翼, 頭與身皆著毛, 通引環紐, 飛數百步墮. 莽知其不可用, 苟欲獲其名, 皆拜為理軍, 賜以車馬, 待發. 初, 莽之欲誘迎須卜當也, 大司馬嚴尤諫曰, "當在匈奴右部, 兵不侵邊, 單于動靜輒語中國, 此方面之大助也. 於今迎當置長安槀街, 一胡人耳, 不如在匈奴有益." 莽不聽. 既得當, 欲遣尤與廉丹擊匈奴, 皆賜姓徵氏, 號二徵將軍, 令誅單于輿而立當代之. 出車城西橫廄, 未發. 尤素有智略, 非莽攻伐四夷, 數諫不從, 及當出, 廷議, 尤固言曰, "匈奴可且以為後, 先憂山東盜賊." 莽大怒, 策免尤.

大司空議曹史代郡范升奏記王邑曰, "升聞子以人不間於其父母為孝, 臣以下不非其君上為忠. 今眾人咸稱朝聖, 皆曰公明. 蓋明者無不見, 聖者無不聞. 今天下之事, 昭昭於日月, 震震於雷霆, 而朝云不見, 公云不聞, 則元元焉所呼天! 公以為是而不言, 則過小矣. 知而從令, 則過大矣. 二者於公無可以免, 宜乎天下歸怨於公矣. 朝以遠者不服為至念, 升以近者不悅為重憂. 今動與時戾, 事與道反, 馳騖覆車之轍, 踵循敗事之後, 後出益可怪, 晚發愈可懼耳. 方春歲首而動發遠役, 藜藿不充, 田荒不耕, 穀價騰躍, 斛至數千, 吏民陷於湯火之中, 非國家之民也. 如此, 則胡·貊守闕, 青·徐之寇在於帷帳矣. 升有一言, 可以解天下倒縣, 免元元之急. 不可書傳, 願蒙引見, 極陳所懷." 邑不聽.

翼平連率田況奏郡縣訾民不實, 莽復三十取一. 以況忠言憂國, 進爵為伯, 賜錢二百萬, 眾庶皆詈之. 青·徐民多棄鄉里流亡, 老弱死道路, 壯者入賊中.

夙夜連率韓博上言曰, "有奇士, 長丈, 大十圍, 來至臣府, 曰欲奮擊胡虜, 自謂巨毋霸, 出於蓬萊東南五城西北昭如海瀕, 軺車不能載, 三馬不能勝. 即日以大車四馬, 建虎旗, 載霸詣闕. 霸臥則枕鼓, 以鐵箸食, 此皇天所以輔新室也. 願陛下作大甲·高車·賁育之衣, 遣大將一人與虎賁百人迎之於道. 京師門戶不容者, 開高大之, 以示百蠻, 鎮安天下." 博意欲以風莽, 莽聞, 惡之, 留霸在所新豐, 更其姓曰巨母氏, 謂因文母太后而霸王符也. 徵博, 下獄, 以非所宜言, 棄市.

關東饑旱連年, 刁子都等黨眾浸多, 至六七萬.

왕망 지황地皇 **원년(AD 20)**

1) 봄 정월 5일[176], 천하에 사면령을 내렸다. 지황地皇으로 개원改元했다. '지황'은 전년도에 태사太史로 하여금 36,000년의 세력歲歷을 추산하여 붙인 호칭이다.

2) 왕망이 하서했다.

"바야흐로 군사를 출동시켜 행군하려 한다. 감히 길에서 달리거나 시끄럽게 하는 추환趨讙을 행하는 범법자는 즉각 논죄하여 참형에 처한다. 행형行刑을 위해 가을이 오길 기다리지 않고 곧바로 참하는 무수시毋須時를 행한다!"

봄과 여름에도 저자인 도시都市에서 참수했다. 백성들이 진구震懼하며 도로道路에서 눈짓으로만 의사를 표시했다.

3) 왕망은 사방에 도적이 창궐하는 것을 보고, 다시 비방秘方으로 액

176 원문은 을미乙未이다. 정월에는 '을미'가 없다. 21일을 가리키는 기미己未의 오사誤寫인 듯하다. 번역문은 오사로 간주해 번역했다.

운을 때우는 엽승厭勝을 하고자 했다. 다시 하서했다.

"나의 황초조고皇初祖考인 황제黃帝가 천하를 평정하는 정천하定天下를 할 때 병사들을 이끌면서 상장군上將軍이 되고, 안으로는 대장大將을 두고, 밖으로는 대사마大司馬 5인을 두었다. 대장군에서 일반 사이士吏에 이르기까지 총 738,900명이었고, 병사는 1,350만 명이었다. 나는 부명符命을 접수한 까닭에 전인前人을 흉내 내 장차 이를 조목조목 갖추도록 할 것이다."

이에 전前·후後·좌左·우右·중中 등 5개의 대사마大司馬 자리를 만들었다. 여러 주목州牧으로부터 일선 현재縣宰에 이르기까지 모두 대장군大將軍, 편장군偏將軍, 비장군裨將軍, 교위校尉 등의 호칭을 갖게 된 이유다. 전거傳車를 탄 사자들이 군국郡國을 통과하는 경력經歷이 하루에도 10여 회나 됐다. 창고에는 이들에게 공급할 곡식이 보이지 않고, 역참에도 전거傳車에 사용할 말이 충분치 않았다. 따라서 길에 있는 민간의 거마車馬를 강탈하거나 백성들로부터 징수해 빼앗았다.

4) 가을 7월, 큰 바람이 불어 이전의 미앙궁 전전前殿을 개칭한 왕로당王路堂을 훼손했다. 왕망이 하서했다.

"마침내 17일 포시餔時[177], 매운바람인 열풍烈風 및 천둥과 비인 뇌우雷雨로 인해 집이 부서지고 나무가 꺾어지는 발옥절목發屋折木의 변고가 있었다. 나는 심히 두려워했으나 10일 동안 엎드려 깊이 생각하는 복념伏念을 한 끝에 미혹을 이내 풀 수 있었다. 전에 출현한 부명符命에서 3남인 왕안王安을 세워 신천왕新遷王으로 삼고, 4남인 왕림王臨은 낙양洛陽을

177 원문은 임오壬午이다. 7월에는 '임오'가 없다. 17일을 가리키는 임자壬子의 오사誤寫일 공산이 크다. 포시餔時는 새참을 먹을 때로 대략 오후 4시 전후의 신시申時에 해당한다. 포시晡时와 같다.

봉국으로 내려 통의양왕統義陽王으로 삼으라고 했다. 의논한 자들이 모두 말하기를, '왕림에게 낙양을 봉국으로 하여 다스리도록 한 것은 땅의 중앙을 점거해 신나라를 세워 다스리라는 뜻이니 의당 황태자로 삼아야 한다'고 했다. 이후 왕림은 오랫동안 병이 들어 비록 약간 나아지기는 했으나 완치되지는 않았다. 왕림에게 형이 있는데도 태자를 칭한 것은 명분상 바르지 못하다. 생각건대 즉위 이래 음양이 화합하지 못하고, 곡식 수확이 적어지고, 만이蠻夷가 중원을 어지럽히고, 구적寇賊이 간사한 짓을 하는 간귀奸宄를 행하고, 인민人民이 당황하고 불안한 정영征營[178]으로 인해 수족을 둘 곳이 없게 됐다. 그 허물을 깊이 생각건대 모두 명분이 바르지 못한 데서 비롯된 일이다. 왕안을 '신천왕', 왕림으로 '통의양왕'으로 삼고자 한다."

5) 왕망이 다시 하서했다.

"황색은 존귀하고, 적색은 비천하다. 낭간郎官과 종관從官 모두 심홍深紅의 강색絳色 옷을 입도록 하라."

6) 기氣를 보고 운수를 점치는 망기望氣를 하는 자들 대부분 토목공사인 토공土功의 조짐이 있다고 말했다.

9월 갑신甲申, 왕망이 장안성 남쪽에 9개의 사당인 9묘九廟를 축조했다. 황제黃帝의 사당은 사방 40장丈, 높이 17장이었다. 나머지 사방은 그 절반으로 했다. 만든 규격 등의 제도制度가 심히 성했다. 천하의 공장工匠을 널리 불렀다. 이민吏民들은 의무적으로 전곡錢穀을 내놓으며 공사를 도왔다. 이들이 도로에 가득 차 연락이 끊이지 않는 낙역부절絡繹不絶의 모습인 이른바 낙역도로駱驛道路가 빚어졌다. 백공百工이 기교를 다하는

178 정영征營을 두고 안사고는 『한서』「왕망전」에 대한 주에서 풀이하기를, "정영征營은 황공불안惶恐不安의 뜻이다."라고 했다.

궁극窮極을 행하면서 공비功費가 수백여만 전錢에 달했다. 졸도卒徒로 일하다가 죽은 자도 1만 명 단위를 헤아렸다.

7) 이 달에 대우大雨가 60여 일 동안 내렸다.

8) 거록鉅鹿하북성 평향현의 남자 마적구馬適求 등이 연燕나라와 조趙나라 땅에서 병변兵變을 일으켜 왕망을 주살하는 방안을 논의했다. 대사공大司空 소속의 사士인 왕단王丹이 이를 발각發覺해 보고했다. 앙망이 삼공대부三公大夫를 파견해 이들과 연계된 당여黨與를 체포해 다스리는 체치逮治를 하도록 했다. 연루된 자들이 각 군국郡國의 호걸豪傑 수천 명에 달했다. 모두 주살됐다. 이를 고발한 왕단을 보국후輔國侯에 봉했다.

9) 왕망은 사적으로 주전鑄錢하는 자는 사형에 처하고, 화포貨布와 화천貨泉 등의 보화寶貨 유통을 비난하거나 저지한 자는 사방의 변경인 사예四裔로 쫓아냈다. 범법자가 너무 많아 이를 시행하기 어려워지자 이내 다시 그 법을 가볍게 했다. 화천과 화포를 사적으로 주작鑄作하는 자는 처자와 함께 몰입沒入해 관노비官奴婢로 삼았고, 관원을 비롯해 5호戶 단위로 연루 책임을 묻는 비오比伍가 이를 알고도 고발하지 않으면 동일한 죄로 다스렸다. 보화의 유통을 비난하거나 저지하면 백성은 1년의 노역勞役, 관원은 면관免官의 조치를 당했다.

10) 태부太傅 평안平晏이 죽었다. 수리水利 책임자인 여우予虞 당존唐尊을 태부로 삼았다. 당존이 말했다.

"나라가 텅 비고 백성이 가난하니, 그 허물은 과도한 사치인 사태奢泰에 있다."

이내 몸에 짧은 옷인 단의短衣와 작은 소매의 소수小褎를 착용하고, 수말만 타는 일반인과 달리 암말인 빈마牝馬를 타고, 초라하게 꾸민 수레인 시거柴車를 이용하며 그 안에 볏짚을 깔고, 질그릇인 와기瓦器로 음식飮食을 하면서 공경들에게 와기에 반찬을 담아 두루 보냈다. 규정을 어기며 남녀가 서로 떨어져 걷지 않으면 당존은 스스로 수레에서 내려 형벌을 상징하는 붉은 헝겊인 자번赭幡으로 흙탕물을 묻혀 그들의 옷을 더럽혔다. 왕망이 그 소식을 듣고는 크게 기뻐하며 공경들에게 조서를 내려 이처럼 타일러 경계하는 신칙申敕을 했다.

"그가 한 것을 본받도록 하라."

당존을 평화후平化侯에 봉했다.

11) 여남汝南하남성 여남현 출신 질운郅惲은 천문天文과 역수歷數에 밝았다. 그는 한나라가 다시 천명을 받을 것으로 생각해 왕망에게 이같이 상서했다.

"상천上天이 경계하는 말을 내리는 수계垂戒를 한 까닭에 폐하를 깨닫게 하고, 신하의 자리로 나아가고자 합니다. 하늘에서 받은 것을 다시 하늘에 돌려주면 가히 천명을 아는 지명知命이라고 이를 만합니다!"

왕망이 대로한 나머지 질운을 가둬 조옥詔獄으로 다스리게 했다. 겨울을 넘긴 덕분에 사면을 만나 출옥할 수 있었다.

* 王莽下地皇元年

春, 正月, 乙未, 赦天下. 改元曰地皇, 從三萬六千歲歷號也.

莽下書曰. "方出軍行師, 敢有趨讙犯法者輒論斬, 毋須時!" 於是春·夏斬人都市, 百姓震懼, 道路以目.

莽見四方盜賊多, 復欲厭之, 又下書曰, "予之皇初祖考黃帝定天下, 將兵為上將軍, 內設大將, 外置大司馬五人, 大將軍至士吏凡七十三萬八千九百人, 士千三百五十萬人. 予受符命之文, 稽前人, 將條備焉." 於是置前·後·左·右·中大司馬之位, 賜諸州牧至縣宰皆有大將軍·偏·裨·校尉之號焉. 乘傳使者經歷郡國, 日且十輩, 倉無見穀以給. 傳車馬不能足, 賦取道中車馬, 取辦於民.

秋, 七月, 大風毁王路堂. 莽下書曰, "乃壬午餔時, 有烈風雷雨發屋折木之變, 予甚恐焉. 伏念一旬, 迷乃解矣. 昔符命文立安為新遷王, 臨國洛陽, 為統義陽王, 議者皆曰, '臨國洛陽為統, 謂據土中為新室統也, 宜為皇太子' 自此後, 臨久病, 雖瘳不平. 臨有兄而稱太子, 名不正. 惟即位以來, 陰陽未和, 穀稼鮮耗, 蠻夷猾夏, 寇賊奸宄, 人民徵營, 無所錯手足. 深惟厥咎, 在名不正焉. 其立安為新遷王, 臨為統義陽王."

莽又下書曰, "寶黃廝赤. 其令郎從官皆衣絳."

望氣為數者多言有土功象. 九月, 甲申, 莽起九廟於長安城南, 黃帝廟方四十丈, 高十七丈, 餘廟半之, 制度甚盛. 博徵天下工匠及吏民以義入錢穀助作者, 駱驛道路. 窮極百工之巧. 功費數百餘萬, 卒徒死者萬數.

是月, 大雨, 六十餘日.

鉅鹿男子馬適求等謀舉燕·趙兵以誅莽. 大司空士王丹發覺, 以聞. 莽遣三公大夫逮治黨與, 連及郡國豪傑數千人, 皆誅死. 封丹為輔國侯.

莽以私鑄錢死及非沮寶貨投四裔, 犯法者多, 不可勝行. 乃更輕其法, 私鑄作泉布者與妻子沒入為官奴婢, 吏及比伍知而不舉告, 與同罪. 非沮寶貨, 民罰作一歲, 吏免官.

太傅平晏死, 以予虞唐尊為太傅. 尊曰, "國虛民貧, 咎在奢泰." 乃身短衣小褎, 乘牝馬·柴車·藉稿, 以瓦器飲食, 又以歷遺公卿. 出, 見男女不異路者, 尊自下車, 以象刑赭幡汙染其衣. 莽聞而說之, 下詔申敕公卿曰, "思與厥齊." 封尊為平化侯.

汝南郅惲明天文歷數, 以為漢必再受命, 上書說莽曰, "上天垂戒, 欲悟陛下, 令就臣位. 取之以天, 還之以天, 可謂知命矣!" 莽大怒,繫惲詔獄, 逾冬, 會赦得出.

왕망 지황 2년(AD 21)

1) 봄 정월, 왕망의 처가 죽었다. 시호를 효목황후孝睦皇后라고 했다.

당초 왕망의 처는 왕망이 잇달아 장남 왕우王宇와 차남 왕획王獲을 자진하게 만들자 눈물을 지나치게 흘린 나머지 이내 실명하고 말았다. 왕망이 태자인 4남 왕림王臨으로 하여금 황궁에 머물며 가까이서 봉양하게 했다. 왕망의 처 곁에는 아름다운 시녀 원벽原碧이 있었다. 왕망이 그녀를 총애하며 관계했다. 태자 왕림 역시 그녀와 사통하면서 비밀이 누설될까 두려운 나머지 함께 왕망을 살해하려고 모의했다. 왕림의 처 유음劉愔은 국사공國師公 유수劉秀의 딸이었다. 그녀는 능히 별자리를 볼 줄 알았다. 왕림에게 궁내에서 다시 목木과 금金 또는 토土와 금金의 합치로 상喪이 빚어져 흰 상복喪服을 입는 액운인 이른바 백의지회白衣之會가 있을 것이라고 말했다. 왕림이 기뻐하며 모의가 성공할 것으로 생각했다. 이후 태자의 자리에서 폄강貶降돼 통의양왕統義陽王이 되어 집 밖으로 나가게 되자 더욱 우공憂恐했다. 마침 왕망의 처가 병으로 위중한 상황에 처하게 되자 왕림이 이내 모친인 왕망의 처에게 서신을 보내 왕우의 자인 장손長孫과 왕획의 자인 중손中孫을 거론하며 호소했다.

"황상은 자손들에게 지엄至嚴합니다. 전에 장손 왕우와 중손 왕획 모두 30세에 죽었습니다. 지금 신 또한 30세가 됐으니 실로 어머님인 중실中室을 지켜드리지 못할까 두렵습니다. 죽을 목숨인 사명死命의 소재를 모르겠습니다!"

왕망은 처의 병세를 지켜보다가 그 서신을 보고는 대로했다. 왕림이 악의惡意를 갖고 있다고 의심한 나머지 상례喪禮에 참석치 못하게 했다. 상례를 치른 뒤 원벽原碧 등을 고문考問하자 서로 간통하고 모살謀殺한 정황을 모두 자복했다. 왕망이 이 추문을 덮기 위해 사람을 죽여 입을 틀어막으려 했다. 곧 사자를 시켜 살인사건을 담당하는 사명종사司命從事로 하여금 왕림 등을 은밀히 제거한 뒤 옥중에 매장하게 함으로써 집안 식구들이 이들의 소재를 모르게 하려 했다. 왕림에게 약을 내렸으나 마시려 하지 않고, 스스로 칼로 찔러 죽는 척사刺死를 했다. 왕망이 왕림의 장인인 국사공國師公 유수에게 조서를 내렸다.

"왕림은 본래 별자리를 잘 모르오. 이 일은 왕림의 처 유음劉愔으로부터 시작됐을 것이오."

유음 역시 자살했다.

2) 이 달에 왕망의 3남인 신천왕新遷王 왕안王安이 병사했다.

당초 한애제 당시 왕망은 후작으로 봉국에 갔을 때 시녀인 증질增秩과 회능懷能을 총애해 아들 왕흥王興과 왕광王匡을 낳았다. 이들을 계속 신도국新都國에 머물도록 한 것은 자신의 아들인지 여부가 불명不明했기 때문이다. 왕안이 죽자 왕망은 이내 사자로 하여금 왕의 수레인 왕거王車를 갖고 가 왕흥과 왕광을 맞이하게 했다. 왕흥을 공수공功修公, 왕광을 공건공功建公에 봉했다.

3) 점을 치는 복자卜者 왕황王況이 위성魏成하남성 임장현 대윤大尹 이언李焉에게 말했다.

"한가漢家는 의당 부흥復興하고, 이씨李氏가 보필하게 될 것입니다."

이어 이언을 위해 예언서인 참서讖書를 썼다. 모두 10여만 자에 달했다. 일이 발각되자 왕망이 그들을 죽였다.

4) 왕망은 태사太師 휘하의 희중羲仲인 경상景尚과 경시장군更始將軍 호군護軍 왕당王黨을 파견해 병사들을 이끌고 가 청주青州와 서주徐州의 도적을 치게 했다. 또 국사國師 휘하의 화중和仲인 조방曹放으로 하여금 곽흥郭興을 도와 구정국句町國을 치게 했다. 그러나 왕당과 조방 모두 이

기지 못했다. 군기가 무너져 병사들이 방종放縱한 모습을 보이자 백성들은 더욱 곤고困苦해졌다.

5) 왕망이 다시 천하의 곡백穀帛을 서하西河내몽골 준가르 아이막와 오원五原내몽골 포두시 서북쪽, 삭방朔方내몽골 등구현, 어향漁陽북경시 밀운현으로 옮기게 하자, 매 군郡마다 100만 단위를 헤아렸다. 흉노를 치고자 했으나 마침 수복당須卜當이 병사했다. 왕망은 서녀庶女인 왕첩王捷을 그의 아들 후안공後安公 수복사須卜奢에게 보내 처로 삼게 했다. 존총尊寵이 매우 두터웠던 까닭에 끝내 군사를 출병시켜 그를 보위에 앉히고자 했다. 그러나 왕망이 패하면서 수복사와 그의 모친인 난제운欒提雲 역시 죽고 말았다.

6) 가을, 서리가 내려 콩을 죽였다. 관동 일대에 대기大饑가 빚어졌다. 황충의 재해가 있었다.

7) 왕망은 이미 사적인 주전鑄錢에 관한 법을 가볍게 했다. 범법자가 너무 많아져 오인伍人이 서로 연루되면서 몰입沒入 후 관노비官奴婢가 되는 자가 매우 많았다. 남자는 함거檻車에 실려 갔고, 여자는 걸어갔다. 쇠사슬인 쇄랑瑣琅을 목에 두르고, 압송돼 동전 주조를 관할하는 장안의 종관鐘官에 이르는 자가 10만 명을 헤아렸다. 그곳에 오는 사이 강제로 남녀를 뒤섞는 바람에 부부가 바뀌었다. 수고愁苦로 인해 죽은 자가 10의 6–7이 됐다.

8) 상곡上谷호북성 회래현 출신 저하儲夏가 스스로 회계에서 반기를 든 과전의瓜田儀에게 유세해 항복을 시킬 수 있다며 이를 허락해 줄 것을 청했다. 과전의가 아직 항복하러 나오지 않았을 때 죽었다. 왕망이 그의 시체를 찾아서 장사를 지내고 무덤과 사당을 만들었다. 시호를 과녕상남瓜寧殤男이라고 했다.

9) 윤閏 8월 27일, 대사령을 내렸다.

10) 낭관郞官 양성수陽成修가 부명符命을 바쳤다. 백성들의 어머니인

민모民母 즉 황후를 계립繼立해야 한다는 내용이었다. 이런 글이 덧붙여져 있었다.

"황제黃帝는 120명의 여자를 거느린 덕분에 신선이 될 수 있었다."

왕망이 중산대부中散大夫와 알자謁者를 각각 45명씩 각지에 파견했다. 천하를 나눠 순시하면서 널리 향리鄕里에서 추숭推崇하는 미모의 숙녀有淑를 찾아낸 뒤 그 명단을 올리도록 했다.

11) 왕망은 한고제 유방의 사당인 고묘高廟의 신령을 혐오했다. 호본虎賁의 무사를 시켜 고묘로 들어간 뒤 발검拔劍하여 사방으로 내던지거나 치는 제격提擊을 하고, 도끼로 사람이 다니는 문과 창문인 호유戶牖를 마구 쳐부수고, 귀신을 내쫓는 기능을 지닌 것으로 알려진 복숭아나무의 즙인 도탕桃湯을 뿌리고, 붉은 칠을 한 채찍을 벽을 향해 마구 휘두르고, 경거교위輕車校尉로 하여금 그 안에 살도록 하는 등의 조치를 취했다.

12) 이 해에 남군南郡호북성 강릉현 출신 진풍秦豐이 무리를 모았다. 1만 명가량 됐다. 평원平原산동성 평원현 출신 여자인 지소평遲昭平 역시 황하 일대의 험요지險要地에 수천 명을 모았다. 왕망이 군신들을 불러 놓고 도적을 잡는 금적禽賊의 방략을 물었다. 모두 입을 모아 대답했다.

"이는 하늘에 죄를 지은 죄수인 천수天囚이니 걸어 다니는 시체인 행시行屍에 불과합니다. 저들의 목숨은 극히 짧은 시간인 누각漏刻에 달려 있습니다."

이전의 좌장군左將軍 공손록公孫祿이 부름을 받고 논의에 참여했다. 공손록이 말했다.

"태사령太史令 종선宗宣은 천문과 역법, 기후 변화 등을 관장하면서 흉한 것을 길하다고 하는 등 천문을 어지럽히고, 조정을 그릇되게 했습니다. 태부太傅 평화후平化侯 당존唐尊은 허위虛僞를 장식해 명위名位를 훔치고, 다른 사람의 자식을 해쳤습니다. 국사國師 가신공嘉信公 유수劉秀는

『오경五經』을 전도顚倒해 사법師法을 훼손시키며 학사學士들을 의혹疑惑에 빠지게 했고, 명학남明學男 장한張邯과 지리후地理侯 손양孫陽은 정전법井田法을 만들어 백성들로 하여금 토업土業 즉 농업을 포기하게 만들었고, 희화義和 노광魯匡은 6완六筦을 설치해 공상工商을 궁하게 만들었고, 열부후說符侯 최발崔發은 아첨하는 모습을 짓는 아유취용阿諛取容을 행하며 아랫사람의 심정을 위로 전달하는 하정상통下情上通을 하지 않았습니다. 의당 이들 몇 사람을 주살해 천하를 위로하도록 하십시오!"

또 이같이 말했다.

"흉노는 공격할 수 없고, 마땅히 더불어 화친해야 합니다. 신은 신나라의 근심이 흉노에 있지 않고, 봉역封域 안에 있을까 두렵습니다."

왕망이 화가 나 호본虎賁으로 하여금 공손록을 부축해 나가게 하면서도 그의 말을 크게 채택했다. 노광魯匡을 오원五原의 졸정卒正으로 좌천시킨 게 그렇다. 백성들이 원비怨誹한 탓이다. 6완六筦은 노광이 홀로 만든 게 아니었으나 왕망은 중의衆意를 만족시키기 위해 그리한 것이다.

당초 사방에서 모두 기한饑寒과 궁수窮愁로 인해 도적이 됐다. 점차 많은 사람이 모여 큰 무리가 됐으나 늘 풍년이 들면 향리로 돌아가고자 했다. 비록 무리가 1만 명을 헤아렸으나 감히 성읍城邑을 노략하지 않고, 당일의 먹을 것을 구해 생활하는 것으로 만족할 뿐이었다. 여러 장급長級의 관원인 장리長吏를 비롯해 주목과 군수 등의 목수牧守들은 모두 스스로 어지럽게 싸우다가 무기에 맞아 죽었으나, 도적들은 감히 죽이고자 한 것은 아니었다. 왕망은 끝까지 그 연고를 알지 못했다.

이 해에 형주목荊州牧이 2만 명의 병사에게 긴급명령인 분명奔命을 내려 녹림綠林 호북성 당양현의 도적을 토벌하게 했다. 도적의 두목인 왕수王匡 등이 군사를 이끌고 운사雲杜 호북성 면양시에서 이들을 영격迎擊해 대파했다. 수천 명을 죽이고, 치중輜重을 모두 노획했다. 형주목이 북쪽으로 철군하려 했다. 그러나 녹림의 장령將領 마무馬武 등이 다시 이들을 차단해 공격하는 차격遮擊을 가하고자 했다. 형주목이 타는 수레의 병니屛泥[384]를 갈고리에 걸어 수레에 함께 타며 호위하는 참승驂乘을 찔러 죽였으나 끝내 형주목은 죽이지 않았다.

녹림의 도적들이 마침내 경릉竟陵호북성 천문현을 공격해 점령했다. 창을 돌려 운사雲杜와 안릉安陸호북성 안륙현을 공격했다. 많은 부녀자를 약취해 녹림 속으로 들어갔다. 그 숫자가 5만여 명에 달했으나 주군州郡은 이를 통제할 길이 없었다. 대사마의 속관인 사士가 예주豫州에 이르러 보고서인 장문章文의 내용을 처리하다가 도적에게 포획됐다. 도적들이 그를 현으로 송부送付했다. 사士가 돌아온 뒤 상서해 구체적인 상황을 보고했다. 왕망이 대로해 그를 하옥시켰다. 그의 보고를 거짓으로 꾸민 무망誣罔으로 간주한 것이다. 이내 하서下書해 4보四輔와 삼공三公 등의 7공七公을 책망했다.

"무릇 관원은 다스리는 자이다. 덕을 베풀고 은혜를 밝히는 선덕명은宣德明恩으로 백성을 목양牧養하는 것은 어진 도리인 인지도仁之道이다. 강한 것을 억제하고 간사한 것을 감독하는 억강독간抑強督奸과 도적을 잡고 주살하는 포주도적捕誅盜賊의 의로움의 절개인 의지절義之節이다. 그러나 지금은 그러하지 않다. 도적들이 나타나도 번번이 잡지 못하고, 무리를 이뤄 공무 수행 차 수레를 타고 오가는 승전乘傳의 관원인 재사宰士를 가로막고 노략을 한다. 관원으로서 도적에게 잡혔다가 탈출한 자는 망령되게 말하기를, '내가 도적을 책망하면서 어찌하여 도적이 됐는지 물으면 모두 빈궁 때문이라고 답했다. 도적이 나를 호송해 내보내 주었다'고

179 병니屛泥는 수레가 달릴 때 진흙이 수레 위로 튀는 것을 방지하기 위해 수레 앞턱의 가로나무인 거식車軾 앞에 설치한 것을 말한다. 붉은 비단에 기름을 발라 장식했다.

한다. 지금 속인들 가운데 논의하는 자들 대부분이 이와 같다. 생각건대 빈곤貧困과 기한饑寒으로 범법을 하는 것은 잘못이다. 크면 노략을 일삼는 군도群盜, 작으면 좀도둑인 투혈偷穴이 된다. 나머지 역시 이 두 가지 가운데 하나에 지나지 않는다. 지금 이내 서로 연결해 모의하며 동아리를 이루는 결모연당結謀連黨의 무리가 천백千百을 헤아린다. 이들은 역란逆亂 중에서도 큰 것이다. 어찌 기한 따위를 핑계 댈 수 있겠는가! 7공七公은 경대부卿大夫와 졸정卒正, 연솔連率, 서윤庶尹 들을 엄히 단속하는 엄칙嚴敕을 하여 삼가는 마음으로 선민善民을 양육하고, 급히 도적들을 모두 포획해 진멸殄滅하도록 하라! 마음과 힘을 합치는 동심병력同心幷力을 마다한 채 간사한 도적을 질오疾惡하지 않고, 망령되게 기한으로 인해 도적이 생겨났다고 말하는 자가 있으면 곧바로 잡아서 하옥하는 포계捕繫를 한 뒤 그 죄를 엄벌에 청하도록 하라!"

이에 군하群下가 더욱 두려워했다. 감히 도적들의 사정을 말할 자가 없었고, 주군州郡 역시 멋대로 발병發兵할 수 없었다. 도적들을 시종 통제할 수 없었던 이유다. 단지 태수에 해당하는 익평翼平산동성 제성현 연솔連率 전황田況만은 평소 과감한 덕분에 18세 이상의 백성 4만여 명을 징발한 뒤 창고의 무기를 나눠주고, 돌에다 도적토벌을 약속하는 글을 새겼다. 번숭樊崇 등이 그 얘기를 듣고는 감히 익평의 경계에 들어가지 않았다. 익평 연솔 전황이 스스로를 탄핵하는 자핵自劾의 상주문을 올렸다. 왕망이 전황을 꾸짖었다.

"아직 호부虎符를 내리지 않았는데 멋대로 발병發兵했다. 이는 군권을 희롱한 농병弄兵으로, 그 죄는 군기軍機를 오도한 것과 같다. 다만 전황이 스스로를 책망하며 반드시 도적을 사로잡아 없앤 까닭에 그 죄를 다스리지 않기로 한다."

이후 전황은 스스로 익성의 경계 밖으로 나가 토적討賊하는 것을 허락해 달라고 청했다. 향하는 곳마다 적들을 모두 격파했다. 왕망이 새서璽書로 전황에게 익평 연솔의 신분으로 청주青州와 서주徐州 등 2개 주 주목州牧의 업무까지 겸하게 했다. 전황이 상언했다.

"도적이 처음 나타날 때는 원래 미미해 부리部吏나 오인伍人[180] 등도 능히 잡을 수 있습니다. 허물은 장리長吏들이 그럴 뜻을 갖고 있지 않은 데 있습니다. 현縣은 상급기관인 군郡을 속이고, 군은 상급기관인 조정朝廷을 속입니다. 실제 100이면 10이라고 속이고, 1,000이면 100이라고 말합니다. 조정 역시 소홀히 하여 생략하는 홀략忽略으로 인해 번번이 독책督責을 하지 않습니다. 마침내 이런 관행이 만연해 주州 단위까지 이어지고 말았습니다. 이내 장수와 많은 사자로 하여금 전거傳車를 타고 가 서로 감독하고 독촉할 것을 명하게 합니다. 군현郡縣의 관원들은 정성을 다해 상관을 섬기는 법을 잘 압니다. 잘 응대應對하여 책망을 미리 막고, 주식酒食을 제공하고, 금은 등의 재보財寶를 건네며 단참斷斬의 죄로부터 자신을 구해 내는 게 그렇습니다. 다시는 도적을 걱정하거나 관사官事를 처리할 여지가 없는 이유입니다. 장수들은 또 몸소 장령과 병사인 이사吏士들을 이끌 수 없어 싸우기만 하면 도적에게 패하고, 이사들의 사기는 크게 저하되는 침상浸傷을 당합니다. 헛되이 백성들의 목숨만 버리는 것은 바로 이 때문입니다. 다행히 전에 조정의 사면을 받아 도적들이 해산하려 했으나 뜻밖에도 군현으로부터 차격遮擊을 당하자 두려워하며 다시 산곡山谷으로 들어가며 서로 이 사실을 전했습니다. 이미 투항한 각 군현郡縣의 항적降賊들은 모두 경해驚駭한 나머지 거짓에 속아 살해당할까 우

180 부리部吏는 도적을 담당하는 군郡의 적조賊曹와 현縣의 유요游徼 및 향鄕의 정장亭長 등을 가리킨다. 오인伍人은 범죄에 대해 연대책임을 지는 5호戶 단위에 소속된 백성을 의미한다.

려하고, 기근으로 인해 쉽게 동요돼 순월旬月 사이 무리가 다시 10여만 명으로 불어납니다. 이것이 바로 도적들의 숫자가 많아지는 배경입니다. 지금 낙양의 동쪽은 쌀이 1석石 당 2,000전에 달합니다. 폐하의 조서를 가만히 보면 태사太師와 경시장군更始將軍을 파견하려는 듯합니다. 이 두 사람은 폐하의 조아爪牙에 해당하는 중신重臣입니다. 수종하는 자의 숫자가 많으면 지나는 연도의 군현은 물자 공급에 시달려 텅 비게 되고, 적으면 위엄을 먼 곳까지 내보일 수 없게 됩니다. 의당 목윤牧尹 이하 관원 가운데 재간 있는 자를 급히 선발해 상벌을 명확히 한 가운데 고향을 떠나 유랑하는 자들을 수습하도록 해야 합니다. 작은 제후국인 소국小國 가운데 성곽이 없는 곳은 노약자들을 이주시켜 큰 성안에 머물게 하면서, 곡식穀食을 적장積臧하고 힘을 합쳐 고수固守하게 해야 합니다. 그러면 도적이 와서 공성攻城할지라도 점령할 수 없고, 통과할지라도 양식을 구할 길이 없고, 형세 상 무리를 모을 수도 없습니다. 이리하면 초항招降을 하지 않을지라도 저들은 필히 투항하고, 공격하지 않을지라도 절로 무너질 것입니다. 지금 헛되이 다시 장수들을 대거 출병시키면 지나는 곳의 군현 모두 오히려 도적들보다 더욱 고통스러워할 것입니다. 의당 전거傳車를 타고 각 군현으로 나갈 사자들을 모두 다시 불러들이는 징환徵還을 함으로써 군현들이 휴식을 취할 수 있도록 해야 합니다. 신 전황에게 청주와 서주에 대한 도적 소탕의 책무를 맡겨 주시면 신이 반드시 이들을 평정平定하고야 말 것입니다."

왕망은 전황에 대해 두려워하며 꺼리는 외오畏惡를 했다. 은밀히 그를 대신할 사람을 출발시키면서, 사자를 전황에게 보내 새서璽書를 전하게 했다. 사자가 전황이 있는 곳에 이르러 전황을 보자마자 곧바로 새서를 보여주며 그의 병권을 회수한 뒤 대신할 사람으로 하여금 군사를 감독하게 했다. 이어 전황을 서쪽 장안으로 보내자 왕망이 벼슬을 내려 사위師

尉섬서성 고릉현의 대부로 삼았다. 전황이 떠나가자 제나라 땅은 마침내 반란의 도가니로 변했다.

＊ 王莽下地皇二年

春, 正月, 莽妻死, 謚曰孝睦皇后. 初, 莽妻以莽數殺其子, 涕泣失明. 莽令太子臨居中養焉. 莽妻旁侍者原碧, 莽幸之, 臨亦通焉, 恐事洩, 謀共殺莽. 臨妻愔, 國師公女, 能為星, 語臨宮中且有白衣會. 臨喜, 以為所謀且成. 後貶為統義陽王, 出在外第, 愈憂恐. 會莽妻病困, 臨予書曰, "上於子孫至嚴, 前長孫·中孫年俱三十而死. 今臣臨復適三十, 誠恐一旦不保中室, 則不知死命所在!" 莽候妻疾, 見其書, 大怒, 疑臨有惡意, 不令得會喪. 既葬, 收原碧等考問, 具服奸·謀殺狀. 莽欲秘之, 使殺案事使者司命從事, 埋獄中, 家不知所在. 賜臨藥, 臨不肯飲, 自刺死. 又詔國師公曰, "臨本不知星, 事從愔起." 愔亦自殺.

是月, 新遷王安病死. 初, 莽為侯就國時, 幸侍者增秩·懷能, 生子興·匡, 皆留新都國, 以其不明故也. 及安死, 莽乃以王車遣使者迎興·匡, 封興為功修公, 匡為功建公.

卜者王況謂魏成大尹李焉曰, "漢家當復興, 李氏為輔." 因為焉作讖書, 合十餘萬言. 事發, 莽皆殺之.

莽遣太師羲仲景尚·更始將軍護軍王黨將兵擊青·徐賊, 國師和仲曹放助郭興擊句町, 皆不能克. 軍師放縱, 百姓重困.

莽又轉天下穀帛詣西河·五原·朔方·漁陽, 每一郡以百萬數, 欲以擊匈奴. 須卜當病死, 莽以庶女妻其子後安公奢, 所以尊寵之甚厚, 終為欲出兵立之者. 會莽敗, 雲·奢亦死.

秋, 隕霜殺菽, 關東大饑, 蝗.

莽既輕私鑄錢之法, 犯者愈眾, 及伍人相坐, 沒入為官奴婢. 其男子檻車, 女子步, 以鐵瑣琅當其頸, 傳詣長安鐘官以十萬數. 到者易其夫婦. 愁苦死者什六七.

上谷儲夏自請說瓜田儀降之. 儀未出而死, 莽求其屍葬之, 為起塚·祠室, 謚曰瓜寧殤男.

閏月, 丙辰, 大赦.

郎陽成修獻符命, 言繼立民母. 又曰, "黃帝以百二十女致神仙." 莽於是遣中散大夫·謁者各四十五人, 分行天下, 博采鄉里所高有淑女者上名.

莽惡漢高廟神靈, 遣虎賁武士入高廟, 拔劍四面提擊, 斧壞戶牖, 桃湯·赭鞭鞭灑屋壁, 令輕車校尉居其中.

是歲, 南郡秦豐聚眾且萬人. 平原女子遲昭平亦聚數千人在河阻中. 莽召問群臣禽賊方略, 皆曰, "此天囚行屍, 命在漏刻." 故左將軍公孫祿徵來與議, 祿曰, "太史令宗宣, 典星歷, 候氣變, 以凶為吉, 亂天文, 誤朝廷. 太傅平化侯尊, 飾虛偽以偷名位, 賊夫人之子. 國師嘉信公秀, 顛倒『五經』, 毀師法, 令學士疑惑. 明學男張邯·地理侯孫陽, 造井田, 使民棄土業. 羲和魯匡, 設六筦以窮工商. 說符侯崔發, 阿諛取容, 令下情不上通. 宜誅此數子以慰天下!" 又言曰, "匈奴不可攻, 當與和親. 臣恐新室憂不在匈奴, 而在封域之中也." 莽怒, 使虎賁扶祿出, 然頗采其言, 左遷魯匡為五原卒正, 以百姓怨誹故也. 六筦非匡所獨造, 莽厭眾意而出之.

初, 四方皆以饑寒窮愁起為盜賊, 稍稍群聚, 常思歲熟得歸鄉里, 眾雖萬數, 不敢略有城邑, 轉掠求食, 日闋而已. 諸長吏牧守皆自亂鬭中兵而死, 賊非敢欲殺之也, 而莽終不諭其故. 是歲, 荊州牧發奔命二萬人討綠林賊. 賊帥王匡等相率迎擊於雲杜, 大破牧軍, 殺數千人, 盡獲輜重. 牧欲北歸, 賊馬武等復遮擊之, 鉤牧車屏泥, 刺殺其驂乘, 然終不敢殺牧. 賊遂攻拔竟陵, 轉擊雲杜·安陸, 多略婦女, 還入綠林中, 至有五萬餘口, 州郡不能制. 又, 大司馬士按章豫州, 為賊所獲, 賊送付縣. 士還, 上書具言狀. 莽大怒, 下獄, 以為誣罔, 因下書責七公曰, "夫吏者, 理也. 宣德明恩, 以牧養民, 仁之道也. 抑強督奸, 捕誅盜賊, 義之節也. 今則不然. 盜發不輒得, 至成群黨遮略乘傳宰士. 士得脫者又妄自言, '我責數賊曰, "何故為是?" 賊曰, "以貧窮故耳." 賊護出我' 今俗人議者率多若此. 惟貧困饑寒犯法為非, 大者群盜, 小者偷穴, 不過二科. 今乃結謀連黨以千百數, 是逆亂之大者, 豈饑寒之謂邪! 七公其嚴敕卿大夫·卒正·連率·庶尹, 謹牧養善民, 急捕殄盜賊! 有不同心并力疾惡黠賊, 而妄曰饑寒所為, 輒捕繫, 請其罪!" 於是群下愈恐, 莫敢言賊情者, 州郡又不得擅發兵, 賊由是遂不制. 唯翼平連率田況素果敢, 發民年十八以上四萬餘人, 授以庫兵, 與刻石為約. 樊崇等聞之, 不敢入界. 況自劾奏, 莽讓況曰, "未賜虎符而擅發兵, 此弄兵也, 厥罪乏興. 以況自詭必禽滅賊, 故且勿治." 後況自請出界擊賊, 所向皆破. 莽以璽書令況領青·徐二州牧事, 況上言曰, "盜賊始發, 其原甚微, 部吏·伍人所能禽也. 咎在長吏不為意, 縣欺其郡, 郡欺朝廷, 實百言十, 實千言百. 朝廷忽略, 不輒督責, 遂至延蔓連州, 乃遣將帥, 多使者, 傳相監趣. 郡縣力事上官, 應塞詰對, 共酒食, 具資用, 以救斷斬, 不暇復憂盜賊·治官事. 將帥又不能躬率吏士, 戰則為賊所破, 吏氣浸傷, 徒費百姓. 前幸蒙赦令, 賊欲解散, 或反遮擊, 恐入山谷, 轉相告語. 故郡縣降賊皆更驚駭, 恐見詐滅, 因饑饉易動, 旬月之間更十餘萬人, 此盜賊所以多之故也. 今洛陽以東, 米石二千, 竊見詔書欲遣太師·更始將軍. 二人爪牙重臣, 多從人眾, 道上空竭, 少則無以威示遠方. 宜急選牧·

尹以下, 明其賞罰, 收合離鄉. 小國無城郭者, 徙其老弱置大城中, 積臧穀食, 并力固守. 賊來攻城, 則不能下. 所過無食, 勢不得群聚. 如此, 招之必降, 擊之則滅. 今空復多出將帥, 郡縣苦之, 反甚於賊. 宜盡徵還乘傳諸使者以休息郡縣. 委任臣況以二州盜賊, 必平定之." 莽畏惡況, 陰為發代, 遣使者賜況璽書. 使者至, 見況, 因令代監其兵, 遣況西詣長安, 拜為師尉大夫. 況去, 齊地遂敗.

왕망 지황 3년(AD 22)

1) 봄 정월, 9개의 사당인 9묘九廟가 완성돼 신주神主를 넣었다. 왕망이 알현하면서 6필의 말이 이끄는 대가大駕를 탔다. 이때 그는 5채五采의 털로 만든 용무늬 외투를 입고, 머리 위에 길이 3척尺의 뿔 모양 장식을 했다. 또 높이 8장丈 1척인 우산 모양의 화개華蓋를 9층으로 만들어 4륜거四輪車에 꽂고, 수레를 끄는 자들이 일제히 신선이 올라탄다는 뜻의 '등선登仙' 구호를 외쳤다. 왕망은 외출할 때 이 수레를 앞에 세워 길을 열었다. 백관들이 몰래 말했다.

"이는 상여인 이거輀車를 닮았다. 신선이 사용하는 물건은 아니다."

2) 2월, 청주와 서주에서 반기를 든 번숭樊崇 등이 태사 희중인 경상景尚 등을 살해했다.

3) 관동에서 사람들이 허기를 견디지 못해 서로 잡아먹는 인상식人相食을 행했다.

4) 여름 4월, 태사太師 왕광王匡과 경시장군更始將軍 염단廉丹을 파견해 동쪽으로 가서 여러 도적들을 토벌하게 했다.

당초 번숭 등의 무리는 이미 점차 강성해지는 침성浸盛의 모습을 보이자 이내 서로 약속했다.

"살인자殺人者는 사형, 상인자傷人者는 동일한 크기의 상처를 내어 배상하는 상상償傷을 한다."

이들 가운데 가장 높은 칭호는 삼로三老, 그 다음은 종사從事, 그 다음은 졸사卒史였다. 태사와 경시장군이 토벌 차 온다는 소식을 듣고는 왕망의 군사와 섞일까 두려운 나머지 마침내 눈썹을 붉게 하여 서로 식별했다. '적미赤眉'의 호칭은 여기서 나왔다. 태사 왕광과 경시장군 염단은 정예병인 예사銳士 10여만 명을 거느렸다. 지나는 곳마다 방종放縱하자 동쪽 지역에서 이런 말이 나돌았다.

차라리 적미를 만났을지언정	寧逢赤眉 녕봉적미
태사 군사 만나지 않았으면	不逢太師 불봉태사
태사 군사 그래도 나을 테니	太師尚可 태사상가
경시 군사 나를 죽일 테니까	更始殺我 경시살아

끝내 전황이 예언한 말처럼 된 것이다.

5) 왕망이 또 대부大夫와 알자謁者를 대거 파견해 백성들에게 초목을 삶아 유즙乳汁을 흉내 낸 낙酪을 만드는 법을 가르쳤다. '낙'은 먹을 수가 없었고, 많은 관원의 파견으로 오히려 백성들의 부담만 커졌다.

6) 녹림적綠林賊은 질역疾疫을 만나 전체의 절반가량이 죽자, 각각 자기 무리를 나눠 이끌고 떠났다. 왕상王常과 성단成丹은 서쪽 남군南郡호북성 강릉현으로 들어가 '하강병下江兵'을 칭했다. 왕광王匡과 왕봉王鳳 및 마무馬武를 비롯해 그 지당支黨인 주유朱鮪와 장앙張卬 등은 북쪽 남양南陽하남성 남양시으로 들어가 '신시병新市兵'을 칭했다. 모두 스스로 장군을 칭했다.

왕망이 사명대장군司命大將軍 공인孔仁을 파견해 예주豫州를 다스리게 하고, 납언대장군納言大將軍 엄우嚴尤와 질종대장군秩宗大將軍 진무

陳茂로 하여금 형주荊州의 도적을 치게 했다. 각자 이사吏士 100여 명을 이끌고 전거傳車를 이용해 관할 주현에 이른 뒤 병사들을 모집했다. 엄우가 진무에게 말했다.

"장수를 파견할 때 병부兵符를 내주지 않으면서 반드시 먼저 요청한 뒤 움직이게 했다. 이는 전설적인 사냥개인 한로韓盧를 묶어둔 채 사냥감을 잡으라고 하는 것과 같다."

7) 메뚜기 떼가 동쪽에서 왔다. 날라 다니는 메뚜기가 너무 많아 하늘을 가릴 정도였다.

8) 유민流民 가운데 관동關東섬서성 중부 땅으로 들어온 자가 수십만 명에 달했다. 이내 양섬관養贍官을 두어 이들을 먹였다. 사자使者가 감령監領하면서 소리小吏와 결탁해 공급하는 곡식을 빼돌렸다. 아사자가 10의 7–8에 달한 이유다.

이에 앞서 왕망은 중황문中黃門 왕업王業으로 하여금 장안에서 물건을 사들이는 일을 관장하게 했다. 백성들로부터 싼 가격에 물건을 사들이자 백성들이 이를 심히 걱정했다. 왕업은 비용을 절감하는 생비省費의 공을 세운 덕분에 남작男爵 밑에 설치된 새로운 작위인 부성附城에 봉해졌다. 왕망이 성 안에 기근이 발생했다는 보고를 받고 왕업에게 묻자 왕업이 대답했다.

"모두 유민流民입니다."

이내 장안성 안에서 파는 쌀밥인 양반粱飯과 고깃국인 육갱肉羹을 갖고 와 왕망에게 보여주었다.

"거주하는 백성들이 먹는 것은 모두 이와 같습니다."

왕망이 이를 믿었다.

9) 가을 7월, 신시병新市兵의 우두머리인 왕광王匡 등이 수현隨縣호북성 수주현으로 진격했다. 인근 평림관平林關 출신 진목陳牧과 요잠廖湛이 무리

1,000여 명을 모아 '평림병平林兵'을 칭하며 이에 호응했다.

10) 왕망이 조서를 내려 경시장군 염단廉丹을 지적했다.

"창름倉廩이 이미 다 떨어지고 부고府庫가 텅 비었으니, 가히 분노한 나머지 도적과 싸울 만하다! 장군은 나라의 중임重任을 맡았으니 중원의 전장戰場인 중야中野에 몸을 내놓지 않으면 나라의 은혜에 보답하고 책임을 다하는 보은색책報恩塞責의 길이 없을 것이다!"

염단이 황공惶恐한 나머지 밤에 연리掾吏인 풍연馮衍을 불러 조서를 보여주었다. 풍연이 염단에게 조언했다.

"초한지제楚漢之際 당시 장량張良은 조상이 5대에 걸쳐 한韓나라의 재상을 지낸 까닭에 진나라에 원한을 품고는 몰래 역사力士를 시켜 천하를 순수巡狩하던 진시황을 박랑사博浪沙에서 철추鐵椎로 저격하게 했습니다. 장군의 선친인 염포廉褒도 한나라 조정이 믿을 만한 신신信臣이었습니다. 신나라가 일어났으나 영준英俊들이 귀부하지 않았습니다. 지금 해내의 궤란潰亂으로 인해 한나라의 은덕을 가슴에 품는 사람들의 회덕懷德이 주나라 건국 당시의 백성들이 소공召公 석奭을 생각한 것보다 심합니다. 사람들이 가무歌舞를 행할 만한 일은 하늘이 반드시 따르게 마련입니다. 지금 바야흐로 장군을 위해 계책을 내면 대군大郡을 점거해 주둔하며 이사吏士들을 진무하고, 그 절개를 힘써 갈고 닦고, 웅걸雄桀의 인재를 받아들여 충지忠智의 계모計謀를 청하고, 사직에 이로운 일을 일으키며 만인에게 해가 되는 일을 제거하는 게 바람직합니다. 그리하면 복록福祿이 무궁無窮하게 흐르고, 공렬功烈이 불멸不滅하게 빛날 것입니다. 어찌하여 병사들과 함께 중원에 엎어져 몸이 초야에서 기름이 되고, 공명이 패상敗喪하여 치욕이 선조에게 미치게 하려는 것입니까?"

염단이 듣지 않았다. 풍연은 좌장군左將軍 풍봉세馮奉世의 증손이었다.

겨울, 무염無鹽산동성 동평현 출신 색로회索盧恢 등이 거병해 성으로 돌아간 뒤 적미에게 호응했다. 염단과 왕광이 무염 일대를 공략한 뒤 참수한 것이 1만여 급級에 달했다. 왕망이 중랑장中郎將을 시켜 새서璽書를 받들고 가 염단과 왕광의 노고를 치하하게 하고, 작위를 높이는 진작進爵을 하여 공작公爵으로 삼았다. 또 이사吏士 가운데 공을 세운 10여 명도 제후에 봉했다.

적미赤眉의 별교別校 동헌董憲 등이 이끄는 수만 명의 무리는 양군梁郡하남성 상구시에 있었다. 왕광은 진격하려 했으나 염단은 방금 전에 무염성을 함락시키느라 피로해진 까닭에 의당 병사들을 쉬게 해 위엄을 기르는 휴사양위休士養威가 필요하다고 생각했다. 왕광이 듣지 않고 독자적으로 군사를 이끌고 나아가자 염단이 부득이 뒤를 따랐다. 성창成昌산동성 동평현의 합전合戰에서 병사들이 패하자 왕광이 도주했다. 염단이 휘하 장령을 시켜 자신의 인신印信과 인끈인 절韍 및 부절符節을 왕망에게 전해주도록 하면서 이같이 탄식했다.

"소아小兒는 달아날 수 있지만 나는 그리 할 수 없다!"

마침내 도중에 멈춰 싸우다가 죽었다. 휘하의 교위校尉인 여운汝雲과 왕융王隆 등 20여 명도 다른 곳에서 전투하다가 염단의 전사 소식을 듣고는 모두 이같이 탄식했다.

"염공廉公이 이미 죽었으니 내가 누구를 위해 살 것인가!"

그러고는 적을 향해 내달리는 치분馳奔을 하여 싸우다 모두 전사했다.

국장國將인 애장哀章이 산동山東의 평정을 자원하고 나섰다. 왕망이 애장을 파견해 동쪽으로 내달려 태사 왕광과 병력幷力하도록 했다. 또 대장군 양준陽浚을 파견해 커다란 곡식 창고가 있는 오창敖倉하남성 형양현 북쪽을 수비하게 했다. 대사도 왕심王尋은 병사 10여만 명을 이끌고 낙양에 주둔하면서 남궁南宮을 진수鎭守했고, 대사마 동충董忠은 북군중루北軍

中壘[181]에서 병사들을 양성하며 활쏘기 연습을 시켰고, 대사공 왕읍王邑은 삼공三公의 직무를 겸했다.

11) 당초 한경제 유계劉啓의 아들 장사정왕長沙定王 유발劉發은 용릉절후舂陵節侯 유매劉買, 유매는 용릉대후舂陵戴侯 유웅거劉熊渠, 유웅거는 용릉고후舂陵考侯 유인劉仁을 낳았다. 유인은 남방의 비습卑濕한 기후로 인해 남양南陽의 백수향白水鄕호북성 조양현으로 옮겨져 책봉되면서 종족宗族과 함께 그곳에 살게 됐다. 유인이 죽자 아들 유창劉敞이 뒤를 이었다. 이때 왕망의 찬위簒位로 인해 봉국이 폐지됐다.

용릉절후 유매의 작은 아들이자 용릉대후 유웅거의 동생인 유외劉外는 울림鬱林광서성 귀현 태수가 됐다. 그는 거록鉅鹿하북성 평향현 도위都尉 유회劉回를 낳았고, 유회는 남돈南頓하남성 항성현 현령 유흠劉欽을 낳았다. 유흠은 호양湖陽하남성 당하현 출신 번중樊重의 딸을 취해 유연劉縯과 유중劉仲 및 유수劉秀 등 3형제를 낳았다. 형제는 일찍이 부친 유흠을 잃어 숙부인 유량劉良 밑에서 생장했다.

장남 유연은 성정이 강의剛毅하고, 의기가 넘치는 강개慷慨로 인해 대절大節을 지켰다. 왕망이 한나라를 찬탈하면서 늘 분분憤憤한 자세로 한나라 사직을 회복할 마음을 품었다. 평소 생업을 영위할 생각을 전혀 하지 않은 채 몸을 기울이고 재산을 허무는 경신파산傾身破産을 통해 천하의 중준雄俊과 교결한 이유다.

유수는 코가 높고 이마의 중앙부분이 튀어나온 이른바 융준일각隆准日角의 관상을 하고 있었다. 성정이 근면해 농사를 짓는 가색稼穡을 했다.

---

181 원문은 중군북루中軍北壘이다. 당시 장안에는 남군南軍과 북군北軍이 있었다. 북군중루北軍中壘의 오사일 공산이 크다. 번역문은 '북군중루'로 바꿨다.

유연이 늘 비소非笑하며 그를 한고제 유방의 둘째 형인 유중劉仲[182]에 비유했다. 유수의 누나 유원劉元은 신야新野 하남성 신야현 출신 등신鄧晨의 처가 됐다. 유수가 일찍이 자형姊兄인 등신과 함께 양穰 하남성 등현 출신 채소공蔡少公의 집 앞을 지나게 됐다. 채소공은 도참圖讖에 조예가 깊었다. 그가 말했다.

"유수劉秀는 의당 천자가 될 것이다."

혹자가 의아해하며 물었다.

"국사공國師公 유수를 말하는 것입니까?"

유수가 농담조로 물었다.

"제가 아니라는 걸 어떻게 알았습니까?"

앉아 있던 자들이 모두 대소大笑했다. 그러나 등신 홀로 속으로 크게 기뻐했다. 완宛 하남성 남양시 출신 이수李守는 별자리를 보고 점을 치는 성력星曆과 도참에 관한 기록인 참기讖記를 좋아해 종실을 주관하는 왕망의 종경사宗卿師가 됐다. 그가 일찍이 아들 이통李通에게 말했다.

"유씨劉氏가 의당 일어나고, 이씨李氏가 보필할 것이다."

---

182 한고제 유방의 둘째 형인 유중劉仲은 합양후郃陽侯 유희劉喜를 가리킨다. 원래 유방의 친형으로는 유백劉伯과 유중劉仲이 있었다. 유방의 자字인 계季는 통상 백伯, 중仲, 숙叔, 계季로 이뤄지는 막내아들을 가리키는 용어이다. 유방 위에 유숙劉叔이 있었음을 알 수 있다. 사서에 기록이 없는 점에 비춰 어렸을 때 죽은 것으로 추정된다. 유희는 유방이 젊었을 때 건달 생활을 한 것과 달리 열심히 농사를 지어 부친인 태공太公으로부터 커다란 칭송을 받았다. 훗날 유방은 보위에 오른 뒤 부친인 태공에게 잔을 올리며 축수祝壽하는 자리에서 묻기를, "대인大人은 자주 제가 생산에 종사하지 않는다고 책망하며 형보다 못하다고 했는데, 오늘 제가 성취한 바를 보면 저와 형 가운데 누가 더 많습니까?"라고 했다. 유연이 막내 동생인 유수를 두고 늘 비웃으며 한고제 유방의 둘째 형인 유중劉仲에 비유한 것은 2가지 의미를 지니고 있다. 첫째, 그의 꿈이 조상인 유방처럼 천하를 거머쥐는 데 있다는 것을 암시한다. 둘째, 막내 동생 유수를 기껏 농사나 짓는 인물로 폄하하며 무시했음을 보여준다.

신시병新市兵과 평림병平林兵이 거병하자 남양南陽이 소동騷動에 휩싸였다. 이통의 종제從弟 이질李軼이 이통에게 말했다.

"지금 사방이 요란擾亂하니 한나라는 의당 부흥할 것입니다. 남양의 종실 가운데 오직 자가 백승伯升인 유연劉縯 형제가 널리 무리를 사랑하며 받아들이고 있으니 가히 대사를 도모할 만합니다."

이통이 웃으며 말했다.

"이는 내 뜻이기도 하오!"

마침 유수가 완宛 땅에서 곡식을 팔고 있었다. 이통이 종제인 이질을 보내 유수를 영접하게 했다. 두 사람이 상견한 뒤 이통의 부친인 이수가 언급한 도참의 글인 참문讖文에 관한 일을 논의했다. 서로 결맹하기로 약속하는 약결約結을 한 뒤 거사를 모의했다. 이통은 입추立秋에 기사騎士 선발 시험을 치르는 한나라의 제도를 이용하려 했다. 이전의 남양南陽인 전대前隊의 대부大夫 즉 태수인 견부甄阜와 속정屬正 즉 도위인 양구사梁丘賜에 대한 겁박으로 호령을 발해 대중大衆을 동원하고, 이일과 이수로 하여금 용릉舂陵에서 거병해 호응하는 방안을 논의했다. 유연이 웅걸豪桀들을 불러놓고 향후 대책을 논의하며 이같이 말했다.

"왕망이 포학暴虐해 백성들이 분붕分崩됐소. 게다가 지금 또 물이 말라 가뭄이 드는 고한枯旱이 몇 해를 잇고 있는 상황에서 병혁兵革이 병기幷起하고 있소. 이 역시 하늘이 왕망을 멸망시키고, 한고제의 대업을 회복해 만세까지 안정시키려는 시기時機에 해당하오!"

무리들이 모두 그렇다고 했다. 이에 가까운 빈객을 여러 현縣에 나눠 보내 기병起兵했다. 유연은 스스로 용릉舂陵의 자제들을 징발했다. 여러 집안의 자제들은 두려운 나머지 모두 달아나 몸을 숨기는 망닉亡匿을 하며 이같이 말했다.

"백승伯升이 나를 해쳐 죽이려고 한다!"

이들은 유수가 장군의 복장인 진홍색의 강의絳衣와 대관大冠을 착용한 것을 보고는 모두 놀라 이같이 말했다.

"근후謹厚한 사람조차 이같이 하는 모양이다!"

이내 점차 스스로 안정됐다. 총 7천-8천 명의 자제를 얻은 뒤 부서를 나누고 스스로 하늘을 지탱하는 중심지라는 뜻의 '주천도부柱天都部'를 칭했다. 유수의 나이는 당시 28세였다. 그러나 이통은 아직 군사를 일으키지 않은 상황에서 일이 발각되는 바람에 황급히 도주했다. 부친 이수와 가속家屬들 가운데 이 사건에 연루돼 죽은 좌사자坐死者가 64명이나 됐다.

유연이 족인族人인 유가劉嘉를 파견해 신시병新市兵과 평림병平林兵을 초무招撫하며 설득했다. 이내 그들의 우두머리인 왕봉王鳳 및 진목陳牧과 함께 서쪽으로 나아가 장취長聚를 쳤다. 이어 당자향唐子鄕하남성 당하현 서남쪽을 도륙하고, 호양湖陽하남성 당하현 현위縣尉를 죽였다. 군중軍中의 노획물 분배가 고르자 않자 무리들이 화를 내며 원망하는 에한恚恨을 한 나머지 오히려 여러 유씨劉氏를 치려고 했다. 유수가 유씨 종인宗人들이 얻은 노획물을 모두 거둬 나눠주자 무리들이 이내 기꺼했다. 이내 극양棘陽하남성 신야현을 공략했다. 이질李軼과 등신鄧晨이 모두 빈객들을 이끌고 와 회합했다.

12) 엄우嚴尤와 진무陳茂가 이끄는 관군이 하강병下江兵을 깨뜨리자 성단成丹과 왕상王常 및 장앙張卬 등이 산졸散卒을 모아 누계蔞谿호남성 수현 북쪽로 들어갔다. 이내 삼종산三鐘山호북성 수현과 석룡산石龍山호북성 응산현 사이를 경략하며 무리를 정비했다. 얼마 후 다시 군사를 이끌고 상당上唐호북성 조양현에서 형주목荊州牧과 싸워 관군을 대파大破했다.

13) 11월, 패성孛星이 남방의 장수張宿에 있었다.

14) 유연이 진격해 완宛 땅을 치고자 했다. 소장안취小長安聚하남성 남양

시 남쪽에 이르러 견부甄阜 및 양구사梁丘賜와 싸웠다. 이때 하늘에 안개가 자욱해 유연의 군사가 대패大敗하고 말았다. 유수가 단마單馬로 달아나다가 도중에 여동생 유백희劉伯姬를 만나 함께 말을 타고 도주했다. 앞으로 나아가다가 다시 누나 유원劉元을 만나 속히 말 위에 오를 것을 재촉했다. 유원이 손을 휘저으며 말했다.

"속히 가도록 해라. 너희들은 나를 구할 수 없다. 양쪽 다 죽게 할 수는 없다!"

추병追兵이 다가오면서 유원과 그녀 소생의 세 딸이 모두 죽었다. 유연의 동생 유중劉仲을 비롯해 그의 가족 등 수십 명이 전사했다. 유연이 다시 병사들을 모아 극양棘陽으로 돌아가 지켰다. 견부와 양구사는 승세勝勢에 올라타 치중輜重을 남향藍鄉하남성 신야현 동북쪽에 둔 채 정병精兵 10만 명을 이끌고 남쪽으로 황순수潢淳水를 건너 비양沘陽하남성 남양시 동쪽 일대의 비수沘水까지 나아갔다.

곧 황순과 비수 사이를 차단해 영채를 세운 뒤 후방의 교량을 끊어 돌아가지 않을 뜻을 내보였다. 신시병新市兵과 평림병平林兵은 유연의 군사가 자주 패하고, 견부와 양구사의 군사가 대거 도착한 것을 보고는 각각 해산해 돌아가고자 했다. 유연이 이를 심히 걱정했다.

마침 왕상王常과 성단成丹 등이 이끄는 하강병下江兵 5천여 명이 의추宜秋하남성 당하현 동남쪽에 이르렀다. 유연이 곧 유수 및 이통과 함께 영채를 찾아가 청했다.

"원컨대 하강군의 현장賢將 한 분을 만나 대사를 논의하려 하오."

무리들이 왕상을 천거했다. 유연이 왕상을 만나 합종合從의 이로움을 설명하자 왕상이 대오大悟해 말했다.

"왕망이 잔학殘虐한 까닭에 백성들이 한나라의 은덕을 생각합니다. 지금 유씨가 부흥하면 바로 백성들의 진정한 군주인 진주眞主가 될 것입니다. 실로 몸을 내던져 소용所用이 되는 출신위용出身為用의 자세로 임해 그대가 대공大功을 이루는 데 도움을 주고자 합니다."

유연이 말했다.

"일시 성사되면 어찌 감히 복락을 홀로 누릴 수 있겠소!"

마침내 왕상과 깊이 상결相結한 뒤 떠났다. 왕상은 돌아온 뒤 다른 장수인 성단成丹 및 장앙張卬 등에게 이를 모두 말했다. 성단과 장앙은 자신들의 병력이 강대한 것만 믿고 이같이 말했다.

"대장부大丈夫가 이미 거병했으면 의당 각자 주인이 될 생각을 해야 하오. 무슨 까닭으로 남의 통제를 받으려는 것이오!"

왕상이 이내 성당과 장앙을 서서히 설득했다.

"왕망은 가혹苛酷한 정사로 백성들의 마음을 계속 잃었고, 백성들이 한나라의 은덕을 생각하며 노래를 부른 게 비단 하루 이틀이 아니오. 우리들이 이처럼 거병하게 된 이유요. 무릇 백성들이 원망하는 자는 하늘이 제거할 것이고, 백성들이 생각하는 자는 하늘이 내줄 것이오. 대사大事를 일으키면서 반드시 아래로는 민심民心을 따르고, 위로는 천의天意에 합치돼야 하오. 그러면 공이 이내 이뤄질 것이오. 만일 강한 것을 짊어지고 용감한 것을 믿는 부강시용負強恃勇과 느끼는 바대로 방종하게 행동하는 촉정자욕觸情恣欲을 하면 비록 일시 천하를 얻을지라도 반드시 다시 잃게 될 것이오. 진시황과 항우項羽의 위세조차 오히려 멸망하는 이복夷覆의 대상이 됐는데 하물며 우리 같은 포의布衣들이 초택草澤에 모여 이처럼 방종하게 행동하면 이는 멸망의 길에 지나지 않소. 지금 남양南陽의 모든 유씨劉氏들이 종족 차원에서 군사를 일으키는 거종기병舉宗起兵을 했는데, 그들이 논의하는 것을 보니 모두 깊은 계책과 큰 생각인 심계대려深計大慮를 갖고 있어 왕공王公의 재목에 해당하오. 저들과 더불어 힘을 합치는 병합倂合을 하면 반드시 대공을 세울 수 있소. 이는 하늘이 우리들을 도우려고 그런 것이오."

하강병下江兵의 제장諸將들은 비록 거칠고 강하며 아는 게 별로 없는 굴강소식屈強少識[183]의 인물이기는 하나 평소 왕상을 존경했기에 이내 모두 입을 모아 사죄했다.

"왕상 장군이 없었다면 우리들은 거의 불의에 빠졌을 것입니다!"

그러고는 즉시 군사를 이끌고 가 유연의 군사를 비롯해 신시병新市兵 및 평림병平林兵과 합쳤다. 이에 여러 부대가 마음과 힘을 하나로 모으는 제심동력齊心同力을 이루자 그 예기銳氣가 더욱 장壯했다. 유연劉縯이 병사들에게 크게 향연饗宴을 베풀고 맹약을 맺은 뒤 3일 동안 쉬게 했다. 이어 이들 연합군을 모두 6부部로 편성했다.

12월 30일, 유연이 비밀히 밤중에 일어나 영채를 뽑는 잠사야기潛師夜起를 한 뒤 남향藍鄕하남성 신야현 동북쪽을 야습夜襲해 손에 넣고, 치중輜重을 모두 노획했다.

* 王莽下地皇三年

春, 正月, 九廟成, 納神主. 莽謁見, 大駕乘六馬, 以五采毛為龍文衣, 著角, 長三尺. 又造華蓋九重, 高八丈一尺, 載以四輪車. 挽者皆呼"登仙", 莽出, 令在前. 百官竊言曰, "此似輀車, 非仙物也."

二月, 樊崇等殺景尚.

關東人相食.

夏, 四月, 遣太師王匡·更始將軍廉丹東討眾賊. 初, 樊崇等眾既浸

---

183 굴강소식屈強少識의 굴강屈強을 두고 안사고顔师古는 『한서』「육가전」에 대한 주에서 풀이하기를, "굴강은 유연하게 굴복하지 않는 불유복不柔服을 말한다."고 했다. 굴강屈強은 굴강倔强과 같다.

盛, 乃相與為約曰, "殺人者死, 傷人者償創." 其中最尊號三老, 次從事, 次卒史. 及聞太師·更始將討之, 恐其眾與莽兵亂, 乃皆朱其眉以相識別, 由是號曰赤眉. 匡·丹合將銳士十餘萬人, 所過放縱. 東方為之語曰, "寧逢赤眉, 不逢太師! 太師尚可, 更始殺我!" 卒如田況之言.

莽又多遣大夫·謁者分教民煮草木為酪, 酪不可食, 重為煩費.

綠林賊遇疾疫, 死者且半, 乃各分散引去. 王常·成丹西入南郡, 號"下江兵." 王匡·王鳳·馬武及其支黨朱鮪·張卬等北入南陽, 號"新市兵." 皆自稱將軍. 莽遣司命大將軍孔仁部豫州, 納言大將軍嚴尤·秩宗大將軍陳茂擊荊州, 各從吏士百餘人, 乘傳到部募士. 尤謂茂曰, "遣將不與兵符, 必先請而後動, 是猶紲韓盧而責之獲也."

蝗從東方來, 飛蔽天.

流民入關者數十萬人, 乃置養贍官稟食之, 使者監領, 與小吏共盜其稟, 饑死者什七八. 先是, 莽使中黃門王業領長安市買, 賤取於民, 民甚患之. 業以省費為功, 賜爵附城. 莽聞城中饑饉, 以問業. 業曰, "皆流民也." 乃市所賣粱飯·肉羹, 持入示莽曰, "居民食咸如此." 莽信之.

秋, 七月, 新市賊王匡等進攻隨. 平林人陳牧·廖湛復聚眾千餘人, 號"平林兵", 以應之.

莽詔書讓廉丹曰, "倉廩盡矣, 府庫空矣, 可以怒矣, 可以戰矣! 將軍受國重任, 不捐身於中野, 無以報恩塞責!" 丹惶恐, 夜, 召其掾馮衍, 以書示之. 衍因說丹曰, "張良以五世相韓, 椎秦始皇博浪之中. 將軍之先, 為漢信臣. 新室之興, 英俊不附. 今海內潰亂, 人懷漢德, 甚於詩人思召公也. 人所歌舞, 天必從之. 方今為將軍計, 莫若屯據大郡, 鎮撫吏士, 砥厲其節, 納雄桀之士, 詢忠智之謀, 興社稷之利,除萬人之害, 則福祿流於無窮, 功烈著於不滅. 何與軍覆於中原, 身膏於草野, 功敗名喪, 恥及先祖哉!" 丹不聽. 衍, 左將軍奉世曾孫也.

冬, 無鹽索盧恢等擧兵反城附賊, 廉丹·王匡攻拔之, 斬首萬餘級. 莽遣中郎將奉璽書勞丹·匡, 進爵為公. 封吏士有功者十餘人. 赤眉別校董憲等衆數萬人在梁郡, 王匡欲進擊之. 廉丹以為新拔城罷勞, 當且休士養威. 匡不聽, 引兵獨進, 丹隨之. 合戰成昌, 兵敗, 匡走. 丹使吏持其印·韍·節付匡曰, "小兒可走, 吾不可!" 遂止, 戰死. 校尉汝雲·王隆等二十餘人別鬪, 聞之, 皆曰, "廉公已死, 吾誰為生!" 馳奔賊, 皆戰死. 國將哀章自請願平山東, 莽遣章馳東與太師匡幷力. 又遣大將軍陽浚守敖倉. 司徒王尋將十餘萬屯洛陽, 鎮南宮. 大司馬董忠養士習射中軍北壘. 大司空王邑兼三公之職.

初, 長沙定王發生舂陵節侯買, 買生戴侯熊渠, 熊渠生考侯仁. 仁以南方卑濕, 徙封南陽之白水鄉, 與宗族往家焉. 仁卒, 子敞嗣. 值莽簒位, 國除. 節侯少子外為鬱林太守, 外生鉅鹿都尉回, 回生南頓令欽. 欽娶湖陽樊重女, 生三男. 縯, 仲, 秀, 兄弟早孤, 養於叔父良. 縯性剛毅, 慷慨有大節, 自莽簒漢, 常憤憤, 懷復社稷之慮, 不事家人居業, 傾身破產, 交結天下雄俊. 秀隆准日角, 性勤稼穡. 縯常非笑之, 比於高祖兄仲. 秀姊元為新野鄧晨妻, 秀嘗與晨俱過穰人蔡少公, 少公頗學圖讖, 言"劉秀當為天子." 或曰, "是國師公劉秀乎?" 秀戲曰, "何用知非僕邪?" 坐者皆大笑, 晨心獨喜. 宛人李守, 好星歷·讖記, 為莽宗卿師. 嘗謂其子通曰, "劉氏當興, 李氏為輔." 及新市·平林兵起, 南陽騷動, 通從弟軼謂通曰, "今四方擾亂, 漢當復興. 南陽宗室, 獨劉伯升兄弟泛愛容衆, 可與謀大事." 通笑曰, "吾意也!" 會秀賣穀於宛, 通遣軼往迎秀, 與相見, 因具言讖文事, 與相約結, 定謀議. 通欲以立秋材官都試騎士日, 劫前隊大夫甄阜及屬正梁丘賜, 因以號令大眾, 傳軼與秀歸舂陵擧兵以相應. 於是縯召諸豪桀計議曰, "王莽暴虐, 百姓分崩. 今枯旱連年, 兵革并起, 此亦天亡之時, 復高祖之業, 定萬世之秋也!" 眾皆然之. 於是分遣親客於諸縣起兵, 縯自發舂陵子弟. 諸家子弟恐懼, 皆亡匿, 曰. "伯升殺我!" 及見秀絳衣大冠, 皆驚曰, "謹厚者亦復為之!" 乃稍自安. 凡得子弟七八千人, 部署賓客, 自稱"柱天都部." 秀時年二十八. 李通未發, 事覺, 亡走. 父守及家屬坐死者六十四人. 縯使族人嘉招說新市·平林兵, 與其帥王鳳·陳牧西擊長聚. 進屠唐子鄉, 又殺湖陽尉. 軍中分財物不均, 眾恚恨, 欲反攻諸劉. 秀斂宗人所得物, 悉以與之, 眾乃悅. 進拔棘陽, 李軼·鄧晨皆將賓客來會.

嚴尤·陳茂破下江兵. 成丹·王常·張卬等收散卒入蔞谿, 略鐘·龍間, 眾復振. 引軍與荊州牧戰於上唐, 大破之.

十一月, 有星孛於張.

劉縯欲進攻宛, 至小長安聚, 與甄阜·梁丘賜戰. 時天密霧, 漢軍大敗. 秀單馬走, 遇女弟伯姬, 與共騎而奔. 前行, 復見姊元, 趣令上馬, 元以手揮曰, "行矣, 不能相救, 無為兩沒也!" 會追兵至, 元及三女皆死, 縯弟仲及宗從死者數十人. 縯復收會兵眾, 還保棘陽. 阜·賜乘勝留輜重於藍鄉, 引精兵十萬南度潢淳, 臨沘水, 阻兩川間為營, 絕後橋, 示無還心. 新市·平林見漢兵數敗, 阜·賜軍大至, 各欲解去, 縯甚患之. 會下江兵五千餘人至宜秋, 縯即與秀及李通俱造其壁曰, "願見下江一賢將, 議大事." 眾推王常. 縯見常, 說以合從之利, 常大悟曰, "王莽殘虐, 百姓思漢. 今劉氏復興, 即真主也. 誠思出身為用, 輔成大功." 縯曰, "如事成, 豈敢獨饗之哉!" 遂與常深相結而去. 常還, 具為餘將成丹·張卬言之. 丹·卬負其眾曰, "大丈夫既起, 當各自為主, 何故受人制乎!" 常乃徐曉說其將帥曰, "王莽苛酷, 積失百姓之心, 民之謳吟思漢, 非一日也, 故使吾屬因此得起. 夫民所怨者, 天所去也. 民所思者, 天所與也. 擧大事, 必當下順民心, 上合天意, 功乃可成. 若負強恃勇, 觸情恣欲, 雖得天下, 必復失之. 以秦·項之勢, 尙至夷覆, 況今布衣相聚草澤, 以此行之, 滅亡之道也. 今南陽諸劉擧宗起兵, 觀其來議者, 皆有深計大慮, 王公之才, 與之倂合, 必成大功, 此天所以祐吾屬也!" 下江諸將雖屈強少識, 然素敬常, 乃皆謝曰, "無王將軍, 吾屬幾陷於不義!" 卽引兵與漢軍及新市·平林合. 於是諸部齊心同力, 銳氣益壯. 縯大饗軍士, 設盟約, 休卒三日, 分為六部. 十二月, 晦, 潛師夜起, 襲取藍鄕, 盡獲其輜重.

* 권39-한기漢紀 31: 경시제와 결별하다

회양왕淮陽王 **경시**更始 **원년**(AD 23)[184]

1) 봄 정월 초하루, 유연劉縯의 용릉병舂陵兵과 왕상 등이 이끄는 하강병下江兵이 합세해 남양 태수 견부甄阜와 그 속정屬正인 양구거梁丘賜를 공격해 목을 베고, 사졸士卒 2만여 명을 죽였다. 이때 왕망의 납언장군納言將軍 엄우嚴尤와 질종장군秩宗將軍 진무陳茂가 군사를 이끌고 완현宛縣하남성 남양시을 점거하려 했다. 유연이 완현 남쪽의 육양淯陽 아래서 이들을 대파하고 마침내 완현을 포위했다.

이에 앞서 청주青州와 서주徐州의 도적 무리는 비록 수십만 명에 달했으나 체계적인 조직이 없어 문서文書와 호령號令, 정기旌旗, 제도적으로 편제된 민간집단인 부곡部曲 등을 전혀 지니지 못했다. 이들은 유연의 군사가 일어나자 비로소 장군을 칭하고, 성과 땅을 공격해 빼앗는 공성약지攻城略地와 문서를 이첩하며 왕망의 죄행을 진술하는 이서칭설移書稱說을 행했다. 이 얘기를 전해들은 왕망이 처음으로 두려워하기 시작했다.

원래 용릉대후舂陵戴侯 유웅거劉雄渠의 증손曾孫인 유현劉玄은 질역疾

---

184 회양왕淮陽王 유현劉玄은 장사정왕長沙定王 유발劉发의 후예로서 후한 광무제 유수劉秀의 족형族兄에 해당한다. 사마광이 그를 두고 황제의 자리에 올랐음에도 '회양왕'으로 표현한 것은 광무제 유수를 정통으로 본 탓이다. 회양왕의 '경시更始 원년'은 왕망 신나라의 '지황地皇 4년'에 해당한다.

疫으로 전체의 절반가량이 죽으면서 녹림이 해체된 후 진목陳牧과 요잠廖湛 등이 이끄는 평림병平林兵에 가담해 있었다. 평림병 내부에서는 경시장군更始將軍으로 불렀다. 이때 유연의 용릉병이 이미 10만을 넘어섰다. 용릉병을 비롯해 신시병新市兵과 유현劉玄이 속해 있는 평림병 등 각 군의 제장들이 회의를 열어 병사들 숫자가 많아졌는데도 통일統一된 지휘체계가 없는 점을 논의했다. 이들 모두 유씨 가운에 한 사람을 지도자로 세워 사람들이 바라는 바인 인망人望을 좇는 게 좋다고 생각했다.

남양南陽의 호걸豪桀과 왕상王常 등은 모두 유연劉縯을 세우고자 했다. 그러나 신시병과 평림병의 장수들은 방종放縱을 좋아한 까닭에 유연의 위명威明을 꺼렸다. 반면 유현은 나약懦弱했다. 이 점에 주목해 계속 방종을 탐할 생각으로 먼저 유현을 책립策立한 뒤 유연에게 논의 내용을 통보했다. 유연이 대답했다.

"여러 장군들이 다행스럽게 유씨 종실을 존립尊立하려 하니 매우 후덕하오. 그러나 지금 적미赤眉가 청주와 서주에서 일어나 그 숫자가 10만 명을 헤아리고 있소. 남양에서 유씨 종실을 세운다는 소문을 들으면 아마도 적미 역시 황제를 세울까 우려되오. 왕망이 아직 패망하지도 않은 상황에서 종실들끼리 서로 보위를 놓고 다투면 천하 사람들을 의혹하게 만들고, 스스로 권력을 덜어내는 게 되오. 이는 왕망을 격파하는 길이 아니오. 용릉舂陵호북성 조양현에서 완현宛縣까지 300리 정도일 뿐인데 문득 스스로를 높여 황제가 되면 사람들의 표적을 자처하고, 뒤따르는 사람들에게 우리의 피폐疲敝한 모습에 올라타도록 부추기는 게 되오. 이는 선계善計가 아니오. 황제 대신 왕을 칭하며 호령하느니만 못하오. 칭왕稱王의 위세로도 족히 적장들의 목을 벨 수 있소. 만일 적미가 내세운 자가 현명하면 우리가 병사를 이끌고 귀부하며 따를 수도 있을 것이오. 그 경우 그는 결코 우리의 작위爵位를 빼앗지 않을 것이오. 만일 적미가 영수領袖를 세우지 않았다면 왕망을 격파하고 적미를 항복시킨 연후에 황제의 존호尊號를 거론할지라도 결코 늦지 않을 것이오."

제장들이 대부분 찬동했다.

"좋소!"

신시병의 장령將領인 장앙張卬은 칼을 뽑아 땅을 치는 발검격지拔劍擊地를 하며 말했다.

"거사를 의심하면 공을 세울 수 없다. 오늘의 논의와 다른 얘기는 일절 있을 수 없다!"

무리가 모두 이를 좇았다.

2월 1일, 육수淯水하남성 백하白河의 모래사장 위에 단을 만든 뒤 유현劉玄이 황제의 자리에 올랐다. 남면南面하여 선 자세로 신하들의 조하朝賀를 받았다. 부끄럽고 긴장돼 얼굴이 온통 땀투성이였다. 손을 들어올리기는 했으나 말을 할 수 없었다. 곧 천하에 대사령을 내리고 개원改元했다. 유씨 일족 가운데 부친 항렬의 족부族父 유량劉良을 국삼로國三老, 신시병 장수 출신인 왕광王匡과 왕봉王鳳 및 주유朱鮪를 각각 정국상공定國上公과 성국상공成國上公 및 대사마大司馬, 유연劉縯을 대사도大司徒, 평림병 장수 출신인 진목陳牧을 대사공大司空으로 삼았다. 나머지 장수는 모두 구경장군九卿將軍으로 삼았다. 이로 인해 유연을 옹립하려 했던 호걸들이 크게 실망해 대부분 불복했다.

2) 왕망은 표면상 스스로 안정돼 있음을 내보이고자 했다. 머리털과 수염인 빈발鬢髮을 검게 물들이고, 두릉杜陵섬서성 서안시 남쪽 사람 사심史諶의 딸을 황후로 삼으며 후궁을 둔 게 그렇다. 위호位號를 공公·경卿·대부大夫·원사元士의 서열에 맞춰 모두 128명이었다.

3) 왕망이 천하에 사면령을 내리면서 하조下詔했다.

"왕광王匡과 애장哀章 등은 청주와 서주의 도적을 토벌하고 있고, 엄우

嚴尤와 진무陳茂 등은 이전의 남양군인 전대前隊의 추로醜虜인 유현을 토벌하고 있다. 그들에게 항복하면 죽이지 않겠다는 단청丹青처럼 분명한 약속인 단청지신丹青之信[185]을 공개적으로 알리도록 하라. 다시 미혹돼 해산하지 않으면 장차 대사공·융신공隆新公 왕읍王邑을 시켜 100만 대군을 이끌고 가 초절剿絕토록 하겠다."

4) 3월, 성국상공成國上公 왕봉王鳳과 태상편장군太常偏將軍 유수劉秀 등이 곤양昆陽하남성 섭현과 정릉定陵하남성 무양현, 언郾하남성 언성현 일대를 차례로 돌았다. 모두 함락시켰다.

5) 왕망은 엄우와 진무가 패했다는 소식을 듣고 이내 대사공 왕읍을 파견했다. 전거傳車를 타고 내달려 대사도 왕심王尋과 함께 발병發兵해 산동山東 일대를 평정하게 한 것이다. 병법 63가家에 밝은 자들을 모두 모아 군리軍吏, 체격인 큰 장인長人 거무패巨毋霸를 누위壘尉로 삼았다. 또 맹수인 호랑이와 표범인 호표虎豹, 물소와 코끼리인 서상犀象 등을 몰고 가 위무威武에 보탬이 되도록 했다.

왕읍은 낙양에 도착한 뒤 각 주군州郡에서 선발한 정병精兵을 주목과 군수인 목수牧守들로 하여금 스스로 거느리게 했다. 기일에 맞춰 그러모은 병사는 총 42만 명이었으나 밖으로는 100만 명이라고 떠벌였다. 이들 이외에도 길에 나온 자들이 들고 있는 정기旌旗와 치중輜重이 무려 1,000리에 걸쳐 끊이지 않았다.

여름 5월, 왕심王尋과 왕읍王邑이 남쪽으로 영천潁川하남성 우현을 지난 뒤 엄우 및 진무의 군사와 합류했다.

---

185 단청지신丹青之信은 변치 않을 정도로 뚜렷한 신의를 가리킨다. 단청의 색이 뚜렷하면서도 잘 변하지 않는 점에 주목해 시종일관하는 믿음을 비유할 때 사용한다. 『후한서』「공손술전」에 나오는 '진언화복陳言禍福, 이명단청지신以明丹青之信' 구절이 전거典據이다.

연합군의 제장諸將들이 왕심과 왕읍의 병사가 많은 것을 보고는 모두 달아나 곤양昆陽하남성 섭현으로 들어갔다. 두려운 나머지 각자 처와 자식인 처노妻孥 걱정을 하며 각 성읍으로 돌아가고자 했다. 유수가 말했다.

"지금 우리 병사와 양곡은 크게 줄었지만 외구外寇는 강대하오. 힘을 합쳐 방어하면 거의 공을 세울 수 있을 것이오. 만일 분산分散되면 형세상 모두 안전할 수 없소. 또 완현宛縣을 공격하고 있는 유연劉縯이 아직 성을 함락시키지 못한 까닭에 구하러 올 수도 없소. 곤양이 함락되면 하루 사이에 모든 부대도 멸망하고 말 것이오. 지금 동심공담同心共膽[186]으로 함께 공명을 떨칠 생각을 하지 않고, 오히려 처자妻子와 재물財物을 지키려고 하는 것이오!"

제장들이 노했다.

"유장군이 어찌 감히 이처럼 말하는 것이오!"

유수가 웃으며 일어났다. 마침 척후斥候를 하는 기병이 돌아와 말했다.

"대병大兵이 또 성의 북쪽에 이르러 군진軍陳을 친 것이 수백 리에 걸쳐 있는데 그 끝이 보이지 않습니다."

제장들은 평소 유수를 가볍게 여겼으나 사정이 박급迫急하자 이내 서로 말했다.

"다시 유장군을 청해 계책을 논의합시다."

유수가 다시 그림을 그려가며 성패의 경우를 설명하자 제장들이 입을 모아 말했다.

"좋소!"

---

186 원문은 '동심담同心膽'이다. 마음과 담력을 같이한다는 의미이다. 『후한서』「정태전鄭太傳」에는 같은 뜻의 '동심공담同心共膽' 표현이 나온다. 명나라 나관중의 『삼국연의』 제88회에는 동심합담同心合膽으로 나온다. 동일한 의미의 간담상조肝膽相照 성어가 널리 사용되고 있다.

당시 성 안에는 오직 8천-9천 명만 있었다. 유수는 왕봉王鳳과 정위대장군廷尉大將軍 왕상에게 곤양을 지키게 하고, 밤에 오위장군五威將軍 이질李軼 등 기병 13명과 함께 성의 남문을 나와 밖에서 군사를 모았다. 이때 성 아래에 도착한 왕망의 군사가 또 10만 명에 달했다. 유수 등은 거의 출성出城하지 못할 뻔했다. 왕심王尋과 왕읍王邑이 병사를 풀어 곤양성을 포위하자 엄우가 왕읍에게 말했다.

"곤양성은 작지만 견고합니다. 지금 거짓으로 황제를 칭하고 있는 유현劉玄은 완현宛縣에 있습니다. 속히 대군을 진병시키면 저들은 반드시 황급히 달아나는 분주奔走를 할 것입니다. 완현이 무너지면 곤양은 절로 항복할 것입니다."

왕읍이 말했다.

"내가 전에 척의翟義를 포위한 적이 있소. 그를 산 채로 잡지 못해 책양責讓을 받았소. 지금 100만 명의 무리로 공성攻城을 하여 함락시키지 못하면 무위武威를 드러낼 길이 없게 되오. 의당 먼저 이 성을 도륙한 뒤 그 피를 밟고 진격하는 접혈이진蹀血而進을 하면 앞에서 노래하고 뒤에서 춤을 추는 전가후무前歌後舞가 가능하오. 생각만 해도 통쾌하지 않소!"

마침내 수십 겹으로 포위하고, 군영 수백 개를 늘어놓는 열영列營을 했다. 징과 북인 정고鉦鼓의 소리가 10리 밖에서도 들렸다. 혹자는 땅굴인 지도地道를 파고, 혹자는 성벽 등과 충돌해 무너뜨리는 충거沖車와 높은 누대를 설치한 누거樓車 즉 팽거輣車로 성을 공격했다. 쇠뇌인 노弩를 좌우로 벌려 놓고 난발亂發하자 화살이 비 오듯 했다. 성 안에서는 위에서 떨어지는 화살을 피하기 위해 집의 문짝을 방패삼아 등에 진 채 물을 긷는 부호이급負戶而汲을 했다. 왕봉 등이 항복을 애걸하는 걸항乞降을 했으나 허락받지 못했다. 왕심과 왕읍은 스스로 성의 함락이 경각에 달렸다고 여겨 이를 군사적으로 조심스럽게 접근할 생각을 하지 못했다. 엄우가 말했다.

"『손자병법』은 성을 포위할 경우 적이 달아날 수 있는 활로活路로 한 곳을 비워두라고 했습니다.[187] 의당 활로를 허용해 성 밖의 사람들을 공포로 몰아가는 식으로 완현宛縣을 함락시켜야 합니다."

왕읍이 또 듣지 않았다.

6) 극양棘陽하남성 신야현 태수 잠팽岑彭은 이전의 남양군인 전대前隊의 부책임자 엄열嚴說과 함께 완현을 지키고 있었다. 연합군이 그곳을 여러 달 공격하자 성 안에서 인상식人相食하는 일이 빚어졌다. 이내 성 전체를 하나로 묶는 거성擧城의 차원에서 항복했다. 경시제 유현劉玄이 그곳으로 들어간 뒤 도읍으로 삼았다. 연합군의 제장들이 잠팽을 죽이려고 하자 유연劉縯이 반대했다.

"잠팽은 한 군郡의 대리大吏로서 마음을 다잡고 성을 굳게 지켰소. 이는 그의 절개에서 나온 것이오. 지금 대사를 거행하면서 의당 의사義士를 표창해야 하니 작위를 내려 제후에 봉하느니만 못하오."

경시제 유현이 이내 잠팽을 귀덕후歸德侯에 봉했다.

7) 유수가 언郾과 정릉定陵에 도착해 각 군영의 병사를 모두 징발했다. 제장들은 재물에 욕심을 내며 아까워하는 탐석貪惜의 모습을 보이며 군사를 나눠 재물을 지키고자 했다. 유수가 말했다.

---

187 원문은 위성위지궐圍城為之闕이다. 『손자병법』「군쟁軍爭」에서 통상적인 용병 원칙으로 철군하는 적의 퇴로를 막지 않고, 적을 포위할 때 반드시 퇴각로를 터주고, 막다른 곳에 몰린 적을 성급히 공격하지 않는다는 취지로 언급한 '귀사물알歸師勿遏, 위사필궐圍師必闕, 궁구물박窮寇勿迫' 구절에서 인용한 것이다. 삼국시대의 조조는 이에 대한 주석에서 풀이하기를, "병서 『사마법司馬法』은 성을 포위할 경우 세 방향에서 포위하되 한 방향을 열어줘야 한다고 했다. 적이 도주할 길을 열어주어 쉽게 싸움을 매듭지으려고 한 것이다."라고 했다. 성 밖의 사람들을 공포로 몰아가고자 한 것이다.

"지금 적을 깨뜨리면 진보珍寶가 이보다 1만 배나 많을 것이고, 대공大功도 이룰 수 있소. 그러나 적에게 패하면 머리와 목인 수령首領도 남아나지 않을 터인데 어찌 재물을 소유할 수 있겠소!"

이내 각 군영의 병사를 모두 징발했다.

6월 1일, 유수가 각 군영의 병사와 함께 진격하면서 스스로 보기步騎 1,000여 명을 이끌고 전봉前鋒에 섰다. 왕망의 대군이 있는 곳으로부터 4-5리 쯤 떨어진 곳에 진을 쳤다. 왕심王尋과 왕읍王邑 역시 군사 수천 명을 보내 교전하게 했다. 유수가 병사들을 이끌고 적진을 내달리면서 적을 참수斬首해 수십 명의 급級[188]을 얻었다. 제장들이 기뻐했다.

"유장군은 통상적인 삶을 살아가는 평생平生의 시기에는 소적小敵을 보고도 겁을 먹는 모습을 보였는데, 지금 대적大敵을 보고도 용감한 모습을 보였으니 심히 기괴한 일이오! 다시 선봉에 서고자 할 경우 청컨대 장군을 돕도록 하겠소!"

유수가 다시 진격하자 왕심과 왕읍의 군사가 퇴각했다. 여러 부대가 이 틈을 타 참수한 적병의 숫자가 수백 내지 수천 급級에 달했다. 연승連勝을 거두자 드디어 앞으로 나아갔고, 제장들 역시 담기膽氣가 더욱 장해져 1명 당 100명을 당하는 일당백一當百을 하지 않는 자가 없었다. 유수가 이내 결사대인 감사자敢死者 3,000명과 함께 성의 서쪽 물가에서부터 왕망 군사의 중심 진지인 중견中堅까지 마구 충돌하며 진격해 나아갔다.

왕심과 왕읍은 쉽게 대적할 수 있을 것으로 생각해 1만여 명을 인솔해 군진 앞에서 순시를 했다. 이어 여러 군영에 칙령을 내려 각 부대를 정돈한 가운데 함부로 움직이지 못하게 한 뒤 단독으로 유현의 연합군과 싸

188 사람의 목을 베는 참수斬首를 하여 얻는 머리를 수급首級이라고 한다. '수급'의 급級은 진秦나라 때 적의 목을 하나 벨 때 작위를 1급級 올려준 데서 나온 말이다.

웠으나 이내 불리해졌다. 왕망의 대군은 감히 임의로 군사를 출동시켜 서로를 구할 수 없었다. 왕심과 왕읍의 군진이 어지러워지자 연합군이 예기銳氣에 올라타 이들을 무너뜨리고 마침내 왕심王尋을 살해했다.

성 안에 있던 군사들 역시 전고를 두드리고 함성을 지르는 고조鼓噪를 하며 출성했다. 안팎이 합세하자 진동하는 고함이 천지를 뒤흔들었다. 왕망의 군사가 대궤大潰하는 와중에 달아나는 자들이 서로를 올라타며 밟는 등천騰踐을 하자 엎어져 죽은 시체가 100여 리에 달했다. 마침 크게 천둥이 치고 바람이 불어 옥와屋瓦가 모두 날아가고, 비가 쏟아 붇듯이 내리자 여수汝水의 지류인 치천滍川이 넘쳐흘렀다. 호표虎豹조차 모두 두려운 나머지 다리를 덜덜 떠는 고전股戰을 했다. 사졸士卒 가운데 물에 빠져 익사한 자가 1만 명을 헤아리자 물이 흐르지 못할 지경이 됐다.

왕읍王邑과 엄우嚴尤 및 진무陳茂가 경무장을 하여 말에 올라탄 뒤 죽은 자들을 넘어 도수渡水하여 달아났다. 유수는 왕망의 군사가 갖고 온 군사물자인 군실軍實과 치중輜重을 모두 노획했다. 그 숫자를 헤아릴 수 없을 정도였다. 몇 달이 걸려도 이를 모두 실어 나르지 못하자 간혹 그 나머지를 불태워 없애는 번소燔燒를 했다.

왕망의 사졸들은 사방으로 달아나 각자 출신 군郡으로 돌아갔고, 왕읍 홀로 장안에서 모집한 휘하의 용사 수천 명과 함께 낙양으로 환군했다. 관중關中 사람들이 이 얘기를 듣고는 진공震恐했다. 이를 계기로 해내海內의 호걸들이 모두 하나로 뭉치는 흡연翕然의 모습으로 메아리가 울리듯 향응響應하면서 해당 지역의 목수牧守를 죽인 뒤 스스로 장군將軍을 칭했다. 이들 모두 경시제 유현의 연호를 사용하며 조명詔命이 내리기를 기다렸다. 순월旬月 사이에 이런 모습이 천하에 두루 퍼졌다.

8) 왕망은 유현의 연합군이 '왕망이 효평황제孝平皇帝를 짐살鴆殺했다!'고 떠든다는 얘기를 듣고는 공경들을 미앙궁에 있는 왕로당王路堂에

모았다. 이어 주나라 건국 당시 주공周公이 그랬던 것처럼 하늘을 향해 위독한 한평제를 위해 대신 죽을 것을 기도한 뒤 궤에 넣어 쇠줄로 봉해 보관해 오던 책서策書인 이른바 금등지책金縢之策을 군신들에게 내보이며 체읍涕泣했다.

9) 유수는 다시 영천潁川하남성 우현 일대로 진군해 부성父城하남성 보풍현 동쪽을 쳤으나 공략치 못했다. 병사들을 부성 인근의 건거향巾車鄕에 주둔시켰다. 영천군의 연리掾吏 풍이馮異가 관내에 있는 5개 현縣을 순시하다가 연합군에게 붙잡혔다. 풍이가 말했다.

"저 풍이의 노모가 부성에 있어 속히 돌아가고자 합니다. 5개 현성縣城을 들어 바치는 공을 세워 보덕報德하려 합니다!"

유수가 이를 허락했다. 풍이가 돌아가서 부성의 현장縣長 묘맹苗萌에게 말했다.

"제장諸將들 대부분이 폭횡暴橫합니다. 유독 유장군만 이르는 곳마다 백성들을 포로로 잡거나 재물을 약탈하는 노략虜略을 하지 않습니다. 그의 언어言語와 거지擧止를 보니 보통사람인 용인庸人이 아닙니다."

마침내 묘맹을 비롯한 5명의 현장과 함께 항복했다.

10) 신시병新市兵과 평림병平林兵에 소속된 제장諸將은 유연劉縯 형제의 위명威名이 날로 커지자 은밀히 경시제 유현에게 그들을 제거할 것을 권했다. 유수가 유연에게 말했다.

"일이 좋지 않게 흐르는 듯합니다."

유연이 웃으며 말했다.

"매사가 늘 이처럼 진행되는 것일 뿐이다."

경시제 유현이 제장들과 함께 대회大會를 갖고, 유연의 보검을 얻어 이리저리 살펴보았다. 수의어사繡衣御史 신도건申徒建[189]이 경시제를 수행하다가 유연에 대한 과감한 처리를 주문하는 신호로 문득 옥결玉玦을 바쳤다. 그러나 경시제는 감히 군사를 동원하지 못했다. 대회가 끝난 뒤 유연의 장인 번굉樊宏이 유연에게 물었다.

"신도건에게 항우에게 옥결을 바치면서 유방의 척살을 암시한 범증范增의 의도가 없었겠는가?"

유연이 응답하지 않았다.

당초 이질李軼은 유연 형제와 잘 지냈지만 나중에는 신시병을 이끌며 새로이 귀한 몸이 된 주유朱鮪와 같은 자들을 아첨하며 섬겼다. 유수가 유연에게 경계하여 말했다.

"이 자는 다시 믿을 수 없을 것입니다."

그러나 유연은 이를 좇지 않았다.

유연의 부하 장수 유직劉稷은 용맹이 3군三軍 가운데 으뜸이었다. 경시제 유현이 보위에 올랐다는 얘기를 듣고는 화를 내며 말했다.

"본래 기병起兵하여 대사를 도모한 자는 유연과 유수 형제이다. 지금 경시제는 무엇을 하던 자인가?"

경시제 유현이 유직을 항위장군抗威將軍으로 삼았으나 유직이 배수拜受하려 하지 않았다. 화가 난 유현이 이내 제장들과 함께 병사 수천 명을 늘어놓은 뒤 유직을 잡아들여 주살하려 했다. 유연이 이 문제를 놓고 극렬히 다퉜다. 이질李軼과 주유朱鮪가 유연까지 함께 잡아들일 것을 권했다. 유현이 당일 이들을 잡아들여 주살했다. 그러고는 유연을 대신해 족형族兄인 광록훈光祿勳 유사劉賜를 대사도大司徒로 삼았다.

유수가 이 얘기를 듣고는 부성父城에서 완현宛縣으로 달려와 사죄했

---

189 신도건申徒建이 바로 뒤에는 신도건申屠建으로 나온다. 도徒와 도屠의 발음과 성조는 똑같다. 후한 응소應劭의 『풍속통의风俗通儀』는 신도씨申屠氏가 훗날 신도씨申徒氏로 바꾼 것으로 기록해 놓았다. 찢어 죽인다는 뜻을 지닌 도屠의 어감이 좋지 않아 도徒로 바꾼 듯하다. '신도'가 복성複姓이고, '건'이 이름이다.

다. 대사도의 관속官屬들이 유수를 맞이하며 조문했으나 유수는 이들과 사사로운 말인 사어私語를 한 마디도 나누지 않았다. 오직 깊이 자신의 허물만 거론할 뿐 일찍이 거둔 곤양昆陽 전투의 대공을 조금도 내세우지 않았다. 또 친형인 유연을 위한 복상服喪을 하지 않았고, 음식飮食과 언소言笑 역시 평상시와 같았다. 경시제 유현은 이로 인해 부끄럽게 생각하며 유수를 파로대장군破虜大將軍에 임명하고 무신후武信侯에 봉했다.

11) 도사道士인 서문군혜西門君惠가 왕망의 위장군衛將軍 왕섭王涉에게 말했다.

"참서讖書의 글에는 유씨가 의당 부흥할 것이라고 했소. 국사공國師公 유수劉秀[190]의 성명姓名이 그렇소."

왕섭이 마침내 국사공 유수를 비롯해 대사마 동충董忠, 궁정 금위군의 부사령관 격인 사중대췌司中大贅 손급孫伋과 모의했다. 휘하의 소속 군사를 동원해 왕망을 겁박한 뒤 연합군에 투항함으로써 종족을 보전하려 했다.

가을 7월, 손급이 이들의 모의를 왕망에게 고했다. 왕망이 동충을 불러 힐책詰責한 뒤 때려서 죽이는 격살格殺[191]을 했다. 호위 병사인 호본虎賁으로 하여금 말의 목을 베는 검인 참마검斬馬劍으로 동충을 쪼개 죽이는 좌살剉殺하도록 한 게 그렇다. 이어 그의 종족을 모두 잡아들인 뒤 진한 식초인 순혜醇醯와 독약毒藥, 날이 시퍼런 칼인 백인白刃, 가시나무인 총극叢棘 등을 한데 버무려 산 채로 땅 속에 파묻어 버렸다. 국사공 유수

---

190 국사공國師公 유수劉秀의 본명은 유흠劉歆으로, 『전국책』과 『설원』 등을 편제한 유향劉向의 아들이다. 나중에 바꾼 이름인 유수劉秀는 후한의 건국자인 광무제 유수와 같다.

191 격살格殺은 격살擊殺과 같은 의미이다. 여기의 격格은 원래 격擊과 같은 뜻인 격挌을 격格으로 혼동한 데 따른 착자错字에 해당한다.

劉秀와 위장군 왕섭王涉 모두 자살했다. 위장군 왕섭은 왕망의 골육骨肉이고 국사공 유수는 왕망의 칭제에 앞장선 구신舊臣에 해당한다. 왕망은 자신의 내부가 궤멸했다는 말을 듣기 싫어해 이들에 대한 주살 소식을 은폐했다.

왕망은 군사들이 밖에서 격파되고, 대신들이 안에서 배반하자 믿을 만한 좌우가 없게 됐다. 멀리 있는 군국郡國에 대해 신경을 쓸 여력이 없게 된 이유다. 왕망이 이내 왕읍을 불러 들여 대사마, 황후의 궁전을 총괄하는 대장추大長秋 장한張邯을 대사마, 최발崔發을 대사공, 궁정의 금위사령관인 사중司中 수용壽容과 묘흔苗訢을 국사國師로 삼았다. 왕망은 우만憂懣으로 인해 음식을 먹지 못한 채 오직 음주飮酒만 하고, 복어鰒魚 즉 전복全鰒만 먹었다. 군사에 관한 책을 읽다가 피곤해지면 궤안几案에 기댄 채 잠을 청했다. 다시는 베개를 베고 침대에서 편히 잠을 자지 못한 배경이다.

12) 성기成紀감숙성 태안현 출신인 외최隗崔와 외의隗義 형제, 상규上邽감숙성 천수현 출신인 양광楊廣, 기현冀縣감숙성 감곡현 출신인 주종周宗이 연합군에 호응하기 위해 함께 수천 명의 무리를 모아 평양平襄감숙성 통위현을 쳤다. 태수에 해당하는 왕망의 진융鎭戎 대윤大尹 이육李育을 죽였다.

외최의 조카 외효隗囂는 평소 명성이 있었고, 경서經書를 좋아했다. 외최 등이 함께 천거해 상장군上將軍으로 삼게 했다. 외최는 백호장군白虎將軍, 외의는 좌장군左將軍이 됐다. 외효가 사자를 보내 평릉平陵섬서성 함양현 서북쪽의 방망方望을 초빙해 군사軍師로 삼았다. 방망이 외효에게 평양의 동쪽에 한고제 유방의 사당인 고묘高廟를 세울 것을 건의했다.

7월 20일, 태조인 고황제高皇帝[397] 유방을 위시해 태종太宗인 문제文帝 유항劉恒과 세종世宗인 무제武帝 유철劉徹 등에 대한 제사를 지내면서 외효 등이 모두 칭신稱臣하고 집사執事를 보았다. 이때 말을 죽여 함께 서약하는 살마동맹殺馬同盟을 하며 유씨 황실을 다시 일으켜 보필할 것을 다짐했다. 이어 여러 군국郡國에 격문을 보내는 이격移檄을 하여 왕망의 죄악을 열거했다.

군사 10만 명에 대해 점검하며 정비하는 늑병勒兵을 하여 옹주雍州감숙성 동부의 주목州牧인 진경陳慶과 안정安定감숙성 고원현의 대윤大尹 즉 태수 왕향王向을 격살擊殺했다. 또 제장들을 나눠 파견하여 농서隴西감숙성 임도현와 무도武都감숙성 성현, 금성金城감숙성 난주시, 무위武威감숙성 무위현, 장액張掖감숙성 장액현, 주천酒泉감숙성 주천현, 돈황敦煌감숙성 돈황현 등을 모두 손에 넣었다.

13) 당초 무릉茂陵섬서성 흥평현 출신 공손술公孫述이 청수淸水감숙성 청수현 현장縣長이 되어 능력이 있다는 소문을 얻었다. 이전의 촉군蜀郡인 도강導江의 태수에 해당하는 졸정卒正으로 옮긴 뒤 치소治所를 임공臨邛사천성 공래현에 두었다. 유현의 연합군이 일어나자 이에 호응한 남양南陽하남성 남양시 출신 종성宗成과 상현商縣섬서성 상현 출신 왕잠王岑이 기병起兵하여 한중漢中섬서성 남정현 일대를 순시하며 이전의 익주益州 자사인 용부목庸部牧 송준宋遵을 살해하고 휘하의 수만 명을 거뒀다. 공손술이 사자를 보내 종성 등을 영접했다. 종성 등이 성도成都에 이르러 노략虜掠하고 멋대로 사나운 짓을 하는 폭횡暴橫을 했다. 공손술이 군郡의 호걸들을 불러 이같이 말했다.

"천하 사람들이 신나라로 인해 똑같은 고통을 받은 까닭에 유씨의 은

---

192 원문은 고조高祖이다. 유방의 묘호廟號는 원래 태조太祖이다. 단지 사마천이 『사기』「고조본기高祖本紀」에서 '고조'라고 칭한 이후 후대인들이 습관적으로 그같이 부르고 있을 뿐이다. 『자치통감』도 이를 좇은 셈이다. 유방의 시호는 고황제高皇帝이다. 원래 시법諡法에는 '고高'가 없으나 최고의 공을 세운 최초의 진정한 황제라고 여겨 '고황제'라고 칭한 것이다.

덕을 생각한 지 오래됐소. 연합군이 왔다는 얘기를 듣고 달려 나와 길에서 영접한 이유요. 지금 백성들은 무고無辜한데 부녀자들이 붙잡혀 있소. 이는 구적寇賊으로, 결코 의병義兵이 아니오."

이내 사람을 시켜 유현이 보낸 연합군의 사자를 사칭詐稱해 거짓으로 공손술 자신에게 보한장군輔漢將軍과 촉군태수蜀郡太守 겸 익주목益州牧의 인수를 내주게 했다. 이어 보한장군 등의 명의로 정예병을 이끌고 서쪽으로 진격해 종성과 왕잠 등을 죽이고, 그 무리를 합병했다.

14) 이전의 종무후鍾武侯 유망劉望이 여남汝南하남성 여남현에서 기병하자 엄우嚴尤와 진무陳茂가 가서 귀부했다.

8월, 유망이 황제에 즉위한 뒤 엄우를 대사마, 진무를 승상으로 삼았다.

15) 왕망은 태사太師 왕광王匡과 국장國將 애장哀章을 시켜 낙양을 지키게 했다. 경시제 유현은 신시병 출신인 동명이인의 정국상공定國上公 왕광王匡으로 하여금 낙양을 치게 했다. 이어 서병대장군西屛大將軍 신도건申屠建과 승상부丞相附의 부재상인 사직司直 이송李松을 시켜 무관武關섬서성 상현을 공격하게 했다. 경기京畿 일대인 삼보三輔가 진동震動했다. 석현析縣하남성 내향현 서북쪽 출신 등엽鄧曄과 우광于匡이 이에 호응하기 위해 인근의 남향南鄕에서 기병해 무관도위武關都尉 주맹朱萌을 치자 주맹이 항복했다. 승세를 몰아 이전의 홍농군 태수인 우대右隊의 대부大夫 송강宋綱을 공격해 죽이고, 서쪽으로 진격해 호현湖縣하남성 영보현 북쪽을 함락시켰다. 왕망이 더욱 우려하며 나아갈 바를 알지 못했다. 최발崔發이 말했다.

"옛날에는 나라에 커다란 재앙인 대재大災가 있으면 대곡大哭으로 제압하는 염승厭勝을 행했습니다. 의당 하늘을 향해 구해달라고 청구해야 할 것입니다."

왕망이 이내 군신들을 이끌고 남교南郊로 가서 부명符命을 받게 된 본말本末을 자세히 고하고, 앙천仰天하여 대곡大哭을 했다. 기진氣盡하자 엎드려 고두叩頭했다. 많은 유생儒生인 제생諸生과 소민小民이 단석旦夕으로 모여 대곡을 했다. 이들을 위해 반찬과 죽인 손죽飧粥을 준비하고, 심히 비애悲哀하게 우는 자를 낭관郎官으로 삼았다. 낭관이 5,000여 명에 이르렀다.

왕망이 장군 9명을 임명했다. 모두 비호飛虎 내지 용호龍虎처럼 '호虎' 자를 사용했다. 북군北軍 가운데 정병精兵 수만 명을 이끌고 동쪽으로 가게 하면서 그 처자를 궁중으로 불러 인질로 삼았다. 당시 성중省中 즉 궁중에는 황금이 아직 60여만 근이나 남아 있었다. 다른 재물도 이와 비슷했다. 왕망은 이를 아끼느라 9명의 '호虎'자가 들어간 장군에게 각각 4,000전씩 내려주었다. 많은 사람들이 거듭 원망하는 중원重怨을 하며 싸울 뜻인 투의鬪意를 보이지 않은 이유다.

9명의 '호'자가 들어간 장군은 화음華陰섬서성 화음현의 회계回谿에 이르러 험한 곳에 의지해 스스로 지켰다. 우광于匡과 등엽鄧曄이 공격하자 6명의 '호'자가 들어간 장군이 패주했고, 이들 가운데 사웅史熊과 왕황王況 등 2명의 장군은 궁궐로 찾아가 죄를 달게 받겠다고 말했다. 왕망이 사자를 시켜 '사자死者가 어디에 있는가?'라고 책임을 묻게 하자 모두 자살했다. 나머지 4명의 '호'자가 들어간 장군은 달아났고, 이들 가운데 곽흠郭欽과 진휘陳翬 및 성중成重 등 3명의 장군은 산졸散卒을 수습한 뒤 관수灌水가 위수渭水로 들어가는 입구인 경사창京師倉을 보위했다.

등엽鄧曄이 무관武關을 열고 연합군을 맞이했다. 이송李松이 3,000여 명의 병사를 이끌고 호현湖縣에 도착한 뒤 등엽 등과 함께 경사창을 공격했으나 함락시키지 못했다. 등엽이 홍농弘農하남성 영보현의 연리掾吏 왕헌王憲을 교위로 삼아 수백 명의 무리를 이끌고 북쪽의 위수渭水를 건너 좌풍익左馮翊의 경계로 들어갔다. 이송은 편장군偏將軍 한신韓臣 등을 파견해 지름길로 서진해 신풍新豐섬서성 임동현 동북쪽에 이르러 왕망의 파수장군波水將軍을 치게 했다. 왕망의 군사가 달아나자 그 뒤를 쫓아가 장문궁長門宮에 이르렀다.

홍농의 연리掾吏 출신 왕헌王憲이 북진하여 빈양頻陽섬서성 부평현 동북쪽에 이르는 동안 지나는 곳마다 그를 맞이하며 항복했다. 제현諸縣의 대성大姓 호족들이 각자 기병하여 한나라 부흥을 기치로 내건 연합군의 장수인 한장漢將을 칭하며 무리를 이끌고 왕헌을 좇았다.

이송과 등영이 군사를 이끌고 화음華陰에 이르자 장안 부근에 있던 병사들이 사방에서 몰려와 장안성 아래에 모였다. 또 천수天水 출신 외씨隗氏가 바야흐로 도착했다는 소식이 들리자 모두 앞다퉈 입성入城하려 했다. 대공大功을 세우거나 노략鹵掠의 이득을 탐한 것이다. 왕망이 성 안에 갇혀 있는 죄수들을 모두 사면해 풀어준 뒤 무기를 나눠주었다. 이어 돼지를 잡아 그 피를 마시며 더불어 맹서했다.

"만일 신나라 왕조를 위해 진력盡力하지 않는 자가 있으면 사직의 귀신이 이를 기억할 것이다!"

왕망은 장인인 경시장군更始將軍 사심史諶에게 이들을 거느리게 했다. 위교渭橋를 건너자 모두 흩어져 달아나는 바람에 사심은 빈 몸으로 돌아오게 됐다. 중병衆兵이 왕망의 처妻와 자子, 부父, 조祖의 무덤을 발굴發掘한 뒤 관곽棺槨과 구묘九廟, 명당明堂, 벽옹辟雍 등에 불을 질렀다. 불빛이 성 안을 훤히 비췄다.

9월 1일, 연합군의 병사들이 장안성의 동성東城 북쪽 첫 번째 문인 선평성문宣平城門을 뚫고 들어갔다. 대사도 장한張邯이 연합군 병사들에 의해 살해됐다. 대사마 왕읍王邑을 비롯해 왕림王林과 왕순王巡, 제운䝻惲 등은 군사를 나눠 지휘하면서 북궐北闕 아래서 연합군의 공격에 저항했다. 날이 어두워지자 관부官府와 관저官邸에 있던 자들이 모두 황급히 달아나는 분망奔亡을 했다.

9월 2일, 성 안에 있던 소년 주제朱弟와 장어張魚 등이 노략鹵掠을 당할까 두려워했다. 이내 무리를 결성한 뒤 마구 내달리며 서로 화답해 소리치는 모습으로 미앙궁을 향해 쳐들어갔다. 멋대로 작실문作室門에 불을 지른 뒤 경법전敬法殿의 소로小路에 세운 작은 문인 달闥에 도끼질을 하면서 부르짖었다.

"반역을 한 종놈인 반로反虜 왕망은 어찌하여 출항出降을 하지 않는 것인가!"

불길이 액정掖庭과 승명전承明殿 쪽으로 옮겨갔다. 이곳은 한평제 유기劉箕의 부인으로 왕망의 딸인 황황실주黃皇室主가 거처하는 곳이었다. 당시 32세인 황황실주가 탄식했다.

"무슨 면복으로 한가漢家의 사람들을 볼 것인가!"

불 속으로 몸을 던져 소사燒死했다.

왕망은 불을 피해 선실宣室의 전전前殿으로 갔다. 불꽃이 곧바로 그를 좇아왔다. 왕망이 짙푸른 색을 띤 위아래가 똑같은 옷을[193]을 입고, 순임금이 사용했다는 비수匕首를 들었다. 천문랑天文郎이 그의 앞에서 별자리가 새겨진 판을 안배하면 왕망은 이를 좇아 자리를 돌려가며 북두칠성인 두병斗柄이 가리키는 방향으로 앉았다. 그가 말했다.

"하늘이 나에게 이처럼 좋은 은덕을 내렸다. 한나라 부흥을 기치로 내

---

193 원문은 감균복紺袀服이다. 감색紺色으로 된 상하가 똑같은 색의 옷인 균복袀服을 가리킨다. 공자는 『논어』「향당」에서 "군자는 재계齋戒할 때 입는 옷의 짙푸른 색인 감색紺色과 상복의 장식에 쓰이는 검붉은 색인 추색緅色으로 옷 따위의 가장자리를 다른 헝겊으로 가늘게 싸서 돌리는 가선을 행하지 않고, 홍색紅色과 자색紫色으로 평상복인 설복褻服을 만들지 않는다."고 했다. '감균복'은 이런 관행을 어긴 셈이다.

건 한병漢兵들이 나를 어찌할 수 있단 말인가!"

9월 3일, 날이 밝자 군신들이 왕망의 겨드랑이를 부축해 선실의 전전前殿에서 연못 안에 있는 누대인 점대漸臺[194] 쪽으로 달아났다. 연못의 물인 지수池水로 한병漢兵의 진입을 막고자 한 것이다. 공경公卿과 수종하는 관원 1,000여 명이 여전히 그를 수행했다.

대사마 왕읍은 주야晝夜로 싸운 탓에 극히 피로했고, 병사들도 죽거나 다쳐 대부분 사라지자 말을 달려 궁으로 들어간 뒤 이리저리 헤맸다. 점대 쪽으로 가다가 아들인 시중侍中 왕목王睦이 의관을 벗고 달아나려는 모습을 보게 됐다. 왕읍이 그를 꾸짖어 돌아오게 한 뒤 아들 왕목과 함께 왕망을 지켰다.

연합군 병사들은 전중殿中으로 들어온 뒤 왕망이 점대에 있다는 소식을 들었다. 많은 사람이 함께 점대를 수백 겹으로 둘러싼 이유다. 점대 위에서 여전히 화살을 쏘며 접근을 막았다. 화살이 다하자 짧은 칼 등의 단병短兵으로 접전했다. 왕읍 부자와 제운釁惲, 왕순王巡 등이 전사하자 왕망이 방으로 들어갔다. 새참을 먹을 때인 신시申時 즉 하포下餔 때 많은 연합군 병사들이 점대 위로 올라갔다. 이때는 이미 국사國師인 묘흔苗訢과 태부太傅인 당존唐尊, 부명符命에 의해 제후가 된 떡장수 출신 왕성王盛 등이 모두 죽은 뒤였다. 상현商縣섬서성 상현 출신 두오杜吳가 왕망을 죽였다. 교위校尉로 있는 동해東海산동성 담성현 출신 공빈취公賓就가 신新나라를 세워 15년 동안 재위한 68세의 왕망의 머리를 잘랐다. 연합군 군인軍人들이 달려 들어 왕망의 몸을 나눠가졌다. 시체가 마디마디 해체되고

194 점대漸臺는 미앙궁 내 창지滄池 안에 있는 누대를 가리킨다. 사면이 연못물로 둘러싸여 있는 까닭에 연합군 병사들의 진입을 일시적으로 막을 수 있었다. 한무제 때 조성된 장안 건장궁建章宮 내 태액지太液池 안에도 '점대'가 있다.

살이 저며지는 절해련분節解臠分의 상태가 됐다. 이를 얻기 위해 상쟁爭相하다가 죽은 자가 수십 명에 달했다.

공빈취가 왕망의 머리를 갖고 홍농의 소리 출신 왕헌王憲에게 갔다. 당시 왕헌은 스스로 '한대장군漢大將軍'을 칭하며 성 안에 있는 병사 수십만 명을 모두 휘하에 귀속시키고 있었다. 동쪽의 장락궁인 동궁東宮에 머물며 왕망의 후궁을 처로 삼고, 그의 수레와 복장을 사용했다.

9월 6일, 경시제 유현의 부재상인 사직司直으로 있는 이송李松과 석형析縣에서 기병한 등엽鄧曄이 병사를 이끌고 장안으로 들어왔다. 장군 조맹趙萌과 신도건申屠建도 장안에 이르렀다. 먼저 입성한 왕헌은 새수璽綬를 얻고도 위로 바치지 않은 채 궁녀들을 대거 옆에 끼고 천자의 고기鼓旗를 사용하는 등 3일 동안 천자처럼 행세했다. 뒤늦게 장안에 입성한 이송 등은 곧바로 왕헌을 잡아 목을 베었다. 이어 왕망의 수급을 전거傳車로 급히 경시제 유현이 있는 완현宛縣으로 보내 저자에 내걸었다. 백성들이 함께 달려들어 왕망의 시신을 들어서 치고 때리는 제격提擊을 했다. 혹자는 그의 혀를 잘라서 씹어 먹었다.

반고가 『한서』「왕망전」에서 이같이 찬贊했다.

"왕망은 당초 외척으로 시작해 몸을 일으켰다. 절개를 굽히고 힘써 일하는 절절역행折節力行으로 명예를 얻었고, 보정輔政하는 자리에 올라 나라를 위해 애쓰는 근로국가勤勞國家와 바른 길로 곧바로 나아가는 직도이행直道而行의 모습을 보였다. 그런데 어찌하여 낯빛만 인仁을 취하고 행실은 이에 어긋나는 이른바 '색취인이행위色取仁而行違'[195]를 하는 자가 된

---

195 『논어』「안연」에서 소문은 낯빛만 인을 취하고 행실은 이에 어긋난다는 취지로 공자가 언급한 '색취인이행위色取仁而行違' 구절을 인용한 것이다. 이에 따르면 공자는 소문이 나는 것을 통달로 해석하는 제자 자장子張의 답변에 대해 반박하기를, "무릇 통달은 질박하고 정직하여 사물의 마땅함에 부합하고, 남의 말을 자세히 듣고 낯빛을 살핀 뒤 앞

것인가! 왕망은 이미 불인不仁한데다 간녕하고 사악한 재주인 영사지재佞邪之材까지 지니고 있었다. 또 백부인 왕봉王鳳을 비롯해 숙부인 왕음王音과 왕상王商 및 왕근王根 등 이른바 4부四父가 쌓아온 권세를 이용했다. 마침 한나라가 도중에 미약해지고, 한성제와 한애제 및 한평제 등 3대에 걸쳐 국통國統이 3번이나 끊어지는 일이 빚어졌다. 게다가 태황태후 왕정군王政君이 오래도록 사는 수고壽考를 하면서 그를 위해 종주宗主 노릇까지 했다. 그가 방자하게 간특奸慝한 모습으로 나라를 찬탈하고 도적질하는 찬도簒盜의 화를 초래한 이유다. 이로 미뤄 말하면 이 역시 천지天時에 따른 것이지, 인력人力으로 그리된 게 아니다! 그는 비록 보위를 훔쳐 남면南面하게 됐으나 넘어지고 뒤집히는 형세인 전복지세顚覆之勢는 하나라 걸桀이나 은나라 주紂보다 더 위험했다. 그럼에도 왕망은 안연晏然히 황제黃帝와 우순虞舜의 후손을 자처하면서 방자하게 화를 내는 자휴恣睢를 시작하고, 위엄과 속임수인 사위威詐를 떨쳤다. 그 해독이 중원의 모든 곳인 제하諸夏에 흘러가자 마침내 그로 인한 혼란이 만백蠻貊의 땅까지 퍼져나가게 됐다. 그럼에도 오히려 그의 욕망은 채울 길이 없었다. 사해四海 안에서 백성들이 시끄럽게 떠드는 효연囂然의 모습으로 삶을 즐기는 마음인 낙생지심樂生之心을 잃고, 중외中外에서 분노하며 원망하는 분원憤怨을 표시하고, 마침내 원근遠近을 막론하고 모두 거병한 이유다. 이내 성지城池를 지킬 수 없게 되자 팔다리와 몸통의 지체支體가 사방으로 찢겨나가는 신세가 되고 말았다. 마침내 천하의 모든 성읍이 황폐해지고, 생민生民이 두루 해악을 입은 근본 배경이 여기에 있다. 예로부터 내려오

뒤를 깊이 생각해 몸을 낮추는 데서 비롯된다. 선비가 나라에 있어도 반드시 통달하고, 집안에 있어도 반드시 통달하게 되는 이유다. 이에 대해 소문은 낯빛만 인을 취하며 행실이 어긋나고, 자신이 처해 있는 자리에 아무런 의심도 하지 않는 데서 비롯된다. 소인이 나라에 있어도 반드시 소문이 나고, 집안에 있어도 반드시 소문이 나는 이유다."라고 했다.

는 서책書冊에 기록된 난신적자亂臣賊子의 사례에 비춰 그 재앙과 패망인 화패禍敗의 정도를 살펴볼 때 아직까지 왕망의 경우처럼 심한 경우는 존재하지 않았다! 옛날 진시황은『시경』과『서경』등의 유가 경전을 불태우고, 한쪽에 치우친 사의私議를 법제화한 바 있다. 왕망은『육예六藝』를 암송하며 자신의 간언奸言을 유가 경전의 구절을 동원해 수식하는 문식文飾을 행했다. 그러나 두 사람은 돌아가는 곳은 같은데 가는 길만 다른 동귀수도同歸殊塗[196]의 모습을 보이며 함께 멸망하고 말았다. 모두 한고제 유방과 광무제 유수와 같은 성왕聖王이 등장하기 전에 미리 길을 닦는 구제驅除[197]의 역할을 한 것일 뿐이라고 한다."

16) 신시병 출신인 정국상공定國上公 왕광王匡이 낙양을 함락시키고, 동명이인인 왕망의 태사太師 왕광王匡과 국장國將인 애장哀章을 생포한 뒤 모두 목을 베었다.

겨울 10월, 분위대장군奮威大將軍 유신劉信이 여남汝南하남성 여남현에서 황제를 칭했던 이전의 종무후鍾武侯 유망劉望을 격살擊殺하고, 휘하의 대사마 엄우嚴尤와 승상 진무陳茂를 주살했다. 이들의 지휘 하에 있던 각 군현郡縣이 모두 항복했다.

17) 경시제 유현劉玄이 낙양에 도읍하려 했다. 유수를 임시직의 행사례교위行司隸校尉에 임명한 뒤 미리 가서 궁전과 관부 등을 수리하도록 한 이유다. 유수가 옛 한나라 규정을 좇아 관원을 두고 공문을 작성해 보

---

196 동귀수도同歸殊塗는『주역』「계사 하」에 나오는 '천하동귀이수도天下同歸而殊塗, 일치이백려一致而百慮' 구절에서 인용한 것이다. 이에 따르면 공자가 말하기를, "천하 사람은 무엇을 생각하고 무엇을 염려하는가? 천하 사람은 돌아가는 곳은 같은데 가는 길만 다른 동귀수도同歸殊塗와 지향하는 바는 같은데 고려하는 바는 무수히 다른 일치백려一致百慮를 행할 뿐이다."라고 했다.

197 구제驅除는 2가지 뜻이 있다. 첫째, 배제排除의 뜻이다. 둘째, 뒤에 오는 사람 내지 사물에 의해 쫓겨나는 것을 가리킨다. 여기서는 두 번째 의미로 사용된 것이다.

내면서 휘하의 종사從事들로 하여금 문서를 감독하는 등 사찰司察 업무를 수행하게 했다.

삼하三河 및 홍농弘農과 함께 장안 주변인 경기京畿를 구성하고 있는 삼보三輔의 이사吏士들이 동쪽 낙양으로 와서 경시제를 영접했다. 장령들이 지나가는 모습을 보니 모두 머리를 감싸는 수건인 책幘을 쓴 채 부인婦人의 옷을 입고 있어 웃지 않을 수 없었다. 이어 유수 휘하의 사례교위 소속 관원들을 보고는 모두 기쁨을 이기지 못했다. 일부 늙은 관원은 눈물을 흘리며 이같이 말했다.

"뜻하지 않게 오늘 다시 한나라 관원의 위의威儀를 보게 됐다!"

이로 인해 식자識者들 모두 내심 기뻐하며 유수에게 귀의코자 했다.

경시제 유현은 북쪽 낙양에 도읍한 뒤 사자로 하여금 각 군국郡國을 나눠 순회하도록 하면서 이같이 선포했다.

"먼저 항복한 자는 작위를 회복시켜 줄 것이다!"

사자가 상곡上谷하북성 회래현에 도착하자 상곡 태수인 장안 서쪽의 부풍扶風 출신 경황耿況이 영접하며 인수를 바쳤다. 사자가 이를 받은 뒤 하룻밤이 지나도록 돌려줄 생각을 하지 않았다. 군郡의 인사 담당자인 공조功曹 구순寇恂이 병사들을 이끌고 안으로 들어간 뒤 사자에게 인수의 반환을 청했다. 사자가 이를 거절했다.

"나는 천왕天王의 사자다. 공조功曹가 어찌 나를 협박하려는 것인가!"

구순이 대답했다.

"감히 사군使君을 위협하려는 게 아닙니다. 단지 사군을 위해 생각건대 계책이 소상하지 못한 점을 애석해할 뿐입니다. 지금 천하가 처음으로 평정돼 사군이 부절符節을 세우고 명령을 받드는 건절함명建節銜命을 행하자 군국 가운데 목을 빼고 귀를 기울이는 연경경이延頸傾耳를 하지 않는 곳이 없습니다. 지금 처음으로 상곡에 이르러 먼저 대신大信을 떨어뜨리면 장차 다른 군국을 어떻게 호령하려는 것입니까?"

사자가 응하지 않자 구순이 큰 소리로 좌우의 수종을 질책하며 사자의 명의로 태수인 경황을 불러오게 했다. 경황이 이르자 구순이 앞으로 나아가 사자로부터 인수를 빼앗은 뒤 경황의 허리에 채워 주었다. 사자가 부득이 황제의 명을 받아 조치하는 이른바 승제承製의 형식으로 조서를 내리자 경황이 공식으로 인수를 접수한 뒤 자리로 돌아갔다.

당시 완현宛縣 출신 팽총彭寵과 오한吳漢은 망명하여 어양漁陽북경시 밀운현에 있었다. 동향 출신인 한홍韓鴻이 경시제의 사자가 되어 북부의 여러 주州를 순회하다가 승제承製의 형식으로 팽총을 편장군偏將軍에 제수한 뒤 임시직의 행어양태수사行漁陽太守事 직책을 수행하게 했다. 또 오한을 안락安樂북경시 순의현 현령으로 삼았다.

경시제 유현은 적미赤眉가 무장을 해제하지 않자 사자를 보내 항복을 권했다. 적미의 우두머리인 번숭樊崇 등은 한나라 황실이 부흥했다는 소식을 듣고는 곧바로 휘하 병사들을 남겨둔 채 휘하장수인 거수渠帥 20여 명을 이끌고 사자를 따라 낙양에 이르렀다. 경시제가 이들을 모두 열후에 봉했다. 그러나 이후 번숭 등에게 약속한 국읍國邑 즉 봉지를 주지 않자 머물러 있던 무리들 안에서 점차 이반離叛하는 자가 생겨났다. 번숭 등이 마침내 적미의 병사가 머물고 있는 영채로 달아나 복귀했다.

18) 이전의 태수인 왕망의 여강廬江안휘성 여강현 연솔連率인 영천潁川하남성 우현 출신 이헌李憲이 여강을 점거한 뒤 스스로 지키면서 회남왕淮南王을 칭했다.

19) 이전의 양왕梁王 유립劉立의 아들 유영劉永이 낙양으로 왔다. 경시제 유현이 그를 양왕으로 책봉하고, 수양睢陽하남성 상구시에 도읍하게 했다.

20) 경시제 유현이 친근한 대장으로 하여금 하북河北 일대를 순회하게 하자 대사도大司徒 유사劉賜가 자가 문숙文叔인 유수를 거론하며 말

했다.

"여러 집 자제 가운데 오직 '문숙'만이 쓸 만합니다."

주유朱鮪 등이 불가하다고 하자 경시제 유현이 유수에 대해 여우처럼 거듭 의심하는 호의狐疑를 했다. 대사도 유사가 거듭 권하자 경시제가 유수를 임시직의 행대사마사行大司馬事에 임명한 뒤 지절持節의 자격으로 북쪽 황하를 건너 여러 주군州郡을 진위鎮慰하게 했다.

21) 경시제가 대사도 유사를 승상으로 삼은 뒤 먼저 함곡관을 통해 관중關中으로 들어가는 입관入關을 하여 장안에 있는 종묘와 궁실을 수리하게 했다.

22) 대사마 유수가 하북에 이르러 지나가는 곳에 있는 각 군현郡縣에 대해 관원을 고찰考察하고, 능력 여부에 따라 승진시키거나 내쫓는 출척黜陟을 했다. 억울한 죄목으로 옥에 갇힌 죄수들을 공평히 판결해 풀어주는 등 왕망 시대의 가정苛政을 제거하며, 한나라 때의 관명官名을 회복시켰다. 이민吏民들이 희열喜悅한 나머지 쇠고기와 술인 우주牛酒를 다퉈 들고 나와 반가이 맞이하며 수고를 위로했다. 유수가 이를 모두 받지 않았다. 남양南陽하남성 남양시 출신 등우鄧禹가 채찍으로 말을 휘몰아 유수를 뒤쫓았다. 업성鄴城하남성 임동현에서 유수를 만나자 유수가 물었다.

"나는 봉작封爵과 임관任官을 임의로 할 수 있는 전권專權을 갖고 있소. 생소한 그대가 멀리서 달려왔으니 이는 차라리 출사出仕를 원하기 때문이 아니겠소?"

등우가 대답했다.

"원치 않습니다."

유수가 재차 물었다.

"바로 그와 같다면 무엇을 하고 싶은 것이오?"

등우가 대답했다.

"단지 명공明公의 위덕威德이 사해에 더해지고 있는 이때, 저 등우가 척촌尺寸이라도 이바지함으로써 그 공명을 죽백竹帛에 남기고자 할 따름입니다!"

유수가 웃으며 휘하에 머물게 한 뒤 사적으로 얘기를 나눴다. 등우가 진언했다.

"지금 산동山東 일대는 아직 평정되지 않고 있습니다. 번숭樊崇이 이끄는 적미赤眉를 비롯해 하북 일대에서 기병한 청독青犢의 무리 모두 1만 명 단위를 헤아리고 있습니다. 경시제는 이미 등극했으나 평범한 재주인 상재常才에 불과해 스스로 청취해 허락하거나 결단하는 청단聽斷을 하지 못하고 있습니다. 제장들 모두 용신庸人 수준에서 굴기屈起한 까닭에 재폐財幣를 얻는 데만 뜻을 두고 있고, 다퉈 위력威力만 사용할 뿐입니다. 조석으로 자신에게 유쾌한 일만 하려고 할 뿐 충량忠良과 명지明智를 보유한 채 깊이 생각하며 멀리 도모하는 심려원도深慮遠圖의 자세로 주군을 높이고 백성을 편안하게 하는 존주안민尊主安民의 인물이 없습니다. 과거 옛 성인들이 흥했던 사례를 죽 훑어보는 역관歷觀을 하면 오직 2가지만 있을 뿐입니다. 천시天時와 인사人事가 그것입니다. 지금 천시의 관점에서 보면 경시제는 이미 황제로 즉위했지만 재변災變이 바야흐로 더욱 많아지고 있습니다. 또 인사의 관점에서 보면 제왕의 대업大業은 범부凡夫의 소임이 아닌 까닭에 천하가 나눠지고 무너지며 흩어지고 갈라지는 분붕이석分崩離析의 형세를 보이고 있습니다. 명공은 비록 곤양에서 대승을 거둬 황실의 울타리가 되는 공로인 번보지공藩輔之功을 세웠으나 오히려 입지조차 사라질까 걱정해야 하는 처지입니다. 하물며 명공은 평소 성덕盛德으로 대공大功을 세우고, 천하 사람들이 앙망하며 귀의하는 향복向服을 하고 있고, 군정軍政이 가지런하며 정숙한 가운데 상벌을 밝고 철저하게 시행해 오고 있는 경우이겠습니까? 지금의 계책으로는 영웅들을 잇달아 끌어들이는 연람영웅延攬英雄과 민심을 기쁘게 만드는 데 노력하는 무열민심務悅民心보다 나은 게 없습니다. 그리하면 한고제의 대업을 이루고, 만민의 목숨을 구할 수 있습니다. 명공의 덕망과 재주를 감안할 때 천하 평정은 그리 어렵지 않을 것입니다.[198]"

유수가 대열大悅해 등우로 하여금 늘 장중帳中에 머물러 쉬도록 하면서 함께 계책을 의논해 정했다. 매번 제장을 임명하고 부릴 때마다 등우에게 자문을 구했다. 임용하는 장령 모두 필요한 업무와 그들의 재간才幹이 상당相當했다.

유수는 친형인 유연劉縯이 죽은 이후 통상 평정한 모습을 보이다가도 홀로 있을 때면 형을 애도하기 위해 매번 주육酒肉을 삼간 채 침석枕席에서 체읍涕泣하곤 했다. 대사마인 유수 휘하의 주부主簿 풍이馮異가 홀로 머리를 조아리며 규간規諫했다. 유수가 이를 중지시키며 말했다.

"경卿은 망언妄言을 하지 마시오!"

풍이가 진언했다.

"경시제의 정사가 혼란스러워 백성들이 의지하며 받드는 의대依戴를 할 곳이 없습니다. 무릇 사람이 오랫동안 배가 고프고 목이 마른 기갈飢渴의 상황에 처하면 배를 채우는 충포充飽가 쉽습니다.[199] 지금 명공은 황하의 한쪽 방면인 하북에 대해 전일專一의 명령권을 행사하고 있습니다. 의당 관속을 각 군현에 파견해 순행徇行하며 널리 혜택惠澤을 베풀도록

198 원문은 '이공이려以公而慮, 천하부족정야天下不足定也'이다. 여기의 부족不足을 두고 안사고는 『한서』「경포전」의 주에서 풀이하기를, "부족不足은 쉬울 이易의 의미이다." 라고 했다. 쉽게 평정할 수 있다는 취지로, 곧 불난不難과 같은 뜻이다.

199 원문은 '부인구기갈夫人久飢渴, 이위충포易為充飽'이다. 『맹자』「진심 상」에서 굶주린 자는 어떤 것도 달게 먹고, 목마른 자는 어떤 것도 달게 마신다는 의미로 언급한 '기자감식飢者甘食, 갈자감음渴者甘飮' 구절과 취지를 같이한다.

조치하십시오."

유수가 이를 받아들였다.

기도위騎都尉인 송자宋子하북성 조현 출신 경순耿純은 유수를 한단邯鄲하북성 한단시에서 알현하고 물러나오다가 유수 휘하의 관속들이 병사를 다루는 법도가 여타 장령將領들과 크게 다른 것을 보고는 마침내 스스로 유수와 결교結交했다.

23) 한경제의 7대손으로 이전의 조목왕趙繆王인 유원劉元의 아들 유림劉林이 유수에게 유세하며 열인列人하북성 비향현에서 황하의 둑을 터뜨려 적미가 있는 곳으로 물을 흘려보내는 방안을 제시했다. 유수가 이를 좇지 않고 진정眞定하북성 정안현으로 가버렸다.

유림은 평소 조趙·위魏 일대에서 협기俠氣가 있는 임협任俠의 행보를 보였다. 왕망이 다스릴 당시 장안에 어떤 자가 스스로 한성제의 아들 유자여劉子輿를 칭하자 왕망이 그를 죽여 버렸다. 한단에서 점을 치는 복자卜者 왕랑王郎이 이를 이용해 진정한 유자여를 사칭하면서 이렇게 말했다.

"모친은 옛날 한성제 때 노래를 하는 가녀歌女였다. 일찍이 황기黃氣가 위에서 아래로 내려가면서 아기를 갖는 임심任身을 하게 됐다. 황후인 조비연이 모친을 해치려고 하여 거짓으로 다른 사람의 아들과 바꿨다. 덕분에 지금까지 온전하게 살아남을 수 있었다."

유림 등은 이 말을 믿고 조趙나라 땅의 대호大豪인 이육李育 및 장참張參 등과 함께 모의해 장차 유자여를 사칭한 왕랑을 세우고자 했다. 마침 민간 내에서 적미가 황하를 건너올 것이라는 소문이 나돌았다. 유림 등이 이를 이용해 선언했다.

"적미는 의당 유자여를 세울 것이다",

많은 사람들의 마음을 살펴보니 백성들 대부분은 이 말을 믿었다.

12월, 유림 등이 거기車騎 수백 명을 이끌고 새벽에 한단성邯鄲城으로 들어가 옛 조나라의 왕궁에 머물며 왕랑을 천자로 세웠다. 이어 장수들을 유주幽州하북성 북부와 기주冀州하북성 중부로 분견分遣해 경략하고, 격문을 주변의 주군州郡으로 보냈다. 조나라 이북 지역과 요동遼東요녕성 요양시 서쪽 지역이 모두 망풍향응望風響應[200]을 했다.

** 起昭陽協洽, 盡閼逢涒灘, 凡二年.

淮陽王更始元年

春, 正月, 甲子朔, 漢兵與下江兵共攻甄阜·梁丘賜, 斬之, 殺士卒二萬餘人. 王莽納言將軍嚴尤·秩宗將軍陳茂引兵欲據宛, 劉縯與戰於淯陽下, 大破之, 遂圍宛. 先是, 青·徐賊眾雖數十萬人, 訖無文書·號令·旌旗·部曲. 及漢兵起, 皆稱將軍, 攻城略地, 移書稱說. 莽聞之, 始懼.

春陵戴侯曾孫玄在平林兵中, 號更始將軍. 時漢兵已十餘萬, 諸將議以兵多而無所統一, 欲立劉氏以從人望. 南陽豪桀及王常等皆欲立劉縯. 而新市·平林將帥樂放縱, 憚縯威明, 貪玄懦弱, 先共定策立之, 然後召縯示其議. 縯曰, "諸將軍幸欲尊立宗室, 甚厚, 然今赤眉起青·徐, 眾數十萬, 聞南陽立宗室, 恐赤眉復有所立, 王莽未滅而宗室相攻, 是疑天下而自損權, 非所以破莽也. 春陵去宛三百里耳, 遽自尊立, 為天下准的, 使後人得承吾敝, 非計之善者也. 不如且稱王以號令, 王勢亦足以斬諸將. 若赤眉所立者賢, 相率而往從之, 必

200 망풍향응望風響應은 바람이 움직이는 방향을 따라 메아리치며 호응한다는 뜻으로 상대방의 움직임에 따라 즉각 호응하는 것을 말한다. 삼국시대 위나라의 진림陳琳이 쓴 「격오장교부곡문檄吳將校部曲文」에 발꿈치를 들고 고개를 길게 빼어 간절히 바라는 모습의 교족인령翹足引領과 '망풍향응' 표현이 나온다.

不奪吾爵位. 若無所立, 破莽, 降赤眉, 然後舉尊號, 亦未晚也.” 諸將多曰, “善!” 張卬拔劍擊地曰, “疑事無功, 今日之議, 不得有二!” 衆皆從之. 二月, 辛巳朔, 設壇場於淯水上沙中, 玄即皇帝位, 南面立, 朝群臣. 羞愧流汗, 舉手不能言. 於是大赦, 改元, 以族父良為國三老, 王匡為定國上公, 王鳳為成國上公, 朱鮪為大司馬, 劉縯為大司徒, 陳牧為大司空, 餘皆九卿將軍. 由是豪桀失望, 多不服.

王莽欲外示自安, 乃染其鬚髮, 立杜陵史諶女為皇后. 置後宮, 位號視公·卿·大夫·元士者凡百二十人.

莽赦天下, 詔曰, “王匡·哀章等討青·徐盜賊, 嚴尤·陳茂等討前隊醜虜, 明告以生活·丹青之信. 復迷惑不解散, 將遣大司空·隆新公將百萬之師剿絕之矣.”

三月, 王鳳與太常偏將軍劉秀等徇昆陽·定陵·郾, 皆下之.

王莽聞嚴尤·陳茂敗, 乃遣司空王邑馳傳, 與司徒王尋發兵平定山東. 徵諸明兵法六十三家以備軍吏, 以長人巨毋霸為壘尉, 又驅諸猛獸虎·豹·犀·象之屬以助威武. 邑至洛陽, 州郡各選精兵, 牧守自將, 定會者四十二萬人, 號百萬. 餘在道者, 旌旗·輜重, 千里不絕. 夏, 五月, 尋·邑南出潁川, 與嚴尤·陳茂合.

諸將見尋·邑兵盛, 皆反走, 入昆陽, 惶怖, 憂念妻孥, 欲散歸諸城. 劉秀曰, “今兵穀既少而外寇強大, 并力御之, 功庶可立. 如欲分散, 勢無俱全. 且宛城未拔, 不能相救. 昆陽即拔, 一日之間, 諸部亦滅矣. 今不同心膽, 共舉功名, 反欲守妻子財物邪!” 諸將怒曰, “劉將軍何敢如是!” 秀笑而起. 會候騎還, 言曰, “大兵且至城北, 軍陳數百里, 不見其後.” 諸將素輕秀, 及迫急, 乃相謂曰, “更請劉將軍計之.” 秀復為圖畫成敗, 諸將皆曰, “諾!” 時城中唯有八九千人, 秀使王鳳與廷尉大將軍王常守昆陽, 夜與五威將軍李軼等十三騎出城南門, 於外收兵. 時莽兵到城下者且十萬, 秀等幾不得出. 尋·邑縱兵圍昆陽, 嚴尤說邑曰, “昆陽城小而堅, 今假號者在宛, 亟進大兵, 彼必奔走. 宛敗, 昆陽自服.” 邑曰, “吾昔圍翟義, 坐不生得以見責讓. 今將百萬之衆, 遇城而不能下, 非所以示威也. 當先屠此城, 蹀血而進, 前歌後舞, 顧不快邪!” 遂圍之數十重, 列營百數, 鉦鼓之聲聞數十里, 或為地道·沖輣撞城. 積弩亂發, 矢下如雨, 城中負戶而汲. 王鳳等乞降, 不許. 尋·邑自以為功在漏刻, 不以軍事為憂. 嚴尤曰, “『兵法』, ‘圍城為之闕’, 宜使得逸出以怖宛下.” 邑又不聽.

棘陽守長岑彭與前隊貳嚴說共守宛城, 漢兵攻之數月, 城中人相食, 乃擧城降. 更始入都之. 諸將欲殺彭, 劉縯曰, “彭, 郡之大吏, 執心堅守, 是其節也. 今擧大事, 當表義士, 不如封之.” 更始乃封彭為歸德侯.

劉秀至郾·定陵, 悉發諸營兵. 諸將貪惜財物, 欲分兵守之. 秀曰, “今若破敵, 珍寶萬倍, 大功可成. 如為所敗, 首領無餘, 何財物之有!” 乃悉發之. 六月, 己卯朔, 秀與諸營俱進, 自將步騎千餘為前鋒, 去大軍四五里而陳. 尋·邑亦遣兵數千合戍, 秀奔之, 斬首數十級. 諸將喜曰, “劉將軍平生見小敵怯, 今見大敵勇, 甚可怪也! 且復居前, 請助將軍!” 秀復進, 尋·邑兵卻, 諸部共乘之, 斬首數百千級. 連勝, 遂前, 諸將膽氣益壯, 無不一當百, 秀乃與敢死者三千人從城西水上衝其中堅. 尋·邑易之, 自將萬餘人行陳, 敕諸營皆按部毋得動, 獨迎與漢兵戰, 不利, 大軍不敢擅相救. 尋·邑陳亂, 漢兵乘銳崩之, 遂殺王尋. 城中亦鼓噪而出, 中外合勢, 震呼動天地. 莽兵大潰, 走者相騰踐, 伏尸百餘里. 會大雷·風·屋瓦皆飛, 雨下如注, 滍川盛溢, 虎豹皆股戰, 士卒赴水溺死者以萬數, 水為不流. 王邑·嚴尤·陳茂輕騎乘死人度水逃去, 盡獲其軍實輜重, 不可勝算, 擧之連月不盡, 或燔燒其餘. 士卒奔走, 各還其郡, 王邑獨與所將長安勇敢數千人還洛陽, 關中聞之震恐. 於是海內豪桀翕然響應, 皆殺其牧守, 自稱將軍, 用漢年號以待詔命. 旬月之間, 遍於天下.

莽聞漢兵言莽鴆殺孝平皇帝, 乃會公卿於王路堂, 開所為平帝請命金縢之策, 泣以示群臣.

劉秀復徇穎川, 攻父城不下, 屯兵巾車鄉. 穎川郡掾馮異監五縣, 為漢兵所獲. 異曰, "異有老母在父城, 願歸, 據五城以效功報德!" 秀許之. 異歸, 謂父城長苗萌曰, "諸將多暴橫, 獨劉將軍所到不虜略, 觀其言語舉止, 非庸人也." 遂與萌率五縣以降.

新市·平林諸將以劉縯兄弟威名益盛, 陰勸更始除之. 秀謂縯曰, "事欲不善." 縯笑曰, "常如是耳." 更始大會諸將, 取縯寶劍視之. 繡衣御史申徒建隨獻玉玦, 更始不敢發. 縯舅樊宏謂縯曰, "建得無有范增之意乎?" 縯不應. 李軼初與縯兄弟善, 後更諂事新貴. 秀戒縯曰, "此人不可覆信." 縯不從. 縯部將劉稷, 勇冠三軍, 聞更始立, 怒曰, "本起兵圖大事者, 伯升兄弟也. 今更始何為者邪?" 更始以稷為抗威將軍, 稷不肯拜. 更始乃與諸將陳兵數千人, 先收稷, 將誅之, 縯固爭. 李軼·朱鮪因勸更始并執縯, 即日殺之. 以族兄光祿勳賜為大司徒. 秀聞之, 自父城馳詣宛謝. 司徒官屬迎弔秀, 秀不與交私語, 惟深引過而已, 未嘗自伐昆陽之功. 又不敢為縯服喪, 飲食言笑如平常. 更始以是慚, 拜秀為破虜大將軍, 封武信侯.

道士西門君惠謂王莽衛將軍王涉曰, "讖文劉氏當復興, 國師公姓名是也." 涉遂與國師公劉秀·大司馬董忠·司中大贅孫伋謀以所部兵劫莽降漢, 以全宗族. 秋, 七月, 伋以其謀告莽, 莽召忠詰責, 因格殺之, 使虎賁以斬馬劍剉忠, 收其宗族, 以醇醯·毒藥·白刃·叢棘并一坎而埋之. 秀·涉皆自殺. 莽以其骨肉·舊臣, 惡其內潰, 故隱其誅. 莽以軍師外破, 大臣內畔, 左右亡所信, 不能復遠念郡國, 乃召王邑還, 為大司馬, 以大長秋張邯為大司徒, 崔發為大司空, 司中壽容苗訢為國師. 莽憂懣不能食, 但飲酒, 啖鰒魚. 讀軍書倦, 因馮几寐, 不復就枕矣.

成紀隗崔·隗義·上邽楊廣·冀人周宗同起兵以應漢, 眾數千人, 攻平襄, 殺莽鎮戎大尹李育. 崔兄子囂, 素有名, 好經書, 崔等共推為上將軍. 崔為白虎將軍, 義為左將軍. 囂遣使聘平陵方望, 以為軍師. 望說囂立高廟於邑東. 己巳, 祀高祖·太宗·世宗, 囂等皆稱臣執事, 殺馬同盟, 以興輔劉宗. 移檄郡國, 數莽罪惡. 勒兵十萬, 擊殺雍州牧陳慶·安定大尹王向. 分遣諸將徇隴西·武都·金城·武威·張掖·酒泉·敦煌, 皆下之.

初, 茂陵公孫述為清水長, 有能名. 遷導江卒正, 治臨邛. 漢兵起, 南陽宗成·商人王岑起兵徇漢中以應漢, 殺王莽庸部牧宋遵, 眾合數萬人. 述遣使迎成等, 成等至成都, 虜掠暴橫. 述召郡中豪桀謂曰, "天下同苦新室, 思劉氏久矣, 故聞漢將軍到, 馳迎道路. 今百姓無辜而婦子係獲, 此寇賊, 非義兵也." 乃使人詐稱漢使者, 假述輔漢將軍·蜀郡太守兼益州牧印綬. 選精兵西擊成等, 殺之, 幷其眾.

前鍾武侯劉望起兵汝南, 嚴尤·陳茂往歸之. 八月, 望即帝位, 以尤為大司馬, 茂為丞相.

王莽使太師王匡·國將哀章守洛陽. 更始遣定國上公王匡攻洛陽, 西屏大將軍申屠建·丞相司直李松攻武關, 三輔震動. 析人鄧曄·于匡起兵南鄉以應漢, 攻武關都尉朱萌, 萌降. 進攻右隊大夫宋綱, 殺之. 西拔湖. 莽愈憂, 不知所出. 崔發言曰, "古者國有大災, 則哭以厭之. 宜告天以求救." 莽乃率群臣至南郊, 陳其符命本末, 仰天大哭, 氣盡, 伏而叩頭. 諸生·小民旦夕會哭, 為設飧粥. 甚悲哀者, 除以為郎, 郎至五千餘人. 莽拜將軍九人, 皆以虎為號, 將北軍精兵數萬人以東, 內其妻子宮中以為質. 時省中黃金尚六十餘萬斤, 它財物稱是, 莽愈愛之, 賜九虎士人四千錢. 眾重怨, 無鬪意. 九虎至華陰回谿, 距隘自守. 于匡·鄧曄擊之, 六虎敗走. 二虎詣闕歸死, 莽使使責死者安在, 皆自殺. 其四虎亡. 三虎收散卒保渭口京師倉. 鄧曄開武關迎漢兵. 李松將三千餘人至湖, 與曄等共攻京師倉, 未下. 曄以弘農掾王憲為校尉, 將數百人北度渭, 入左馮翊界. 李松遣偏將軍韓臣等徑西至新豐擊破莽波水將軍, 追奔至長門宮. 王憲北至頻陽, 所過迎降. 諸縣大姓名各起兵稱漢將, 率眾隨憲. 李松·鄧曄引軍至華陰, 而長安旁兵四會城下. 又聞天水隗氏方到, 皆爭欲先入城, 貪立大功·鹵掠之利. 莽赦城中囚徒, 皆授兵, 殺豨, 飲其血, 與誓曰, "有不為新室者, 社鬼記之!" 使更始將軍史諶將之. 度渭橋, 皆散走. 諶空還. 眾兵發掘莽妻·子·父·祖冢, 燒其棺槨及九廟·明堂·辟雍, 火照城中.

九月, 戊申朔, 兵從宣平城門入. 張邯逢兵見殺. 王邑·王林·王巡·䨑惲等分將兵距擊北闕下, 會日暮, 官府·邸第盡奔亡. 己酉, 城中少年朱弟·張魚等恐見鹵掠, 趨讙并和, 燒作室門, 斧敬法闥, 呼曰, "反虜王莽, 何不出降!" 火及掖庭·承明, 黃皇室主所居. 黃皇室主曰, "何面目以見漢家!" 自投火中而死.

莽避火宣室前殿, 火輒隨之. 莽紺袀服, 持虞帝匕首, 天文郎按式於前, 莽旋席隨斗柄而坐, 曰, "天生德於予, 漢兵其如予何!" 庚戌, 旦明, 群臣扶掖莽自前殿之漸臺, 欲阻池水, 公卿從官尚千餘人隨之. 王邑晝夜戰, 罷極, 士死傷略盡. 馳入宮, 間關至漸臺, 見其子侍中睦解衣冠欲逃, 邑叱之, 令還, 父子共守莽. 軍人入殿中, 聞莽在漸臺, 眾共圍之數百重. 臺上猶與相射, 矢盡, 短兵接. 王邑父子·䨑惲·王巡戰死, 莽入室. 下餔時, 眾兵上臺, 苗訢·唐尊·王盛等皆死. 商人杜吳殺莽, 校尉東海公賓就斬莽首. 軍人分莽身, 節解臠分, 爭相殺者數十人. 公賓就持莽首詣王憲. 憲自稱漢大將軍, 城中兵數十萬皆屬焉. 舍東宮, 妻莽後宮, 乘其車服. 癸丑, 李松·鄧曄入長安, 將軍趙萌·申屠建亦至. 以王憲得璽綬不上, 多挾宮女, 建天子鼓旗, 收斬之. 傳莽首詣宛, 縣於市. 百姓共提擊之, 或切食其舌.

班固贊曰, "王莽始起外戚, 折節力行以要名譽, 及居位輔政, 勤勞國家, 直道而行, 豈所謂'色取仁而行違'者邪! 莽既不仁而有佞邪之材, 又乘四父歷世之權, 遭漢中微, 國統三絕, 而太后壽考, 為之宗主, 故得肆其奸慝以成篡盜之禍. 推是言之, 亦天時, 非人力之致矣! 及其竊位南面, 顛覆之勢險於桀·紂, 而莽晏然自以黃·虞復出也, 乃始恣睢, 奮其威詐, 毒流諸夏, 亂延蠻貉, 猶未足逞其欲焉. 是以四海之內, 囂然喪其樂生之心, 中外憤怨, 遠近俱發, 城池不守, 支體分裂, 遂令天下城邑為虛, 害遍生民, 自書傳所載亂臣賊子, 考其禍敗, 未有如莽之甚者也! 昔秦燔『詩』·『書』以立私議, 莽誦『六藝』以文奸言, 同歸殊塗, 俱用滅亡. 皆聖王之驅除云爾."

定國上公王匡拔洛陽, 生縛莽太師王匡·哀章, 皆斬之. 冬, 十月, 奮威大將軍劉信擊殺劉望於汝南, 并誅嚴尤·陳茂, 郡縣皆降.

更始將都洛陽, 以劉秀行司隸校尉, 使前整修宮府. 秀乃致僚屬, 作文移, 從事司察, 一如舊章. 時三輔吏士東迎更始, 見諸將過, 皆冠幘而服婦人衣, 莫不笑之. 及見司隸僚屬, 皆歡喜不自勝, 老吏或垂涕曰, "不圖今日復見漢官威儀!" 由是識者皆屬心焉.

更始北都洛陽, 分遣使者徇郡國, 曰, "先降者復爵位!" 使者至上谷, 上谷太守扶風耿況迎, 上印綬. 使者納之, 一宿, 無還意. 功曹寇恂勒兵入見使者, 請之, 使者不與, 曰, "天王使者, 功曹欲脅之邪!"

恂曰, "非敢脅使君, 竊傷計之不詳也. 今天下初定, 使君建節銜命, 郡國莫不延頸傾耳. 今始至上谷而先墮大信, 將復何以號令他郡乎!" 使者不應. 恂叱左右以使者命召況. 況至, 恂進取印綬帶況. 使者不得已, 乃承製詔之, 況受而歸. 宛人彭寵·吳漢亡命在漁陽, 鄉人韓鴻為更始使, 徇北州, 承製拜寵偏將軍, 行漁陽太守事, 以漢為安樂令. 更始遣使降赤眉. 樊崇等聞漢室復興, 即留其兵, 將渠帥二十餘人隨使者至洛陽, 更始皆封為列侯. 崇等既未有國邑, 而留眾稍有離叛者, 乃覆亡歸其營.

王莽廬江連率潁川李憲據郡自守, 稱淮南王.

故梁王立之子永詣洛陽. 更始封為梁王, 都睢陽.

更始欲令親近大將徇河北, 大司徒賜言曰, "諸家子獨有文叔可用." 朱鮪等以為不可, 更始狐疑, 賜深勸之. 更始乃以劉秀行大司馬事, 持節北渡河, 鎮慰州郡.

以大司徒賜為丞相, 令先入關修宗廟·宮室.

大司馬秀至河北, 所過郡縣, 考察官吏, 黜陟能否, 平遣囚徒, 除王莽苛政, 復漢官名. 吏民喜悅, 爭持牛酒迎勞, 秀皆不受. 南陽鄧禹杖策追秀, 及於鄴. 秀曰, "我得專封拜, 生遠來, 寧欲仕乎?" 禹曰, "不願也." 秀曰, "即如是, 何欲為?" 禹曰, "但願明公威德加於四海, 禹得效其尺寸, 垂功名於竹帛耳!" 秀笑, 因留宿間語. 禹進說曰, "今山東未安, 赤眉·青犢之屬動以萬數. 更始既是常才而不自聽斷, 諸將皆庸人屈起, 志在財幣, 爭用威力. 朝夕自快而已, 非有忠良明智·深慮遠圖, 欲尊主安民者也. 歷觀往古聖人之興, 二科而已, 天時與人事也. 今以天時觀之, 更始既立而災變方興. 以人事觀之, 帝王大業非凡夫所任, 分崩離析, 形勢可見. 明公雖建藩輔之功, 猶恐無所成立也. 況明公素有盛德大功, 為天下所向服, 軍政齊肅, 賞罰明信. 為今之計, 莫如延攬英雄, 務悅民心, 立高祖之業, 救萬民之命. 以公而慮, 天下不足定也.” 秀大悅, 因令禹常宿止於中, 與定計議. 每任使諸將, 多訪於禹, 皆當其才. 秀自兄縯之死, 每獨居輒不御酒肉, 枕席有涕泣處, 主簿馮異獨叩頭寬譬, 秀止之曰, “卿勿妄言!” 異因進說曰, “更始政亂, 百姓無所依戴. 夫人久飢渴, 易為充飽. 今公專命方面, 宜分遣官屬徇行郡縣, 宣佈惠澤.” 秀納之. 騎都尉宋子耿純謁秀於邯鄲, 退, 見官屬將兵法度不與它將同, 遂自結納.

故趙繆王子林說秀決列人河水以灌赤眉, 秀不從. 去之真定. 林素任俠於趙·魏間. 王莽時, 長安中有自稱成帝子子輿者, 莽殺之. 邯鄲卜者王郎緣是詐稱真子輿, 云“母故成帝謳者, 嘗見黃氣從上下, 遂任身. 趙后欲害之, 偽易它人子, 以故得全.” 林等信之, 與趙國大豪李育·張參等謀共立郎. 會民間傳赤眉將渡河, 林等因此宣言“赤眉當立劉子輿”, 以觀眾心, 百姓多信之. 十二月, 林等率車騎數百晨入邯鄲城, 止於王宮, 立郎為天子. 分遣將帥徇下幽·冀, 移檄州郡, 趙國以北·遼東以西皆望風響應.

회양왕 경시 2년(AD 24)

1) 봄 정월, 대사마 유수가 왕랑王郎의 세력이 새롭게 강성해지자 북쪽으로 가서 계현薊縣북경시 대흥현 일대를 경략했다.

2) 신도건申屠建과 이송李松이 장안으로부터 황제가 타는 수레와 의복 등을 갖고 와서는 경시제 유현을 영접해 장안으로 천도遷都하려 했다.

2월, 경시제가 낙양을 출발했다.

당초 삼보三輔 일대의 호걸豪桀로서 장군을 자칭하며 왕망을 죽인 자들 모두 제후로 책봉되기를 바랐다. 신도건은 이미 황제를 칭한 왕헌王憲의 목을 벤 뒤 이같이 양언揚言했다.

"삼보三輔의 아이들이 너무 교활해 함께 그들의 주인을 죽였다."

이민吏民들이 황공惶恐한 나머지 속현屬縣에 둔취屯聚했다. 신도건은 이들을 굴복시키지 못했다. 경시제가 장안에 도착한 뒤 조서를 통해 천하에 대사령을 내렸다. 왕망의 아들이 아닌 사람이면 모두 죄를 없애자 삼보 일대가 모두 평온해졌다.

당시 장안에는 오직 미앙궁未央宮만 불에 탔고, 나머지 궁실宮室과 연회용 천막 등의 설비인 공장供帳을 비롯해 창고倉庫와 관부官府 등이 모두 옛날처럼 그대로 있었다. 성 안의 시장과 마을도 이전 모습에서 바뀐 게 없었다. 경시제 유현은 장락궁長樂宮에 거처했다. 궁궐의 맨 앞에 있는 전각인 전전前殿에 오르자 낭관을 비롯한 관원들이 차례로 궁정에 늘어섰다. 경시제가 부끄러워 안색을 바꾸는 수작羞作을 하다가 고개를 숙인 채 자리를 손으로 비비는 부수괄석俯首刮席의 모습을 보이며 감히 사람들을 보지 못했다.

경시제 유현이 제장들 가운데 나중에 온 자들에게 물었다.

"노략虜掠한 게 얼마나 되오?"

당시 좌우의 시종들 모두 궁성宮省에 오래 있었던 관원들이었다. 경악驚愕한 모습으로 서로를 바라보았다.

이송李松과 극양棘陽하남성 신야현 출신 조맹趙萌이 경시제 유현에게 공신들을 왕으로 책봉할 것을 권했다. 주유朱鮪가 이를 다투면서 한고제 유방이 유씨劉氏 이외의 자를 왕에 봉할 수 없다고 신하들과 약속한 점을 거론했다. 경시제가 이내 종실인 유씨부터 책봉한 이유다.

유지劉祉를 정도왕定陶王, 유경劉慶을 연왕燕王, 유흡劉歙을 원씨왕元氏王, 유가劉嘉를 한중왕漢中王, 유사劉賜를 완왕宛王, 유신劉信을 여음왕汝陰王으로 삼았다. 연후에 왕광王匡을 차양왕泚陽王, 왕봉王鳳을 의성왕宜城王, 주유朱鮪를 교동왕膠東王, 왕상王常을 등왕鄧王, 신도건申屠建

을 평씨왕平氏王, 진목陳牧을 음평왕陰平王, 우위대장군衛尉大將軍 장앙張卬을 회양왕淮陽王, 집금오執金吾·대장군大將軍 요잠廖湛을 양왕穰王, 상서尚書 호은胡殷을 수왕隨王, 주천대장군柱天大將軍 이통李通을 서평왕西平王, 오위중랑장五威中郎將 이질李軼을 무음왕舞陰王, 수형대장군水衡大將軍 성단成丹을 양읍왕襄邑王, 표기대장군驃騎大將軍 종조宗佻를 영음왕潁陰王, 윤존尹尊을 언왕郾王으로 삼았다.

오직 주유朱鮪만 봉왕封王을 사양하며 받아들이지 않았다. 이내 주유를 좌대사마左大司馬로 삼고, 완왕宛王 유사劉賜를 전대사마前大司馬로 삼아 이질李軼 등과 함께 관동 일대를 진무鎭撫하게 했다. 또 이통李通에게 명해 형주荊州를 진무하게 하고, 왕상王常을 임시직의 행남양태수사行南陽太守事에 임명했다. 이송李松을 승상, 조맹趙萌을 우대사마右大司馬로 삼은 뒤 함께 조정에서 논의하는 국가대사를 책임지게 했다.

경시제는 조맹의 딸을 맞아들여 부인으로 삼은 까닭에 조맹에게 국정을 맡기는 위정委政을 한 뒤 밤낮으로 후정後庭에서 음연飮宴을 했다. 군신들이 업무를 보고하려고 하면 번번이 술에 취해 알현할 수 없었다. 부득이할 때는 시중으로 하여금 휘장 안에서 자신 대신 대답하게 했다. 한부인韓夫人은 더욱 술을 좋아했다. 매일 모시고 술을 마시다가 상주문을 보고하는 중상시中常侍가 어떤 일을 주사奏事하려는 모습을 보면 곧바로 대로했다.

"황제가 바야흐로 나를 마주해 음연하고 있는데 바로 이때 일을 갖고 오는 것인가!"

그러고는 일어나 서안書案을 부숴버렸다. 조맹은 전권專權을 하면서 생살生殺의 권한을 자의自恣로 행사했다. 낭관 등의 관원인 낭리郎吏들 가운데 어떤 자가 조맹의 방종을 얘기하자 경시제가 화를 내며 칼을 뽑아 그의 목을 베었다. 이후 아무도 감히 다시 말하려는 자가 없었다. 아전들인 군소群小와 궁중에서 음식을 만드는 선부膳夫에 이르기까지 모두 작위와 관직을 멋대로 내리는 남수관작濫授官爵의 월권을 했다. 장안에 이를 풍자하는 노래가 나돌았다.

부뚜막 아래서 삶는 자 중랑장 되고	竈下養, 中郎將	조하양, 중랑장
양의 위장을 삶는 자 기도위 되고	爛羊胃, 騎都尉	란양위, 기도위
양 머리 삶는 자 관내후 될 만하지	爛羊頭, 關內侯	란양두, 관내후

군사장군軍師將軍 이숙李淑이 상서上書해 간했다.

"폐하가 대업을 확정하는 정업定業을 한 것은 비록 하강병下江兵 및 평림병平林兵의 세력을 이용한 것이기는 하나 이들은 대략 임시로 구제할 때 사용할 수 있을 뿐입니다. 이미 안정된 이후에는 쓸 수가 없습니다. 오직 존비귀천의 명분과 거복車服 등의 물건인 명기名器를 성인이 중시한 이유입니다. 지금 전혀 부합치 않은 사람에게 그것을 내리고 있습니다. 그들이 1만분의 1이라도 보익裨益이 됐으면 하고 바라지만 이는 오히려 나무에 올라가 물고기를 얻고자 하는 연목구어緣木求魚, 높은 산에 올라가 진주를 채취하려는 승산채주升山採珠[201]와 같습니다. 해내海內의 사람들이 이를 바라보고 있으니 기회를 틈타 한나라의 천자 자리를 넘보는 자가 있을 것입니다!"

경시제가 노한 나머지 그를 수금囚禁하게 했다. 제장들 가운데 밖에 있는 자들은 모두 제멋대로 사람을 죽이거나 상을 주었고, 각자 멋대로 목수牧守를 두었다. 주군州郡의 관원이 서로 뒤섞여 중복되는 교착交錯이

201 연목구어緣木求魚 성어는 『맹자』「양혜왕梁惠王 상」, 승산채주升山採珠 성어는 『후한서』「유현전劉玄傳」이 전거典據이다.

빚어졌다. 이들 모두 서로 어느 것을 좇아야 좋을지 알지 못했다. 관중關中에서 민심이 떠나는 이심離心, 사해四海에서 백성들이 조정을 원망하며 반기를 드는 원반怨叛이 일어난 이유다.

3) 경시제가 외효隗囂와 그의 숙부인 외최隗崔와 외의隗義 등을 징소徵召했다. 외효가 출발하려고 하자 책사인 방망方望은 경시제의 성패가 불분명하다는 이유로 징소에 응하지 말 것을 고집스럽게 권했다. 외효가 이 말을 듣지 않자 방망이 사사辭謝의 서신을 써놓고 떠났다. 외효 등이 장안에 이르자 경시제가 외효를 우장군右將軍으로 삼은 뒤 외최와 외의에게는 전에 사용하던 명칭을 그대로 사용하게 했다.

4) 상곡 태수 경황耿況이 아들 경엄耿弇을 시켜 상주문을 받들고 장안으로 가게 했다. 당시 경엄의 나이 21세였다. 송자宋子하북성 조현에 이르렀을 때 마침 왕랑王郎이 기병했다. 경엄을 수종하던 관원 손창孫倉과 위포衛包가 말했다.

"유자여劉子輿를 칭하는 왕랑은 한성제의 정통正統 후손입니다. 정통을 버리고 귀부하지 않은 채 원행遠行을 하여 어디로 가려는 것입니까?"

경엄이 칼을 어루만지며 말했다.

"유자여는 피폐해진 도적이니 끝내 항복해 포로나 될 뿐이오! 나는 장안에 가서 황제인 국가國家에게 어양漁陽과 상곡上谷의 병마兵馬에 관해 진술할 것이고, 돌아온 뒤 돌격 기병대인 돌기突騎를 동원해 까마귀 떼 같은 오합지중烏合之衆을 수레바퀴로 밟아 마치 썩은 고목나무를 부수듯 할 것이오. 내가 보건대 공들은 취사선택의 거취去就를 잘 모르는 듯하오. 족멸族滅이 멀지 않을 것이오!"

손창과 위포가 마침내 달아나 왕랑에게 항복했다. 경엄은 대사마 유수가 노노盧奴하북성 정현에 있다는 소식을 듣고는 이내 북쪽으로 말을 달려 올라가 배알했다. 유수가 그를 머물게 하고 대사마부의 장리長史로 임명한 뒤 함께 북쪽 계현薊縣북경시 대흥현으로 갔다.

왕랑은 격문을 사방에 보내며 10만 호戶의 채읍을 현상懸賞으로 내걸고 유수의 머리를 얻고자 했다. 유수가 공조영사功曹令史인 영천穎川하남성 우현 출신 왕패王霸를 시켜 시중市中으로 가서 왕랑을 칠 사람들을 모집하게 했다. 시중의 사람들이 모두 대소大笑하며 손을 들어 왕패를 야유揶揄했다. 왕패가 부끄러운 참거慚懅의 모습으로 돌아왔다. 유수가 남쪽으로 돌아가려고 하자 경엄이 만류했다.

"지금 병사들이 남쪽에서 온 까닭에 남행南行은 불가합니다. 어양漁陽 태수 팽총彭寵은 명공과 같은 남양 출신이고, 상곡上谷 태수는 저 경엄의 부친입니다. 이 두 곳에서 활을 당길 수 있는 기병 1만 명을 동원할 수 있으면 한단邯鄲도 족히 염려할 게 못 됩니다."

유수의 관속官屬 가운데 복심腹心의 역할을 하는 자들 모두 수긍하지 않고 이같이 말했다.

"사람이 죽으면 머리를 남쪽으로 향하는데, 어떻게 북행北行을 하여 북변北邊이 막힌 까닭에 마치 주머니처럼 생긴 낭중囊中으로 들어갈 수 있단 말인가!"

유수가 경엄을 가리키며 말했다.

"이 사람이 나에게 북행을 말한 주인공이오."

마침 옛 광양왕廣陽王 유가劉嘉의 아들 유접劉接이 기병한 뒤 계현薊縣에서 왕랑에게 호응했다. 계현의 성 안이 요란擾亂한 와중에 한단의 왕랑이 보낸 사자가 바야흐로 도착하자 2천석 이하의 관원이 모두 성을 나가 영접을 하는 출영出迎을 했다. 계현에 있던 유수가 급히 휘하 관속들과 함께 말을 타고 나가 남성문南城門에 이르렀을 때 성문은 이미 닫혀 있었다. 곧바로 공격을 가해 성 밖으로 빠져 나올 수 있었다. 이내 새벽부터 밤까지 남쪽으로 내달렸다. 감히 성읍城邑으로 들어가지 못하고 길가에서 먹고 자는 사식도방舍食道傍을 했다.

무루정蕪蔞亭하북성 포양현 동쪽에 이르렀을 때 마침 날씨가 매우 추웠다. 풍이馮異가 콩으로 만든 두죽豆粥을 올렸다. 요양饒陽하북성 요양현에 이르렀을 때는 관속들 모두 핍식乏食으로 인해 허기가 진 상태였다. 유수가 이내 한단에서 온 왕랑의 사자를 자칭하며 공무용 휴식 시설인 전사傳舍로 들어갔다. 전사를 관리하는 전리傳吏들이 바야흐로 식사를 올리자 종자從者들이 허기진 나머지 이를 쟁탈했다. 전리들이 이내 왕랑의 가짜 사자인 것을 의심하고, 방망이로 북을 10여 차례 울린 뒤 거짓으로 속여서 말하는 태언紿言을 했다.

"한단의 장군이 도착했소."

관속들이 모두 실색失色했다. 유수가 수레에 올라 내달리려고 하다가 이미 벗어나지 못할 것을 두려워한 나머지 천천히 돌아와 앉으면서 말했다.

"한단에서 온 장군을 청해 안으로 들어오게 하시오."

그러고는 한참 있다가 이내 그곳을 떠났다. 새벽부터 밤까지 신야晨夜로 속도를 2배로 하여 나아가는 겸행兼行을 했다. 서리와 눈을 맞아 얼굴이 모두 파열破裂됐다.

하곡양下曲陽하북성 진양현에 이르러 왕랑의 군사가 바로 뒤에 있다는 얘기를 듣게 됐다. 종자從者들이 모두 두려워했다. 호타하滹沱河에 이르렀을 때 척후斥候를 나갔던 관원이 돌아와 고했다.

"황하가 해빙으로 인해 떠다니는 얼음덩이인 유시流澌로 덮여 있고, 배가 한 척도 없습니다. 건너는 게 불가능합니다."

유수가 왕패를 시켜 과연 척후의 보고 내용이 맞는지 가서 살펴보게 했다. 왕패는 무리들을 놀라게 할까 두려워하면서도 내심 앞으로 나아가고 싶어 했다. 이내 물로 막혀 있는 모습을 보고는 곧바로 돌아와 거짓으로 말했다.

"얼음이 단단히 얼어 가히 건널 만합니다."

관속들이 모두 기뻐했다. 유수가 웃었다.

"척후가 과연 망어妄語를 했소!"

마침내 앞으로 나아갔다. 황하에 이르렀을 때 과연 떠다니던 얼음이 하나로 합쳐져 있었다. 이내 왕패에게 도하하는 과정을 돌보게 했다. 모두 다 건너고 몇 기騎만 다 건너지 못했을 때 얼음이 녹았다.

일행이 남궁南宮하북성 남궁현에 이르렀을 때 큰 풍우風雨가 있었다. 유수가 수레를 이끌고 길가에 있는 빈집으로 들어갔다. 풍이馮異가 땔나무를 한아름 갖고 오고, 등우鄧禹가 불을 지피는 설화爇火를 했다. 유수가 아궁이 앞에서 옷을 말리자 풍이가 다시 보리밥인 맥반麥飯을 지어 올렸다.

다시 나아가서 하박성下博城하북성 심현 서쪽에 이르렀다. 황혹惶惑한 일이 있어 갈 곳을 몰랐다. 흰 옷을 입은 노인이 길 옆에 있었다. 그가 손가락으로 가리키며 말했다.

"노력努力하라! 신도군信都郡하북성 기현은 장안성을 지키는 길목으로, 여기서 80리 떨어져 있다."

유수가 즉시 말을 달려 그곳으로 갔다. 이때 군국郡國 모두 이미 왕랑에게 항복했고, 오직 신도 태수인 남양南陽하남성 남양시 출신 임광任光과 화융和戎하북성 진현 태수인 신도信都 출신 비융邳肜만이 왕랑을 따르려 하지 않았다. 임광은 고립무원의 고성孤城을 홀로 지키는 독수獨守를 하며 몸을 보전하지 못할까 걱정을 하다가 유수가 이르렀다는 얘기를 듣고는 크게 기뻐했다. 이민吏民들도 모두 '만세!'를 불렀다. 화융 태수 비융도 화융에서 달려와 회합했다. 논의하는 자들 대부분이 신도군의 병력을 이용해 유수를 호송해 장안으로 돌아가는 게 옳다고 말했다. 비융이 말했다.

"이민吏民이 노래하고 읊조리는 가음歌吟을 하면서 한나라를 생각한

지 오래됐습니다. 경시제가 천자의 존호를 들어 올리자 천하 사람들이 이에 호응했습니다. 삼보에서도 궁궐을 깨끗하게 청소하며 길을 닦는 청궁제도淸宮除道를 하여 맞이했습니다. 지금 점쟁이 왕랑王郎이 유자여의 이름을 빌리고 형세를 이용하는 가명인세假名因勢의 방법으로 오합지중烏合之衆을 마구 몰아서 모으는 구집驅集을 하고 있습니다. 마침내 연燕나라와 조趙나라 땅에서 위세를 떨치고 있으나 본래 근본이 단단한 것은 아닙니다. 명공이 우리 신도군과 화융군의 군사를 분발하게 하여 그들을 토벌하면 어찌 이기지 못할까 걱정할 일이 있겠습니까? 지금 이를 도모치 않은 채 단지 장안으로 회군하면 이 어찌 헛되이 하북 일대를 텅 비워 잃는 게 아니겠습니까? 반드시 다시 삼보三輔 일대를 경동驚動하게 만들어 조정의 위세와 귀중함인 위중威重을 크게 떨어뜨리는 손해를 초래할 것입니다. 이는 좋은 계책이 아닙니다. 만일 명공이 다시 왕랑을 토벌할 뜻이 없다면 비록 신도군의 병사들을 호송에 동원할지라도 불가능할 것입니다. 왜 그러하겠습니까? 명공이 서쪽 장안으로 가면 한단 일대는 왕랑의 세력권으로 굳어질 것입니다. 백성들은 부모와 처자를 버릴 수 없는 처지에서 이미 보위에 오른 왕랑을 배반하면서까지 1,000리나 되는 먼 길을 호송하려 들지 않을 것입니다. 그들의 망도亡逃는 가히 필연입니다!"

유수가 이내 장안으로 돌아가는 방안을 중지했다.

유수는 신도군과 화융군의 군사가 약한 까닭에 노성두盧城頭에서 기병한 원증爰曾의 아들 성두자로城頭子路와 조자도刁子都의 군중軍中으로 들어가고자 했다. 그러나 임광은 불가하다고 생각해 관내의 현縣에서 정병精兵 4,000명을 얻었다. 유수가 임광을 좌대장군左大將軍, 신도군 도위都尉 이충李忠을 우대장군右大將軍으로 삼았다. 또 화융 태수 비융을 후대장군後大將軍에 제수하면서 이전처럼 태수의 자리를 겸직하게 했다. 정병을 제공한 신도군의 현령 만수萬修를 편장군偏將軍으로 삼았다. 이들 모두 열후에 봉했다.

남양南陽 출신 종광宗廣을 일시적으로 신도군의 업무를 관장하는 영신도태수사領信都太守事의 자리에 임명한 뒤 임광任光과 이충李忠 및 만수萬修로 하여금 모든 병사를 이끌고 가 왕랑을 치게 했다. 비융은 병사들을 이끌고 선봉에 섰고, 임광은 격문을 대거 작성했다. 격문에서 이같이 선언했다.

"대사마 유공劉公이 성두자로城頭子路와 조자도刁子都의 병사 100만 명을 이끌고 동쪽으로부터 와서 모든 반로反虜들을 칠 것이다!"

이어 기마를 내달려 거록鉅鹿하북성 평향현의 경내에 도착하게 했다. 이민들이 격문을 보고 그 내용을 서로 전하여 알렸다. 유수가 저녁 때 당양현堂陽縣하북성 신하현의 경내에 들어가 기병들을 크게 벌려 세운 뒤 횃불을 들게 하자 불이 온 들판에 가득 찬 듯했다. 당양현이 곧바로 항복했다. 또 다시 세현貰縣하북성 속록현을 쳐서 항복시켰다. 성두자로는 원래 동평東平산동성 동평현 출신 원증爰曾이 일으킨 부대로, 황하와 제수濟水 사이에서 노략질을 했다. 무리가 20여만 명에 달했다. 조자도 역시 무리가 6-7만 명에 달해 막강한 무력을 지니고 있었다. 유수는 이들 부대에 기대려 했다.

창성昌城산동성 치박시 출신 유식劉植이 병사 수천 명을 모아 창성에 근거를 두고 유수를 영접했다. 유수가 유식을 효기장군驍騎將軍으로 삼았다. 경순耿純은 종족宗族과 빈객 2,000여 명을 인솔했다. 늙고 병든 자는 모두 목숨을 바쳐 충성한다는 취지로 관목棺木을 지고 가 세현貰縣[202]에서 유수를 영접했다. 유수가 경순을 전장군前將軍으로 삼았다.

202 원문은 육현育縣이다. 이를 두고 기주冀州의 고성故城으로 보는 견해도 있으나 호삼성은 『양한지兩漢志』에 '육현'이 없는 점에 주목해 지금의 하북성 속록현인 세현貰縣의 잘못으로 보았다. 문맥 상 '세현'으로 보는 게 자연스럽다. 호삼성의 견해를 좇았다.

유수가 하양곡下曲陽하북성 진양현으로 진공해 함락시켰다. 무리가 조금씩 모여 이내 수만 명에 달했다. 다시 북쪽으로 올라가 중산中山하북성 정현을 쳤다. 경순은 같은 집안인 종가宗家의 사람들이 다른 마음을 품을까 걱정했다. 이내 종제從弟인 경흔耿訢을 시켜 고향으로 돌아가 여사廬舍를 모두 불 질러 후회하며 되돌아가고자 하는 기대인 반고지망反顧之望[203]을 끊어버렸다.

유수가 다시 진격해 노노盧奴합구성 정현 서쪽를 함락시키고, 지나는 곳마다 명령을 듣고 달려가는 병사인 이른바 분명병奔命兵을 징발하고, 격문을 주변에 있는 군郡에 보내 함께 한단邯鄲을 치게 했다. 군현郡縣마다 다시 돌아와 유수에게 메아리처럼 향응響應했다.

당시 진정왕真定王하북성 정정현 유양劉楊이 군사를 일으켜 왕랑에게 귀부했다. 그 무리가 10여만 명에 달했다. 유수가 유식을 파견해 유양을 설득하게 했다. 유양이 이내 유수에게 항복했다. 유수가 진정에 머물며 유양의 생질녀甥姪女인 곽씨郭氏를 부인으로 삼고 그와 결속했다. 다시 원씨元氏하북성 원씨현와 방자防子하북성 고읍현를 쳐서 모두 함락시켰다. 호현鄗縣하북성 백향현에 이르러 왕랑의 장수 이운李惲을 쳐서 목을 베는 격참擊斬을 했다. 백인柏人하북성 당산현에 이르러 다시 왕랑의 장수 이육李育을 격파했다. 이육이 돌아가서 백인성柏人城을 지키자 공격을 가했는데도 함락시키지 못했다.

5) 남정南鄭섬서성 남정현 출신 연잠延岑이 기병起兵해 남정의 치소治所가 있는 한중漢中을 점거했다. 한중왕漢中王 유가劉嘉가 연잠을 공격해 항복

---

203 반고지망反顧之望은 크게 2가지 뜻이 있다. 첫째, 후회하며 물러나는 것이다. 인용한 『후한서』「경순전」의 '절기반고지망絕其反顧之望'의 구절이 대표적이다. 둘째, 배후를 습격당할까 우려하는 후고後顧의 뜻이다. 『자치통감』「당소종唐昭宗 천복天復 3년」조에 나오는 후고지우後顧之憂 의미의 '반고지려反顧之慮' 구절이 대표적이다.

시키고, 그의 무리 수십만 명을 차지했다. 교위校尉인 남양南陽 출신 가복賈復이 경시제의 정사가 어지러운 것을 보고 유가에게 유세했다.

"지금 천하는 아직도 안정되지 않았습니다. 대왕은 보존하고 있는 것을 안전하게 지키려 합니다. 그러나 보존하고 있는 바가 보존되지 못할 일은 없겠습니까?"

유가가 대답했다.

"경卿은 지금 큰 문제를 말하지만 그것은 내가 맡을 일이 아니오. 대사마 유수가 지금 하북에 있소. 틀림없이 그대를 채용해 줄 것이오."

이내 서신을 써서 가복과 장사長史인 남양南陽 출신 진준陳俊을 유수에게 천거했다. 가복 등이 유수를 백인柏人하북성 당산현에서 만났다. 유수가 가복을 파로장군破虜將軍, 진준을 안집安集의 연리掾吏로 삼았다.

유수의 집에서 잔심부름을 하는 아이가 법을 어기자 영천潁川 출신으로 군대 내 저자를 담당하는 군시령軍市令 채준祭遵이 격살格殺했다. 유수가 화를 내며 잡아들일 것을 명했다. 주부主簿 진부陳副가 간했다.

"명공明公은 늘 여러 군사들이 가지런해지는 정제整齊를 바랐습니다. 지금 채준은 법을 준봉遵奉하며 권귀權貴法를 피하지 않았습니다. 이는 교령敎令이 잘 시행되는 것입니다."

이내 그를 용서해 자간장군刺奸將軍으로 삼은 뒤 제장들에게 말했다.

"의당 채준의 제재에 대비해야 할 것이오! 내 집에서 일하는 아이가 법을 범했다가 살해됐소. 틀림없이 경卿들에게도 사정私情을 두지 않을 것이오."

6) 당초 왕망이 이미 포선鮑宣을 죽였을 때 상당上黨산서성 장자현 도위都尉 노평路平이 그의 아들 포영鮑永도 죽이려고 했다. 태수 구간苟諫이 포영을 보호해 온전히 살아남을 수 있었다. 경시제가 포영을 징소해 상서복야尙書僕射로 삼고, 행대장군사行大將軍事에 임명했다. 포영이 병사를 이

끌고 하동河東산서성 하현과 병주并州산서성 일대를 안무하면서 스스로 편장偏將 및 비장裨將인 편비偏裨를 둘 수 있었다. 포영이 하동에 이르러 하북 일대에서 기병한 청독青犢의 무리를 공격해 대파했다. 풍연馮衍을 경시제 휘하의 한나라 장군으로 세우고, 태원太原에 주둔하게 했다. 이어 상당上黨 태수 전읍田邑 등과 함께 갑옷을 잘 수선하고 병사들을 양육하는 선갑양사繕甲養士의 자세로 병주 일대를 잘 방어하며 지키는 한위扞衛를 하도록 했다.

7) 혹자가 대사마 유수에게 백인柏人을 지키는 것이 거록鉅鹿하북성 평향현을 평정하는 것만 못하다고 말했다. 유수가 병사를 이끌고 동북쪽으로 가서 광아廣阿하북성 육평현를 함락시킨 이유다. 유수는 여지도輿地圖를 펼쳐 놓고 등우에게 손가락으로 가리키며 말했다.

"천하 군국郡國의 사정이 이와 같은데 오늘에야 비로소 그 가운데 하나를 얻었소. 그대는 전에 나의 재주와 덕망에 비춰볼 때 천하의 평정은 그리 어렵지 않을 것이라고 했는데, 이는 구체적으로 무엇을 말한 것이오?"

등우가 말했다.

"바야흐로 지금 해내가 뒤섞여 혼란한 효란殽亂의 모습을 보이고 있습니다. 사람들이 명군明君의 등장을 마치 어린아이인 적자赤子가 자모慈母를 그리워하듯 고대하고 있습니다. 고래로 나라를 일으킨 관건은 덕의 박후薄厚에 달려 있었지, 영토의 대소大小에 달려 있었던 게 아닙니다."

8) 계현薊縣 일대가 혼란했을 당시 경엄耿弇이 유수와 서로 헤어진 뒤 북쪽 창평昌平북경시 창평현으로 달려갔다. 상곡上谷하북성 회래현 태수로 있던 부친 경황耿況을 찾아가 왕랑의 근거지인 한단邯鄲에 대한 공격을 설득했다. 당시 왕랑은 장수를 파견해 어양漁陽북경시 밀운현과 상곡 일대를 순회하면서 급히 그곳의 병사를 징발하게 했다. 북방의 주군州郡은 의혹을 품

으면서도 대부분 그를 좇고자 했다.

상곡의 공조功曹 구순寇恂과 문하연門下掾 민업閔業이 경황에게 유세했다.

"한단邯鄲이 문득 일어나는 발기拔起를 한 까닭에 그들이 향하는 방향을 믿기 어렵습니다. 대사마는 자가 백승伯升인 유연劉縯의 동모제同母弟입니다. 휘하에 있는 병사들을 존현尊賢하니 가히 귀부할 만합니다."

경황이 말했다.

"한단이 바야흐로 강성한데 우리 힘으로는 홀로 항거하기 불가능하오. 어찌해야 하오?"

구순과 민업이 대답했다.

"지금 상곡은 완실完實합니다. 활을 쏠 수 있는 기병이 1만여 명이나 됩니다. 가히 상세히 살펴 거취를 선택할 수 있을 것입니다. 그대가 결심만 하면 저 구순은 청컨대 동쪽으로 가서 어양漁陽 태수 팽총彭寵과 연락해 마음을 가지런히 하여 무리를 합치는 제심합중齊心合衆을 하고자 합니다. 그러면 한단은 도모할 대상조차 되지 못할 것입니다!"

경황이 동조했다. 구순을 동쪽으로 보내 팽총과 약속하게 하여 각자 돌기突騎 2,000명과 보명 1,000명을 징발해 대사마 유수에게 가게 했다.

당시 안락安樂하북성 순의현 현령 오한吳漢과 호군護軍 갑연蓋延, 호노狐奴하북성 순의현 북동쪽 현령 왕령王粱 역시 팽총에게 유수를 좇을 것을 권했다. 팽총도 그럴 생각이었다. 그러나 관속들 모두 왕랑에게 귀부하기를 바라고 있기에 팽총도 가부를 결정하는 정탈定奪을 할 수 없었다.

이때 오한은 밖으로 나가 성문 밖에 있는 정亭에 머물다가 유생 하나를 만났다. 그를 불러 밥을 먹인 뒤 그가 들은 소문을 묻자 그가 이같이 대답했다.

"대사마 유공劉公이 지나는 군현의 사람들이 말하기를, '한단에서 천자의 존호를 드러내고 있는 사람이 실제로는 유씨가 아니다'라고 합니다."

오한이 크게 기뻐하며 곧바로 거짓으로 유수를 위해 서신을 써 어양으로 보내고자 했다. 그 유생으로 하여금 이를 품고 팽총에게 가서 그간 들었던 모든 소문으로 유세하게 했다. 마침 구순寇恂이 도착하자 팽총은 이내 보기步騎 3,000명을 동원하고, 오한을 실무를 담당하는 임시직의 행장사行長史에 임명했다. 갑연蓋延 및 왕량王梁과 함께 이들을 이끌고 남쪽으로 가서 계현薊縣북경시 대흥현을 공격하게 한 것이다. 이들이 왕랑의 대장 조굉趙閎을 죽였다.

구순이 돌아오자 마침내 상곡의 장사長史 경단景丹과 경엄耿弇이 병사를 이끌고 함께 남쪽으로 내려와 팽총이 이끄는 어양의 군사와 합쳤다. 지나는 도중에 왕랑의 대장과 구경九卿, 교위校尉 이하를 참수했다. 모두 3만 급에 달했다. 탁군涿郡하북성 탁현과 중산中山하북성 정현, 거록鉅鹿하북성 평향현, 청하淸河하북성 청하현, 하간河間하북성 헌현에 소속돼 있는 총 22개의 현을 평정했다. 전진하여 광아廣阿에 이르자 성 안에 거기車騎가 매우 많다는 소식이 들려왔다. 상곡의 장사 경단 등이 군사를 단속하는 늑병勒兵을 하며 물었다.

"이들은 누구의 군사인가?"

이런 대답이 돌아왔다.

"모두 대사무 유공의 군사입니다."

제장들이 기뻐하며 곧바로 군사를 성 아래까지 나아가게 했다. 성 아래서는 당초 상곡과 어양 등 2개 군郡의 군사를 왕랑이 파견했다는 소문이 나돌았다. 사람들이 모두 크게 황공惶恐해 한 이유다. 유수는 스스로 서쪽 성루城樓에 올라 군사를 단속하며 그들이 누구인지 물었다. 경엄이 성 아래서 절을 하자 바로 그를 불러들였다. 경엄이 군사를 동원하게 된 배경을 자세히 설명했다. 유수가 경단 등을 모두 불러 들어오게 한 뒤 웃으며 말했다.

"한단邯鄲의 장수들이 자주 나에게 어양과 상곡의 군사를 동원하겠다고 말했소. 내가 응대하기를, '나 역시 그들을 동원하겠다'고 했소. 어찌 어양과 상곡에서 훌륭하게도 나를 위해 이렇게 오리라고 생각이나 했겠소! 바야흐로 여러 사대부와 함께 이 공명을 함께 하고자 할 뿐이오."

이내 경단景丹과 구순寇恂, 경엄耿弇, 갑연蓋延, 오한吳漢, 왕량王梁을 모두 편장군偏將軍에 제수하고, 그들로 하여금 돌아가서 휘하의 군사들을 이끌게 했다. 경황耿況과 팽총彭寵을 대장군으로 발탁했다. 또 경황과 팽총, 경단, 갑연 등을 모두 열후에 봉했다.

오한은 위인이 질박하고 후덕한 질후質厚의 인물로 언사言辭에 능하지 못한 소문少文의 모습을 보였다. 급작스럽고 황망한 조차造次의 상황을 접하면 말로써 자신의 뜻을 모두 표달表達하지 못했다. 그러나 침용沉勇하고 지략智略이 있었다. 등우鄧禹가 자주 유수에게 그를 천거한 이유다. 유수도 점차 그를 가까이하며 중시했다.

당시 경시제 유현은 상서령尙書令 사궁謝躬을 시켜 6명의 장군을 인솔해 왕랑을 토벌하게 했으나 굴복시키지 못했다. 유수가 도착하자 합세해 동쪽으로 가서 거록鉅鹿을 포위했다. 그러나 1달여가 넘도록 함락시키지 못했다. 왕랑이 장수를 보내 신도信都하북성 기현를 치게 했다. 신도의 대성大姓인 마총馬寵 등이 성문을 열고 이들을 맞아들였다. 경시제도 군사를 파견해 신도를 격파하게 했다. 유수는 이충李忠에게 명해 신도로 돌아가 행태수사行太守事의 역할을 수행하게 했다.

왕랑이 장군인 예굉倪宏과 유봉劉奉을 시켜 병사 수만 명을 이끌고 가 거록을 구하게 했다. 유수가 남련南䜌하북성 거록현 북쪽에서 그들을 맞아 싸웠으나 불리했다. 경단景丹 등이 돌기突騎를 풀어 공격하자 예굉 등이 대패했다. 유수가 말했다.

"나는 '돌기突騎가 천하 제1의 정병精兵이다'라고 들었소. 지금 그들이 싸우는 것을 보니 기꺼이 그같이 말할 수 있을 듯하오!"

경순耿純이 유수에게 건의했다.

"오랫동안 거록을 지킨 까닭에 병사들이 피폐疲弊합니다. 대병大兵과 정예精銳를 앞세워 한단으로 진공進攻하느니만 못합니다. 만일 왕랑의 목을 베면 거록은 싸우지 않고도 절로 항복할 것입니다."

유수가 이를 좇았다.

여름 4월, 장군 등만鄧滿을 남겨 거록을 지키게 한 뒤 한단을 향해 진군進軍했다. 연전連戰하며 격파했다. 왕랑이 마침내 휘하의 간대부諫大夫 두위杜威로 하여금 항복을 청하는 청항請降을 하도록 했다. 두위는 왕랑이 실제로 한성제의 실제 후손인 유체遺體라고 칭송했다. 유수가 말했다.

"설사設使 한성제가 다시 살아날지라도 천하를 얻는 것은 불가능한 일이다. 하물며 스스로 유자여를 자처하며 천하를 속인 자의 경우이겠는가!"

두위가 왕랑을 만호후萬戶侯에 책봉해 줄 것을 청했다. 유수가 거절했다.

"자신이 죽지 않고 살아 있는 것을 보는 것만으로도 족할 것이다!"

두위가 화를 내며 돌아갔다. 유수가 한단성에 20여 일 동안 급공急攻을 가했다.

5월 1일, 왕랑의 소부少傅 이립李立이 문을 열고 유수가 이끄는 한병漢兵을 받아들였다. 덕분에 마침내 한단성을 함락시킬 수 있었다. 왕랑이 밤중에 황급히 달아나자 왕패王霸가 쫓아가서 그의 목을 베었다. 유수는 왕랑이 사용한 문서를 거둬들였다. 거기에는 이민吏民들이 왕랑과 교류하며 비방誹謗하고 폄훼貶毁한 문서가 수천 장章에 달했다. 유수가 이를 보지 않은 채 제장들을 모아 놓은 뒤 소각하게 했다.

"이는 왕랑과 내통한 일로 인해 전전반측輾轉反側하는 자들로 하여금 스스로 안심시키려고 그런 것이다."

유수는 이졸吏卒들을 나눠 각기 여러 군부대에 예속시켰다. 병사들 모두 대수장군大樹將軍에게 속하기를 바란다고 말했다. '대수장군'은 편장군偏將軍 풍이馮異를 가리킨다. 그는 위인이 겸양하며 뒤로 물러날 줄 알고 스스로 자랑하지 않는 겸퇴불벌謙退不伐의 인물이었다. 그는 이사吏士들에게 명해 교전交戰이 벌어져 적과 싸울 때가 아니면 늘 군영의 뒤에가 있도록 조치했다. 매번 부대가 행진을 멈추고 쉬는 지사止舍를 하여 제장들이 자신들의 전공戰功을 놓고 좌론坐論할 때면 늘 홀로 몰래 나무 아래 몸을 숨겼다. 군중軍中에서 그를 두고 '대수장군大樹將軍'으로 칭한 이유다.

대사마 휘하의 호군護軍으로 있는 완현宛縣하남성 남양시 출신 주호朱祜[204]가 종용從容히 유수에게 말했다.

"장안의 정사가 혼란합니다. 명공은 마치 해를 보는 것처럼 이마의 중앙부분이 튀어나온 일각日角의 관상을 갖고 있으니, 이는 천명天命입니다!"

유수가 말했다.

"군법을 총괄하는 자간장군刺奸將軍 채준을 불러 호군護軍을 체포하라!"

주호가 감히 다시는 이런 말을 하지 못했다.

당시 경시제 유현은 사자를 보내어 유수를 소왕蕭王에 봉한 뒤 휘하 군사를 해체하는 파병罷兵을 명했다. 이어 공을 세운 여러 장수들과 함께

---

204 주호朱祜를 두고 범엽范曄의 『후한서』와 원굉袁宏의 『후한기後漢紀』 모두 주우朱祐라고 표현해 놓았다. 한안제漢安帝 유호劉祜의 이름을 기휘忌諱한 것이다.

황제가 머물고 있는 장안의 행재소行在所로 오게 했다. 또 묘증苗曾을 유주목幽州牧, 위순韋順을 상곡上谷 태수, 채충蔡充을 어양漁陽 태수에 제수한 뒤 동시에 북쪽 임지로 가게 했다.

소왕 유수는 한단궁邯鄲宮에 기거했다. 낮에 온명전溫明殿에 누워 있을 때 경엄耿弇이 들어왔다. 침상 아래로 다가와 독대를 청하며 얘기를 나누다가 기회를 보아 이같이 유세했다.

"이사吏士 가운데 사상자가 매우 많습니다. 청컨대 상곡으로 돌아가 병사를 늘리도록 하십시오."

소왕이 물었다.

"왕랑이 이미 격파됐고, 하북 일대도 대략 평정됐소. 다시 용병用兵하여 어디에 쓰려는 것이오?"

경엄이 말했다.

"왕랑은 이미 격파됐지만 천하의 병혁兵革은 이제 시작됐을 뿐입니다. 지금 사자가 서쪽 장안에서 와서 파병罷兵을 요구하고 있지만 이를 들어줘서는 안 됩니다. 왕망의 치세 때 반기를 든 동마銅馬와 적미赤眉 등의 부대가 수십 개나 되고, 각 부대의 숫자 또한 수십만에서 100만 명에 이르고 있습니다. 이들이 향하는 곳마다 저지할 자가 없는 상황입니다. 성공聖公이 이들을 제복하지 못하면 얼마 후 이내 패망하고 말 것입니다."

소왕이 일어나 앉는 기좌起坐를 하며 말했다.

"경卿이 실언失言을 했소. 나는 경을 참斬할 것이오!"

경엄이 말했다.

"대왕大王어 저 경엄에게 애달프고 두텁게 마치 부자父子처럼 대해주셨습니다. 감히 속마음인 적심赤心을 드러낸 이유입니다."

소왕 유수가 물었다.

"내가 경을 잠시 놀렸을 뿐이오. 어찌 그런 말을 하는 것이오?"

경엄이 대답했다.

"백성들이 왕망으로 인해 커다란 환고患苦를 당해 다시금 유씨를 생각하게 됐습니다. 도중에 한병漢兵이 일어났다는 소식을 듣고는 환희歡喜하지 않은 자가 없었습니다. 마치 호구虎口에서 빠져나와 자모慈母에게 돌아간 것과 같았습니다. 지금 경시제 유현이 천자가 됐으나 제장들은 효산崤山의 동쪽인 산동山東 일대에서 임의로 명령을 내리는 천명擅命을 하고 있습니다. 또 귀척貴戚들은 장안인 도내都內에서 종횡하며 멋대로 노략虜掠을 하고 있습니다. 일반백성인 원원元元이 가슴을 두드리는 고심叩心을 하며 다시금 왕망의 치세를 생각하게 된 이유입니다. 이로써 경시제가 필패必敗하리라는 것을 알 수 있습니다. 명공의 공명功名은 이미 크게 드러나 있습니다. 의義로써 정벌征伐하고 있는 까닭에 사방에 격문을 보내는 전격傳檄을 하는 것만으로도 천하를 능히 평정할 수 있습니다. 천하는 지중至重한 것으로 아무나 취할 수 없으나, 명공은 이를 스스로 취할 수 있습니다. 다른 성을 지닌 자가 이를 손에 넣게 하지 마십시오."

소왕 유수는 이내 하북이 아직 평정이 되지 않았다는 것을 핑계로 장안으로 올 것을 명한 경시제의 징소에 응하지 않았다. 이를 계기로 경시제 유현과 다른 길을 걷기 시작했다.

당시 여러 도적집단을 보면 동산東山 출신 황독荒禿과 상회랑上淮郎이 이끄는 동마銅馬를 위시해 번중樊重의 대동大彤, 고호高湖, 중련重連, 철경鐵脛, 대창大槍, 번숭樊崇의 우래尤來, 상강上江, 청독靑犢, 고호高扈의 오교五校, 오번五幡, 장문張文의 오루五樓, 서소徐少의 부평富平, 고사랑古師郎의 획색獲索 등이 각각 자신의 부곡部曲을 인솔하고 있었다. 그 무리를 모두 합치면 수백만 명에 달했다. 이들은 머무는 곳 주변을 구략寇掠했다. 소왕은 이들을 공격할 생각으로 오한吳漢과 경엄耿弇을 모두 대장군에 임명한 뒤 지절持節의 자격으로 북쪽으로 가서 유주幽州 일대의 10

개 군郡에서 돌기突騎를 징발하게 했다.

경시제 유현에 의해 유주목幽州牧에 임명된 묘증苗曾이 이 소문을 듣고는 은밀히 유주 산하의 여러 군郡에 명해 징발에 응하지 못하게 했다. 오한吳漢이 20여 명의 기병을 이끌고 먼저 달려가 무종無終하북성 소현에 이르자 묘증이 길에 나와 영접했다. 오한이 곧바로 묘증을 잡아들인 뒤 그의 목을 베었다. 경엄耿弇 역시 상곡上谷에 이르자마자 경시제에 의해 태수로 임명된 위순韋順과 채윤蔡充을 잡아들인 뒤 곧바로 참수했다. 북쪽 일대의 여러 주州가 진해震駭했다. 모두 차질 없이 병사들을 동원할 수 있었던 이유다.

가을, 소왕 유수는 교현鄡縣하북성 신집시 동남쪽에서 동마銅馬를 공격했다. 오한이 돌기突騎를 이끌고 와 청양淸陽하북성 청하현에서 유수와 회합했다. 사마士馬가 매우 많아 군용軍容이 웅장했다. 오한이 유수의 막부幕府에 병부兵簿를 모두 바친 뒤 명을 청하는 등 스스로 감히 사사로이 병사를 운용하지 않았다. 유수가 오한을 더욱 중시한 이유다.

소왕 유수는 편장군인 패국沛國안휘성 수계현 출신 주부朱浮를 대장군·유주목幽州牧으로 삼고, 계성薊城북경시 대흥현에 치소를 두게 했다. 동마銅馬는 식량이 떨어지자 야음을 틈타 둔도遁逃했다. 소왕 유수가 관도館陶산동성 관도현까지 추격해 대파했다. 항복을 받는 수항受降의 과정이 아직 다 끝나기도 전에 고호高湖와 중련重連의 무리가 동남쪽에서 달려와 아직 항복을 하지 않은 동마의 남은 무리와 합세했다. 다시 이들과 관도 부근의 포양蒲陽에서 크게 싸운 이유다.

소왕 유수는 이들을 모두 격파해 항복을 받은 뒤 고호와 중련 등의 거수渠帥들을 열후에 봉했다. 그러나 제장들은 이들을 믿지 못했고, 항장降將과 항병降兵들 역시 스스로 편안해하지 않았다. 소왕 유수가 그들의 뜻을 알고는 각자 자신의 병영으로 돌아가 대오를 정비하는 늑병勒兵을 하도록 했다. 이어 스스로 소수의 경기輕騎만 대동한 채 각 부대를 둘러보았다. 항복한 장병들이 서로 이같이 말했다.

"소왕은 자신의 거짓 없는 마음인 적심赤心을 남의 뱃속에 두는 이른바 추심치복推心置腹을 하고 있다. 어찌 그를 위해 목숨을 던져 싸우는 투사投死를 하지 않을 수 있겠는가!"

이를 계기로 모두 복종하게 됐다. 항복한 자들을 제장들에게 분속시키자 무리가 마침내 수십만 명에 달하게 됐다. 적미赤眉의 별동대장인 별수別帥와 청독青犢·상강上江·대동大彤·철경鐵脛·오번五幡의 무리 10여만 명이 사견射犬하남성 심양현에 있었다. 소왕 유수가 군사를 이끌고 진격해 대파했다. 여세를 몰아 남쪽으로 하내河內하남성 무척현 일대를 경략했다. 하내태수 한흠韓歆이 항복했다.

9) 당초 경시제 유현에 의해 상서령에 임명된 사궁謝躬은 소왕 유수와 함께 왕랑을 격멸한 바 있다. 그러나 자주 소왕과 뜻이 어긋난 까닭에 늘 소왕을 습격하려 했으나 소왕의 강한 군사가 두려워 그만두곤 했다. 비록 두 사람이 한단에 머물면서 끝내 한단성을 나눠 점거하고 있었지만 소왕는 매번 사궁을 위안慰安하곤 했다. 사궁은 자신의 직책을 수행하는 데 부지런했다. 소왕 유수가 늘 그를 칭송했다.

"상서 사궁은 진정한 관원이다!"

사궁이 소왕 유수를 의심치 않게 된 배경이다. 사궁의 처가 이를 알고는 늘 남편에게 이같이 경계했다.

"그대가 유공劉公과 맺은 원한이 이미 깊은 까닭에 서로 용납하기 어렵습니다. 겉으로 드러낸 그의 허담虛談을 믿다가는 끝내 그의 제재를 받게 될 것입니다."

사궁은 이 말을 받아들이지 않았다. 수만 명의 휘하 군사들을 이끌고 업성鄴城하남성 임동현으로 돌아가 주둔한 이유다. 소왕 유수가 남쪽으로 가서 청독青犢을 치면서 사궁으로 하여금 융려산隆慮山하남성 임현 경계에 근거지를 두고 있는 우래尤來를 치게 했다. 사궁의 군사가 대패했다. 소왕 유수는 사궁이 밖에 있는 틈을 이용해 오한吳漢 및 자간대장군剌奸大將軍 잠팽岑彭으로 하여금 업성을 급습해 점거하게 했다. 사궁은 이런 사실도 모르고 경무장한 기병인 경기輕騎를 이끌고 업성으로 돌아왔다. 오한 등이 곧바로 그를 잡아 목을 베었다. 그의 무리 모두 항복했다.

10) 경시제 유현은 주공후柱功侯 이보李寶와 익주益州사천성 일대 자사 장충張忠을 파견해 병사 1만여 명을 이끌고 가 공손술公孫述이 점거하고 있는 촉蜀과 한중漢中 일대를 경략하게 했다. 공손술이 동생인 공손회公孫恢를 보내 이보왕 장충을 영격하게 했다. 공손회가 면죽綿竹사천성 면죽현에서 이보와 장충의 군사를 대파해 패주시켰다. 공손술이 마침내 촉왕蜀王으로 자립한 뒤 성도成都에 도읍했다. 백성과 이족夷族이 모두 귀부했다.

11) 겨울, 경시제 유현이 중랑장中郎將인 귀덕후歸德侯 유삽劉颯과 대사마 호군護軍인 진준陳遵을 흉노에 사자로 보내 선우에게 한나라의 옛 새수璽綬를 전했다. 이 기회에 왕망의 천봉 5년에 장안으로 왔다가 왕망이 패할 때 사망한 난제운欒提雲과 그의 남편인 복수당卜須當이 남긴 친척을 비롯해 흉노의 귀인貴人과 이들을 수종하는 종자從者 등을 모두 흉노로 돌려보냈다. 제20대 호도이시도고약제呼都而屍道皐若鞮 선우가 된 난제여欒提輿가 교만한 어조로 진준과 유삽에게 말했다.

"흉노는 원래 한나라와 같은 형제였소. 흉노가 중간에 어지럽게 되자 효선황제孝宣皇帝가 나의 부친인 호한야呼韓邪 선우를 세우는 데 도움을 주었소. 흉노가 한나라를 높이며 칭신稱臣한 이유요. 지금 한나라 역시 대란大亂에 빠져 왕망이 나라를 찬탈하는 일이 빚어지면서 흉노가 출병하여 왕망을 치게 됐소. 그 바람에 변경이 텅 비게 됐소. 이는 천하 사람들로 하여금 소동騷動을 통해 한나라의 은덕을 생각하게 만드는 결과를 낳았소. 왕망이 끝내 실패하고 한나라가 부흥한 것은 우리가 힘쓴 덕분이오. 의당 우리를 높여야 할 것이오!"

진준이 난제여와 함께 서로 말로 맞서는 탱거撐拒를 했다. 선우는 끝내 자신의 주장을 견지했다.

12) 적미赤眉를 이끄는 번숭樊崇 등이 군사를 이끌고 영천潁川하남성 우현으로 들어간 뒤 그 무리를 2개의 부部로 나눴다. 번숭과 봉안逢安이 한 부部를 맡고, 서선徐宣과 사록謝祿 및 양음楊音 등이 다른 한 부를 맡았다.

적미는 비록 자주 전승戰勝을 거뒀으나 피폐疲敝로 인해 전투를 싫어하는 염병厭兵의 분위기가 높았다. 모두 일야日夜로 근심으로 눈물을 흘리며 고향이 있는 동쪽으로 돌아가고자 했다. 번숭 등이 계책을 논의하며 무리가 동쪽으로 향할 경우 반드시 흩어질 수밖에 없어 서쪽으로 장안을 치느니만 못하다고 생각했다. 이에 번숭과 봉안은 무관武關섬서성 상현 경계, 서선과 사록 및 양음 등은 육혼관陸渾關하남성 숭현 동북쪽에서 출발해 두 길로 나눠 장안에 들어가기로 정했다.

경시제 유현이 신시병 출신인 왕광王匡과 하강병 출신인 성단成丹, 항위장군抗威將軍 유균劉均 등에게 명해 하동河東산서성 하현과 홍농弘農하남성 영보현으로 분거分據해 저항하도록 했다.

13) 소왕 유수는 장차 북쪽으로 가서 연燕나라와 조趙나라 지역을 경략하려 했다. 적미가 반드시 장안을 격파할 것으로 내다본 결과다. 내심 적미와 경시제 유현이 싸우는 틈에 올라타는 승흔乘釁의 수법으로 관중關中을 병탄하려 한 것이다. 그러나 이 일을 맡길 사람을 알지 못했다. 마침내 등우鄧禹를 전장군前將軍으로 삼은 뒤 그의 휘하에 있는 정병精兵 2만 명을 나눠주며 서쪽으로 출정하게 했다. 함곡관을 통해 관중으로 들

어가는 입관入關을 지시한 것이다. 소왕 유수가 등우에게 편장偏將과 비장裨將 이하의 장령을 스스로 선발해 군진을 갖추도록 했다.

당시 경시제 유현을 추종하는 주유朱鮪와 이질李軼, 전립田立, 진교陳僑 등은 휘하 병사가 총 30만 명에 달한다고 떠벌이며 하남河南 태수 무발武勃과 함께 낙양을 지키고 있었다. 또한 포영鮑永과 전읍田邑이 이끄는 군사는 병주并州에 머물고 있었다.

이에 대해 소왕 유수는 험요險要하고 부유한 하내河內 일대를 굳건히 지키며 대응하려 했다. 하내 일대를 지킬 수 있는 장수를 선발하려 했으나 여의치 않았다. 이내 등우에게 방안을 묻자 등우가 이같이 대답했다.

"구순寇恂은 문무文武를 모두 갖추고 있습니다. 백성을 다독이는 목민牧民과 무리를 통제하는 어중御衆의 재주가 그렇습니다. 이 사람이 아니면 선발할 자가 없을 것입니다!"

이를 좇았다. 이내 구순을 하내 태수로 삼고, 임시직인 행대장군사行大將軍事의 자리에 임명했다. 소왕 유수가 구순에게 말했다.

"옛날 한고제 유방은 소하蕭何에게 명해 관중에 머물며 군량 등을 조달하게 했소. 나는 지금 공에게 하내의 일을 맡겼소. 의당 군량을 충분히 공급하고, 사마士馬를 잘 독려해 훈련시키고, 적의 침공을 방알防遏하면서 저들이 북쪽으로 황하를 건너지 못하게 하면 될 것이오!"

이어 풍이馮異를 맹진장군孟津將軍으로 삼은 뒤 위군魏郡하북성 임장현과 하내河內의 병사를 황하 상류에서 통솔하면서 낙양 방면에 있는 경시제 유현 세력의 침공을 막게 했다. 그러고는 친히 등우의 군사를 야왕野王하북성 심양현까지 전송했다. 등우가 서쪽으로 출정하자 소왕 유수는 이내 다시 군사를 이끌고 북쪽으로 갔다. 구순이 마른 식량인 후량餱糧을 때맞춰 조달하는 동시에 무기인 기계器械를 제조해 공급했다. 군대가 원정遠征을 갔음에도 일찍이 군량 등이 결핍하거나 끊기는 핍절乏絕이 없었던 이유다.

14) 외효隗囂의 숙부인 외최隗崔와 외의隗義가 모반해 천수天水감숙성 통위현로 돌아가고자 했다. 외효가 자신에게도 화가 미칠까 두려운 나머지 이내 이 사실을 고변告變했다. 경시제 유현이 외최와 외의의 목을 베고, 외효를 어사대부御史大夫로 삼았다.

15) 양왕梁王 유영劉永이 양국梁國하남성 상구시을 기반으로 거병한 뒤 여러 군郡의 호걸을 초청했다. 패국沛國안휘성 수계현 출신 주건周建 등이 나란히 장수에 임명됐다. 제음濟陰산동성 정도현, 산양山陽산동성 금향현, 패沛, 초楚강소성 서주시, 회양淮陽하남성 회양현, 여남汝南하남성 여남현 등을 공략했다. 모두 28개 성읍에 달했다.

또 사자를 파견해 서방西防 일대의 도적 우두머리인 산양山陽 출신 교강佼強을 횡행장군橫行將軍, 동해東海산동성 담성현 일대의 도적 우두머리인 동헌董憲을 익한대장군翼漢大將軍, 낭야琅邪산동성 제성현 일대의 도적 우두머리인 장보張步를 보한대장군輔漢大將軍에 임명했다. 이들로 하여금 청주青州와 서주徐州 등 2개 주를 감독하면서 모든 군사를 결집하게 하자 마침내 동쪽을 전적으로 점거하게 됐다.

16) 기현郘縣호북성 선성현 출신 진풍秦豐이 여구黎丘호북성 의성현 북쪽에서 기병한 뒤 기현과 의성현宜城縣 등 10여 개 현을 공략했다. 그 무리가 1만 명가량이 되자 스스로 초여왕楚黎王을 칭했다.

17) 여남汝南 출신 전융田戎이 이릉夷陵호북성 의성현을 공격해 함몰시킨 뒤 스스로 소지대장군掃地大將軍을 칭했다. 여러 군현郡縣을 돌아다니며 겁략했다. 무리가 수만 명에 달했다.

* 淮陽王更始二年

春, 正月, 大司馬秀以王郎新盛, 乃北徇薊.

申屠建·李松自長安迎更始遷都. 二月, 更始發洛陽. 初, 三輔豪桀假號誅莽者, 人人皆望封侯. 申屠建既斬王憲, 又揚言"三輔兒大黠, 共殺其主." 吏民惶恐, 屬縣屯聚. 建等不能下. 更始至長安, 乃下詔大赦, 非王莽子, 他皆除其罪, 於是三輔悉平. 時長安唯未央宮被焚, 其餘宮室·供帳·倉庫·官府皆案堵如故, 市里不改於舊. 更始居長樂宮, 升前殿, 郎吏以次列庭中. 更始羞怍, 俯首刮席, 不敢視. 諸將後至者, 更始問曰, "虜掠得幾何?" 左右侍官皆宮省久吏, 驚愕相視.

李松與棘陽趙萌說更始宜悉王諸功臣. 朱鮪爭之, 以為高祖約, 非劉氏不王. 更始乃先封諸宗室. 祉為定陶王, 慶為燕王, 歙為元氏王, 嘉為漢中王, 賜為宛王, 信為汝陰王, 然後立王匡為泚陽王, 王鳳為宜城王, 朱鮪為膠東王, 王常為鄧王, 申屠建為平氏王, 陳牧為陰平王, 衛尉大將軍張卬為淮陽王, 執金吾·大將軍廖湛為穰王, 尚書胡殷為隨王, 柱天大將軍李通為西平王, 五威中郎將李軼為舞陰王, 水衡大將軍成丹為襄邑王, 驃騎大將軍宗佻為穎陰王, 尹尊為郾王. 唯朱鮪辭不受. 乃以鮪為左大司馬, 宛王賜為前大司馬, 使與李軼等鎮撫關東. 又使李通鎮荊州, 王常行南陽太守事. 以李松為丞相, 趙萌為右大司馬, 共秉內任. 更始納趙萌女為夫人, 故委政於萌, 日夜飲宴後庭. 群臣欲言事, 輒醉不能見, 時不得已, 乃令侍中坐帷內與語. 韓夫人尤嗜酒, 每侍飲, 見常侍奏事, 輒怒曰, "帝方對我飲, 正用此時持事來邪!" 起, 抵破書案. 趙萌專權, 生殺自恣. 郎吏有說萌放縱者, 更始怒, 拔劍斬之, 自是無敢復言. 以至群小·膳夫皆濫授官爵, 長安為之語曰, "竈下養, 中郎將. 爛羊胃, 騎都尉. 爛羊頭, 關內侯." 軍師將軍李淑上書諫曰, "陛下定業, 雖因下江·平林之勢, 斯蓋臨時濟用, 不可施之既安. 唯名與器, 聖人所重. 今加非其人, 望其裨益萬分, 猶緣木求魚, 升山採珠. 海內望此, 有以窺度漢祚!" 更始怒, 囚之. 諸將在外者皆專行誅賞, 各置牧守. 州郡交錯, 不知所從. 由是關中離心, 四海怨叛.

更始徵隗囂及其叔父崔·義等, 囂將行, 方望以為更始成敗未可知, 固止之. 囂不聽, 望以書辭謝而去. 囂等至長安, 更始以囂為右將軍, 崔·義皆即舊號.

耿況遣其子弇奉奏詣長安, 弇時年二十一. 行至宋子, 會王郎起, 弇從吏孫倉·衛包曰, "劉子輿, 成帝正統. 舍此不歸, 遠行安之!" 弇按劍曰, "子輿弊賊, 卒為降虜耳! 我至長安, 與國家陳漁陽·上谷兵馬, 歸發突騎, 以轔烏合之眾, 如摧枯折腐耳. 觀公等不識去就, 族滅不久也!" 倉·包遂亡, 降王郎. 弇聞大司馬秀在盧奴, 乃馳北上謁. 秀留署長史, 與俱北至薊. 王郎移檄購秀十萬戶, 秀令功曹令史潁川王霸至市中募人擊王郎, 市人皆大笑, 舉手邪揄之, 霸慚懅而反. 秀將南歸, 耿弇曰, "今兵從南方來, 不可南行. 漁陽太守彭寵, 公之邑人. 上谷太守, 即弇父也. 發此兩郡控弦萬騎, 邯鄲不足慮也." 秀官屬腹心皆不肯, 曰, "死尚南首, 奈何北行入囊中!" 秀指弇曰, "是我北道主人也."

會故廣陽王子接起兵薊中以應郎, 城內擾亂, 言邯鄲使者方到, 二千石以下皆出迎. 於是秀趣駕而出, 至南城門, 門已閉. 攻之, 得出. 遂晨夜南馳, 不敢入城邑, 舍食道傍. 至蕪蔞亭, 時天寒烈, 馮異上豆粥. 至饒陽, 官屬皆乏食. 秀乃自稱邯鄲使者, 入傳舍, 傳吏方進食, 從者饑, 爭奪之. 傳吏疑其偽, 乃椎鼓數十通, 紿言"邯鄲將軍至", 官屬皆失色. 秀升車欲馳, 既而懼不免, 徐還坐, 曰, "請邯鄲將軍入." 久, 乃駕去. 晨夜兼行, 蒙犯霜雪, 面皆破裂.

至下曲陽, 傳聞王郎兵在後, 從者皆恐. 至滹沱河, 候吏還白"河水流澌, 無船, 不可濟." 秀使王霸往視之. 霸恐驚眾, 欲且前, 阻水還,即詭曰, “冰堅可度.” 官屬皆喜. 秀笑曰, “候吏果妄語也!” 遂前. 比至河, 河冰亦合, 乃令王霸護度, 未畢數騎而冰解. 至南宮, 遇大風雨, 秀引車入道傍空舍, 馮異抱薪, 鄧禹爇火, 秀對竈燎衣, 馮異復進麥飯.

進至下博城西, 惶惑不知所之. 有白衣老父在道旁, 指曰, “努力! 信都郡為長安城守, 去此八十里.” 秀即馳赴之. 是時郡國皆已降王郎, 獨信都太守南陽任光·和戎太守信都邳彤不肯從. 光自以孤城獨守, 恐不能全, 聞秀至, 大喜, 吏民皆稱萬歲. 邳彤亦自和戎來會, 議者多言可因信都兵自送, 西還長安. 邳彤曰, “吏民歌吟思漢久矣, 故更始舉尊號而天下響應, 三輔清宮除道以迎之. 今卜者王郎, 假名因勢, 驅集烏合之眾, 遂振燕·趙之地, 無有根本之固. 明公奮二郡之兵以討之, 何患不克! 今釋此而歸, 豈徒空失河北, 必更驚動三輔, 墮損威重, 非計之得者也. 若明公無復征伐之意, 則雖信都之兵, 猶難會也. 何者? 明公既西, 則邯鄲勢成, 民不肯捐父母·背成主而千里送公, 其離散亡逃可必也!” 秀乃止.

秀以二郡兵弱, 欲入城頭子路·力子都軍中, 任光以為不可. 乃發傍縣, 得精兵四千人, 拜任光為左大將軍, 信都都尉李忠為右大將軍, 邳彤為後大將軍·和戎太守如故, 信都令萬修為偏將軍, 皆封列侯. 留南陽宗廣領信都太守事. 使任光·李忠·萬修將兵以從, 邳彤將兵居前. 任光乃多作檄文曰, “大司馬劉公將城頭子路·力子都兵百萬眾從東方來, 擊諸反虜!” 遣騎馳至鉅鹿界中. 吏民得檄, 傳相告語. 秀投暮入堂陽界, 多張騎火, 彌滿澤中, 堂陽即降. 又擊貰縣, 降之. 城頭子路者, 東平爰曾也, 寇掠河·濟間, 有眾二十餘萬, 力子都有眾六七萬, 故秀欲依之. 昌城人劉植聚兵數千人據昌城, 迎秀. 秀以植為驍騎將軍. 耿純率宗族賓客二千餘人, 老病者皆載木自隨, 迎秀於育.

拜純為前將軍. 進攻下曲陽, 降之. 眾稍合, 至數萬人, 復北擊中山. 耿純恐宗家懷異心, 乃使從弟訢宿歸, 燒廬舍以絕其反顧之望. 秀進拔盧奴, 所過發奔命兵, 移檄邊郡共擊邯鄲. 郡縣還復響應. 時真定王楊起兵附王郎, 眾十餘萬, 秀遣劉植說楊, 楊乃降. 秀因留真定, 納楊甥郭氏為夫人以結之. 進擊元氏·防子, 皆下之. 至鄗, 擊斬王郎將李惲. 至柏人, 復破郎將李育. 育還保城. 攻之, 不下.

南鄭人延岑起兵據漢中, 漢中王嘉擊降之, 有眾數十萬. 校尉南陽賈復見更始政亂, 乃說嘉曰, "今天下未定, 而大王安守所保, 所保得無不可保乎?" 嘉曰, "卿言大, 非吾任也. 大司馬在河北, 必能相用." 乃為書薦復及長史南陽陳俊於劉秀. 復等見秀於柏人, 秀以復為破虜將軍, 俊為安集掾. 秀舍中兒犯法, 軍市令潁川祭遵格殺之, 秀怒, 命收遵. 主簿陳副諫曰, "明公常欲眾軍整齊, 今遵奉法不避, 是教令所行也." 乃貰之, 以為刺奸將軍, 謂諸將曰, "當備祭遵! 吾舍中兒犯法尚殺之, 必不私諸卿也."

初, 王莽既殺鮑宣, 上黨都尉路平欲殺其子永. 太守苟諫保護之, 永由是得全. 更始徵永為尚書僕射, 行大將軍事, 將兵安集河東·并州, 得自置偏裨. 永至河東, 擊青犢, 大破之. 以馮衍為立漢將軍, 屯太原, 與上黨太守田邑等繕甲養士, 以扞衛幷土.

或說大司馬秀以守柏人不如定鉅鹿, 秀乃引兵東北拔廣阿. 秀披輿地圖, 指示鄧禹曰, "天下郡國如是, 今始乃得其一. 子前言以吾慮天下不足定, 何也?" 禹曰, "方今海內殽亂, 人思明君, 猶赤子之慕慈母. 古之興者在德薄厚, 不以大小也." 薊中之亂, 耿弇與劉秀相失, 北走昌平, 就其父況, 因說況擊邯鄲. 時王郎遣將徇漁陽·上谷, 急發其兵. 北州疑惑, 多欲從之. 上谷功曹寇恂·門下掾閔業說況曰, "邯鄲拔起, 難可信向. 大司馬, 劉伯升母弟, 尊賢下士, 可以歸之." 況曰, "邯鄲方盛, 力不能獨拒, 如何?" 對曰, "今上谷完實, 控弦萬騎, 可以詳擇去就. 恂請東約漁陽, 齊心合眾, 邯鄲不足圖也!" 況然之, 遣恂東約彭寵, 欲各發突騎二千匹·步兵千人詣大司馬秀. 安樂令吳漢·護軍蓋延·狐奴令王梁亦勸寵從秀, 寵以為然, 而官屬皆欲附王郎, 寵不能奪. 漢出止外亭, 遇一儒生, 召而食之, 問以所聞. 生言曰, "大司馬劉公, 所過為郡縣所稱, 邯鄲舉尊號者, 實非劉氏." 漢大喜, 即詐為秀書, 移檄漁陽, 使生繼以詣寵, 令具以所聞說之. 會寇恂至, 寵乃發步騎三千人, 以吳漢行長史, 與蓋延·王梁將之, 南攻薊, 殺王郎大將趙閎.

寇恂還, 遂與上谷長史景丹及耿弇將兵俱南, 與漁陽軍合, 所過擊斬王郎大將·九卿·校尉以下, 凡斬首三萬級, 定涿郡·中山·鉅鹿·清河·河間凡二十二縣. 前及廣阿, 聞城中車騎甚眾, 丹等勒兵問曰, "此何兵?" 曰, "大司馬劉公也." 諸將喜, 即進至城下. 城下初傳言二郡兵為邯鄲來, 眾皆恐. 劉秀自登西城樓勒兵問之. 耿弇拜於城下, 即召入, 具言發兵狀. 秀乃悉召景丹等入, 笑曰, "邯鄲將帥數言我發漁陽·上谷兵, 吾聊應言'我亦發之', 何意二郡良為吾來! 方與士大夫共此功名耳." 乃以景丹·寇恂·耿弇·蓋延·吳漢·王梁皆為偏將軍, 使還領其兵, 加耿況·彭寵大將軍. 封況·寵·丹·延皆為列侯. 吳漢為人, 質厚少文, 造次不能以辭自達, 然沉勇有智略, 鄧禹數薦之於秀, 秀漸親重之.

更始遣尚書令謝躬率六將軍討王郎, 不能下. 秀至, 與之合軍, 東圍鉅鹿, 月餘未下. 王郎遣將攻信都, 大姓馬寵等開城內之. 更始遣兵攻破信都, 秀使李忠還, 行太守事. 王郎遣將倪宏·劉奉率數萬人救鉅鹿, 秀逆戰於南䜌, 不利. 景丹等縱突騎擊之, 宏等大敗. 秀曰, "吾聞突騎天下精兵, 今見其戰, 樂可言邪!" 耿純言於秀曰, "久守鉅鹿, 士衆疲弊. 不如及大兵精銳, 進攻邯鄲. 若王郎已誅, 鉅鹿不戰自服矣." 秀從之. 夏, 四月, 留將軍鄧滿守鉅鹿. 進軍邯鄲, 連戰, 破之. 郎乃使其諫大夫杜威請降. 威雅稱郎實成帝遺體, 秀曰, "設使成帝復生, 天下不可得, 況詐子輿者乎!" 威請求萬戶侯, 秀曰, "顧得全身可矣!" 威怒而去. 秀急攻之, 二十餘日. 五月, 甲辰, 郎少傅李立開門內漢兵, 遂拔邯鄲. 郎夜亡走, 王霸追斬之. 秀收郎文書, 得吏民與郎交關謗毁者數千章. 秀不省, 會諸將軍燒之, 曰, "令反側子自安!" 秀部分吏卒各隸諸軍, 士皆言願屬大樹將軍. 大樹將軍者, 偏將軍馮異也, 為人謙退不伐, 敕吏士非交戰受敵, 常行諸營之後. 每所止舍, 諸將并坐論功, 異常獨屛樹下, 故軍中號曰, "大樹將軍."

護軍宛人朱祐從容言於秀曰, "長安政亂, 公有日角之相, 此天命也!" 秀曰, "召刺奸收護軍!" 祐乃不敢復言. 更始遣使立秀為蕭王, 悉令罷兵, 與諸將有功者詣行在所. 遣苗曾為幽州牧, 韋順為上谷太守, 蔡充為漁陽太守, 并北之部.

蕭王居邯鄲宮, 晝臥溫明殿, 耿弇入, 造床下請間, 因說曰, "吏士死傷者多, 請歸上谷益兵." 蕭王曰, "王郎已破, 河北略平, 復用兵何為?" 弇曰, "王郎雖破, 天下兵革乃始耳. 今使者從西方來, 欲罷兵, 不可聽也. 銅馬·赤眉之屬數十輩, 輩數十百萬人, 所向無前, 聖公不能辦也, 敗必不久." 蕭王起坐曰, "卿失言, 我斬卿!" 弇曰, "大王哀厚弇如父子, 故敢披赤心." 蕭王曰, "我戲卿耳, 何以言之?" 弇曰, "百姓患苦王莽, 復思劉氏, 聞漢兵起, 莫不歡喜, 如去虎口得歸慈母. 今更始為天子, 而諸將擅命於山東, 貴戚縱橫於都內, 虜掠自恣, 元元叩心, 更思莽朝, 是以知其必敗也. 公功名已著, 以義征伐, 天下可傳檄而定也. 天下至重, 公可自取, 毋令他姓得之." 蕭王乃辭以河北未平, 不就徵, 始貳於更始.

是時, 諸賊銅馬·大彤·高湖·重連·鐵脛·大槍·尤來·上江·青犢·五校·五幡·五樓·富平·獲索等各領部曲, 眾合數百萬人, 所在寇掠. 蕭王欲擊之, 乃拜吳漢·耿弇俱為大將軍, 持節北發幽州十郡突騎. 苗曾聞之, 陰敕諸郡不得應調. 吳漢將二十騎先馳至無終, 曾出迎於路, 漢即收曾, 斬之. 耿弇到上谷, 亦收韋順·蔡充, 斬之. 北州震駭, 於是悉發其兵.

秋, 蕭王擊銅馬於鄡, 吳漢將突騎來會清陽, 士馬甚盛, 漢悉上兵簿於莫府, 請所付與, 不敢自私, 王益重之. 王以偏將軍沛國朱浮為大將軍·幽州牧, 使治薊城. 銅馬食盡, 夜遁, 蕭王追擊於館陶, 大破之. 受降未盡, 而高湖·重連從東南來, 與銅馬餘眾合. 蕭王復與大戰於蒲陽, 悉破降之, 封其渠帥為列侯. 諸將未能信賊, 降者亦不自安. 王知其意, 敕令降者各歸營勒兵, 自乘輕騎按行部陳. 降者更相語曰, "蕭王推赤心置人腹中, 安得不投死乎!" 由是皆服. 悉以降人分配諸將, 眾遂數十萬. 赤眉別帥與青犢·上江·大彤·鐵脛·五幡十餘萬眾在射犬, 蕭王引兵進擊, 大破之. 南徇河內, 河內太守韓歆降.

初, 謝躬與蕭王共滅王郎, 數與蕭王違戾, 常欲襲蕭王, 畏其兵強而止. 雖俱在邯鄲, 遂分城而處, 然蕭王每有以慰安之. 躬勤於吏職, 蕭王常稱之曰, "謝尚書, 真吏也!" 故不自疑. 其妻知之, 常戒之曰, "君與劉公積不相能, 而信其虛談, 終受制矣." 躬不納. 既而躬率其兵數萬還屯於鄴. 及蕭王南擊青犢, 使躬邀擊尤來於隆慮山, 躬兵大敗. 蕭王因躬在外, 使吳漢與刺奸大將軍岑彭襲據鄴城. 躬不知, 輕騎還鄴, 漢等收斬之, 其眾悉降.

更始遣柱功侯李寶·益州刺史張忠將兵萬餘人徇蜀·漢. 公孫述遣其弟恢擊寶·忠於綿竹, 大破走之. 述遂自立為蜀王, 都成都, 民·夷皆附之.

冬, 更始遣中郎將歸德侯颯·大司馬護軍陳遵使匈奴, 授單于漢舊制璽綬, 因送雲·當餘親屬·貴人·從者還匈奴. 單于輿驕, 謂遵·颯曰, "匈奴本與漢為兄弟, 匈奴中亂, 孝宣皇帝輔立呼韓邪單于, 故稱臣以尊漢. 今漢亦大亂, 為王莽所簒, 匈奴亦出兵擊莽, 空其邊境, 令天下騷動思漢. 莽卒以敗而漢復興, 亦我力也, 當復尊我!" 遵與相撐拒, 單于終持此言.

赤眉樊崇等將兵入潁川, 分其眾為二部, 崇與逄安為一部, 徐宣·謝祿·楊音為一部. 赤眉雖數戰勝, 而疲敝厭兵, 皆日夜愁泣, 思欲東歸. 崇等計議, 慮眾東向必散, 不如西攻長安. 於是崇·安自武關, 宣等從陸渾關, 兩道俱入. 更始使王匡·成丹與抗威將軍劉均等分據河東·弘農以拒之.

蕭王將北徇燕·趙, 度赤眉必破長安, 又欲乘釁幷關中, 而未知所寄, 乃拜鄧禹為前將軍, 中分麾下精兵二萬人, 遣西入關, 令自選偏裨以下可與俱者. 時朱鮪·李軼·田立·陳僑將兵號三十萬, 與河南太守武勃共守洛陽. 鮑永·田邑在并州. 蕭王以河內險要富實, 欲擇諸將守河內者而難其人, 問於鄧禹. 鄧禹曰, "寇恂文武備足, 有牧民御眾之才, 非此子莫可使也!" 乃拜恂河內太守, 行大將軍事. 蕭王謂恂曰, "昔高祖留蕭何關中, 吾今委公以河內. 當給足軍糧, 率厲士馬, 防遏它兵, 勿令北度而已!" 拜馮異為孟津將軍, 統魏郡·河內兵於河上, 以拒洛陽. 蕭王親送鄧禹至野王, 禹既西, 蕭王乃復引兵而北. 寇恂調餱糧·治器械以供軍. 軍雖遠征, 未嘗乏絕.

隗崔·隗義謀叛歸天水. 隗囂恐幷及禍, 乃告之. 更始誅崔·義, 以囂為御史大夫.

梁王永據國起兵, 招諸郡豪桀, 沛人周建等幷署為將帥, 攻下濟陰·山陽·沛·楚·淮陽·汝南, 凡得二十八城. 又遣使拜西防賊帥山陽佼強為橫行將軍, 東海賊帥董憲為翼漢大將軍, 琅邪賊帥張步為輔漢大將軍, 督青·徐二州, 與之連兵, 遂專據東方.

卲人秦豐起兵於黎丘, 攻得卲·宜城等十餘縣, 有眾萬人, 自號楚黎王.

汝南田戎攻陷夷陵, 自稱掃地大將軍. 轉寇郡縣, 眾數萬人.

** 권40-한기漢紀 32: 광무제가 즉위하다

한광무제漢光武帝 건무建武 원년(AD 25)

1) 봄 정월, 방망方望이 안릉安陵섬서성 함양현 동쪽 출신 궁림弓林과 함께 옛 정안공定安公 유영劉嬰을 내세워 천자로 삼고, 무리 수천 명을 모아 임경臨涇감숙성 진원현에 있었다. 경시제 유현이 승상 이송李松 등을 파견해 이를 격파한 뒤 모두 참수했다.

2) 등우가 기관箕關산서성 원곡현에 이르러 하동도위河東都尉를 격파하고, 안읍安邑산서성 하현으로 진출해 포위했다.

3) 적미의 2개 부대가 모두 홍농弘農하남성 영보현에 모였다. 경시제 유현이 토난장군討難將軍 소무蘇茂를 파견해 진입을 막게 했으나 소무의 군사가 대패했다. 적미의 무리가 마침내 크게 모였다. 1만 명당 1영營을 구성하자 모두 30개 영이나 됐다.

3월, 경시제 유현이 승상 이송李松을 파견해 적미와 모향蓩鄕하남성 영보현 경계에서 싸우게 했다. 이송 등이 대패해 죽은 자가 3만여 명에 달했다. 적미가 마침내 이리저리 오가다가 북쪽 호현湖縣에 이르게 됐다.

4) 촉군蜀郡사천성 성도시의 공조功曹 이웅李熊이 공손술公孫述에게 의당 천자를 칭해야 한다고 건의했다.

여름 4월, 공손술이 제위帝位에 올라 국호를 성가成家로 정한 뒤 연호를 바꿔 용흥龍興이라고 했다. 이웅이 대사도大司徒, 공손술의 동생 공손광公孫光이 대사마大司馬, 또 다른 동생인 공손회公孫恢가 대사공大司空이 됐다. 월수越巂사천성 서창현 태수 매근枚根을 죽인 만이蠻夷 출신 임귀任貴가 자신의 군을 점거한 채 공손술에게 항복했다.

5) 소왕蕭王 유수가 북쪽으로 가서 우래尤來와 대창大槍, 오번五幡을 원씨元氏하북성 원씨현에서 공격했다. 계속 추격해 북평北平하북성 만성현에 이르기까지 잇달아 격파했다. 순수順水하북성 중부의 북쪽에서 싸울 때 승세勝勢에 올라타 적을 가볍게 여기고 진격하는 바람에 오히려 패하고 말았다. 소왕 유수가 스스로 높은 언덕으로 올라갔다가 돌기突騎의 일원인 왕풍王豐이 하마下馬해 말을 건네준 덕분에 간신히 달아나 죽음을 면할 수 있었다. 산병散兵들이 돌아와 범양范陽하북성 정흥현을 지킬 때 군대 안에서 소왕 유수가 보이지 않자 어떤 사람이 이미 살해됐을 것이라고 말했다. 제장들이 어찌할 바를 몰라 하자 오한이 말했다.

"경卿들은 노력努力하시오! 대왕의 조카인 유장劉章과 유흥劉興이 남양南陽하남성 남양시에 있소. 어찌하여 주군이 없을까 걱정하는 것이오!"

무리들이 두려워하다가 며칠이 지난 뒤 이내 안정됐다. 도적들은 비록 전승戰勝했으나 소왕 유수의 위명威名을 꺼린 나머지 마침내 무리를 이끌고 가버렸다. 연합군의 대군이 다시 진격해 안차安次하북성 안차현에 이르러 연전連戰하여 도적들을 격파했다. 도적들이 어양漁陽북경시 밀운현으로 후퇴해 들어가면서 지나는 곳마다 노략擄掠했다. 강노장군強弩將軍 진준陳俊이 소왕 유수에게 말했다.

"도적들은 치중輜重이 없는 까닭에 양식을 백성들로부터 빼앗아 먹고 있습니다. 의당 경기輕騎로 하여금 도적들의 앞에서 모습을 드러내고, 백성들로 하여금 스스로 성벽을 견고히 지키며 적에게 먹거리를 제공하지 않도록 해야 합니다. 그러면 가히 싸우지 않고도 적을 진멸殄滅할 수 있습니다."

소왕 유수가 이에 동조했다. 곧 진준陳俊을 파견해 경기輕騎를 이끌고 도적들의 앞으로 달려 나가게 했다. 이어 사람들이 성벽을 견고히 지키는 것을 본 뒤에 칙령을 내려 고수固守하도록 하면서, 들판에 방산放散돼 있는 곡식을 모두 거둬들이게 했다. 도적들이 다가왔으나 얻을 것이 없자 마침내 사방으로 흩어지는 산패散敗를 했다. 소왕 유수가 진준에게 말했다.

"이들 호로胡虜같은 자들을 곤란하게 만든 것은 모두 장군의 계책 덕분이오."

6) 소왕 유수 휘하의 장수 풍이馮異가 경시제 유현을 추종하는 이질李軼에게 서신을 보내 화복禍福을 설명하며 귀부를 권했다. 이질은 경시제가 머물고 있는 장안이 이미 위기에 처해 있다는 사실을 잘 알고 있었다. 다만 전에 경시제 유현에게 소왕 유수의 친형인 유연劉縯의 포살捕殺을 사주한 일로 인해 불안한 나머지 이내 답신했다.

"저 이질은 본래 소왕 유수와 가장 먼저 한나라의 부흥을 모의한 사람입니다. 지금 저는 낙양을 지키고 있고, 장군은 맹진孟津에 진을 치고 있습니다. 모두 전략적으로 중요한 곳인 기축機軸을 점하고 있는 셈입니다. 이는 1,000년에 1번 만날 정도로 매우 드문 기회인 천재일회千載一會에 해당합니다. 저와 장군이 힘을 합칠 경우 2명이 동심同心이면 쇠붙이도 끊을 수 있다고 언급한 『주역』의 사성단금思成斷金[205] 취지를 이룰 수 있습니다. 장군이 저의 뜻을 소왕 유수에게 잘 전달해 주길 바랄 뿐입니다. 원컨대 저의 우책愚策이 나라를 보좌하고 백성을 편안하게 하는 좌국안민佐國安民의 계책이 됐으면 합니다."

이질은 서신을 주고받은 이후 다시는 풍이와 쟁봉爭鋒하지 않았다. 덕

205 사성단금思成斷金 성어는 『주역』「계사전 상」에 나오는 '이인동심二人同心, 기리단금其利斷金' 구절을 요약한 것이다.

분에 풍이는 북쪽으로 천정관天井關산서성 진성현을 공격해 상당上黨산서성 장자현에 있는 2개의 성을 함락시키고, 다시 남하해 하남河南의 성고成皋하남성 사수현 동쪽에 있는 13개 현縣을 손에 넣을 수 있었다. 투항한 자가 10여만 명에 달했다.

경시제 유현을 추종하는 하남 태수 무발武勃이 1만여 명의 병사를 이끌고 와 여러 투항한 자들을 공격했다. 풍이가 사향士鄕하남성 낙양현 아래서 이들과 싸워 대파하고 무발의 목을 베었다. 이질은 문을 닫은 채 무발을 구원하려고 나서지 않았다. 풍이는 자가 계문季文인 이질의 서신이 주효한 것을 보고는 이를 모두 소왕 유수에게 보고했다. 유수가 풍이에게 회답했다.

"계문季文은 속이는 일이 많은 다사多詐의 인물이오. 다른 사람들은 그가 보여주는 잔꾀인 요령要領을 알 길이 없소. 이제 그의 서신을 각 군수郡守와 군위郡尉에게 전달해 의당 경비警備에 활용해야 할 것이오."

많은 사람들 모두 소왕 유수가 이질의 서신을 공개하는 것을 괴이하게 생각했다. 낙양을 지키고 있던 주유朱鮪가 이 소문을 듣고는 이질이 경시제 유현을 배반한 것으로 생각해 자객을 보내 살해했다. 성 안의 민심이 이반하는 괴리乖離가 나타나고, 많은 사람들이 성벽을 넘어 가 투항했다.

주유는 소왕 유수가 북쪽으로 정벌에 나선 까닭에 하내河內하남성 무척현 일대가 고립돼 있다는 소식을 들었다. 곧 휘하 장수 소무蘇茂와 가강賈強을 파견해 군사 3만여 명을 이끌고 가 공현鞏縣 북쪽을 흐르는 공하鞏河를 건너 온현溫縣을 지키게 했다. 주유 자신도 군사 수만 명을 이끌고 평음平陰하남성 맹진현 동쪽을 공격하며 풍이의 군사를 견제했다. 격문이 하내에 도착하자 소왕 유수에 의해 하내 태수에 임명된 구순寇恂이 곧바로 늑병勒軍하여 달려 나갔다. 동시에 속현屬縣에 이 소식을 전하면서 속히 군사를 동원해 온성溫城 아래 집결할 것을 명했다. 군리軍吏들이 모두 간했다.

"지금 낙양에 있는 병사들이 황하를 건너며 앞뒤로 끊어지지 않고 있습니다. 의당 많은 군사가 모두 집결할 때까지 기다려야 비로소 출병할 수 있습니다."

구순이 대답했다.

"온성은 하내군의 울타리인 번폐藩蔽에 해당하오. 온성을 잃으면 하내군을 지킬 수 없소."

끝내 그곳으로 말을 내달려 이르는 치부馳赴를 했다. 다음날 아침 해가 뜨자 구순과 소무의 군사가 엉켜 싸우는 합전合戰을 했다. 이때 풍이가 보낸 병사와 여러 현에서 징발한 병사들이 때맞춰 도착했다. 구순이 사졸들에게 성 위로 올라간 뒤 북을 치며 시끄럽게 떠드는 고조대鼓噪大를 하며 이같이 외치게 했다.

"유공劉公의 병사가 도착했다!"

소무의 군영은 이 말을 듣자 동요가 일기 시작했다. 구순이 이때를 틈타 분격奔擊해 소무의 군사를 대파했다. 풍이도 황하를 건너 주유를 치자 주유가 황급히 달아났다. 곧바로 추격에 나선 구순과 풍이는 낙양까지 갔다가 성을 한 바퀴 돌고 돌아갔다. 낙양이 진공震恐한 나머지 낮에도 성문을 닫아두었다.

풍이와 구순이 격문을 보내 전과戰果를 보고하자 제장들이 분분히 소왕 유수에게 축하하며 칭제稱帝할 것을 건의했다. 장군인 남양南陽 출신 마무馬武가 먼저 진언했다.

"지금 대왕은 비록 겸퇴謙退하고 있으나 종묘사직宗廟社稷을 장차 누구에게 내주려는 것입니까? 의당 먼저 존위尊位에 오른 뒤 정벌征伐을 논하는 게 타당합니다. 지금 경시제만 황제를 칭하고 있는 이런 상황에서 과연 누구를 도적이라고 지목한 뒤 말을 타고 질주하는 치무馳騖의 모습으로 공격하게 할 수 있겠습니까?"

소왕 유수가 놀라서 말했다.

"어찌하여 장군은 이같이 말하는 것이오? 목을 벨 수도 있소!"

그러고는 이내 군사를 이끌고 계현薊縣북경시 대흥현으로 돌아갔다. 이어 다시 오한吳漢으로 하여금 경엄耿弇과 경단景丹 등 13명의 장수를 이끌고 가 우래尤來 등을 추격하게 했다. 참수斬首한 자가 13,000여 명에 달했다. 마침내 도적들을 궁박窮追해 준미浚靡하북성 준화현까지 추격했다가 돌아왔다. 도적들이 요서遼西하북성 노룡현와 요동遼東요녕성 요양시 일대로 흩어져 들어갔다가 오한烏桓과 고구려 등의 맥족貊族에게 노략하며 공격하는 초격鈔擊을 당해 거의 모두 사라졌다.

도호장군都護將軍 가복賈復이 반란집단인 오교五校와 진정真定하북성 정정현에서 교전했다. 가복의 상창傷瘡이 매우 심각했다. 소왕 유수가 대경大驚했다.

"내가 가복에게 단독으로 군사를 거느리지 못하게 한 것은 그가 적을 가볍게 보기 때문이었소. 과연 나는 명장名將을 잃게 됐소! 듣건대 그의 부인이 임신을 했다고 하니 딸을 낳으면 내 아들을 장가보내고, 아들을 낳으면 내 딸을 시집보내도록 하겠소. 가복에게 그의 처자식에 관해 크게 걱정할 일이 없다고 전해주시오."

가복의 병세가 얼마 후 호전됐다. 소왕 유수를 뒤좇아 계현薊縣까지 오자 두 사람이 상견하며 매우 기뻐했다.

소왕 유수가 중산中山하북성 정현에 이르렀을 때 제장들이 다시 존호尊號를 올렸지만 또 들어주지 않았다. 남평극南平棘하북성 조현 남쪽에 이르자 제장들이 또다시 고청固請했으나 계속 들어주지 않았다. 얼마 후 제장들이 다시 사의辭意를 표하며 떠나려고 하자 경순耿純이 진언했다.

"천하의 사대부들이 친척과 이별하고 토양土壤을 버리면서 시석矢石이 날아드는 곳에서 대왕을 추종하고 있습니다. 그들의 계책은 실로 용의 비늘인 용린龍鱗에 올라타고 봉황의 날개인 봉익鳳翼에 붙는 이른바 반룡부봉攀龍附鳳을 통해 뜻한 바를 이루고자 하는 것입니다. 지금 대왕이 그대로 머무르며 저들의 뜻을 거스른 채 존호와 자리를 바르게 하지 않으면 저 경순은 저들 사대부들이 절망하고 계책이 궁해진 나머지 고향으로 돌아갈 생각을 하며 오랫동안 인내하지 못할까 두렵습니다. 대중大衆은 한번 흩어지면 다시 합치기가 어렵습니다."

경순의 진언이 심히 성실하고 간절했다. 소왕 유수가 크게 감동을 받아 이같이 대답했다.

"내가 장차 이 문제를 잘 생각해 보도록 하겠소."

행군을 하다가 호현鄗縣하북성 백향현에 이르러 풍이를 소견하면서 사방의 동정動靜을 물었다. 풍이가 대답했다.

"경시제는 필패必敗할 것입니다. 종묘사직의 앞날은 전적으로 대왕에게 달려 있습니다. 의당 중의衆議를 좇으십시오!"

마침 유생儒生 강화強華가 관중關中에서 도참서圖讖書인 『적복부赤伏符』를 갖고 와 이같이 유세했다.

"유수劉秀가 발병發兵하여 부도不道한 자를 잡으니, 사이四夷가 운집雲集하고 들에서 용투龍鬪가 빚어진다. 4·7의 시대인 이른바 사칠지제四七之際[206]에 화덕火德이 주인이 될 것이다."

군신들이 이를 계기로 다시 칭제를 주청奏請했다.

6월 22일, 소왕 유수가 호현의 남쪽에서 황제의 자리에 올랐다. 곧 건

---

206 사칠지제四七之際를 두고 이현李賢은 『후한서』「광무제기光武帝紀 상」의 주석에서 풀이하기를, "4·7은 28이다. 한고제 유방으로부터 유수가 기병을 할 때까지 총 228년이 된다. '사칠지제'는 이를 가리킨 것이다. 한나라는 화덕火德의 나라인 까닭에 '화덕'이 주인이 된다고 말한 것이다."라고 했다.

무建武로 개원改元하고, 천하에 대사령을 내렸다.

7) 등우鄧禹가 안읍安邑산서성 하현을 포위한 지 몇 달이 지나도록 함락시키지 못했다. 경시제 유현의 대장군 번참樊參이 수만 명의 군사를 이끌고 대양大陽산서성 평륙현을 건너와 등우를 공격하려 했다. 등우가 그를 해현解縣산서성 임진현 남쪽에서 영격해 참수했다. 신시병 출신 왕광王匡과 하강병 출신 성단成丹 및 유균劉均 등이 군사를 합치자 10여만 명에 달했다. 이들이 다시 합세해 등우를 공격했다. 등우의 군사가 불리했다.

6월 23일, 왕광 등이 육갑六甲을 따져보니 운세가 궁박한 궁일窮日[207]인 까닭에 출전하지 않았다. 덕분에 다시 병사들을 정비하는 치병治兵을 할 수 있었다.

6월 27일, 왕광이 모든 군사를 동원해 등우를 쳤다. 등우가 군중軍中에 명해 망동妄動을 하지 못하게 했다. 왕광의 군사가 군영 아래로 다가오자 이내 장령들에게 전령傳令을 보내 북을 치며 병진幷進하게 해 적을 대파했다. 왕광 등이 모두 달아났다. 등우가 곧바로 추격해 유균과 하동河東 태수 양보守楊寶의 목을 베었다. 마침내 하동 일대를 평정하자 왕광 등이 분주奔走해 장안으로 돌아갔다.

신시병 출신으로 경시제 유현에 의해 우위대장군衛尉大將軍에 임명된 장앙張卬이 제장들과 의논했다.

"적미가 단모旦暮로 출몰하니 경시제의 멸망을 볼 날이 멀지 않았소. 차라리 장안을 노략한 뒤 동쪽 남양으로 돌아가느니만 못하오. 만일 성사되지 않으면 다시 호지湖池로 돌아가 이전처럼 도적질을 하는 수밖에 없소!"

---

207 궁일窮日은 십간十干과 십이지十二支의 마지막 순번인 계癸와 해亥가 만난 계해癸亥일을 가리킨다. 당시 6월 23일이 '계해'에 해당한 까닭에 출정하지 않은 것이다.

그러고는 함께 들어가 경시제 유현에게 유세했다. 경시제가 대로해 대꾸하지 않자 감히 다시 말하는 자가 없었다. 경시제는 적미의 침공을 막기 위해 왕광王匡과 진목陳牧, 성단成丹, 조맹趙萌으로 하여금 신풍新豐섬서성 임동현에 군사를 배치하게 했다. 또 이송李松은 추성掫城섬서성 풍현 동쪽에 진을 치게 했다. 장앙張卬과 요잠廖湛, 호은胡殷, 신도건申屠建은 외효隗囂와 함께 모의했다. 입추 때 사냥으로 잡은 짐승을 종묘에 제사지내고 음식을 나눠먹는 이른바 추루貙膢를 이용해 경시제를 겁박하는 계책을 성사시키려 한 것이다.

그러나 경시제가 도중에 이를 알아차렸다. 이내 아프다는 핑계를 대고 밖으로 나오지 않은 채 장앙 등을 불러 모두 주살하려 했다. 오직 외효만 칭질稱疾하고 들어가지 않았다. 그는 마침 찾아온 빈객 왕준王遵과 주종周宗 등과 함께 군사를 정비하며 스스로를 지키고자 했다. 그 사이 경시제는 호의狐疑하며 결단하지 못했다. 장앙과 요담 및 호은은 낌새가 이상하자 변고가 있을 것으로 의심한 나머지 마침내 문득 밖으로 나갔다. 다만 신도건만이 눈치를 채지 못한 채 그 자리에 남아 있었다. 경시제가 신도건의 목을 베었다. 이어 집금오執金吾 등엽鄧曄을 시켜 군사를 이끌고가 외효의 집을 포위하게 했다. 장앙과 요담 및 호은이 군사를 지휘해 궁문을 태운 뒤 궁 안으로 들어가 싸웠다. 경시제가 대패했다. 외효 또한 포위를 뚫고 달아나 근거지인 천수天水감숙성 통위현로 돌아갔다.

다음날 아침인 명단明旦, 경시제 유현이 동쪽으로 달아나 신풍新豐에 있는 조맹趙萌에게 갔다. 이어 왕광과 진목, 성단, 장앙 등이 다시 공모할까 의심해 함께 불러들였다. 진목과 성단이 먼저 도착했다. 경시제가 곧바로 그들의 목을 베었다. 왕광이 두려워한 나머지 병사를 이끌고 장안으로 들어가 장앙 등과 합세했다.

8) 적미가 진격해 화음華陰섬서성 화음현에 이르렀다. 군대를 따라다니며

늘 북을 치고 춤을 추는 제齊나라 출신 무격巫覡이 있었다. 그는 여씨呂氏를 몰아내는 데 큰 공을 세운 성양경왕城陽景王 유장劉章에게 제사를 지내며 이런 광언狂言을 했다.

"성양경왕이 대로해 말하기를, '의당 천자인 현관縣官이 되어야지, 어찌하여 도적이 되려 하는가!'라고 했다."

무격을 비웃는 자가 번번이 병이 나자 군중軍中이 경동驚動했다. 방망方望의 동생 방양方陽이 적미의 우두머리인 번숭樊崇 등에게 유세했다.

"지금 장군은 100만 명의 무리를 이끌며 서쪽으로 황제가 있는 도성을 향하고 있습니다. 그런데도 아무런 칭호도 없어 여러 도적인 군적群賊 가운데 하나가 되고 말았습니다. 이같이 해서는 오래 갈 수 없습니다. 유씨 종실 가운데 한 사람을 세우느니만 못합니다. 그를 옆에 낀 채 의리를 내세우며 거스르는 자를 토벌하는 협의주벌挾義誅伐을 하며 호령號令을 발하면 누가 감히 좇지 않겠습니까?"

번숭 등이 이에 동조했다. 이때 무격의 광언이 더욱 격해졌다. 정현鄭縣섬서성 화현에 이르자 번숭 등이 서로 모여 상의했다.

"지금 장안에 박근迫近했다. 귀신의 뜻도 이처럼 명확하니 의당 유씨를 찾아내 함께 존립尊立하도록 하자."

이에 앞서 적미는 식현式縣산동성 자양현을 지나면서 예전의 식후式侯 유맹劉萌의 아들 유공劉恭과 유무劉茂 및 유분자劉盆子 3명을 겁박해 군대의 병사로 만든 바 있다. 유공은 어렸을 때 『상서尚書』를 익혔다. 번숭 등을 따르다가 낙양에서 경시제에게 항복했을 때 다시 식후로 책봉된 뒤 시중이 되어 장안에 머물렀다. 유무와 유분자는 군중에 있다가 우교졸사右校卒史 유협경劉俠卿 밑에 소속돼 소를 기르는 일을 주관했다.

번숭 등이 황제를 세우기 위해 군중에서 성양경왕 유장의 후예를 찾아보았다. 모두 70여 명에 달했다. 오직 유무와 유분자 및 옛 서안후西安侯

유효劉孝가 가장 가까운 친속에 해당했다. 번숭 등이 말했다.

"내가 듣건대 옛날에는 천자가 병사를 거느리면 상장군上將軍을 칭한다고 했다."

이내 목찰木札에 '상장군' 3자를 써 부명符命으로 삼은 뒤 2개의 비어 있는 목찰인 공찰空札과 함께 대나무 상자인 죽사竹笥 안에 넣었다. 이어 정현鄭縣의 북쪽에 단壇을 만들어 성양경양에게 제사를 지냈다. 적미 가운데 가장 높은 삼로三老와 종사從事가 모두 모였다. 유분자 등 3인을 중간에 서게 한 뒤 연차年次대로 간찰을 집게 했다. 유분자가 가장 나이가 어린 까닭에 마지막을 집으면서 '대장군'이라고 쓴 부명을 얻었다. 제장들이 모두 칭신稱臣하며 절을 올렸다. 유분자는 당시 15세였다. 마구 풀어져 내린 산발머리에 맨발을 한 피발도선被髮徒跣과 낡은 옷을 걸치고 붉은 얼굴이 온통 땀에 젖은 폐의자한敝衣赭汗의 모습이었다. 여러 사람들이 절하는 모습을 보고는 두려운 나머지 울먹거렸다. 유무가 말했다.

"그 부명을 잘 간직해 두어라!"

유분자는 오히려 부명을 물어뜯어 꺾는 설절齧折을 한 뒤 내던져 버렸다. 서선徐宣이 승상, 번숭樊崇이 어사대부御史大夫, 봉안逢安이 좌대사마左大司馬, 사록謝祿이 우대사마右大司馬가 됐다. 나머지는 모두 경卿과 장군將軍의 반열에 올랐다. 유분자는 비록 황제의 자리에 올랐지만 오히려 조석으로 목우牧牛를 총괄하는 우교졸사右校卒史 유협경劉俠卿에게 절을 했고, 때로는 밖으로 나가 목아牧兒들과 놀려고 했다. 유경협이 화를 내며 이를 막았으나 번숭 등도 다시는 문후問候하기 위해 찾아오는 일이 없었다.

9) 가을 7월 5일, 황제의 자리에 오른 광무제光武帝 유수가 2천석 이하의 관원을 죽일 수 있는 권한을 지닌 사지절使持節의 사자를 보내 등우鄧禹를 대사도에 제수한 뒤 찬후酇侯호북성 광화현에 봉하고, 식읍食邑으로 1

만 호戶를 내렸다. 당시 등우의 나이는 24세였다. 이어 유수는 대사공 선발을 논의하는 자리에서 참위서讖緯書인 『적복부赤伏符』에 나오는 '왕량주위작현무王梁主衛作玄武'[208] 구절을 좇아 7월 11일에 야왕野王 현령 왕량王梁을 대사공으로 삼았다. 또 참위서에 나오는 글귀인 참문讖文을 근거로 평적장군平狄將軍 손함孫咸을 임시직인 행대사마行大司馬로 삼으려 했으나 여러 사람들이 기뻐하지 않았다.

7월 16일, 오한吳漢을 대사마로 삼았다.

당초 경시제 유현은 낭야琅邪산동성 제성현 출신 복잠伏湛을 평원平原산동성 평원현 태수로 삼은 바 있다. 그는 천하가 소란해 각지에서 분분히 기병할 때 홀로 안연晏然한 자세로 백성들을 다독이며 위로하는 무순撫循을 행했다. 이후 휘하의 속관인 문하독門下督[209]이 복잠을 위해 기병을 모의하자 곧바로 붙잡아들여 목을 베었다. 이민吏民이 그에게 신뢰를 보낸 이유다. 덕분에 평원군 일대는 복잠을 의지하며 온전할 수 있었다.

광무제 유수가 복잠을 징소徵召해 상서尙書로 삼고, 구제舊制를 정비하게 했다. 또 등우가 서쪽을 정벌하는 서정西征에 나서자 복잠을 부재상에 해당하는 사직司直에 임명한 뒤 행대사도사行大司徒事의 직무를 맡게 했다. 그는 유수를 태운 거가車駕가 정벌征伐을 위해 출성出城할 때마다 늘

208 왕량주위작현무王梁主衛作玄武 구절은 왕량王梁이 위衛나라 땅을 주관해 현무玄武를 만든다는 의미이다. 대사공은 수토水土를 관장하는 직책이고, 현무는 수신水神인 까닭에 '하내군河內郡'과 속현屬縣인 야왕현 현령 왕량의 '양梁'자에 주목한 듯하다. 당시 도참圖讖이 기승을 부린 까닭에 이런 황당한 일이 벌어진 것이다. 왕망이 신나라를 세우고, 유수가 후한의 창업주가 된 것도 이런 도참 풍조와 밀접한 관련이 있다.

209 문하독門下督은 한汉나라와 위魏나라 및 서진西晋 당시 각 군郡의 태수와 봉국封國의 승상인 수상守相 휘하의 속리屬吏를 말한다. 정식명칭은 '문하독도적门下督盗贼'이다. '문하독' 내지 '독도督盗', '독도적督盗贼', '장하독帐下督' 등으로 약칭됐다. 병위兵卫를 주관하면서 순찰巡察을 비롯해 수상의 출행 때 앞뒤로 거마를 인도하거나 수종하는 이른바 도종导从 등의 업무에 종사했다.

성에 남아 진수鎮守했다.

10) 등우는 분음汾陰산서성 영하현에서 황하를 건너 하양夏陽섬서성 한성현으로 들어갔다. 경시제 유현의 좌보도위左輔都尉 공승흡公乘歙이 무리 10만여 명을 이끌고 좌풍익左馮翊의 군사와 합세해 아현衙縣섬서성 백수현 동북쪽에서 등우에게 저항했다. 등우가 다시 그들을 격파해 패주시켰다.

우교졸사右校卒史 유협경劉俠卿 밑에 소속돼 소를 기르던 종실 유무劉茂가 경현京縣하남성 형양현 동남쪽과 밀현密縣하남성 밀현 사이에 무리를 모은 뒤 기도를 하여 액운을 때우며 신나라에 승리를 거두는 엽승을 거뒀다는 취지에서 엽신장군厭新將軍을 자칭했다. 잇달아 영헌潁川하남성 우현과 여남汝南하남성 여남현을 공략했다. 무리가 10여만 명에 달했다. 광무제 유수가 표기대장군驃騎大將軍 경단景丹과 건위대장군建威大將軍 경엄耿弇, 강노장군強弩將軍 진준陳俊을 시켜 이들을 공격하게 했다. 유무가 와서 항복하자 중산왕中山王에 봉했다.

11) 7월 29일, 광무제 유수가 회현懷縣하남성 무척현에 행차한 뒤 경엄과 진준을 파견해 나루터인 오사진五社津하남성 공현 북쪽에 진을 치고 형양滎陽하남성 형양 이동以東을 방비하게 했다. 또 오한을 시켜 건의대장군建義大將軍 주호朱祜 등 11명의 장군을 이끌고 가 낙양에서 주유朱鮪를 포위하게 했다.

8월, 광무제 유수가 하양河陽하남성 맹현까지 행차했다.

12) 경시제 유현 휘하의 이송李松이 추성掫城에서 병사를 이끌고 돌아온 뒤 경시제를 좇아 조맹趙萌과 함께 신시병 출신인 왕광王匡과 하강병 출신인 장앙張卬을 장안에서 공격했다. 1달 넘게 싸우자 왕광 등이 패주했다. 경시제 유현이 장신궁長信宮으로 옮겨가 살았다.

적미가 고릉高陵섬서성 고릉현에 이르자 왕광과 장앙 등이 군사를 이끌고 가 투항했다. 마침내 이들과 함께 장안성의 동도문東都門으로 진공했다.

이송이 영격迎擊을 위해 출전하자 적미가 이송을 생포했다. 성문교위城門校尉로 있던 이송의 동생 이황李況이 성문을 열고 적미를 맞아들였다.

9월, 적미가 장안에 입성했다. 경시제 유현이 단기單騎로 내달려 주성문廚城門을 통해 밖으로 나갔다. 식후式侯 유공劉恭은 적미가 자신의 동생 유분자를 황제로 세우자 스스로 수금囚禁돼 조옥詔獄에 계류된 바 있다. 그는 경시제 유현이 패주했다는 소식을 듣고 출옥한 뒤 정도왕定陶王 유지劉祉에게 갔다. 유지가 그를 위해 형구刑具를 벗겨준 뒤 함께 경시제를 좇아 위수의 강변인 위빈渭濱으로 갔다.

우보도위右輔都尉 엄본嚴本은 경시제 유현을 잃을 경우 적미가 자신을 주살할까 두려운 나머지 곧바로 경시제를 데리고 고릉高陵으로 갔다. 엄본이 병사를 이끌고 숙위宿衛했으나 실제로는 그를 포위한 것이나 다름없었다. 경시제의 휘하 장상將相들이 모두 적미에게 항복했다. 다만 승상 조경曹竟만은 홀로 항복하지 않은 채 손에 칼을 쥐고 격투하다가 죽었다.

13) 9월 6일, 광무제 유수가 조서를 내려 경시제 유현을 회양왕淮陽王에 봉한다고 밝혔다. 이어 이민吏民이 감히 적해賊害를 가할 경우 대역죄로 다스리고, 그를 관원에게 데려오는 자는 열후列侯에 봉하겠다고 선언했다.

14) 당초 완현宛縣하남성 남양시 출신 탁무卓茂는 너그럽고 공손하며 사람을 아끼는 관인공애寬仁恭愛와 성정이 담백하고 도를 즐기는 염탕락도恬蕩樂道의 모습을 보였다. 우아하고 박실樸實한 까닭에 부화浮華한 외모를 멀리했다. 맑지도 탁하지도 않은 청탁지간清濁之間에서 움직이면서, 머리를 묶는 속발束髮의 동자童子 시절부터 흰머리인 백수白首의 노년에 이르기까지 일찍이 남과 싸우며 다투는 쟁경爭競을 한 적이 없었다. 향당鄉黨의 옛 친구인 고구故舊 모두 비록 탁무처럼 행보할 수는 없었지만 그를 애모愛慕하며 기꺼이 승복하는 흔흔欣欣의 모습을 보였다.

한애제와 한평제의 치세 때 밀현密縣하남성 밀현의 현령을 지내면서 백성을 자식처럼 돌보는 시민여자視民如子, 선한 사람을 드러내 교육하는 거선이교擧善而教, 입 밖으로 험담을 하지 않는 구무악언口無惡言을 실천했다. 이민吏民이 모두 그를 친애親愛하며 차마 속이지 못했다. 일찍이 탁무의 휘하 정장亭長 가운데 백성이 바친 미육米肉을 곧바로 수령한 자가 있다는 고발이 있었다. 탁무가 고발한 자에게 물었다.

"정장이 너에게 요구한 것인가? 아니면 네가 부탁한 일이 있어 받은 것인가? 그것도 아니면 평시에 입은 은혜에 보답하기 위해 보낸 것인가?"

고발한 백성이 대답했다.

"제가 직접 가서 준 것일 뿐입니다."

탁무가 말했다.

"직접 건네준 것이어서 그가 받았다면 왜 이런 말을 한 것인가?"

백성이 대답했다.

"제가 듣건대, '현명한 군주는 백성들이 관원을 무서워하지 않게 만들고, 관원이 백성의 재물을 빼앗지 못하도록 만든다'고 했습니다. 지금 저는 관원을 두려워한 까닭에 물건을 보낸 것입니다. 관원이 끝내 수령한 까닭에 이를 고하게 된 것입니다."

탁무가 말했다.

"너는 피폐한 백성인 폐민敝民이다! 무릇 사람이 군거群居하면서도 어지럽지 않고 금수禽獸와 다른 것은 인의仁愛와 예의禮義를 갖고 서로 존경하고 섬기는 경사敬事를 할 줄 알기 때문이다. 너 홀로 이를 닦으려 하지도 않은 채 높고 멀리 날아서 달아나는 고비원주高飛遠走를 하여 인간人間 세계에 있으려 하지 않는 것인가! 관원이 생각할 것은 의당 위력威力을 이용해 강청強請하는 것을 금하고 있다는 사실 뿐이다. 정장은 평소 선리善吏의 모습을 보인 인물이다. 세시歲時에 이런 물건을 갖다 주는 것은 예禮에 해당한다."

백성이 물었다.

"실로 이와 같다면 법률은 왜 그런 일을 금하는 것입니까?"

탁무가 웃으며 말했다.

"법률은 큰 원칙인 대법大法을 세워놓은 것이고 예禮는 인정人情에 순응하는 것이다. 지금 내가 예를 가지고 너를 가르치면 너는 틀림없이 미워하고 원망하는 원오怨惡를 하지 않을 것이다. 그러나 내가 너를 법률로 다스리면 너는 어찌해야 할 바를 모를 것이다! 이와 같은 사안도 작을 경우 논죄論罪하여 다스리나, 클 경우 사형까지 내릴 수 있다. 너는 집으로 돌아가서 이를 잘 생각해 보도록 하라."

당초 탁무가 밀현에 당도했을 때 모든 사안을 다스리지도 않은 채 그대로 방치하는 폐치廢置를 했다. 이민吏民들이 비웃었다. 인근 현성縣城도 그가 일을 처리할 줄 모른다고 비웃었다. 하남군河南郡하남성 낙양시이 속현인 밀현을 위해 별도의 수령守令을 두어 탁무와 함께 일을 처리하게 했다. 탁무는 전혀 꺼리지 않은 채 이전처럼 일을 처리했다. 몇 년 뒤 교화가 크게 행해졌다. 길에 떨어진 물건이 있어도 줍지 않는 도불습유道不拾遺의 모습이 빚어졌다. 그가 대사농 휘하의 사례부승司隸部丞인 경부승京部丞으로 승진하는 우천右遷을 하게 되자 밀현 사람들이 노소를 막론하고 모두 좇아와 체읍涕泣하며 환송했다. 이후 왕망이 섭정하자 칭병하여 사직한 뒤 고향으로 돌아갔다.

광무제 유수는 즉위하자마자 먼저 탁문을 탐문하여 찾아냈다. 당시 그의 나이는 70여 세였다. 9월 19일에 조서를 내려 이같이 말했다.

"무릇 명예는 천하의 으뜸이니 의당 천하의 중상重賞을 받아야 한다. 이제 탁무를 태부太傅로 삼고, 포덕후褒德侯에 봉한다."

신 사마광은 평한다.

"공자가 『논어』에서 말하기를, '경충敬忠에 능한 자를 발탁해 능하지 못한 자를 가르치게 하면 백성들 모두 일에 힘쓸 것이다'[210]라고 했다. 공자의 제자 자하子夏가 '순임금이 고요皐陶, 탕왕湯王이 이윤伊尹을 천거하자 불인不仁한 자가 멀리 사라졌다'[211]고 언급한 것은 바로 이 때문이다. 모두 유덕有德으로 인한 것이다. 광무제 유수가 즉위한 초기에 군웅들이 경쟁하며 뒤를 쫓는 경축競逐을 하고, 사해四海가 끓는 물처럼 정비鼎沸했다. 강적을 꺾고 적진을 무너뜨리는 최견함적摧堅陷敵을 하는 자와 권략權略으로 웅변을 늘어놓는 선비인 궤변지사詭辯之士가 바야흐로 세상에서 중시된 배경이다. 이 와중에 유독 광무제만이 충후지신忠厚之臣을 취하고, 선량한 관원인 순량지리循良之吏를 표창하고, 미미한 민간 신분인 초래지중草萊之中에서 인재를 발탁해 군공群公의 우두머리에 앉힐 수 있었다. 광무제가 옛 한나라 왕실인 구물舊物을 광복光復해 장구하게 왕조를 유지하도록 만든 배경이다. 대략 먼저 힘써야 할 선무先務를 깊이 알아 그 본원本原을 얻은 덕분이라고 하겠다."

15) 광무제 유수의 제장들이 낙양을 포위한 지 몇 달이 지났으나, 주유朱鮪가 견수堅守한 까닭에 함락시키지 못한 것이다. 광무제는 정위廷尉

---

210 원문은 '거선이교불능擧善而教不能, 즉권則勸'이다. 『논어』「위정」에서 인용한 것이다. 이에 따르면 노나라의 실권자 계강자季康子가 공자에게 백성들을 경충敬忠의 자세로 열심히 일하게 만들 수 있는 방안을 물었다. 공자가 대답하기를, "사람을 대할 때 장중하게 하면 공경스럽고, 효도하고 자애하면 충성스러워집니다. 경충에 능한 자를 발탁해 능하지 못한 자를 가르치게 하면 백성들 모두 일에 힘쓸 것입니다."라고 했다.

211 원문은 '시이순거고요是以舜擧皐陶, 탕거이윤湯擧伊尹, 이불인자원而不仁者遠'이다. 『논어』「안연」의 구절을 요약한 것이다. 이에 따르면 공자가 말한 애인愛人과 지인知人의 뜻을 제대로 알지 못한 번지樊遲가 자하에게 묻자 자하가 대답하기를, "순임금이 천하를 다스릴 때 무리에서 고요皐陶를 발탁해 쓰자 불인不仁한 자들이 멀리 사라졌고, 탕왕이 천하를 다스릴 때 무리에서 이윤伊尹을 발탁해 쓰자 불인한 자들이 멀리 사라졌다."고 했다.

잠팽岑彭이 일찍이 주유 밑에서 교위校尉를 지낸 점에 주목해 그로 하여금 가서 주유를 설득하게 했다. 주유가 성벽 위에 올라가 있었다. 잠팽이 성 아래서 성패成敗에 관해 진술했다. 주유가 말했다.

"전에 대사도였던 유연劉縯이 피해를 입었을 때 나 주유는 그들과 더불어 모의를 했다. 또 경시제에게 간해 소왕蕭王 유수를 북벌北伐에 내세우지 못하게 했다. 실로 내 죄가 깊다는 것을 알고 있다. 감히 항복하지 못하는 이유다!"

잠팽이 돌아와 광무제 유수에게 모든 얘기를 소상히 전했다. 광무제가 말했다.

"대사大事를 거행하는 자는 작은 원한인 소원小怨을 꺼리지 않는 법이오. 주유가 이제 항복을 하면 관작官爵도 그대로 보전할 수 있는데 하물며 벌을 내릴 수 있겠는가! 하수河水가 여기에 있는데 내가 어찌 식언食言을 하겠는가!"

잠팽이 다시 가서 주유에게 이를 알렸다. 주유가 성벽 위에서 줄을 아래로 내려 보내면서 말했다.

"반드시 믿게 하려거든 이 줄을 타고 올라오시오."

잠팽이 줄이 있는 곳으로 가서 올라가려고 했다. 주유가 잠팽의 성의를 보고는 곧바로 항복을 허락했다.

9월 26일, 주유가 항복의 표시로 손을 묶는 면박面縛[212]을 한 채 잠팽

---

212 면박面縛을 두고 두 손을 가슴 앞으로 해 묶는다는 설과 등 뒤로 묶는다는 설이 대립한다. 『춘추좌전』「노희공 6년」조에 나오는 면박함옥面縛銜玉 성어를 인용한 것이다. 함옥銜玉은 입에 구슬을 무는 것으로 죽은 자와 다름없음을 상징한다. 『사기』「송미자세가」는 육단면박肉袒面縛으로 표현해 놓았다. 육단肉袒은 항복 내지 사죄의 표시로 윗옷의 한쪽을 벗어 상체의 일부를 드러내는 것을 말한다. 통상 육단한 채 양을 끌고 가며 신하가 되겠다는 뜻을 나타내는 육단견양肉袒牽羊, 육단한 채 등에 형장荊杖을 지고 가 사죄하겠다는 뜻을 나타내는 육단부형肉袒負荊 성어가 자주 사용된다.

과 함께 하양河陽하남성 맹현으로 갔다. 광무제 유수가 그의 면박을 풀어준 뒤 소견召見했다. 다시 잠팽으로 하여금 그를 밤에 호송하여 귀성歸城하게 했다. 다음날 아침인 명단明旦, 주유가 소무蘇茂 등과 함께 휘하의 무리를 모두 데리고 나와 항복했다. 주유를 평적장군平狄將軍으로 삼고 부구후扶溝侯에 봉했다. 그는 이후 궁중 물품의 조달 책임자인 소부少府가 됐고, 책봉된 작위는 누대에 걸쳐 전해졌다.

광무제 유수는 시어사侍御史인 하내河內 출신 두시杜詩로 하여금 낙양을 편히 다스리는 안집安集을 하게 했다. 장군 소광蕭廣이 평사들을 멋대로 풀어 횡포를 부리자 두시가 일깨워 경계했으나 고치지 않았다. 마침내 소광을 격살格殺한 뒤 돌아와 보고했다. 광무제 유수가 소견한 뒤 관원이 출행할 때 비단으로 감싸는 의장용 창인 계극棨戟을 하사하고, 마침내 과감히 발탁해 임용하는 탁임擢任을 했다.

겨울 10월 10일, 광무제 유수의 거가車駕가 낙양으로 들어가 남궁南宮으로 갔다. 드디어 낙양을 도읍으로 정했다.

16) 적미가 성공聖公을 자字로 하는 경시제 유현을 대상으로 이같이 하서下書했다.

"성공聖公이 항복하면 장사왕長沙王으로 책봉할 것이다. 20일을 넘기면 받아들이지 않을 것이다."

우보도위右輔都尉 엄본嚴本에 의해 사실상 연금 상태에 있던 경시제 유현은 달리 선택할 길이 없어 곧 유공劉恭을 파견해 청항請降했다. 적미는 유분자에 의해 우대사마右大司馬에 임명된 사록謝祿으로 하여금 가서 경시제의 투항을 받아들이게 했다. 경시제가 사록을 좇아 윗도리를 벗어 항복을 뜻하는 육단肉袒의 의식을 행하고, 옥새와 인수를 유분자에게 바쳤다. 적미의 장령들은 경시제 유현을 정중庭中에 앉힌 뒤 살해하려 했다. 유공과 사록이 살려줄 것을 청했으나 허락을 받지 못했다. 마침내 경시제를 끌고 밖으로 나가자 유공이 뒤따라가며 소리쳤다.

"신은 실로 모든 노력을 다했습니다. 청컨대 먼저 죽게 해주십시오!"

그러고는 이내 칼을 뽑아 스스로 목을 치는 발검자문拔劍自刎을 하고자 했다. 번숭樊崇 등이 급히 달려와 자문自刎을 중지시킴으로써 목숨을 살려냈다. 이에 경시제 유현을 사면한 뒤 외위후畏威侯에 봉했다. 유공이 다시 굳게 청하는 고청固請을 하여 끝내 유현을 약속대로 장사왕長沙王에 봉하게 만들었다. 경시제 유현이 늘 사록에 의지해 생활했다. 유공도 그를 옹호擁護했다.

17) 유분자가 장안의 장락궁長樂宮에 살게 됐다. 경조京兆와 좌풍익左馮翊 및 우부풍右扶風의 삼보三輔 일대 군현과 주변에 할거한 각 군영의 호걸들이 분분히 사자를 파견해 공물을 바치는 공헌貢獻을 했다. 병사들이 번번이 이를 강제로 빼앗는 표탈剽奪을 했고, 자주 이민吏民을 폭행하거나 약탈하는 폭략暴掠을 했다. 이민이 모두 다시 자신의 영채로 돌아가 고수固守한 이유다.

삼보의 백성들은 누구에게 귀부해야 할지 알 길이 없었다. 도중에 등우가 승승乘勝하여 홀로 승리를 거두며 병사들의 군기 또한 엄명하다는 얘기를 듣게 됐다. 모두 그의 명성을 듣고는 서로 노인을 부추기고 아이를 업는 휴부攜負의 모습으로 거리로 나가 등우의 군사를 영접했다. 항복하는 자가 하루에도 1,000명 단위를 헤아리게 됐다. 무리들은 스스로 100만 명을 칭했다.

등우는 머무는 곳에서 번번이 수레를 세운 뒤 부절符節을 걸어놓고, 귀순한 자들을 위로했다. 향리의 어른인 부로父老와 어린아이인 동치童稚, 머리를 늘어뜨린 수발垂髮의 동자, 흰머리가 섞여 있는 대백戴白의 노인들이 그의 수레 아래를 가득 메웠다. 기쁨을 느끼지 않는 자가 없었다. 그의 명성이 함곡관 서쪽인 관서關西 일대를 진동시킨 이유다.

제장과 호걸들 모두 등우에게 지름길로 나아가 장안을 칠 것을 권했다. 등우가 말했다.

"그렇지 않소. 지금 우리 무리는 비록 숫자가 많기는 하나 싸울 수 있는 사람이 매우 적소. 앞으로는 바랄만한 적곡積穀이 없고, 뒤로는 우리에게 공급해 줄 물자도 없소. 이에 대해 적미는 새로이 장안을 함락시켜 재곡財穀이 충실하고, 예리한 칼날인 봉예鋒銳도 당할 길이 없소. 무릇 도적들이 군거群居하며 단 하루 동안의 계책인 종일지계終日之計도 없게 되오. 재곡이 비록 많을지라도 변고變故에는 1만 가지의 실마리인 만단萬端이 있게 마련이니, 어찌 능히 오랫동안 견수堅守할 수 있겠소! 상군上郡섬서성 수덕현, 북지北地감숙성 환현, 안정安定감숙성 고원현 등 3개 군은 땅이 넓고 인구가 희박한 토광인희土廣人稀와 곡식이 풍요하고 가축이 많은 요곡다축饒穀多畜의 모습을 하고 있소. 나는 잠시 병사들을 북쪽으로 이끌고 가 휴식시키고 이내 곡식이 있는 곳으로 나아가 병사들을 양육하는 취량양사就糧養士를 하면서 적미가 피폐해질 때를 살피면 가히 도모할 수 있다고 보오."

이에 군사를 이끌고 북상해 순읍栒邑섬서성 순읍현에 도착했다. 이르는 곳마다 모든 군영과 군읍郡邑을 지키는 자들이 기꺼이 문을 열고 귀부했다.

18) 광무제 유수가 잠팽을 파견해 형주荊州 일대의 군적群賊을 치고 주현犨縣하남성 노산현과 섭현葉縣하남성 섭현 등 10여 개 성읍을 공략하게 했다.

19) 11월 30일, 광무제가 회현懷縣하남성 무척현으로 행차했다.

20) 양왕梁王 유영劉永이 수양睢陽하남성 상구시에서 칭제했다.

21) 12월 11일, 광무제가 낙양으로 돌아왔다.

22) 삼보三輔 일대는 적미의 포학한 짓으로 고통을 겪었다. 모두 경시제 유현을 가련하게 생각해 몰래 빼오고자 했다. 장앙張卬 등은 전에 경

시제를 공격한 일로 인해 경시제가 다시 즉위하면 화가 있을 것으로 걱정한 나머지 사록謝祿으로 하여금 유현을 목매달아 죽이는 액살縊殺을 하도록 했다. 유공劉恭이 밤에 그곳으로 가서 그의 시체를 거둬 감춰두었다. 광무제 유수가 등우에게 조서를 내려 한문제의 능이 있는 패릉霸陵 주변에 장사지내게 했다.

경시제에 의해 중랑장에 임명된 완현宛縣 출신 조희趙熹가 장차 무관武關섬서성 상현 경계을 나가려고 할 때 길에서 경시제의 친척을 만났다. 모두 맨발에 주린 모습을 하고 있었다. 조희가 자신의 물자와 양식인 자량資糧을 꺼내 그들에게 준 뒤 호송하며 앞으로 나아갔다. 완왕宛王 유사劉賜가 이 소문을 듣고는 그들을 영접해 고향으로 돌아가게 했다.

23) 외효隗囂가 천수天水감숙성 통위현로 돌아와 다시 무리들을 불러 모으고 옛 사업을 일으켜 닦으면서 스스로 서주상장군西州上將軍을 칭했다. 삼조三輔의 사대부 가운데 피란避亂을 간 자들은 대부분 외효에게 귀부했고, 외효는 몸을 굽혀 이들을 인접引接하며 포의布衣의 입장에서 사귀었다.

평릉平陵섬서성 함양현 동북쪽 출신 범준范逡을 사우師友로 삼고, 전에 양주涼州감숙성 일대 자사刺史를 지낸 하남河南하남성 무척현 출신 정흥鄭興을 좨주祭酒, 무릉茂陵섬서성 흥평현 출신 신도강申屠剛과 두림杜林을 치서治書로 삼았다. 마원馬援을 수덕장군綏德將軍으로 삼았다. 또 양광楊廣과 왕준王遵, 주종周宗과 평양平襄감숙성 통위현 출신 행순行巡, 아양阿陽산서성 진성현 경계 출신 왕첩王捷, 장릉長陵섬서성 함평현 경계 출신 왕원王元을 대장군大將軍으로 삼았다. 안릉安陵섬서성 서안시 서북쪽 출신 반표班彪의 무리는 빈객이 됐다. 명성이 서주西州감숙성 동부 일대에 널리 퍼졌고, 심지어 산동山東까지 소문이 났다

마원은 어린 시절 집안이 넉넉지 못해 형 마황馬況에게 변경의 군郡으

로 농사 또는 목축을 하는 전목田牧을 하러 가겠다고 말했다. 마황이 말했다.

"너는 대재大才를 지니고 있어 의당 대기만성大器晩成을 할 것이다. 뛰어난 옥장玉匠은 사람들에게 조탁雕琢하지 않은 박옥璞玉을 보여주지 않고, 자신이 좋아하는 바를 좇아 만들고 싶어 하는 모습대로 옥석을 조탁하는 법이다."

마침내 북지北地감숙성 환현으로 가서 전목田牧을 했다. 그는 늘 빈객에게 이같이 말했다.

"장부丈夫가 뜻을 이루기 위해서는 가난할지라도 의당 더욱 굳건한 익견益堅, 늙었을지라도 더욱 힘을 내는 익장益壯의 모습을 보여야 한다."

이후 가축 수천 두頭와 곡식 수만 곡斛을 갖게 되자 이같이 탄식했다.

"무릇 재산을 불리려면 그것을 능히 남에게 베푸는 것을 귀하게 여겨야 한다. 그렇지 않으면 수전로守錢虜[213]일 뿐이다!"

이내 가지고 있는 가축과 곡식을 모두 친구親舊에게 나눠 주었다. 외효가 선비를 좋아한다는 소문을 듣고 그를 찾아갔다. 외효가 그를 경중敬重하며 함께 계획과 정책인 주책籌策을 결정했다. 반표班彪는 반치班稚의 아들이다.

24) 당초 평릉平陵섬서성 함양현 동북쪽 출신 두융竇融은 누세累世에 걸쳐 하서河西에서 벼슬살이를 하는 사환仕宦을 했다. 그 지역의 풍속을 잘 알았다. 경시제가 임명한 우대사마 조맹趙萌과 친하게 지냈다. 그가 사적으로 형제들에게 말했다.

---

213 수전로守錢虜는 『후한서』「마원전馬援傳」에 나오는 용어로, 돈을 모을 줄만 알고 도무지 쓰지 않는 자를 가리킨다. 송대 황정견黃庭堅의 「사휴거사시四休居士詩」 3수首 가운데 2번째 시에 나오는 수전노守錢奴와 같은 말이다.

"천하의 안위安危는 알 길이 없다. 그러나 하서 지역은 은부殷富하고, 황하를 끼고 있어 방위하는 데 견고하고, 장액속국張掖屬國의 정병精兵은 1만 기騎에 달하고, 일단 완급緩急의 사태가 빚어질 경우 황하의 나루인 하진河津을 두절杜絶하면 족히 자수自守할 수 있다. 이곳이 우리 종족을 살아남게 할 지역이다!"

이내 조맹을 통해 하서 지역 발령을 청했다. 조맹이 경시제에게 두융을 천거해 장액속국의 도위가 되도록 했다. 두융이 도착한 뒤 지역의 웅걸雄桀을 다독이며 교결交結하고, 강족羌族을 품에 안고 감싸는 회집懷輯으로 환심歡心을 샀다. 당시 주천酒泉 태수인 안정安定감숙성 고원현 출신 양통梁統, 금성金城감숙성 난주시 태수 고균庫鈞, 장액도위張掖都尉인 무릉茂陵섬서성 흥평현 출신 사포史苞, 주천도위酒泉都尉 축증竺曾, 돈황도위敦煌都尉 신융辛肜 모두 주군州郡에서 영웅호걸인 영준英俊으로 통했다. 두융이 이들을 매우 후하게 잘 대우해준 이유다. 경시제가 패망하자 두융과 양통 등이 계책을 논의했다.

"지금 천하가 요란擾亂해 어디로 귀부해야 할지 모르겠소. 하서河西 일대는 강족과 호족 사이에서 외부와 두절돼 있소. 한마음으로 힘을 다하는 동심육력同心戮力을 하지 않으면 스스로 지키는 자수自守가 불가능하오. 게다가 갖고 있는 권력과 힘이 비슷한 권균역제權鈞力齊의 상태로 인해 누구도 다른 사람을 통솔할 수가 없소. 의당 한 사람을 천거해 대장군으로 삼고, 함께 하서 일대에 있는 우리 5군五郡[214]을 온전히 보존하면서

214 이른바 하서5군河西五郡을 지칭한다. 한무제 때 설치한 주천酒泉과 장액張掖, 돈황敦煌, 무위武威 등 '하서4군河西四郡' 위에 한소제 때 증설한 금성金城을 합쳐 '하서5군'이라 불렀다. 황하가 난주蘭州에서 북쪽으로 흘러가면 이른바 하서주랑河西柱廊으로 불리는 긴 협곡지대를 형성하고 있다. 한무제 때 흉노의 혼야왕이 중국에 항복하며 바친 땅이다. '하서5군'은 바로 '하서주랑'에 자리 잡고 있었다.

시변時變을 지켜보도록 합시다."

의론이 정해지자 각자 겸양했다. 위차位次를 두고 모두 양통梁統을 천거했다. 양통이 고사固辭하자 이내 두융을 천거해 임시직인 행하서5군대장군사行河西五郡大將軍事로 삼았다. 무위武威 태수 마기馬期와 장액張掖 태수 임중任仲은 나란히 고립돼 함께 할 당여黨與가 없게 되자, 두융 등이 서신을 보내 이 사실을 알렸다. 마기와 임중이 곧바로 인수를 풀어놓고 떠나버렸다. 양통梁統을 무위武威, 사포史苞를 장액張掖, 축증竺曾을 주천酒泉, 신융辛肜을 돈황敦煌 태수로 삼은 이유다. 두융은 속국屬國에 있으면서 이전처럼 도위都尉의 직책을 관장하면서 종사관從事官을 두고 하서5군河西五郡을 감찰했다.

하서 일대의 민속은 질박質樸했고, 두융의 정사 또한 관화寬和했다. 상하가 서로 친하게 지낸 덕분에 안연晏然히 부유하게 되는 부식富殖이 이뤄졌다. 병마를 훈련시키고, 전사戰射를 익히고, 봉수烽燧를 분명히 했다. 강족과 호족이 변경을 침범해 오면 두융이 즉각 스스로 장수가 되어 주변 군郡의 군사를 이끌고 가 서로 구해 주었다. 모든 출격이 부절符節의 글자를 맞추는 부요符要처럼 제때 이뤄지자 출격할 때마다 적들을 격파할 수 있었다. 이후 강족과 호족 모두 무서워 복종하는 진복震服의 단계를 거쳐 마침내 가까이 다가와 귀부하는 친부親附를 했다. 전란과 기아를 피해 내지의 각 군郡으로 도망쳐 온 유민流民들도 끊임없이 두융에게 귀순했다.

25) 왕망이 다스리던 시절 천하의 모든 사람이 한나라의 은덕을 생각했다. 안정군安定郡감숙성 고원현의 삼수현三水縣고원현 북쪽 출신 노방盧芳이 삼수현 인근 좌곡左谷에 살면서 한무제의 증손자인 유문백劉文伯을 사칭하며 이같이 말했다.

"나의 증조모는 흉노 혼야왕渾邪王의 누이이다."

그는 늘 이 말로 안정군 사람들을 기만하고 미혹시키는 광혹誑惑을 했다. 왕망의 치세 말기에 이르러 삼수속국三水屬國인 강족 및 호족과 더불어 기병했다. 경시제가 장안에 이르자 유문백을 사칭한 노방을 장안으로 징소해 기도위騎都尉로 삼고, 안정군 이서以西 지역을 진무하게 했다. 경시제가 패한 뒤 삼수현 일대의 호걸들이 함께 노방을 상장군上將軍 겸 서평왕西平王으로 세운 뒤 사자를 보내 서강西羌 및 흉노匈奴와 화친을 맺었다. 흉노의 제20대 호도이시도고약제呼都而尸道皐若鞮 선우인 난제여欒提輿가 이같이 생각했다.

"한나라가 중간에 끊어지고 유씨가 귀부했다. 나 역시 의당 호한야呼韓邪 선우처럼 그를 왕으로 세운 뒤 나를 존칭하며 섬기도록 해야 할 것이다."

이내 구림왕句林王에게 수천 명의 기병을 이끌고 노방 형제를 영접해 흉노 지역으로 들어오게 했다. 이어 노방을 한나라 황제로 세우고, 노방의 동생 노정盧程을 중랑장中郞將으로 삼은 뒤 장차 호족의 기병을 이끌고 안정으로 다시 들어가게 했다.

26) 광무제 유수는 관중關中 일대가 아직 평정되지 않은 상황에서 등우가 오랫동안 진병進兵하지 않자 서신을 보내 책망했다.

"그대는 대사도大司徒이니 의당 요堯에 해당하고, 망명한 도적인 망적亡賊은 포학한 하나라 걸桀에 지나지 않소. 장안의 이민吏民은 허둥지둥하는 황황遑遑의 모습을 보이며 의지하고 귀부할 곳조차 없는 상황이오. 그대는 의당 때 맞춰 진토進討하여 서경西京인 장안을 진위鎭慰함으로써 백성의 마음을 안정시켜야 할 것이오."

등우는 오히려 자신의 이전 견해를 고집했다. 따로 상군上郡섬서성 수덕현에 있는 여러 현을 공격하면서 다시 병사를 징집하고 곡식을 그러모은 뒤 대요大要감숙성 영현 동남쪽로 돌아갔다.

당시 적노장군積弩將軍 풍음馮愔과 거기장군車騎將軍 종흠宗歆이 순읍栒邑섬서성 순읍현을 함께 방어하고 있었다. 두 사람이 권한을 두고 다투다가 서로 공격했다. 마침내 풍음이 종흠을 살해했다. 이어 등우를 공격하자 등우가 곧바로 사자를 보내 이를 보고했다. 광무제 유수가 사자에게 물었다.

"적노장군 풍음이 친애하는 자는 누구인가?"

사자가 대답했다.

"호군護軍 황방黃防입니다."

광무제는 풍음과 황방이 오래도록 화친할 수 없고, 형세 상 반드시 서로 다툴 것으로 내다봤다. 곧 등우에게 이같이 회답했다.

"풍음을 포박할 자는 반드시 황방일 것이오."

이내 상서尙書 종광宗廣을 보내 지절持節의 자격으로 항복을 시키도록 했다. 1달여 뒤 황방이 과연 풍음을 포획한 뒤 그의 무리를 이끌고 와 죄를 청했다. 경시제의 제장諸將인 왕광王匡과 호은胡殷, 성단成丹 등이 모두 종광에게 가서 항복했다. 종광이 이들과 함께 동쪽으로 돌아갔다. 안읍安邑산서성 하현에 이르렀을 때 이들이 길에서 달아나려고 하자 종광이 이들의 목을 모두 베었다.

풍음은 반기를 들었을 때 병사를 이끌고 서쪽으로 가 천수天水감숙성 통위현를 쳤다. 외효가 영격逆擊[215]에 나서 고평高平감숙성 고원현에서 이들을 격파하고 치중輜重을 모두 노획했다. 이때 등우는 광무제의 명을 받아 서쪽 정벌에 관한 전권을 부여받은 까닭에 사상 처음으로 황제를 대신해 관원을 임명하는 승제承製를 행했다. 사자를 파견해 지절持節의 권한으로 외

---

215 영격逆擊의 영격迎擊과 같다. 영逆은 영迎의 가차假借인 까닭에 '역'이 아닌 '영'으로 읽어야 한다.

효를 서주대장군西州大將軍에 임명한 뒤 양주涼州감숙성와 삭방朔方내몽골 서북부의 군정대사軍政大事를 전제專制하도록 조치한 게 그렇다.

27) 모든 신에게 제사를 지내는 동지 후 3번째 술일戌日인 납일臘日, 적미가 장안에서 음악을 연주하게 하는 연회인 대회大會를 열었다. 술을 아직 돌리기 전에 문무백관이 서로 말다툼인 변투辯鬪를 벌였다. 병사들이 마침내 분분히 담을 넘은 뒤 궐문을 도끼로 부수고 들어와 주육酒肉을 약탈하며 서로 살상殺傷했다. 위위衛尉 제갈치諸葛穉가 이 소식을 듣고는 늑병勒兵하여 궁으로 들어와 100여 명을 격살格殺하자 겨우 안정됐다. 유분자가 공황惶恐한 나머지 밤낮으로 제읍啼泣하자 시종관들 모두 그를 가련하게 생각했다.

28) 당초 광무제 유수가 종정宗正 유연劉延을 보내 천정관天井關산서성 진성 서남쪽을 공격하게 한 적이 있다. 경시제 휘하의 전읍田邑과 10여 차례 연전連戰했으나 더 이상 나아갈 수 없었다. 이후 경시제가 패하자 전읍이 사자를 보내 청항請降했다. 즉시 그를 상당上黨 태수로 삼았다

광무제 유수는 또 간의대부諫議大夫 저대백儲大伯을 시켜 지절持節의 자격으로 포영鮑永을 부르게 했다. 포영은 경시제의 존망存亡을 몰라 의심하며 좇지 않으려고 했다. 이내 저대백을 잡아가둔 뒤 사자를 시켜 장안으로 내달려가 그 허실을 염탐하여 묻는 형문詗問을 하도록 했다.

29) 당초 광무제 유수가 경시제 유현을 좇아 완현宛縣에 있을 때 신야新野하남성 신야현 출신인 음씨陰氏의 딸 음려화陰麗華를 처로 맞아들였다. 이 해에 이르러 유수가 사자를 파견해 음려화를 비롯해 자신의 누나인 호양공주湖陽公主 및 여동생인 영평공주寧平公主를 호송해 낙양으로 오게 했다. 음려화를 귀인貴人으로 삼았다. 경시제 때 서평왕西平王 이통李通이 먼저 영평공주를 처로 맞이한 까닭에 이통을 위위衛尉에 임명했다.

30) 당초 경시제 유현은 왕굉王閎을 낭야琅邪 태수로 삼은 바 있다. 장

보張步가 낭야군을 점거한 채 저항하자 왕굉이 유시諭示를 전하며 초항招降했으나 소용이 없었다. 곧 공유贛榆강소성 동해현 등 6개 현을 손에 넣은 뒤 병사를 거둬 장보와 싸웠으나 이기지 못했다.

당시 장보는 이미 황제를 칭한 유영劉永으로부터 관호官號를 얻고 있었다. 극현劇縣산동성 창락현 경계에서 병사를 훈련시킨 뒤 장수를 파견해 태산泰山과 동래東萊, 성양城陽, 교동膠東, 북해北海, 제남濟南, 제군齊郡 등 7개 군을 경략했다. 왕굉이 힘으로 대적하지 못하는 역부적力不敵의 처지에 빠지자 이내 장보를 찾아가 상견相見했다. 장보가 크게 병사들을 벌려 놓은 뒤 그를 만나며 화를 냈다.

"나 장보에게 무슨 죄가 있어 그대는 앞으로 나와 이토록 심하게 공격을 하는 것이오!"

왕굉이 칼을 어루만지며 자가 문공文公인 장보에게 말했다.

"태수는 조명朝命을 받들어 부임하게 되어 있소. 문공文公은 오히려 군대를 모아 저항하는 옹병상거擁兵相拒를 하고 있소. 나 왕굉은 도적을 치는 것일 뿐이오. 어찌하여 심하다고 말하는 것이오!"

장보가 일어난 뒤 무릎을 꿇고 사과하는 궤사跪謝를 했다. 이어 연회를 베풀어 상빈으로 대접한 뒤 왕굉으로 하여금 낭야군의 업무를 장악해 처리하는 관장關掌을 하도록 했다.

** 起旃蒙作噩, 盡柔兆閹茂, 凡二年.

世祖光武皇帝建武元年

春, 正月, 方望與安陵人弓林共立前定安公嬰為天子, 聚黨數千人, 居臨涇. 更始遣丞相松等擊破, 皆斬之.

鄧禹至箕關, 擊破河東都尉, 進圍安邑.

赤眉二部俱會弘農. 更始遣討難將軍蘇茂拒之. 茂軍大敗. 赤眉眾

遂大集, 乃分萬人為一營, 凡三十營. 三月, 更始遣丞相松與赤眉戰於蓩鄉, 松等大敗, 死者三萬餘人. 赤眉遂轉北至湖.

蜀郡功曹李熊說公孫述宜稱天子. 夏, 四月, 述即帝位, 號成家, 改元龍興. 以李熊為大司徒, 述弟光為大司馬, 恢為大司空. 越巂任貴據郡降述.

蕭王北擊尤來·大槍·五幡於元氏, 追至北平, 連破之. 又戰於順水北, 乘勝輕進, 反為所敗. 王自投高岸, 遇突騎王豐下馬授王, 王僅而得免. 散兵歸保范陽. 軍中不見王, 或云已歿, 諸將不知所為, 吳漢曰, "卿曹努力! 王兄子在南陽, 何憂無主!" 衆恐懼, 數日乃定. 賊雖戰勝, 而憚王威名, 夜, 遂引去. 大軍復追至安次, 連戰, 破之. 賊退入漁陽, 所過虜掠. 強弩將軍陳俊言於王曰, "賊無輜重, 宜令輕騎出賊前, 使百姓各自堅壁以絕其食, 可不戰而殄也." 王然之, 遣俊將輕騎馳出賊前, 視人保壁堅完者, 敕令固守. 放散在野者, 因掠取之. 賊至, 無所得, 遂散敗. 王謂俊曰, "困此虜者, 將軍策也."

馮異遺李軼書, 為陳禍福, 勸令歸附蕭王. 軼知長安已危, 而以伯升之死, 心不自安, 乃報書曰, "軼本與蕭王首謀造漢, 今軼守洛陽, 將軍鎮孟津, 俱據機軸, 千載一會, 思成斷金. 唯深達蕭王, 願進愚策以佐國安民." 軼自通書之後, 不復與異爭鋒, 故異得北攻天井關, 拔上黨兩城, 又南下河南成皋以東十三縣, 降者十餘萬. 武勃將萬餘人攻諸畔者, 異與戰於士鄉下, 大破, 斬勃. 軼閉門不救. 異見其信效, 具以白王. 王報異曰, "季文多詐, 人不能得其要領. 今移其書告守·尉當警備者." 衆皆怪王宣露軼書. 朱鮪聞之, 使人刺殺軼, 由是城中乖離, 多有降者.

朱鮪聞王北徵而河內孤, 乃遣其將蘇茂·賈強將兵三萬餘人渡鞏河, 攻溫. 鮪自將數萬人攻平陰以綴異. 檄書至河內, 寇恂即勒軍馳出, 幷移告屬縣, 發兵會溫下. 軍吏皆諫曰, "今洛陽兵渡河, 前後不絕. 宜待衆軍畢集, 乃可出也." 恂曰, "溫, 郡之藩蔽, 失溫則郡不可守." 遂馳赴之. 旦日, 合戰, 而馮異遣救及諸縣兵適至, 恂令士卒乘城鼓噪大呼, 言曰, "劉公兵到!" 蘇茂軍聞之, 陳動. 恂因奔擊, 大破之. 馮異亦渡河擊朱鮪, 鮪走. 異與恂追至洛陽, 環城一匝而歸. 自是洛陽震恐, 城門晝閉.

異·恂移檄上狀, 諸將入賀, 因上尊號. 將軍南陽馬武先進曰, "大王雖執謙退, 奈宗廟社稷何! 宜先即尊位, 乃議征伐. 今此誰賊而馳鶩擊之乎?" 王驚曰, "何將軍出此言? 可斬也!" 乃引軍還薊. 復遣吳漢率耿弇·景丹等十三將軍追尤來等, 斬首萬三千餘級, 遂窮追至浚靡而還. 賊散入遼西·遼東, 為烏桓·貊人所鈔擊略盡. 都護將軍賈復與五校戰於真定, 復傷瘡甚. 王大驚曰, "我所以不令賈復別將者, 為其輕敵也. 果然, 失吾名將! 聞其婦有孕, 生女邪, 我子娶之. 生男邪, 我女嫁之. 不令其憂妻子也." 復病尋愈, 追及王於薊, 相見甚歡. 還至中山, 諸將復上尊號. 王又不聽. 行到南平棘, 諸將復固請之. 王不許. 諸將且出, 耿純進曰, "天下士大夫, 捐親戚, 棄土壤, 從大王於矢石之間者, 其計固望攀龍鱗, 附鳳翼, 以成其所志耳. 今大王留時逆衆, 不正號位, 純恐士大夫望絕計窮, 則有去歸之思, 無為久自苦也. 大衆一散, 難可復合." 純言甚誠切, 王深感曰, "吾將思之."

行至鄗, 召馮異詣鄗, 問四方動靜. 異曰, "更始必敗, 宗廟之憂在於大王, 宜從衆議!" 會儒生強華自關中奉『赤伏符』來詣王曰, "劉秀發兵捕不道, 四夷雲集龍鬪野, 四七之際火為主." 群臣因復奏請. 六月, 己未, 王即皇帝位於鄗南. 改元, 大赦.

鄧禹圍安邑, 數月未下, 更始大將軍樊參將數萬人度大陽, 欲攻禹. 禹逆擊於解南, 斬之. 王匡·成丹·劉均合軍十餘萬, 復共擊禹, 禹軍不利. 明日, 癸亥, 匡等以六甲窮日, 不出, 禹因得更治兵. 甲子, 匡悉軍出攻禹. 禹令軍中無得妄動, 既至營下, 因傳發諸將, 鼓而幷進, 大破之. 匡等皆走, 禹追斬均及河東太守楊寶, 遂定河東, 匡等奔還長安.

張卬與諸將議曰, “赤眉旦暮且至, 見滅不久, 不如掠長安, 東歸南陽. 事若不集, 復入湖池中為盜耳!” 乃共入, 說更始. 更始怒不應, 莫敢復言. 更始使王匡·陳牧·成丹·趙萌屯新豐, 李松軍掫, 以拒赤眉. 張卬·廖湛·胡殷·申屠建與隗囂合謀, 欲以立秋日貙膢時共劫更始, 俱成前計. 更始知之, 托病不出, 召張卬等入, 將悉誅之, 唯隗囂稱疾不入, 會客王遵·周宗等勒兵自守. 更始狐疑不決, 卬·湛·殷疑有變, 遂突出. 獨申屠建在, 更始斬建, 使執金吾鄧曄將兵圍隗囂第. 卬·湛·殷勒兵燒門, 入戰宮中, 更始大敗. 囂亦潰圍, 走歸天水. 明旦, 更始東奔趙萌於新豐. 更始復疑王匡·陳牧·成丹與張卬等同謀, 乃幷召入. 牧·丹先至, 即斬之. 王匡懼, 將兵入長安, 與張卬等合.

赤眉進至華陰, 軍中有齊巫, 常鼓舞祠城陽景王, 巫狂言曰, “景王大怒曰, ‘當為縣官, 何故為賊’ 有笑巫者輒病, 軍中驚動. 方望弟陽說樊崇等曰, “今將軍擁百萬之眾, 西向帝城, 而無稱號, 名為群賊, 不可以久. 不如立宗室, 挾義誅伐, 以此號令, 誰敢不從!” 崇等以為然, 而巫言益甚. 前至鄭, 乃相與議曰, “今迫近長安, 而鬼神若此, 當求劉氏共尊立之.”

先是, 赤眉過式, 掠故式侯萌之子恭·茂·盆子三人自隨. 恭少習『尚書』, 隨樊崇等降更始於洛陽, 復封式侯, 為侍中, 在長安. 茂與盆子留軍中, 屬右校卒史劉俠卿, 主牧牛. 及崇等欲立帝, 求軍中景王後, 得七十餘人, 唯茂·盆子及前西安侯孝最為近屬. 崇等曰, “聞古者天子將兵稱上將軍.” 乃書札為符曰, “上將軍.” 又以兩空札置笥中, 於鄭北設壇場, 祠城陽景王, 諸三老·從事皆大會. 列盆子等三人居中立, 以年次探札, 盆子最幼, 後探, 得符. 諸將皆稱臣, 拜. 盆子時年十五, 被髮徒跣, 敝衣赭汗, 見眾拜, 恐畏欲啼. 茂謂曰, "善臧符!" 盆子即齧折, 棄之. 以徐宣為丞相, 樊崇為御史大夫, 逄安為左大司馬, 謝祿為右大司馬, 其餘皆列卿·將軍. 盆子雖立, 猶朝夕拜劉俠卿, 時欲出從牧兒戲. 俠卿怒止之, 崇等亦不復候視也. 秋, 七月, 辛未, 帝使使持節拜鄧禹為大司徒, 封酇侯, 食邑萬戶. 禹時年二十四. 又議選大司空, 帝以『赤伏符』曰"王梁主衛作玄武", 丁丑, 以野王令王梁為大司空. 又欲以讖文用平狄將軍孫咸行大司馬, 眾咸不悅. 壬午, 以吳漢為大司馬. 初, 更始以琅邪伏湛為平原太守. 時天下兵起, 湛獨晏然, 撫循百姓. 門下督謀為湛起兵, 湛收斬之. 於是吏民信向, 平原一境賴湛以全. 帝徵湛為尚書, 使典定舊制. 又以鄧禹西征, 拜湛為司直, 行大司徒事. 車駕每出征伐, 常留鎮守.

鄧禹自汾陰渡河, 入夏陽, 更始左輔都尉公乘歙引其眾十萬, 與左馮翊兵共拒禹於衙. 禹復破走之.

宗室劉茂聚眾京·密間, 自稱厭新將軍, 攻下潁川·汝南, 眾十餘萬人. 帝使驃騎大將軍景丹·建威大將軍耿弇·強弩將軍陳俊攻之. 茂來降, 封為中山王.

己亥, 帝幸懷, 遣耿弇·陳俊軍五社津, 備滎陽以東. 使吳漢率建義大將軍朱祐等十一將軍, 圍朱鮪於洛陽. 八月, 進幸河陽.

李松自掫引兵還, 從更始與趙萌共攻王匡·張卬於長安. 連戰月餘, 匡等敗走, 更始徙居長信宮. 赤眉至高陵, 王匡·張卬等迎降之, 遂共連兵進攻東都門. 李松出戰, 赤眉生得松. 松弟況為城門校尉, 開門納之. 九月, 赤眉入長安. 更始單騎走, 從廚城門出. 式侯恭以赤眉立其弟, 自繫詔獄. 聞更始敗走, 乃出, 見定陶王祉. 祉為之除械, 相與從更始於渭濱. 右輔都尉嚴本, 恐失更始為赤眉所誅, 即將更始至高陵, 本將兵宿衛, 其實圍之. 更始將相皆降赤眉, 獨丞相曹竟不降, 手劍格死.

辛未, 詔封更始為淮陽王. 吏民敢有賊害者, 罪同大逆. 其送詣吏者封列侯.

初, 宛人卓茂, 寬仁恭愛, 恬蕩樂道, 雅實不為華貌, 行己在於清濁之間, 自束髮至白首, 與人未嘗有爭競, 鄕黨故舊, 雖行能與茂不同, 而皆愛慕欣欣焉. 哀·平間為密令, 視民如子, 擧善而教, 口無惡言, 吏民親愛, 不忍欺之. 民嘗有言部亭長受其米肉遺者, 茂曰, "亭長為從汝求乎, 為汝有事囑之而受乎, 將平居自以恩意遺之乎?" 民曰, "往遺之耳." 茂曰, "遺之而受, 何故言邪?" 民曰, "竊聞賢明之君, 使民不畏吏, 吏不取民. 今我畏吏, 是以遺之. 吏既卒受, 故來言耳." 茂曰, "汝為敝民矣! 凡人所以群居不亂, 異於禽獸者, 以有仁愛禮義, 知相敬事也. 汝獨不欲修之, 寧能高飛遠走, 不在人間邪! 吏顧不當乘威力強請求耳. 亭長素善吏, 歲時遺之, 禮也." 民曰, "苟如此, 律何故禁之?" 茂笑曰, "律設大法, 禮順人情. 今我以禮教汝, 汝必無怨惡. 以律治汝, 汝何所措其手足乎! 一門之內, 小者可論, 大者可殺也. 且歸念之." 初, 茂到縣, 有所廢置, 吏民笑之, 鄰城聞者皆蚩其不能. 河南郡為置守令. 茂不為嫌, 治事自若. 數年, 教化大行, 道不拾遺. 遷京部丞, 密人老少皆涕泣隨送. 及王莽居攝, 以病免歸. 上即位, 先訪求茂, 茂時年七十餘. 甲申, 詔曰, "夫名冠天下, 當受天下重賞. 今以茂為太傅, 封褒德侯."

臣光曰, "孔子稱'擧善而教, 不能則勸', 是以舜擧皐陶, 湯擧伊尹, 而不仁者遠, 有德故也. 光武即位之初, 群雄競逐, 四海鼎沸, 彼摧堅陷敵之人, 權略詭辯之士, 方見重於世, 而獨能取忠厚之臣, 旌循良之吏, 拔於草萊之中, 寘諸群公之首, 宜其光復舊物, 享祚久長,蓋由知所先務而得其本原故也."

諸將圍洛陽數月, 朱鮪堅守不下. 帝以廷尉岑彭嘗為鮪校尉, 令往說之. 鮪在城上, 彭在城下, 為陳成敗. 鮪曰, "大司徒被害時, 鮪與共謀, 又諫更始無遣蕭王北伐, 誠自知罪深, 不敢降!" 彭還, 具言於帝. 帝曰, "舉大事者不忌小怨. 鮪今若降, 官爵可保, 況誅罰乎! 河水在此, 吾不食言!" 彭復往告鮪, 鮪從城上下索曰, "必信, 可乘此上." 彭趣索欲上, 鮪見其誠, 即許降. 辛卯, 朱鮪面縛, 與岑彭俱詣河陽. 帝解其縛, 召見之, 復令彭夜送鮪歸城. 明旦, 與蘇茂等悉其眾出降. 拜鮪為平狄將軍, 封扶溝侯. 後為少府, 傳封累世. 帝使侍御史河內杜詩安集洛陽. 將軍蕭廣縱兵士暴橫, 詩敕曉不改, 遂格殺廣. 還, 以狀聞. 上召見, 賜以棨戟, 遂擢任之.

冬, 十月, 癸丑, 車駕入洛陽, 幸南宮, 遂定都焉.

赤眉下書曰, "聖公降者, 封為長沙王. 過二十日, 勿受." 更始遣劉恭請降, 赤眉使其將謝祿往受之. 更始隨祿, 肉袒, 上璽綬於盆子. 赤眉坐更始, 置庭中, 將殺之. 劉恭·謝祿為請, 不能得, 遂引更始出. 劉恭追呼曰, "臣誠力極, 請得先死!" 拔劍欲自刎. 樊崇等遽共救止之. 乃赦更始, 封為畏威侯. 劉恭復為固請, 竟得封長沙王. 更始常依謝祿居, 劉恭亦擁護之.

劉盆子居長樂宮, 三輔郡縣·營長遣使貢獻, 兵士輒剽奪之, 又數暴掠吏民, 由是皆復固守. 百姓不知所歸, 聞鄧禹乘勝獨克而師行有紀, 皆望風相攜負以迎軍, 降者日以千數, 眾號百萬. 禹所止, 輒停車住節以勞來之, 父老·童稚, 垂髮·戴白滿其車下, 莫不感悅, 於是名震關西. 諸將豪桀皆勸禹徑攻長安, 禹曰, "不然. 今吾眾雖多, 能戰者少, 前無可仰之積, 後無轉饋之資. 赤眉新拔長安, 財穀充實, 鋒銳未可當也. 夫盜賊群居無終日之計, 財穀雖多, 變故萬端, 寧能堅守者也! 上郡·北地·安定三郡, 土廣人稀, 饒穀多畜, 吾且休兵北道, 就糧養士, 以觀其敝, 乃可圖也." 於是引軍北至栒邑, 所到, 諸營保郡邑皆開門歸附.

上遣岑彭擊荊州群賊, 下犨·葉等十餘城. 十一月, 甲午, 上幸懷.

梁王永稱帝於睢陽.

十二月, 丙戌, 上還洛陽.

三輔苦赤眉暴虐, 皆憐更始, 欲盜出之. 張卬等深以為慮, 使謝祿縊殺之. 劉恭夜往, 收藏其屍. 帝詔鄧禹葬之於霸陵. 中郎將宛人趙熹將出武關, 道遇更始親屬, 皆裸跣饑困, 熹竭其資糧以與之, 將護而前. 宛王賜聞之, 迎還鄉里.

隗囂歸天水, 復招聚其眾, 興修故業, 自稱西州上將軍. 三輔士大夫避亂者多歸囂, 囂傾身引接, 為布衣交. 以平陵范逡為師友, 前涼州刺史河南鄭興為祭酒, 茂陵申屠剛·杜林為治書, 馬援為綏德將軍, 楊廣·王遵·周宗及平襄行巡·阿陽王捷·長陵王元為大將軍, 安陵班彪之屬為賓客, 由此名震西州, 聞於山東. 馬援少時, 以家用不足辭其兄況, 欲就邊郡田牧. 況曰, "汝大才, 當晚成. 良工不示人以樸, 且從所好." 遂之北地田牧. 常謂賓客曰, "丈夫為志, 窮當益堅, 老當益壯." 後有畜數千頭, 穀數萬斛, 既而歎曰, "凡殖財產, 貴其能賑施也, 否則守錢虜耳!" 乃盡散於親舊. 聞隗囂好士, 往從之. 囂甚敬重, 與決籌策. 班彪, 稚之子也.

初, 平陵竇融累世仕宦河西, 知其土俗, 與更始右大司馬趙萌善, 私謂兄弟曰, "天下安危未可知. 河西殷富, 帶河為固, 張掖屬國精兵萬騎, 一旦緩急, 杜絕河津, 足以自守, 此遺種處也!" 乃因萌求往河西. 萌薦融於更始, 以為張掖屬國都尉. 融既到, 撫結雄桀, 懷輯羌虜, 甚得其歡心. 是時, 酒泉太守安定梁統·金城太守庫鈞·張掖都尉茂陵史苞·酒泉都尉竺曾·敦煌都尉辛肜, 并州郡英俊, 融皆與厚善. 及更始敗, 融與梁統等計議曰, "今天下擾亂, 未知所歸. 河西杜絶在羌·胡中, 不同心戮力, 則不能自守, 權鈞力齊, 復無以相率, 當推一人為大將軍, 共全五部, 觀時變動." 議既定, 而各謙讓. 以位次, 咸共推梁統. 統固辭, 乃推融行河西五郡大將軍事. 武威太守馬期·張掖太守任仲并孤立無黨, 乃共移書告示之, 二人即解印綬去. 於是以梁統為武威太守, 史苞為張掖太守, 竺曾為酒泉太守, 辛肜為敦煌太守. 融居屬國, 領都尉職如故. 置從事, 監察五郡. 河西民俗質樸, 而融等政亦寬和, 上下相親, 晏然富殖. 修兵馬, 習戰射, 明烽燧, 羌·胡犯塞, 融輒自將與諸郡相救, 皆如符要, 每輒破之. 其後羌·胡皆震服親附, 內郡流民避凶饑者歸之不絶.

王莽之世, 天下咸思漢德, 安定三水盧芳居左谷中, 詐稱武帝曾孫劉文伯, 云"曾祖母, 匈奴渾邪王之姊也." 常以是言誑惑安定間. 王莽末, 乃與三水屬國羌·胡起兵. 更始至長安, 徵芳為騎都尉, 使鎮撫安定以西. 更始敗, 三水豪桀共立芳為上將軍·西平王, 使使與西羌·匈奴結和親. 單于以為曰, "漢氏中絕, 劉氏來歸, 我亦當如呼韓邪立之, 令尊事我." 乃使句林王將數千騎迎芳兄弟入匈奴, 立芳為漢帝, 以芳弟程為中郎將, 將胡騎還入安定.

帝以關中未定, 而鄧禹久不進兵, 賜書責之曰, "司徒, 堯也. 亡賊, 桀也. 長安吏民遑遑無所依歸, 宜以時進討, 鎮慰西京, 繫百姓之心." 禹猶執前意, 別攻上郡諸縣, 更徵兵引穀, 歸至大要. 積弩將軍馮愔·車騎將軍宗歆守栒邑, 二人爭權相攻, 愔遂殺歆, 因反擊禹, 禹遣使以聞. 帝問使人曰, "愔所親愛為誰?" 對曰, "護軍黃防." 帝度愔·防不能久和, 勢必相忤, 因報禹曰, "縛馮愔者, 必黃防也." 乃遣尚書宗廣持節往降之. 後月餘, 防果執愔, 將其眾歸罪. 更始諸將王匡·胡殷·成丹等皆詣廣降, 廣與東歸. 至安邑, 道欲亡, 廣悉斬之. 愔之叛也, 引兵西向天水. 隗囂逆擊, 破之於高平, 盡獲其輜重. 於是禹承製遣使持節命囂為西州大將軍, 得專制涼州·朔方事.

臘日, 赤眉設樂大會, 酒未行, 群臣更相辯鬬. 而兵眾遂各逾宮, 斬關入, 掠酒肉, 互相殺傷. 衛尉諸葛稚聞之, 勒兵入, 格殺百餘人, 乃定. 劉盆子惶恐, 日夜啼泣, 從官皆憐之.

帝遣宗正劉延攻天井關, 與田邑連戰十餘合, 延不得進. 及更始敗, 邑遣使請降. 即拜為上黨太守. 帝又遣諫議大夫儲大伯持節徵鮑永. 永未知更始存亡, 疑不肯從, 收繫大伯, 遣使馳至長安, 詗問虛實.

初, 帝從更始在宛, 納新野陰氏之女麗華. 是歲, 遣使迎麗華與帝姊湖陽公主·妹寧平公主俱到洛陽. 以麗華為貴人. 更始西平王李通先娶寧平公主, 上徵通為衛尉.

初, 更始以王閎為琅邪太守, 張步據郡拒之. 閎諭降, 得贛榆等六縣. 收兵與步戰, 不勝. 步既受劉永官號, 治兵於劇, 遣將徇泰山·東萊·城陽·膠東·北海·濟南·齊郡, 皆下之. 閎力不敵, 乃詣步相見. 步大陳兵而見之. 怒曰, "步有何罪, 君前見攻之甚!" 閎按劍曰, "太守奉朝命, 而文公擁兵相拒. 閎攻賊耳, 何謂甚邪!" 步起跪謝, 與之宴飲, 待為上賓, 令閎關掌郡事.

한광무제 건무 2년(AD 26)[216]

216 광무제 유수의 건무 2년은 적미赤眉의 황제 유분자劉盆子의 건시建始 2년을 비롯해 한나라 황제를 칭한 유영劉永 2년, 회남왕淮南王 이헌李憲 4년, 초려왕楚黎王 진풍秦豊 3년, 주성왕周成王 전융田戎 3년, 무안왕武安王 연잠延岑 원년, 연왕燕王 팽총彭寵 원년, 제帝 손등孫登 원년에 해당한다.

1) 봄 정월 초하루, 일식이 있었다.

2) 유공劉恭은 적미가 필패하리라는 것을 알았다. 은밀히 자신의 동생인 유분자에게 새수璽綬를 돌려보내라고 가르치면서 그때 사용할 사양지언辭讓之言을 익히게 했다. 정월 초하루에 군신들이 대거 모이자 유공이 먼저 말했다.

"제군諸君과 함께 저 유공의 동생을 황제로 세우니 그 은덕이 실로 심후深厚합니다! 즉위한 지 1년이 됐으나 효란殽亂은 날로 심해지고 있습니다. 실로 성과를 이루기에는 여러모로 모자란 까닭에 설령 죽을지라도 나라에 아무런 도움도 되지 못할까 두렵습니다. 원컨대 뒤로 물러나서 서인庶人이 되고자 하니, 다시 현지賢知의 인물을 구하도록 하십시오. 오직 제군의 성찰省察이 있기를 바랍니다!"

번숭 등이 사과했다.

"이는 모두 저 번숭 등의 죄입니다."

유공이 다시 고집스럽게 청하는 고청固請을 하자 혹자가 말했다.

"이것이 어찌 식후式侯인 그대 유공의 일이 될 수 있소?"

유공이 황공해 일어나 나갔다. 유분자가 마침내 어좌御座에서 내려온 뒤 새수璽綬를 풀어 놓고 머리를 조아렸다.

"지금 현관縣官인 황제의 자리를 설치했으나 사람들은 여전히 도적질을 일삼고 있어 사방에서 백성들이 원한怨恨을 품은 채 우리에게 신복信服하지 않고 있소. 이는 모두 자리에 알맞지 않는 자를 세운 탓이오. 원컨대 걸해골乞骸骨을 하여 현성賢聖에게 길을 열어주고자 하오! 반드시 나 유분자를 죽여 그 책임을 메우고자 한다면 결코 죽음을 피하지 않을 것이오!"

그러고는 체읍涕泣하다가 목이 메어 말을 못하는 허희噓唏의 모습을 보였다. 번숭을 비롯해 자리에 모인 수백 명의 사람들 가운데 애련哀憐해

하지 않는 자가 없었다. 모두 자리를 피해 머리를 조아리는 피석돈수避席頓首를 하며 말했다.

"신들이 공적을 세우지 못해 면목이 없는 무상無狀의 상황을 만들어 폐하에게 죄를 짓게 됐습니다. 청컨대 오늘 이후 감히 다시는 방종放縱하지 않겠습니다!"

이어 함께 유분자를 껴안고 가는 포지抱持를 하여 보위에 앉힌 뒤 새 수璽綬를 채워 주었다. 유분자가 크게 소리를 지르는 호호號呼를 했으나 어찌할 도리가 없었다. 연회를 파하고 출궁出宮한 뒤 각자 군영의 문을 닫은 채 자수自守했다. 삼보三輔 일대가 서로 화합하는 흡연翕然의 모습으로 천자가 총명하다고 칭송했다. 백성들이 다퉈 장안으로 돌아왔다. 저자와 마을에 사람들이 가득 찼다. 이후 20여 일이 지나자 병사들이 다시 영문을 나와 크게 약탈하기 시작했다. 그 모습이 이전과 같았다.

3) 동해군을 배경으로 기병한 반란군의 우두머리 조자도刁子都가 휘하 군대인 부곡部曲에 의해 피살됐다. 나머지 무리와 여러 도적들이 단향檀鄉산동성 자양현에 모인 까닭에 단향적檀鄉賊으로 불렸다. 이들은 위군魏郡하북성 임장현과 청하군清河郡산동성 청하현에서 노략했다. 위군의 고위 관원인 대리大吏 이웅李熊의 동생 이육李陸이 성 안에서 반란을 일으킨 뒤 단향적을 영접하는 방안을 모의했다. 혹자가 이를 위군 태수인 영천潁川하남성 우현 출신 요기銚期에게 고해 바쳤다. 요기가 이웅을 불러 묻자 이웅이 머리를 끄덕이며 자복하는 고두수복叩頭首服을 한 뒤 노모와 함께 죽기를 원했다. 요기가 말했다.

"그대가 고위 관원인 대리大吏가 됐는데도 동생 이육처럼 도적이 되어 즐기느니만 못하면 노모와 더불어 동생에게 돌아가도 되오!"

이어 휘하 관원을 시켜 이들을 성 밖으로 내보내게 했다. 이웅이 성 밖으로 나와 동생인 이육을 만난 뒤 위군의 치소治所인 업성鄴城의 서문西

門으로 가려고 했다. 이육이 부끄러움을 참지 못해 자살하여 요기에게 사죄했다. 요기가 한탄하며 예를 갖춰 그를 장사지내고, 이웅에게는 옛 직책을 돌려주었다. 군중郡中이 요기의 위신威信에 감복한 이유다.

광무제 유수가 오한吳漢을 파견해 왕량王梁 등 9명의 장수를 이끌고 가 업성의 동쪽에 있는 장수漳水에서 단향적檀鄕賊을 치게 하여 대승을 거뒀다. 10만여 명의 단향적이 모두 항복했다. 또 왕량으로 하여금 대장군 두무杜茂와 함께 군사를 대동해 위군魏郡과 청하淸河 및 동군東郡하북성 복양현 등 3개 군을 안집安輯하게 했다. 여러 군영과 보루인 영보營保가 평정되자 3개 군이 청정淸靜해졌다. 변경으로 통하는 도로 역시 잘 유통流通됐다.

4) 1월 17일, 광무제 유수가 여러 공신을 모두 열후에 봉했다. 양후梁侯 등우鄧禹와 광평후廣平侯 오한吳漢에게는 모두 4개 현縣을 식읍으로 내렸다. 박사博士 정공丁恭이 건의했다.

"옛날에 제후를 봉할 때 내린 식읍은 사방 100리에 지나지 않았습니다. 이는 줄기는 튼튼히 하고 가지는 약하게 하는 강간약지強幹弱枝[217]를 통해 나라를 잘 다스리고자 한 것입니다. 이는 법제法制에 맞지 않습니다."

광무제 유수가 말했다.

"옛날 나라를 망치는 망국亡國은 모두 무도無道로 인한 것이었소. 공신들의 봉지가 많아 멸망했다는 얘기는 일찍이 들어본 적이 없소."

음향후陰鄕侯 음식陰識은 음귀인陰貴人의 오라비였다. 군공軍功에 비

---

217 강간약지強幹弱枝는 근본을 튼튼히 하여 말단적인 것에 휘둘리지 않는 것을 가리킨다. 『사기』「한흥이래제후왕연표서漢興以來諸侯王年表序」에서 뿌리와 줄기는 튼튼히 하고 가지와 잎은 약하게 하는 형세를 뜻하는 '강본간약지엽지세彊本幹弱枝葉之勢' 구절에서 인용한 것이다.

춰보면 의당 봉지를 늘려주는 증봉增封의 대상이 될 만했다. 음식이 고두叩頭하며 사양했다.

"천하가 처음으로 평정되는 과정에서 장수 가운데 공을 세운 자가 매우 많습니다. 신은 액정掖廷의 친속입니다. 여기에 작읍爵邑을 더하는 것을 천하 사람들에게 내보일 수는 없습니다. 이는 군주의 친척이 봉지를 받으면 일반백성인 국인國人이 그 공을 따지는 '친척수봉親戚受封, 국인계공國人計功'[218]의 경우에 해당합니다."

광무제가 이를 좇았다. 곧 제장들에게 각자 봉지로 가장 원하는 곳을 말하도록 하자 모두 풍요로운 미현美縣을 얘기했다. 하남河南 태수 영천潁川 출신 정침丁綝만이 홀로 본향本鄉에 봉해줄 것을 청했다. 그는 혹자가 그 이유를 묻자 이같이 대답했다.

"나 정침은 능력이 얇고 공이 미미한 능박공미能薄功微의 상황이오. 향후鄉侯와 정후亭侯[219]에 봉해질지라도 오히려 두텁다 할 것이오!"

광무제 유수가 그의 뜻을 좇아 신안향후新安鄉侯에 봉했다. 이어 낭중郎中인 위군魏郡 출신 풍근馮勤으로 하여금 제후로 책봉하는 일을 관장

---

218 '친척수상親戚受賞, 국인계공國人計功' 구절은 『전국책』「조책趙策」에 나오는 '친척수봉親戚受封, 이국인계공야而國人計功也' 구절에서 인용한 것이다. 이에 따르면 전국시대 말기 명가名家인 공손룡公孫龍이 평원군平原君 조승趙勝을 만나 지적하기를, 군 "군君은 복군살장覆軍殺將의 공을 세우지 않고도 동무성東武城을 봉지로 받았습니다. 조나라에는 호걸지사豪杰之士가 많은데도 군이 상국相國이 된 것은 군이 공족公族이기 때문입니다. 군은 동무성을 봉지로 받을 때 무공無功을 이유로 사양하거나, 상국의 인印을 받을 때 무능無能을 이유로 사양하거나 하지 않았습니다. 게다가 나라의 우환이 풀리자 봉지를 더 받고자 했습니다. 이는 군주의 친척이 봉지를 받으면 일반백성인 국인國人이 그 공을 따지며 부당하게 여기는 경우에 해당합니다. 군을 위해 생각건대 받지 않느니만 못합니다."라고 했다.

219 후작侯爵은 3등급으로 나뉜다. 1등급은 현후縣侯이다. 1개의 현 내지 몇 개의 현을 봉지로 받았다. 2등급은 향후鄉侯이다 1개의 향鄉을 식읍으로 받았다. 3등급은 정후亭侯이다. 1개의 촌락을 채읍采邑으로 삼았다.

하도록 했다. 풍근은 공로의 경중輕重을 헤아리고, 봉토의 원근遠近을 따지고, 지세의 풍박豐薄을 비교해 봉지가 규정을 넘는 일이 없게 했다. 그의 결정에 기꺼이 승복하는 염복厭服을 하지 않는 자가 없었던 이유다.

광무제 유수가 그를 유능하다고 여겨 상서尚書의 모든 일을 총괄하게 했다. 이전의 관행을 보면 상서랑尚書郎은 상서영사商書令史[220]로부터 시작해 오랫동안 관련 업무를 담당한 자가 차례대로 보임하게 돼 있었다. 광무제 때에 이르러 처음으로 효렴孝廉 출신을 상서랑尚書郎으로 삼았다.

5) 낙양에 한고제 유방의 사당인 고묘高廟를 세웠다. 사계절인 4시四時마다 고조高祖인 한고제와 태종太宗인 한문제, 세종世宗인 한무제를 제사지냈다. 사직社稷은 종묘宗廟의 오른쪽에 세웠다. 성의 남쪽 교외에는 천지에 제사를 올리는 교조郊兆를 세웠다.

6) 장안성 안의 양식이 떨어지자 적미가 진보珍寶를 거둬들여 수레에 실은 뒤 멋대로 궁실宮室과 시리市里를 불태우고, 자의로 살략殺掠했다. 장안성 안에 다시는 길을 가는 사람이 없게 된 이유다. 적미가 이내 병사를 이끌고 서쪽으로 갔다. 무리가 100만 명에 달한다고 했다. 남산南山에서부터 시작해 주변 진령秦嶺 일대의 성읍을 차례로 약탈하다가 마침내 안정安定감숙성 고원현과 북지北地감숙성 환현로 들어갔다.

등우가 병사를 이끌고 남쪽에서 장안으로 들어가 곤명지昆明池에 주둔했다. 한고제의 사당을 참배하고, 선황 11명의 신주神主를 거둬 낙양으로 보냈다. 이어 한나라 황제의 능묘인 원릉園陵을 순행하고, 이사吏士를 두어 능묘를 봉수奉守하게 했다.

7) 진정왕真定王하북성 정정현 유양劉楊이 도참圖讖의 글인 참기讖記를

---

220 상서尚書의 영사令史는 모두 18명으로 녹질이 200석이었다. 상서의 시랑侍郎은 36명으로 녹질이 400석이었다.

지어 말했다.

"붉은 것이 9개 있는 적구赤九 이후에 혹이 난 버드나무인 영양癭楊이 주인이 된다."[221]

당시 유양은 혹을 지닌 병을 앓고 있었다. 이 '참기'를 이용해 사람들을 미혹시키려는 속셈으로 면만綿曼하북성 획록현의 도적과 교통交通했다. 광무제 유수는 기도위 진부陳副와 유격장군游擊將軍 등륭鄧隆을 파견해 유양을 징소하도록 했다. 유양이 성문을 닫아건 채 받아들이지 않았다.

광무제가 다시 전장군前將軍 경순耿純을 파견해 지절持節의 자격으로 유주幽州와 기주冀州 일대를 순행하게 했다. 이때 광무제는 경순에게 밀칙密敕을 내려 지나가는 곳마다 왕王과 후侯들을 위로하면서 은밀히 유양을 잡아들이도록 했다. 경순은 진정眞定에 도착하자 곧바로 전사傳舍에 머물면서 유양을 불러 상견하려 했다.

경순은 모친이 진정왕 유양 집안의 여인이었다. 유양이 의심치 않고 만난 이유다. 나아가 그는 자신의 무리가 많고 강한 것을 믿었다. 더구나 경순의 의도 역시 매우 안정安靜돼 있던 까닭에 유양은 수종하는 자들만 이끌고 경순을 만나러 갔다. 유양의 형제들 역시 경병輕兵만 이끌고 문 밖에 서 있었다.

유양이 안으로 들어가 경순을 만나자 경순은 예경禮敬의 자세로 그를 맞이한 뒤 그의 형제들을 모두 청해 안으로 들어오게 했다. 그러고는 곧

221 원문은 '적구지후赤九之後, 영양위주癭楊為主'이다. 한나라는 적색赤色으로 상징되는 화덕火德의 나라이고 광무제 유수는 한고제 유방의 9세손인 까닭에 적구赤九는 곧 유수를 가리킨다. 영양癭楊의 영癭은 벙어리를 만드는 성대의 혹을 지칭한다. 당시 유양劉楊은 혹을 지니고 있었다. 영癭에 버드나무를 뜻하는 양楊을 덧붙인 '영양'은 곧 나뭇가지에 결이 맺혀 혹처럼 불퉁해진 버드나무의 옹두리를 가리키는 말로, 곧 혹을 지닌 유양을 상징한다.

바로 문을 닫아걸고 모두 주살해 버린 뒤 군사를 정돈해 밖으로 나왔다. 진정真定 일대가 크게 진포震怖하며 감히 움직이는 자가 없었다. 광무제 유수는 유양이 반란을 꾀하기는 했으나 발병發兵하기 전에 주살을 당한 점을 감안해 그의 아들 유덕劉德을 다시 진정왕에 봉했다.

8) 2월 16일, 광무제 유수가 탄 거가車駕가 수무修武하남성 획가현로 행차했다.

9) 경시제 휘하의 장수로 있던 포영鮑永과 풍연馮衍은 경시제가 이미 죽었다는 사실을 살펴서 알아내는 심지審知를 하자 이내 발상發喪했다. 옥에 가둬 놓았던 광무제 유수의 간의대부諫議大夫 저대백儲大伯 등을 내보내고, 인수를 봉함해 바치고, 모든 군사를 해산시키고, 복건幅巾을 동여맨 서민의 복장을 하고 병사를 단 1명도 데려오지 않은 채 하내河內로 와서 귀항歸降했다. 광무제 유수가 포영을 만나 물었다.

"경의 군사는 어디에 있소?"

포영이 이석고두離席叩頭하여 대답했다.

"신은 경시제를 섬기면서 온전하게 보전하지 못했습니다. 그런 마당에 그의 군사를 다시 이용해 부귀를 꾀하는 것은 실로 부끄러운 일입니다. 모두 파병罷兵한 이유입니다."

광무제 유수가 말했다.

"경卿의 말이 참으로 좋소."

그러나 속으로는 기뻐하지 않았다. 이후 포영은 공을 세워 중용됐지만 풍연은 마침내 폐기廢棄됐다. 포영이 풍연에게 말했다.

"옛날 한고제는 죄를 지은 계포季布를 포상하고, 공을 세운 정고丁固를 주살하는 잘못을 저질렀소. 그러나 지금은 명주明主를 만났으니 무엇을 걱정하겠소!"

풍연이 말했다.

"전에 어떤 자가 이웃집 여인을 꾀었습니다. 나이 많은 여인은 그를 꾸짖었고, 젊은 여인은 호감을 표시했습니다. 이후 그녀들의 지아비가 죽자 그는 나이 많은 여인을 취했습니다. 혹자가 그에게 묻기를, '그 여인은 너를 꾸짖은 사람이 아닌가?'라고 했습니다. 그가 대답하기를, '다른 사람의 아내로 있을 때는 나의 유혹을 들어주길 기대했으나, 내 아내로 있을 때는 다른 사람을 꾸짖어주길 바라기 때문이다'라고 했습니다. 무릇 천명天命은 알기가 어렵지만, 인도人道는 쉽게 지킬 수 있습니다. 인도를 지키는 신하인 수도지신守道之臣이 어찌 사망死亡을 걱정할 리 있겠습니까?"

10) 대사공 왕량王梁은 오한과 함께 단향적을 칠 때 군사를 오한에게 소속시키라는 조명詔命을 듣지 않은 채 곧바로 군사를 발동한 데 이어 현재 머물고 있는 현에서 움직이지 말라는 조명까지 어기며 편리한 대로 진군했다. 광무제 유수가 노한 나머지 상서 종광宗廣을 파견해 지절持節의 자격으로 군중軍中에서 왕량의 목을 베도록 했다. 종광이 왕량을 함거檻車에 태워 경사京師인 낙양으로 호송했다. 왕량이 도착하자 광무제가 그를 용서한 뒤 중랑장으로 삼아 북쪽 기관箕關산서성 원곡현을 지키게 했다.

11) 2월 19일, 태중대부太中大夫 경조京兆 출신 송홍宋弘을 대사공으로 삼았다. 송홍은 패군沛郡 출신 환담桓譚을 천거해 의랑議郎·급사중給事中이 되게 했다. 광무제 유수가 번잡한 곡조의 연주를 좋아해 환담에게 자주 거문고를 연주하게 했다. 송홍이 이 소식을 듣고 좋아하지 않았다. 환담이 궁에서 나오는 것을 엿보다가 조복朝服을 바르게 입고 대사공부大司空府에 앉은 채 휘하 관원을 내보내 그를 불러오게 했다. 환담이 도착하자 자리를 내주지도 않고 나무란 뒤 이같이 물었다.

"능히 스스로 고치겠는가, 아니면 내가 법에 근거해 검거하도록 만들 것인가?"

환담이 돈수頓首하며 사사辭謝했다. 한참 후에 그를 보내 주었다. 이후 군신들이 크게 모였을 때 광무제가 환담에게 탄금彈琴하도록 하자 환담이 송홍을 보고는 평상시의 태도인 상도常度를 잃었다. 광무제가 괴이하게 생각해 묻자 송홍이 이석離席하여 관을 벗는 면관免冠을 한 뒤 사죄했다.

"신이 환담을 천거한 것은 충정忠正으로 군주를 보도輔導할 것을 기대했기 때문입니다. 그러나 조정이 춘추시대 당시 음란한 음악으로 지적된 정성鄭聲을 탐하며 즐기도록 만들었으니 이는 신의 죄입니다."

광무제 유수가 얼굴을 바로 하는 개용改容을 하며 사과했다.

광무제의 누이인 호양공주湖陽公主가 새로이 과부가 됐다. 광무제가 그녀와 함께 조신朝臣들을 평하면서 속마음을 은근히 살폈다. 공주가 말했다.

"송공宋公의 위용威容과 덕기德器는 군신들이 미칠 수 없습니다."

광무제가 말했다.

"바야흐로 그 문제를 적극 고려해 보겠소."

이후 송홍이 불려오게 됐다. 호양공주를 병풍 뒤에 앉아 있게 했다. 송홍에게 물었다.

"귀하게 되면 사귀던 친구를 바꾸고 부유하게 되면 아내를 바꾼다는 취지의 '귀역교貴易交, 부역처富易妻' 속담이 있소. 이를 인정人情이라고 할 수 있소?"

이미 결혼한 송홍이 이같이 대답했다.

"빈천할 때 알던 친구는 잊을 수 없고, 술지게미를 같이 먹으며 고생을 한 처는 당堂 아래로 내려 보내지 않는다는 취지의 '빈천지교불가망貧賤之知不可忘, 조강지처불하당糟糠之妻不下堂' 구절을 신이 들은 바가 있습니다."

광무제가 공주를 돌아보고 말했다.

"일이 잘 안 될 듯하다!"

12) 광무제가 왕랑王郞을 토벌할 때 어양漁陽 태수로 있던 팽총彭寵이 돌기突騎를 동원해 작전을 도왔고, 군량 운송도 앞뒤로 끊어지지 않게 했다. 광무제가 동마銅馬를 추격해 계현薊縣북경시 대흥현에 이르렀을 때 팽총이 자신이 세운 공을 자부하며 내심 크게 바랐다. 광무제가 그의 바람을 만족시켜 줄 수 없게 되자 불평不平을 품었다.

광무제가 즉위하자 팽총의 부하로 있던 오한吳漢과 왕량王梁 모두 삼공三公이 됐으나 유독 팽총만은 벼슬이 올라가는 가관加官이 이뤄지지 않았다. 팽총이 더욱 앙앙怏怏하며 뜻을 얻지 못한 나머지 이같이 탄식했다.

"저들이 삼공이 됐으면 나는 의당 왕이 돼야 할 것이다. 지금 이런 상태로 있게 된 것은 폐하가 나를 잊은 탓이다!"

이때 북방의 주군州郡은 파산破散 상태였으나 오로지 어양漁陽은 비교적 별 탈이 없었다. 어양에는 철의 전매를 담당하는 관원인 옛 철관鐵官이 존재했다. 팽총은 철의 전매를 통해 오히려 식량을 사들이고, 보배를 모으는 등 더욱 부강해졌다.

유주목幽州牧 주부朱浮는 연소하기는 했으나 준재俊才였다. 교화의 결과를 만들기 위해 애쓰고, 선비들의 마음을 수렴하고, 평소 명망 있는 주중州中의 인물을 징소하며 왕망의 치세 당시 2천석의 봉록을 받은 관원까지 자신의 막부幕府로 끌어들였다. 여러 군郡의 창고에 있는 곡식까지 꺼내 그들의 처자에게 공급했다. 당시 팽총은 천하가 아직 평정되지 않았고, 사려師旅 즉 전쟁이 바야흐로 일어나려 하고 있고, 많은 관속官屬을 두어 갑옷과 군량 등의 군수물자를 소비하는 것은 마땅치 않다고 생각했다. 유주목 주부의 명을 좇지 않은 이유다.

유주목 주부는 자긍심이 있고 급한 성격이었고, 팽총 역시 사납고 강고한 한강狠強의 인물이었다. 서로에 대한 미움과 원망이 점점 더 쌓여가는 혐원전적嫌怨轉積이 빚어진 배경이다. 유주목 주부가 누차 광무제 유수에게 상소해 팽총을 비난했다. 팽총이 은밀히 병사와 군량을 많이 모아놓았으니 그의 속셈을 헤아리기 어렵다고 밀주密奏했다. 광무제가 번번이 누설漏洩해 팽총으로 하여금 이 소식을 듣게 했다. 그를 위협해 두렵게 만들고자 한 것이다.

이때에 이르러 광무제가 조서를 내려 팽총을 징소했다. 팽총이 상소해 주부와 함께 징소해 줄 것을 청했으나 허락받지 못했다. 팽총이 더욱 의심하게 됐다. 그의 처는 평소 굳센 성격이어서 억눌리거나 굴복하는 억울抑屈을 견디지 못했다. 광무제의 징소를 받아들이지 말 것을 고집스럽게 권하며 말했다.

"천하가 아직 모두 평정되지 않았고, 사방에서 각자 영웅을 칭하고 있습니다. 우리의 어양漁陽은 대군大郡이고, 병마兵馬 또한 최정예입니다. 무슨 까닭에 소인의 참소로 인해 이곳을 버리고 떠나야 합니까?"

팽총이 친신親信하는 관원과 대책을 논의했다. 모두 주부에게 원한을 품고 있어 갈 것을 권한 자가 없었다. 광무제가 다시 팽총의 사촌동생인 자후란경子后蘭卿[222]을 보내 타일렀다. 팽총은 자후란경을 억류한 뒤 마침내 발병發兵하여 반기를 들고 장수들을 각 부서에 임명했다. 그는 스스로 2만여 명의 군사를 이끌고 계현薊縣에서 주부朱浮를 공격했다. 또 그는 전에 상곡上谷 태수로 있는 경황耿況과 함께 많은 공을 세웠음에도 은상恩賞이 미박微薄했던 점에 주목해 누차 경황에게 사자를 보내 가담을 유

222 자후란경子后蘭卿은 팽총의 사촌인 만큼 성이 팽彭이어야 한다. 이름이 팽자후彭子后 내지 팽란경彭蘭卿으로 보인다. 이 경우 '자후' 내지 '란경'은 별명 내지 자字로 보는 게 옳을 것이다.

인했다. 그러나 경황은 이를 받아들이기는커녕 오히려 사자의 목을 베었다.

13) 반란을 일으켜 무안왕武安王을 칭하다가 경시제 유현에 의해 한중왕漢中王에 봉해진 유가劉嘉에게 붙잡힌 바 있는 연잠延岑이 재차 반기를 들어 남정南鄭섬서성 남정현을 포위했다. 한중왕 유가의 병사들이 패주했다. 연잠이 마침내 한중漢中을 점거하고 무도武都감숙성 성현로 진병했다. 경시제에 의해 주공후柱功侯에 봉해진 이보李寶에게 격파돼 천수天水감숙성 통위현로 달아났다.

공손술公孫述이 장군 후단侯丹을 파견해 남정을 빼앗았다. 유가가 다시 산졸散卒 수만 명을 모은 뒤 이보李寶를 승상으로 삼고, 무도武都에서 남쪽으로 가 후단을 쳤으나 불리했다. 곧 군사를 돌려 하지河池감숙성 휘현와 하변下辨감숙성 성현 서쪽에 진을 치고 다시 연잠과 연전連戰했다. 연잠이 군사를 이끌고 북쪽 산관散關섬서성 보계시 서남쪽으로 들어갔다가 진창陳倉섬서성 보계시에 도착했다. 유가가 그 뒤를 추격해 격파했다.

공손술이 또 장군 임만任滿從을 시켜 낭중閬中사천성 낭중현에서 남하해 강주江州사천성 파현를 함락시킨 뒤 다시 동진하여 한관扞關사천성 봉절현 동쪽을 점거하게 했다. 덕분에 익주益州 일대를 모두 차지하게 됐다.

14) 2월 신묘辛卯[223], 광무제가 낙양으로 돌아왔다.

15) 3월 을미乙未, 대사령을 내렸다.

16) 경시제가 임명한 여러 대장大將들 가운데 남쪽 지역에서는 아직 투항하지 않은 자가 제법 많았다. 광무제 유수가 제장들을 소집해 병사兵

223 원문은 신묘辛卯이다. 『자치통감』의 서술 관행에 비춰 2월이 확실하나 2월에는 '신묘일'이 없다. 착오가 있는 듯하다. 이하 착오 등으로 인해 구체적인 날짜를 확인하기 어려울 경우는 번역문에 간지干支를 그대로 표기하고 별도의 해설을 덧붙이지 않았다.

事를 논의하다가 죽간竹簡으로 된 격문을 듣고 땅을 치며 말했다.

"언현郾縣하남성 언성현이 최강最強이고, 완현宛縣이 그 다음이오. 누가 그곳의 공격을 감당하겠소?"

집금오執金吾 가복賈復이 신중하지 못한 솔연率然의 모습으로 대답했다.

"신이 청컨대 언현을 치고자 합니다."

광무제가 웃으며 대사마大司馬 오한吳漢을 지적했다.

"집금오가 언현을 친다면 내가 무엇을 걱정하겠소! 대사마는 의당 완현을 치도록 하시오."

마침내 가복을 파견해 언현을 격파하게 했다. 경시제에 의해 언왕郾王으로 책봉된 윤존尹尊이 항복했다. 이어 가복이 동쪽으로 가서 경시제에 의해 회양淮陽 태수에 임명된 폭범暴氾을 쳤다. 폭범이 항복했다.

17) 여름 4월, 호아대장군虎牙大將軍 갑연蓋延이 부마도위駙馬都尉 마무馬武 등 4명의 장군을 독려해 수양睢陽하남성 상구시에서 칭제稱帝한 유영劉永을 격파하게 했다. 마침내 유영을 수양에서 포위했다. 옛날 경시제 유현의 휘하 장수였던 소무蘇茂가 반기를 들어 회양淮陽 태수 반건潘蹇을 죽이고, 광락廣樂하남성 우성현을 점거한 채 유영의 신하가 됐다. 유영은 소무를 대사마에 제수하고, 회양왕淮陽王에 봉했다.

18) 오한吳漢이 완현宛縣을 쳤다. 경시제에 의해 완왕宛王에 임명된 유사劉賜가 경시제의 처자를 받들고 낙양으로 와서 항복했다. 광무제는 전에 유사가 자신을 적극 천거한 점을 평가해 그를 신후愼侯에 봉했다. 숙부 유량劉良과 부친 항렬의 족부族父인 유흡劉歙, 족형族兄인 유지劉祉 모두 장안에서 왔다.

4월 2일, 유량劉良을 광양왕廣陽王, 유지劉祉를 성양왕城陽王으로 책봉했다. 또 친형인 유연劉縯의 아들 유장劉章을 태원왕太原王, 유흥劉興

을 노왕魯王으로 삼았다. 경시제 유현의 세 아들인 유구劉求와 유흠劉歆 및 유리劉鯉 모두 열후로 삼았다.

19) 하강병 출신으로 경시제에 의해 정위廷尉에 임명되고 등왕鄧王에 책봉된 왕상王常이 항복했다. 광무제 유수가 그를 만나보고 크게 기뻐했다.

"내가 왕王 정위를 보니, 이제 남쪽은 걱정하지 않게 됐소!"

그러고는 2개의 궁정 비서실 가운데 하나인 좌조左曹에 임명하고, 산상후山桑侯에 봉했다.

20) 5월 19일, 부친 항렬의 일족인 족부族父 유흡劉歙을 사수왕泗水王으로 삼았다.

21) 광무제는 후한에 들어와 처음으로 만든 내명부內命婦인 귀인貴人 음려화陰麗華가 평소 우아하고 관인寬仁한 모습을 보였다는 이유로 황후로 삼고자 했다. 그러나 음귀인은 귀인貴人 곽성통郭聖通에게 아들이 있다는 이유로 끝내 응답하려고 하지 않았다.

6월 7일, 귀인 곽씨를 황후로 세웠다. 곽씨 소생의 아들 유강劉強을 황태자로 삼고, 천하에 대사령을 내렸다.

22) 6월 15일, 사수왕 유흡劉歙의 아들 유종劉終을 치천왕淄川王으로 삼았다.

23) 가을, 집금오執金吾 가복賈復이 남쪽으로 가 소릉召陵하남성 언성현 동쪽과 신식新息하남성 식현을 공격해 평정했다. 가복의 부하 장수가 영천潁川에서 사람을 죽였다. 영천 태수 구순寇恂이 그를 포획한 뒤 옥에 가두는 계옥繫獄을 했다. 당시는 아직 나라를 창건하는 초창草創의 시기여서 군영軍營의 범법을 대부분 서로 용인했으나 구순은 그를 저자에서 처형했다. 가복은 이를 수치로 여겼다. 환군하는 길에 영천을 지나면서 좌우에게 말했다.

"나는 구순과 같은 반열의 장수인데 그의 무함誣陷에 빠졌다. 지금 그를 보기만 하면 반드시 내가 칼로 내리칠 것이다!"

구순은 가복의 속셈을 알고 있는 까닭에 그와 만나려 하지 않았다. 생질인 곡숭谷崇이 말했다.

"저 곡숭도 장수입니다. 칼을 차고 곁에서 시중을 들겠습니다. 졸지에 변고가 있으면 족히 상대하여 감당할 수 있습니다."

구순이 말했다.

"그렇지 않다. 옛날 전국시대 말기 조趙나라 재상 인상여藺相如는 진왕秦王조차 두려워하지 않았으나 자신에게 원한을 품은 장수 염파廉頗에게 굴복했다. 나라를 위해 그리한 것이다."

이내 속현屬縣에 명을 내려 가복의 군사에게 물품을 넉넉히 공급하고, 술상인 주료酒醪도 잘 준비하도록 했다. 집금오 가복이 군사들이 경계에 들어오자 1인이 2인의 몫을 먹도록 후하게 대접했다. 구순은 길에 나가 영접한 뒤 칭질稱疾하여 돌아왔다. 가복은 군사를 정돈해 그를 추격하려 했으나 장령과 사병인 이사吏士들 모두 술에 크게 취한 까닭에 결국 경계를 그대로 지나치는 과거過去를 하고 말았다.

구순이 생질인 곡숭을 시켜 광무제에게 그 상황을 보고하도록 하자 광무제가 구순을 징소했다. 구순이 낙양에 도착해 접견하려 할 때 그곳에 먼저 와 앉아 있던 가복은 구순이 왔다는 얘기를 듣고는 곧바로 일어나 자리를 피하려 했다. 광무제가 말했다.

"천하가 아직 평정되지 않았소. 양호兩虎가 어찌하여 사사로이 싸우는 사투私鬪를 벌이는 것이오! 오늘 짐이 그 문제를 해결해 주겠소."

그러고는 함께 앉아 크게 즐기는 극환極歡을 했다. 마침내 구순과 가복이 함께 수레에 올라 밖으로 나가면서 결우結友를 한 뒤 헤어졌다.

24) 8월, 광무제가 친히 제장들을 거느리고 정벌에 나서 농민반란군인

오교五校를 쳤다.

8월 26일, 내황內黃하남성 내왕현에 행차해 내왕의 북쪽 인근인 의향義陽에서 오교를 대파하고, 무리 5만 명의 항복을 받았다.

25) 광무제가 유격장군游擊將軍 등륭鄧隆을 파견해 주부朱浮와 합세하는 방식으로 팽총彭寵을 토벌하려 했다. 등륭이 노현潞縣하북성 통현 남쪽에 주둔하자 주부朱浮는 옹노雍奴하북성 무청현에 주둔했다. 사자를 파견해 광무제에게 정황을 보고하는 주장奏狀[224]을 올렸다. 광무제가 상주문을 읽고는 화를 내며 사자에게 말했했다

"등륭과 주부의 군영이 서로 100리나 떨어져 있다. 형세에 비춰 어찌 서로 달려가 도울 수 있겠는가! 네가 군영으로 돌아갈 때쯤이면 북군北軍은 필히 패해 있을 것이다."

팽총이 과연 경병輕兵을 보내 등륭의 군사를 대파했다. 주부의 군영은 멀리 떨어져 있던 까닭에 끝내 구원할 수 없었다.

26) 광무제의 호아대장군虎牙大將軍 갑연蓋延은 수양睢陽하남성 상구시을 포위한 지 몇 달이 지나서야 겨우 함락시킬 수 있었다. 유영劉永이 달아나 우현虞縣하남성 우성현에 이르렀을 때 우현의 사람들이 난을 일으켜 그의 어머니와 처를 죽였다. 유영과 휘하의 수십 명이 초현譙縣안휘성 박현으로 분주奔走했다.

소무蘇茂와 교강佼強 및 주건周建 등이 합군合軍한 3만여 명의 군사를 이끌고 가 유영을 구했다. 갑연은 이들과 패군沛郡안휘성 수계현 서쪽에서 싸워 대승을 거뒀다. 유영과 교강 및 주건은 호릉湖陵산동성 어대현으로 달아나 몸을 보전했다. 소무는 달아나 광낙廣樂으로 돌아갔다. 갑연이 마침내

224 주장奏狀은 신하가 군왕에게 진언進言하거나 어떤 사안에 대해 진술하는 것을 말한다. 주장奏章과 같은 말이다.

패군沛郡과 초군楚郡안휘성 수현, 임회군臨淮郡하남성 회양현을 평정한 배경이다.

광무제가 태중대부太中大夫 복륭伏隆에게 명해 지절持節의 자격으로 청주靑州와 서주徐州에 사자로 가서 여러 군국郡國을 대상으로 항복을 권하는 초항招降을 하도록 했다. 청주와 서주의 군도群盜들은 유영이 격파돼 패했다는 소식을 듣고는 황공하고 두려운 황포惶怖에 빠진 나머지 항복을 청했다. 유영으로부터 작위를 받은 장보張步가 휘하의 연리掾吏인 손욱孫昱을 시켜 복륭을 따라 궁궐로 가서 상서上書하며 복어鰒魚를 바치게 했다. 복륭은 복잠伏湛의 아들이다.

27) 도향堵鄕하남성 방성현 출신 동흔董訢이 완현宛縣하남성 남양시의 현성縣城인 완성宛城에서 반기를 들어 남양南陽 태수 유린劉驎을 붙잡았다. 양화장군揚化將軍 견심堅鐔이 완성을 공격해 함락시켰다. 동흔이 달아나 고향인 창락현으로 돌아갔다.

28) 오한이 남양의 여러 현을 경략하며 지나는 곳마다 침폭侵暴을 했다. 파로장군破虜將軍 등봉鄧奉은 광무제를 알현하고 고향인 신야新野하남성 신야현로 돌아갔다가 오한이 그의 고향을 노략한 것에 화를 냈다. 마침내 반기를 들어 오한의 군사를 격파한 뒤 육양淯陽하남성 남양시 북쪽에 둔거屯據하며 여러 도적들과 합종合從했다.

29) 9월 2일, 광무제가 출정을 나간 내황內黃하남성 내황현에서 낙양으로 돌아왔다.

30) 섬현陝縣하남성 섬현의 도적인 소황蘇況이 홍농弘農하남성 영보현을 공파攻破했다. 광무제가 경단景丹을 보내 이들을 토벌하려 했다. 마침 경단이 죽자 정로장군征虜將軍 채준祭遵을 파견했다. 채준이 홍농을 비롯해 백화柏華하남성 낙양시 남쪽, 만중蠻中하남성 임여현 동쪽의 도적을 공격해 모두 평정했다.

31) 적미가 군마를 이끌고 서쪽 농현隴縣감숙성 청수현으로 올라가려고 하자 외효隗囂가 장군 양광楊廣을 보내 격파했다. 또 그들을 추격해 오씨烏氏감숙성 평량현 서남쪽와 경양涇陽감숙성 평량현 사이에서 패배시켰다. 적미는 현 인근인 양성陽城과 파수番須 인근에 도착했을 때 대설大雪을 만났다. 골짜기인 갱곡坑谷이 모두 눈으로 가득 차 많은 병사가 동사凍死했다. 이내 다시 돌아와 여러 능묘를 발굴해 그 속에 있는 보화寶貨를 손에 넣었다. 무릇 옥갑玉匣으로 염습한 시체는 대부분 마치 살아 있는 듯했다. 도적들은 끝내 여후呂后의 시신을 오욕汚辱했다.

등우鄧禹가 군사를 보내 욱이郁夷섬서성 농현 서쪽에서 이들을 치게 했으나 도리어 패하고 말았다. 이내 본인이 직접 운양雲陽섬서성 순화현에서 출격했으나 적미는 다시 장안으로 들어왔다. 이때 반란군 수령 연잠延岑이 두릉杜陵섬서성 장안현 동남쪽에 주둔하고 있었다. 적미의 장수 봉안逢安이 연잠을 쳤다. 등우는 봉안의 정병精兵이 밖으로 나가 있는 틈을 타 군사를 이끌고 장안을 습격했다. 마침 적미의 장수인 사록謝祿의 구원병이 도착하는 바람에 등우의 군사들이 패주하고 말았다. 이 와중에 연잠은 봉안에게 반격을 가해 대파했다. 죽은 자가 10여만 명에 달했다.

평림병 출신인 요잠廖湛이 적미 18만 명을 이끌고 한중왕漢中王 유가劉嘉를 공격했다. 유가가 곡구谷口에서 이들을 영격해 대파했다. 손수 요담을 죽인 뒤 마침내 운양雲陽에 도착해 곡식을 손에 넣었다. 유가의 처남인 신야新野 출신 내흡來歙은 광무제 유수의 고모 아들이다. 광무제가 등우에게 명해 유가를 불러들이게 했다. 유가가 내흡을 통해 등우에게 항복했다. 한중왕 유가의 승상인 이보李寶가 거만倨慢한 모습을 보이자 등우가 목을 베었다.

32) 겨울 11월 정위廷尉 잠팽岑彭을 정남대장군征南大將軍으로 삼았다. 광무제는 여러 사람이 모인 자리에서 전에 경시제에 의해 정위에 임명

되고 등왕鄧王에 책봉된 바 있는 왕상王常을 가리키며 군신들에게 말했다.

"이 사람은 전에 하강병下江兵의 장수들을 인솔해 우리 한나라 왕실을 보익輔翼했소. 그 마음이 마치 금석金石처럼 굳으니 진정한 충신이오!"

그날로 왕상에게 벼슬을 내려 한충장군漢忠將軍으로 삼은 뒤 잠팽과 더불어 건의대장군建義大將軍 주호朱祜 등 7명의 장수를 인솔해 등봉鄧奉과 동흔董訢을 토벌하게 했다. 잠팽 등이 먼저 동흔의 근거지인 도향堵鄉하남성 방성현을 공격하자 등봉이 군사를 이끌고 가 이를 구원했다. 이때 주호朱祜의 군사가 등봉에게 패해 포로로 붙잡혔다.

33) 반란집단인 동마銅馬와 청독青犢 및 우래尤來 등 남은 도적들이 함께 손등孫登을 천자로 세웠다. 손등의 장수 낙현樂玄이 손등을 죽인 뒤 무리 5만여 명을 이끌고 항복했다.

34) 대사도 등우는 풍음馮愔이 반란을 일으킨 뒤부터 위명威名이 점차 줄어들었다. 또 양식도 결핍된 상황에서 적미와 가진 전투마저 자주 불리했다. 귀부한 자들이 날마다 더욱 이산離散했다. 적미와 연잠延岑이 삼보三輔 일대에서 폭란暴亂의 모습을 보이자 군현郡縣의 대성大姓들이 각자 병사들을 거느리며 방비에 나섰다. 등우는 반란군을 평정할 길이 없었다. 광무제가 이내 편장군偏將軍 풍이馮異를 파견하면서 등우를 대신해 반란군을 토벌하게 했다. 이때 거가車駕를 타고 낙양의 서쪽인 하남河南까지 나가 풍이를 전송하면서 말했다.

"삼보三輔 일대는 왕망과 경시제의 혼란을 만났고, 거듭 적미와 연잠延岑의 가혹한 폭정을 겪었소. 일반백성인 원원元元은 도탄塗炭에 빠져 의탁해 호소하는 의소依訴할 곳조차 없게 됐소. 장군은 지금 명을 받고 여러 불궤不軌를 꾀한 자들의 토벌에 나섰소. 군영이나 보루를 갖고 투항하는 자는 그 우두머리인 거수渠帥를 경사京師인 낙양으로 보내고, 힘없는 소민小民은 고향 등으로 보내 농상農桑에 종사하게 하시오. 또 군영과 성벽을 허물어 다시는 모여 들지 못하게 하시오. 정벌은 반드시 땅을 공략하는 약지略地와 성 안을 도륙하는 도성屠城을 뜻하는 게 아니오. 요컨대 평정하여 안전히 모이도록 하는 안집安集에 있을 뿐이오. 제장들은 굳세게 싸우는 건투健鬪를 하지 않는 것은 아니나 노략虜掠을 좋아하오. 경은 본래 이사吏士를 잘 통어統御하니, 스스로 잘 절제하며 단속해 군현의 백성들을 고통스럽게 만드는 일이 없게 하시오!"

풍이가 돈수頓首하며 명을 받든 뒤 병사들을 이끌고 서진西進했다. 가는 곳마다 위신威信을 크게 펴자 군도群盜가 대부분 투항했다.

신 사마광은 논한다.

"옛날 주나라 사람들은 주문왕의 은덕을 두고 칭송하기를, '주문왕의 공덕을 널리 펴며 궁리하니, 은나라 토벌은 천하의 안정을 위한 것이다'라고 했다.[225] 군주가 용병하는 뜻은 오직 위덕威德으로 안민安民을 이루는 데 있음을 말한 것이다. 광무제가 관중關中을 손에 넣은 배경을 보건대 이 또한 '위덕안민'의 이치를 이루고자 한 것이다. 이 어찌 아름답지 않은가!"

35) 광무제가 다시 조서를 내려 등우를 징소하면서 이같이 말했다.

"신중히 처신해 궁지에 몰린 구적寇賊과 쟁봉하지 마시오! 적미는 먹을 양식이 없어지면 스스로 의당 동쪽으로 올 것이오. 나는 배불리 먹인 군사로 굶주린 적을 상대하고, 휴식을 취해 정비된 군사로 피로에 지친 적

---

225 『시경』「주송周頌, 뢰賚」의 '부시역사敷時繹思, 아조유구정我徂維求定' 구절을 인용한 것이다. 『자치통감』에는 부敷가 포鋪로 나오고 있다. 같은 뜻이다. 사마광은 본문에서 '주인송무왕周人頌武王'이라고 표현했으나 「뢰」는 주무왕이 아닌 주문왕의 은덕을 칭송한 시이다. 사마광이 착각한 것이다. 번역문은 주무왕을 주문왕으로 바꿔 놓았다.

을 상대하는 계책으로 임할 것이오.[226] 그러면 단장短杖으로도 능히 적을 제압하는 절추태지折棰笞之를 할 수 있으니 제장들은 걱정할 필요도 없게 되오. 다시는 망령되이 진병進兵하지 말도록 하시오!"

광무제가 복륭伏隆을 광록대부光祿大夫에 제수한 뒤 다시 장보張步에게 사자로 보내 장보를 동래東萊 태수에 임명했다. 나아가 동시에 새로 임명된 청주靑州 일대의 주목州牧과 태수 및 도위都尉 등과 함께 모두 동쪽 낙양으로 오게 했다. 복륭에게 조서를 내려 번번이 현령縣令과 현장縣長 이하의 관원을 임명하게 했다.

36) 12월 23일, 조서를 내려 종실의 열후들 가운데 왕망에 의해 대가 끊어진 자들은 모두 옛날의 제후국을 회복하게 했다.

37) 삼보三輔에 큰 기근이 들어 사람들이 서로를 잡아먹는 인상식人相食의 참상이 빚어졌다. 성곽城郭이 모두 텅 비고, 백골이 들을 덮었다. 유민遺民들도 왕왕 뭉쳐서 영채나 보루를 만든 뒤 각자 굳게 성을 지키면서 들판의 먹을 것을 하나도 남기지 않고 거둬들이는 견벽청야堅壁淸野를 했다.

적미가 노략을 하려고 해도 얻을 것이 없자 이내 군사를 이끌고 동쪽으로 갔다. 그 무리가 아직 20여만 명에 달했으나 길을 가면서 다시 많은 사람이 흩어졌다. 광무제가 파간장군破奸將軍 후진侯進 등을 파견해 신안新安하남성 신안현에 주둔시키고, 건위대장군建威大將軍 경엄耿弇 등은 의양宜陽하남성 의양현에 주둔시켰다. 후진과 경엄 등에게 적미가 돌아가는 길을 차단시키면서 제장들을 향해 이같이 명했다.

226 이는 『손자병법』「군쟁」에 나오는 계책을 언급한 것이다. 「군쟁」은 적의 사기를 꺾는 방안과 관련해 "가까운 곳에 전장을 만들어 원정해 오는 적을 상대하는 이근대원以近待遠, 휴식을 취한 뒤 정비된 군사로 피로에 지친 적을 상대하는 이일대로以佚待勞, 배불리 먹인 군사로 굶주린 적을 상대하는 이포대기以飽待飢의 계책을 구사한다."고 했다.

"도적들이 동쪽으로 달아날 것처럼 보이면 의양宜陽에 있는 군사를 이끌고 신안新安에 모이도록 하라. 반대로 도적들이 남쪽으로 달아날 것처럼 보이면 신안에 있는 군사를 이끌고 의양에 모이도록 하라."

풍이와 적미가 화음華陰섬서성 화음현에서 조우했다. 서로 대치한 상황에서 60여 일 동안 수십 차례 맞붙었다. 적미의 장졸 5,000여 명을 항복시켰다.

* 世祖光武皇帝建武二年

春, 正月, 甲子朔, 日有食之.

劉恭知赤眉必敗, 密教弟盆子歸璽綬, 習為辭讓之言. 及正旦大會, 恭先曰, "諸君共立恭弟為帝, 德誠深厚! 立且一年, 殽亂日甚, 誠不足以相成, 恐死而無益, 願得退為庶人, 更求賢知, 唯諸君省察!" 樊崇等謝曰, "此者崇等罪也." 恭復固請, 或曰, "此寧式侯事邪?" 恭惶恐起去. 盆子乃下床解璽綬, 叩頭曰, "今設置縣官而為賊如故, 四方怨恨, 不覆信向, 此皆立非其人所致. 願乞骸骨, 避賢聖路! 必欲殺盆子以塞責者, 無所離死!" 因涕泣噓唏. 崇等及會者數百人, 莫不哀憐之, 乃皆避席頓首曰, "臣無狀, 負陛下, 請自今已後, 不敢復放縱!" 因共抱持盆子, 帶以璽綬. 盆子號呼, 不得已. 既罷出, 各閉營自守. 三輔翕然, 稱天子聰明, 百姓爭還長安, 市里且滿. 後二十餘日, 復出, 大掠如故.

刀子都為其部曲所殺, 餘黨與諸賊會檀鄉, 號檀鄉賊, 寇魏郡·清河. 魏郡大吏李熊弟陸謀反城迎檀鄉, 或以告魏郡太守潁川銚期, 期召問熊, 熊叩頭首服, 願與老母俱就死. 期曰, "為吏儻不若為賊樂者, 可歸與老母往就陸也!" 使吏送出城. 熊行, 求得陸, 將詣鄴城西門. 陸不勝愧感, 自殺以謝期. 期嗟歎, 以禮葬之, 而還熊故職. 於是郡中服其威信. 帝遣吳漢率王梁等九將軍擊檀鄉於鄴東漳水上, 大破之, 十餘萬眾皆降. 又使梁與大將軍杜茂將兵安輯魏郡·清河·東郡, 悉平諸營保, 三郡清靜, 邊路流通.

庚辰, 悉封諸功臣為列侯. 梁侯鄧禹·廣平侯吳漢皆食四縣. 博士丁恭議曰, "古者封諸侯不過百里, 強幹弱枝, 所以為治也. 今封四縣, 不合法制." 帝曰, "古之亡國皆以無道, 未嘗聞功臣地多而滅亡者也." 陰鄉侯陰識, 貴人之兄也, 以軍功當增封, 識叩頭讓曰, "天下初定, 將帥有功者眾, 臣托屬掖廷, 仍加爵邑, 不可以示天下. 此為親戚受賞, 國人計功也." 帝從之. 帝令諸將各言所樂, 皆占美縣. 河南太守潁川丁綝獨求封本鄉. 或問其故, 綝曰, "綝能薄功微, 得鄉亭厚矣!" 帝從其志, 封新安鄉侯. 帝使郎中魏郡馮勤典諸侯封事, 勤差量功次輕重, 國土遠近, 地勢豐薄, 不相逾越, 莫不厭服焉. 帝以為能, 尚書眾事皆令總錄之. 故事. 尚書郎以令史久次補之, 帝始用孝廉為尚書郎.

起高廟於洛陽, 四時合祀高祖·太宗·世宗. 建社稷於宗廟之右. 立郊兆於城南.

長安城中糧盡, 赤眉收載珍寶, 大縱火燒宮室·市里, 恣行殺掠, 長安城中無復人行. 乃引兵而西, 眾號百萬, 自南山轉掠城邑, 遂入安定·北地. 鄧禹引兵南至長安, 軍昆明池, 謁祠高廟, 收十一帝神主, 送詣洛陽. 因巡行園陵, 為置吏士奉守焉.

真定王楊造讖記曰, "赤九之後, 癭楊為主." 楊病癭, 欲以惑眾. 與綿曼賊交通. 帝遣騎都尉陳副·游擊將軍鄧隆徵之, 楊閉城門不內. 帝復遣前將軍耿純持節行幽·冀, 所過勞慰王·侯, 密敕收楊. 純至真定, 止傳舍, 邀楊相見. 純, 真定宗室之出也, 故楊不以為疑, 且自恃眾強, 而純意安靜, 即從官屬詣之. 楊兄弟并將輕兵在門外. 楊入,見純, 純接以禮敬, 因延請其兄弟皆入, 乃閉閣, 悉誅之, 因勒兵而出. 真定震怖, 無敢動者. 帝憐楊謀未發而誅, 復封其子為真定王.

二月, 己酉, 車駕幸修武.

鮑永·馮衍審知更始已亡, 乃發喪, 出儲大伯等, 封上印綬, 悉罷兵, 幅巾詣河內, 帝見永, 問曰, "卿眾安在?" 永離席叩頭曰, "臣事更始, 不能令全, 誠慚以其眾幸富貴, 故悉罷之." 帝曰, "卿言大." 而意不悅. 既而永以立功見用, 衍遂廢棄. 永謂衍曰, "昔高祖賞季布之罪, 誅丁固之功. 今遭明主, 亦何憂哉!" 衍曰, "人有挑其鄰人之妻者, 其長者罵而少者報之. 後其夫死, 取其長者. 或謂之曰, '夫非罵爾者邪' 曰, '在人欲其報我, 在我欲其罵人也' 夫天命難知, 人道易守, 守道之臣, 何患死亡!"

大司空王梁屢違詔命, 帝怒, 遣尚書宗廣持節即軍中斬梁. 廣檻車送京師. 既至, 赦之, 以為中郎將, 北守箕關.

壬子, 以太中大夫京兆宋弘為大司空. 弘薦沛國桓譚, 為議郎·給事中. 帝令譚鼓琴, 愛其繁聲. 弘聞之, 不悅. 伺譚內出, 正朝服坐府上, 遣吏召之. 譚至, 不與席而讓之, 且曰, "能自改邪, 將令相舉以法乎?" 譚頓首辭謝. 良久, 乃遣之. 後大會群臣, 帝使譚鼓琴. 譚見弘, 失其常度. 帝怪而問之, 弘乃離席免冠謝曰, "臣所以薦桓譚者, 望能以忠正導主. 而令朝廷耽悅鄭聲, 臣之罪也." 帝改容謝之. 湖陽公主新寡, 帝與共論朝臣, 微觀其意. 主曰, "宋公威容德器, 群臣莫及." 帝曰, "方且圖之." 後弘被引見, 帝令主坐屏風後, 因謂弘曰, "諺言'貴易交, 富易妻' 人情乎?" 弘曰, "臣聞貧賤之知不可忘, 糟糠之妻不下堂." 帝顧謂主曰, "事不諧矣!"

帝之討王郎也, 彭寵發突騎以助軍, 轉糧食, 前後不絕, 及帝追銅馬至薊, 寵自負其功, 意望甚高. 帝接之不能滿, 以此懷不平. 及即位, 吳漢·王梁, 寵之所遣, 幷為三公, 而寵獨無所加, 愈怏怏不得志, 歎曰, "如此, 我當為王. 但爾者, 陛下忘我邪!" 是時北州破散, 而漁陽差完, 有舊鐵官, 寵轉以貿穀, 積珍寶, 益富強. 幽州牧朱浮, 年少有俊才, 欲厲風跡, 收士心, 辟召州中名宿及王莽時故吏二千石, 皆引置幕府, 多發諸郡倉穀稟贍其妻子. 寵以為天下未定, 師旅方起, 不宜多置官屬以損軍實, 不從其令. 浮性矜急自多, 寵亦狠強, 嫌怨轉積. 浮數譖構之, 密奏寵多聚兵穀, 意計難量. 上輒漏泄令寵聞, 以脅恐之. 至是, 有詔徵寵, 寵上疏, 願與浮俱徵. 帝不許. 寵益以自疑. 其妻素剛, 不堪抑屈, 固勸無受徵, 曰, "天下未定, 四方各自為雄. 漁陽大郡, 兵馬最精, 何故為人所奏, 而棄此去乎!" 寵又與所親信吏計議, 皆懷怨於浮, 莫有勸行者. 帝遣寵從弟子后蘭卿喻之. 寵因留子后蘭卿, 遂發兵反, 拜署將帥, 自將二萬餘人, 攻朱浮於薊. 又以與耿況俱有重功, 而恩賞幷薄, 數遣使要誘況. 況不受, 斬其使.

延岑復反, 圍南鄭. 漢中王嘉兵敗走. 岑遂據漢中, 進兵武都. 為更始柱功侯李寶所破, 岑走天水. 公孫述遣將侯丹取南鄭. 嘉收散卒得數萬人, 以李寶為相, 從武都南擊侯丹, 不利, 還軍河池·下辨, 復與延岑連戰. 岑引北, 入散關, 至陳倉. 嘉追擊, 破之. 公孫述又遣將軍任滿從閬中下江州, 東據扞關, 於是盡有益州之地.

辛卯, 上還洛陽.

三月, 乙未, 大赦.

更始諸大將在南方未降者尚多. 帝召諸將議兵事, 以檄叩地曰, "郾最強, 宛為次, 誰當擊之?" 賈復率然對曰, "臣請擊郾." 帝笑曰, "執金吾擊郾, 吾復何憂! 大司馬當擊宛." 遂遣復擊郾, 破之. 尹尊降. 又東擊更始淮陽太守暴氾, 氾降.

夏, 四月, 虎牙大將軍蓋延督駙馬都尉馬武等四將軍擊劉永, 破之. 遂圍永於睢陽. 故更始將蘇茂反, 殺淮陽太守潘蹇, 據廣樂而臣于永. 永以茂為大司馬·淮陽王.

吳漢擊宛, 宛王賜奉更始妻子詣洛陽降. 帝封賜為慎侯. 叔父良·族父歙·族兄祉皆自長安來. 甲午, 封良為廣陽王, 祉為城陽王. 又封兄縯子章為太原王, 興為魯王. 更始三子求·歆·鯉皆為列侯.

鄧王王常降, 帝見之甚歡, 曰, "吾見王廷尉, 不憂南方矣!" 拜為左曹, 封山桑侯.

五月, 庚辰, 封族父歙為泗水王.

帝以陰貴人雅性寬仁, 欲立以為后. 貴人以郭貴人有子, 終不肯當. 六月, 戊戌, 立貴人郭氏為皇后, 以其子強為皇太子. 大赦.

丙午, 封泗水王子終為淄川王.

秋, 賈復南擊召陵·新息, 平之. 復部將殺人於潁川, 潁川太守寇恂捕得, 繫獄. 時尚草創, 軍營犯法, 率多相容, 恂戮之於市. 復以為恥, 還, 過潁川, 謂左右曰, "吾與寇恂并列將帥, 而為其所陷, 今見恂, 必手劍之!" 恂知其謀, 不欲與相見. 姊子谷崇曰, "崇, 將也, 得帶劍侍側. 卒有變, 足以相當." 恂曰, "不然, 昔藺相如不畏秦王而屈於廉頗者, 為國也." 乃敕屬縣盛供具, 儲酒醪, 執金吾軍入界, 一人皆兼二人之饌. 恂出迎於道, 稱疾而還. 復勒兵欲追之, 而吏士皆醉, 遂過去. 恂遣谷崇以狀聞, 帝乃徵恂. 恂至, 引見. 時賈復先在坐, 欲起相避. 帝曰, "天下未定, 兩虎安得私鬪! 今日朕分之." 於是并坐極歡, 遂共車同出, 結友而去.

八月, 帝自率諸將徵五校. 丙辰, 幸內黃, 大破五校於羛陽, 降其衆五萬人.

帝遣游擊將軍鄧隆助朱浮討彭寵. 隆軍潞南, 浮軍雍奴, 遣吏奏狀. 帝讀檄, 怒, 謂使吏曰, "營相去百里, 其勢豈可得相及! 比若還,北軍必敗矣." 彭寵果遣輕兵擊隆軍, 大破之. 浮遠, 遂不能救.

蓋延圍睢陽數月, 克之. 劉永走至虞, 虞人反, 殺其母·妻. 永與麾下數十人奔譙. 蘇茂·佼強·周建合軍三萬餘人救永. 延與戰於沛西, 大破之. 永·強·建走保湖陵, 茂奔還廣樂. 延遂定沛·楚·臨淮.

帝使太中大夫伏隆持節使青·徐二州, 招降郡國. 青·徐群盜聞劉永破敗, 皆惶怖請降. 張步遣其掾孫昱隨隆詣闕上書, 獻鰒魚. 隆, 湛之子也.

堵鄕人董訢反宛城, 執南陽太守劉驎. 揚化將軍堅鐔攻宛, 拔之. 訢走還堵鄕.

吳漢徇南陽諸縣, 所過多侵暴. 破虜將軍鄧奉謁歸新野, 怒漢掠其鄕里, 遂反, 擊破漢軍, 屯據淯陽, 與諸賊合從.

九月, 壬戌, 帝自內黃還.

陝賊蘇況攻破弘農, 帝使景丹討之. 會丹薨, 征虜將軍祭遵擊弘農·柏華·蠻中賊, 皆平之.

赤眉引兵欲西上隴, 隗囂遣將軍楊廣迎擊, 破之. 又追敗之於烏氏·涇陽間. 赤眉至陽城番須中, 逢大雪, 坑谷皆滿, 士多凍死. 乃復還, 發掘諸陵, 取其寶貨. 凡有玉匣殮者, 率皆如生, 賊遂污辱呂后屍. 鄧禹遣兵擊之於郁夷, 反為所敗. 禹乃出之雲陽. 赤眉復入長安. 延岑屯杜陵, 赤眉將逢安擊之. 鄧禹以安精兵在外, 引兵襲長安. 會謝祿救至, 禹兵敗走. 延岑擊逢安, 大破之, 死者十餘萬人. 廖湛將赤眉十八萬攻漢中王嘉. 嘉與戰於谷口, 大破之, 嘉手殺湛, 遂到雲陽就穀. 嘉妻兄新野來歙, 帝之姑子也. 帝令鄧禹招嘉, 嘉因歙詣禹降. 李寶倨慢, 禹斬之.

冬, 十一月, 以廷尉岑彭為征南大將軍. 帝於大會中指王常謂群臣曰, "此家率下江諸將輔翼漢室, 心如金石, 真忠臣也!" 即日, 拜常為漢忠將軍, 使與岑彭率建義大將軍朱祜等七將軍討鄧奉·董訢. 彭等先擊堵鄉, 鄧奉救之. 朱祜軍敗, 為奉所獲.

銅馬·青犢·尤來餘賊共立孫登為天子. 登將樂玄殺登, 以其眾五萬餘人降.

鄧禹自馮愔叛後, 威名稍損, 又乏糧食, 戰數不利, 歸附者日益離散. 赤眉·延岑暴亂三輔, 郡縣大姓各擁兵眾, 禹不能定. 帝乃遣偏將軍馮異代禹討之, 車駕送至河南, 敕異曰, "三輔遭王莽·更始之亂, 重以赤眉·延岑之酷, 元元塗炭, 無所依訴. 將軍今奉辭討諸不軌, 營保降者, 遣其渠帥詣京師. 散其小民, 令就農桑. 壞其營壁, 無使復聚. 征伐非必略地·屠城, 要在平定安集之耳. 諸將非不健鬪, 然好虜掠. 卿本能御吏士, 念自修敕, 無為郡縣所苦!" 異頓首受命, 引而西, 所至布威信, 群盜多降.

臣光曰, "昔周人頌武王之德曰, '鋪時繹思, 我徂惟求定.' 言王者之兵志, 在布陳威德安民而已. 觀光武之所以取關中, 用是道也. 豈不美哉!"

又詔徵鄧禹還, 曰, "愼毋與窮寇爭鋒! 赤眉無穀, 自當來東. 吾以飽待饑, 以逸待勞, 折棰笞之, 非諸將憂也. 無得復妄進兵!"

帝以伏隆為光祿大夫, 復使於張步, 拜步東萊太守, 幷與新除青州牧·守·都尉俱東. 詔隆輒拜令·長以下.

十二月, 戊午, 詔宗室列侯為王莽所絕者, 皆復故國.

三輔大饑, 人相食, 城郭皆空, 白骨蔽野, 遺民往往聚為營保, 各堅壁清野. 赤眉虜掠無所得, 乃引而東歸, 眾尚二十餘萬, 隨道復散. 帝遣破奸將軍侯進等屯新安, 建威大將軍耿弇等屯宜陽, 以要其還路, 敕諸將曰, "賊若東走, 可引宜陽兵會新安. 賊若南走, 可引新安兵會宜陽." 馮異與赤眉遇於華陰, 相拒六十餘日, 戰數十合, 降其將卒五千餘人.

제5부 후한시대

** 권41-한기漢紀 33: 군벌들이 저항하다

한광무제 건무 3년(AD 27)

1) 봄 정월 6일, 풍이馮異를 정서대장군征西大將軍으로 삼았다. 등우는 중임을 맡고도 아무런 공도 세우지 못한 것을 크게 부끄러워한 나머지 굶주린 병사들을 이끌고 누차 적미를 공격했다. 그때마다 번번이 승리하지 못했다. 이내 거기장군車騎將軍 등홍鄧弘 등을 이끌고 하북河北산서성 예성현에서 황하를 건넌 뒤 호현湖縣하남성 영보현에 이르러 풍이에게 함께 적미를 칠 것을 제안했다. 풍이가 말했다.

"저 풍이는 도적과 상거相拒한 지 수십 일이 됐습니다. 비록 저들의 웅장雄將을 포로로 잡기는 했으나 나머지 무리가 아직 많습니다. 조금씩 은신恩信으로 항복을 유인할 수는 있으나 병사를 동원해 무력으로 깨기는 어렵습니다. 황상이 지금 제장들로 하여금 민지澠池하남성 민지현에 주둔하며 적미가 동쪽으로 가는 것을 막도록 했습니다. 저 풍이는 저들의 서쪽을 공격해 일거에 승리하려 합니다. 이는 거의 모든 것을 성공으로 이끄는 계책인 만성계萬成計[227]에 해당합니다!"

---

227 만성계萬成計를 두고 호삼성은 풀이하기를, "10 중 9가 성공한다는 취지이다. 설령 10 중 1이 적중하지 않을지라도 이는 만사만성萬事萬成에 해당한다. 유감없이 있는 계책을 모두 구사했음을 언급한 것이다."라고 했다.

등우와 등홍은 이 말을 좇지 않았다. 등홍이 마침내 대전大戰을 오랫동안 지속하는 이일移日[228]을 했다. 적미는 표면상 패한 척하면서 치중輜重을 버리고 달아났다. 이들은 수레에 흙을 가득 실어 놓고, 그 위를 콩으로 덮어 놓았다. 등홍의 사병들은 굶주린 까닭에 이를 다퉈 챙겨먹는 쟁취爭取를 했다. 적미가 이 틈을 노려 군사들을 이끌고 돌아와 공격을 가하자 등홍의 군사가 궤란潰亂했다.

풍이와 등우의 군사가 합세해 이들을 구하자 적미가 약간 퇴각했다. 풍이는 병사들이 주리고 피곤한 기권饑倦으로 인해 잠시 쉬는 게 가하다고 생각했다. 등우가 이를 듣지 않고 다시 싸우다가 대패했다. 사상자가 3,000여 명에 달했다. 등우가 겨우 기병 24명만 이끌고 전장을 탈출해 의양宜陽으로 돌아갔다. 풍이도 말을 버린 채 분주奔走해 낙양 동북쪽의 회계판回溪阪으로 올라간 뒤 휘하의 몇 명과 본영本營으로 귀영歸營했다. 흩어진 병사인 산졸散卒을 거둔 뒤 다시 성벽을 굳게 하며 스스로 지키는 견벽자수堅壁自守를 했다.

2) 1월 23일, 낙양雒陽[229]에 4대조까지 제사를 지내는 친묘親廟를 세웠다. 광무제 유수의 부친인 남돈군南頓君 유흠劉欽에서 시작해 조부인 거록도위鉅鹿都尉 유회劉回, 증조부인 울림鬱林 태수 유외劉外, 고조부인 용릉절후舂陵節侯 유매劉買에 이르기까지 4대조에 대한 제사가 그것이다.

228 이일移日을 두고 호삼성은 해의 그림자가 이동하는 영이景移로 풀이했다. 곧 오랜 시간이 지났음을 의미한다. 여기서 영景은 영影과 같다.

229 광무제 유수는 도참圖讖을 신봉한 까닭에 낙양을 도읍으로 정한 뒤 종전의 낙양洛陽을 낙양雒陽으로 바꿨다. 한나라가 화덕火德을 숭상한 까닭에 불을 누르는 물이 들어가 낙洛을 피한 것이다. 『자치통감』도 이때부터 낙양洛陽을 낙양雒陽으로 쓰기 시작했다. 낙수洛水도 낙수雒水로 바뀌었다.

3) 1월 24일, 천하에 대사령을 내렸다.

4) 2월 18일[230], 등우가 대사도大司徒와 양후梁侯의 인수를 바쳤다. 조서를 내려 양후의 인수를 돌려준 뒤 우장군右將軍으로 삼았다.

5) 풍이가 적미와 날짜를 약속하는 약기約期를 하고 회전會戰했다. 장사壯士들로 하여금 적미의 복장으로 변복變服한 뒤 도로 옆에 매복하게 했다. 날이 밝자 적미가 1만 명의 군사로 풍이 부대의 정면인 전부前部를 공격했다. 풍이가 적은 수의 병력을 내보내 이들을 구했다. 도적들은 풍이의 세력이 약한 것을 보고 마침내 모든 무리가 뛰쳐나와 풍이를 공격했다. 풍이도 병사를 모두 풀어 대전大戰에 임했다.

해가 기울 즈음 도적들의 기세가 쇠퇴하자 복병들이 문득 일어났다. 의복이 서로 뒤섞여 혼란스럽게 되자 적미는 이들을 다시 식별識別하지 못했다. 무리들이 놀라 궤산潰散했다. 이들을 추격해 효저崤底하만성 낙녕현의 서북쪽 효곡崤谷에서 대파하고, 남녀 8만 명을 항복시켰다. 광무제가 서신에 특별히 옥새를 찍은 새서璽書를 풍이에게 내려 보내며 이같이 위로했다.

"처음에는 비록 회계回溪하남성 민지현 남쪽에서 날개를 접는 수시垂翅를 했으나 끝내 민지澠池에서 날개를 떨치는 분익奮翼을 하게 됐소. 가히 '동우東隅에서 잃은 것을 상유桑楡에서 얻었다'[231]고 일컬을 만하오. 바야흐

230 원문은 '윤월閏月, 을사乙巳'이다. 이해는 정월에 윤달이 없고, 2월에 윤달이 있었다. 뒤에 '이월二月'이 나오는 점에 비춰 여기의 '윤월'은 통상적인 '2월'이고, 뒤에 나오는 '이월'이 '윤2월'일 공산이 크다. 착오가 있었던 듯하다. '윤월'을 통상적인 '2월'로 볼 경우 '을사'는 18일이 된다. 번역문은 이를 좇았다.

231 원문은 '실지동우失之東隅, 수지상유收之桑楡'이다. 『후한서』「풍이전馮異傳」에서 인용한 것이다. 동우東隅는 해가 뜨는 동쪽 모퉁이라는 뜻으로 아침을 상징하고, 상유桑楡는 해가 서쪽으로 기울어져 나무 끝에 걸려 있는 모습으로 곧 저녁을 상징한다. 한쪽에서 잃은 손해를 다른 쪽에서 만회한다는 의미이다. 새옹실마塞翁失馬 내지 새옹지마塞翁之馬 성어와 취지를 같이한다.

로 논공행상을 하여 대훈大勳에 보답하겠소."

적미의 나머지 무리는 동쪽 의양宜陽으로 나아갔다.

1월 27일, 광무제가 친히 6군六軍을 이끌고 의양에서 군진을 엄밀하게 벌려 놓은 채 적미가 오기를 기다렸다. 적미는 문득 대군을 만나자 경진驚震하여 말할 바를 알지 못했다. 이내 유공劉恭을 파견해 걸항乞降하게 했다.

"유분자가 100만 명의 무리를 이끌고 폐하에게 항복하려는데, 폐하는 어떻게 대우할 것입니까?"

광무제가 대답했다.

"너희들을 죽이지 않는 것으로 대우할 뿐이다!"

1월 29일, 유분자와 승상 서선徐宣 이하 30여 명이 투항의 표시로 어깨를 드러내는 육단肉袒을 하며 항복했다. 이때 손에 넣었던 전국새傳國璽와 인수印綬를 바쳤다. 무기와 갑옷을 의양성宜陽城의 서쪽에 쌓자 그 높이가 웅이산熊耳山하남성 의양현 서쪽과 같았다. 적미의 무리는 아직 10여만 명에 달했다. 광무제가 의양현의 주방에 명을 내려 이들에게 모두 식사를 제공하게 했다.

다음날 아침, 병마兵馬를 낙수雒水에 벌려 놓고 유분자의 군신君臣에게 이를 보게 했다. 광무제가 번숭樊崇 등에게 말했다.

"투항한 것을 후회하지 않을 수 있겠소? 짐은 지금 경들로 하여금 본영으로 돌아가 늑병勒兵한 뒤 북을 두드리며 서로 공격하게 하여 승부를 결하고 싶소. 억지로 항복하게 만들고 싶지 않소."

서선徐宣 등이 고두叩頭하며 말했다.

"신 등은 장안의 동도문東都門을 빠져 나오면서 군신君臣이 모여 계책을 논의했습니다. 이때 성덕聖德을 지닌 분에게 귀순하기로 정했습니다. 백성은 더불어 성과를 누릴 수는 있으나, 시작할 때 같이 도모하기는 어려운 법입니다. 많은 사람에게 알리지 않았던 이유입니다. 오늘 항복한 것은 호구虎口에서 벗어나 자모慈母에게 돌아간 것과 같습니다. 실로 즐겁고 기쁜 성환성희誠歡誠喜의 날입니다. 후회할 일이 전혀 없습니다!"

광무제가 말했다.

"경은 쇠붙이 가운데 무쇠이고 일반인 가운데 호걸인 이른바 '철중쟁쟁鐵中錚錚, 용중교교庸中佼佼'에 해당하오."

2월 21일, 광무제가 의양에서 낙양으로 돌아왔다. 번숭 등에게 각기 처자와 더불어 낙양에 살게 하고, 전택田宅을 하사했다. 이후 번숭과 봉안逢安은 반기를 들었다가 주살됐다. 양음楊音과 서선徐宣은 향리에서 죽었다. 광무제는 유분자를 가련하게 생각해 자신의 숙부인 조왕趙王 유량劉良의 낭중郎中으로 삼았다. 후에 병이 들어 실명하자 형양滎陽하남성 형양현에 있는 균수관均輸官의 땅을 하사해 그 조세로 종신토록 먹고 살게 했다. 유공劉恭은 경시제 유현을 액살縊殺한 적미의 우대사마右大司馬 사록謝祿을 살해한 뒤 스스로 감옥에 들어가는 계옥繫獄을 했다. 광무제가 그를 사면하고 벌하지 않았다.

6) 윤閏 2월, 호릉湖陵산동성 어대현으로 달아난 유영劉永이 동헌董憲을 해서왕海西王낭야군 해서현으로 삼았다. 그는 광무제의 명을 받은 복륭伏隆이 극현劇縣산동성 창락현으로 갔다는 소식을 듣고는 사자를 보내 장보張步를 제왕齊王으로 삼았다. 장보는 왕의 작위인 왕작王爵을 탐했으나 유예猶豫하며 결정하지 못했다. 복륭이 비유를 들어 말했다.

"한고제는 천하 사람과 약속하기를, '유씨가 아니면 왕으로 삼지 않는다'고 했소. 지금 그대는 10만 호의 제후 자리만 얻어도 다행이오!"

장보는 복륭을 그곳에 머물게 하면서 함께 청주青州와 서주徐州를 다스리는 방안을 강구하려 했다. 복륭이 듣지 않은 채 낙양으로 돌아가 보고할 수 있게 해달라고 청했다. 장보가 마침내 복륭을 억류한 채 유영이 내리는 '제왕齊王'의 왕작을 받았다. 복륭이 몰래 사자를 시켜 상서했다.

"신 복륭은 사자의 임무를 받들고 왔으나 아무런 성과도 얻지 못하고, 오히려 흉역凶逆들에게 붙잡히고 말았습니다. 비록 곤액困厄에 처해 있기는 하나 설령 목숨을 잃을지라도 결코 이를 애석히 여기지 않을 것입니다. 이곳의 이민吏民은 장보가 반기를 든 사실을 알고 내심 귀부하지 않고 있습니다. 원컨대 때맞춰 진병進兵해 신 복륭을 염두에 두지 말기 바랍니다! 신 복륭은 살아서 조정에 이르게 되면 사명使命을 이루지 못한 죄로 유사有司에 의해 주살을 당하는 것이 대원大願입니다. 만일 구적寇賊의 손에 의해 몰신沒身을 하게 되면 부모형제를 폐하에게 오랫동안 부탁하려 합니다. 폐하는 황후 및 태자와 함께 영원히 만국을 다스리는 복을 하늘과 더불어 무궁히 누리도록 하십시오!"

광무제는 복륭의 상서를 읽은 뒤 그의 부친 복잠伏湛을 불러 눈물을 흘리며 보여주었다.

"장보의 왕작 요구에 응하지 않은 걸 한스럽게 생각하고 있으나, 일단 급히 가서 복륭을 구해 오겠소!"

이후 장보가 마침내 복륭을 죽였다. 광무제는 바야흐로 북쪽으로 어양漁陽북경시 밀운현을 걱정해야 했고, 남쪽으로 양梁과 초楚의 용병 가능성에 정면 대응해야만 했다. 덕분에 장보는 제齊 땅을 독점적으로 제압하며 12개 군郡[232]을 점거할 수 있었다.

7) 광무제가 회현懷縣하남성 무척현으로 행차했다.

8) 오한吳漢이 경엄耿弇과 갑연蓋延을 이끌고 지현軹縣하남성 제원현 서쪽에서 청독靑犢을 공격해 대파하고 항복시켰다.

---

232 12개 군郡은 성양城陽, 낭야琅邪, 고밀高密, 교동膠東, 동래東萊, 북해北海, 제齊, 천승千乘, 제남濟南, 평원平原, 태산泰山, 치천淄川 등을 가리킨다.

9) 3월 16일, 사직司直 복잠伏湛을 대사도大司徒로 삼았다.

10) 탁군涿郡하북성 탁현 태수 장풍張豐이 반기를 들어 스스로 천하대장군天上大將軍을 칭한 뒤 어양漁陽에 있는 팽총彭寵과 군사연합인 연병連兵을 이뤘다. 유주幽州 자사 주부朱浮는 광무제가 친히 팽총에 대한 정벌에 나서지 않자 상소하여 구원을 청했다. 광무제가 조서로 회보했다.

"왕년에 적미가 장안에서 발호跋扈했소. 나는 식량이 떨어지면 그들이 동쪽 낙양으로 갈 것으로 판단했소. 과연 그들은 동쪽으로 와서 귀부歸附했소. 이번에 반기를 든 반로反虜들을 보면 형세 상 오래 갈 수 없소. 저들 가운데 반드시 내분이 일어나 서로 목을 벨자가 나오게 될 것이오. 지금 우리는 군자軍資가 아직 충분히 채워지지 않았소. 보리가 익어 수확할 때를 기다리고 있을 뿐이오!"

주부가 있던 계성薊城북경시 대흥현에 식량이 떨어지자 사람들이 서로 잡아먹는 인상식人相食 상황이 빚어졌다. 상곡上谷 태수 경황耿況에게 기병을 파견해 가서 구하게 했다. 덕분에 주부는 이내 몸을 빼는 탈신脫身에 성공해 달아날 수 있었다. 계성은 마침내 팽총에게 항복했다.

팽총은 스스로 연왕燕王을 칭하면서 우북평右北平하북성 풍윤현과 상곡上谷하북성 회래현에 속한 여러 현을 공략하고, 흉노에게 뇌물을 보내 차병借兵하려 했다. 또 남쪽으로 제왕齊王을 자처하는 장보張步를 비롯해 부평富平과 획색獲索에 있는 여러 도적과 관계를 맺으면서 교통交通했다.

11) 광무제가 손수 군사를 이끌고 가 등봉鄧奉을 치려 했다. 도양堵陽하남성 방성현에 이르자 등봉이 달아나 육양淯陽하남성 남양시 북쪽으로 돌아갔고, 동흔董訢은 항복했다.

여름 4월, 광무제가 등봉을 추격했다. 소장안小長安하남성 남양시 경내에서 접전해 대파했다. 등봉이 육단肉袒의 모습으로 건의대장군建義大將軍 주호朱祜를 통해 항복했다. 광무제는 등봉이 자신의 누나인 유원劉元의 남편 등신鄧晨의 조카이고, 건국 초기에 자신을 도와 많은 공을 세운 옛 공신인 점 등을 고려해 가련하게 생각했다. 나아가 틈이 벌어지게 된 것 또한 오한吳漢의 압박으로 인한 것이어서 그를 모두 용서해주고자 했다. 잠팽岑彭과 경엄耿弇이 간했다.

"등봉은 배은반역背恩反逆을 하여 들판에서 군사를 이끄는 폭사暴師를 1년이나 계속하는 경년經年을 했습니다. 폐하가 이곳에 왔는데도 회개하여 개과천선하는 회선悔善을 할 줄도 모르고, 친히 진을 치고 있다가 군사가 패하자 이내 항복한 것입니다. 만일 등봉의 목을 치지 않으면 이후 악인을 징계할 길이 없게 됩니다!"

이에 그의 목을 치고, 주호의 관직을 회복시켜 주었다.

12) 한중漢中을 근거지로 하는 반란집단인 연잠延岑은 이미 적미가 격파되자 곧바로 주목과 태수를 임명해 관중關中 일대를 점거하려 했다. 당시 관중에는 많은 도적들이 여전히 성행하고 있었다. 연잠이 남전藍田, 왕흠王歆이 하규下邽, 방단芳丹이 신풍新豐, 장진蔣震이 패릉霸陵, 장한張邯이 장안長安, 공손수公孫守가 장릉長陵, 양주楊周가 곡구谷口, 여유呂鮪가 진창陳倉, 각굉角閎이 견현汧縣, 낙연駱延이 주질盩厔, 임량任良이 우부雩阜, 여장汝章이 괴리槐里에 근거지를 둔 게 그렇다. 이들 모두 장군을 칭했다. 많은 사람은 1만여 명, 적은 사람은 수천 명의 군사를 거느렸다. 이들은 돌아가며 서로를 공격했다.

풍이는 일면 싸우고, 일면 행진해 상림원上林苑에 군대를 주둔시켰다. 연잠이 장한張邯과 임량任良을 끌어들여 함께 풍이를 쳤다. 풍이가 영격에 나서 이들을 대파했다. 모든 영채와 보루에서 연잠에게 귀부했던 자들이 모두 내항來降했다. 연잠이 마침내 무관武關섬서성 상현 경계에서 남양南陽하남성 남양시으로 달아났다.

이때 백성들은 기아飢餓로 인해 황금黃金 1근을 콩 5승升과 바꿨다.

도로가 단격斷隔된 까닭에 운송을 맡긴 식량이 도달할 길이 없었다. 풍이의 군사들 모두 과실果實을 식량으로 삼았다. 광무제가 조서를 내려 남양南陽 출신 조광趙匡을 우부풍右扶風으로 삼은 뒤 군사를 이끌고 가 풍이를 돕게 했다. 이어 합사비단과 군량인 겸곡縑穀의 운송을 책임지게 했다. 풍이의 병사들은 군량이 점차 풍성해지자 이내 사기가 왕성해졌다. 명령을 좇지 않는 호걸들을 주살하고, 투항해 공을 세우는 자를 포상하고, 각 군영의 우두머리인 거수渠帥를 경사인 낙양으로 보내고, 그들의 휘하 장병들을 해산시켜 각자 본업本業으로 돌아가게 했다. 풍이의 위엄이 관중을 진동시켰다. 오직 여유呂鮪와 장한張邯 및 장진蔣震은 사자를 촉蜀에 있는 공손술에게 보내 투항했다. 그러나 나머지는 모두 광무제에 의해 평정됐다.

13) 오한은 표기대장군驃騎大將軍 두무杜茂 등 7명의 장군을 인솔해 광락廣樂하남성 우성현 서쪽에서 유영劉永 휘하의 대장군인 소무蘇茂를 포위했다. 유영의 장군인 주건周建이 군사 10여만 명을 초집招集해 소무를 구했다. 오한이 이들을 영전迎戰했으나 불리했다. 말에서 떨어져 무릎을 다친 후 부득불 군영으로 돌아왔다. 주건 등이 마침내 병사들을 이끌고 입성入城했다. 제장들이 오한에게 말했다.

"대적大敵이 앞에 있는 상황에서 공公이 부상을 입고 눕게 되자 중심衆心이 두려움에 떨고 있습니다!"

오한이 이내 발연勃然히 상처를 싸매고 일어난 뒤 소를 때려잡아 병사들을 먹이는 추우향사椎牛饗士로 위로하며 격려했다. 사기가 절로 배가됐다. 이튿날인 단일旦日, 소무蘇茂와 주건周建이 출병해 오한의 군사를 포위했다. 오한이 분격奮擊해 적들을 대파했다. 소무가 달아나 호릉湖陵으로 돌아갔을 때 수양睢陽하남성 상구시의 백성들이 성 안에서 반기를 들어 전에 황제로 추대한 바 있는 유영劉永을 영접해 맞아들였다. 갑연蓋延

이 제장들을 이끌고 가 그곳을 포위했다. 오한도 두무杜茂와 진준陳俊으로 하여금 광락廣樂에 남아 지키게 한 뒤 스스로 군사를 이끌고 가 갑연을 도와 수양의 포위에 나섰다.

14) 광무제를 태운 거가車駕가 소장안小長安에서 군사를 이끌고 낙양으로 향하면서 잠팽에게 명해 부준傅俊과 장궁臧宮 및 유굉劉宏 등과 함께 3만여 명의 군사를 이끌고 남진南進해 진풍秦豐의 무리를 치게 했다.

5월 24일, 거가가 환궁還宮했다.

15) 5월 30일, 일식이 있었다.

16) 6월 7일, 대사령을 내렸다.

17) 연잠延岑이 남양南陽을 공격해 몇 개의 성을 빼앗았다. 건위대장군建威大將軍 경엄耿弇이 양현穰縣하남성 등현 동남쪽에서 이들을 영격해 대파했다. 연잠이 몇 명의 기병과 함께 동양東陽하남성 등현 동남쪽으로 달아나 진풍과 합세했다. 진풍이 자신의 딸을 그의 아내로 삼게 했다. 건의대장군建義大將軍 주호朱祜가 채준祭遵 등을 이끌고 연잠과 동양에서 싸워 격파했다. 연잠이 달아나 진풍에게 돌아갔다. 주호가 마침내 남쪽으로 가서 잠팽岑彭 등의 군사와 합쳤다.

연잠의 호군護軍 등중황鄧仲況이 옹병擁兵하여 음현陰縣호북성 광화현을 점거했다. 유흠劉歆의 손자 유공劉龔이 그의 모사謀士가 됐다. 전에 시중으로 있던 우부풍右扶風 출신 소경蘇竟이 서신을 그에게 보내 유세하자 등중황과 유공이 항복했다. 이후 소경은 끝까지 자신의 공로를 자랑하지 않은 채 몸을 숨기며 도를 즐기는 은신낙도隱身樂道를 하여 집에서 천수天壽를 다했다.

진풍秦豐이 등현鄧縣하남성 등현에서 잠팽을 막고 있을 때 가을 7월에 이르러 잠팽이 그를 격파했다. 여세를 몰아 여구黎丘호북성 의성현 동북쪽에서 진풍을 포위하고, 별도로 적노장군積弩將軍 부준傅俊을 파견해 병사를 이끌고 강동江東강소성 남부을 경략하게 했다. 덕분에 양주揚州 일대를 모두 평정했다.

18) 갑연蓋延이 수양睢陽하남성 상구시을 100일 동안 포위할 때 유영劉永과 소무蘇茂 및 주건周建이 문득 빠져나오는 돌출突出을 하여 장차 찬현酇縣하남성 영성현으로 달아나려고 했다. 갑연이 급히 추격하자 유영의 장수 경오慶吾가 유영의 목을 베고 항복했다. 소무와 주건은 수혜垂惠안휘성 몽성현로 달아난 뒤 유영의 아들 유우劉紆를 세워 양왕梁王으로 삼았다. 유영의 장수 교강佼強은 분주奔走해 서방西防산동성 단현을 지켰다.

19) 겨울 10월 19일, 광무제가 용릉舂陵호북성 조양현으로 행차해 4대 조상의 위패를 모신 사당인 원묘園廟에서 제사지냈다.

20) 경엄耿弇이 종용從容히 광무제에게 자청하기를, '북쪽으로 가서 상곡上谷의 군사 가운데 아직 징발하지 않은 자를 거둔 뒤 어양漁陽에서 팽총彭寵을 평정하고, 탁군涿郡에서 장풍張豐을 포획하고, 환군하는 도중에 부평富平과 획색獲索을 잡은 여세를 몰아 동쪽으로 장보張步를 공격해 제齊나라 땅을 평정하겠다'고 했다. 광무제가 그의 뜻을 장하게 여겨 허락했다.

21) 11월 12일, 광무제가 용릉에서 낙양으로 돌아왔다.

22) 이 해에 이헌李憲이 칭제하며 백관百官을 두었다. 9개의 성읍을 보유했고[233], 무리는 10여만 명이었다.

23) 광무제가 태중대부太中大夫 내흡來歙에게 물었다.

"지금 외효隗囂가 있는 서주西州는 아직 귀부하지 않고, 자字가 자양子陽인 공손술은 칭제하고 있소. 도리道里가 막혀 있고 멀리 떨어진 까닭에

233 원문은 '옹9성擁九城'이다. '9성'은 지금의 안휘성에 있던 여강군廬江郡의 12개 현 가운데 9개 현을 가리킨다.

제장들은 바야흐로 관동關東 일대에만 힘을 쓰고 있소. 서주 공략의 방략方略이 떠오르지 않으니 과연 어찌해야 좋소?"

내흡이 대답했다.

"신은 일찍이 외효를 장안에서 만나 본 일이 있습니다. 그는 처음에 기병할 때 한나라의 부흥을 명분으로 내세웠습니다. 신은 원컨대 황상의 위명威命을 받드는 사자로 가서 단청지신丹青之信을 열어 보이고자 합니다. 그러면 외효는 반드시 손을 묶고 스스로 귀부하는 속수자귀束手自歸를 할 것입니다. 외효가 귀의하면 공손술은 스스로 패망하는 형세에 놓이게 되는 까닭에 도모할 대상이 되기에도 부족합니다!"

광무제가 동의하며 내흡으로 하여금 외효에게 사자로 가게 했다. 외효는 이미 한나라를 위해 공을 세웠고, 등우가 건무 원년에 서주대장군에 임명하는 것을 받아들인 바 있다. 외효의 복심腹心과 모사들이 대부분이 직접 낙양에 사자로 가는 통사通使의 방안을 권했다. 외효가 이내 상주문을 받들고 궁궐로 왔다. 광무제가 특별한 예우로 회답했다. 말할 때 이름 대신 그의 자字인 계맹季孟을 칭했고, 상대방을 동일한 지위로 대우하는 의례인 적국지의敵國之儀를 갖췄다. 외효를 위로하고 다독이는 위자慰藉의 취지가 심후甚厚하다는 것을 내보인 것이다.

** 起強圉大淵獻, 盡屠維赤奮若, 凡三年.

世祖光武皇帝建武三年

春, 正月, 甲子, 馮異為征西大將軍. 鄧禹慚於受任無功, 數以饑卒徼赤眉戰, 輒不利. 乃率車騎將軍鄧弘等自河北度至湖, 要馮異共攻赤眉. 異曰, "異與賊相拒數十日, 雖虜獲雄將, 餘眾尚多, 可稍以恩信傾誘, 難卒用兵破也. 上今使諸將屯澠池, 要其東, 而異擊其西, 一舉取之, 此萬成計也!" 禹·弘不從, 弘遂大戰移日. 赤眉陽敗,棄輜重走. 車皆載土, 以豆覆其上, 兵士饑, 爭取之. 赤眉引還, 擊弘, 弘軍潰亂. 異與禹合兵救之, 赤眉小卻. 異以士卒饑倦, 可且休. 禹不聽, 復戰, 大為所敗, 死傷者三千餘人, 禹以二十四騎脫歸宜陽. 異棄馬步走, 上回溪阪, 與麾下數人歸營, 收其散卒, 復堅壁自守.

辛巳, 立四親廟於雒陽, 祀父南頓君以上至春陵節侯.

壬午, 大赦.

閏月, 乙巳, 鄧禹上大司徒·梁侯印綬. 詔還梁侯印綬, 以為右將軍. 馮異與赤眉約期會戰, 使壯士變服與赤眉同, 伏於道側. 旦日, 赤眉使萬人攻異前部, 異少出兵以救之. 賊見勢弱, 遂悉眾攻異, 異乃縱兵大戰. 日昃, 賊氣衰, 伏兵卒起, 衣服相亂, 赤眉不復識別, 眾遂驚潰. 追擊, 大破之於崤底, 降男女八萬人. 帝降璽書勞異曰, "始雖垂翅回溪, 終能奮翼澠池, 可謂'失之東隅, 收之桑榆'. 方論功賞, 以答大勳."

赤眉餘眾東向宜陽. 甲辰, 帝親勒六軍, 嚴陣以待之. 赤眉忽遇大軍, 驚震不知所謂, 乃遣劉恭乞降曰, "盆子將百萬眾降陛下, 何以待之?" 帝曰, "待汝以不死耳!" 丙午, 盆子及丞相徐宣以下三十餘人肉袒降, 上所得傳國璽綬. 積兵甲宜陽城西, 與熊耳山齊. 赤眉眾尚十餘萬人, 帝令縣廚皆賜食. 明旦, 大陳兵馬臨雒水, 令盆子君臣列而觀之. 帝謂樊崇等曰, "得無悔降乎? 朕今遣卿歸營, 勒兵鳴鼓相攻, 決其勝負, 不欲強相服也." 徐宣等叩頭曰, "臣等出長安東都門, 君臣計議, 歸命聖德. 百姓可與樂成, 難與圖始, 故不告眾耳. 今日得降, 猶去虎口歸慈母, 誠歡誠喜, 無所恨也!" 帝曰, "卿所謂鐵中錚錚, 人庸中佼佼者也." 戊申, 還自宜陽. 帝令樊崇等各與妻子居雒陽, 賜之田宅. 其後樊崇·逢安反, 誅. 楊音·徐宣卒於鄉里. 帝憐盆子, 以為趙王郎中. 後病失明, 賜滎陽均輸官地, 使食其稅終身. 劉恭為更始報仇, 殺謝祿, 自繫獄. 帝赦不誅.

二月, 劉永立董憲為海西王. 永聞伏隆至劇, 亦遣使立張步為齊王. 步貪王爵, 猶豫未決. 隆曉譬曰, "高祖與天下約, 非劉氏不王. 今可得為十萬戶侯耳!" 步欲留隆, 與共守二州. 隆不聽, 求得反命, 步遂執隆而受永封. 隆遣間使上書曰, "臣隆奉使無狀, 受執凶逆. 雖在困厄, 授命不顧. 又, 吏民知步反畔, 心不附之, 願以時進兵, 無以臣隆為念! 臣隆得生到闕廷, 受誅有司, 此其大願. 若令沒身寇手, 以父母·昆弟長累陛下. 陛下與皇后·太子永享萬國, 與天無極!" 帝得隆奏, 召其父湛, 流涕示之曰, "恨不且許而遽求還也!" 其後步遂殺之. 帝方北憂漁陽, 南事梁·楚, 故張步得專集齊地, 據郡十二焉.

帝幸懷.

吳漢率耿弇·蓋延擊青犢於軹西, 大破降之.

三月, 壬寅, 以司直伏湛為大司徒.

涿郡太守張豐反, 自稱天上大將軍, 與彭寵連兵. 朱浮以帝不自征彭寵, 上疏求救. 詔報曰, "往年赤眉跋扈長安, 吾策其無穀必東. 果來歸附. 今度此反虜, 勢無久全, 其中必有內相斬者. 今軍資未充, 故須後麥耳!" 浮城中糧盡, 人相食, 會耿況遣騎來救, 浮乃得脫身走, 薊城遂降於彭寵. 寵自稱燕王, 攻拔右北平·上谷數縣, 賂遺匈奴, 借兵為助. 又南結張步及富平·獲索諸賊, 皆與交通.

帝自將征鄧奉, 至堵陽. 奉逃歸淯陽, 董訢降. 夏, 四月, 帝追奉至小長安, 與戰, 大破之. 奉肉袒因朱祜降. 帝憐奉舊功臣, 且釁起吳漢, 欲全宥之. 岑彭·耿弇諫曰, "鄧奉背恩反逆, 暴師經年, 陛下既至, 不知悔善, 而親在行陳, 兵敗乃降. 若不誅奉, 無以懲惡!" 於是斬之. 復朱祜位.

延岑既破赤眉, 即拜置牧守, 欲據關中. 時關中衆寇猶盛, 岑據藍田, 王歆據下邽, 芳丹據新豐, 蔣震據霸陵, 張邯據長安, 公孫守據長陵, 楊周據谷口, 呂鮪據陳倉, 角閎據汧, 駱延據盩厔, 任良據雩阜, 汝章據槐里, 各稱將軍, 擁兵多者萬餘人, 少者數千人, 轉相攻擊. 馮異且戰且行, 屯軍上林苑中. 延岑引張邯·任良共攻異. 異擊, 大破之, 諸營保附岑者皆來降, 岑遂自武關走南陽. 時百姓飢餓, 黃金一斤易豆五升, 道路斷隔, 委輸不至, 馮異軍士悉以果實為糧. 詔拜南陽趙匡為右扶風, 將兵助異, 并送縑·穀. 異兵穀漸盛, 乃稍誅擊豪傑不從令者, 褒賞降附有功勞者, 悉遣諸營渠帥詣京師, 散其衆歸本業, 威行關中. 唯呂鮪·張邯·蔣震遣使降蜀, 其餘悉平.

吳漢率驃騎大將軍杜茂等七將軍, 圍蘇茂於廣樂, 周建招集得十餘萬人救之. 漢迎與之戰, 不利, 墮馬傷膝, 還營. 建等遂連兵入城. 諸將謂漢曰, "大敵在前, 而公傷臥, 衆心懼矣!" 漢乃勃然裹創而起, 椎牛饗士, 慰勉之, 士氣自倍. 旦日, 蘇茂·周建出兵圍漢. 漢奮擊, 大破之, 茂走還湖陵. 睢陽人反城迎劉永, 蓋延率諸將圍之. 吳漢留杜茂·陳俊守廣樂, 自將兵助延圍睢陽.

車駕自小長安引還, 令岑彭率傅俊·臧宮·劉宏等三萬餘人南擊秦豐. 五月, 己酉, 車駕還宮.

乙卯晦, 日有食之.

六月, 壬戌, 大赦.

延岑攻南陽, 得數城. 建威大將軍耿弇與戰於穰, 大破之. 岑與數騎走東陽, 與秦豐合. 豐以女妻之. 建義大將軍朱祜率祭遵等與岑戰於東陽, 破之. 岑走歸秦豐. 祜遂南與岑彭等軍合. 延岑護軍鄧仲況擁兵據陰縣, 而劉歆·孫龔為其謀主. 前侍中扶風蘇竟以書說之, 仲況與龔降. 竟終不伐其功, 隱身樂道, 壽終於家. 秦豐拒岑彭於鄧,秋, 七月, 彭擊破之. 進圍豐於黎丘, 別遣積弩將軍傅俊將兵徇江東, 揚州悉定.

蓋延圍睢陽百日, 劉永·蘇茂·周建突出, 將走酇. 延追擊之急, 永將慶吾斬永首降. 蘇茂·周建奔垂惠, 共立永子紆為梁王. 佼強奔保西防. 冬, 十月, 壬申, 上幸舂陵, 祠園廟.

耿弇從容言於帝, 自請北收上谷兵未發者, 定彭寵於漁陽, 取張豐於涿郡, 還收富平·獲索, 東攻張步, 以平齊地. 帝壯其意, 許之.

十一月, 乙未, 帝還自舂陵.

是歲, 李憲稱帝, 置百官, 擁九城, 眾十餘萬.

帝謂太中大夫來歙曰, "今西州未附, 子陽稱帝, 道里阻遠, 諸將方務關東, 思西州方略, 未知所在, 奈何?" 歙曰, "臣嘗與隗囂相遇長安. 其人始起, 以漢為名. 臣願得奉威命, 開以丹青之信, 囂必束手自歸. 則述自亡之勢, 不足圖也!" 帝然之, 始令歙使於囂. 囂既有功於漢, 又受鄧禹爵署, 其腹心議者多勸通使京師, 囂乃奉奏詣闕. 帝報以殊禮, 言稱字, 用敵國之儀, 所以慰藉之甚厚.

한광무제 건무 4년(AD 28)

1) 정월 2일, 대사령을 내렸다.

2) 2월 1일, 광무제가 회현懷縣하남성 무척현으로 행차했다.

2월 11일, 낙양으로 돌아왔다.

3) 연잠延岑이 다시 순양順陽하남성 석편현 동쪽을 노략했다. 광무제가 등우를 파견해 군사를 이끌고 가 격파하게 했다. 연잠이 한중漢中섬서성 남정현으로 달아나자 공손술이 그를 대사마로 삼고, 여녕왕汝寧王에 봉했다.

4) 남군南郡호북성 형주 이릉夷陵 일대에 근거지를 둔 성주왕成周王 전융田戎은 초여왕楚汝王 진풍秦豐이 격파됐다는 소식을 듣고는 공구恐懼한 나머

지 투항하려 했다. 그의 처남 신신辛臣은 팽룡彭寵과 장보張步, 동헌董憲, 공손술公孫述 등이 보유한 군국郡國을 그린 지도를 펼쳐 보이며 전융에게 말했다.

"낙양雒陽은 땅이 손바닥만큼 작을 뿐이오. 갑옷을 어루만지며 시변時變을 관찰하느니만 못하오."

전융이 말했다.

"진풍처럼 막강한 무력을 지닌 자도 오히려 정남장군征南將軍 잠팽에게 포위되는 곤경을 겪고 있소. 나는 투항하기로 결심했소!"

이내 처남인 신신을 남겨두어 이릉夷陵을 지키게 한 뒤 스스로 병사를 이끈 채 장강을 따라 면수沔水로 거슬러 올라가 여구黎丘 호북성 의성현 동북쪽로 갔다. 신신이 이후 전융의 진보珍寶를 훔친 뒤 샛길로 먼저 가 잠팽에게 항복했다. 이어 서신을 전융에게 보내 항복을 권했다.

"의당 때맞춰 투항해야 하오. 전에 세웠던 계책에 구애될 필요가 없소!"

전융은 신신이 자신을 팔아먹을 것으로 의심해 거북의 등을 불에 태워 투항 여부를 점치는 작구복항灼龜卜降을 했다. 귀갑龜甲의 중간이 깨지는 불길한 징조徵兆가 나왔다. 마침내 다시 반기를 들어 진풍과 합세했다. 잠팽이 이를 깨뜨리자 전융이 달아나 이릉으로 돌아갔다.

5) 여름 4월 7일, 광무제가 업현鄴縣 하북성 임장현으로 행차했다.

4월 19일, 임평臨平 하남성 녹읍현으로 행차한 뒤 오한吳漢과 진준陳俊, 왕량王梁을 파견해 오교五校의 무리를 임평臨平에서 격파하게 했다.

격현鬲縣 산동성 능현의 5개 대성大姓이 함께 격현을 대표하는 민간의 우두머리인 수장守長을 내쫓고 성을 점거해 반란을 일으켰다. 제장들이 다퉈 그들을 치려고 했다. 오한이 말했다.

"격현에서 반기를 들게 한 것은 수장의 죄이다. 감히 경솔히 진병하는 자는 목을 벨 것이다!"

이내 격문을 군郡에 보내 수장을 잡아들이게 하고, 사람을 보내 5개 대성에게 사과했다. 성 안에 있던 5개 대성이 크게 기뻐한 나머지 서로 이끌며 투항했다. 제장들이 이내 탄복했다.

"싸우지 않고 성을 떨어뜨리는 부전하성不戰下城을 했으니, 이는 중인衆人들이 미치지 못하는 바이다!"

6) 5월, 광무제가 원씨元氏하북성 원씨현로 행차했다.

5월 1일, 노노盧奴하북성 정현로 행차해 장차 친히 팽총彭寵을 정벌하려 했다. 복잠伏湛이 간했다.

"지금 연주兗州와 예주豫州, 청주青州, 기주冀州는 중원의 도읍지입니다. 구적寇賊이 종횡으로 돌아다니며 아직 교화를 따르지 않고 있습니다. 어양漁陽북경시 밀운현의 변새邊塞 밖은 황량하고 공허한 황모荒耗의 땅이니 어찌 족히 먼저 도모할 만한 대상이겠습니까? 폐하가 가까운 곳을 놓아둔 채 먼 곳에 힘을 쓰는 사근무원舍近務遠과 쉬운 것을 버리고 어려운 것을 구하는 기이구난棄易求難을 행하니, 실로 신은 곤혹困惑할 뿐입니다!"

광무제가 팽총 정벌의 뜻을 버리고 당초의 생각으로 돌아왔다.

7) 광무제가 건의대장군建義大將軍 주호朱祜와 건위대장군建威大將軍 경엄耿弇, 정로대장군征虜將軍 채준祭遵, 효기대장군驍騎將軍 유희劉喜를 파견해 탁군涿郡하북성 탁현에서 장풍張豐을 토벌하게 했다. 채준이 먼저 도착한 뒤 급공急攻을 가해 장풍을 사로잡았다.

당초 장풍은 방술方術을 좋아했다. 어떤 도사道士가 장풍에게 장차 천자가 될 것이라고 예언한 뒤 5색의 주머니인 오채낭五彩囊에 돌을 넣어 장풍의 팔에 묶어주며 이같이 말했다.

"돌 속에 옥새玉璽가 있소."

장풍이 이 말을 굳게 믿고 마침내 반기를 들었다. 이미 붙잡혀 참수를 당하게 됐는데도 여전히 이같이 말했다.

"팔목에 묶여 있는 돌 속에 옥새가 있다."

옆에 있던 사람들이 망치로 이를 깨뜨렸다. 장풍은 비로소 속은 것을 알고는 앙천仰天하며 탄식했다.

"죽는 게 당연하다. 죽어도 서운할 게 없다!"

광무제가 경엄에게 조서를 내려 진병하여 팽총을 치게 했다. 경엄은 부친인 경황耿況이 전에 팽총과 함께 어려운 처지의 유수를 돕는 공로가 있었고, 또 장수의 출정 때 관행 상 일족이 경사에 인질로 가 있어야 하는데도 없는 점을 이유로 감히 홀로 진병하지 못하고 낙양으로 불러줄 것을 청했다. 광무제가 조서로 회보했다.

"장군은 종족을 모두 동원해 나라를 위해 일한 까닭에 그 공효功效가 더욱 뚜렷하오. 무엇을 혐의嫌疑하여 징소를 청하는 것이오!"

경황이 이 소식을 듣고는 다시 경엄의 동생 경국耿國을 낙양으로 보내 입시入侍하게 했다.

당시 채준祭遵은 양향良鄕하북성 방산현, 유희劉喜는 양향陽鄕하북성 탁현 동쪽에 주둔하고 있었다. 팽총이 흉노의 군사를 이끌고 가 이들을 치려고 했다. 경황이 아들 경서耿舒를 시켜 흉노의 병사를 급습하게 하자, 경서가 흉노를 격파한 뒤 2명의 흉노 친왕親王의 목을 베었다. 팽총이 이내 퇴주退走했다.

8) 6월 2일, 거가車駕가 환궁했다.

9) 가을 7월 8일, 광무제가 초현譙縣안휘성 박현까지 행차했다. 포로장군捕虜將軍 마무馬武와 기도위騎都尉 왕패王霸를 파견해 유우劉紆와 주건周建을 수혜垂惠안휘성 몽성현에서 포위하게 했다.

10) 전에 유영劉永에 의해 해서왕海西王에 봉해진 동헌董憲의 장수 비

휴賁休[234]가 난릉蘭陵산동성 봉현을 들어 항복했다. 동헌이 소식을 듣고 친히 담현郯縣산동성 담성현에서 군사를 이끌고 와 난릉을 포위했다. 당시 갑연蓋延과 평적장군平狄將軍 산양山陽 출신 방맹龐萌은 초楚 땅에 있다가 이 소식을 듣고는 군사를 이끌고 가 비휴를 구원하게 허락해 달라고 청했다. 광무제가 칙령으로 경계했다.

"곧바로 가서 담현郯縣을 치면 난릉의 포위는 절로 풀릴 것이다."

갑연 등은 비휴의 성곽이 위태로운 까닭에 마침내 먼저 그곳으로 달려갔다. 동헌이 그들을 맞아 싸우다가 짐짓 패퇴敗退했다. 갑연 등이 이 기회에 포위망을 뿌리 뽑고 입성하려 했다. 다음날 동헌이 대군을 이끌고 와 포위망을 더욱 두텁게 했다. 갑연 등이 두려운 나머지 신속히 포위망을 뚫고 달아난 뒤 담현으로 달려가 공격을 가하려 했다. 광무제가 이들을 책망했다.

"먼저 담현을 쳐야 한다고 말한 것은 오직 도적들이 예상치 못한 때를 틈타 공격하는 출기불의出其不意를 이루기 위한 것이었다. 지금 이미 분주奔走하여 담현을 치고자 하니 도적들은 이미 계책을 세웠을 것이다. 이제 난릉의 포위를 어찌 풀 수 있겠는가!"

갑연 등이 담현에 도착했으나 과연 함락시키지 못했다. 동헌이 마침내 난릉을 함락시킨 뒤 비휴를 죽였다.

11) 8월 10일, 광무제가 수춘壽春안휘성 수현으로 행차했다. 양무장군揚武將軍인 남양 출신 마성馬成을 파견해 주로장군誅虜將軍인 남양 출신 유륭劉隆 등 3명의 장군을 이끌고 가 회계會稽강소성 소주시, 단양丹楊안휘성 의성현, 구강九江안휘성 구강현, 육안六安안휘성 육안현 등 4개 군郡의 병사를 징

234 비휴賁休의 비賁는 통상 용맹勇猛의 뜻을 지닌 '분'으로 읽는다. 그러나 사람의 성씨로 사용될 때는 아름다운 문식文飾의 뜻을 지닌 '비'로 읽는다.

발한 뒤 이헌李憲을 치게 했다. 9월에 서현舒縣안휘성 여강현에서 이헌을 포위했다.

왕망의 말년에 천하가 어지러워지자 임회臨淮안휘성 우이현의 대윤大尹인 하남河南하남성 낙양시 출신 후패侯霸가 홀로 그의 군사 전부를 잘 보전했다. 광무제는 후패를 징소해 수춘壽春에서 만나본 뒤 상서령尙書令에 제수했다. 이때 조정에는 옛 전장典章도 없고, 또 옛 정부에 있었던 구신舊臣도 적었다. 그러나 후패는 고사故事를 명확히 익히고 있었다. 유문遺文을 수록해 전세前世의 선정善政과 법도法度를 조목별로 상주해 시행하게 한 배경이다.

겨울 10월 17일, 거가車駕가 환궁했다.

12) 천수天水감숙성 통위현에서 서주대장군西州大將軍으로 있는 외효隗囂가 마원馬援으로 하여금 촉蜀사천성 성도으로 가서 공손술을 만나보게 했다. 마원은 평소 공손술과 같은 이한里閈 즉 동향인 무릉茂陵섬서성 흥평현에서 생장한 까닭에 서로 잘 알고 지냈다. 그는 내심 촉 땅에 도착하면 의당 공손술과 반가이 악수握手하며 평생을 같이 살아온 사람처럼 환영해야 할 것으로 생각했다.

그러나 공손술은 섬돌에 성대하게 위병들을 포진시킨 연후에 비로소 마원을 들어오게 했다. 이어 서로 절하는 예절인 교배례交拜禮가 끝나자 바로 나가서 관사館舍로 들어가게 했다. 다시 마원을 위해 도포都布[235]로

235 도포都布는 베의 명칭이다. 이현李賢은 『후한서』「마원전」의 주에서 답포荅布 내지 백첩포白疊布를 가리킨다고 했다. 『사기』「화식열전」에 탑포榻布 표현이 나온다. 배인裵駰은 『사기집해』에서 "탑포榻布는 백첩白疊을 말한다."고 했다. 사마정司馬貞은 『사기색은』에서 구진군九眞郡에서 생산하는 베를 '백첩'이라고 부른다고 했다. 모두 고급 베를 가리킨 것으로 풀이한 것이다. 그러나 안사고顔師古는 『한서』「화식전서貨殖傳序」의 주에서 풀이하기를, "도포都布는 거칠고 두터운 추후麤厚의 베를 말한다. 그래서 가격이 쌌다. 백첩白疊을 가리킨 게 아니다. 답포荅布의 답荅은 두텁고 무겁다는 뜻이다. 독자들이

만든 평민의 조회 참석용 예복인 단의單衣와 평민이 쓰는 교양관交讓冠을 만들어주고, 종묘에 백관을 모아놓은 뒤 황제의 자리 옆에 옛날에 사귀던 친구의 자리를 설치했다.

공손술이 천자가 사용하는 깃발인 난기鸞旗를 세우고 의장대인 모기旄騎가 앞장을 선 가운데 길을 치우며 행인을 금하는 경필警蹕을 하는 와중에 수레에 오른 뒤 경쇠의 등처럼 굽실대는 사람들 사이를 지나 종묘로 들어왔다. 성대한 연회를 베풀어 맞이하는 빈객과 관원들의 진용이 심히 성대했다. 공손술이 마원을 후작에 봉하고, 대장군의 직위를 수여하려 했다. 마원과 함께 온 빈객들이 모두 즐거워하자 마원이 이들을 깨우쳐주었다.

"천하의 자웅雄雌이 아직 정해지지 않았소. 공손술은 주공周公처럼 빈객을 맞이하기 위해 먹던 밥을 뱉는 토포吐哺를 하며 달려 나와 국사國士를 영접한 뒤 천하의 성패成敗를 헤아리는 일을 하지 않고 있소. 도리어 나무인형처럼 의복의 깃이나 의장용 장식인 변폭邊幅을 수식修飾하는 데 힘쓰고 있소. 이런 사람이 어찌 천하의 현사賢士를 머물게 할 수 있겠소!"

이내 돌아간 뒤 외효에게 말했다.

"자양子陽은 우물 안의 개구리인 정저지와井底之蛙일 뿐이오. 망령되이 자존자대自尊自大하고 있소. 전적으로 뜻을 동쪽 낙양의 유수에게 두느니만 못하오."

외효가 이내 마원으로 하여금 서신을 받들어 낙양雒陽으로 가게 했다. 마원이 처음 도착하자 한참 후에 중황문中黃門으로 인도해 들어가게

'답포'를 '탑포'로 해석하는 것은 잘못이다."라고 했다. 당시 베의 명칭으로 도치都致와 착리錯履, 무극無極 등이 있었다. '도포'는 답포荅布 또는 도치都致로 불렸다. 문맥에 비춰 안사고의 주석을 좇아 '도포'는 질이 낮은 베로 보는 게 타당하다.

했다. 광무제는 선덕전宣德殿의 남쪽 주랑에 있었다. 다만 통상적인 두건인 책幘을 쓰고 앉아 웃는 모습으로 맞이하며 말했다.

"경은 2명의 황제 사이에서 즐겁게 노니는 오유遨遊를 하고 있소. 지금 경을 보니 사람을 크게 부끄럽게 만들고 있소!"

마원이 머리를 조아리고 사과를 하는 돈수사사頓首辭謝를 한 뒤 말했다.

"지금 세상은 비단 군주가 신하를 택하는 데 그칠 뿐 아니라 신하 역시 군주를 택하고 있습니다. 신과 공손술은 동현同縣 출신으로 어려서부터 서로 잘 알고 있습니다. 신이 전에 촉蜀 땅에 갔을 때 공손술이 섬돌에 창을 든 위사를 늘어놓은 뒤 신을 앞으로 나아가게 했습니다. 신이 지금 멀리서 왔는데도 폐하는 자객이나 간인奸人이 아니라는 사실을 어찌 알고 이처럼 신을 간이簡易하게 맞이하는 것입니까?"

광무제가 웃으며 말했다.

"경을 자객刺客이 아닌 세객說客으로 보았기 때문이오."

마원이 말했다.

"천하가 마구 뒤집히는 반복反覆으로 인해 아직 확정되지 않았습니다. 제왕의 이름을 도용하는 자가 셀 수 없이 많은 이유입니다. 지금 폐하가 크고 넓은 도량인 회곽대도恢廓大度를 지닌 것을 보니 한고제의 풍모와 딱 어울립니다. 이로써 신은 제왕이란 그 스스로 제왕다운 참된 모습을 지니고 있다는 사실을 알게 됐습니다."

13) 태부太傅 탁무卓茂가 훙거薨去했다.

14) 11월 19일, 광무제가 완성宛城으로 행차했다. 잠팽岑彭이 여구黎丘 호북성 의성현 동북쪽에 있는 진풍秦豐을 3년 동안 공격해 9만여 급級을 참수했다. 진풍의 잔여 병력이 겨우 1,000명가량 남게 됐다. 식량도 다 떨어지게 됐다.

12월 20일, 광무제가 여구에 행차한 뒤 사자를 진풍에게 보내 초항招降을 했으나 진풍이 받아들이지 않았다. 이내 주호朱祜 등을 시켜 잠팽을 대신해 여구를 포위하게 한 뒤 잠팽과 부준傅俊으로 하여금 남쪽으로 가서 전융田戎을 치게 했다.

15) 공손술이 병사 수십만 명을 모은 뒤 양곡을 한중漢中에 쌓아 두었다. 또 10층의 누선樓船을 건조하고, 천하의 여러 주목州牧과 태수의 인장印章을 대거 새겨 놓았다. 이어 장군 이육李育과 정오程烏에게 명해 수만 명의 무리를 이끌고 가 진창陳倉섬서성 보계시에 주둔시키고, 진창에 근거를 둔 반란집단인 여유呂鮪와 합세해 장차 삼보三輔 일대를 노략하려 했다. 풍이가 이들을 영격迎擊해 대파했다. 이육과 정오 모두 한중으로 달아났다. 풍이가 돌아와 여유를 격파하자 군영과 보루에 있다가 항복한 자가 매우 많았다.

이때 외효가 병사를 파견해 풍이를 도와 공을 세우게 했다. 곧 사자를 조정에 보내 이를 보고했다. 광무제가 손수 서신을 써 회답했다.

"장군의 덕의德義를 앙모한 까닭에 장군과 연결돼 서로 받아들이는 결납結納을 이루고자 했소. 옛날 주문왕은 천하를 3분하여 그 둘을 소유하고도 은나라에 복종하여 섬긴 바 있소.[236] 나처럼 쓸모없는 말인 노마駑馬와 납으로 만든 둔탁한 칼인 연도鉛刀로는 억지로 천하를 지탱하는 데 한계가 있소. 백락일고伯樂一顧[237]의 경우처럼 내가 자주 그대의 은덕을

---

236 원문은 '문왕삼분文王三分, 유복사은猶服事殷'이다. 『논어』「태백」에 나오는 '삼분천하유기이三分天下有其二, 이복사은以服事殷' 구절을 인용한 것이다. 『사기』「제태공세가齊太公世家」에는 '천하삼분天下三分, 기이귀주其二歸周'로 나온다.

237 백락일고伯樂一顧는 말의 관상을 볼 줄 아는 전설적인 상마가相馬家 백락伯樂이 한번 말을 되돌아봐 준 은덕으로 높은 값을 받은 일화를 가리킨다. 『전국책』「연책燕策」에 따르면 어떤 사람이 준마를 팔려고 3일 동안 이른 아침에 시장에 나갔으나 사람들이 준마를 알아보지 못했다. 이에 백락伯樂을 찾아가 단지 자신의 준마를 빙 돌아가며 한 번 보고

입고자 하는 이유요. 장군은 남쪽으로 공손술의 병사를 막고, 북쪽으로 강족羌族과 호족胡族의 소란을 통제하고 있소. 덕분에 풍이馮異가 서정西征을 하면서 수천 수백 명을 이끌며 삼보 일대에서 이리저리 오가는 척촉躑躅[238]을 할 수 있게 됐소. 장군의 도움이 없었다면 함양은 벌써 저들의 손에 넘어갔을 것이오! 만일 공손술이 직접 군사를 이끌고 한중漢中으로 북정北征에 나선다면 삼보 일대는 장군의 병마를 이용해 저들과 대적하려 할 것이오. 그리되면 쌍방의 힘이 엇비슷한 기고상당鼓旗相當의 모습이 빚어질 것이오. 내 말이 능히 실현될 수 있으면 지사智士들이 다퉈 공을 세워 봉지를 받고 제후가 되는 것을 꾀하는 계공할지計功割地의 전성기가 될 것이오! 일찍이 춘추시대 중엽 제환공齊桓公을 도와 최초의 패업霸業을 이룬 제나라 재상 관중管仲은 자신을 낳아준 사람은 부모이나, 자신을 성취시켜준 사람은 친구인 포숙아鮑叔牙라고 말한 바 있소.[239] 오늘 이후 직접 서신을 써 서로 소식을 들려줌으로써 옆의 사람이 중간에서 말을 만드는 일이 없게 해 주시오."

이후 공손술이 자주 장수를 파견해 삼보 일대의 빈틈을 노려 침공하려 했으나 외효가 번번이 풍이와 합세해 이를 최좌摧挫 즉 좌절시켰다. 공손술이 사자를 파견해 대사공大司空과 부안왕扶安王의 인수印綬를 외효

이내 떠나면서 고개를 한 번만 돌려주기를 청했다. 백락이 그같이 하자 단 하루 사이에 준마의 값이 10배나 뛰어올랐다.

238 척촉躑躅은 크게 3가지 뜻이 있다. 첫째, 발로 땅을 구르는 이른바 돈족頓足을 말한다. 둘째, 천천히 걷는 배회徘徊를 뜻한다. 셋째, 두견화杜鵑花 내지 영산홍映山紅으로 불리는 철쭉을 지칭한다. 여기서는 두 번째 의미로 사용된 것이다.

239 원문은 '생아자부모生我者父母, 성아자포자成我者鮑子'로, 『사기』「관안열전」에 나오는 '생아자부모生我者父母, 지아자포자야知我者鮑子也' 구절을 인용한 것이다. 『자치통감』에는 '나를 알아준 사람'인 지아자知我者가 '나를 성취시켜 준 사람'인 성아자成我者로 바뀌어 있으나 대략 뜻은 같다.

에게 전했다. 외효가 그 사자의 목을 벤 뒤 출병하여 공손술을 공격했다. 공손술 휘하의 촉병蜀兵들이 다시는 북쪽으로 출동하지 못한 이유다.

16) 태산泰山 일대의 호걸들이 대부분 장보張步와 군대를 연합하는 연병連兵을 했다. 오한이 강노대장군強弩大將軍 진준陳俊을 태산 태수로 천거해 장보의 군사를 격파했다. 마침내 태산 일대를 평정한 이유다.

* 世祖光武皇帝建武四年

正月, 甲申, 大赦.

二月, 壬子, 上行幸懷. 壬申, 還雒陽.

延岑復寇順陽. 遣鄧禹將兵擊破之. 岑奔漢中. 公孫述以岑為大司馬, 封汝寧王.

田戎聞秦豐破, 恐懼, 欲降. 其妻兄辛臣圖彭寵·張步·董憲·公孫述等所得郡國以示戎曰, "雒陽地如掌耳, 不如且按甲以觀其變." 戎曰, "以秦王之強, 猶為征南所圍, 吾降決矣!" 乃留辛臣使守夷陵, 自將兵沿江泝沔止黎丘. 辛臣於後盜戎珍寶, 從間道先降於岑彭, 而以書招戎曰, "宜以時降, 無拘前計!" 戎疑臣賣己, 灼龜卜降, 兆中坼, 遂復反, 與秦豐合. 岑彭擊破之, 戎亡歸夷陵.

夏, 四月, 丁巳, 上行幸鄴. 己巳, 幸臨平, 遣吳漢·陳俊·王梁擊破五校於臨平. 鬲縣五姓共逐守長, 據城而反. 諸將爭欲攻之. 吳漢曰, "使鬲反者, 守長罪也. 敢輕冒進兵者斬!" 乃移檄告郡使收守長, 而使人謝. 城中五姓大喜, 即相率降. 諸將乃服, 曰, "不戰而下城, 非眾所及也!"

五月, 上幸元氏, 辛巳, 幸盧奴, 將親征彭寵. 伏湛諫曰, "今兗·豫·青·冀, 中國之都, 而寇賊縱橫, 未及從化. 漁陽邊外荒耗, 豈足先圖! 陛下舍近務遠, 棄易求難, 誠臣之所惑也!" 上乃還.

帝遣建義大將軍朱祜·建威大將軍耿弇·征虜將軍祭遵·驍騎將軍劉喜討張豐於涿郡. 祭遵先至, 急攻豐. 禽之. 初, 豐好方術, 有道士言豐當為天子, 以五彩囊裹石繫豐肘, 云, "石中有玉璽." 豐信之, 遂反. 既執, 當斬, 猶曰, "肘石有玉璽." 傍人為椎破之, 豐乃知被詐, 仰天歎曰, "當死無恨!" 上詔耿弇進擊彭寵. 弇以父況與寵同功, 又兄弟無在京師者, 不敢獨進, 求詣雒陽. 詔報曰, "將軍舉宗為國, 功效尤著, 何嫌何疑, 而欲求徵!" 況聞之, 更遣弇弟國入侍. 時祭遵屯良鄉, 劉喜屯陽鄉, 彭寵引匈奴兵欲擊之. 耿況使其子舒襲破匈奴兵, 斬兩王, 寵乃退走.

六月, 辛亥, 車駕還宮.

秋, 七月, 丁亥, 上幸譙, 遣捕虜將軍馬武·騎都尉王霸圍劉紆·周建於垂惠. 董憲將賁休以蘭陵降. 憲聞之, 自郯圍之. 蓋延及平狄將軍山陽龐萌在楚, 請往救之. 帝敕曰, "可直往搗郯, 則蘭陵自解." 延等以賁休城危, 遂先赴之. 憲逆戰而陽敗退, 延等因拔圍入城. 明日, 憲大出兵合圍. 延等懼, 遽出突走, 因往攻郯. 帝讓之曰, "間欲先赴郯者, 以其不意故耳. 今既奔走, 賊計已立, 圍豈可解乎!" 延等至郯, 果不能克. 而董憲遂拔蘭陵, 殺賁休.

八月, 戊午, 上幸壽春, 遣揚武將軍南陽馬成, 率誅虜將軍南陽劉隆等三將軍發會稽·丹楊·九江·六安四郡兵擊李憲. 九月, 圍憲於舒.

王莽末, 天下亂, 臨淮大尹河南侯霸獨能保全其郡. 帝徵霸會壽春, 拜尚書令. 時朝廷無故典, 又少舊臣, 霸明習故事, 收錄遺文, 條奏前世善政法度, 施行之.

冬, 十月, 甲寅, 車駕還宮.

隗囂使馬援往觀公孫述. 援素與述同里閈, 相善, 以為既至, 當握手歡如平生. 而述盛陳陛衛以延援入, 交拜禮畢, 使出就館. 更為援制都布單衣·交讓冠, 會百官於宗廟中, 立舊交之位, 述鸞旗·旄騎, 警蹕就車, 磬折而入, 禮饗官屬甚盛, 欲授援以封侯大將軍位. 賓客皆樂留, 援曉之曰, "天下雄雌未定, 公孫不吐哺走迎國士, 與圖成敗, 反修飾邊幅, 如偶人形, 此子何足久稽天下士乎!" 因辭歸, 謂囂曰, "子陽, 井底蛙耳, 而妄自尊大. 不如專意東方." 囂乃使援奉書雒陽. 援初到, 良久, 中黃門引入. 帝在宣德殿南廡下, 但幘, 坐, 迎笑, 謂援曰, "卿遨遊二帝間, 今見卿, 使人大慚!" 援頓首辭謝, 因曰, "當今之世, 非但君擇臣, 臣亦擇君矣. 臣與公孫述同縣, 少相善. 臣前至蜀, 述陛戟而後進臣. 臣今遠來, 陛下何知非刺客奸人, 而簡易若是!" 帝復笑曰, "卿非刺客, 顧說客耳." 援曰, "天下反覆, 盜名字者不可勝數. 今見陛下恢廓大度, 同符高祖, 乃知帝王自有真也."

太傅卓茂薨.

十一月, 丙申, 上行幸宛.

岑彭攻秦豐三歲, 斬首九萬餘級. 豐餘兵裁千人, 食且盡. 十二月, 丙寅, 帝幸黎丘, 遣使招豐, 豐不肯降. 乃使朱祜等代岑彭圍黎丘, 使岑彭·傅俊南擊田戎.

公孫述聚兵數十萬人, 積糧漢中. 又造十層樓船, 多刻天下牧守印章. 遣將軍李育·程烏將數萬眾出屯陳倉, 就呂鮪, 將徇三輔. 馮異迎擊, 大破之, 育·烏俱奔漢中. 異還, 擊破呂鮪, 營保降者甚眾. 是時, 隗囂遣兵佐異有功, 遣使上狀, 帝報以手書曰, "慕樂德義, 思相結納. 昔文王三分, 猶服事殷, 但駑馬·鉛刀, 不可強扶, 數蒙伯樂一顧之價. 將軍南拒公孫之兵, 北御羌·胡之亂, 是以馮異西征, 得以數千百人躑躅三輔. 微將軍之助, 則咸陽已為它人禽矣! 如令子陽到漢中, 三輔願因將軍兵馬, 鼓旗相當. 儻肯如言, 即智士計功割地之秋也! 管仲曰, '生我者父母, 成我者鮑子' 自今以後, 手書相聞, 勿用傍人間構之言.” 其後公孫述數遣將間出, 囂輒與馮異合勢, 共摧挫之. 述遣使以大司空·扶安王印綬授囂. 囂斬其使, 出兵擊之, 以故蜀兵不復北出.

泰山豪傑多與張步連兵. 吳漢薦強弩大將軍陳俊為泰山太守, 擊破步兵, 遂定泰山.

한광무제 건무 5년(AD 29)

1) 봄 정월 17일, 거가車駕가 환궁還宮했다.

2) 광무제가 내흡來歙을 시켜 지절持節의 자격으로 마원馬援을 농우隴右[240]까지 호송하게 했다. 외효가 마원과 함께 자고 일어나는 와기臥起를 함께 하며 동쪽 낙양의 일에 관해 말했다.

“전에 조정에 도착했을 때 황상이 나를 수십 차례 인견引見했소. 만날 때마다 편히 얘기하는 연어燕語를 했고, 저녁부터 새벽까지 계속 얘기하기도 했소. 재주와 명석 및 용기와 지략인 재명용략才明勇略이 다른 사람과 비교할 수조차 없소. 또한 마음을 열어 놓고 성의를 보이며 은복隱伏하는 게 없소. 활달闊達하고 대절大節을 중시하니 대략 한고제와 닮았소. 경학經學을 박람博覽했고, 정사政事의 처리에 글과 말로 표현하는 문변文辯에 밝소. 전세前世의 그 누구도 그와 비교할 수 없소.”

외효가 물었다.

“경卿은 고제高帝 유방과 비교할 때 어떻다고 보시오?”

마원이 대답했다.

“그만은 못하오. 고제는 공자가『논어』에서 얘기했듯이 되는 것도 없고

240 농우隴右는 지금의 감숙성 농산隴山과 육반산六盤山 이서以西 지역과 황하 이동以東 일대에 해당한다. 농서隴西와 같은 말이다.

안 되는 것도 없는 인물이오.[241] 금상今上은 정무 처리를 좋아하고, 움직일 때 절도가 있고, 음주를 좋아하지 않소."

외효가 내심 못마땅해 하며 물었다.

"경의 말에 따르면 금상이 오히려 고제보다 낫다는 것이오?"

3) 2월 1일, 대사령을 내렸다.

4) 유영의 아들인 양왕梁王 유우劉紆의 휘하 장수 소무蘇茂가 반란집단인 오교五校의 군사를 이끌고 수혜垂惠안휘성 몽성현로 가 주건周建을 구했다. 마무馬武가 소무와 주건에게 패해 달아나는 와중에 왕패王霸의 군영을 지나면서 큰소리로 구원을 청했다. 왕패가 말했다.

"적병賊兵이 왕성하오. 지금 나가면 반드시 우리 둘 모두 패하게 되오. 헛되이 힘만 쓰게 될 뿐이오."[242]

그러고는 군영을 폐쇄하고 성벽을 굳게 하는 폐영견벽閉營堅壁의 계책을 구사했다. 그러나 군리軍吏 모두 이들과 싸우고자 했다. 왕패가 만류했다.

"소무의 군사는 정예병이오. 무리 또한 많아 우리의 이사吏士들이 내심 두려워하고 있소. 포로장군捕虜將軍 마무馬武와 나는 서로 믿는다고는 하나 양쪽 군사의 지휘를 통일되게 할 수는 없는 일이오. 이는 패하는

---

241 원문은 '무가무불가無可無不可'이다. 『논어』「미자微子」의 구절을 인용한 것이다. 이에 따르면 공자는 고사高士로 알려진 우중虞仲과 이일夷逸을 두고 평하기를, "우중과 이일은 숨어 살며 세속에서 벗어나기 위해 짐짓 말을 함부로 하는 은거방언隱居放言을 했으나 몸을 깨끗한 곳에 두었다. 또 벼슬을 하지 않았으니 통상의 예에 벗어나기는 하나 시의에 따른 도인 권도權道에 부합했다. 나는 이들과 달라 반드시 가한 것도 없고 불가한 것도 없다."고 말했다.

242 원문은 '노력이이弩力而已'이다. 출성하여 싸울 경우 패할 수밖에 없는 까닭에 성 안에서 멀리 쏘는 쇠뇌에 의지할 수밖에 없다는 취지이다. 그러나 일부 판본에는 '노력이이努力而已'로 되어 있다. 양쪽 모두 뜻이 통하나 '노력이이努力而已'가 문맥에 부합한다. 번역문은 이를 따랐다.

길이오. 지금 군영의 문을 닫고 굳게 지키는 폐영고수閉營固守를 하여 마무를 원조하지 않겠다는 뜻을 보여주면 소무의 군사는 반드시 승세勝勢에 올라타 가볍게 나아가는 승승경진乘勝輕進을 할 것이오. 또한 포로장군의 병사들도 구해줄 사람이 없다는 것을 알면 사력을 다해 싸울 수밖에 없는 까닭에 전투력이 배가 될 것이오. 이같이 하면 소무의 무리는 이내 피로에 지치게 되고, 우리는 그 틈을 타 승리를 거머쥘 수 있소."

소무와 주건이 과연 모두 나와 마무를 공격했다. 양측의 합전合戰이 제법 오래 지속됐다. 왕패王霸의 군중에서 장사壯士 수십 명이 단발斷髮하며 싸우기를 청하는 청전請戰을 했다. 왕패가 이내 군영의 문을 연 뒤 정예 기병을 내보내 적들의 뒤를 치게 했다. 소무와 주건은 앞뒤로 적을 맞게 되자 크게 놀라 어지러워지며 패주하고 말았다. 왕패와 마무 역시 각자 귀영歸營했다.

소무와 주건이 다시 병사를 모아 도전했으나 왕패는 굳게 지키며 드러누운 채 출성하지 않았다. 오히려 연회를 베풀어 병사들의 노고를 위로하며 창악倡樂까지 즐기게 했다. 소무가 왕패의 군영으로 화살을 비 오듯이 쏘아대는 우사雨射를 했다. 화살이 왕패 앞에 있는 술독인 주준酒樽에 맞았지만 왕패는 편히 앉은 채 미동도 하지 않았다. 군리軍吏들이 입을 모아 말했다.

"소무를 며칠 전에 이미 깨뜨렸으니, 오늘도 쉽게 격파할 수 있습니다."

왕패가 말했다.

"그렇지 않소. 소무는 멀리서 온 객병客兵이니 양식이 부족할 것이오. 자주 도전하여 속전속결로 일거에 승리를 거두고자 서두르는 이유요. 지금 군영의 문을 닫아걸고 병사들을 쉬게 하는 것은 바로 싸우지 않고도 이기는 '부전굴인不戰屈人'의 계책에 해당하오."[243]

소무와 주건은 싸움을 벌일 수 없게 되자 이내 군사를 이끌고 영채로 돌아가는 환영還營을 했다. 그날 밤 주건의 조카 주송周誦이 반란을 일으킨 뒤 수혜성垂惠城의 성문을 닫아걸고 저항했다. 주건은 달아나다가 길에서 횡사하는 도사道死를 했고, 소무는 하비下邳강소성 수녕현로 달아나 동헌董憲과 연합했다. 유우劉紆는 서방西防산동성 단현을 지키고 있는 교강佼強에게 달아났다.

5) 2월 20일, 광무제가 위군魏郡하북성 임장현으로 행차했다.

6) 팽총彭寵의 처가 자주 악몽을 꾸거나, 괴변怪變을 많이 보거나 했다. 점을 치는 복서가卜筮家와 기운을 살펴 길흉을 아는 망기자望氣者 모두 병란이 의당 안에서 일어날 것이라고 말했다. 팽총은 사촌동생 자후란경子后蘭卿이 낙양에 인질로 있다가 온 점 등을 불신한 나머지 군사를 이끌고 밖에 나가 있도록 하고, 궁중에 친애하는 자를 남겨두지 못하게 했다.

하루는 팽총이 편히 앉아 쉬는 별실인 편실便室에서 재계齋戒할 때 창두蒼頭 즉 노복인 자밀子密 등 3명이 팽총이 누워 자는 틈을 이용해 그를 침상에 묶은 뒤 밖에 있는 관원에게 이같이 말했다.

"대왕이 재계하며 금기를 행하는 재금齋禁을 하고 있다. 관원들 모두 휴식하게 했다."

거짓으로 팽총의 명을 칭한 뒤 노비들을 잡아 묶어 각기 다른 곳에 가두었다. 또 팽총의 명을 내세워 그의 처도 불러들였다. 그의 처가 편실로

---

243 부전굴인不戰屈人은 『손자병법』「모공謀攻」에 나오는 최상의 계책이다. 「모공」에서 언급하기를, "백 번 싸워 백 번 이기는 백전백승百戰百勝은 결코 최상의 계책이 될 수 없다. 싸우지 않고도 굴복시키는 '부전굴인'이야말로 최상의 계책에 해당한다. 전쟁에서 최상의 용병 계책은 지략으로 적을 굴복시키는 것이다. 차선의 계책은 외교수단으로 적을 굴복시키는 것이다. 차차선의 계책은 무력으로 적을 굴복시키는 것이다. 최하의 계책은 적의 성을 직접 공격하는 것이다."라고 했다.

들어갔다가 크게 놀랐다.

"노복들이 반기를 들었다!"

노복들이 이내 그녀의 머리를 잡고 뺨을 때렸다. 팽총이 급히 소리쳤다.

"속히 이분 장군들이 행장을 꾸릴 수 있도록 움직이시오!"

이에 2명의 노복이 팽총의 처를 데리고 안으로 들어가 보물을 빼앗으면서 다른 1명의 노복으로 하여금 팽총을 지키게 했다. 팽총이 자신을 지키는 노복에게 말했다.

"애(약소아若小兒), 나는 평소 너를 아꼈다. 지금 자밀이 너를 박겁迫劫해 이같이 됐을 뿐이다! 나의 포박을 풀어주면 의당 내 딸 팽주彭珠를 너에게 처로 보내고, 집안의 재물을 모두 너에게 주겠다."

어린 노복은 내심 그를 풀어줄 생각으로 문 밖을 살폈다. 자밀이 그들의 얘기를 엿들은 것으로 보고는 마침내 감히 풀어주지 못했다. 이에 자밀은 금옥金玉과 의복 등을 거둔 뒤 팽총이 묶여 있는 편실로 왔다. 이어 이를 짐으로 꾸리고, 6필의 말 등에 말안장을 얹는 피마被馬를 하고, 팽총의 처로 하여금 2개의 합사비단 주머니인 겸낭縑囊을 만들게 했다. 날이 어두워진 후 팽총의 손을 풀어주고, 성문장군城門將軍에게 알리는 글을 쓰게 했다.

"지금 자밀 등을 파견해 자후란경이 있는 곳으로 보내고자 한다. 속히 문을 열어 내보내고, 계류稽留하지 않도록 하라."

글을 다 쓰자 팽총과 그의 처의 목을 베어 자루 속에 넣은 뒤 바로 그 글을 갖고 출성出城해 낙양의 궁궐로 갔다. 다음날 아침 편실의 각문閣門[244]이 열리지 않자 관속들이 담을 넘어 안으로 들어갔다. 팽총의 시신을 보고는 경포驚怖했다. 상서尚書인 한립韓立 등이 그의 아들 팽오彭午를 왕으로 세웠다. 그러나 국사國師 한리韓利가 팽오의 머리를 베고 채준

祭遵을 찾아가 투항하면서 팽총의 종족을 모두 멸살했다. 광무제가 자밀子密을 불의후不義侯에 봉했다.

당나라 덕종 때 재상을 지낸 권덕여權德輿는 『권덕여집權德輿集』에서 자字가 백통伯通인 팽총을 두고 이같이 평의評議했다.

"백통伯通은 명령을 배반하는 반명叛命, 자밀子密은 주군을 시해하는 장군戕君[245]을 했다. 두 사람 모두 결국 똑같이 난亂을 일으킨 동귀어란同歸於亂을 행한 셈이다. 죄는 서로 덮어줄 수 없는 것으로, 의당 각각 법에 맡겨 제왕의 법도인 왕도王度를 밝혀야 하는데도 도리어 5등五等에 해당하는 작위를 주었고, 더구나 '불의不義'라는 해괴한 명칭까지 내렸다. 자밀의 행각을 '불의'라고 판단했으면 제후에 봉해서는 안 되는 일이었다. 그럼에도 제후에 봉했으니 한나라 때의 작위는 권할 만한 게 못 됐다. 『춘추』는 위衛나라 사구司寇인 제표齊豹가 주군의 형인 맹집孟縶을 살해한 것을 두고 '도盜'라고 표현하고, 반란을 일으킨 주邾나라의 서기庶其와 거莒나라의 모이牟夷 및 소주小邾의 사射 등 3인의 이름을 구체적으로 명기하는 춘추지의春秋之義[246]를 드러냈다. 어찌하여 자밀의 사건과 이토록 다

---

244 일부 판본에는 전각 사이에 둘러쳐져 있는 담장에 난 작은 문인 각문閣門이 궐내의 전각을 잇는 소로小路에 난 작은 문인 합문閤門으로 되어 있다.

245 장군戕君의 장戕을 두고 『춘추좌전』「노선공 18년」조에서 "무릇 국내에서 그의 군주를 죽이는 것을 '시弑', 타국 사람이 들어와 외국의 군주를 죽이는 것을 '장戕'이라고 한다."고 풀이했다. 팽총에 대한 자밀 등의 척살을 두고 시군弑君이 아닌 장군戕君으로 표현한 것은 자밀 등이 어양漁陽을 근거지로 한 팽총과 달리 여타 지역에서 흘러들어온 인물임을 암시한다.

246 『춘추좌전』「노소공 20년」조는 기원전 522년, 위衛나라 사구司寇인 제표齊豹가 주군인 위영공의 형인 공맹집公孟縶을 살해한 것을 두고 경문經文에서 '도살위후지형집盜殺衛侯之兄縶'으로 표현해 놓았다. 「노문공 18년」조는 기원전 609년에 거기공莒紀公 서기庶其가 태자 복僕을 폐출한데다가 나라 안에서 무례한 일을 많이 저질러 태자 복에게 시해된 일을 기록했다. 「노소공 5년」조는 기원전 537년에 거莒나라 대부 모이牟夷가 땅을 바치고 노나라로 망명했다고 기록했다. 「노애공 14년」조는 기원전 481년에 소주小邾의 대

른 것인가!"

7) 광무제가 부풍扶風 출신 곽급郭伋을 어양漁陽 태수로 삼았다. 곽급은 천하가 이산離亂된 이후의 태수 자리를 이어받았으나 양민養民과 훈병訓兵에 힘쓰면서 위신威信을 열어 보였다. 도적들이 녹아서 흩어지는 소산銷散과 흉노가 멀리 변새邊塞 밖으로 달아나는 원적遠迹 현상이 빚어진 이유다. 그가 5년간 어양 태수로 있는 동안 호구가 배로 늘어났다.

8) 광무제가 광록대부光祿大夫 번굉樊宏에게 지절持節의 자격으로 경황耿況을 상곡上谷에서 맞이하도록 시키면서 이같이 말했다.

"변방에 있는 변군邊郡 상곡은 한고寒苦의 땅이오. 오래 거주하기에는 적당하지 않소."

경황이 경사에 이르자 저택인 갑제甲第를 하사하고, 조정회의에 참석할 수 있는 임시직인 봉조청奉朝請에 임명하고, 모평후牟平侯산동성 복산현에 봉했다.

대사마 오한吳漢이 경엄耿弇과 왕상王常을 이끌고 부평富平과 획색獲索 등의 도적을 평원平原산동성 평원현에서 대파했다. 나머지 무리를 추격해 토벌하는 추토追討를 하여 발해勃海하북성 남지현에 이르렀다. 항복한 자가 4만여 명이었다. 광무제가 경엄에서 조서를 내려 장보張步를 진군해 토벌하는 진토進討를 하게 했다.

9) 평적장군平敵將軍 방맹龐萌은 공손하고 순종하는 손순遜順의 성품이라 광무제가 신애信愛하며 늘 이같이 칭송했다.

"가히 어린 군주인 육척지고六尺之孤를 맡기고, 100리 봉지의 제후국인 백리지명百里之命[247]을 부탁할 만한 인물은 바로 방맹이다."

부 역射이 자신의 영지인 구역句繹을 바치고 노나라로 망명한 일을 기록해 두었다.

247 『논어』「태백」에 나오는 '가이탁육척지고可以託六尺之孤, 가이기백리지명可以寄

이어 방맹을 시켜 갑연蓋延과 함께 동헌董憲을 치게 했다. 이때 조서를 단지 갑연에게만 내리고, 방맹에게는 보내지 않았다. 방맹은 갑연이 광무제 앞에서 자신을 훼방毁謗한 것으로 의심한 나머지 마침내 반기를 들어 갑연의 군사를 습격해 격파한 뒤 동헌과 연합했다. 이어 스스로 동평왕東平王을 칭하면서 도향桃鄕산동성 제녕현 북쪽에 주둔했다. 광무제가 이 소식을 듣고는 대로했다. 곧 손수 군사를 이끌고 방맹을 치러 가면서 제장들에게 서신을 보냈다.

"나는 늘 방맹을 사직지신社稷之臣으로 여겨 나라를 맡길만하다고 칭송했다. 장군들은 내가 그리 말한 것을 비웃지 않을 수 있겠는가! 방맹이라는 노적老賊은 의당 멸족시켜야 한다. 그대들은 각기 병마를 정비해 수양睢陽하남성 상구시으로 모이도록 하라!"

방맹이 팽성彭城강소성 서주시을 공략한 뒤 장차 초군楚郡 태수 손맹孫萌을 죽이려고 했다. 군리郡吏 유평劉平이 태수 몸 위에 엎드려 대신해 죽겠다고 큰 소리로 울면서 몸에 7군데의 창상創傷을 입었다. 방맹이 의롭다고 생각해 그를 놓아 주었다. 초군 태수 손맹은 이미 기절했다가 다시 소생했다. 목이 말라 마실 것을 찾자 유평이 몸의 상처에서 나는 피를 기울여 마시게 했다.

10) 잠팽岑彭이 이릉夷陵호북성 의창현을 공략하자 전융田戎이 달아나 촉蜀 땅으로 들어갔다. 그의 처자와 병사 수만 명이 모두 붙잡혔다. 공손술이 전융을 익강왕翼江王으로 삼았다.

잠팽이 촉을 토벌하려 했다. 그러나 장강의 양안兩岸이 좁은데다 곡식도 적고, 물길이 험해 조운漕運도 어려웠다. 위로장군威虜將軍 팽준馮駿

百里之命' 구절에서 인용한 것이다. '육척'은 부모를 잃은 어린 아이를 가리킨다. '백리지명'은 천자가 제후에게 사방 100리 봉지의 하사를 명하는 데서 나온 말이다.

을 남겨두어 강주江州에 진을 치게 한 뒤 도위都尉 전홍田鴻은 이릉夷陵, 영군領軍 이현李玄은 이도夷道호북성 의성현에 주둔하게 했다. 자신은 병사를 이끌고 진향津鄕호북성 강릉현 부근에 진을 쳤다. 이곳은 형주荊州의 요충지였다. 투항한 만이蠻夷들에게 알려 그들의 군장君長으로 봉해줄 것을 상주하게 했다.

11) 여름 4월, 한발旱魃과 황충의 재해가 있었다.

12) 외효隗囂가 반표班彪에게 물었다.

"옛날에 주나라가 망하고 전국戰國시대에 여러 나라들이 병쟁幷爭한 이후 수세대가 지난 후에야 겨우 안정됐소. 생각건대 합종과 연횡을 하는 일이 다시 일어날 수 있겠소? 장차 천명을 이어받아 다시 천하를 통일하는 일이 한 사람에게 달려 있을 수 있겠소?"

반표가 대답했다.

"주나라의 폐흥廢興은 한나라와 아주 다릅니다. 옛날 주나라는 작위를 5등으로 나눴고, 이후 제후들이 종정從政하면서 본근本根이 미약해지면서 지엽枝葉이 강대해졌습니다. 주나라 말기에 이르러 합종과 연횡이 빚어진 이유입니다. 이는 형세의 발전에 따른 필연적인 결과이기도 합니다. 한나라가 진秦나라의 법제를 이어받아 군현郡縣의 제도를 새로이 세우면서 군주는 전일적인 독재獨裁의 위엄인 전기지위專己之威, 신하는 100년 동안 유지되는 권한인 백년지병百年之柄이 없게 됐습니다. 한성제 때에 이르러 외가의 힘을 빌리면서 한애제와 한평제의 치세가 단명하게 됐습니다. 나라의 후사인 국사國嗣가 3번 끊어지는 삼절三絶이 있었고, 그 틈을 타 왕망의 왕씨가 조정을 멋대로 다루는 천조擅朝를 하다가 마침내 보위를 찬탈하게 됐습니다. 한나라의 위기는 위에서 조성된 까닭에 그 피해가 아래 백성들에게 미치지는 않았습니다. 왕망이 진정한 천자의 자리에 오르면서 천하 사람들 가운데 목을 움츠리며 탄식하는 인령이탄

引領而歎을 하지 않는 자가 없게 됐습니다. 10여 년간 안팎이 소요騷擾스런 와중에 원근이 모두 군사를 일으켜 반기를 들면서 명호名號를 빌려 구름처럼 모이는 가호운집假號雲合의 양상이 빚어졌습니다. 이들 모두 유씨劉氏를 칭하면서 상의도 하지 않은 채 힘을 합쳤습니다. 바야흐로 지금 웅걸雄桀이 한 주州 정도의 영역을 지니고 있습니다. 모두 전국시대 당시의 7국이 지녔던 세업世業의 기틀도 갖추지 못한 것입니다. 백성들이 노래를 부르는 구음謳吟의 자세로 한나라를 사모하고 있는 까닭에 한나라는 반드시 부흥되리라는 사실을 알 수 있습니다."

외효가 물었다.

"선생이 주나라와 한나라의 형세에 대해 말한 것은 옳소. 그러나 다만 우인愚人들이 유씨의 치국에 익숙해진 나머지 한나라가 부흥할 것이라고 내다본 것은 매우 현실과 맞지 않는 소략疏略한 견해요! 전에 진秦나라가 사슴으로 표현되는 천하의 권력을 잃는 실록失鹿을 하자 유방이 사슴을 급히 뒤쫓아 뿔을 잡는 득록得鹿에 성공했소. 당시 백성들이 과연 한나라가 일단 패망했다가 다시 부흥하리라는 것을 어찌 알 수 있었겠소?"

반표가 『왕명론王命論』을 찬술한 뒤 이를 토대로 넌지시 외효에게 이같이 권했다.

"옛날 요임금인 당요唐堯가 순임금인 우순虞舜에게 선양을 하면서 말하기를, '하늘의 역수歷數가 그대 몸에 있다'고 했다. 또 우순 역시 하나라 우왕인 하우夏禹에게 천명을 얘기했다. 주나라의 조상인 후직后稷과 은나라의 시조인 설契 모두 당요와 우순을 보필했다. 이들은 은나라를 세운 탕왕湯王과 주나라를 세운 주무왕周武王 때에 이르러 비로소 천하를 보유하게 됐다. 유씨劉氏는 당요의 대업을 이었고, 당요는 화덕火德에 근거했다. 한나라를 세운 유방은 백제白帝의 아들인 백사白蛇를 베고 적제赤帝의 아들이라는 부명符命을 얻어 화덕을 잇게 됐다. 귀신이 복을 내려주고, 천하의 민심이 귀왕歸往한 이유다. 이로써 말하면 왕조의 등장에 관한 운세運世에 아무런 근거가 없고, 공덕功德이 기록되지 않았는데도 문득 굴기屈起해 천자의 자리에 오른 경우는 본 적이 없다. 세속에서 한고제 유방이 포의布衣에서 몸을 일으켰다고 보는 것은 그 연고를 잘 알지 못한 탓이다. 천하를 얻는 것을 사슴을 좇는 축록逐鹿에 비유하며 유방은 요행히 남보다 빨리 달려 사슴을 얻게 됐다고 말하는 것은 보위인 신기神器에는 천명이 있기에 결코 지력智力으로는 얻을 수 없다는 것을 모르기 때문이다. 슬프다! 이 시대에 난신적자亂臣賊子가 많이 나타나게 된 이유가 여기에 있다! 무릇 굶주려 천한 모습을 보이는 기아유례餓饉流隷와 기아와 추위로 길에서 떠는 기한도로饑寒道路에 처한 자가 바라는 것은 오직 한 푼의 돈에 지나지 않는다. 그러나 끝내 굴러다니다 구덩이와 계곡에 빠져 죽는 전사구학轉死溝壑이 빚어지는 것은 무슨 이유인가? 빈궁貧窮 또한 명운이 정해져 있는 것이다. 하물며 천자처럼 귀하게 되거나, 사해의 모든 부를 거머쥐거나, 신명神明의 복을 타고나거나 하는 것이 과연 아무 곳에서나 얻을 수 있는 것이겠는가! 나라가 비록 곤액困厄에 처할지라도 이를 틈타 몰래 권병權柄을 틀어쥐는 자들이 있다. 용맹이 한신韓信이나 영포英布와 같고, 강고한 것이 항량項梁이나 항적項籍과 같고, 성공을 이룬 모습이 왕망王莽과 같은 자들이 그렇다. 그러나 이들은 끝내 끓는 물에 튀겨지거나 머리나 허리가 잘리는 윤확복질潤鑊伏質과 살점이 삶아져 젓갈이 되거나 몸이 마소에 묶여 갈기갈기 찢기는 팽해분열亨醢分裂[248]의 형벌을 당했다. 하물며 앞서 언급한 자의 축에도 들지 못한 주제에 암암리

248 윤확복질潤鑊伏質의 '윤확'은 펄펄 끓는 솥, '복질'은 허리를 끊을 때 사용하는 형구刑具를 말한다. 질质은 모루를 뜻하는 질鑕과 같다. 팽해분열亨醢分裂의 '팽해'는 삶은 뒤 젓갈을 만드는 것을 말한다. 팽亨은 팽烹과 같다. '분열'은 사지를 소나 말 등에 묶어 찢어 죽이는 책형磔刑을 가리킨다.

에 천자의 자리를 노리는 경우이겠는가! 일찍이 진나라 2세 황제 당시 진영陳嬰의 모친은 진영의 집안이 대대로 가난한 까닭에 갑자기 부귀해질 경우 상서롭지 못하다고 생각해 진영이 왕위에 오르는 것을 막았다.[249] 한왕漢王 유방 밑에 있던 왕릉王陵의 모친은 유방이 반드시 천하를 얻을 것을 알고 항우의 협박에 오히려 칼 위에 엎어져 죽는 복검이사伏劍而死의 방법으로 왕릉을 굳게 격려했다. 무릇 필부匹婦의 밝음일지라도 오히려 능히 사리事理의 결과를 추리할 수 있는 법이다. 화복이 엇갈리는 기틀인 화복지기禍福之機를 자세히 살펴 무궁한 역사 속에서 종족을 보전하며 제사를 이어나감으로써 사서인 『춘추春秋』에 이를 기록하게 한 게 그렇다. 하물며 대장부大丈夫의 경우이겠는가! 가난하거나 현달하는 궁달窮達에는 명운이 있으나 길흉吉凶은 사람의 선택에 달려 있다고 말하는 이유가 여기에 있다. 진영의 모친과 왕릉의 모친은 각각 폐해지는 세력과 흥해지는 세력을 알아챘다. 두 사람의 사례를 잘 살펴보면 제왕의 자리도 가히 결정할 수 있다. 게다가 한고제 유방은 관명寬明한데다 어질며 용서할 줄 알았고, 사람을 쓰는 데 능했다. 또 의당 밥을 먹다가도 빈객을 맞이하기 위해 음식을 내뱉는 토포吐哺를 할 줄 알았고, 책사인 장량張良의 계책을 잘 받아들였다. 나아가 시녀에게 발을 닦도록 하다가 유생인 역이기酈食其의 질책을 받자 곧바로 일어나 자리를 양보하며 그의 유세를 받아들였고, 한신韓信을 행진 중에 과감히 발탁해 장수로 삼았고, 망명한

---

249 진시황 사후 동양현東陽縣의 청년들이 현령을 살해한 뒤 덕망이 높은 동양현의 영사令史 진영陳嬰을 왕으로 삼고자 했다. 진영의 모친이 진영에게 말하기를, "내가 너의 집 며느리가 된 이후 너의 선조 가운데 귀한 사람이 있다는 말을 일찍이 들은 바가 없다. 지금 대명大名을 갑자기 얻게 되니 이는 상서롭지 못하다. 다른 사람 휘하로 들어가느니만 못하다. 일이 성사되면 오히려 봉지를 지닌 열후가 될 수 있고, 실패하면 쉽게 도망칠 수 있다. 그럴지라도 세인들이 이름을 거명하며 비난하지는 않을 것이다."라고 했다. 진영이 감히 왕이 되지 않은 이유다.

자들 가운데 진평陳平을 거둬들였다. 그는 영웅들이 자신의 역량을 펼치도록 하고, 많은 계책을 빠짐없이 구사했다. 한고제 유방의 대략大略이 제업帝業을 이루는 근본 배경이 여기에 있다. 만일 신령한 상서로움과 영험한 징조인 영서부응靈瑞符應의 예를 들고자 하면 그런 사례가 매우 많다. 회음후淮陰侯 한신韓信과 유후留侯 장량張良이 한고제 유방의 제업帝業은 하늘이 내린 것으로 인력으로 그리된 것이 아니라고 말한 게 대표적이다. 영웅은 실로 초연超然의 자세로 멀리 내다보는 원람遠覽과 연연淵然의 자세로 깊이 아는 심식深識을 행한다. 왕릉과 진영이 자신의 분수를 밝힌 것을 받아들였고, 한신과 영포가 틈을 엿보며 분에 넘치는 기대를 하는 기유覬覦을 지녔던 야심을 끊어버리고, 축록逐鹿 등의 황당한 얘기인 고설瞽說을 막아 버린 게 그렇다. 황제의 자리인 신기神器를 내리는 하늘의 뜻을 깊이 살펴 바랄 수 없는 것을 탐하는 일이 없어야 한다. 이런 이치를 통찰한 진영과 왕랑의 모친의 비웃음을 사는 일이 없어야만 복조福祚가 자손에게 전해지고, 하늘이 내리는 녹봉인 천록天祿을 영원히 향유할 수 있을 것이다!"

외효가 듣지 않았다. 반표는 마침내 천수天水감숙성 감곡현 동쪽를 피해 황하 서쪽의 하서河西로 갔다. 두융竇融이 그를 종사從事로 삼고, 예를 갖춰 정중히 대했다. 반표가 마침내 그를 위해 계책을 세우고, 그로 하여금 전심專心으로 광무제를 섬기게 했다.

13) 당초 두융 등은 광무제의 위덕威德에 관한 얘기를 듣고 내심 동쪽 낙양으로 가서 귀부하려 했다. 그러나 자신이 점하고 있는 하서河西 일대는 낙양에서 너무 멀리 떨어져 있어 직접 내왕하기 어려웠다. 이내 외효를 통해 광무제의 연호인 건무建武를 정삭正朔으로 인정하는 역법曆法을 받아들였다. 외효가 그에게 장군의 인수印綬를 건네줬다.

외효는 외견상 인망人望에 순응하는 듯한 모습을 보였으나 속으로는 이심異心을 품고 있었다. 변사辯士 장현張玄을 시켜 두융을 설득하려 했다.

"경시제更始帝 유현의 대업은 이미 성사된 바 있소. 단지 오래지 않아 복망覆亡하여 사라졌을 뿐이오. 이는 똑같은 성씨인 유씨로는 재흥再興하기 어렵다는 것을 보여준 증거에 해당하오! 지금 바로 군주를 모시면 서로 소속을 갖게 돼 하루아침에 군주의 명에 구속돼 통제받는 일이 빚어져 권력의 칼자루를 놓게 되오. 나중에 가서도 위패危敗하게 돼 후회해도 소용없게 되오. 바야흐로 지금은 호걸들이 경쟁적으로 각축을 벌이는 경축競逐의 시기요. 자웅雌雄이 아직 가려지지 않았으니 의당 각자 토우土宇[250]를 점거한 채 농서隴西의 외효 내지 서촉西蜀의 공손술과 합종하는 게 타당하오. 잘 되면 전국시대의 6국六國과 같은 위치에 서고, 안 될지라도 한나라 초기 남해군위南海郡尉가 되어 독립국인 남월南越을 이끈 조타趙佗 정도의 지위는 잃지 않을 것이오."

두융 등이 호걸을 소집해 이를 의논하게 했다. 일부 식자識者가 말했다.

"지금 황제의 성명姓名이 참위서讖緯書에 보이고 있습니다. 한성제와 한애제 때 사물에 밝은 박물도술사博物道術士로 활약한 자字가 자운子雲인 곡영谷永과 하하량夏賀良 등은 모두 한나라가 재차 천명을 받을 조짐이 있다고 말했습니다. 자가 자준子駿인 유흠劉歆이 이름을 유수劉秀로 바꾸며 참위서의 예언에 부응하려 한 것도 바로 이 때문입니다. 왕망

---

250 토우土宇에는 2가지 뜻이 있다. 첫째 땅과 가옥을 가리킨다. 『시경』「대아, 상유桑柔」에 나오는 염아토우念我土宇 구절이 대표적이다. 둘째, 강토疆土 내지 영토領土의 개념이다. 『후한서』「순욱전荀彧傳」에 나오는 '보기토우保其土宇'와 당나라 유주기劉知機의 『사통史通』「잡술雜述」에 나오는 '구주토우九州土宇, 만국산천萬國山川' 구절이 대표적이다. 여기서는 두 번째 의미로 사용된 것이다.

의 말기에 도사道士인 서문군혜西門君惠가 유자준을 황제로 내세우기 위해 모의하다가 발각돼 피살된 바 있습니다. 그는 형장으로 끌려 나가면서 구경하는 군중들을 향해 말하기를, '참문讖文은 틀리지 않는다. 유수劉秀가 너희들의 진정한 주인이다'라고 했습니다. 이는 모두 최근에 빚어진 까닭에 많은 사람이 함께 목도한 일입니다. 지금 칭제稱帝한 몇몇 사람들 가운데 낙양雒陽을 근거지로 한 현령 출신 유흠劉歆의 아들 유수劉秀의 땅이 가장 넓고, 갑병甲兵도 가장 강하고, 호령號令 또한 가장 밝습니다. 부명符命이나 인사人事를 볼지라도 다른 성을 가진 사람은 거의 유수를 당하지 못할 것입니다!"

중의衆議 결과 혹자는 동의하고, 혹자는 이의를 제기했다. 두융이 마침내 동쪽 낙양으로 귀부하기로 결정했다. 장사長史 유균劉鈞 등을 시켜 서신을 받들고 낙양으로 가게 했다. 이에 앞서 광무제가 사자를 시켜 두융에게 서신을 보내 낙양으로 초청했다. 광무제의 사자가 길에서 유균을 만나 함께 낙양으로 돌아왔다. 광무제가 유균을 환대했다. 예를 갖춘 연회인 예향禮饗이 끝나자 이내 유균을 돌려보내면서 광무제가 두융에게 보내는 새서璽書에서 이같이 말했다.

"지금 익주益州에는 자가 자양子陽인 공손술公孫述이 있고, 천수天水에는 장군將軍 외효隗囂가 있소. 바야흐로 공손술의 촉蜀과 내가 이끄는 한漢이 서로 공격하고 있는 상황이니, 저울추의 향배는 오직 장군에게 달려 있소. 장군이 좌우 어느 쪽에 발을 들어 놓는가 하는 이른바 거족좌우擧足左右에 따라 세력의 경중輕重이 갈리게 되오. 이로써 말하면 장군의 움직임에 천하의 향배가 결정되니 그 어떤 것이 장군의 역량에 비교될 수 있겠소! 만일 춘추시대의 패자霸者인 제환공齊桓公과 진문공晉文公의 공업을 이루고자 하면 나처럼 미약한 나라를 돕는 방법으로 의당 패업의 완성에 힘써야 할 것이오. 만일 다리가 셋인 솥처럼 천하를 셋으로 나누는 삼분정족三分鼎足을 하고자 하면 연형連衡과 합종合從을 의당 때에 맞춰 해야 할 것이오. 천하는 아직 합병되지 않았소. 나와 그대의 나라는 서로 멀리 떨어져 있어 서로 병탄할 수 없는 처지요. 지금 논의하는 사람 가운데 반드시 진나라 2세 황제 때 남해군위 임효任囂가 병으로 죽게 되면서 용천龍川광동성 용천현 현령으로 있는 조타趙佗를 불러 당부한 7군지계七郡之計[251]를 건의하는 자가 있을 것이오. 왕자王者는 땅을 나눠 봉하는 분토分土는 할 수 있으나, 백성을 나누는 분민分民은 할 수 없소. 스스로 자신의 역량에 부합하는 일을 행할 뿐이오."

그러고는 두융에게 양주목涼州牧을 제수했다. 새서璽書가 하서河西에 도착하자 하서의 관원들 모두 장현이 두융에게 조타의 계책을 쓸 것을 건의한 사실까지 파악했다고 생각한 나머지 광무제가 만리지외萬里之外까지 밝게 내다본다며 크게 놀랐다.

14) 주호朱祜가 초려왕楚黎王 진풍秦豐이 있는 여구黎丘호북성 의성현를 4년째 포위하고 있던 와중에 급공을 가했다.

6월, 진풍이 궁곤窮困을 견디지 못해 성에서 나와 항복을 하는 출항出降을 했다. 곧 함거檻車에 실어 낙양으로 압송했다. 대사마 오한吳漢은 주호가 조명詔命을 무시한 채 진풍의 항복을 받아들였다고 탄핵했다. 광무제가 진풍을 주살하고, 주호는 벌하지 않았다.

15) 해서왕海西王 동헌董憲이 양왕梁王 유우劉紆와 소무蘇茂, 교강佼強과 함께 하비下邳강소성 수녕현를 떠나 난릉蘭陵산동성 창산현으로 돌아온 뒤 소무와 교강으로 하여금 방맹龐萌을 도와 도성桃城산동성 제녕현 북쪽을

251 7군지계七郡之計는 7개 군郡에 근거지를 두어 중원과 맞서는 계책을 가리킨다. 7개 군은 창오蒼梧, 울림鬱林, 합포合浦, 교지交趾, 구진九眞, 남해南海, 일남日南을 말한다.

포위하게 했다. 광무제가 그때 몽현蒙縣하남성 상구시 동북쪽으로 행차했다가 이 소식을 들었다. 이내 치중輜重을 그곳에 놓아두고 스스로 경병輕兵을 이끌고 신야晨夜로 내달렸다. 항보亢父산동성 제녕현에 이르자 어떤 사람이 백관이 피권疲倦하니 멈춰 자고 가는 방안을 건의했다. 광무제가 듣지 않고 다시 10리를 더 가서 임성任城산동성 제녕현에서 유숙했다. 도성桃城에서 60리 떨어진 곳이었다.

다음날 아침, 제장들이 진격할 것을 청했다 방맹 등도 군사를 정비해 도전했다. 광무제가 제장들로 하여금 출전하지 못하게 한 뒤 병사들에게 쉬면서 무기를 다듬게 하여 적의 예기銳氣를 꺾었다. 이때 오한 등은 동군東郡하남성 복양현에 있었다. 광무제가 사람을 시켜 급히 달려가 그들을 불러오게 했다. 방맹 등은 광무제가 임성을 견수堅守하자 크게 놀랐다.

"수백 리를 밤낮으로 달려왔으니 도착 즉시 의당 전투에 투입시켜야 한다. 그런데도 임성을 굳게 지키면서 우리로 하여금 성 아래까지 오게 했다. 실로 우리가 성 아래까지 가지 못할 이유가 있는가!"

그러고는 이내 모든 병사에게 명해 도성을 치게 했다. 성 안에서는 거가車駕가 도착했다는 소식을 듣고 사람들 모두 더욱 굳게 마음을 다졌다. 방맹 등이 20여 일 동안 공격했으나 많은 사람을 피곤하게 만들었을 뿐 함락시키지 못했다. 오한吳漢과 왕상王常, 갑연蓋延, 왕량王梁, 마무馬武, 왕패王霸 등이 모두 도착하자 광무제는 이내 도성桃城을 구하기 위해 이들 중군衆軍을 이끌고 진격했다. 친히 육박해 격전인 박전搏戰을 벌여 적을 대파했다. 방맹과 소무, 교강이 밤에 동헌이 있는 곳으로 달아났다.

가을 7월 4일, 광무제가 패현沛縣으로 갔다가 내친 김에 호릉湖陵산동성 어대현까지 행차했다. 동헌과 유우는 병사 수만 명을 모아 창려昌慮산동성 등현 동남쪽에 주둔시켰다. 동헌은 오교五校의 나머지 도적을 유인해 불러들인 뒤 이들과 함께 건양建陽산동성 역현에서 항거하며 지키는 거수拒守를 했다.

광무제가 번현蕃縣산동성 등현까지 갔다. 동헌이 있는 곳과 100여 리 떨어진 곳이었다. 제장들이 진격을 청했으나 듣지 않았다. 오교의 무리들이 식량 결핍인 핍식乏食으로 인해 의당 퇴각할 것을 안 것이다. 곧 각 보루에 칙령을 내려 적들이 더욱 피폐해지기를 기다리게 했다.

얼마 후 오교의 무리가 과연 군사를 이끌고 물러갔다. 광무제가 전장戰場에 친림親臨한 뒤 사면에서 동헌을 공격하게 했다. 3일 만에 이들을 대파했다. 교강이 무리를 이끌고 항복했다. 소무는 제왕齊王 장보張步에게 달아났고, 동헌과 방맹은 담현郯縣산동성 담성현으로 달아나 지켰다.

8월 6일, 광무제가 담현으로 행차해 오한으로 하여금 그곳에 남아 동헌과 방맹 등을 공격하게 한 뒤 거가車駕를 몰아 팽성彭城강소성 서주시과 하비下邳를 경략했다. 오한이 담현을 함락시키자 동헌과 방맹이 달아나 구현朐縣강소성 동해현 동남쪽을 지켰다. 유우가 돌아갈 곳을 알 수 없게 되자 휘하 군사 고호高扈가 참수한 수급首級을 들고 와 항복했다. 오한이 진격해 구현을 포위했다.

16) 겨울 10월, 광무제가 노현魯縣으로 행차했다.

17) 제왕齊王 장보張步는 경엄耿弇이 도착할 것이라는 보고를 받고, 그의 대장군 비읍費邑을 파견해 역하歷下산동성 역성현에 진을 치게 했다. 또 군대를 보내 축아祝阿산동성 장청현를 지키게 했다. 이어 태산泰山과 종성鐘城산동성 우현 동남쪽에 군영 수십 곳을 벌려 세운 뒤 경엄이 오기를 기다렸다.

경엄이 황하를 건너 먼저 축아祝阿를 쳤다. 아침부터 공성攻城해 해가 아직 중천에 뜨기도 전에 성을 함락시켰다. 포위망의 한쪽을 열어 무리들이 분주히 달아나 종성鐘城으로 돌아가게 했다. 종성 사람들은 축아가 이미 무너졌다는 소식을 듣고는 크게 공구恐懼한 나머지 마침내 성벽을

다 비우고 달아났다.

비읍費邑이 동생 비감費敢에게 군사를 나눠주어 거리성巨里城산동성 역성현 서쪽을 지키게 했다. 경엄이 군사를 진격시켜 먼저 거리성을 위협하고, 군중軍中에 엄령嚴令을 내려 공격무기를 수리하도록 재촉했다. 이어 여러 부대에 명을 내려 3일 뒤 모든 힘을 다하는 실력悉力의 자세로 거리성을 치도록 했다. 그러면서 은밀히 포로로 잡힌 자들을 풀어주어 분주히 돌아가게 했다. 경엄은 거리성을 친다는 내용이 비읍에게 전해지길 기대한 것이다. 과연 그 날이 되자 비읍이 정병精兵 3만여 명을 이끌고 거리성에 있는 동생 비감을 구하러 왔다. 경엄이 기뻐하며 제장들에게 말했다.

"내가 공격무기를 수리하도록 한 것은 그를 유인하려는 의도였을 뿐이다. 들판에 있는 야전군인 야병野兵을 치지 않고 어떻게 공성攻城에 나설 수 있겠는가!"

곧바로 병사 3,000명을 나눠 거리성을 포위하게 하고, 직접 정병을 이끌고 산등성이로 올라가 높은 지대를 배경으로 교전해 적을 대파했다. 덕분에 군진 앞에서 비읍의 목을 벨 수 있었다. 이어 그의 수급을 거둬 성에 있는 사람들에게 보이자 성 안이 흉흉해하며 두려워했다. 이때 비감이 이내 무리들을 이끌고 황급히 장보張步에게 달아났다. 경엄은 또 비감이 남겨 놓고 간 곡식을 모두 거두고, 병사를 풀어 아직 항복하지 않은 군영을 치게 했다. 40여 곳의 군영을 평정하자 마침내 제남濟南 일대가 평정됐다.

당시 장보는 극현劇縣산동성 수광시 남쪽을 도읍으로 전한 뒤 동생 장람張藍에게 정병 2만 명을 이끌고 가 서안西安산동성 치박시 서쪽을 지키게 했다. 또 여러 군郡의 태수들로 하여금 힘을 합쳐 1만여 명의 군사로 임치臨菑산동성 치박시를 지키게 했다. 서로의 거리는 40리였다.

경엄은 획중畫中산동성 치박시 부근으로 진군했다. 획중은 서안西安과 임치臨菑 사이에 있었다. 경엄은 서안성이 비록 작지만 견고하고, 또 장보의 동생 장람의 군사 또한 정예하고, 임치는 비록 명성은 높지만 쉽게 공략할 수 있다고 판단했다. 이내 모든 장령들에게 명해 5일 뒤 서안성을 치도록 했다. 장람이 이 소식을 듣고는 밤낮으로 경계하며 지키는 경수警守를 했다.

약속한 날이 되자 야반夜半에 경엄이 제장들에게 명해 모두 침구도 정리하지 않은 채 일어난 자리에서 식사를 하는 욕식蓐食을 했다. 날이 밝을 즈음 임치성에 당도했다. 호군護軍 순량荀梁 등이 이론을 제기하며 이같이 말했다.

"임치를 공격하면 서안은 반드시 구원하려 들 것이나, 서안을 공격하면 임치는 구원할 수 없습니다. 서안을 치느니만 못합니다."

경엄이 말했다.

"그렇지 않소. 서안은 우리가 그들을 공격하리라는 소문을 듣고 일야日夜로 방비하며 바야흐로 스스로를 걱정하고 있소. 어느 겨를에 남을 구할 수 있겠소! 임치는 우리가 알아채지 못하는 장소와 시간을 택해 기습하는 출기불의出其不意로 공격에 나서면 반드시 놀라 동요하는 경요驚擾의 모습을 보일 것이오. 우리는 하루 안에 반드시 임치를 공략할 수 있소. 그 경우 서안성은 바로 고립되고, 극현劇縣은 격절隔絕돼 있는 까닭에 틀림없이 다시 망거亡去할 것이오. 이것이 1개를 공격해 2개를 얻는 이른바 '격일득이擊一得二'의 계책이오. 만일 먼저 서안성을 치면 갑자기 함락시킬 수도 없고, 모여 있는 병사들이 굳게 성을 지키고 있는 까닭에 사상자가 반드시 많을 것이오. 설령 함락에 성공할지라도 장람이 군사를 이끌고 임치로 달아난 뒤 군사와 세력을 하나로 묶는 병병합세幷兵合勢를 하며 우리의 허실을 엿볼 것이오. 우리가 적지로 깊숙이 들어간 뒤 군량 등이 제때 보급되지 않으면 10일에서 1달의 순월旬月 사이에 싸우지도 못한 채 피곤에 지칠 것이오"

그러고는 마침내 임치를 쳤다. 반나절인 반일半日만에 임치성을 함락시킨 뒤 성에 들어가 점거했다. 장람이 이 소식을 듣고 두려워해 마침내 무리를 이끌고 극현으로 달아났다. 경엄이 이내 군중軍中에 명을 내려 노략을 금한 뒤 장보가 오기를 기다려 나포할 요량으로 장보를 격노激怒하게 만들려고 했다. 장보가 이 소식을 듣고 크게 웃으며 말했다.

"우래尤來와 대동大肜의 무리 10여 만 명을 모두 이끌고 그들의 진영으로 가 격파할 것이다. 지금 경황의 장자인 경엄의 병사는 저들보다 적은 데다, 모두 피로한 상황이다. 어찌 족히 두려워할 만하겠는가!"

이내 세 동생인 장람張藍과 장홍張弘 및 장수張壽를 비롯해 옛날 대동大肜 무리의 거수渠帥인 중이重異 등의 군사를 합쳐 겉으로 20만 명을 내세우며 임치에 있는 대성大城의 동쪽으로 진군해 경엄을 치고자 했다. 경엄이 상서했다.

"신은 임치를 점거한 뒤 참호를 깊게 해 성의 보루를 높이 쌓는 심참고루深塹高壘를 했습니다. 장보는 극현에서 와서 공격하는 까닭에 피로와 기갈飢渴이 심할 것입니다. 저들이 진격하면 깊이 유인해 공격하고, 달아나려고 하면 쫓아가며 칠 생각입니다. 신은 우리의 영루에 의지해 싸우는 까닭에 정예精銳가 저들보다 100배나 높고, 휴식을 취한 뒤 정비된 군사로 피로에 지친 적을 상대하는 이일대로以逸待勞와 충실한 준비로 적의 빈틈을 치는 이실격허以實擊虛를 할 수 있습니다. 순월旬月 사이에 장보의 머리를 얻을 수 있을 것입니다."

이에 경엄은 먼저 치수菑水로 나가 대동 무리의 거수인 중이의 군사와 조우했다. 돌기突騎가 내달리려고 하자 경엄은 적의 예봉이 미리 꺾이면 장보가 감히 진격하지 않을까 우려했다. 약한 모습을 적에게 내보임으로써 적의 기세를 올려주며 상대를 얕보게 만드는 성기능인盛氣淩人의 계책을 구사한 이유이다. 이내 군사를 이끌고 작은 성으로 돌아와 안에 병사를 포진시킨 뒤 도위都尉 유흠劉歆과 태산泰山 태수 진준陳俊으로 하여금 군사를 나눠 성 아래에 진을 치게 했다.

장보는 기세가 크게 오른 나머지 경엄의 군영을 직공直攻해 유흠 등과 합전合戰했다. 경엄이 옛날 제나라의 무너진 고대高臺 위에 올라가 주변을 돌아보다가 유흠 등이 봉교鋒交하는 것을 보았다. 이내 직접 정병을 이끌고 가 동쪽 아래서 장보의 진영을 가로질러 돌보突步해 대파했다. 이때 비시飛矢가 경엄의 넓적다리를 뚫었다. 경엄이 패도佩刀로 화살을 잘랐으나 좌우의 그 누구도 이를 알지 못했다. 싸움은 저녁이 되어 그쳤다. 경엄은 다음날 아침인 명단明旦에도 다시 늑병勒兵하여 출격했다.

당시 광무제는 노성魯城에 있었다. 경엄이 장보의 공격을 받는다는 소식을 듣고 친히 군사를 이끌고 가 구원하려 했다. 아직 도착하지 않았을 때 진준이 경엄에게 건의했다.

"극현에 있는 적들의 병력이 매우 많으니 진영의 문을 닫고 병사를 쉬게 하면서 황상이 오기를 기다리도록 하십시오."

경엄이 말했다.

"황상이 탄 승여乘輿가 도착하면 신자臣子는 의당 소를 잡고 술을 빚는 격우시주擊牛釃酒를 하여 백관들을 대접해야만 하오. 나아가 적로賊虜의 소탕을 오히려 군부君父에게 넘기려는 것이오?"

그러고는 이내 출병해 대전大戰했다. 아침부터 저녁까지 싸워 다시 적을 대파했다. 무수한 사람을 살상하자 골짜기와 참호인 구참溝塹이 시체로 가득 찼다. 경엄은 장보가 피곤해 퇴각할 것을 알고, 미리 좌우익左右翼에 군사를 매복시켜 놓고 적이 오기를 기다리게 했다.

날이 어두워져 사람이 제자리로 돌아가는 때인 인정시人定時에 장보가 과연 병사를 이끌고 달아나기 시작했다. 복병들이 일어나 마구 공격하며 거매수巨昧水산동성 수강현 미하瀰河까지 추격하자 80-90리에 걸쳐 시체가 즐비했고, 노획한 치중만 2,000여 량輛에 달했다. 장보가 극현으로 달아나 돌아가자 형제들 역시 각기 휘하 병사를 이끌고 산거散去했다.

며칠 후 광무제의 거가車駕가 임치에 이르러 친히 군사들을 위로하자 군신들이 크게 모였다. 광무제가 경엄에게 말했다.

"옛날 한신韓信은 역하歷下산동성 역성현를 격파해 한나라 건국의 기초를 열었소. 지금 장군은 축아祝阿를 공격해 업적을 드러냈소. 모두 제齊 땅의 서쪽 경계에서 빚어진 일로 그 공적이 족히 서로 비슷한 상방相方에 해당하오. 한신은 책사인 괴철蒯徹의 유세로 이미 항복한 전횡田橫의 무리를 친 데 지나지 않으나 장군은 홀로 강대한 적인 경적勍敵을 쳐 승리를 거뒀소. 공을 세우기가 한신보다 훨씬 어려웠소. 당시 괴철의 유세에 넘어간 전횡은 크게 화를 내며 역이기酈食其를 삶아 죽였소. 전횡이 항복하자 한 고제는 역이기의 동생인 위위衛尉 역상酈商에게 조서를 내려 보복을 허락지 않았소. 장보 역시 전에 사자로 간 복륭伏隆을 살해한 바 있소. 만일 장보가 와서 귀명歸命하면 나 역시 의당 복륭의 부친인 대사도 복잠伏湛에게 조서를 내려 원한을 갚는 석원釋怨을 하지 못하게 할 것이오. 이 일은 여러모로 서로 닮아 있소. 전에 장군은 나를 좇아 남양의 용릉舂陵에 갔을 때 제齊 땅을 평정하는 대책大策을 건의한 바 있소. 나는 늘 그 계책이 너무 소활疎闊한 낙락落落의 모습을 보이는 까닭에 의도한 바대로 맞아떨어지기가 매우 어렵다고 생각했소. 그러나 뜻을 지닌 자의 일은 끝내 이뤄지는 듯하오!"

그러고는 광무제가 극현까지 행차했다.

경엄이 다시 장보를 추격하자 장보는 평수平壽산동성 창락현로 분주奔走했다. 소무蘇茂는 1만여 명의 군사를 이끌고 와 그를 구원했다. 소무가 장보를 나무랐다.

"전에 연잠延岑이 이끈 남양의 병사들은 정예했고, 연잠 또한 선전善戰

했지만 오히려 경엄에게 패하고 말았소. 왕은 어찌하여 경솔히 그의 군영을 공격한 것이오? 이미 나 소무를 부르기로 했으면 좀 더 기다릴 수는 없었던 것이오?"

장보가 말했다.

"정말 부끄럽고(부부負負), 할 말이 없소!"

광무제가 사자를 파견해 장보와 소무에게 고하기를, '누구든 상대의 목을 베어 투항하는 자는 열후에 봉하겠다'고 했다. 장보가 마침내 소무의 목을 벤 뒤 그의 수급을 갖고 군문軍門 앞으로 와 어깨를 드러내는 육단肉袒의 모습으로 항복했다. 경엄이 그를 광무제가 있는 행재소行在所로 보낸 뒤 늑병勒兵하여 평수현의 현성縣城으로 들어가 점거했다. 12개 군郡의 기고旗鼓를 세워놓고, 장보의 군사에게 명해 각기 자신이 원래 속해 있던 군의 깃발 아래로 가도록 했다. 무리가 거의 10여만 명에 달했고, 치중은 7,000여 량이나 됐다. 모두 해산시켜 각자 향리로 돌아가게 했다.

장보의 세 동생도 각자 스스로를 포박한 뒤 소재지의 옥으로 들어갔다. 광무제가 조서를 내려 모두 사면한 뒤 장보를 안구후安丘侯에 봉하고 처자를 낙양에 살게 했다. 낭야琅邪산동성 제성현가 아직 평정되지 않은 까닭에 광무제가 진준陳俊을 옮겨 낭야 태수로 삼았다. 진준이 낭야군으로 들어가자 도적들이 모두 흩어졌다. 경엄이 다시 군사를 이끌고 성양城陽산동성 거현으로 가 오교五校의 여당餘黨을 항복시켰다. 제齊 땅을 모두 평정한 뒤 군대를 정비해 철군하는 진려振旅를 하여 경사京師인 낙양으로 돌아왔다. 경엄이 장수가 되어 평정한 군이 무릇 46곳, 도륙한 성이 300여 곳에 달했다. 그 와중에 그는 1번도 좌절挫折된 적이 없었다.

18) 처음으로 태학太學을 세웠다. 거가車駕가 환궁還宮한 뒤 태학에 행차했다. 고대의 법식法式인 고전古典을 따르고, 예악禮樂을 닦아 밝히도록 했다. 문물이 환연煥然히 빛나 가관可觀이었다.

19) 11월, 대사도 복잠伏湛이 면직되고, 후패侯霸가 후임이 됐다. 후패는 태원太原산서성 태원시 출신 민중숙閔仲叔의 명성을 듣고는 고위 관원이 인재를 불러 채용하는 벽소辟召를 했다. 민중숙이 도착하자 후패가 정사에 관해서는 아무 얘기도 하지 않은 채 오직 노고를 위로했을 뿐이다. 민중숙이 한스러워했다.

"당초 가명嘉命을 받았을 때 일면 기쁘면서도 일면 두려웠습니다. 지금 명공明公을 보니 희구喜懼가 모두 사라졌습니다. 저 민중숙이 자문을 구하기에 부족한 사람이라면 의당 벽소하지 말아야 할 것입니다. 이미 벽소한 뒤 자문을 구하지도 않는 것은 곧 사람을 잃는 것입니다!"

마침내 사표를 제출하고, 스스로를 탄핵하는 글을 남긴 뒤 떠나버렸다.

20) 당초 오원五原내몽골 포두시 서북쪽 출신 이흥李興과 수욱隨昱, 삭방朔方내몽골 이맹伊盟 서북쪽 출신 전삽田颯, 대군代郡하북성 울현 출신 석유石鮪와 민감閔堪 등이 각자 군사를 일으켜 스스로 장군을 칭했다. 흉노의 제20대 호도이시도고약제呼都而屍道皋若鞮 선우인 난제여欒提輿가 사자를 보내 이흥 등과 화친을 맺은 뒤 한무제의 증손자인 유문백劉文伯을 사칭한 노방盧芳을 한나라 땅으로 보내 선우 휘하의 황제로 삼고자 했다. 이흥 등이 군사를 이끌고 가 선우의 왕정王庭에서 노방을 맞이했다.

12월, 이흥과 노방 등이 변새邊塞 안으로 들어온 뒤 구원현九原縣에 도읍했다. 이어 오원五原과 삭방朔方, 운중雲中, 정양定襄, 안문雁門 등 이른바 하서5군河西五郡을 노략한 뒤 수령守令을 두었다. 이어 흉노의 병사와 함께 북방의 변새를 침공하며 백성에게 고통을 안겨주었다.

21) 풍이馮異가 관중關中을 다스리면서 3년이 지나자 상림원上林苑이 도시가 됐다. 어떤 사람이 주장奏章을 올려 고했다.

"풍이의 위권威權이 지중至重해 백성들이 귀심歸心하며, 그를 함양왕

咸陽王으로 부르고 있습니다."

광무제가 이 주장을 풍이에게 보여주었다. 풍이가 황구惶懼한 나머지 상서하여 진사陳謝했다. 광무제가 조서로 회보했다.

"장군을 황제인 국가國家의 입장에서 보면 의義로는 군신君臣, 은혜로는 부자父子와 같소. 무엇을 혐의嫌疑해 두려운 생각을 갖는단 말이오!"

22) 외효隗囂가 자긍自矜하며 자신의 지식을 문식文飾했다. 매번 스스로를 서백西伯으로 있던 주문왕에 비유하며 제장들과 논의할 때 칭왕稱王하려 한 게 그렇다. 좨주祭酒 정흥鄭興이 말했다.

"옛날 주문왕은 천하를 3분三分하여 그 가운데 둘을 소유하고도 오히려 은나라에 복종하여 섬긴 바 있습니다. 주무왕은 은나라를 치기 위해 맹진孟津에서 군사를 점검할 때 기약하지 않았는데도 800명의 제후가 모인 까닭에 오히려 병사를 돌아가게 한 뒤 때를 기다리는 대시待時를 행했습니다. 한고제는 여러 해 동안 정벌에 나섰지만 계속 패공沛公이라는 명칭 아래 병사들을 이끌고 출병하는 행사行師를 했습니다. 지금 명공은 뛰어난 덕인 영덕令德이 비록 밝다고는 하나 주나라가 조상 대대로 이어온 복조福祚가 없고, 위략威略을 떨치고는 있으나 아직 한고제 만큼의 공을 이루지 못했습니다. 이런 상황에서 이루기 어려운 일을 꾀하면 더욱 빠르게 화환禍患을 불러올 것입니다. 이같이 하는 것은 불가하지 않겠습니까?"

외효가 칭왕의 계획을 이내 접었다. 이후 또다시 관직을 대거 설치하는 식으로 자신의 존엄과 고귀함을 드러내고자 했다. 정흥이 또 말했다.

"무릇 중랑장中郎將과 태중대부太中大夫 및 사지절使持節의 관직은 모두 제왕만이 설치할 수 있는 것으로, 인신人臣은 의당 설치해서는 안 되는 관함官銜입니다. 실리 면에서 아무런 이익이 없는 무익어실無益於實과 명분 면에서 오직 손해만 있는 유손어명有損於名의 조치로, 황상을 존중하지 않겠다는 뜻을 드러낼 뿐입니다."

외효 역시 곤란하다고 생각해 그만두었다.

당시 관중 일대의 장수들은 자주 상서해 촉蜀의 공손술을 가히 칠만한 배경을 설명했다. 광무제가 이를 외효에게 보여주었다. 차제에 촉을 공격해 충신忠信을 보여주도록 한 것이다. 외효가 상서해 삼보三輔는 단약單弱한 상태이고, 유문백劉文伯을 사칭한 노방盧芳이 변경에 버티고 있기에 아직 촉을 도모하기에는 마땅치 않다는 등의 변명을 잔뜩 늘어놓았다. 이로써 광무제는 외효가 사물의 양끝인 양단兩端을 잡은 채 유리한 쪽에 붙는 방식으로 천하통일을 원치 않는 것을 알게 됐다. 그에 대한 예의를 점차 줄이면서 군신지의君臣之儀를 바로잡은 이유다.

광무제는 외효가 마원馬援 및 내흡來歙과 서로 가깝게 지내는 까닭에 자주 내흡과 마원을 사자로 보내 외효의 입조入朝를 권하면서 높은 작위의 하사를 허락했다. 외효는 잇달아 사자를 보내 깊이 겸사謙辭하면서 아직 아무런 공덕을 세우지 못해 사방이 평정되길 기다렸다가 물러나 여리閭里에 살겠다고 말했다. 광무제가 다시 내흡을 파견해 외효가 아들을 입시入侍하도록 권하게 했다. 외효는 유영劉永과 팽총彭寵이 이미 파멸됐다는 소문을 듣고는 마침내 장자인 외순隗恂으로 하여금 내흡을 좇아 대궐로 가게 했다. 광무제가 내흡을 호기교위胡騎校尉로 삼고 전강후鐫羌侯에 봉했다.

정흥鄭興은 외순을 좇아 낙양으로 가 귀향한 뒤 부모를 장사지내고자 했다. 이를 청원하자 외효가 듣지도 않고, 오히려 정흥을 다른 곳으로 이사시킨 뒤 녹봉과 예우를 더해주려고 했다. 정흥이 입견入見해 외효에게 말했다.

"지금 부모를 아직 안장하지 못해 사직을 청해 귀향하는 걸해골乞骸骨을 하고자 합니다. 만일 녹봉을 더하는 증질增秩과 집을 옮기는 사사徙舍

의 방식으로 중간에 변경을 해 머물면 이는 부모를 미끼로 삼는 것입니다. 무례가 막심하게 됩니다. 장군이 어찌 그런 사람을 쓰겠습니까? 원컨대 처자를 머물게 한 뒤 홀로 가서 부모를 안장하려 합니다. 장군은 또 무엇을 근거 없이 의심하는 시의猜疑를 하는 것입니까?"

외효가 이내 그의 처자와 더불어 동쪽을 함께 가도록 조치했다. 마원도 가속을 이끌고 외순을 좇아 낙양으로 갔다. 그가 거느린 빈객이 너무 많아 상림원上林苑 안에서 둔전을 하겠다고 청하자 광무제가 이를 허락했다.

외효의 장수인 왕원王元은 천하의 성패를 아직 가늠할 수 없다고 판단한 까닭에 전심專心으로 기반을 닦는 것을 원치 않았다. 이내 외효에게 유세했다.

"전에 경시제 유현이 서쪽 장안으로 가서 도읍을 정하자 사방에서 향응響應했습니다. 천하 사람이 입을 모아 호응하는 옹옹喁喁[252]의 모습을 보였기에 '태평太平'이라고 이를 만했습니다. 그러던 것이 하루아침에 경시제 유현이 괴패壞敗되고 말았습니다. 장군이 거의 몸을 둘 곳조차 없게 된 이유입니다. 지금 남쪽에는 자字가 자양子陽인 공손술, 북쪽에는 유문백劉文伯을 사칭하는 노방盧芳이 있습니다. 또 강과 호수 및 바다와 산인 강호해대江湖海岱의 천하에는 왕이나 공을 칭하는 자가 10여 명이나 됩니다. 그런데도 장군은 정흥과 반표 같은 유생들의 유세에 이끌려 천승千乘인 제후의 기업基業을 버리고, 나그네인 기려羈旅처럼 어지럽고 위태한 위국危國을 여행하며 만전萬全을 꾀하고 있습니다. 이는 뒤집혀진 수레의

252 옹옹喁喁은 많은 기대를 하며 수긍하는 모습을 가리킨다. 천하옹옹天下喁喁 등의 표현이 그렇다. 이때 '옹'은 많은 사람이 마치 물고기처럼 위를 향해 입을 쳐들며 호응하는 것을 가리킨다. 같은 글자를 우우喁喁로 읽는 경우도 있다. 이때 '우喁'는 낮은 목소리로 상대를 부르는 것을 의미한다. 문맥에 따라 달리 해석해야 한다.

궤도인 복거지궤覆車之軌를 좇아가는 것입니다. 지금 장군의 근거지인 천수天水감숙성 감곡현는 완벽하게 부유하고, 병사와 전마戰馬인 사마士馬도 최강最強입니다. 저 왕원은 청컨대 저를 한 덩이의 진흙으로 활용해 장차 제가 대왕을 위해 동쪽 함곡관을 지킬 수 있게 해주십시오. 이는 만세에 걸친 창업을 이룰 수 있는 매우 어려운 계기입니다. 만일 계책이 이 수준에 이르지 않으면 사마士馬를 축양畜養하고, 험한 곳에 기대 스스로를 지키고, 오래 버티면서 사방의 변화를 지켜보도록 하십시오. 왕도王道를 도모하다 안 되면 소진하고 남은 역량만으로도 족히 패도霸道를 이룰 수 있다는 이른바 '도왕불성圖王不成, 폐유족패弊猶足霸'[253] 구절은 이를 말한 것입니다. 한마디로 물고기는 연못에서 벗어날 수 없습니다. 신룡神龍조차 실세失勢하면 지렁이인 구인蚯蚓과 같아집니다!"

외효는 내심 왕원의 계책에 동조했다. 비록 아들을 입시入侍하게 하여 인질로 보냈으나 오히려 지세地勢의 험액險阨에 기대 제왕을 칭하는 칭제稱帝와 칭왕稱王은 못할지라도 한쪽에서 패자霸者를 칭하는 칭패稱霸를 하며 전제專制하려 한 것이다.

신도강申屠剛이 간했다.

"어리석은 제가 듣건대, 민심이 귀의하는 것은 하늘이 사여賜與한 것이고, 민심이 이반하는 것은 하늘이 제거除去한 것이라고 했습니다. 유수가 세운 왕조는 실로 하늘이 복을 내린 것이고, 인력으로 그리된 게 아닙니다. 지금 새서璽書가 여러 차례 온 것은 나라를 맡기며 신임을 보내는 위국귀신委國歸信의 자세로 장군과 공동共同으로 길흉吉凶을 맞이하려는 취지입니다. 서민인 포의布衣도 사람을 사귈 때 한번 허락한 신의를

---

253 '도왕불성圖王不成, 폐유족패弊猶足霸' 구절은 후한 말기의 학자인 최식崔寔의 저서 『정론政論』「궐제闕題」에 나오는 유명한 말이다.

죽을 때까지 저버리지 않는데 하물며 만승萬乘의 제왕의 경우이겠습니까? 지금 무엇을 두려워하고, 무슨 이익을 보려고 이처럼 오랫동안 의심하는 것입니까? 문득 비상한 변고가 일어나면 위로는 충효忠孝를 위반하고, 아래로는 당세當世의 수치를 남기게 될 것입니다. 무릇 아직 변고가 일어나지도 않은 상황에서 미리 말하는 것은 실로 늘 헛된 것이기는 하나 마침내 그런 일이 빚어졌을 때는 후회해도 소용없기 때문입니다. 충심으로 간하는 충언지간忠言至諫을 하니, 부디 채택해서 실로 우로愚老의 말을 거듭 곱씹어 생각하는 반복反覆[254]을 해주시길 바랍니다!"

외효가 받아들이지 않았다. 유세를 하며 떠도는 선비인 유사游士와 덕망이 높은 장자長者들이 점점 그의 곁을 떠나갔다.

23) 왕망의 치세 말기에 교지交趾에 있는 7개 군郡이 관문關門을 폐쇄하고 자수自守했다. 잠팽岑彭은 평소 교주목交州牧 등양鄧讓과 잘 지낸 까닭에 등양에게 서신을 보내 한나라의 위덕威德을 진술했다. 또 편장군 굴충屈充을 파견해 강남江南 일대에 격문을 보내고, 조명詔命을 널리 전파하는 반행班行을 하도록 했다.

등양이 강하江夏호북성 황강현 태수 후등侯登과 무릉武陵호남성 상덕시 태수 왕당王堂, 장사국長沙國호남성 장사시 재상 한복韓福, 계양桂陽호남성 침현 태수 장륭張隆, 영릉零陵호남성 영릉현 태수 전흡田翕, 창오蒼梧광서성 오주시 태수 두목杜穆, 교지交趾베트남 하노이 태수 석광錫光 등과 서로 사자를 파견해 입조하며 공물을 바치게 했다. 광무제가 이들을 모두 열후에 봉했다. 교지 태수 석광은 한중漢中 출신으로 교지 사람들에게 예의禮義를 가르쳤다. 광

---

254 반복反覆은 크게 6가지 뜻이 있다. 첫째, 중복해 행하는 반복反復이다. 둘째, 변화가 무상無常한 경우이다. 셋째, 뒤집어지는 전도顚倒의 뜻이다. 넷째, 동란動亂 내지 동탕動蕩의 경우이다. 다섯째, 갔다가 돌아오는 왕반往返의 뜻이다. 여섯째, 재삼再三 고려하며 연구하는 것을 말한다. 여기서는 여섯 번째 뜻으로 사용된 것이다.

무제가 다시 완성宛城하남성 남양시 출신 임연任延을 구진九真 태수로 삼았다. 임연은 백성들에게 씨 뿌리며 경작하는 경종耕種과 시집장가를 가는 가취嫁娶를 가르쳤다. 영남嶺南 일대에 중화의 풍속인 화풍華風이 생긴 것은 석광과 임연 2인으로부터 시작된 것이다.

24) 이 해에 조서를 내려 처사處士인 태원太原산서성 태원시 출신 주당周黨과 회계會稽강소성 오현 출신 엄광嚴光 등을 징소해 경사京師에 이르게 했다. 주당이 입궁하여 알현하는 과정에서 엎드려 절하고 뵙는 배견拜見만 할 뿐 자신의 성명을 말하는 주알奏謁을 하지 않은 채 자신이 뜻하는 바를 지키게 해달라고 진술했다. 박사博士 범승范升이 상주했다.

"엎드려 보건대 태원 출신 주당과 동해東海산동성 담성현 출신 왕량王良, 산양山陽산동성 금향현 출신 왕성王成 등은 두터운 은혜를 입어 사자가 3번에 걸쳐 초빙하자 마침내 수레에 오르고자 했습니다. 섬돌에 이르러 황상을 조정에서 알현하게 됐음에도 엎드려 있기만 할 뿐 주알을 하지 않는 등 오만하게 사람을 낮춰보는 언건偃蹇과 교만하게 사나운 교한驕悍의 모습을 보였습니다. 동시에 모두 떠나보내야 합니다. 주당 등은 문장으로 의로움을 천명하는 연의演義를 할 수 없고, 무예로 군주를 위해 목숨을 바치는 사군死君을 할 수 없고, 오직 화려한 명성인 화명華名을 낚아 거의 삼공三公의 자리까지 오르려는 자들입니다. 신은 원컨대 책과 진기한 물건이 소장되어 있는 궐내의 운대雲臺 아래에서 치국의 방도를 변론하며 고증하는 고시考試를 치르고자 합니다. 만일 신의 말이 옳지 않으면 허망虛妄의 죄를 받고자 합니다. 그러나 만일 저들이 감히 사사로이 허명虛名을 절취竊取하여 위로 자신을 과장하면서 고위高位를 얻고자 한 게 드러나면 모두 대불경大不敬에 해당합니다!"

서신이 올라가자 광무제가 조서를 내려 말했다.

"예로부터 명왕明王과 성주聖主가 다스리던 때는 반드시 모실 수 없는 선비인 불빈지사不賓之士가 있었소. 은나라 말기 고죽국의 백이伯夷와 숙제叔齊가 수양산으로 들어가 주周나라의 곡식을 먹지 않은 게 그렇소. 태원 출신 주당이 짐이 내리고자 하는 봉록을 받으려 하지 않으니 또한 각기 나름의 의지를 가진 것이오. 주당에게 40필匹의 비단을 내리고 이에 관한 논의를 그치도록 하시오."

광무제는 어렸을 때 엄광嚴光과 함께 유학遊學한 적이 있다. 황제로 즉위하자 이내 그의 모습을 그린 뒤 사람을 사방으로 보내 그를 찾아보게 했다. 제齊나라에서 찾아낸 뒤 여러 차례 징소하자 이내 낙양에 이르렀다. 간의대부諫議大夫를 제수했으나 받으려 하지 않고 떠났다. 부춘산富春山절강성 부양현 서북쪽 산중에서 농사를 짓고 낚시를 하는 경조耕釣를 하며 살다가 집에서 천수를 모두 누리고 죽는 수종壽終을 했다.

왕량은 후에 패군沛郡 태수와 대사도大司徒의 사직司直을 역임했다. 재직할 때 공검恭儉해 베 이불과 질그릇인 포피와기布被瓦器를 사용했다. 처자는 관사官舍에 들어온 적이 없었다. 나중에 병이 들어 귀향했다가 1년 뒤 다시 징소됐다. 형양滎陽하남성 형양현에 이르렀을 때 병이 위독해 더 이상 길을 걸을 수가 없어 친구 집에 들르게 됐다. 친구가 그를 만나려 하지 않으며 말했다.

"충언忠言과 기모奇謀를 내지 못하면서도 대위大位를 차지하고, 어찌하여 정신없이 서두르는 설설屑屑의 모습으로 오가며[255] 번거로움조차 거리끼지 않는 것인가!"

---

255 원문은 왕래설설往來屑屑이다. 여기의 '설설屑屑'은 크게 3가지 뜻이 있다. 첫째, 정신이 없을 정도로 피곤하게 바삐 움직이는 모습을 가리킨다. 『한서』「왕망전」에 나오는 신야설설晨夜屑屑 구절이 대표적이다. 둘째, 자질구레한 번쇄煩瑣를 뜻한다. 셋째, 특별한 의도인 특의特意 내지 마음과 신경을 쓰는 개의介意의 모습을 말한다. 여기서는 첫 번째 의미로 사용된 것이다.

마침내 왕량을 물리쳤다. 왕량은 부끄러운 나머지 이후 연이어 징소를 했는데도 응하지 않고 집에서 졸卒했다.

25) 한원제漢元帝 치세 당시 사차국莎車國신강성 사차현의 국왕 연延이 일찍이 아들을 경사에 인질로 보내고 중국을 사모하며 즐기는 모락慕樂을 했다. 왕망이 난을 일으키자 흉노가 서역을 손에 넣었다. 오직 사차왕 연만이 복속하려 하지 않고, 자식들에게 늘 이같이 명했다.

"의당 대대로 한가漢家를 받들어야 하고, 배반해서는 안 된다."

사차왕 연이 죽자 아들 강康이 보위를 이었다. 강은 이웃나라 병사를 이끌고 흉노에 저항했다. 옛 도호都護의 이사吏士와 처자妻子 등 1,000명을 옹위擁衛하며 격문을 하서河西감숙성 중서부로 보내 중국의 동정을 물었다. 두융竇融이 이내 황명을 받들어 일정 범위에서 관직을 임명하는 승제承製를 하여 사차왕 강을 한나라의 사차건공회덕왕莎車建功懷德王 겸 서역대도위西域大都尉로 삼았다. 서역의 55개 나라가 모두 그의 소속이 됐다.

* 世祖光武皇帝建武五年

春, 正月, 癸巳, 車駕還宮.

帝使來歙持節送馬援歸隴右. 隗囂與援共臥起, 問以東方事, 曰, "前到朝廷, 上引見數十, 每接燕語, 自夕至旦, 才明勇略, 非人敵也. 且開心見誠, 無所隱伏, 闊達多大節, 略與高帝同. 經學博覽, 政事文辯, 前世無比." 囂曰, "卿謂何如高帝?" 援曰, "不如也. 高帝無可無不可. 今上好吏事, 動如節度, 又不喜飮酒." 囂意不懌, 曰, "如卿言, 反覆勝邪?"

二月, 丙午, 大赦.

蘇茂將五校兵救周建於垂惠. 馬武為茂·建所敗, 奔過王霸營, 大呼求救. 霸曰, "賊兵盛, 出必兩敗, 努力而已!" 乃閉營堅壁. 軍吏皆爭之, 霸曰, "茂兵精銳, 其眾又多, 吾吏士心恐, 而捕虜與吾相恃, 兩軍不一, 此敗道也. 今閉營固守, 示不相援, 賊必乘勝輕進. 捕虜無救, 其戰自倍. 如此, 茂眾疲勞, 吾承其敝, 乃可克也." 茂·建果悉出攻武, 合戰良久, 霸軍中壯士數十人斷髮請戰, 霸乃開營後, 出精騎襲其背. 茂·建前後受敵, 驚亂敗走, 霸·武各歸營. 茂·建復聚兵挑戰, 霸堅臥不出, 方饗士作倡樂. 茂雨射營中, 中霸前酒樽, 霸安坐不動. 軍吏皆曰, "茂前日已破, 今易擊也." 霸曰, "不然. 蘇茂客兵遠來, 糧食不足, 故數挑戰, 以徼一時之勝. 今閉營休士, 所謂'不戰而屈人兵'者也." 茂·建既不得戰, 乃引還營. 其夜, 周建兄子誦反, 閉城拒之. 建於道死. 茂奔下邳, 與董憲合. 劉紆奔佼強.

乙丑, 上行幸魏郡.

彭寵妻數為惡夢, 又多見怪變. 卜筮·望氣者皆言兵當從中起. 寵以子后蘭卿質漢歸, 不信之, 使將兵居外, 無親於中. 寵齋在便室, 蒼頭子密等三人因寵臥寐, 共縛著床, 告外吏云, "大王齋禁, 皆使吏休." 偽稱寵命, 收縛奴婢, 各置一處. 又以寵命呼其妻, 妻入, 驚曰, "奴反!" 奴乃捽其頭, 擊其頰. 寵急呼曰, "趣為諸將軍辦裝!" 於是兩奴將妻入取寶物, 留一奴守寵. 寵謂守奴曰, "若小兒, 吾素所愛也. 今為子密所迫劫耳! 解我縛, 當以女珠妻汝, 家中財物皆以與若." 小奴意欲解之, 視戶外, 見子密聽其語, 遂不敢解. 於是收金玉衣物, 至寵所裝之, 被馬六匹, 使妻縫兩縑囊. 昏夜後, 解寵手, 令作記告城門將軍云, "今遣子密等至子后蘭卿所, 速開門出, 勿稽留之." 書成, 斬寵及妻頭置囊中, 使持記馳出城, 因以詣闕. 明旦, 閤門不開, 官屬逾牆而入, 見寵屍, 驚怖. 其尚書韓立等共立寵子午為王, 國師韓利斬午首詣祭遵降, 夷其宗族. 帝封子密為不義侯.

權德輿議曰, "伯通之叛命, 子密之戕君, 同歸於亂, 罪不相蔽, 宜各致於法, 昭示王度, 反乃爵於五等, 又以'不義'為名. 且舉以不義, 莫可侯也. 此而可侯, 漢爵為不足勸矣. 春秋書齊豹盜·三人名之義, 無乃異於乎!"

帝以扶風郭伋爲漁陽太守. 伋承離亂之後, 養民訓兵, 開示威信, 盜賊銷散, 匈奴遠迹. 在職五年, 戶口增倍.

帝使光祿大夫樊宏持節迎耿況於上谷, 曰, "邊郡寒苦, 不足久居." 況至京師, 賜甲第, 奉朝請, 封牟平侯.

吳漢率耿弇·王常擊富平·獲索賊於平原, 大破之. 追討餘黨, 至勃海, 降者上萬餘人. 上因詔弇進討張步.

平敵將軍龐萌, 為人遜順, 帝信愛之, 常稱曰, "可以托六尺之孤, 寄百里之命者, 龐萌是也." 使與蓋延共擊董憲. 歸詔書獨下延而不及萌, 萌以為延譖己, 自疑, 遂反, 襲延軍, 破之. 與董憲連和, 自號東平王, 屯桃鄉之北. 帝聞之, 大怒, 自將討萌, 與諸將書曰, "吾常以龐萌為社稷之臣, 將軍得無笑其言乎! 老賊當族, 其各厲兵馬, 會睢陽!" 龐萌攻破彭城, 將殺楚郡太守孫萌. 郡吏劉平伏太守身上, 號泣請代其死, 身被七創. 龐萌義而舍之. 太守已絕復甦, 渴求飲, 平傾創血以飲之.

岑彭攻拔夷陵, 田戎亡入蜀, 盡獲其妻子·士眾數萬人. 公孫述以戎為翼江王. 岑彭謀伐蜀, 以夾川穀少, 水險難漕, 留威虜將軍馮駿軍江州, 都尉田鴻軍夷陵, 領軍李玄軍夷道. 自引兵還屯津鄉, 當荊州要會, 喻告諸蠻夷降者, 奏封其君長.

夏, 四月, 旱, 蝗.

隗囂問於班彪曰, "往者周亡, 戰國并爭, 數世然後定. 意者從橫之事復起於今乎? 將承運迭興, 在於一人也?" 彪曰, "周之廢興, 與漢殊異. 昔周爵五等, 諸侯從政, 本根既微, 枝葉強大, 故其末流有從橫之事, 勢數然也. 漢承秦制, 改立郡縣, 主有專己之威, 臣無百年之柄. 至於成帝, 假借外家, 哀·平短祚, 國嗣三絕, 故王氏擅朝, 因竊號位, 危自上起, 傷不及下, 是以即真之後, 天下莫不引領而歎. 十餘年間, 中外騷擾, 遠近俱發, 假號雲合, 咸稱劉氏, 不謀同辭. 方今雄桀帶州域者, 皆無七國世業之資, 而百姓謳吟思漢. 漢必復興, 已可知矣."

囂曰, "生言周·漢之勢可也, 至於但見愚人習識劉氏姓號之故, 而謂漢復興, 疏矣! 昔秦失其鹿, 劉季逐而掎之, 時民復知漢乎?" 彪乃為之著『王命論』以風切之曰, "昔堯之禪舜曰, '天之歷數在爾躬' 舜亦以命禹. 洎於稷·契, 咸佐唐·虞, 至湯·武而有天下. 劉氏承堯之祚, 堯據火德而漢紹之, 有赤帝子之符, 故為鬼神所福饗, 天下所歸往. 由是言之, 未見運世無本, 功德不紀, 而得屈起在此位者也. 俗見高祖興於布衣, 不達其故, 至比天下於逐鹿, 幸捷而得之. 不知神器有命, 不可以智力求也. 悲夫, 此世所以多亂臣賊子者也! 夫餓饉流隸, 饑寒道路, 所願不過一金, 然終轉死溝壑, 何則? 貧窮亦有命也. 況乎天子之貴, 四海之富, 神明之祚, 可得而妄處哉! 故雖遭厄會, 竊其權柄, 勇如信·布, 強如梁·籍, 成如王莽, 然卒潤鑊伏質, 亨醢分裂. 又況么麼尚不及數子, 而欲暗奸天位者乎! 昔陳嬰之母以嬰家世貧賤, 卒富貴不祥, 止嬰勿王. 王陵之母知漢王必得天下, 伏劍而死, 以固勉陵. 夫以匹婦之明, 猶能推事理之致, 探禍福之機, 而全宗祀於無窮, 垂策書於春秋, 而況大丈夫之事乎! 是故窮達有命, 吉凶由人, 嬰母知廢, 陵母知興, 審此二者, 帝王之分決矣. 加之高祖寬明而仁恕, 知人善任使. 當食吐哺, 納子房之策. 拔足揮洗, 揖酈生之說. 舉韓信於行陳, 收陳平於亡命. 英雄陳力, 群策畢舉, 此高祖之大略所以成帝業也. 若乃靈瑞符應, 其事甚衆, 故淮陰·留侯謂之天授, 非人力也. 英雄誠知覺寤, 超然遠覽, 淵然深識, 收陵·嬰之明分, 絕信·布之覬覦, 距逐鹿之瞽說, 審神器之有授, 毋貪不可冀, 為二母之所笑, 則福祚流於子孫, 天祿其永終矣!" 囂不聽. 彪遂避地河西. 竇融以為從事甚禮重之. 彪遂為融畫策, 使之專意事漢焉.

初, 竇融等聞帝威德, 心欲東向, 以河西隔遠, 未能自通, 乃從隗囂受建武正朔. 囂皆假其將軍印綬. 囂外順人望, 內懷異心, 使辯士張玄說融等曰, "更始事已成, 尋覆亡滅, 此一姓不再興之效也! 今即有所主, 便相繫屬, 一旦拘制, 自令失柄, 後有危敗, 雖悔無及. 方今豪桀競逐, 雌雄未決, 當各據土宇, 與隴·蜀合從, 高可為六國, 下不失尉佗." 融等召豪桀議之, 其中識者皆曰, "今皇帝姓名見於圖書, 自前世博物道術之士谷子雲·夏賀良等皆言漢有再受命之符, 故劉子駿改易名字, 冀應其占. 及莽末, 西門君惠謀立子駿, 事覺被殺, 出謂觀者曰, '讖文不誤, 劉秀真汝主也' 此皆近事暴著, 衆所共見者也. 況今稱帝者數人, 而雒陽土地最廣, 甲兵最強, 號令最明, 觀符命而察人事, 它姓殆未能當也!" 衆議或同或異. 融遂決策東向, 遣長史劉鈞等奉書詣雒陽. 先是, 帝亦發使遺融書以招之, 遇鈞於道, 即與俱還. 帝見鈞歡甚, 禮饗畢, 乃遣令還, 賜融璽書曰, "今益州有公孫子陽, 天水有隗將軍. 方蜀·漢相攻, 權在將軍, 舉足左右, 便有輕重. 以此言之, 欲相厚豈有量哉! 欲遂立桓·文, 輔微國, 當勉卒功業. 欲三分鼎足, 連衡合從, 亦宜以時定. 天下未幷, 吾與爾絕域, 非相吞之國. 今之議者, 必有任囂教尉佗制七郡之計. 王者有分土, 無分民, 自適己事而已." 因授融為涼州牧. 璽書至河西, 河西皆驚, 以為天子明見萬里之外.

朱祜急攻黎丘, 六月, 秦豐窮困出降. 轞車送洛陽. 吳漢劾祜廢詔命, 受豐降. 上誅豐, 不罪祐.

董憲與劉紆·蘇茂·佼強去下邳還蘭陵, 使茂, 強助龐萌圍桃城. 帝時幸蒙, 聞之, 乃留輜重, 自將輕兵晨夜馳赴. 至亢父, 或言百官疲倦, 可且止宿. 上不聽, 復行十里, 宿任城, 去桃城六十里. 旦日, 諸將請進, 龐萌等亦勒兵挑戰. 帝令諸將不得出, 休士養銳以挫其鋒. 時吳漢等在東郡, 馳使召之. 萌等驚曰, “數百里晨夜行, 以為至當戰, 而堅坐任城, 致人城下, 真不可往也!” 乃悉兵攻桃城. 城中聞車駕至, 眾心益固. 萌等攻二十餘日, 眾疲困, 不能下. 吳漢·王常·蓋延·王梁·馬武·王霸等皆至, 帝乃率眾軍進救桃城, 親自搏戰, 大破之. 龐萌·蘇茂·佼強夜走從董憲.

秋, 七月, 丁丑, 帝幸沛, 進幸湖陵. 董憲與劉紆悉其兵數萬人屯昌慮. 憲招誘五校餘賊, 與之拒守建陽. 帝至蕃, 去憲所百餘里, 諸將請進, 帝不聽, 知五校乏食當退, 敕各堅壁以待其敝. 頃之, 五校果引去. 帝乃親臨, 四面攻憲, 三日, 大破之. 佼強將其眾降, 蘇茂奔張步, 憲及龐萌走保郯. 八月, 己酉, 帝幸郯, 留吳漢攻之, 車駕轉徇彭城·下邳. 吳漢拔郯, 董憲·龐萌走保朐. 劉紆不知所歸, 其軍士高扈斬之以降. 吳漢進圍朐.

冬, 十月, 帝幸魯.

張步聞耿弇將至, 使其大將軍費邑軍歷下, 又令兵屯祝阿, 別於泰山·鐘城列營數十以待之. 弇渡河, 先擊祝阿, 自旦攻城, 日未中而拔之. 故開圍一角, 令其眾得奔歸鐘城. 鐘城人聞祝阿已潰, 大恐懼, 遂空壁亡去. 費邑分遣弟敢守巨里. 弇進兵先脅巨里, 嚴令軍中趣修攻具, 宣敕諸部, 後三日當悉力攻巨里城. 陰緩生口, 令得亡歸, 以弇期告邑. 邑至日, 果自將精兵三萬餘人來救之. 弇喜, 謂諸將曰, “吾所以修攻具者, 欲誘致之耳. 野兵不擊, 何以城為!” 即分三千人守巨里, 自引精兵上岡阪, 乘高合戰, 大破之, 臨陳斬邑. 既而收首級以示城中, 城中凶懼. 費敢悉眾亡歸張步. 弇復收其積聚, 縱兵擊諸未下者, 平四十餘營, 遂定濟南.

時張步都劇, 使其弟藍將精兵二萬守西安, 諸郡太守合萬餘人守臨菑, 相去四十里. 弇進軍畫中, 居二城之間. 弇視西安城小而堅, 且藍兵又精, 臨菑名雖大而實易攻, 乃敕諸校後五日會攻西安. 藍聞之, 晨夜警守. 至期, 夜半, 弇敕諸將皆蓐食, 會明, 至臨菑城. 護軍荀梁等爭之, 以為"攻臨菑, 西安必救之, 攻西安, 臨菑不能救, 不如攻西安." 弇曰, "不然, 西安聞吾欲攻之, 日夜為備, 方自憂, 何暇救人! 臨菑出不意而至, 必驚擾, 吾攻之一日, 必拔. 拔臨菑, 即西安孤, 與劇隔絕, 必覆亡去, 所謂'擊一而得二'者也. 若先攻西安, 不能卒下, 頓兵堅城, 死傷必多. 縱能拔之, 藍引軍還奔臨菑, 并兵合勢, 觀人虛實. 吾深入敵地, 後無轉輸, 旬月之間, 不戰而困矣." 遂攻臨菑. 半日, 拔之, 入據其城. 張藍聞之, 懼, 遂將其眾亡歸劇. 弇乃令軍中無得虜掠·須張步至乃取之, 以激怒步. 步聞, 大笑曰, "以尤來·大彤十餘萬眾, 吾皆即其營而破之. 今大耿兵少於彼, 又皆疲勞, 何足懼乎!" 乃與三弟藍·弘·壽及故大彤渠帥重異等兵號二十萬, 至臨菑大城東, 將攻弇. 弇上書曰, "臣據臨菑, 深塹高壘. 張步從劇縣來攻, 疲勞飢渴. 欲進, 誘而攻之. 欲去, 隨而擊之. 臣依營而戰, 精銳百倍, 以逸待勞, 以實擊虛, 旬月之間, 步首可獲." 於是弇先出菑水上, 與重異遇. 突騎欲縱, 弇恐挫其鋒, 令步不敢進, 故示弱以盛其氣, 乃引歸小城, 陳兵於內, 使都尉劉歆·泰山太守陳俊分陳於城下. 步氣盛, 直攻弇營, 與劉歆等合戰. 弇升王宮壞臺望之, 視歆等鋒交, 乃自引精兵以橫突步陳於東城下, 大破之. 飛矢中弇股, 以佩刀截之, 左右無知者. 至暮, 罷. 弇明旦復勒兵出.

是時帝在魯，聞弇為步所攻，自往救之．未至，陳俊謂弇曰，“劇虜兵盛，可且閉營休士，以須上來.” 弇曰，“乘輿且到，臣子當擊牛·釃酒以待百官，反欲以賊虜遺君父邪?” 乃出兵大戰．自旦及昏，復大破之．殺傷無數，溝塹皆滿．弇知步困將退，豫置左右翼為伏以待之．人定時，步果引去，伏兵起縱擊，追至巨昧水上，八九十里，殭屍相屬，收得輜重二千餘兩．步還劇，兄弟各分兵散去．後數日，車駕至臨菑，自勞軍，群臣大會．帝謂弇曰，“昔韓信破歷下以開基，今將軍攻祝阿以發跡，此皆齊之西界，功足相方．而韓信襲擊已降，將軍獨拔勍敵，其功又難於信也．又，田橫亨酈生，及田橫降，高帝詔衛尉不聽為仇．張步前亦殺伏隆，若步來歸命，吾當詔大司徒釋其怨，又事尤相類也．將軍前在南陽，建此大策，常以為落落難合，有志者事竟成也!” 帝進幸劇.

耿弇復追張步，步奔平壽，蘇茂將萬餘人來救之．茂讓步曰，“以南陽兵精，延岑善戰，而耿弇走之，大王奈何就攻其營? 既呼茂，不能待邪?” 步曰，“負負，無可言者!” 帝遣使告步·茂，能相斬降者，封為列侯．步遂斬茂，詣耿弇軍門肉袒降．弇傳詣行在所，而勒兵入據其城，樹十二郡旗鼓，令步兵各以郡人詣旗下，眾尚十餘萬，輜重七千餘兩，皆罷遣歸鄉里．張步三弟各自繫所在獄，詔皆赦之，封步為安丘侯，與妻子居雒陽．於是琅邪未平，上徙陳俊為琅邪太守．始入境，盜賊皆散．耿弇復引兵至城陽，降五校餘黨，齊地悉平，振旅還京師．弇為將，凡所平郡四十六，屠城三百，未嘗挫折焉.

初起太學．車駕還宮，幸太學，稽式古典，修明禮樂，煥然文物可觀矣.

十一月，大司徒伏湛免，以侯霸為大司徒．霸聞太原閔仲叔之名而辟之，既至，霸不及政事，徒勞苦而已．仲叔恨曰，“始蒙嘉命，且喜且懼. 今見明公, 喜懼皆去. 以仲叔為不足問邪, 不當辟也. 辟而不問, 是失人也!” 遂辭出, 投劾而去.

初, 五原人李興·隨昱·朔方人田颯·代郡人石鮪·閔堪各起兵自稱將軍. 匈奴單于遣使與興等和親, 欲令盧芳還漢地為帝. 興等引兵至單于庭迎芳. 十二月, 與俱入塞, 都九原縣. 掠有五原·朔方·雲中·定襄·雁門五郡, 并置守·令, 與胡通兵侵苦北邊.

馮異治關中, 出入三歲, 上林成都. 人有上章言曰, “異威權至重, 百姓歸心, 號為咸陽王.” 帝以章示異. 異惶懼, 上書陳謝. 詔報曰, “將軍之於國家, 義為君臣, 恩猶父子, 何嫌何疑, 而有懼意!”

隗囂矜己飾智, 每自比西伯, 與諸將議欲稱王. 鄭興曰, “昔文王三分天下有其二, 尚服事殷. 武王八百諸侯不謀同會, 猶還兵待時. 高帝征伐累年, 猶以沛公行師. 今令德雖明, 世無宗周之祚. 威略雖振, 未有高祖之功. 而欲舉未可之事, 昭速禍患, 無乃不可乎!” 囂乃止. 後又置廣職位以自尊高, 鄭興曰, “夫中郎將·太中大夫·使持節官, 皆王者之器, 非人臣所當制也. 無益於實, 有損於名, 非尊上之意也.” 囂病之而止. 時關中將帥數上書, 言蜀可擊之狀, 帝以書示囂, 因使擊蜀以效其信. 囂上書, 盛言三輔單弱, 劉文伯在邊, 未宜謀蜀. 帝知囂欲持兩端, 不願天下統一, 於是稍黜其禮, 正君臣之儀. 帝以囂與馬援·來歙相善, 數使歙·援奉使往來, 勸令入朝, 許以重爵. 囂連遣使, 深持謙辭, 言無功德, 須四方平定, 退伏閭里. 帝復遣來歙說囂遣子入侍, 囂聞劉永·彭寵皆已破滅, 乃遣長子恂隨歙詣闕. 帝以為胡騎校尉, 封鐫羌侯. 鄭興因恂求歸葬父母, 囂不聽, 而徙興舍, 益其秩禮. 興入見曰, “今為父母未葬, 乞骸骨. 若以增秩徙舍, 中更停留, 是以親為餌也, 無禮甚矣, 將軍焉用之! 願留妻子獨歸葬, 將軍又何猜焉!” 囂乃令與妻子俱東. 馬援亦將家屬隨恂歸雒陽, 以所將賓客猥多, 求屯田上林苑中. 帝許之.

囂將王元以為天下成敗未可知, 不願專心內事, 說囂曰, “昔更始西都, 四方響應, 天下喁喁, 謂之太平. 一旦壞敗, 將軍幾無所厝. 今南有子陽, 北有文伯, 江湖海岱, 王公十數, 而欲牽儒生之說, 棄千乘之基, 羈旅危國以求萬全, 此循覆車之軌者也. 今天水完富, 士馬最強, 元請以一丸泥為大王東封函谷關, 此萬世一時也. 若計不及此, 且畜養士馬, 據隘自守, 曠日持久, 以待四方之變. 圖王不成, 其敝猶足以霸. 要之, 魚不可脫於淵, 神龍失勢, 與蚯蚓同!” 囂心然元計, 雖遣子入質, 猶負其險阨, 欲專制方面.

申屠剛諫曰, “愚聞人所歸者天所與, 人所畔者天所去也. 本朝誠天之所福, 非人力也. 今璽書數到, 委國歸信, 欲與將軍共同吉凶. 布衣相與, 尚有沒身不負然諾之信, 況於萬乘者哉! 今何畏何利, 而久疑若是? 卒有非常之變, 上負忠孝·下愧當世. 夫未至豫言, 固常為虛. 及其已至, 又無所及. 是以忠言至諫, 希得為用, 誠願反覆愚老之言!” 囂不納, 於是游士長者稍稍去之.

王莽末, 交趾諸郡閉境自守. 岑彭素與交趾牧鄧讓厚善, 與讓書, 陳國家威德. 又遣偏將軍屈充移檄江南, 班行詔命. 於是讓與江夏太守侯登·武陵太守王堂·長沙相韓福·桂陽太守張隆·零陵太守田翕·蒼梧太守杜穆·交趾太守錫光等相率遣使貢獻. 悉封為列侯. 錫光者, 漢中人, 在交趾, 教民夷以禮義. 帝復以宛人任延為九真太守, 延教民耕種嫁娶. 故嶺南華風始於二守焉.

是歲, 詔徵處士太原周黨·會稽嚴光等至京師. 黨入見, 伏而不謁, 自陳願守所志. 博士范升奏曰, “伏見太原周黨·東海王良·山陽王成等, 蒙受厚恩, 使者三聘, 乃肯就車. 及陛見帝廷, 黨不以禮屈, 伏而不謁, 偃蹇驕悍, 同時俱逝. 黨等文不能演義, 武不能死君, 釣采華名, 庶幾三公之位. 臣願與坐雲臺之下, 考試圖國之道. 不如臣言, 伏虛妄之罪. 而敢私竊虛名, 誇上求高, 皆大不敬!" 書奏, 詔曰, "自古明王·聖主, 必有不賓之士. 伯夷·叔齊不食周粟, 太原周黨不受朕祿, 亦各有志焉. 其賜帛四十匹, 罷之." 帝少與嚴光同遊學, 及即位, 以物色訪之. 得於齊國, 累徵乃至. 拜諫議大夫, 不肯受, 去, 耕釣於富春山中. 以壽終於家.

王良後歷沛郡太守·大司徒司直, 在位恭儉, 布被瓦器, 妻子不入官舍. 後以病歸, 一歲復徵. 至滎陽, 疾篤, 不任進道, 過其友人. 友人不肯見, 曰, "不有忠言奇謀而取大位, 何其往來屑屑不憚煩也!" 遂拒之. 良慚, 自後連徵不應, 卒於家.

元帝之世, 莎車王延嘗為侍子京師, 慕樂中國. 及王莽之亂, 匈奴略有西域, 唯延不肯附屬, 常敕諸子曰, "當世奉漢家, 不可負也." 延卒, 子康立. 康率傍國拒匈奴, 擁衛故都護吏士·妻子千餘口. 檄書河西, 問中國動靜. 竇融乃承製立康為漢莎車建功懷德王·西域大都尉, 五十五國皆屬焉.

자치통감 3

발행일 1쇄 2022년 3월 20일
지은이 사마광
역 주 신동준
펴낸이 여국동
펴낸곳 도서출판 인간사랑
출판등록 1983. 1. 26. 제일-3호
주소 경기도 고양시 일산동구 백석로 108번길 60-5 2층
물류센타 경기도 고양시 일산동구 문원길 13-34(문봉동)
전화 031)901-8144(대표) | 031)907-2003(영업부)
팩스 031)905-5815 **전자우편** igsr@naver.com
페이스북 http://www.facebook.com/igsrpub
블로그 http://blog.naver.com/igsr
인쇄 하정인쇄 **출력** 현대미디어 **종이** 세원지업사

ISBN 978-89-7418-844-3 04910
978-89-7418-841-2 (세트)

* 책값은 뒤표지에 있습니다. * 잘못된 책은 바꿔드립니다.

20여 년에 걸친 고 신동준 작가의
동양 고전 번역 작업의 총결산

『관자』 상·하

중국의 역사문화는 모두 춘추전국시대의 제자백가 사상에서 비롯되었다. 제자백가의 효시가 바로 사상 최초의 정치경제학자인 관중이다. 지피지기 차원에서라도 위정자와 기업CEO는 물론 일반인 모두 『관자』가 역설한 경세제민과 부국강병 이치를 통찰할 필요가 있다. 그래야 난세에 살아남을 수 있다. 민족의 염원인 한반도통일을 조속히 실현해 명실상부한 '동북아 허브시대'를 조기에 개막할 수 있는 비결도 여기에 있다.

『당시삼백수』 수정증보판

청조 건륭제 때 활약한 손수가 53세 때 직접 편찬한 당시선집이다. 당시 손수는 53세였다. 굳이 책의 제목에 '삼백수'를 단 것은 『시경』을 흉내 낸 것이다. 건륭 28년인 1763년에 부인 서난영과 함께 『당시삼백수』를 편찬했다. 그는 이 책을 편찬할 때 심덕잠의 『당시별재』 및 왕사정의 『고시선』을 참고해 310수를 정선했다.

『고전으로 분석한 춘추전국의 제자백가』 상·하

『고전으로 분석한 춘추전국의 제자백가』 하권. 제4부 '무위자연의 자유를 즐겨라 – 도가道家', 제5부 '엄법으로 천하를 평정하라 – 법가法家', 제6부 '지피지기로 승리를 취하라 – 병가兵家', 제7부 '상대의 속마음을 공략하라 – 세가說家'로 구성되었다.

『시경』 수정증보판

『시경』은 황하를 중심으로 한 중원 일대 여러 나라의 노래가사를 모아 놓은 것이다. 노래가사의 주종이 서정시의 형식을 띠고 있기에 시집일 뿐이지 엄밀히 말하면 악보가 빠진 가요 및 가곡 선집에 해당한다. 그럼에도 『시경』은 '경經' 표현이 암시하듯이 수천 년 동안 『역경』 및 『서경』 등과 더불어 유가경전의 상징인 3경 내지 5경의 하나로 취급돼 왔다. 말할 것도 없이 공자가 『시경』을 편수編修했다는 믿음 때문이었다.

『한비자』 상·하

21세기의 관점에서 볼 때 『한비자』는 동서고금을 통틀어 난세 리더십의 압권에 해당한다. 실제로 진시황은 『한비자』를 읽고 500여 년에 달하는 춘추전국시대의 난세상황을 일거에 종식시켰다. 삼국시대 당시 천하의 재사 제갈량도 죽기 직전 후주 유선에게 올린 글에서 반드시 『한비자』를 숙독할 것을 권한 바 있다.

『십팔사략』 상·하

『십팔사략』에는 춘추전국시대에 활약한 수많은 영웅호걸은 물론 사상 최초로 천하를 통일한 진시황을 비롯해 초한지제의 주인공인 항우와 유방, 삼국지 영웅인 조조와 유비 및 손권, 『정관정요』의 당사자인 당태종과 유일무이한 여제인 측천무후, 사상 최대의 대제국을 건설한 칭기즈칸 등이 쉼 없이 등장한다.

『정관정요』을 통해 역사무대에 등장한 무수한 영웅호걸과 재자가인들의 지략과 대응, 행보 등을 자연스럽게 알 수 있다. 무엇보다도 치세와 난세의 차이에 따른 임기응변의 리더십을 터득할 수 있다.

『묵자』 수정증보판

묵자는 대략 공자가 세상을 떠난 지 10여 년 뒤 태어나, 맹자가 태어나기 10여 년 전 세상을 떠난 것으로 추정되고 있다. 예수보다 약 4백여 년 가량 앞서 인류가 서로 평화롭게 사는 비결을 전수한 셈이다. 그가 말한 '겸애'는 관념적인 사랑이 아니다. 타인을 이롭게 하는 것이 곧 자신을 이롭게 하는 길이라고 설파한 게 그렇다.

원래 『묵자』는 71편이었으나 현존하는 것은 53편이다. 진시황의 천하통일을 계기로 묵가가 감쪽같이 사라지면서 『묵자』 또한 훼손을 면치 못한 결과다. 현존 53편으로도 나름 묵가사상의 요체를 파악할 수 있다.

『춘추좌전』 상·하

동아시아 역사문화를 이해하는 열쇠 『춘추좌전』. 이번 전면개정판은 두예와 공영달의 주소를 기본으로 하면서 『춘추공양전』과 『춘추곡량전』은 물론 역대 제가의 학설을 모두 참조한 『춘추좌전』의 결정판이라고 할 수 있으며, 『춘추좌전』의 편제에 관한 한 가장 체계적인 책이라고 할 수 있다.

사상사적으로 볼 때 『춘추좌전』의 위대한 면모는 국가의 흥체 이치를 있는 그대로 기술한 사서라는 사실에서 찾을 수 있다. 또한 치세와 난세의 관점에서 볼 때 『춘추좌전』은 난세의 전형인 춘추전국시대의 핵심인 춘추시대 역사를 가장 체계적으로 정리해 놓았다. 『춘추좌전』에 대한 이해가 없으면 결국 춘추전국시대를 제대로 파악할 길이 없고, 춘추전국시대를 모르면 동아시아의 역사문화를 이해할 길이 없게 된다.

『국어』 전면개정판

춘추시대를 알려면 반드시 읽어야 할 필독서. 『국어』가 주로 춘추시대를 주도한 '춘추5패'와 이들을 뒷받침한 군신君臣들의 활약을 기술하고 있으며 당시의 상황을 생생히 그리고 있다.

『서경』

『서경』은 사서인 동시에 문학서적의 성격을 띠고 있다. 『시경』과 더불어 고대문학의 양대 기념비로 간주되고 있는 게 그렇다. 『서경』은 『시경』이 운문韻文 문학의 시원이라는 평가를 받고 있는 것처럼 산문散文의 효시라는 평가를 받고 있다. 현존 『서경』은 총 58편으로 구성되어 있으며, 크게 2가지 점에서 오늘날에도 고전의 역할을 충분히 수행하고 있다.

첫째, 이상향인 왕도王道 리더십 모델을 제시하고 있다. 비록 성사된 적도 없고, 앞으로 성사될 가능성이 거의 희박하지만 전 인류가 서로 협심해 추구해야 할 평화공동체의 이상향이 그것이다. 둘째, 정치의 존재이유인 위민爲民 리더십 모델을 제시하고 있다. 모든 방향으로 눈과 귀를 활짝 열어 민심의 향배를 파악하고, 통치의 기본목표를 신민 앞에 제시하며 장기적인 안목의 국가정책 비전을 제시코자 한 이유다.

『장자』

21세기는 풍부한 상상력을 바탕으로 한 소프트웨어의 콘텐츠가 국력을 좌우하는 시대이다. 『장자』는 그 보고에 해당한다. 『장자』의 보물창고는 그 종류가 매우 다양한데도 대부분 문예와 철학의 창고만 뒤지고 있다. 본서는 리더십 분야 창고의 문을 여는 첫 시도에 해당한다. 위정자와 기업 CEO 등의 리더십은 문예와 자연과학 분야 못지않게 창조적인 상상력이 절실히 요구되는 분야이다. 본서가 척박한 한국의 리더십 풍토에 천공을 자유로이 넘나드는 장자의 상상력이 적극 유입되는 계기로 작용했으면 하는 바람이다.

『전국책』

중국 전국 시대에 활약한 책사와 모사들의 문장을 모은 『전국책』의 완역본. 『전국책』은 전한 시대의 유향이 서주, 동주, 진, 제, 초, 조, 위, 한, 연, 송, 위, 중산의 12개 나라 역사를 33권으로 정리한 것이다. 『춘추』가 엄밀하고 정확한 역사서인 데 반하여 『전국책』은 그 시대 인물의 말과 행동을 좋은 표현으로 적은 일종의 일화집으로, 단순히 외교지략을 얻는 데 그치는 것이 아니라 이야기를 통해 치국의 병략을 터득할 수 있도록 도와준다. 『전국책』에는 주나라 원왕에서부터 진나라 시황이 여섯 나라를 멸하였던 시기까지 240여 년 간의 역사가 실려 있으며, 전국 시대를 주름잡은 세객들의 활약상을 함께 만나볼 수 있다.

풍몽룡의 동주열국지 1-5권

난세의 전형인 춘추전국시대를 수많은 일화를 곁들여 흥미진진하게 파헤친 고전『열국지』.『열국지』는 겉으로만 역사소설일 뿐 사실상 사서에 해당한다. 실제로『열국지』의 내용은 거의 모두『사기』와『춘추좌전』,『전국책』,『자치통감』 등의 정통 사서에서 취한 것이다.

나머지 내용도『오월춘추』 등에서 취한 것으로, 풍몽룡 자신이 문학적 상상력을 발휘해 쓴 내용은 거의 없다고 해도 과언이 아니다. 선인의 언행만 기술할 뿐 창작하지는 않겠다고 언명한 공자의 술이부작 원칙을 철저히 지킨 셈이다.

하지만『열국지』는 여타 사서처럼 마냥 딱딱하지 않고 이야기 구성이 탄탄하며 내용도 흥미진진하다. 그 이유는 역사소설 형식을 빌린 덕분이다. 따라서『열국지』 독자들은『춘추좌전』과『사기』,『자치통감』 등의 정통 사서의 내용을 박진감 넘치는 이야기체 형식으로 읽는 것이나 다름없다.

『열자』

『열자』는 기본적으로 노장철학의 기초 위에 서 있으면서도 제자백가의 관점을 흡수해 자신만의 독특한 우주관을 완성해 놓았다. 저자로 알려진 열자의 실존 자체가 불분명하다는 견해가 있지만 본명이 열어구(列禦寇)인 열자는 춘추시대 말기에서 전국시대 초기에 걸쳐 활약한 실존 인물이었다. 『열자』의 내용을 보면 도가의 입장에서 우주 만물과 치국평천하 문제를 일이관지(一以貫之)하여 해석하고 있다.

이 책은 열자사상을 통치사상의 차원에서 분석한 최초의 저서에 해당한다. 또한 열자는 물론 노자와 장자를 완전히 새롭게 인식할 수 있을 것이다. 사실 이것이 노자사상 및 열자사상의 본령이자 『열자』의 실체이다. 이 책이 도가사상에 대한 전면적인 재해석의 계기로 작용하기를 기대해 본다.

『순자』

유가의 정통이 맹자가 아닌 순자로 이어졌다면 중국을 비롯한 한국과 일본 등 동양이 얼마나 달라졌을지 상상하기 힘들다. 순자는 제자백가사상을 집대성해 유가사상을 비약적으로 발전시켰을 뿐만 아니라 법가나 명가와 같은 다른 학파의 사상 발전에도 큰 영향을 미쳤다. 특히 그는 유가경전의 연구와 전승에 다른 학자들보다 큰 역할을 수행했다. 중국사상은 물론 한국사상과 일본사상 등 동양사상을 제대로 이해하기 위해서는 반드시 『순자』를 읽어야만 하는 이유가 바로 여기에 있다.

21세기 동북아시대는 공자사상에 대한 정확한 이해가 필요하다. 이는 순자사상에 대한 정확한 이해를 전제로 한다. 순자사상에 대한 재해석이 절실히 요구되는 시점이 아닐 수 없다.